НОВИНКА

АВТОРИТЕТНЫЙ СПРАВОЧНИК

Вот недорогой русско-английский англо-русский словарь — лучший из когда-либо вышедших из печати

D0830223

Предназначенный для широкого круга лиц, интересующихся обоими языками, этот словарь будет особенно выгодным и ценным справочником как для учащихся и учителей, так и в частных и конторских библиотеках. Он содержит более 35 000 заглавных слов в алфавитном порядке с указанием правильного произношения, таблицы флексий, списки географических названий, сокращений, имен числительных, мер веса и длины и т. д.

Русско-английский/англо-русский словарь Романова подготовлен сотрудниками фирмы Лангеншейдта, самого известного в мире издательства двуязычных словарей. Он отличается сжатостью и достоверностью и является необходимым справочником исключительной ценности.

The above text appears in English on the back cover

А. С. РОМАНОВ

Карманный

РУССКО-АНГЛИЙСКИЙ

и

АНГЛО-РУССКИЙ

словарь

с учетом
американского произношения и правописания

Обе части в одном томе

Составили:

д-р Э. Ведель (ч. 1)

А. С. Романов (ч. 2)

PUBLISHED BY POCKET BOOKS NEW YORK

ROMANOV'S

Pocket

RUSSIAN∕ENGLISH
ENGLISH∕RUSSIAN

Dictionary

With special emphasis on American English

Two Volumes in One

Part I by E. Wedel, Ph. D.

Part II by A. S. Romanov

PUBLISHED BY POCKET BOOKS NEW YORK

ROMANOV'S RUSSIAN-ENGLISH
ENGLISH-RUSSIAN DICTIONARY

Langenscheidt edition published 1964

POCKET BOOK edition published August, 1964
6th printing...........May, 1973

Romanov's Russian-English English-Russian Dictionary was formerly
published under the imprint of WASHINGTON SQUARE PRESS,
a division of Simon & Schuster, Inc.

This POCKET BOOK edition includes every word
contained in the original, higher-priced edition. It is printed
from brand-new plates made from completely reset, clear, easy-to-read
type. POCKET BOOK editions are published by POCKET BOOKS, a division
of Simon & Schuster, Inc., 630 Fifth Avenue, New York, N.Y. 10020.
Trademarks registered in the United States and other countries.

L

Contents

Оглавление

Preface

This Russian-English dictionary has been compiled with the same care and diligence as all other publications of Langenscheidt Publishers, which have been appreciated as standard works for many decades.

The dictionary is meant to be used in all walks of life and at school. In its two parts it contains more than 35,000 vocabulary entries with many translations and idioms as well as their phonetic transcriptions. Americanisms have received special consideration, and in the Russian-English part cases of particular American usage are even cited in the first place, being followed by their respective British semantic (or orthographic) equivalents.

English pronunciation follows that laid down by Daniel Jones in his *An English Pronouncing Dictionary* (1953). In the Russian-English part pronunciation is only given after those Russian words and parts of words which deviate from the basic rules of pronunciation. Generally speaking, Russian words can be pronounced properly if the place of the accent is known. Therefore every Russian word has been given its stress. Shift of stress, as far as it takes place within the inflection, is also indicated. A detailed account of Russian pronunciation with the help of the symbols of I. P. A.'s phonetic transcription can be found on pages 21—27.

References to full-length inflection tables in the supplement to the dictionary, as given after nouns, adjectives and verbs, enable the user to employ the words in question in all their modifications.

In addition to the vocabulary this dictionary contains lists of geographical names (American and British), abbreviations, numerals, measures and weights and a survey of the most important differences between British and American spelling and pronunciation.

Publishers and editors hope of this book that it may contribute to the mutual understanding between nations and thus help to deepen their cultural relations.

Предисловие

Настоящий словарь русского и английского языков составлен с такой же тщательностью и аккуратностью, как и все издания Лангеншейдта, зарекомендовавшие себя образцовыми трудами на протяжении многих десятков лет.

Словарь предназначается преимущественно для работников разных профессий и учащихся. Он содержит в обеих частях более 35 000 заглавных слов в алфавитном порядке, с указанием произношения, переводом и устойчивыми оборотами речи, причём учитываются в должной мере особенности американского варианта английского языка.

Английское произношение даётся по словарю Daniel Jones, An English Pronouncing Dictionary (1953).

К словнику прилагаются: списки географических названий (американских и английских), сокращений, имён числительных, мер длины и веса, грамматические таблицы, а также перечень важнейших различий между языком британцев и американцев в отношении правописания и произношения.

Издательство и сотрудники надеются изданием настоящего словаря способствовать взаимопониманию и укреплению культурных связей между народами.

ROMANOV'S
POCKET

Russian–English
English–Russian

DICTIONARY

Careful reading and observation of the following preliminary notes will both facilitate the use and help to open up the full value of the dictionary.

Preliminary Notes

1. Arrangement. Material in this dictionary has been arranged in alphabetical order. In the Russian-English part, proper names (Christian, geographical, etc.) as well as abbreviations appear in their individual alphabetical order within the vocabulary itself. In the case of a number of prefixed words, especially verbs, not explicitly listed because of the limited size of the dictionary, it may prove useful to drop the prefix, which is often but a sign of the perfective aspect (see below), and look up the primary (imperfective) form thus obtained.

Compounds not found in their alphabetical places should be reduced to their second component in order to find out their main meaning, e. g.:
термоя́дерный → я́дерный = nuclear.

To save space with the aim of including a maximum of material, compounds, derivatives, and occasionally just similar words, have, wherever possible, been arranged in groups, the v e r t i c a l s t r o k e (|) in the first entry word of such a group separating the part common to all following items of the group, and the tilde (∼) in the run-on words replacing the part preceding the vertical stroke in the first entry and consequently not repeated in the other articles of the group. The tilde may also stand for the whole first entry, which then has no separation mark since it is entirely repeated in the run-on items of the group.

Besides the bold-faced tilde just mentioned, the same mark in standard type (∼) is employed within a great number of entries to give phrases and idioms of which the entry word or any component of its inflection system forms part.

A t i l d e w i t h c i r c l e t (≗) indicates a change in the initial letter (capital to small and vice versa) of a run-on word.

Examples: Амери́к|а ...; ≗а́нский = америка́нский
англи́|йский ...; '≗я = 'А́нглия (for stress see below, 3).

Within b r a c k e t s : square [ ], round ( ), acute-angled ⟨ ⟩, instead of the tilde a h y p h e n (-) with the same function (mark of repetition) has been used, e. g.:

то́лстый [14; толст, -á, -o] = [14; толст, толстá, то́лсто]
брать [беру́, -рёшь; брал, -á, -o] = [беру́, берёшь; брал, бралá, бра́ло]
весели́ть ...; (-ся) = весели́ться
cf. убира́ть ...; ⟨убра́ть⟩ ...; -ся = убира́ться, ⟨убра́ться⟩
проси́ть ...; ⟨по-⟩ = ⟨попроси́ть⟩.

Of the two main aspects of a Russian verb the imperfective form appears first, in boldface type, followed, in acute-angled brackets ⟨ ⟩ and in standard type, by its perfective counterpart. Verbs occurring only as perfective aspects (or whose imperfective or iterative aspect is hardly ever used) bear the mark *pf.*; those used only in the imperfective aspect have no special designation at all; verbs whose perfective aspect coincides with the imperfective are marked thus: (*im*)*pf.*

If in a certain meaning (or meanings) only one member of an aspect pair may be used, the cases concerned are preceded by the abbreviations *impf.* or *pf.* respectively and thus separated from the meanings to which both aspects apply, these latter being always given in the first place. Similarly in a noun the abbreviation *pl.* (or *sg.*) after one or more translation items designates the word(s) following it as referring only to the plural (or singular) form of the entry otherwise used in both numbers. Number differences between a Russian entry and its English counterpart(s) are indicated by adding the abbreviation *pl.* or *sg.* behind the latter, whereas a noun used only in the plural bears the mark *pl.* right after the entry itself, i. e. where usually the gender is given (see below).

In the English equivalents of Russian verbs the particle 'to' of the infinitive has been omitted for reasons of space economy.

Also, a number of quite similar international words, particularly nouns terminating in **-áция, -úция** or **-úзм, -úст** = -ation, -ition, -ism, -ist, or likewise obvious cases such as **тайфýн** 'typhoon' have not been included in the dictionary, especially since there are no stress or inflectional peculiarities about the Russian nouns in question nor is there, on the whole, any difficulty in deducing their semantic values.

Moreover, English adjectives used as nouns (and nouns used as adjectives) alike have, in connection with successive pertinent entries, been given but once, whereas the Russian words naturally appear in their different forms, i. e. parts of speech; e. g.:

> **америк|áнец** *m* ..., **⌐áнка** *f* ..., **⌐áнский** ... = American (i. e. man, woman, *adj.*)
>
> **квадрáт** *m* ..., **⌐ный** ... square = square (*su.*) & square (*adj.*)
>
> *cf.* **лимúт** *m* ..., **⌐úровать** ... (*im*)*pf.* = limit (*su.*) & limit (*vb.*).

Otherwise the adjectival use of an English noun (and occasionally other parts of speech) corresponding to a Russian adjective has as a rule been noted by adding dots (...) to the noun, etc. form concerned, irrespective of the mode of its orthographic combination with another noun, i. e. whether they are spelled in one word, hyphenated or written separately.

2. Pronunciation. As a rule pronunciation in individual Russian entry words has been given only in cases and places that differ from the standard pronunciation of Russian vowel and consonant letters (for this cf. pp. 21—27), e. g.:

> **г** = g, but in **лёгкий** = (-x-)
>
> **ч** = tʃ, but in **что** = (ʃ-)
>
> **не** = ŋɛ, but in (the loan word) **пенснé** = (-ˈnɛ)

To transcribe Russian sounds and (Cyrillic) letters, the alphabet of the International Phonetic Association (I.P.A.) has been used.

3. Stress. The accent mark (´) is placed above the stressed vowel of a Russian entry (or any other) word having more than one syllable and printed in full, as well as of run-on words, provided their accentuated vowel is not covered by the tilde or hyphen (= marks of repetition), e. g.:

доказ|ывать, ⟨⌣а́ть⟩ = ⟨доказа́ть⟩. Since ё is always stressed the two dots over it represent implicitly the accent mark.

Wherever the accent mark precedes the tilde (′⌣) the last syllable but one of the part for which the tilde stands is stressed.

Examples: уведом|ля́ть ..., ⟨′⌣ить⟩ = ⟨уве́домить⟩.
выполн|я́ть ..., ⟨′⌣ить⟩ = ⟨вы́полнить⟩.

An accent mark over the tilde (⌣̀) implies that the last (or sole) syllable of the part replaced by the tilde is to be stressed.

Examples: наход|я́ть ...; ⌣̀ка = нахо́дка
прода|ва́ть ..., ⟨⌣̀ть⟩ = ⟨прода́ть⟩
по́езд ...; ⌣̀ка = пое́здка
труб|а́ ...; ⌣̀ка = тру́бка.

In special cases of phonetic transcription, however, the accent mark precedes the stressed syllable, cf. анте́нна [-'tɛn-], this usage being in accordance with I.P.A. rules.

Two accents in a word denote two equally possible modes of stressing it, thus:

и́на́че = ина́че or и́наче
оагр|ужа́ть ..., ⟨⌣узи́ть⟩ [... -у́зйшь] = [... загру́зишь or загрузи́шь]
нали|ва́ть ..., ⟨⌣ть⟩ [... на́лил ...] = [... на́лил or нали́л ...].

Quite a number of predicative (or short) adjectives show a shift, or shifts, of stress as compared with their attributive forms. Such divergences are recorded as follows:

хоро́ший [17; хоро́ш, -а́] = [17; хоро́ш, хороша́, хорошо́ (pl. хоро́ши)]
плохо́й [16; плох, -а́, -о] = [16; плох, плоха́, пло́хо (pl. пло́хи)]
до́брый [14; добр, -а́, -о, до́бры́] = [14; добр, добра́, до́бро (pl. до́бры or добры́)].

The same system of stress designation applies, by the way, to accent shifts in the preterite forms of a number of verbs, e. g.:

да|ва́ть ..., ⟨⌣ть⟩ [... дал, -а́, -о; ...(дан, -а́)] = [... дал, дала́, да́ло (pl. да́ли); ... (дан, дана́, дано́, даны́)].

Insertion of "epenthetic" o, e between the two last stem consonants in masculine short forms has been noted in all adjectives concerned.

Examples: лёгкий [16; лёгок, легка́; a. лёгки] = [16; лёгок, легка́, легко́ (pl. лёгкий or лёгки)]
бе́дный [14; -ден, -дна́, -о; бе́дны́] = [14; бе́ден, бедна́, бе́дно (pl. бе́дны or бедны́)]
больно́й [14; бо́лен, больна́] = [14; бо́лен, больна́, больно́ (pl. больны́)]
по́лный [14; по́лон, полна́, полно́] = [14; по́лон, полна́, по́лно or полно́ (pl. по́лны or полны́)].

If the stress in all short forms conforms to that of the attributive adjective the latter is merely provided with the abbreviation *sh.* (for *short form*) that indicates at the same time the possibility of forming such predicative forms, e. g.:

богáтый [14 *sh.*] = [14; богáт, богáта, богáто, богáты]

пахýчий [17 *sh.*] = [17; пахýч, пахýча, пахýче, пахýчи]

свóйственный [14 *sh.*] = [14; свóйствен, свóйственна, свóйственно, свóйственны].

4. Inflected forms. All Russian inflected parts of speech appearing in the dictionary are listed in their respective basic forms, i. e. nominative singular (nouns, adjectives, numerals, certain pronouns) or infinitive (verbs). The gender of Russian nouns is indicated by means of one of three abbreviations in italics (*m*, *f*, *n* — cf. list, pp. 487—488) behind the entry word.* Each inflected entry is followed, in square brackets [ ], by a figure, which serves as refer-ence to a definite paradigm within the system of conjugation and declension as tabulated at the end of the book, pp. 483—491. Any variants of these paradigms are stated after the reference figure of each entry word in question.

Examples: **лóжка** *f* [5; *g/pl.*: -жек], like **лóжа** *f* [5], is declined according to paradigm 5, except that the former example inserts in the genitive plural "epenthetic" e between the two last stem consonants: лóжек; cf. **лóдка** *f* [5; *g/pl.*: -док] = [*g/pl.*: лóдок]. **кусóк** *m* [1; -ска́] = "epenthetic" o is omitted in the oblique cases of the singular and in all cases of the plural; cf. **конéц** *m* [1; -нца́] = [конца́, концý, etc.].

гóрод *m* [1; *pl.*: -да́, *etc. e.*] = the example stresses its stem in the singular, but the endings in the plural, the nominative plural being in -á (instead of in -ы): города́, городóв, etc.

край *m* [3; в -ю́; *pl.*: -ая́, *etc. e.*] = declined after paradigm 3, but the ending of the prepositional singular, with prepositions в, на, is in -ю́ (stressed); as for the plural, see гóрод, above. Cf. also **печь** *f* [8; в -чи́; *from g/pl e.*], where, in addition to the stressed ending of the prepositional singular (after в, на), the accent shifts onto the ending in the genitive plural and all following cases of that number.

кури́ть [13; курю́, кýришь] = conjugated after paradigm 13, except that stress shifts onto the stem syllable in the 2nd and all following persons (singular and plural).

As the prefixed forms of a verb follow the same inflection model and (with the exception of perfective aspects having the stressed prefix вы́-) mode of accentuation as the corresponding unprefixed verb, differences in stress, etc. have in cases of such aspect pairs been marked but once, viz. with the imperfective form.

---

* For users of part II: Any Russian noun ending in a **consonant** *or* -й is of masculine gender;

those ending in -а *or* -я are of feminine gender;

those ending in -о *or* -е are of neuter gender.

In case of deviation from this rule, as well as in nouns terminating in -ь, the gender is indicated.

5. Government. Government, except for the accusative, is indicated with the help of Latin and Russian abbreviations (cf. list, pp. 33—35). Emphasis has been laid on differences between the two languages, including the use of prepositions. Whenever a special case of government applies only to one of several meanings of a word, this has been duly recorded in connection with the meaning concerned. To ensure a clear differentiation of person and thing in government, the English and Russian notes to that effect show the necessary correspondence in sequence.

6. Semantic distinction. If a word has different meanings and, at the same time, different forms of inflection or aspect, such significations have been differentiated by means of figures (e. g. бить, косá, косúть); otherwise a semicolon separates different meanings, a comma mere synonyms. Italicized additions serve to specify individual shades of meaning, e. g. поднимáть ... take up (*arms*); hoist (*flag*); set (*sail*); give (*alarm*); make (*noise*); scare (*game*); приёмный ... reception (*day*; *room* ...); ... office (*hours*); entrance (*examination*); foster (*father* ...). For further definitions with the help of illustrative symbols and abbreviations cf. list below, pp. 33—35.

In a number of Russian verbs the perfective aspect indicated (particularly with the prefixes ⟨за-⟩ and ⟨по-⟩) has, strictly speaking, the connotations "to begin to do s. th." (the former) and "to do s. th. a (little) while" (the latter); but since these forms are very often rendered into English by means of the equivalent verb without any such additions they have occasionally been given as simple aspect counterparts without further indication as to their aforesaid semantic subtlety.

7. Orthography. In both the Russian and English parts newest spelling standards have been applied, and in the latter differences between American and British usage noted wherever possible and feasible.

A hyphen at the end of a line and at the beginning of the next one denotes a hyphenated word.

In parts of words or additions given in brackets a hyphen is placed within the respective bracket.

Полноценное пользование словарём возможно лишь при точном соблюдении нижеследующих указаний!

Предварительные замечания

1. Порядок. Все заглавные слова, включая и неправильные производные формы отдельных частей речи, расположены в алфавитном порядке, напр.: *bore*, *born*, *borne* от *bear*; *men* от *man*; в русско-английской части: лучше, лучший от хороший.

Американские и английские географические названия, а также сокращения даны в особых списках на стр. 493—505.

Тильда (~ ~) служит в гнёздах слов знаком повторения. Жирная тильда (~) заменяет или всё заглавное слово или же его составную часть, стоящую перед вертикальной чертой (|). Светлая тильда (~) заменяет: а) непосредственно предыдущее заглавное слово, которое уже само может быть образовано посредством жирной тильды; б) в указании произношения произношение всего предыдущего заглавного слова. Чёрточка (-) в указании произношения даётся вместо повторения неизменяемой части заглавного слова.

При изменении начальной буквы (прописной на строчную или наоборот) вместо простой тильды ставится соответствующая тильда с кружком ⊘ (⊘).

Примеры: abandon [əˈbændən], ~ment [-mənt = əˈbændənmənt]; certi|ficate, ~fication, ~fy, ~tude.

2. Произношение. Произношение сложных английских слов как правило не указывается, если каждая из их составных частей приводится в алфавитном порядке как самостоятельное заглавное слово с указанием произношения.

3. Дополнения курсивом служат только для уточнения отдельных английских значений.

Дальнейшие пояснения даны в виде условных знаков и сокращений (см. стр. 33—35).

4. Точка с запятой отделяет различные оттенки значений; синонимы даны через запятую.

5. Прибавление (~ally) к английскому имени прилагательному означает, что его наречие образуется посредством добавления ~ally к заглавному слову, напр.: dramatic (~ally = dramatically).

6. Переносный знак в конце строчки и в начале последующей означает, что данное английское слово пишется через чёрточку, напр.: air-conditioned = air--conditioned.

The Russian Alphabet

Printed	Written	Russian name	Transcribed	Printed	Written	Russian name	Transcribed
А а	*А а*	a	a	П п	*П п*	пэ	pɛ
Б б	*Б б*	бэ	bɛ	Р р	*Р р*	эр	ɛr
В в	*В в*	вэ	vɛ	С с	*С с*	эс	ɛs
Г г	*Г г*	гэ	gɛ	Т т	*Т т*	тэ	tɛ
Д д	*Д д*	дэ	dɛ	У у	*У у*	у	u
Е е	*Е е*	е	jɛ	Ф ф	*Ф ф*	эф	ɛf
Ё ё	*Ё ё*	ё	jɔ	Х х	*Х х*	ха	xa
Ж ж	*Ж ж*	жэ	ʒɛ	Ц ц	*Ц ц*	цэ	tsɛ
З з	*З з*	зэ	zɛ	Ч ч	*Ч ч*	че	tʃɛ
И и	*И и*	и	i	Ш ш	*Ш ш*	ша	ʃa
Й й	*Й й*	и¹)	(j)	Щ щ	*Щ щ*	ща	ʃtʃa
К к	*К к*	ка	ka	Ъ ъ	-	²)	²)
Л л	*Л л*	эль	ɛlʲ	Ы ы	*ы*	ы³)	ɨ
М м	*М м*	эм	ɛm	Ь ь	*ь*	⁴)	⁴)
Н н	*Н н*	эн	ɛn	Э э	*Э э*	э⁵)	ɛ
О о	*О о*	о	ɔ	Ю ю	*Ю ю*	ю	ju
				Я я	*Я я*	я	ja

²) и кра́ткое short i ²) твёрдый знак hard sign, jer ³) or еры́
⁴) мягкий знак soft sign, jer ⁵) э оборо́тное reversed е
Until 1918 in addition the following letters were used in Russia:
і, ѵ = и, ѣ = е, ѳ = ф.

Explanation of Russian Pronunciation
with the Help of Phonetic Symbols

Объяснение русского произношения при помощи фонетических знаков

I. Vowels

1. All vowels in stressed position are half-long in Russian.
2. In unstressed position Russian vowels are very short, except in the first pretonic syllable, where this shortness of articulation is less marked. Some vowel letters (notably о, е, я), when read in unstressed position, not only differ in length (quantity), but also change their timbre, i. e. acoustic quality.

Russian letter	Explanation of its pronunciation		Transcription symbol
a	stressed	= a in 'father': мáма ('mamə) 'mamma, mother'	a
	unstressed	1. = a in the above examples, but shorter – in first pretonic syllable: казáк (ka'zak) 'Cossack'	a
		2. = a in 'ago, about' – in post-tonic or second, etc. pretonic syllable(s): атáка (a'takə) 'attack' абрикóс (əbri'kɔs) 'apricot'	ə
		3. = i in 'sit' – after ч, щ in first pretonic syllable: часы́ (tʃɪ'sɨ) 'watch, clock' щади́ть (ʃtʃɪ'dit) 'spare'	ɪ
e	Preceding consonant (except ж, ш, ц) is soft, i. e. palatalized.		
	stressed	1. = ye in 'yet' – in initial position, i. e. at the beginning of a word, or after a vowel, ъ, ь (if not ё) before a hard consonant: ем (jem) '[I] eat' бытиé (biti'jɛ) 'being' съел (sjɛl) 'ate [up]' премьéр (prɪ'mjɛr) 'premier'	jɛ
		2. = e in 'set' – after consonants, soft or hard (ж, ш, ц), before a hard consonant, as well as in final position, i. e. at the end of a word, after consonants: нет (nɛt) 'no' шест (ʃɛst) 'pole' цел (tsɛl) 'whole, sound' в странé (fstra'nɛ) 'in the country' на лицé (nəli'tsɛ) 'on the face'	ɛ
		3. = ya in 'Yale' (but without the i-component) – in initial position or after a vowel, ъ, ь, both before a soft consonant: ель (jel) 'fir' биéние (bi'jenie) 'palpitation, throb' съесть (sjɛst) 'to eat [up]'	je

Russian letter		Explanation of its pronunciation	Transcription symbol
		4. = a in 'pale' – after consonants, soft or hard (ж, ш, ц), before a soft consonant: петь (peţ) 'to sing' сесть (şeşţ) 'to sit down' шесть (ʃesţ) 'six' цель (tseļ) 'aim'	e
	unstressed	1. = i in 'sit', but preceded by (j) – in initial position, i. e. also after a vowel: ещё (jɪˈ[ʃ[t]ʃɔ) 'still, yet' знáет ('znajɪt) '[he, she, it] knows'	jɪ
		2. = i in 'sit' – after soft consonants: рекá (rɪ'ka) 'river'	ɪ
		3. = ы (cf.) after ж, ш, ц: женá (ʒɨˈna) 'wife' пшенó (pʃɨˈnɔ) 'millet' ценá (tsɨˈna) 'price'	ɨ
ё	Preceding consonant (except ж, ш, ц) is soft.		
	only stressed	1. = ya in 'yacht' or yo in 'beyond' – in initial position, i. e. also after a vowel, ъ, ь, before a hard consonant, or in final position: ёлка ('jɔɫkə) 'Christmas tree' даёт (da'jɔt) '[he, she, it] gives' подъём (pad'jɔm) 'rise' бельё (bɪ'ljɔ) 'linen'	jɔ
		2. = o in 'cost' – after both soft and hard consonants before hard consonants: лёд (lɔt) 'ice' шёлк (ʃɔɫk) 'silk'	ɔ
и	Preceding consonant (except ж, ш, ц) is soft.		
	stressed	= ee in 'seen': ива ('ivə) 'willow' юрист (ju'rist) 'lawyer'	i
	Note:	In the instr/sg. of он/онó and the oblique forms of они initial и– may be pronounced (ji-): их (ix *or* jix) 'of them'.	i/ji
	unstressed	1. = ee in 'seen', but shorter – in first pretonic syllable: минута (mi'nutə) 'minute'	ị
		2. = i in 'sit' – in post-tonic or second, etc. pretonic syllable(s): хóдит ('xɔdɪt) '[he, she, it] goes' приписáть (prɪpi'saţ) 'to ascribe'	ɪ
	stressed & unstressed	= ы (cf.) after ж, ш, ц: жить (ʒɨţ) 'to live' ширма ('ʃɨrmə) 'screen' цилиндр (tsɨ'ljindr) 'cylinder'	ɨ
о	stressed	= o in 'cost': том (tɔm) 'volume'	ɔ

Russian letter	Explanation of its pronunciation	Transcription symbol
	unstressed 1. = a in 'father', but shorter – in **first pretonic** syllable: вода́ (va'da) 'water' Москва́ (ma'skva) 'Moscow'	a
	2. = a in 'ago', 'about' – in **post-tonic** or **second**, etc. **pretonic** syllable(s): го́род ('gɔrət) 'town, city' огоро́д (əga'rɔt) 'kitchen garden'	ə
	Note: In foreign words unstressed o is pronounced (ɔ) in final position, cf.: ра́дио ('radiɔ) 'radio', кака́о (ka'kaɔ) 'cocoa' as against Russian (native) ма́сло ('maslə) 'butter'.	ɔ
у	stressed & unstressed	= oo in 'boom': бу́ду ('budu) '[I] will (*Brt.* shall) be'	u
ы	stressed & unstressed	a retracted variety of i, as in 'hill'; no English equivalent: вы (vɨ) 'you' ро́зы ('rɔzɨ) 'roses'	ɨ
э	stressed & unstressed	1. = e in 'set' – before a hard consonant: э́то ('ɛtə) 'this' эпо́ха (ɛ'pɔxə) 'epoch'	ɛ
	2. resembles the English sound **a** in 'pale' (but without the i-component) or é in French 'été' – before a soft consonant: э́ти ('eṭı) 'these' элеме́нт (eḷı'mɛnt) 'element'	e
ю	Preceding consonant is soft.		
	stressed & unstressed	1. like yu in 'yule', but shorter – in initial position, i. e. also after a vowel, and after ъ: юг (juk) 'south' зна́ю ('znajʊ) '[I] know' вью́га ('vjugə) 'snowstorm'	ju
	2. = u in 'rule' – after consonants: рю́мка ('ṛumkə) 'wineglass' люблю́ (ḷu'bḷu) '[I] like, love'	u
я	Preceding consonant is soft.		
	stressed	1. = ya in 'yard', but shorter – in initial position, i. e. also after a vowel and ъ, as well as after ь: я́ма ('jamə) 'pit' мая́к (ma'jak) 'lighthouse' изъя́н (iz'jan) 'defect' статья́ (sta'tja) 'article' рья́ный ('ṛjanɨj) 'zealous'	ja
	2. = a in 'father' – after a consonant and before a hard consonant: мя́со ('ṃasə) 'meat; flesh'	a
	3. = a in 'bad' – in interpalatal position, i. e. between soft consonants: пять (ṗæṭ) 'five'	æ

Russian letter	Explanation of its pronunciation	Transcription symbol
	unstressed 1. = i in 'sit', but preceded by (j) – in initial position, i. e. also after a vowel and ъ: язы́к (jɪ'zɨk) 'tongue; language' та́ять ('tajɪt̪) 'to thaw' изъяви́ть (ɪzjɪ'ɣit̪) 'to express, show'	jɪ
	2. = i in 'sit' – after soft consonants: мясни́к (mʲɪ'nʲik) 'butcher' Ряза́нь (rʲɪ'zanʲ) 'Ryazan [town]'	ɪ
	3. = a in 'ago' (preceded by j after vowels) – in final position: ня́ня ('nʲanʲə) '(wet) nurse' а́рмия ('armʲɪjə) 'army'	(j)ə

II. Semivowel

й	**1.** = y in 'yet' – in initial position, i. e. also after a vowel, in loan words: (Нью-)Йо́рк (jɔrk) '(New) York' майо́р (ma'jɔr) 'major'	j
	2. in the formation of diphthongs as their second element:	j
ай	= (ı) of (aı) in 'time': май (maj) 'May'	aj
ой	= [stressed] oi in 'noise': бой (bɔj) 'fight', большо́й (baʎ'ʃɔj) 'big'	ɔj
	= [first pretonic] i in 'time': война́ (vaj'na) 'war'	aj
	= [post-tonic] a in 'ago' + y in 'yet': но́вой ('nɔvəj) 'of/to the new'	əj
уй	= u in 'rule' + (j): бу́йвол ('bujvəl) 'buffalo'	uj
ый	= ы (cf.) + (j): вы́йти ('vɨjtɪ) 'to go out', кра́сный ('krasnɨj) 'red'	ɨj
ий	= и (cf.) + (j): кий (kʲij) 'cue', си́ний ('sʲinʲɪj) 'blue'	ij ɪj
ей	(j +) a in 'pale' ей (jej) 'to her', пей (pʲej) 'drink!', нейтро́н (nʲej'trɔn) 'neutron'	(j)ej
юй	= ю (cf.) + (j): плюй (pʎuj) 'spit!'	(j)uj
яй	= [stressed] (j +) a in bad + (j): я́йца ('jæjtsə) 'eggs'	(j)æj
	= [unstressed] yi in Yiddish: яйцо́ (jɪ'tsɔ) 'egg'	jɪ

III. Consonants

1. As most Russian consonants may be palatalized (or 'softened') there is, beside the series of normal ('hard') consonants, a nearly complete set of 'soft' parallel sounds. According to traditional Russian spelling, in writing or printing this 'softness' is marked by a combination of such palatalized consonants with the vowels е, ё, и, ю, я or, either in final position or before a consonant, the so-called 'soft sign' (ь). In phonetic transcription palatalized

consonants are indicated by means of a small hook, or comma, attached to them. As a rule a hard consonant before a soft one remains hard; only з, с may be softened before palatalized з, с, д, т, н.

2. Always hard are ж, ш, ц.

3. Always soft are ч, щ.

4. The voiced consonants б, в, г, д, ж, з are pronounced voicelessly (i. e. = п, ф, к, т, ш, с) in final position.

5. The voiced consonants б, в, г, д, ж, з, when followed by (one of) their voiceless counterparts п, ф, к, т, ш, с, are pronounced voicelessly (regressive assimilation) and vice versa: voiceless before voiced is voiced (except that there is no assimilation before в).

6. The articulation of doubled consonants, particularly those following a stressed syllable, is marked by their lengthening.

Russian letter		Explanation of its pronunciation	Transcription symbol
б	hard	= b in 'bad': бок (bɔk) 'side'	b
	soft	as in 'Albion': бе́лка ('bełkə) 'squirrel'	b̦
в	hard	= v in 'very': во́дка ('vɔtkə) 'vodka'	v
	soft	as in 'view': ве́ра ('vɛrə) 'faith, belief'	v̦
г	hard	= g in 'gun': ropá (ga'ra) 'mountain'	g
	soft	as in 'argue': гимн (g̦imn) 'anthem'	g̦
		Note: 1. = (v) in endings -ого, -его: больно́го (baḷ'nɔvə) 'of the sick, ill' рабо́чего (ra'bɔtʃivə) 'of the worker'	v
		2. = (x) in бог (bɔx) 'God' and in the combinations -гк-, -гч-: мя́гкий ('maxk̦ij) 'soft' мя́гче ('maxtʃ̦ɪ) 'softer'	x
д	hard	= d in 'door': дáма ('damə) 'lady'	d
	soft	as in 'dew': дя́дя ('dædə) 'uncle'	d̦
	-здн-	in this combination д is mute: по́здно ('pɔznə) 'late'	
ж	hard	= s in 'measure', but hard: жа́жда ('ʒaʒdə) 'thirst'	ʒ
	-жж-	may also be soft: во́жжи ('vɔʒ̦ʒ̦ɪ) 'reins'	ʒ̦ʒ̦
	-жч-	= щ: мужчи́на (mu'ʃ̦[t]ʃ̦inə) 'man'	ʃ̦[t]ʃ̦
з	hard	= z in 'zoo': зал (zał) 'hall'	z
	soft	as in 'presume': зе́ркало ('z̦ɛrkələ) 'mirror'	z̦
	-зж-	= hard or soft doubled ж: по́зже ('pɔʒʒə *or* 'pɔʒ̦ʒ̦ə) 'later'	ʒʒ/ʒ̦ʒ̦
	-зч-	= щ: изво́зчик (iz'vɔʃ̦[t]ʃ̦ɪk) 'coachman'	ʃ̦[t]ʃ̦
к	hard	= c in 'come': как (kak) 'how, as'	k
	soft	like k in 'key': кирпи́ч (k̦ir'p̦itʃ̦) 'brick'	k̦
л	hard	= ll in General American 'call': ла́мпа ('łampə) 'lamp'	ł
	soft	= ll in English 'million': ли́лия ('ḷiḷɪjə) 'lily'	ḷ
м	hard	= m in 'man': мак (mak) 'poppy'	m
	soft	as in 'mute': мир (m̦ir) 'world; peace'	m̦

Russian letter	Explanation of its pronunciation	Transcription symbol
н	hard = n in 'noise': нос (nɔs) 'nose'	n
	soft = n in 'new': нет (ɳɛt) 'no'	ɳ
п	hard = p in 'part': пол (pɔɫ) 'floor'	p
	soft as in 'scorpion': пить (ɳiţ) 'to drink'	ɳ
р	hard = trilled r: рот (rɔt) 'mouth'	r
	soft as in 'Orient': ряд (ɼat) 'row'	ɼ
с	hard = s in 'sad': сад (sat) 'garden'	s
	soft as in 'assume': сюда́ (ʂu'da) 'hither, here'	ʂ
	-сч- = щ: сча́стье ('ʃʃ[t]ʃæʂţɪ) 'happiness; luck'	ʃ[t]ʃ
т	hard = t in 'tent': там (tam) 'there'	t
	soft as in 'tune': тюльпа́н (ţuʎ'pan) 'tulip'	ţ
	-стн-, -стл- – in these combinations -т- is mute: ле́стница ('ʎeʂɳɪtsə) 'staircase' сча́стли́вый (ʃʃ[t]ʃɪs'ʎivɨj) 'happy; lucky'	
ф	hard = f in 'far': фа́брика ('fabɼɪkə) 'factory'	f
	soft as in 'few': фильм (fiʎm) 'film'	f̧
х	hard = ch in Scotch 'loch': холм (xɔɫm) 'hill'	x
	soft like ch in German 'ich'; no English equivalent: хи́мия ('χiɱɪjə) 'chemistry'	χ
ц	hard = ts in 'tsar': царь (tsaɼ) 'tsar, czar'	ts
ч	soft = ch in 'cheek': час (tʃas) 'hour'	tʃ
ш	hard = sh: шум (ʃum) 'noise'	ʃ
щ	soft = sh + ch in 'cheek', cf. fresh cheeks, or = doubled (ʃʃ) as in 'sure': щека́ (ʃʃ[t]ʃɪ'ka) 'cheek', щи (ʃʃ[t]ʃi) 'cabbage soup'	ʃ[t]ʃ

IV. 'Surds'

ъ The *jer* or 'hard sign' separates a hard (final) consonant of a prefix and the initial vowel, preceded by (j), of the following root, thus marking both the hardness of the preceding consonant and the distinct utterance of (j) before the vowel:

предъяви́ть (pɼɪdjɪ'ɣiţ) 'to show, produce' съезд (sjɛst) 'congress'.

Note: Until 1918 the 'hard sign' was also used at the end of a word terminating in a hard consonant:

брать (brat) 'brother'.

Russian letter	Explanation of its pronunciation	Transcription symbol
ь	The *jeᵣ* or 'soft sign' serves to represent the palatal or soft quality of a (preceding) consonant in final position or before another consonant, cf.: брат (brat) 'brother' and брать (braț) 'to take' полка ('poɫkə) 'shelf' and полька ('poḷkə) 'polka, Pole (= Polish woman)'.	'
	It is also used before vowels to indicate the softness of a preceding consonant as well as the pronunciation of (j) with the respective vowel, e. g.:	
	семья (șɪṃ'ja) 'family' – *cf*. семя ('șeṃə) 'seed',	j
	and in foreign words, such as батальон (bəta'ljɔn) 'battalion'.	j

Объяснение английского произношения при помощи фонетических знаков

Explanation of English Pronunciation with the Help of Phonetic Symbols

А. Гласные и дифтонги

В английском языке существуют краткие и долгие гласные, независимо от ударения.

[a:] — долгий, глубокий и открытый звук «а», как в слове «мама».

[ʌ] — краткий, неясный звук, похожий на русский неударный звук «о», который слышится в слове «Москва», или «а» в слове «варить».
Английский звук [ʌ] встречается главным образом в ударном слоге.

[æ] — звонкий, не слишком краткий звук, средний между «а» и «о», более открытый, чем «э». При произнесении рот широко открыт.

[eə] — дифтонг, напоминающий не слишком долгий открытый звук, близкий к русскому «э» (в слове «этот»), за которым следует неясный гласный [ə] (примерно за).

[ai] — этот дифтонг похож на русское «ай»; его первый элемент близок к русскому «а» в слове «два». Второй элемент — очень краткий звук [i].

[au] — этот дифтонг похож на русское «ау» (в слове «пауза»). Его первый элемент тот же, что и в [ai]; однако этот звук переходит постепенно в очень краткий звук [u].

[ei] — дифтонг, напоминающий русское «эй». Он состоит из звука [e] и очень краткого звука [i].

[e] — краткий звук, напоминающий «э» в слове «эти», но короче.

[ə] — нейтральный, неясный, безударный гласный звук, напоминающий русский беглый гласный в словах: «комната», «водяной» (в первом слоге).

[i:] — долгий гласный звук, похожий на русское протяжное «и» в словах: «ива», «вижу».

[i] — короткий открытый гласный, напоминающий средний звук между «и» и «ы», похожий на «и» в слове «шить».

[iə] — дифтонг, состоящий из полуоткрытого, полудолгого звука [i] и неясного звука [ə].

[ou] — дифтонг, напоминающий русское «оу». Первый его элемент — полуоткрытый звук «о» — переходит в слабое «у», причём губы слегка округляются, а язык остаётся неподвижным.

[ɔ:] — открытый, долгий гласный, похожий на протяжное русское «о» в слове «бор». При произнесении этого гласного губы округлены (но не выпячены), положение рта почти как при русском «а», однако язык отодвинут назад.

[ɔ] — краткий открытый звук, похожий на русское «о». При произнесении этого звука надо открыть рот как при «о» и, отодвигая язык назад, не выпячивая губ, произнести «о».

[o] — закрытый, краткий (близкий к «у») звук «о» в безударных слогах.

[ə:] — В русском языке нет звука, похожего на [ə:]. При его произнесении надо рот приоткрыть только слегка, губы растянуть, а язык оставить в нейтральном положении.
В закрытом слоге этот гласный орфографически представлен сочетаниями -er, -ir и -ur.

[ɔi] — дифтонг, состоящий из звука [ɔ] и очень краткого [i].

[u:] — долгий гласный, напоминающий протяжно произнесенное русское «у» под ударением, напр.: сук, губка.

— 30 —

При произнесении этого звука губы вперёд не выдвигаются.

[uə] — дифтонг, состоящий из звука [u] и неясного гласного [ə].

[u] — краткий звук, похожий на русский неударный звук «у» в словах: «тупой», «сума».
При произнесении этого звука губы не выдвигаются.

Б. Согласные

Согласные: [b] — б, [f] — ф, [g] — г, [k] — к, [m] — м, [p] — п, [s] — с, [v] — в, [z] — з почти не отличаются от соответствующих русских.

Английские звонкие согласные, в противоположность русским, сохраняют на конце слова свою звонкость и произносятся чётко и энергично.

[r] — произносится только перед гласными, в конце слова только, если следующее слово начинается с гласного.
При произнесении этого звука кончик языка поднят к нёбу и только слегка прикасается к нему выше альвеол.
Английское [r] произносится, в отличие от соответствующего русского звука «р», без раскатистой вибрации языка.

[ʒ] — звук, похожий на смягчённое русское «ж».

[ʃ] — звук, похожий на смягчённое русское «ш».

[θ] — аналогичного звука в русском языке нет.
Для получения этого согласного пропускается струя воздуха между кончиком языка и краем верхних зубов; этот звук приближается к русскому «с» в слове «сын», если его произнести с чуть высунутым языком.

[ð] — отличается от [θ] только присутствием голоса. Следует избегать звука, похожего на русское «з».

[s] — соответствует русскому «с».

[z] — соответствует русскому «з».

[ŋ] — носовой заднеязычный согласный. В русском языке аналогичного звука нет.
(Чтобы научиться произносить этот звук, надо с открытым ртом задней частью спинки языка попробовать произнести «м» так, чтобы воздух проходил не через рот, а через нос.)

[ŋk] — согласный звук, отличающийся от [ŋ] только присутствием [k].

[w] — согласный, похожий на очень краткое русское «у». При произнесении этого звука воздух проходит между губами, которые сначала слегка вытягиваются вперёд, а затем быстро занимают положение, нужное для следующего гласного звука.

[h] — простой, безголосный выдох.

[j] — звук, похожий на русский «й».

[f] — соответствует русскому согласному «ф».

[v] — соответствует русскому согласному «в».

Ударение в английских словах обозначается знаком (') и ставится перед ударным слогом, напр.: onion ('ʌnjən).

В английском языке, кроме слов с ударением на одном слоге, бывают слова с одинаково сильным ударением на двух слогах, напр.: unsound ('ʌn'saund), а также (длинные слова) с главным и побочным ударением, напр.: conglomeration (kən'glɔmə''reiʃn).

Две точки (:) обозначают долготу звука, напр.: ask (ɑ:sk), astir (əs'tə:).

Английский алфавит

a (ei), b (bi:), c (si:), d (di:), e (i:), f (ef), g (dʒi:), h (eitʃ), i (ai), j (dʒei), k (kei), l (el), m (em), n (en), o (ou), p (pi:), q (kju:), r (ɑ:, *Am.* ɑ:r), s (es), t (ti:), u (ju:), v (vi:), w ('dʌblju:), x (eks), y (wai), z (zed, *Am.* zi:).

Американская орфография

отличается от британской главным образом следующим:

1. Вместо **...our** пишется **...or**, напр.: hono*r* = hono*ur*, labo*r* = labo*ur*.

2. Окончанию **...re** соответствует **...er**, напр.: cent*er* = cent*re*, theat*er* = theat*re*, meag*er* = meag*re*; исключения представляют og*re* и слова, оканчивающиеся на ...c*re*, напр.: massac*re*, nac*re*.

3. Вместо **...ce** пишется **...se**, напр.: defen*se* = defen*ce*, licen*se* = licen*ce*.

4. Во всех словах, производных от глаголов, оканчивающихся на **...l** и **...p**, согласная на конце не удваивается, напр.: trave*l* — trave*l*ed — trave*l*er — trave*l*ing, worshi*p* — worshi*p*ed — worshi*p*er — worshi*p*ing. Также и в некоторых других словах вместо двойной пишется одна согласная, напр.: wago*n* = waggo*n*, woo*l*en = woo*ll*en.

5. В некоторых случаях немое e опускается, напр.: abridg*ment* = abridg*e*ment, acknowledg*ment* = acknowledg*e*ment, judg*ment* = judg*e*ment, ax = ax*e*, good-by = good-by*e*.

6. В некоторых словах написанию приставки **en...** предпочитается **in...**, напр.: *in*close = *en*close, *in*snare = *en*snare.

7. Написания æ и œ часто заменяются простым e, напр.: an*e*mia = an*æ*mia, diarrh*e*a = diarrh*œ*a.

8. Немой конечный слог в словах французского происхождения часто опускается, напр.: catalog = catalog*ue*, program = program*me*, prolog = prolog*ue*.

9. Особые случаи:
st*a*nch = st*au*nch, m*o*ld = m*ou*ld, m*o*lt = m*ou*lt, gr*a*y = gr*e*y, pl*ow* = pl*ough*, ski*ll*ful = ski*l*ful, t*i*re = t*y*re.

Американское произношение

отличается от английского главным образом следующим:

1. a: произносится как протяжное æ: в словах ask (æ:sk = a:sk), castle (kæ:sl = ka:sl), grass (græ:s = gra:s), past (pæ:st = pa:st) и т. д.; так же в словах branch (bræ:ntʃ = bra:ntʃ), can't (kæ:nt = ka:nt), dance (dæ:ns = da:ns) и т. д.

2. ɔ произносится как a в таких словах: common ('kamən = 'kɔmən), not (nat = nɔt), on (an = ɔn), rock (rak = rɔk), bond (band = bɔnd) и во многих других.

3. ju: произносится как u:, напр.: due (du: = dju:), duke (du:k = dju:k), new (nu: = nju:).

4. r произносится между предшествующим гласным и последующим согласным звонко, коротко, причём кончик языка оттягивается назад и касается твёрдого нёба несколько выше альвеол, напр.: clerk (klə:rk = kla:k), hard (ha:rd = ha:d); так же и в конце слова, напр.: far (fa:r = fa:), her (hə:r = hə:).

5. Глухие p, t, k в начале безударного слога (следующего за ударным слогом) произносятся звонко, т. е. как b, d, g, напр.: property, water, second.

6. Разница между слогами с сильным и слабым ударением выражена гораздо меньше; в более длинных словах слышится ясно второстепенное ударение, напр.: dictionary ("dikʃə'neri = 'dikʃənri), ceremony ("serə'mouni ='seriməni), inventory ("inven'touri = 'invəntri), secretary ("sekrə'teri = 'sekrətri).

7. Перед, a часто также и после носовых согласных (m, n, ŋ) гласные и дифтонги произносятся с носовым оттенком, напр.: stand, time, small.

Symbols and Abbreviations
Условные знаки и сокращения

1. Symbols — Знаки

□ после английского имени прилагательного или причастия указывает на возможность правильного образования от них наречий путем прибавления суффикса *...ly* или изменения *...le* на *...ly* или *...y* на *...ily*, напр.: rich □ = *richly*; acceptable □ = *acceptably*; happy □ = *happily*.

□ after an English adjective or participle means that from it an adverb may be formed regularly by adding *...ly*, or by changing *...le* into *...ly* or *...y* into *...ily*; as: rich □ = *richly*; acceptable □ = *acceptably*; happy □ = *happily*.

F   *familiar* = *colloquial language* разговорный язык.

P   *popular* просторечие.

  rare, little used редко, малоупотребительно.

†   *obsolete* устаревшее слово, выражение.

  scientific term научный термин.

  botany ботаника.

⊕   *handicraft, engineering* техника.

  mining горное дело.

  military term военное дело.

  nautical term судоходство.

  commercial term торговля.

  railroad, railway железнодорожное дело.

  aviation авиация.

  postal affairs почта.

♪   *musical term* музыка.

△   *architecture* архитектура.

  electrical engineering электротехника.

  jurisprudence юриспруденция.

  mathematics математика.

  farming сельское хозяйство.

  chemistry химия.

  medicine медицина.

&   *and* и.

=   *equal to* равно.

2. Abbreviations — Сокращения

a.   *also* также.

abbr.   *abbreviation* сокращение.

acc.   *accusative (case)* винительный падеж.

adj.   *adjective* имя прилагательное.

adv.   *adverb* наречие.

Am.   *Americanism* американизм.

anat.   *anatomy* анатомия

art.   *article* артикль, член.

ast.   *astronomy* астрономия.

attr.   *attributively* атрибутивное употребление (т. е. в качестве определения).

biol.   *biology* биология.

Brt.   *British (English) usage* британское (английское) словоупотребление.

b. s.   *bad sense* в дурном смысле.

cap.   *capitalized* с большой буквы.

cf.   *compare* сравни́.

ch.   *chess* ша́хматы.

cj.   *conjunction* сою́з.

co.   *comic(ally)* шутли́во.

coll.   *collective (noun)* собира́тельное и́мя (существи́тельное).

com.   *commonly* обыкнове́нно.

comp.   *comparative (degree)* сравни́тельная сте́пень.

compd(s). compound(s) сло́жное сло́во (сло́жные слова́).

cond.   *conditional* усло́вное наклоне́ние.

contp. *contemptuously* пренебрежи́тельно.

cook.   *cookery* кулина́рия.

dat.   *dative (case)* да́тельный паде́ж.

dem.   *demonstrative pronoun* указа́тельное местоиме́ние.

dim.   *diminutive* уменьши́тельная фо́рма.

e.   *endings stressed (throughout)* ударе́ние (сплошь) на оконча́ниях.

eccl.   *ecclesiastical term* церко́вное выраже́ние.

econ.   *economy* эконо́мика.

educ.   *education* шко́ла, шко́льное де́ло, педаго́гика.

e. g.   *for example* наприме́р.

esp.   *especially* осо́бенно.

etc.   *et cetera (and so on)* и т. д. (и так да́лее).

f   *feminine (gender)* же́нский род.

fenc.   *fencing* фехтова́ние.

fig.   *figuratively* в перено́сном значе́нии.

form.   *formerly* пре́жде.

f/pl.   *feminine plural* мно́жественное число́ же́нского ро́да.

fr.   *French* францу́зское сло́во, выраже́ние.

ft.   *future (tense)* бу́дущее вре́мя.

gen.   *genitive (case)* роди́тельный паде́ж.

geogr. *geography* геогра́фия.

geol.   *geology* геоло́гия.

geom.   *geometry* геоме́трия.

ger.   *gerund* геру́ндий.

g/pl.   *genitive plural* роди́тельный паде́ж мно́жественного числа́.

g. pr. (pt.) present (past) gerund дееприча́стие настоя́щего (проше́дшего) вре́мени.

gr.   *grammar* грамма́тика.

hist.   *history* исто́рия.

hunt.   *hunting* охо́та.

imp.   *imperative* повели́тельное наклоне́ние.

impers. impersonal (form), -ly безли́чная фо́рма, безли́чно.

impf.   *imperfective (aspect)* несоверше́нный вид.

(im)pf. imperfective and perfective (aspect) несоверше́нный и соверше́нный вид.

ind(ecl). indeclinable word несклоня́емое сло́во.

inf.   *infinitive* инфинити́в, неопределённая фо́рма глаго́ла.

instr. *instrumental (case)* твори́тельный паде́ж.

int.   *interjection* междоме́тие.

interr. interrogative(ly) вопроси́тельная фо́рма, вопроси́тельно.

iro.   *ironically* ирони́чески.

irr.   *irregular* непра́вильный.

iter.   *iterative, frequentative (aspect)* многокра́тный вид.

ling.   *linguistics* лингви́стика, языкозна́ние.

lit.   *literary* кни́жное выраже́ние.

m   *masculine (gender)* мужско́й род.

metall. metallurgy металлу́ргия.

min.   *mineralogy* минерало́гия.

mot.   *motoring* автомобили́зм.

m/pl.   *masculine plural* мно́жественное число́ мужско́го ро́да.

mst   *mostly* бо́льшей ча́стью.

n   *neuter (gender)* сре́дний род.

no.   *number* но́мер.

nom.   *nominative (case)* имени́тельный паде́ж.

n/pl.   *neuter plural* мно́жественное число́ сре́днего ро́да.

npr.   *proper name (or noun)* и́мя со́бственное.

o. a.   *one another* друг дру́га, друг дру́гу.

obj. *objective* (*case*) объе́ктный паде́ж.

obl. *oblique* (*cases*) ко́свенные падежи́.

oft. *often* ча́сто.

once *semelfactive* (*aspect*) одно-кра́тный вид.

op. *opposite* противополо́жно.

opt. *optics* о́птика.

o. s. *oneself* себя́, себе́, -ся.

p. *participle* прича́стие.

p. *person* лицо́.

P. *person* челове́к.

paint. *painting* жи́вопись.

parl. *parliamentary term* парла́-ментское выраже́ние.

part. 1. *particle* части́ца; 2. *particular*(*ly*) осо́бенно.

part. g. *partitive genitive* роди́тель-ный раздели́тельный.

pers. *pers.* *person*(*al form*) лицо́ (ли́чная фо́рма).

pf. *perfective* (*aspect*) соверше́н-ный вид.

pharm. *pharmacy* фармаце́втика.

phon. *phonetics* фоне́тика.

phot. *photography* фотогра́фия.

phys. *physics* фи́зика.

pl. *plural* мно́жественное число́.

poet. *poetic* поэти́ческое сло́во, выраже́ние.

pol. *politics* поли́тика.

poss. *possessive* (*form*) притяжа́-тельная фо́рма.

p. pr. a. (*p.*) *present participle active* (*passive*) действи́тельное (страда́тельное) прича́стие настоя́щего вре́мени.

p. pt. a. (*p.*) *past participle active* (*passive*) действи́тельное (страда́тельное) прича́стие проше́дшего вре́мени.

pr. *present* (*tense*) настоя́щее вре́мя.

pred(*ic.*) *predicative* предикати́вное употребле́ние (т. е. в ка́че-стве именно́й ча́сти сказу́-емого).

pref. *prefix* приста́вка.

pr(*e*)*s.* *present* (*tense*) настоя́щее вре́мя.

pron. *pronoun* местоиме́ние.

prov. *proverb*(*ial saying*) посло́-вица, погово́рка.

prp. *preposition* предло́г.

prpos. *prepositional* (*case*) предло́ж-ный паде́ж.

psych. *psychology* психоло́гия.

pt. *preterite, past* (*tense*) про-ше́дшее вре́мя.

rad. *radio* ра́дио.

refl. *reflexive* (*form*) возвра́тная фо́рма.

rel. *relative* (form) относи́тель-ная фо́рма.

rhet. *rhetoric* рето́рика.

s. *see* смотри́.

s. b. *somebody* кто́- (кого́-, кому́-) -нибудь.

s. b.'s *somebody's* чей-нибудь.

sg. *singular* еди́нственное число́.

sh. *short* (*predicative*) *form* кра́т-кая фо́рма.

sl. *slang* жарго́н.

Sov. *Soviet term* выраже́ние со-ве́тского пери́ода.

st. *stem stressed* (*throughout*) ударе́ние (сплошь) на осно́-ве́.

s. th. *something* что́-либо.

su. *substantive* и́мя существи́-тельное.

sup. *superlative* превосхо́дная сте́-пень.

surv. *surveying* топогра́фия.

tel. *telegraphy* телегра́ф.

teleph. *telephony* телефо́н.

text. *textiles* тка́ни.

th. *thing* вещь, предме́т.

thea. *theater* теа́тр.

typ. *typography* типогра́фское де́ло.

univ. *university* университе́т.

usu. *usually* обы́чно.

v/aux. *auxiliary verb* вспомога́тель-ный глаго́л.

vb. *verb* глаго́л.

vet. *veterinary* ветерина́рия.

v/i. *verb intransitive* непереход-ный глаго́л.

voc. *vocative* (*case*) зва́тельный паде́ж.

v/refl. *verb reflexive* возвра́тный глаго́л.

v/t. *verb transitive* перехо́дный глаго́л.

zo. *zoology* зооло́гия.

3*

Russian Abbreviations — Русские сокращения

И имени́тельный паде́ж nominative (case).

Р роди́тельный паде́ж genitive (case).

Д да́тельный паде́ж dative (case).

В вини́тельный паде́ж accusative (case).

Т твори́тельный паде́ж instrumental (case).

П предло́жный паде́ж prepositional *or* locative (case).

и т. д. (и так да́лее) *etc.* (*et cetera*).

и т. п. (и тому́ подо́бное) *and the like.*

лат. лати́нский язы́к Latin.

тж. та́кже *also.*

PART ONE

RUSSIAN∙ENGLISH VOCABULARY

A

а 1. *cj.* but, and; а то or else; а что? why so?; 2. *int.* ah!; 3. *part.* F eh?

аб|ажу́р *m* [1] lamp shade; ∼ба́т *m* [1] abbot; ∼ба́тство *n* [9] abbey; ∼за́ц *m* [1] paragraph; ∼онеме́нт *m* [1] subscription; ∼оне́нт *m* [1] subscriber; ∼орда́ж ⚓ *m* [1] grappling, boarding; ∼о́рт *m* [1] abortion; ∼рико́с *m* [1] apricot; ∼солю́тный [14; -тен, -тна] absolute; ∼стра́ктный [14; -тен, -тна] abstract; ∼су́рд *m* [1] absurdity; ∼су́рдный [14; -ден, -дна] absurd; ∼сце́сс *m* [1] abscess.

аван|га́рд *m* [1] advance guard; vanguard; ∼по́ст *m* [1] outpost; ∼с *m* [1] advance(d money); ∼сом (*payment*) in advance; ∼тю́ра *f* [5] adventure; ∼тюри́ст *m* [1] adventurer; ∼тюри́стка *f* [5; *g/pl.*: -ток] adventuress.

ава́р|ийный [14] emergency...; ∼ия *f* [7] accident; wreck.

а́вгуст *m* [1] August.

авиа|бо́мба [*Cf.* ∼ ↓ в *biol.* ∼бо́мба *f* [5] air bomb; ∼констру́ктор *m* [1] aircraft designer; ∼ли́ния *f* [7] airline; ∼ма́тка *f* [5; *g/pl.*: -ток], ∼но́сец *m* [1; -сца] aircraft carrier; ∼по́чта *f* [5] air mail; ∼тра́сса *f* [5] air route; ∼цио́нный [14] air(craft)...; ∼ция *f* [7] aviation; aircraft *pl.*; ∼шко́ла *f* [5] flying school.

аво́сь F perhaps, maybe; на ∼ at random.

австр|али́ец *m* [1; -ийца], ∼али́йка *f* [5; *g/pl.*: -йек], ∼али́йский [16] Australian; ⍩али́я *f* [7] Australia; ∼и́ец *m* [1; -ийца], ∼и́йка *f* [5; *g/pl.*: -йек], ∼и́йский [16] Austrian; ⍩рия *f* [7] Austria.

автобиогр|афи́ческий [16], ∼афи́чный [14; -чен, -чна] autobiographic(al); ∼а́фия *f* [7] autobiography.

авто́бус *m* [1] (motor) bus.

авто|го́нки *f/pl.* [5; *gen.*: -нок] (car) race; ∼гра́ф *m* [1] autograph; ∼жи́р *m* [1] autogiro; ∼заво́д *m* [1] car factory, automobile plant; ∼кра́тия *f* [7] autocracy; ∼магистра́ль *f* [8] highway; ∼ма́т *m* [1] automaton; slot machine; submachine gun; ∼мати́ческий [16], ∼мати́чный [14; -чен, -чна] automatic; ∼ма́тчик *m* [1] submachine gunner; ∼маши́на *f* [5]; ∼моби́ль, ∼моби́лист *m* [1] motorist; ∼моби́ль *m* [4] (motor-)car; го́ночный ∼моби́ль *m* racing car, racer; ∼но́мия *f* [7] autonomy.

а́втор *m* [1] author; ∼изова́ть [7] (*im*)*pf.* authorize; ∼ите́т *m* [1] authority; ∼ский [16] author's; ∼ское пра́во *n* copyright; ∼ство *n* [9] authorship.

авто|ру́чка *f* [5; *g/pl.*: -чек] fountain pen; ∼стра́да *f* [5] (motor, super)highway.

ага́ (a'ha) aha!; (oh,) I see!

Ага́фья *f* [6; *g/pl.*: -фий] Agatha.

аге́нт *m* [1] agent; ∼ство *n* [9], ∼у́ра *f* [5] agency.

агит|ацио́нный [14] agitation..., propaganda...; ∼и́ровать [7], ⟨с-⟩ agitate; ∼ка F *f* [5; *g/pl.*: -ток] (agitation) leaflet; ∼про́п (агитацио́нно-пропаганди́стский отде́л) *m* [1] *pol.* agitation and propaganda department; ∼пу́нкт *m* [1] (*local*) agitation center (*Brt.* -tre).

агра́рный [14] agrarian.

агресс|и́вный [14; -вен, -вна] aggressive; ∼ия *f* [7] aggression.

агрикульту́ра *f* [5] agriculture, агроно́м *m* [1] agriculturist; ∼оми́ческий [16] agronomi(cal); ∼оно́мия *f* [7] agronomy.

ад *m* [1; в -у́] hell.

Ада́м *m* [1] Adam.

ада́птер (-тɛr) ⚡ *m* [1] pickup.

адвока́т *m* [1] lawyer; attorney (at law), *Brt.* barrister; solicitor; ∼у́ра *f* [5] ♣ bar.

адми|нистрати́вный [14] administrative; ∼ни́страция *f* [7] administration; ∼ра́л *m* [1] admiral; ∼ра́лтейство *n* [9] admiralty.

а́дрес *m* [1; *pl.*: -а́, *etc. e.*] address (не по Д at wrong); ∼а́т *m* [1], ∼а́тка *f* [5; *g/pl.*: -ток] addressee; consignee; ∼ный [14]: ∼ный стол *m* register-office; ∼ова́ть [7] (*im*)*pf.* address, direct.

адриати́ческий [16] Adriatic...

а́дский [16] hellish, infernal.

адъюта́нт *m* [1] aide-de-camp.

аз *m* [1 *e.*]: ∼ы́ *pl.* elementaries; F с ∼о́в from scratch.

аза́рт *m* [1] passion, vehemence; hazard; войти́ в ∼ get excited; ∼ный [14; -тен, -тна] hot-tempered, hazardous; venturesome.

а́збу|ка *f* [5] alphabet; ∼чный [14] alphabetic(al); ∼чная и́стина *f* truism.

азербайджа́н|ец *m* [1, -нца] Azerbaijanian; ∼ский [16] Azerbaijan.

ази|а́т *m* [1], ∼а́тка *f* [5; *g/pl.*: -ток], ∼а́тский [16] Asian; Asiatic; ⍩я *f* [7] Asia; Ма́лая ⍩я Asia Minor.

азо́вский [16] Asov...

азо́т *m* [1] nitrogen; ~ный [14] nitric.

а́ист *m* [1] stork; ~овый [14] stork...

ай ah!, oh!

айва́ *f* [5] quince.

акаде́м|ик *m* [1] academician; graduate; ~и́ческий [16] academic; ~ия *f* [7] academy; 2ия нау́к Academy of Sciences; 2ия худо́жеств Academy of Arts.

ака́ция *f* [7] acacia.

акваре́ль *f* [8] water colo(u)r.

акклиматизи́ровать [7] (*im*)*pf.* acclimatize.

аккомпан|еме́нт ♪ *m* [1] accompaniment; ~и́ровать ♪ [7] accompany.

акко́рд ♪ *m* [1] chord; ~ный [14]: ~ная рабо́та *f* piecework.

аккреди́т|ив *m* [1] letter of credit; ~ова́ть [7] (*im*)*pf.* accredit.

аккура́тный [14; -тен, -тна] accurate, punctual; tidy, neat.

акт *m* [1] act(ion); *thea.* act; document; *parl.* bill; ~ёр *m* [1] actor.

акти́в *m* [1] asset(s); body of active functionaries; ~ный [14; -вен, -вна] active.

актри́са *f* [5] actress.

актуа́льный [14; -лен, -льна] topical.

аку́ла *f* [5] shark.

аку́ст|ика *f* [5] acoustics; ~и́ческий [16] acoustic(al).

акуше́р|ка *f* [5; *g/pl.*: -рок] midwife; ~ство *n* [9] midwifery.

акце́нт *m* [1] accent; stress.

акцептова́ть ♥ [7] (*im*)*pf.* accept.

акцио|не́р *m* [1] stockholder, *Brt.* shareholder; ~оне́рный [14] joint-stock (*company*); ~я *f* [7] share; *pl. a.* stock.

албá́н|ец *m* [1; -нца], ~ка *f* [5; *g/pl.*: -нок], ~ский [16] Albanian.

а́лгебра *f* [5] algebra.

алеба́стр *m* [1] alabaster.

Алексе́й *m* [3] Alexis.

але́ть [8] blush, grow crimson; glow.

Алжи́р *m* [1] Algeria; Algiers.

алиме́нты *m/pl.* [1] alimony.

алкого́л|ик *m* [1] alcoholic; ~ь *m* [4] alcohol.

аллего́рический [16] allegorical.

алле́я *f* [6; *g/pl.*: -е́й] avenue, alley.

алма́з *m* [1], ~ный [14] diamond.

алта́рь *m* [4 *e.*] altar.

алфави́т *m* [1] alphabet; ~ный [14] alphabetical.

а́лч|ность *f* [8] greed(iness); ~ый [14; -чен, -чна] greedy (of, for к) ~ый [14 *sh.*] crimson (Д).)

альбо́м *m* [1] album; sketchbook.

альмана́х *m* [1] almanac.

альпини́|зм *m* [1] mountain climbing, Alpinism; ~ст *m* [1], ~стка *f* [5; *g/pl.*: -ток] climber, Alpinist.

'Альпы *f/pl.* [5] Alps.

альт *m* [1 *e.*] alto.

а́льф|а *f* [5]: от ~ы до оме́ги from beginning to end.

алюми́ний *m* [3] aluminium.

Аля́ска *f* [5] Alaska.

амба́р *m* [1] barn; granary.

амбразу́ра *f* [5] embrasure.

амбулато́р|ия *f* [7] ambulance station, dispensary; ~ный [14]: ~ный больно́й *m* outpatient.

Аме́рик|а *f* [5] America; 2а́нец *m* [1; -нца], 2а́нка *f* [5; *g/pl.*: -нок], 2а́нский [16] American.

ами́нь amen.

амнист|и́ровать [7] (*im*)*pf.*, ~ия *f* [7] amnesty.

амортиз|а́ция *f* [7] amortization; ~и́ровать [7] (*im*)*pf.* amortize, pay off.

а́мпула *f* [5] ampoule.

ампут|а́ция *f* [7] amputation; ~и́ровать [7] (*im*)*pf.* amputate.

амуни́ция *f* [7] ammunition.

амфи́бия *f* [7] amphibian.

амфитеа́тр *m* [1] amphitheater (*Brt.* -tre); *thea.* circle.

ана́лиз *m* [1] analysis; ~и́ровать [7] (*im*)*pf.*, ⟨про-⟩ analyze (*Brt.* -se).

ана|логи́чный [14; -чен, -чна] analogous, similar; ~ло́гия *f* [7] analogy; ~на́с *m* [1] pineapple; ~рхия *f* [7] anarchy.

анатом|и́ровать [7] (*im*)*pf.* anatomize; ~и́ческий [16] anatomical; ~ия *f* [7] anatomy.

анга́р *m* [1] hangar.

а́нгел *m* [1] angel.

анги́на *f* [5] quinsy, tonsillitis.

англи́|йский [16] English; ~ча́нин *m* [1; *pl.*: -ча́не, -ча́н] Englishman; ~ча́нка *f* [5; *g/pl.*: -нок] Englishwoman; '2я *f* [7] England.

Андре́й *m* [3] Andrew.

'Анды *f/pl.* [5] Andes.

анекдо́т *m* [1] anecdote.

ане|ми́я *f* [7] anemia; ~стези́я (-nɛstɛ-) *f* [7] anesthesia.

ани́с *m* [1] anise.

Анкара́ *f* [5] Ankara.

анке́та *f* [5] questionnaire; form.

аннекс|и́ровать [7] (*im*)*pf.* annex; ~ия *f* [7] annexation.

аннули́ровать [7] (*im*)*pf.* annul.

ано́д *m* [1] anode; ~ный [14] anodic.

анома́лия *f* [7] anomaly.

анони́мный [14; -мен, -мна] anonymous.

анса́мбль *m* [4] ensemble.

антагони́зм *m* [1] antagonism.

Антаркт|и́да *f* [7] Antarctica; ~ика *f* [5], 2и́ческий [16] Antarctic. (antenna.)

анте́нна (-ntɛn-) *f* [5] aerial; *zo.*)

антиква́р *m* [1] antiquary; dealer in antiquarian goods; ~ный [14] antiquarian.

антило́па *f* [7] antelope.

анти|пати́чный [14; -чен, -чна] antipathetic; ~па́тия *f* [7] antipathy; ~санита́рный [14] insani-

тагу; ～сéптика f [5] antisepsis; antiseptic; ～тéза f [5] antithesis.
античн|ость f [8] antiquity; ～ый [14] antique.
антолóгия f [7] anthology.
Антóн m [1] Anthony; ～ина f [5] Antonia.
антрáкт m [1] intermission, Brt. interval; interlude.
антропóл|ог m [1] anthropologist; ～óгия f [7] anthropology.
анчóус m [1] anchovy.
апат|ичный [14; -чен, -чна] apathetic; ～ия f [7] apathy.
апелл|ировать [7] (im)pf. appeal (to к Д); ～яциóнный [14] (court) of appeal; ～яциóнная жáлоба f = ～яция 2½ f [7] appeal.
апельсин m [1] orange.
аплоди|ровать [7], ⟨за-⟩ applaud; ～смéнты m/pl. [1] applause.
апогéй m [3] apogee. [plausc.]
аполитичн|ость f [8] indifference toward(s) politics; ～ый [14; -чен, -чна] indifferent to politics.
апологический [16] apologetic.
апоплéксия f [7] apoplexy.
апóстол m [1] apostle.
апофеóз m [1] apotheosis.
аппарáт m [1] apparatus; camera.
аппéнд|икс m [1] anat. appendix; ～ицит m [1] appendicitis.
аппетит m [1] appetite; приятного ～а! bon appétit!; ～ный [14; -ытен, -ытна] appetizing.
апрéль m [4] April.
аптéка f [5] drugstore, Brt. chemist's shop; ～рь m [4] druggist, Brt. (pharmaceutical) chemist.
арá|б m [1], ～бка f [5; g/pl.: -бок] Arab; ～бский [16] (а. ～вийский [16]) Arabian, Arabic; Arab (Ligue, etc.); ～п † m [1] Moor, Negro.
арбитр m [1] arbiter; umpire; ～áж † m [1] arbitration.
арбýз m [1] watermelon.
Аргентин|а f [5] Argentina; 2ец m [1; -нца], 2ка f [5; g/pl.: -нок], 2ский [16] Argentine.
аргó n [indecl.] argot.
аргумéнт m [1] argument; ～ировать [7] (im)pf. argue.
арéна f [5] arena; sphere.
арéнд|а f [5] lease, rent; сдавáть (брать) в ～у lease (rent); ～áтор m [1] lessee; tenant; ～овáть [7] (im)pf. rent.
арéст m [1] arrest; ～áнт m [1], ～áнтка f [5; g/pl.: -ток] prisoner; ～óвывать [1], ⟨～овáть⟩ [7] arrest.
аристокрáтия f [7] aristocracy.
арифмéт|ика f [7] arithmetic; ～ический [16] arithmetic(al).
áрия f [7] aria; air.
áрка f [5; g/pl.: -рок] arc; arch.
аркáда f [5] arcade.
'Арктик|а f [5] Arctic (Zone); 2-ческий (-'ţi-) [16] arctic.
арматýра f [5] fittings, armature.

Армéния f [7] Armenia.
áрмия f [7] army.
армян|ин m [1; pl.: -мяне, -мян], ～ка f [5; g/pl.: -нок], ～ский [16] Armenian.
аромáт m [1] aroma, perfume, fragrance; ～ический [16], ～ный [14; -тен, -тна] aromatic, fragrant.
арсенáл m [1] arsenal.
артéль f [8] workmen's cooperative association.
артéрия f [7] artery.
артиллéр|ия f [7] artillery; ～ист m [1] artilleryman; ～ийский [16] artillery...
артист m [1] artist(e); actor; ～ка f [5; g/pl.: -ток] artist(e); actress.
артишóк m [1] artichoke.
áрфа f [5] harp.
археóлог m [1] archeologist; ～ический [16] archeologic(al); ～гия f [7] archeology.
архив m [1] archives pl.
архиепископ m [1] archbishop.
архипелáг m [1] archipelago.
архитéкт|ор m [1] architect; ～ýра f [5] architecture; ～ýрный [14] architectonic.
аршин m [1; g/pl.: аршин] arshine (†, = 0.711 m. = 2 ft. 4 in.).
арьергáрд m [1] rear guard.
асбéст m [1] asbestos.
асéптика (-'sε-) f [5] asepsis.
аспирáнт m [1] candidate (for university teacher's/researcher's career).
ассамблéя f [6; g/pl.: -лéй] Генерáльная 2 Организáции Объединённых Нáций United Nations, General Assembly.
ассигновá|ть [7] (im)pf. assign, allocate, allot; ～ние n [12] assignment, allocation, allotment.
ассимил|ировать [7] (im)pf. assimilate (-ся о. s.); ～яция f [7] assimilation.
ассистéнт m [1], ～ка f [5; g/pl.: -ток] assistant.
ассортимéнт m [1] assortment.
ассоци|áция f [7] association; ～ировать [7] (im)pf. associate.
АССР (Автонóмная Совéтская Социалистическая Респýблика f) Autonomous Soviet Socialist Republic.
áстра f [5] aster.
астронóм m [1] astronomer; ～ический [16] astronomic(al); ～ия f [7] astronomy.
асфáльт m [1] asphalt.
атáк|а f [5] attack, charge; ～овáть [7] (im)pf. attack, charge.
атамáн m [1] hetman. [lier.]
ателье (-te-) n [indecl.] studio, atelier.
атлантический [16] Atlantic...
áтлас[1] m [1] atlas.
атлáс[2] m [1] satin.
атлéт m [1] athlete; ～ика f [5] athletics; ～ический [16] athletic.
атмосфéр|а f [5] atmosphere; ～ный [16] atmospheric.
áтом m [1] atom; ～ный [14] atomic.

аттеста́т *m* [1] certificate.

ауди|е́нция *f* [7] audience; ~то́рия *f* [7] lecture hall; audience.

аукцио́н *m* [1] auction (by c P).

Афана́сий *m* [3] Athanasius.

Афганиста́н *m* [1] Afghanistan.

афе́р|а *f* [5] speculation, fraud, shady deal; ~и́ст *m* [1], ~и́стка *f* [5; *g/pl.*: -ток] speculator, swin-

Афи́ны *f/pl.* [5] Athens. [dler.]

афи́ша *f* [5] playbill, poster.

афори́зм *m* [1] aphorism.

'Африка *f* [5] Africa.

африка́н|ец *m* [1; -нца], ~ка *f* [5; *g/pl.*: -нок], ~ский [16] African.

ах ah!; ~ать [1], *once* ⟨~нуть⟩ [20] groan, lament; be amazed.

ацетиле́н *m* [1] acetylene.

аэро|дина́мика *f* [5] aerodynamics; ~дро́м *m* [1] airdrome (*Brt.* aero-); ~навига́ция *f* [7] aerial navigation; ~пла́н *m* [1] airplane (*Brt.* aero-); ~по́рт *m* [1] airport; ~по́чта *f* [5] air mail; ~сни́мок *m* [1; -мка] aerial view; ~ста́т *m* [1] balloon; ~(фото)съёмка *f* [5; *g/pl.*: -мок] aerial photography.

Б

б *s.* бы; б. *abbr.*: бы́вший.

ба́б|а *f* [5] (country)woman; peasant's wife; *fig.* milksop; снежная ~а snowman; ~а-яга́ *f* [5] old witch, hag; ~ий [18] womanish, effeminate; ~ье ле́то *n* Indian summer; ~ьи ска́зки *f/pl.* old wives' tales; ~ка *f* [5; *g/pl.*: -бок] grandmother; повива́льная ~ка midwife; *pl.* knucklebones; ~очка *f* [5; *g/pl.*: -чек] butterfly; ~ушка *f* [5; *g/pl.*: -шек] grandmother; granny; вот тебе́ ~ушка и 'Юрьев день! a pretty business this!

бага́ж *m* [1*e.*] baggage, *Brt.* luggage; ручно́й ~ small baggage; сдать в ~ check one's baggage, *Brt.* register one's luggage; ~ный [14]: ~ный ваго́н *m* baggage car, *Brt.* luggage van.

багров|е́ть [8], ⟨по-⟩ become purple, redden; ~ый [14 *sh.*] purple.

бадья́ *f* [6] bucket, pail, tub.

ба́за *f* [5] base, basis, foundation.

база́р *m* [1] market, bazaar; F revel, row; ~ный [14] market...; *fig.* vulgar, cheap.

ба́зис *m* [1] basis.

байда́рка *f* [5; *g/pl.*: -рок] canoe.

ба́йка *f* [5] baize.

Байка́л *m* [1] (Lake) Baikal.

бак *m* [1] ⚓ forecastle; container, receptacle; tank; boiler.

бакал|е́йный [14]: ~е́йный магази́н *m*, ~е́йная ла́вка *f* grocery, grocer's store (*Brt.* shop); ~е́йные това́ры *m/pl.* = ~е́я; ~е́йщик *m* [1] grocer; ~е́я *f* [6] groceries *pl.*

ба́к|ен *m* [1] beacon; ~енба́рды *f/pl.* [5], ~и *m/pl.* [1; *gen.*: бак] whiskers.

баклажа́н *m* [1] eggplant.

баклу́ш|а *f* [5]: бить ~и F idle, dawdle, fool (away).

бактерио́лог *m* [1] bacteriologist; ~и́ческий [16] bacteriological; ~ия *f* [7] bacteriology.

бакте́рия *f* [7] bacterium. [(П).]

бал *m* [1; на -у́; *pl. e.*] ball (at на)

балага́н *m* [1] booth, show.

балагу́р F *m* [1] joker; ~ить F [13] joke, crack jokes.

балала́йка *f* [5; *g/pl.*: балала́ек] balalaika. [stir up.]

баламу́тить F [15], ⟨вз-⟩ trouble,

бала́нс *m* [1] balance (*a.* ♱); торго́вый ~ balance of trade; ~и́ровать [7] balance; ~овый [14] balance...

балбе́с *m* [1] simpleton, booby.

балда́ *m/f* [5] blockhead, dolt.

балдахи́н *m* [1] canopy.

бале|ри́на *f* [5] (female) ballet dancer; ~т *m* [1] ballet.

ба́лка *f* [5; *g/pl.*: -лок] beam; hollow.

балка́нский [16] Balkan...

балко́н *m* [1] balcony.

балл *m* [1] grade, mark; point.

балла́да *f* [5] ballad.

балла́ст *m* [1] ballast.

баллисти́ческий [16] ballistic.

балло́н *m* [1] balloon.

баллоти́р|овать [7] ballot; ~о́вка *f* [5; *g/pl.*: -вок] vote, poll.

балов|а́нный [14 *sh.*] spoilt; ~а́ть [7] (*a.* -ся) be naughty, trifle; ⟨из-⟩ spoil, coddle; '~ень *m* [4; -вня] darling, pet; ~ни́к *m* [1 *e.*] urchin, brat; ~ни́ца *f* [5] tomboy; ~ство́ *n* [9] naughtiness, spoiling, trifling.

балти́йский [16] Baltic...

бальза́м *m* [1] balm; ~и́ровать [7], ⟨на-⟩ embalm.

балюстра́да *f* [5] balustrade.

бамбу́к *m* [1] bamboo.

бана́ль|ность *f* [8] banality; commonplace; ~ный [14; -лен, льна] banal, trite.

бана́н *m* [1] banana.

ба́нда *f* [5] gang.

банда́ж *m* [1*e.*] bandage; truss.

бандеро́ль *f* [8] (postal) wrapper.

банди́т *m* [1] bandit, gangster.

банк *m* [1] bank; ~а *f* [5; *g/pl.*: -нок] jar; can, *Brt.* tin.

банке́т *m* [1] banquet.

банки́р *m* [1] banker.

банкно́т *m* [1], ~а *f* [5] bank note.

банкро́т *m* [1] bankrupt; ~иться [15], ⟨o-⟩ go bankrupt; ~ство *n* [9] bankruptcy.

бант *m* [1] bow.

ба́нщ|ик *m* [1], ~ица *f* [5] attendant (at baths).

ба́ня *f* [6] bath(s).

бар *m* [1] saloon, (snack) bar.

бараба́н *m* [1] drum; ~ить [13], ⟨про-⟩ (beat the) drum; ~ный [14]: ~ный бой *m* beat of the drum; ~ная перепо́нка *f* eardrum; ~щик *m* [1] drummer.

бара́к *m* [1] barracks, hut.

бара́н *m* [1] wether; ⚥ ram; ~ий [18] wether...; согну́ть в ~ий рог bully, intimidate; ~ина *f* [5] mutton; ~ка *f* [5; *g/pl.*: -нок] (*kind of*) round cracknel.

барахло́ *n* [9] junk, *Brt.* lumber.

бара́хтаться F [1] flounce, flounder.

бара́шек *m* [1; -шка] lamb(skin).

барбари́с *m* [1] barberry.

барелье́ф *m* [1] bas-relief.

Ба́ренцово [19]: ~ мо́ре *n* Barents Sea.

ба́ржа *f* [5] barge. [Sea.]

ба́рий *m* [3] barium.

ба́рин *m* [1; *pl.*: ба́ре *or* ба́ры, бар] nobleman; landlord; master; sir.

барито́н *m* [1] baritone.

ба́рка ⚓ *f* [5; *g/pl.*: -рок] bark, barque; ~с ⚓ *m* [1] launch.

баро́метр *m* [1] barometer.

баррика́да *f* [5] barricade.

барс *m* [1] panther.

ба́р|ский [16] lordly; manorial; жить по ~ской но́гу live in grand style; ~ство *n* [9] the noble class; gentility; idleness; haughtiness.

барсу́к *m* [1e.] badger.

ба́рхат *m* [1] velvet; ~ный [14] velvet(y).

ба́рщина *f* [5] statute labo(u)r, corvée.

ба́рын|я *f* [6] lady; mistress; madam, ma'am.

бары́ш *m* [1e.] profit, gain(s); ~ник *m* [1] forestaller; horsedealer; ~ничать [1] buy up, practise usury; ~ничество *n* [9] forestallment.

ба́рышня *f* [6; *g/pl.*: -шень] young lady; miss.

барье́р *m* [1] barrier.

бас *m* [1; *pl. e.*] bass.

баск *m* [1] Basque.

баскетбо́л *m* [1] basketball.

басно|пи́сец *m* [1; -сца] fabulist; ~сло́вный [14; -вен, -вна] fabulous, incredible.

ба́сня *f* [6; *g/pl.*: -сен] fable.

басо́н *m* [1] galloon, lace.

бассе́йн *m* [1] basin; region; ~ для пла́вания swimming-pool.

ба́ста that will do; no more of this!

баста́рд *m* [1] bastard; hybrid.

бастио́н *m* [1] bastion. [strike.]

бастова́ть [7], ⟨за-⟩ (be ⟨go⟩ on)]

батальо́н *m* [1] battalion; ~ный [14] battalion...; ~ный (команди́р) battalion commander.

батаре́|йка *f* [5; *g/pl.*: -ре́ек] flashlight (*Brt.* torch, pocket lamp); ~я ⚔, ⚡ *f* [6; *g/pl.*: -е́й] battery.

бати́ст *m* [1] cambric; ~овый [14] of cambric. [hand.]

батра́к *m* [1e.] day labo(u)rer, farm]

ба́тюшк|а *m* [5; *g/pl.*: -шек] father, papa; priest; (*F address*) dear friend, old boy; как вас по ~е? what's your father's name?; ~и (мой)!, ~и све́ты! good gracious!, o(h) dear!

бахва́л P *m* [1] braggart; ~иться [13] boast, brag; ~ьство *n* [9] brag(ging), vaunt.

бахрома́ *f* [5] fringe.

бахчево́дство *n* [9] melon-growing.

баци́лла *f* [5] bacillus. [ing.]

ба́шенка *f* [5; *g/pl.*: -нок] turret.

бышка́ P *f* [5] head, noddle.

башлы́к *m* [1e.] (*kind of*) hood.

башма́к *m* [1e.] shoe; clog; drag; быть под ~о́м be henpecked.

ба́шня *f* [6; *g/pl.*: -шен] tower; ⚔ turret, cupola.

баю́кать [1], ⟨у-⟩ lull.

бая́н *m* [1] (*kind of*) accordion.

бде́ние *n* [12] wake(fulness); care.

бди́тель|ность *f* [8] vigilance; ~ный [14; -лен, -льна] vigilant, watchful.

бег *m* [1; на бегу́] run(ning); *pl.* [бега́, *etc. e.*] race(s); escape; барье́рный ~ hurdle race; эстафе́тный ~ relay race; на ~у́ while running; *s.* бего́м.

бе́га́нье *n* [12] running (*a. for. s. th.*, on business); ~ на конька́х skating.

бе́гать [1], ⟨по-⟩ run (around); F shun (*a. p. or* P); *fig.* run after (*a* p. за T); ~ взапу́ски F race, vie in a]

бегемо́т *m* [1] hippopotamus. [run.]

бегле́ц *m* [1e.] runaway.

бе́гл|ость *f* [8] fluency, agility; cursoriness; ~ый [14] fluent, agile; cursory; fugitive.

бег|ово́й [14] race...; ~о́м in full career; ~отня́ *f* [6] running about, bustle; ~ство *n* [9] flight (put to обрати́ть в B), escape, stampede.

бегу́н *m* [1e.] runner; trotter.

бед|а́ *f* [5; *pl.*: бе́ды] misfortune, disaster, mischief; что за ~а́? what does it matter?; не ~а́ it doesn't matter!; ~а́ не велика́ there's no harm in that; в то́м-то и ~а́ that's the trouble; на ~у́ F unluckily; ~а́ как F awfully; ~не́нький [16] poor, pitiable; ~не́ть [8], ⟨o-⟩ grow (become) poor; ~ность *f* [8] poverty; ~нота́ *f* [5] the poor *coll.*; ~ный [14; -ден, -дна́, -дно] poor (in T); ~ня́га F [5], ~ня́жка *m/f* [5; *g/pl.*: -жек] poor fellow, wretch; ~ня́к *m* [1e.] poor man, pauper; small farmer.

бедро n [9; pl.: бёдра, -дер, -драм] thigh; hip; loin.

бе́дств|енный [14 sh.] disastrous, miserable; ~енное положе́ние n distress, emergency; ~ие n [12] distress, disaster; ~овать [7] suffer want, live in misery.

бежа́ть [4; бегу́, бежи́шь, бегу́т; беги́!; бегу́щий], ⟨по-⟩ (be) run (-ning, etc.); flee; avoid, shun (a. p. от P); ~ сломя́ го́лову F run for one's life or head over heels.

бе́жевый [14] beige.

бе́жен|ец m [1; -нца], ~ка f [5; g/pl.: -нок] refugee.

без, ~о (P) 1. without, ...less; out of (work); 2. less (with quantities); 3. to (with time): ~о всего́ without anything; ~ вас ... a. ... while you were out.

безала́берный F [14; -рен, -рна] slovenly, disorderly.

безалкого́льный [14] nonalcoholic.

безапелляцио́нный [14; -о́нен, -о́нна] unappealable; peremptory.

безбе́дный [14; -ден, -дна] well off.   [[1] stowaway.)

безбиле́тный [14]: ~ пассажи́р m ⟩

безбо́ж|ие n [12], ~ность f [8] atheism, ungodliness; ~ник m [1], ~ница f [5] atheist; ~ный [14; -жен, -жна] atheistic, godless, impious; unscrupulous; F awful.

безболе́зненный [14 sh.] painless.

безборо́дый [14] beardless.

безбоя́зненный [14 sh.] fearless.

безбра́ч|ие n [12] celibacy; ~ный [14; -чен, -чна] unmarried.

безбре́жный [14; -жен, -жна] shoreless, boundless.

безве́рие n [12] unbelief. [known.)

безве́стный [14; -тен, -тна] un-)

безве́тр|енный [14 sh.] ~ие n [12] calm.   [guiltless, innocent.)

безви́нный [14; -инен, -инна]

безвку́с|ие n [12], ~ица f [5] tastelessness, bad taste; ~ный [14; -сен, -сна] tasteless, insipid.

безвла́стие n [12] anarchy.

безво́дный [14; -ден, дна] arid.

безвозвра́тный [14; -тен, -тна] irretrievable.

безвозду́шный [14] void of air.

безвозме́здный [-mezn-] [14] gratuitous; without compensation.

безволо́сый [14] hairless, bald.

безво́льный [14; -лен, -льна] lacking willpower, weak-willed.

безвре́дный [14; -ден, -дна] harmless.

безвре́менный [14] premature.

безвы́ездный [14] (-jiznyj) permanent.

безвы́ходный [14; -ден, -дна] 1. continual; 2. desperate, hopeless.

безголо́вый [14] headless; stupid; forgetful.

безгра́мотн|ость f [8] illiteracy, ignorance; ~ый [14; -тен, -тна] illiterate; faulty.

безграни́чный [14; -чен, -чна] boundless, unlimited.

безда́рный [14; -рен, -рна] untalented, dull; bungling.

безде́йств|ие n [12] inactivity; ~овать [7] be inactive, idle.

безде́л|ица f [5], ~ка f [5; g/pl.: -лок], ~ушка f [5; g/pl.: -шек] trifle; (k)nick-(k)nack.

безде́ль|е n [12] idleness; ~ник m [1], ~ница f [5] idler; good-for--nothing; ~ничать [1] idle, lounge.

безде́нежье n [10] want of money.

безде́тный [14; -тен, -тна] childless.

безде́ятельный [14; -лен, -льна] inactive.

бе́здна f [5] abyss; fig. F lots (of).

бездо́мный [14; -мен, -мна] homeless.

бездо́нный [14; -до́нен, -до́нна] bottomless; fig. unfathomable.

бездоро́ж|ье n [12] impassability; ~ный [14; -жен, -жна] impassable.

бездохо́дный [14; -ден, -дна] unprofitable.

безду́шный [14; -шен, -шна] soulless; heartless.

безжа́лостный (bi33-sn-) [14; -тен, -тна] ruthless.

безжи́зненный (bi33-) [14 sh.] lifeless; fig. dull.

безрабо́тный [14; -тен, -тна] careless; carefree.

безаве́тный [14; -тен, -тна] unselfish; unreserved.

беззако́н|ие n [12] lawlessness; anarchy; ~ность f [8] illegality; ~ный [14; -о́нен, -о́нна] illegal; lawless.

беззасте́нчивый [14 sh.] shameless; impudent; unscrupulous.

беззащи́тный [14; -тен, -тна] defenseless; unprotected.

беззвёздный (-zn-) [14; -ден, -дна] starless.

беззву́чный [14; -чен, -чна] soundless; silent; mute.

безземе́льный [14] landless.

беззло́бный [14; -бен, -бна] good--natured.

беззу́бый [14] toothless.

безли́чный [14; -чен, -чна] impersonal.

безлю́дный [14; -ден, -дна] deserted, uninhabited.

безме́рный [14; -рен, -рна] immeasurable; immense.

безмо́зглый F [14] brainless, stupid.

безмо́лв|ие n [12] silence; ~ный [14; -вен, -вна] silent.

безмяте́жный [14; -жен, -жна] quiet, calm; undisturbed.

безнадёжный [14; -жен, -жна] hopeless.

безнадзо́рный [14; -рен, -рна] uncared for.

безнака́занный [14 sh.] unpunished, with impunity.

безнали́чный [14]: ~ расчёт m † cashless settlement.

безнра́вственный [14 sh.] immoral.

безоби́дный [14; -ден, -дна] inoffensive; harmless.

безо́блачный [14; -чен, -чна] cloudless; serene.

безобра́з|ие n [12] ugliness; deformity; mess; disgrace; ~ие! scandalous!, shocking!; ~ничать [1] behave in an improper or mischievous manner; ~ный [14; -зен, -зна] ugly; deformed; shameful, disgusting, abominable; indecent, mischievous.

безогово́рочный [14; -чен, -чна] unconditional.

безопа́с|ность f [8] safety; security; Сове́т ~ности Security Council; ~ный [14; -сен, -сна] safe, secure (from от P); ~ная бри́тва f safety razor.

безору́жный [14; -жен, -жна] unarmed; defenseless.

безостано́вочный [14; -чен, -чна] continuous; nonstop...

безотве́тный [14; -тен, -тна] without response; humble; dumb.

безотве́тственный [14 sh.] irresponsible.

безотлага́тельный [14; -лен, -льна] undelayable, urgent.

безотра́дный [14; -ден, -дна] desolate, wretched.

безотчётный [14; -тен, -тна] unaccountable; unconscious, involuntary.

безоши́бочный [14; -чен, -чна] faultless.

безрабо́т|ица f [5] unemployment; ~ный [14] unemployed.

безразли́ч|не n [12] (к Д) indifference (to, toward); ~ный [14; -чен, -чна] indifferent; э́то мне ~но it is all the same to me.

безрассу́дный [14; -ден, -дна] thoughtless, reckless, rash.

безрезульта́тный [14; -тен, -тна] futile, vain.

безро́потный [14; -тен, -тна] humble, meek, submissive.

безрука́вка f [5; g/pl.: -вок] sleeveless jacket, waistcoat.

безуда́рный [14; -рен, -рна] unstressed.

безуде́ржный [14; -жен, -жна] unrestrained; impetuous.

безукори́зненный [14 sh.] irreproachable, unobjectionable.

безу́м|ец m [1; -мца] madman, lunatic; madcap; ~ие n [12] madness, folly; ~ный [14; -мен, -мна] mad, insane; nonsensical, absurd; rash.

безумо́лчный [14; -чен, -чна] incessant, uninterrupted.

безу́мство n [9] folly.

безупре́чный [14; -чен, -чна] blameless, irreproachable.

безусло́в|но certainly, surely; ~ный [14; -вен, -вна] absolute, unconditional.

безуспе́шный [14; -шен, -шна] unsuccessful.

безуста́нный [14; -а́нен, -а́нна] incessant; indefatigable.

безуте́шный [14; -шен, -шна] disconsolate, inconsolable.

безуча́стный [14; -тен, -тна] indifferent.

безымя́нный [14] anonymous; ~ па́лец m ring finger.

безыску́сственный [14 sh.] unaffected, unsophisticated.

безысхо́дный [14; -ден, -дна] hopeless, desperate.

бейсбо́л m [14] baseball.

бека́с m [14] snipe.

белёсый [14] whitish.

беле́ть [8], ⟨по-⟩ grow or turn white; impf. (a. -ся) appear or show white.

белизна́ f [5] whiteness.

белёна n/pl. [9] ccruse.

бели́ть [13; белю́, бе́лишь; белён-ный] 1. ⟨вы-⟩ bleach; 2. ⟨на-⟩ paint (white); 3. ⟨по-⟩ whitewash.

бе́лка f [5; g/pl.: -лок] squirrel.

беллетри́стика f [5] fiction.

бело|боро́дый [14] white-bearded; ~брысый F [14] flaxen-haired.

белова́тый [14 sh.] whitish.

бело|ви́к m [1 e.], **~во́й** [14]: ~во́й экземпля́р m fair copy; ~воло́сый [14] white-haired; ~гварде́ец m [1; -е́йца] White Guard (member of troops fighting against the Red Guards and the Red Army in the Civil War 1918-1920); ~голо́вый [14] white-headed. [(of egg or eye).]

бело́к m [1; -лка́] albumen; white|

бело|кали́льный [14] white hot; ~кро́вие n [12] leukemia; ~ку́рый [14 sh.] blond, fair; ~ру́с m [1], ~ру́ска f [5; g/pl.: -сок] Byelorussian, White Russian; Ωру́ссия f [7] Byelorussia, White Russia; ~ру́сский [16] Byelorussian; ~сне́жный [14; -жен, -жна] snow-white; ~шве́йка f [5; g/pl.: -швее́к] seamstress.

белу́га f [5] sturgeon.

бе́л|ый [14; бел, -á, -o] white; light; fair; secular; ~ый свет m (wide) world; ~ые стихи́ m/pl. blank verse; средь ~а дня F in broad day-light.

бельг|и́ец m [1; -ги́йца], ~и́йка f [5; g/pl.: -ги́ек], ~и́йский [16] Belgian; Ωгия f [7] Belgium.

бельё n [12] linen; ни́жнее ~ underwear.

бельм|о́ n [9; pl.: бельма́, бельм] wall-eye; pl. goggle-eyes; вы́пучить ~а F stare; он у меня́ как ~о́ на глазу́ he is an eyesore to me.

бельэта́ж m [1] thea. dress circle; second (Brt. first) floor.

бемо́ль ♪ *m* [4] flat.

бенефи́с *m* [1] benefit(-night).

бензи́н *m* [1] benzine; gasoline, *Brt.* petrol.

бензо|ба́к *m* [1] gasoline *or* petrol tank; ᴧколо́нка (*a.* ᴧзапра́вочная коло́нка) *f* [5; *g/pl.*: -нок] filling station; ᴧл *m* [1] benzol.

бенуа́р *m* [1] *thea.* parterre box.

бе́рег *m* [1; на -гу́; *pl.*: -ра́, *etc. е.*] bank, shore, coast; land; вы́йти (выступить) из ᴧо́в overflow the banks; приста́ть к ᴧу land; ᴧово́й [14] coast(al); shore... ᴧово́е судохо́дство *n* coasting.

бережли́вый [14 *sh.*] economical.

бе́режный [14; -жен, -жна] cautious, careful.

берёза *f* [5] birch.

берёзовый [14] birch(en).

берéйтор *m* [1] horse-breaker.

бере́мен|ная [14] pregnant; ᴧность *f* [8] pregnancy.

берéт *m* [1] cap, beret.

бере́чь [26 г/ж: берегу́, бережёшь] 1. ⟨по-⟩ guard, watch (over); 2. ⟨по-, с-⟩ spare, save, take care of; 3. ⟨с-⟩ [сбережённый] keep; preserve; -ся take care (of о П); береги́сь! take care!, look out!, attention!

Бéрингов [19]: ~ проли́в *m* Bering Strait; ᴧо мо́ре *n* Bering Sea.

берло́га *f* [5] bear's lair; den.

берцо́|вый [14]: ᴧвая кость *f* shin-⟩

бес *m* [1] demon. [bone.⟩

бесéд|а *f* [5] conversation, talk; conference, discussion; ᴧка *f* [5; *g/pl.*: -док] arbo(u)r, summerhouse; ᴧовать [7] converse.

бесёнок *m* [2; -нка; *pl.*: бесеня́та] imp.

беси́ть F [15], ⟨вз-⟩ [взбешённый] enrage, madden; -ся (fly into a) rage; romp.

бесконе́ч|ность *f* [8] infinity; до ᴧности endlessly; ᴧный [14; -чен, -чна] endless, infinite; unlimited, boundless; eternal; ᴧно ма́лый **A̸** infinitesimal.

бескоры́ст|ие *n* [12] unselfishness; ᴧный [14; -тен, -тна] disinterested.

бескро́в|ие *n* [12] an(a)emia; ᴧный [14; -вен, -вна] an(a)emic; bloodless.

бесно́в|атый [14] possessed, demoniac; ᴧться [7] rage, rave.

бесо́вщина *f* [5] devilry.

беспа́мят|ность *f* [8] forgetfulness; ᴧный [14; -тен, -тна] forgetful; unconscious; ᴧство *n* [9] unconsciousness, swoon.

беспарти́йный [14] (*pol.*) independent; non-party (man).

беспереб́ойный [14; -бо́ен, -бо́йна] uninterrupted, smooth.

беспереме́нный [14] invariable; unalterable.

беспереса́дочный [14] through...

беспе́ч|ность *f* [8] carelessness; ᴧный [14; -чен, -чна] careless.

беспла́т|ный [14; -тен, -тна] free (of charge), gratuitous; ᴧно gratis.

беспло́д|ие *n* [12] sterility; ᴧный [14; -ден, -дна] sterile; fruitless, vain.

бесповоро́тный [14; -тен, -тна] unalterable, irrevocable.

бесподо́бный [14; -бен, -бна] incomparable, matchless.

беспозвоно́чный [14] invertebrate.

беспоко́|ить [13], ⟨(п)о-⟩ upset, worry; disturb, bother, trouble; -ся worry, be anxious (about о П); ᴧйный [14; -ко́ен, -ко́йна] restless; uneasy; ᴧйство *n* [9] unrest; trouble; anxiety; прости́те за ᴧйство sorry to (have) trouble(d) you.

бесполе́зный [14; -зен, -зна] useless.

беспо́мощный [14; -щен, -щна] helpless.

беспоро́чный [14; -чен, -чна] blameless, irreproachable.

беспоря́до|к *m* [1; -дка] disorder, mess; *pl.* disorders; ᴧчный [14; -чен, -чна] disorderly, incoherent.

беспоса́дочный [14]: ᴧ перелёт nonstop flight.

беспо́шлинный [14] duty-free.

беспоща́дный [14; -ден, -дна] pitiless, ruthless, relentless.

беспреде́льный [14; -лен, -льна] boundless, infinite, unlimited.

беспрекосло́вный [14; -вен, -вна] absolute, unquestioning, implicit.

беспрепя́тственный [14 *sh.*] unhampered, unhindered.

беспреры́вный [14; -вен, -вна] uninterrupted, continuous.

беспреста́нный [14; -а́нен, -а́нна] incessant, continual.

беспри́быльный [14; -лен, -льна] unprofitable.

беспризо́рн|ик *m* [1] waif, stray; ᴧый [14; -рен, -рна] homeless, uncared-for.

беспримéрный [14; -рен, -рна] unprecedented, unparalleled.

беспринци́пный [14; -пен, -пна] unprincipled, unscrupulous.

беспристра́ст|ие *n* [12] impartiality; ᴧный (-sn-) [14; -тен, -тна] impartial, unprejudiced, unbias(s)ed.

беспричи́нный [14; -и́нен, -и́нна] groundless; unfounded.

бесприю́тный [14; -тен, -тна] homeless.

беспробу́дный [14; -ден, -дна] deep (*about sleep*); unrestrained.

беспро́волочный [14] wireless.

беспросве́тный [14; -тен, -тна] pitch-dark; *fig.* hopeless.

беспроце́нтный [14] without charge for interest. [lute.⟩

беспу́тный [14; -тен, -тна] disso-⟩

бессвя́зный [14; -зен, -зна] incoherent, rambling.

бессерде́чный [14; -чен, -чна] heartless, unfeeling, callous.

бесси́|лие n [12] debility; impotence; ~льный [14; -лен, -льна] weak, powerless, impotent.

бесслáвный [14; -вен, -вна] infamous, disgraceful, inglorious.

бесслéдный [14; -ден, -дна] without leaving a trace, entire.

бессловéсный [14; -сен, -сна] speechless, dumb; taciturn.

бессмéрт|ие n [12] immortality; ~ный [14; -тен, -тна] immortal.

бессмы́сл|енный [14 sh.] senseless, dull; ~ица f [5] nonsense.

бессовéстный [14; -тен, -тна] unscrupulous.

бессодержáтельный [14; -лен, -льна] empty, insipid, dull.

бессознáтельный [14; -лен, -льна] unconscious.

бессóнн|ица f [5] insomnia; ~ый [14] sleepless.

бесспóрный [14; -реп, -рпа] indisputable; doubtless, certain.

бессрóчный [14; -чен, -чна] termless, not limited in time.

бесстрáст|ие n [12] dispassionateness, calmness; ~ный [14; -тен, -тна] dispassionate, composed.

бесстрáш|ие n [12] fearlessness; ~ный [14; -шен, -шна] fearless, intrepid.

бессты́д|ный [14; -ден, -дна] shameless, impudent; indecent; ~ство n [9] impudence, insolence.

бессчётный [14] innumerable.

бесталáнный [14; -áнен, -áнна] 1. untalented; 2. ill-fated. [dodger.\

бéстия f [7] brute, beast; rogue,

бестолкóв|щина f [5] nonsense; mess; confusion; ~ый [14 sh.] absurd, confused.

бестрéпетный [14; -тен, -тна] intrepid, undaunted.

бесхи́тростный [14; -тен, -тна] artless, naïve, ingenuous, unsophisticated.

бесхозя́йствен|ность f [8] mismanagement; ~ный [14] thriftless.

бесцвéтный [14; -тен, -тна] colo(u)rless. [aimless.\

бесцéльный [14; -лен, -льна]

бесцéн|ный [14; -énен, -énна] invaluable, priceless; ~ок: за ~ок F for a song or a trifling sum.

бесцеремóнный [14; -óнен, -óнна] unceremonious, bold, inconsiderate.

бесчеловéч|ие n [12], ~ность f [8] inhumanity; ~ный [14; -чен, -чна] inhuman, cruel.

бесчéст|ный [14; -тен, -тна] dishonest; dishono(u)rable; ~ье n [10] dishono(u)r, disgrace.

бесчи́нство n [9] excess, outrage; ~вать [7] behave outrageously.

бесчи́сленный [14 sh.] innumerable, countless.

бесчу́вств|енный (bi'ʃtʃustv-) [14 sh.] insensible, callous, hard-hearted; ~ие n [12] insensibility; unconsciousness, swoon.

бесшабáшный F [14; -шен, -шна] reckless, careless; wanton.

бесшу́мный [14; -мен, -мна] noiseless, quiet.

бетóн m [1] concrete; ~и́ровать [7], ⟨за-⟩ concrete; ~ный [14] concrete...

бечёвка f [5; g/pl.: -вок] string.

бéшен|ство n [9] 1. ⚕ hydrophobia; 2. fury, rage; ~ый [14] 1. rabid; 2. furious, frantic, wild; 3. enormous.

библéйский [14] Biblical; Bible...

библиографи́ческий [16] bibliographic(al).

библиотé|ка f [5] library; ~карь m [4] librarian; ~чный [14] library...

би́блия f [7] Bible.

бив(у)áк m [1] bivouac; стоя́ть ~ом or на ~ах bivouac.

би́вень m [4; -вня] tusk.

бидóн m [1] can.

биéние n [12] beat, throb.

бизóн m [1] bison.

билéт m [1] ticket; card; note, bill; обрáтный ~ round-trip ticket, Brt. return-ticket.

биллиóн m [1] billion, Brt. milliard.

билья́рд m [1] billiards.

бинóкль m [4] binocular(s); glass; театрáльный ~ opera glasses; полевóй ~ field glass.

бинт m [1 e.] bandage; ~овáть [7], ⟨за-⟩ bandage, dress.

биóграф m [1] biographer; ~и́ческий [16] biographic(al); ~ия f [7] biography.

биóлог m [1] biologist; ~и́ческий [16] biological; ~ия f [7] biology.

биохи́мия f [7] biochemistry.

биплáн m [1] biplane.

би́ржа f [5] (stock) exchange; ~ трудá labor registry office, Brt. labour exchange.

бирже|ви́к m [1 e.], stockbroker; ~вóй [14]: ~вóй мáклер ⇒ ~ви́к.

Би́рм|а f [5] Burma; 2áнец m [1; -нца], 2áнка f [5; g/pl.: -нок], 2-áнский [16] Burmese.

бирюзá f [5] turquoise.

бис encore!

би́сер m [1] coll. (glass) beads pl.

биски́т m [1] sponge cake.

би́тва f [5] battle.

бит|кóм s. набитый; ~óк m [1; -ткá] (mince)meat ball.

бить [бью, бьёшь; бей!; би́тый] 1. ⟨по-⟩ beat; churn (butter); 2. ⟨про-⟩ [пробил, -би́ла, пробило] strike (clock); 3. ⟨раз-⟩ [разобью, -бьёшь] break, smash; 4. ⟨y-⟩ shoot, kill; trump (card); 5. no pf. spout; ~ в глазá strike the eye; ~ в набáт,

~ тревóгу sound the alarm (bell) (отбóй the retreat); ~ ключóм 1. bubble; 2. boil over; 3. sparkle; 4. abound in vitality; прóбил егó час his hour has struck; бúтый час m one solid hour; -ся fight; beat (*heart*); drudge, toil; -ся головóй о(б) стéну dash against the rock; -ся об заклáд bet; он бьётся как рýба об лёд he exerts himself in vain.

бифштéкс *m* [1] (beef)steak.

бич *m* [1 *e.*] whip; *fig.* scourge; ~евáть [7] lash, scourge.

благовúд|ный [14; -ден, дна] attractive; *fig.* seemly.

благово|лéние *n* [12] benevolence, goodwill; ~лúть [13] wish (a. р. к Д) well, be kind (to a. p.); deign.

благовóн|ие *n* [12] fragrance; ~ный [14] fragrant.

благовоспúтанный [14 *sh.*] well--bred.

благого|вéйный [14; -вéен, -вéйна] devout, reverent, respectful; ~вéние *n* [12] awe (of), reverence, respect (for) (перед Т); ~вéть [8] (перед Т) worship, venerate.

благодар|úть [13], ⟨по-, от-⟩ (В/за В) thank (a. p. for s. th.); ~ность *f* [8] gratitude; thanks; не стóит ~ности you are welcome, *Brt.* don't mention it; ~ный [14; -рен, -рна] grateful, thankful (to a. p. for s. th. Д/за В); ~я́ (Д) thanks *or* owing to.

благодáт|ный [14]; -тен, -тна] blessed; ~ь *f* [8] blessing.

благодéтель *m* [4] benefactor; ~ница *f* [5] benefactress; ~ный [14; -лен, -льна] beneficent; beneficial.

благодея́ние *n* [12] benefit.

благодýш|ие *n* [12] good nature, kindness; ~ный [14; -шен, -шна] kindhearted, benign.

благожелáтель|ность *f* [8] benevolence; ~ный [14; -лен, -льна] benevolent.

благозвýч|ие *n* [12], ~ность *f* [8] euphony, sonority; ~ный [14; -чен, -чна] sonorous, harmonious.

благонадёжный [14; -жен, -жна] reliable, trustworthy.

благонамéренный [14 *sh.*] well--meaning, well-meant.

благонрáвный [14; -вен, -вна] well-mannered, modest.

благообрáзный [14; -зен, -зна] attractive, comely, sightly.

благополýч|ие *n* [12] well-being, prosperity, happiness; ~ный [14; -чен, -чна] happy; safe.

благоприя́т|ный [14; -тен, -тна] favo(u)rable, propitious; ~ствовать [7] (Д) favo(u)r, promote.

благорáзум|ие *n* [12] prudence, discretion; ~ный [14; -мен, -мна] prudent, judicious.

благорóд|ный [14; -ден, -дна] noble; high-minded, distinguished;

lofty; precious; ~ство *n* [9] nobility.

благосклóнный [14; -óнен, -óнна] favo(u)rable, well-disposed (to [-ward(s)] а р. к Д).

благослов|éние *n* [12] benediction, blessing; ~ля́ть [28], ⟨~úть⟩ [14 *e.*; -влю́, -вúшь] bless.

благосостоя́ние *n* [12] prosperity.

благотворúтельный [14] benefi-cent, charitable.

благотвóрный [14; -рен, -рна] wholesome, salutary.

благоустрóенный [14 *sh.*] well--furnished, comfortable.

благоухá|ние *n* [12] fragrance, odo(u)r; ~ть [1] scent, exhale fra-grance.

благочестúвый [14 *sh.*] pious.

блажéн|ный [14] blissful; ~ство *n* [9] bliss, ~ствовать [7] enjoy felicity.

блаж|úть Р [16 *e.*; -жý, -жúшь] be capricious, cranky; ~нóй Р [14] capricious; preposterous; ~ь F *f* [8] caprice, whim, freak, fancy; folly.

бланк *m* [1] form; letterhead.

блат Р *m* [1] profitable connections; по ~у on the quiet, illicitly, through good connections; ~нóй Р [14] trickster, rogue; ~нóй язы́к *m* thieves' slang, cant.

бледнéть [8], ⟨по-⟩ turn pale.

бледно|вáтый [14 *sh.*] palish; ~лúцый [14 *sh.*] with a pale face.

блéд|ность *f* [8] pallor; ~ный [14; -ден, -днá, -о] pale.

блёк|лый [14] faded, withered; ~нуть [21], ⟨по-⟩ fade, wither.

блеск *m* [1] luster, shine, brilliance, glitter, splendo(u)r.

блест|éть [11; *a.* блéщешь], *once* ⟨блеснýть⟩ [20] shine, glitter; flash; не всё то зóлото, что ~úт all is not gold that glitters; ~ки *pl.* (ˈblɔski) *f/pl.* [5; *gen.:* -ток] spangle; ~я́щий [17 *sh.*] brilliant.

блеф *m* [1] bluff.

блéять [27], ⟨за-⟩ bleat.

ближ|áйший [17] (*s.* блúзкий) the nearest, next; ~е nearer; ~ний [15] near(-by); *su.* fellow creature.

близ (Р) near, close, ~úться [15; 3rd *p. only*] ⟨при-⟩ approach (а р. к Д); ~кий [16; -зок, -зкá, -о; *comp.:* блúже], to, near, close; ~кие *pl.* folk(s), one's family, rela-tives; ~ко от (Р) close to, not far from; ~лежáщий [17] nearby, neighbo(u)ring.

близнéц *m* [1 *e.*] twin.

близорýкий [16 *sh.*] short-sighted.

блúзость *f* [8] nearness, proximity, intimacy.

блин *m* [1 *e.*] pancake.

блистáтельный [14; -лен, -льна] brilliant, splendid, magnificent.

блистáть [1] shine, beam.

блок *m* [1] **1.** bloc, coalition; **2.** pulley.

блок|а́да *f* [5] blockade; **~и́ровать** [7] *(im)pf.* blockade, block up.

блокно́т *m* [1] notebook.

блонди́н *m* [1] blond; **~ка** *f* [5; *g/pl.*: -нок] blonde.

блоха́ *f* [5; *nom/pl. st.*: бло́хи] flea.

блуд *m* [1] licentiousness; **~и́ть** Р 1. [15] roam, wander; 2. [15 *e.*; -жу́, -ди́шь] debauch; **~ли́вый** [14 F *sh.*], **~ный** [14] wanton; **~ный сын** *m* prodigal son.

блужда́|ть [1], ⟨про-⟩ roam, wander; **~ющий огонёк** *m* will-o'-the-wisp; **~ющая по́чка** *f* floating kidney.

блу́з|а *f* [5] blouse, smock; **~ка** *f* [5; *g/pl.*: -зок] (ladies') blouse.

блю́дечко *n* [9; *g/pl.*: -чек] saucer.

блю́до *n* [9] dish; course.

блю́дце *n* [11; *g/pl.*: -дец] saucer.

блюсти́ [25], ⟨со-⟩ observe, preserve, maintain; watch; **~тель** *m* [4], **~тельница** *f* [5] keeper, guardian.

бля́ха *f* [5] metal plate, badge.

боа́ [*indecl.*] **1.** *m zo.* boa; **2.** *n* boa (*wrap*).

боб *m* [1 *e.*] bean; haricot; оста́ться на **~а́х** have one's trouble for nothing.

бобёр *m* [1; -бра́] beaver (*fur*).

бобби́на *f* [5] bobbin, spool, reel.

бобо́в|ый [14]: **~ые расте́ния** *n/pl.* legumes.

бобр *m* [1 *e.*], **~о́вый** [14] beaver.

бо́бслей *m* [3] bobsleigh.

бобы́ль *m* [4 *e.*] landless peasant; *fig.* solitary man, (old) bachelor.

бог (box) *m* [1; *voc.*: бо́же; *from g/pl. e.*] God; god, idol; **~ весть**, **~** (его́) зна́ет F God knows; бо́же (мой)! oh God! good gracious!; **дай ~** God grant; I (let's) hope (so); ей-**~у** I by a God!; **ра́ди ~а** for God's (goodness') sake; **сохрани́** (не дай, изба́ви, упаси́) **~** (бо́же) God forbid!

богат|е́ть [8], ⟨раз-⟩ grow (become) rich; **~ство** *n* [9] wealth; **~ый** [14 *sh.*; *comp.*: бога́че] rich (in Т), wealthy.

богаты́рь *m* [4 *e.*] hero; athlete.

бога́ч *m* [1 *e.*] rich man.

Боге́м|ия *f* [7] Bohemia; **2ский** [16] Bohemian.

боги́ня *f* [6] goddess.

богома́терь *f* [8] the Blessed Virgin.

бого|мо́лец *m* [1; -льца], **~мо́лка** *f* [5; *g/pl.*: -лок] devotee; pilgrim; **~мо́лье** *n* [10] prayer; pilgrimage.

богоотсту́пник *m* [1] atheist.

богоро́дица *f* [5] the Blessed Virgin, Our Lady.

богосло́в *m* [1] theologian; **~ие** *n* [12] theology, divinity; **~ский** [16] theological. [ice.)

богослуже́ние *n* [12] divine serv-)

боготвори́ть [13] adore, deify.

богоху́ль|ник *m* [1] blasphemer; **~ничать** [1] blaspheme; **~ный** [14] blasphemous; **~ство** *n* [9] blasphemy; **~ствовать** [7] = богоху́льничать.

бода́ть [1], ⟨за-⟩, *once* ⟨бодну́ть⟩ [20] (*a.* **~ся**) butt, gore (*a. o.a.*).

бодр|ость *f* [8] vivacity, sprightliness; **~ствовать** [20] be awake; **~ый** [14; бодр, -á, -о] awake; sprightly, vivacious; brisk; vigorous.

боеви́к *m* [1 *e.*] hit, draw.

боево́й [14] battle..., fighting, war-..., military; live (*shell, etc.*); pugnacious, militant; **~ па́рень** *m* dashing fellow; **~ поря́док** *m* battle array.

бое|припа́сы *m/pl.* [1] ammunition; **~спосо́бный** [14; -бен, -бна] effective.

боёц *m* [1; бойца́] soldier, fighter.

бо́же *s.* бог; **~ский** [16] godlike, divine; **~ственный** [14 *sh.*] divine; **~ство** *n* [9] deity, divinity.

бо́жий [18] God's, divine.

божи́ться [16 *e.*; -жу́сь, -жи́шься], ⟨по-⟩ swear.

бой *m* [3; бо́я, в бою́; *pl.*: бой, боёв, *etc. e.*] battle, combat, fight; брать ⟨взять⟩ бо́ем *or* с бо́ю take by assault (storm); рукопа́шный **~** close fight; **~ часо́в** the striking of a clock; **~ский** [16; бо́ек, бойка́, бо́йко; *comp.*: бо́йч(е)е] brisk, lively, busy; smart, quick, sharp; voluble, glib; **~кость** *f* [8] liveliness, smartness.

бойкоти́ровать [7] *(im)pf.* boycott.

бойни́ца *f* [5] loophole, embrasure.

бо́йня *f* [6; *g/pl.*: бо́ен] slaughterhouse; *fig.* massacre, slaughter.

бок *m* [1; на боку́; *pl.*: бока́, *etc. e.*] side; на **~** сом sideways; **~ ó ~** side by side; **под ~ом** F close by; бара́ний **~** leg of mutton.

бока́л *m* [1] wineglass.

боково́й [14] lateral.

бокс *m* [1] boxing; **~ёр** *m* [1] boxer; **~и́ровать** [7] box.

болва́н *m* [1] dolt, blockhead.

болга́р|ин *m* [4; *pl.*: -ры, -р] Bulgarian; **2ия** *f* [7] Bulgaria; **~ка** *f* [5; *g/pl.*: -рок], **~ский** [16] Bulgarian.

бо́лее (*s.* бо́льше) more (than Р); **~ высо́кий** higher; **~ и́ли ме́нее** more or less; не **~** at (the) most.

боле́зненный [14 *sh.*] sickly, ailing, morbid; painful.

боле́знь *f* [8] sickness (on the score of по Д), illness; disease; (*mental*) disorder; sick (*leave* ... по Д).

боле́льщик *m* [1] *sport:* fan.

боле́ть **1.** [8] be sick, ill (with Т); be anxious (for, about за В о П), apprehensive; **2.** [9; *3rd p. only*] hurt, ache; у меня́ боли́т голова́ (зуб, го́рло) I have a headache (a toothache, a sore throat).

боло́т|истый [14 *sh.*] boggy

swampy; **~ный** [14] bog..., swamp-...; **~**o *n* [9] bog, swamp.

болт *m* [1 *e.*] bolt.

болта́ть [1] 1. ⟨вз-⟩ shake up; 2. (**-ся**) dangle; 3. F ⟨по-⟩ [20] chat (-ter); **~ся** F loaf *or* lounge about.

болтли́вый [14 *sh.*] talkative.

болтовня́ F *f* [6] idle talk, gossip.

болту́н *m* [1; -на́], **~ья** *f* [6] babbler, chatterbox.

боль *f* [8] pain, ache.

больни́|ца *f* [5] hospital; **~чный** [14] hospital...; **~чная ка́сса** *f* sick--fund; **~чный листо́к** *m* medical certificate.

бо́льн|о painful(ly); P very; мне **~**o it hurts me; глаза́м **~**o my eyes smart; **~о́й** [14; бо́лен, больна́] sick, ill (*a. su.*), sore; patient, invalid; *fig.* delicate, burning; tender.

бо́льше bigger; more; **~** всего́ most of all; above all; **~** не ... no more *or* longer; как мо́жно **~** as much as possible; **~ви́зм** *m* [1] Bolshevism; **~ви́к** *m* [1 *e.*], **~ви́чка** *f* [5; *g/pl.*: -чек] Bolshevik, **~ви́стский** (-'vis̸skij) [16] Bolshevist(ic).

бо́льш|ий [17] bigger, greater; **~инство́** *n* [9] majority; most; **~о́й** [16] big, large, great; grownup.

бо́мб|а *f* [5] bomb; **~ардирова́ть** [7] bomb, shell; bombard (*a. fig.*); **~ардиро́вка** *f* [5; *g/pl.*: -вок] bombardment, bombing; **~ардиро́вщик** *m* [1] bomber; **~ёжка** F *f* [5; *g/pl.*: -жек] = **~**ардиро́вка; **~и́ть** [14 *e.*; -блю́, -би́шь; ⟨раз-⟩ бомблённый; ⟨раз-⟩ bomb.

бомбо|во́з *m* [1] = бомбарди-ро́вщик; **~убе́жище** *n* [11] air--raid shelter.

бонбонье́рка *f* [5; *g/pl.*: -рок] bonbonnière, box for candies.

бо́нда́рь *m* [4 *& 4 e.*; *pl. a.* -ря́, *etc. e.*] cooper. [forest; 2. ⚓ boron.]

бор *m* [1] 1. [в бору́] pine wood *or* **бордо́** *n* [*indecl.*] claret.

бордю́р *m* [1] border, trimming.

боре́ц *m* [1; -рца́] fighter; wrestler; *fig.* champion, partisan.

бор|зо́й [14] swift, fleet (*dog*); **~зая** (соба́ка) *f* borzoi, greyhound.

бо́рзый [14; борз, -а́, -о] brisk, swift.

Бори́с *m* [1] Boris (*masc. name*).

бормота́ть [3], ⟨про-⟩ murmur, mutter.

бо́ров *m* [1; *from g/pl. e.*] boar.

борода́ *f* [5; *ac/sg.*: бо́роду; *pl.*: бо́роды, боро́д, -да́м] beard.

борода́вка *f* [5; *g/pl.*: -вок] wart.

борода́|тый [14 *sh.*] bearded; **~ч** *m* [1 *e.*] bearded man.

боро́дка *f* [5; *g/pl.*: -док] small beard; bit (*key*).

борозд|а́ *f* [5; *pl.*: бо́розды, боро́зд -да́м] furrow; **~и́ть** [15 *e.*; -зжу́ -зди́шь], ⟨вз-⟩ furrow.

боро|на́ *f* [5; *ac/sg.*: бо́рону; *pl.*:

бо́роны, боро́н, -на́м] harrow; **~ни́ть** [13], **~нова́ть** [7], ⟨вз-⟩ harrow. [gle (for за R); wrestle.)

боро́ться [17; борю́сь] fight, strug-)

борт *m* [1; на -ту́; *nom/pl.*: -та́] 1. braid, lace; border; 2. board; **~**у́ су́дна on board a ship; бро́сить за **~** throw overboard; челове́к за **~**ом! man overboard!; **~ово́й** [14] board... [soup.)

борщ *m* [1 *e.*] borsch(t), red-beet)

Бо́ря *m* [6] *dim. of* Бори́с.

босико́м barefoot.

босо́й [14; бос, -а́, -о] barefooted; на бо́су но́гу = босико́м.

босоно́гий [16] = босо́й.

Босфо́р *m* [1] Bosporus.

бося́к *m* [1 *e.*] tramp, vagabond.

бота́ни|к *m* [1] botanist; **~ка** *f* [5] botany; **~ческий** [16] botanic(al).

боти́нок *m* [1; *g/pl.*: -нок] shoe, Brt. (lace-)boot.

ботфо́рты *m/pl.* [1] jackboots.

бо́ты *m/pl.* [1; *g/pl. a.* бот] over-)

бо́цман *m* [1] boatswain. [shoes.)

бочар *m* [1 *e.*] cooper.

бо́чка *f* [5; *g/pl.*: -чек] cask, tun.

бочко́м sideway(s), sidewise.

бочо́но|к *m* [1; -нка] (small) barrel; **~чный** [14]: **~**чное пи́во *n* draught beer.

боязли́вый [14 *sh.*] timid, fearful.

боя́знь *f* [8] fear, dread.

боя́р|ин *m* [4; *pl.*: -ре, -р], **~ыня** *f* [6] boyar(d) (*member of old nobility in Russia*).

боя́рышник *m* [1] hawthorn.

боя́ться [боюсь, бои́шься; бо́йся, бо́йтесь!], ⟨по-⟩ be afraid (of P); fear; бою́сь сказа́ть I don't know exactly, I'm not quite sure.

бра́вый [14] brave, courageous.

бразды́ *f/pl.* [5] *fig.* reins.

брази́|лец [1; -льца] Brazilian; 2-лия *f* [7] Brazil; **~льский** [16], **~лья́нка** *f* [5; *g/pl.*: -нок] Brazilian.

брак *m* [1] 1. marriage; matrimony; 2. (*no pl.*) defective articles, spoilage.

бракова́ть [7], ⟨за-⟩ scrap, reject.

бракосочета́ние *n* [12] wedding.

брани́ть [13], ⟨по-, вы́-⟩ scold, rebuke, abuse; **-ся** quarrel, wrangle; swear, curse.

бра́нный [14] 1. abusive; 2. battle-..., military.

бранчли́вый [14 *sh.*] quarrelsome.

брань *f* [8] 1. abuse, quarrel([l]ing); invective; 2. battle, fight.

брасле́т *m* [1] bracelet.

брат *m* [1; *pl.*: бра́тья, -тьев, -тьям] brother; (*address:*) old boy!; ваш **~** F of your kind; наш **~** F (such as) we.

брата́|ние *n* [12] fraternization; **~ться** [1], ⟨по-⟩ fraternize.

бра́тец *m* [1; -тца] dear brother; (*address:*) old fellow!, dear friend!

бра́тия *f* [7] fraternity; friary; ни́щая ~ beggary.

брато|уби́йство *n* [9], **~уби́йца** *m/f* [5] fratricide.

бра́т|ский [16; *adv*.: (по-)бра́тски] brotherly, fraternal; **~ство** *n* [9] brotherhood, fraternity, fellowship.

брать [беру́, -рёшь; брал, -а́, -о; '...бра́нный], ⟨взять⟩ [возьму́, -мёшь, взял, -а́, -о; взя́тый (взят, -а́, -о)] take; ~ напрока́т hire; ~ приме́р (с P) take (a p.) for a model; ~ верх над (T) be victorious over, conquer; ~ на пору́ки be (-come) bail (for B); ~ сло́во take (have) the floor; ~ (с P) сло́во make (s. o.) promise; (свои́ слова́) обра́тно withdraw (one's words); ~ себя́ в ру́ки *fig.* collect o.s., pull o.s. together; ~ на себя́ assume; ~ за пра́вило make it a rule; его́ взяла́ охо́та писа́ть he took a fancy to writing; он взял да сказа́л F he said it without further consideration; возьми́те напра́во! turn (to the) right!; *s. a.* взима́ть; ~ся [бра́лся, -ла́сь, -ло́сь], ⟨взя́ться⟩ [взя́лся, -ла́сь, взяло́сь, взяли́сь] (за B) undertake; set about; take hold of seize; ~ за́ руки join hands; ~ за кни́гу (рабо́ту) set about *or* start reading a book (working); отку́да э́то берётся? where does that come from?; отку́да у него́ де́ньги беру́тся? wherever does he get his money from?; отку́да ни возьми́сь all of a sudden. [jugal.\]

бра́чный [14] matrimonial, conjugal.

бре|вёнчатый [14] log...; **~но́** *n* [9; *pl.*: брёвна, -вен, -внам] log; beam.

бред *m* [1] delirium; **~ить** [15], ⟨за-⟩ rave, talk deliriously (about T); **~ни** *f/pl.* [6; *gen.*: -ней] nonsense, fantasies; raving.

бре́зг|ать [1] (T) disdain; **~ли́вость** *f* [8] squeamishness, disgust; **~ли́вый** [14 *sh.*] squeamish, fastidious (in к Д).

брезе́нт *m* [1] tarpaulin.

бре́зжить [16], **~ся** glimmer; dawn.

бре́мя *n* [13; *no pl.*] burden, load.

бренча́ть [4 *e.*; -чу́, -чи́шь], ⟨за-, про-⟩ clink, jingle; strum.

брести́ [25], ⟨по-⟩ drag, lag; grope.

брешь *f* [8] breach; gap.

брига́|да *f* [5] brigade (a. 💥), team, group of workers; уда́рная ~да shock brigade; **~ди́р** *m* [1] brigadier; foreman.

бри́джи *pl.* [*gen.*: -жей] breeches.

брилли́а́нт *m* [1], **~овый** [14] brilliant.

брита́н|ец *m* [1; -нца] Briton, Britisher; **2ия** *f* [7] Britain; **~ский** [16] British; **2ская Импе́рия** *f* British Empire; **2ские острова́** *m/pl.* British Isles.

бра́т|ва *f* [5] razor; **~венный** [14]: **~венный прибо́р** *m* shaving things.

брить [бре́ю, бре́ешь; брей(те)!; бре́я; брил; бри́тый], ⟨вы́-, по-⟩ shave; **~ся** *v/i.* get shaved, (have a) shave; **~ё** *n* [10] shaving.

бров|ь *f* [8; *from g/pl. e.*] eyebrow; хму́рить **~и** frown; он и **~ью** не повёл F he did not turn a hair; попа́сть не в **~ь**, а в глаз F hit the nail on the head.

брод *m* [1] ford.

броди́ть [15] 1. ⟨по-⟩ wander, roam; 2. (*impers.*) ferment.

бродя́|га *m/f* [5] tramp, vagabond; **~жничать** F [1] stroll, tramp; **~жничество** *n* [9] vagrancy; **~чий** [17] vagrant.

брожёние *n* [12] fermentation; *fig.* agitation, unrest.

бром *m* [1] bromine.

броне|ви́к *m* [1 *e.*] armo(u)red car; **~во́й** [14] armo(u)red; **~но́сец** *m* [1; -сца] battleship; **~по́езд** *m* [1] armo(u)red train; **~та́нковый** [14] armo(u)red; **~та́нковые ча́сти** *f/pl.* armo(u)red troops. [bronze, bronze...\]

бро́нз|а *f* [5] bronze; **~овый** [14]

брони|рова́ть [7], ⟨за-⟩ armo(u)r; **~рова́ть²** [7], ⟨за-⟩ reserve secure.

бро́нх|и *m/pl.* [1] bronchi (*sg.* ~ bronchus); **~и́т** *m* [1] bronchitis.

броня́¹ *f* [6; *g/pl.*: -ней] armo(u)r.

бро́ня² *f* [6; *g/pl.*: -ней] reservation.

броса́ть [1], ⟨бро́сить⟩ [15] throw, (*a.* ⚓) cast, fling (*a.* oneself) (s. th. at B *or* T/в B); leave, abandon, desert; give up, quit, leave off; (*impers.*) break into, be seized with (в B); lay down (*one's* arms); F waste, squander; бро́с(ь)те ...! F (oh) stop ...!; **~ся** dash, rush, plunge, dart (off **~ся бежа́ть**); fall (up)on (на B); go to (в B); **~ся в глаза́** strike the eye.

бро́со|вый [14] catchpenny; under (*price*); **~вый э́кспорт** *m* dump.

брос́о́к *m* [1; -ска́] hurl, throw.

бро́шка *f* [5; *g/pl.*: -шек] brooch.

брошю́|ра *f* [5] brochure, pamphlet; **~рова́ть** [7], ⟨с-⟩ stitch.

брус *m* [1; *pl.*: бру́сья, бру́сьев, бру́сьям] (square) beam; bar; *pl.* (*a.* паралле́льные **~ья**) (*gymnastics*) parallel bars; **~ко́вый** [14] bar...

брусни́ка *f* [5] red bilberry, -ries *pl.*

брусо́к *m* [1; -ска́] 1. bar; 2. (*a.* точи́льный ~) whetstone.

бру́тто [*indecl.*] gross (weight).

брыз|гать [1 *or* 3] *once* ⟨~нуть⟩ [20] splash, spatter, sprinkle; gush; **~ги** *f/pl.* [5] splash, spray.

брыка́|ть [1], *once* ⟨~ну́ть⟩ [20] (*a.* **~ся**) kick.

брюзг|а́ F *m/f* [5] grumbler, griper, grouch; **~ли́вый** [14 *sh.*] morose, sullen, peevish, grouchy; **~жа́ть**

[4 *e.*; -жу́, -жи́шь], ⟨за-⟩ grumble, growl, grouch.

брю́ква *f* [5] turnip.

брю́ки *f/pl.* [5] trousers, pants.

брюне́т *m* [1] brunet; **~ка** *f* [5; *g/pl.:* -ток] brunette.

Брюссе́ль *m* [4] Brussels; **⟨с⟩кий** [16]; **⟨с⟩кая капу́ста** *f* Brussels sprouts.

брю́хо P *n* [9] belly, paunch.

брюш|и́на *f* [5] peritoneum; **~но́й** [14] abdominal; **~но́й тиф** *m* typhoid fever.

бря́кать [1], *once* ⟨бря́кнуть⟩ [20] 1. *v/i.* clink; 2. *v/t.* plump.

бряца́ть [1] clank, jingle; rattle.

БССР (Белору́сская Сове́тская Социалисти́ческая Респу́блика *f*) Byelorussian Soviet Socialist Republic.

бу́бен *m* [1; -бна; *g/pl.:* бубен] (*mst pl.*) tambourine; **~е́ц** *m* [1; -нца́], **~чик** *m* [1] jingle, small bell.

бу́блик *m* [1] (round) cracknel.

бу́бн|ы *f/pl.* [5; *g/pl.:* бубён, -бнам] (*cards*) diamonds.

буго́р *m* [1; -гра́] hillock.

Будапе́шт *m* [1] Budapest.

бу́дет (*s.* быть) (*impers.*) (it's) enough!, that'll do!

буди́льник *m* [1] alarm clock.

буди́ть [15] 1. ⟨раз-⟩ (a)wake, waken; 2. ⟨про-⟩ [пробуждённый] *fig.* (a)rouse.

бу́дка *f* [5; *g/pl.:* -док] booth, box.

бу́дни *m/pl.* [1; *gen.:* -дней] weekdays; everyday life, monotony; **~чный** [14] everyday; humdrum.

будора́жить [16], ⟨вз-⟩ excite.

бу́дто as if, as though (*а.* ~ бы, ~ б); that; allegedly.

бу́дущ|ее *n* [17] future; **~ий** [17] future (*a. gr.*); **~ность** *f* [8] futurity, future.

бу́ер *m* [1; *pl.:* -ра́, *etc. e.*] iceboat.

буза́ P *f* [5] row, shindy.

бузина́ *f* [5] elder.

буй *m* [3] buoy.

бу́йвол *m* [1] buffalo.

бу́йный [14; бу́ен, буйна́, -о] impetuous, violent, vehement; unbridled; exuberant.

бу́йство *n* [9] mischief, rage, outrage, violence; **~вать** [7] behave outrageously, rage.

бук *m* [1] beech.

бу́к|ва *f* [5] letter; прописна́я (строчна́я) **~ва** capital (small) letter (with с Р); **~ва́льный** [14] literal, verbal; **~ва́рь** *m* [4 *e.*] ABC book, primer; **~вое́д** *m* [1] pedant.

букини́ст *m* [1] second-hand bookseller.

бу́ковый [14] beechen, beech...

букс *m* [1] box(wood).

букси́р *m* [1] tug(boat); tow; взять на ~ take in tow; **~ный** [14] tug...; **~овать** [7] tow, tug.

була́вка *f* [5; *g/pl.:* -вок] pin; англи́йская ~ safety pin.

була́ный [14] dun (*horse*).

була́т *m* [1] Damascus steel; **~ный** [14] steel...; damask...

бу́лка *f* [5; *g/pl.:* -лок] small loaf; roll.

бу́лоч|ка *f* [5; *g/pl.:* -чек] roll; bun; **~ная** *f* [14] bakery; **~ник** *m* [1] baker.

булы́жник *m* [1] cobblestone.

бульва́р *m* [1] boulevard, avenue; **~ный** [14] boulevard...; **~ный рома́н** *m* dime novel, *Brt.* penny dreadful; **~ная пре́сса** *f* gutter press.

бу́лькать [1] gurgle.

бульо́н *m* [1] broth, bouillon.

бума́|га *f* [5] paper; document; **~жка** *f* [5; *g/pl.:* -жек] slip of paper; P note (*money*); **~жник** *m* [1] wallet; **~жный** [14] 1. paper...; 2. cotton...; **~зе́я** *f* [6] fustian.

бунт *m* [1] 1. revolt, mutiny, insurrection, uprising; 2. bale, pack; **~а́рь** *m* [4 *e.*] = **~овщи́к**.

бунтов|а́ть [7] rebel, revolt; ⟨вз-⟩ instigate; **~ско́й** [14] rebellious, mutinous; **~щи́к** *m* [1 *e.*] mutineer, rebel.

бура́ *f* [5] borax.

бура́в *m* [1 *e.*] drill, auger; **~ить** [14], ⟨про-⟩ bore, drill.

бура́н *m* [1] snowstorm, blizzard.

бурда́ F *f* [5] wash, wish-wash.

бурдю́к *m* [1 *e.*] wineskin.

буреве́стник *m* [1] (stormy) petrel.

буре́ние *n* [12] drilling, boring.

буржуа́ *m* [*indecl.*] bourgeois; **~зия** *f* [7] bourgeoisie; **~зный** [14] bourgeois...

буржу́й *contr.* P *m* [3], **~ка** *f* [5; *g/pl.:* -жу́ек] *s.* буржуа́.

бури́ть [13], ⟨про-⟩ bore.

бу́рка *f* [5; *g/pl.:* -рок] felt, cloak.

бурла́к *m* [1 *e.*] (barge) hauler.

бурли́ть [13] rage; seethe.

бурми́стр *m* [1] steward; mayor.

бу́рный [14; -рен, -рна] stormy, storm...; violent, boisterous.

буру́н *m* [1 *e.*] surf.

бурча́|нье *n* [12] grumbling; rumbling; **~ть** [4 *e.*; -чу́, -чи́шь] mumble; grumble; rumble.

бу́ры *m/pl.* [1] Boers.

бу́рый [14] brown, fulvous; ~ у́голь *m* brown coal, lignite.

бурья́н *m* [1] wild grass (*steppe*).

бу́ря *f* [6] storm, tempest.

бу́сы *f/pl.* [5] coll. (glass)beads.

бутафо́рия *f* [7] *thea.* properties *pl.*

бутербро́д (-ter-) *m* [1] sandwich.

буто́н *m* [1] bud.

бу́тсы *f/pl.* [5] football boots.

буты́л|ка *f* [5; *g/pl.:* -лок] bottle; **~очка** *f* [5; *g/pl.:* -чек] small bottle; **~ь** *f* [8] large bottle; carboy.

буф *m* [1] (*mst pl.*) puff; рука́в (взду́тый) **~ом** puffed sleeve.

бу́фер *m* [1; *pl.:* -ра́, *etc. e.*] buffer.

буфе́т *m* [1] sideboard; bar, lunch-

room, refreshment room; ⁓чик m [1] barkeeper; ⁓чица f [5] bar-[maid.]
буффо́н m [1] buffoon.
бух bounce!, plump!
Бухара́ f [5] Bokhara.
Бухаре́ст m [1] Bucharest.
буха́нка f [5; g/pl.: -нок] loaf.
бу́хать [1], once ⟨бу́хнуть⟩ plump.
бухга́лтер (bu'ha-) m [1] bookkeeper; ⁓ия f [7] bookkeeping; ⁓ский [16] bookkeeper('s)..., bookkeeping... [бухать.]
бу́хнуть [21] 1. ⟨раз-⟩ swell; 2. s.]
бу́хта f [5] 1. bay; 2. coil.
бушева́ть [7; бушу́ю, -у́ешь] roar, rage, storm.
бушла́т m [1] (sailor's) jacket.
бушпри́т m [1] bowsprit.
буя́н m [1] brawler, rowdy, ruffian; ⁓ить [13] brawl, riot, kick up a row.
бы, short б, is used to render subjunctive and conditional patterns: a) with the preterite, e. g. я сказа́л ⁓ е́сли ⁓ (я) знал I would say it if I knew it; (similarly: should, could, may, might); b) with the infinitive, e.g.: всё ⁓ ему́ знать he would like to know everything; не вам ⁓ говори́ть you had better be quiet.
быва́лый [14] experienced; former; common; cf. быва́ть.
быва́|ть [1] 1. occur, happen; как ни в чём не ⁓ло as if nothing had happened; он, ⁓ло, гуля́л he would (or used to) go for a walk; бо́ли как не ⁓ло F the pain had (or has) entirely disappeared; 2. ⟨по-⟩ (у P) be (at), visit, stay (with).
бы́вший former, late, ex-...
бык m [1 e.] 1. bull; 2. abutment.
были́на f [5] Russian epic. [grass.]
были́нка f [5; g/pl.: -нок] blade of]
бы́ло (s. быть) (after verbs) already; я уже́ заплати́л ⁓ де́ньги ... I had already paid the money, (but) ...; almost nearly, was (were) just going

to ...; я чуть ⁓ не сказа́л I was on the point of saying, I nearly said.
бы́л|о́й [14] bygone, former; ⁓о́е n past; ⁓ь f [8] true story or ocurrence; past.
бы́стро|но́гий [16] swift(-footed); ⁓та́ f [5] quickness, swiftness, rapidity; ⁓хо́дный [14; -ден, -дна] fast. fast, swift.]
бы́стрый [14; быстр, -а́, -о] quick,]
быт m [1; в быту́] way of life, manners pl.; ⁓ие́ n [12] existence, being; Bibl. Genesis; ⁓но́сть f [8] stay; в мою́ ⁓ность в (П) during my stay in, while staying in; ⁓ово́й [14] of manners, popular, genre; common, everyday.
быть ⟨3rd p. sg. pr.: есть, cf.; 3rd p. pl.: † суть; ft.: бу́ду, -дешь; будь[те]!; бу́дучи; был, -а́, -о; не́ был, -о, -и⟩ be; (cf. бу́дет, быва́ть, бы́ло); ⁓ (Д) ... will (inevitably) be or happen; мне бы́ло ⟨бу́дет⟩ ... (го́да or лет) I was (will be) ... (years old); как (же) ⁓? what is to be done?; так и ⁓! I don't care; будь что бу́дет come what may; будь по-ва́шему have it your own way!; бу́дьте добры́ (любе́зны), ... be so kind as ... , would you please ...
бювар m [1] writing case.
бюдже́т m [1], ⁓ный [14] budget.
бюллете́нь m [1] bulletin; ballot, Brt. voting paper; medical certificate.
бюро́ n [indecl.] office, bureau; спра́вочное ⁓ inquiry office; information; ⁓ путеше́ствий travel bureau, Brt. tourist('s') office.
бюрокра́т m [1] bureaucrat; ⁓и́зм m [1] red tape; ⁓и́ческий [16] bureaucratic; ⁓ия f [7] bureaucracy.
бюст m [1] bust; ⁓га́льтер (-'hal̩ter) m [1] bra(ssière).
бязь f [8] cheap cotton goods.

В

в, во 1. (В): (direction) to, into; for; в окно́ out of (in through) the window; (time) in, at, on, within; в сре́ду on Wednesday; в два часа́ at two o'clock; (measure, price, etc.) at, of; в день a or per day; длино́й в четы́ре ме́тра four meters long; чай в два рубля́ килогра́мм tea at 2 roubles a kilo(gram); в де́сять раз бо́льше ten times as much; (promotion) to the rank of; идти́ в солда́ты become a soldier; 2. (П): (position) in, at, on; (time) in; в конце́ (нача́ле) го́да at the end (beginning) of the year; (distance) в пяти́ киломе́трах от (P) five kilometers from.

в. abbr.: век.
Вавило́н m [1] Babylon.
ваго́н m [1] car(riage, Brt.); ⁓-рестора́н m dining car; ⁓е́тка f [5; g/pl.: -ток] lorry, trolley, truck; ⁓овожа́тый m [14] streetcar (Brt. tram) driver.
ва́жн|ичать [1] put on (or give o.s.) airs; ⁓ость f [8] importance; conceit; ⁓ый [14; ва́жен, -жна́, -о, ва́жны] important, significant; haughty; F не⁓о rather bad; э́то не⁓о that doesn't matter or is of no importance.
ва́за f [5] vase, bowl.
вака́н|сия f [7] vacancy; ⁓тный [14; -тен, -тна] vacant.

ва́кса f [5] (shoe) polish, blacking.
вакци́на f [5] vaccine.
вал m [1; на -ý; pl. e.] 1. rampart; bank; wall; 2. billow; 3. ⊕ shaft,)
валёжник m [1] brushwood. [axle.)
ва́ленок m [1; -нка] felt boot.
валерья́н|ка f [5], ~овый [14]: ~овые ка́пли f/pl. valerian.
валéт m [1] (cards) knave.
ва́лик m [1] 1. ⊕ roller 2. bolster.
вал|и́ть [13; валю́, ва́лишь; ва́ленный], ⟨по-, с-⟩ 1. overturn, tumble (down; v/i. -ся), fell; heap (up), dump; 2. [3rd p. only: -и́т] flock, throng; снег ~и́т it is snowing heavily.
валово́й [14] gross, total.
валу́н m [1 e.] boulder.
ва́льдшнеп m [1] woodcock.
вальс m [1] waltz; ~и́ровать [7], ⟨про-⟩ waltz.
вальцева́ть [7] ⊕ roll.
валю́т|а f [5] (foreign) currency; золота́я ~a gold standard; ~ный [14] currency..., exchange...; ~ный курс m rate of exchange.
валя́ть [1], ⟨по-⟩ roll; knead; full; P валя́й! go!; ~ дурака́ idle; play the fool; -ся wallow, loll; lie about (in disorder).
вани́ль f [8] vanilla.
ва́нн|а f [5] tub; bath; со́лнечная ~a sun bath; приня́ть ~y take a bath; ~ая f [14] bath(room).
Ва́нька m [5] 1. s. Ва́ня; 2. ⚬-вста́нька m [5] tumbler (toy).
Ва́ня m [6] dim. of Ива́н John.
ва́рвар m [1] barbarian; ~ский [16] barbarous; ~ство n [9] barbarity.
Варва́ра f [5] Barbara, Babette.
ва́режка f [5; g/pl.: -жек] mitten.
вар|éние n [12] = ва́рка; ~ёник m [1] (mst pl.) boiled pieces of paste enclosing curd or fruit; ~ёный [14] cooked, boiled; ~éнье n [10] jam, preserves pl.
Ва́ренька f [5] dim. of Варва́ра.
вариа́нт m [1] variant, version.
вари́ть [13; варю́, ва́ришь; ва́ренный], ⟨с-⟩ 1. cook, boil (v/i. -ся); brew; 2. digest.
ва́рка f [5] cooking, boiling.
Варша́ва f [5] Warsaw.
варьете́ n (-'te) [indecl.] vaudeville, Brt. variety (show & theater, -tre).
варьи́ровать [7] vary.
Ва́р|я f [6] dim. of ~ва́ра.
варя́г m [1] Varangian.
василёк m [1; -лька́] cornflower.
Васи́лий m [3] Basil.
вассáл m [1] vassal.
Вáся m [6] dim. of Васи́лий.
ва́т|a f [5] absorbent cotton, Brt. cotton wool; wadding; на ~е wadded.
вата́га f [5] gang, band, troop.
ва́тер|ли́ния f [5] water line; ~пáс m [1] level. [wadded.)
ва́тный [14] cotton(-wool)...;)

ватру́шка f [5; g/pl.: -шек] curd or jam patty. [wafer.)
ва́фля f [6; g/pl.: -фель] waffle,)
ва́хт|а ♺ f [5] watch; стоя́ть на ~e keep watch; ~енный [14] sailor on duty; ~ер (a. ~ёр) m [1] guard, watchman.
ваш m, ~a f, ~e n, ~и pl. [25] your; yours; по-~ему in your opinion (or language); (пусть бу́дет) по-~ему (have it) your own way, (just) as you like; как по-~ему? what do you think?; cf. наш.
Вашингто́н m [1] Washington.
вай|ние n [12] sculpture; ~тель m [4] sculptor; ~ть [28], ⟨из-⟩ form, cut, model.
вбе|га́ть [1], ⟨~жа́ть⟩ [4; -гý, -жи́шь, -гýт] run or rush in.
вби|ва́ть [1], ⟨~ть⟩ [~ (вобью́, вобьёшь; вбей(те)!; вбил; вби́тый] drive (or hammer) in; ~ть себе́ в го́лову take it into one's head; ~ра́ть [1], ⟨вобра́ть⟩ [вберу́, -рёшь] absorb, imbibe.
вблизи́ nearby; close (to P).
вброд: переходи́ть ~ ford.
вв. or в. в. abbr.: векá.
вва́л|ивать [1] ⟨~ить⟩ [13; ввалю́, вва́лишь; вва́ленный] throw (in[to]), dump; -ся fall or tumble in; flock in.
введéние n [12] introduction.
ввезти́ s. ввози́ть.
вверг|а́ть [1], ⟨~нуть⟩ [21] fling or cast (into in B); plunge (v/i. -ся); ~а́ть в отча́яние drive to despair.
ввер|я́ть [14], ⟨~ить⟩ entrust, commit, give in charge.
ввёртывать [1], ⟨ввертéть⟩ [11; вверчу́, вве́ртишь], once ⟨вверну́ть⟩ [20; ввёрнутый] screw in; fig. put in (a word, etc.).
вверх up(ward[s]); ~ по ле́стнице upstairs; ~ дном (or ногáми) up-side down; ~ торма́шками F headlong; рýки ~! hands up!; ~ý above; overhead.
ввести́ s. вводи́ть.
ввиду́ in view (of P), considering; ~ того́, что as, since, seeing that.
ввин|чивать [1], ⟨~ти́ть⟩ [15 e.; -нчý, -нти́шь] screw in.
ввод|и́ть [15], ⟨ввести́⟩ [25] introduce; bring or usher (in); ~и́ть в курс де́ла acquaint with an affair; ~и́ть в строй or (в де́йствие, эксплуата́цию) ⊕ put into operation; ~ный [14] introductory; ~ное слóво or предложéние n gr. parenthesis.
ввоз m [1] import(s); importation; ~и́ть [15], ⟨ввезти́⟩ [24] import; ~ный [14] import...
вво́лю (P) F plenty of; to one's heart's content.
ввя́з|ываться [1], ⟨~áться⟩ [3] meddle, interfere (with in B); get involved (in).
вглубь inward(s), deep (into).

вгля́д|ываться [1], ⟨~е́ться⟩ [11] (в B) peer (into), look narrowly (at).

вгоня́ть [28], ⟨вогна́ть⟩ [вгоню́, вго́нишь; вогна́л, -á, -о; во́гнанный (во́гнан, -ана)] drive in(to).

вдава́ться [5], ⟨вда́ться⟩ [вда́мся, вда́шься, etc. s. дать] jut out; press in; indulge (в в B), plunge or go (into). [in.]

вда́в|ливать [1], ⟨~и́ть⟩ [14] press)

вдал|еке́, ~и́ far off, far (from от P); ~ь into the distance.

вдви|га́ть [1], ⟨~нуть⟩ [20] put or push in.

вдво́|е twice (as…, comp.: ~е бо́льше twice as much or many); vb. + ~e a. double; ~ём both or two (of us, etc., or together); ~йне́ twice (as much, etc.), doubly.

вде|ва́ть [1], ⟨~ть⟩ [вде́ну, вде́нешь; вде́тый] (в B) thread.

вде́л|ывать, ⟨~ать⟩ [1] set (in).

вдоба́вок in addition (to); into the bargain, to boot.

вдов|а́ f [5; pl. st.] widow; ~е́ц m [1; -вца́] widower. [of.)

вдо́воль (P) F quite enough; plenty)

вдо́вый [14 sh.] widowed.

вдого́нку after, in pursuit of.

вдоль (P, по Д) along; lengthwise; ~ и поперёк throughout, far and with.

вдохнов|е́ние n [12] inspiration; ~е́нный [14; -ве́нен, -ве́нна] inspired; ~ля́ть [28], ⟨~и́ть⟩ [14 e.; -влю́, -ви́шь] inspire; -ся get inspired (with or by T).

вдре́безги into smithereens.

вдруг suddenly, all of a sudden.

вду́|ва́ть [1], ⟨~ть⟩ [18] blow in.

вду́м|чивый [14 sh.] thoughtful; ~ываться, ⟨~аться⟩ [1] (в B) ponder (over), reflect ([up]on), dive (into). [hale; fig. inspire (with).)

вдыха́ть [1], ⟨вдохну́ть⟩ [20] in-)

вегета|риа́нец m [1; -нца] vegetarian; ~ти́вный [14] vegetative.

ве́д|ать [1] 1. † know; 2. (T) be in charge of, manage; ~ение n [12] running, directing; ~е́ние книг bookkeeping; ~ение n [12] knowledge, lore; authority, charge, competence; ~омо known; без моего́ ~ома without my knowledge; ~омость f [8; from g/pl. e.] list, roll; bulletin; ~омство n [9] department, administration.

ведро́ n [9; pl.: вёдра, -дер, -драм] bucket, pail; ~ для му́сора garbage can, Brt. dust-bin.

вёдро † n [9] serene weather.

веду́щий [17] leading; basic.

ведь indeed, sure(ly); why, well; then; you know!; ~ уже́ по́здно it is late, isn't it?

ве́дьма f [5] witch, hag.

ве́ер m [1; pl.: -pá, etc. e.] fan.

ве́жлив|ость f [8] politeness; ~ый [14 sh.] polite.

везде́ everywhere.

везти́ [24], ⟨по-, с-⟩ v/t. drive (be driving, etc.), transport; pull; ему́ (не) везёт F he is (un)lucky.

век m [1; на веку́; pl.: века́, etc. e.] 1. century; age; 2. life(time); сре́дние ~á pl. Middle Ages; на моём ~у́ in my life(time); ~ с тобо́й мы не вида́лись we haven't met for ages.

ве́ко n [9; nom/pl.: -ки] eyelid.

веково́й [14] secular.

ве́ксель m [4; pl.: -ля́, etc. e.] bill of exchange, promissory note.

веле́ть [9; веле́нный] (im)pf.; pt. pf. only order, tell (p. s. th. Д/В).

велика́н m [1] giant.

вели́к|ий [16; вели́к, -á] great; (too) large or big; от ма́ла до ~а everybody, young and old; ~ая пя́тница f Good Friday; Пётр 2ий Peter the Great.

Велико|брита́ния f [7] Great Britain; 2ду́шие n [12] magnanimity; 2ду́шный [14]; -шен, -шна] magnanimous, generous; 2ле́пие n [12] splendo(u)r, magnificence; 2ле́пный [14]; -пен, -пна] magnificent, splendid; 2рус m [1], 2ру́сский [16] (Great) Russian.

велича́|вый [14 sh.] sublime, majestic, lofty; ~ть [1] praise, glorify; style.

вели́ч|ественный [14 sh.] majestic, grand, stately; ~ество n [9] Majesty; ~ие n [12] grandeur; ~ина́ f [5; pl. st.: -чи́ны] size; quantity; celebrity; ~ино́й в or с (B) … big or high.

вело|го́нки f/pl. [5; gen.: -нок] cycle race; ~дро́м m [1] cycling ground.

велосипе́д m [1] bicycle; е́здить на ~e cycle; ~и́ст m [1] cyclist; ~ный [14] (bi)cycle…, cycling…

вельмо́жа m [5] magnate.

ве́на f [5] 1. anat. vein; 2. 2 Vienna.

венге́р|ец m [1; -рца] ~ка f, [5; g/pl.: -рок], ~ский [16] Hungarian.

Ве́нгрия f [7] Hungary.

венери́ческий [16] venereal.

Венесуэ́ла f [5] Venezuela.

вене́ц m [1; -нца́] wreath, garland; crown; halo; идти́ под ~ † marry.

венеци|а́нский [16] Venetian; 2я (-'пе-) f [7] Venice.

ве́нзель m [4; pl.: -ля́] monogram.

ве́ник m [1] broom, besom.

вено́к m [1; -нка́] wreath, garland.

вентил|и́ровать [7], ⟨про-⟩ ventilate, air; ~я́тор m [1] ventilator, fan.

венча́|льный [14] wedding…; ~ние n [12] wedding (ceremony); ~ть [1] 1. ⟨у-⟩ wreathe, crown; 2. ⟨об-, по-⟩ marry; -ся get married (in church).

ве́ра f [5] 1. faith, belief, trust (in в B); religion; 2. 2 Vera.

вéрба f [5] willow.

верблю́|д m [1] camel; **~жий** [18]: **~жья шерсть** f camel's hair.

вербн|ый [14]: **~ое воскресéнье** n Palm Sunday.

вербов|áть [7], ⟨за-, на-⟩ enlist, recruit; engage, hire; **~ка** f [5] enlistment; hire; **~щик** m [1] enlister; hirer.

верёв|ка f [5; g/pl.: -вок] rope; **~очка** f [5; g/pl.: -чек] string, cord; **~очный** [14] rope...

верени́ца f [5] file, chain, line.

вéреск m [1] heather.

веретенó n [9; pl. st.: -тёна] spindle.

верещáть [16 e.; -щý, -щи́шь] chirp.

верзи́ла F m [5] big (stupid) fellow, spindlelegs.

вéрить [13], ⟨по-⟩ believe (in в B); believe, trust (acc. Д); **~ на сло́во** take on trust; **-ся** (impers.) (мне) **не вéрится** one (I) can hardly believe (it).

вермишéль f [8] coll. vermicelli.

вéрно adv. 1. & 2. s. вéрный 1. & 2.; 3. probably; **~сть** f [8] 1. faith (-fulness), fidelity, loyalty; 2. correctness, accuracy.

вернýть(ся) [20] pf., s. возвращáть(ся).

вéрн|ый [14; -рен, -рнá, -о] 1. faithful, true; loyal; 2. right, correct; accurate, exact; 3. safe, sure, reliable; 4. inevitable, certain, **~ée** (сказáть) or rather.

вéро|вание n [12] faith, belief; **~вать** [7] believe (in в B).

вероисповéдание n [12] creed.

веролóм|ный [14; -мен, -мна] perfidious, treacherous; **~ство** n [9] perfidy, treachery.

вероотстýпник m [1] apostate.

веротерпи́мость f [8] toleration.

вероя́т|не n [12] likelihood; **~ность** f [8] probability; **по всей ~ности** in all probability; **~ный** [14; -тен, -тна] probable, likely.

вéрсия f [7] version.

верстá f [5; pl. st.: вёрсты] verst (= 3500 ft.); **~к** m [1 e.] workbench; **~ть** [1], ⟨с-⟩ [свёрстанный] typ. make up.

вéрт|ел m [1; pl.: -лá] spit; **~éть** [11; верчý, вéртишь], ⟨по-⟩ turn; twist; (-ся) 1. turn, revolve; 2. fidget; 3. loaf; 4. make subterfuges; **-ся на языкé** be on the tip of one's tongue; **~икáльный** [14; -лен, -льна] vertical; **~ля́вый** [14 sh.] fidgety, restless; **~олёт** m [1] helicopter; **~ýн** m [1 e.] fidget; **~ýшка** f [5; g/pl.: -шек] light-minded woman.

вéрующий [17] pious; believer.

верфь f [8] dockyard.

верх m [1; на -ý; pl. e.] 1. top, upper part; 2. right side (fabric, clothes); fig. 1. summit, apex, pink; 2. upper hand; **~й** pl. 1. heads, leaders; ... в **~áх** summit ...; 2. ♪ high notes; 3. surface; superficial knowledge; **~ний** [15] upper.

верхóв|ный [14] supreme; high; **~ная власть** f supreme power; **~ный суд** m supreme court; **~óй** [14] riding...; rider, horseman; **~áя ездá** f riding; **~ье** n [10; g/pl.: -ьев] upper (course).

верхóм adv. astride; on horseback; **éздить ~** ride, go on horseback.

верхýшка f [5; g/pl.: -шек] top, crest; the highest ranks.

верши́на f [5] peak, summit.

верши́ть [16 e.; -шý, -ши́шь; -шённый], ⟨за-, с-⟩ 1. (re)solve, decide; 2. direct (T); 3. accomplish.

вершóк m [1; -шкá] vershok (†, = 4.45 cm. = 1.75 in.).

вес m [1] weight; **на ~** by weight; **удéльный ~** phys. specific gravity; **пóльзоваться больши́м ~ом** enjoy great credit; **~ом в (B)** weighing...

вес|елúть [13], ⟨раз-⟩ amuse, divert (-ся o. s., enjoy o. s.); **~ёлость** f [8] gaiety, mirth; **~ёлый** [14; вéсел, -á, -o] gay, merry, cheerful; **как ~елó!** it's such fun!; **емý ~елó** he enjoys himself, is of good cheer; **~éлье** n [10] merriment, merrymaking, fun; **~ельчáк** m [1 e.] merry fellow.

весéнний [15] spring...

вéс|ить [15] v/i. weigh; **~кий** [16; вéсок, -ска] weighty.

веслó n [9; pl.: вёсла, -сел] oar.

весн|á f [5; pl.: вёсны, вёсен] spring (in [the] T); **~ýшка** f [5; g/pl.: -шек] freckle.

весов|óй [14] 1. weight...; balance-...; 2. sold by weight; **~щи́к** m [1 e.] weigher.

вести́ [25], ⟨по-⟩ 1. (be) lead(ing, etc.), conduct, guide; 2. carry on; 3. keep; 4. drive; **~ (своё) начáло** spring (from от P); **~ себя́** behave (o. s.); **~сь** be conducted or carried on; **так уж у нас ведётся** that's a custom among us.

вестибю́ль m [4] entrance hall.

Вест-'Индия f [7] West Indies.

вéст|ник m [1] messenger; bulletin; **~ово́й** ✕ m [14] orderly; **~ь** f [8; from g/pl. e.] 1. news, message; 2. gossip, rumo(u)r.

весы́ m/pl. [1] scales, balance.

весь m, **вся** f, **всё** n, pl.: **все** [31] 1. adj. all, the whole; full, life (size; at в B); 2. su. n all over; everything, pl. a. everybody; **лýчше всегó (всех)** best of all, the best; **при всём том** or **со всем тем** for all that; **во всём ми́ре** all over the world; **по всей странé** throughout the country; **всегó хорóшего!** good luck!; **во всю** F s. си́ла; 3. **всё** adv. always, all the time; only; just; **всё**

(ещё) не not yet; всё бо́льше (и бо́льше) more and more; всё же nevertheless, yet.

весьма́ very, extremely; ~ вероя́тно most probably.

ветв|и́стый [14 sh.] branchy; ~ь f [8; from g/pl. e.] branch.

ве́тер m [1; -тра] wind; встре́чный ~ contrary or head wind; попу́тный ~ fair wind; броса́ть де́ньги (слова́) на ~ waste money (words); держа́ть нос по ве́тру be a timeserver.

ветерина́р m [1], ~ный [14]: ~ный врач m veterinarian.

ветеро́|к [1; -рка́], ~чек [1; -чка] m light wind, breeze, breath.

ве́тка f [5; g/pl.: -ток] branch(let), twig; 🚂 branch line.

ве́то n [indecl.] veto; наложи́ть ~ veto; ~шь f [8] rags, tatters pl.

ветр|ены́й [14 sh.] windy (a. fig. = flippant); ~яно́й [14] wind...; ~яна́я ме́льница f windmill; ~яны́й [14]: ~яная о́спа f chicken pox.

ветх|ий [16; ветх, -а́, -о; comp.: ве́тше] old, dilapidated; worn-out, shabby; decrepit; ~ость f [8] decay, dilapidation; приходи́ть в ~ость fall into decay.

ветчина́ f [5] ham.

ветша́ть [1], ⟨об-⟩ decay, dilapidate, weaken.

ве́ха f [5] landmark; ⚓ spar buoy.

ве́чер m [1; pl.: -ра́, etc. e.] 1. evening; 2. evening party; soiree; ~ом in the evening; сего́дня ~ом to-night; вчера́ ~ом last night; под ~ toward(s) the evening; ~е́ть [8; impers.] decline (of the day); ~и́нка f [5; g/pl.: -нок] = ве́чер 2.; ~ко́м Г ~ ~ом; ~ний [14] evening...; night...; ~ня f [6; g/pl.: -рен] vespers pl., evensong; ~я f [6]: та́йная ~я or ~я госпо́дня the Lord's Supper.

ве́чн|ость f [8] eternity; (це́лую) ~ость F for ages; ~ый [14; -чен, -чна] eternal, everlasting; perpetual.

ве́ша|лка f [5; g/pl.: -лок] hanger, tab; peg, rack; cloakroom; ~ть [1], 1. ⟨пове́сить⟩ [15] hang (up) -ся hang o. s.; 2. ⟨взве́сить⟩ [15] weigh.

вещево́й [14]: ~ мешо́к m knapsack.

вещ|е́ственный [14] corporeal, real, material, substantial; ~ество́ n [9] matter, substance; ~и́ца f [8] knickknack; piece; ~ь f [8; from g/pl. e.] thing; object; work, piece, play; pl. belongings; baggage, Brt. luggage.

ве́я|лка f [5; g/pl.: -лок] winnowing machine; ~ние n [12] watt; ~ winnowing; fig. trend; influence; ~ть [27] 1. v/i. breathe; spread; 2. ⟨про-⟩ v/t. winnow.

вжи|ва́ться [1], ⟨~ться⟩ [-ву́сь, etc. s. жить] accustom o.s. (to в B).

взад back(ward[s]); ~ и вперёд

back and forth, to and fro; up and down.

взаи́мн|ость f [8] reciprocity; ~ый [14; -мен, -мна] mutual, reciprocal; спаси́бо, ~о F thanks, the same to you.

взаимо|де́йствие n [12] interaction; coöperation; ~де́йствовать [7] interact; cooperate; ~отноше́ние n [12] mutual (or inter-, cor)relation; ~по́мощь f [8] mutual aid; ~понима́ние n [12] mutual understanding.

взаймы́ on credit or loan; брать ~ borrow (from у, от P); дава́ть ~ lend.

вза|ме́н (P) instead of, in exchange for; ~перти́ locked up, under lock and key; ~пра́вду P = впра́вду.

взба́л|мошный F [14; -шен, -шна] extravagant; ~тывать, ⟨взболта́ть⟩ [1] shake or stir up.

взбе|га́ть [1], ⟨~жа́ть⟩ [4]; взбегу́, -жи́шь, -гу́т] run up.

взбива́ть [1], ⟨взбить⟩ [взобью́, -бьёшь; взбил, -а; взби́тый] fluff; whip, froth.

взбира́ться [1], ⟨взобра́ться⟩ [взберу́сь, -рёшься; взобра́лся, -ла́сь, -ло́сь] climb (s. th. на B).

взболта́ть s. взба́лтывать.

взбудора́живать [1] = будора́жить.

взбух|а́ть [1], ⟨~нуть⟩ [21] swell.

взва́ливать [1], ⟨взвали́ть⟩ [13; взвалю́, -а́лишь; -а́ленный] load, charge (with на B).

взве́сти s. взводи́ть.

взве́|шивать [1], ⟨~сить⟩ [15] weigh; -ся weigh o. s.

взви́|ва́ть [1], ⟨~ть⟩ [взовью́, -вьёшь, etc. s. вить] whirl up; -ся soar up, rise.

взви́зг|ивать [1], ⟨~нуть⟩ [20] squeak, scream.

взви́н|чивать [1], ⟨~ти́ть⟩ [15 e.; -нчу́, -нти́шь; -и́нченный] excite; raise (prices).

взвить s. взвива́ть.

взвод m [1] platoon.

взводи́ть [15], ⟨взвести́⟩ [25] lead up; lift; impute (s. th. to a p. B/на B); ~ куро́к cock (firearm).

взволно́|ванный [14] excited; uneasy, ~ва́ть(ся) s. волнова́ть.

взгля|д m [1] look; glance; gaze; stare; fig. view, opinion; на ~д in appearance, by sight; на мой ~д in my opinion; на пе́рвый ~д at first sight; с пе́рвого ~да on the face of it; at once; ~дывать [1], once ⟨~ну́ть⟩ [19] (на B) (have a) look, glance (at).

взгромо|жда́ть [1], ⟨~зди́ть⟩ [15 e.; -зжу́, -зди́шь; -можде́нный] load, pile up; -ся clamber, perch (on на B).

вздёр|гивать [1], ⟨~нуть⟩ [20] jerk up; ~нутый нос m pug nose.

вздор m [1] nonsense; ⊸ный [14; -рен, -рна] foolish, absurd; F quarrelsome.

вздорожа́|ние n [12] rise of price(s); ⊸ть s. дорожа́ть.

вздох m [1] sigh; испусти́ть последний ⊸ give up the ghost; ⊸ну́ть s. вздыха́ть.

вздра́гивать [1], once ⟨вздро́гнуть⟩ [20] start, wince; shudder.

вздремну́ть F [20] pf. nap.

взду|ва́ть [1], ⟨⊸ть⟩ [18] 1. whirl up; 2. v/i. -ся inflate; 3. F thrash; ⊸тие n [12] swelling.

взду́ма|ть [1] pf. conceive the idea, take it into one's head; -ся: ему́ ⊸лось = он ⊸л; как ⊸ется at one's will.

взды|ма́ть [1], raise, whirl up; ⊸ха́ть [1], once ⟨вздохну́ть⟩ [20] sigh; ⊸ха́ть (по, о П) long (for); pf. F draw breath, breathe again.

взи|ма́ть [1] levy, raise (from с P); ⊸ра́ть [1] (на B) look (at); не взира́я на without regard to, notwithstanding.

взла́мывать [1], ⟨взлома́ть⟩ [1] break or force open.

взлеза́ть [1], ⟨⊸ть⟩ [24 st.] (на B) climb up.

взлёт m [1] ascent, rise. [soar.\
взлета́ть [1], ⟨⊸е́ть⟩ [11] fly up,/
взлом m [1] breaking in; ⊸а́ть s. взла́мывать; ⊸щик m [1] burglar.

взмах m [1] stroke; sweep; ⊸ивать [1], once ⟨⊸ну́ть⟩ [20] swing.

взмета́|ть [3], once ⟨⊸ну́ть⟩ [20] whirl or throw up; flap.

взмо́рье n [10] seashore, seaside.

взнос m [1] payment; fee.

взнузд|ывать [1], ⟨⊸а́ть⟩ bridle.

взобра́ться s. взбира́ться.

взойти́ s. восходи́ть & всходи́ть.

взор m [1] look; gaze; eyes pl.

взорва́ть s. взрыва́ть.

взро́слый [14] grown-up, adult.

взрыв m [1] explosion; detonation; fig. outburst; ⊸а́тель m [4] fuse; ⊸а́ть [1], ⟨взорва́ть⟩ [-ву́, -вёшь; взо́рванный] blow up; fig. enrage; -ся explode; ⊸но́й [14], ⊸ча́тый [14] explosive (su.: ⊸ча́тое вещест-).

взрыхли́ть [28] s. рыхли́ть. [вб).\
взъе|зжа́ть [1] ⟨⊸хать⟩ [взъе́ду, -дешь; взъезжа́й(те)!] ride or drive up; ⊸ро́шивать [1], ⟨⊸ро́шить⟩ [16 st.] dishevel, tousle; -ся bristle up.

взыва́ть [1], ⟨воззва́ть⟩ [-зову́, -зовёшь; -зва́л, -á, -о] cry, call; invoke; appeal (to к Д).

взыск|а́ние n [12] 1. levy, collecting; 2. punishment, reprimand; ⊸а́тельный [14; -лен, -льна] exacting, exigent; ⊸ивать [1], ⟨⊸а́ть⟩ ⟨з с P) 1. levy, exact; collect; recover (from); 2. call to account; impose a penalty (on); не взыщи́(те)! no offence!

взят|ие n [12] seizure, capture; ⊸ка f [5; g/pl.: -ток] 1. bribe; дать ⊸ку bribe, P grease; 2. trick (cards); ⊸очник m [1] bribe taker, corrupt official; ⊸очничество n [9] bribery; ⊸ь s. брать.

вибра́|ция f [7] vibration; ⊸́ровать [7] vibrate.

вид m [1] 1. look(s), appearance; air; 2. sight, view; 3. kind, sort; species; 4. gr. aspect; в ⊸е (P) in the form of, as, by way of; при ⊸е at the sight of; на ⊸у́ (у P) in sight; visible (to); с (or по) ⊸у by sight; judging from one's appearance; ни под каки́м ⊸ом on no account; у него́ хоро́ший ⊸ he looks well; де́лать or пока́зывать ⊸ pretend; (не) теря́ть or выпуска́ть из ⊸у lose sight of (keep in view); ста́вить на ⊸ reproach (a p. with Д/B); ⊸ы pl. prospects (for на B).

вида́ть F [1], ⟨у-; по-⟩ его́ давно́ не ⊸ I or we haven't seen him for a long time; -ся (iter.) meet (с o. a.; a p. с Т).

виде́ние n [12] vision.

ви́деть [11 st.], ⟨у-⟩ see; catch sight of; ⊸ во сне dream (of B); ви́дишь (-ите) ли? you see?; -ся = вида́ться (but a. once).

ви́дим|о apparently, evidently; ⊸о-не⊸о F lots of, immense quantity; ⊸ость f [8] 1. visibility; 2. appearance; ⊸ый 1. [14 sh.] visible; 2. [14] apparent.

видн|е́ться [8] appear, be seen; ⊸о it can be seen; it appears; apparently; (мне) ничего́ не ⊸о I don't or can't see anything; ⊸ый 1. [14; -ден, -дна́, -о] visible; 2. [14] outstanding, eminent, prominent; F stately, portly.

видоизмен|е́ние n [12] variation; variety; ⊸я́ть [1], ⟨⊸и́ть⟩ [13] alter, change.

видоиска́тель m [4] (view) finder.

ви́за f [5] visa.

византи́|ец m [1; -и́йца], ⊸и́йка f [5; g/pl.: -и́ек], ⊸и́йский [16] Byzantine; ⊸и́я f [7] Byzantium.

визг m [1] scream, shriek; yelp; ⊸гли́вый [14 sh.] shrill, squeaky; ⊸жа́ть [4 e.; -жу́, -жи́шь], ⟨за-⟩ shriek; yelp.

визи́ровать [7] (im)pf. visa.

визи́т m [1] visit, call; ⊸ный [14]; ⊸ная ка́рточка f calling card.

ви́ка f [5] vetch.

ви́л|ка f [5; g/pl.: -лок] 1. fork; 2. (штёпсельная) ⊸ка & plug; ⊸ы f/pl. [5] pitchfork.

виля́ть [28], ⟨за-⟩, once ⟨вильну́ть⟩ [20] wag (one's tail хвосто́м); fig. prevaricate, shuffle.

вин|а́ f [5] 1. guilt; fault; 2. reason; вменя́ть в ⊸у́ impute (to Д); сва́ливать ⊸у́ lay the blame (on на B); э́то не по мое́й ⊸е́ it's not my fault.

винегре́т *m* [1] vinaigrette (salad).
вини́т|ельный [14] *gr.* accusative (*case*); ~ь [13] blame (for за B), accuse (of в П).
ви́н|ный [14] wine...; ~ный ка́мень *m* tartar; ~ная я́года *f* (dried) fig; ~ó *n* [9; *pl. st.*] wine; F vodka.
винова́т|ый [14 *sh.*] guilty (of в П); ~! sorry!, excuse me!; (I beg your) pardon!; вы в э́том (не) ~ы it's (not) your fault; я ~ пе́ред ва́ми I must apologize to you, (а. круго́м ~) it's all my fault.
вино́в|ник *m* [1] 1. culprit; 2. originator, author; ~ный [14; -вен, -вна] guilty (of в П).
виногра́д *m* [1] 1. vine; 2. *coll.* grapes *pl.*; сбор ~а vintage; ~арство *n* [9] winegrowing; ~арь *m* [4] winegrower; ~ник *m* [1] vineyard; ~ный [14] (of) grape(s).
вино|де́лие *n* [12] winemaking; ~ку́ренный [14]: ~ку́ренный заво́д *m* distillery; ~торго́вец [1; -вца] wine merchant.
винт *m* [1 *e.*] всrew; ~ик *m* [1] small screw; у него́ ~ика не хвата́ет F he has a screw loose; ~о́вка *f* [5; *g/pl.*: -вок] rifle; ~ово́й [14] screw...; spiral; ~овая ле́стница *f* spiral (winding) stairs.
виньéтка *f* [5; *g/pl.*: -ток] vignette.
виолонче́ль *f* [8] (violon)cello.
вира́ж *m* 1. [1 *e.*] bend, curve; 2. [1] *phot.* toning solution.
виртуо́з *m* [1] virtuoso.
ви́селица *f* [5] gallows, gibbet.
висе́ть [11] hang.
ви́ски *n* [*indecl.*] whisk(e)y.
виско́зная *f* [5] viscose.
Ви́сла *f* [5] Vistula.
ви́смут *m* [1] bismuth.
ви́снуть F [21], ⟨по-⟩ *v/i.* hang, be suspended.
висо́к *m* [1; -ска́] *anat.* temple.
високо́сный [14]: ~ год *m* leap year.
вися́чий [17] hanging; suspension-...; ~ замо́к *m* padlock.
витами́н *m* [1] vitamin.
вит|а́ть [1] 1. stay, linger; 2. soar; ~нева́тый [14] affected, bombastic.
вито́к *m* [1; -тка́] coil.   [case.]
витри́на *f* [5] shopwindow; show-
вить [вью, вьёшь; вей(те)!; вил, -а́, -о; ви́тый (вит, -а́, -о)], ⟨с-⟩ [совью, совьёшь] wind, twist; build (*nests*); -ся 1. wind; spin, whirl; 2. twine, creep; curl; 3. hover.
ви́тязь *m* [4] hero.
вихо́р *m* [1; -хра́] forelock.
вихрь *m* [2] whirlwind.
ви́це-... (*in compds.*) vice-...
ви́шн|ёвый [14] cherry...; ~я *f* [6; *g/pl.*: -шен] cherry.
вишь P look, there's; you see.
вка́пывать [1], ⟨вкопа́ть⟩ dig in; drive in; *fig.* как вко́панный stock-still, transfixed.

вка́т|ывать [1], ⟨~и́ть⟩ [15] roll in, wheel in.
вклад *m* [1] deposit; *fig.* contribution (to в B); ~ка [5; *g/pl.*: -док] insert; ~чик *m* [1] depositor; ~ывать [1], ⟨вложи́ть⟩ [16] put in, insert, enclose; invest; deposit.
вкле́|ивать [1], ⟨~ить⟩ [13] glue or paste in; ~йка *f* [5; *g/pl.*: -éeк] gluing in; sheet, *etc.*, glued in.
вкли́ни|вать(ся) [1], ⟨~ть(ся)⟩ [13; *a. st.*] (be) wedge(d) in.
включ|а́ть [1], ⟨~и́ть⟩ [16 *e.*; -чу́, -чи́шь; -чённый] include; insert; ⚡ switch or turn on; -ся join (s. th. в B); ~а́я including; ~éние *n* [12] inclusion; insertion; ⚡ switching on; ~и́тельно included.
вкол|а́чивать [1], ⟨~оти́ть⟩ [15] drive or hammer in.
вконе́ц F completely, altogether.
вкопа́ть *s.* вка́пывать.
вкоренꙗ́|ться [28], ⟨~и́ться⟩ [13] take root; ~и́вшийся established, (deep-)rooted.
вкось askew, aslant, obliquely; вкривь и ~ pell-mell; amiss.
ВКП(б) = Всесою́зная Коммунисти́ческая па́ртия (большевико́в) C.P.S.U.(B.) = Communist Party of the Soviet Union (Bolsheviks); (*since 1952*: КПСС, *cf.*).
вкра́|дчивый [14 *sh.*] insinuating, ingratiating; ~дываться [1], ⟨~сться⟩ [25] creep or steal in; *fig.* insinuate o.s.
вкра́тце briefly, in a few words.
вкруту́ю: яйцо́ ~ hard-boiled egg.
вкус *m* [1] 1. taste; flavo(u)r; 2. style; прия́тный на ~ savo(u)ry; прия́тно на ~ = ~но; быть or прийти́сь по ~у be to one's taste, relish (or like) s. th.; име́ть ~ (P) taste (of); ~ный [14; -сен, -сна́, -о] tasty; (э́то) ~но it tastes well or nice.
вку|ша́ть [1], ⟨~си́ть⟩ [15; вкушённый] 1. taste; 2. enjoy, experience.
вла́га *f* [5] moisture.
владе́|лец *m* [1; -льца] owner, proprietor, possessor; ~ние *n* [12] possession (of T); ~тель *m* [4] 1. owner; 2. ruler; ~ть [8], ⟨за-, о-⟩ (T) own, possess; rule, govern; master, manage; ~ть собо́й control
Влади́мир *m* [1] Vladimir. [o. s.]
влады́|ка *m* [5] 1. lord, sovereign; 2. archbishop; ~чество *n* [9] rule, sway.
вла́жн|ость *f* [8] humidity; ~ый [14; -жен, -жна́, -о] humid, damp.
вла́мываться [1], ⟨вломи́ться⟩ [14] break in.
власт|вовать [7] rule, dominate; ~ели́н *m* [1] sovereign; ~и́тель *m* [4] master, ruler; ~ный [14; -тен, -тна] imperious, commanding; в э́том я не ~ен I have no power

over it; **⌐ь** f [8; from g/pl. e.]
authority, power; rule, regime;
control; pl. authorities.

влачи́ть [16 e.; -чу́, -чи́шь] drag;
eke out.

вле́во (to the) left.

влез|а́ть [1], ⟨**⌐ть**⟩ [24 st.] climb
or get in(to); climb up.

влет|а́ть [1], ⟨**⌐е́ть**⟩ [11] fly in;
rush in.

влеч|е́ние n [12] inclination; **⌐ь**
[26], ⟨по-, у-⟩ drag, pull; fig. attract, draw; **⌐ь за собо́й** involve,
entail.

вли|ва́ть [1], ⟨**⌐ть**⟩ [волью́, -льё̈шь; влей(те)!; влил, -а́, -о;
вли́тый (-та́, -о)] pour in; -ся
flow or fall in; **⌐я́ние** n [12] influence; **⌐я́тельный** [14; -лен,
-льна] influential; **⌐я́ть** [28], ⟨по-⟩
(have) influence.

ВЛКСМ (Всесою́зный Ле́нин-
ский Коммунисти́ческий Сою́з
Молодё̈жи) Leninist Young Communist League of the Soviet Union.

вложи́ть s. вкла́дывать.

вломи́ться s. вла́мываться.

влюб|лё̈нность f [8] amorousness;
⌐ля́ться [28], ⟨**⌐и́ться**⟩ [14] fall in
love (with в B); **⌐лё̈нный** enamo-
u(u)red; lover; **⌐чивый** [14 sh.]
amorous.

вмен|я́емый z̄ [14 sh.] respon-
sible, accountable; **⌐я́ть** [28], ⟨**⌐и́ть**⟩
[13] consider (as в B), impute; **⌐я́ть**
(себе́) в обя́занность pledge s. o.
(o. s.) (to inf.).

вме́сте together, along with; **⌐ с**
тем at the same time.

вмести́|мость f [8] capacity;
⌐тельный [14; -лен, -льна] capa-
cious, spacious; **⌐ть** s. вмеща́ть.

вме́сто (P) instead, in place (of); as.

вмеш|а́тельство n [9] interfer-
ence, intervention; ⚕ operation;
⌐ивать [1], ⟨**⌐а́ть**⟩ [1] (в/в B) mingle (with); involve (in); -ся interfere, intervene, meddle (with в B).

вме|ща́ть [1], ⟨**⌐сти́ть**⟩ [15 e.; -ещу́,
-ести́шь; -ещё̈нный] 1. put, place;
2. hold, contain, accomodate; -ся
find room; hold.

вмиг in an instant, in no time.

внаё̈м or **внаймы́**: отда́ть (сдать)
⌐ rent, Brt. let; взять **⌐** rent, hire.

внача́ле at first, at the beginning.

вне (P) out of, outside; beyond;
быть **⌐ себя́** be beside o. s.

внебра́чный [14] illegitimate.

внедр|е́ние n [12] introduction;
⌐я́ть [28], ⟨**⌐и́ть**⟩ [13] inculcate;
introduce; -ся take root.

внеза́пный [14; -пен, -пна] sudden, unexpected.

внекла́ссный [14] out-of-class.

внеочередно́й [14] extra(ordinary).

внес|е́ние n [12] entry; **⌐ти́** s.
вноси́ть.

внешко́льный [14] nonschool.

вне́шн|ий [15] outward, external;
foreign; **⌐ость** f [8] appearance;
exterior.

вниз down(ward[s]); **⌐у́** 1. (P) beneath, below; 2. down(stairs).

вник|а́ть [1], ⟨**⌐нуть**⟩ [19] (в B)
penetrate (into), fathom.

внима́|ние n [12] attention; care;
приня́ть во **⌐ние** take into consideration; принима́я во **⌐ние** in view
of, with regard to; оста́вить без
⌐ния disregard; **⌐тельность** f [8]
attentiveness; **⌐тельный** [14; -лен,
-льна] attentive; **⌐ть** [1], ⟨**внять**⟩
[inf. & pt. only; внял, -а́, -о] (Д)
hear or listen (to); follow, watch;
comply with.

вничью́: сыгра́ть **⌐** draw (game).

вновь 1. again; 2. newly.

вноси́ть [15], ⟨внести́⟩ [24 -с-:
-су́, -сё̈шь; внё̈с, внесла́] carry
or bring in; enter, include; pay (in);
contribute; make (correction).

внук m [1] grandson; cf. внуча́та.

вну́трен|ий [15] inner, inside,
internal, interior; inland...; home...;
⌐ость f [8] interior; (esp. pl.) internal organs, entrails.

внутр|и́ (P) in(side); within; **⌐ь**
(P) in(to), inward(s), inside.

внуч|а́та m/f pl. [2] grandchildren;
⌐ка f [5; g/pl.: -чек] grand-
daughter.

внуш|а́ть [1], ⟨**⌐и́ть**⟩ [16 e.; -шу́,
-ши́шь; -шё̈нный] (Д/В) suggest;
inspire (p. a. with); inculcate (upon);
⌐е́ние n [12] suggestion; infusion;
reprimand; **⌐и́тельный** [14; -лен,
-льна] imposing, impressive; **⌐и́ть**
s. **⌐а́ть**.

вня́т|ный [14; -тен, -тна] distinct;
intelligible; **⌐ь** s. внима́ть.

вобра́ть s. вбира́ть.

вовл|ека́ть [1], ⟨**⌐е́чь**⟩ [26] drag
in; fig. involve.

во́время in or on time, timely.

во́все quite; **⌐ не**(т) not at all.

вовсю́ F with all one's might.

во-вторы́х second(ly).

вогна́ть s. вгоня́ть.

во́гнутый [14 sh.] concave.

вод|а́ f [5; ac/sg.: во́ду; pl.: во́ды,
вод, во́дам] water; на **⌐е́** и на
су́ше by sea and by land; в му́тной
⌐е́ ры́бу лови́ть fish in troubled
waters; вы́йти сухи́м из **⌐ы́** come
off clear; толо́чь **⌐у** (в сту́пе) beat
the air.

водвор|я́ть [28], ⟨**⌐и́ть**⟩ [13] settle;
install; (re)establish.

водеви́ль m [4] musical comedy.

води́тель m [4] driver.

вод|и́ть [15], ⟨по-⟩ 1. lead, con-
duct, guide; 2. drive; 3. move (T);
4. breed; **⌐и́ть** дру́жбу be on
friendly terms; -ся be (found);
live; be customary or the custom;
(у P, за T) have; (с T) associate

(with); э́то за ним {и́тся F that's in his way, to be sure!

во́дка *f* [5; *g/pl.*: -док] vodka (*kind of whisky*); дать на во́дку tip.

водо|боя́знь *f* [8] hydrophobia; ~во́з *m* [1] water carter; ~воро́т *m* [1] whirlpool, eddy; ~ём *m* [1] reservoir; ~измеще́ние ⚓ *n* [12] displacement, tonnage; ~ка́чка *f* [5; *g/pl.*: -чек] waterworks.

водо|ла́з *m* [1] diver; ~лече́ние *n* [12] hydropathy, water cure; ~напо́рный [14]: ~напо́рная ба́шня *f* water tower; ~непроница́емый [14 *sh.*] watertight; ~но́с *m* [1] water carrier; ~па́д *m* [1] waterfall; ~по́й *m* [3] watering place; watering (*of animals*); ~прово́д *m* [1] water pipe; ~разде́л *m* [1] divide, *Brt.* watershed; ~ро́д *m* [1] hydrogen; ~ро́дный [14]: ~ро́дная бо́мба *f* hydrogen bomb; ~росль *f* [8] alga, seaweed; ~снабже́ние *n* [12] water supply; ~сто́к *m* [1] drain(age), drainpipe; ~сто́чный [14]: ~сто́чная труба́ *f* gutter; ~храни́лище *n* [11] reservoir.

водру|жа́ть [1], ⟨~зи́ть⟩ [15 *e.*; -ужу́, -узи́шь; -ужённый] set up; hoist.

вод|яни́стый [14 *sh.*] watery; ~я́нка *f* [5] dropsy; ~яно́й [14] water...

воева́ть [14], wage *or* carry on war, be at war.

воеди́но together.

военача́льник *m* [1] commander.

воени|за́ция *f* [7] militarization; ~ри́ровать [7] (*im*)*pf.* militarize.

военно-|возду́шный [14]: ~возду́шные си́лы *f/pl.* air force; ~морско́й [14]: ~морско́й флот *m* navy; ~пле́нный [14] prisoner of war; ~полево́й [14]: ~полево́й суд *m* court-martial; ~слу́жащий [17] military man, soldier.

военн|ый [14] 1. military, war...; 2. military man, soldier; ~ый врач *m* medical officer; ~ый кора́бль *m* man-of-war, warship; ~ое положе́ние *n* martial law (under на П); поступи́ть на ~ую слу́жбу enlist, join; ~ые де́йствия *n/pl.* hostilities.

вож|а́к [1 *e.*] guide; leader; ~а́тый [14] leader, guide; streetcar (*Brt.* tram) driver; ~дь *m* [4 *e.*] chief (-tain); leader; ~жи *f/pl.* [8; *from g/pl. e.*] reins.

воз *m* [1; на -ý; *pl. e.*] cart(load).

возбу|ди́мый [14 *sh.*] excitable; ~ди́тель *m* [4] exciter; ~жда́ть [1], ⟨~ди́ть⟩ [15 *e.*; -ужу́, -уди́шь] excite, stir up; arouse; incite; raise; bring, present; ~жда́ющий [17] stimulating; ~жда́ющее сре́дство *n* stimulant; ~жде́ние *n* [12] excitement; ~ждённый [14] excited.

возвели́чи|вать [1], ⟨~ть⟩ [16] exalt, praise, glorify.

возвести́ *s.* возводи́ть.

возве|ща́ть [1], ⟨~сти́ть⟩ [15 *e.*; -ещу́, -ести́шь; -ещённый] (В/Д *or* о П/Д) announce.

возв|оди́ть [15], ⟨~ести́⟩ [25] (в *or* на В) lead up; raise, elevate; erect; make.

возвра́|т *m* [1] 1. = ~ще́ние 1. & 2.; 2. ✻ relapse; ~ти́ть(ся) *s.* ~ща́ть (-ся); ~тный [14] back...; relapsing; *gr.* reflexive; ~ща́ть [1], ⟨~ти́ть⟩ [15 *e.*; -ащу́, -ати́шь; -ащённый] return; give back; restore, reimburse; recover; -ся return, come back (from из *or* с Р); revert (to к Д); ~ще́ние *n* [12] 1. return; 2. restitution.

возв|ыша́ть [1], ⟨~ы́сить⟩ [15] raise, elevate; -ся rise; tower (over над Т); ~ыше́ние *n* [12] rise; elevation; ~ы́шенность *f* [8] 1. sublimity, loftiness; 2. hill (range); ~ы́шенный [14] elevated, lofty.

возгл|авля́ть [28], ⟨~а́вить⟩ [14] (be at the head).

во́згла́в|с *m* [1] exclamation, (out-)cry; ~ша́ть [1], ⟨~си́ть⟩ [15 *e.*; -ашу́, -аси́шь; -ашённый] proclaim.

возд|ава́ть [5], ⟨~а́ть⟩ [-да́м, -да́шь, *etc. s.* дава́ть] reward; show, do; ~а́ть до́лжное do justice (to Д).

воздвиг|а́ть [1], ⟨~нуть⟩ [21] erect, construct, raise.

возде́йств|ие *n* [12] influence, impact; ~овать [7] (*im*)*pf.* (на В) influence; act upon, affect.

возде́л|ывать [1], ⟨~ать⟩ [1] till.

воздержа́ние *n* [12] abstinence; abstention.

воздер|живаться [14 *sh.*]; ~иваться [1], ⟨~а́ться⟩ [4] abstain (from от Р); при двух ~а́вшихся *pol.* with two abstentions; ~ный [14; -жен, -жна] abstemious, temperate.

во́здух *m* [1] air; на (откры́том *or* све́жем) ~е in the open air, outdoors; ~оплава́ние *n* [12] aeronautics.

возду́ш|ный 1. [14] air...; ~ная трево́га *f* air-raid warning; ~ные за́мки *m/pl.* castles in the air; 2. [14; -шен, -шна] airy.

воззва́|ние *n* [12] appeal; proclamation; ~ть *s.* взыва́ть.

вози́ть [15] drive, transport; -ся (с Т) busy o.s. (with), mess (around with); dawdle; fidget; romp, frolic.

возл|ага́ть [1], ⟨~ожи́ть⟩ [16] (на В) lay (on); entrust (with); ~ага́ть наде́жды на (В) rest one's hopes upon.

во́зле (P) by, near, beside.

возложи́ть *s.* возлага́ть.

возлю́блен|ный [14] beloved; *m* lover; ~ная *f* mistress, sweetheart.

возме́здие *n* [12] requital.

возме|ща́ть [1], ⟨~сти́ть⟩ [15 *e.*; -ещу́, -ести́шь; -ещённый] compensate, recompense; ⹂щённе n [12] compensation, indemnification.

возмо́жн|о it is possible; possibly; о́чень ⹂о very likely; ⹂ость f [8] possibility; chance; по (ме́ре) ⹂ости as ... (far) as possible; ⹂ый [14; -жен, -жна] possible; сде́лать всё ⹂ое do one's utmost.

возмужа́лый [14] mature, virile.

возму|ти́тельный [14; -лен, -льна] revolting, shoking; ⹂ща́ть, ⟨⹂ти́ть⟩ [15 e.; -щу́, -ути́шь] revolt; -ся be shocked or indignant (at T); ⹂ще́нне n [12] indignation; revolt; ⹂ще́нный [14] indignant.

вознагра|жда́ть [1], ⟨⹂ди́ть⟩ [15 e.; -ажу́, -ади́шь; -аждённый] reward, recompense, indemnify; ⹂жде́ние n [12] reward, recompense.

вознам́ерн|ваться [1], ⟨⹂ться⟩ [13] intend, decide.

вознесе́ние n [12] ascension; ⹂ти́(сь) s. возноси́ть(ся).

возник|а́ть [1], ⟨⹂нуть⟩ [21] arise, originate, emerge; ⹂нове́ние n [12] rise, origin.

возн|оси́ть [15], ⟨⹂ести́⟩ [24 -с-: -су́, -сёшь; -нёс, -несла́; -несён-ный] raise, elevate; exalt; -ся, ⟨-сь⟩ 1. rise; 2. become haughty.

возня́ f [6] 1. fuss, bustle, romp; 2. trouble, bother.

возобнов|ле́нне n [12] renewal; resumption; ⹂ля́ть [28], ⟨⹂ѝть⟩ [14 e.; -влю́, -вишь; -влённый] renew; resume.

возра|жа́ть [1], ⟨⹂зи́ть⟩ [15 e.; -ажу́, -ази́шь] 1. object (to про́тив P); 2. return, retort (to на B); я не ⹂жа́ю I don't mind; ⹂же́нне n [12] objection; rejoinder.

во́зраст m [1] age (at в П); ⹂а́нне n [12] growth, increase; ⹂а́ть [1], ⟨⹂й⟩ [24 -ст-: -расту́; -рос, -ла́; -ро́сший] grow up; increase, rise.

возро|жда́ть [1], ⟨⹂ди́ть⟩ [15 e.; -ожу́, -оди́шь, -ождённый] revive, regenerate (v/i.: -ся); ⹂жде́ние n [12] rebirth, revival; эпо́ха Ɔ⹂жде́ния Renaissance.

во́зчик m [1] wag(g)oner, carter.

во́ин m [1] warrior, soldier; ⹂ский [16] military; ⹂ская обя́занность († пови́нность) f conscription; ⹂-ственный [14] martial, bellicose.

вои́стину truly, really.

вой m [3] howl(ing), wail(ing).

во́йло|к m [1] ⹂чный [14] felt.

войн|а́ f [5; pl. st.] war (at на П); warfare; идти́ на ⹂у́ take the field; поджига́тель ⹂ы́ warmonger; вто-ра́я мирова́я ⹂а́ World War II.

во́йск|о n [9; pl. e.] host; army; pl. troops, (land, etc.) forces.

войти́ s. входи́ть.

вокза́л m [1] railroad (Brt. railway) station, depot.

вокру́г (P) (a)round; верте́ться ⹂ да о́коло F beat about the bush.

вол m [1 e.] ox.

Во́лга f [5] Volga.

волдырь m [4 e.] blister, swelling.

волейбо́л m [1] volleyball.

во́лей-нево́лей willy-nilly.

во́лжский [16] (on the) Volga...

волк m [1; from g/pl. e.] wolf; смо-тре́ть ⹂ом F scowl.

волн|а́ f [5; pl. st., from dat. a. e.] wave; f дли́нные, сре́дние, ко-ро́ткие ⹂ы long, medium, short waves; ⹂е́ние n [12] agitation, ex-citement, unrest; pl. troubles, riots; ⹂и́стый [14 sh.] wavy, undulating; ⹂ова́ть [7], ⟨вз-⟩ (-ся be) agitat-e(d), excite(d); worry; ⹂у́ющий [17] exciting, thrilling.

воло́вий [18] ox...

Воло́дя m dim. of Влади́мир.

волокит|а f [5] 1. f red tape; a lot of fuss and trouble; 2. m lady-killer, ladies' man; ⹂ство n [9] flirtation.

волокн|и́стый [14 sh.] fibrous; ⹂о́ n [9; pl.: -о́кна, -о́кон, etc. st.] fiber, Brt. fibre.

волонтёр m [1] volunteer.

во́лос m [1; g/pl.: -ло́с; from dat. e.] (a. fl.) hair; ⟨⹂á⟩ [14 sh.] hairy; ⹂о́к m [1; -ска́] (small) hair; f filament; быть на ⹂о́к (от на ⹂ке́) от сме́рти F be on the verge (with-in a hair's breadth or ace) of death; висе́ть (or держа́ться) на ⹂ке́ hang by or on a thread.

во́лость f [8; from g/pl. e.] district.

волосяно́й [14] hair...

волочи́ть [16], ⟨по-⟩ drag, pull, draw; -ся drag o.s., crawl along; F (за T) run after, court.

волхв m [1 e.] magician, wizard.

во́лчий [18] wolfish; wolf('s)...

волчо́к m [1; -чка́] top (toy).

волчо́нок m [2] wolf cub.

волше́б|ник m [1] magician; ⹂ница f [5] sorceress; ⹂ный [14] magic, fairy...; [-бен, -бна] fig. enchanting; ⹂ство́ n [9] magic, witchery.

волы́нка f [5; g/pl.: -нок] bagpipe.

во́льно|ду́мец m [1; -мца] free-thinker; ⹂слу́шатель m [4] audi-tor, irregular student.

во́льн|ость f [8] liberty; freedom; ⹂ый [14; -лен, -льна́, -о] free, easy, unrestricted; ⚔ ⹂о! at ease!

вольт m [1] volt.

вольфра́м m [1] wolframite.

во́л|я f [6] 1. will; си́ла ⹂и will power; 2. liberty, freedom; ⹂я ва́ша (just) as you like; по до́брой ⹂е of one's own will; отпусти́ть на ⹂ю set free; дать ⹂ю give free rein.

вон 1. F there; ⹂ там over there; 2. ⹂! get out!; пошёл ⹂! out or away (with you)!; вы́гнать ⹂ turn out; ⹂ (оно́) что! F you don't say!; oh, that's it!

вонз|а́ть [1], ⟨⹂и́ть⟩ [15 e.; -нжу́,

-зи́шь; -зённый] thrust, plunge, transfix.

вон|ь f [8] stench, stink; ~ю́чий [17 sh.] stinking; ~ю́чка f [5; g/pl.: -чек] skunk; ~я́ть [28] stink (of T).

вообра|жа́емый [14 sh.] imaginary, supposed; ~жа́ть [1], ⟨~зи́ть⟩ [15 e.; -ажу́, -ази́шь; -аженный] (a. ~жа́ть себя́) imagine, fancy; ~жа́ть себя́ imagine o. s. (s. b. T); ~жа́ть о себе́ be conceited; ~же́ние n [12] imagination; fancy; ~зи́мый [14 sh.] imaginable.

вообще́ generally, in general; at all.

воодушев|ле́ние n [12] enthusiasm; ~ля́ть [28], ⟨~и́ть⟩ [14 e.; -влю́, -ви́шь; -влённый] (-ся feel) inspire(d by T).

вооруж|а́ть [1], ⟨~и́ть⟩ [16 e.; -жу́, -жи́шь; -жённый] 1. arm, equip (with T); 2. stir up (against про́тив P); ~е́ние n [12] armament, equipment.

вочию with one's own eyes.

во-пе́рвых first(ly).

воп|и́ть [14 e.; -плю́, -пи́шь], ⟨за-⟩ cry out, bawl; lament, wail; ~ю́щий [17] crying, flagrant.

воплоща́ть [1], ⟨~ти́ть⟩ [15 e.; -ощу́, -оти́шь; -още́нный] embody, personify; ~ще́нный a. incarnate; ~ще́ние n [12] embodiment, incarnation.

вопль m [4] outcry, clamo(u)r; wail.

вопреки́ (Д) contrary to; in spite of.

вопро́с m [1] question; под ~ом questionable, doubtful; ~ не в э́том that's not the question; спо́рный ~ point at issue; что за ~! of course!; ~и́тельный [14] interrogative; ~и́тельный знак m question mark.

вор m [1; from g/pl. e.] thief.

ворва́ться s. врыва́ться.

ворко|ва́ть [7], ⟨за-⟩ coo; ~тня́ F f [6] grumble.

воробе́|й m [3 e.; -бья́] sparrow; ста́рый (or стре́ляный) ~е́й F cunning fellow; ~ли́ный [14] sparrow('s)...

воров|а́ть [7], ⟨с-⟩ steal; ~ка́ f [5; g/pl.: -вок] (female) thief; ~ско́й [16] thievish; thieves'...; ~ство́ n [9] theft, larceny.

ворожи́ть [16 e.; -жу́, -жи́шь], ⟨по-⟩ tell fortunes.

во́рон m [1] raven; ~а f [5] crow; воро́н счита́ть F stand gaping about.

воро́нка f [5; g/pl.: -нок] 1. funnel; 2. crater. [horse.]

вороно́й [14] black; su. m black)

во́рот m [1] 1. collar; 2. windlass; ~а́ n/pl. [9] gate; ~и́ть [15] 1. (pf.) F cf. возвраща́ть; 2. (impf.) P move, roll; turn off, round; 3. s. вороча́ть 2.; ~ни́к m [1 e.] collar; ~ничо́к m [1; -чка] (small) collar.

во́рох m [1; pl.: -ха́, etc. e.] pile, heap.

воро́|чать [1] 1. s. ~ти́ть 2.; 2. F manage, boss (T); ~ся toss; turn; stir; ~ши́ть [16 e.; -шу́, -ши́шь; -шённый] turn (over).

ворч|а́ние n [12] grumbling, growl; ~а́ть [4 e.; -чу́, -чи́шь], ⟨за-, п(р)о-⟩ grumble, growl; ~ли́вый [14 sh.] grumbling, surly; ~у́н F m [1 e.], ~у́нья f [1] grumbler.

восвоя́си F home.

восемна́дца|тый [14] eighteenth; ~ть [35] eighteen; s. пять, пя́тый.

во́семь [35; во́семью, instr. во́семью] eight; cf. пять & пя́тый; ~деся́т [35; восьми́десяти] eighty; ~со́т [36; восьмисо́т] eight hundred; ~ю eight times.

воск m [1] wax.

восклица́|ние n [12] exclamation; ~тельный [14] exclamatory; ~тельный знак m exclamation mark or point; ~ца́ть [1], ⟨~и́кнуть⟩ [20] exclaim.

восково́й [14] wax(en)...

воскр|еса́ть [1], ⟨~е́снуть⟩ [21] rise (from из P); recover; Христо́с ~е́с(е)! Christ has arisen! (Easter greeting); (reply:) вои́стину ~е́с(е)! (He has) truly arisen!; ~есе́ние n [12] Resurrection; ~есе́нье n [10] Sunday (on: в B, pl. по Д); ~еша́ть [1], ⟨~еси́ть⟩ [15 e.; -ешу́, -еси́шь; -ешённый] resuscitate, revive.

воспал|е́ние n [12] inflammation; ~е́ние лёгких (по́чек) pneumonia (nephritis); ~ённый [14 sh.] inflamed; ~и́тельный [14] inflammatory; ~я́ть [28], ⟨~и́ть⟩ [13] inflame (v/i. -ся).

воспе|ва́ть [1], ⟨~ть⟩ [-пою́, -поёшь; -пе́тый] sing of, praise.

воспит|а́ние n [12] education, upbringing; ~а́нник m [1], ~а́нница f [5] foster child; pupil; ~а́нный [14 sh.] well-bred; пло́хо ~а́нный ill-bred; ~а́тель m [1 e.] educator; (private) tutor; ~а́тельный [14] educational, pedagogic(al); ~ывать [1], ⟨~а́ть⟩ bring up; educate.

воспламен|я́ть [28], ⟨~и́ть⟩ [13] inflame (v/i. -ся).

восполн|я́ть [28], ⟨~и́ть⟩ [13] fill (up); make up (for).

воспо́льзоваться s. по́льзоваться.

воспомина́ние n [12] remembrance, recollection, reminiscence; pl. a. memoirs.

воспре|ща́ть [1], ⟨~ти́ть⟩ [15 e.; -ещу́, -ети́шь; -ещённый] prohibit, forbid; вход ~щён! no entrance!; кури́ть ~ща́ется! no smoking!; ~ще́ние n [12] interdiction, prohibition.

восприй|мчивый [14 sh.] sensitive; susceptible (to к Д); ~нима́ть [1], ⟨~ня́ть⟩ [-приму́, -и́мешь; -и́нял, -а́, -о; -и́нятый] take (up); conceive; ~я́тие n [12] perception.

воспроизв|едение n [12] reproduction; ~одить [15], ⟨~ести⟩ [25] reproduce.

воспрянуть [20] pf. rise, jump up; ~ духом cheer up.

воссоедин|ение n [12] reun(ificat)ion; ~ять [28], ⟨~ить⟩ [13] reunite.

восста|вать [5], ⟨~ть⟩ [-стану, -станешь] (a)rise; revolt.

восстан|авливать [1], ⟨~овить⟩ [14] 1. reconstruct, restore; 2. stir up, dispose ~ние n [12] insurrection, revolt; ~овить s. ~авливать; ~овление n [12] reconstruction, restoration.

восток m [1] east; ♀ the East, Orient; Ближний (Дальний) ♀ the Near (Far) East; на ~ (to[ward] the) east, eastward(s); на ~е in the east; с ~а from the east; к ~у от (P) (to the) east of.

восторг m [1] delight, rapture; я в ~е I am delighted (with от P); приводить (приходить) в ~ = ~гать(ся) [1] impf. (be) delight(ed) (with T); ~женный [14 sh.] enthusiastic, exalted.

восточный [14] east(ern, -erly); oriental.

востребова|ние n [12]: до ~ния poste restante; ~ть [7] pf. call for.

восхвал|ение n [12] praise, eulogy; ~ять [28], ⟨~ить⟩ [13; -алю, -алишь] praise, extol.

восхи|тительный [14; -лен, -льна] delightful; ~щать [1], ⟨~тить⟩ [15 e.; -ищу, -итишь; -ищённый] delight, transport; -ся (Т) be delighted (with), admire; ~щение n [12] admiration, delight; приводить (приходить) в ~щение s. ~щать(ся).

восхо|д m [1], ~ждение n [12] rise; ascent; ~д солнца sunrise; ~дить [15], ⟨взойти⟩ [взойду, -дёшь; взошёл, -шла; взошедший] rise, ascend.

восшествие n [12] ascent; ~ на престол accession to the throne.

восьм|ёрка f [5; g/pl.: -рок] eight (cf. двойка); ~еро [37] eight (cf. двое).

восьми|десятый [14] eightieth; cf. пят(идесят)ый; ~летний [14] of eight, aged 8; ~сотый [14] eight hundredth; ~часовой [14] eight-hour...

восьм|ой [14] eighth; cf. пятый; ~ушка f [5] eighth of lb.; octavo.

вот here (is); there; now; well; that's ...; и всё F that's all; ⟨ (оно́) как or вон! you don't say!, is that so?; ⟨ те(бе) раз or на́! there you are!; a pretty business this!; ⟨ какой ... such a ...; ⟨ человек! what a man!; ~-⟨ yes, indeed; ~-⟨ every or (at) any moment.

воткнуть s. втыкать.

вотум m [1] vote.

вотчина f [5] patrimony (estate).

воцар|яться [28], ⟨~иться⟩ [13] 1. accede to the throne; 2. set in; be restored.

вошь f [8; вши; вошью] louse.

вощить [16 e.], ⟨на-⟩ wax.

воюющий [17] belligerent.

впа|дать [1], ⟨~сть⟩ [25; впал, -а] (в В) fall (flow, run) in(to); ~дение n [12] flowing into; mouth, confluence; ~дина f [5] cavity, socket; ~лый [14] hollow, sunken; ~сть s.)

впервые for the first time. [~дать.)

впереги|онки F s. наперегонки.

вперёд forward, ahead (of P), on (-ward); in future; in advance, beforehand; s. a. зад.

впереди in front, ahead (of P) before.

вперемежку F alternately.

впер|ять [1], ⟨~ить⟩ [13] fix (one's eyes on взор в В).

впечатл|ение n [12] impression; ~ительный [14; -лен, льна] sensitive.

впи|вать [1], ⟨~ть⟩ [вопью, -пьёшь; впил, -а, -о] suck in, imbibe; -ся (в В) cling to; seize; stick; fix. [insert.)

впис|ывать [1], ⟨~ать⟩ [3] enter,)

впит|ывать [1], ⟨~ать⟩ soak up or in; absorb, imbibe; ~ь s. впивать.

впих|ивать [1], once ⟨~нуть⟩ [20] push or squeeze in(to) (в В).

вплавь by swimming.

впле|тать [1], ⟨~сти⟩ [25 -т-: вплету, -тёшь] interlace, braid.

вплот|ную (к ~Д) (quite) close(ly) by, (right) up to; fig. F seriously; ~ь (к ~Д) (right) up to; even (till).

вполголоса in a low voice.

вполз|ать [1], ⟨~ти⟩ [24] creep or crawl in(to), up.

вполне quite, fully, entirely.

впопад F to the point, relevantly.

впопыхах s. второпях.

впору: быть ~ fit.

впоследствии afterward(s), later.

впотьмах in the dark.

вправду F really, indeed.

вправ|лять [28], ⟨~ить⟩ [14] set.

вправе: быть ~ have the right.

вправо (to the) right.

впредь henceforth, in future.

впроголодь starv(el)ing.

впрок 1. for future use; 2. to a p.'s benefit; это ему ~ не пойдёт he won't profit by it.

впрочем by the way; however.

впрыг|ивать [1], once ⟨~нуть⟩ [20] jump in(to) or up (в, на В).

впрыс|кивание n [12] injection; ~кивать [1], once ⟨~нуть⟩ [20] inject.

впря|гать [1], ⟨~чь⟩ [26 г/ж; cf. напрячь] harness, put to (в В).

впус|к m [1] admission; ~кать [1], ⟨~тить⟩ [15] let in, admit.

впустую F in vain, to no purpose.

впут|ывать [1], ⟨~ать⟩ entangle,

involve (in в В); **-ся** become entangled.

ви́нтер|о five times (*cf.* вдво́е); **~о́м** five (together).

враг *m* [1 *e.*] enemy; † devil.

враж|да́ *f* [5] enmity; **~де́бность** *f* [8] animosity; **~де́бный** [14; -бен, -бна] hostile; **~дова́ть** [7] be at enmity (with с Т); **~еский** [16], **~ий** [18] (the) enemy('s)...

вразбро́д F separately, scatteringly.

вразре́з: идти́ ~ be contrary (to с Т).

вразум|и́тельный [14; -лен, -льна] intelligible, clear; **~ля́ть** [1], ⟨**~и́ть**⟩ [13] bring to reason; instruct, make wise.

вра́|ль *m* [4 *e.*] liar; tattler; **~ньё** *n* [12] lies, fibs *pl.*, idle talk.

врасплóх unawares, by surprise; **~сыпну́ю**: бро́ситься **~сыпну́ю** disperse.

враст|а́ть [1], ⟨**~и́**⟩ [24 -ст-: -сту́; врос, -ла́] grow in(to); settle *or* subside.

врата́рь *m* [4 *e.*] goalkeeper.

врать F [вру, врёшь; врал, -á, -o], ⟨со-⟩ ⟨со́бранный⟩, lie; make a mistake; be inaccurate; tell (tales).

врач *m* [1 *e.*] doctor, physician; **~е́бный** [14] medical

враща́ть [1] (В *or* Т) turn, revolve, rotate (*v*/*i.* **-ся**, -ся в П associate with); **~ющийся** revolving, rotatory; **~е́ние** *n* [12] rotation.

вред *m* [1 *e.*] harm, damage; detriment; **~и́тель** *m* [4] 🐀 pest; saboteur; **~и́тельство** *n* [9] sabotage; **~и́ть** [15 *e.*; -ежу́, -еди́шь], ⟨по-⟩ (do) harm, (cause) damage (to Д); **~ный** [14; -ден, -дна́, -o] harmful, injurious (to Д *or* для Р).

вре́з|ать [1], ⟨**~ать**⟩ [3] (в В) cut in(to); lay *or* put in(to); **-ся** run in(to); project into; impress (on).

вре́мен|ный [14] temporary, transient, provisional; **~щи́к** *m* [1 *e.*] favo(u)rite, minion.

врём|я *n* [13] time; *gr.* tense; weather; **~я го́да** season (in *or* на Р) during; в настоя́щее **~я** at (the) present (moment); от **~ени** до **~ени**, по **~ена́м**, **~ена́ми** from time to time, (every) now and then, sometimes; в ско́ром **~ени** soon; в то (же) **~я** at that (the same) time; в то **~я** как whereas; за после́днее **~я** lately, recently; на **~я** for a (certain) time, temporarily; in (the *long*) run; со **~енем** in the course of time; тем **~енем** meanwhile; ско́лько **~ени**? how long?; what's the time? хорошо́ провести́ **~я** have a good time; **~яисчисле́ние** *n* [12] chronology; **~(пре)провожде́ние** *n* [12] pastime.

вро́вень even, abreast (with с Т).

вро́де like; such as; kind of.

врождённый [14 *sh.*] innate.

врозь(н)ь separately, apart.

врун F *m* [1 *e.*], **~ья** F *f* [6] lier.

вруч|а́ть [1], ⟨**~и́ть**⟩ [13] hand over; entrust.

врыва́ть [1], ⟨**~ть**⟩ [22] dig in; **-ся**, ⟨ворва́ться⟩ [-вусь, -вёшься; -ва́лся, -ла́сь] rush in(to); enter (by force).

вряд: ~ ли hardly, scarcely.

вса́дни|к *m* [1] horseman; **~ца** *f* [5] horsewoman.

вса́|живать [1], ⟨**~ди́ть**⟩ [15] thrust *or* drive in(to), hit; **~сывать** [1], ⟨всоса́ть⟩ [-су́, -сёшь] suck in *or* up, imbibe.

всё, все *s.* весь.

все|веду́щий [17] omniscient; **~возмо́жный** [14] of all kinds *or* sorts. [stant, habitual.]

всегда́ always; **~шний** [15] con-)

всего́ (-'vɔ) altogether, in all; sum total; ~ (то́лько, лишь, -на́всего) only, merely; пре́жде = above all.

всел|е́нная *f* [14] universe, world; **~я́ть** [28], ⟨**~и́ть**⟩ [13] settle, move in(to) (*v*/*i.* **-ся**); *fig.* inspire.

все|ме́рный every (*or* all) ... possible; **~ме́рно** in every possible way; **~ми́рный** [14] world..., universal; **~могу́щий** [17 *sh.*] = **~си́льный**; **~наро́дный** [14; -ден, -дна] national, nation-wide; *adv.*: **~наро́дно** in public; **~но́щная** *f* [14] vespers *pl.*; **~о́бщий** [17] universal, general; **~объе́млющий** [17 *sh.*] universal; **~росси́йский** [16] All-Russian.

всерьёз F in earnest, seriously.

все|си́льный [14; -лен, -льна] omnipotent, almighty; **~сою́зный** [14] All-Union, ... of the U.S.S.R.; **~сторо́нний** [15] all-round.

всё-таки nevertheless, (but) still.

всеуслы́шание: во ~ in public.

всеце́ло entirely, wholly.

вска́|кивать [1], ⟨вскочи́ть⟩ [16] jump *or* leap (up/on на В); start (from с Р); F rise *or* swell; **~пывать**, ⟨вскопа́ть⟩ [1] dig up.

вскара́бк|иваться, ⟨**~аться**⟩ [1] (на В) climb (up).

вска́рмливать [1], ⟨вскорми́ть⟩ [14] raise, rear *or* bring up.

вскачь at full gallop.

вскип|а́ть [1], ⟨**~е́ть**⟩ [10 *e.*; -плю́, -пи́шь] boil (up); *fig.* fly into a passion.

всклоко́|чивать [1], ⟨**~чить**⟩ [16] tousle; **~ченные** *or* **~чившиеся** во́лосы *m*/*pl.* dishevel(l)ed hair.

всколых|ивать [1], ⟨**~а́ть**⟩ [3 *st.* & 1], *once* ⟨**~ну́ть**⟩ [20] stir up, rouse.

вскользь in passing, cursorily.

вскопа́ть *s.* вска́пывать.

вско́ре soon, before long.

вскорми́ть *s.* вска́рмливать.

вскочи́ть *s.* вска́кивать.

вскри́|кивать [1], ⟨**~ча́ть**⟩ [4 *e.*

-чу́, -чи́шь, once ⟨**⌐кну́ть**⟩ [20] cry out, scream.

вскружи́ть [16; -жу́, -у́жишь] pf.; ⟨Д⟩ го́лову turn a p.'s head.

вскры|ва́ть [1], ⟨**⌐ть**⟩ [22] 1. open; reveal; 2. dissect; **-ся** 1. open; be disclosed; 2. break (up); **⌐тие** n [12] 1. opening; disclosure; 2. dissection, autopsy; 3. breaking up.

всласть F to one's heart's content.

вслед (за Т; Д) (right) after, behind, following; **⌐ствие** (Р) in consequence of, owing to; **⌐ствие** э́того consequently.

вслепу́ю F blindly, at random.

вслух aloud.

вслу́ш|иваться [1], ⟨**⌐аться**⟩ (в В) listen attentively (to).

всма́тр|иваться [1], ⟨**всмотре́ть-ся**⟩ [9; -отрю́сь, -о́тришься] (в В) peer, look narrowly (at).

всмя́тку: яйцо́ ⁓ soft-boiled egg.

всо́|вывать [1], ⟨**всу́нуть**⟩ [20] put, slip (into в В); **⌐ са́ть** s. вса́сывать.

вспа́|хивать [1], ⟨**⌐ха́ть**⟩ [3] plow (Brt. plough) or turn up; **⌐шка** f [5] tillage.

всплес|к [1] splash; **⌐кивать** [1], ⟨**⌐ну́ть**⟩ [20] splash; **⌐ну́ть** рука́ми throw up one's arms.

всплы|ва́ть [1], ⟨**⌐ть**⟩ [23] rise to the surface, emerge.

всполоши́ть F [16 e.; -шу́, -ши́шь; -шённый] pf. startle (v/i. -ся).

вспом|ина́ть [1], ⟨**⌐нить**⟩ [13] (В or о П) remember, recall; ⟨Д + **-ся** = И + vb.⟩; **⌐ога́тельный** [14] auxiliary; **⌐яну́ть** P [19] = **⌐нить.**

вспорхну́ть [20] pf. fly up.

вспры́г|ивать [1], once ⟨**⌐нуть**⟩ [20] jump or spring (up/on на В).

вспры́с|кивать [1], ⟨**⌐нуть**⟩ [20] sprinkle; wet; inject.

вспу́г|ивать [1], once ⟨**⌐ну́ть**⟩ [20] start, frighten away.

вспух|а́ть [1], ⟨**⌐ну́ть**⟩ [21] swell.

вспы́ль|чивость F [8] irascibility; **⌐чивый** [14 sh.] quick-tempered.

вспы́х|ивать [1], ⟨**⌐нуть**⟩ [20] 1. flare up, flash; blush; 2. burst into a rage; break out; **⌐шка** f [5; g/pl.: -шек] flare, flash, outburst; outbreak.

вста|ва́ть [5], ⟨**⌐ть**⟩ [встáну, -нешь] stand up; get up, rise (from с Р); arise; **⌐вка** f [5; g/pl.: -вок] setting in, insertion, inset; **⌐вля́ть** [28], ⟨**⌐вить**⟩ [14] set or put in, insert; **⌐вно́й** [14] (to be) put in; **⌐вны́е** зу́бы m/pl. false teeth.

встрепену́ться [20] pf. start, shudder, shake up.

встрёпк|а f [5] reprimand; зада́ть **⌐у** (Д) P bowl out, blow up (a p).

встре́|тить(ся) s. **⌐ча́ть(ся)**; **⌐ча** f [5] meeting; encounter; reception; тёплая **⌐ча** warm welcome; **⌐ча́ть** [1], ⟨**⌐тить**⟩ [15 st.] 1. meet (v/t., with В), encounter; come across; 2. meet, receive, welcome; **⌐ча́ть** Но́вый год celebrate the New Year; **-ся** 1. meet (v/i., o. a., with с Т); 2. (impers.) occur, happen; there are (were); **⌐чный** [14] counter..., (coming from the) opposite (direction), (s. b. or s. th.) on one's way; пе́рвый **⌐чный** the first comer.

встря́|ска f [5; g/pl.: -сок] 1. shock; 2. P = встрёпка; **⌐хивать** [1], once ⟨**⌐хну́ть**⟩ [20] shake (up); stir (up); (-ся v/i., o. s.).

вступ|а́ть [1], ⟨**⌐и́ть**⟩ [14] (в В) enter, join; set one's foot, step (into); begin, enter or come into, assume; **⌐и́ть** в брак contract marriage; **⌐и́ть** на трон accede to the throne; **-ся** (за В) intercede (for); protect; take a p.'s side; **⌐и́тельный** [14] introductory; opening; entrance...; **⌐ле́ние** n [12] entry, entrance; accession; beginning; introduction.

всу́|нуть s. всо́вывать; **⌐чивать** F [1], ⟨**⌐чи́ть**⟩ [16] foist (s.th. on В/Д).

всхли́п m [1], **⌐ывание** n [12] sob(bing); **⌐ывать** [1], once ⟨**⌐нуть**⟩ [20 st.] sob.

всход|и́ть [15], ⟨**взойти́**⟩ [взойду́, -дёшь; взошёл, -шла́; взоше́дший; g. pt.: взойдя́] 1. go or climb (up]on на В), ascend, rise; come up, sprout; 2. = входи́ть; **⌐ы** m/pl. [1] standing or young crops.

всхрапну́ть F [20] pf. nap.

всы́п|ать [1], ⟨**⌐ать**⟩ [2 st.] pour or put (into в В); P thrash (a p. Д).

всю́ду everywhere, all over.

вся́к|ий [16] 1. any, every; any-, everybody (or -one); 2. = **⌐ческий** [16] all kinds or sorts of, sundry; every possible; **⌐чески** in every way; **⌐чески** стара́ться take great pains; **⌐чина** f [5]: ⌐кая **⌐чина** whatnot(s), hodgepodge.

втá|йне in secret; **⌐лкивать** [1], ⟨**втолкну́ть**⟩ [20] push or shove in(to); **⌐птывать** [1], ⟨**втопта́ть**⟩ [3] tramp(le) in(to); **⌐скивать** [1], ⟨**⌐щи́ть**⟩ [16] pull or drag in, up.

вте|ка́ть [1], ⟨**⌐чь**⟩ [26] flow in(to).

втере́ть s. втира́ть.

вти|ра́ть [1], ⟨**втере́ть**⟩ [12; вотру́, -рёшь; втёр] rub in; worm; **⌐ра́ть** очки́ (Д) throw dust in (p.'s) eyes; **-ся** F worm into; **⌐скивать** [1], ⟨**⌐снуть**⟩ [20] press or squeeze in.

втихомо́лку F on the quiet.

втолкну́ть s. втáлкивать.

втопта́ть s. втáптывать.

втор|га́ться [1], ⟨**⌐гнуться**⟩ [21] (в В) intrude, invade, penetrate; meddle (with); **⌐же́ние** n [12] invasion, incursion; **⌐ить** [13] 1 sing (or play) the second part; echo, repeat; **⌐и́чный** [14] second, repeated; secondary; **⌐и́чно** once more, for the second time; ~ник *m* [1] Tuesday (on: во В, *pl.*: по Д); ~о́й [14] second; upper; из ~ы́х рук second hand; *cf.* пе́рвый & пя́тый; ~оку́рсник *m* [1] sophomore.

второпя́х in a hurry, being in a great haste, hastily.

второстепе́нный [14; -е́нен, -е́нна] secondary, minor.

в-тре́тьих third(ly).

втри́дорога F very dearly.

втро́|е three times (as ..., *comp.*; *cf.* вдво́е); *vb.* + ~е *a.* treble; ~ём three (of us, *etc.*, or together); ~йне́ three times (as much, *etc.*), trebly.

втуз *m* [1] (вы́сшее техни́ческое уче́бное заведе́ние *n*) technical college, institute of technology.

вту́лка *f* [5; *g/pl.*: -лок] plug.

вту́не in vain; without attention.

втыка́ть [1], ⟨воткну́ть⟩ [20] put or stick in(to).

втя́|гивать [1], ⟨~ну́ть⟩ [19] draw or pull in(to), in; envolve, engage; -ся (в В) fall in; enter; (become) engage(d) in; get used (to).

вуа́ль *f* [8] veil.

вуз *m* [1] (вы́сшее уче́бное заведе́ние *n*) university, college; ~овец *m* [1; -вца] college student.

вулка́н *m* [1] volcano; ~и́ческий [16] volcanic.

вульга́рный [14; -рен, -рна] vulgar.

вход *m* [1] entrance; пла́та за ~ entrance or admission fee.

входи́ть [15], ⟨войти́⟩ [войду́, -дёшь; вошёл, -шла́; воше́дший; *g. pt.*: войдя́] (в В) enter, go, come or get in(to); go in(to), have room or hold; run into (*debts*, *etc.*); penetrate into; be included in; ~ во вкус (P) take a fancy to; ~ в дове́рие (ми́лость) к (Д) gain a p.'s confidence (favo[u]r); ~ в положе́ние (P) appreciate a p.'s position; ~ в привы́чку or быт (посло́вицу) become a habit (proverbial); ~ в (соста́в [P]) form part (of), belong (to).

входно́й [14] entrance..., admission...

вцеп|ля́ться [28], ⟨~и́ться⟩ [14] (в В) grasp, catch hold of.

ВЦСПС (Всесою́зный Центра́льный Сове́т Профессиона́льных Сою́зов) the All-Union Central Council of Trade Unions.

вчера́ yesterday; ~шний [15] yesterday's, (of) yesterday.

вчерне́ in the rough; in a draft.

вчетверо́ four times (as ..., *comp.*; *cf.* вдво́е); ~м four (of us, *etc.*).

вчи́т|ываться [1], ⟨~а́ться⟩ (в В) become absorbed in or familiar with s.th. by reading.

вше́стеро six times (*cf.* вдво́е).

вши|ва́ть [1], ⟨~ть⟩ [вошью́, -ьёшь; *cf.* шить] sew in(to); ~вый [14] lousy; ~ть *s.* ~ва́ть.

въе|да́ться [1], ⟨~сться⟩ [*cf.* есть[1]] eat (in[to]).

въе|зд *m* [1] entrance, entry; ascent; разреше́ние на ~зд entry permit; ~зжа́ть [1], ⟨~хать⟩ [въе́ду, -дешь; въезжа́й(те)!] enter, ride or drive in(to), up/on (в, на В); move in(to); ~сться *s.* ~да́ться.

вы [21] you (*polite form a.* ♀); ~ с ним you and he; у вас (был) ... you have (had) ...

выб|а́лтывать F [1], ⟨~олтать⟩ blab or let out; ~eráть [1], ⟨~eжать⟩ [4]; вы́бегу, -ежишь] run out; ~ива́ть [1], ⟨~ить⟩ [вы́бью, -бьешь, *etc.*, *cf.* бить] 1. beat or knock out; break; smash; drive out; hollow out; 2. stamp, coin; -ся break out or forth; -ся из сил be(come) exhausted, fatigued; -ся из колей come off the beaten track; ~ира́ть [1], ⟨~рать⟩ [вы́беру, -решь; -бранный] choose, pick out; elect; take out; find; -ся get out; move (out); ~ить *s.* ~ива́ть.

вы́бор *m* [1] choice, selection; на ~ (or по ~у) at a p.'s discretion; random (*test*); *pl.* election(s); всео́бщие ~ы *pl.* general election; дополни́тельные ~ы by-election; ~ка *f* [5, *g/pl.*: -рок] selection; *pl.* excerpts; ~ный [14] electoral; *su.* delegate.

выбр|а́сывать [1], ⟨~осить⟩ [15] throw (out or away); thrust (out); discard or dismiss; exclude, omit; strand; ~а́сывать (зря) де́ньги waste money; -ся *cf.* throw o. s. out; ~ать *s.* выбира́ть; ~ить [-рю, -еешь; -итый] *pf.* shave clean; (*v/i.* -ся); ~осить *s.* ~а́сывать.

выб|ыва́ть [1], ⟨~ыть⟩ [-уду, -удешь] leave, withdraw, drop out.

выва́|ливать [1], ⟨~лить⟩ [13] discharge, throw out; P stream; -ся fall out; stream out; ~ривать [1], ⟨~рить⟩ [13] extract; boil down; ~е́дывать, ⟨~едать⟩ [1] find out, (try to) elicit; ~езти́ *s.* ~озить; ~ёртывать [1], ⟨~ернуть⟩ [20] unscrew; tear out; dislocate; turn (inside out); *v/i.* -ся; slip out, extricate o. s.

вы́вес|ить *s.* выве́шивать; ~ка *f* [5; *g/pl.*: -сок] sign(board); ~ти *s.* выводи́ть.

выв|е́тривать [1], ⟨~етрить⟩ [13] (remove by) air(ing); -ся weather; ~е́шивать [1], ⟨~есить⟩ [15] hang out or put up; ~и́нчивать [1], ⟨~интить⟩ [15] unscrew.

вы́вих *m* [1] dislocation; ~нуть [20] *pf.* dislocate, sprain (one's ... себе́ В).

вы́вод *m* [1] 1. withdrawal; 2. breeding, cultivation; 3. derivation, conclusion; сде́лать ~ draw a conclusion; ~и́ть [15], ⟨вы́вести⟩ [25] 1. take, lead or move (out, to);

2. derive, conclude; 3. hatch; cultivate; 4. construct; 5. remove, extirpate; 6. write or draw carefully; 7. depict; ⁓ить (В) из себя́ make s. b. lose his temper; -ся, ⟨-сь⟩ disappear; ⁓ок m [1; -дка] brood.

вы́воз m [1] export(s); ⁓и́ть [15], ⟨вы́везти⟩ [24] remove, get or take or bring out; export; ⁓но́й [14] export...

выв|ора́чивать F [1], ⟨⁓оротить⟩ [15] = вывёртывать, вы́вернуть.

выг|а́дывать [1], ⟨⁓адать⟩ [1] gain or save (s. th. from В/на П).

вы́гиб m [1] bend, curve; ⁓а́ть [1], ⟨вы́гнуть⟩ [20] arch, curve.

вы́гля|деть [11 st.] impf. look (s. th. Т, like кан); кан она ⁓дит? what does she look like?; он ⁓дит моло́же свои́х лет he doesn't look his age; ⁓дывать [1], once ⟨⁓нуть⟩ [20 st.] look or peep out (of в В, из Р).

вы́гнать s. выгоня́ть.

вы́гнуть s. выгиба́ть.

выгов|а́ривать [1], ⟨⁓орить⟩ [13] 1. pronounce; utter; 2. F stipulate; 3. impf. F (Д) rebuke; ⁓ор m [1] 1. pronunciation; 2. reproof, reprimand.

вы́год|а f [5] profit; advantage; ⁓ный [14; -ден, -дна] profitable; advantageous (to Д, для Р).

вы́гон m [1] pasture; ⁓и́ть [28], ⟨вы́гнать⟩ [вы́гоню, -нишь] turn or drive out; expel or fire.

выгор|а́живать [1], ⟨⁓одить⟩ [15] enclose; P exculpate, free from blame; ⁓а́ть [1], ⟨⁓еть⟩ [9] 1. burn down; 2. fade; 3. F click, come off.

выгр|ужа́ть [1], ⟨⁓узить⟩ [15] unload; discharge; disembark; (v/i. -ся); ⁓узка f [5; g/pl.: -зок] unloading; disembarkation.

выдава́ть [5], ⟨вы́дать⟩ [-дам, -дашь, etc. cf. дать] 1. give out; pay (out); distribute; 2. draw or issue; 3. betray; 4. extradite; ⁓ (себя́) за (В) [make] pass (o.s. off) for; ⁓ (за́муж) за (В) give (a girl) in marriage to; -ся 1. stand out; 2. F happen or turn out.

выд|а́влявать [1], ⟨⁓авить⟩ [14] press or squeeze out; ⁓а́лбливать [1], ⟨⁓олбить⟩ [14] hollow out.

вы́да|ть s. ⁓ва́ть; ⁓ча f [5] 1. distribution; delivery; payment; 2. issue; grant; 3. betrayal; 4. extradition; день ⁓чи зарпла́ты payday; ⁓ю́щийся [17; -щегося, etc.] outstanding, distinguished.

выдви|га́ть [1], ⟨⁓нуть⟩ [20] 1. pull out; 2. put forward, propose, promote; -ся 1. step forth, move forward; 2. project; 3. advance; 4. impf. s. ⁓жно́й; ⁓же́нец m [1; -нца] promoted worker; ⁓жно́й [14] pull-out...; sliding.

выд|еле́ние n [12] separation, detachment; discharge, secretion;

⁓елка f [5; g/pl.: -лок] manufacture; workmanship; ⁓е́лывать, ⟨⁓елать⟩ [1] work, make; elaborate; curry (leather); ⁓еля́ть [28], ⟨⁓елить⟩ [13] 1. separate, detach; 2. mark (out); emphasize; 3. ⁓ allot; satisfy (coheirs); 4. ⁓ secrete; 5. ⁓ evolve; -ся v/i. 1,4; stand out, come forth; rise above, excel; ⁓е́ргивать, ⟨⁓ернуть⟩ [20] pull out.

выдерж|ивать [1], ⟨⁓ать⟩ [4] stand, bear, endure; pass (exam.); observe (size, etc.); ⁓ать xapа́ктер be firm; ⁓анный self-restrained; consistent; mature; ⁓ка f [5; g/pl.: -жек] 1. self-control; 2. extract, quotation 3. phot. exposure; на ⁓ку at random.

выд|ира́ть F [1], ⟨⁓рать⟩ [-деру, -ерешь] tear out; pull; pf. thrash; ⁓олбить s. ⁓а́лбливать; ⁓охнуть s. ⁓ыха́ть; ⁓ра f [5] otter; ⁓рать s. ⁓ира́ть; ⁓умка f [5; g/pl.: -мок] invention; ⁓у́мывать, ⟨⁓умать⟩ [1] invent, contrive, devise.

выд|ыха́ть [1], ⟨⁓охнуть⟩ [20] breathe out; -ся become stale; fig. exhaust o.s.

вы́езд m [1] departure; drive, ride; exit; gateway; visit.

выезжа́ть[1], ⟨вы́ехать⟩ [вы́еду, -едешь; -езжа́й(те)!] v/i. (из, с Р) 1. leave, depart; 2. drive or ride out, on(to); 3. (re)move (from); 4. (begin to) visit (social affairs, etc.); ⁓ a. выезжа́ивать [1], ⟨вы́ездить⟩ [15] v/t. break in (a horse).

вы́емка f [5; g/pl.: -мок] excavation; hollow.

вы́ехать s. выезжа́ть.

выж|ать s. ⁓има́ть; ⁓дать s. ⁓ида́ть; ⁓ива́ть [1], ⟨⁓ить⟩ [-иву, -ивешь; -итый] survive; go through; stay; F oust; ⁓ить из ума́ be in one's dotage; ⁓ига́ть [1], ⟨⁓ечь⟩ [26 г/ж: ⁓жгу, -жжёшь, -жгут; -жег, жгла; -жженный] burn out, down or in; brand; ⁓ида́ть [1], ⟨⁓дать⟩ [-жду, -ждешь; -жди (-те)!] (P or В) wait for or till (after); ⁓има́ть [1], ⟨⁓ать⟩ [-жму, -жмешь; -жатый] squeeze, press or wring out; sport lift; ⁓ить s. ⁓ива́ть.

вы́звать s. вызыва́ть.

выздор|а́вливать [1], ⟨⁓оветь⟩ [10] recover; ⁓а́вливающий [17] convalescent; ⁓овле́ние n [12] recovery.

вы́з|ов m [1] call; summons; invitation; challenge; ⁓убривать [1] = зубрить; ⁓ыва́ть [1], ⟨⁓вать⟩ [-ову, -овешь] 1. call (to; for thea.); up tel.; [up]on pupil); send for; 2. summon (to к Д; before a court in суд); 3. challenge (to на В); 4. rouse, cause; evoke; -ся undertake or offer; ⁓ыва́ющий [17] defiant, provoking.

вы́игр|ывать, ⟨'⁓ать⟩ [1] win (from у P), gain, benefit; **'⁓ыш** m [1] win(ning[s]), gain(s); prize; profit; быть в '⁓ыше have won (profited); '⁓ышный [14] advantageous, profitable; lottery...

вы́йти s. выходи́ть.

вык|а́зывать F [1], ⟨⁓азать⟩ [3] show, prove; display; ⁓а́лывать [1], ⟨⁓олоть⟩ [17] put out; cut out; ⁓а́пывать, ⟨⁓опать⟩ [1] dig out or up; ⁓ара́бкиваться, ⟨⁓арабкаться⟩ [1] scramble or get out; ⁓арми́ливать [1], ⟨⁓ормить⟩ [14] bring up, rear, breed; ⁓а́тывать [1] **1.** ⟨⁓атать⟩ [1] mangle; roll; **2.** ⟨⁓атить⟩ [15] push or move out; ⁓атить глаза́ P stare.

выки́|дывать [1], once ⟨'⁓нуть⟩ [20] **1.** throw out or away, discard; omit; strand; stretch (out); **2.** hoist (up); **3.** miscarry; **4.** F play (trick); '⁓дыш m [1] miscarriage, abortion.

вы́кл|адка f [5; g/pl.: -док] laying out, spreading; exposition; border, trimming; computation, calculation; ✕ outfit; ⁓а́дывать [1], ⟨вы́ложить⟩ [16] **1.** take or lay out, spread; set forth; **2.** border; **3.** brick or mason; **4.** compute.

выклика́ть [1] call up(on or, F, out).

выключ|а́тель m [4] ∮ switch; ⁓а́ть [1], ⟨'⁓ить⟩ [16] **1.** switch or turn off; stop; **2.** exclude; ⁓е́ние n [12] switching off, stopping.

вык|о́вывать [1], ⟨⁓овать⟩ [7] forge; fig. mo(u)ld; ⁓ола́чивать [1], ⟨⁓олотить⟩ [15] beat or knock out; dust; P exact (debts, etc.); ⁓оло́ть s. ⁓а́лывать; ⁓опать s. ⁓а́пывать; ⁓орми́ть s. ⁓а́рмливать; ⁓орчёвывать [1], ⟨⁓орчевать⟩ [7] root up or out.

выкр|а́ивать [1], ⟨⁓оить⟩ [13] cut out; F hunt (up), spare; ⁓а́шивать [1], ⟨⁓асить⟩ [15] paint, dye; ⁓и́кивать [1], once ⟨⁓икнуть⟩ [20] cry or call (out); ⁓онть s. ⁓аивать; ⁓о́йка f [5; g/pl.: -оек] pattern.

выкр|у́тасы F m/pl. [1] flourishes, scrolls; dodges, subterfuges; ⁓у́чивать [1], ⟨⁓утить⟩ [15] twist; wring (out); F unscrew; -ся F slip out.

вы́куп m [1] redemption; ransom; ⁓а́ть¹ [1], ⟨⁓ить⟩ [14] redeem; ransom; ⁓а́ть² s. купа́ть.

выку́р|ивать [1], ⟨'⁓ить⟩ [13] **1.** smoke (out); **2.** distill.

выл|а́вливать [1], ⟨⁓овить⟩ [14] fish out or up; ⁓азка f [5; g/pl.: -зок] **1.** ✕ sally; **2.** excursion, outing; ⁓а́мывать, ⟨⁓омать⟩ [1] break out.

выл|еза́ть [1], ⟨⁓езть⟩ [24] climb or get out; fall out (hair); ⁓епля́ть [28], ⟨⁓епить⟩ [14] model.

вы́лет m [1] 📯 start, taking off;

flight; ⁓а́ть [1], ⟨⁓еть⟩ [11] fly out; 📯 start, take off (for в B); rush out or up; fall out; slip (a p.'s memory ⁓еть из головы́).

выл|е́чивать [1], ⟨⁓ечить⟩ [16] cure, heal (v/i. -ся); ⁓ива́ть [1] ⟨⁓ить⟩ [-лью, -льешь; cf. лить] pour (out); ⁓и́тый [14] poured out; ⊕ cast; F just like (s. b. И).

выл|о́вить s. ⁓а́вливать; ⁓ожить s. выкла́дывать; ⁓ома́ть s. ⁓а́мывать; ⁓упля́ть [28], ⟨⁓упить⟩ [14] shell; -ся hatch.

вым|а́зывать [1], ⟨⁓азать⟩ [3] smear; soil (-ся o.s.) (with Т); ⁓а́ливать [1], ⟨⁓олить⟩ [13] get or obtain by entreaties; ⁓а́нивать [1], ⟨⁓анить⟩ [13] lure (out of из P); coax or cheat (a p. out of s. th. у P/B); ⁓а́ривать [1], ⟨⁓орить⟩ [13] extirpate; ⁓аривать го́лодом starve (out); ⁓а́рывать, ⟨⁓арать⟩ [1] **1.** soil; **2.** delete, cross out; ⁓а́чивать [1], ⟨⁓очить⟩ [16] drench, soak or wet; ⁓а́щивать [1], ⟨⁓остить⟩ [15] pave; ⁓е́нивать [1], ⟨⁓енять⟩ [28] exchange (for на B); ⁓ереть s. ⁓ира́ть; ⁓ета́ть [1], ⟨⁓ести⟩ [25 -т-: st.: -ету, -етешь] sweep (out); ⁓еща́ть [1], ⟨⁓естить⟩ [15] avenge ... ; ⁓ира́ть [1], ⟨⁓ереть⟩ [12] die out, become extinct.

вымога́т|ельство n [9] blackmail, extortion; ⁓ь [1] extort (s.th. from B or P/у P).

вым|ока́ть [1], ⟨⁓окнуть⟩ [21] wet through, get wet; ⁓олвить [14] pf. utter, say; ⁓олить s. ⁓а́ливать; ⁓орить s. ⁓а́ривать; ⁓остить s. ⁓а́щивать; ⁓очить s. ⁓а́чивать.

вы́мпел m [1] pennant, pennon.

вым|ыва́ть [1], ⟨⁓ыть⟩ [22] wash (out, up); ⁓ыть го́лову (Д) F bawl out, blow up; ⁓ысел m [1; -сла] invention; falsehood; ⁓ыть s. ⁓ыва́ть; ⁓ышля́ть [28], ⟨⁓ыслить⟩ [15] invent; ⁓ышленный a. fictitious.

вы́мя n [13] udder.

вын|а́шивать [1], ⟨⁓осить⟩ [15] **1.** wear out; **2.** evolve, bring forth; **3.** train; **4.** nurse; ⁓ести s. ⁓оси́ть.

вын|има́ть [1], ⟨⁓уть⟩ [20] take or draw out, produce.

вын|оси́ть¹ [15], ⟨⁓ести⟩ [24 -с-: -су, -сешь; -с, -сла] **1.** carry or take out (away), remove; transfer; **2.** endure, bear; **3.** acquire; **4.** submit; express (gratitude); pass (a. отзыв); ⁓осить² s. ⁓а́шивать; ⁓оска f [5; g/pl.: -сок] marginal note, footnote; ⁓о́сливость f [8] endurance; ⁓о́сливый [14 sh.] enduring, sturdy, hardy, tough.

вын|ужда́ть [1], ⟨⁓удить⟩ [15] force, compel; extort (s. th. from B/у or от P); ⁓ужденный [14 sh.] forced; of necessity.

вы́нырнуть [20] *pf.* emerge.

вы́па|д *m* [1], ~де́ние *n* [12] falling out; *fenc.* lunge; *fig.* thrust, attack; ~да́ть [1], ⟨~сть⟩ [25] 1. fall *or* drop (out); slip out; 2. fall (to Д, *a.* на до́лю to a p.'s share *or* lot), devolve on; 3. lunge.

вы́п|а́ливать [1], ⟨~алить⟩ [13] blurt out; F shoot (with из P); ~а́лывать [1], ⟨~олоть⟩ [17] weed (out); ~а́ривать [1], ⟨~арить⟩ [13] steam; evaporate.

вы́п|ека́ть [1], ⟨~ечь⟩ [26] bake; ~ива́ть [1], ⟨~ить⟩ [-пью, -пьешь; *cf.* пить] drink (up); F booze; ~ить (ли́шнее) F overdrink o.s.; ~ить ча́шку ча́ю have a cup of tea; ~и́вка F *f* [5; *g/pl.*: -вок] booze; ~и́вший [17] drunk; tipsy.

вы́п|иска *f* [5; *g/pl.*: -сок] 1. writing out, copying; 2. extract; ✝ statement (of account из счёта); 3. order, subscription; 4. discharge; notice of departure; ~и́сывать [1], ⟨~исать⟩ [3] 1. write out (*or* down); copy; 2. *s.* выводи́ть 6.; 3. order, subscribe; 4. discharge, dismiss; -ся register one's departure; -ся из больни́цы leave hospital.

вы́пла|вка *f* [5] smelting; ~кать [3] *pf.* weep (one's eyes глаза́) out; F obtain by weeping; ~та *f* [5] payment; ~чивать [1], ⟨~тить⟩ [15] pay (out *or* off).

вы́пл|ёвывать [1], *once* ⟨~юнуть⟩ [20] spit out; ~ёскивать [1] ⟨~еснуть⟩ [3], *once* ⟨~еснуть⟩ [20] dash *or* splash (out).

вы́плы|ва́ть [1], ⟨~ть⟩ [23] emerge, come out, appear.

вы́пол|а́скивать [1], ⟨~оскать⟩ [3] rinse; gargle; ~за́ть [1], ⟨~зти⟩ [24] creep or crawl out; ~не́ние *n* [12] fulfil(l)ment, execution, realization; ~ня́ть [1], ⟨~нить⟩ [13] carry out, fulfil(l); make (up); '~оть *s.* выпа́лывать.

вы́пр|авка *f* [5; *g/pl.*: -вок] 1. correction; 2. carriage (*of a soldier*); ~авля́ть [28], ⟨~авить⟩ [14] set right *or* straight; correct; ~а́шивать [1], ⟨~осить⟩ [15] (try to) obtain by request; ~ова́живать F [1], ⟨~оводить⟩ [15] see out; 2. turn out; ~ы́гивать [1], ⟨~ыгнуть⟩ [20] jump out *or* off; ~яга́ть [1], ⟨~ячь⟩ [26 г/ж: -ягу, -яжешь; -яг] unharness; ~ямля́ть [28], ⟨~ямить⟩ [14] straighten; -ся erect o.s.

вы́пуклый [14] convex; prominent; *fig.* expressive, distinct.

вы́пуск *m* [1] letting out; omission; ↑ output; ✝ issue; publication; instal(l)ment; (age) class of graduates; ~а́ть [1], ⟨вы́пустить⟩ [15] let out (*or* go); ♫ release; ⊕ produce; issue; publish; omit, leave out; graduate; ~а́ть в прода́жу put on sale; ~ни́к *m* [1 *e.*] graduate;

~но́й [14] graduate ..., graduation ..., final, leaving; ⊕ discharge-...; outlet ...

вы́п|у́тывать, ⟨~утать⟩ [1] disentangle *or* extricate (о. s. -ся); ~у́чивать [1], ⟨~учить⟩ [16] 1. bulge; 2. P *s.* тара́щить.

вы́п|ы́тывать, ⟨~ытать⟩ [1] find out, (try to) elicit.

вы́п|я́ливать P [1], ⟨'~лить⟩ [13] *s.* тара́щить; ~чивать F [1], ⟨'~тить⟩ [15] protrude.

выраб|а́тывать, ⟨'~отать⟩ [1] manufacture, produce; elaborate, work out; develop; earn, make; '~отка *f* [5; *g/pl.*: -ток] manufacture, production; output, performance; elaboration.

выр|а́внивать [1], ⟨~овнять⟩ [28] level, ⊕ plane; smooth (*a. fig.*); -ся straighten; ✗ dress; develop, grow up.

выра|жа́ть [1], ⟨'~зить⟩ [15] express, show; ~жа́ть слова́ми put into words; ~же́ние *n* [12] expression; ~зи́тельный [14; -лен, -льна] expressive; F significant.

выр|аста́ть [1], ⟨~асти⟩ [24 -ст-: -асту; *cf.* расти́] 1. grow (up); increase; develop into; 2. emerge, appear; ~а́щивать [1], ⟨~астить⟩ [15] grow; breed; bring up; *fig.* train; ~ва́ть *s.* ~ыва́ть[1]; 2. *s.* рвать 3.

выре́з|а́ть [1], ⟨'~ать⟩ [15] 1. cut out, clip; 2. carve; engrave; 3. slaughter; ~ка *f* [5; *g/pl.*: -зок] cutting (out), clipping; carving; engraving; tenderloin; ~но́й [14] carved.

вы́ро|док *m* [1; -дка] degenerate; monster; ~жда́ться [1], ⟨~диться⟩ [15] degenerate; ~жде́ние *n* [12] degeneration.

вы́ро|нить [13] *pf.* drop; ~сший [17] grown.

выр|уба́ть [1], ⟨~убить⟩ [14] 1. cut down *or* fell; 2. cut out *or* carve; ~уча́ть [1], ⟨~учить⟩ [16] 1. help, rescue, relieve; redeem; 2. ✝ gain; ~учка *f* [5] rescue, relief, help (to на B); ✝ proceeds.

выр|ыва́ть [1], ⟨~вать⟩ [-ву, -вешь] 1. pull out; tear out; 2. snatch away; extort (s.th. from a p. B/y P); -ся break away, rush (out); escape; ~ыва́ть², ⟨~ыть⟩ [22] dig out, up.

вы́с|адка *f* [5; *g/pl.*: -док] disembarkation, landing; ~а́живать [1], ⟨~адить⟩ [15] 1. land, disembark; 2. help out; make *or* let a p. get out; 3. (trans)plant; -ся = 1. *v/i.*; *a.* get out, off.

выс|а́сывать [1], ⟨~осать⟩ [-осу, -осешь] suck out; ~ве́рливать [1], ⟨~верлить⟩ [13] bore, drill; ~вобожда́ть [1], ⟨~вободить⟩ [15] free.

выс|ева́ть [1], ⟨∼еять⟩ [27] sow; ∼ека́ть [1], ⟨∼ечь⟩ [26] 1. hew, carve; strike (*fire*); 2. *s.* сечь²; ∼еле́ние *n* [12] expulsion, eviction; transfer; ∼еля́ть [28], ⟨∼елить⟩ [13] expel, evict; transfer, move; ∼еля́ть *s.* ∼е́ивать [1], ⟨∼идеть⟩ [11] sit (out), stay; hatch.

выск|а́бливать [1], ⟨∼облить⟩ [13] scrub clean; erase; ∼а́зывать [1], ⟨∼азать⟩ [3] express, tell, give; -ся express o.s.; express one's opinion, thoughts, *etc.* (about о П); declare o.s. (for за В; against про́тив Р); ∼а́кивать [1], ⟨∼очить⟩ [16] jump, leap *or* rush out; ∼а́льзывать, ∼ольза́ть [1], ⟨∼ользнуть⟩ [20] slip out; ∼облить *s.* ∼а́бливать; ∼а́кивать *s.* ∼а́кивать; ∼очка *m/f* [5; *g/pl.:* -чек] upstart; F forward pupil; ∼реба́ть [1], ⟨∼рести⟩ [25 -б-; *cf.* скрести́] scrub clean; scratch out.

высл|а́ть *s.* высыла́ть; ∼е́живать [1], ⟨∼едить⟩ [15] track down; ∼у́живать [1], ⟨∼ужить⟩ [16] F serve; obtain by *or* for service; -ся advance, rise; insinuate o.s.; ∼у́шивать, ⟨∼ушать⟩ [1] listen (to), hear; ℘ auscultate.

высм|е́ивать [1], ⟨∼еять⟩ [27] deride, ridicule.

высо́|бывать [1], ⟨∼унуть⟩ [20 *st.*] put out; -ся lean out.

высо́кий [16; высо́к, -а́, -со́ко́; *comp.:* вы́ше] high; tall (*a.* ∼ ро́стом); *fig.* lofty.

высоко́|благоро́дие *n* [12] (Right) Hono[u]r(able); ∼ка́чественный [14] (of) high quality; ∼квалифици́рованный [14] highly skilled; ∼ме́рие *n* [12] haughtiness; ∼ме́рный [14; -рен, -рна] haughty, arrogant; ∼па́рный [14; -рен, -рна] bombastic, high-flown; ∼превосходи́тельство *n* [9] Excellency; ∼уважа́емый [14] dear (*polite address*).

высоса́ть *s.* выса́сывать.

высо́|та́ *f* [5; *pl.:* -о́ты, *etc. st.*] height; (А, *astr., geogr.*) altitude; hill; level; *fig.* climax; ∼то́й в (В) ... *or* ... в ∼ту́ ... high.

вы́сох|нуть *s.* высыха́ть; ∼ший [17] dried up, withered.

выс|оча́йший [17] highest; supreme, imperial; ∼очество́ *n* [9] Highness; ∼паться *s.* высыпа́ться.

вы́спренний [15] bombastic.

вы́став|ить *s.* ∼ля́ть; ∼ка *f* [5; *g/pl.:* -вок] exhibition, show; ∼ля́ть [28], ⟨∼ить⟩ [14] 1. put (take out, put forward (*a. fig.*); 2. exhibit, display, expose; (re)present (o.s. себя́); 3. mark, provide (*with date, no.*); ℘ post; P turn out; ∼ля́ть напока́з show off; -ся come out, emerge; ∼очный [14] (of the) exhibition, show...

выстр|а́ивать(ся) [1] *s.* стро́ить (-ся); ∼ел *m* [1] shot; (*noise*) report; на (расстоя́ние, -ии) ∼ел(а) within gunshot; ∼елить *s.* стреля́ть; [*tap*;℘ percuss.]

выстук|ивать [1], ⟨∼ать⟩ F [1] strike,

выступ *m* [1] projection; ∼а́ть [1], ⟨∼ить⟩ [14] 1. step forth, forward; come *or* stand out; appear; 2. set out, march off; 3. speak (sing, play) in public; ∼а́ть с ре́чью (в пре́ниях) deliver a speech (take the floor); ∼а́ть в похо́д ✕ take the field; ∼ле́ние *n* [12] 1. appearance; 2. departure; *pol.* speech, declaration; *thea.* performance, turn.

вы́сунуть(ся) *s.* высо́вывать(ся).

высу́ш|ивать [1], ⟨∼ить⟩ [16] dry (up); drain, *fig.* exhaust.

вы́сш|ий [17] highest, supreme; higher (*a. educ.*), superior; ∼ая ме́ра наказа́ния supreme penalty, capital punishment.

выс|ыла́ть [1], ⟨∼лать⟩ [вы́шлю, -лешь] send forward; send out, away; banish; ∼ылка *f* [15] dispatch; exile; ∼ыпа́ть [1], ⟨∼ыпать⟩ [2] pour out *or* in, on; *v/i.* swarm forth, out; ∼ыпа́ться [1], ⟨∼ыпаться⟩ [-сплюсь, -спишься]sleep one's fill (*or* enough), have a good night's rest; ∼ыха́ть [1], ⟨∼охнуть⟩ [21] dry up, wither; ∼ь *f* [8] height.

выт|а́лкивать, F ⟨∼олкать⟩ [1], *once* ⟨∼олкнуть⟩ [20 *st.*] push out; ∼а́пливать [1], ⟨∼опить⟩ [14] 1. heat; 2. melt (down); ∼а́скивать [1], ⟨∼ащить⟩ [16] take *or* pull out; F pilfer,

выт|ека́ть [1], ⟨∼ечь⟩ [26] flow out; *fig.* follow, result; ∼ереть *s.* ∼ира́ть; ∼ерпеть [14] *pf.* endure, bear; F не ∼ерпел couldn't help; ∼есня́ть [28], ⟨∼еснить⟩ [13] force, push out; oust, expel; ∼ечь *s.* ∼ека́ть.

выт|ира́ть [1], ⟨∼ереть⟩ [12] dry, wipe (o. s. -ся); wear out.

вы́точенный [14] well-turned.

выт|ре́бовать [7] *pf.* ask for, demand, order, summon; obtain on demand; ∼ряса́ть [1], ⟨∼ясти⟩ [24 -с-] shake out.

выть [22], ⟨вз-⟩ howl.

выт|я́гивать [1], ⟨∼януть⟩ [20 *st.*] draw, pull *or* stretch (out); drain; F elicit; endure, bear; -ся stretch, extend (o.s.); ✕ come to attention; F grow (up); ∼яжка *f* [5] drawing, stretching (out); ∼extract; на ∼яжку ✕ at attention.

выу́|живать [1], ⟨∼дить⟩ [15] fish out (*a. fig.*).

выу́ч|ивать [1], ⟨∼ить⟩ [16] learn, memorize; (В + *inf. or* Д) teach (a p. to ... *or* s.th.); -ся learn (s.th. from Д/у Р).

вых|а́живать F [1], ⟨∼одить⟩ [15] 1. rear, bring up; nurse, restore to health; 2. go (all) over, through; ∠ва́тывать [1], ⟨∠ватить⟩ [15] snatch away, from, out; snap up, off.

вы́хлоп *m* [1] exhaust; ∠ной [14] exhaust...; ∠отать [1] *pf.* obtain.

вы́ход *m* [1] 1. exit; way out (*a. fig.*); outlet; 2. departure; withdrawal, retirement; 3. appearance, publication; *thea.* entrance (*on the stage*), performance; 4. yield, output; ∠ за́муж marriage (*of women*); ∠ в отста́вку retirement, resignation; ∠ец *m* [1; -дца] immigrant, native of; come *or* originate from.

выходи́ть[1] [15], ⟨вы́йти⟩ [вы́йду, -дешь; вы́шел, -шла; вы́шедший; вы́йдя] 1. go *or* come out, leave; get out, off; withdraw, retire; 2. appear, be published *or* issued; 3. come off; turn out, result; happen, arise, originate; 4. spend, use up, run out of; † become due; F вы́шло! it's clicked!; вы́йти в офице́ры rise to the rank of an officer; ∠ в отста́вку (на пе́нсию) retire, resign; ∠ за преде́лы (Р) transgress the bounds of; ∠ (за́муж) за (В) marry (*v/t.*; *of women*); ∠ из себя́ be beside o.s.; ∠ из терпе́ния lose one's temper (patience); окно́ выхо́дит на у́лицу the window faces the street; ∠ из стро́я fall out, be out of action; из него́ вы́шел ... he has become ...; из э́того ничего́ не вы́йдет nothing will come of it.

вы́ход|ить[2] *s.* выха́живать; ∠ка [5; *g/pl.*: -док] trick, prank; excess; ∠но́й [14] exit...; outlet...; holiday-...; festive; ∠но́й день *m* holiday, day off; (have one's быть Т).

вы́холенный [14] well-groomed.

выцве|та́ть [1], ⟨∠сти⟩ [25 -т-: -ету] fade, wither.

вычёркивать [1], ⟨∠еркнуть⟩ [20] strike out, obliterate; ∠ёрывать, ⟨∠ерпать⟩ [1], *once* ⟨∠ерпнуть⟩ [20 *st.*] scoop; dredge (out); ∠итать *s.* ∠итать; ∠ет *m* [1] deduction.

вычисл|е́ние *n* [12] calculation; ∠я́ть [1], ⟨∠ить⟩ [13] calculate, compute.

вы́чи|стить *s.* ∠ща́ть; ∠та́емое *n* [14] subtrahend; ∠та́ние *n* [12] subtraction; ∠та́ть [1], ⟨вы́честь⟩ [25 -т-: -чту; -чел, -чла; *g. pt.*: вы́чтя] deduct; Ɑ subtract; ∠ща́ть [1], ⟨∠стить⟩ [15] clean, scrub, brush, polish.

вы́чурный [14; -рен, -рна] ornate, flowery; fanciful.

вы́швырнуть [20 *st.*] *pf.* turn out.

вы́ше higher; above; beyond; он ∠ меня́ he is taller than I (am); э́то ∠ моего́ понима́ния that's beyond my reach.

вы́ше... above..., afore...

выши|ба́ть F [1], ⟨∠бить⟩ [-бу, -бешь; -б, -бла; -бленный] knock *or* throw out; ∠ва́ние *n* [12] embroidery; ∠ва́ть [1], ⟨∠ить⟩ [-шью, -шьешь] embroider; ∠вка *f* [5; *g/pl.*: -вок] embroidery; вышина́ *f* [5] height; *cf.* высота́.

вы́шка *f* [5; *g/pl.*: -шек] tower.

выяв|ля́ть [28], ⟨∠ить⟩ [14] discover, uncover, reveal.

выясн|е́ние *n* [12] clarification; ∠я́ть [28], ⟨∠ить⟩ [14] clear up, find out, ascertain; -ся turn out; come to light.

вью́|га *f* [5] snowstorm; ∠к *m* [1] pack, bale, load; ∠н *m* [1 *e.*] loach (*fish*); ∠чить [16], ⟨на-⟩ load; ∠чный [14] pack...; ∠щийся [17] curly; ∠щееся расте́ние *n* creeper.

вя́жущий [17] astringent.

вяз *m* [1] elm.

вяза́н|ка *f* [5; *g/pl.*: -нок] fag(g)ot; ∠ый [14] knitted; ∠ье *n* [10] (*a.* ∠ие *n* [12]) knitting; crochet.

вяза́|ть [3], ⟨с-⟩ 1. tie, bind (together); 2. knit; ⟨крючко́м⟩ crochet; -ся *impf.* match, agree, be in keeping; F make sense; work (well), get on; ∠кий [16; -зок, -зка́, -о] viscous, sticky; swampy, marshy; ∠нуть [21], ⟨за-, у-⟩ sink in, stick.

вя́лить [1], ⟨про-⟩ dry, sun.

вя́|лый [14 *sh.*] withered, faded; flabby; *fig.* sluggish; dull (*a.* †); ∠нуть [20], ⟨за-, у-⟩ wither, fade, droop, flag.

Г

г *abbr.*: грамм.

г. *abbr.*: 1. год; 2. го́род; 3. господи́н.

га 1. ha(h)!; 2. *abbr.*: гекта́р.

Гаа́га *f* [5] The Hague.

Гава́нна *f* [5] 1. Havana; 2. 2 Havana cigar.

га́ва|нь *f* [8] harbo(u)r.

Гаври|и́л *m* [1], P ∠ла [5] Gabriel.

га́га *f* [5] *zo.* eider.

гад *m* [1] reptile (*a. fig.*).

гада́|лка *f* [5; *g/pl.*: -лок] fortune-teller; ∠ние *n* [12] fortunetelling;

guessing, conjecture; ∠ть [1] 1. ⟨по-⟩ tell fortunes; (by cards на ка́ртах); 2. *impf.* guess, conjecture.

га́д|ина F *f* [5] = гад; ∠ить [15] 1. ⟨на-, за-⟩ Т soil; ⟨Д⟩ P harm; 2. ⟨из-⟩ P spoil, botch; ∠кий [16; -док, -дка́, -о] nasty, ugly, disgusting, repulsive; ∠ливый [14 *sh.*] squeamish; ∠ость F *f*[8] vermin; villainy, ugly thing (act, word); ∠ю́ка *f* [5] *zo.* viper (*a.*, P, *fig.*), adder.

газ *m* [1] 1. gas; свети́льный ∠

coal gas; дать ~ mot. step on the gas; на по́лном ~е (~ý) at full speed (throttle); pl. ⚡ flatulences; 2. gauze.

газе́ль f [8] gazelle.

газе́т|а f [14] newspaper; ~ный [14] news...; ~ный кио́ск m newsstand, Brt. news stall; ~чик m [1] newsman, newsboy.

газиро́ван|ный [14]: ~ная вода́ f soda water.

га́з|овый [14] 1. gas...; ~овый счётчик m = ~оме́р; ~овая педа́ль f mot. accelerator (pedal); 2. gauze...; ~оме́р m [1] gas meter; ~оме́тр m [1] gasometer.

газо́н m [1] lawn.

газо|обра́зный [14; -зен, -зна] gaseous; ~прово́д m [1] gas pipe line.

га́йка f [5; g/pl.: га́ек] ⊕ nut.

галантере́|йный [14]: ~йный магази́н m notions store, Brt. haberdashery; ~йные това́ры m/pl. = ~ея f [6] notions pl., dry goods pl., Brt. fancy goods pl.

галд|ёж P m [1 e.] row, hubbub; ~е́ть P [11], ⟨за-⟩ clamo(u)r, din.

гал|ере́я f [6] gallery; ~ёрка f f [5] thea. gallery.

галифе́ pl. indecl. ⚔ breeches.

га́лка f [5; g/pl.: ~лок] jackdaw.

гало́п m [1] gallop; ~ом at a gallop; ~и́ровать [7] gallop.

гало́ши f/pl. [5] galoshes, rubbers.

га́лстук m [1] (neck)tie.

галу́н m [1 s.] galloon, braid.

гальван|изи́ровать [7] (im)pf. galvanize; ~и́ческий [16] galvanic.

га́лька f [5; g/pl.: ~лек] pebble.

гам m [1] din, row, rumpus.

гама́к m [1 e.] hammock.

гама́ши f/pl. [5] gaiters.

га́мма f [5] ♩ scale; range.

ган|гре́на ⚔ f [5] gangrene; ~дика́п m [1] handikap; ~те́ли (-'tɛ-) f/pl. [8] dumbbells.

гара́ж m [1 e.] garage.

гарант|и́ровать [7] (im)pf., ~ия f [7] guarantee, warrant.

гардеро́б m [1] wardrobe; (a. ~ная f [14]) check-, cloakroom; ~щик m [1], ~щица f [5] cloakroom attendant.

гарди́на f [5] curtain.

гармо́|ника f [5] (kind of) accordion; губна́я ~ника mouth organ, harmonica; ~ни́ровать [20] harmonize, be in harmony (with c T); ~ни́ст m [1] accordionist; harmonic; a. ~ни́чный [16] harmonic; a. ~ни́чный [14; -чен, -чна] harmonious; ~ния f [7] harmony; F a. ~нь F f [8], ~шка f [5; g/pl.: ~шек] = ~ника.

гарни|зо́н m [1] garrison; ~р m [1], ~рова́ть [7] (im)pf., cook. garnish; ~ту́р m [1] set.

гарпу́н m [1 e.], ~ить [13] harpoon.

гарцева́ть [7] prance.

гарь f [8] (s. th.) burnt, char.

гаси́ть [15], ⟨по-, за-⟩ extinguish, put or blow out; slake.

га́снуть [21], ⟨по-, у-⟩ go out, die away; fig. fade, wither.

гастро́л|ёр m [1] guest actor or artist, star; ~и́ровать [7] tour, give performance(s) on a tour; ~ь f [8] starring (performance).

гастроно́м m [1] 1. gastronome(r); gourmet; 2. a. = ~и́ческий магази́н m delicatessen, (dainty) food store or shop; ~и́ческий [16] gastronomic(al); cf. = 2.; ~ия f [7] gastronomy; dainties, delicacies pl.

гаупва́хта f [5] guardhouse.

гва́лт F m [1] rumpus, din.

гварде́ец m [1; -е́йца] guardsman; ~ия f [7] Guards pl.

гвозд|и́к dim. of ~ь, cf.; ~и́ка f [5] carnation, pink; (spice) clove; ~ь m [4 e.; pl.: гво́зди, -де́й] nail; fig. main feature, hit.

гг. or г.г. abbr.: 1. го́ды; 2. господа́.

где where; F s. куда́ F; ~-~ = кое-где́, cf.; cf. ни; ~ F = ~-либо, cf.; ~-нибудь, ~-то any~, somewhere; ~-то здесь hereabout(s).

ГДР cf. герма́нский.

гей! F heigh!

гекта́р m [1] hectare.

гекто́литр m [1] hectoliter.

ге́лий m [1] helium; ~копте́р (-'tɛ) m [1] s. вертолёт; ~отерапи́я f [7] heliotherapy.

генеало́гия f [7] genealogy.

генера́л m [1] general; ~-майо́р m major general; ~ьный [14] general; ~ьная репети́ция f dress rehearsal; ~тор m [1] generator.

гени|а́льный [14; -лен, -льна] of genius; ingenious; ~й m [3] genius.

гео́|граф m [1] geographer; ~графи́ческий [16] geographic(al); ~гра́фия f [7] geography; ~лог m [1] geologist; ~логи́я f [7] geology; ~ме́трия f [7] geometry.

Гео́рг|ий m [3] George; 2и́н(а f [5]) m [1] dahlia.

гера́нь f [8] geranium.

Гера́сим m [5] Gerasim (m. name).

герб m [1 e.] (coat of) arms; emblem; ~о́вый [14] stamp(ed).

Герма́н|ия f [7] Germany; Федерати́вная Респу́блика ~ии (ФРГ) Federal Republic of Germany; 2ский [16] German; ~ская Демократи́ческая Респу́блика (ГДР) German Democratic Republic (Eastern Zone of Germany).

гермети́ческий [16] hermetic.

геро́|изм m [1] heroism; ~и́ня f [6] heroine; ~и́ческий [16] heroic; ~й m [3] hero; ~и́ческий [16] heroic.

ге́тры f/pl. [5] gaiters.

г-жа abbr.: госпожа́.

гиаци́нт m [1] hyacinth.

ги́бель f [7] ruin, destruction; loss;

⚓ wreck; death; P immense number, lots of; **∴ный** [14; -лен, -льна] disastrous, fatal.

гибк|ий [16; -бок, -бка, -о] supple, pliant, flexible (*a. fig.*); **∴ость** *f* [8] flexibility.

гиб|лый P [14] ruinous; **∴нуть** [21], ⟨по-⟩ perish.

Гибралтáр *m* [1] Gibraltar.

гигáнт *m* [1] giant; **∴ский** [16] gigantic, huge.

гигиéн|а *f* [5] hygiene; **∴ический** [16], **∴ичный** [14; -чен, -чна] hygienic.

гид *m* [1] guide.

гидравлический [16] hydraulic.

гидро|плáн, **∴самолёт** *m* [1] seaplane, hydroplane; **∴(электро)-стáнция** *f* [7] hydroelectric power station.

гиéна *f* [5] hyena.

гик *m* [1], **∴анье** *n* [10] whoop(ing).

гильза *f* [5] (*cartridge*) case; shell.

Гималáи *m/pl.* [3] The Himalayas.

гимн *m* [1] hymn; anthem.

гимна|зúст *m* [1] pupil *of* **∴зия** *f* [7] high school, *Brt.* grammar school; **∴ст** *m* [1] gymnast; **∴стёрка** *f* [5; *g/pl.:* -рок] blouse, *Brt.* tunic; **∴стика** *f* [5] gymnastics; **∴стический** [16] gymnastic.

гипéрбол|а *f* [5] hyperbole; *Å* hyperbola; **∴ический** [16] hyperbolic, exaggerated.

гипнó|з *m* [1] hypnosis; **∴тизúровать** [7], ⟨за-⟩ hypnotize.

гипóтеза *f* [5] hypothesis.

гиппопотáм *m* [1] hippopotamus.

гипс *m* [1] min. gypsum; ⊕ plaster of Paris; **∴овый** [14] gypsum...,⟩

гирлянда *f* [5] garland. [plaster...⟩

гúря *f* [6] weight.

гитáра *f* [5] guitar.

глав|á [5; *pl. st.*] 1. *f* head; top, summit; cupola; chapter (*in books*); (быть, стоять) во **∴é** (be) at the head; lead (by с T); 2. *m/f* head, chief; **∴áрь** *m* [4 e.] (ring) leader, chieftain.

главéнство *n* [9] priority, hegemony; **∴вать** [7] (pre)dominate.

главнокомáндующий *m* [17]: ∼ commander in chief; Верхóвный ∼ Commander in Chief; Supreme Commander.

глáвн|ый [14] chief, main, principal, central; head...; ... in chief; **∴ая книга** *f* ✝ ledger; **∴ое (дéло)** *n* the main thing; above all; **∴ый гóрод** *m* capital; **∴ым óбразом** mainly, chiefly.

глагóл *m* [1] *gr.* verb; ✝ word, speech; **∴ьный** [14] verb(al).

глад|úльный [14] ironing; **∴ить** [15] 1. ⟨вы-⟩ iron, press; 2. ⟨по-⟩ stroke, caress; **∴ить по головке** treat with indulgence *or* favo(u)r; **∴кий** [16; -док, -дкá, -о] smooth (*a. fig.*); lank (*hair*); plain (*fabric*);

P well-fed; **∴кость**, **∴ь** *f* [8] smoothness.

глаз *m* [1; в -ý; *pl.*: -á, глаз, -áм] eye; look; (eye)sight; F heed, care; в **∴á** (Д) to s.b.'s face; (*strike*) the eye; в моих **∴áх** in my view *or* opinion; за **∴á** in s.b.'s absence, behind one's back; plentifully; на ∼ approximately, by eye; на **∴áх** (*poss. or* у P) in s.b.'s presence, sight; с **∴у** на ∼ privately, tête-à-tête; простým (невооружённым) **∴ом** with the naked eye; темнó, хоть ∼ вýколи F is pitch-dark; **∴áстый** F [14 *sh.*] goggle-eyed; sharp-sighted; **∴éть** P [8] stare *or* gape (around); **∴нóй** [14] eye..., optic; **∴нóй врач** *m* oculist; **∴ók** *m* [1; -зкá] 1. [*pl. st.*: -зки, -зкóв] *dim. of* ∼; анютины **∴ки** *pl.* pansy; 2. [*pl.*: -зки, -зкóв] ⚘ bud; *zo.* ocellus, eye; peephole.

глазомéр *m* [1]: на ∼ estimate(d) by the eye; (*sure, etc.*) eye.

глазýнья *f* [6] fried eggs *pl.*

глазýр|овáть [7] (*im*)*pf.* glaze; **∴ь** *f* [8] glaze.

гла|сúть [15 e; *3. p. only*] say, read, run; **∴сность** *f* [8] public(ity); **∴сный** [14] public (*a. su.*) vowel; *su.* council(l)or; **∴шáтай** *m* [3] town crier; *fig.* herald.

глéтчер *m* [1] glacier.

глин|а *f* [5] loam; clay; **∴истый** [14 *sh.*] loamy; **∴озём** *m* [1] min. alumina; **∴яный** [14] earthen; loamy.

глист *m* [1 e.], **∴á** *f* [5] (intestinal) worm; (лéнточный) ∼ tapeworm.

глицерúн *m* [1] glycerine.

глóбус *m* [1] globe.

глодáть [3], ⟨об-⟩ gnaw (at, round).

глот|áть [1], ⟨про-úть⟩ [15], *once* ⟨∴нýть⟩ [20] swallow; F devour; **∴ка** *f* [5; *g/pl.:* -ток] throat; во всю **∴ку** s. гóлос; **∴óк** *m* [1; -ткá] draught, gulp (at T).

глóхнуть [21] 1. ⟨о-⟩ grow deaf; 2. ⟨за-⟩ fade, die away, out; go out; grow desolate.

глуб|инá *f* [5] depth; remoteness (*past*); *fig.* profundity; *thea.* background; T/в (В) ..., *or* ... в В ... deep; **∴óкий** [16; -бóк, -бокá, -бóкó] deep; low; remote; *fig.* profound; complete; great (*age*); **∴óкой зимóй** (нóчью) in the dead of winter (late at night).

глубокó|мýсленный [14 *sh.*] thoughtful, sagacious; **∴мýслие** *n* [12] thoughtfulness; **∴уважáемый** [14] dear (*polite address*).

глубь *f* [8] s. глубинá.

глум|úться [14 e.; -млюсь, -мúшься] sneer, mock, scoff (at над T); **∴лéние** *n* [12] mockery.

глуп|éть [8], ⟨по-⟩ become stupid; **∴éц** *m* [1; -пцá] fool, blockhead; **∴úть** F [14 e.; -плю, -пúшь] fool; **∴ость** *f* [8] stupidity; foolery; non-

sense; ⹀ый [14; глуп, -á, -о] foolish, silly, stupid.

глух|áрь *m* [4 *e.*] capercailie, wood grouse; ⹀óй [14; глух, -á, -о; *comp.*: глу́ше] deaf (*a. fig.*); ⹀ slepóй) dull, vague; desolate; wild; out-of-the-way; △ tight, solid, blind; late, the dead of; *gr.* voiceless; ⹀онемóй [14] deaf-mute; ⹀отá *f* [5] deafness.

глуш|и́тель ⊕ *m* [4] muffler; ⹀и́ть [16 *e.*; -шу́, -ши́шь; -шённый] 1. ⟨о-⟩ deafen, stun; 2. ⟨за-⟩ deafen; deaden; muffle; smother, suppress (*a.* ⚡); ⊕ switch off, throttle; ⚒ jam; ⹀ь *f* [8] thicket; wilderness; solitude, lonely spot, nook.

глы́ба *f* [5] lump, clod; block.

гля|де́ть [11; глядя́], ⟨по-⟩, *once* ⟨гляну́ть⟩ [20] look, glance (at на В); F look after, take care of (за Т); peep (out of, from из Р); F ⹀ди́ very likely; look out!; того́ и ⹀ди́ ... may + *inf.* (unexpectedly); куда́ глаза́ ⹀дя́т at random; after one's nose.

гля́н|ец *m* [1; -нца] polish; luster; ⹀цев(и́т)ый [14 (*sh.*)] glossy, lustrous; glazed *paper;* ⹀уть *s.* гляде́ть.

г-н *abbr.:* господи́н.

гнать [гоню́, го́нишь; гони́мый; гнал, -á -о; ⹀, гнанный] ⟨по-⟩ u/n (be) drive (-ving, *etc.*); F send; float; 2. distil; 3. pursue, chase (*a.* -ся за Т; *fig.* strive for); 4. *v/i.* speed along.

гнев *m* [1] anger; ⹀а́ться [1], ⟨раз-, про-⟩ be(come) angry (with на В); ⹀ный [14; -вен, -вна́, -о] angry.

гнедóй [14] sorrel, chestnut (*horse*).

гнезд|и́ться [15] nest; ⹀ó *n* [9; *pl.:* гнёзда, *etc. st.*] nest, aerie.

гнёт *m* [1] press(ure); oppression.

гни|éние *n* [12] putrefaction; ⹀лóй [14; гнил, -á, -о] rotten, putrid; wet; ⹀ь *f* [8] rottenness; ⹀ть [гнию́, -ёшь; гнил, -á, -о], ⟨с-⟩ rot, putrefy.

гно|éние *n* [12] suppuration; ⹀и́ть (-ся) [13] fester; ⹀й *m* [3] pus; ⹀йный [14] purulent.

гнуса́вить [14] snuffle, twang.

гнус|ость *f* [8] meanness; ⹀ый [14; -сен, -сна́, -о] vile, mean, base.

гнуть [20], ⟨со-⟩ bend, curve; bow; F drive (at к Д); *fig.* bully.

гнуша́|ться [1], ⟨по-⟩ (Р *or* Т) scorn, despise, disdain.

говé|нье *n* [12] fast; ⹀ть [1] fast.

гóвор *m* [1] talk, hum, murmur; rumo(u)r; accent; dialect, patois; ⹀и́ть [13], ⟨по-; сказа́ть⟩ speak *or* talk (about, of о П, про В; to *or* with р. с Т); say; tell; ⹀я́т, ⹀и́тся they say, it is said; ⹀и́ть по-ру́сски speak Russian; ина́че ⹀я́ in other words; не ⹀я́ уже́ о (П) let alone; по пра́вде (со́вести) ⹀я́ to tell the truth; что́ вы ⹀и́те! you don't say!; что (как) ни ⹀и́ whatever you (one)

may say; что и ⹀и́ть, и не ⹀и́(те)! yes, of course, sure!; ⹀и́вый [14 *sh.*] talkative.

говя́|дина *f* [5], ⹀жий [18] beef.

гóгот *m* [1], ⹀а́ть [3], ⟨за-⟩ cackle; P roar (with laughter).

год *m* [1; *pl.:* ⹀ды *&* -дá, *from* g/pl. *e. &* лет, *etc.* 9 *e.*] year (в ⹀ a *or* per year); в э́том (про́шлом) ⹀у́ this (last) year; из ⹀а в ⹀ year in year out; ⹀ óт ⹀у year by year; кру́глый ⹀ all the year round; (с) ⹀а́ми for (after a number of) years; *cf.* пятидеся́тый.

годи́ться [15 *e.;* гожу́сь, годи́шься], ⟨при-⟩ be of use (for для Р, к Д, на В); do; fit; *pf.* come in handy; э́то (никуда́) не ⹀ся that's no good (for anything), that won't do, it's (very) bad.

годи́чный [14] annual.

гóдный [14; -ден, -днá, -о, гóдны́] fit, suitable, useful, good; ⚔ able(-bodied) (to, *a.* + *inf.*, for для Р, к Д, на В); ни на что́ не ⹀ good-for-nothing.

годов|óй [14] annual; one year (old); ⹀щи́на *f* [5] anniversary.

гол *m* [1] goal; заби́ть ⹀ score.

гол|е́нище *n* [11] bootleg; ⹀ень *f* [8] shank.

голла́нд|ец *m* [1; -дца] Dutchman; ⹀ия *f* [7] Holland; ⹀ка *f* [5; g/pl.: -док] Dutchwoman; ⹀ский [16] Dutch.

голов|á [5; *pl.:* гóловы, голóв, -вáм] *f* [*ac/sg.:* '⹀у] head; 2. *m* head, chief; ⹀á cáхару sugar loaf; как снег на ⹀у all of a sudden; с ⹀и́ до ног from head to foot; быть в ⹀х at the head; на свою́ '⹀у F to one's own harm; повéсить '⹀у become discouraged *or* despondent; ⹀á идёт кру́гом (у Р s.b.'s) thoughts are in a whirl; ⹀ка *f* [5; g/pl.: -вок] small head; head (*pin, nail, etc.*); bulb, clove (*onion, garlic*); ⹀нóй [14] head...; ⚔ advance...; ⹀нáя боль *f* headache.

голово|круже́ние *n* [12] giddiness; ⹀кружи́тельный [14] dizzy, giddy; ⹀лóмка *f* [5; g/pl.: -мок] puzzle; ⹀мóйка *f* [5; g/pl.: -мóек] F blowup; ⹀рéз *m* F [1] daredevil; cutthroat, thug; ⹀тя́п F *m* [1] booby, bungler.

гóлод *m* [1] 1. hunger; 2. *s.* ⹀óвка; ⹀а́ть [1] starve; ⹀ный [14; гóлоден, -днá -о, гóлодны́] hungry; starv(el)ing; ⹀óвка *f* [5; g/pl.: -вок] starvation; famine; hunger strike. [ground.]

гололéдица *f* [5] ice-crusted⟩

гóлос *m* [1; *pl.:* -cá, *etc. e.*] voice; vote; право ⹀а suffrage; во весь ⹀ at the top of one's voice; в оди́н ⹀ unanimously; ⹀á зá и про́тив the yeas (ayes) & noes; ⹀и́ть P [15 *e.;* -ошу́, -оси́шь] bawl; ⹀лóвный

[14; -вен, -вна] unfounded; empty; ⁓ова́ние n [12] voting, poll(ing); закры́тое ⁓ова́ние secret vote; ⁓ова́ть [7], ⟨про-⟩ vote; ⁓ово́й [14] vocal (cords свя́зки f/pl).

голу́б|е́ц m [1; -бца́] stuffed cabbage; ⁓о́й [14] (sky) blue; ⌐(уш)ка f [5; g/pl.: -бок (-шек)], ⌐чик m [1] (F address) (my) dear; ⁓ь m [4] pigeon; ⁓я́тня f [6; g/pl.: -тен] dovecote.

го́л|ый [14; гол, -а́, -о] naked, nude; bare (a. fig.); poor, miserable; ⁓ь f [8] poverty; waste (land).

гомеопа́тия f [7] homeopathy.

гоми́н(ь)да́н m [1] Kuomintang.

го́мон F m [1] din, hubbub.

гондо́ла f [5] gondola (a. 🚡).

гон|е́ние n [12] persecution; ⁓е́ц m [1; -нца́] courier; ⌐ка f [5; g/pl.: -нок] rush; chase; F haste; 🚗 distil(l)ment; pl. race(s), ⛵ regatta; F blowup; ⌐ка вооруже́ний arms⌐

Гонко́нг m [1] Hong Kong. [race.⌐

го́нор m [1] airs pl.; ⁓а́р m [1] fee.

го́ночный [14] race..., racing.

гонт m [1] coll. shingles.

гонча́р m [1 e.] potter; ⁓ный [14] potter's; ⁓ные изде́лия n/pl. pottery.

го́нчая f [17] (a. ⁓ соба́ка) hound.

гоня́ть(ся) [1] drive, etc., s. гнать.

гор|а́ f [5; ac/sg.: го́ру; pl.: го́ры, гор, гора́м] mountain; heap, pile; (a. fig.) (toboggan) slide; в ⌐у or ⁓у uphill; fig. up(ward); под ⁓у or с ⌐ы́ downhill; под ⁓о́й at the foot of a hill (or mountain); не за ⌐а́ми not far off; пир ⁓о́й F sumptuous feast; стоя́ть ⁓о́й (за B) defend s.th. or s.b. with might & main; у меня́ ⁓а с плеч свали́лась F a load's been (or was) taken off my mind.

гора́здо used with the comp. much, far; P quite.

горб m [1 e.; на -у́] hump, hunch; ⁓а́тый [14 sh.] humpbacked; curved; aquiline (nose); ⌐ить [14], ⟨с-⟩ stoop, bend, curve (v/i. -ся); ⁓у́н m [1 e.] hunchback; ⁓у́шка f [5; g/pl.: -шек] top crust, heel (bread).

горд|ели́вый [14 sh.] haughty, proud; ⁓е́ц m [1 e.] proud man; ⁓и́ться [15 e.; горжу́сь, горди́шься], ⟨воз-⟩ be(come) proud (of T); ⌐ость f [8] pride; ⌐ый [14; горд, -а́, -о] proud (of T).

го́р|е n [10] grief, distress; trouble; misfortune, disaster; с ⁓я out of grief; ⁓е мне! woe is me!; ему́ и ⁓я ма́ло F he doesn't care a bit; с ⁓ем попола́м F hardly, with difficulty; ⁓ева́ть [6], ⟨по-⟩ grieve; regret (s. th. о П). [⁓ый [14] burnt.⌐

горе́л|ка f [5; g/pl.: -лок] burner.⌐

горемы́ка F m/f [5] poor wretch.

го́рест|ный [14; -тен, -тна] sad, sorrowful; ⁓ь f [8] cf. го́ре.

гор|е́ть [9], ⟨с-⟩ burn (a. fig.), be on fire; glow, gleam; не ⁓и́т F there's no hurry; де́ло ⁓и́т (в рука́х у P) F the matter is top urgent (makes good progress).

го́рец m [1; -рца] mountaineer.

го́речь f [8] bitter taste (or smell); fig. bitterness; grief, affliction.

горизо́нт m [1] horizon; ⁓а́льный [14; -лен, -льна] horizontal, level.

гори́стый [14 sh.] mountainous; hilly.

го́рка f [5; g/pl.: -рок] dim. of гора́, s.; hill; whatnot, small cupboard.

горла́н m P [13], ⟨за-⟩ ⁓ить bawl.

го́рл|о n [9] throat; gullet; (vessel) neck (a. ⁓ышко n [9; g/pl.: -шек]); по ⁓о F up to the eyes; я сыт по ⁓о F I've had my fill (fig. I'm fed up with [T]); во всё ⁓о s. го́лос.

горн m [1] 1. ⊕ (a. ⁓и́ло n [9]) furnace, forge; crucible (a. fig.); 2. ♩ horn, bugle; ⁓и́ст m [1] bugler.

го́рничная f [14] parlo(u)rmaid.

го́рно|заво́дский [16], ⁓промы́шленный [14] mining, metallurgical; ⁓рабо́чий m [17] miner.

горноста́й m [3] ermine.

го́рн|ый [14] mountain(ous); hilly; min. rock...; ⊕ mining; ⁓ый про́мысел m, ⁓ое де́ло n mining; ⁓ое со́лнце n sun lamp; ⁓я́к m [1 e.] miner.

го́род m [1; pl.: -да́, etc. e.] town; city (large town; F down town); за́ ⁓(ом) go (live) out of town; ⁓и́ть P [15], ⟨на-⟩ (вздор, etc.) talk nonsense; ⁓о́к m [1; -дка́] small town; quarter; ⁓ско́й [14] town..., city..., municipal; s. a. горсове́т.

горожа́н|ин m [1; pl.: -жа́не, -жа́н] townsman; pl. townspeople; ⌐ка f [5; g/pl.: -нок] townswoman.

горо́|х m [1] pea (plant); coll. peas (seeds) f; ⁓ховый [14] pea(s)...; pea green; чу́чело ⁓ховое n, шут ⁓ховый m F fig. scarecrow; boor, merry-andrew; ⁓шек m P fig. coll. (small) peas pl.; ⁓шин(к)а f [5 (g/pl.: -нок)] pea; dot.

горсове́т (городско́й сове́т) m [1] city or town soviet (council).

го́рст|очка f [5; g/pl.: -чек] dim. of ⁓ь f [8; from g/pl. e.] hollow (hand); handful (a. fig.).

горта́н|ный [14] guttural; ⁓ь f [8] [larynx.⌐

горчи́ца f [5] mustard.

горшо́к m [1; -шка́] pot.

го́рьк|ий [16; -рек, -рька́, -о; comp.: го́рче] bitter (a. fig.); f su. vodka, bitters pl.; ⁓ий пья́ница m dipsomaniac.

горю́ч|ее n [17] (engine) fuel; gasoline, Brt. petrol; ⁓ий [17 sh.] combustible; P bitter (tears).

горя́ч|ий [17; горя́ч, -а́] hot (a. fig.); fiery, hot-tempered; ardent, passionate; violent; warm (scent); cordial; hard, busy; ⁓и́ть [16 e.;

-чу́, -чи́шь⟩, ⟨раз-⟩ heat (a. fig.); -ся get or be excited; ↲ка f [5] fever (a. fig.); ↲ность f [8] vehemence, hot temper.

гос = госуда́рственный state... (of the U.S.S.R.); 2ба́нк m [1] State Bank; 2изда́т ⟨госуда́рственное изда́тельство⟩ m [1] State Publishing House; 2пла́н ⟨госуда́рственный пла́новый комите́т⟩ m [1] State Planning Committee.

го́спиталь m [4] ✗ hospital.

господи́н m [1; pl.: -пода́, -по́д, -да́м] gentleman; master (a. fig.); Mr. (with name or title); (ladies &) gentlemen (a. address); (a. servants:) master & mistress; уважа́емые ↲а dear Sirs (in letters, a. †); я сам себе́ ↲и́н I am my own master; ↲ский [16] seignorial, (land)lord's, master's; manor (house); ↲ство n [9] rule; supremacy; ↲ствовать [7] rule, reign; (pre)dominate, prevail (over над Т); command (region); ↲ь m [господа́, -ду; voc.: -ди] Lord, God (a. as int., cf. бог).

госпожа́ f [5] lady; mistress; Mrs. or Miss (with name).

гостеприи́м|ный [14; -мен, -мна] hospitable; ↲ство n [9] hospitality.

гости́ная f [14] drawing room; ↲и́нец m [1; -нца] present, gift; ↲и́ница f [5] hotel; inn; ↲и́ть [15 e.; гощу́, гости́шь] be on a visit, stay with (у Р); ↲ь m [4; from g/pl.: -е́й] guest; visitor (f ↲ья [6]); идти́ (е́хать) в ↲и go to see (s.b. к Д); быть в ↲ях (у Р) = и́ть.

госуда́рственный [14] state...; national; ⚡ public; high (treason); ↲ переворо́т m coup d'état; ↲ строй m political system, regime; s. a. ГПУ.

госуда́р|ство n [9] state; ↲ь m [4] sovereign; Czar; ми́лостивый ↲ь (dear) Sir (a. pl., in letters, a. †).

гото́ва́льня f [6; g/pl.: -лен] (case of) drawing utensils pl.

гото́в|ить [14] 1. ⟨при-⟩ prepare (o.s. or get ready for -ся к Д); 2. ⟨под-⟩ prepare, train; 3. ⟨за-⟩ store up; lay in (stock); ↲ность f [8] readiness; willingness; ↲ый [14 sh.] ready (for к Д or inf.), on the point of; finished; willing; ready-made (clothes); будь ↲! — всегда́ ↲! be ready! — always ready! (slogan of pioneers, cf. пионе́р).

ГПУ (Госуда́рственное полити́ческое управле́ние) G.P.U. = Political State Administration (predecessor, 1922—35, of НКВД.)

гр. abbr.: гражда́нин (cf.).

граб m [1] hornbeam.

граб|ёж m [1 e.] robbery; ↲и́тель m [4] robber; ↲и́ть [14], ⟨о-⟩ rob, plunder. ⟨-бле́й⟩ rake.

гра́бли f/pl. [6; gen.: -бель &]

грав|ёр m [1] engraver; ↲и́й m [3] gravel; ↲ирова́ть [7], ⟨вы́-⟩ engrave; ↲иро́вка f [5; g/pl.: -вок] engraving, etching, print (a. ↲ю́ра f [5]).

град m [1] hail (a. fig. = shower); ~ идёт it is hailing; ↲ом thick & fast, profusely.

гра́дус m [1] degree (of в В); под ↲ом F tipsy; ↲ник m [1] thermometer.

гражд|ани́н m [1; pl.: гра́ждане, -ан], ↲а́нка f [5; g/pl.: -нок] citizen (U.S.S.R. a. = [wo]man, & in address, mst. without name); ↲а́нский [16] civil (a. war); civic (a. right); ↲а́нство n [9] citizenship; citizens pl.; дать (получи́ть) пра́во ↲а́нства (be) accept(ed) (in public); приня́ть ... ↲а́нства become a ... citizen.

грамза́пись f [8] recording.

грамм m [1] gram(me).

грамма́т|ика f [5] grammar; ↲и́ческий [16] grammatical.

граммофо́н m [1] gramophone.

гра́мот|а f [5] reading & writing; document; patent; diploma; † letter; вери́тельная ↲а credentials; э́то для меня́ кита́йская ↲а it's Greek to me; ↲ность f [8] literacy; ↲ный [14; -тен, -тна] literate; trained, expert.

грана́т m [1] pomegranate; min. garnet; ↲а f [5] shell; grenade.

грандио́зный [14; -зен, -зна] mighty; grand.

гранёный [14] facet(t)ed; cut.

грани́т m [1] granite.

гран|и́ца f [5] border, frontier; boundary; fig. limit, verge; за ↲цу (↲цей) go (be) abroad; из-за ↲цы from abroad; ↲и́чить m border or verge ([up]on с Т).

гра́н|ка f [5; g/pl.: -нок] typ. galley (proof); ↲ь f [8] s. грани́ца; ⚡ plane; facet; edge; fig. verge.

граф m [1] earl (Brt.); count.

граф|а́ f [5] column; ↲ик m [1] diagram, graph; ↲ика f [5] graphic arts.

графи́н m [1] decanter, carafe.

графи́ня f [6] countess.

графи́|т m [1] graphite; ↲ть [14 e.; -флю́, -фи́шь; -флённый], ⟨раз-⟩ line or rule (paper), draw columns; ↲ческий [16] graphic(al).

грацио́зный [14; -зен, -зна] graceful; ↲я f [7] grace(fulness).

грач m [1 e.] rook.

греб|ёнка f [5; g/pl.: -нок] comb; стричь(ся) под ↲ёнку (have one's hair) crop(ped); comb m [4; -бня́] comb; crest; ↲е́ц m [1; -бца́] oarsman; ↲ешо́к m [1; -шка́] s. ↲ень; ↲ля́ f [6] rowing; ↲но́й [14] rowing...

грёз|а f [5] (day)dream; ↲ить (ˈgrɛ-) [15] impf. dream (of о П); ⚡

rave; -ся, ⟨по-, при-⟩: мне грéзится (И) I dream (of or v/t.).

грек m [1] Greek.

грéлка f [5; g/pl.: -лок] hot-water bottle; электрическая ~ heating pad.

гремéть [10 e.; гремлю, -мишь], ⟨про-, за-⟩ thunder, peal (a. voice, bell, etc.); rattle, clank, tinkle (sword, chains, keys); clatter (dishes); fig. ring; be famous (for, as); ~учий [17] rattling; ~ oxyhydrogen; fulminating; ~учая змея f rattlesnake; ~ушка f [5; g/pl.: -шек] rattle (toy).

гренкй m/pl. [1 e.] toast (sg.: -нóк).

Гренлáндия f [7] Greenland.

грести [24 -б-: гребу; грёб, греблá], ⟨по-⟩ row; scull; rake; scoop.

греть [8; ...грéтый], ⟨со-, на-, разо-, обо-, подо-⟩ warm (o.s. ~ся) (up); heat; ~ся на сóлнце sun.

грех m [1 e.] sin; fault; F = грешнó; с ~óм пополáм F so-so; cf. гóре; есть такóй ~ F well, I own it; как на ~ F unfortunately.

Грéция f [7] Greece; 2цкий [16]: 2цкий орéх = walnut; 2чáнка f [5; g/pl.: -нок], 2ческий [16] Greek.

гречиха, ~ка f [5] buckwheat; ~невый [14] buckwheat...

грешить [16 e.; -шу, -шишь], ⟨со-⟩ sin (a. against прóтив P); ~ник m [1], ~ница f [5] sinner; ~нó (it's a) shame (on Д); ~ный [14; -шен, -шнá, -о]; sinful; F sh.: sorry.

гриб m [1 e.] mushroom; ~óк [1; -бкá] dim. of ~; fungus.

грива f [5] mane.

гривенник F m [1] ten-kopeck coin.

Григóрий m [3] Gregory.

грим m [1] thea. make-up.

гримáс|а f [5] grimace; ~ничать [1] make faces or grimaces.

гримировáть [7], ⟨за-, на-⟩ make up (v/i. -ся).

грипп m [1] influenza.

грифель m [4] slate pencil.

Гриш(к)а m [5] dim. of Григóрий.

гр-ка abbr.: гражданка.

гроб m [1; в -ý; pl.: -ы́ & -á, etc. e.] coffin; † grave; ~ница f [5] tomb; ~овóй [14] coffin...; tomb...; deadly; ~овщик m [1 e.] coffin maker.

грозá f [5; pl. st.] (thunder)storm (a fig.); disaster; danger, menace; terror.

гроздь f [4; pl.: -ди, -дéй, etc. e., & -дья, -дьев] bunch (grapes); cluster.

грозить [15 e.; грожý, -зишь], ⟨по-⟩ threaten (a p. with Д/Т) (a. -ся).

грóз|ный [14; -зен, -знá, -о] menacing; formidable; P severe, cruel; Ивáн 2ный Ivan the Terrible; ~овóй [14] storm(y).

гром m [1; from g/pl.: e.] thunder (a. fig.); ~ гремит it thunders; как ~ом поражённый fig. thunderstruck.

громáд|а f [5] giant, colossus; mass, heap; ~ный [14; -ден, -дна] huge, tremendous.

громить [14 e.; -млю, -мишь; -млённый], ⟨раз-⟩ smash, crush; rout.

грóмк|ий [16; -мок, -мкá, -о; comp.: грóмче] loud; noisy; fig. famous, great, noted; notorious; (words, etc.) pompous; ~оговори́тель m [4] loud-speaker.

громо|вóй [14] thunder..., thunderous; ~глáсный [14; -сен, -сна] roaring; mst. adv. in public; ~здить (-ся) [-зжý, -здишь] cf. взгромождáть(ся); ~здкий [16; -док, -дка] bulky, cumbersome; ~отвóд m [1] lightning rod or conductor.

громыхáть F [1] rattle.

грот m [1] grotto.

грóх|нуть F [20] pf. crash, tumble (v/i. -ся); ~от m [1] rumble; ~отáть [3], ⟨за-⟩ rumble; P roar.

грош m [1 e.] half-kopeck; piece; ни ~á на стивер or farthing; ~ ценá or ~á лóманой не стóит not worth a pin; ни в ~ не стáвить not care a straw for; на ~ ~óвый [14] worth 1 ~; fig. (dirt-)cheap, paltry.

грубéть [1], ⟨за-, о-⟩ harden, become callous; ~ить [14 e.; -блю, -бишь], ⟨на-⟩ say rude things; ~иян m [1] rude fellow; ~ость f [8] rudeness; ~ый [14; груб, -á, -о] coarse; rough; rude; gross (error, etc.).

грýда f [5] pile, heap, mass.

груд|инка f [5; g/pl.: -нок] brisket; bacon; ~нóй [14]: ~нáя клéтка f thorax, chest; ~ь f [8; в, на -дй; from g/pl. e.] breast; bosom; стоять ~ью (за В) defend bravely.

груз m [1] load, freight; ⚓ cargo.

грузин m [1; g/pl.: грузин], ~ка f [5; g/pl.: -нок] Georgian; ~ский [16] Georgian.

грузить [15 & 15 e.; -ужý, -ýзишь], ⟨на-, за-, по-⟩ load, freight, embark.

Грýзия f [7] Georgia (Caucasus).

грýз|ный [14; -зен, -знá, -о] massive, heavy; ~овик m [1 e.] truck, Brt. lorry; ~овóй [14] freight..., goods..., ⚓ cargo...; ~овóй автомобиль m = ~овик; ~оподъёмность f [8] carrying capacity, ⚓ tonnage; ~чик m [1] loader, ⚓ stevedore.

грунт m [1] soil; ground (a. paint.); ~овóй [14] ground...; unpaved.

грýпп|а f [5] group; ~ировáть (-ся) [7], ⟨с-⟩ (form a) group.

груст|ить [15 e.; -ущý, -стишь], F ⟨взгрустнýть⟩ [20] grieve; long (for) (по П); ~ный [14; -тен, -тнá,

-o] sad, sorrowful; dreary; F deplorable; мне ~но I feel sad; ~ь f [8] sadness, grief, melancholy.

гру́ша f [5] pear (a. tree).

гры́жа f [5] hernia, rupture.

грыз|ня́ F f [6] squabble; ~ть [24; pt. st.], ⟨раз-⟩ gnaw (a. fig.), nibble; bite; crack (nuts); -ся bite o. a.; F squabble; ~у́н m [1 e.] zo. rodent.

гряд|а́ f [5; nom/pl. st.] ridge, range (a. fig. = line); ↗ bed (a. ~ка f [5; g/pl.:-док]).

гряду́щий [17] future, coming; на сон ~ for a nightcap.

гряз|ево́й [14] mud...; ~езащи́тный [14]: ~езащи́тное крыло́ n fender, mudguard; ~елече́бница f [5] mud bath; ~и f/pl. [8] (curative) mud; ~и́ть [14], ⟨за-⟩ soil (a. fig.); -ся get dirty; ~нуть [20], ⟨по-⟩ sink (mud, etc., & fig.); ~ный [14; -зен, -зна́, -о, гря́зны] dirty (a. fig.); muddy; slop... (pail); ~ь f [8; в -зи́] dirt; mud (street, etc.) is в ~и́ dirty; не уда́рить лицо́м в ~ь save one's face.

гря́нуть [19 st.] pf. crash, thunder, (re)sound, ring, roar; break out, burst, start.

губ|а́ f [5; nom/pl. st.] lip; bay; gulf; ~а́ не ду́ра (у P. p. s] taste isn't bad.

губерн|а́тор m [1] governor; ~ия f [7] government, province.

губи́|тельный [14; -лен, -льна] pernicious; ~ть [14], ⟨по-, F с-⟩ destroy, ruin; waste (time).

гу́б|ка f [5; g/pl.:-бок] 1. dim. of ~а́; 2. sponge; ~но́й [14] labial; ~ная пома́да f lipstick.

гуверн|а́нтка f [5; g/pl.:-ток] governess; ~ёр m [1] tutor.

гуд|е́ть [11], ⟨за-⟩ buzz; honk, hoot, whistle; ~о́к m [1;-дка́] honk, hoot, signal; horn; siren, whistle.

гул m [1] boom, rumble; hum; ~кий [16; -лок, -лка́, -о] booming, loud; resonant.

гуля́|нье n [10] walk(ing); revel(ry); open-air merrymaking, (popular) festival; ~ть [28], ⟨по-⟩ [20] go for a walk (a. идти́ ~ть), stroll; fig. sweep (wind, etc.); make merry.

ГУМ (госуда́рственный универма́г) m [1] state department store.

гума́нн|ость f [8] humanity, humaneness; ~ый [14; -а́нен, -а́нна] humane.

гумно́ n [9; pl. st., gen.:-мен & -мён] ↗ floor.

гур|т m [1 e.] drove (cattle); ~то́м F wholesale; ~ьба́ F f [5] crowd (in T).

гу́сеница f [5] caterpillar (a. ⊕).

гуси́ный [14] goose (a. flesh ко́жа f).

густ|е́ть [8], ⟨за-⟩ thicken; ~о́й [14; густ, -а́, -о] thick, dense; deep, rich (colo[u]r, sound); ~ота́ f [5] thickness; density; depth.

гус|ь m [4; from g/pl. e.] goose; fig. хоро́ш ~ь F a fine fellow indeed!; как с ~я́ вода́ F like water off a duck's back, thick-skinned; ~ько́м in single file.

гу́ща f [5] grounds pl.; sediment; thicket; fig. center (Brt. -tre), middle.

ГЭС abbr.: гидро(электро)ста́нция.

Д

д. abbr.: 1. дере́вня; 2. дом.

да 1. part. yes; oh (yes), indeed (a. interr.); (oh) but, now, well; imp. do(n't) ...!; tags: aren't, don't, etc., may, let; 2. cj. (a. ~ и) and; but; ~ и то́лько continually; ~ что вы! you don't say!

дабы́ † (in order) that or to.

да|ва́ть [5], ⟨~ть⟩ [дам, дашь, даст, дади́м, дади́те, даду́т ('...-) дал, -а́, -о; ('...)да́нный (дан, -а́)] give; let; bestow; take (oath), pledge; make (way); ~ва́й(те)! come on!; with vb. (a. ~й[те]) let us (me); ни ~ть ни взять exactly like; ~ва́ть ход де́лу set s. th. going or further it; -ся let o. s. (be caught, cheated в В); (turn out to) be (e. g. hard, for Д); (can) master (s. th. в П); pf. F take to.

дави́ть [14] 1. ⟨на-⟩ press, squeeze (вы́-) out); 2. ⟨за-, раз-⟩ crush, run over, knock down; 3. ⟨по-⟩ oppress; suppress; 4. ⟨при-, с-⟩ press (down or together), jam, compress; throng, crowd; 5. ⟨y-⟩ strangle; -ся choke; F hang o. s.

да́в|ка F f [5] throng, jam; ~ле́ние n [12] pressure (a. fig.).

да́вн|(ишн)ий [15] old; ~о́ long ago; for a long time, long since; ~опроше́дший [17] long past; ~опроше́дшее вре́мя n gr. past or pluperfect; ~ость f [8] remoteness; ↗ limitation; ~им-~о́ F (a) very long (time) ago.

да́же (a. ~ и) even; ~ не not even.

да́л|ее s. да́льше; и так ~ее and so on (or forth); ~е́кий [16; -лёк, -лека́, -леко́ & -лёко; comp.: да́лее, да́льше], far, distant (from от P); long (way), fig. wide (of); strange (to); F smart, clever; ~еко́ far (off, away); a long way (to до P); (Д) ~еко́ до (P) F can't match with; ~еко́ не F by no means; ~еко́ за (В) long after; (age) well over; ~ь f [8; в -ли́] distance; open (space); ~ьне́йший [17] further;

в ∼нéйшем later *or* further on; ∼ьний [15] distant (*a. relative*); remote; *s. a.* ∼éкий; ∼ьневостóчный [14] Far Eastern.

дально|бóйный ⚔ [14] long range; ∼вúдный [14]; -ден, -дна clear--sighted; ∼зóркий [16; -рок, -рка] far-, long-sighted; ′∼сть *f* [8] remoteness; ⚔, ⊕ (long) range.

дáльше farther; further(more); then, next; (читáйте) ∼! go on (reading); не ∼ как *or* чем this very; only.

дáм|а *f* [5] lady; partner (*dance*); queen (*card*); ∼ский [16] ladies', women's; ∼ба *f* [5] dam, dike; ∼ка *f* [5; *g/pl.:* -мок] king (*draughts*).

Дани|úл [1], *P* ∼лa *m* [5] Daniel.

Дáния *f* [7] Denmark.

дáн|ный [14] given, present, this; ∼ная *A* quantity; ∼ные *pl.* data, facts; statistics.

дантúст *m* [1] dentist.

дань *f* [8] tribute (*a. fig.*).

дар *m* [1; *pl. e.*] gift (*a. fig.*); ∼úть [13], ⟨по-⟩ give (a *p.* s.th. Д/В), present (a *p.* with В/Т); ∼моéд F *m* [1] sponger; ∼овáние *n* [12] gift, talent; ∼овúтый [14 *sh.*] gifted, talented; ∼овóй [14] gratis, free.

дáром *adv.* gratis, for nothing; in vain; ∼ что (al)though; это ему́ ∼ не пройдёт F he will smart for it.

Дáрья *f* [6] Darya (*first name*).

дáт|а *f* [5] date; ∼ельный [14] *gr.* dative (*case*); ∼úровать [7] (*im*)*pf.* (зáдним число́м *ante*)date.

дáт|ский [14] Danish; ∼чáнин *m* [1; *pl.:* -чáне, -чáн], ∼чáнка *f* [5; *g/pl.:* -нок] Dane.

дать(ся) *s.* давáть(ся).

дáч|а *f* [5] giving; cottage, summer residence, villa; на ∼е out of town, in the country; ∼ник *m* [1] summer resident; ∼ный [14] suburban; country...; garden (city посёлок).

Даш(ень)к|а *f* [5] *dim. of* Дáрья.

два *m, n,* две *f* [34] two; *cf.* пять *& пя́тый; в ∼ счёта F in a jiffy.

двадцат|илéтний [15] twenty--years-old, of 20; ∼ый [14] twentieth; *cf.* пя́т(идеся́т)ый]; ′∼ь [35; -тй] twenty; *cf.* пять.

двáжды twice; ∼ два *A* two by two; как ∼ два (четы́ре) as sure(ly) as two & two makes four.

двенáдцат|и... (*in compds.*) twelve-...; dodec(a)...; duodecimal, -denary; ∼ый [14] twelfth; *cf.* пя́тый; ′∼ь [35] twelve; *cf.* пять.

двер|нóй [14] door...; ∼ца *f* [5; *g/pl.:* -рец] *dim. of* ∼ь *f* [8; в -ри́; *from g/pl. e.*; *instr. a.* -рьми́] door (*a. pl.* ∼и).

двéсти [36] two hundred.

дви́|гатель *m* [4] engine, motor; ∼гать [1 *& 3*], ⟨∼нуть⟩ [20] (В *& Т*) move, push, drive (on); stir; -ся move, advance; set out, start;

∼жéние *n* [12] movement (*a. pol.*); stir; *phys.* motion; traffic; *fig.* emotion; *pl.* (light) gymnastics; приводúть (приходúть) в ∼жéние set going (start [moving]); ∼жúмый [14 *sh.*] movable; ∼нуть *s.* ∼гать.

двóе [37] two (*in a group, together*); нас бы́ло ∼ we (there) were two (of us); ∼брáчие *n* [12] bigamy; ∼тóчие *n* [12] colon.

двойть|ся [13], ⟨раз-⟩ bifurcate.

двóй|ка *f* [5; *g/pl.:* двóек] two (*a. boat; team; P bus, etc., no. 2; cards, a.* deuce); pair; F (*mark*) = пло́хо, *cf.*; ∼нúк *m* [1 *e.*] double(ganger); ∼нóй [14] double (*a. fig.*); ∼ня *f* [6; *g/pl.:* двóен] twins *pl.*; ∼ственный [14 *sh.*] double, twofold, -faced; dual (*a. gr.* number число́).

двор *m* [1 *e.*] (court)yard; farm (-stead); court; на ∼é outside, outdoors; ∼éц *m* [1; -рцá] palace; ∼ник *m* [1] janitor, (yard &) street cleaner; F *mot.* windshield (*Brt.* windscreen) wiper; ∼ня *f* [6] *coll.*, † servants, domestics *pl.*; ∼ня́га F *f* [5], ∼ня́жка *f* [5; *g/pl.:* -жек] mongrel; watchdog; ∼о́вый [14] yard-..., house...; servant...; ∼о́вый [14] court...; palace...; ∼яни́н *m* [1; *pl.:* -я́не, -я́н] nobleman; ∼я́нка *f* [5; *g/pl.:* -нок] noblewoman; ∼я́нский [16] n ble; ∼я́нство *n* [9] nobility. [∼ая сестрá *f* cousin.]

двою́родн|ый [14]: ∼ый брат *m,*

двоя́к|ий [16 *sh.*] double, twofold; ∼о in two ways.

дву|бóртный [14] double-breasted; ∼глáвый [14] double-headed; ∼глáсный [14] diphthong(al); ∼жи́льный P [14] sturdy, tough; ∼кóлка *f* [5; *g/pl.:* -лок] cart; ∼крáтный [14] double; done twice; ∼лúчие *n* [12] duplicity; ∼лúчный [14; -чен, -чна] double--faced; ∼рýшник *m* [1] double--dealer; ∼рýшничество *n* [9] double-dealing; ∼смы́сленный [14 *sh.*] ambiguous; ∼ствóлка *f* [5; *g/pl.:* -лок] double-barrel(l)ed gun; ∼ствóльный [14]: ∼ствóльное ружьё *n* = ∼ствóлка; ∼ствóрчатый [14]: ∼ствóрчатая дверь *f* folding doors; ∼стóронний [15] bilateral; two-way (*traffic*); reversible (*fabric*).

двух... (*cf. a.* дву...): ∼днéвный [14] two days'; ∼колéйный 🚆 [14] double-track; ∼колёсный [14] two-wheel(ed); ∼лéтний [15] two--years-old; two years'; ∼мéстный [14] two-seat(ed); two months' *or* two-months-old; ∼мотóрный [14] twin-engine(d); ∼недéльный [14] two weeks', *Brt. a.* a fortnight's; ∼сóтый [14] two hundredth; ∼этáжный [14] two--storied (*Brt.* -reyed).

двуязы́чный [14; -чен, -чна] bi-lingual.

дебати́ровать [7] debate; ⸜ы m/pl. [1] debate.

дебе́лый F [14 sh.] plump, fat.

дебе́т ⚕ m [1] debit; занести́ в ⸜ = ⸜ова́ть [7] (im)pf. debit (sum against or to a p. В/Д).

дебито́р m [1] debtor.

дебо́ш m [1] riot, row.

де́бри f/pl. [8] thicket; wilderness.

дебю́т m [1] debut; opening.

де́ва f [5]: (ста́рая) ⸜ (old) maid.

девальва́ция f [7] devaluation.

дева́ть [1], ⟨деть⟩ [дéну, -нешь] put; place; leave, mislay; куда́ ⸜ a. what to do with, how to spend; -ся go, get; vb. ɪ И = put, leave + obj.; be (pr.); куда́ мне ⸜ся where shall I go or stay? куда́ он де́лся? what has become of him?

де́верь m [4; pl.: -рья́, -рей, -рьи́м] (wife's) brother-in-law.

деви́з m [1] motto.

деви́|ца f [5] maid, girl; ⸜и́чий [18] maiden, girl's; ⸜и́чий монасты́рь m nunnery; ⸜ка f [5; g/pl.: -вок] wench; P maid; P whore; ⸜очка f [5; g/pl.: -чек] (little) girl; ⸜ственный [14 sh.] maiden, virgin...; primeval; ⸜ушка f [5; g/pl.: -шек] (grown-up) girl; † parlo(u)rmaid; ⸜чо́нка F f [5; g/pl.: -нок] slut; girl.

девя|но́сто [35] ninety; ⸜но́стый [14] ninetieth; cf. пятӣ(идеся́тый); ⸜тисо́тый [14] ninehundredth; ⸜тка f [5; g/pl.: -ток] nine (cf. двойка); ⸜тна́дцатый [14] nineteenth, cf. пять & пя́тый; ⸜тна́дцать [35] nineteen; cf. пять; ⸜ты́й [14] ninth; cf. пя́тый; '⸜ть [35] nine; cf. пять; ⸜тьсо́т [36] nine hundred; ⸜тью nine times.

дегенера́т m [1] degenerate.

дёготь m [4; -гтя] tar.

дед(у́шка m [5; g/pl.: -шек]) m [1] grandfather; old man; pl. ⸜ы́ a. forefathers; ⸜ Моро́з m Jack Frost; Santa Claus, Father Christmas.

дееприча́стие n [12] gr. gerund.

дежу́р|ить [13] be on duty; sit up, watch; ⸜ный [14] (p.) on duty; ⸜ство n [9] duty; (night) watch.

дезерти́р m [1] deserter; ⸜ова́ть [7] (im)pf. desert; ⸜ство n [9] desertion.

дезинф|е́кция f [7] disinfection; ⸜ици́ровать [7] (im)pf. disinfect.

дезорг|анизова́ть [7] (im)pf., impf. a. ⸜о́вывать [1] disorganize.

де́йств|ие [14 sh.] efficient; ⸜ие n [12] action; activity; ⚙, ⊕, ⚕ operation, thea. act; effect; efficacy; influence, impact; mécto ⸜ия scene; свобо́да ⸜ий free play; ⸜и́тельно really; indeed; ⸜и́тельность f [8] reality; validity; ⸜и́тельный [14; -лен, -льна] real, actual; valid; ⚙, gr. active (service; voice); ⸜ова́ть

[7], ⟨по-⟩ act, work (a. upon на В); operate; function; apply; have effect (on на В); get (on one's nerves); ⸜ующий [17] active; acting; ⚙ field...; ⸜ующее лицо́ n character, personage.

дека́брь m [4 e.] December.

дека́н m [1] dean.

декла|ми́ровать [7], ⟨про-⟩ declaim; ⸜ра́ция f [7] declaration.

декольт|é (de-; -'te) n [indecl.] décolleté; ⸜иро́ванный [14 sh.] low--necked.

декора́|тор m [1] decorator; ⸜ция f [7] decoration; thea. scenery.

декре́т m [1] decree, edict; ⸜и́ровать [7] (im)pf. decree.

де́ла|нный [14 sh.] affected, forced; ⸜ть [1], ⟨с-⟩ make, do; ⸜ть ne че́го F it can't be helped; -ся (Т) become, grow, turn; happen (with с Т); be going on; что с ним сде́лалось? what has become of him?

делега́|т m [1] delegate; ⸜ция f [7] delegation.

дел|ёж F m [1 e.] distribution, sharing; ⸜éние n [12] division (a. ⚙); partition; point (scale).

делён m [1 - льца́] (sharp) business-man, moneymaker.

делика́т|ность f [8] tact(fulness), delicacy; ⸜ый [14; -тен, -тна] delicate.

дели́|мое n [14] ⚙ dividend; ⸜тель m [4] ⚙ divisor; ⸜ть [13; делю́, де́лишь] 1. ⟨раз-, по-⟩ (на В) divide (into), a. ⚙ (by); 2. ⟨по-⟩ share (a. -ся [Т/с Т s.th. with s. b.], exchange; confide [s.th. to], tell; ⚙ be divisible). [business.]

дели́шки F n/pl. [9; gen: -шек]

де́л|о n [9; pl. e.] affair, matter, concern; work, business (on по Д); line; art case, (a. fig.) cause; file; ⚙ action, battle; говори́ть ⸜о F talk sense; де́лать ⸜о fig. do serious work; то и ⸜о continually, incessantly; в чём ⸜о? what's the matter?; в том то и ⸜о F that's just the point; что вам за ⸜о? or э́то не ва́ше ⸜о that's no business of yours; на ⸜е in practice; на (or в) са́мом ⸜е in reality, in fact; really, indeed; по ⸜а́м on business; как ⸜а́? F how are you?; ⸜о идёт cf. идти́.

делов|и́тый [14 sh.], ⸜о́й [14] businesslike; expert; ⸜о́й a. business...; work(ing). [tary.]

делопроизводи́тель m [4] secre-

де́льный [14] competent; sensible.

демаго́г m [1] demagogue; ⸜и́ческий [16] demagogic(al).

демаркацио́нный [14] (of) de-marcation.

демилитаризова́ть [7] (im)pf. de-militarize.

демобилизова́ть [7] (im)pf. de-mobilize.

демокра́т *m* [1] democrat; ~и́ческий [16] democratic; ~ия [7] democracy.

демонстр|а́ция *f* [7] demonstration; ~и́ровать [7] (*im*)*pf.*, *a.* ⟨про-⟩ demonstrate; show, project (*film*).

демонта́ж *m* [1] dismantling.

де́нежный [14] money..., monetary, pecuniary; currency...; F rich.

день *m* [4; дня] day; в ~ *a or* per day; в э́тот ~ (on) that day; ~ за́ ~ day after day; изо дня́ в ~ day by day; ~ ото дня́ from day to day; весь ~ all day (long); на (э́тих) днях the other day; one of these days; три часа́ дня 3 p.m., 3 o'clock in the afternoon; *cf.* днём.

де́ньги *f/pl.* [*gen.*: де́нег; *from. dat. e.*] money.

департа́мент *m* [1] department.

депе́ша *f* [5] dispatch, wire(less).

депози́т † *m* [1] deposit.

депута́т *m* [1] deputy, delegate; member of the Supreme Soviet.

дёр|гать [1], *once* ⟨~нуть⟩ [20] pull, tug (*a.* за В *at*), jerk, twist; F press a p. hard, importune.

дерев|ене́ть [8], ⟨за-, о-⟩ stiffen; grow numb; ~е́нский [16] village-..., country..., rural, rustic; ~е́нский жи́тель *m* villager; ~ня *f* [6; *g/pl.*: -ве́нь, *etc. e.*] village; country(side); '~о *n* [9; *pl.*: -е́вья, -е́вьев] tree; *sg.* wood; кра́сное '~о mahogany; чёрное ~о ebony; резьба́ по ~у wood engraving; ~я́нный [14] wooden (*a. fig.*).

держа́ва *f* [5] power; *hist.* orb.

держа́ть [4] hold; keep; support; have (*a.* † in stock; *a. exam.*); read (*proofs*); ~ сто́рону side with; ~ себя́ (кого́-либо) в рука́х (have) control (over) o.s. (а р.); ~ себя́ conduct o.s., behave = -ся 1.; 2. ⟨у-ся⟩ (за В; P) hold (on[to]); *fig.* stick (to); keep; hold out, stand.

дерз|а́ть [1], ⟨~ну́ть⟩ [20] dare, venture; ~кий [16; -зок, -зка́, -о; *comp.*: -зче] impudent, insolent; bold, daring, audacious; (*a.* = ~нове́нный [14; -е́нен, -е́нна] & ~остный [14; -тен, -тна]); ~ость *f* [8] impudence, cheek.

дёрн *m* [1] turf; ~нуть *s.* дёргать.

дес|а́нт *m* [1] landing; troops *pl.* landed (авиа... airborne...); ~е́рт *m* [1] dessert; ~на́ *f* [5; *pl.*: дёсны, -сен, *etc. st.*] gum; ~пот *m* [1] despot.

десяти|дне́вный [14] ten days'; ~кра́тный [14] tenfold; ~ле́тие *n* [12] decade; ten years' anniversary; ~ле́тка *f* [5; *g/pl.*: -ток] ten-grades (*or* -forms) standard school (*leading to maturity*) (U.S.S.R.); ~ле́тний [15] ten years'; ten-years-old.

деся́т|ина *f* [5] †, = *approx.* $2^3/_4$ acres; tithe; ~и́чный [14] decimal;

~ка *f* [5; *g/pl.*: -ток] ten (*cf.* дво́йка); ~ник *m* [1] foreman; ~ок *m* [1; -тка] ten; *pl.* dozens of, many; *s.* идти́; не ро́бкого ~ка F not a craven; ~ый [14] tenth (*a.*, *f*, part; 3,2 — *read*: три це́лых и две ~ых = 3.2); *cf.* пят(идеся́т)ый; из пя́того в ~ое discursively, in a ramblingmanner; '~ь [35 *e.*] ten; *cf.* пять & пя́тый; '~ью ten times.

дета́ль *f* [8] detail; ⊕ part; ~но in detail; ~ный [14; -лен, -льна] detailed, minute.

дет|вора́ *f* [5] coll. F = ~и; ~ёныш *m* [1] young one; cub, *etc.*; ~и *n/pl.* [-ей, -ям, -ьми, -ях] children, kids; дво́е, (тро́е, че́тверо, *etc.*)~е́й two (three, four) children; *sg.*: дитя́ (*a.* ребёнок), *cf.*; ~ский [16] child(ren)'s, infant(ile); childlike; childish; ~ский дом *m* (orphan) boarding school; ~ский сад *m* kindergarten; ~ская *f* nursery (room); ~ство *n* [9] childhood.

де́ть(ся) *s.* дева́ть(ся).

дефе́ктный [14] defective.

дефици́тный [14; -тен, -тна] unprofitable; scarce.

деш|еве́ть [8], ⟨по-⟩ cheapen, become cheaper; ~евизна́, F ~ёвка *f* [5] cheapness, low price(s); ~ёвый [14; дёшев, дешева́, дёшево; *comp.*: дешёвле] cheap (*a. fig.*); low (*price*).

де́ятель *m* [4] man; representative; госуда́рственный ~ statesman; нау́чный ~ scientist; обще́ственный ~ public man; полити́ческий ~ politician; ~ность *f* [8] activity, -ties *pl.*; work; ~ный [14; -лен, -льна] active.

джу́нгли *f/pl.* [*gen.*: -лей] jungle.

диа́|гноз *m* [1] diagnosis; ~гона́ль *f* [8] diagonal; ~ле́кт *m* [1] dialect; ~лекти́ческий [14] dialectic(al); ~ле́ктика *f* [5] dialectic(s); ~лекти́ческий [16] dialectic(al); ~ло́г *m* [1] dialogue; ~ма́т *m* [1] dialectical materialism; ~ме́тр *m* [1] diameter; ~пазо́н *m* [1] ♪ diapason (*a. fig.*); ⊕ range; ~позити́в *m* [1] (lantern) slide; ~фра́гма *f* [5] diaphragm.

дива́н *m* [1] divan, sofa.

диверс|а́нт *m* [1] saboteur; ~ия *f* [7] sabotage; ✗ diversion.

диви́зия ✗ *f* [7] division.

див|и́ться [14 *e.*], ⟨по-⟩ wonder (at Д *or* на В); ~ный [14; -вен, -вна] wonderful; delightful; ~о *n* [9] wonder, miracle, marvel (*a.* it is a ...); на ~о excellently; что за ~о! (most) wonderful!; no wonder.

дие́т|а (-'эта) *f* [5] diet; ~и́ческий [16] dietetic(al).

дизентери́я *f* [7] dysentery.

дик|а́рь *m* [4 *e.*] savage (*a. fig.*); F shy person; ~ий [16; дик, -а́, -о] wild, savage (*a. fig.*); odd, bizarre; shy, unsociable; drab; ~ᵃ proud (*flesh*); dog (*rose*); ́ость *f* [8] wildness, savagery, -geness; absurdity.

дикт|а́нт *m* [1] *s.* ̃о́вка; ̃а́тор *m* [1] dictator; ̃а́торский [16] dictatorial; ̃ату́ра *f* [5] dictatorship; ̃ова́ть [7], ⟨про-⟩ dictate; ̃о́вка *f* [5; *g/pl.*: -вок] dictation; ̃ор *m* [1] (radio) announcer.

дилета́нт *m* [1] dilettante; ̃ский [16] dilettant(e)ish.

дина́м|ика *f* [7] dynamics; ̃и́т *m* [1] dynamite; ̃и́ческий [16] dynamic; ̃о(-маши́на *f* [5]) *n* [*indecl.*] dynamo.

дина́стия *f* [7] dynasty.

дипло́м *m* [1] diploma; F thesis to degree.

диплома́т *m* [1] diplomat; ̃и́ческий [16] diplomatic; ̃ия *f* [7] diplomacy.

директи́ва *f* [5] directive; ̃тор *m* [1; *pl.*: -ра́, *etc. e.*] manager, director; (*school*) principal, *Brt.* headmaster; ̃ция *f* [7] management, directorate.

дириж|а́бль *m* [4] airship; ̃ёр *m* [1] ♪ conductor; ̃и́ровать [7] (T) ♪ conduct.

дисгармо́ния *f* [7] discord.

диск *m* [1] disk; ̃о́нт *m* [1], ̃онти́ровать [1] (im)*pf.* discount; ̃у́ссия *f* [7] discussion.

диспансе́р (-'ser) *m* [1] dispensary; ̃е́тчер *m* [1] dispatcher; 🚦 traffic superintendent; ̃у́т *m* [1] dispute, disputation.

дис|серта́ция *f* [7] dissertation, thesis; ̃сона́нс *m* [1] dissonance, discord; ̃та́нция *f* [7] distance; 🚂 section; ̃тилли́ровать [7; -о́ванный] (im)*pf.* distil(l); ̃ципли́на *f* [5] discipline.

дитя́ *n* [-я́ти ̃; *pl.* де́ти, *cf.*] child.

диф|ира́мб *m* [1] dithyramb; ̃тери́т *m* [1], ̃тери́я *f* [7] diphtheria; ̃фама́ция *f* [7] defamation.

дифференц|иа́л *m* [1], ̃иа́льный [14] ∆∫, ⊕ differential; ̃и́ровать [7] (im)*pf.* differentiate.

дич|а́ть [1], ⟨о-⟩ run wild; *fig.* grow; ̃и́ться *f* [16 *e.*] -чу́сь, чи́шься) be) shy, unsociable; shun (a p. P); ̃ь *f* [8] game, wild fowl; F wilderness; F nonsense, bosh.

длин|а́ *f* [5] length; в ̃у́ (at) full length, lengthwise; ̃о́й в (B) ... *or* в ̃у́ ... long; ̃но... (*in compds.*) long...; ̃ный [14; -и́нен, -инна́, -и́нно] long; too long; F tall.

дли́т|ельный [14; -лен, -льна] long; protracted, lengthy; ̃ься [13], ⟨про-⟩ last.

для (P) for, to; because of; ̃ того́, что́бы (in order) to, that ... may; ̃ чего́? wherefore?; ящик ̃ пи́сем mail (*Brt.* letter) box.

Дми́трий *m* [3] Demetrius (*name*).

днев|а́льный [14] ✕ orderly; p. on duty; ̃а́ть [6] spend the day; have

6*

a day of rest; ̃ни́к *m* [1 *e.*] journal, diary (*vb.*: вести́ keep); ̃но́й [14] day('s), daily; day(light свет *m*).

днём by day, during the day.

Днепр *m* [1 *e.*] Dnieper; ̃о́вский [16] Dnieper...

дн|о *n* [9; *pl.*: до́нья, -ньев] bottom; золото́е ̃о *fig.* gold mine; вы́пить до ̃а drain, empty; идти́ ко ̃у *v/i.* (пусти́ть на ̃о *v/t.*) sink.

до (P) *place*: to, as far as, up (*or* down) to; *time*: till, until, to; *before*; *degree*: to, up (*or* even) to; *age*: under; *quantity*: up to; about; ̃ того́ so (much); (Д) не ̃ F not be interested in *or* disposed for, *or* have no time, *etc.*, for, to.

доба́в|ить *s.* ̃ля́ть; ̃ле́ние *n* [12] addition; supplement; ̃ля́ть [28], ⟨̃ить⟩ [14] add; ̃очный [14] additional, extra; supplementary.

добе́|га́ть [1], ⟨̃жа́ть⟩ [-егу́, -ежи́шь, -егу́т] run up to (до P).

доб|ива́ть [1], ⟨̃и́ть⟩ [-бью́, -бьёшь; -бе́й(те)]; -би́тый] beat completely *or* utterly, smash; kill, finish; -ся (P) (try to) get, obtain *or* reach; strive for; find out (about); он ̃и́лся своего́ he gained his end(s); ⟨̃ра́ться⟩ [1; ⟨̃ру́сь⟩ ̃ся) [-беру́сь, -рёшься] get to, reach.

до́блест|ный [14; -тен, -тна] valiant, brave; ̃ь *f* [8] valo(u)r.

добро́[1] *n* [9] good; F property; ̃м F kindly, amicably; ̃? F well; ̃бы if only; ̃ пожа́ловать! welcome!; please; ̃во́лец *m* [1; -льца] volunteer; ̃во́льный [14; -лен, -льна] voluntary; ̃де́тель *f* [8] virtue; ̃де́тельный [14; -лен, -льна] virtuous; ̃ду́шие *n* [12] good nature; ̃ду́шный [14; -шен, -шна] good-natured; ̃жела́тельный [14; -лен, -льна] benevolent; ̃жела́тельство *n* [9] benevolence; ̃ка́чественный [14 *sh.*] (of) good (quality); 🧊 benign; ̃серде́чный [14; -чен, -чна] good--hearted; ̃со́вестный [14; -тен, -тна] conscientious; ̃сосе́дский [16] good neighbo(u)rly; ̃м *s.* ̃[1].

добр|ота́ *f* [5] kindness; ̃о́тный [14; -тен, -тна] (very) good, solid; ̃ый [14; добр, -а́, -о, до́бры́] kind; good; F solid; ̃ое у́тро *n* (̃ый день *m*, ве́чер *m*)! good morning (afternoon, evening)!; в ̃ый час!, всего́ ̃ого! good luck!; чего́ ̃ого after all; бу́дь(те) ̃(ы) will you be so kind.

добы|ва́ть [1], ⟨̃ть⟩ [-бу́ду, -дешь; до́бы́л, -а́, до́бы́ло; до́бы́тый (до́бы́т, добы́та, до́бы́то)] get, obtain, procure; ⚒ extract, mine; *hunt.* bag; ̃ча *f* [5] procurement; ⚒ extraction, mining; booty, spoil; (*animals'*) prey (*a. fig.*); *hunt.* bag.

довезти́ *s.* довози́ть.

довер|енность f [8] (на В) 𝓉𝓏 letter of attorney; † = ⵁие; ⵁенный [14] deputed; proxy, agent; ⵁие n [12] confidence, trust (in к Д); ⵁить s. ⵁять; ⵁчивый [14 sh.] trusting, trustful; confidential; ⵁшать [1], ⟨ⵁшить⟩ [16 e.; -шу, -шишь] finish; complete; ⵁшение n [12] completion; в ⵁшение or к ⵁшению (Р) to complete or crown (s.th.); ⵁять [28], ⟨ⵁить⟩ [13] trust (а р. Д); confide or entrust (s.th. to В/Д); entrust (a p. with Д/В); -ся (Д) a. trust, rely (on).

дов|ести s. ⵁодить; ⵁод m [1] argument; ⵁодать [15], ⟨ⵁести⟩ [25] (до Р) see (a p. to); lead ([up] to); bring (to); drive (to), make.

довоенный [14] prewar.

дов|озить [15], ⟨ⵁезти⟩ [24] (до Р) take or bring (right up) to).

доволь|но enough, sufficient; rather, pretty, fairly; ⵁный [14; -лен, -льна] content(ed), satisfied (with Т); ⵁствие ⚔ n [12] ration, allowance; ⵁство n [9] contentment, satisfaction; F prosperity; ⵁствоваться [7] content o.s. (with Т).

довыборы m/pl. [1] by-election.

догад|аться s. ⵁываться; ⵁка f [5; g/pl.: -док] guess, conjecture; ⵁливый [14 sh.] quick-witted; ⵁываться, ⟨ⵁаться⟩ [1] (о П) guess, surmise.

догма f [5], ⵁт m [1] dogma.

догнать s. догонять.

догов|аривать [1], ⟨ⵁорить⟩ [13] finish (speaking), speak; -ся (о П) agree (upon), arrange; ⵁаривающиеся стороны f/pl. contracting parties; ⵁор m [1] contract; pol. treaty; ⵁорить(ся) s. ⵁаривать(ся); ⵁорный [14] contract(ual).

дог|онять [28], ⟨ⵁнать⟩ [-гоню, -гонишь, cf. гнать] catch up (with), overtake; drive or bring to; impf. a. pursue, try to catch up, be (on the point of) overtaking; ⵁорать [1], ⟨ⵁореть⟩ [9] burn down; fig. fade, die out.

дод|елывать, ⟨ⵁелать⟩ [1] finish, complete; ⵁумываться, ⟨ⵁуматься⟩ [1] (до Р) find, reach or hit upon (s. th.), by thinking.

доезжа|ть [1], ⟨ⵁдоехать⟩ [-еду, -едешь] (до Р) reach; не ⵁя short of.

дожд|аться s. дожидаться; ⵁевик m F m [1 e.] raincoat; ⵁевой [14] rain(y); ⵁевой зонтик m umbrella; ⵁевой червь m earthworm; ⵁивый [14 sh.] rainy; ⵁь m [4 e.] rain (in под Т, на П); ⵁь идёт it is raining.

дож|ивать [1], ⟨ⵁить⟩ [-живу, -вёшь, дожил, -á, -о; дожитый (дожит, -á, -о)] impf. live one's last years, etc.; (до Р) pf. live (till or up to); (live to) see; come to; ⵁидаться [1], ⟨ⵁдаться⟩ [-дусь, -дёшься] f

cf. ждать) (Р) wait (for, till); pf. a.) доза f [5] dose. [see.]

дозво|лять [28], ⟨ⵁлить⟩ [13] permit, allow; ⵁленный a. licit; ⵁниться F [13] pf. reach (a p. by phone до Р), ring till the door or phone is answered.

дознание 𝓉𝓏 n [12] inquest.

дозор ⚔ m [1], ⵁный ⚔ [14] patrol. дойск|иваться F [1], ⟨ⵁаться⟩ [3] (Р) (try to) find (out).

доить(ся) [13], ⟨по-⟩ (give) milk.

дойти s. доходить.

док m [1] ⚓ dock.

доказ|ательство n [9] proof, evidence; ⵁывать [1], ⟨ⵁать⟩ [3] prove; argue.

док|анчивать [1], ⟨ⵁончить⟩ [16] finish, end.

доклад m [1] report; lecture (on о П); ⵁная [14] (a. записка f) memorandum, report; ⵁчик m [1] lecturer; reporter; ⵁывать [1], ⟨доложить⟩ [16] report (s.th. В or on о П); announce (a p. о П).

докончить s. доканчивать.

доктор m [1; pl. e.] doctor. доктрина f [5] doctrine.

документ m [1] document.

докучать [1] = надоедать.

долб|ить [14 e.; -блю, -бишь; -блённый] 1. ⟨вы-, про-⟩ hollow (out); peck (bird); chisel; impf. F strike; 2. P ⟨в-⟩ inculcate; cram.

долг m [1; pl. e.] debt; sg. duty; (last) hono(u)rs pl.; в ⵁ = взаймы; в ⵁy indebted (a. fig., to у Р, перед Т); ⵁий [16; долог, долга, -о] long; ⵁо long, (for) a long time or while.

долго|вечный [14; -чен, -чна] perennial (a. ♀), durable; ⵁвой [14]: ⵁвое обязательство n promissory note; ⵁвременный [14] (very) long; ⵁвязый F [14 sh.] lanky; ⵁиграющий [17]: ⵁиграющая пластинка f long-playing record; ⵁлетие n [12] longevity; ⵁлетний [15] longstanding; of several years; ⵁсрочный [14] long-term; ⵁта f [5; pl.: -óты, etc. st.] length; geogr. longitude; ⵁтерпеливый [14 sh.] long-suffering.

дол|ее = ⵁьше, cf.; ⵁетать [1], ⟨ⵁететь⟩ [11] (до Р) fly ([up] to); reach; a. = доноситься.

долж|ен m, ⵁна f, ⵁно n (cf. ⵁно²), ⵁны pl. 1. must [pt.: ⵁен был, ⵁна была, etc. had to]; 2. (Д) owe (a p.); ⵁник m [1 e.] debtor; ⵁно¹ one (it) must or ought to (be ...); proper(ly); ⵁно² Р = ⵁно быть probably, apparently; ⵁностной [14] official; ⵁность f [8] post; office; ⵁный [14] due (a. su. ⵁное n); proper; ⵁным образом duly.

долли|вать [1], ⟨ⵁть⟩ [-лью, -льёшь; cf. лить] fill (up), add.

долина f [5] valley.

до́ллар *m* [1] dollar.

доложи́ть *s.* докла́дывать.

доло́й F off, down; ~ ... (B)! down *or* off with ...!; с глаз ~! out of my sight!

долото́ *n* [9; *pl. st.*: -ло́та] chisel.

бо́льше (*comp. of* до́лгий) longer.

до́ля *f* [6; *from g/pl. e.*] lot, fate; grain (*of truth*), spark (*of wit, etc.*); в восьму́ю (четвёртую) до́лю листа́ octavo (quarto), in 8vo (4to).

дом *m* [1; *pl.*: -á, *etc. e.*] house; home; family; household; вы́йти и́з ~у leave (one's home); go out; на́ ~ = ~о́й; на ~у́ = ~а at home; как ~а at one's ease; (у P) не все ~а (be) a bit off (one's head), nutty; ~а́шний [15] home..., house(hold)-...; private; domestic; *pl. su.* folks; ~а́шний стол *m* plain fare; ~е́нный [14]: ~е́нная печь *f* = ~на; ~ик *m* [1] *dim. of* дом.

домин|ио́н *m* [1] (*Brt.*) dominion; ~и́ровать [7] (pre)dominate; ~о́ *n* [*indecl.*] domino(es).

домкра́т *m* [1] (lifting) jack. [nace.]

до́мна *f* [5; *g/pl.*: -мен] blast fur-]

дом|ови́тый [14 *sh.*] thrifty, careful; notable (*housewife*); ~овладе́лец *m* [1; -льца] house owner; ~о́вый [14] house... [solicit.]

домога́ться [1] (*of*) strive for,]

домо́|й home; ~ро́щенный [14] homebred; ~се́д *m* [1] stay-at-home; ~управле́ние *n* [12] house management; ~ча́дцы *m/pl.* [1] folks; inmate.

домрабо́тница *f* [5] housemaid.

до́мысел *m* [1; -сла] conjecture.

Дон *m* [1; на -ну́] Don; ~ба́сс (= Доне́цкий бассе́йн) ⚒ *m* [1] Donets Basin.

доне|се́ние *n* [12] report; ~сти́(сь) *s.* доноси́ть(ся); ~цкий [14] *s.* Донба́сс.

до́н|изу to bottom; ~има́ть F [1], ⟨~я́ть⟩ [дойму́, -мёшь; *cf.* заня́ть] press, exhaust (with T).

доно́с ⚒ *m* [1] denunciation, information (against на B); ~и́ть [15], ⟨донести́⟩ [24]; -су́, -сёшь] carry *or* bring (up] to); report (s.th., about, on о П); denounce, inform (against на B); ~и́ть *pf.* wear out; *a.* -ся (до P) waft (to), reach, (re-)sound; ~чик *m* [1] informer.

донско́й [16] (*adj. of* Дон) Don...

доны́не to this day, till now.

доня́ть *s.* донима́ть.

допи|ва́ть [1], ⟨~ть⟩ [-пью, -пьёшь; *cf.* пить] drink up.

допла́|та *f* [5] additional payment, extra (*or* sur)charge; ~чивать [1], ⟨~ти́ть⟩ [15] pay in addition.

допо́длинный F [14] true, real.

дополн|е́ние *n* [12] addition; supplement; *gr.* object; ~и́тельный [14] additional, supplementary; extra; *adv. a.* in addition; more;

~я́ть [28], ⟨~ить⟩ [13] add, supply, complete, fill up; enlarge (*edition*).

допото́пный [14] antediluvian.

допр|а́шивать [1], ⟨~оси́ть⟩ [15] ⚖ interrogate, examine; *impf.* question; ~о́с *m* [1] ⚖ interrogation, examination; F questioning; ~оси́ть *s.* ~а́шивать.

до́пу|ск *m* [1] access, admittance; ~ска́ть [1], ⟨~сти́ть⟩ [15] admit (*a.* of), concede; allow; tolerate; suppose; make (*mistake*); ~сти́мый [14 *sh.*] admissible, permissible; ~ще́ние *n* [12] admission.

допы́т|ываться [1], ⟨~а́ться⟩ F (try to) find out.

дореволюцио́нный [14] pre-revolutionary, before the revolution.

доро́г|а *f* [5] road, way (*a. fig.*); passage; trip, journey; больша́я ~а highroad; желе́зная ~а railroad, *Brt.* railway; ~о́й *or* в (по) ~е on the way; туда́ ему́ и ~а F that serves him right; *cf. a.* путь.

дорого|ви́зна *f* [5] dearness, high price(s); ~и́й [16; до́рог, -á, -о; *comp.*: доро́же] dear (*a. fig.*), expensive.

доро́дный [14; -ден, -дна] stout, burly.

дорож|а́ть [1], ⟨вз-, по-⟩ become dearer, rise in price; ~и́ть [16 *e.*, -жу́, -жи́шь] (T) esteem (highly), (set a high) value (on).

доро́ж|ка *f* [5; *g/pl.*: -жек] path; бегова́я ~ка race track (*Brt.* -way); лётная ~ка ✈ runway; ~ный [14] road...; travel(l)ing.

доса́|да *f* [5] vexation; annoyance, fret; F кака́я ~да! how annoying!, what a pity!; ~ди́ть *s.* ~жда́ть; ~дливый [14 *sh.*] fretful, peevish; ~дный [14; -ден, -дна] annoying, vexatious; deplorable; (мне) ~дно it is annoying (annoys me); ~дова́ть [7] feel *or* be annoyed, vexed (at, with на B); ~жда́ть [1], ⟨~ди́ть⟩ [15 *e.*; -ажу́, -ади́шь] vex, annoy (a p. with Д/Т).

доск|а́ *f* [5; *ac/sg.*: до́ску; *pl.*: до́ски, досо́к, доска́м] board, plank; (*a.* кла́ссная ~á) blackboard; plate; гри́фельная ~á slate; от ~и́ до ~и́ (*read*) from cover to cover; на одну́ ~у on a level.

доскона́льный [14; -лен, -льна] thorough.

досло́вный [14] literal, verbal.

досм|а́тривать [1], ⟨~отре́ть⟩ [9; -отрю́, -о́тришь] see up to *or* to the end (до P); watch, look after (за T); не ~отре́ть overlook; ~о́тр *m* [1] supervision; (customs) examination; ~отре́ть *s.* ~а́тривать.

доспе́хи *m/pl.* [1] armo(u)r; outfit.

досро́чный [14] preschedule.

дост|ава́ть [5], ⟨~а́ть⟩ [-ста́ну, -ста́нешь] take out, *etc.*); get; procure; ([до] P) touch; reach (to); F (P) suffice, have enough; -ся (Д) fall to a p.'s share; (turn out to) be, cost (*fig.*); F catch it; ⹂áвить *s.* ⹂авля́ть *f* [5; *g/pl.*: -вок] delivery; conveyance; с ⹂áвкой (на дом) carriage paid; free to the door; ⹂авля́ть [28], ⟨⹂áвить⟩ [14] deliver, hand; bring; *fig.* procure, cause, give; ⹂áток *m* [1; -тка] prosperity, (good) fortune; F sufficiency; ⹂áточно considerably; (P) (be) enough, sufficient; suffice; ⹂áточный [14; -чен, -чна] sufficient.

дости|гáть [1], ⟨⹂гнуть⟩, ⟨⹂чь⟩ [21 -г-: -стигну, -гнешь] (P) reach, arrive at, attain (*a. fig.*); (*prices*) amount *or* run up (to); ⹂же́ние *n* [12] attainment; achievement; ⹂жи́мый [14 *sh.*] attainable.

достове́рный [14; -рен, -рна] authentic, reliable; positive.

досто́|инство *n* [9] dignity; merit, advantage; (*money, etc.*) worth, value; ⹂йный [14; -о́ин, -о́йна] worthy (*a.* of P); well-deserved; ⹂па́мятный [14; -тен, -тна] memorable, notable; ⹂примеча́тельность *f* [8] (*mst. pl.*) sight(s); ⹂примеча́тельный [14; -лен, -льна] remarkable, noteworthy; ⹂я́ние *n* [12] property (*a. fig.*), fortune.

до́ступ *m* [1] access; ⹂ный [14; -пен, -пна] accessible (*a. fig.*); approachable, affable; comprehensible; susceptible; moderate (*price*).

досу́г *m* [1] leisure; на ⹂е at leisure, during one's leisure hours.

до́с|уха (quite) dry; ⹂ыта one's fill.

дот ⚔ *m* [1] pillbox.

дотла́ completely, utterly; to the ground.

дотр|а́гиваться [1], ⟨⹂о́нуться⟩ [20] (до P) touch.

до́х|лый [14] dead; ⹂ля́тина *f* [5] carrion; ⹂нуть [21], ⟨из-, по-⟩ die; P croak, kick off; ⹂нýть *s.* дышать.

дохо́д *m* [1] income, revenue; proceeds *pl.* ⹂и́ть [15], ⟨дойти́⟩ [дойду́, -дёшь; *cf.* идти́] (до P) go *or* come (to), arrive (at); reach; *hist.* come down to; (*price*) rise, run up to; ⹂ный [14; -ден, -дна] profitable.

доце́нт *m* [1] lecturer, instructor.

до́чиста (quite) clean; F completely.

дочи́т|ывать [1], ⟨⹂а́ть⟩, [1] finish (*book, etc.*) *or* read up to (до P).

до́ч|ка *f* [5; *g/pl.*: -чек] F = ⹂ь *f* [до́чери, *etc.* = 8; *pl.*: до́чери, -ре́й, *etc. e.*; *instr.*: -рьми́] daughter.

дошко́льный *m* [1] preschool.

дощ|а́тый [14] of boards, plank...; ⹂е́чка *f* [5; *g/pl.*: -чек] *dim. of* доска́.

дои́рка *f* [5; *g/pl.*: -рок] milkmaid.

драгоце́нн|ость *f* [8] jewel, gem (*a. fig.*); precious thing *or* possession; ⹂ый [14; -це́нен, -це́нна] precious (*a. stone*), costly, valuable.

дразни́ть [13; -ню́, дра́знишь] **1.** ⟨по-⟩ tease, banter; nickname; **2.** ⟨раз-⟩ excite.

дра́ка *f* [5] scuffle, fight.

драко́н *m* [1] dragon.

дра́ма *f* [5] drama; ⹂ти́ческий [16] dramatic; ⹂ту́рг *m* [1] playwright, dramatist.

драп|ирова́ть [7], ⟨за-⟩ drape; ⹂о́вый [14] (of thick) cloth (драп).

дра|ть [деру́, -рёшь; драл, -á, -о; '... дранный], ⟨со-⟩ ⟨с⹂ира́ть⟩ pull (off); tweak (p.'s *ear* B/ за B; F *cf.* выдира́ть & раздира́ть; -ся, ⟨по-⟩ scuffle, fight, struggle; ⹂чли́вый [14 *sh.*] pugnacious.

дребе|де́нь *f* [8] trash; ´⹂зг F *m* [1] clash; *cf.* вдре́безги; ⹂зжа́ть [4; -зжи́т], ⟨за-⟩ rattle.

древ|еси́на *f* [5] wood substance *or* material(s); ⹂е́сный [14] tree...; wood(y); ⹂е́сный спирт *m* methyl alcohol; ⹂е́сный у́голь *m* charcoal; ⹂ко *n* [9; *pl.*: -ки, -ков] flagpole.

дре́вн|ий [15; -вен, -вня] ancient (*a. su.*), antique; (very) old; ⹂ость *f* [8] antiquity (*a. pl.* = -ties).

дрейф ⚓, ⚔ *m* [1], ⹂ова́ть [7] drift.

дрем|а́ть [2], ⟨за-⟩ doze (off), slumber; ⹂о́та *f* [2] drowsiness; slumber, doze; ⹂у́чий [17] dense; ⹂у́чий лес *m* primeval forest.

дрессирова́ть [7], ⟨вы-⟩ train.

дроб|и́ть [14 *e.*; -блю́, -би́шь; -блённый], ⟨раз-⟩ break to pieces, crush; dismember, divide *or* split up; *impf.* F drum; ⹂ный [14; -бен, -бна] fractional; rolling; drumming; ⹂ь *f* [8] *coll.* (small) shot; (*drum*) roll; ℟ [*from g/pl. e.*] fraction; decimal.

дров|á *n/pl.* [9] (fire)wood; ⹂ни *m/pl.* [4; *a. from g/pl. e.*] peasant's sled(ge); ⹂осе́к *m* [1] lumberman, *Brt.* woodcutter.

дро́|ги *f/pl.* [5] dray; ⹂гнуть **1.** [21], ⟨про-⟩ shiver *or* shake (*with cold*), chill; **2.** [20 *st.*] *pf.* start; waver, falter; shrink, flinch; ⹂жа́ть [4 *e.*; -жу́, -жи́шь], ⟨за-⟩ tremble, shake, shiver (with от P); flicker, glimmer; dread (*s.th.* пе́ред T); be anxious (about за B); guard, save (над T); ⹂жжи *f/pl.* [8; *from gen. e.*] yeast, barm; ⹂жки *f/pl.* [5; *gen.*: -жек] droshky; ⹂жь *f* [8] trembling, shiver; vibration; ripples *pl.*

дро|зд *m* [1 *e.*] thrush; ⹂к *m* [1] ⚘ broom; ⹂тик *m* [1] dart, javelin; ⹂фа́ *f* [5; *pl. st.*] *zo.* bustard.

друг[1] *m* [1; друзья́, -зе́й, -зья́м] friend; (*address a.*) dear; ⹂²: ⹂ ⹂а each (one an)other; ⹂ за ⹂ом one after another; ⹂ с ⹂ом with each other; ⹂о́й [14] (an)other, different; else, next, second; (н)и тот (н)и ⹂о́й both (neither); на ⹂о́й день the next day.

дру́ж|ба f [5] friendship; ~елюб-
ный [14; -бен, -бна] amicable,
friendly; ~еский [16], ~ествен-
ный [14 sh.] friendly; ~ина f [5]
bodyguard, retinue; militia; troop,
(fire) brigade; ~ить [16; -жу́, -у́-
жишь] be friends, be on friendly
terms (with с Т); ~ище m F [11]
old chap or boy; ~ка [5; g/pl.:
-жек] 1. f F = друг²; 2. m best
man; ~ный [14; -жен, -жна́, -о,
дру́жны] friendly, on friendly
terms; harmonious, concurrent,
unanimous; ❀, ✗ vigorous; adv. a.
hand in hand, together; at once
дря́б|лый [14; дрябл, -á, -о] limp,
flabby, ~зги f/pl. [5] squabbles;
~нóй P [14] wretched, mean,
trashy; ~нь F f [8] rubbish, trash
(a. fig.); P rotten, lousy (thing, p.);
~хлый [14; дряхл, -á, -о] decrepit;
F dilapidated.
дуб m [1; pl. e.] oak; ~и́льный [14]
tan...; ~и́льня f [6; g/pl.: -лен]
tannery; ~и́на f [5] club, cudgel;
P boor, dolt; ~и́ть [14 e.; -блю́,
-бишь], ⟨вы́-⟩ tan; ~лёр m [1]
thea. understudy, double; ~ова́-
тый F [14 sh.] dull; ~о́вый [14]
oak(en); fig. dull; ~ра́ва f [5] (oak)
wood, forest.
дуг|á f [5; pl. e.] are (n. ✓), (shaft)
bow (harness); ~о́й arched; ~ово́й
[14]: ~овáя лáмпа f arc light.
дýдк|а f [5; g/pl.: -док] pipe; F ~и!
fudge!, rats!; плясáть под ~у or по
~е dance to s.b.'s tune or piping.
дýло n [9] muzzle; barrel (gun).
дýма f [5] 1. thought; meditation;
2. (Russia, prior to 1917) duma =
council, elective legislative assembly; ~ть [1], ⟨по-⟩ think (about, of
о П); reflect, meditate (on над Т,
о П); (+ inf.) intend, be going to;
care (for о П); F suspect (на В);
как ты ~ешь? what do you think?;
мно́го ~ть о себе́ be conceited; не
до́лго ~я without hesitation; -ся
seem, appear; ([one, you] must,
can) think.
Дунáй m [3] Danube.
дун|овéние n [12] waft, breath;
~уть s. дуть.
Дýня f [6] dim. of Евдоки́я.
дупл|ó n [9; pl. st.: ду́пла,
-пел, -плам] hollow (tree); cavity
(tooth).
дур|á f [5] silly woman; ~áк m [1 e.]
fool, simpleton; ~áк ~ако́м arrant
fool; ~áцкий [16] foolish, silly;
fool's; ~áчество F n [9] tomfoolery;
~áчить F [16], ⟨о-⟩ fool, hoax;
-ся fool, play tricks; ~éть F [8],
⟨о-⟩ grow stupid; become stupefied; ~и́ть F [13] s. ~áчиться; be
naughty or obstinate.
дурмáн m [1] jimson weed, thorn
apple; fig. narcotic; ~ить [13],
⟨о-⟩ stupefy.

дур|éть [8], ⟨по-⟩ grow plain or
ugly; ~óй [14]; ду́рен, -рна́, -о]
bad; plain, ugly; P stupid; мне ~о
I feel (am) sick or unwell; ~отá F f
[5] giddiness, sickness.
дурь F f [8] folly, caprice; trash.
дýт|ый [14] blown (glass); fig. in-
flated; false; ~ь [18], ⟨по-⟩, once
⟨ду́нуть⟩ [20] blow; дýет there is
a draught (draft); -ся, ⟨на-⟩ swell;
F sulk, be angry with (на В); P give
o.s. airs.
дух m [1] spirit; mind; courage;
ghost; F breath; P scent; (не) в ~е
in a good (bad) temper or in high
(low) spirits, ([+ inf.] in no mood
to); в моём ~е to my taste; на ~у́ at
the confession; P ~ом in a jiffy or
trice; at one draught; во весь ~ or
что́ есть ~у at full speed, with all
one's might; ~и́ m/pl. [1 e.] perfume.
духов|éнство n [9] coll. clergy;
~ка f [5; g/pl.: -вок] oven; ~ни́к
m [1 e.] (father) confessor; ~ный
[14] spiritual; mental; ecclesiastical, clerical, religious, sacred; ~ная
f (form.) testament, will; ~ный отéц
m = ~ни́к; ~ное лицо́ n clergyman;
~о́й [14] ✗ wind (instrument); ~о́й
оркéстр m brassband
духота́ f [5] sultriness, sultry air.
душ m [1] shower (bath); douche.
душ|á f [5; ac/sg.: ду́шу; pl. st.]
soul; mind, disposition; temper
(-ament); feeling, emotion; person;
hist. serf; F address: dear, darling;
~á в ~у in perfect harmony; в
глубинé ~и in one's heart of hearts;
от (всей) ~и́ from (with all) one's
heart; по ~áм heart-to-heart; ~á в
пя́тки ушла́ have one's heart in
one's mouth.
душ|евнобольно́й [14] mentally
sick or deranged (person); ~éвный
[14] mental, psychic(al); sincere,
hearty; ~енька F f [5] darling;
~ераздира́ющий [17] heart-rend-
ing.
душ|и́стый [14 sh.] fragrant; sweet
(peas); ~и́ть [16] 1. ⟨за-⟩ strangle,
choke (a. fig.); 2. ⟨на-⟩ perfume
(o.s. -ся); ~ный [14; -шен, -шна́,
-о] stuffy; sultry.
дуэ́|ль f [8] duel; ~т m [1] duet.
дыб|ом (stand) on end (hair); ~ы́:
(встать, etc.) на ~ы́ rear (a. up,
fig.), prance.
дым m [1] smoke; ~и́ть [14 e.; -млю́,
-ми́шь], ⟨на-⟩ or ~и́ться smoke;
steam; ~ка f [5] haze; gauze; ~-
ный [14] smoky; ~ово́й [14]
smoke...; ~о́к m [1; -мка́] small
stream or puff of smoke; ~охо́д m
[1] flue.
ды́ня f [6] muskmelon.
дыр|á f [5; pl. st.], ~ка f [5; g/pl.:
-рок] hole; ~я́вый [14 sh.] having
a hole or full of holes; (clothes, shoes)

tattered; F bad (*memory*); ~ядвая голова F forgetful person.

дыха|ние *n* [12] breath(ing); ~тельный [14] respiratory; ~льное го́рло *n* windpipe.

дыша́ть [4], ⟨по-⟩, F(*a. once*) ⟨дохну́ть⟩ [20] breathe (в. Т); *a.* devote o.s. to, indulge in; foam with; ~ све́жим во́здухом take the air; е́ле ~ *or* ~ на ла́дан F have one foot in the grave.

ды́шло *n* [9] (*wagon, cart*) pole.

дья́вол *m* [1] devil; ~ьский [16] devilish.

дья|к, ~чо́к *m* [1; -чка́] clerk & chanter, sexton; ~кон *m* [1] deacon.

дю́жий P [17; дюж, -а́, -е] sturdy.

дю́жина *f* [5] dozen; ~ами, по ~ам by the dozen; ~ный [14] common (-place), mediocre.

дю́|йм *m* [1] inch; ~на *f* [5] dune.

дюралюми́ний *m* [3] duralumin.

дя́д|ька *m* [5; *g/pl.*: -дек] F & *contp.* = ~я; † tutor, instructor; ~я *m* [6; *g/pl.*: -дей] uncle (*a. in* F *address*); F (strong) fellow, guy.

дя́тел *m* [1; -тла] woodpecker.

Е

'Е́ва *f* [5] Eve (*name*).

Ева́нгелие *n* [12] Gospel (♀ *fig.*).

Евге́ни|й *m* [3] Eugene; ~я *f* [7]

Евдоки́я *f* [7] Eudoxia. [Eugenia.]

евре́й *m* [3] Jew; ~ка *f* [5; *g/pl.*: -ре́ек] Jewess; ~ский [16] Jewish.

Евро́п|а *f* [5] Europe *n*; 2е́ец *m* [1; -пе́йца], 2е́йка *f* [5; *g/pl.*: -пе́ек], 2е́йский [16] European.

е́герь *m* [4; *pl.*: *a.* -ря́, *etc. e.*] hunter; ✗ chasseur.

Еги́п|ет *m* [1; -пта] Egypt; 2е́тский [16] Egyptian; 2тя́нин *m* [1; *pl.*: -я́не, -я́н], 2тя́нка *f* [5; *g/pl.*: -нок] Egyptian.

его́ (ji'vɔ) his; its; *cf.* он.

Его́р P *m* [1] George.

еда́ *f* [5] food; meal.

едва́ (*a.* ~ ли) hardly, scarcely; *s. a.* е́ле; no sooner; ~ не almost, nearly; ~ ли не perhaps.

едине́|ние *n* [12] unity, union; ~и́ца *f* [5] ♀ one; digit; unit; F (*mark*) very bad; *pl.* (a) few; ~и́чный [14; -чен, -чна] single, isolated.

едино... (*cf. a.* одно...): ~бо́рство *n* [9] (single) combat, duel; ~вла́стие *n* [12] autocracy; ~вре́менный [14] single; † simultaneous; ~гла́сие *n* [12] unanimity; ~гла́сный [14; -сен, -сна] unanimous; ~гла́сно unanimously; ~ду́шие *n* [12] unanimity; ~ду́шный [14; -шен, -шна] unanimous; ~ли́чный [14] individual (*a.* peasant ~ли́чник *m*); personal; ~мы́слящий [17] like-minded; ~мы́шленник *m* [1] like-minded p., associate, confederate; ~обра́зный [14; -зен, -зна] uniform; ~ро́г *m* [1] unicorn.

еди́нствен|ный [14 *sh.*] only, single, sole; ~ный в своём ро́де unique; ~ное число́ *n gr.* singular.

еди́н|ство *n* [9] unity; unanimity; ~ый [14 *sh.*] one, single; only (one), sole; one whole; united; (one and the) same; все до ~ого all to a man.

е́дкий [16; е́док, едка́, -о] caustic.

едо́к *m* [1 *e.*] (F good) eater.

её her; its; *cf.* она́.

ёж *m* [1 *e.*] hedgehog.

ежеви́ка *f* [5] blackberry, -ries *pl.*

еже|го́дный [14] annual; ~дне́вный [14] daily; everyday; ~ме́сячный [14] monthly; ~мину́тный [14] (occuring) every minute; continual; ~неде́льный [14] weekly; ~ча́сный [14] hourly.

ежи́ться [16], ⟨съ-⟩ shrink; be shy.

ежо́в|ый [14]: держа́ть в ~ых рукави́цах rule with a rod of iron.

езд|а́ *f* [5] ride, drive [15], go (by Т), ride, drive; come, visit; travel; ~о́к *m* [1 *e.*] rider, horseman.

ей ⟨~,-~⟩ P, ~бо́гу F really, indeed.

Екатери́на *f* [5] Catherine.

е́ле (*a.* ~-~) hardly, scarcely, barely; slightly; with (great) difficulty.

еле́й *m* [3] (holy) oil; *fig.* unction; ~ный [14] unctuous.

Еле́на *f* [5] Helen.

Елизаве́та *f* [5] Elizabeth.

ёлка *f* [5; *g/pl.*: ёлочка] fir; (рожде́ственская, новогодняя) Christmas (*Sov.*: New Year's) tree *or* (children's) party (на В to, for; на П at).

ел|о́вый [14] fir(ry); ~ь *f* [8] fir; ~ьник *m* [1] fir wood (*or* greens *pl.*).

ёмк|ий [16; ёмок, ёмка] capacious; ~ость *f* [8] capacity; ме́ра ~ости cubic measure.

Енисе́й *m* [3] Yenisei (*Siber. river*).

ено́т *m* [1] raccoon.

епи́скоп *m* [1] bishop.

ерала́ш F *m* [1] mess, muddle, jumble.

ере́|сь *f* [8] heresy; ~ти́к *m* [1 *e.*] heretic.

ёрзать F [1] fidget; slip.

еро́шить [16] = взъеро́шивать, *s.*

ерунда́ F *f* [5] nonsense; trifle(s).

е́сли if, in case; once (*a.* ~ уж[é]); а *or* и ~ if ever; whereas; ~ и *or* (да)же even though; ах *or* о, ~ б(ы) ... oh, could *or* would ...; ~ бы не but for; ~ только provided.

есте́ств|енный [14 *sh.*] natural; ~о́ *n* [9] nature; ~ове́д *m* [1] naturalist, scientist; ~ове́дение, ~озна́ние *n* [12] natural science; ~оиспыта́тель *m* [4] *s.* ~ове́д.

есть¹ [ем, ешь, ест, еди́м, еди́те, едя́т; ешь(те)!; ел; ...е́денный] 1. ⟨съ-, по-⟩ eat (*pf. a.* up), have; 2. ⟨разъ-⟩ eat away (*rust*); ⚗ corrode; bite; 3. F ⟨по-, разъ-⟩ bite, gnaw, sting; P torment.

есть² *cf.* быть; am, is, are; there is (are); у меня́ ~ ... I have ...; так и ~ indeed!; ~ тако́е де́ло! F O. K.; ~! ✕ yes, sir!

ефре́йтор ✕ *m* [1] private first class, *Brt.* lance-corporal.

е́ха|ть [е́ду, е́дешь, поезжа́й!], ⟨по-⟩ (be) go(ing, *etc.*) (by Т), ride, drive (in, on Т *or* в, на П); come; run; (в, на В) leave (for), go (to); (за Т) go for, fetch; по́..ли! *s.* идти́.

ехи́д|ный [14; -ден, -дна] spiteful, malignant; ~ство *n* [9] spite, malice.

ещё (не) (not) yet; (всё) ~ still (*a. with comp.*); another, more (& more ~ и ~); ~ раз once more; else; already; as early (late, *etc.*) as; possibly, probably; more or less, somewhat; ~ бы! (to be) sure!, I should think so!, of course!; it would be worse still if ...

Ж

ж *s.* же.

жа́б|а *f* [5] toad; грудна́я ~а angina pectoris; ~ра *f* [5] gill.

жа́воронок *m* [1; -нка] (sky)lark.

жа́дн|ичать F [1], ⟨по-⟩ be greedy or avaricious; ~ость *f* [8] greed (-iness), avarice; ~ый [14; -ден, -дна́, -о] greedy (of на В, до Р, к Д), avaricious.

жа́жда *f* [5] thirst (*a. fig.* for Р, *or inf.*); ~ть [-ду, -дешь] thirst, crave (for Р, *or inf.*).

жаке́т *m* [1], F ~ка *f* [5; *g/pl.*: -ток] jacket.

жале́ть [8], ⟨по-⟩ 1. pity; (о П) regret; ⚙, (Г *or* Д) spare; grudge.

жа́лить [13], ⟨у-⟩ sting, bite.

жа́лк|ий [16; -лок, -лка́, -о; *comp.*: жа́льче] pitiable; miserable, wretched; ~о *s.* жаль.

жа́ло *n* [9] sting (*a. fig.*).

жа́лоб|а *f* [5] complaint; ⚖ action; ~ный [14; -бен, -бна] mournful, plaintive; (of) complaint(s).

жа́лова|нье *n* [10] pay, salary; reward; ~ть [7], ⟨по-⟩ (Т) reward, award; give; appoint (в И *pl.*); F like; come (to see а p. к Д); -ся (на В) complain (of); F inform (against); ⚖ sue, go to law.

жа́лост|ливый F [14 *sh.*] compassionate; sorrowful; ~ный F [14; -тен, -тна] mournful; compassionate; ~ь *f* [8] pity, compassion.

жаль it is a pity (как ~ what a pity); unfortunately; (Д ~ В): мне ~ его́ I am sorry for (*or* pity) him; *a.* regret; grudge.

жар *m* [1; в -у́] heat; fever; *fig.* ardo(u)r; ~á *f* [5] heat, hot weather; ~еный [14] fried; roast(ed); *s. a.* ~ко́е; ~ить [13], ⟨за-, из-, Р с-⟩ roast; fry; F (*sun*) burn; ~кий [16; -рок, -рка́, -о; *comp.*: жа́рче] hot; *fig.* ardent, vehement intense; мне

~ко I am hot; ~ко́е *n* [16] roast meat.

жа́т|ва *f* [5] harvest; crop; ~венный [14] reaping.

жать¹ [жму, жмёшь; ...жа́тый], ⟨с-⟩, *cf.*, & ⟨по-⟩ press, squeeze (*a.* out); shake (hands with ру́ку Д); pinch (*shoes, etc.*); F *fig.* oppress; -ся shrink (with от Р); crowd; snuggle; F vacillate; ~² [жну, жнёшь; ...жа́тый], ⟨с-⟩ [сожну́], ⟨по-⟩ reap, harvest.

жва́ч|ка *f* [5] rumination; cud; P chewing gum (*or* tobacco); ~ный [14]; ~ые (живо́тные) *n/pl.* ru |

жгут *m* [1 *e.*] strap. [minants.|

жгу́чий [17 *sh.*] burning; poignant.

ж. д. *abbr.*: желе́зная доро́га; *cf.* R. R., Ry.

ждать [жду, ждёшь; ждал, -á, -о], ⟨подо-⟩ wait (for Р); expect, await; вре́мя не ждёт time presses; ~ не дожда́ться wait impatiently (for Р).

же 1. *conj.* but, and; whereas, as to; 2. = ведь, *cf.*; *a.* до + *vb.*; the (this) very, same (*a.* place, time, *etc.*); just; too; *interr.* ever, on earth; for goodness' sake.

жева́|ть [7 *e.*; жую, жуёшь] chew; ~тельный [14] masticatory; chewing.

жезл *m* [1 *e.*] staff, rod, wand.

жела́|ние *n* [12] wish, desire; по (согла́сно) ~нию at, by (as) request(ed); ~нный [14; -анен, -а́нна] desired, long wished for; welcome; beloved; ~тельный [14; -лен, -льна] desirable; desired; мне ~тельно I am anxious to; ~ть [1], ⟨по-⟩ wish (a p. s. th. Д/Р); desire; love; ~ющие *pl.* [17] p.s wishing to ...

желе́ *n* [*indecl.*] jelly (*a. fish, meat*).

железа́ *f* [5; *pl.*: же́лезы, желёз, железа́м] gland.

желез|нодоро́жник *m* [1] railroad (*Brt.* railway-) man; **∼нодоро́жный** [14] railroad..., *Brt.* railway...; **∠ный** [14] iron...; rail...; **∠о** *n* [9] iron; кро́вельное **∠о** sheet iron; куй **∠о**, пока́ горячо́ strike while the iron is hot; **∼обето́н** *m* [1] reinforced concrete.

же́лоб *m* [1; *pl.*: -ба́, *etc. e.*] gutter.

желт|е́ть [8], ⟨по-⟩ grow *or* turn yellow; *impf.* (*a.* -ся) appear *or* show yellow; **∼изна́** *f* [5] yellow (-ness); **∼ова́тый** [14 *sh.*] yellowish; **∠о́к** *m* [1; -тка́] yolk; **∼у́ха** *f* [5] jaundice.

жёлтый [14; жёлт, -а́, -о] yellow.

желу́до|к *m* [1; -дка] stomach; **∼чный** [14] gastric, stomachic(al).

жёлудь *m* [4; *from g/pl. e.*] acorn.

жёлч|ный [14] gall...; [жёлчен, -чна, -о] bilious (*a. fig.*); **∼ь** *f* [8] bile, gall (*a. fig.*); grief.

жема́н|иться F [13] mince; be prim; **∼ница** F *f* [5] prude; **∼ный** [14; -а́нен, -а́нна] affected, mincing, prim; **∼ство** *n* [9] primness, prudery.

жемч|у́г *m* [1; *pl.*: -га́, *etc. e.*] *coll.* pearls *pl.*; **∼у́жина** *f* [5] pearl; **∼у́жный** [14] pearl(y).

жен|а́ *f* [5; *pl. st.*: жёны] wife; † woman; **∼а́тый** [14 *sh.*] married (*man*; to а р. на П); **∼и́ть** [13; женю́, же́нишь] (*im*)*pf.* marry (*a man* to на П); **-ся** marry (*v/t.* на П; *of men*); **∼и́тьба** *f* [5] marriage (to на П); **∼и́х** [1 *e.*] fiancé; bridegroom; suiter; F marriageable young man; **∼олю́б** *m* [1] lady-killer, ladies' man; **∼оненави́стник** *m* [1] woman hater; **∼оподо́бный** [14; -бен, -бна] womanlike; **∠ский** [16] female, woman('s) *or* women's; girls'; *gr.* feminine; **∠ственный** [14 *sh.*] womanly; womanish, effeminate; **∠щина** *f* [5] woman.

жердь *f* [8; *from g/pl. e.*] pole.

жереб|ёнок *m* [2] foal, colt; **∼е́ц** *m* [1; -бца́] stallion.

жерло́ *n* [9; *pl. st.*] crater; aperture; mouth; muzzle (*gun, etc.*).

жёрнов *m* [1; *pl. e.*: -ва́] millstone.

же́ртв|а *f* [5] sacrifice; (*p.:*) victim; **∼овать** [7], ⟨по-⟩ (Т) sacrifice (*v/t.*; *o.s.* собо́й); (В) give; **∼оприноше́ние** *n* [12] offering.

жест *m* [1] gesture; **∼икули́ровать** [7] gesticulate.

жёсткий [16]; -ток, -тка́, -о; *comp.*: -тче] hard; rough, rude, coarse, harsh (*a. fig.*); tough; stiff, rigid, severe, rigorous; **∼ ваго́н** (ordinary) passenger car, *Brt.* second-class carriage.

жесто́к|ий [16; жесто́к, -а́, -о] cruel; terrible, dreadful, fierce, grim; rigorous, violent; **∼осе́рдие** *n* [12] hard-heartedness; **∼ость** *f* [8] cruelty; severity.

жест|ь *f* [8] tin (plate); **∼я́нка** *f* [5; *g/pl.*: -нок] can, *Brt.* tin; **∼яно́й** [14] tin...; **∼я́нщик** *m* [1] tinsmith.

жето́н *m* [1] counter; medal; token.

жечь, ⟨с-⟩ [26 г/ж: (со)жгу́, -жжёшь, -жгу́т; (с)жёг, (со)жгла́; сожжённый] burn (*a. fig.*); torment.

живи́т|ельный [14; -лен, -льна] vivifying; crisp (*air*); **∼ь** [14 *e.*; -вишь] [влю́, -ви́шь], ⟨о-⟩ vivify, animate.

жив|о́й [16; жив, -а́, -о] living; alive (*pred.*); lively, vivid, vivacious; quick, nimble; real, true; в **∼ых** alive; и здоро́в safe & sound; ни **∼** ни мёртв more dead than alive; заде́ть за **∼ое** sting to the quick; **∼опи́сец** *m* [1; -сца] painter; **∼опи́сный** [14; -сен, -сна] picturesque; **∼о́пись** *f* [8] painting; **∼ость** *f* [8] vivacity; vividness.

живо́т *m* [1 *e.*] belly; stomach; † life; **∼во́рный** [14; -рен, -рна] vivifying; **∼новодство** *n* [9] cattle breeding; **∼ное** *n* [14] animal; **∼ный** [14] animal; *fig.* brutal.

жив|отрепе́щущий [17] living (*fish*), *fig.* burning; **∼у́чий** [17 *sh.*] hardy, tough; enduring; **∼ём** P alive.

жидк|ий [16; -док, -дка́, -о; *comp.*: жи́же] liquid, fluid; watery, weak, thin; sparse, scanty; **∼ость** *f* [8] liquid; scantiness.

жи́ж|а, **∼ица** F *f* [5] slush; broth.

жизне|нность *f* [8] viability; vitality; vividness; **∼нный 1.** [14 *sh.*] (of) life('s), worldly; vivid; living; **2.** [14] vital; **∼описа́ние** *n* [12] biography; **∼ра́достный** [14; -тен, -тна] cheerful, merry; **∼спосо́бный** [14; -бен, -бна] viable.

жизн|ь *f* [8] life; practice; в **∼ь** (**∠и**) не ... never (in one's life); при **∠и** in a p.'s lifetime; alive; на **∼ь**, а на смерть of life & death.

жи́л|а *f* [5] F sinew, tendon; vein (*a.* 🜨); **∼ет** *m* [1], **∼е́тка** *f* [5; *g/pl.*: -ток] vest, *Brt.* waistcoat; **∼е́ц** *m* [1; -льца́] lodger, roomer; inmate; † = жи́тель; **∼истый** [14 *sh.*] sinewy, stringy (*a. meat*); wiry; **∼и́ще** *n* [11] dwelling, lodging(s); **∼и́щный** [14] housing; **∼ка** *f* [5; *g/pl.*: -лок] *dim. of* **∼а**; veinlet; vein (*leaf, wing, marble, & fig.*); **∼о́й** [14] dwelling; inhabited; living, *cf.* **∼** пло́щадь *f* [8] living space; **∼ьё** *n* [10] habitation; F dwelling.

жир *m* [1]; в **∼у́**; *pl. e.*] fat; grease; ры́бий **∼** cod-liver oil; **∼е́ть** [8], ⟨о-, раз-⟩ grow fat; **∼ный** [14; -рен, -рна́, -о] fat; (of) grease, greasy; 🜨 fleshy; *fig.* rich; *typ.* bold -(-faced); **∠о** † *n* [*indecl.*] endorsement; **∼овой** [14] fat(ty).

жит|е́йский [16] worldly, (of) life('s); everyday; **∼ель** *m* [4], **∠ельница** *f* [5] inhabitant, resident;

жельство n [9] residence; вид на жельство residence (or stay) permit; ~е́ n [12] life (a. of a saint).

жи́тница f [5] granary.

жить [живу́, -вёшь; жил, -á, -o; не жил(и)] live (T, на B [up]on; T a. for); reside, lodge; exist, be; как живёте? how are you (getting on)?; жил(и)-бы́л(и) ... once upon a time there was (were) ... (in fairy tales); ~ся: ему́ хорошо́ живётся he is well off; ~ё(-бытьё) F n [10] life, living; residence, stay; (Д) be well off.

жму́рить [13], ⟨за-⟩ screw up or contract (one's eyes -ся); blink.

жн|е́йка f [5; g/pl.: -е́ек], ~ея́ f [6] reaping machine, harvester; ~е́ц m [1 e.] reaper; ~ивьё n [10; pl.: жни́вья, -вьев] stubble(s); ~и́ца f [5] reaper.

жёл..., жёр... s. жёл..., жёр...

жрать P [жру, жрёшь; жрал, -á, -o], ⟨co-⟩ eat; devour, gorge, gobble.

жре́бий m [3] lot (a. fig. = destiny); броса́ть ⟨тяну́ть⟩ ~ cast (draw) lots; ~ бро́шен the die is cast.

жрец m [1 e.] (pagan) priest (a. fig.).

жужжá|ние n [12], ~ть [4 e.; жужжу́, -и́шь] buzz, hum.

жу|к m [1 e.] beetle; ма́йский ~к cockchafer; P = ~лик F m [1] swindler, cheat(er), trickster; filcher, pilferer; ~льничать F [1], ⟨c-⟩ cheat, trick.

жу́пел m [1] bugaboo, bugbear.

жура́вль m [4 e.] (zo., well) crane.

жури́ть F [13], ⟨по-⟩ scold, rebuke.

журна́л m [1] magazine, periodical, journal; diary; ⚓ log(book); ~и́ст m [1] news(paper)man, journalist; ~и́стика f [5] journalism.

журчá|ние n [12], ~ть [-чи́т] purl, murmur.

жу́т|кий [14; -ток, -тка́, -о] weird, uncanny, dismal, sinister; мне ~ко I am terrified; ~кость, F ~ь f [8] dismay, dread(ful P pred.).

жюри́ n [indecl.] jury (prizes).

3

за 1. (B): (direction) behind; over, across, beyond; out of; (distance) at; (time) after; over, past; before (a. ~ ... до P); (with)in, for, during; (object[ive], favo[u]r, reason, value, substitute) for; ~ то, что because; ~ что? what for?, why?; 2. (T): (position) behind; across, beyond; at, over; after (time & place); because of; with, ~ мно́ю ... a. I owe ...; ко́мната ~ мной I take (reserve) the room.

заба́в|а f [5] amusement, entertainment; ~ля́ть [28], ⟨(по-)ить⟩ [13] amuse (-ся be amused at T); ~ник F m [1] joker, wag; ~ный [14; -вен, -вна] amusing, funny.

забасто́в|ка f [5; g/pl.: -вок] strike, walkout; ~очный [14] strike ...; ~щик m [1] striker.

забве́ние n [12] oblivion.

забе|гáть [1], ⟨~жáть⟩ [4; забегу́, -ежи́шь, -егу́т; -еги́!] run in(to), get; run off, away; F drop in (on к Д); ~гáть вперёд forestall.

заб|ивáть [1], ⟨~и́ть⟩ [-бью, -бьёшь; cf. бить] drive in; nail up; stop up, choke (up); block (up); F outdo, beat; (fountain) spout forth; sound (alarm); F stuff (head); take (into one's head); -ся F hide, get; pf. begin to beat.

заб|ирáть [1], ⟨~рáть⟩ [-беру́, -рёшь; cf. брать] take (a., F, away); capture, arrest; ~ за arrest; put (into); turn, steer; (T) close, partition (off); -ся climb or creep (in, up); steal in, penetrate; hide; get (far off).

заба́|тый [14] browbeaten, cowed, (in)timid(ated); ~ть s. ~вáть; ~ка F m/f [5] bully, squabbler.

забла́го|вре́менно in (due) time, beforehand; ~вре́менный [14] preliminary; timely; ~рассуди́ться [15; impers., with Д] think fit.

забл|уди́ться [15] pf. lose one's way, go astray; ~у́дший [17] lost; stray; ~уди́ться [1] be mistaken, err; ~ужде́ние n [12] error, mistake; ввести́ в ~ужде́ние mislead.

заболе|ва́ть [1], ⟨~ть⟩ [8] fall sick or ill (of T), be taken ill with; ache; ~ва́ние n [12] a. = боле́знь.

забо́р m [1] fence; ~ный [14] fence...; fig. vulgar, trashy.

забо́т|а f [5] care (about, of о П), concern, anxiety, worry, trouble; без ~ careless; carefree; ~иться ⟨по-⟩ (о П) care (for), take care of, look after; worry, be anxious (about); ~ливый [14 sh.] careful, provident; attentive; anxious, solicitous.

забр|а́сывать [1] 1. ⟨~оса́ть⟩ (T) fill up; heap (a. fig. = overwhelm); pelt (stones); bespatter (dirt); 2. ⟨~о́сить⟩ [15] throw, fling, (a. fig.) cast; neglect, give up; ~а́ть s. забира́ть; ~едáть [1], ⟨~ести́⟩ [25] wander or get ([in]to, far); ~оса́ть, ~о́сить s. ~а́сывать; ~о́шенный [14] deserted; unkempt.

забры́згать [1] pf. splash, sprinkle.

заб|ыва́ть [1], ⟨~ы́ть⟩ [-бу́ду, -дешь] forget (o.s. -ся; a. nap, doze); ~ы́вчивый [14 sh.] forgetful; ~ытьё n [12; в -тьи́] unconsciousness, swoon; drowsiness; slumber; reverie; frenzy.

завáл *m* [1] heap, drift; obstruction, abatis; **~ивать** [1], ⟨**~ить**⟩ [13; -алю́, -áлишь] fill *or* heap (up); cover; block, obstruct, close; F overburden (*with work, etc.*); **-ся** fall; sink; collapse.

завáр|ивать [1], ⟨**~ить**⟩ [13; -арю́, -áришь] boil (*a.* down), make (*tea*); scald; P *fig.* concoct.

зав|едéние *n* [12] establishment, institution; (закры́тое) учéбное **~едéние** (boarding) school; **~éдовать** [7] (T) be in charge *or* the head (chief) of, manage; **~éдомый** [14] notorious, indubitable; **~éдомо** knowingly; admittedly, certainly; **~éдующий** [17] (T) chief, head; director; **~éстú** *s.* **~озúть**.

зав|ерéние *n* [12] assurance; **~éрить** *s.* **~еря́ть**; **~ернýть** *s.* **~éртывать**; **~ертéть** [11; -ерчý -éртишь] *pf.* start turning (*v/i.* -ся); **~éртывать** [1], ⟨**~ернýть**⟩ [20] wrap (up); turn (*a.* up); off, screw up); F drop in; **~ершáть** [1], ⟨**~ершúть**⟩ [16 *e.*; -шý, -шúшь; -шённый] finish, complete, accomplish; crown; **~ершéние** *n* [12] conclusion, end; completion; **~еря́ть** [28], ⟨**~éрить**⟩ [13] assure (a p. of B/в П); attest, authenticate.

завé|са *f* [5] curtain; screen (*a.* ✕); *fig.* veil; **~сить** *s.* **~шивать**; **~стú** *s.* **заводúть**.

завéт *m* [1] legacy; precept, maxim; vow; *Bibl.* (Вéтхий Old, Нóвый New) ~ Testament; **~ный** [14] sacred; dear, precious; fond; cherished; intimate; † forbidden.

завé|шивать [1], ⟨**~сить**⟩ [15] cover, hang with curtain.

завещá|ние *n* [12] testament, will; **~ть** [1] (*im*)*pf.* bequeath; instruct, leave as precept.

завзя́тый F [14] inveterate; enthusiastic; true, genuine.

зав|ивáть [1], ⟨**~úть**⟩ [-вью, -вьёшь; *cf.* вить] wave, curl; wind round; **~úвка** *f* [5; *g/pl.:* -вок] waving; холóдная (шестимéсячная) **~úвка** water (permanent) wave.

завúд|ный [14; -ден, -дна] enviable, desirable; envious (of Д/И); **~овать** [7], ⟨по-⟩ envy (a p. a th. Д/в П), be envious (of).

завúн|чивать [1], ⟨**~тúть**⟩ [15 *e.*; -инчý, -интúшь] screw up.

завúс|еть [11] depend (on от Р); **~имость** *f* [8] dependence; в **~имости** от (Р) depending on; **~имый** [14 *sh.*] dependent.

завúст|ливый [14] envious, jealous; **~ь** *f* [8] envy (of, at к Д).

завú|той [14] curly; **~тóк** *m* [1; -ткá] curl, ringlet; flourish; **~ть** *s.* **~вáть**.

завкóм *m* [1] (заводскóй комитéт) works council.

завладé|вать [1], ⟨**~éть**⟩ [8] (T) take possession *or* hold of, seize.

завл|екáтельный [14; -лен, -льна] enticing, tempting; **~екáть** [1], ⟨**~éчь** [26] (al)lure, entice, tempt; involve; carry away.

завóд¹ *m* [1] works, factory, plant (at/to на П/В); stud (*a.* кóнский **~**); **~²** winding mechanism; *typ.* edition; **~úть** [15], ⟨завестú⟩ [25] take, bring, lead; put; establish, set up, found (*business, etc.*); form, contract (*habit, friendship, etc.*); get, procure, acquire (*things*); start (*a. motor*), begin (*talk, dispute, etc.*; *a.* to keep [*animals*]); wind up (*watch, etc.*); -ся, ⟨завестúсь⟩ appear; nest; get, have; **~нóй** [14] ⊕ starting; mechanical (*toy*); **~скúй**, **~скóй** [16] works..., factory...; stud...

заво|евáние *n* [12] conquest; *fig.* (*mst pl.*) achievement(s); **~евáтель** *m* [4] conqueror; **~ёвывать** [1], ⟨**~евáть**⟩ [6] conquer; win, gain.

зав|озúть [15], ⟨**~езтú**⟩ [24] take, bring, drive; leave, F deliver.

заволá|кивать [1], ⟨**~óчь**⟩ [26] cover, overcast; get cloudy.

заворá|чивать [1], ⟨**~отúть**⟩ [15] turn (in, up, down, about); direct.

завсегдáтай *m* [3] habitué.

зáвтра tomorrow; **~к** *m* [1] breakfast (at за Т; for на В, к Д); (втóрой **~к**) lunch; **~кать** [1], ⟨по-⟩ (have, take) breakfast (lunch); **~шний** [15] tomorrow's; **~шний день** *m* tomorrow; *fig.* (near) future.

завывáть [1], ⟨завы́ть⟩ [22] howl.

зав|язáть¹ [3], ⟨**~язнуть**⟩ [21] sink in, stick; F *fig.* get stuck *or* involved in; **~язáть²** *s.* **~я́зывать**; **~язка** *f* [5; *g/pl.:* -зок] string, tie; beginning, starting point; entanglement, plot; **~я́зывать** [1], ⟨**~язáть**⟩ [3] tie (up), bind, fasten; *fig.* begin; start; entangle, knit (*plot*); **~язь** *f* [8] ovary; **~я́нуть** *s.* вя́нуть.

заг|адáть *s.* **~áдывать**; **~адúть** *s.* **~áживать**; **~áдка** *f* [5; *g/pl.:* -док] riddle, enigma; **~áдочный** [14; -чен, -чна] enigmatic(al); mysterious; **~áдывать** [1], ⟨**~адáть**⟩ [1] propose (*a riddle*); try to find out (*by a guess, fortunetelling, etc.*); fix upon; plan; **~áживать** F [1], ⟨**~áдить**⟩ [15] soil, befoul.

загáр *m* [1] sunburn, tan. [trouble.]

загвóздка F *f* [5; *g/pl.:* -док] hitch,]

загúб *m* [1] bend; dog-ear (*page*); *pol.* deviation; **~áть** [1], ⟨загнýть⟩ [20] bend, fold (over), turn (up).

заглáв|ие *n* [12] title (*book, etc.*); **~ный** [14] title...; **~ная бýква** *f* capital letter.

заглá|живать [1], ⟨**~дить**⟩ [15] smooth; press, iron; *fig.* make up (*or* amends) for, expiate.

загл|о́хнуть s. глóхнуть 2.; ~о́х-
ший [17] deserted, desolate; ~у-
ши́ть [1], ⟨~уши́ть⟩ [16] s. глу-
ши́ть 2.

загля́|дывать [1], ⟨~ну́ть⟩ [19]
glance; peep; look (through, up);
have a look (at); F drop in or call
⟨on к Д⟩; ~дываться [1], ⟨~де́ть-
ся⟩ [11] (на В) gaze, gape or stare
(at), feast one's eyes or gloat ([up]on).

заг|ня́ть s. ~оня́ть; ~ну́ть s. ~и-
ба́ть; ~ова́ривать [1], ⟨~овори́ть⟩
[13] 1. v/i. begin, start (or try) to
talk or speak; 2. v/t. tire with one's
talk; exorcise; 3. ~ся F drivel, talk
nonsense; be(come) confused; talk
(too) long, much; ~овор m [1] con-
spiracy, plot; exorcism; составля́ть
~овор conspire, plot; ~овори́ть s.
~ова́ривать; ~ово́рщик m [1] con-
spirator. [title.]

заголо́в|ок m [1; -вка] heading,⟩

заго́н m [1] enclosure; быть в ~е F
suffer neglect; ~я́ть [28], ⟨загна́ть⟩
[-гоню́, -го́нишь; cf. гнать] drive
(in, off); exhaust, fatigue.

загор|а́живать [1], ⟨~оди́ть⟩ [15
& 15 e.; -рожу́, -ро́ди́шь] enclose,
shut in; block (up), bar (way); ~ся
fence, protect; ~а́ть [1], ⟨~е́ть⟩ [9]
become sunburnt; ~а́ться or take
fire; light up, kindle, flash; blush,
blaze up; fig. (get) inflame(d); break
out; ~е́лый [14] sunburnt; ~оди́ть
s. ~а́живать; ~о́дка F f [5; g/pl.:
-док] fence, enclosure; partition;
~о́дный [14] country (house, etc.);
out-of-town.

загот|а́вливать [1] & ~овля́ть
[28], ⟨~о́вить⟩ [14] prepare; store
up; lay in (stock); ~о́вка f [5; g/pl.:
-вок], ~овле́ние n [12] storage,
laying in (stocks, supplies).

загра|ди́тельный [14] ✕ curtain
(fire), barrage (a. balloon); ~жда́ть
[1], ⟨~ди́ть⟩ [15 e.; -ажу́, -ади́шь;
-аждённый] block (up), bar; ~-
жде́ние n [12] block(ing), obstruction; про́волочное ~жде́ние wire
entanglement. [abroad.]

заграни́|чный [14] foreign; ...⟩

загре|ба́ть [1], ⟨~сти́⟩ s. грести́.

загро́б|ный [14] sepulchral (voice);
~ый мир m the other world; ~ая
жизнь f the beyond.

загромо|жда́ть [1], ⟨~зди́ть⟩ [15
e.; -зжу́ -зди́шь; -мождённый]
block (up), (en)cumber, crowd;
overload; ~жде́ние n [12] blocking;
overloading.

загрубе́лый [14] callous, coarse.

загр|ужа́ть [1], ⟨~узи́ть⟩ [15 &
15 e.; -ужу́, -у́зи́шь] (Т) load; ⊕
charge; F busy, assign work to; be
occupied (or taken) by work (time);
~у́зка f [5] load(ing, etc.), charge;
~ыза́ть [1], ⟨~ы́зть⟩ [24; pt. st.;
загры́зенный] bite (fig. worry) to
death, kill.

загрязн|е́ние n [12] soiling; pollu-
tion; infection; ~я́ть [28], ⟨~и́ть⟩
[13] (-ся become) soil(ed), pol-
lute(d) (water, etc.), infect(ed) (air).

загс m [1] (abbr.: отде́л за́писей
а́ктов гражда́нского состоя́ния)
registrar's (registry) office.

зад m [1; на -у́; pl. e.] back, rear or
hinder part; posterior(s), rump; pl.
F things already (well-)known or
learned; ~ом наперёд back to front.

зад|а́бривать [1], ⟨~о́брить⟩ [13]
(В) insinuate o.s. (with), gain upon.

зад|ава́ть [5], ⟨~а́ть⟩ [-да́м, -да́шь,
etc., cf. дать; за́дал, -а́, -о] set, assign
(task); give (a. ♪ keynote), F dress
(down); ask (question); -ся [pt.:
-да́лся, -ла́сь] це́лью (мы́слью)
take it into one's head, set one's
mind on doing s.th.; F happen to be.

зада́в|ливать [1], ⟨~и́ть⟩ [14]
crush; run over, knock down; fig.
suppress; P strangle, kill.

зада́ние n [12] assignment, task;
(com)mission (a. ✕); дома́шнее ~
homework.

зада́ток m [1; -тка] earnest money;
deposit; pl. rudiments.

зада́|ть s. ~ва́ть; ~ча f [5] problem
(a. Д), task, objective; aim, end;
~чник m [1] book of problems.

задв|ига́ть [1], ⟨~и́нуть⟩ [20] push
(into, etc.); shut (drawer); draw
(curtain); slide (bolt); ~и́жка f [5;
g/pl.: -жек] bolt; ~ижно́й [14]
sliding (door); sash (window).

задво́рки f/pl. [gen.: -рок] back-
vards.

зад|ева́ть [1], ⟨~е́ть⟩ [-е́ну,
-е́нешь; -е́тый] be caught (by за
В), brush against, touch (a. fig.,
[up]on); excite; hurt, wound; ♂ affect; ~е́лывать [1] ⟨~е́лать⟩ [1] stop
up, choke (up); wall up.

задёр|гать [1] pf. overdrive; F
harrass; ~гивать [1], ⟨~нуть⟩ [20]
draw (curtain); close.

задержа́ние n [12] arrest.

заде́рж|ивать [1], ⟨~а́ть⟩ [4]
detain, hold back or up, stop; delay;
check; arrest; slow down; -ся stay;
be delayed; linger; stop; be late;
~ка f [5; g/pl.: -жек] delay; (a. ⊕)
trouble, break.

задёрнуть s. заде́ргивать.

заде́ть s. задева́ть.

зад|ира́ть F [1], ⟨~ра́ть⟩ [-деру́,
-рёшь; cf. драть] lift or pull (up);
stretch; impf. provoke, vex, pick
a quarrel (with); ~(и)ра́ть нос be
haughty, turn up one's nose.

за́дний [15] back, hind(er); reverse;
задо́лго (до Р) long before. [(gear).]

задо́л|жать F [1] pf. run into debt;
owe (money); ~жность f [8]
debts pl., indebtedness.

за́дом backward(s); cf. зад.

задо́р m [1] fervo(u)r; quick temper;

provocative tone *or* behavio(u)r; ~ный [14; -рен, -рна] fervent; provoking, teasing; frolicsome.

задра́ть *s.* задира́ть.

зад|ува́ть [1], ⟨~у́ть⟩ [18] blow out; F begin to blow; *impf.* blow (in).

заду́|мать *s.* ~мывать, ~мчивый [14 *sh.*] thoughtful, pensive; ~мывать [1], ⟨~мать⟩ conceive; resolve, decide; plan, intend; -ся think (about, of о П); reflect, meditate (on над Т); begin to think, (be) engross(ed, lost) in thought(s); hesitate; ~ть *s.* ~вать.

задуше́вный [14] heart-felt, warm-hearted, affectionate; intimate, in(ner)most.

зад|ыха́ться [1], ⟨~охну́ться⟩ [21] gasp, pant; choke (*a. fig.*, with от Р).

заéз|дить F [15] *pf.* fatigue, exhaust; ~жа́ть [1], ⟨заéхать⟩ [-éду, -éдешь; -езжа́й!] call on (*on the way*), drive, go *or* come (to [see, *etc.*] к Д *or* into в В); pick up, fetch (за Т); get; ~жий [17] visitant.

заём *m* [1; за́йма] loan.

за|éхать *s.* ~езжа́ть; ~жа́ть *s.* ~жима́ть; ~жéчь *s.* ~жига́ть.

заж|ива́ть [1], ⟨~и́ть⟩ [-иву́, -вёшь; за́жил, -á, -о] 1. heal (up); close, skin (over). 2. *pf.* begin to live.

за́живо alive. [live.]

зажига́|лка *f* [5; *g/pl.*: -лок] (cigarette) lighter; ~ние *n* [12] lighting; ignition; ~тельный [14] incendiary (*bomb, & fig.*); ~ть [1], ⟨заже́чь⟩ [26 г/ж: -жгу́, -жжёшь; *cf.* жечь] light, kindle (*a. fig.*); (*match a.*) strike; turn on (*light*); -ся light (up), kindle.

зажи́м *m* [1] ⊕ clamp; *fig.* suppression; ~áть [1], ⟨зажáть⟩ [-жму́, -жмёшь; -жáтый] press, squeeze; clutch; *fig.* F (sup)press; stop (*mouth*), hold (*nose*), close (*ears*).

зажи́|точный [14; -чен,-чна] prosperous; ~точность *f* [8] prosperity; ~ть *s.* ~вáть.

задздравный [14] (to s.b.'s) health.

зазевáться F [1] gape (at на В); be (-come) heedless, absent(-minded).

заземлéние *n* [12], ~ля́ть [28], ⟨~ли́ть⟩ [13] ∮ ground, *Brt.* earth.

зазнавáться F [5], ⟨~ться⟩ [1] be (-come) presumptuous, put on airs.

зазо́рный †, Р [14; -рен, -рна] shameful, scandalous; ~рéние *n* [12]: без ~рéния (со́вести) without remorse *or* shame. [*f* [5] notch.]

зазу́бр|ивать [1] *s.* зубри́ть; ~ина⟩

зайгрывать F [1], (с Т) flirt, coquet (with), make advances (to); ingratiate o.s. (with).

зайк|а *m/f* [5] stutterer; ~áние *n* [12] stutter; stammer; ~áться [1], *once* ⟨~ну́ться⟩ [20] stutter; stammer; (*give a*) hint (at о П), suggest, mention; stir; *pf.* stop short.

займствова|ние *n* [12] borrowing, taking; loan word (*a.* ~нное сло́во); ~ть [7] (*im*)*pf.*, *a.* ⟨по-⟩ borrow, take (over).

заиндеве́лый [14] frosty.

заинтересо́в|ывать(ся) [1], ⟨~áть (-ся)⟩ [7] (be[come]) interest(ed in Т), rouse a p.'s interest (в in П); я ~ан(а) I am interested (in в П).

заи́скивать [1] ingratiate o.s. (with)

зайти́ *s.* заходи́ть. [у Р.]

зáйчик *m* [1] *dim. of* заяц; F speck(le).

закабал|я́ть [28], ⟨~и́ть⟩ [13] enslave.

закавка́зский [16] Transcaucasian.

закáды|чный F [14] bosom (*friend*).

закáз *m* [1] order; дать ~ (на В/Д) † place an order (for ... with); ~áть *s.* ~ывать; на ~ ~но́й [14] made to order; ~но́й лес (p)reserve; ~но́е (письмо́) *n* registered (letter); ~чик *m* [1] customer; ~ывать [1], ⟨~áть⟩ [3] order (o.s. себé); † forbid.

закáл *m* [1], ~ка *f* [5] ⊕ tempering; *fig.* hardening; endurance, hardiness; breed, kind; ~я́ть [28], ⟨~и́ть⟩ [13] ⊕ temper; *fig.* harden; ~ённый tempered (*metal*); *fig.* hardened, tried, experienced.

зак|áлывать [1], ⟨~оло́ть⟩ [17] kill, slaughter; stab; pin (up); у меня́ ~оло́ло в боку́ I have a stitch in the side; ~áнчивать [1], ⟨~о́нчить⟩ [16] finish, conclude; ~áпывать [1], ⟨~опáть⟩ [1] bury; fill up.

закáт *m* [1] sunset; *fig.* decline; end; ~ывать [1] 1. ⟨~áть⟩ [1] roll up; 2. ⟨~и́ть⟩ [15] roll (into, under, *etc.* в, под В); turn up (*eyes*); -ся roll; set (*sun, etc.*); *fig.* end; F burst (out laughing *or* into tears).

заквá|ска *f* [5] ferment; leaven; *fig.* F breed; ~шивать [1], ⟨~сить⟩ [15] sour.

заки́|дывать [1] 1. ⟨~дáть⟩ [1] F fill up, cover; *fig.* ply, assail, pelt (with Т); 2. ⟨~нуть⟩ [20] throw (in [-to], on, over, behind, *etc.* в, на, за ... В; *a.* out [*net*], back [*head*]); fling, (*a. fig.*) cast.

зак|ипáть [1], ⟨~ипéть⟩ [10; -пи́т] begin to boil; *cf.* кипéть; ~исáть [1], ⟨~céнуть⟩ [21] turn sour.

заклáд *m* [1] † = зало́г; *s. a.* би́ться; ~ка *f* [5; *g/pl.*: -док] laying; walling (up); harnessing, putting to; bookmark; ~но́й [14] pawn...; ~нáя mortgage (bond); ~чик *m* [1] pawner; pawnbroker; ~ывать [1], ⟨заложи́ть⟩[16] put (*a.* in, *etc.*), lay (*a.* out [*garden*], the foundation [stone] of, found), place; F mislay; heap, pile (with Т); wall up; pawn, pledge; harness, put (*horse*[s]) to; get ready (*carriage*); mark, put in (*bookmark*); *impers.* F obstruct (*hearing, nose*), press (*breast*).

закл|ёвывать [1], ⟨-евать⟩ [6 е.; -клюю, -юёшь] peck to death or wound (badly) (by pecking); F wreck, ruin; ⟨-еить⟩ [13] glue or paste up (over); ⟨ёпка f [5; g/pl.: -пок], ⟨ёпывать, ⟨-епать⟩ [1] rivet.

заклина|ние n [12] conjuration, incantation; exorcism; ⟨тель m [4] conjurer, exorcist; (snake) charmer; ⟨ть [1] conjure, adjure.

заключ|ать [1], ⟨-ить⟩ [16 е.; -чу, -чишь, -чённый] enclose, put; confine, imprison; conclude (= finish, with Т; = infer, from из Р, по Д — что; v/t.: treaty, [= make] peace, etc.); impf. (a. в себё) contain; ⟨-аться [1] consist (in в П); end (with Т); ⟨ение n [12] confinement, imprisonment (a тюрёмное); conclusion; ⟨ённый [14] prisoner; ⟨ительный [14] final, concluding.

заклятый [14] implacable; sworn.

заков|ывать [1], ⟨-ать⟩ [7 е.;-кую, куёшь] put in (irons), chain; fig. freeze; prick (horse).

закол|ачивать F [1], ⟨-отить⟩ [15] drive in; nail up; board up; fig. beat to death; thrash; ⟨-дóвывать [1], ⟨-довать⟩ [7] enchant; bewitch, charm; ⟨-дóванный круг m vicious circle; ⟨-отить s. ⟨-ачивать; ⟨-ôть s. закалывать.

закон m [1] law; rule; ~ бóжий (God's) Law; religion (form. school subject); объявить вне ~а outlaw; по (вопреки) ~у according (contrary) to law; охраняемый ~ом † ⚥ registered; ⟨-ность f [8] legality; law; ⟨-ный [14; -онен, -ónна] legal, lawful, legitimate.

законо|вёд m [1] jurist, jurisprudent; ⟨-дáтель m [4] legislator; ⟨-дáтельный [14] legislative; ⟨-дáтельство n [9] legislation; ⟨-мéрность f [8] regularity; ⟨-мéрный [14; -рен, -рна] regular, ⟨-положéние n [12] regulation(s); ⟨-проéкт m [1] bill, draft.

закó|нчить s. закáнчивать; ⟨-нáть s. закáлывать; ⟨-птéлый [14] smoky; ⟨-ренéлый [14] deep-rooted, inveterate, ingrained; ⟨-рючка F f [5; g/pl.: -чек] flourish; trick, ruse; hitch; ⟨-снéлый [14] = ⟨-ренéлый; ⟨-улок m [1; -лка] alleyway, (Brt.) (narrow) lane, nook; ⟨-ченéлый [14] (be)numb(ed), stiff.

закрá|дываться [1], ⟨-сться⟩ [25; pt. st.] creep in (to); ⟨-шивать [1], ⟨-сить⟩ [15] paint over.

закреп|лéние n [12] fastening; -strengthening; securing; (за Т) assignment (a. ⚥); ⚥ fortification; ⟨-лять [28], ⟨-ить⟩ [14 е; -плю, -пишь; -пленный] fasten, (a. phot.) fix; strengthen, consolidate, fortify (a. ⚥); secure; assign (to за Т, a. ⚥); ⚔ strut.

закрепо|щáть [1], ⟨-стить⟩ [15 е.; -ощý, -остишь; -ощённый] enslave; ⟨-щéние n [12] enslavement.

закрóйщи|к m [1], ⟨-ца f [5] cutter.

закругл|éние n [12] rounding (off); curve; ⟨-ять [28], ⟨-ить⟩ [13] round (off).

закрý|чивать [1], ⟨-тить⟩ [15] turn (round, off, up); twist.

закр|ывáть [1], ⟨-ыть⟩ [22] shut, close; lock (up); cover, hide; turn off (tap); ⟨-ывáть глазá (на В) shut one's eyes (to); ⟨-ытие n [12] closing, close; ⟨-ыть s. ⟨-ывáть; ⟨-ытый [14] closed; secret; boarding (school); high-necked (dress); в ⟨-ытом помещéнии indoor(s).

закулисный [14] (lying or passing) behind the scenes; secret.

закуп|áть [1], ⟨-ить⟩ [14] buy (a. in), purchase; ⟨-ка f [5; g/pl.: -пок] purchase.

закýпор|ивать [1], ⟨-ить⟩ [13] cork (up), (cask) bung (up); ⟨-ка f [5; g/pl.: -рок] corking; ⚕ embolism; constipation. [buyer.]

закýпщик [1] purchasing agent,)

закýр|ивать [1], ⟨-ить⟩ [13]; -урю, -ýришь] light (cigar, etc.), begin to smoke; F (blacken with) smoke; ⟨-и(те)ль have a cigar(ette)!

закýс|ка f [5; g/pl.: -сок] snack, lunch; hors d'oeuvres; на ⟨-ку a. for the last bit; ⟨-очная f [14] lunchroom, snackbar; ⟨-ывать [1], ⟨-ить⟩ [15] bite (a. one's lip[s]); take or have a snack, lunch; eat (s.th. [with, after a drink] Т); ⟨-ить язык stop short, hold one's tongue.

закýт|ывать [1], ⟨-ать⟩ [1] wrap up; зáл m [2 e.; a f [5] hall; room.

зал|егáние n [12] geol. deposit(ion); ⟨-егáть [1], ⟨-éчь⟩ [26; -лягу, -ляжешь] lie (down); hide; fig. root; ⚕ be obstructed (with phlegm).

заледенéлый [14] icy; numb.

зал|ежáлый [14] stale, spoiled (by long storage); ⟨-ежáлый тoвáр m drug; ⟨-ежáться [1], ⟨-ежáться⟩ [4 е.; -жусь, -жишься] lie (too) long (a. goods, & spoil thus); stale; ⟨-ежь f [8] geol. deposit; ⚔ fallow.

зал|езáть [1], ⟨-éзть⟩ [24 st.] climb up, in(to), etc.; hide; steal or get in(to); ⟨-еплять [28], ⟨-епить⟩ [14] stop, close; glue or paste up; stick over; ⟨-етáть [1], ⟨-етéть⟩ [11] fly in(to), up, far off, beyond; come, get; ⟨-ётный [14] stray(ing); migratory (bird); F visitant.

залéч|ивать [1], ⟨-ить⟩ [16] heal; F cure to death; ⟨-ь s. ⟨-егáть.

зал|ив m [1] gulf, bay; ⟨-ивáть [1], ⟨-ить⟩, [-лью, -льёшь; зáлил, -á, -o; зáлитый] (Т) flood, overflow; pour (all) over, cover; fill; extinguish; -ся break into or shed (tears слезáми); burst out (laughing смéхом); trill, warble, roll, quaver;

~ивно́й [14] floodable, flooded; jellied; resonant; ~я́ть s. ~ива́ть.

зал|о́г m [1] pledge (a. fig.); security; gr. voice; дать в ~о́г pawn, pledge; ~ожи́ть s. закла́дывать; ~о́жник m [1], ~о́жница f [5] hostage.

залп m [1] volley; ~ом F (drink) at one draught; (smoke, etc.) at a stretch; (read) at one sitting; blurt out.

зама́|зка f [5] putty; ~зывать [1], ⟨~зать⟩ [3] smear, soil; paint over; putty; F fig. veil, hush up; ~лчивать F [1], ⟨замолча́ть⟩ [4 e.; -чу́, -чи́шь] conceal, keep secret; ~нивать [1], ⟨~ни́ть⟩ [13]; -маню́, -ма́нишь] lure, decoy, entice; ~нчивый [14 sh.] alluring, tempting; ~ниваться [1], once ⟨~хну́ться⟩ [20] lift one's arm (etc. against Т/на В), threaten (with); ~шка F f [5; g/pl.: -шек] habit, manner.

замедл|е́ние n [12] delay; ~я́ть [28], ⟨~ить⟩ [13] slow down, reduce; delay, retard (a. с Т); не ~я́ть с (Т) (do, etc.) soon.

заме́|на f [5] substitution (of/for Т/Р), replacement (by Т); ₮ commutation; substitute; ~ни́мый [14 sh.] replaceable, exchangeable; ~ни́тель m [4] substitute; ~ня́ть [28], ⟨~ни́ть⟩ [13; -меню́, -ме́нишь, -менённый] replace (by Т), substitute (p., th. for Т/В); ₮ commute (for, into); (И/В do) follow(ed).

замере́ть s. замира́ть.

замерза́|ние n [12] freezing; то́чка ~ния freezing point; ~ть [1], ⟨замёрзнуть⟩ [21] freeze, congeal; be frozen (to death, a. F = feel very cold).

за́мертво (as if) dead, unconscious.

замести́ s. заместа́ть.

замести́|тель m [4] deputy, assistant, vice-...; ~ть s. замеща́ть.

заме|та́ть [1], ⟨~сти́⟩ [25 -т-: -мету́] sweep (up); drift, cover; block up (roads); wipe out (tracks).

заме́|тить s. ~ча́ть; ~тка f [5; g/pl.: -ток] mark; note; paragraph, (brief) article, item; ~тный [14; -тен, -тна] noticeable, perceptible; marked, remarkable; ~тно a. one (it) can (be) see(n), notice(d); ~ча́ние n [12] remark, observation; pl. criticism; reproof, rebuke; досто́йный ~ча́ния worthy of notice; ~ча́тельный [14; -лен, -льна] remarkable, outstanding; wonderful; noted (for Т); ~ча́ть [1], ⟨~тить⟩ [15] notice; mark; observe, remark; reprove.

замеша́тельств|о n [9] confusion, embarrassment; в ~о confused, disconcerted, embarrassed.

зам|е́шивать [1], ⟨~еша́ть⟩ [1] involve, entangle; ~е́шан(а) в (П) a. mixed up with; (-ся be) mingle(d) in, with (в В or П, между Т); super-

~вене; ~е́шкаться F [1] pf. be delayed, tarry; ~еща́ть [1], ⟨~ести́ть⟩ [15 e.; -ещу́, -ести́шь; -ещённый] replace; substitute; act for, deputize; fill (vacancy); ~еще́ние n [12] substitution (a. ₮, ₮); replacement; deputizing; filling.

зам|ина́ть F [1], ⟨~я́ть⟩ [-мну́, -мнёшь; -мя́тый] crumple; smother, hush up; -ся falter, halt, stick, be(come) confused, stop short; flag; ~инка f [5; g/pl.: -нок] halt, hitch; ~ира́ть [1], ⟨~ере́ть⟩ [21; замер, -рла́, -о] be(come) or stand stockstill, transfixed (with or Р); stop; fade, die away; у меня́ се́рдце ~ерло my heart stood still.

за́мкнутый [14 sh.] closed; secluded; reserved; cf. замыка́ть.

за́м|ок^1 m [1; -мка] castle; ~о́к^2 m [1; -мка́] lock; америка́нский ~о́к springlock; на ~ке́ or под ~ко́м under lock & key.

замо́л|вить [14] pf.: ~вить сло́в(е́чк)о F put in a word (for a p. за В, о П); ~ка́ть [1], ⟨~кнуть⟩ [21] become silent, stop (speaking, etc.), cease, break off; die away or off; ~ча́ть [4 e.; -чу́, -чи́шь] pf. 1. v/i. s. ~ка́ть; 2. v/t. s. зама́лчивать.

замор|а́живать [1], ⟨~о́зить⟩ [15] freeze, congeal; ~о́зки m/pl. [1] (light morning or night) frost; ~ский [16] (from) oversea; foreign.

за́муж s. выдава́ть & выходи́ть; ~ем married (to за Т, of women); ~ество n [9] marriage (of women); ~няя [15]; ~няя (же́нщина) married (woman). [mure; wall up.]

замуро́в|ывать [1], ⟨~а́ть⟩ [7] im-)

замучи|вать [1], ⟨~ть⟩ [16] torment to death; fatigue, exhaust.

за́мш|а f [5], ~евый [14] chamois, suede.

замыка́|ние n [12]: коро́ткое ~ние ⚡ short circuit; ~ть [1], ⟨замкну́ть⟩ [20] (en)close; † lock (up); -ся isolate o.s. (in в В or Т); -ся в себе́ become unsociable.

за́м|ысел m [1; -сла] intention, plan, design; conception; ~ыслить s. ~ышля́ть; ~ылова́тый [14 sh.] intricate, ingenious; fanciful; ~ышля́ть [28], ⟨~ыслить⟩ [15] plan, intend; resolve; con-)

замя́ть(ся) s. замина́ть(ся). [ceive.]

за́нав|ес m [1] curtain (a. thea.); желе́зный ~ес pol. a. iron curtain; ~е́сить s. ~е́шивать; ~е́ска f [5; g/pl.: -сок] (window) curtain; ~е́шивать [1], ⟨~е́сить⟩ [15] curtain.

зан|а́шивать [1], ⟨~оси́ть⟩ [15] soil; wear out; ~емо́чь [26 г/ж: -могу́, -мо́жешь; cf. мочь] pf. fall sick, Brt. ill; ~ести́ s. ~оси́ть 1.

занима́|ние n [12] borrowing; ~тельный [14; -лен, -льна] interesting, entertaining, amusing; engaging, captivating; ~ть [1], ⟨за-)

нять⟩ [займу́, -мёшь; за́нял -á,
-о; заня́вший; за́нятый (за́нят,
-á, -о)] 1. borrow (from у Р); 2. (Т)
occupy, (a. time) take; employ, busy;
reserve, secure (place); interest, engross, absorb; entertain; ~ть дух у
(Р) F take one's breath away; -ся
[заня́лся, -ла́сь] 1. v/t. (& Т) occupy or busy o.s. (with); (a. sport) engage in; attend (to); learn, study;
set about, begin to (read. etc.); 2.
v/i. blaze or flare up; break, dawn;
s.a. заря́.

зáново anew, afresh.

занóза f [5] splinter; ~зи́ть [15 e.;
-ожу́, -ози́шь] pf. run a splinter
(into В).

занóс m [1] drift; ~и́ть [15] 1. ⟨за-
нести́⟩ [24 -с-: -су́, -сёшь] bring;
carry; note down, enter, register;
(a. impers.) (he) cast, get; drift,
cover, block up; lift, raise (arm,
etc.), set (foot); 2. pf., s. зана́ши-
вать; ~чивый [14 sh.] arrogant,
presumptuous.

заня́т|ие n [12] occupation, work,
business; exercise (of Т); pl. F
lessons, school, lecture(s) (to на В,
at на П); ~ь capture; ~ный [14]
тен, -тна] F занима́тельный; ~ь
(-ся) s. занима́ть(ся); ~о́й [14] busy;
~ый (за́нят, -á, -о) occupied,
busy, engaged.

заоднó conjointly; together; at once;
F at the same time, besides, too.

заостр|я́ть [28], ⟨~и́ть⟩ [13] point,
sharpen (a. fig.); ся taper.

зао́чн|ик [1] student of a corre-
spondence school, college, etc.; ~ий
[14] in a p.'s absence; behind one's
back; ~ое обуче́ние n instruction
by correspondence; ~ое реше́ние
n г⁴ judg(e)ment by default.

зáпад m [1] west; 2 the West,
Occident; cf. восто́к; ~а́ть [1],
⟨запа́сть⟩ [25; -па́л, -а] fall in,
sink; impress (a. on на or в В); ~ник
m [1] hist. Westerner; ~ный [14]
west(ern), occidental.

западня́ f [6; g pl.: -не́й] trap.

запа́|здывать, запозда́ть [1] be
late (for на В), be tardy (with с Т);
~ивать [1], ⟨~я́ть⟩ [28] solder
(up); ~кóвывать [1], ⟨~кова́ть⟩ [7]
pack (up); wrap up.

запáл m [1] ⚔, ⚒ fuse; touchhole;
(horse) heaves; F fit, passion; ~ивать
[14] touch...; ~ьный шнур m match;
~ьная свеча́ ⚙ ♂ spark(ing) plug;
~ьчивый [14 sh.] quick-tempered,
irascible; provoking.

запа́с m [1] stock (a. fig., of words,
etc. = store, fund), supply, (a. ⚔)
reserve; be in stock, on hand;
про ~ in store or reserve; ~а́ть [1],
⟨~ти́⟩ [24 -с-: -су́, -сёшь], ~са
⟨~ти́сь⟩ provide o.s. (with Т); ~ли-
вый [14 sh.] provident; ~нóй, ~ный
[14] spare (a. ⊕); reserve... (a. ⚔;

su. reservist), emergency..., side...
(a. 🚗); ~ть s. запада́ть.

зáп|ах m [1] smell, odo(u)r, scent;
~áхивать [1] 1. ⟨~аха́ть⟩ [3] plow
(Brt. plough) or turn up, in; 2.
⟨~ахну́ть⟩ [20] lap (over), wrap
(o.s. -ся) up (in в В, Т); F slam;
~áшка f [5] tillage; ~а́ять s.
~а́ивать.

запе|ва́ла m/f [5] precentor, (a. fig.)
leader; ~ва́ть [1] lead (chorus);
~ка́нка f [5; g pl.:-нок] baked pudding; spiced brandy; ~ка́ть [1],
⟨~чь⟩ [26] bake (in); -ся clot,
coagulate (blood); crack (lips); ~-
ре́ть s. запира́ть; ~ть pf. [-пою́,
-поёшь, -пе́тый] start singing,
strike up.

запеча́т|ать s. ~ывать; ~леева́ть
[1], ⟨~ле́ть⟩ [8] embody; render;
impress (on в П), retain; mark,
seal; ~ывать, ⟨~ать⟩ [1] seal (up);
close, glue up.

запéчь s. запека́ть.

запи|ва́ть [1], ⟨~ть⟩ [-пью́, -пьёшь;
cf. пить] wash down (with Т),
drink or take after, thereupon; F take
to drink.

запина́ться [1], ⟨~ну́ться⟩ [20]
stumble (over, against за or о В),
falter; pause, hesitate; ~нка f [5]:
без ~инки fluently, smoothly.

запира́|тельство n [9] disavowal,
denial; ~ть [1], ⟨заперéть⟩ [12;
за́пер, -ла́, -о; за́пертый (за́перт,
-á, -о)] lock (up; a. ~ть на ключ,
замóк); ⚒, ⚙ blockade; -ся impf.
F (в П) deny, disavow.

запис|а́ть s. ~ывать; ~ка f [5; g/pl.:
-сок] note, slip; (brief) letter; memorandum, report; pl. notes, memoirs, reminiscences, transactions,
proceedings; ~нóй [14] note...; F
inveterate; ~ывать [1], ⟨~а́ть⟩ [3]
write down, note (down); record (a.
on tape, etc.); enter, enrol(l), register; г⁴ transfer (to, на В, за Т),
deed; -ся enrol(l), register, matriculate; subscribe (to; for в, на В),
book; make an appointment (with
a doctor к врачу́); '~ь f [8] entry;
enrol(l)ment; registration; record
(-ing); subscription; г⁴ deed.

запи́ть s. запива́ть.

запа́х|ивать F [1], ⟨~ать⟩ [1], once
⟨~ну́ть⟩ [20] push in; cram, stuff.

заплáка|нный [14 sh.] tearful, in
tears, tear-stained; ~ть [3] pf. begin to cry.

заплáта [5] patch.

заплéсневелый [14] mo(u)ldy.

запле|тáть [1], ⟨~сти́⟩ [25 -т-:
-плету́, -тёшь] braid, plait; -ся F:
нóги ~та́ются totter, stagger; язы́к
~та́ется slur, mumble.

заплы|ва́ть [1], ⟨~ть⟩ [23] swim
(far), get (by swimming); (Т) be
covered or closed (a. by swelling,
with fat); swell, bloat, puff up.

запну́ться s. запина́ться.

запове́д|ник m [1] reserve; nursery; ~ный [14] forbidden, reserved; secret; dear; intimate, inmost; ~овать [7], ⟨~ать⟩ [1] command; ~ь ('za-) f [8] Bibl. commandment.

запод|а́зривать († -о́зр-) [1], ⟨~о́зрить⟩ [13] suspect (of в П).

запозда́|лый [14] (be)late(d), tardy, out-of-date; ~ть s. запа́здывать.

запо́|й m [3] hard drinking; пить ~ем booze, tipple, be a hard drinker.

заполз|а́ть [1], ⟨~ти́⟩ [24] creep (in).

заполн|я́ть [28], ⟨~ить⟩ [13] fill (up); ⟨form⟩ fill out (Brt. in).

запом|ина́ть [1], ⟨~нить⟩ [13] remember, keep in mind; memorize; -ся (Д) remember, stick to one's memory.

запо́нка f [5; g/pl.: -нок] cuff link; collar button (Brt. stud).

запо́р m [1] bar, bolt; lock; ⚕ constipation; на ~е bolted.

запор|а́шивать [1], ⟨~оши́ть⟩ [16 e.; 3rd p. only] powder or cover (with snow T).

запоте́лый F [14] moist, sweaty.

заправ|и́ла m F [5] boss, chief; ~ля́ть [28], ⟨~ить⟩ [14] put, tuck (in) (T) dress, season (meals with); get ready; tank, refuel (car, plane); ~ка f [5; g/pl.: -вок] refuel(l)ing; seasoning, condiment; ~очный [14]: ~очная коло́нка f filling (gas) station; ~ский F [16] true, real.

запр|а́шивать [1], ⟨~оси́ть⟩ [15] ask, inquire (with/about у Р/о П); (a. P) request; charge, ask (excessive price; с P).

запре́|т m [1] = ~ще́ние; ~ти́тельный [14] prohibitive; ~ти́ть s. ~ща́ть; ~тный [14] forbidden; ~тная зо́на f prohibited area; ~ща́ть [1], ⟨~ти́ть⟩ [15 e.; -ещу́, -ети́шь; -еще́нный] forbid, prohibit, interdict; ~ще́ние n [12] prohibition, interdiction.

заприхо́довать [7] pf. enter, book.

запроки́|дывать [1], ⟨~нуть⟩ [20] F throw back; P overturn.

запро́с m [1] inquiry (about о П, esp. ✝ на В); pl. demands, requirements, claims, interests; F overcharge; ✝ цена́ без ~а fixed price; ~и́ть s. запра́шивать; '~то plainly, unceremoniously.

запру́|да f [5]. dam(ming); ~жи́вать [1], ⟨~ди́ть⟩ 1. [15 & 15 e.; -ужу́, -уди́шь] dam up; 2. [15 e.; -ужу́, -у́дишь] F jam, crowd.

запр|яга́ть [1], ⟨~я́чь⟩ [26 г/ж: -ягу́, -яжёшь; cf. напря́чь harness; put ⟨horse[s]⟩ to (в В); yoke (oxen); get ready (carriage); ~я́жка f [5; g/pl.: -жек] harness(ing); team; ~я́тывать [1], ⟨~я́тать⟩ [3] hide, conceal; put (away); P confine; ~я́чь s. запряга́ть.

запу́г|ивать, ⟨~а́ть⟩ [1] intimidate; ~анный (in)timid(ated).

за́пус|к m [1] start; ~ка́ть [1], ⟨~ти́ть⟩ [15] 1. neglect; disregard; let grow ⟨beard⟩; leave untilled ⟨land⟩; 2. ⊕ start, set going; fly ⟨kite⟩; F (a. T/в В) fling, hurl (s. th. at); put, slip, thrust, drive (into); ~те́лый [14] desolate; ~ти́ть s. ~ка́ть.

запу́|тывать, ⟨~тать⟩ [1] (-ся become, get) tangle(d, etc.); fig. confuse, perplex; complicate; F entangle, involve (in в В); ~танный a. intricate; ~щенный [14] deserted, desolate; neglected, uncared-for, unkempt.

запыха́ться F [1] pant.

запя́стье n [10] wrist; † bracelet.

запята́я f [14] comma; F hitch, fix.

зараб|а́тывать, ⟨~о́тать⟩ [1] earn; -ся F overwork o.s.; ~о́тный [14]: ~о́тная пла́та f wages pl.; salary; pay; '~оток m [1; -тка] earnings pl.; job; на '~отки in search of a job; ... to hire o.s. out.

зара́|жа́ть [1], ⟨~зи́ть⟩ [15 e.; -ражу́, -рази́шь; ражённый] infect (a. fig.); -ся become infected (with T), catch; ~же́ние n [12] infection; ~же́ние кро́ви blood poisoning.

зара́з F at once; at the same time.

зара́|за f [5] infection; contagion; pest; ~зи́тельный [14: -лен, -льна] infectious; ~зи́ть s. ~жа́ть; ~зный [14; -зен, -зна] infectious, contagious; infected.

зара́нее beforehand, in advance.

зара|ста́ть [1], ⟨~сти́⟩ [24 -ст-, -стёшь; cf. расти́] be overgrown.

за́рево n [9] blaze, glow, gleam.

зарни́ца f [5] sheet (heat) lightning.

заре́з m [1] slaughter; P ruin; до ~у F ⟨need s.th.⟩ very badly.

заре|ка́ться [1], ⟨~чься⟩ [26] forswear, abjure; ~комендова́ть [7] pf. recommend; ~комендова́ть себя́ (T) show o. s., prove.

заржа́вленный [14] rusty.

зарисо́вка f [5; g/pl.: -вок] drawing, sketch.

зарожд|а́ть(ся) [1] s. ~ожда́ть(ся); ~бдыш m [1] embryo, germ (a. fig.); в ~о́дыше in the bud; ~ожда́ть [1], ⟨~оди́ть⟩ [15 e.; -ожу́, -оди́шь; -ождённый] fig. engender; † bear; (-ся) arise; (be) conceive(d); ~ожде́ние n [12] origin, rise; conception.

заро́к m [1] vow, pledge, promise.

зарони́ть [13; -роню́, -ро́нишь] pf. rouse; infuse; F drop, cast; -ся impress (on в В).

за́росль f [8] underbrush; thicket.

зар|пла́та f [5] F s. ~а́ботный.

заруб|а́ть [1], ⟨~и́ть⟩ [14] kill, cut down; notch, cut in; ~и́(те) на носу́ (на лбу, в па́мяти)! mark it well!

зарубе́жный [14] foreign.

зар|уби́ть s. ~уба́ть; ~у́бка f [5; g/pl.: -бок] incision, notch; ~убцева́ться [7] pf. cicatrize.

зару́ч|а́ться [1], ⟨~и́ться⟩ [16 e.; -учу́сь, -учи́шься] (Т) secure.

зар|ыва́ть [1], ⟨~ы́ть⟩ [22] bury.

зар|я́ f [6; pl.: зо́ри, зорь, заря́м & зо́рям] (у́тренняя) ~я́ (a. fig.) dawn (✕ acc. зо́рю) reveille); вече́рняя ~я́ evening glow; (✕ tattoo, retreat); на ~é at dawn, daybreak (a. c ~ёй); fig. at the earliest stage or beginning; от ~и́ до ~и́ from morning to night, all day (night); ~я́ занима́ется it dawns.

заря́д m [1] charge (✕, ⚡); shot; shell, cartridge; fig. store; ~ди́ть s. ~жа́ть; ~дка f [5] ✕ loading; ⚡ charge, -ging; sport: gymnastics pl., bodily exercise; ~дный [14] charge..., loading; ~дный я́щик m ammunition wag(g)on; ~жа́ть [1], ⟨~ди́ть⟩ [15 & 15 e.; -яжу́, -я́ди́шь; -я́женный & -яжённый] ✕, phot. load; ⚡ charge; fig. inspire, imbue; pf. F (set in &) reiterate or go on & on.

заса́|да f [5] ambush; попа́сть в ~ду be ambushed; ~жива́ть [1], ⟨~ди́ть⟩ [15] plant; F confine; compel to (do s. th.); -ся F, ⟨засе́сть⟩ [25; -ся́ду, -дешь; -се́л] sit down; settle, retire, stay; hide, lie in ambush; (за В) set or begin to, bury o.s. in (work).

заса́л|ивать [1] 1. ⟨~ить⟩ [13] grease, smear; 2. ⟨засоли́ть⟩ [13; -олю́, -о́ли́шь; -о́ленный] salt; corn (meat).

зас|а́ривать [1] & засоря́ть [28], ⟨~ори́ть⟩ [13] litter, soil; stop (up), obstruct (a. fig.); ⚕ constipate; be(come) weedy; ~ори́ть глаз(а́) have (get) s.th. in(to) one's eye(s).

зас|а́сывать [1], ⟨~оса́ть⟩ [-су́, -сёшь; -о́санный] suck in; engulf, swallow up. [ared.]

заса́харенный [14] candied, sug-|

за́свет|ло by daylight; ~и́ть(ся) [13; -све́тится] pf. light (up).

зясвиде́тельствовать [7] pf. testify; attest, authenticate.

засе́в m [1] sowing; ~ва́ть [1], ⟨~я́ть⟩ [27] sow.

заседа́|ние n [12] session (⚖, parl.); meeting; (prp.: in, at на П); ~тель m [4] assessor; ~ть [1] 1. be in session; sit; meet; 2. ⟨засе́сть⟩ [-ся́ду, -дешь; -сёл] stick.

засе|ка́ть [1], ⟨~чь⟩ [26] 1. [-сёк, -ла́; -се́чённый] notch, mark; stop (time with stop watch); 2. [-сёк, -се́кла; -се́кший] flog to death.

засел|е́ние n [12] colonization; ~я́ть [28], ⟨~и́ть⟩ [13] people, populate; occupy, inhabit.

засе́|сть s. заса́живаться & ~да́ть 2.; ~чь s. ~ка́ть; ~ять s. ~ва́ть.

заси́|живать [1], ⟨~де́ть⟩ [11] (~женный [му́хами]) flyblow(n);

-ся sit, stay or live (too) long; sit up late.

заскору́злый [14] hardened.

заспло́н|ка f [5; g/pl.: -нок] (stove, etc.) door, screen, trap; ~я́ть [28], ⟨~и́ть⟩ [13] protect, screen; shut off, take away (light); repress, oust.

заслу́|га f [8] merit, desert; он получи́л по ~гам (it) served him right; ~женный [14] merited, (well-)deserved, just; meritorious, worthy; hono(u)red (a. in Sov. ti:les); ~живать [1], ⟨~жи́ть⟩ [16] merit, deserve (impf. a. P); F earn.

заслу́ш|ивать, ⟨~ать⟩ [1] hear; -ся listen (to T, P) with delight.

засм|а́триваться [1], ⟨~отре́ться⟩ [9; -отрю́сь, -о́тришься] (на В) feast one's eyes or gloat ([up]on), look (at) with delight.

заснýть s. засыпа́ть 2.

засло́в m [1] bar, bolt; ~обыва́ть [1], ⟨~ýнуть⟩ [20] put, slip, tuck; mislay; ~оли́ть s. ~а́ливать 2.

засоре́ние n [12] obstruction; ⚕ constipation; ~и́ть s. засо́ривать.

засоса́ть s. заса́сывать.

засо́х|ший [17] dry, dried up; ⚘ dead; ~нуть s. засыха́ть.

за́сонапный F [14] sleepy.

заста́|ва f [5] hist. (toll)gate, turnpike; ✕ frontier post; outpost; ~ва́ть [5], ⟨~ть⟩ [-а́ну, -а́нешь] find, meet with; surprise; take ...; ~вля́ть [28], ⟨~вить⟩ [14] 1. compel, force, make; ~вить ждать keep waiting; ~вить замолча́ть silence; 2. (Т) block (up); fill; ~ре́лый [14] inveterate, chronic; ~ть s. ~ва́ть.

заст|ёгивать [1], ⟨~егну́ть⟩ [20; -ёгнутый] button (one's coat, etc., a. -ся, up); buckle, clasp, hook (up); ~ёжка f [5; g/pl.: -жек] clasp.

застекл|я́ть [28], ⟨~и́ть⟩ [13] glaze.

засте́н|ок m [1; -нка] torture chamber; ~чивый [14 sh.] shy, timid.

засти|га́ть [1], ⟨~гну́ть⟩, ~ча́ть [21 -г-: -и́гну, -и́гнешь; -и́г, -и́гла; -и́гнутый] surprise, catch; take...

заст|ила́ть [1], ⟨~ла́ть⟩ [-телю́, -те́лешь; за́стланный] cover; cloud.

засто́|й m [3] standstill, deadlock, stagnation; ~йный [14] stagnant; chronic; ⚕ unsalable; ~льный [14] table...; drinking; ~я́ться [-ою́сь, -ои́шься] pf. stand or stay too long; be(come) stagnant, stale.

застр|а́ивать [1], ⟨~о́ить⟩ [13] build on; build up, encumber; ~ахо́вывать [1], ⟨~ахова́ть⟩ [7] insure; fig. safeguard; ~ева́ть [1], ⟨~я́ть⟩ [-я́ну, -я́нешь] stick; F come to a standstill; be delayed; be lost; ~е́ливать [1], ⟨~ели́ть⟩ [13; -елю́, -е́лишь; -е́ленный] shoot, kill; **~е́льщик** *m* [1] ⚔ skirmisher; *fig.* instigator; initiator; **~о́ить** *s.* **~а́ивать**; **~о́йка** *f* [5; *g/pl.*: -бек] building (on); **~я́ть** *s.* **~ева́ть**.

за́ступ *m* [1] spade.

заступ|а́ть [1], ⟨**~и́ть**⟩ [14] take (*s. b.'s place*), relieve; F start (*work* на В); **-ся** (за В) take s.b.'s side; protect; intercede for; **~ник** *m* [1] protector, patron; advocate; **~ница** *f* [5] protectress, patroness; **~ничество** *n* [9] intercession.

засты|ва́ть [1], ⟨**~ть**⟩ [-ы́ну, -ы́нешь] cool down, congeal; stiffen, be(come) *or* stand stockstill; (*a. blood*) freeze (F to death), chill.

засу́нуть *s.* засо́вывать.

за́суха *f* [5] drought.

засу́ч|ивать [1], ⟨**~и́ть**⟩ [16] turn *or* tuck up.

засу́ш|ивать [1], ⟨**~и́ть**⟩ [16] dry (up); F make arid; **~ливый** [14 *sh.*] droughty.

засчи́т|ывать, ⟨**~а́ть**⟩ [1] reckon, (ac)count; credit.

зас|ыпа́ть [1] 1. ⟨**~ы́пать**⟩ [2] (Т) fill up; cover, drift; *fig.* heap, ply, overwhelm; F pour, strew; 2. ⟨**~ну́ть**⟩ [20] fall asleep; **~ыха́ть** [1], ⟨**~о́хнуть**⟩ [21] dry up; wither.

зата́|ивать [1], ⟨**~и́ть**⟩ [13] conceal, hide; hold (*breath*); bear (*grudge*); **~ённый** *a.* secret.

зат|а́пливать [1] & **~опля́ть** [28], ⟨**~опи́ть**⟩ [14] 1. light (make) a fire; 2. flood; sink; **~а́птывать** [1], ⟨**~опта́ть**⟩ [3] trample, tread (down); **~а́скивать** [1] 1. F, ⟨**~аска́ть**⟩ [1] wear out; **~а́сканный** worn, shabby; hackneyed; 2. ⟨**~ащи́ть**⟩ [16] drag, pull (in, *etc.*); mislay.

затв|ердева́ть [1], ⟨**~ердеть**⟩ [8] harden; **~ёрживать** [1], ⟨**~ерди́ть**⟩ [15 *e.*; -ржу́, -рди́шь; -ржённый] memorize, learn (by heart).

затво́р *m* [1] bolt, bar; (*a.* ⚔) lock; gate; *phot.* shutter; **~я́ть** [28], ⟨**~и́ть**⟩ [13; -орю́ -о́ришь; -о́ренный] shut, close; **-ся** shut o.s. up.

зат|ева́ть F [1], ⟨**~е́ять**⟩ [27] start, undertake; conceive; resolve; **~е́йливый** [14 *sh.*] fanciful; ingenious, intricate; **~ека́ть** [1], ⟨**~е́чь**⟩ [26] flow (in, *etc.*); swell; be(come) numb, asleep (*limbs*); bloodshot (*eyes*).

зате́м then; for that purpose, that is why; **~** что́бы in order to (*or* that); **~** что † because.

затемн|е́ние *n* [12] ⚔ blackout; obscuration; **~я́ть** [28], ⟨**~и́ть**⟩ [13] darken, overshadow, (*a. fig.*) obscure; ⚔ black out.

затер|е́ть *s.* затира́ть; **~я́ть** F [28] *pf.* lose; **-ся** get *or* be lost; disappear; lie in the midst of.

зате́|я *s.* затека́ть; **~я** *f* [6] plan, undertaking; invention, freak; diversion; trick; **~ять** *s.* **~ва́ть**.

зат|ира́ть [1], ⟨**~ере́ть**⟩ [12] wipe *or* blot out; jam, block (up); F wear out; efface, stunt; **~иха́ть** [1], ⟨**~и́хнуть**⟩ [21] become silent *or* quiet, stop (speaking, *etc.*); die away *or* off; calm down, abate; **~и́шье** *n* [10] lull, calm; shelter, quiet spot, nook.

заткну́ть *s.* затыка́ть.

затм|ева́ть [1], ⟨**~и́ть**⟩ [14 *e.*; *no 1st. p. sg.*; -ми́шь], **~е́ние** *n* [12] eclipse.

зато́ but (then, at the same time), instead, in return, on the other hand; therefore.

затова́ривание † *n* [12] glut.

затоп|и́ть, **~ля́ть** *s.* зата́пливать; **~та́ть** *s.* зата́птывать.

зато́р *m* [1] jam, block, obstruction.

заточ|а́ть [1], ⟨**~и́ть**⟩ [16 *e.*; -чу́; -чи́шь; -чённый] confine, imprison; exile; **~е́ние** *n* [12] confinement, imprisonment; exile.

затра́|вливать [1], ⟨**~ви́ть**⟩ [14] bait (*a. fig.* F), course, chase down; **~гивать** [1], ⟨затро́нуть⟩ [20] touch (*a. fig.*, [up]on); affect; hurt.

затра́|та *f* [5] expense, expenditure; **~чивать** [1], ⟨**~тить**⟩ [15] spend.

затро́нуть *s.* затра́гивать.

затрудн|е́ние *n* [12] difficulty, trouble; embarrassment; в **~е́нии** *a.* at a loss; **~и́тельный** [14; -лен, -льна] difficult, hard, straitened; **~и́тельное положе́ние** *n* predicament; **~я́ть** [28], ⟨**~и́ть**⟩ [13] embarrass, (cause) trouble; render (more) difficult, inconvenience; aggravate, complicate; **-ся** *a.* be at a loss (for в П, Т).

зату|ма́нивать(ся) [1], ⟨**~ма́нить** (-ся)⟩ [13] fog; dim; **~ха́ть** [1] ⟨**~хнуть**⟩ [21] die out; (*a. radio*) fade; **~шёвывать** [1], ⟨**~шева́ть**⟩ [6] shade; *fig.* F smooth over; **-ся** efface; **~ши́ть** F [16] *s.* туши́ть.

зату́хлый [14] musty, fusty.

зат|ыка́ть [1], ⟨**~кну́ть**⟩ [20] stop (up), (про́бкой) cork (up); F tuck, slip; **~ы́лок** *m* [1; -лка] back of the head; nape (of the neck).

заты́чка *f* F [5; *g/pl.*: -чек] bung, plug.

затя́|гивать [1], ⟨**~ну́ть**⟩ [19] tighten, draw tight; gird, lace, enclose, press; draw in, *etc.*; involve; cover; *impers.*: sink; close, skin (over); protract, delay; begin (to sing); **~жка** *f* [5; *g/pl.*: -жек] drawing tight; protraction; inhalation (*smoking*); **~жно́й** [14] long, lengthy, protracted.

зау|ны́вный [14; -вен, -вна] sad, mournful, melancholy; **~ря́дный** [14; -ден, -дна] common(place), ordinary, mediocre; **~сеница** *f* [5] agnail.

зау́треня *f* [6] matins *pl.* [rize.)

зау́ч|ивать [1], ⟨**~и́ть**⟩ [16] memo-]

захва́т *m* [1] seizure, capture; usurpation; ⁓ывать [1], ⟨⁓и́ть⟩ [15] grasp, grip(e); take (along [with one, *a.* с собо́й]); seize, capture, usurp; absorb, captivate; F catch, snatch, take (away [*breath*], up, *etc.*); ⁓ни́ческий [16] aggressive; ⁓чик *m* [1] invader, aggressor; ⁓ывать *s.* ⁓и́ть.

захворáть F [1] *pf.* fall sick, ill.

захл|ёбываться [1], ⟨⁓ебну́ться⟩ [20] choke, stifle (with T, от P); *fig.* be beside o.s.; ⚰, ⊕ break down, stop; ⁓ёстывать [1], ⟨⁓естну́ть⟩ [20; -хлёстнутый] lash (round, on [-to], together); swamp (*boat, etc.*); *fig.* seize; ⁓о́пывать(ся) [1], ⟨⁓о́пнуть(ся)⟩ [20] slam, bang.

захо́д *m* [1] (со́лнца sun)set; call (*at a port*); ⚰ approach; ⁓и́ть [5], ⟨зайти́⟩ [зайду́, -дёшь; *g. pt.*: зайди́; *cf.* идти́] go *or* come in *or* to (see, *etc.*), call *or* drop in (on, at к Д, в В); pick up, fetch (за Т); ⚓ call *or* touch at, enter; get, advance; pass, draw out; (*a.* ⚰) approach; ⚰ outflank; turn, disappear, get behind (за В); *ast.* set; речь зашла́ о (П) (we, *etc.*) began (came) to (*or* had a) talk (about).

захолу́ст|ный [14] out-of-the-way, provincial, country...; rustic, boorish; ⁓ье *n* [10] solitude, lonely *or* dreary spot (suburb).

захуда́лый [14] down & out; mean.

зацеп|ля́ть [28], ⟨⁓и́ть⟩ [14] (*a.* за В) catch, hook on, grapple; fasten; F ⁓ -ся *s.* задева́ть. [charm.⟩

зачаро́вывать [1], ⟨⁓а́ть⟩ [7]⟩

зачасту́ю F often, frequently.

зача́|тие *n* [12] conception; ⁓ток *m* [1; -тка] germ; *pl.* rudiments; ⁓точный [14] rudimentary; ⁓ть [-чну́, -чнёшь; зача́л, -á, -о; зача́тый (зача́т, -á, -о)] conceive.

зачéм why, wherefore, for what (*or* what for); ⁓-то for some purpose (reason) (or other).

зач|ёркивать [1], ⟨⁓еркну́ть⟩ [20; -чёркнутый] strike out, obliterate; ⁓ёрпывать [1], ⟨⁓ерпну́ть⟩ [20; -чёрпнутый] scoop, dip; ⁓ерствéлый [14] stale; *fig.* unfeeling; ⁓ёсть *s.* ⁓и́тывать¹; ⁓ёсывать [1], ⟨⁓еса́ть⟩ [3] comb (back); ⁓ёт *m* [1] examination, test; F *educ.* credit.

зач|и́нщик *m* [1] instigator; ⁓исля́ть [28], ⟨⁓и́слить⟩ [13] enrol(l), enlist, engage; † enter; ⁓и́тывать¹ [1], ⟨⁓éсть⟩ [25 -т-: -чту́, -чтёшь; *cf.* прочéсть] reckon, charge, account; *educ.* credit; ⁓и́тывать², ⟨⁓ита́ть⟩ [1] read (to, aloud); F thumb, wear out, tear; not return (*borrowed book*); -ся be(come) absorbed (in Т); read (too) long.

зачумлённый [14 *sh.*] infected with pestilence.

заш|ива́ть [1], ⟨⁓и́ть⟩ [-шью,

-шьёшь; *cf.* шить] sew up; ⁓нуро́вывать [1], ⟨⁓нурова́ть⟩ [7] lace (up); ⁓то́панный [14] darned.

защёлк|ивать [1], ⟨⁓нуть⟩ [20] snap, catch.

защем|ля́ть [28], ⟨⁓и́ть⟩ [14 *e.*; -емлю́, -еми́шь; -емлённый] squeeze (in), pinch, jam; *impers. fig.* oppress with grief.

защи́|та *f* [5] defense (*Brt.* -nce), protection, cover; maintenance; ⁓ти́ть *s.* ⁓ща́ть; ⁓тник *m* [1] defender; protector; ⚖ advocate (*a. fig.*), counsel([l]or) for the defense; *sport*: back; ⁓тный [14] protective; safety...; khaki ...; crash (*helmet*); ⁓ща́ть [1], ⟨⁓ти́ть⟩ [15 *e.*; -ищу́, -ити́шь; -ищённый] (от P) defend (from, against); protect (from); vindicate, advocate, (*a. thesis*) maintain, support; *impf.* ⚖ defend, plead (for).

заяв|и́ть *s.* ⁓ля́ть; ⁓ка *f* [5; *g/pl.*: -вок] application (for на В); claim; request; ⁓лéние *n* [12] declaration, statement; petition, application (for о П); ⁓ля́ть [28], ⟨⁓и́ть⟩ [14] (*a.* о П) declare, announce; state; claim, present; enter, lodge; notify, inform; show, manifest.

зая́|длый F [14] = завзя́тый.

зая́|ц *m* [1; за́йца] hare; ⁓ speck(le); P stowaway; ⁓чий [18] hare('s)...; F cowardly; ⁓чья губа́ *f* harelip.

зва́|ние *n* [12] rank; title; class; standing; ⁓ный [14] invited; ⁓ный обéд (вéчер) *m* dinner (evening) party; ⁓тельный [14] *gr.* vocative (*case*); ⁓ть [зову́, зовёшь; звал, -á, -о; (⁓')зва́нный (зван, -á, -о)] 1. ⟨по-⟩ call; invite (to [*a.* ⁓ть в го́сти] к Д, на В); 2. ⟨на-⟩ (Т) F (be) call(ed); как вас зову́т? what is your (first) name?; меня́ зову́т Петро́м *or* Пётр my name is Peter.

звездá [5; *pl.* звёзды, *etc. st.*] star (*a. fig.*); морскáя ⁓ *zo.* starfish.

звёзд|ный [14] star...; stellar; starry (*sky*); starlit (*night*); ⁓очка *f* [5; *g/pl.*: -чек] starlet; *print.* asterisk.

звен|éть [9], ⟨за-, про-⟩ ring, jingle, clink; у меня́ ⁓и́т в уша́х my ears ring.

звенó *n* [9; *pl.*: звéнья, -ьев] link; *fig.* part, branch; ⚔ flight; squad.

звери́н|ец *m* [1; -нца] menagerie; ⁓ый [14] animal; feral; *vs.* звéрский.

зверо|бóй *m* [3] (seal, walrus, *etc.*) hunter; ⁓лóв *m* [1] trapper; hunter.

звéр|ский [16] *s.* зверúный; *fig.* brutal, atrocious; F beastly, awful, dog(-*tired*); ⁓ство *n* [9] brutality; *pl.* atrocities; ⁓ь *m* [4; *from g/pl. e.*] (wild) animal, beast; *fig.* brute.

звон *m* [1] ring, jingle, peal, chime; ⁓áрь *m* [4 *e.*] bell ringer, sexton; ⁓и́ть [13], ⟨по-⟩ ring (*v/t.* в В); chime, peal; (Д) telephone, call up; ⁓кий [16]; звóнок, -нкá, -о; *comp.*:

звонче] sonorous, clear; resonant; *gr.* voiced; hard (*cash*); ~о́к *m* [1; -нка́] bell; ring; the bell rings.

звук *m* [1] sound; tone (*a. ♪*); tune; ~ово́й [14] sound...; talking (*picture*); ~онепроница́емый [14] soundproof; ~оподража́ние *n* [12] onomatopœia; ~оподража́тельный [14] onomatopoe(t)ic.

звуч|а́ние *n* [12] sounding; ~а́ть [4 *e.*; 3rd *p. only*], ⟨про-⟩ (re)sound; ring; clang; ~ный [14; -чен, -чна́, -о] sonorous, clear; resonant.

звяк|ать [1], ⟨~нуть⟩ [20] clink.

зги: (ни) зги не вида́ть *or* не ви́дно it is pitch-dark.

зда́ние *n* [12] building.

зде|сь here; local (*on letter*); ~сь! present!; ~шний [15] local; я не ~шний I am a stranger here.

здоро́в|аться [1], ⟨по-⟩ (с Т) greet *or* salute (o. a.), welcome; wish good morning, *etc.*; ~аться за́ руку shake hands; ~о¹ P hi!, hello!; ~о² P awfully!; well done, dandy; ~ый [14 *sh.*] healthy (*a. su.*), sound (*a. fig.*); wholesome, salubrious; P strong; in good health; бу́дь(те) ~ы(!)! good-by(e)!, good luck!; your health!; ~ье *n* [10] health; как ва́ше ~ье? how are you?; за ва́ше ~ье! your health!; here's to you!; на ~ье! good luck (health)!; е́шь(те) на ~ье! help yourself (-ves), please!

здра́в|ие *n* [12] † = здоро́вье; ~ия жела́ю (-ла́ем) ⚔ good morning (*etc.*), sir!; ~ица *f* [5] toast; ~ница *f* [5] sanatorium; sanitarium; ~о-мы́слящий [17] sane, sensible; ~оохране́ние *n* [12] public health service; ~ствовать [7] be in good health; ~ствуй(те)! hello!, hi!, good morning! (*etc.*); how do you do?; да ~ствует ...! long live ...!; ~ый [14 *sh.*] † = здоро́вье; *fig.* sound, sane, sensible; ~ый смысл *or* common sense; в ~ом уме́ in one's senses; ~ и невреди́м safe & sound.

зев *m* [1] throat, gullet, *anat.* pharynx; † jaws *pl.*; ~а́ка P *m/f* [5] gaper; ~а́ть [1], *once* ⟨~ну́ть⟩ [20] yawn; F gape (at на В); ~а́ть по сторона́м stand gaping around; F dawdle; не ~а́й! look out!; ~о́к *m* [1; -вка́] yawn; ~о́та *f* [5] yawning.

зелен|е́ть [8], ⟨за-, по-⟩ grow, turn *or* be green; *impf.* (*a.* -ся) appear *or* show green; ~но́й [14] greengrocer's; ~ова́тый [14 *sh.*] greenish; ~щи́к *m* [1 *e.*] greengrocer.

зелёный [14; зе́лен, -а́, -о] green (*a. fig.*), verdant; ~ теа́тр open-air stage; ~ ю́нец F greenhorn.

зе́л|ень *f* [8] verdure; green; potherbs, greens *pl.*; ~ье *n* [10] herb; poison.

земе́льный [14] land...; landed.

землевладе́|лец *m* [1; -льца] land-owner; ~ние *n* [12] (кру́пное great) landed property, (real) estate.

земледе́л|ец *m* [1; -льца] farmer; ~ие *n* [12] agriculture, farming; ~ьческий [16] agricultural.

земле|ко́п *m* [1] digger; *Brt.* navvy; ~ме́р *m* [1] (land) surveyor; ~трясе́ние *n* [12] earthquake; ~черпа́лка [5; *g/pl.:* -лок] dredge.

земли́стый [14 *sh.*] earthy; ashy.

земл|я́ *f* [6; *ac/sg.:* зе́млю; *pl.:* зе́мли, земе́ль, зе́млям] earth (*as planet* 2я́); land; ground, soil; † country; на ~ю to the ground; ~я́к *m* [1 *e.*] (fellow) countryman; ~я-ни́ка *f* [5] (wild) strawberry, -ries *pl.*; ~я́нка *f* [5; *g/pl.:* -нок] (*a.* ⚔) dugout; (mud) hut; ~яно́й [14] earth(en), mud...; land...; ashy; ~-яно́й оре́х *m* peanut; ~яна́я гру́ша *f* (Jerusalem) artichoke.

земново́дный [14] amphibian.

земно́й [14] (of the) earth, terrestrial; earthly; *fig.* earthy.

зе́м|ский [16] *hist.* State...; county-...; ⚔ Territorial (*Army*); ~ский собо́р *m* diet; ~ский нача́льник *m* sheriff, bailiff; ~ство *n* [9] zemstvo, county council (*1864—1917*).

зени́т *m* [1] zenith (*a. fig.* = climax); ~ный ⚔ [14] anti-aircraft...

зени́ц|а *f* [5] † pupil, eye; бере́чь как ~у о́ка cherish like the apple of one's eye.

зе́ркал|о *n* [9; *pl. e.*] looking glass, (*a. fig.*) mirror; ~ьный [14] *fig.* (dead-)smooth; plate (*glass*).

зерн|и́стый [14 *sh.*] grainy, granular; ~о́ *n* [9; *pl.:* зёрна, зёрен, зёрнам] grain (*a. coll.*), corn, (*a. fig.*) seed; ~ово́й [14] grain...; *su. pl.* cereals. [-зен, -зна] zigzag.]

зигза́г *m* [1], ~ообра́зный [14;]

зим|а́ *f* [5; *ac/sg.:* зи́му; *pl. st.*] winter (in [the] Т; for the на В); ~ний [15] winter..., wintry; ~ова́ть [7], ⟨за-, пере-⟩ winter; hibernate; ~о́вка *f* [5; *g/pl.:* -вок], ~о́вье *n* [10] wintering; hibernation; winter hut.

зия́|ние *n* [12] gaping; *ling.* hiatus; ~ть [28] gape.

злак *m* [1] herb; grass; *pl.* ⚭ gramineous plants; хле́бные ~и *pl.*]

зла́то... † *poet.* gold(en). [cereals.]

злить [13], ⟨обо-, разо-⟩ vex, anger *or* make angry, irritate; ~ся be (-come) *or* feel angry (with на В); *fig.* rage.

зло *n* [9; *pl. gen.* зол *only*] evil.

зло́б|а *f* [5] spite; rage; ~а дня topic of the day; ~ный [14; -бен, -бна] spiteful, malicious; ~однев-ный [14; -вен, -вна] topical, burning; ~ствовать [7] *s.* зли́ться.

злов|е́щий [17 *sh.*] ominous, ill-boding; ~о́ние *n* [12] stench; ~о́нный [14; -о́нен, о́нна] stinking, fetid; ~ре́дный [14; -ден, -дна] malicious, malign(ant).

злоде́|й *m* [3] malefactor, evildoer; criminal; villain; ~йский [16] vile, villainous, outrageous; malicious; ~йство *n* [9], ~яние *n* [12] misdeed, outrage, villainy, crime.

злой [14; зол, зла, зло] wicked, (*a. su. n*) evil; malicious, spiteful; angry (with на B); fierce; severe; bad; mordant; ✝ malignant.

зло|ка́чественный [14 *sh.*] malignant; ~ключе́ние *n* [12] misfortune; ~наме́ренный [14 *sh.*] malevolent; ~нра́вный [14; -вен, -вна] ill-natured; ~па́мятный [14; -тен, -тна] vindictive; ~полу́чный [14; -чен, -чна] unfortunate, ill-fated; ~ра́дный [14; -ден, -дна] mischievous.

злосло́ви|е *n* [12], ~ть [14] slander.

зло́ст|ный [14; -тен, -тна] malicious, spiteful; malevolent; ~ь *f* [8] spite; rage.

зло|сча́стный [14; -тен, -тна] *s.* ~полу́чный.

злоумы́шленн|ик *m* [1] plotter; malefactor; ~ый [14] malevolent.

злоупотреб|ле́ние *n* [12], ~ля́ть [28], ⟨~и́ть⟩ [14 *e.*; -блю, -би́шь] (T) abuse; (make) excessive use.

зме|и́ный [14] snake('s), serpent('s), -tine; ~и́ться [13] meander, wind (*в.в.*); ~й *m* [3] dragon; (*a. бума́жный ~й*) kite; P → ~й *f* [6; *pl. st.*: зме́и; зме́й] snake, serpent (*a. fig.*).

знак *m* [1] sign, mark, token; symbol; omen; badge; signal; ~и при препина́ния punctuation marks; в ~ (P) in (*or* as a) token (sign) of.

знако́м|ить [14], ⟨по-⟩ introduce (a p. to B/c T); *a.* ⟨о-⟩ acquaint (with c T); -ся (с T) *p.* meet, make the acquaintance of, (*a. th.*) become acquainted with; *th.*: familiarize o.s. with, go into; ~ство *n* [9] acquaintance (-ces *pl.*); ~ый [14 *sh.*] familiar, acquainted (with c T); known; *su.* acquaintance; бу́дьте ~ы → ~ьтесь, ..., meet ...

знамена́тель *m* [4] denominator; ~ный [14; -лен, -льна] memorable, remarkable; significant, suggestive; *gr.* notional.

знам|ёне *n* [12] ✝, *s.* знак; ~и́тость *f* [8] fame, renown; *p.*: celebrity; ~и́тый [14 *sh.*] famous, renowned, celebrated (by, for T).

знам|ено́сец *m* [1; -сца] standard bearer; ~я *n* [13; *pl.*: -мёна, -мён] banner, flag; ✗ standard; colo(u)rs.

зна́ни|е *n* [12] (*a. pl.* ~я) knowledge; со ~ем де́ла with skill *or* competence.

зна́т|ный [14; -тен, -тна́, -о] noble; distinguished, notable, eminent; ~о́к *m* [1 *e.*] expert; connoisseur.

знать[1] 1. [1] know; дать ~ (Д) let know; дать себя́ (о себе́) ~ make o.s. felt (send news); то и знай → то и де́ло; кто его́ зна́ет goodness

knows; -ся F associate with (c T); (get to) know; 2. P apparently, probably; ~[2] *f* [8] nobility, notables.

значе́|ние *n* [12] meaning, sense; significance, importance (*vb.*: имéть be of); ~тельный [14; -лен, -льна] considerable; large; important; significant, suggestive; ~ить [16] mean, signify; matter; ~ит consequently, so; well (then); -ся be registered *impers.* (it) say(s); ~о́к *m* [1; -чка́] badge; sign.

**зноб
́|ть: меня́ ~ I feel chilly.

зной *m* [3] heat, sultriness; ~ный [14; зно́ен, зно́йна] sultry, hot.

зоб *m* [1] crop, craw; ✝ goiter, -tre.

зов *m* [1] call; F invitation.

зо́дчество *n* [9] architecture.

зол|а́ *f* [5] ashes *pl.*; ~о́вка *f* [5; *g/pl.*: -вок] sister-in-law (*husband's sister*).

золоти́|стый [14 *sh.*] golden; ~ть [15 *e.*; -очу́, -оти́шь], ⟨по-, вы́-⟩ gild.

зо́лот|о *n* [9] gold; на вес ~а worth its weight in gold; ~оиска́тель *m* [4] gold digger; ~о́й [14] gold(en) (*a. fig.*); dear; ~ых дел ма́стер *m* ✝ jewel(l)er.

золоту́ха F *f* [5] scrofula; ~линый F [14; -шен, -шна] scrofulous.

золочёный [14] gilt, gilded.

зо́н|а *f* [5] zone; ~а́льный [14] zonal.

зонд *m* [1], ~и́ровать [7] sound.

зонт, ~ик *m* [1] umbrella; sunshade.

зоо|ло́г *m* [1] zoölogist; ~логи́ческий [16] zoölogical; ~ло́гия *f* [7] zoölogy; ~па́рк, ~са́д *m* [1] zoo (-logical garden).

зо́ркий [16; зо́рок, -рка́, -о; *comp.*: зо́рче] sharp-sighted (*a. fig.*); observant, watchful, vigilant.

зрачо́к *m* [1; -чка́] *anat.* pupil.

зре́л|ище *n* [11] sight; spectacle; show; ~ость *f* [8] ripeness, maturity; ~ый [14; зрел, -á, -о] ripe; mature; deliberate.

зре́ни|е *n* [12] (eye)sight; по́ле ~я range of vision, eyeshot; *fig.* horizon; то́чка ~я point of view, standpoint, angle (*prp.*: с то́чки ~я = под угло́м ~я from ...).

зреть 1. [8], ⟨со-, вы́-⟩ ripen, mature; 2. ✝ [9], ⟨у-⟩ see; look.

зри́тель *m* [4] spectator, onlooker, looker-on; ~ный [14] visual, optic; ~ный зал *m* hall, auditorium; ~ная труба́ spyglass.

зря F in vain, to no purpose, (all) for nothing; it's no good (use) ...ing.

зря́чий [17] seeing (*one that can see*).

зуб *m* [1; *from* ✿. *e.*; ⊕ зу́бья, зу́бьев] tooth; *from* ⊕ *a.* cog, dent; до ~о́в to the teeth; не по ~а́м too tough (*a. fig.*); сквозь ~ы through clenched teeth; (*mutter*) indistinctly; имéть *or* точи́ть ~ (на B) have a grudge against; ~а́стый [14 *sh.*]

large-, sharp-toothed; *fig.* sharp-tongued; ~е́ц *m* [1; -бца́] ⊕ = зуб; ⚔ battlement; ~и́ло *n* [9] chisel; ~но́й [14] tooth...; dental; ~но́й врач *m* dentist; ~на́я боль *f* toothache; ~очи́стка *f* [5; *g/pl.:* -ток] toothpick.

зубр *m* [1] bison; *fig.* fossil.

зубр|ёжка F *f* [5] cramming; ~и́ть 1. [13], ⟨за-⟩ notch; зазу́бренный jagged; 2. F [13; зубрю́, зу́бри́шь], ⟨вы-, за-⟩ [зазу́бренный] cram, learn by rote.

зубча́тый [14] ⊕ cog(wheel)..., gear...; indented.

зуд *m* [1], ~е́ть F [9] itch (*a. fig.*).

зы́б|кий [16; зы́бок, -бка́, -о; *comp.:* зы́бче] loose; shaky, unsteady, unstable; swelling, rippled; vague; ~у́чий [17 *sh.*] = ~кий; ~ь *f* [8] ripples *pl.*; swell; † wave.

зы́чный [14; -чен, -чна; *comp.:* -чне́е] ringing.

зя́б|кий [16; -бок, -бка́, -о] chilly; ~левый [14] winter...; ~лик *m* [1] chaffinch; ~нуть [21], ⟨про-⟩ feel chilly; freeze; ~ь *f* [8] winter tillage.

зять *m* [4; *pl. e.*: зятья́, -ьёв] son- or brother-in-law (*daughter's or sister's husband*).

И

и 1. *cj.* and; and then, and so; but; (even) though, much as; (that's) just (what ... is, *etc.*), (this) very *or* same; 2. *part.* oh; too, (n)either; even; и ... и ... both ... and ...

и́бо because, since, as.

и́ва *f* [5] willow.

Ива́н *m* [1] Ivan; John.

и́волга *f* [5] oriole.

игл|а́ *f* [5; *pl. st.*] needle (*a.* ⊕, ⚓, *min.*, ⚘); thorn, prickle (quill, spine, bristle); ~и́стый [14 *sh.*] prickly, thorny; spiny; crystalline.

Игна́|тий *m* [3], F ~т [1] Ignatius.

игнори́ровать [7] (*im*)*pf.* ignore.

и́го *n* [8] *fig.* yoke.

иго́л|ка *f* [5; *g/pl.:* -лок] *s.* игла́; как на ~ках on tenterhooks; с ~(оч)ки brand-new, spick-and-span; ~ьный [14] needle('s)...

иго́рный [14] gambling; card...

игра́ *f* [5; *pl. st.*] play; game (of в В); effervescense; sparkle; ~ слов play on words, pun; ~ не сто́ит свеч it isn't worth while or doesn't pay; ~лище *n* [11] sport, plaything; ~льный [14] playing (card); ~ть [1], ⟨по-, сыгра́ть⟩ play (*sport, cards, chess, etc.*, в В; ♪ на П); gamble; (*storm, etc.*) rage (*a. wine, etc.*) sparkle; *thea. a.* act.

игри́|вый [14 *sh.*] playful, sportive; equivocal, immodest; ~стый [14 *sh.*] sparkling.

игро́к *m* [1 *e.*] player, gambler.

игру́шка *f* [5; *g/pl.:* -шек] toy, plaything.

игу́мен *m* [1 *e.*] abbot, superior.

идеа́л *m* [1] ideal; ~и́зм *m* [1] idealism; ~и́ст *m* [1] idealist; ~исти́ческий [16] idealistic; ~ьный [14; -лен, -льна] ideal.

иде́йный [14; -е́ен, -е́йна] ideologic(al); ideal; high-principled.

идео́лог *m* [1] ideologist; ~и́ческий [16] ideologic(al); ~ия [7] ideology.

иде́я *f* [6] idea.

идилл|ия *f* [7] idyl(l); ~и́ческий [16] idyllic.

идиома́т|ика *f* [5] stock of idioms; idiomology; ~и́ческий [16] idiomatic(al).

идио́т *m* [1] idiot; ~и́зм *m* [1] idiocy; ~ский [16] idiotic.

и́дол *m* [1] idol; *contp.* blockhead.

идти́ [иду́, идёшь; шёл, шла; ше́дший; идя́ & и́дучи; ~дённый], ⟨пойти́⟩ [пойду́, -дёшь; пошёл, -шла́] (be) go(ing, *etc.*; *a. fig.*), walk; come; run, pass, drive, sail, fly, *etc.*; (за Т) follow, *a.* go for; fetch; leave; move (*a. chess*, Т), flow, drift, blow; (в, на В) enter (*school*), join (*army, etc.*), become; proceed, be in progress, take place; be on (*thea., film*); lead (*road*; *a.* card с Р); (на В) attack; spread (*rumo*[*u*]*r*); (be) receive(d); ✝ sell; ⊕ work; (в, на, под В) be used, spend (for); (в В) be sent to; ([к] Д) suit; (за В) marry; ~ в счёт count; ~ на вёслах row; ~ по отцу́ take after one's father; идёт! all right!, done!; пошёл (пошли́)! (let's) go!; де́ло (речь) идёт о (П) the question *or* matter is (whether), it is a question *or* matter (of); ... is at stake; пошёл *or* пошёл шестой год (деся́ток) he is over *or* past five (fifty).

иезуи́т *m* [1] Jesuit (*a. fig.*).

иеро́глиф *m* [1] hieroglyph(ic).

Иерусали́м *m* [1] Jerusalem.

иждиве́н|ец *m* [1; -нца] dependent; ~ие *n* [12]: на ~ии (Р) (*live*) at s.b.'s. expense, depend on.

из, ~о (Р) from, outof; of; for, through; with; in; by; что ж ~ э́того? what does that matter?

изба́ *f* [5; *pl. st.*] (peasant's) house, hut, cottage; room (*therein*); ~-чита́льня *f* [5/6] village reading room.

избав|и́тель *m* [4] rescuer, saver, deliverer; ~ить *s.* ~ля́ть; ~ле́ние *n* [12] deliverance, rescue; ~ля́ть [28], ⟨~ить⟩ [14] (от Р from) deliver,

free; save; relieve; redeem; -ся (от
Р) escape, get rid of.
избало́ванный [14] spoilt.
избе|га́ть [1], ⟨∼жа́ть⟩ [4]; -егу́,
-ежи́шь, -егу́т] ⟨∼гну́ть⟩ [21] (Р)
avoid, shun; escape, evade; ∼жа́-
ние n [12]: во ∼жа́ние (Р) (in order)
to avoid.
изб|ива́ть [1], ⟨∼и́ть⟩ [изобью́,
-бьёшь; cf. бить] beat, thrash; †
slaughter, extirpate; F damage; ∼и́-
éние n [12] beating; extermination,
massacre.
избира́тель m [4] voter, elector; pl.
a. electorate; constituency; ∼ный
[14] electoral; election...; ∼ный
уча́сток m polling station; ∼ное пра́во
n franchise; ∼ное собра́ние n cau-
cus, Brt. electoral assembly.
изб|ира́ть [1], ⟨∼ра́ть⟩ [-беру́,
-рёшь; cf. брать] choose; elect (В/
в И pl. or / Т); ∼ранный a. select-
(ed).
изби́|тый [14] fig. beaten (path,
etc); hackneyed, trite; ∼ть s. ∼ва́ть.
избра́|ние n [12] election; ∼нник
m [1] the elect; ∼ть s. избира́ть.
избы́т|ок m [1; -тка] superfluity,
surplus; abundance, plenty; в ∼ке,
с ∼ком in plenty, plentiful(ly); ∼оч-
ный [14; -чен, -чна] superfluous,
surplus
изва́я́ние n [12] statue; s. вая́ть.
извед|ывать, ⟨∼ать⟩ [1] learn,
(come to) know, see; experience.
изве́рг|r m [1] monster; ∼га́ть [1],
⟨∼гнуть⟩ [21] cast out (a. fig.); vomit; erupt; ∼же́ние n [12] ejection,
eruption.
извернуться s. изворачиваться.
извести́ s. изводи́ть.
изве́ст|ие n [12] news sg.; informa-
tion; pl. a. bulletin; после́дние
∼ия rad. news(cast); ∼и́ть s. изве-
ща́ть.
известк|а f [5], ∼о́вый [14] lime.
изве́стн|ость f [8] notoriety; repu-
tation, fame; пользоваться (миро-
во́й) ∼остью be (world-)renowned
or famous or well known; ста́вить
(В) в ∼ость bring to a p.'s notice
(s. th. о П); ∼ый [14; -тен, -тна]
known (for Т; as как, Р за В), familiar; well-known, renowned, famous;
notorious; certain; ∼ое (Р ∼о) де́ло
of course; (мне) ∼о it is known (I
know); (ему́) э́то хорошо́ ∼о it is a
well-known fact (he is well aware
of this) [∼ь f [8] lime.⟩
изве́ст|ня́к m [1 e.] limestone;⟩
изве|ща́ть [1], ⟨∼сти́ть⟩ [15 e.;
-ещу́, -ести́шь; -ещённый] inform
(of о П); notify, ♀ a. advise; ∼-
ще́ние n [12] notification, information, notice; ⚖ summons, writ.
изви|ва́ться [1] wind, twist, wrig-
gle, meander; ∼ли́на f [5] bend,
curve; turn; ∼ли́стый [14 sh.] winding, tortuous.

извин|е́ние n [12] pardon; apology,
excuse; ∼и́тельный [14; -лен, -ль-
на] pardonable; [no sh.] apologetic;
∼я́ть [28], ⟨∼и́ть⟩ [13] excuse,
pardon; forgive (a. p. a th. Д/В);
∼и́(те)! excuse me!, (I'm) sorry!;
нет, (уж) ∼и́(те)! oh no!, on no
account!; -ся apologize (to/for
пе́ред Т/в П); beg to be excused
(on account of Т); ∼я́юсь! Р =
∼и́(те)!
извл|ека́ть [1], ⟨∼е́чь⟩ [26] take or
draw out; extract (a. А̸); derive (a.
profit); ∼ече́ние n [12] extract(ion).
извне́ from outside or without.
изводи́ть F [15], ⟨извести́⟩ [25]
use up; exhaust, ruin.   [cab.⟩
изво́зчик m [1] cabman, cab driver;⟩
изво́л|ить [13] please, deign; †
want (or just polite form of respect);
∼ь(те) + inf. (would you) please +
vb.; a. order, admonition: (if you)
please; discontent: how can one ...; F
∼ь(те) all right, О. К.; please; cf.
уго́дно.
изво́р|а́чиваться [1], ⟨изверну́ть-
ся⟩ [20] F dodge; shift; (try to)
wriggle out; ∼о́тливый [14 sh.]
nimble (a. fig.), elusive; shifty.
извра|ща́ть [1], ⟨∼ти́ть⟩ [15 e.;
-ащу́, -ати́шь; -ащённый] distort;
pervert.
изги́б m [1] bend, curve, turn; fig.
shade; ∼а́ть [1], ⟨изогну́ть⟩ [20]
bend, curve, crook (v/i. -ся).
изгла́|живать [1], ⟨∼дить⟩ [15]
(-ся be(come)) efface(d), erase(d);
smooth out.
изгна́|ние n [12] expulsion, banish-
ment; exile; ∼нник m [1] exile;
∼ть s. изгоня́ть.
изголо́вье n [10] head (bed); bolster.
изг|оня́ть [28], ⟨∼на́ть⟩ [-гоню́,
-го́нишь; -гна́л, -ла́, -о; и́згнан-
ный] drive out; oust; expel; exile,
banish.
и́згородь f [8] fence; hedge(row).
изгот|а́вливать [1], ∼овля́ть [28],
⟨∼о́вить⟩ [14] make, produce,
manufacture; F prepare (food);
∼овле́ние n [12] production, manufacture; making.
изда|ва́ть [5], ⟨∼ть⟩ [-да́м, -да́шь,
etc., cf. дать; и́зданный (и́здан,
-а́, -о)] publish; edit; (order) issue;
(law) enact; (sound) utter, emit.
и́зда|вна at all times; from of old;
long since; ∼лека́, ∼лёка, ∼ли from
afar; afar off.
изда́|ние n [12] publication; edition;
issue; ∼тель m [4] publisher; editor
(of material); ∼тельство n [9]
publishing house, publishers pl.;
∼ть s. издава́ть.
издева́т|ельство n [9] derision (of
над Т), scorn, scoff; ∼ся [1] jeer,
sneer, mock (at над Т); bully.
изде́лие n [12] make; product(ion),
article; (needle)work; pl. a. goods.

издерж|ивать [1], ⟨~а́ть⟩ [4] spend; use up; -ся F spend much (or run short of) money; ~ки f/pl. [5; gen.: -жек] expenses; ⅔ costs.

издыха́|ть [1] s. до́хнуть; ~ние n [12] (last) breath or gasp.

изж|ива́ть [1], ⟨~и́ть⟩ [-живу́, -вёшь; -жи́тый, F -то́й (изжи́т, -а́, -о)] eliminate, extirpate; complete, end (life, etc.); ~и́ть себя́ be(come) outdated, have had one's day; ~о́га f [5] heartburn.

из-за (P) from behind; from; because of; over; for (the sake of); ~ чего́? what for?; ~ э́того therefore.

излага́ть [1], ⟨изложи́ть⟩ [16] state, set forth, expound, expose.

излече́|ние n [12] cure, (medical) treatment; recovery; ~ивать [1], ⟨~и́ть⟩ [16] cure; ~и́мый [14 sh.] curable.

изл|ива́ть [1], ⟨~и́ть⟩ [изолью́, -льёшь; cf. лить] shed; ~и́ть ду́шу, мы́сли unbosom o.s.; anger: vent ... on (на B).

изли́ш|ек m [1; -шка] surplus, (a. ~ество n[9]) excess, & = избы́ток; ~ний [15; -шен, -шня, -не] superfluous, excessive; needless.

изл|ия́ние n [12] outpouring, effusion; ~и́ть [28] → ~ива́ть.

изловчи́ться F [16 e.; -чу́сь, -чи́шься] pf. contrive.

излож|е́ние n[12] exposition, statement; ~и́ть s. излага́ть.

изло́манный [14] broken; angular; spoilt, deformed, unnatural.

излуч|а́ть [1], ⟨~и́ть⟩ [16 e.; -чу́, -чи́шь; -чённый] radiate.

излу́чина f [5] s. изги́б.

излюбленный [14] favo(u)rite.

изме́н|а f [5] (Д to) treason; unfaithfulness; ~е́ние n [12] change, alteration, modification; впредь до ~е́ния until further notice; ~и́ть s. ~я́ть; ~ник m [1] traitor; ~чивый [14 sh.] changeable, variable; fickle; ~я́ть [28], ⟨~и́ть⟩ [13; -еню́, -е́нишь] 1. v/t. change (v/i. -ся), alter; modify; vary; 2. v/i. (Д) betray; be(come) unfaithful (to); break, violate (oath, etc.); fail (memory, etc.), desert.

измер|е́ние n [12] measurement; & dimension; ~и́мый [14 sh.] measurable; ~и́тель m [4] meter, measure, measuring instrument; ~я́ть [28], ⟨~ить⟩ [13] measure; fathom (a. fig.).

изможд|ённый [14 sh.] exhausted.

измо́р: взять ~ом ✕ starve (out).

и́зморозь f [8] rime; mist.

и́зморось f [8] drizzle.

изму́чи|вать [1], ⟨~ть⟩ [16] (-ся be[come]) fatigue(d), exhaust(ed), wear (worn) out; refl. a. pine.

измышл|е́ние n [12] invention; ~я́ть [28], ⟨измы́слить⟩ [13; -ы́шленный] invent; contrive, devise.

изна́нка f [5] back, inside; (fabric) wrong side; fig. seamy side.

изна́шивать [1], ⟨износи́ть⟩ [15] wear out (by use); v/i. -ся. [inate.)

изне́ж|енный [14] coddled; effem-)

изнем|ога́ть [1], ⟨~о́чь⟩ [26 e.; -огу́, -о́жешь, -о́гут] be(come) exhausted or enervated; collapse; ~оже́ние n [12] exhaustion, weariness.

изно́с m [1] wear and tear; ~и́ть s. изна́шивать.

изнур|е́ние n [12] exhaustion, fatigue; ~и́тельный [14; -лен, -льна] wearisome, wasting; ~я́ть [28], ⟨~и́ть⟩ [13] (-ся be[come]) fatigue(d), exhaust(ed), waste(d).

изны|ва́ть [1], ⟨~ть⟩ [22] pine (for по Д); impf. a. (от P) die of, be wearied or bored to death.

изоби́л|ие n [12] abundance, plenty (of P, a. в П); ~овать [7] abound (in T); ~ьный [14; -лен, -льна] rich, abundant (in T).

изоблич|а́ть [1], ⟨~и́ть⟩ [16 e.; -чу́, -чи́шь; -чённый] convict (of в П) unmask; impf. reveal, show.

изобра|жа́ть [1], ⟨~зи́ть⟩ [15 e.; -ажу́, -ази́шь; -ажённый] represent (a. impf. + собо́ю), depict; describe; express; ~жа́ть из себя́ (B) F act, set up for; ~же́ние n [12] representation; description; image, picture; ~зи́тельный [14; -лен, -льна] graphic, descriptive; (no sh.) fine (arts).

изобре|сти́ s. ~та́ть; ~та́тель m [4] inventor; ~та́тельный [14; -лен, -льна] inventive, resourceful; ~та́ть [1], ⟨~сти́⟩ [25 -т-: -брету́, -тёшь] invent; ~те́ние n [12] invention.

изогну́ть s. изгиба́ть.

изо́дранный [14] F = изо́рванный.

изол|и́ровать [7] (im)pf. isolate; ≠ a. insulate; ~я́тор m [1] ≠ insulator; ≠ isolation ward; cell or jail (for close solitary confinement); ~я́ция f [7] isolation; ≠ insulation.

изо́рванный [14] torn, tattered.

изощр|ённый [14] refined, subtle; ~я́ть [28], ⟨~и́ть⟩ [13] (-ся be[come]) refine(d), sharpen(ed); refl. impf. a. exert o.s., excel (in в П or T).

из-под (P) from under; from; from the vicinity of; буты́лка ~ молока́ milk bottle.

изразе́ц m [1; -зца́] (Dutch) tile.

Изра́иль m [4] Israel.

и́зредка occasionally; here & there.

изре́з|ывать [1], ⟨~ать⟩ [3] cut up.

изре|ка́ть [1], ⟨~чь⟩ pronounce; ~че́ние n [12] aphorism, maxim.

изруб|а́ть [1], ⟨~и́ть⟩ [14] chop, mince; cut (up, down); saber (-bre).

изря́дный [14; -ден, -дна] (fairly) good or big, fair (amount).

изуве́р m [1] fanatic; monster.

изуве́чи|вать [1], ⟨~ить⟩ [16] mutilate.

изум|и́тельный [14; -лен, -льна] amazing, wonderful; ~и́ть⟨ся⟩ s. ~ля́ть⟨ся⟩; ~ле́ние n [12] amazement; ~ля́ть [28], ⟨~и́ть⟩ [14 e.; -млю, -ми́шь; -млённый] (-ся Д be) amaze(d), astonish(ed), surprise(d at, wonder).

изумру́д m [1] emerald.

изу́стный [14] oral.

изуч|а́ть [1], ⟨~и́ть⟩ [16] study, learn; familiarize o. s. with, master; scrutinize; ~е́ние n [12] study.

изъе́зди|ть [15] pf. travel (all) over, through; ~женный [14] beaten; bumpy (road).

изъяв|и́тельный [14] gr. indicative; ~ля́ть [28], ⟨~и́ть⟩ [14] express, show; (consent) give.

изъя́н m [1] defect; stain; loss.

изыма́ть [1], ⟨изъя́ть⟩ [изыму́, изы́мешь] withdraw; seize.

изыска́ние n [12] investigation, research; survey; ⚒ prospect.

изы́сканный [14 sh.] refined, elegant; choice, exquisite; far-fetched.

изы́ск|ивать [1], ⟨~а́ть⟩ [3] find.

изю́м m [1] coll. raisins pl.

изя́щ|ный [14; -щен, -щна] graceful, elegant, (a., †, arts) fine; ~ое n su. the beautiful; ~ая литерату́ра f belles lettres pl.

Иису́с m [1; voc.: -у́се] Jesus.

ик|а́ть [1], ⟨~ну́ть⟩ [20] hiccup.

ико́|на f [5] icon; ~та f [5] hiccup.

икра́ f [5] (hard) roe, spawn; caviar; mst. pl. [st.] calf (leg).

ил m [1] silt.

и́ли or; or else; ~ ... ~ either ... or.

иллю́|зия f [7] illusion; ~мина́ция f [7] illumination; ~минова́ть [7] (im)pf. illuminate; ~стра́ция f [7] illustration; ~стри́ровать [7] (im)pf. illustrate.

Ил|ья́ m [6], Г dim. ~ю́ша [5] Elias. им. abbr.: имени, s. имя.

имби́рь m [4 e.] ginger.

име́ние n [12] estate.

имени́|ны f/pl. [5] name day; ~тельный [14] gr. nominative; ~тый [14 sh.] eminent, notable.

и́менно just, very (adj.), exactly, in particular; (a. а ~, и ~) namely, to wit, that is to say; (a. вот ~) F indeed.

именова́ть [7], ⟨на-⟩ call, name.

име́ть [8] have, possess; ~ де́ло с (T) have to do with; ~ ме́сто take place; ~в виду́ have in view, mean, intend; remember, bear in mind; -ся be at, in or on hand; (у P) have; there is, are, etc.

иммигра́нт m [1] immigrant.

иммуните́т m [1] immunity.

импера́т|ор m [1] emperor; ~ри́ца f [5] empress.

империал|и́зм m [1] imperialism; ~ст m [1] imperialist; ~сти́ческий [16] imperialist(ic).

импе́рия f [7] empire.

и́мпорт m [1], ~и́ровать [7] (im)pf. import.

импровизи́ровать [7] (im)pf. & ⟨сымпровизи́ровать⟩ improvise.

и́мпульс m [1] impulse.

иму́щ|ество n [9] property; belongings pl.; (не)дви́жимое ~ство ғ⅘ (im)movables pl.; ~ий [17] well-to-do.

и́мя n [13] (esp. first, Christian) name (a. fig. & gr.; parts of speech: = Lat. nomen); и́мени: шко́ла им. Чёхова Chekhov school; и́менем, во ~, от и́мени (all 3) in the name of (P); на ~ addressed to, for; по и́мени named; in name (only); (know) by name.

и́на́че differently; otherwise, (or) else; не ~, как just; та́к и́ли ~ one way or another, anyhow.

инвали́д m [1] invalid; ~ труда́ (войны́) disabled worker (veteran, Brt. ex-serviceman).

инвент|ариза́ция f [7] inventory, stock-taking; ~арь m [4 e.] inventory; (живо́й live)stock; implements, fittings pl.

инд|е́ец m [1; -е́йца] (Am. Red) Indian; ~е́йка f [5; g/pl.: -е́ек] turkey; ~е́йский [16] (Red) Indian; ~е́йский пету́х m = ~ю́к; ~е́йка f [5; g/pl.: -пок] fem. of ~е́ец & ~ю́к.

индиви́д m [1; -уум] individual; ~уа́льный [14; -лен, -льна] individual.

инди|ец m [1; -и́йца] (East) Indian; Hindu; ~и́йский [16] Indian (a. Ocean: ~и́йский океа́н m), Hindu. 'Инди́я f [7] India.

Индо|кита́й m [3] Indo-China; ~не́зия f [7] Indonesia; ~ста́н m [1] Hindustan.

инду́с m [1], ~ки f [5; g/pl.: -сок], ~ский [16] Hindu.

индустриализ|а́ция f [7] industrialization (Brt. -sa-); ~и́р)ова́ть [7] (im)pf. industrialize (Brt. -se).

инд|устриа́льный [14] industrial; ~у́стрия f [7] industry.

индю́к m [1 e.] turkey cock.

и́ней m [3] (white or hoar)frost.

инер|тный [14; -тен, -тна] inert; ~ция f [7] inertia; по ~ции mechanically.

инжене́р m [1] engineer; ~-строи́тель m [1/4] civil engineer; ~ный [14] (a. ⚒ ~ное де́ло n) engineering.

инициа́|лы m/pl. [1] initials; ~ти́ва f [5] initiative; ~тор m [1] initiator.

иногда́ sometimes, now and then.

иногоро́дний [15] nonresident, foreign.

иноземе́ц m [1; -мца] foreigner; ~ный [14] foreign.

ино́|й [14](an)other, different; some, many a; ~й раз sometimes; не кто ~й (не что ~е), как ... nobody (nothing) else but ...

иносказа́тельный [14; -лен, -льна] allegorical.

иностра́н|ец m [1; -нца], ~ка f [5; g/pl.: -нок] foreigner; ~ный [14] foreign; s. a. министе́рство.

инста́нция f [7] sᵗᵗ instance; pl. (official) channels; hierarchy.

инсти́нкт m [1] instinct; ~и́вный [14; -вен, -вна] instinctive.

институ́т m [1] institute; (a. sᵗᵗ) institution; form. (girls') boarding school (~ка f [5; g/pl.: -ток] pupil thereof).

инструме́нт m [1] instrument.

инсцени́р|овать [7] (im)pf. stage, screen; fig. feign; ~о́вка f [5; g/pl.: -вок] staging, etc.; direction; dramatization.

интегра́л m [1] integral; ~ьный [14; fig. -лен, -льна] integral.

интеллектуа́льный [14; -лен, -льна] intellectual.

интеллиге́н|т m [1] intellectual; ~тность f [8] intelligence; ~тный [14; -тен, -тна] intelligent; intellectual; ~ция f [7] intelligentsia, intellectuals f.

интенда́нт m [1] ⚔ commissary; ~ство n [9] commissariat.

интенси́вный (-ten-) [14; -вен, -вна] intense, (a. econ.) intensive.

интерва́л m [1] interval.

интерве́нция f [7] intervention.

интервью́ (-ter-) n [indecl.], ~и́ровать (-ter-) [7] (im)pf. interview.

интере́с m [1] interest (in к ~L; be of/to име́ть ~ для P; in the/of в ~ах P); F use; ~ный [14; -сен, -сна] interesting; F handsome, attractive; ~ова́ть [7], ⟨за-⟩ (-ся be⟨come⟩) interest(ed, take an interest in Т).

интерна́т m [1] boarding school; hostel.

Интернациона́л m [1] International(e); ②ьный [14; -лен, -льна] international.

интерни́рова|ние (-ter-) n [12] internment; ~ть (-ter-) [7] (im)pf. intern.

инти́мн|ость f [8] intimacy; ~ый [14; -мен, -мна] intimate.

интри́г|а f [5] intrigue; ~а́н m [1] intriguer; ~а́нка f [5; g/pl.: -нок] intrigante; ~ова́ть [7], ⟨за-⟩ intrigue.

интуити́вный [14; -вен, -вна] intuitive.

Интури́ст m [1] (Sov.) State bureau of foreign tourism.

инфе́кция f [7] infection.

инфля́ция f [7] inflation.

информ|а́ция f [7] information; ②бюро́ n [indecl.] (Communist) Information Bureau, Cominform); ~и́ровать [7] (im)pf. & ⟨про-⟩ inform.

и. о. = исполня́ющий обя́занности.

ипподро́м m [1] race track (course).

и пр(оч). abbr.: и про́чее, s. про́чий.

Ира́|к m [1] Iraq; ~н m [1] Iran.

ири́дий m [3] iridium.

и́рис m [1] iris (♀, anat.).

ирла́нд|ец m [1; -дца] Irishman; ~ка f [5; g/pl.: -док] Irishwoman; ~ский [16] Irish (a. Sea: ②ское мо́ре); ②ия f [7] Ireland; Eire.

ирон|изи́ровать [7] mock, sneer (at над Т); ~и́ческий [16] ironic(al), derisive; ~ия f [7] irony.

иск sᵗᵗ m [1] suit, action.

иска|жа́ть [1], ⟨~зи́ть⟩ [15 e.; -ажу́, -ази́шь; -ажённый] distort, disfigure; ~же́ние n [12] distortion.

иска́ть [3], ⟨по-⟩ (В) look for; (mst. P) seek; sᵗᵗ sue (a p. for с P/В).

исключ|а́ть [1], ⟨~и́ть⟩ [16 e.; -чу́, -чи́шь; -чённый] exclude, leave out; expel; ~а́я (P) except(ing); ~ено́ impossible; ~е́ние n [12] exclusion; expulsion; exception (with the за Т; as an в ви́де P); ~и́тельный [14; -лен, -льна] exceptional; exclusive; extraordinary; F excellent; adv. a. solely, only; ~и́ть s. ~а́ть.

иско́мый [14] sought, looked for;

иск|они́ † = издавна́; ~о́нный [14] (ab)original, native; arch.

ископа́ем|ый [14] (a. fig. & su. n) fossil; mined; pl. su. minerals; поле́зные ~ые treasures of the soil.

искорен|я́ть [28], ⟨~и́ть⟩ [13] extirpate.

и́скоса askance, asquint. [tirpate.)

и́скра f [5] spark(le); spangle.

и́скренн|ий [15; -ренен, -ренна, -е & -о, -и & -ы] sincere, frank, candid; ~о пре́данный Вам Sincerely or Respectfully yours; ~ость f [8] sincerity, frankness.

искрив|ля́ть [28], ⟨~и́ть⟩ [14 e.; -влю́, -ви́шь; -влённый] (-ся become) bend (-t), crook(ed); distort(ed), disfigure(d).

искр|и́стый [14 sh.] sparkling; ~и́ться [13] sparkle, scintillate.

искуп|а́ть [1], ⟨~и́ть⟩ [14] (B) atone for, expiate; ~ле́ние n [12] atonement, expiation.

иску́с m [1] trial (fig.); ~и́тель m [4] tempter; ~и́ть s. искуша́ть.

иску́с|ный [14; -сен, -сна] skil(l)ful, skilled; ~ственный [14 sh.] artificial; false (tooth, etc.), imitation (pearls, etc.); ~ство n [9] art; skill.

иску|ша́ть [1], † ⟨~си́ть⟩ [15 e.; -ушу́, -уси́шь] tempt; ~ше́ние n [12] temptation; ~шённый [14] tried; versed, (a. ~ённый о́пытом) experienced.

исла́м m [1] Islam. [experienced.)

Исла́ндия f [7] Iceland.

испа́н|ец m [1; -нца], ~ка f [5; g/pl.: -нок] Spaniard; ②ия f [7] Spain; ~ский [16] Spanish.

испар|е́ние n [12] evaporation; pl. a. vapo(u)r(s); ~я́ть [28], ⟨~и́ть⟩ [13] evaporate (v/i. -ся, a. fig.).

испе|пеля́ть [28], ⟨~пели́ть⟩ [13] burn to ashes; ~стря́ть F [28],

⟨₋стрить⟩ [13], ₋щря́ть [28], ⟨₋щри́ть⟩ [13] mottle, speckle, variegate; stud; interlard.

испи́с|ывать [1], ⟨₋а́ть⟩ [3] write (sheet, etc.), write upon (on both sides, etc.), fill (up, book); ₋сан full of notes, etc.; F use up; -ся F write o.s. out; be(come) used up (by writing).

испито́й F [14] emaciated.

испове́д|ание n [12] confession; creed; ₋ать [1] † = ₋овать; ₋ник m [1] confessor; ₋овать [7] (im)pf. confess (v/i. -ся, to a p. пе́ред Т; s.th. в П); profess (religion); F interrogate; ₋ь ('is-) f [8] confession (eccl. [prp.: на В/П to/at] & fig.).

и́спод|воль F gradually; ₋ло́бья frowningly; ₋тишка́ F on the quiet. [давна.)

испоко́н: ~ ве́ку (веко́в) = из-)

исполи́н m [1] giant; ₋ский [16] gigantic.

исполко́м m [1] (исполни́тельный комите́т) executive committee.

исполн|е́ние n [12] execution; fulfil(l)ment, performance; приводи́ть в ₋е́ние = ₋я́ть; ₋и́мый [14 sh.] realizable; practicable; ₋и́тель m [4] executor; thea., ♩ performer, ♪♫ (court) bailiff; ₋и́тельный [14] executive; [-лен, -льна] industrious; ₋я́ть [28], ⟨₋ить⟩ [13] carry out, execute; fulfil(l), do (duty); hold, fill (office, etc.); keep (promise); thea., ♪ perform; -ся come true; (age) be: ему́ ₋илось пять лет he is five; (period) pass (since [с тех пор] как).

использова́|ние n [12] use, utilization; ₋ть [7] (im)pf. use, utilize.

испо́р|тить s. по́ртить; ₋ченный [14 sh.] spoilt, broken; depraved.

исправ|до́м F m [1] (₋и́тельный дом) reformatory, reform school; ₋и́тельный [14] correctional; s. ₋до́м; ₋ле́ние n [12] correction; improvement; reform; ₋ля́ть [28], ⟨₋ить⟩ [14] correct; improve; reform; repair; impf. hold (office); -ся reform.

исправ|ность f [8] intactness; accuracy; в ₋ости = ₋ый [14; -вен, -вна] intact, in good order; accurate, correct; diligent, industrious.

испражн|е́ние n [12] ♑ evacuation; pl. f(a)eces; ₋я́ться [28], ⟨₋и́ться⟩ [13] ♑ evacuate.

испу́г m [1] fright; ₋а́ть s. пуга́ть.

испуска́ть [1], ⟨₋ти́ть⟩ [15] utter; emit; exhale; give up (ghost).

испыт|а́ние n [12] test, (a. fig.) trial; examination (at на П); ₋ан-ный [14] tried; ₋а́тельный [14] test...; ₋у́ющий [17] searching; ₋ывать, ⟨₋а́ть⟩ [1] try (a. fig.), test; experience, undergo, feel.

иссле́дова|ние n [12] investigation; research; exploration; examination;

₋₋ analysis; treatise, paper, essay (on по Д); ₋тель m [4] research worker; researcher; explorer; ~тельский [16] research... (a. научно-₋тельский); ₋ть [7] (im)pf. investigate; explore; examine (a. ♂); ₋₋ analyze; ♭ sound.

иссо́хнуть s. иссыха́ть.

и́сстари = и́здавна, cf.

исступл|е́ние n [12] ecstasy, frenzy; rage; ₋ённый [14] frantic.

исс|уша́ть [1], ⟨₋уши́ть⟩ [16] v/t., ₋ыха́ть [1], ⟨₋о́хнуть⟩ [21] v/i. & ₋яка́ть [1], ⟨₋я́кнуть⟩ [21] v/i. dry (v/i. up); fig. a. exhaust, wear out (v/i. o.s. or become ...).

ист|ека́ть [1], ⟨₋е́чь⟩ [26] flow out; impf. spring; elapse (time), expire, become due (date); dissolve (in tears Т); fig. a. eкать кро́вью bleed to death; ₋е́кший [17] past, last.

исте́р|ика f [5] hysterics pl.; ₋и́че-ский [16], ₋и́чный [14; -чен, -чна] hysterical; ₋и́я f [7] hysteria.

исте́ц m [1; -тца́] plaintiff.

истече́ни|е n [12] expiration (date), lapse (time); ♑ discharge; ₋е кро́ви bleeding; по ₋и (Р) at the end of.

исте́чь s. истека́ть.

и́стин|а f [5] truth; ₋ный [14; ₋инен, ₋инна] true, genuine; right (way, fig.); plain (truth).

истл|ева́ть [1], ⟨₋е́ть⟩ [8] mo(u)lder, rot, decay; die away.

и́стовый [14] true, grave; zealous.

исто́к m [1] source (a. fig.).

истолк|ова́ние n [12] interpretation; ₋о́вывать [1], ⟨₋ова́ть⟩ [7] interpret, expound, (a. себе́) explain (to o.s.).

исто́м|а f [5] languor; ₋ля́ть [28], ⟨₋и́ть⟩ [14 e.; -мо́ю -ми́шь; -млённый] (-ся be[come]) tire(d), fatigue(d), weary (-ied).

истоп|ни́к m [1 e.] stoker; ₋та́ть F [3] pf. trample; wear out.

исторг|а́ть m [1], ⟨₋нуть⟩ [21] wrest; draw; deliver, save.

исто́р|ик m [1] historian; ₋и́че-ский [16] historical; ₋ия f [7] history; story; F affair, thing; ве́чная ₋ия! always the same!

источ|а́ть [1], ⟨₋и́ть⟩ [16 e.; -чу́, -чи́шь] draw; shed; exhale, emit; ₋ник m [1] spring; (a. fig.) source.

истощ|а́ть [1], ⟨₋и́ть⟩ [16 e.; -щу́, -щи́шь; -щённый] (-ся be[come]) exhaust(ed), use(d) up.

истра́чивать s. тра́тить.

истреб|и́тель m [4] destroyer (a. ♣); ♒ pursuit plane, fighter; ₋и́тельный [14] destructive; fighter...; ₋и́ть s. ₋ля́ть; ₋ле́ние n [12] destruction; extermination; ₋ля́ть [28], ⟨₋и́ть⟩ [14 e.; -блю́, -би́шь; -блённый] destroy, annihilate; exterminate.

истука́н m [1] idol; dolt; statue.

и́стый [14] true, genuine; zealous.

истязá|ние *n* [12], ~ть [1] torment.

исхóд *m* [1] end, outcome, result; way out, outlet, vent; † exit; *Bibl.* Exodus; быть на ~e come to an end; run short of; † depart; *pf.* F go all over; *s. a.* истекáть; ~ный [14] initial, of departure.

исхудáлый [14] emaciated, thin.

исцарáпать [1] *pf.* scratch (all over).

исцел|éние *n* [12] healing; recovery; ~ять [28], ⟨~ить⟩ [13] heal, cure; -ся recover.

исчеза́ть [1], ⟨~нуть⟩ [21] disappear, vanish; ~новéние *n* [12] disappearance; ~нуть *s.* ~ть.

исчéрп|ывать, ⟨~ать⟩ [1] exhaust, use up; settle (*dispute, etc.*); ~ывающий exhaustive.

исчисл|éние *n* [12] calculation; ♃ calculus; ~ять [28], ⟨~ить⟩ [13] calculate.

итáк thus, so; well, then, now.

Итáлия *f* [7] Italy.

италья́н|ец *m* [1; -нца], ~ка *f* [5; *g/pl.*: -нок]; ~ский [16] Italian; ~ская забастóвка *f* sit-down strike.

и т. д. *abbr.*: и так дáлее.

итóг *m* [1] sum, total; result; в ~e in the end; подвести́ ~ sum up; ~ó (-'vo) altogether; in all, total.

и т. п. *abbr.*: и тому подóбное.

итти́ *s.* идти́.

их (*a.* jix) their (*a.*, Р, ~ний [15]); *cf.* они. [now.)

ишь Р (just) look, listen; there; oh;)

ищéйка *f* [5; *g/pl.*: -éек] bloodhound, sleuthhound.

ию́|ль *m* [4] July; ~нь *m* [4] June.

Й

йод *m* [1] iodine.

йóт|а *f* [5]: ни на ~у not a jot.

К

к, ко (Д) to, toward(s); *time a.* by; for.

к. *abbr.*: копéйка, -ки, -éек.

-ка F (*after vb.*) just; will you.

кабáк *m* [1 *e.*] tavern, pub; mess.

кабалá *f* [5] serfdom, bondage.

кабáн *m* [1 *e.*] (*a.* wild) boar.

кáбель *m* [4] cable.

кабин|á *f* [5] cabin, booth; ✈ cockpit; ~éт *m* [1] study; office; 🎖 (consulting) room; *pol.* cabinet.

каблу́к *m* [1 *e.*] heel; быть под ~óм *fig.* be henpecked.

каб|отáж *m* [1] coasting; ~ы́ Р if.

кавалéр *m* [1] cavalier; knight; ~и́йский [16] cavalry...; ~и́ст *m* ~и́я *f* [7] cavalry, horse.

каве́рз|а F *f* [5] intrigue; trick; ~ный [14] trick(s)y.

Кавкáз *m* [1] Caucasus (*prp.*: на В/П to/in); 2ец *m* [1; -зца] Caucasian; 2скй [16] Caucasian.

кавы́чк|и *f/pl.* [-чек] quotation marks; в ~ax *iron.* so-called.

кади́|ло *n* [9] cencer; ~ть [15 *e.*; кажу́, кади́шь] cence.

кáдка *f* [5; *g/pl.*: -док] tub, vat.

кáдмий *m* [3] cadmium.

кадр *m* [1] (*mst. pl.*) cadre, key group, van(guard); skilled workers; (*film*) shot; close-up; ~овый [14] 🎖 regular, active; commanding; skilled.

кады́к F *m* [1 *e.*] Adam's apple.

каждодневный [14] dayly.

кáждый [14] every, each; either (*of two*); *su.* everybody, everyone.

кáж|ется, ~ущийся *s.* казáться.

казáк *m* [1 *e.*; *pl. a.* 1] Cossack.

казáрма *f* [5] barracks *pl.*

казá|ться [3], ⟨по-⟩ (Т) seem, appear, look; мне кáжется (~лось), что ... it seems (seemed) to me that; он, кáжется, прав he seems to be right; *a.* apparently; кáжущийся seeming; ~лось бы one would think.

казáх *m* [1], ~ский [16] Kazak(h); 2ская ССР Kazak Soviet Socialist Republic; 2стáн *m* [1] Kazakstan.

казá|цкий [16], ~чий [18] Cossack('s)...

казённый [14] state..., government...; official, public; formal, perfunctory; commonplace; на ~ённый счёт *m* gratis; ~нá *f* [5] treasury, exchequer; ~начéй *m* [3] treasurer; 🎖 paymaster.

казн|и́ть [13] (*im*)*pf.* execute, put to death; *impf. fig.* scourge; ~ь *f* [8] execution; (*a. fig.*) punishment.

Каи́р *m* [1] Cairo.

каймá *f* [5; *g/pl.*: каём] border.

как how; as; (as) like; what; but; since; F when, if; (+*su.*, *adv.*) very (much), awfully; (+ *pf. vb.*) suddenly; я видел, как он шёл ... I saw him going ...; ~ бу́дто, ~ бы as if, as it were; ~ бы мне (*inf.*) how am I to ...; ~ ни however; ~ же! sure!; ~ (же) так? you don't say!;

~ ..., так и ... both ... and ...; ~ когда, *etc.* that depends; ~ не (+ *inf.*) of course ...; ~ мо́жно (нельзя́) скоре́е (лу́чше) as soon as (in the best way) possible.

кака́о *n* [*indecl.*] cocoa.

ка́к-нибудь somehow (or other); anyhow; sometime.

како́в [-ва́, -о́] how; what; what sort of; (such) as; ~! just look (at him)!; ~ó? what do you say?; ~о́й [14] which.

како́й [16] what, which; such as; F any; that; ещё ~! and what ... (*su.*)!; како́е там! not at all!; ~-либо, ~-нибудь any, some; F no more than, (only) about; ~-то some, a.

ка́к-то 1. *adv.* somehow; somewhat; F (*a.* ~ раз) once, one day; 2. *part.*

каламбу́р *m* [1] pun.   [such as.]

каланча́ *f* [5; *g/pl.*: -че́й] watch-tower; F maypole.

кала́ч *m* [1 *e.*] small (*padlock-shaped*) white loaf; тёртый ~ *fig.* F cunning fellow.

кале́ка *m/f* [5] cripple.

календа́рь *m* [4 *e.*] calendar.

калёный [14] red-hot; roasted.

кале́чить [16], ⟨ис-⟩ cripple, maim.

ка́лий *m* [3] potassium.

кали́на *f* [5] snowball tree.

кали́тка *f* [5; *g/pl.*: -ток] gate, wicket.

кали́ть [13] 1. ⟨на-, рас-⟩ heat, incandesce; roast; 2. ⟨за-⟩ ⊕ temper.

кало́рия *f* [7] calorie.

кало́ши *s.* гало́ши.

ка́льк|а *f* [5; *g/pl.*: -лек] tracing; tracing paper; *fig.* loan translation; ~и́ровать [7], ⟨с-⟩ trace.

калькул|и́ровать [7], ⟨с-⟩ ✝ calculate; ~я́ция *f* [7] calculation.

кальсо́ны *f/pl.* [5] drawers, underpants.

ка́льций *m* [3] calcium.

ка́мбала *f* [5] flounder.

камен|е́ть [8], ⟨о-⟩ turn (in)to stone, petrify; ~и́стый [14 *sh.*] stony; ~ноуго́льный [14] coal (mining)...; ~́ный [14] stone...; *fig.* stony; rock (*salt*); ~́ный у́голь *m* (pit) coal (*hard & soft*); ~оло́мня *f* [6; *g/pl.*: -мен] quarry; ~оте́с *m* [1] stonemason; ~щик *m* [1] bricklayer, (*a. hist.*) mason; ~ь *m* [4; -мня; *from g/pl. e.* (*a.*, ~, -ме́нья, -ме́ньев)] stone; rock; *fig. a.* calculus, gravel; *fig.* weight; ка́мнем like a stone; ~ь преткнове́ния stumbling block.

ка́мер|а *f* [5] (*prison*) cell; ✕ ward; 🏛 (cloak)room, office; *parl.* (✝); ⊕, ✕ chamber; *phot.* camera; bladder (*ball*); tube (*wheel*); ~ный [14] ♪, ⊕ chamber...

ками́н *m* [1] fireplace.

камка́ *f* [5] damask (*fabric*).

камо́рка *f* [5; *g/pl.*: -рок] closet, small room.

кампа́ния *f* [7] ✕, *pol.* campaign.

камфара́ *f* [5] camphor.

Камча́т|ка *f* [5] Kamchatka; 2-(н)ый [14] damask...

камы́ш *m* [1 *e.*], ~о́вый [14] reed.

кана́ва *f* [5] ditch; gutter; drain.

Кана́д|а *f* [5] Canada; 2ец *m* [1; -дца], 2ка *f* [5; *g/pl.*: -док]; 2ский [16] Canadian.

кана́л *m* [1] canal; (*a. fig.*) channel; pipe; ~иза́ция *f* [7] canalization; (*town*) severage.

канаре́йка *f* [5; *g/pl.*: -е́ек] canary.

кана́т *m* [1], ~ный [14] rope, cable.

канва́ *f* [5] canvas; *fig.* basis; outline.   [les.]

кандалы́ *m/pl.* [1 *e.*] fetters, shack-

кандида́т *m* [1] candidate; *a. lowest Sov. univ. degree, approx.* = master.

кани́кулы *f/pl.* [5] vacation, *Brt. a.* holidays (during на П, в В).

кани́тель F *f* [8] fuss; trouble; humdrum, monotony.

канон|а́да *f* [5] cannonade; ~е́рка *f* [5; *g/pl.*: -рок] gunboat.

кану́н *m* [1] eve.

ка́нуть [20] *pf.* sink, fall; как в во́ду ~ disappear without leaving a trace; ~ в ве́чность pass into oblivion.

канцеля́р|ия *f* [7] (secretary's) office, secretariat; ~ский [16] office...; writing; clerk's; ~щина *f* [5] red tape.

ка́п|ать [1 & 2], *once* ⟨~нуть⟩ [20] drip, drop, trickle; leak; ~елька *f* [5; *g/pl.*: -лек] droplet; *sg.* F bit, grain.

капита́л *m* [1] ✝ capital; stock; ~и́зм *m* [1] capitalism; ~и́ст *m* [1] capitalist; ~исти́ческий [16] capitalist(ic); ~овложе́ние *n* [12] investment; ~ьный [14] capital; dear, expensive; main; thorough.

капита́н *m* [1] ✕, ⚓ captain.

капитул|и́ровать [7] (*im*)*pf.* capitulate; ~я́ция *f* [7] capitulation.

капка́н *m* [1] trap (*a. fig.*).

ка́пл|я *f* [6; *g/pl.*: -пель] drop; *sg.* F bit, grain; ~ями by drops; как две ~и воды́ (as like) as two peas.

капо́т *m* [1] dressing gown; overcoat; ⊕ hood, *Brt.* bonnet.

капри́з *m* [1] whim, caprice; ~ничать F [1] be capricious; ~ный [14; -зен, -зна] capricious, whimsical.

ка́псюль ✕ *m* [4] percussion cap.

капу́ста *f* [5] cabbage; ки́слая ~ sauerkraut.

капу́т P *m* [*indecl.*] ruin, end.

капюшо́н *m* [1] hood.

ка́ра *f* [5] punishment.

караби́н *m* [1] carbine.

кара́бкаться [1], ⟨вс-⟩ climb.

карава́й *m* [3] (big) loaf.

карава́н *m* [1] caravan.

кара́емый [14 *sh.*] 🏛 punishable.

кара́кул|ь *m* [4], ~евый [14] astrakhan; ~я *f* [6] scrawl.

каран|да́ш *m* [1 *e.*] pencil; **~тӣн** *m* [1] quarantine.

карапу́з F *m* [1] tot; hop-o'-my--thumb.

кара́сь *m* [4 *e.*] crucian (*fish*).

кара́|тельный [14] punitive; **~ть** [1], ⟨по-⟩ punish.

карау́л *m* [1] sentry, guard; взять (сде́лать) на **~**! present arms!; стоя́ть на **~**е stand sentinel; F **~**! help!, murder!; **~ить** [13], ⟨по-⟩ guard, watch (F *a.* for); **~ьный** [14] sentry... (*a. su.*); **~ьная** *f* (*su.*) = **~ьня** *f* [6; *g/pl.*: -лен] guardroom.

карбо́ловый [14] carbolic (*acid*).

карбу́нкул *m* [1] carbuncle.

карбюра́тор *m* [1] carburet(t)or.

каре́л *m* [1] Karelian; **Qия** *f* [7] Karelia; **~ка** *f* [5; *g/pl.*: -лок] Karelian.

каре́та *f* [5] carriage, coach.

ка́рий [15] (dark) brown; bay.

карикату́р|а *f* [5] caricature, cartoon; **~ный** [14] caricature...; [-рен, -рна] comic(al), funny.

карка́с *m* [1] frame(work), skeleton.

ка́рк|ать [1], *once* ⟨**~**нуть⟩ [20] croak (*a.*, F, *fig.*), caw.

ка́рлик *m* [1] dwarf, pygmy; **~овый** [14] dwarf(ish); dwarfish.

карма́н *m* [1] pocket; э́то мне не по **~**у F I can't afford that; э́то бьёт по **~**у that makes a hole in my (*etc.*) purse; держи́ **~** (ши́ре) that's a vain hope; он за сло́вом в **~** не ле́зет he has a ready tongue; **~ный** [14] pocket...; note(book); **~ный** вор *m* pickpocket; *cf.* фона́рик.

карнава́л *m* [1] carnival.

карни́з *m* [1] cornice.

Карпа́ты *f/pl.* [5] Carpathian Mts.

ка́рт|а *f* [5] map; ♣ chart; (playing) card; menu; ста́вить (всё) на **~**у stake (have all one's eggs in one basket); **~а́вить** [14] jar (*or* mispronounce) Russ. г &/*or* л (*esp. as uvular* г *or* u, v); **~ёжник** *m* [1] gambler (*at cards*); **~е́ль** (-'tɛ) *f* [8] cartel; **~е́чь** *f* [8] case shot.

карти́н|а *f* [5] picture (in на П); movie, image; painting; scene (*a. thea.*); **~ка** *f* [5; *g/pl.*: -нок] (small) picture, illustration; **~ный** [14] picture...; picturesque, vivid.

карто́н *m* [1] cardboard, pasteboard; † = **~ка** *f* [5; *g/pl.*: -нок] (cardboard) box; hatbox.

картоте́ка *f* [5] card index.

карто́фель *m* [4] coll. potatoes *pl.*

ка́рточ|ка *f* [5; *g/pl.*: -чек] card; F ticket; photo; menu; **~ный** [14] card(s)...; **~ная** систе́ма *f* rationing system; **~ный** до́мик *m* house of cards.

карто́шка P *f* [5; *g/pl.*: -шек] potato(es).

карту́з *m* [1 *e.*] cap; † pack(age).

карусе́ль *f* [8] merry-go-round.

ка́рцер *m* [1] dungeon; lockup.

карье́р *m* [1] full gallop (at T); с ме́ста в **~** on the spot; **~а** *f* [5] career; fortune; **~и́ст** *m* [1] careerist.

каса́|тельная A *f* [14] tangent; **~тельно** ([† до] Р) concerning; **~ться** [1], ⟨косну́ться⟩ [20] ([до †] Р) touch (*a. fig.*); concern; F be about, deal *or* be concerned with; **~ется** *a.* = де́ло идёт о, *s.* идти́; что **~**ется ..., то as for (to).

ка́ска *f* [5; *g/pl.*: -сок] helmet.

каспи́йский [16] Caspian.

ка́сса *f* [5] pay desk *or* office; (*a.* биле́тная **~**) 🚪 ticket window, *Brt.* booking office; *thea.* box office; bank; fund; cash; cash register; money box *or* chest, safe.

кассац|ио́нный [14] *s.* апелляцио́нный; **~ия** 👁 *f* [7] reversal.

кассе́та *f* [5] *phot.* plate holder.

касси́р *m* [1], **~ша** F *f* [5] cashier.

ка́ста *f* [5] caste (*a. fig.*).

касто́ровый [14] castor (*oil*; *hat*).

кастри́ровать [7] (*im*)*pf.* castrate.

кастрю́ля *f* [6] saucepan; pot.

катало́г *m* [1] catalogue.

ка́танье *m* [10] driving, riding, skating, *etc.* (*cf.* ката́ть[ся]).

катастро́ф|а *f* [5] catastrophe; **~и́ческий** [16] catastrophic.

ката́ть [1] roll (*a.* ⊕); mangle; ⟨по-⟩ (take for a) drive, ride, row, *etc.*; -ся (go for a) drive, ride (a. верхо́м, *etc.*), row (на ло́дке), skate (на конька́х), sled(ge) (на саня́х), *etc.*; roll.

катег|ори́ческий [16] categorical; **~о́рия** *f* [7] category.

ка́тер ⚓ *m* [1; *pl.*: -ра́, *etc. e.*] cutter; торпе́дный **~** torpedo boat.

кати́ть [15], ⟨по-⟩ roll, drive, wheel (*v/i* -ся; sweep; move, flow; *cf. a.* ката́ться.

като́д *m* [1] cathode; **~ный** [14] cathodic.

като́к *m* [1; -тка́] (skating) rink; mangle; ⊕ roll.

като́л|ик *m* [1], **~и́чка** *f* [5; *g/pl.*: -чек], **~и́ческий** [16] (Roman) Catholic.

ка́тор|га *f* [5] hard labo(u)r in (*Siberian*) exile; place of such penal servitude; *fig.* drudgery, misery; **~жанин** *m* [1; *pl.*: -а́не, -а́н], **~жник** *m* [1] (exiled) convict; **~жный** [14] hard, penal; *s.* **~га**; *su.* = **~жник**. [🌿 coil.]

катушка *f* [5; *g/pl.*: -шек] spool;]

Катю́ша [5], **Ка́тя** F [6] (*dim. of* Екатери́на) Kitty, Kate.

каучу́к *m* [1] caoutchouc, rubber.

кафе́ (-'fɛ) *n* [*indecl.*] café.

ка́федра *f* [5] platform, pulpit, lecturing desk; chair, cathedra.

ка́фель *m* [4] (Dutch) tile.

кача́|лка *f* [5; *g/pl.*: -лок] rocking chair; **~ние** *n* [12] rocking; swing (-ing); pumping; **~ть** [1] 1. ⟨по-⟩, *once* ⟨качну́ть⟩ [20] rock; swing;

shake (*a.* one's head головой); toss;
♩ roll, pitch; (-ся *v/i.*; stagger,
lurch); 2. ⟨на-⟩ pump.

качéли *f/pl.* [8] swing.

кáчеств|енный [14] qualitative; ⟨о
n [9] quality; в ⟨е (P) as, in one's
capacity as in the capacity of.

кáч|ка ♩ *f* [5] rolling (бортовáя *or*
боковáя ⟨ка); pitching (килевáя
⟨ка); ⟨нýть(ся) *s.* ⟨áть(ся).

кáш|а *f* [5] mush, *Brt.* porridge;
gruel; pap; F slush; *fig.* mess, jumble;
⟨евáр ⚔ *m* [1] cook.

кáш|ель *m* [4; -шля], ⟨лять [28],
once ⟨лянуть⟩ [20] cough.

кашнé (-'nε) *n* [*indecl.*] neckscarf.

каштáн *m* [1], ⟨овый [14] chestnut.

каю́та ♩ *f* [5] cabin, stateroom.

кáяться [27], ⟨по-⟩ (в П) repent.

кв. *abbr.*: 1. квадрáтный; 2. квар-
ти́ра.

квадрáт *m* [1], ⟨ный [14] square.

квáк|ать [1], *once* ⟨⟨нуть⟩ [20]
croak.

квалифи|кáция *f* [7] qualifica-
tion(s); ⟨цированный [14] qualified, competent; skilled, trained.

квартáл *m* [1] quarter (= district;
3 months); block, F building (*betw.*
2 *cross streets*); ⟨ьный [14] quar-
ter(ly); district... (*a. su. form.*;
district inspector.

квартир|а *f* [5] apartment, *Brt.*
flat; из в двé кóмнаты two-room
apt./flat; lodgings *pl.*; ⚔ quar-
ter(s); billet; ⟨а и стол board and
lodging; ⟨áнт *m* [1], ⟨áнтка *f* [5;
g/pl.: -ток] lodger, roomer, sub-
tenant; ⟨ный [14] housing, house-
...; ⟨ная плáта = квартплáта *f*
[5] rent.

квас *m* [1; -a ⚔ -y; *pl. e.*] quass
(*Russ. drink*); ⟨ить [15], ⟨за-⟩ sour.

квасц|óвый [14] aluminous; ⟨ы́
m/pl.] alum.

квáшеный [14] sour, leavened.

квéрху up, upward(s).

квит|áнция *f* [7] receipt; check,
ticket; F [*sы*] F quits, even, square.

квóта *f* [5] quota, share.

квт(ч) *abbr.* = kw. (K.W.H.)

кег|éльбáн *m* [1] bowling alley;
⟨ля *f* [6; *g/pl.*: -лей] pin (*pl.*: nine-
pins), *Brt.* skittle(s).

кедр *m* [1] cedar; сибирский ⟨
cembra pine.

кекс *m* [1] cake.

Кёльн *m* [1] Cologne.

кельт *m* [1] Celt; ⟨ский [16] Celtic.

кéлья *f* [6] *eccl.* cell.

кем = T *of* кто, *cf.*

кенгурý *m* [*indecl.*] kangaroo.

кéп|и *n* [*indecl.*], ⟨ка *f* [5; *g/pl.*:
-пок] cap.

керáм|ика *f* [5] ceramics; ⟨иковый [14], ⟨и́ческий [16] ceramic.

кероси́н *m* [1], ⟨овый [14] kero-
sene.

кéта *f* [5] Siberian salmon. [sene.]

кефи́р *m* [1] kefir.

кибитка *f* [5; *g/pl.*: -ток] tilt cart
(*or* sledge).

кив|áть [1], *once* ⟨⟨нуть⟩ [20] nod;
beckon; point (to на B); ⟨ер *m* [1;
pl.: -pá, *etc. e.*] shako; ⟨óк *m* [1;
-вкá] nod.

кида́|ть(ся) [1], *once* ⟨ки́нуть(ся)⟩
[20] *s.* бросáть(ся); меня́ ⟨ет в жар
и хóлод I'm hot and cold all over
(have a shivering fit).

Ки́ев *m* [1] Kiev; ⟨лянин *m* [1; *pl.*:
-я́не, -я́н], ⟨ля́нка *f* [5; *g/pl.*:
-нок] Kiever; ⟨ский [16] Kiev...

кий *m* [3; кия; *pl.*: кии, киёв] cue.

кило *n* [*indecl.*] = ⟨грáмм; ⟨ва́тт
-(-чáс) *m* [1; *g/pl.*:-ва́тт] kilowatt-
(-hour); ⟨грáмм *m* [1] kilogram
(-me); ⟨мéтр *m* [1] kilometer (*Brt.*
-tre).

киль *m* [4] keel; ⟨ва́тер (-tεr) *m* [1]
wake; ⟨ка *f* [5; *g/pl.*: -лек] sprat.

КИМ *m* [1] *abbr.*: Communist Youth
International (*1919—1943*).

кинематóгр|аф *m* [1] cinema(to-
graph), movie theater; ⟨áфия *f* [7]
cinematography.

кинжáл *m* [1] dagger.

кино *n* [*indecl.*] movie, motion picture, *Brt.* the pictures, cinema (to/at
в В/П); *coll.* screen, film; ⟨актёр
s. ⟨артист; ⟨актри́са *s.* ⟨артистка;
⟨артист *m* [1] screen (*or* film)
actor; ⟨артистка *f* [5; *g/pl.*: -ток]
screen (*or* film) actress; ⟨ательé
(-tε) *n* [*indecl.*] (film) studio; ⟨варь
f [8] cinnabar; ⟨журнáл *m* [1]
newsreel; ⟨звездá *f* [5; *pl.*:
-звёзды] filmstar; ⟨картина *f* [5]
film; ⟨лéнта *f* [5] reel, film (copy);
⟨оперáтор *m* [1] cameraman;
⟨плёнка *f* [5; *g/pl.*: -нок] film (strip);
⟨режиссёр *m* [1] film director; ⟨
сеáнс *m* [1] show, performance;
⟨сценáрий *m* [3] scenario; ⟨съём-
ка *f* [5; *g/pl.*: -мок] shooting (of a
film), filming; ⟨теáтр *m* [1] movie
theater, cinema; ⟨хрóника *f* [5]
newsreel.

ки́нуть(ся) *s.* кидáть(ся).

кио́ск *m* [1] kiosk, stand, stall.

кио́т *m* [1] *eccl.* image case, shrine.

ки́па *f* [5] pile, stack; bale, pack.

кипари́с *m* [1] cypress.

кипé|ние *n* [12] boiling; тóчка ⟨ния
boiling point; ⟨ть [10 *e.*; -плю́,
-пи́шь], ⟨за-, вс-⟩ boil; seethe;
surge (up), rage, overflow, teem
with; be in full swing (*work, war*).

Ки́пр *m* [1] Cyprus.

кипу́чий [17 *sh.*] seething; lively,
vigorous, exuberant, vehement;
busy.

кипят|и́ть [15 *e.*; -ячу́, -яти́шь],
⟨вс-⟩ boil (up; *v/i.* ⟨ся⟩); F be(come)
excited; ⟨óк *m* [1; -ткá] boiling *or*
boiled (hot) water.

кирги́з *m* [1], ⟨ский [16] Kirghiz.

Кири́лл *m* [1] Cyril; ⟨ица *f* [5]
Cyrillic alphabet.

кирка́ f [5; g/pl.: -ро́к] pick(ax[e]), mattock.

кирпи́ч m [1 e.], ҳный [14] brick.

кисе́ль m [4 e.] (kind of) jelly.

кисе́т m [1] tobacco pouch.

кисея́ f [6] muslin.

кисл|ова́тый [14 sh.] sourish; ҳоро́д m [1] oxygen; ҳота́ f [5; pl. st.: -о́ты] acid; ҳый [14: -сел, -сла́, -о] sour, (a. 🜍) acid...

ки́снуть [21], ⟨с-, про-⟩ turn sour; F fig. get rusty.

ки́ст|очка f [5; g/pl.: -чек] (paint, shaving) brush; tassel; dim. of ҳь f [8; from g/pl. e.] brush; tassel; cluster, bunch; hand.

кит m [1 e.] whale.

кита́|ец m [1; -та́йца], Chinese; 2и́ m [3] China; ҳйский [16] Chinese; 2и́йская Наро́дная Респу́блика (КНР) Chinese People's Republic; ҳя́нка f [5; g/pl.: -нок] Chinese.

ки́тель m [4; pl. -ля́, etc. e.] jacket.

китобо́й m [3], ҳный [14] whaler.

кич|и́ться [16 e.; -чусь, -чи́шься] put on airs; boast (of T); ҳли́вый [14 sh.] haughty, conceited.

кише́ть [киши́т] teem, swarm (with T; a. кишмя́ ҳ).

киш|е́чник m [1] bowels, intestines pl.; ҳе́чный [14] intestinal, enteric, digestive (tract); ҳка́ f [5; g/pl.: -шо́к] intestine (small то́нкая, large то́лстая), gut; pl. F bowels; hose.

кла́виш m [1], ҳа f [5] ♪, ⊕ key.

клад m [1] treasure (a. fig.); ҳбище n [11] cemetery; ҳка f [5] laying, (brick-, stone)work; ҳова́я f [14] pantry, larder; stock- or storeroom; ҳовщи́к m [1 e.] stockman, storekeeper; ҳь f [8] freight, load.

кла́ня|ться [28], ⟨поклони́ться⟩ [13; -оню́сь, -о́нишься] (Д) bow (to); greet; ҳйтесь ему́ от меня́ give him my regards; F cringe (to перед Т/Т); present (a p. s. th. Д/Т).

кла́пан m [1] ⊕ valve; ♪ key, stop.

класс m [1] class; shool: grade, Brt. form; classroom; ҳ m [1] classic; ҳифици́ровать [7] (im)pf. class(ify); ҳи́ческий [16] classic(al); ҳный [14] class(room, etc.); ҳовый [14] class (struggle, etc.).

класть [кладу́, -дёшь; клал] 1. ⟨положи́ть⟩ [16] (в, на, etc., В) put, lay (down, on, etc.), deposit; apply, spend; take (as a basis в В); F fix; rate; make; leave (mark); 2. ⟨сложи́ть⟩ [16] lay (down); erect.

клева́ть [6 e.; клюю́, клюёшь, once ⟨клю́нуть⟩ [20] peck, pick; bite (fish); ҳ но́сом F nod.

кле́вер m [1] clover, trefoil.

клевет|а́ f [5], ҳа́ть [3; -вещу́, -ве́щешь], ⟨о-⟩ v/t., ⟨на-⟩ (на В) slander; ҳник m [1 e.] slanderer; ҳни́ческий [16] slanderous.

клеврет m [1] accomplice. [cloth.]

клеён|ка f [5], ҳчатый [14] oil-⟩

кле́|ить [13], ⟨с-⟩ glue, paste; -ся stick; F work, get on or along; ҳй m [3; на клею́] glue, paste; ры́бий ҳй isinglass; ҳйкий [16; клеек, кле́йка] sticky, adhesive.

клейм|и́ть [14 e.; -млю, -ми́шь], ⟨за-⟩ brand; fig. a. stigmatize; ҳо́ n [9; pl. st.] brand; fig. stigma, stain; фабри́чное ҳо́ trademark.

клён m [1] maple.

клепа́ть [1], ⟨за-⟩ rivet; hammer.

клёпка f [5; g/pl.: -пок] riveting; stave.

кле́т|ка f [5; g/pl.: -ток] cage; square, check; biol. (a. ҳочка) cell; в ҳ(оч)ку (ҳ[оч]ками) check(er)ed, Brt. chequered; ҳча́тка f [5] cellulose; cellular tissue; ҳчатый [14] checkered (Brt. chequered); cellular.

кле|шня́ f [6; g/pl.: -ней] claw (of the crayfish); ҳщи́ f/pl. [5; gen.: -щéй, etc. e.] pincers.

клие́нт m [1] client.

кли́зма f [5] enema.

клик m [1] cry, shout; shriek; ҳа f [5] clique; ҳать [3], once ⟨ҳнуть⟩ [20] shriek; P call.

кли́мат m [1] climate; ҳи́ческий [16] climatic.

клин m [3; pl.: кли́нья, -ьев] wedge; gusset; ҳом pointed (beard); свет не ҳом сошёлся the world is large; there is always a way out.

кли́ника f [5] clinic.

клино́к m [1; -нка́] blade.

клич m [1] call; cry; ҳка f [5; g/pl.: -чек] (dog's, etc.) name; nickname.

клише́ n [indecl.] cliché (a. fig.).

клок m [1 e.; pl.: -о́чья, -ьев & кло́ки, -ко́в] tuft; shred, rag, tatter, piece, frazzle.

клокота́ть [3] seethe, bubble.

клон|и́ть [13; -оню́, -о́нишь], ⟨на-, с-⟩ bend, bow; fig. incline; drive (or aim) at (к Д); † cast down; меня́ ҳит ко сну I am (feel) sleepy; (-ся v/i.) a. decline; approach.

клоп m [1 e.] bedbug, Brt. bug.

клоу́н m [1] clown.

клочо́к m [1; -чка́] wisp; scrap.

клуб[1] m [1; pl. a. e.] cloud, puff (smoke, etc.); s. a. ҳо́к; ҳ[2] [1] club (-house); ҳень m [4; -бня] tuber, bulb; ҳи́ть [14 e.; 3rd p. only] puff (up), whirl, coil (v/i. -ся).

клубни́ка f [5] strawberry, -ries pl.

клубо́к m [1; -бка́] clew; tangle.

клу́мба f [5] (flower) bed.

клык m [1 e.] tusk; canine, fang.

клюв m [1] beak, bill.

клюка́ f [5] crutch(ed stick), staff.

клю́ква f [5] cranberry, -ries pl.

клю́нуть s. клева́ть.

ключ m [1 e.] key (a. fig., clue; a. ⊕ [га́ечный ҳ] = wrench; англи́йский ҳ monkey wrench); ♪ clef; spring, source; △ keystone; ҳи́ца f [5] clavicle, collarbone; ҳница f [5] housekeeper.

клю́шка f [5; g/pl.: -шек] club.
клю́кви f [5] blot.
кля́нчить F [16] beg for.
кляп m [1] gag.
кля|сть [-яну́, -нёшь; -ял, -á, -о] = проклина́ть, cf.; -ся, ⟨покля́сться⟩ swear (s. th. в П; by Т); ᠁тва f [5] oath; дать ᠁тву (or ᠁твенное обеща́ние) take an oath, swear; ᠁твопреступле́ние n [12] perjury.
кля́уза f [5] intrigue, denunciation; † captious suit; pettifoggery.
кля́ча f [5] jade.
кни́г|а f [5] book (a. ✝); teleph. directory; register; ᠁опеча́тание n [12] (book) printing, typography; ᠁опрода́вец m [1; -вца] bookseller; ᠁охрани́лище n [11] archives, storerooms pl.; library.
кни́ж|ка f [5; g/pl.: -жек] book (-let); notebook; passport; ᠁ный [14] book...; bookish; ᠁онка f [5; g/pl.: -нок] trashy book.
кня́зу down, downward(s).
кно́пка f [5; g/pl.: -пок] thumbtack, Brt. drawing pin; ⚡ (push) button; patent (or snap) fastener.
кнут m [1 e.] whip, knout, scourge.
кня|ги́ня f [6] princess (prince's consort); daughter: ᠁жна́ f [5; g/pl.: ᠁жо́н]; ᠁зь m [4; pl.; -зья́, -зе́й] prince; вели́кий ᠁зь grand duke.
коа|лицио́нный [14] coalition...; ᠁ли́ция f [7] coalition.
ко́бальтовый [14] cobaltic.
кобура́ f [5] holster; saddlebag.
кобы́ла f [5] mare; sport: horse.
ко́ваный [14] wrought (iron).
кова́р|ный [14; -рен, -рна] artful, cunning, insidious; ᠁ство n [9] craft, guile, wile.
кова́ть [7 e.; кую́, куёшь] 1. ⟨вы́-⟩ forge; 2. ⟨под-⟩ shoe (horse).
ковёр m [1; -вра́] carpet, rug.
коверка́ть [1], ⟨ис-⟩ distort, deform; mutilate; murder (fig.).
ков|ка f [5] forging; shoeing; ᠁кий [16; -вок, -вка́, -о] malleable.
коври́жка f [5; g/pl.: -жек] gingerbread.
ковче́г m [1] ark; Но́ев ᠁ Noah's Ark.
ковш m [1 e.] scoop; bucket; haven.
ковы́ль m [4 e.] feather grass.
ковыля́ть [28] toddle; stump, limp.
ковыря́ть [28], ⟨по-⟩ pick, poke.
когда́ when; F if; ever; sometimes; cf. ни; ᠁-либо, ᠁-нибудь (at) some time (or other), once; interr. ever; ᠁-то once, one day, sometime.
ко́|готь m [4; -гтя] from g/pl. a.] claw; ᠁д m [1] code.
ко́е-где́ ᠁ there, in some places; ᠁-ка́к anyhow, somehow; with (great) difficulty; ᠁-како́й [16] some; any; ᠁-когда́ off & on; ᠁-кто́ [23] some(body); ᠁-куда́ here & there, (in)to some place(s), some-

where; ᠁-что́ [23] something, some things.
ко́ж|а f [5] skin; leather; из ᠁и (вон) лезть F do one's utmost; ᠁аный [14] leather...; ᠁евенный [14] leather...; ᠁евенный заво́д m tannery; ᠁евник m [1] tanner; ᠁ица f [5] peel; rind (a. ᠁ура́ f [5]); cuticle.
коз|á f [5; pl. st.] (she-)goat; ᠁ёл m [1; -зла́] (he-)goat; ᠁ий [18] goat...; ᠁лёнок m [2] kid; ᠁лы f/pl. [5; gen.: -зел] (coach) box; trestle.
ко́зни f/pl. [8] intrigues, plots.
козу́ля f [6] roe (deer).
коз|ырёк m [1; -рька́] peak (cap); ᠁ырь m [4; from g/pl. e.] trump; ᠁ыря́ть F[28], once ⟨᠁ырну́ть⟩ [20] trump; boast; ✕ salute.
ко́йка f [5; g/pl.: ко́ек] cot; bed.
коке́т|ка f [5; g/pl.: -ток] coquette; ᠁ливый [14 sh.] coquettish; ᠁ничать [1] coquet, flirt; ᠁ство n [9] coquetry.
коклю́ш m [1] whooping cough.
ко́кон m [1] cocoon.
кок|о́с m [1] coco; ᠁о́совый [14] coco(nut)...; ᠁с m [1] coke.
кол m 1. [e.; g/pl.: ко́лья, -ьев] stake, pale; 2. [pl. 1 e.] P s. едини́ца; ни ᠁а́ ни двора́ neither house nor home.
колбаса́ f [5; pl. st.: -а́сы] sausage.
колд|ова́ть [7] conjure; ᠁овство́ n [9] magic, sorcery; ᠁у́н m [1 e.] sorcerer, magician, wizard; ᠁у́нья f [6] sorceress, enchantress.
колеб|а́ние n [12] oscillation; vibration; fig. vacillation, hesitation; (a. ✝) fluctuation; ᠁а́ть [2 1.; -блю, -блешь], ⟨по-⟩, once ⟨᠁ну́ть⟩ [20] shake (a. fig.); -ся shake; (a. ✝) fluctuate; waver, vacillate, hesitate; oscillate, vibrate.
коле́н|о n [sg.: 9; pl.: a.] knee; стать на ᠁и kneel; [pl.: -нья, -ьев] ⚓ joint, knot; [pl. a. 9] bend; ⊕ crank; [pl. 9] degree, branch (pedigree); P ᠁а́ pas(sage); trick; ᠁чатый [14] biol. geniculate; ⊕ crank(shaft).
коле|си́ть F [15 e.; -ешу́, -еси́шь] travel (much); take a roundabout way; ᠁ни́ца f [5] chariot; ᠁ко́ n [9; pl. st.: -лёса] wheel; кружи́ться как бе́лка в ᠁ке́ F fuss, bustle about; вставля́ть па́лки в ᠁ко́ (Д) put a spoke in a p.'s wheel; но́ги ᠁о́м bowlegged.
коле́|я f [6; g/pl.: -ле́й] rut, (a. 🚂) track (both a. fig.).
коли́бри m/f [indecl.] hummingbird.
ко́лики f/pl. [5] colic, gripes.
коли́честв|енный [14] quantitative; gr. cardinal (number); ᠁о n [9] quantity; number; amount; по ᠁у quantitatively.
ко́лка f [5] splitting, chopping.
ко́лк|ий [16; ко́лок, колка́, -о]

prickly; biting, pungent; ~ость *f* [8] sarcasm, gibe.

коллéг|а *m* /*f* [5] colleague; ~ия *f* [7] board, staff; college.

коллектив *m* [1] collective, group, body; ~изáция *f* [7] collectivization; ~ный [14] collective.

коллéк|тор *m* [1] ⚡ collector; ~ционéр *m* [1] (*curiosity*) collector; ~ция *f* [7] collection.

колóд|а *f* [5] block; trough; pack, deck (*cards*); ~ец [1; -дца] well; shaft, pit; ~ка *f* [5; *g*/*pl*.: -док] last; (*foot*) stock(s); ⊕ (*brake*) shoe; ~ник *m* [1] convict (*in stocks*).

кóлок|ол *m* [1; *pl*.: -лá, *etc*. *e*.] bell; ~óльня *f* [6; *g*/*pl*.: -лен] bell tower, belfry; ~óльчик *m* [1] (little) bell; ♣ bellflower.

колони|áльный [14] colonial; ~зáция *f* [7] colonization; ~з(úр)овáть [7] (*im*)*pf*. colonize; '~я *f* [7] colony.

колóн|ка *f* [5; *g*/*pl*.: -нок] *typ*. column; (*gas*) station; water heater, *Brt*. geyser; *a*. *dim*. *of* ~а *f* [5] column (△ *a*. pillar; *typ*. †).

кóлос *m* [1; *pl*.: -лóсья, -ьев], ~úться [15 *e*.; *3rd p. only*] ear; ~ник *m* [1 *e*.] grate.

колотúть [15] knock (at, on в В, по Д).

колóть [17] 1. ⟨рас-⟩ split, cleave; break (*sugar*); crack (*nuts*); 2. ⟨на-⟩ chop (*firewood*); кóлотый lump (*sugar*); 3. ⟨у-⟩, *once* ⟨кольнýть⟩ [20] prick, sting; *fig*. F taunt; 4. ⟨за-⟩ stab; kill, slaughter (*animals*); *impers*. have a stitch; ~ глазá (Д) be a thorn in one's side.

колпáк *m* [1 *e*.] cap; shade; bell glass.

колхóз *m* [1] collective farm, kolkhoz; ~ный [14] kolkhoz...; ~ник *m* [1], ~ница *f* [5] collective farmer.

колчáн *m* [1] quiver.

колчедáн *m* [1] pyrites.

колыбéль *f* [8] cradle; ~ный [14]: ~ная (пéсня) *f* lullaby.

колых|áть [3 *st*.: -ышу, *etc*., *or* 1], ⟨вс-⟩, *once* ⟨~нýть⟩ [20] sway, swing; stir; heave; flicker; -ся *v*/*i*.

кóлышек *m* [1; -шка] peg.

кольнýть *s*. колóть 3. & *impers*.

коль|цевóй [14] ring...; circular; ~цó *n* [9; *pl*. *st*., *gen*.: колéц] ring; circle; ~чýга *f* [5] mail.

колюч|ий [17 *sh*.] thorny, prickly; barbed (*wire*); *fig*. *s*. кóлкий; ~ка *f* [5; *g*/*pl*.: -чек] thorn, prickle; barb.

Кóля *m* [6] (*dim*. *of* Николáй) Nick.

коляска *f* [5; *g*/*pl*.: -сок] carriage, victoria; baby carriage, *Brt*. perambulator.

ком *m* [1; *pl*.: кóмья, -ьев] lump, clod; снéжный ~ snowball.

комáнд|а *f* [5] command; detachment; ♣ crew; *sport*: team; (*fire*) company (*or* department), *Brt*. brigade; F gang.

командúр *m* [1] commander; ~овáть [7] (*im*)*pf*., *a*. ⟨от-⟩ send (on a mission); detach; ~óвка *f* [5; *g*/*pl*.: -вок] mission; sending.

комáнд|ный [14] command(ing); team...; ~ование *n* [12] command; ~овать [7] (⟨над⟩ Т) command (*a*. = [give] order, ⟨с-⟩); F domineer; ~ующий [17] (Т) commander.

комáр *m* [1 *e*.] mosquito, gnat.

комбáйн ✗ *m* [1] combine.

комбин|áт *m* [1] combine of complementary industrial plants (*Sov*.); ~áция *f* [7] combination; ~úровать [7], ⟨с-⟩ combine.

комéдия *f* [7] comedy; F farce.

комендáнт *m* [1] commandant; superintendent; ~ýра *f* [5] commandant's office.

комéта *f* [5] comet.

ком|úзм *m* [1] comicality; ~ик *m* [1] comedian, comic (actor).

Коминтéрн *m* [1] (Third) Communist International (*1919—1943*).

комиссáр *m* [1] commissar (*Sov*.); commissioner; ~иáт *m* [1] commissariat.

комис|сиóнный [14] commission (*a*. ✠; *pl*. *su*. = *sum*); ~сия *f* [7] commission (*a*. ✠), committee; ~тéт *m* [1] committee

комúч|еский [16], ~ный [14; -чен, -чна] comic(al), funny.

кóмкать [1], ⟨ис-, с-⟩ crumple.

коммент|áрий *m* [3] comment(ary); ~áтор *m* [1] commentator; ~úровать [7] (*im*)*pf*. comment (on).

коммер|сáнт *m* [1] (wholesale) merchant; ~ческий [16] commercial.

коммýн|а *f* [5] commune; ~áльный [14] municipal; ~úзм *m* [1] communism; ~икáция *f* [7] communication (*pl*. ✗); ~úст *m* [1], ~úстка *f* [5; *g*/*pl*.: -ток], ~истúческий [14] communist (*a*. *cap*., *cf*. КПСС).

коммутáтор *m* [1] commutator; *teleph*. switchboard; operator(s' room).

кóмнат|а *f* [5] room; ~ный [14] room...; ♣ indoor.

комóд *m* [1] bureau, *Brt*. chest of drawers; ~óк *m* [1; -мкá] lump, clod.

компáн|ия *f* [7] company (*a*. ✠); водúть ~ию с (Т) associate with; ~ьóн *m* [1] ✠ partner; F companion.

компáртия *f* [7] Communist Party.

кóмпас *m* [1] compass.

компенс|áция *f* [7] compensation; ~úровать [7] (*im*)*pf*. compensate.

компетéн|тный [14; -тен, -тна] competent; ~ция *f* [7] competence; line.

кóмплек|с *m* [1], ~сный [14] complex; ~т *m* [1] (complete) set; ~тный [14], ~товáть [7], ⟨у-⟩ complete.

комплимéнт *m* [1] compliment.

компо|зи́тор *m* [1] composer; ~стра́вовать [7], ⟨про-⟩ punch; ⟨т *m* [1] sauce, *Brt.* stewed fruit.

компре́сс *m* [1] compress.

компром|ети́ровать [7], ⟨с-⟩, ~и́сс *m* [1] compromise (*v/i. a.* идти́ на ~и́сс).

комсомо́л *m* [1] Komsomol, *cf.* ВЛКСМ; ~ец *m* [1; -льца], ~ка *f* [5; *g/pl.*: -лок], ~ьский [16] Young Communist.

комфо́рт *m* [1] comfort, convenience; ~а́бельный [14; -лен, -льна] comfortable, convenient.

конве́йер *m* [1] (belt) conveyor; assembly line.

конве́нция *f* [7] convention.

конве́рт *m* [1] envelope.

конв|о́йр *m* [1], ~о́йровать [7], ~о́й *m* [3], ~о́йный [14] convoy.

конгре́сс *m* [1] congress.

конденс|а́тор (-dɛ-) *m* [1] condenser; ~и́ровать [7] (*im*)*pf.* condense; evaporate (*milk*).

конди́тер *m* [1] confectioner; ~ская *f* [16] confectioner's shop; ~ские изде́лия *pl.* confectionery.

Кондра́т|ий *m* [3], ~ P [1] Conrad.

конду́ктор *m* [1; *pl. a.* -á, *-á, etc. e.*] conductor (🚍 *Brt.* guard).

коне́водство *n* [9] horse breeding.

конёк *m* [1; -нька́] skate; F hobby.

кон|е́ц *m* [1; -нца́] end; close; point; 🚢 rope; F distance; part; case; без ~ца́ endless(ly); в ~е́ц (до ~ца́) completely; в ~це́ (P) at the end of; в ~це́ ~цо́в at long last; в оди́н ~е́ц one way; в о́ба ~ца́ there & back; на худо́й ~е́ц at (the) worst; под ~е́ц in the end; тре́тий с ~ца́ last but two.

коне́чно (-ʃnə) of course, certainly.

коне́чности *f/pl.* [8] extremities.

коне́чн|ый [14; -чен, -чна] *philos.*, 𝒜 finite; final, terminal; ultimate.

конкре́тный [14; -тен, -тна] concrete.

конкур|е́нт *m* [1] competitor; ~е́нция † *f* [7] competition; ~и́ровать [7] compete; '~с *m* [1] competition; † bankruptcy.

ко́нн|ица *f* [5] cavalry; ~ый [14] horse...; (of) cavalry.

конопа́тить [15], ⟨за-⟩ calk.

конопля́ *f* [6] hemp; ~ный [14] hempen.

коносаме́нт *m* [1] bill of lading.

консерв|ати́вный [14; -вен, -вна] conservative; ~ато́рия *f* [7] conservatory, *Brt.* school of music, conservatoire; ~и́ровать [7] (*im*)*pf.*, *a.* ⟨за-⟩ conserve, preserve; can, *Brt.* tin; ~ный [14]: ~ная фа́брика *f* cannery; ~ы *m/pl.* [1] canned (*Brt.* tinned) goods; safety goggles.

ко́нский [16] horse(*hair, etc.*).

конспе́кт *m* [1] summary, abstract; sketch; ~и́вный [14; -вен, -вна] concise, sketchy; ~и́ровать [7], ⟨за-⟩ outline, epitomize.

конспир|ати́вный [14; -вен, -вна] secret; ~а́ция *f* [7] conspiracy.

конст|ати́ровать [7] (*im*)*pf.* state; find; ~иту́ция *f* [7] constitution.

констр|уи́ровать [7] (*im*)*pf.*, *a.* ⟨с-⟩ design; ~у́ктор *m* [1] designer; ~у́кция *f* [7] design; construction.

ко́нсул *m* [1] consul; ~ьский [16] consular; ~ьство *n* [9] consulate; ~ьта́ция *f* [7] consultation; advice; advisory board; ~ьти́ровать [7], ⟨про-⟩ advise; -ся consult (with с T).

конта́кт *m* [1] contact.

континге́нт *m* [1] contingent, quota.

контине́нт *m* [1] continent.

конто́р|а *f* [5] office; ~ский [16] office...; ~ский служа́щий *m*, ~щик *m* [1] clerk.

контраба́нд|а *f* [5] contraband; занима́ться ~ой smuggle; ~и́ст *m* [1] smuggler.

контр|аге́нт *m* [1] contractor; ~-адмира́л *m* [1] rear admiral.

контра́кт *m* [1] contract.

контра́ст *m* [1], ~и́ровать [7] contrast.

контрата́ка *f* [5] counterattack.

контрибу́ция *f* [7] contribution.

контрол|ёр *m* [1] (ticket) inspector (🚍 *a.* ticket collector); ~и́ровать [7], ⟨про-⟩ control, check; ~ь *m* [4] control, checkup; ~ьный [14] control...; check...; ~ьная рабо́та *f* test (paper).

контр|разве́дка *f* [5] counterespionage; secret service; ~револю́ция *f* [7] counterrevolution.

конту́з|ить [15] *pf.* bruise, contuse; ~ия *f* [7] contusion, bruise.

ко́нтур *m* [1] contour, outline.

конура́ *f* [5] kennel.

ко́нус *m* [1] cone; ~ообра́зный [14; -зен, -зна] conic(al).

конфере́нция *f* [7] conference (at на П).

конфе́та *f* [5] candy, *Brt.* sweet(s).

конфи|денциа́льный [14; -лен, -льна] confidential; ~скова́ть [7] (*im*)*pf.* confiscate.

конфли́кт *m* [1] conflict.

конфу́з|ить [15], ⟨с-⟩ (-ся be [-come]) embarrass(ed), confuse(d); ~ливый F [14 *sh.*] bashful, shy.

конц|ентрацио́нный [14] *s.* ~ла́герь; ~ентри́ровать [7], ⟨с-⟩ concentrate (-ся *v/i.*); ~е́рт *m* [1] concert (at на П); ♪ concerto; ~ла́герь *m* [4] concentration camp.

конч|а́ть [1], ⟨~ить⟩ [16] finish, end (-ся *v/i.*); graduate from; P stop; ~е́но! F enough!; ~ик *m* [1] tip; end; ~и́на *f* [5] decease.

конь *m* [4 *e.*; *nom/pl. st.*] horse; *poet.* steed; *chess:* knight; ~ки́ *m/pl.* [1] (ро́ликовые roller) skates; ~кобе́-

жец m [1; -жца] skater; **кобёжный** [14] skating.

коньяк m [1 e.; part. g.: -ý] cognac.

кон|юх m [1] groom, (h)ostler; **юшня** f [6; g/pl.: -шен] stable.

коопер|атив m [1] coöperative (store); **ация** f [7] coöperation.

координировать [7] (im)pf. coördinate.

копать [1], ⟨вы-⟩ dig (up); -ся dig, root; rummage (about); dawdle.

копейка f [5; g/pl.: -éек] kopeck.

копи f/pl. [8] mine, pit.

копилка f [5; g/pl.: -лок] money box.

копир|овальный [14]: **овальная бумага** f carbon paper; **овать** [7], ⟨с-⟩ copy; **овщик** m [1] copyist.

копить [14], ⟨на-⟩ save; store up.

коп|ия f [7] copy (vb. снять **ию** с Р); **ná** f [5; pl.: копны, -пён, -пнам] stack.

копоть f [8] soot, lampblack.

копошиться [16 e.; -шусь, -шишься], ⟨за-⟩ swarm; F stir; mess around.

коптить [15 e.; -пчý, -птишь; -пчённый], ⟨за-⟩ smoke; soot.

копыто n [9] hoof.

копьё n [10; pl. st.] spear.

кора f [5] bark; crust.

кораб|лекрушение n [12] shipwreck; **лестроение** n [12] shipbuilding; **ль** m [4 e.] ship; nave (church).

коралл m [1] coral; **овый** [14] coral..., coralline.

Кордильеры f/pl. [5] Cordilleras.

корé|ец m [1; -ейца], **йский** [16] Korean.

корен|áстый [14 sh.] thickset, stocky; **иться** [13] root; **нóй** [14] native, aboriginal; fundamental, radical; molar (tooth); **' ь** m [4; -рня; from g/pl. e.] root; в корне totally; пустить корни take root; вырвать с корнем pull up by the roots; **ья** n/pl. [gen.: -ьев] roots.

корешóк m [1; -шкá] rootlet; stalk (mushroom); back (book); stub, Brt. counterfoil.

Корé|я f [6] Korea; **2янка** f [5; g/pl.: -нок] Korean.

корзин(к)а f [5 (g/pl.: -нок)] basket.

коридóр m [1] corridor, passage.

коринка f [5; g/pl.: -нок] currant.

корифéй m [3] fig. luminary, corypheus, leader.

корица f [5] cinnamon.

коричневый [14] brown. [peel.⟩

кóрка f [5; g/pl.: -рок] crust; rind,⟩

корм m [1; pl.: -má, etc. e.] fodder; seed; **á** f [5] stern.

корм|и́лец m [1; -льца] breadwinner; **и́лица** f [5] wet nurse; **и́ть** [14], ⟨на-, по-⟩ feed; **и́ть грудью** nurse; F board; ⟨про-⟩ fig. maintain, support; -ся live on (Т); **лéние** n [12] feeding; nursing;

овóй [14] feed(ing), fodder...; ⚓ stern...

корнеплóды m/pl. [1] edible roots.

кóроб m [1; pl.: -бá, etc. e.] basket; **éйник** m [1] hawker; **ить** [14], ⟨по-⟩ warp; fig. offend, sicken: **ка** f [5; g/pl.: -бок] box, case.

корóв|а f [5] cow; дойная **а** milch cow; **ий** [18] cow...; **ка** f [5; g/pl.: -вок]: бóжья **ка** ladybird; **ник** m [1] cowshed.

королéв|а f [5] queen; **ский** [16] royal, regal; **ство** n [9] kingdom.

корол|ёк m [1; -лькá] wren: **ь** m [4 e.] king.

коромысло n [9; g/pl.: -сел] yoke; (a. scale) beam; dragonfly.

корóн|а f [5] crown; **ация** coronation; **ка** f [5; g/pl.: -нок] (tooth) crown; **овáние** n [12] coronation; **овáть** [7] (im)pf. crown.

корóста f [5] scab, scabies.

корот|áть F [1], ⟨с-⟩ while away, beguile; **кий** [16; кóроток, -ткá, кóрóтко, кóрóткий; comp.: корóче] short, brief; fig. intimate, в **ких словáх** in a few words; корóче (говоря́) in a word, in short (brief); **' ко и ясно** (quite) plainly; дóлго ли, **ко ли** sooner or later.

кóрпус m [1] body; [pl.: -сá, etc. e.] frame, case; building; (a. ⚒) corps.

коррект|ив m [1] correction; **ировать** [7], ⟨про-⟩ correct; typ. proofread; **ный** [14; -тен, -тна] correct, proper; **ор** m [1] proofreader; **ура** f [5] proof(reading); держáть **ýру** s. **ировать** (typ.).

корреспонд|éнт m [1] correspondent; **éнция** f [7] correspondence.

корсéт m [1] corset, Brt. a. stays pl.

кóртик m [1] cutlass, hanger.

кóрточк|и f/pl. [5; gen.: -чек]: сесть (сидéть) на **и** (на **ах**) squat.

корчевá|ние n [12] rooting out; **ть** [7], ⟨вы-, рас-⟩ root out.

кóрчить [16], ⟨с-⟩ impers. (& **-ся**) writhe (with pain от бóли); convulse; (no pf.) F make (faces); (a. из себя́) play, pose, put on airs, set up for.

кóршун m [1] vulture.

корыст|ный [14; -тен, -тна] selfish, self-interested; a. = **олюбивый** [14 sh.] greedy (of gain); mercenary; **олюбие** n [12] self-interest, greed; **ь** f [8] gain, profit; use; greed.

корыто n [9] trough.

корь f [8] measles.

коря́вый [14 sh.] knotty, gnarled; rugged, rough; crooked; clumsy.

косá f [5; ac/sg.: кóсу; pl. st.] 1. plait, braid; 2. [ac/sg. a. кóсу] scythe; spit (of land); **рь** m [4 e.] mower.

кóсвенный [14] oblique, indirect (a. gr.); gʒ circumstantial (evidence).

кос|и́лка f [5; g/pl.: -лок] mowing machine; **ть**, ⟨с-⟩ 1. [15; кошý, ко́сишь] mow; 2. *a.* ⟨по-⟩ [15 *e.*; -кошу́, ко́сишь] squint; twist (*mouth*), be(come) (a)wry; -ся, ⟨по-⟩ *v/i.*; *a.* look askance (at на В); ~чка *f* [5; *g/pl.*: -чек] *dim.* of коса́ 1.

косма́тый [14 *sh.*] shaggy.

ко́см|е́тика *f* [5] cosmetics *pl.*; ~ети́ческий [16] cosmetic; ~и́ческий [16] cosmic; ~она́вт *m* [1] astronaut.

косн|е́ть [8], ⟨за-⟩ persist, sink, fossilize (*fig.*); ~ость *f* [8] sluggishness, indolence; stagnation; ~у́ться *s.* каса́ться; ~ый [14; -сен, -сна] sluggish, dull; stagnant, fossil.

косо|гла́зый [14 *sh.*] squint-eyed; ~го́р *m* [1] slope; ~й [14; кос, -а́, -о] slanting, oblique; squint (-eyed); F wry; ~ла́пый [14 *sh.*] bandy-legged; F *s.* неуклю́жий.

костене́ть [8], ⟨о-⟩ ossify; stiffen, grow numb; be(come) transfixed.

костёр *m* [1; -тра́] (camp)fire, bonfire; pile, stake; meeting.

кост|и́стый [14 *sh.*] bony; ~ля́вый [14 *sh.*] scrawny, raw-boned; ~очка *f* [5; *g/pl.*: -чек] bone; & stone; stay.

косты́ль *m* [4 *e.*] crutch; ⊕ spike.

кост|ь *f* [8; в -ти́; *from g/pl. e.*] bone; die; F бе́лая ~ blue blood; игра́ть в ~и (play at) dice.

костю́м *m* [1] suit, costume; ~иро́ванный [14]: ~иро́ванный бал *m* fancy(-dress) ball.

костя́|к *ı* [1 *e.*] skeleton; framework; ~но́й [14] bone...

косу́ля *f* [6] roe (deer).

косы́нка *f* [5; *g/pl.*: -нок] kerchief.

косьба́ *f* [5] mowing.

коса́к *m* [1 *e.*] lintel; slant; felloe; herd; flock; shoal.

кот *m* [1 *e.*] tomcat; *s. a.* ко́тик; купи́ть ~а́ в мешке́ buy a pig in a poke; ~ напла́кал F very little.

кот|ёл *m* [1; -тла́] boiler, caldron; kitchen; ~ело́к *m* [1; -лка́] kettle; pot; ✕ mess kit; derby, *Brt.* bowler.

котёнок *m* [2] kitten.

ко́тик *m* [1] *dim. of* кот; fur seal; seal(skin; *adj.*: ~овый [14]).

котле́та *f* [5] rissole (*without paste*); cutlet, chop.

котлови́на *f* [5] hollow, basin.

кото́мка *f* [5; *g/pl.*: -мок] knapsack; bag.

кото́р|ый [14] which; who; that; what; many a; P some; one; ~ый раз how many times; ~ый час? what time is it?; в ~ом часу́? (at) what time?; ~ый ему́ год? how old is he?

ко́фе *m* [*indecl.*] coffee; ~йник *m* [1] coffee pot; ~йница *f* [5] coffee mill; coffee box; ~йный [14] coffee...; ~йная *f* = ~йня *f* [6; *g/pl.*: -е́ен] coffee house, café.

ко́фт|а *f* [5] (woman's) jacket; blouse; (вязаная ~а) jersey, cardigan; ~очка *f* [5; *g/pl.*: -чек] blouse.

коча́н *m* [1 *e.*] head (of cabbage).

коче́в|а́ть [7] wander; roam; F move; travel; ~ник *m* [1] nomad; ~о́й [14] nomadic.

кочега́р *m* [1] fireman, stoker.

кочене́ть [8], ⟨за-, о-⟩ grow numb, stiffen.

кочерга́ *f* [5; *g/pl.*: -рёг] poker.

ко́чка *f* [5; *g/pl.*: -чек] mound, hillock.

коша́чий [18] cat('s); feline.

кошелёк *m* [1; -лька́] purse.

ко́шка *f* [5; *g/pl.*: -шек] cat.

кошма́р *m* [1] nightmare; ~ный [14; -рен, -рна] dreadful, horrible; F awful.

кощу́нств|енный [14 *sh.*] blasphemous; ~о *n* [9] blasphemy; ~овать [7] blaspheme (*v/t.* над Т).

коэффицие́нт *m* [1] coefficient.

КПСС (Коммунисти́ческая па́ртия Сове́тского Сою́за) Communist Party of the Soviet Union.

кра́деный [14] stolen (goods *n su.*).

краеуго́льный [14] *fig.* corner (*stone*); fundamental.

кра́жа *f* [5] theft; ~ со взло́мом burglary.

край *m* [3; с кра́ю; в -аю́; *pl.*: -а́й, -аёв, *etc. e.*] edge; (b)rim; brink (*a. fig.* —) edge; end; fringe, border; outskirt; region, land, country; ~ний [14] outermost, (*a. fig.*) utmost, extreme(ly, utterly, most, very, badly ~не); в ~нем слу́чае as a last resort; in case of emergency; ~ность *f* [8] extreme; extremity; до ~ности = ~не, carry to (до ~нее carry to (до ходи́ть до) ~йности go *or* run to extremes.

крамо́ла † *f* [5] sedition, revolt.

кран *m* [1] tap; ⊕ crane.

кра́пать [1 *or* 2 *st.*] drop, drip.

крапи́в|а *f* [5] nettle; ~ник *m* [1] wren; ~ный [14] nettle (*a.*, *f*, rash).

кра́пинка *f* [5; *g/pl.*: -нок] speckle, spot.

крас|а́ *f* [5] † *s.* ~ота́; ~а́вец *m* [1; -вца] handsome man; ~а́вица *f* [5] beauty, beautiful woman; ~и́вый [14 *sh.*] beautiful; handsome; *a. iron.* fine.

крас|и́льный [14] dye...; ~и́льня *f* [6; *g/pl.*: -лен] dye shop; ~и́льщик *m* [1] dyer; ~и́тель *m* [4] dye(stuff); ~ить [15], ⟨(по)-, вы-, рас-⟩ paint, colo(u)r, dye; F ⟨на-⟩ paint, make up; rouge; ~ка *f* [5; *g/pl.*: -сок] colo(u)r, paint, dye.

красне́ть [8], ⟨по-⟩ redden, grow *or* turn red; blush; *impf.* be a-shamed; (*a.* -ся) appear, show red.

красно|арме́ец *m* [1; -ме́йца] Red Army man; ~ба́й *m* [3] glib talker; ~ва́тый [14 *sh.*] reddish; ~знамённый [14] decorated with the Order of the Red Banner; ~ко́жий [17] redskin(ned); ~ре́чивый [14 *sh.*] eloquent; ~ре́чие *n* [12] eloquence;

~тá *f* [5] redness; ruddiness; ~флóтец *m* [1; -тца] Red Navy man; ~щёкий [16 *sh.*] ruddy.

красну́ха *f* [5] German measles.

кра́с|ный [14; -сен, -сна́, -о] red (*a. fig.*); † *s.* ~и́вый; ♀ coniferous; ~ный зверь *m* deer; ~ная строка́ *f* *typ.* paragraph, new line; ~ная цена́ *f* ✝ F outside price; ~ное словцо́ *n* F witticism; проходи́ть ~ной ни́тью stand out.

красова́ться [7] shine, show (off).

красота́ *f* [5; *pl. st.*: -со́ты] beauty.

красть [25 *pt. st.*; кра́денный], ⟨у-⟩ steal (-ся *v/i.*, *impf.*; *a.* prowl slink).

кра́тк|ий [16; -ток, -тка́, -о; *comp.*: кра́тче] short, brief, concise; й ~ое *or* й с ~ой *the letter* й; *cf. a.* коро́ткий; ~овре́менный [14; -енен, -енна] short; passing; ~осро́чный [14; -чен, -чна] short; short-dated; short-term; ~ость *f* [8] brevity.

кра́тный [14; -тен, -тна] divisible; *n su.* multiple; ...~ ...fold.

крах *m* [1] failure, crash, ruin.

крахма́л *m* [1], ~ить [13], ⟨на-⟩ starch; ~ьный [14] starch(ed).

кра́шеный [14] painted; dyed.

креди́т *m* [1] credit; в ~ on credit; ~ный [14], ~ова́ть [7] (*im*)*pf.* credit; ~о́р *m* [1] creditor; ~оспосо́бный [14; -бен, -бна] solvent.

кре́йсер *m* [1] cruiser; ~ерство *n* [9] cruise; ~и́ровать [7] cruise; ply.

крем *m* [1] cream.

креме́нь *m* [4; -мня́] flint.

кремл|ёвский [16], ♀ь *m* [4 *e.*] Kremlin.

кре́мн|ий [3] silicon; ~и́стый [14 *sh.*] gravelly, stony; siliceous.

крен ♣, ✈ *m* [1] list, careen.

кре́ндель *m* [4] cracknel.

крен|и́ть [13], ⟨на-⟩ list (-ся *v/i.*).

креп *m* [1] crepe, crape.

креп|и́ть [14 *e.*; -плю́, -пи́шь] fix, secure; reinforce; ♣ belay; furl; *fig.* strengthen; -ся take courage; F persevere; ~кий [16; -пок, -пка́, -о; *comp.*: кре́пче] strong, firm, solid, sound; robust; hard; affectionate; ~ко *a.* fast; deep(ly), ~нуть [21], ⟨о-⟩ grow strong(er).

крепост|ни́чество *n* [9] serfdom; ~но́й [14] (of, in) bond(age); *su.* serf; ~но́е пра́во *s.* ~ни́чество; (of a) fortress; ~ь *f* [8; *from g/pl. e.*] fortress; strength; firmness; ♣♠ deed.

кре́сло *n* [9; *g/pl.*: -сел] armchair; *pl. thea.* † stall.

крест *m* [1 *e.*] cross (*a. fig.*); ~-на́~ crosswise; ~и́ны *f/pl.* [5] baptism, christening; ~и́ть [15; -щённый] (*im*)*pf.*, ⟨о-⟩ baptize, christen; godfather, godmother, sponsor; (пере-⟩ cross (*o.s.* -ся); ~ник *m* [1] godson; ~ница *f* [5] goddaughter; ~ный [14] 1. (of the) cross; 2. ('krɔs-) ~ный (оте́ц) *m* godfather; ~ная (мать) *f* godmother

крестья́н|ин *m* [1; *pl.*: -я́не, -я́н] peasant, farmer; ~ка *f* [5; *g/pl.*: -нок] countrywoman, country girl; farmer's wife; ~ский [16] farm (-er['s]), peasant...; country...; ~ство *n* [9] peasantry.

креще́ние *n* [12] baptism (♀ боево́е ~ baptism of fire), christening; ♀ Epiphany.

крив|а́я ℛ *f* [14] curve; ~изна́ *f* [5] crookedness, curvature; ~и́ть [14 *e.*; -влю́, -ви́шь; -влённый], ⟨по-, с-⟩ (-ся be[come]) crook(ed); twist(ed); ~и́ть душо́й (со́вестью) palter; ~ля́ние *n* [12] grimacing, twisting; ~ля́ться [28] (make) grimace(s); mince; ~о́й [14; крив, -а́, -о] crooked (*a. fig.*), wry; ~оно́гий [16 *sh.*] bandy-legged; ~ото́лки *m/pl.* [1] rumo(u)rs, gossip; ~ошип ⊕ *m* [1] crank.

кри́зис *m* [1] crisis.

крик *m* [1] cry, shout; bawl, outcry; (*fashion*) cri; ~ли́вый [14 *sh.*] shrill, clamorous; (*a. dress, etc.*) loud; ~нуть *s.* крича́ть; ~у́н F *m* [1 *e.*], ~у́нья F *f* [6] bawler, clamo(u)rer; tattler.

кри|мина́льный [14] criminal; ~сталл *m* [1] crystal; ~ста́льный [14; -лен, -льна] crystalline.

крите́рий *m* [3] criterion.

кри́т|ик *m* [1] critic; ~ка *f* [5] criticism; critique, review; ~кова́ть [7] criticize; ~ческий [16], ~чный [14; -чен, -чна] critical.

крича́ть [4 *e.*; -чу́, -чи́шь], ⟨за-⟩, *once* ⟨кри́кнуть⟩ [20] cry (out), shout (at на В); scream.

кров *m* [1] shelter; home; † roof.

крова́|вый [14 *sh.*] bloody, sanguinary; ~ть *f* [8] bed; bedstead.

кро́вельщик *m* [1] slater; tiler.

кровено́сный [14] blood (*vessel*).

кро́вля *f* [6; *g/pl.*: -вель] roof(ing).

кро́вный [14] (*adv.* by) blood; full-blooded, pure-, thoroughbred; vital; arch...

крово|жа́дный [14; -ден, -дна] bloodthirsty; ~излия́ние ⚕ *n* [12] extravasation, hemorrhage; ~обраще́ние *n* [12] circulation of the blood; ~пи́йца *m/f* [5] bloodsucker; ~подтёк *m* [1] bruise; ~проли́тие *n* [12] bloodshed; ~проли́тный [14; -тен, -тна] *s.* крова́вый; ~пуска́ние *n* [12] bloodletting; ~смеше́ние *n* [12] incest; ~тече́ние *n* [12] bleeding; *s.* ~излия́ние; ~точи́ть [16 *e.*; -чи́т] bleed.

кров|ь *f* [8; в -ви́; *from g/pl. e.*] blood (*a. fig.*); ~яно́й [14] blood...

кро|и́ть [13; кро́енный], ⟨вы-, с-⟩ cut (out); ~йка *f* [5] cutting (out).

крокоди́л *m* [1] crocodile.

кро́лик *m* [1] rabbit.

кро́ме (Р) except, besides (*a.* ~ того́), apart (*or* aside) from; but.

кромса́ть [1], ⟨ис-⟩ hack, mangle.
кро́на f [5] crown.
кропи́ть [14 e.; -плю́, -пи́шь; -плённый], ⟨о-⟩ sprinkle.
кропотли́вый [14 sh.] laborious, toilsome; painstaking, assiduous.
кроссво́рд m [1] crossword puzzle.
крот m [1 e.] zo. mole.
кро́ткий [16; -ток, -тка́, -о; comp.: кро́тче] gentle, meek.
кро|ха́ f [5; ac/sg.: кро́ху; from dat/pl. e.] crumb; bit; ↓хотный F [14; -тен, -тна], ↓шечный F [14] tiny; ↓ши́ть [16], ⟨на-, по-, ис-⟩ crumb(le); P crush; ↓шка f [5; g/pl.: -шек] crumb; bit; F baby, little one.
круг 1. m [1; в, на -у́; pl. e.] circle (a. fig.); sphere, range; orbit; F average; slice; ↓лова́тый [14 sh.] roundish; ↓ли́цый [14 sh.] chubby-faced; ↓лый [14; кругл, -а́, -о] round; F perfect, complete; ↓ово́й [14] circular; mutual (responsibility); ↓оворо́т m [1] circulation; succession; ↓озо́р m [1] horizon, scope; ↓о́м round; around, round about; ↓о́м! ⚔ about face (Brt. turn)!; F entirely; ↓ооборо́т m [1] circulation; ↓ообра́зный [14; -зен, -зна] circular; ↓осве́тный [14] round the world; ⚓ circum...
кру́ж|ево n [9; pl. e.; g/pl.: кру́жев] lace; ↓и́ть [16 & 16 e.; кружу́, кру́жишь], ⟨за-, вс-⟩ turn (round), whirl; circle; rotate, revolve, spin; stray about; (-ся v/i.); голова́ ↓ится (y P) feel giddy, dizzy; ↓ка f [5; g/pl.: -жек] mug; box.
кру́жный F [14] roundabout.
кружо́к m [1; -жка́] (small) circle, disk; fig. circle; slice.
круп m [1] (♂ & horse) croup.
круп|а́ f [5] grits, groats pl.; sleet; ↓и́нка f [5; g/pl.: -нок] grain (a. fig. = ↓и́ца f [5]).
кру́пный [14; -пен, -пна́, -о] coarse(-grained); gross; big, large(-scale); great; outstanding; † wholesale; (film) close(up); F ↓ разгово́р m high words.
крутизна́ f [5] steep(ness).
крути́ть [15], ⟨за-, с-⟩ twist; twirl; roll (up); turn; whirl; P impf. trick.
круто́|й [14; крут, -а́, -о; comp.: кру́че] steep, sharp, abrupt, sudden; hard (a.-boiled); harsh; ↓сть f [8] steepness; harshness.
кру́ча f [5] s. крутизна́.
круши́на P f [5] grief, affliction.
круше́ние n [12] 🚂 accident; ⚓ wreck; ruin, breakdown.
крыжо́вник m [1] gooseberry, -ries pl.
крыл|а́тый [14 sh.] winged (a. fig.); ↓о́ n [9; pl.: кры́лья, -льев] wing (a. ✈, △, ⚔, pol.); sail (windmill); splashboard; ↓ьцо́ n [9; pl.: крыль-

ца, -ле́ц, -льца́м] steps pl., (outside) staircase, porch.
Крым m [1; в -у́] Crimea; ²ский [16] Crimean.
крыс|а f [5] rat; ↓и́й [18] rat('s).
крыть [22], ⟨по-⟩ cover; coat; trump; -ся impf. lie or consist in (в П); be at the bottom of.
кры́ш|а f [5] roof; ↓ка f [5; g/pl.: -шек] lid; cover; P (Д p.'s) end, ruin.
крюк m [1 e.; pl. a. крю́чья, -ьев] hook; F detour.
крюч|кова́тый [14 sh.] hooked; ↓котво́рство n [9] pettifoggery; ↓о́к m [1; -чка́] hook; crochet needle; flourish; F hitch.
кряж m [1] range; chain of hills.
кря́к|ать [1], once ⟨↓нуть⟩ [20] quack.
кряхте́ть [11] groan, moan.
кста́ти to the point (or purpose); opportune(ly); in the nick of time; apropos; besides, too, as well; incidentally, by the way.
кто [23] who; ~ ..., ~ ... some ..., others ...; ~ бы ни whoever; ~ бы то ни был who(so)ever it may be; F = ↓-либо, ↓-нибудь, ↓-то [23] any-, somebody (or -onc).
куб m [1] 📐 cube; boiler.
ку́барем F head over heels.
ку́би|к m [1] (small) cube; block (toy); ↓ческий [16] cubic(al).
ку́бок m [1; -бка] goblet; prize: cup.
кубоме́тр m [1] cubic meter (-tre).
куве́рт † m [1] cover; envelope.
кувши́н m [1] jug; pitcher.
кувырк|а́ться [1], once ⟨↓ну́ться⟩ [20] somersault, tumble; ↓о́м s. ку́барем.
куда́ where (... to); what ... for; F (a. ~ как[о́й], etc.) very, awfully, how; at all; by far, much; (a. + Д [& inf.]) how can ...; (a. ~ тут, там) (that's) impossible!; certainly not!, what an idea! (esp. ~ тебе́!) rats!; ~ ..., ~ ... to some places ..., to others ...; ~ вы (i. e. идёте)? where are you going?; хоть ~ P tiptop, smart; cf. ни ; ~ F = ↓-либо, ↓-нибудь, ↓-то any-, somewhere.
куда́хтать [3] cackle, cluck.
куде́сник m [1] wizard.
ку́др|и f/pl. [-е́й, etc. e.] curls; ↓я́вый [14 sh.] curly(-headed); tufty; ornate.
Кузба́сс ⚒ m [1] Kuznetsk Basin.
кузн|е́ц m [1 e.] (black)smith; ↓е́чик m [1] zo. grasshopper; ²ица f [5] smithy.
ку́зов m [1; pl.: -ва́, etc. e.] body; box.
кукаре́кать [1] crow.
ку́киш P m [1] fig, fico.
ку́к|ла f [5; g/pl.: -кол] doll; ↓олка f [5; g/pl. -лок] 1. dim. of ↓ла; 2. zo. chrysalis; ↓ольный [14] doll('s); dollish; ↓ольный теа́тр m puppet show.

кукуру́за *f* [5] corn, *Brt.* maize.
кукушка *f* [5; *g/pl.*: -шек] cuckoo.
кула́|к *m* [1 *e.*] fist; ⊕ cam; kulak; ~цкий [16] kulak...; ⊕ ~чество *n* [9] kulaks *pl.*; ~чный [14] boxing (*match*); club (*law*); ⊕ cam...
кулёк *m* [1; -лька́] (paper) bag.
кули́к *m* [1 *e.*] curlew; snipe.
кули́са *f* [5] wing, side scene; за ~ми behind the scenes.
кули́ч *m* [1 *e.*] Easter cake.
кулуа́ры *m/pl.* [1] lobbies.
куль *m* [4 *e.*] sack, bag.
культ *m* [1] cult; ~иви́ровать [7] cultivate; ~рабо́та *f* [5] cultural & educational work (*Sov.*); ~у́ра *f* [5] culture; ~у́рный [14 *sh.*] cultural; cultured, civilized; polite, well-bred.
кум *m* [1; *pl.*: -мовья́, -овьёв] godfather; ~á *f* [5] godmother; gossip.
кума́ч *m* [1 *e.*] red bunting.
куми́р *m* [1] idol.
кумовство́ *n* [9] sponsorship, friendship; *fig.* nepotism.
кумы́с *m* [1] k(o)umiss.
куни́ца *f* [5] marten.
купа́|льный [14] bathing (~льный костю́м *m* bathing suit, *Brt.* bathing costume); ~льня *f* [6; *g/pl.*: -лен] (swimming) bath, bathhouse; ~льщик *m* [1] bather; ~ть(ся) [1], ⟨вы-, F ис-⟩ (take a) bath; bathe.
купе́ *n* (-'пэ) [*ind.*] 🚃 *n* compartment.
купе́|ц *m* [1; -пца́] merchant; ~ческий [16] merchant('s); ~чество *n* [9] merchants *pl.*
купи́ть *s.* покупа́ть.
куплет *m* [1] couplet, stanza; song.
купля *f* [6] purchase.
ку́пол *m* [1; *pl.*: -ла́] cupola, dome.
купоро́с *m* [1] vitriol.
ку́пчая *f* [14] purchase deed.
курга́н *m* [1] burial mound, barrow.
ку́р|ево P *n* [9] tobacco, smoke; *a.* = ~е́нне *n* [12] smoking; ~и́льщик *m* [1] smoker.
кури́|ный [14] chicken...; hen's; F short (*memory*); night... (*blindness*).
кури́|тельный [14] smoking; ~ть [13; курю́, ку́ришь], ⟨по-, вы́-⟩ smoke (-ся *v/i.*); distil(l).

ку́рица *f* [5; *pl.*: ку́ры, *etc. st.*] hen; chicken, fowl.
курно́сый F [14 *sh.*] snub-nosed.
куро́к *m* [1; -рка́] cock (*gun*).
куропа́тка *f* [5; *g/pl.*: -ток] partridge.
куро́рт *m* [1] health resort.
курс *m* [1] course (⊕, 🚢; 🚏; *educ.*; держа́ть ~ на [B] head for; *univ. a.* year); ↑ rate of exchange; *fig.* line, policy; держа́ть (быть) в ~е (P) keep (be) (well) posted on; ~а́нт *m* [1] student; ⚔ cadet; ~и́в *m* [1] *typ.* italics; ~и́ровать [7] ply.
ку́ртка *f* [5; *g/pl.*: -ток] jacket.
курча́вый [14 *sh.*] curly(-headed).
курь|ёз *m* [1] fun(ny thing); curiosity; ~е́р *m* [1] messenger; courier; ~е́рский [16]: ~е́рский по́езд *m* express (train).
куря́тник *m* [1] hen house.
куря́щий *m* [18] smoker.
кус|а́ть [1], ⟨укуси́ть⟩ [15] bite (-ся *v/i., impf.*), sting; ~ко́вой [14] lump (*sugar*); ~о́к *m* [1; -ска́] piece, bit, morsel; scrap; lump (*sugar*); cake (*soap*); slice; ~ка́ми by the piece; на ~ки́ to pieces; ~о́к хле́ба F living; ~о́чек *m* [1; -чка] *dim. of* ~о́к.
куст *m* [1 *e.*] bush, shrub; ~а́рник *m* [1] bush(es), shrub(s); *pl. a.* underwood.
куста́р|ный [14] handicraft...; home (-made); *fig.* homespun; ~ь *m* [4 *e.*] (handi)craftsman.
ку́тать(ся) [1], ⟨за-⟩ muffle, wrap.
кут|ёж *m* [1 *e.*], ~и́ть [15] carouse.
кух|а́рка *f* [5; *g/pl.*: -рок] cook; ~ня *f* [6; *g/pl.*: ку́хонь] kitchen; cuisine, cookery; ~онный [14] kitchen...
ку́цый [14 *sh.*] dock-tailed; short.
ку́ч|а *f* [5] heap, pile; a lot of; ~ами in heaps *or* in crowds; класть в ~у pile up; ~ер *m* [1; *pl.*: -ра́, *etc. e.*] coachman; ~ка *f* [5; *g/pl.*: -чек] *dim. of* ~а; group.
куш *m* [1] stake; F lot, sum.
куша́к *m* [1 *e.*] belt, girdle.
ку́ша|нье *n* [10] dish; meal; food; ~ть [1], ⟨по-⟩ eat (up ⟨с-⟩); drink.
куше́тка *f* [5; *g/pl.*: -ток] lounge.

Л

лабири́нт *m* [1] labyrinth.
лаборато́рия *f* [7] laboratory.
па́ва *f* [5] lava.
лави́на *f* [5] avalanche.
лави́ровать [7] tack (⚓ & *fig.*).
ла́в|ка *f* [5; *g/pl.*: -вок] bench; (small) store, *Brt.* shop; ~очник *m* [1] store-, shopkeeper; ~р *m* [1] laurel; ~ро́вый [14] (of) laurel(s).
ла́гер|ь 1. [4; *pl.*: -ря́, *etc. e.*] camp (*a., pl.*: -ри, *etc. st., fig.*); распола-

га́ться ⟨стоя́ть⟩ ~ем camp (out); ~ный [14] camp...
лад *m* [1; в -у́; *pl. e.*] F harmony, concord; order; way; tune; (не) в ~у́ (~а́х) *s.* (не) ла́ить; идти́ на ~ work (well), get on *or* along; ~а́н *m* [1] incense; ~ить F [15], ⟨по-, с-⟩ get along *or* on (well), *pf. a.* make it up; manage; fix; tune; не ла́ить *a.* be at odds *or* variance; out of keeping; -ся F *impf. s.* идти́ на ~ & ла́ить;

⌐но F well, all right, O. K.; ⌐ный F [14; -лен, -днá, -o] harmonious; fine, good(-looking).

пáдожск|ий [16]: ⌐ое óзеро n Lake Ladoga.

ладó|нь f [8], ⌐ша F f [5] palm; как на ⌐ни (*lie*) spread before the eyes; бить в ⌐ши clap (one's hands).

ладья́ f [6] boat; *chess:* rook.

лазарéт ✕ m [1] hospital.

лаз|éйка f [5; *g/pl.:* -éек] loophole; ⌐ить [15] climb (*v/t.* на B); creep.

лазу́|рный [14; -рен, -рнá], ⌐рь f [8] azure; ⌐тчик m [1] scout, spy.

лай m [3] bark(ing), yelp; ⌐ка f [5; *g/pl.:* лáек] 1. Eskimo dog; 2. kid (*leather*); ⌐ковый [14] kid...

лак m [1] varnish, laquer; ⌐овый [14] varnish(ed), laquer(ed); patent leather...; ⌐áть [1], ⟨вы́-⟩ lap.

лакéй m [3] footman, lackey; flunk(e)y; ⌐ский [16] lackey('s); *fig.* servile.

лакировáть [7], ⟨по-⟩ laquer; varnish.

лáком|иться [14], ⟨по-⟩ (T) enjoy, relish (*a. fig.*). eat with delight; be fond of dainties; ⌐ка F m/f [5] lover of dainties; быть ⌐кой *u.* have a sweet tooth; ⌐ство n [9] dainty, delicacy; *pl.* sweetmeats, *Brt.* sweets; ⌐ый [11 *sh.*] dainty, | (*u.* ⌐ый до P) fond of (dainties); ⌐ый кусó-(че)к *m* titbit, *Brt.* tidbit.

лакони́ч|еский [16], ⌐ный [14; -чен, -чна] laconic(al).

Ла-Мáнш m [1] English Channel.

лáмп|a f [5] lamp; *rad.* tube, *Brt.* valve; ⌐áд(к)а f [5 *g/pl.:* -док] (*icon*) lamp; ⌐овый [14] lamp...; ⌐очка f [5; *g/pl.:* -чек] bulb.

ландшáфт m [1] landscape.

лáндыш m [1] lily of the valley.

лань f [5] fallow deer; hind, doe.

лáп|a f [5] paw; *fig.* clutch; ⌐оть m [4; -птя; *from g/pl. e.*] bast shoe.

лапшá f [5] noodles *pl.*; noodle soup.

парёк m [1; -рькá] stand, *Brt.* stall.

ларéц m [1; -рцá] box, chest, casket.

лáск|a f 1. [5] caress; F affection; 2. [5; *g/pl.:* -сок] weasel; ⌐áтель-ный [14] endearing, pet; † flatter-ing; *s. a.* ⌐овый; ⌐áть [1], ⟨при-⟩ caress; pet, fondle; *impf.* cherish; flatter (o. s. with себя́ T); -ся en-dear o. s. (to к Д); fawn (*dog*); † (T) cherish; ⌐овый [14 *sh.*] affectionate, tender; caressing.

лáсточка f [5; *g/pl.:* -чек] swal-low.

латáть P [1], ⟨за-⟩ patch, mend.

латви́йский [16] Latvian.

лати́нский [16] Latin.

лáтка f [5; *g/pl.:* -ток] patch.

латýк m [1] lettuce.

латýнь f [8] brass.

лáты *f/pl.* [5] armo(u)r.

латы́нь f [13] Latin.

латы́ш m [1 *e.*], ⌐ка f [5; *g/pl.:* -шек] Lett; ⌐ский [16] Lettish.

лауреáт m [1] prize winner.

лафéт m [1] gun carriage.

лачýга f [5] hovel, hut.

ля́ять [27], ⟨за-⟩ bark.

лгать [лгу, лжёшь, лгут; лгал, -á, -o] 1. ⟨со-⟩ lie; tell a p. (Д, пé-ред T) a lie; 2. ⟨на-⟩ (на B) de-fame.

лгун m [1 *e.*], ⌐ья f [6] liar.

лебёдка f [5; *g/pl.:* -док] windlass.

лебе|ди́ный [14] swan...; ⌐дь m [4; *from g/pl. e.*] (*poet. a. f*) swan; ⌐зи́ть F [15 *e.*; -бежу́, -бези́шь] fawn (upon пéред T).

лев m [1; льва] lion; ♌ Leo.

лев|шá m/f [5; *g/pl.:* -шéй] left-handed person; ⌐ый [14] left (*a. fig.*), left-hand; wrong (*side*; on с P).

легáльный [14; -лен, -льна] legal.

легéнд|a f [5] legend; ⌐áрный [14; -рен, -рна] legendary.

легиóн m [1] legion.

лёгкий (-хк-) [16; лёгок, легкá] *a.* лёгки] light (*a. fig.*); easy; slight; F lucky; ⟨Д⟩ легкó + *inf.* it is very well for ... + *inf.*; лёгок на помине F talk of the devil!

легко́|вéрный (-хк-) [14; -рен, -рна] credulous; ⌐вéсный [14; -сен, -сна] light; *fig.* shallow; ⌐вóй [14]: ⌐вóй автомоби́ль m (*a.* ⌐вáя [*авто*]маши́на f) auto(mobile), car.

лёгкое (-хк-) n [16] lung.

легкомы́сл|енный (-хк-) [14 *sh.*] light-minded, frivolous; thoughtless; ⌐ие n [12] levity; frivolity; flip-pancy.

лёгкость (-хк-) f [8] lightness; eas-iness; ease.

лёд m [1; льда; на льду́] ice.

лед|енéть [8], ⟨за-, о-⟩ freeze, ice; grow numb (with cold); chill; ⌐е-нéц m [1; -нцá] (*sugar*) candy; ⌐енáть [13], ⟨о(б)-⟩ freeze, ice; chill; ⌐ни́к¹ m [1] ice cellar; re-frigerator, icebox; ⌐ни́к² m [1 *e.*] glacier; ⌐нико́вый [14] glacial; ice...; ⌐окóл m [1] icebreaker; ⌐-охóд m [1] ice drift; ⌐янóй [14] ice...; icy (*a. fig.*); chilly.

лежáлый [14] stale, old, spoiled.

лежá|ть [4 *e.*; лёжа] lie; be (situ-ated); rest, be incumbent; form (*the basis* в П); ⌐чий [17] lying; (*a.* ♀) prostrate; turndown (*collar*).

лéзвие n [12] edge.

лезть [24 *st.:* лезу; лезь!; лез, -ла], ⟨по-⟩ (he) climb(ing, *etc.*; *v/t.* на B); creep; penetrate; F reach into; (к Д [с T]) importune, press; fall out (*hair*); (на B) fit (*v/t.*); P meddle.

лейбори́ст m [1] Labo(u)rite.

лей|ка f [5; *g/pl.:* лéек] watering pot, can; ⌐тенáнт m [1] (second) lieu-tenant.

лека́р|ственный [14] medicinal, curative; ~ство n [9] medicine, remedy (against, for от, про́тив P); '~ъ † & P m [4; from g/pl. e.] doctor.
ле́ксика f [5] vocabulary.
ле́к|тор m [1] lecturer; ~ция f [7] lecture (at на П; vb.: слу́шать [чита́ть] attend [give, deliver]).
лепея́ть [27] cherish, fondle.
ле́мёх m [1 & 1 e; pl.: -xá, etc. e.] plowshare (Brt. plough-share).
лён m [1; льна] flax.
лени́в|ец m [1; -вца] s. лентя́й; ~ица f [5] s. лентя́йка; ~ый [14 sh.] lazy, idle; sluggish.
Ленингра́д m [1; -дца] Leningrad; ⚥ец m [1; -дца] Leningrader.
ле́нин|ец m [1; -нца], ~ский [16] Leninist.
лени́ться [13; леню́сь, ле́нишься], be lazy.
ле́нта f [5] ribbon; band; ⊕ tape.
лентя́й F m [3], ~ка f [5; g/pl.: -я́ек] lazybones; ~ничать F [1] idle.
лень f [8] laziness, idleness; listlessness; F (мне) ... I hate, don't want, won't.
лепе|сто́к m [1; -тка́] petal; '~т m [1], ~та́ть [4], ⟨про-⟩ babble, prattle.
лепёшка f [5; g/pl.: -шек] scone; lozenge.
леп|и́ть [14], ⟨вы́-, с-⟩ sculpture, model, mo(u)ld; F ⟨на-⟩ stick (to на П); ~ка model(l)ing, mo(u)lding; F sculpture; ~но́й [14] plastic.
ле́пта f [5] mite.
лес m [1; из ле́су & из ле́са; в лесу́; pl.: леса́, etc. e.] wood, forest; lumber, Brt. timber; pl. scaffold(ing); ~ом through a (the) wood; как в ~у́ F fig. at sea; ~á f [5; pl.: лёсы, etc. st.] (fishing) line; ~и́стый [14 sh.] woody, wooded; ~ка f [5; g/pl.: -сок] s. ~á; ~ни́к m [1 e.] ranger; ~ни́чество n [9] forest district; ~ни́чий m [17] forester; ~но́й [14] forest...; wood(y); lumber...; Brt. timber...
лесо|во́дство n [9] forestry; ~наса́ждение n [12] afforestation; (af)forested tract; wood; ~пи́лка F f [5; g/pl.: -лок], ~пи́льный [14]: ~пи́льный заво́д m = ~пи́льня f [6; g/pl.: -лен] sawmill; ~ру́б m [1] lumberman, woodcutter.
ле́стница f [5] (-sn-) (flight of) stairs pl., staircase; ladder; fig. scale.
ле́ст|ный [14; -тен, -тна] flattering; ~ь f [8] flattery.
лёт m [1] flight; на лету́ in the air, on the wing; F fig. in haste; instantly, quickly.
лета́, лет s. ле́то; cf. a. год.
лета́тельный [14] flying.
лета́ть [1] fly.
лете́ть [11], ⟨по-⟩ (be) fly(ing).

ле́тний [15] summer...
лётный [14] flying; run...
лет|о n [9; pl. e.] summer (in [the] T; for the на В); pl. years, age (at в В); ско́лько вам ~? how old are you? (cf. быть); в ~ах elderly, advanced in years; ~описец m [1; -сца] chronicler; ~опись f [8] chronicle; ~осчисле́ние n [12] chronology; era.
лету́ч|ий [17 sh.] flying; fleeting; offhand, short; 🜍 volatile; ~ая мышь f zo. bat; ~ий листо́к = ~ка F f [5; g/pl.: -чек] leaflet.
лётчи|к m [1], ~ца f [5] aviator, flier, pilot, air(wo)man.
лече́б|ница f [5] clinic, hospital; ~ный [14] medic(in)al.
лече́ние n [12] treatment; ~и́ть [16] treat; -ся undergo treatment, be treated; treat (one's ... от Р).
лечь s. ложи́ться; cf. a. лежа́ть.
ле́ший m [17] satyr; P Old Nick.
лещ m [1 e.] zo. bream.
лж|е... false; pseudo...; ~ец m [1 e.] liar; ~и́вость f [8] mendacity; ~и́вый [14 sh.] lying; mendacious.
ли, (short, after vowels, a.) ль 1. (interr. part.:) зна́ет ~ он ...? (= он зна́ет ...?) does he know ...?; 2. (cj.:) whether, if; ... ~ ... ~ whether ..., or ...
либера́л m [1], ~ьный [14; -лен, -льна] liberal.
ли́бо or; ~ ..., ~ ... either ... or ...
Лива́н m [1] Lebanon.
ли́вень m [4; -вня] downpour.
ливре́я f [5; g/pl.: -ре́й] livery.
ли́га f [5] league.
ли́дер m [1] (pol., sport) leader.
Ли́за(очк)а f [5] Liz(zy), Lise.
лиза́ть [3], once ⟨~ну́ть⟩ lick.
лик m [1] face; countenance; image.
ликвиди́ровать [7] (im)pf. liquidate.
likoва́ть [7], ⟨воз-⟩ exult.
ли́лия f [7] lily.
ли́ловый [14] lilac(-colo[u]red).
лими́т m [1], ~и́ровать [7] (im)pf. limit.
лимо́н m [1] lemon; ~а́д m [1] lemonade.
ли́мфа f [5] lymph.
лингви́стика f [5] s. языкозна́ние.
лине́й|ка f [5; g/pl.: -е́ек] line; ruler; slide rule;] carriage; ~ный [14] linear; ✗ (of the) line; 🛥 battle...
ли́н|за f [5] lens; ~ия f [7] line (a. fig.; in по Д); ~ко́р m [1] battleship; ~ова́ть [7], ⟨на-⟩ rule.
Линч: зако́н (or суд) ~а lynch law; 🜎ева́ть [7] (im)pf. lynch.
линь m [4 e.] zo. tench; 🛥 line.
линь|ка f [5] mo(u)lt(ing); ~ю́чий F [17 sh.] fading, faded; mo(u)lting;

~я́лый F [14] faded; mo(u)lted; ~я́ть [28], ⟨вы́-, по-⟩ fade; mo(u)lt.

ли́па f [5] linden, lime tree.

ли́п|кий [14] (-пок, -пка́, -о] sticky; sticking (plaster); ~нуть [21], ⟨при-⟩ stick.

ли́р|а f [5] lyre; ~ик m [1] lyric poet; ~ика f [5] lyric poetry; ~и́ческий [16], ~и́чный [14; -чен, -чна] lyric(al).

лис|(и́ц)а́ f [5; pl. st.] fox (silver... серебри́стая, черно-бу́рая); ~и́й [18] fox...; foxy.

лист m [1. l e.] sheet; certificate; дееd; typ. leaf (= 16 pp.); 2. [l e.; pl. st : ли́стья, -ьев] ❧ leaf; a. = ~ва́; ~а́ть F [1] leaf, thumb (through); ~ва́ f [5] foliage, leaves pl.; ~венница f [5] larch; ~венный [14] foliose, leafy; deciduous; ~ик m [1] dim. of ~; ~о́вка f [5; g/pl.: -вок] pol. leaflet; ~о́к m [1; -тка́] dim. of ~; slip; (news)paper; ~о́вый [14] leaf(y); sheet...; folio...

Литва́ f [5] Lithuania.

лите́й|ная f [14], ~ный [14]: ~ный заво́д m foundry; ~щик m [1] founder.

лите́р|а f [5] letter, type; ~ато́р m [1] man of letters; writer; ~ату́ра f [5] literature; ~ату́рный [14; -рен, -рна] literary.

лито́в|ец m [1; -вца], ~ка f [5; g/pl.: -вок], ~ский [16] Lithuanian.

лито́й [14] cast. (prox. 1qt.).}

литр m [1] liter (Brt. -tre; = ap-)

лить [1] пью́, льёшь; лил, -á, -о; лей (-те)] ри́тый (лит, -á, -о)] pour; shed; ⊕ cast; дождь льёт как из ведра́ it's raining cats and dogs; ~ся flow, pour; spread; sound; ~ё n [10] founding, cast(ing).

лифт m [1] elevator, Brt. lift; ~ёр m [1] elevator boy, Brt. lift man.

ли́фчик m [1] waist, bodice; bra(s-sière).

лих|ои́мец † m [1; -мца] usurer; bribe taker; ~о́й [14; лих, -á, -о] bold, daring; dashing; nimble; smart; ~ора́дка f [5] fever; ~ора́дочный [14; -чен, -чна] feverish; ~ость f [8] bravery; smartness.

лицев|а́ть [7], ⟨пере-⟩ face; turn; ~о́й [14] face...; front...; right (side).

лицеме́р m [1] hypocrite; ~ие n [12] hypocricy; ~ный [14; -рен, -рна] hypocritical; ~ить [13] dissemble.

лице́нзия f [7] license (for на В).

лиц|о́ n [9; pl. st.] face; countenance (change v/t. в П); front; person; individual(ity); в ~о́ by sight; to s. b. 's face; от ~á (Р) in the name ot; ~о́м к ~у́ face to face; быть (Д) к ~у́ suit or become a p.; нет ~á (на П) be bewildered; s. a. де́йствую-щий.

личи́н|а f [5] mask, guise; ~ка f [5; g/pl.: -нок] larva; maggot.

ли́чн|ый [14] personal; ~ость f [8] personality; identity (card).

лиша́й m [3 e.] ❧ lichen (a. ~ник); ✻ herpes.

лиш|а́ть [1], ⟨~и́ть⟩ [16 e.; -шу́, -ши́шь; -шённый] deprive, bereave, strip (of Р); ~а́ть (себя́) жи́зни commit murder (upon В) (sui-cide); ~ённый a. devoid of, lack (-ing); -ся (Р) lose; ~и́ться чувств faint; ~е́ние n [12] (de)privation; loss; pl. privations, hardships; ~е́ние прав disfranchisement; ~е́ние свобо́ды imprisonment; ~и́ть(ся) s. ~а́ть(ся).

ли́шн|ий [15] superfluous, odd, excessive, over...; sur...; spare; extra; needless, unnecessary; out-sider; ~ее n undue (things, etc.), (a. a glass) too much; c ~им over ...; ~ий раз m once again; (Д) не ~е inf. (р.) had better.

лишь (a. + то́лько) only; merely; just; as soon as, no sooner ... than, hardly; ~ бы if only.

лоб m [1; лба; во, на лбу] forehead.

лобзи́к m [1] fret saw.

ло́б|ный anat., ~ово́й [14] ✕ fron-tal.

лови́ть [14], ⟨пойма́ть⟩ [1] catch; (сn)trap; grasp, seize; ~ на сло́ве take at one's word.

ло́в|кий [16; ло́вок, ловка́, -о] dex-terous, adroit, deft; ~ость f [8] adroitness, dexterity.

ло́в|ля f [6] catching; fishing; ~у́шка f [5; g/pl.: -шек] trap; snare.

логари́фм m [1] logarithm.

ло́ги|ка f [5] logic; ~ческий [16], ~чный [14; -чен, -чна] logical.

лого́в|ище n [11], ~о n [9] lair, den.

ло́д|ка f [5; g/pl.: -док] boat; ~оч-ник m [1] boatman.

подъ́яжка f [5; g/pl.: -жек] ankle.

ло́дырь F m [4] idler, loafer.

ло́жа f [5] thea. box; lodge; stock.

ложби́на f [5] hollow.

ло́же n [11] couch, bed; stock.

ложи́ться [16 е.; -жу́сь, -жи́шь-ся], ⟨лечь⟩ [26 г/ж: ля́гу, ля́-жешь, ля́гут; лёг, легла́] lie down; ~ в (В) go to (bed, a. ~ [спать]); fall.

ло́жка f [5; g/pl.: -жек] spoon.

ло́ж|ный [14; -жен, -жна] false; ~ный путь m wrong tack; ~ь f [8; лжи; ло́жью] lie, falsehood.

лоза́ f [5; pl. st.] vine; switch ❧.

ло́зунг m [1] slogan, watchword.

локализова́ть [7] (im)pf. localize.

локо|моти́в m [1] locomotive, en-gine; '~н m [1] curl, lock; '~ть m [4; -ктя́; from g/pl. e.] elbow.

лом m [1; from g/pl. e.] crowbar, pry; scrap (metal); ~аный [14] broken; ~а́ть [1], ⟨с-⟩ break (a. up); pull (down), tear; ~а́ть го́лову rack one's brains (over над Т); -ся break; P clown, jest; mince, be prim.

помбáрд *m* [1] pawnshop.

пом|я́ть [14] F = ᷂я́ть; *impers.* ache, feel a pain in; -ся bend, burst; F force (*v/t.* в В), break (into); ᷂ка *f* [5] breaking (up); ᷂ки́й [16] ломóк, ломкá, -о] brittle, fragile; ᷂овóй [14] breaking; scrap...; cart(er)...; ᷂óта *f* [5] acute pains *pl.*; ᷂óть *m* [4; -мтя́] slice; ᷂тик *m* [1] *dim. of* ᷂óть.

пóно *n* [9] lap; bosom (in на П).

пóпа|сть *f* [8; *from g/pl. e.*] blade; vane, fan; ᷂та *f* [8] shovel, spade; ᷂тка *f* [5; *g/pl.*: -ток] 1. *dim. of* ᷂та; 2. shoulder blade.

пóп|аться [1], ᷂нуть [20] burst; crack, break; tear; F be exhausted.

попýх *m* [1 *e.*] burdock.

поск *m* [1] luster, gloss, polish.

поскýт *m* [1 *e.*; *pl. а.*: -кýтья, -ьев] rag, shred, scrap, frazzle.

пос|ни́ться [13] be glossy *or* sleek, shine; ᷂óсь *m* [4] salmon.

пось *m* [4; *from g/pl. e.*] elk.

пот *m* [1] plummet, lead.

потерéя *f* [6] lottery.

потóк *m* [1; -ткá] hawker's stand, tray.

похáн|ка *f* [5], ᷂ь *f* [8] tub.

похм|áтый [14 *sh.*] shaggy, dishevel(l)ed; ᷂óтья *n/pl.* [*gen.*: -ьев] rags.

пóцман Ⓑ *m* [1] pilot.

пошáд|йный [14] horse...; ᷂йная си́ла *f* horsepower; '᷂ь *f* [8; *from g/pl.e.*,*instr.*:-дьми́ Ⓑ -дями́] horse.

пошáк *m* [1 *e.*] hinny.

поцá|на *f* [5] hollow, valley; ᷂ть [16 *e.*; -щý, -щи́шь; -щённый] ⟨на-, вы́-⟩ gloss, polish.

поя́льь|ость *f* [8] loyalty; ᷂ый [14; -лен, -льна] loyal.

пу/бóк *m* [1; -бкá] ⚔ splint; cheap popular print (*or* literature).; ᷂г *m* [1; на -ý; *pl.* -á, *etc. e.*] meadow.

пудить [15] tin.

пýж|а *f* [5] puddle, pool; сесть в ᷂у F be in a pretty pickle (*or* fix).

пужáйка *f* [5; *g/pl.*: -áек] (small) glade.

пук *m* [1] 1. onion(s); 2. bow.

пукáв|ить [14], ⟨с-⟩ dissemble, dodge; ᷂ство *n* [9] cunning, slyness, ruse; ᷂ый [14 *sh.*] crafty, wily.

пýковица *f* [5] bulb; onion.

пун|á *f* [5] moon; ᷂áтик *m* [1] sleepwalker; ᷂ный [14] moon(lit); *astr.* lunar. [glass.]

пýна *f* [5] magnifier, magnifying

лупи́ть [14], ⟨об-⟩ peel (*v/i.* -ся).

пуч *m* [1 *e.*] ray, beam; ᷂евóй [14] radial; ᷂езáрный [14; -рен, -рна] radiant; ᷂еиспускáние *n* [12] radiation; ᷂и́на *f* [5] (burning) chip, spill; ᷂и́стый [14 *sh.*] radiant.

пýчши|й *adv., comp. of* хорошó; ᷂й [17] better; best (at ... в ᷂ем слýчае).

пущи́ть [16 *e.*; -щý, -щи́шь], ⟨вы́-⟩ shell, husk.

лы́ж|а *f* [5] ski (*vb.*: ходи́ть, *etc.*, на ᷂ах); ᷂ник *m* [1], ᷂ница *f* [5] skier; ᷂ный [14] ski...

лы́ко *n* [9; *nom/pl.*: лы́ки] bast.

лы́с|ый [14] bald; ᷂ина *f* [5] bald head; blaze.

ль *s. ли.*

льви́|ный [14] lion's; ᷂ный зев ♀ *m* snapdragon; ᷂ца *f* [5] lioness.

льгóт|а *f* [5] privilege; ᷂ный [14; -тен, -тна] privileged; reduced; favo(u)rable.

льди́на *f* [5] ice floe.

льну́ть [20], ⟨при-⟩ cling, nestle.

льняно́й [14] flax(en); linen...

льст|éц *m* [1 *e.*] flatterer; ᷂и́вый [14 *sh.*] flattering; ᷂и́ть [15], ⟨по-⟩ (Д) flatter (o.s. with себя́ Т).

любéзн|ичать F [1] (с Т) court, flirt, spoon; ᷂ость *f* [8] amiability, kindness; favo(u)r;*pl.* compliments; ᷂ый [14; -зен, -зна] amiable, kind; dear; *su.* sweetheart; F lovely.

люби́м|ец *m* [1; -мца], ᷂ица *f* [5] favo(u)rite, pet; ᷂ый [14] beloved, darling; favo(u)rite, pet.

люби́тель *m* [4], ᷂ница *f* [5] lover, fan; amateur; ᷂ский [16] amateur (-ish).

люби́ть [14] love; like, be ⟨по-⟩ grow) fond of; *pf.* fall in love with.

любов|áться [7], ⟨по-⟩ (Т *or* на В) admire, (be) delight(ed) (in); ᷂ник *m* [1] lover; ᷂ница *f* [5] mistress; ᷂ный [14] love...; loving, affectionate; ᷂ная связь *f* amour; ᷂ь *f* 1. [8; -бви́; -бóвью] love (of, for к Д); 2. Ⓢ [8] *fem. name* (*cf.* Amanda).

любо|зна́тельный [14; -лен, -льна] inquisitive, curious; inquiring; ᷂й [14] any(one *su.*); ᷂пы́тный [14; -тен, -тна] curious, inquisitive; interesting; мне ᷂пы́тно ... I wonder ...; ᷂пы́тство *n* [9] curiosity; interest.

лю́бящий [17] loving, affectionate.

люд *m* [1] coll. F, ᷂и *pl.* [-éй, -ям, -ьми́, -ях] people; † servants; вы́йти в ᷂и arrive, make one's way in life (*or* fortune); на ᷂ях in public; ᷂ный [14; -ден, -дна] populous; crowded; ᷂оéд *m* [1] cannibal; ogre; ᷂скóй [16] man...; man's; human(e); servants' (room *su. f.*).

люк *m* [1] hatch(way).

лю́лька *f* [5; *g/pl.*: -лек] cradle.

лю́стра *f* [5] chandelier, luster.

лю́тик *m* [1] buttercup.

лю́тый [14; лют, -á, -о; *comp.*: -тée] fierce, cruel, grim.

люцéрна *f* [5] alfalfa, *Brt.* lucerne.

ляг|áть(ся) [1], ⟨᷂ну́ть⟩ [20] kick.

лягýшка *f* [5; *g/pl.*: -шек] frog.

ля́жка *f* [5; *g/pl.*: -жек] thigh; haunch.

лязг *m* [1], ᷂ать [1] clank, clang, chatter.

ля́мк|а *f* [5; *g/pl.*: -мок] strap; тяну́ть ᷂у F drudge, toil.

M

мавзоле́й *m* [3] mausoleum.
магази́н *m* [1] store, *Brt.* shop.
магистра́ль *f* [8] main (🚂 *a.* air) line 🚆 (🚆 *a.* route) *or* waterway; thoroughfare; trunk (line); main.
маг|и́ческий [16] magic(al); ~нети́ческий [16] magnetic(al).
ма́гний *m* [3] magnesium.
магни́т *m* [1] magnet.
магометя́н|ин *m* [1; *pl.*: -а́не, -а́н], ~ка *f* [5; *g/pl.*: -нок] Mohammedan.
мадья́р *m* [1], ~ский [16] Magyar.
маёвка *f* [5; *g/pl.*: -вок] May Day meeting, outing *or* picnic.
ма́з|анка *f* [5; *g/pl.*: -нок] mud hut; ~ать [3] 1. (по-, на-) smear; rub (in); anoint; spread, butter; whitewash; 2. ⟨c-⟩ oil, lubricate; 3. F ⟨за-⟩ soil; *impf.* daub; ~ня́ F *f* [6] daub(ing); ~о́к *m* [1; -зка́] touch, stroke; ⚕ swab; ~ь *f* [8] ointment; grease.
май *m* [3] May; ~ка *f* [5; *g/pl.*: ма́ек] sleeveless sports shirt; ~о́р *m* [1] major; ~ский [16] May(-Day)...
мак *m* [1] poppy.
мак|а́ть [1], *once* ⟨~ну́ть⟩ [20] dip.
маке́т *m* [1] model; dummy.
ма́клер *m* [1] broker.
макну́ть *s.* мака́ть.
макре́ль *f* [8] mackerel.
максима́льный [14; -лен, -льна] maximum; [crown.]
маку́шка *f* [5; *g/pl.*: -шек] top;]
мала́|ец *m* [1; -па́йца], ~йка *f* [5; *g/pl.*; ля́ек], ~йский [16] Malay(an).
малева́ть F [6], ⟨на-⟩ paint, daub.
мале́йший [17] least, slightest.
ма́ленький [16] little, small; short; trifling, petty.
мали́н|а *f* [5] raspberry, -ries *pl.*; ~о́вка *f* [5; *g/pl.*: -вок] robin (redbreast); ~о́вый [14] raspberry ...; crimson; soft, sonorous.
ма́ло little (*a.* ~ что); few (*a.* ~ кто); a little; not enough; less; ~ где in few places; ~ когда́ seldom; F ~ ли что much, many things, anything; (*a.* ~ что) yes, but ...; that doesn't matter, even though; ~ того́ besides, and what is more; ~ того́, что not only (that).
мало|ва́жный [14; -жен, -жна] insignificant, trifling; ~ва́то F little, not (quite) enough; ~вероя́тный [14; -тен, -тна] unlikely; ~во́дный [14; -ден, -дна] shallow; ~говоря́щий [17] insignificant; ~гра́мотный [14; -тен, -тна] uneducated, ignorant; faulty; ~ду́шный [14; -шен, -шна] pusillanimous; ~зна́чащий [17 *sh.*]; ~значи́тельный [14; -лен, -льна] insignificant; ~ва́жный [14; -жен, -жна]; ~иму́щий [17 *sh.*] poor; ~кро́вие *n* [12] an(a)emia; ~кро́вный [14;

-вен, -вна] an(a)emic; ~ле́тний [15] minor, underage; little (one); ~лю́дный [14; -ден, -дна] poorly populated (*or* attended); ~ма́льски F a little bit; somewhat; ~обши́тельный [14; -лен, -льна] unsociable; ~о́пытный [14; -тен, -тна] inexperienced; ~пома́лу F gradually, little by little; ~ро́слый [14 *sh.*] undersized; ~содержа́тельный [14; -лен, -льна] vapid.
ма́л|ость *f* [8] smallness; F trifle; a bit; ~оце́нный [14; -е́нен, -е́нна] inferior; ~очи́сленный [14 *sh.*] small (in number); few; ~ый [14; мал, *a. comp.*: ме́ньше] small, little; short; *cf.* ~е́нький; *su.* fellow, guy; lad; без ~ого almost, just short of; ~ и стар young & old; с ~ых лет from (one's) childhood; ~ы́ш *m* [1 *e.*] kid(dy).
ма́льч|ик *m* [1] boy; lad; ~и́шеский [16] boyish; mischievous; ~и́шка F *m* [5; *g/pl.*: -шек] urchin; greenhorn; ~уга́н F *m* [1] *s.* малы́ш; *a.* = ~и́шка.
малю́тка *m/f* [5; *g/pl.*: -ток] baby, infant; *fig.* pygmy..., miniature...
маля́р *m* [1 *e.*] (house) painter.
маляри́я *f* [7] malaria.
ма́м|а *f* [5] ma(mma), mum, mother; ~а́ша F *f* [5], F ~енька *f* [5; *g/pl.*: -нек] mammy, mummy.
мандари́н *m* [1] mandarin.
манда́т *m* [1] mandate.
ман|ёвр *m* [1], ~еври́ровать [7] maneuver, manoeuvre; 🚆 shunt, switch; ~еке́н *m* [1] mannequin.
мане́р|а *f* [5] manner; ~ки *f* [5; *g/pl.*: -рок] canteen, *Brt.* water bottle; ~ный [14; -рен, -рна] affected.
манже́т(к)а *f* [5 (*g/pl.*: -ток)] cuff.
манипули́ровать [7] manipulate.
мани́ть [13; маню́, ма́нишь, ⟨по-⟩ (T) beckon; (al)lure, entice, tempt.
ман|и́шка *f* [5; *g/pl.*: -шек] dick(e)y; ~ия *f* [7] (величия megalo)mania; ~и́ровать [7] (*im*)*pf.* (T) neglect.
ма́нная [14]: ~ крупа́ *f* semolina.
мануфакту́ра *f* [5] textiles *pl.*
мара́ть F [1], ⟨за-⟩ soil, stain; ⟨на-⟩ scribble, daub; ⟨вы́-⟩ delete.
ма́рганец *m* [1; -нца] manganese.
маргари́тка *f* [5; *g/pl.*: -ток] daisy.
маринова́ть [7], ⟨за-⟩ pickle.
ма́рк|а *f* [5; *g/pl.*: -рок] stamp; mark; counter; make; brand, trademark; ~и́за *f* [7] awning; ~си́стский [16] Marxist, Marxian.
ма́рля *f* [6] gauze.
мармела́д *m* [1] fruit candy (*or* drops).
март *m* [1], ~овский [16] March.

мар|ты́шка *f* [5; *g/pl.*: -шек] marmoset; '2фа Martha.

марш *m* [1], ~ирова́ть [7] march; ~ру́т *m* [1] route.

ма́ск|а *f* [5; *g/pl.*: -сок] mask; ~ара́д *m* [1] (*а.* бал-~ара́д) masked ball, masquerade; ~ирова́ть [7], (за-), ~иро́вка *f* [5; *g/pl.*: -вок] mask; disguise, camouflage.

ма́сл|еница *f* [5] (last week of) carnival; F feast; ~ёнка *f* [5; *g/pl.*: -нок] butter dish; lubricator; ~е-ный [14] *s.* ~яный; ~ина *f* [5] olive; ~ичный [14] olive....; oil ...; ~о *n* [9; *pl.*: -сла́, -сел, -сла́м] (*а.* коро́вье, сли́вочное ~о) butter; (*а.* расти́тельное ~о) oil; как по ~у *fig.* (*go*) on wheels; ~обо́йка *f* [5; *g/pl.*: -о́ек] churn; oil mill; ~яный [14] oil(y); butter(y); ~еасу, unctuous.

ма́сс|а *f* [5] mass; bulk; multitude; ~а́ж *m* [1], ~ирова́ть [7] (*pt.a.pf.*) massage; ~ив *m* [1] massif; ~и́в-ный [14; -вен, -вна] massive; ~овый [14] mass...

ма́стер *m* [1; *pl.*: -ра́, *etc. е.*] master; foreman; craftsman; expert; ~ на все ру́ки jack-of-all-trades; ~и́ть F [13], (с-) work; make; ~ска́я *f* [16] workshop; atelier, studio; ~ско́й [16] masterly (*adv.* ~ски́); ~ство́ *n* [9] mastery, skill; trade, handicraft.

масти́тый [14] venerable.

масть *f* [8; *from g/pl. е.*] colo(u)r; suit.

масшта́б *m* [1] scale (on в П); *fig.* scope; caliber (*Brt.* -bre); repute; standard.

мат *m* [1] mat; (check)mate.

Матве́й *m* [6] Matthew.

матема́ти|к *m* [1] mathematician; ~ка *f* [5] mathematics; ~ческий [16] mathematical.

материа́л *m* [1] material; ~и́зм *m* [1] materialism; ~и́ст *m* [1] materialist; ~исти́ческий [16] materialistic; ~ьный [14; -лен, -льна] material; economic; financial.

матери́к *m* [1] continent.

матери́н|ский [16] mother('s), motherly, maternal; ~ство *n* [9] maternity; '~я *f* [7] matter; fabric, material; stuff.

ма́тка *f* [5; *g/pl.*: -ток] *zo.* female; queen (*bee*); *anat.* uterus.

ма́товый [14] dull, dim, mat.

матра́|с, ~ц *m* [1] mattress.

ма́трица *f* [5] *typ.* matrix; stencil.

матро́с *m* [1] sailor.

матч *m* [1] match (*sport*).

мать *f* [ма́тери, *etc.* = 8; *pl.*: ма́тери, -ре́й, *etc. е.*] mother.

мах *m* [1] stroke, flap; с (одного́) ~у at one stroke *or* stretch; at once; дать ~у miss one's mark, make a blunder; ~а́ть [3, F 1], *once* (~ну́ть) [20] (Т) wave; wag; strike, flap; *pf.* F jump, go; ~ну́ть руко́й на

(В) give up; ~ови́к *m* [1 *е.*], ~ово́й [14]: ~ово́е колесо́ *n* fly~heel.

махо́рка *f* [5] (poor) tobacco.

ма́чеха *f* [5] stepmother.

ма́чта *f* [5] mast.

Ма́ш(ень)ка *f* [5] *dim. of* Мари́я.

маши́н|а *f* [5] machine; engine; F car, bike, *etc.*; ~а́льный [14; -лен, -льна] mechanical, perfunctory; ~и́ст *m* [1] machinist; ~ engineer, *Brt.* engine driver; ~и́стка *f* [5; *g/pl.*: -ток] (girl) typist; ~ка *f* [5; *g/pl.*: -нок] (small) machine; typewriter; clipper (под ~ку cropped); ~ный [14] machine..., engine...; *cf.* МТС; ~опись *f* [8] typewriting; ~остро́ение *n* [7] mechanical engineering.

мая́к *m* [1 *е.*] lighthouse.

ма́я|тник *m* [1] pendulum; ~ться P [27] drudge; ~чить F [16] loom.

МВД *abbr.*: Министе́рство вну́тренних дел (*s.* министе́рство).

мгл|а *f* [5] darkness; mist, haze; ~и́стый [14 *sh.*] hazy, misty.

мгнове́н|ие *n* [12] moment; instant, twinkling; ~ный [14; -ёнен, -ённа] momentary, instantaneous.

ме́б|ель *f* [8] furniture; ~лирова́ть [7] (*im*)*pf.*, об-) furnish (with T); ~лиро́вка *f* [5] furnishing(s).

мёд *m* [1; *part. g.*: -у; *а.* мёду; в меду́; *pl. е.*] honey; mead.

меда́ль *f* [8] medal; ~о́н *m* [1] locket.

медве́|дица *f* [5] she-bear; *astr.* 2ди́ца Bear; ~дь *m* [4] bear (F *a. fig.*); ~жий [18] bear('s, -skin) (*adj. service*); ~жо́нок *m* [2] bear cub.

ме́ди|к *m* [1] medical man (F student); ~ка́менты *m/pl.* [1] medicaments, medical supplies; ~ци́на *f* [5] medicine; ~ци́нский [16] medical; medicinal.

ме́дл|енный [14 *sh.*] slow; ~и́тель-ный [14; -лен, -льна] sluggish, slow, indolent; ~ить [14], (про-) delay, linger, be slow *or* tardy, hesitate.

ме́дный [14] copper(y); brazen.

медо́вый [14] honey(ed).

мед|осмо́тр *m* [1] medical examination; ~пу́нкт *m* [1] first-aid post; ~сестра́ *f* [5; *pl. st.*: -сёстры, -сестёр, -сёстрам] nurse.

медь *f* [8] copper; жёлтая ~ brass.

меж *s.* ду́; ~а́ *f* [5; *pl.*: ме́жи, меж, межа́м] border; balk; ~дометие *n* [12] *gr.* interjection; ~доусо́бный [14] internal, civil (*war, etc.*).

ме́жду (Т; *а.* Р *pl.*) between; among(st); ~ тем meanwhile, (in the) meantime; ~ тем как whereas, while; ~горо́дный [14] *teleph.* long-distance..., *Brt.* trunk... (e. g. *exchange, su. f*); interurban; ~наро́дный [14] international; ~ца́рствие *n* [12] interregnum.

межплане́тный [14] interplanetary.

Мексик|а *f* [5] Mexico; **⌂áнец** *m* [1; -нца], **⌂áнка** *f* [5; *g/pl.*: -нок], **⌂áнский** [16] Mexican.

мел *m* [1; в -ý] chalk; whitewash.

меланхóл|ик *m* [1] melancholiac; **⌐ический** [16], **⌐ичный** [14; -чен, -чна] melancholy, melancholic; **⌐ия** *f* [7] melancholy.

мелéть [8], ⟨об-⟩ (grow) shallow.

мéлк|ий [16; -лок, -лкá, -о; *comp.*: мéльче] small, little; petty; fine, shallow; flat (*plate*); **⌐ий дождь** *m* drizzle; **⌐овóдный** [14; -ден, -дна] shallow; **⌐ость** *f* [8], F **⌐отá** *f* [8] shallowness; **⌐отá** *a.* = мéлочь *coll.*

мелоди́|ческий [16] melodic; melodious; **⌐чный** [14; -чен, -чна] melodious; **⌐'_н** *f* [7] melody.

мéлоч|ность *f* [8] pettiness, paltriness; **⌐ный** & **⌐ной** [14; -чен, -чна] petty, paltry; **⌐ь** *f* [8; *from g/pl. e.*] trifle; trinket; *coll.* small fry; (small) change; *pl.* details, particulars.

мел|ь *f* [8] shoal, sandbank; **на ⌐и** aground; F in a fix.

мельк|áть [1], ⟨⌐нýть⟩ [20] flash; gleam; flit; fly (past); loom; turn up; **⌐ом** in passing.

мéльни|к *m* [1] miller; **⌐ца** *f* [5] mill.

мельч|áть [1], ⟨из-⟩ become (⟨⌐и́ть⟩ [16 *e.*]; -чý, чи́шь] make) small(er) or shallow(er).

мелюзгá F *f* [5] *s.* мéлочь *coll.*

мемуáры *m/pl.* [1] memoirs.

мéна *f* [5] exchange; barter.

мéнее less; **⌐ всегó** least of all; **тем не ⌐** nevertheless.

меновóй [14] exchange...; *cf.* мéна.

мéньш|ий a less; smaller, s. u. мéнее; **⌐еви́к** *m* [1 *e.*] Menshevik; **⌐ий** [17] smaller, lesser; smallest, least; F (= † **⌐ой**) youngest; **⌐инствó** *n* [9] minority.

меню́ *n* [*indecl.*] menu, bill of fare.

меня́ть [28], ⟨по-, об-⟩ exchange, barter (for **на** B); change (*cf.* пере⌐); **⌐ся** *v/i.* (s. th. with Т/сТ).

мéр|а *f* [5] measure; degree; way; **по ⌐е** (P) *or* тогó как according as, to (*a.* в ⌐у P); as far as; while the ...; the ... (+ *comp.*); **по крáйней (мéньшей) ⌐е** at least.

мерéщиться F [16], ⟨по-⟩ (Д) seem (*to hear, etc.*); appear; loom.

мерз|áвец F *m* [1; -вца] rascal; **⌐кий** [16; -зок, -зкá, -о] vile, odious.

мёрз|лый [14] frozen; **⌐нуть** [21], ⟨за-⟩ freeze; be cold, numb.

мéрзость *f* [8] meanness; nasty thing.

мери́ло *n* [9] standard; criterion.

мéрин *m* [1] gelding.

мéр|ить [13], ⟨с-⟩ measure; ⟨при-, по-⟩ F try on; **⌐иться**, ⟨по-⟩ cope, try conclusions with (с Т); **⌐ка** *f* [5; *g/pl.*: -рок] measure(s) (по по Д).

мéркнуть [21], ⟨по-⟩ fade, darken.

мерлýшка *f* [5; *g/pl.*: -шек] astrakhan.

мéр|ный [14; -рен, -рна] measured; **⌐оприя́тие** *n* [12] measure, action.

мёртв|енный [14 *sh.*] deadly (pale); **⌐éть** [8], ⟨о-⟩ deaden; grow *or* turn numb (pale, desolate); **⌐éц** *m* [1 *e.*] corpse; **⌐éцкая** F *f* [14] mortuary.

мёртв|ый [14; мёртв, мертвá, мёртво; *fig.*: мертвó, мертвы́] dead; **⌐ый час** *m* after-dinner rest; **⌐ая тóчка** *f* ⊕ dead center; *fig.* deadlock (at на П).

мерцá|ние *n* [12], **⌐ть** [1] twinkle.

месить [15], ⟨за-, с-⟩ knead.

мести́ [25 -т-: метý, метёшь; мёт-ший], ⟨под-⟩ sweep.

мéст|ность *f* [8] region, district, locality, place; **⌐ый** [14] local; **⌐ый жи́тель** *m* native.

мéст|о *n* [9; *pl. e.*] place, spot; seat; F job, post; passage; package; *pl. a.* = **⌐ность**; **óбщее (или избитое) ⌐о** commonplace; (задéть за) больнóе **⌐о** tender spot (touch on the raw); (не) к **⌐у** in (out of) place; не на **⌐е** in the wrong place; **⌐áми** in (some) places, here & there; **⌐ожи́тельство** *n* [9] residence; **⌐оимéние** *n* [12] *gr.* pronoun; **⌐онахождéние** *n* [12] location; **⌐ополóжéние** *n* [12] position; **⌐опребывáние** *n* [12] whereabouts; residence; **⌐орождéние** *n* [12] deposit, field.

месть *f* [8] revenge.

мéся|ц *m* [1] month; moon; **в ⌐ц** a month, per month; **⌐чный** [14] month's; monthly; moon...

метáлл *m* [1] metal; **⌐и́ст** *m* [1] metalworker; **⌐и́ческий** [16] metal(lic); **⌐ýргия** *f* [7] metallurgy.

мет|áтельный [14] missile; **⌐áть** [3], *once* ⟨⌐нýть⟩ [20] throw; bring forth; keep (*bank*); baste; **⌐áть икрý** spawn; **⌐нýться** toss, jerk; rush about.

метéл|ица *f* [5], **⌐ь** *f* [8] snowstorm.

метеорóлог *m* [1] meteorologist; **⌐и́ческий** [16] meteorological; **⌐ия** *f* [7] meteorology.

мéт|ить [15], ⟨на-⟩ mark; (в, на B) aim, drive at, mean; **⌐ка** *f* [5; *g/pl.*: -ток] mark(ing); **⌐кий** [16; -ток, -ткá, -о] well-aimed; good (*shot*); keen, accurate, steady; pointed; neat; ready(-witted).

мет|лá *f* [5; *pl. st.*: мётлы, мётел; мётлам] broom; *s.* **⌐нýть** *s.* метáть.

мéтод *m* [1] method; **⌐и́ческий** [16] methodic(al), systematic(al).

метр *m* [1] meter, *Brt.* metre.

мéтрика *f* [5] certificate of birth; metrics.

метрó *n* [*ind.*], **⌐политéн** (-'tɛn) *m* [1] subway, *Brt.* tube, underground.

мех *m* [1; в -ý (*often pl.*)] bellows *pl.*; **2.** [*pl.*: -хá, *etc.*, *e.*] fur; (wine)skin; **на ⌐ý** fur-lined.

механ|изи́ровать [7] (*im*)*pf.* mechanize; **⌐и́зм** *m* [1] mechanism; **⌐ик**

m [1] mechanic(ian); ~ика *f* [5] mechanics; ~ический [16] mechanical propelling (*pencil*).

мехов|о́й [14] fur...; ~щи́к *m* [1 *e.*] furrier.

меч *m* [1 *e.*] sword.

мечеть *f* [8] mosque.

мечта́ *f* [5] dream, daydream, reverie; ~ние *n* [12] 1. = ~; 2. dreaming; ~тель *m* [4] (day)dreamer; ~тельный [14; -лен, -льна] dreamy; ~ть [1] dream (of о П).

меша́|ть [1], ⟨по-⟩ = ме́длить; ~ова́тый [14 *sh.*] baggy; clumry.

меш|а́ть [1], ⟨с-⟩ stir; ⟨с-, пере-⟩ mix, mingle; † confuse; ⟨по-⟩ (Д) disturb, hinder, impede, prevent; вам не ~ет ⟨~ло бы⟩ you'd better; -ся meddle, interfere (with в В); не ~йтесь не в своё де́ло! mind your own business!

мешо́к *m* [1; -шка́] sack, bag.

меща|ни́н *m* [1; *pl.*: -а́не, -а́н], ~ский [16] (petty) bourgeois, Philistine; ~ство *n* [9] petty bourgeoisie, lower-middle class; Philistinism, Babbittry.

миг *m* [1] moment, instant, ~ом F in a trice (flash); ~а́ть [1], *once* ⟨~ну́ть⟩ [20] blink, wink, twinkle.

мигре́нь *f* [8] sick headache.

мизе́рный [14; -рен, -рна] paltry.

мизи́нец *m* [1; -нца] little finger.

ми́ленький F [16] lovely; dear; darling.

милици|оне́р *m* [1] militiaman; policeman (*Sov.*); ~я *f* [7] militia; police (*Sov.*).

милли|а́рд *m* [1] billion, *Brt.* milliard; ~ме́тр *m* [1] millimeter (*Brt.* -tre); ~о́н *m* [1] million.

ми́ловать [7] pardon; spare.

мило|ви́дный [14; -ден, -дна] lovely, sweet; ~се́рдие *n* [12] charity, mercy; ~се́рдный [14; -ден, -дна] charitable, merciful; '~стивый [14 *sh.*] gracious, kind; '~стыня *f* [6] alms; '~сть *f* [8] mercy; favo(u)r; pardon; ✕ quarter; kindness; '~сти про́сим! welcome!; *iron.* скажи́(те) на '~сть just imagine.

ми́л|ый [14; мил, -а́, -о] nice, lovely, sweet; (my) dear, darling.

ми́ля *f* [6] mile.

ми́мо (Р) past, by; beside (*mark*); бить ~ miss; ~лётный [14; -тен, -тна] fleeting, passing; ~хо́дом in passing; incidentally.

ми́на *f* [5] ✕, ⚓ mine; look, air.

минда|ли́на *f* [5] almond; *anat.* tonsil; ~ль *m* [4 *e.*] almond(s); ~льничать F [1] spoon; trifle.

минерало́гия *f* [7] mineralogy.

миниатю́рный [14; -рен, -рна] miniature...; *fig.* tiny, diminutive.

минист|е́рство *n* [9] ministry; ~ерство иностра́нных (вну́тренних) дел Ministry of Foreign (Internal) Affairs (*U.S.S.R.*), State Department (Dept. of the Interior) (*U.S.*), Foreign (Home) Office (*Brt.*); ~р *m* [1] minister, secretary.

мин|ова́ть [7] (*im*)*pf.*, ⟨~у́ть⟩ [20] pass; leave out *or* aside, not enter into; (Р) escape; (Д) ~уло *s.* исполниться; ~у́вший, ~у́вшее *su.* past.

миноно́сец *m* [1; -сца] torpedo boat; эска́дренный ~ destroyer.

ми́нус *m* [1] minus; defect.

мину́т|а *f* [5] minute; moment, instant (at в В; for на В); сию́ ~у at once, immediately; at this moment; с ~ы на ~у (at) any moment; *cf.* пя́тый & пять; ~ный [14] minute('s); moment('s), momentary; ~ь *s.* минова́ть.

мир *m* [1] 1. peace; 2. [*pl. e.*] world, universe; planet; † (peasants') community (meeting); ~ во всём ~ world peace; ходи́ть (пусти́ть) по́ ~у go begging (bring to beggary).

мир|и́ть [13], ⟨по-, при-⟩ reconcile (to с Т); ~ся make it up, be(come) reconciled (при-) resign o. s. to; put up with; ~ный [14; -рен, -рна] peace... peaceful.

мировоззре́ние *n* [12] Weltanschauung, world view; ideology.

мирово́й [14] world('s), world-wide, universal; peaceful, peaceable, of peace; F *su.* ↑ arrangement.

миро|люби́вый [14 *sh.*] peaceful; peace loving, ~созерца́ние *n* [12] world view; outlook.

мирско́й [16] worldly; common.

ми́ска *f* [5; *g/pl.*: -сок] dish, tureen; bowl.

миссио|не́р *m* [1] missionary; '~я *f* [7] mission; legation.

ми́стика *f* [5] mysticism.

Ми́тя *m* [6] *dim. of* Дми́трий.

миф *m* [1] myth; ~и́ческий [16] mythic(al); ~оло́гия *f* [7] mythology.

Ми|ха́йл *m* [1] Michael; ~ша *m* [5] (*dim. of* ~ха́йл) Mike.

мише́нь *f* [8] target.

мишура́ *f* [5] tinsel, spangle.

младе́н|ец *m* [1; -нца] infant, baby; ~чество *n* [9] infancy.

мла́дший [17] younger, youngest; junior.

млекопита́ющее *n* [17] mammal.

мле́ть [8] die, faint, sink, droop.

мле́чный [14] milky (*a.* 2, *ast.*).

мне́ние *n* [12] opinion (in the по Д).

мни́|мый [14 *sh.*, *no m*] imaginary; supposed, pretended; would-be, sham; ~тельный [14; -лен, -льна] suspicious; hypochondriac(al).

мно́гие *pl.* [16] many (people, *su.*).

мно́го (Р) much, many; a lot (*or* plenty) of; more; ~ ~ at (the) most; ~ва́то F rather much (many); ~во́дный [14; -ден, -дна] abounding in water, deep; ~гра́нный [14; -а́нен, -а́нна] many-sided;

~жёнство n [9] polygamy; ~значи́тельный [14; -лен, -льна] significant; ~зна́чный [14; -чен, -чна] of many places (A;) or meanings; ~кра́тный [14; -тен, -тна] repeated, frequent(ative gr.); A; multiple; ~ле́тний [15] longstanding, of many years; long-lived; long-term...; & perennial; ~лю́дный [14; -ден, -дна] crowded; populous; mass ...; ~обеща́ющий [17] (very) promising; ~обра́зный [14; -зен, -зна] varied, manifold; ~речи́вый [14 sh.], ~сло́вный [14; -вен, -вна] talkative; wordy; ~сторо́нний [15; -о́нен, -о́ння] many-sided; ~страда́льный [14; -лен, -льна] long-suffering; ~то́чие n [12] dots pl.; ~уважа́емый [14] dear (address); ~цве́тный [14; -тен, -тна] multicolo(u)red; ~чи́сленный [14 sh.] numerous; ~этажный [14] many-storied (Brt.-reyed); ~язы́чный [14; -чен, -чна] polyglot.

мно́ж|ественный [14 sh.] plural; ~ество n [9] multitude; ~имое n [14] multiplicand; ~итель m [4] multiplier; ~ить, ⟨по-⟩ s. умножа́ть.

мобилизова́ть [7] (im)pf. mobilize.

моги́л|а f [5] grave; ~ х [11] tomb...; ~ьщик m [1] grave digger.

могу́|чий [17 sh.], ~щественный [14 sh.] mighty, powerful; ~щество n [9] might.

мо́д|а f [5] fashion, vogue; ~е́ль (-'dɛl) f [8] model; ⊕ mo(u)ld; ~ернизи́ровать (-dɛr-) [7] (im)pf. modernize; ~и́стка f [5; g/pl.: -ток] milliner; ~ифици́ровать [7] (im)pf. modify; ~ный [14; -ден, -дна, -о] fashionable, stylish; [no sh.] fashion...

мо́ж|ет быть perhaps, maybe; ~но (мне, etc.) one (I, etc.) can or may; it is possible; cf. нельзя.

моза́ика f [5] mosaic.

мозг m [1; -а (-у); в -ў; pl. e.] brain; marrow; (spinal) cord; ~ово́й [14] cerebral.

мозо́|листый [14 sh.] horny, callous; ~лить [13]: ~лить глаза́ (Д) F be an eyesore to; ~ль f [8] callosity; corn.

мо́|й m, ~я́ f, ~ё n, ~и́ pl. [24] my; mine; pl. su. F my folks; s. ваш.

мо́кко m [ind.] mocha.

мо́к|нуть [21], ⟨про-⟩ become wet; soak; ~ро́та¹f [5] phlegm; ~рота́² F f [5] wet(ness), humidity; ~рый [14; мокр, -á, -о] wet; moist.

мол m [1] jetty, mole.

молв|á f [5] rumo(u)r; talk; ~ить † [14] (im)pf., ⟨про-⟩ say, utter.

молдава́н|ин m [1; pl.: -ва́не, -а́н], ~ка f [5; g/pl.: -нок] Moldavian.

молébен m [1; -бна] thanksgiving (service), Te Deum.

молéкул|а f [5] molecule; ~я́рный [14] molecular.

моли́т|ва f [5] prayer; ~венник m [1] prayer book; ~ь [13; молю́, мо́лишь] (о П) implore (s. th.), entreat, beseech (for); ~ься, ⟨по-⟩ pray (to Д; for о П).

мо́лни|еносный [14; -сен, -сна] flash-like; blazing; thunder (cloud); violent; ⚔ blitz...; ′~я f [7] lightning; flash; zipper, zip fastener.

молодёжь f [8] youth, young people pl.; ~éть [8], ⟨по-⟩ grow (look) younger; ~éц F m [1; -дца́] fine fellow, brick; well done!; ~éцкий F [16] brave, valiant; smart; ~и́ть [15 e.; -ложу́, -лоди́шь] rejuvenate; ~ня́к m [1 e.] offspring; underwood; saplings pl.; ~ожёны pl. [1] newly wedded couple; ~о́й [14; мо́лод, -á, -o; comp.: моло́же] young; new; pl. a. = ~ожёны; ′~ость f [8] youth, adolescence; ~цева́тый [14 sh.] smart.

молокососа́вый [14 sh.] youthful, young-looking.

молок|о́ n f/pl.] milt; ~о́ n [9] milk; ~осо́с F m [1] greenhorn.

молот m [1] (large) hammer; ~и́лка f [5; g/pl.: -лок] threshing machine; ~и́ть [15], ⟨с-⟩ thresh; ~о́к m [1; -тка́] hammer; ~ка́ by auction; ~ь [17; мелю́, ме́лешь; мелй], ⟨пере-, с-⟩ grind; P impf. talk; ~ьба́ f [5] threshing (time).

моло́чн|ая f [14] dairy, creamery; ~ик m [1] milk jug; F milkman; ~ый [14] milk...; dairy...

мо́лч|а silently, tacitly; ~али́вый [14 sh.] taciturn; ~ание n [12] silence; ~ть [4 e.; -чу́, -чи́шь], be (or keep) silent; (за)молчи́! shut up!

моль f [8] moth; [ind. adj.] ♪ minor.

мольба́ f [5] entreaty; prayer.

момéнт m [1] moment, instant (at в B); ~а́льный [14] momentary, instantaneous; snap (shot).

мона́рхия f [7] monarchy.

мона́|стырь m [4 e.] monastery, convent; ~х m [1] monk; ~хиня f [6] nun (a. F, ~шенка f [5; g/pl.: -нок]); ~шеский [16] monastic; monk's.

монго́льский [16] Mongolian.

монéт|а f [5] coin; money, cash; той же ~ой in a p.'s own coin; за чи́стую ~y in good faith; ~ный [14] monetary; ~ный двор m mint.

моно́|лог m [1] monologue; ~полизи́ровать [7] (im)pf. monopolize; ~по́лия f [7] monopoly; ~то́нный [14; -то́нен, -то́нна] monotonous.

монт|а́ж m [1] assembling, assemblage; cutting (film); montage; ~ёр m [1] assembler, mechanic(ian); electrician; ~и́ровать [7], ⟨с-⟩ assemble, install; cut (film).

мора́ль f [8] morals pl.; morality; moral; F lecture, lecturing; ~ный

[14; -лен, -льна] moral; ~ное состояние n morale.

морг|а́ть [1], ⟨~ну́ть⟩ [20] blink.

мо́рда f [5] muzzle, snout.   [(Т).]

мо́ре n [10; pl. e.] sea; seaside (at на
П); ~м by sea; за́ ~м overseas;
~пла́вание n [12] navigation; ~
пла́ватель m [4] seafarer.

морж m [1 e.], ~о́вый [14] walrus.

мори́ть [13], ⟨за-, у-⟩ exterminate;
~ го́лодом starve; torment, exhaust.

морко́вь f [8] carrot(s).

моро́женое n [14] ice cream.

моро́з m [1] frost; ~ить [15], ⟨за-⟩
freeze; ~ный [14; -зен, -зна] frosty.

мороси́ть [15; -си́т] drizzle.

моро́чить F [16] fool, beguile.

морск|о́й [14] sea...; maritime;
naval; nautical; seaside...; ~о́й волк
m old salt; ~о́й флот m navy.

мо́рфий m [3] morphine, morphia.

морфоло́гия f [7] morphology.

морщи́|на f [5] wrinkle; ~нистый
[14 sh.] wrinkled; '~ть [16], ⟨на-,
с-⟩ wrinkle, frown (v/i. -ся); distort.

моря́к m [1 e.] seaman, sailor.

москате́льный [14] drug(gist's).

Москв|а́ f [5] Moscow; ~ич m
[1 e.] Moscower; ~и́чка f [5; g/pl.: -чек]
Moscower; ~о́вский [16] Moscow...

москит m [1] mosquito.

мост m [1 & 1 e.; на -у́; pl. e.] bridge;
~и́ть [15 e.; мощу́, мости́шь; мо-
щённый], ⟨вы́-⟩ pave, ~ки́ m/pl.
[1 e.] planked footway, footbridge;
~ова́я f [14] pavement; ~ово́й [14]
bridge...; ~овщи́к m [1 e.] pavio(u)r.

мот m [1] spendthrift, prodigal.

мот|а́ть [1], ⟨на-, с-⟩ reel, wind;
F ⟨по-⟩, once ⟨~ну́ть⟩ shake, wag;
beckon, point; jerk; F ⟨про-⟩
squander, waste; ~ся F impf dangle; P knock about.

моти́в m [1] motiv, motif; ~и́ро-
вать [7] (im)pf. motivate.

мотовство́ n [9] extravagance.

мото́к m [1; -тка́] skein.

мото́р m [1] motor, engine; ~изо-
ва́ть [7] (im)pf. motorize.

мотоци́кл m [1], ~е́т m [1], motorcycle;
~и́ст m [1] motorcyclist.

моты́га f [8] hoe, mattock.

мотылёк m [1; -лька́] butterfly.

мох m [1; мха & мо́ха, во (на) мху́;
pl.: мхи, мхов] moss.

мохна́тый [14 sh.] shaggy, hairy.

мохово́й [14] mossy.

моч|а́ f [5] urine; ~а́лка f [5; g/pl.:
-лок] bast whisp; ~ево́й [14]: ~ево́й
пузы́рь m (urinary) bladder; ~и́ть
[16], ⟨на-, за-⟩ wet, moisten; soak,
step (v/i. -ся; a. urinate); ~ка f [5;
g/pl.: -чек] lobe (of the ear).

мочь[1] [26 г/ж: могу́, мо́жешь,
мо́гут; мог, -ла́; могу́щий], ⟨с-⟩
can, be able; may; я не могу́ не +
inf. I can't help ...ing; не могу́
знать ... I don't know (,sir); не мо́-
жет быть! that's impossible!

моч|ь[2] P f [8]: во всю ~ь, изо всей
~и, что есть ~и with all one's might;
~и нет impossible, I, etc., can't;
awfully.

моше́нни|к m [1] swindler, cheat
(-er); ~чать [1], ⟨с-⟩ swindle; ~че-
ский [16] fraudulent; ~чество n
[9] swindle, fraud.

мо́шка f [5; g/pl.: -шек] midge.

мощёный [14] paved.

мо́щи f/pl. [gen.: -щей, etc. e.] relics.

мо́щ|ность f [8] power; ~ный [14;
мо́щен, -щна́, -o] powerful, mighty;
~ь f [8] power, might; strength.

м. пр. pr. abbr.: ме́жду про́чим.

мрак m [1] dark(ness); gloom.

мракобе́с m [1] obscurant; ~ие n
[12] obscurantism.

мра́мор m [1] marble.

мрачн|е́ть [8], ⟨по-⟩ darken; ~ый
[14; -чен, -чна́, -o] dark; obscure;
gloomy, somber (Brt.-bre).

мсти́|тель m [4] avenger; ~тель-
ный [14; -лен, -льна] revengeful;
~ть [15], ⟨ото-⟩ revenge o.s., take
revenge (on Д); (за В) avenge a p.

МТС (маши́нно-тра́кторная ста́н-
ция) machine and tractor station.

му́др|ёный F [14; -ён, -ена́ -ене́е]
difficult, hard, intricate; fanciful;
queer; ~ёного нет (it's) no wonder;
~е́ц m [1 e.] sage; ~и́ть F [13], ⟨на-,
с-⟩ subtilize; quibble; trick (над
Т) bully; ~ость f [8] wisdom; зуб
~ости wisdom tooth; F trick; ~ство-
вать F [7] s. ~и́ть; ~ый [14; мудр,
-á, -o] wise, sage.

муж m 1. [1; pl.: -жья́, -же́й,
-жья́м] husband; 2.† [1; pl.: -жи́,
-же́й, -жа́м] man; ~а́ть [1], ⟨воз-⟩
mature, grow; -ся impf. take courage; ~е́ственный [14 sh.] courageous; manly; ~ество n [9] courage,
spirit; ~и́к † m [1 e.] peasant; P
boor; man; ~и́цкий [16], P ~и́чий
[18] peasant's, rustic; ~ско́й [16]
male, (a. gr.) masculine; (gentle)-
man('s); ~чи́на m [5] man.

музе́й m [3] museum.

му́зык|а f [5] music; P business;
~а́льный [14; -лен, -льна] musical; ~а́нт m [1] musician.

му́ка[1] f [5] pain, torment, suffering,
torture(s) F harassment.

мука́[2] f [5] flour; meal.

мул m [1] mule.

му́мия f [7] mummy.

мунди́р m [1] uniform; карто́шка в
~е F potatoes in their jackets or skin.

мундштук (-nſ-) m [1 e.] cigarette
holder; tip; mouthpiece.

мурава́ f [5] (young) grass; glaze.

мурав|е́й m [5; -вья́; pl.: -вьи́,
-вьёв] ant; ~е́йник m [1] ant hill;
~ьиный [14] ant...

мура́шки (от P) ~ бе́гают по спине́
(у P) F (s.th.) gives (a p.) the shivers.

мурлы́кать [3 & 1] purr; F hum.

муска́т m [1], ~ный [14] nutmeg.

мýскул *m* [1] muscle; **~истый** [14 *sh.*], **~ьный** [14] muscular.

мýскус *m* [1] musk.

мýсор *m* [1] rubbish, refuse; **~ный** [14]: **~ный ящик** *m* ash can, *Brt.* dust bin; **~щик** *m* [1] ashman.

муссóн *m* [1] monsoon.

мусульмáн|ин *m* [1; *pl.*: -áне, -áн], **~ка** *f* [5; *g/pl.*: -нок] Moslem.

мут|ить [15; мучý, мýтишь], ⟨вз-, по-⟩ trouble, muddle; fog; меня **~ит** F I feel sick; **-ся** = **~нéть** [8], ⟨по-⟩ grow turbid; blur; **~ный** [14; -тен, -тнá, -o] muddy, (*a. fig.*) troubled (*waters*); dull; blurred; foggy; uneasy; **~óвка** *f* [5; *g/pl.*: -вок] twirling stick; **~ь** *f* [8] dregs *pl.*; mud; blur; haze; dazzle.

мýфта *f* [5] muff; ⊕ socket, sleeve.

мýх|а *f* [5] fly; **~олóвка** *f* [5; *g/pl.*: -вок] flycatcher; **~омóр** *m* [1] toadstool.

муч|éние *n* [12] *s.* мýка; **~еник** *m* [1] martyr; **~итель** *m* [4] tormentor; **~ительный** [14; -лен, -льна] painful, agonizing; **~ить** [16], P **~ать** [1], ⟨за-, из-⟩ torment, torture; vex, worry; **-ся** agonize, suffer torments; toil; **~нóй** [14] flour(y), mealy.

мýшка *f* [5; *g/pl.*: -шек] midge; beauty spot; speck, (Spanish) fly; (fore)sight (*gun*).

муштр(óвк)á ✕ *f* [5] drill.

мчать(ся) [4], ⟨по-⟩ rush, whirl *or* speed (along).

мшúстый [14 *sh.*] mossy.

мщéние *n* [12] vengeance.

мы [20] we; **с ним** he and I.

мыл|ить [13], ⟨на-⟩ soap; **~ить гóлову** (Д) F blow up, scold; **~о** *n* [9; *pl. e.*] soap; lather; **~оварéние** *n* [12] soap boiling; **~ьница** *f* [5] soap dish; **~ьный** [14] soap(y).

мыс *m* [1] cape.

мысл|енный [14] mental; **~имый**

[14 *sh.*] conceivable; **~итель** *m* [4] thinker; **~ить** [13] think (of, about о П); imagine; **~ь** *f* [8] thought, idea (of о П); intention.

мытáрство *n* [9] toil, drudgery.

мыть(ся) [22], ⟨по-, у-, вы-⟩ wash.

мычáть [4 *e.*; -чý, -чúшь] moo, low; F mumble. [mouse trap.]

мышелóвка *f* [5; *g/pl.*: -вок]

мышечный [14] muscular.

мышка *f* [5; *g/pl.*: -шек] 1. armpit; arm; 2. *dim. of* мышь.

мышлéние *n* [12] thougt, thinking

мышца *f* [5] muscle.

мышь *f* [8; *from g/pl. e.*] mouse.

мышьяк *m* [1 *e.*] arsenic.

мягк|ий (-хк-) [16; -гок, -гкá, -o; *comp.*: мягче] soft; smooth, sleek; tender; mild, gentle; lenient; easy (*chair*); **~ий вагóн** first-class coach *or* car(riage); **~осердéчный** [14; -чен, -чна] soft-hearted; **~ость** *f* [8] softness; **~отéлый** [14] chubby; *fig.* flabby, spineless.

мягчи|тельный (-хт∫-) [14] lenitive; **~ть** [16; -чúт] soften.

мяк|úна *f* [5] chaff; **~иш** *m* [1] crumb; **~нуть** [21], ⟨на-, раз-⟩ become soft; **~оть** *f* [8] flesh, pulp.

мямлить P [13] mumble; dawdle.

мяс|úстый [14 *sh.*] fleshy, pulpy; F fat, chubby; **~ник** *m* [1 *e.*] butcher; **~нóй** [14] meat...; butcher's; **~о** *n* [9] meat; flesh, pulp; (*cannon*) fodder; **~орýбка** *f* [5; *g/pl.*: -бок] mincing machine; *fig.* slaughter.

мята *f* [8] mint.

мятéж *m* [1 *e.*] rebellion, mutiny; **~ник** *m* [1] rebel; **~ный** [14] rebellious.

мять [мну, мнёшь; мятый], ⟨с-, по-, из-⟩ [сомну; изомнý] (c)rumple, press; knead, wrinkle; trample; **-ся** F waver.

мяýк|ать [1], *once* ⟨~нуть⟩ mew.

мяч *m* [1 *e.*] ball; **~ик** *m* [1] *dim. of* **~**

Н

на[1] **1.** (B): (*direction*) on, onto; to, toward(s); into, in; (*duration, value, purpose, etc.*) for; till; A by; **~ что?** what for?; **2.** (П): (*position*) on, upon; in, at; with; for; **~ ней** ... she has ... on.

на[2] F there, here (you are, *a.* **~** тебé).

набáв|ка F = надбáвка; **~лять** [28], ⟨~ить⟩ [14] raise; add.

набáт *m* [1] alarm bell, tocsin.

набé|г *m* [1] incursion, raid; **~гáть** [1], ⟨~жáть⟩ [4; -егý, -ежúшь, -егýт; -еги(те)] run (against *or* on на B); cover; gather.

набекрéнь F aslant, cocked.

нáбело (*make*) a fair copy.

нáбережная *f* [14] quay, wharf.

наби|вáть [1], ⟨~ть⟩ [-бью, -бьёшь; *cf.* бить] stuff, fill; fix on (*a.* many, much); shoot; print (*calico*); **~вка** *f* [5; *g/pl.*: -вок] stuffing, padding.

набирáть [1], ⟨набрáть⟩ [-берý, -рёшь; *cf.* брать] gather; enlist, recruit; *teleph.* dial; *typ.* set; take (too many, much); gain (*speed, height*); be, have; **-ся** *a.*, (P), pluck *or* screw up; F catch; acquire.

наби|тый [14 *sh.*] (T) packed; P arrant (*fool*); **~тый** F crammed full; **~ть** *s.* **~вáть**.

наблюд|áтель *m* [4] observer; **~áтельный** [14; -лен, -льна] observant, alert; observation (*post*); **~áть** [1] (*v/t. &* за T) observe; watch;

see after *or* to (it that); ⁓е́нне *n* [12] observation; supervision.

на́божный [14; -жен, -жна] pious, devout.

на́бок to *or* on one side.

наболе́вший [16] sore; burning.

набо́р *m* [1] enlistment, levy; enrol(l)ment; set; typesetting; taking; ⁓щик *m* [1] typesetter, compositor.

набр|а́сывать [1] 1. ⟨⁓оса́ть⟩ [1] sketch, design, draft; throw (up); 2. ⟨⁓о́сить⟩ [15] throw over, on (на В); -ся fall (up)on.

набра́ть *s.* набира́ть.

набрести́ F [25] *pf.* come across (на В).

набро́сок *m* [1; -ска] sketch, draft.

набух|а́ть [1], ⟨⁓нуть⟩ [21] swell.

нава́л|ивать [1], ⟨⁓и́ть⟩ [13; -алю́, -а́лишь; -а́ленный] heap; load; -ся press; fall (up)on, go at.

наве́д|ываться, ⟨⁓аться⟩ F [1] call on (к Д); inquire after, about (о П).

навек, ⁓и forever, for good.

наве́рн|о(е) probably; for certain, definitely; (*a.*, F, ⁓яка́) without fail.

навёрстывать, ⟨наверста́ть⟩ [1] make up for.

наве́рх up(ward[s]); upstairs; ⁓у́ above, on high; upstairs.

наве́с *m* [1] awning; shed.

навеселе́ F tipsy, drunk.

навести́ *s.* наводи́ть.

навести́ть *s.* навеща́ть.

наве́тренный [14] windward.

наве́чно forever, for good.

наве|ща́ть [1], ⟨⁓сти́ть⟩ [15*e.*; -ещу́, -ести́шь; -ещённый] call on.

на́взничь on one's back.

навзры́д: пла́кать ⁓ sob.

навис|а́ть [1], ⟨⁓нуть⟩ [21] hang (over); impend; ⁓ший beetle (*brow*).

навле|ка́ть [1], ⟨⁓чь⟩ [26] incur.

наводи́ть [15], ⟨навести́⟩ [25] (на В) direct (to); point (at), turn (to); lead (to), bring on *or* about, cause, raise (*cf.* нагоня́ть); apply (*paint*, *etc.*); make; construct; ⁓ спра́вки inquire (after о П).

наводн|е́ние *n* [12] flood, inundation; ⁓я́ть [28], ⟨⁓и́ть⟩ [13] flood, inundate.

наводя́щий [17] leading.

наво́з *m* [1], ⁓ить [15], ⟨у-⟩ dung, manure; ⁓ный [14] dung...; ⁓ная жи́жа *f* liquid manure.

на́волочка *f* [5; *g/pl.*: -чек] pillowcase.

навостри́ть [13] *pf.* prick up (*one's ears*).

навря́д (ли) F hardly, scarcely.

навсегда́ forever; (*once*) for all.

навстре́чу toward(s); идти́ ⁓ (Д) go to meet; *fig.* meet halfway.

навы́ворот P topsy-turvy, inside out, wrongly; де́лать ши́ворот-⁓ put the cart before the horse.

на́вык *m* [1] experience, skill (in к Д, на В, в П); habit.

навы́кат(е) goggle (*eye[d]*).

навы́лет (*shot*) through.

навы́тяжку at attention.

навя́з|ывать [1], ⟨⁓а́ть⟩ [3] tie (to, on на В), fasten; knit; impose, obtrude ([up]on Д; *v/i.* -ся); ⁓чивый [14 *sh.*] obtrusive; fixed.

нага́йка *f* [5; *g/pl.*: -а́ек] whip.

нага́р *m* [1] snuff (*candle*).

наг|иба́ть [1], ⟨⁓ну́ть⟩ [20] bend, bow, stoop (*v/i.* -ся).

нагнём F naked, nude.

нагла́зник *m* [1] blinder.

нагл|е́ц *m* [1 *e.*] impudent fellow; ⁓ость *f* [8] impudence, insolence; ⁓ухо tightly; ⁓ый [14; нагл, -а́, -о] impudent, insolent, F cheeky.

нагляд|е́ться [11] *pf.* (на В) feast one's eyes (upon); не ⁓е́ться never get tired of looking (at); ⁓ный [14; -ден, -дна] vivid, graphic; obvious; direct; object (*lesson*); visual (*aid*).

нагна́ть *s.* нагоня́ть.

нагнета́|тельный [14] force; (*pump*); ⁓ть [1], ⟨нагнести́⟩ [25 -т-] pump.

нагное́ние *n* [12] suppuration.

нагну́ть *s.* нагиба́ть.

нагов|а́ривать [1], ⟨⁓ори́ть⟩ [13] say, tell, talk ([too] much *or* many ...); F slander (а р. на В, о П); conjure; record; ⁓ори́ться *pf.* talk one's fill; не ⁓ори́ться never be tired of talking.   [bare.]

наго́й [14; наг, -á, -о] nude, naked,⌡

на́голо clean(-*shaven*); ⁓б naked.

на́голову totally.

нагон|я́й F *m* [3] blowup; ⁓я́ть [28], ⟨нагна́ть⟩ [-гоню́, -го́нишь; *cf.* гнать] overtake, catch up (with); make up (for); drive (together); ⁓я́ть страх, ску́ку, *etc.* (на В) frighten, bore, *etc.*

нагота́ *f* [5] nudity; bareness.

нагот|а́вливать [1], ⟨⁓о́вить⟩ [14] prepare; lay in; ⁓о́ве (at the) ready.

нагрева́т|ельный [14] heating; ⁓ь [1], *s.* греть.

награбить [14] *pf.* rob, plunder (a lot of).

награ́|да *f* [5] reward (as а в В), recompense; decoration; ⁓жда́ть [1], ⟨⁓ди́ть⟩ [15 *e.*; -ажу́, -ади́шь; -аждённый] (Т) reward; decorate; *fig.* endow.

нагромо|жда́ть [1], ⟨⁓зди́ть⟩ [15 *e.*; -зжу́, -зди́шь; -ождённый] pile up.

нагру́дник *m* [1] bib; plastron.

нагру|жа́ть [1], ⟨⁓зи́ть⟩ [15 & 15 *e.*; -ужу́, -у́зишь, -ужённый] load (with Т); F *a.* burden, busy, assign (*work to*); ⁓зка *f* [5; *g/pl.*: -зок] load(ing); F *a.* burden, job, assignment.

нагря́нуть [20] *pf.* appear, come (upon) suddenly, unawares; break out (*war*); take by surprise (на В).

над, ҳо (Т) over, above; at; about; with.

надáв|ливать [1], ⟨ҳить⟩ [14] (*a.* на В) press; push; press out (much).

надбáв|ка *f* [5; *g/pl.:* -вок] raise, increase; extra charge; ҳлять [28], ⟨ҳить⟩ [14] F, *s.* набавлять.

надви|гáть [1], ⟨ҳнуть⟩ [20] push; pull; -ся approach, draw near; cover.

надвое in two (parts *or* halves).

надгробный [14] tomb..., grave...

наде|вáть [1], ⟨ҳть⟩ [-éну, -éнешь; -éтый] put on.

надéжд|а *f* [5] hope (of на В); подавáть ҳы show promise; Ҳа *fem. name, cf.* Hope.

надёжный [14; -жен, -жна] reliable, dependable; firm; safe; sure.

надéл ҳ *m* [1] lot, plot, allotment.

надéл|ать [1] *pf.* make; do, cause, inflict; ҳять [28], ⟨ҳить⟩ [13] allot (s. th. to Т/В); give; endow.

надéть *s.* надевáть.   [rely (on).]

надéяться [27] (на В) hope (for);

надзéмный [14] overground; ⚙ elevated, *Brt.* high-level...

надз|ирáтель *m* [4] supervisor; inspector; jailer; ҳóр *m* [1] supervision; surveillance.

надла́|мывать, ⟨ҳомáть⟩ [1] F, ⟨ҳомить⟩ [14] crack, break; shatter

надлежá|ть [4; *impers.*] (Д) have to, to be + *p. pt.*; ҳщий [17] appropriate, suitable; ҳщим образом properly, duly.

надлóм *m* [1] crack, fissure; *fig.* crisis; ҳáть, ҳить *s.* надлáмывать.

надмéнный [14; -éнен, -éнна] haughty.

нáдо it is necessary (for Д) (Д) (one) must (*go, etc.*); need; want; так емý и ҳ it serves him right; ҳбность *f* [8] need (of, for в П), necessity; affair, matter (in по Д).

надо|éдáть [1], ⟨ҳéсть⟩ [-éм, -éшь, *etc., s.* есть¹] (Д/Т) tire; bother, molest; мне ҳéл ... I'm tired (of), fed up (with); ҳéдливый [14 *sh.*] tiresome; troublesome, annoying.

надóлго for (a) long (time).

надпи́|сывать [1], ⟨ҳсáть⟩ [3] superscribe; † endorse; 'ҳсь *f* [8] inscription; † endorsement.

надрéз *m* [1] cut, incision; ҳáть & ҳывать [1], ⟨ҳáть⟩ [3] cut, incise.

надругáтельство *n* [9] outrage.

надрыв *m* [1] rent, tear; strain, burst; ҳáть [1], ⟨надорвáть⟩ [-ву́, -вёшь; надорвáл, -á, -о; -óрванный] tear; shatter, break, undermine; injure; (over)strain (o. s. себя, -ся; be[come] worn out, exhausted; labo[u]r); ҳáть живóтики, ҳáться (сó смеху) split one's sides (with laughing).

надсмóтр *m* [1] supervision (of над, за Т); ҳщик *m* [1] supervisor.

надстр|áивать [1], ⟨ҳóить⟩ [13] overbuild; raise; ҳóйка *f* [5; *g/pl.:* -роек] superstructure.

надý|вáть [1], ⟨ҳть⟩ [18] inflate, swell; drift, blow; F dupe; ҳть гýбы pout; -ся *v/i.;* ҳвнóй [14] inflatable, air...; ҳть *s.* ҳвáть.

надýм|анный [14] far-fetched, strained; ҳать F [1] *pf.* think (of, out), devise; make up one's mind.

надýтый [14] swollen; sulky.

Нáдя *f* [6] *dim. of* Надéжда.

наедáться [1], ⟨наéсться⟩ [-éмся, -éшься, *etc., s.* есть¹] eat one's fill.

наединé alone, in private; tête-à-tête.

наéзд *m* [1] (ҳом on) short *or* flying visit(s), run; ҳник *m* [1] horseman, equestrian; (*horse*) rider.

нае|зжáть [1], ⟨ҳхать⟩ [5] (на В) run into, knock against; come across; F come (occasionally); call on (к Д); run (up, down to в В).

наём *m* [1; нáйма] hire; rent; ҳник *m* [1] hireling, mercenary; ҳный [14] hired, rent(ed); hackney, mercenary.

наé|сться *s.* ҳдáться; ҳхать *s.* ҳзжáть.

нажáть *s.* ҳимáть.

наждá|к *m* [1 *e.*], ҳчный [14] emery.

нажи́|вá *f* [5] profit(s), gain(s), *a.* = ҳвка; ҳвáть [1], ⟨ҳть⟩ [-живу́, -вёшь; нáжил, -á, -о; нажи́вший; нáжитый (нáжит, -á, -о)] earn, gain, profit(eer); amass; make (*a fortune; enemies*); get; catch; ҳвка *f* [5; *g/pl.:* -вок] bait.

нажи́м *m* [1] pressure; stress, strain; ҳáть [1], ⟨нажáть⟩ [-жму, -жмёшь; -жáтый] (*a.* на В) press, push (*a.*, F, *fig.* = urge, impel; influence); stress.

нажи́ть *s.* нажива́ть.

назáвтра F the next day; tomorrow.

назáд back(ward[s]); ҳ! get back!; томý ҳ ago; ҳй F behind.

назвá|ние *n* [12] name; title; ҳть *s.* называть.

назéмный [14] land..., ground...

нáземь F to the ground (*or* floor).

назидá|ние *n* [12] edification (for p.'s в В/Д); instruction; ҳтельный [14; -лен, -льна] edifying, instructive.

нáзло (Д) to (*or* for) spite (s. b.).

назнач|áть [1], ⟨ҳить⟩ [16] appoint (p. s. th. В/Т), designate; fix, settle; prescribe; destine; F assign; ҳéние *n* [12] appointment; assignment; prescription; destination.

назóйливый [14 *sh.*] importunate.

назре|вáть [1], ⟨ҳть⟩ [8] ripen; swell; ✚ gather; *fig.* mature; be imminent *or* impending.

назубóк F by heart, thoroughly.

называ́|ть [1], ⟨назвáть⟩ [-зову́, -зовёшь; -звáл, -á, -о; нáзванный (на́зван, -á, -о)] call, name; mention; ~ть себя́ introduce o. s.; F invite; ~ть ве́щи свои́ми имена́ми call a spade a spade; -ся call o. s., be called; как ~ется ...? what is (or do you call) ...?

нан... in compds. ... of all, very; ~бо́лее most, ...est of all.

наи́вн|ость f [12] naïveté; ~ый [14; -вен, -вна] naïve, ingenuous; unsophisticated.

наизна́нку inside out.

наизу́сть by heart.

наиме́нее least... of all.

наименова́ние n [12] name; title.

наи́скос|ь, F ~о́к obliquely, aslant.

на́йтие n [12] inspiration; intuition.

найдёныш m [1] foundling.

наймит m [1] hireling, mercenary.

найти́ s. находи́ть.

нака́з m [1] order; mandate.

наказа́|ние n [12] punishment (as a в B); penalty; F nuisance (14 sh.] punishable; ~уемый [14 sh.] punishable; ~ывать [1], ⟨~а́ть⟩ [3] punish; † order.

накал m [1] incandescence; ~ивать [1], ⟨~и́ть⟩ [13] incandesce; ~ённый incandescent, red-hot.

нак|а́лывать [1], ⟨~оло́ть⟩ [17] pin, fix; chop, break; prick; kill.

накану́не the day before; ~ (P) on the eve (of).

нак|а́пливать [1] & ~опля́ть [28], ⟨~опи́ть⟩ [14] accumulate, amass; collect, gather.

наки́|дка f [5; g/pl.: -док] cape, cloak; ~дывать [1] 1. ⟨~да́ть⟩ [1] throw (up); 2. ⟨~нуть⟩ [20] throw upon; F add; raise; -ся (на B) F fall (up)on.

на́кипь f [8] scum; scale, deposit.

накладн|а́я f [14] waybill; ~но́й [14] laid on; plated; false; † overhead; ~ывать [1] & налага́ть [1], ⟨наложи́ть⟩ [16] (на B) lay (on), apply (to); put (on), set (to); impose; leave (trace); fill; pack, load.

накле́|ивать [1], ⟨~ить⟩ [13; -е́ю] glue or paste on; stick on; affix; ~йка f [5; g/pl.: -е́ек] label.

накло́н m [1] inclination; slope; ~е́ние n [12] s. ~; gr. mode, mood; ~и́ть s. ~я́ть; ~ный [14] inclined, slanting; ~я́ть [28], ⟨~и́ть⟩ [13; -оню́, -о́нишь; -онённый] bend, tilt; bow, stoop; † incline; -ся v/i.

накова́льня f [6; g/pl.: -лен] anvil.

нако́жный [14] skin..., cutaneous.

наколо́ть s. нака́лывать.

наконе́|ц [~ц-то oh] at last, finally; at length; ~чник m [1] ferrule; tip, point.

накоп|ле́ние n [12] accumulation; ⚒ concentration; ~ля́ть, ~и́ть s. нака́пливать.

накра|хма́ленный [14] starched; ~шенный [14] painted, rouged.

на́крепко fast, tightly, firmly.

на́крест crosswise.

накры|ва́ть [1], ⟨~ть⟩ [22] cover; (a. на) lay (the table); serve (meal); ⚔ hit; P catch, trap; dupe.

накуп|а́ть [1], ⟨~и́ть⟩ [14] (P) buy.

наку́р|ивать [1], ⟨~и́ть⟩ [13; -урю́, -у́ришь; -у́ренный] (fill with) smoke or perfume, scent.

налага́ть s. накла́дывать.

нала́|живать [1], ⟨~дить⟩ [15] put right or in order, get straight, fix; set going; establish; tune.

нале́во to or on the left; s. напра́во.

нале|га́ть [1], ⟨~чь⟩ [26 г/ж: -ля́гу, -ля́жешь, -ля́гут; -лёг, -легла́; -ля́г(те)!] (на B) press (against, down), fig. opress; apply o. s. (to); lie; sink, cover; F stress.

налегке́ F (-хк-) with light or no baggage (luggage); lightly dressed.

налёт m [1] flight; blast; ⚔, raid, attack; ⚕ fur; (a. fig.) touch; c ~а on the wing, with a swoop; cf. лёт; ~а́ть [1], ⟨~е́ть⟩ [11] (на B) fly (at, [a. knock, strike] against); swoop down; raid, attack; fall (up)on; rush, squall; ~чик m [1] bandit.

налечь s. налега́ть.

нали|ва́ть [1], ⟨~ть⟩ [-лью́, -льёшь; -ле́й(ся)!; на́ли́л, -á, -о; -ли́вший; на́ли́тый (на́ли́т, -á, -о)] pour (out); fill; ripen; p. pt. p. (a. ~то́й) ripe; plump; saucy; (-ся v/i.) a. swell; ~ться кро́вью become bloodshot); ~вка f [5; g/pl.: -вок] (fruit) liqueur; ~вно́й [14] s. ~ва́ть p. pt. p.; ~вно́е су́дно n tanker; ~м m [1] burbot.

налицо́ present, on hand.

нали́ч|не n [12] presence; ~ность f [8] stock; cash; a. = ~ие; в ~ности = налицо́; ~ный [14] (a. pl., su.) cash (a. down T), ready (money); present, on hand; за ~ные (against) cash (down).

нало́г m [1] tax, duty, levy; ~оплате́льщик m [1] taxpayer.

нало́ж|енный [14]: ~енным платежо́м cash (or collect) on delivery; ~и́ть s. накла́дывать.

налюбова́ться [7] pf. (T) admire to one's heart's content; ne ~ never get tired of admiring (o. s. собо́й).

нама́|зывать [1] s. ма́зать; ~тывать [1] s мота́ть.

наме́дни P recently, the other day.

нам|ёк m [1] (на B) allusion (to), hint (at); ~ека́ть [1], ⟨~екну́ть⟩ [20] (на B) allude to, hint (at).

намер|ева́ться [1] intend = (я I, etc.) ~ен(а); ~ение n [12] intention, design, purpose (on c T); ~енный [14] intentional, deliberate.

наме́стник m [1] governor.

намета́ть s. намётывать.

наме́тить s. намеча́ть.

нам|ётка f [5; g/pl.: -ток], ~ёты-

вать [1], ⟨‿еⴄáть⟩ [3] draft, plan; tack; *s. a.* метáть.

наме|чáть [1], ⟨‿тить⟩ [15] mark, trace; design, plan; select; nominate.

намнóго much, (by) far.

намок|áть [1], ⟨‿нуть⟩ [21] get wet.

намóрдник *m* [1] muzzle.

нанестú *s.* наносúть.

нанú̋з|ывать [1], ⟨‿áть⟩ [3] string.

нан|имáть [1], ⟨‿я́ть⟩ [наймý, -мёшь; нáнял, -á, -о; -я́вший; нáнятый (нáнят, -á, -о)] hire, engage, rent; F lodge; **‿ся** *a.* hire out (as в *Upl. or* T).

нáново anew, (over) again.

нанóс *m* [1] alluvium; **‿я́ть** [15], ⟨нанестú⟩ [24 -с-: -несý, -сёшь; -нёс, -неслá] bring (much, many); carry, waft, deposit; wash ashore; heap, enter, mark; lay on, apply; inflict (on Д), cause; pay (*visit*); deal (*blow*); **‿ный** [14] alluvial; *fig.* casual, assumed.

наня́ть(ся) *s.* нанимáть(ся).

наоборóт the other way round, vice versa, conversely; on the contrary.

наобýм F at random, haphazardly.

наотрéз bluntly, categorically.

напа|дáть [1], ⟨‿сть⟩ [25; *pt. st.*: -пáл, -а; -пáвший] (на В) attack, fall (up)on; come across *or* upon; hit on; overcome; **‿дáющий** *m* [17] assailant; (*sport*) forward; **‿дéние** *n* [12] attack; aggression; forwards *pl.*; **‿дки** *f/pl.* [5; *gen.*: -дóк] accusations, cavils; carping, faultfinding *sg.*

нап|áивать [1], ⟨‿оúть⟩ [13] give to drink; make drunk; imbue.

напá|сть 1. F *f* [8] misfortune, bad luck; 2. *s.* ‿дáть.

напé|в *m* [1] melody, tune; **‿вáть** [1] 1. hum, sing; 2. ⟨‿ть⟩ [-пою́, -поёшь; -пéтый] record.

напере|бóй F vying with each other; **‿вéс** *a.* at; **‿гóнки** F: бежáть ‿гóнки (run a) race; chase each other; **‿д** (-'гóт) F *s.* вперёд; **‿дú** P *s.* спéреди (Д) in spite *or* defiance (of), contrary (to); **‿рéз** (in a) short cut, cutting (across *or* s.b.'s way Д, Р); **‿ры́в** F — **‿бóй**; **‿чёт** each and all; few.

напéрсник *m* [1] favo(u)rite, pet.

напéрсток *m* [1; -тка] thimble.

напи|вáться [1], ⟨‿ться⟩ [-пью́сь, -пьёшься; -пúлся, -пилáсь; -пéйся, -пéйтесь!] drink, quench one's thirst, have enough (Р); get drunk.

напúльник *m* [1] file.

напú|ток *m* [1; -тка] drink, beverage; **‿ться** *s.* ‿вáться.

**напúт|ывать, ⟨‿áть⟩ [1] (Т) (-ся become) saturate(d), soak(ed), imbue(d).

напихáть ⟨‿áть⟩ F [1] cram.

паплы́|в *m* [1] rush; deposit; excrescence; **‿вáть** [1], ⟨‿ть⟩ [23] swim (against на В), run (on); flow;

---

deposit; approach, cover; waft; reach; gather; **‿внóй** [14] *s.* нанóсный.

наповáл (*kill, etc.*) outright.

наподóбие (Р) like, resembling.

напоúть *s.* напáивать.

напокáз for show; *cf.* выставля́ть.

наполн|я́ть [28], ⟨‿ить⟩ [13] (Т) fill; crowd; imbue; *p. pt. p. a.* full.

наполовúну half; (*do*) by halves.

напом|инáние *n* [12] reminder; dun(ning); **‿инáть** [1], ⟨‿нить⟩ [13] remind (a p. of Д/о П), dun.

напóр *m* [1] pressure; charge; F rush, push, vigo(u)r.

напослéдок F ultimately.

напр. *abbr.*: напримéр.

направ|и́ть(ся) *s.* ‿ля́ть(ся); **‿лéние** *n* [12] direction (in в П, по Д); trend; *fig.* current, school; assignment; **‿ля́ть** [28], ⟨‿ить⟩ [14] direct; refer; send; assign, detach; -ся go, head for; turn (to на В).

напрáво (от Р) to *or* on the (s.b.'s) right; **‿!** ⚔ right face!

напрáсн|ый [14; -сен, -сна] vain; groundless, idle; **‿о** in vain, wrongly.

напр|áшиваться [1], ⟨‿осúться⟩ [15] (на В) (pr)offer (на о. s. for), solicit; provoke; fish (for); suggest o.s.

напримéр for example *or* instance.

напро|кáт for hire; **‿лёт** F (all) ... through[out]; on end; **‿лóм** F: идтú ‿лóм force one's way.

напросúться *s.* напрáшиваться.

напрóтив (Р) opposite; on the contrary; *s. a.* напереко́р *&* наоборóт.

напря|гáть [1], ⟨‿чь⟩ (-'пре-) [26 г/ж: ягý, -яжёшь; -пря́г (-'про̣к), -яглá; -яжённый] strain (*a. fig.*); exert; stretch; bend (*bow*); **‿жéние** *n* [12] tension (*a. ⚡*; voltage), strain, exertion; effort; close attention; **‿жённый** [14 *sh.*] strained; (in-) tense; keen, close.

напря́мик F straight on; outright.

напря́чь *s.* напряга́ть.

напу́ганный [14] scared, frightened.

напус|кáть [1], ⟨‿тúть⟩ [15] let in, fill; set at (на В); fall; F (кáть на себя́) put on (*airs*); P cause; -ся fall (up)on (на В); **‿кнóй** [14] affected.

напу́тств|енный [14] farewell..., parting; **‿ие** *n* [12] parting words.

напы́щенный [14 *sh.*] pompous.

наравнé (с Т) on a level with; equally; together (*or* along) with.

нараспáшку F unbuttoned; (ду-шá) **‿** frank, candid; in grand style.

нараспéв with a singing accent.

нараст|áть [1], ⟨‿ú⟩ [24; -стёт; *cf.* растú] grow; accrue.

нарасхвáт F greedily; like hot cakes.

нарез|áть [1], ⟨‿áть⟩ [3] cut; carve; ⊕ thread; **‿ка** *f* [5; *g/pl.*: -зок] ⊕ thread; **‿ывать** = ‿áть.

нарекáние *n* [12] blame, censure.

наре́чие n [12] dialect; gr. adverb.
нар|ица́тельный [14] gr. common;
† nominal; ҳко́з m [1] narcosis.

наро́д m [1] people, nation; ҳность
f [8] nationality; ҳный [14] people's, popular, folk...; national;
public; ҳонаселе́ние n [12] popu-
lation.

наро|жда́ться [1], ⟨ҳди́ться⟩ [15]
arise, spring up; F be born; grow.

наро́ст m [1] (out)growth.

нароч|и́тый [14 sh.] deliberate,
intentional; adv. = ҳно (-ʃn-) a. on
purpose; specially, expressly; F in
fun; F a. = на́зло́; ґный [14] cour-⟩
на́рты f/pl. [5] sledge.   [ier.⟩

нару́ж|ность f [8] appearance;
exterior; ҳный [14] external, outward; outdoor, outside; ҳу out
(-side), outward(s), (get) abroad fig.

наруш|а́ть [1], ⟨ҳить⟩ [16] disturb;
infringe, violate; break (oath; silence); ҳе́ние n [12] violation, trans-
gression, breach; disturbance;
ҳи́тель m [4] trespasser; disturber;
ҳить s. ҳа́ть.

на́ры f/pl. [5] plank bed.

нары́в m [1] abcess; cf. гнои́ть.

наря́|д m [1] attire, dress; assign-
ment, commission, order; ✗ fatigue
(on в П); ҳди́ть s. ҳжа́ть; ҳдный
[14; -ден, -дна] smart, trim, elegant; order...

наряду́ (с Т) together or along
with, beside(s); side by side; s. a.
нара́вне.

наря|жа́ть [1], ⟨ҳди́ть⟩ [15 & 15 е.;
-яжу́, -я́ди́шь; -я́женный &
-яжённый] dress (up) (v/i. -ся);
disguise; ✗ detach; assign; † set up.

наса|жда́ть [1], ⟨ҳди́ть⟩ [15]
(im)plant (a. fig.); cf. a. ҳживать;
ҳжде́ние n [12] planting; (im)-
plantation; trees, plants pl.; ҳживать, ⟨ҳжа́ть⟩ [1], ⟨ҳди́ть⟩ [15]
plant (many); F set, put, place.

насви́стывать [1] whistle.

насе|да́ть [1], ⟨ҳсть⟩ [25; -ся́ду,
-ся́дешь; cf. сесть] set; sit down;
cover; press; ҳдка f [5; g/pl.: -док]
brood hen.

насеко́мое n [14] insect.

насел|е́ние n [12] population; ҳя́ть
[28], ⟨ҳи́ть⟩ [13] people, populate;
impf. inhabit, live in.

насе́с|т m [1] roost; ҳть s. ҳда́ть;
ҳчка f [5; g/pl.: -чек] notch, cut.

наси́|живать [1], ⟨ҳде́ть⟩ [11]
brood, hatch; ҳженный a. snug,
habitual, long-inhabited.

наси́|лие n [12] violence, force,
coercion; rape; ҳловать [7], ⟨из-⟩
violate; force; rape; ҳлу F s. е́ле;
ҳльно by force; forcedly; ҳльст-
венный [14] forcible, forced;
violent.

наск|а́кивать [1], ⟨ҳочи́ть⟩ [16]
(на В); fall (up)on; run or strike
against, come across.

наскво́зь through(out); F through
and through.

наско́лько as (far as); how (much).

на́скоро F hastily, in a hurry.

наскочи́ть s. наска́кивать.

наску́чить F [16] pf., s. надоеда́ть.

насла|жда́ться [1], ⟨ҳди́ться⟩
[15 е.; -ажу́сь, -ади́шься] (Т) enjoy
(o.s.), (be) delight(ed); ҳжде́ние n
[12] enjoyment; delight; pleasure.

насле́д|ие n [12] heritage, legacy;
s. a. ҳство; ҳник m [1] heir; ҳница
f [5] heiress; ҳный [14] crown...;
s. a. ҳственный; ҳовать [7] (im)pf.,
⟨y-⟩ inherit; (Д) succed; ҳствен-
ность f [8] heredity; ҳственный
[14] hereditary, inherited; ҳство n
[9] inheritance; s. a. ҳие; vb. + в
ҳство (or no ҳству) inherit.

насло́е́ние n [12] stratification.

насл|у́шаться [1] pf. (P) listen to
one's heart's content; не мочь ҳу́-
шаться never get tired of listening
to; a. = ҳы́шаться F [4] (P) hear
a lot (of); much; cf. понасльщке.

на́смерть to death; mortal(ly fig.
P).

насме|ха́ться [1] mock, jeer; sneer
(at над Т); ҳшка f [5; g/pl.: -шек]
mockery, sneer; ҳшливый [14 sh.]
(fond of) mocking; ҳшник m [1],
ҳшница f [5] scoffer, mocker.

на́сморк m [1] cold (in the head).

насмотре́ться [1] ҳотрю́сь, -от-
ришься] pf. = нагляде́ться, cf.

насо́с m [1] pump.

на́спех hurriedly, in a hurry.

наста|ва́ть [5], ⟨ҳть⟩ [-ста́нет]
come; ҳви́тельный [14 -лен,
-льна] instructive; preceptive; ҳ-
вить s. ҳвля́ть; ҳвле́ние n [12]
instruction; admonition; lecture,
lesson fig.; ҳвля́ть [28], ⟨ҳвить⟩
[14] put, place, set (many P); piece
(on), add; aim, level (at на В); instruct; teach (s. th. Д, в П); ҳвник
m [1] tutor, mentor, preceptor; ҳ-
ивать [1], ⟨настоя́ть⟩ [-стою́,
-стои́шь] insist (on на П); draw,
extract; настоя́ть на своём have
one's will; ҳть s. ҳва́ть.

на́стежь wide (open).

насти|га́ть [1], ⟨ҳгнуть⟩ & ⟨ҳчь⟩
[21 -г-: -и́гну] overtake; find, catch.

наст|ила́ть [1], ⟨ҳла́ть⟩ [-телю́,
-те́лешь; на́стланный] lay, spread;
plank, pave.

насто́й m [3] infusion, extract; ҳка
f [5; g/pl.: -о́ек] liquor; a. = ҳ.

насто́йчивый [14 sh.] persevering,
pertinacious; persistent; obstinate.

насто́ль|ко so (or as [much]); ҳный
[14] table...; reference...

настор|а́живать [1], ⟨ҳожи́ть-
ся⟩ [16 е.; -жу́сь, -жи́шься] prick
up one's ears; ҳоже́ on the alert,
on one's guard.

настоя́|ние n [12] insistence, ur-
gent request (at по Д); ҳтельный

[14]; -лен, -льна] urgent, pressing, instant; ~ть s. настаивать.
настоя́щ|ий [17] present (a. gr.; at ... time в В); true, real, genuine; по-~ему properly.
настр|а́ивать [1], ⟨~о́ить⟩ [13] build (many P); tune (up, in); set against; s. a. налаживать; ~ого F most strictly; ~о́ение n [12] mood, spirits pl., frame (of mind); disposition; ~о́ить s. ~а́ивать; ~о́йка f [5; g/pl.: -о́ек] superstructure; tuning.
наступ|а́тельный [14] offensive; ~а́ть [1], ⟨~и́ть⟩ [14] tread or step (on на В); come, set in; impf. attack, advance; press (hard); approach; ~ле́ние n [12] offensive, attack, advance; beginning; ...break, ...fall (at с Т).
насу́пить(ся) [14] pf. frown.
на́сухо adv. dry.
насу́щный [14; -щен, -щна] vital; daily.
насчёт (P) F concerning, about.
насчи́т|ывать [1], ⟨~а́ть⟩ [1] count, number; -ся impf. there is/are.
насып|а́ть [1], ⟨~а́ть⟩ [2] pour; strew, scatter; fill; throw up, raise; '~ь f [8] embankment, mound.
насы|ща́ть [1], ⟨~щать⟩ [15] satisfy; saturate; ~ще́ние n [12] saturation.
нат|а́скивать [1], ⟨~олкну́ть⟩ [20] (на В) push (against, on); F prompt, suggest; -ся strike against; come across.
натвори́ть F [13] pf. do, cause.
ната́льный [14] under(clothes).
нат|ира́ть [1], ⟨~ере́ть⟩ [12] (Т) rub (a. sore); get (corn); wax, polish.
на́т|иск m [1] press(ure), rush; onslaught, charge; urge.
наткпу́ться s. натыка́ться.
натолкну́ть(ся) s. ната́лкиваться.
ната́ощак on an empty stomach.
натра́в|ливать [1], ⟨~и́ть⟩ [14] set (on, at на В), incite.
на́трий m [3] natrium.
нату́|га F f [5] strain, effort; '~го F tight(ly); ~живать F [1], ⟨~жить⟩ [16] strain, exert (o.s. -ся).
нату́р|а f [5] nature; model (= ~щик m [1], ~щица f [5]); ~ой, в ~е in kind; с ~ы from nature or life; ~а́льный [14; -лен, -льна] natural.
наты́каться [1], ⟨~кну́ться⟩ [20] (на В) run against, (a. come) across.
натя́|гивать [1], ⟨~ну́ть⟩ [19] stretch, (a. fig.) strain; pull (on на В); draw in (reins); ~жка f [5; g/pl.: -жек] strain(ing); affectation, forced or strained argument(ation), detail, trait, etc.; с ~жкой a. with great reserve; ~нутый [14] strained, forced, affected, far-fetched; tense, bad; ~ну́ть s. ~гивать.
нау|га́д F ~даду at random.
нау́ка f [5] science; lesson.
науте́к F (take) to one's heels.

нау́тро the next morning.
науч|а́ть [1], ⟨~и́ть⟩ [16] teach (a p. s. th. В/Д); -ся learn (s. th. Д).
нау́чный [14; -чен, -чна] scientific.
нау́шник F m [1] informer; ~и m/pl. [1] earflaps; headphones.
наха́л m [1] impudent fellow; ~ьный [14; -лен, -льна] impudent, insolent; ~ьство n [12] impudence, insolence.
нахва́т|ывать, ⟨~а́ть⟩ F [1] (P) snatch (up), pick up (a lot of, a smattering of; hoard; a. -ся).
нахлы́нуть [20] pf. rush (up [to]).
нахму́ривать [1] = нахму́рить, cf.
наход|и́ть [15], ⟨найти́⟩ (найду́, -дёшь; нашёл, -шла́; -ше́дший; на́йденный; g. pt.: найдя́) find (a. fig. = think, consider); come (across на В); cover; be seized (F wrong) with; impf. take (pleasure); (-ся, ⟨найти́сь⟩) be (found, there, [impf.] situated, located); happen to have; not to be at a loss; ~ка f [5; g/pl.: -док] find; F discovery; бюро́ ~ок lost-property office; ~чивый [14 sh.] resourceful; ready-witted, smart.
национал|изи́р)ова́ть [7] (im)pf. nationalize (Brt. -ise); ~ьность f [8] nationality; ~ьный [14, ~лен, -льна] national.
нача́|ло n [9] beginning (at в П); source, origin; basis; principle; pl. rudiments; ~льник m [1] chief, superior; ✗commander; ✇(station) master, agent; ~льный [14] initial, first; opening; elementary, primary; ~льство n [9] command(er[s], chief[s], superior[s]); authority, -ties pl.; ~льствовать [7] (над Т) command; manage; ~тки m/pl. [1] s. ~ло pl.; ~ть(ся) s. начина́ть(ся).
начеку́ on the alert, on one's guard.
на́черно roughly, (in) a draft.
начерта́|ние n [12] tracing; pattern; outline; ~тельный [14] descriptive; ~ть [1] pf. trace, design.
начина́|ние n [12] undertaking; beginning; ~ть [1], ⟨нача́ть⟩ (~чну́, -чнёшь; на́чал, -а́, -о; нача́вший; на́чатый (на́чат, -а́, -о)) begin, start (with с Р, Т); -ся v/i.; ~ющий [17] beginner.
начи́н|ка f [5; g/pl.: -нок] filling; ~я́ть [28], ⟨~и́ть⟩ [13] fill (with Т).
начисле́ние n [12] extra fee.
на́чисто clean; s. на́бело; outright.
начит́|анный [14 sh.] well-read; ~а́ться [1] (P) read (a lot of); have enough (of); не мочь ~а́ться never get tired of reading.
наш m, ~а f, ~e n, ~и pl. [25] our; ours; по-~ему in our way or opinion or language; ~а взяла! we've won!
нашаты́р|ный [14]: ~ный спирт m aqueous ammonia; ~ь m [4 e.] sal ammoniac, ammonium chloride.
наше́ствие n [12] invasion, inroad.

наши|ва́ть [1], ⟨*́ть*⟩ [-шью, -пьёшь; *cf.* шить] sew on (на В *or* П) *or* many ...; **∠вка** *f* [5; *g/pl.*: -вок] galloon, braid; ✕ stripe.

нащу́п|ывать, ⟨*́ать*⟩ [1] grope, fumble; *fig.* sound; detect, find.

наяву́ in reality; waking.

не not; no; **∼ то** F (or) else.

неаккура́тный [14; -тен, -тна] careless; inaccurate; unpunctual.

небез... rather ..., not without ...

небе́сный [14] celestial, heavenly; of heaven; divine; *cf.* небосво́д.

неблаго|ви́дный [14; -ден, -дна] unseemly; **∼да́рность** *f* [8] ingratitude; **∼да́рный** [14; -рен, -рна] ungrateful; **∼надёжный** [14; -жен, -жна] unreliable; **∼полу́чный** [14; -чен, -чна] unfortunate, adverse, bad; *adv.* not well, wrong; **∼прия́тный** [14; -тен, -тна] unfavo(u)rable, negative; **∼разу́мный** [14; -мен, -мна] imprudent; unreasonable; **∼ро́дный** [14; -ден, -дна] ignoble; indelicate; **∼скло́нный** [14; -о́нен, -о́нна] unkindly; unfavo(u)rable.

не́бо[1] *n* [9; *pl.*: небеса́, -е́с] sky (in на П); heaven(s); air (in the *open* под Т).

не́бо[2] *n* [9] palate.

небога́тый [14 *sh.*] (of) modest (means); poor.

небольш|о́й [17] small; short; ... с **∼и́м** ... odd.

небо|сво́д *m* [1] firmament; *a.* **∼скло́н** *m* [1]; horizon; **∼скрёб** *m* [1] skyscraper.

небо́сь F I suppose; sure.

небре́жный [14; -жен, -жна] careless, negligent.

небыва́лый [14] unheard-of, unprecedented; **∼лица** *f* [5] tale, fable, invention.

небью́щийся [17] unbreakable.

Нева́ *f* [5] Neva.

нева́жный [14; -жен, -жна́, -о] unimportant, trifling; F poor, bad.

невдалеке́ not far off, *or* from (от Р).

неве́|дение *n* [12] ignorance; **∼до́мый** [14 *sh.*] unknown; **∼жа** *m/f* [5] boor; **∼жда** *m/f* [5] ignoramus; **∼жество** *n* [9] ignorance; **∼жливость** *f* [8] incivility; **∼жливый** [14 *sh.*] impolite, uncivil.

неве́р|ие *n* [12] unbelief; **∼ный** [14; -рен, -рна́, -о] incorrect; false; unfaithful; *su.* infidel; **∼ноятный** [14; -тен, -тна] incredible; **∼ующий** [17] unbelieving.

невесо́мый [14 *sh.*] imponderable.

неве́ст|а *f* [5] fiancée, bride; F marriageable girl; **∼ка** *f* [5; *g/pl.*: -ток] daughter-in-law; sister-in-law (*brother's wife*).

невз|го́да *f* [5] adversity, misfortune; affliction; **∼прая́** (на В) in spite of, despite; without respect

(of p.'s); **∼нача́й** F unexpectedly, by chance; **∼ра́чный** [14; -чен, -чна] plain, homely, mean; **∼ыска́тельный** [14; -лен, -льна] unpretentious.

неви́д|анный [14] singular, unprecedented; **∼имый** [14 *sh.*] invisible.

неви́нный [14; -и́нен, -и́нна] innocent; virgin. [insipid.\]

невку́сный [14; -сен, -сна́, -о]\]

невме|ня́емый [14 *sh.*] irresponsible; **∼ша́тельство** *n* [9] nonintervention.

невнима́тельный [14; -лен, -льна] inattentive.

невня́тный [14; -тен, -тна] indistinct, inarticulate; unintelligible.

не́вод *m* [1] seine.

невоз|врати́мый [14 *sh.*], **∼врати́мый** [14; -тен, -тна] irretrievable, irreparable; **∼вращене́ц** *m* [1; -нца] non-returnee; **∼де́ржанный** [14 *sh.*] intemperate; unbridled, uncontrolled; **∼мо́жный** [14; -жен, -жна] impossible; **∼мути́мый** [14 *sh.*] imperturbable.

нево́л|ить [13] force, compel; **∼ьник** *m* [1] slave; captive; **∼ьный** [14; -лен, -льна] involuntary; forced; **∼я** *f* [6] captivity; bondage; need, necessity.

невоо|брази́мый [14 *sh.*] unimaginable; **∼ружённый** [14] unarmed.

невоспи́танный [14 *sh.*] ill-bred.

невпопа́д F *s.* некста́ти.

невреди́мый [14 *sh.*] sound, unhurt.

невы́|годный [14; -ден, -дна] unprofitable; disadvantageous; **∼держанный** [14 *sh.*] unbalanced, uneven; unseasoned; **∼носи́мый** [14 *sh.*] unbearable, intolerable; **∼полне́ние** *n* [12] nonfulfillment; **∼полни́мый** *s.* неисполни́мый; **∼рази́мый** [14 *sh.*] inexpressible; ineffable; **∼рази́тельный** [14; -лен, -льна] inexpressive; **∼со́кий** [16; -со́к, -а́, -со́кό] low, small; short; inferior, slight.

не́га *f* [5] luxury, comfort; bliss, delight; affection.

не́где there is no(where *or* room *or* place to [... *some*] *inf.*; Д for).

негла́сный [14; -сен, -сна] secret, private.

него́д|ный [14; -ден, -дна́, -о] useless; unfit; F nasty; **∼ова́ние** *n* [12] indignation; **∼ова́ть** [7] be indignant (with на В); **∼я́й** *m* [3] scoundrel, rascal.

негр *m* [1] Negro; **∼а́мотность** *s.* безгра́мотность; **∼а́мотный** *s.* безгра́мотный; **∼итя́нка** *f* [5; *g/pl.*: -нок] Negress; **∼итя́нский** [16] Negro...

неда́|вний [15] recent; с **∼вних** (**∼вней**) пор(ы́) of late; **∼вно**

recently; ~лёкий [16; -ёк, -ека, -екó & -ёко] near(by), close; short; not far (off); recent; dull, slight; ~льновидный [14; -ден, -дна] short-sighted; ~ром not in vain, not without reason; justly.

недви́жимый [14 sh.] immovable.

неде|йстви́тельный [14; -лен, -льна] invalid, void; ineffective, ineffectual; ~ли́мый [14] indivisible.

неде́л|ьный [14] a week's, weekly; ~я f [6] week; в ~ю a or per week; на э́той (прошлой, будущей) ~е this (last, next) week.

недобро|жела́тельный [14; -лен, -льна] unkindly, ill-natured; ~ка́чественный [14 sh.] inferior, off-grade; ~со́вестный [14; -тен, -тна] unfair; unprincipled; careless.

недобрый [14; -добр, -á, -о] unkind(ly), hostile; evil, bad, ill(-boding).

недовéр|ие n [12] distrust; ~чивый [14 sh.] distrustful (of к Д).

недово́л|ьный [14; -лен, -льна] (Т) dissatisfied, discontented; ~ство n [9] discontent, dissatisfaction.

недога́дливый [14 sh.] slow-witted.

недоеда́|ние n [12] malnutrition; ~ть [1] not eat enough (or one's fill).   [arrears.)

недои́мки f/pl. [5; gen.: -мок])

недо́лго not long, short; F easily.

недомога́ть [1] be unwell, sick.

недомо́лвка f [5; g/pl.: -вок] omission.

недоно́сок m [1; -ска] abortion.

недооцéн|ивать [1], ⟨~и́ть⟩ [13] underestimate, undervalue.

недо|пусти́мый [14 sh.] inadmissible; intolerable, impossible; ~ра́звитый [14 sh.] underdeveloped; ~разумéние n [12] misunderstanding (through по Д); ~рогóй [16; -дорог, -á, -о] inexpensive.

недо́|росль m [4] greenhorn; ignoramus; ~слы́шать [1] pf. fail to hear.

недосмо́тр m [1] oversight, inadvertence (through по Д); ~éть [9; -отрю́, -о́тришь; -о́тренный] pf. overlook (s. th.).

недост|ава́ть [5], ⟨~а́ть⟩ [-ста́нет] impers.: (Д) (be) lack(ing), want (-ing), be short or in want of (P); miss; э́того ещё ~ава́ло! and that too!; ~а́ток m [1; -тка] want (for за Т, по Д), lack, shortage (of P, в П); deficiency; defect, shortcoming; privation; ~а́точный [14; -чен, -чна] insufficient, deficient, inadequate; gr. defective; ~а́ть s. ~ава́ть.

недо|стижи́мый [14 sh.] unattainable; ~сто́йный [14; -о́ин, -о́йна] unworthy; ~с у́.ный [14; -пен, -пна] inaccessible.

недосу́г F m [1] lack of time (for за Т, по Д]; мне ~ I have no time.

недо|сяга́емый [14 sh.] unattainable; ~у́здок m [1; -дка] halter.

недоум|ева́ть [1] (be) puzzle(d, perplexed); ~éние n [12] bewilderment; в ~éнии at a loss.

недочёт m [1] deficit; defect.

нéдра n/pl. [9] bosom, entrails.

недружелю́бный [14; -бен, -бна] unfriendly.

недуг m [1] ailment, infirmity.

недурнóй [14; -дурен &-рён, -рнá, -о] not bad, pretty, nice, handsome.

недю́жинный [14] remarkable.

неесте́ственный [14 sh.] unnatural; affected, forced.

нежела́|ние n [12] unwillingness; ~тельный [14; -лен, -льна] un-)
нéжели † = чем than. [desirable.]

жена́тый [14] single, unmarried.

нежи́зненный [14 sh.] impracticable; unreal.

нежилóй [14] uninhabited; deserted, desolate; store...

нéж|ить [16] coddle, pamper, fondle; ~ся loll, lounge; ~ничать F [1] indulge in caresses; ~ность f [8] tenderness; fondness; civility; ~ный [14; -жен, -жнá, -о] tender, fond, delicate, soft; sentimental.

неза|бвéнный [14 sh.], ~ыва́емый [14 sh.] unforgettable; ~у́дка f [5; g/pl.: -док] forget-me-not.

незави́сим|ость f [8] independence; ~ый [14 sh.] independent.

незада́чливый F [14 sh.] unlucky.

незадо́лго shortly (before до Р).

незакóнный [14; -óнен, -óнна] illegal, unlawful, illegitimate; illicit.

незаме|ни́мый [14 sh.] irreplaceable; ~тный [14; -тен, -тна] imperceptible, unnoticeable; plain, ordinary, humdrum; ~ченный [14] unnoticed.

неза|мыслова́тый F [14 sh.] simple, plain; dull; ~па́мятный [14] immemorial; ~тéйливый [14 sh.] plain, simple; ~уря́дный [14; -ден, -дна] remarkable.

нéзачем there is no need or point.

незва́ный [14] uninvited.

нездорóв|иться: мне ~ится I feel (am) sick or ill, unwell; ~ый [14 sh.] sick; morbid.

незлóбивый [14 sh.] gentle, placid.

незнакóм|ец m [1; -мца], ~ка f [5; g/pl.: -мок] stranger; a., F, ~ый [14], unknown, strange; unacquainted.

незна́|ние n [12] ignorance; ~чи́тельный [14; -лен, -льна] insignificant.

незр|éлый [14 sh.] unripe; immature; ~и́мый [14 sh.] invisible.

незы́блемый [14 sh.] firm; unshakable.

неиз|бéжный [14; -жен, -жна] inevitable; ~вéданный [14 sh.] s.

~ве́стный [14; -тен, -тна] unknown; *su. a.* stranger; ~глади́мый [14 *sh.*] indelible; ~лечи́мый [14 *sh.*] incurable; ~ме́нный [14; -éнен, -éнна] invariable; permanent; true; ~мери́мый [14 *sh.*] immense; ~ъясни́мый [14 *sh.*] inexplicable.

неим|е́ние *n* [12]: за ~е́нием (P) for want of; ~ове́рный [14; -рен, -рна] incredible; ~у́щий [17] poor.

неи́с|кренний [15; -нен, -нна] insincere; ~ку́сный [14; -сен, -сна] unskillful; ~полне́ние *n* [12] nonfulfillment; ~полни́мый [14 *sh.*] impracticable.

неиспр|ави́мый [14 *sh.*] incorrigible; ~а́вность *f* [8] ⊕ disrepair; ~а́вный [14; -вен, -вна] out of repair *or* order, broken, defective; careless, faulty; inaccurate; unpunctual.

неиссяка́емый [14 *sh.*] inexhaustible.

неи́стов|ство *n* [9] rage, frenzy; atrocity; ~ствовать [7] rage; ~ый [14 *sh.*] frantic, furious.

неис|тощи́мый [14 *sh.*] inexhaustible; ~требимый [14 *sh.*] ineradicable; ~цели́мый [14 *sh.*] incurable; ~черпа́емый [14 *sh.*] *s.* ~тощи́мый; ~числи́мый [14 *sh.*] innumerable.

нейтрал|ите́т *m* [1] neutrality; ~ьный [14; -лен, -льна] neutral.

неказистый F [14 *sh.*] = невзра́чный.

не́|кий [24 *st.*] a certain, some; ~когда there is (мне ~когда I have) no time; once; ~кого [23] there is (мне ~кого I have) nobody *or* no one (to *inf.*); ~который [14] some (*pl.* of из P); ~краси́вый [14 *sh.*] homely, ugly; mean.

некроло́г *m* [1] obituary.

некста́ти inopportunely; inappropriately, malapropos, off the point.

не́кто somebody, -one; a certain.

не́куда there is no(where *or* room *or* place to *inf.*; Д for); *s. a.* не́зачем; F could not be (*better, etc.*).

неку́ль|ту́рный [14; -рен, -рна] uncultured; ill-mannered; ~ря́щий [17] nonsmoker, nonsmoking.

нел|а́дный F [14; -ден, -дна] wrong, bad; ~ега́льный [14; -лен, -льна] illegal; ~е́пый [14 *sh.*] absurd; F awkward.

нело́вкий [16; -вок, -вка, -о] awkward; clumsy; inconvenient, embarrassing.

нельзя́ (it is) impossible, one (мне I) cannot, must not; ~! no!; как ~ лу́чше in the best way possible, excellently; ~ не *s.* (не) мочь.

нелюди́мый [14 *sh.*] unsociable.

нема́ло a lot, a great deal (of).

неме́дленный [14] immediate.

неме́ть [8], ⟨о-⟩ grow dumb, numb.

не́м|ец *m* [1; -мца], ~е́цкий [16], ~ка *f* [5; *g/pl.*: -мок] German.

немилосе́рдный [14; -ден, -дна] unmerciful, ruthless.

нема́лост|и́вый [14 *sh.*] ungracious; ~ь *f* [8] disgrace.

неминуемый [14 *sh.*] inevitable.

немно́|гие *pl.* [16] (a) few, some; ~го a little; slightly, somewhat; *s. a.* ~гие *f* -гое *n* [16] little; ~гим a little; ~ж(еч)ко F a (little) bit.

немо́й [14; нем, -á, -о] dumb, mute.

немо|лодо́й [14; -мо́лод, -á, -о] elderly; ~тá *f* [5] muteness.

немо́щный [14; -щен, -щна] infirm.

немы́слимый [14 *sh.*] inconceivable.

ненави́|деть [11], ⟨воз-⟩ hate; ~стный [14; -тен, -тна] hateful, odious; ~сть ('не-) *f* [8] hatred (against к Д).

нена|гля́дный [14] dear, beloved; ~дёжный [14; -жен, -жна] unreliable; unsafe, insecure; ~до́лго for a short while; ~ме́ренный [14] unintentional; ~паде́ние *n* [12] nonagression; ~руши́мый [14 *sh.*] inviolable; ~стный [14; -тен, -тна] rainy, foul; ~стье *n* [10] foul weather; ~сы́тный [14; -тен, -тна] insatiable.

нен|орма́льный [14; -лен, -льна] abnormal; F (mentally) deranged; ~у́жный [14; -жен, -жнá, -о] unnecessary.

необ|ду́манный [14 *sh.*] rash, hasty; ~ита́емый [14 *sh.*] uninhabited; desert; ~озри́мый [14 *sh.*] immense, vast; ~осно́ванный [14 *sh.*] unfounded; ~рабо́танный [14] uncultivated; crude, unpolished; ~у́зданный [14 *sh.*] unbridled, unruly.

необходи́м|ость *f* [8] necessity (of по Д), need (of, for P, в П); ~ый [14 *sh.*] necessary (for Д; для P), essential; *cf.* ну́жный.

необ|щи́тельный [14; -лен, -льна] unsociable, reserved; ~ъясни́мый [14 *sh.*] inexplicable; ~ъя́тный [14 *sh.*] immense, vast, huge; ~ыкнове́нный [14; -éнен, -éнна], ~ы́ч(ай)ный [14; -ч(á)ен, ч(á)йна] unusual, uncommon; ~яза́тельный [14; -лен, -льна] optional.

неограни́ченный [14 *sh.*] unrestricted.

неод|нокра́тный [14] repeated; ~обре́ние *n* [12] disapproval; ~обри́тельный [14; -лен, -льна] disapproving; ~оли́мый *s.* непреодоли́мый; ~ушевлённый [14] inanimate.

неожи́данн|ость *f* [8] surprise; ~ый [14 *sh.*] unexpected, sudden.

нео́н *m* [1] neon; ~овый [14] neon-
...

неоп|исуемый [14 sh.] indescribable; ~лаченный [14 sh.] unpaid, unsettled; ~равданный [14] unjustified; ~ределённый [14; -ёнен, -ённа] indefinite (a. gr.), uncertain, vague; gr. (vb.) infinitive; ~повержимый [14 sh.] irrefutable; ~ытный [14; -тен, -тна] inexperienced.

неос|лабный [14; -бен, -бна] unremitting, unabated; ~мотрительный [14; -лен, -льна] imprudent; ~новател ьный [14; -лен, -льна] unfounded, baseless; ~поримый [14 sh.] incontestable; ~торожный [14; -жен, -жна] careless, incautious; imprudent; ~уществимый [14 sh.] impracticable; ~язаемый [14 sh.] intangible.

неот|вратимый [14 sh.] unavoidable; fatal; ~вязный [14; -зен, -зна], ~вязчивый [14 sh.] obtrusive, importunate; ~ёсанный [14 sh.] unhewn; F rude; '~куда s. негде; ~ложный [14; -жен, -жна] pressing, urgent; ~лучный s. неразлучный & ~разимый [14 sh.] irresistible; ~ступный [14; -пен, -пна] persistent; importunate; ~четливый [14 sh.] indistinct; ~ъемлемый [14 sh.] integral; inalienable.

неохот|а f [5] listlessness; reluctance; (мне) ~a F I (etc.) am not in the mood; ~но unwillingly.

не|оценимый [14 sh.] invaluable; ~переходный [14] intransitive; ~платёж m [1 e.] nonpayment; ~платёжеспособный [14; -бен, -бна] insolvent.

непо|бедимый [14 sh.] invincible; ~воротливый [14 sh.] clumsy, slow; ~года f [5] foul weather; ~грешимый [14 sh.] infallible; ~далёку not far (away or off); ~датливый [14 sh.] unyielding, refractory.

непод|вижный [14; -жен, -жна] motionless, (a. ast.) fixed; sluggish; ~дельный [14; -лен, -льна] genuine, true; sincere; ~купный [14; -пен, -пна] incorruptible; ~обающий [17] improper, unbecoming; undue; ~ражаемый [14 sh.] inimitable; ~ходящий [17] unsuitable; ~чинение n [12] insubordination.

непо|зволительный [14; -лен, -льна] improper, unbecoming; ~колебимый [14 sh.] firm, steadfast; unflinching; imperturbable; ~корный [14; -рен, -рна] intractable; ~ладка f [5; g/pl.: -док] defect, trouble; strife; ~лный [14; -лон, -лна, -о] incomplete; short; ~мерный [14; -рен, -рна] excessive, exorbitant.

непонят|ливый [14 sh.] slow-witted; ~ный [14; -тен, -тна] unintelligible, incomprehensible; strange, odd.

непо|правимый [14 sh.] irreparable; ~рочный [14; -чен, -чна] chaste, immaculate; virgin...; ~рядочный [14; -чен, -чна] dishono(u)rable, disreputable; ~седливый [14 sh.] fidgety; ~сильный [14; -лен, -льна] beyond one's strength; ~следовательный [14; -лен, -льна] inconsistent; ~слушный [14; -шен, -шна] disobedient.

непо|средственный [14 sh.] immediate, direct; spontaneous; ~стижимый [14 sh.] inconceivable; ~стоянный [14; -янен, -янна] inconstant, unsteady, fickle; ~хожий [17 sh.] unlike, different (from на В).

неправ|да f [5] untruth, lie; (it is) not true; ... и ~дами (by hook) or by crook; ~доподобный [14; -бен, -бна] improbable; ~едный [14; -ден, -дна] unjust; sinful; ~ильный [14; -лен, -льна] incorrect, wrong; irregular (a. gr.); improper (a. Д); ~ота f [5] wrong(fulness); ~ый [14; неправ, -а, -о] wrong; unjust.

непре|взойдённый [14 sh.] unsurpassed; ~двиденный [14] unforeseen; ~дубеждённый [14] unbias(s)ed; ~клонный [14; -онен, -онна] uncompromising; steadfast; ~ложный [14; -жен, -жна] inviolable, invariable; incontestable; ~менный [14; -енен, -енна] indispensable; permanent; ~менно s. обязательно; ~одолимый [14 sh.] insuperable; irresistible; ~рекаемый [14 sh.] indisputable; ~рывный [14; -вен, -вна] continuous; ~станный [14; -анен, -анна] incessant.

непри|вычный [14; -чен, -чна] unaccustomed; unusual; ~глядный [14; -ден, -дна] homely, mean; ~годный [14; -ден, -дна] unfit; useless; ~емлемый [14 sh.] unacceptable; ~косновенный [14; -енен, -енна] inviolable; untouched, untouchable; ~крашенный [14] unvarnished; ~личный [14; -чен, -чна] indecent, unseemly; ~метный [14; -тен, -тна] imperceptible, unnoticeable; plain; ~миримый [14 sh.] irreconcilable, implacable; ~нуждённый [14 sh.] (free and) easy, at ease; ~стойный [14; -оен, -ойна] obscene, indecent; ~ступный [14; -пен, -пна] inaccessible; impregnable; unapproachable; haughty; ~творный [14; -рен, -рна] sincere, unfeigned; ~тязательный [14; -лен, -льна] unpretentious, modest, plain.

неприя|зненный [14 sh.] hostile, unkind(ly); ~знь f [8] dislike; ~тель m [4] enemy; ~тельский

[16] enemy('s); ~тность *f* [8] trouble; ~тный [14; -тен, -тна] disagreeable, unpleasant.

непро|глядный [14; -ден, -дна] pitch-dark; ~должительный [14; -лен, -льна] short, brief; ~езжий [17] impassable; ~зрачный [14; -чен, -чна] opaque; ~изводительный [14; -лен, -льна] unproductive; ~извольный [14; -лен, -льна] involuntary; ~мокаемый [14 *sh.*] waterproof; ~ницаемый [14 *sh.*] impenetrable, impermeable, impervious; ~стительный [14; -лен, -льна] unpardonable; ~ходимый [14 *sh.*] impassable; F complete; ~чный [14; -чен, -чна, -о] flimsy, unstable.

нерабочий [17] free, off (*day*).

нерав|енство *n* [9] inequality; ~номерный [14; -рен, -рна] uneven; ~ный [14; -вен, -вна, -о] unequal.

нерадивый [14 *sh.*] careless, listless.

нераз|бериха F *f* [5] mess; ~борчивый [14 *sh.*] illegible; unscrupulous; ~витой [14; -развит, -а, -о] undeveloped; ~дельный [14; -лен, -льна] indivisible, integral; undivided; ~личимый [14 *sh.*] indistinguishable; ~лучный [14; -чен, -чна] inseparable; ~решимый [14 *sh.*] insoluble; ~рывный [14; -вен, -вна] indissoluble; ~умный [14; -мен, -мна] injudicious.

нерас|положение *n* [12] dislike; ~судительный [14; -лен, -льна] imprudent.

нерв *m* [1] nerve; ~ировать [7] make nervous; ~ничать [1] be nervous; ~нобольной [14] neurotic; ~(оз)ный [14; -вен, -вна, -о (-зен, -зна)] nervous; high-strung.

нерешительн|ость *f* [8] indecision; в ~ости at a loss; ~ый [14; лен, -льна] irresolute.

неро|бкий [16; -бок, -бка, -о] brave; ~вный [14; -вен, -вна, -о] uneven.

нерушимый [14 *sh.*] inviolable.

неря|ха *m/f* [5] sloven; ~шливый [14 *sh.*] slovenly; careless.

несамостоятельный [14; -лен, -льна] dependent (on, *or* influenced by, others).

несбыточный [14; -чен, -чна] unrealizable.

не|сведущий [17 *sh.*] ignorant (of в П); ~своевременный [14; -енен, -енна] untimely; tardy; ~связный [14; -зен, -зна] incoherent; ~сгораемый [14] fireproof; ~сдержанный [14 *sh.*] unrestrained; ~серьёзный [14; -зен, -зна] frivolous; ~сказанный [14 *sh.*, *no m*] indescribable; ~складный [14; -ден, -дна] ungainly, unwieldy; incoherent; ~

склоняемый [14 *sh.*] indeclinable.

несколько [32] a few, some, several; somewhat.

не|скромный [14; -мен, -мна, -о] immodest; ~слыханный [14 *sh.*] unheard-of; awful; ~слышный [14; -шен, -шна] inaudible, noiseless; ~сметный [14; -тен, -тна] innumerable.

несмотря (на В) in spite of, despite, notwithstanding; (al)though.

несносный [14; -сен, -сна] intolerable.

несо|блюдение *n* [12] nonobservance; ~вершеннолетие *n* [12] minority; ~вершенный [14; -енен, -енна] imperfect(ive *gr.*); ~вершенство *n* [8] imperfection; ~вместимый [14 *sh.*] incompatible; ~гласие *n* [12] disagreement; ~гласный [14; -сен, -сна] discordant; inconsistent; ~измеримый [14 *sh.*] incommensurable; ~крушимый [14 *sh.*] indestructible; ~мненный [14; -енен, -енна] doubtless; ~мненно *a.* undoubtedly, without doubt; ~образный [14; -зен, -зна] incompatible; absurd, foolish; ~ответствие *n* [12] discrepancy; ~размерный [14; -рен, -рна] disproportionate; ~стоятельный [14; -лен, -льна] needy; insolvent; unsound, baseless.

несп|окойный [14; -оен, -ойна] restless, uneasy; ~особный [14; -бен, -бна] incapable of (к Д, на В), unfit (for); ~раведливость *f* [8] injustice; wrong; ~раведливый [14 *sh.*] unjust, wrong; ~роста́ F *s.* неда́ром.

несравненный [14; -енен, -енна] incomparable.

нестерпимый [14 *sh.*] intolerable.

нести [24 -с-: -су́], ⟨по-⟩ (be) carry(ing, *etc.*); bear; bring; suffer (*loss*); do (*duty*); drift, waft, speed (along) (-сь *v/i.*; *a.* be heard); spread; ⟨с-⟩ lay (eggs -сь); F talk (*nonsense*); smell (of Т); несёт there's a draught.

не|строевой [14] noncombatant; ~стройный [14; -оен, -ойна, -о] ungainly; discordant; disorderly; ~суразный F [14; -зен, -зна] foolish, absurd; ungainly; ~сходный [14; -ден, -дна] unlike, different (from с Т).

несчаст|ный [14; -тен, -тна] unhappy, unlucky; F paltry; ~ье *n* [12] misfortune; disaster; accident; к ~ью *or* на ~ье unfortunately.

несчётный [14; -тен, -тна] innumerable.

нет 1. *part.*: no; ~ ещё not yet; 2. *impers. vb.* [*pt.* не́ было, *ft.* не бу́дет] (P): there is (are) no; у меня́ (*etc.*) ~ I (*etc.*) have no(ne); его́ (её) ~ (s)he is not (t)here *or* in.

нетерп|еливый [14 *sh.*] impatient;

~ение n [12] impatience; ~имый [14 sh.] intolerant; intolerable.

не|тлённый [14; -енен, -енна] imperishable; ~трёзвый [14; -трёзв, -á, -о] drunk (a. в ~трёзвом виде); ~трóнутый [14 sh.] untouched; ~трудоспосóбный [14; -бен, -бна] disabled.

нет|то ('nε-) [ind.] net; ~у F = нет 2.

неу|важéние n [12] disrespect (for к Д); ~вéренный [14 sh.] uncertain; ~вядáемый [14 sh.] unfading; ~гасúмый [14 sh.] inextinguishable; ~гомóнный [14; -óнен, -óнна] restless, unquiet, untiring.

неудáч|а f [5] misfortune; failure; ~ливый [14 sh.] unlucky; ~ник m [1] unlucky fellow; ~ный [14; -чен, -чна] unsuccessful, unfortunate.

неуд|ержúмый [14 sh.] irrepressible; ~ивúтельно (it is) no wonder.

неудóб|ный [14; -бен, -бна] inconvenient; uncomfortable; improper; ~ство n [9] inconvenience.

неудов|летворúтельный [14; -лсн, -льна] unsatisfactory; ~óльствие n [12] displeasure.

неужéли really?, is it possible?

неу|жúвчивый [14 sh.] unsociable, unaccomodating; ~клóнный [14; -óнен, -óнна] unswerving, firm; ~клюжий [17 sh.] clumsy, awkward; ~кротúмый [14 sh.] indomitable; ~ловúмый [14 sh.] elusive; imperceptible; ~мéлый [14 sh.] unskillful, awkward; ~мéние n [12] inability; ~мéренный [14 sh.] intemperate, immoderate; ~мéстный [14; -тен, -тна] inappropriate; ~молúмый [14 sh.] inexorable; ~мышленный [14 sh.] unintentional; ~потребúтельный [14; -лен, -льна] not in use; ~рожáй m [3] bad harvest; ~рожáйный [14] unseasonable; ~спéх m [1] failure; ~стáнный [14; -áнен, -áнна] incessant; constant; s. a. ~томúмый; ~стóйка f [5; g/pl.: -óек] forfeit; ~стóйчивый [14 sh.] unstable; unsteady; ~страшúмый [14 sh.] intrepid, dauntless; ~стýпчивый [14 sh.] uncomplying, tenacious; ~сыпный [14; -пен, -пна] incessant, unremitting; s. a. ~томúмый; ~тéшный [14; -шен, -шна] disconsolate, inconsolable; ~толúмый [14 sh.] unquenchable; insatiable; ~томúмый [14 sh.] tireless, indefatigable, untiring.

неýч F m [1] ignoramus; ~ёный [14] illiterate; ~éнье n [10] ignorance.

неу|чтúвый [14 sh.] uncivil; ~ютный [14; -тен, -тна] uncomfortable; ~язвúмый [14 sh.] invulnerable.

нефт|еналивнóй s. наливнóй;

~епровóд m [1] pipe line; ~ь f [8] (mineral) oil; ~янóй [14] oil...

не|хвáтка F f [5; g/pl.: -ток] shortage; ~хорóший [17; -рóш, -á] bad; ~хотя unwillingly; ~цензýрный [14; -рен, -рна] s. ~пристóйный; ~чáянный [14] unexpected; accidental, casual.

нéчего [23]: (мне, etc.) ~ + inf. (there is or one can) I have) nothing to ...; (one) need not, (there is no) need; (it is) no use; stop ...ing.

не|человéческий [16] inhuman; superhuman; ~честúвый [14 sh.] ungodly; ~чéстность f [8] dishonesty; ~чéстный [14; -тен, -тнá, -о] dishonest; ~чет F m [1] s. нечётный; ~чётный [14] odd (number).

нечист|оплóтный [14; -тен, -тна] uncleanly, dirty; ~отá f [5; pl. st.: -óты] unclean(li)ness; pl. sewage; ~ый [14; -чúст, -á, -о] unclean, dirty; impure; evil, vile, bad, foul.

нéчто something.

не|чувствúтельный [14; -лен, -льна] insensitive; insensible; ~щáдный [14; -ден, -дна] unmerciful; ~явка f [5] nonappearance; ~яркий [16; -ярок, -яркá, -о] dull, dim; mediocre; ~ясный [14; -сен, -снá, -о] not clear; fig. vague.

ни not a (single) одúн); ~ ..., ~ neither ... nor; ... ever (e. g. когда бы), ... ever; кто (что, когдá, где, кудá) бы то ~ был(о) whosoever (what-, when-, wheresoever); как ~ + vb. a. in spite of or for all +su.; как бы (то) ~ было be that as it may; ~ за что ~ про что for nothing.

нúва f [5] field (a. fig.; in на 11).

нигдé nowhere.

Нидерлáнды pl. [1] The Netherlands.

нúж|е below, beneath, under; lower; shorter; ~еподписáвшийся m [17] the undersigned; ~ний [15] lower; under...; ground or first (floor).

низ m [1; pl. e.] bottom, lower part; pl. a. masses; ~áть [3], ⟨на-⟩ string. низвер|гáть [1], ⟨~гнуть⟩ [21]; ~жéние n [12] (over)throw.

низúна f [5] hollow, lowland.

нúзк|ий [16; -зок, -зкá, -о; comp.: нúже] low; mean, base; short; ~опоклóнник m [1] groveler; ~опоклóнничать [1] grovel, fawn, cringe.

нúзменн|ость f [8] lowland, plain; ~ый [14 sh.] low(er).

низо|вóй [14] lower; local; ~вье n [10; g/pl.: -ьев] lower (course); ~йтú s. нисходúть; '~сть f [8] meanness.

никáк by no means, not at all; ~óй [16] no (at all F); ни в какóм слýчае on no account; s. a. ~.

нúкел|евый [14], ~ь m [4] nickel. никогдá never.

Николáй [3] Nicholas.

ни|кой s. никáк(ой); **∼ктó** [23] nobody, no one, none; **∼кудá** nowhere; cf. a. годи́ться, гóдный; **∼кчёмный** F [14] good-for-nothing; **∼мáло** s. ∼скóлько; **∼откýда** from nowhere; **∼почём** F very cheap, easy, etc.; **∼скóлько** not in the least, not at all.

нисходя́щий [17] descending.

ни́т|ка f [5; g/pl.: -ток], **∼ь** [8] thread; string; cotton; **∼ь** a. filament; до (послéдней) **∼ки** F to the skin; (как) по **∼ке** straight; шито бéлыми **∼ками** be transparent, на живýю **∼ку** carelessly, superficially.

ниц: пáдать **∼** prostrate o. s.

ничегó (-'vo) nothing; **∼** (себé) not bad; so-so; no(t) matter; **∼!** I never mind!, that's all right!

нич|éй m, **∼ья́** f, **∼ьё** n, **∼ьи́** pl. [26] nobody's; su. f draw (games).

ничкóм prone; s. a. ниц.

ничтó [23] nothing; s. ничегó; **∼жество** n [9], **∼жность** f [8] nothingness, vanity, nonentity; **∼жный** [14; -жен, -жна] insignificant, tiny; vain.

нич|ýть F s. нискóлько; **∼ья́** s. **∼éй.**

ни́ша f [5] niche.

ни́щ|ая f [17], **∼енка** F [5; g/pl.: -нок] beggar woman; **∼енский** [16] beggarly; **∼енство** n [9] begging; beggary; **∼енствовать** [7] beg; **∼етá** f [5] poverty, destitution; **∼ий** 1. [17; нищ, -á, -е] beggarly; 2. m [17] beggar.

НКВД (Нарóдный комиссариáт внýтренних дел) People's Commissariat of Internal Affairs (1935 to 1946; since 1946 МВД, cf.).

но but, yet.

новáтор m [1] innovator.

новéлла f [5] short story.

нóв|енький [16; -нек] (brand-)new; **∼изнá** f [5], **∼и́нка** [5; g/pl.: -нок] novelty; news; **∼ичóк** m [1; -чкá] novice, tyro; newcomer; **ново|брáнец** m [1; -нца] recruit; **∼брáчный** [14] newly married; **∼введéние** n [12] innovation; **∼гóдний** [15] New Year's (Eve **∼гóдний** вéчер m); **∼лýние** n [12] new moon; **∼прибы́вший** [17] newly arrived; newcomer; **∼рождённый** [14] newborn (child); **∼сéлье** n [10] new home; house-warming; **∼стрóйка** f [5; g/pl.: -óек] new building (project).

нóв|ость f [8] (piece of) news; novelty; **∼шество** n [9] innovation, novelty; **∼ый** [14; нов, -á, -о] new; novel; recent; modern; 2ый год m New Year's Day; с 2ым гóдом! a happy New Year!; **∼ый** мéсяц m crescent; что **∼огó?** what's (the) new(s Brt.)?; **∼ь** f [8] virgin soil.

ног|á f [5; ac/sg.: нóгу; pl.: нóги, ног, ногáм, etc. e.] foot, leg; идти́ в **∼у** march in (or keep) step; со всех **∼** with all one's might, at full speed; стать нá **∼и** recover; become independent; положи́ть **∼у** нá **∼у** cross one's legs; на ... **∼е** or **∼у** on ... terms or a ... footing; in (grand) style; ни **∼óй** (к Д) not visit (a p.); (éле) **∼и** унести́ (have a narrow) escape; в **∼áх** at the foot (cf. головá); под **∼áми** underfoot.

нóготь m [4; -гтя; from g/pl. e.] nail.

нож m [1 e.] knife; на **∼áх** at daggers drawn; **∼ик** m [1] F = нож; **∼кá** f [5; g/pl.: -жек] dim. of ногá, s.; leg (chair, etc.); **∼ницы** f/pl. [5] (pair of) scissors; disproportion; **∼нóй** [14] foot...; **∼ны́** f/pl. [5; g/pl.: -жен & -жóн] sheath.

ноздря́ f [6; pl.: нóздри, ноздрéй, etc. e.] nostril.

ноль & нуль m [4 e.] naught; zero.

нóмер m [1; pl.: -á, etc. e.] number ([with] за Т); size; (hotel) room; item, turn, trick; (a., dim., **∼óк** m [1; -ркá] tag, plate.

номинáльный [14; -лен, -льна] nominal.

норá f [5; ac/sg.: -рý; pl.st.] hole, burrow.

Норвé|гия f [7] Norway; 2жец m [1; -жца], 2жка f [5; g/pl.: -жек], 2жский [16] Norwegian.

нóрка f [5; g/pl.: -рок] 1. dim. of норá; 2. zo. mink.

нóрм|а f [5] norm, standard; rate; **∼áльный** [14; -лен, -льна] normal; **∼ировáть** [7] (im)pf. standardize.

нос m [1; в, на носý; pl. e.] nose; beak; prow; F speak; в **∼** (speak) through one's nose; зá **∼** (lead) by the nose; на **∼ý** (time) at hand; у меня́ идёт кровь **∼ом** my nose is bleeding; **∼ик** m [1] dim.of **∼**; spout.

носи́|лки f/pl. [5; gen.: -лок] stretcher, litter; **∼льщик** m [1] porter; **∼тель** m [4] bearer; carrier; **∼ть** [15] carry, bear, etc., s. нести́; wear (v/i. -ся); F **-ся** (с Т) a. have one's mind occupied with.

носовóй [14] nasal; prow ...; **∼** платóк m handkerchief.

носóк m [1; -скá] sock; toe; a. = нóсик.

носорóг m [1] rhinoceros.

нóта f [5] note; pl. a. music.

нотáриус m [1] notary (public).

нотáция f [7] reprimand, lecture.

ноч|евáть [7], ⟨пере-⟩ pass (or spend) the night; **∼ёвка** f [5; g/pl.: -вок] overnight stop (or stay or rest); a. = -лéг; **∼лéг** m [1] night's lodging, night quarters; a. = -ёвка; **∼нóй** [14] night(ly), (a. ⅌, zo.) nocturnal; **∼нáя** бáбочка f moth; **∼ь** f [8; в ночи́; from g/pl. e.] night; **∼ью** at (or by) night (= a. в **∼ь**, по **∼ám**); **∼ь** под ... (В) ... night.

нóша f [5] load, burden.

ноя́брь m [4 e.] November.

нрав *m* [1] disposition, temper; *pl.* customs; (не) по ζу (Д) (not) to one's liking; ζиться [14], ⟨по-⟩ please (а p. Д); он мне ζится I like him; ζоучéние *n* [12] moral(ity), moral teaching; ζоучи́тельный [14] moral(izing); ζ̆ственность *f* [8] morals *pl.*, morality; ζ̆ственный [14 *sh.*] moral.

ну (*a.* ζ-ка) well *or* now (then же)!, come (on)!, why!, what!; the deuce (take him *or* it ~ егó)!; (*a.* да ~) indeed?, really?, you don't say!; ha?; ~ да of course, sure; ~ + *inf.* begin to; ~ так что же? what about it? [tedious, humdrum.]

ну́дный F [14; ну́ден, -днá, -о]

нужд|á *f* [5; *pl. st.*] need, want (of в П); necessity (of из Р, по Д); F request; concern; ζ не it doesn't matter; ζáться [1] (в П) (be in) need (of), be hard up, needy.

ну́жн|ый [14; ну́жен, -жнá, -о,

ну́жны] necessary (for Д); (Д) ζо + *inf.* must (*cf.* нáдо).

нуль = ноль.

нýмер = нóмер; ζáция *f* [7] numeration; ζовáть [7], ⟨за-, про-⟩ number.

ны́н|е now(adays), today; ζешний F [15] present, this; actual, today's; ζче F = ~е.

ныр|я́ть [28], *once* ⟨ζнýть⟩ [20] dive.

ныть [22] ache; whimper; F lament.

Нью - Йóрк *m* [1] New York.

н. э. (нáшей э́ры) A. D.

нэп (нóвая экономи́ческая поли́тика) NEP (New Economic Policy. *Sov., from 1922 to 1928*).

нюх *m* [1] flair, scent; ζáтельный [14]: ζáтельный табáк *m* snuff; ζáть [1], ⟨по-⟩ smell; scent; snuff.

ня́н|чить [16] nurse, tend (-ся; F fuss over, busy o. s. with [с Т]); ζ *f* [6] (F ζка [5; *g/pl.*: -нек]) nurse, *Brt. a.* nanny.

O

о, об, обо 1. (П) about, of; on; with; 2. (В) against, (up)on; by, in.

о! oh!, о!

óб|а *m & n*, ζе *f* [37] both.

обагр|я́ть [28], ⟨ζи́ть⟩ [13] redden, purple; stain (with Т); steep.

обанкрóтиться *s.* банкрóтиться.

обая́|ние *n* [12] spell, charm; ζтельный [14; -лен, -льна] fascinating.

обвáл *m* [1] collapse; landslide; avalanche; ζиваться [1], ⟨ζи́ться⟩ [13; обвали́тся] fall in *or* off; ζя́ть [1] *pf.* roll.

обвари́ть [13; -арю́, -а́ришь] scald.

обвёр|тывать [1], ⟨ζнýть⟩ [20] wrap (up), envelop.

обвé|сить [15] F = ζшать.

обвести́ *s.* обводи́ть.

обве́тренный [14 *sh.*] weather-beaten.

обветшáлый [14] decayed.

обвéш|ивать, ⟨ζать⟩ [1] hang (with Т).

обви|вáть [1], ⟨ζть⟩ [обовью́, -вьёшь; *cf.* вить] wind round; embrace (with Т).

обвин|éние *n* [12] accusation, charge; indictment; prosecution; ζи́тель *m* [4] accuser; prosecutor; ζи́тельный [14] accusatory; of 'guilty'; ζи́тельный акт *m* indictment; ζя́ть [28], ⟨ζи́ть⟩ [13] (в П) accuse (of), charge (with); find guilty; ζя́емый accused; defendant.

обви́слый F [14] flabby.

обви́|ть *s.* ζвáть.

обводи́ть [13], ⟨обвести́⟩ [25] lead, see *or* look (round, about); enclose,

encircle *or* border (with Т); draw out; F turn (*a p. round one's finger*).

обвор|áживать [1], ⟨ζожи́ть⟩ [16 *e.*; -жý, -жи́шь; -жённый] charm, fascinate; ζожи́тельный [14; -лен, -льна] charming, fascinating; ζожи́ть *s.* ζáживать.

обвя́з|ывать [1], ⟨ζáть⟩ [3] tie up *or* round; dress; hang.

обгоня́ть [28], ⟨обогнáть⟩ [обгоню́, -óнишь; обогнáл, -á, -о; обóгнанный] (out)distance, outstrip.

обгорáть [1], ⟨ζéть⟩ [9] scorch.

обгрыз|áть [1], ⟨ζть⟩ [24; *pt. st.*] gnaw (at, round, away).

обда|вáть [5], ⟨ζть⟩ [-áм, -áшь; *cf.* дать; óбдал, -á, -о; óбданный (óбдан, -á, -о)] pour over; scald; bespatter; wrap up; seize.

обдéл|ать *s.* ζывать; ζить *s.* ζя́ть; ζывать, ⟨ζать⟩ [1] work; lay out; cut (*gem*); F manage, wangle; ζя́ть [28], ⟨ζи́ть⟩ [13; -елю́, -éлишь] deprive of one's due share (of Т).

обдирáть [1], ⟨ободрáть⟩ [обдерý, -рёшь; ободрáл, -á, -о; обóдранный] bark, peel; tear (off).

обдýм|ать *s.* ζывать; ζанный [14 *sh.*] deliberate; ζывать, ⟨ζать⟩ [1] consider, think over.

обéд *m* [1] dinner (at за Т; for на В, к Д), lunch; F noon; до (пóсле) ζа in the morning (afternoon); ζать [1], ⟨по-⟩ have dinner (lunch); dine; ζенный [14] dinner..., lunch...

обеднéвший [17] impoverished.

обéдня *f* [6; *g/pl.*: -ден] mass.

обез|бóливание *n* [12] an(a)esthetization; ζвре́живать [1], ⟨ζвре́дить⟩ [15] neutralize; ζглáвливать [1], ⟨~главить⟩ [14] behead; ~доленный [14] wretched, miserable; ~заражнвание n [12] disinfection; ~личивать [1], ⟨~личить⟩ [16] deprive of personal character, assignment or responsibility; ~людеть [8] pf. become deserted; ~надёживать [1], ⟨~надёжить⟩ [16] bereave of hope; ~образивать [1], ⟨~образить⟩ [15] disfigure; ~опасить [15] pf. secure (against от Р); ~оруживать [1], ⟨~оружить⟩ [16] disarm; ~уметь [8] pf. lose one's senses, go mad.

обезья́н|а f [5] monkey; ape; ~ий [18] monkey('s); apish, apelike; ~ничать F [1] ape.

обер|его́ть [1], ⟨~е́чь⟩ [26 г/ж: -гу́, -жёшь] guard (v/i. -ся); protect (o. s.; against, from от Р).

оберну́ть(ся) s. обёртывать(ся).

обёрт|ка f [5; g/pl.: -ток] cover; (book) jacket; ~очный [14] wrapping (or brown paper); ~ывать [1], ⟨обернуть⟩ [20] wrap (up); wind; turn (a. F, cf. обводить F); -ся turn (round, F back); F wangle.

обескура́ж|ивать [1], ⟨~ить⟩ [16] discourage, dishearten.

обеспе́ч|ение n [12] securing; security (on под В), guarantee; maintenance; (social) security; ~енность f [8] (adequate) provision; prosperity; ~енный [14] well-to-do; ~ивать [1], ⟨~ить⟩ [16] provide (for; with Т); secure, guarantee; protect.

обессил|еть [8] pf. become enervated; ~ивать [1], ⟨~ить⟩ [13] enervate.

обессме́ртить [13] pf. immortalize.

обесцве́|чивать [1], ⟨~тить⟩ [15] discolo(u)r, make colo(u)rless.

обесце́н|ивать [1], ⟨~ить⟩ [13] depreciate.

обесче́стить [15] pf. dishono(u)r.

обе́т m [1] vow, promise; ~ованный [14] Promised (Land).

обеща́|ние n [12], ~ть [1] (im)pf., F a. ⟨по-⟩ promise.

обжа́лование ᵇ᾿ n [12] appeal.

обж|ига́ть [1], ⟨~е́чь⟩ [26 г/ж: обожгу́, -жжёшь, обожгу́т; обжёг, обожгла́; обожжённый] burn; scorch; ⊕ bake, calcine (cf. ~ига́тельная печь f kiln); -ся burn o. s. (F one's fingers).

обжо́р|а F m/f [5] glutton; ~ливый F [14 sh.] gluttonous; ~ство F n [9] gluttony.

обзав|оди́ться [15], ⟨~ести́сь⟩ [25] provide o. s. (with Т), acquire, get.

обзо́р m [1] survey; review.

обзыва́ть [1], ⟨обозва́ть⟩ [обзову́, -ёшь; обозва́л, -á, -о; обо́званный] call (names Т).

оби|ва́ть [1], ⟨~ть⟩ [обобью́, обобьёшь; cf. бить] upholster; strike

off; F wear out; ~ва́ть поро́ги (у Р) importune; ~вка f [5] upholstery.

оби́|да f [5] insult; не в ~ду будь ска́зано no offence meant; не дать в ~ду let not be offended; ~деть (-ся) s. ~жа́ть(ся); ~дный [14; -ден, -дна] offensive, insulting; (мне) ~дно it is a shame or vexing (it offends or vexes me; I am sorry [for за В]); ~дчивый [14 sh.] touchy; ~дчик F m [1] offender; ~жа́ть [1], ⟨~деть⟩ [11] (-ся be) offend(ed), hurt (a. be angry with or a and В); wrong; overreach (cf. a. обделя́ть); ~женный [14 sh.] offended (s. a. ~жа́ть[ся]).

оби́|лие n [12] abundance, wealth; ~льный [14; -лен, -льна] abundant (in Т), plentiful, rich.

обиня́к m [1 e.]: говори́ть ~ами speak in a roundabout way.

обира́ть F [1], ⟨обобра́ть⟩ [оберу́, -ёшь; обобра́л, -á, -о; обо́бранный] rob; P gather.

обита́|емый [14 sh.] inhabited; ~тель m [4] inhabitant; ~ть [1] live, dwell, reside.

оби́ть s. обива́ть.

обихо́д m [1] use, custom, way; дома́шний ~ household; ~ный [14; -ден, -дна] everyday; colloquial.

обкла́д|ка f [5] facing; ~ывать [1], ⟨обложи́ть⟩ [16] lay round; face, cover; ⚕ fur; pf. besiege; s. облага́ть.

обко́м m [1] (областно́й комите́т) regional committee Sov.).

обкра́дывать [1], ⟨обокра́сть⟩ [25; обкраду́, -дёшь; pt. st. обкра́денный] rob.

обла́ва f [5] battue; raid.

облага́ть [1], ⟨обложи́ть⟩ [16] impose (tax, fine Т); tax; fine.

облагор|а́живать [1], ⟨~о́дить⟩ [15] ennoble, refine; finish.

облада́|ние n [12] possession (of Т); ~ть [1] (Т) possess; command; (health) be in; ~ть собо́й control o. s.

о́блако n [9; pl.: -ка́, -ко́в] cloud.

обл|а́мывать [1], ⟨~ома́ть⟩ [1] & ⟨~оми́ть⟩ [14] break off.

обласка́ть [1] pf. treat kindly.

областно́й [14] regional; '~ь f [8; from g/pl. e.] region; province, sphere, field (fig.).

обла́тка f [5; g/pl.: -ток] wafer; capsule.   [pl.\]

обла|че́ние n [12] eccl. vestments]

о́блачный [14; -чен, -чна] cloudy.

обле|га́ть [1], ⟨~чь⟩ [26 г/ж; cf. лечь] cover; fit (close).

облегч|а́ть (-xt/-) [1], ⟨~и́ть⟩ [16 e.; -чу́, -чи́шь; -чённый] lighten; facilitate; ease, relieve.

обледене́лый [14] ice-covered.

облёзлый F [14] mangy, shabby.

обле|ка́ть [1], ⟨~чь⟩ [26] dress; invest (with Т); put, express; -ся put on (в В); be(come) invested.

облеп|ля́ть [28], ⟨∠и́ть⟩ [14] stick all over (or round); besiege.

облет|а́ть [1], ⟨∠е́ть⟩ [11] fly round (or: all over, past, in); besiege.

облёчь [1], s. облега́ть & облека́ть.

обли|ва́ть [1], ⟨∠ть⟩ [оболью́, -льёшь; обле́й!; обли́л, -á, -o; о́б-ли́тый (о́бли́т, -á, -o)] pour (s. th. T) over, wet; flood; soak; -ся [pf.: -и́лся, -ила́сь, -и́лось] (T) pour over o. s.; shed (tears); be dripping (with sweat) or covered (with blood); bleed (heart).

облига́ция f [7] bond.

обли́з|ывать [1], ⟨∠а́ть⟩ [3] lick (off); -ся lick one's lips (or o. s.).

о́блик m [1] face, look; figure.

обли́|ть(ся) s. ∠ва́ть(ся); ∠цо́вы-вать [1], ⟨∠цева́ть⟩ [7] face.

облич|а́ть [1], ⟨∠и́ть⟩ [16 e.; -чу́, -чи́шь; -чённый] unmask; reveal; convict (of в П); ∠е́ние n [12] exposure; conviction; ∠и́тельный [14; -лен, -льна] accusatory, incriminating; ∠и́ть s. ∠а́ть.

облож|е́ние n [12] taxation; ⚔ siege; ∠и́ть s. обкла́дывать & облага́ть; ∠ка [5; g/pl.: -жек] cover, (book) jacket.

облок|а́чиваться [1], ⟨∠оти́ться⟩ [15 & 15 e.; -кочу́сь, -ко́тишься] lean one's elbows (on на П).

облом|а́ть, ∠и́ть s. обла́мывать; ∠ок m [1; -мка] fragment; pl. debris, wreckage.

облуч|а́ть [1], ⟨∠и́ть⟩ [16 e.; -чу́, -чи́шь; -чённый] ray.

облучо́к m [1; -чка́] (coach) box.

облюбова́ть [7] pf. take a fancy to.

обма́з|ывать [1], ⟨∠ать⟩ [3] besmear; plaster, coat, cement.

обма́к|ивать [1], ⟨∠ну́ть⟩ [20] dip.

обма́н m [1] deception; deceit, fraud; ~ зре́ния optical illusion; ∠ный [14] deceitful, fraudulent; ∠у́ть(ся) s. ∠ывать(ся); ∠чивый [14 sh.] deceptive; ∠щик m [1], ∠щица f [5] cheat, deceiver; ∠ы-вать [1], ⟨∠у́ть⟩ [20] (-ся by) deceive(d), cheat; (be mistaken in в П).

обма́|тывать, ⟨∠ота́ть⟩ [1] wind (round); ∠хивать [1], ⟨∠хну́ть⟩ [19] wipe, dust; fan.

обме́н m [1] exchange (in/for в B/на B); interchange (of T, P); ∠ивать [1], ⟨∠и́ть⟩ [28] & F ⟨∠и́ть⟩ [13; -еню́, -е́нишь; ∠енённый] exchange (for на B; -ся s. th. T).

обм|ере́ть s. ∠ира́ть; ∠ета́ть [1], ⟨∠ести́⟩ [25 -т-: обмету́] sweep (off), dust; ∠ира́ть F [1], ⟨∠ере́ть⟩ [12; обомру́, -рёшь; о́бмер, -рла́, -o; обмёрший] be struck or stunned (with fear от P).

обмо́лв|иться [14] pf. make a slip (in speaking); (T) mention, say; ∠ка f [5; g/pl.: -вок] slip of the tongue.

обмоло́т m [1] thresh(ing).

обморо́зить [15] pf. frostbite.

о́бморок m [1] faint, swoon (vb.: па́дать), pf. упа́сть в ∠).

обмо́т|ать s. обма́тывать; ∠ка f [5; g/pl.: -ток] ⚡ winding; pl. puttees.

обмундирова́|ние n [12], ∠ть [7] pf. uniform, outfit.

обмы|ва́ть [1], ⟨∠ть⟩ [22] wash (off); ∠ва́ние n [12] a. ablution.

обнадёж|ивать [1], ⟨∠ить⟩ [16] (re)assure, encourage, raise hopes.

обнаж|а́ть [1], ⟨∠и́ть⟩ [16 e.; -жу́, -жи́шь; -жённый] bare, strip; lay bare; uncover; unsheathe.

обнаро́довать [7] pf. promulgate.

обнару́ж|ивать [1], ⟨∠ить⟩ [16] disclose, show, reveal; discover, detect; -ся appear, show; come to light; be found, discovered.

обнести́ s. обноси́ть.

обн|има́ть [1], ⟨∠я́ть⟩ [обниму́, обни́мешь; о́бнял; обня́л, -á, -o; о́бнятый (о́бнят, -á, -o)] embrace, hug, clasp.

обнища́лый [14] impoverished.

обно́в|(к)а f f [5; (g/pl.: -вок)] new thing, novelty; ∠и́ть s. ∠ля́ть; ∠ле́-ние n [12] renewal; renovation; ~ля́ть [28], ⟨∠и́ть⟩ [14 e.; -влю́, -ви́шь; -влённый] renew; renovate.

обн|оси́ть [15], ⟨∠ести́⟩ [24 -с-: -су́] carry (round); serve; pass by; (T) fence in, enclose; -ся F impf. wear out one's clothes.

обню́х|ивать, ⟨∠ать⟩ [1] smell at.

обня́ть s. обнима́ть.

обобра́ть s. обира́ть.

обобщ|а́ть [1], ⟨∠и́ть⟩ [16 e.; -щу́, -щи́шь; -щённый] generalize; ∠е́ствля́ть [28], ⟨∠естви́ть⟩ [14 e.; -влю́, -ви́шь; -влённый] socialize; ∠и́ть s. ∠а́ть.

обога|ща́ть [1], ⟨∠ти́ть⟩ [15 e.; -ащу́, -ти́шь; -ащённый] enrich.

обогна́ть s. обгоня́ть.

обогну́ть s. огиба́ть.

обоготворя́ть [28] s. боготвори́ть.

обогрева́ть [1] s. греть.

о́бод m [1; pl.: обо́дья, -дьев] rim, felloe; ∠о́к m [1; -дка́] rim.

обо́др|анный F [14 sh.] ragged, shabby; ∠а́ть s. обдира́ть; ∠е́ние n [12] encouragement; ∠я́ть [28], ⟨∠и́ть⟩ [13] encourage; -ся take courage.

обожа́ть [1] adore, worship.

обожда́ть F = подожда́ть.

обоже́ств|ля́ть [28], ⟨∠и́ть⟩ [14 e.; -влю́, -ви́шь; -влённый] deify.

обожжённый [14; -ён, -ена́] burnt.

обо́з m [1] train (a. ⚔), carts pl.

обозва́ть s. обзыва́ть.

обознач|а́ть [1], ⟨∠и́ть⟩ [16] denote, designate, mark; -ся appear; ∠е́ние n [12] designation.

обозр|ева́ть [1], ⟨∠е́ть⟩ [9], ∠е́ние n [12] survey; review.

обо́|и m/pl. [3] wallpaper; ∠йти́(сь)

s. обходи́ть(ся); ~йщик *m* [1] upholsterer; ~кра́сть *s.* обкра́дывать.

оболо́чка *f* [5; *g/pl.*: -чек] cover (-ing), envelope; *anat.* membrane; ⊕ jacket, casing; ра́дужная ~ iris.

оболь|сти́тель *m* [4] seducer; ~сти́тельный [14; -лен, -льна] seductive; ~щать [1], ⟨~сти́ть⟩ [15 *e.*; -льщу́, -льсти́шь; -льщённый] seduce; (-ся be) delude(d; flatter o. s.); ~ще́ние *n* [12] seduction; delusion.

обомле́ть F [8] *pf.* be stupefied.

обоня́ние *n* [12] (sense of) smell.

обора́чивать(ся) *s.* обёртывать (-ся).

оборв|а́нец F *m* [1; -нца] ragamuffin; ~анный [14 *sh.*] ragged; ~а́ть *s.* обрыва́ть.

обо́рка *f* [5; *g/pl.*: -рок] frill, ruffle.

оборо́н|а *f* [5] defense (*Brt.* defence); ~и́тельный [14] defensive, defense...; ~ный [14] defense..., armament...; ~оспосо́бность *f* [8] defensive capacity; ~я́ть [28] defend.

оборо́т *m* [1] revolution; rotation; circulation; turn; turnover; transaction; back, reverse; (см.) на ~e p. t. o.; в ~ F (*take*) to task; ~и́ть(ся) P [15] *pf. s.* оберну́ть(ся); ~ливый F [14 *sh.*] sharp, smart; ~ный [14] back, reverse, seamy (*side*); ↑ circulating.

обору́дова|ние [12] equipment; ~ть [7] (*im*)*pf.* equip; fit out.

обосн|ова́ние *n* [12] substantiation; ground(s); ~о́вывать [1], ⟨~ова́ть⟩ [7] prove, substantiate; -ся settle down.

обос|обля́ть [28], ⟨~о́бить⟩ [14] segregate, isolate, detach.

обостр|я́ть [28], ⟨~и́ть⟩ [13] (-ся become) aggravate(d), strain(ed); refine(d).

обою́д|ный [14; -ден, -дна] mutual; ~оо́стрый [14 *sh.*] double-edged.

обраб|а́тывать, ⟨~о́тать⟩ [1] work, process; ↗ till; elaborate, finish, polish; treat; adapt; F work; *p. pr. a.* ⊕ manufacturing; ~о́тка *f* [5; *g/pl.*: -ток] processing; ↗ cultivation; elaboration; adaptation.

о́браз *m* [1] manner, way (in T), mode; form; figure, character; image; [*pl.*: ~á, *etc. e.*] icon; (таки́м) ~ом how (thus); нико́им ~ом by no means; ~éц *m* [1; -зца́] specimen, sample; model, example; pattern, fashion, way (in на B); ~ный [14; -зен, -зна] graphic, vivid; ~ова́ние *n* [12] formation; constitution; education; ~о́ванный [14 *sh.*] educated; ~ова́тельный [14; -лен, -льна] (in)formative; ~о́вывать [1], ⟨~ова́ть⟩ [7] form (*v/i.* -ся; arise); constitute, educate; cultivate; ~у́мить(ся) F [14] *pf.*

bring (come) to one's senses; ~цо́вый [14] exemplary, model...; ~чик *m* [1] *s.* ~éц.

обрам|ля́ть [28], ⟨~и́ть⟩ [14 *st.*], *fig.* ⟨~и́ть⟩ [14 *e.*; -млю́, -ми́шь; -млённый] frame.

обраст|а́ть [1], ⟨~и́⟩ [24 -ст-: -сту́; оброс, -ла́] overgrow; be overgrown.

обра|ти́ть *s.* ~ща́ть; ~тный [14] back, return...; reverse, (*a.* Ⱥ) inverse; ⱦᵉ retroactive; ~тно back; conversely; ~ща́ть [1], ⟨~ти́ть⟩ [15 *e.*; -ащу́, -ати́шь; -ащённый] turn, direct; convert; employ; draw *or* pay *or* (на себя́) attract (*attention*; to на B); не ~ща́ть внима́ния (на B) disregard; ~ в turn (to в B); address o. s. (to к Д), apply (to; for за T); appeal; take (to *flight* в B); *impf.* (с T) treat, handle; circulate; ~ще́ние *n* [12] conversion; transformation; circulation; (с T) treatment (of); management; manners *pl.*; address; appeal.

обре́з *m* [1] edge; ~а́ть [1], ⟨~ать⟩ [3] cut off; cut short; ~ок *m* [1; -зка] scrap; ~ыва́ть [1] *s.* ~а́ть.

обре|ка́ть [1], ⟨~чь⟩ [26] doom (to на B, Д).

обремен|и́тельный [14; -лен, -льна] burdensome; ~я́ть [28], ⟨~и́ть⟩ [13] burden.

обре|чённый [14] doomed (to на B); ~чь *s.* ~ка́ть.

обрисо́в|ывать [1], ⟨~а́ть⟩ [7] outline, sketch; -ся loom, appear.

обро́к *m* [1] (quit)rent, tribute.

обро́сший [17] overgrown.

обруб|а́ть [1], ⟨~и́ть⟩ [14] hew (off), lop; ~ок *m* [1; -бка] stump, block.

о́бруч *m* [1; *from g/pl. e.*] hoop; ~а́льный [14] engagement...; ~а́ть [1], ⟨~и́ть⟩ [16 *e.*; -чу́, -чи́шь; -чённый] affiance, betroth; -ся be(come) engaged (to с T); ~éние *n* [12] betrothal; ~ённый [14] fiancé(e ~ённая *f*).

обру́ш|ивать [1], ⟨~ить⟩ [16] demolish; cast; -ся fall in, collapse; fall (up)on (на B).

обры́в *m* [1] precipice, steep; ~а́ть [1], ⟨оборва́ть⟩ [-ву́, -вёшь; -ва́л, -вала́, -o; обо́рванный] tear *or* pluck (off, round); break off, cut short; -ся *a.* fall (from с P); ~истый [14 *sh.*] steep; abrupt; ~ок *m* [1; -вка] scrap, shred; ~очный [14; -чен, -чна] scrappy.

обры́зг|ивать, ⟨~ать⟩ [1] sprinkle.

обрю́зглый [14] flabby, bloated.

обря́д *m* [1] ceremony, rite.

об|са́живать [1], ⟨~сади́ть⟩ [15] plant (with T); ~се́вать [1], ⟨~се́ять⟩ [27] sow; stud (with T).

обсервато́рия *f* [7] observatory.

обсле́дова|ние *n* [12] (P) inspection (of), inquiry (into), investigation (of); ~ть [7] (im)pf. inspect, examine, investigate.

обслу́ж|ивание n [12] service; operation; ~ивать [1], ⟨~и́ть⟩ [16] serve, attend; operate; supply (B/T).

обсо́хнуть s. обсыха́ть.

обста|вля́ть [28], ⟨~вить⟩ [14] surround; furnish, fit out (with T); F arrange, settle; ~но́вка f [5; g/pl.: -вок] furniture; thea. scenery; situation, conditions pl.

обстоя́тель|ный [14; -лен, -льна] detailed, circumstantial; F solid, thorough; ~ственный [14] adverbial; ~ство n [9] circumstance (under, in при П, в П; for по Д); gr. adverb.

обсто́ять [-ои́т] be, stand; как обстои́т де́ло с (Т)? what about ...?

обстре́л m [1] bombardment, fire; ~ивать [1], ⟨~я́ть⟩ [28] fire on, shell; p. pt. p. F tried.

обступ|а́ть [1], ⟨~и́ть⟩ [14] surround.

об|сужда́ть [1], ⟨~суди́ть⟩ [15; -ждённый] discuss; ~сужде́ние n [12] discussion; ~суши́ть [16] pf. dry; ~счита́ть [1] pf. cheat; -ся miscalculate.

обсы́п|ать [1], ⟨~ать⟩ [2] strew.

обс|ыха́ть [1], ⟨~о́хнуть⟩ [21] dry.

обт|а́чивать [1], ⟨~очи́ть⟩ [16] ... ~а́лкивать [14] ... ; ~ере́ть s. ~ира́ть; ~ёсывать [1], ⟨~еса́ть⟩ [3] hew; ~ира́ть [1], ⟨~ере́ть⟩ [12; оботру́; обтёр; p. pt. a.: -тёрши & -тёрев] rub off or down, wipe off (-ся); F fray.

обточи́ть s. обта́чивать.

обтрёпанный [14] shabby, frayed.

обтя́|гивать [1], ⟨~ну́ть⟩ [19] cover (with Т); impf. fit close; ~жка f [5]: в ~жку close-fitting.

обу|ва́ть [1], ⟨~ть⟩ [18] put (-ся one's) shoes on; F shoe; '~вь f [8] footwear, shoes pl.

обу́гл|ивать [1], ⟨~ить⟩ [13] char.

обу́за f [5] burden, load.

обу́зд|ывать [1], ⟨~ать⟩ [1] bridle.

обусло́вл|ивать [1], ⟨~ить⟩ [14] condition (on Т); cause.

обу́ть(ся) s. обува́ть(ся).

обу́х m [1] butt; F thunder(struck).

обуч|а́ть [1], ⟨~и́ть⟩ [16] teach (s. th. Д), train; -ся (Д) learn, be taught; ~е́ние n [12] instruction, training; education.

обхва́т m [1] arm's span; circumference; ~ывать [1], ⟨~и́ть⟩ [15] clasp (in Т), embrace, infold.

обхо́|д m [1] round, beat (be on де́лать); detour; vb. + в ~д s. ~ди́ть; evasion; ~ди́тельный [14; -лен, -льна] affable, amiable; ~ди́ть [15], ⟨обойти́⟩ [обойду́, -дёшь; cf. идти́] go or pass round; travel through (many) or over; visit (all [one's]); ✕ outflank; avoid; pass over (in Т); (-ся, ⟨-сь⟩) cost (me мне); manage;

do without (без P); there is (no ... without); treat (s.b. с Т); ~дный [14] roundabout; ~жде́ние n [12] treatment, manners pl.

общ|а́ривать [1], ⟨~а́рить⟩ [13] rummage (around); ~ива́ть [1], ⟨~и́ть⟩ ⟨обошью́, `-шьёшь; cf. шить⟩ sew round, border (with Т); plank, face, sheath; F clothe; ~и́вка f [5] trimming, etc. (s. vb.).

обши́р|ный [14; -рен, -рна] vast, extensive; numerous; ~ть s. ~ва́ть.

обща́ться [1] associate (with с Т).

обще|досту́пный [14; -пен, -пна] popular; s. a. досту́пный; ~жи́тие n [12] hostel, home; social intercourse or (way of) life; ~изве́стный [14; -тен, -тна] well-known.

обще́ние n [12] intercourse.

общепри́нятый [14 sh.] generally accepted, common.

обще́ств|енность f [8] community, public (opinion); ~енный [14] social, public; common; '~о n [9] society; company; association; community; ~ове́дение n [12] social science.

общеупотреби́тельный [14; -лен, -льна] current, common, widespread.

о́бщ|ий [17; общ, -á, -е] general, common (in ~его) public; totals (в ~ем on the) whole; (table) d'hôte; ~ина f [5] community; † a. = ~ество; ~и́тельный [14; -лен, -льна] sociable, affable; ~ность f [8] community; commonness.

объе|да́ть [1], ⟨~сть⟩ [-е́м, -е́шь, etc. s. есть[1]] eat or gnaw round, away; -ся overeat o.s.

объедин|е́ние n [12] association, union; unification; ~я́ть [28], ⟨~и́ть⟩ [14] unite (cf. a. ООН), join (-ся v/i.); rally.

объе́дки F m/pl. [1] leavings.

объе́|зд m [1] detour, by-pass; vb. + в ~зд = ~зжа́ть [1] 1. ⟨~хать⟩ [-е́ду, -е́дешь] go, drive round; travel through or over; visit (all [one's]); 2. ⟨~здить⟩ [15] break in; F s. 1.; ~кт m [1] object; ~кти́вный [14; -вен, -вна] objective.

объём m [1] volume; size; extent, range; ~истый [14 sh.] voluminous.

объе́сть(ся) s. объеда́ть(ся).

объе́хать s. объезжа́ть 1.

объяв|ля́ть s. ~ля́ть; ~ле́ние n [12] announcement, notice; advertisement; declaration; ~ля́ть [28], ⟨~и́ть⟩ [14] declare (s. th. a. o П; s. b. [to be] с/в. В/Т), tell; announce, proclaim; advertise; express.

объясн|е́ние n [12] explanation; declaration (of love в П); ~и́мый [14 sh.] explicable, accountable; ~и́тельный [14] explanatory; ~я́ть [28], ⟨~и́ть⟩ [13] explain, illustrate; account for; -ся explain o.s.; be accounted for; declare o.s.; *impf.* make o.s. understood (by T).

объя́тия *n/pl.* [12] embrace (*vb.*: заключи́ть в ~); (*with open*) arms.

обыва́тель *m* [4], inhabitant; Philistine; **~ский** [16] Philistine...

обы́гр|ывать, ⟨~а́ть⟩ [1] beat; win.

обы́денный [14] everyday, ordinary.

обыкнове́н|ие *n* [12] habit; по ~ию as usual; **~ный** [14; -енен, -е́нна] ordinary, usual, habitual.

о́быск *m* [1], **~ивать** [1], ⟨~а́ть⟩ [3] search.

обы́ч|ай *m* [3] custom; F habit; **~ный** [14; -чен, -чна] customary, usual, habitual.

обя́занн|ость *f* [8] duty; ✕ service; исполня́ющий ~ости (P) acting; **~ый** [14 *sh.*] obliged; indebted, owe; responsible.

обяза́тель|ный [14; -лен, -льна] obligatory, compulsory; **~но** without fail, certainly; **~ство** *n* [9] obligation; liability; engagement.

обя́з|ывать [1], ⟨~а́ть⟩ [3] oblige; bind, commit; **-ся** engage, undertake, pledge o.s.

овдове́вший [17] widowed.

овёс *m* [1; овса́] oats *pl.*

ове́чий [18] sheep('s).

овлад|ева́ть [1], ⟨~е́ть⟩ [8] (T) seize, take possession of; get control over; master.

о́вощ|и *m/pl.* [1; *gen.*: ~ей, *etc. e.*] vegetables, **~но́й** [14]: ~но́й магази́н *m* greengrocery.

овра́г *m* [1] ravine.

овся́нка *f* [5; *g/pl.*: -нок] oatmeal.

ов|ца́ *f* [5; *pl. st.*; *g/pl.*: ове́ц] sheep; **~цево́дство** *n* [9] sheep breeding.

овча́рка *f* [5; *g/pl.*: -рок] sheep dog.

овчи́на *f* [5] sheepskin.

ога́рок *m* [1; -рка] candle end.

огиба́ть [1], ⟨обогну́ть⟩ [20] turn *or* bend (round); ⚓ double.

оглавле́ние *n* [12] table of contents.

огла́|ска *f* [5] publicity; **~ша́ть** [1], ⟨~си́ть⟩ [15 *e.*; -ашу́, -аси́шь -ашённый] announce; divulge; publish (the banns of); fill, resound; -ся ring; **~ше́ние** [12] announcement; publication; banns *pl.*

огло́бля *f* [6; *g/pl.*: -бель] shaft.

оглуш|а́ть [1], ⟨~и́ть⟩ [16 *e.*; -шу́, -ши́шь; -шённый] deafen, stun; **~и́тельный** [14; -лен, -льна] deafening, stunning.

огля́|дка F *f* [5]: без ~дки headlong, hastily; **~дывать** [1], ⟨~де́ть⟩ [11] examine, take a view of; **-ся** 1. look round; 2. *pf.*: ⟨~ну́ться⟩ [20] look back (at на В).

огне|во́й [14] fire...; fiery; **~ды́ша-щий** [17] volcanic; **~мёт** *m* [1] flame thrower; **'~нный** [14] fiery; **~опа́сный** [14; -сен, -сна] inflammable; **~сто́йкий** [16; -о́ек,

-о́йка] *s.* **~упо́рный**; **~стре́льный** [14] fire(*arm*); **~туши́тель** *m* [4] fire extinguisher; **~упо́рный** [14; -рен, -рна] fireproof; fire (*clay, etc.*).

огни́во *n* [9] (fire) steel, stone.

огов|а́ривать [1], ⟨~ори́ть⟩ [13] slander; stipulate; *a.* = -ся make a reservation; *s. a.* обмо́лвиться; **~о́р** *m* [1] slander; **~о́рка** *f* [5; *g/pl.*: -рок] reservation, reserve, proviso; *a.* = обмо́лвка, *etc.*

оголя́ть [28], ⟨~и́ть⟩ [13] bare.

огонёк *m* [1; -нька́] light; spark.

ого́нь *m* [1] fire (*a. fig.*); light; из огня́ да в по́лымя out of the frying pan into the fire; сквозь ~ и во́ду through thick & thin.

огор|а́живать [1], ⟨~оди́ть⟩ [15 & 15 *e.*; -ожу́, -о́дишь; -о́женный] enclose, fence (in); **~о́д** *m* [1] kitchen garden; **~о́дник** *m* [1] trucker, market *or* kitchen gardener; **~о́дничество** *n* [9] trucking, market gardening.

огорч|а́ть [1], ⟨~и́ть⟩ [16 *e.*; -чу́, -чи́шь; -чённый] grieve (*-ся v/i.*), (be) afflict(ed), vex(ed), distress(ed with T); **~е́ние** *n* [9] grief, affliction, trouble; **~и́тельный** [14; -лен, -льна] grievous, vexatious.

огра|бле́ние *n* [12] robbing, robbery; **~да** *f* [5] fence; wall; **~жда́ть** [1], ⟨~ди́ть⟩ [15 *e.*; -ажу́, -ади́шь; -аждённый] enclose; guard, protect; **~жде́ние** *n* [12] enclosure; protection.

ограни́ч|ение *n* [12] limitation; restriction; **~енный** [14 *sh.*] confined; limited; narrow(-minded); **~ивать** [1], ⟨~ить⟩ [16] confine, limit, restrict (o.s. -ся; to T); content o.s. with; (not go beyond); **~и́тельный** [14; -лен, -льна] restrictive.

огро́мный [14; -мен, -мна] huge, vast; enormous, tremendous.

огрубе́лый [14] coarse, hardened.

огрыз|а́ться F [1], *once* ⟨~ну́ться⟩ [20] snap; **~ок** *m* [1; -зка] bit, end; stump, stub.

огу́льный [14; -лен, -льна] wholesale, indiscriminate; unfounded; *adv. a.* in the lump.

огуре́ц *m* [1; -рца́] cucumber.

ода́лживать [1], ⟨одолжи́ть⟩ [16 *e.*; -жу́, -жи́шь] lend (a. p. s. th. Д/В); borrow; oblige (a p. by В/Т).

одар|ённый [14 *sh.*] gifted; **~ивать** [1], ⟨~и́ть⟩ [13] present, gift; (with T); *fig.* (*impf.* **~я́ть** [28]) endow (with T).

оде|ва́ть [1], ⟨~ть⟩ [-е́ну, -е́нешь; -е́тый] dress (*-ся v/i.*); **~жда** *f* [5] clothes *pl.*, clothing.

одеколо́н *m* [1] cologne.

одел|я́ть [28], ⟨~и́ть⟩ [13] *s.* ода́ри-[вать.]

одеревене́лый [14] numb.

оде́рж|ивать [1], ⟨~а́ть⟩ [4] gain,

win; ~и́мый [14 sh.] (T) obsessed (by), afflicted (with).
оде́ть(ся) s. одева́ть(ся).
оде́я|ло n [9] blanket, cover(let).
оди́н m, одна́ f, одно́ n, одни́ pl. [33] one; alone; only; a, a certain, some; одно́ su. one thing, thought, etc.; ~ на ~ face to face; tête-à--tête; hand to hand; все до одного́ (or все как ~) all to a (or the last) man; cf. пять & пятый.
один|а́ковый [14 sh.] equal, identical, the same; ~е́шенек [-нька] F quite alone; ~на́дцатый [14] eleventh; cf. пя́тый; ~на́дцать [35] eleven; cf. пять; ~о́кий [16 sh.] lonely; single; lonesome; ~о́чество n [9] solitude, loneliness; ~о́чка m/f [5; g/pl.: -чек] lone person; individualist; one-man boat (or F cell); ~о́чкой, в ~о́чку alone; ~о́чный [14] single, solitary; individual; one-man...
одича́|лый [14] (run) wild.
одна́жды once, one day.
одна́ко, (а. ~ ж[е]) however, yet, still.
одно́... : ~бо́ртный [14] single--breasted; ~вре́менный [14] simultaneous; ~гла́зый [14] one--eyed; ~дне́вный [14] one-day; ~зву́чный [14; -чен, -чна] monotonous; ~зна́чный [14; -чен, -чна] synonymous (а. ~зна́чащий [17]); ~и́менный [14; -нен, -нна] of the same name; ~кла́ссник m [1] classmate; ~коле́йный [14] single-track; ~кра́тный [14; -тен, -тна] occuring once, single; gr. momentary; ~ле́тний [14] one-year(-old); & annual; ~ле́ток m [1; -тка] coeval; ~ме́стный [14] single-seated; ~обра́зный [14; -зен, -зна] monotonous; ~ро́дный [14; -ден, -дна] homogeneous; ~ру́кий [16] one-armed; ~сло́жный [14; -жен, -жна] monosyllabic; ~сторо́нний [15; -онен, -ония] one-sided (а. fig.); unilateral; ~фами́лец m [1; -льца] namesake; ~цве́тный [14; -тен, -тна] monochromatic; plain; ~эта́жный [14] one-storied (Brt. -reyed).
одобр|е́ние n [12] approval, approbation; ~и́тельный [14; -лен, -льна] approving; ~и́ть [28], ⟨~и́ть⟩ [13] approve (of).
одол|ева́ть [1], ⟨~е́ть⟩ [8] overcome, defeat; F exhaust; master.
одолж|е́ние n [12] favo(u)r; ~и́ть s. ~а́живать.
одр † m [1 e.] bed, couch; bier.
одува́нчик m [1] dandelion.
оду́м|ываться, ⟨~аться⟩ [1] change one's mind.
одур|ма́нивать, ⟨~ма́нить⟩ [13] stupefy; ~ь F [8] stupor; ~я́ть F [28] stupefy.
одутлова́тый [14 sh.] puffed up.

одухотвор|я́ть [28], ⟨~и́ть⟩ [13] inspire.
одушев|лённый [14] gr. animate; ~ля́ть [28], ⟨~и́ть⟩ [14 e.; -влю́, -ви́шь; -влённый] animate, inspire.
оды́шка f [5] short wind.
ожере́лье n [10] necklace.
ожесточ|а́ть [1], ⟨~и́ть⟩ [16 e.; -чу́, -чи́шь; чённый] exasperate; harden; exasperate; ~е́ние n [12] exasperation; bitterness; ~ённый [14 sh.] а. violent, fierce, bitter.
ожи|ва́ть [1], ⟨~ть⟩ [-иву́, -ивёшь; о́жил, -а́, -о] revive; ~ви́ть(ся) s. ~вля́ть(ся); ~вле́ние n [12] animation; ~влённый [14] animated, lively; bright; ~вля́ть [28], ⟨~ви́ть⟩ [14 e.; -влю́, -ви́шь, -влённый] enliven, animate, resuscitate; -ся quicken, revive; brighten.
ожида́|ние n [12] expectation; зал ~ния waiting room; ~ть [1] wait (for P); expect, await.
ожи́ть s. оживать.
ожо́г m [1] burn; scald.
озабо́|чивать [1], ⟨~тить⟩ [15] disquiet, alarm; -ся attend to (T); ~ченный [14 sh.] anxious, solicitous (about T); preoccupied.
озагла́в|ливать [1], ⟨~ить⟩ [14] entitle, supply with a title.
озада́ч|ивать [1], ⟨~ить⟩ [16] puzzle, perplex.
озар|я́ть [28], ⟨~и́ть⟩ [13] (-ся be[come]) illuminate(d), light (lit) up; brighten, lighten.
озвере́ть [8] pf. become brutal.
оздоров|ля́ть [1], ⟨~и́ть⟩ [14] reorganize, reform, improve (the health of).
о́зеро n [9; pl.: озёра, -ёр] lake.
ози́мый [14] winter (crops).
озира́ться [1] look (round or back).
озлоб|ля́ть [1], ⟨~и́ть⟩ [14] (-ся become) exasperate(d), embitter(ed); ~ле́ние n [12] exasperation.
ознак|омля́ть [28], ⟨~о́мить⟩ [14] familiarize (о.в. -ся, с T with).
ознамен|ова́ние n [12] commemoration (in в B); ~о́вывать [1], ⟨~ова́ть⟩ [7] mark, commemorate, celebrate.
означа́ть [1] signify, mean.
озно́б m [1] chill.
озор|ни́к m [1 e.], ~ни́ца f [5] F s. шалу́н(ья); P ruffian; ~нича́ть [1] F behave outrageously; ~но́й F [14] mischievous, naughty; ~ство́ F n [9] mischief; outrage, excess.
ой oh! o dear!; ~ какой F awful.
ока́з|ывать [1], ⟨~а́ть⟩ [3] show; render, do; exert (influence); give (preference); -ся (T) turn out (to be), be found; find o.s.; be (shown, rendered, given).
окайм|ля́ть [1], ⟨~и́ть⟩ [14 e.; -млю́, -ми́шь, -млённый] border.
окамене́лый [14] petrified.

ока́нчивать [1], ⟨око́нчить⟩ [16] finish, end (-ся v/i.).

ока́пывать [1], ⟨окопа́ть⟩ [1] dig round; entrench (o.s. -ся).

окая́нный [14] damned, cursed.

океа́н m [1], ⟨ский [16] ocean.

оки́|дывать [1], ⟨ҳнуть⟩ [20] (взгля́дом) take a view of, look at.

окис|ля́ть [28], ⟨ҳли́ть⟩[13] oxidize; 'ҳь f [8] oxide.

оккуп|аци́онный [14] occupation-...; ҳи́ровать [7] (im)pf. occupy.

окла́д m [1] salary; tax rate.

окла́дистый [14 sh.] full (beard).

окле́и|вать [1], ⟨ҳть⟩ [13] paste; paper.

о́клик m [1], ҳать [1], ⟨ҳнуть⟩ [20] call, hail.

окно́ n [9; pl. st.: о́кна, о́кон, о́кнам] window (look through в B).

о́ко ✧ [9; pl.: о́чи, оче́й, etc. e.] eye.

оков|а́ть s. ҳывать; ҳы f/pl. [5] fetters; ҳыва́ть [1], ⟨ҳа́ть⟩ [7 e.; окую́, окуёшь; око́ванный] bind; fetter.

околдова́ть [7] pf. bewitch.

окол|ева́ть [1], ⟨ҳе́ть⟩ [8] die.

околи́ца f [5] s. окра́ина & обиня́к.

о́кол|о (P) about, around; by, at, near(ly); nearby; ҳыш m [1] cap-band; ҳьный [14] roundabout.

око́нный [14] window...

око́нч|а́ние n [12] end(ing gr.), close, termination, completion ([up]on по П), conclusion; ҳа́тельный [14; -лен, -льна] final, definitive; ҳить s. ока́нчивать.

око́п m [1] trench; ҳа́ть(ся) s. ока́пывать(ся).

о́корок m [1; pl.: -ка́, etc. e.] ham.

око|стене́лый [14] ossified; hard-ened; a. = ҳчене́лый [14] numb (with cold).

око́ш|ечко n [9; g/pl.: -чек], ҳко n [9; g/pl.: -шек] dim. of окно́.

окра́ина f [5] outskirts pl.

окра́|ска f [5] painting; dyeing; tinge; ҳшивать [1], ⟨ҳсить⟩ [15] paint; dye; tinge.

окре́сти|ость (often pl.) f [8] environs pl., neighbo(u)rhood; ҳый [14] surrounding; in the vicinity.

окрова́вленный [14] bloodstained.

о́круг m [1; pl.: -rá, etc. e.] district; избира́тельный ҳ constituency.

округл|я́ть [28], ⟨ҳи́ть⟩ [13] round (off); ҳый [14 sh.] roundish.

окруж|а́ть [28], ⟨ҳи́ть⟩ [16 e.; -жу́, -жи́шь; -жённый] surround; ҳа́ющий [17] surrounding; ҳе́ние n [12] environment; environs pl., neighbo(u)rhood; encirclement; circle, company; ҳи́ть s. ҳа́ть; ҳно́й [14] district; ҳ circular; ҳ-ность f [8] circumference; circle; † vicinity.

окрыл|я́ть [28], ⟨ҳи́ть⟩ [13] fig. wing, encourage. (tober.)

октя́брь m [4 e.], ҳский [16] Oc-

окули́ровать [7] (im)pf. graft.

оку́н|а́ть [1], ⟨ҳу́ть⟩ [20] dip, plunge (v/i. -ся; dive, a. fig.).

о́кунь m [4; from g/pl. e.] perch.

окуп|а́ть [1], ⟨ҳи́ть⟩[14] (-ся be) off-set, recompense(d), compensate(d).

оку́рок m [1; -рка] cigarette end, cigar stub.

оку́т|ывать [1], ⟨ҳать⟩ [1] wrap (up).

ола́дья f [6; g/pl.: -дий] fritter.

оледене́лый [14] frozen, iced.

оле́нь m [4] deer; се́верный ҳ reindeer.

оли́в|а f [5], ҳка f [5; g/pl.: -вок], ҳковый [14] olive.

олимп|иа́да f [5] Olympiad; ҳи́й-ский [16] Olympic.

олицетвор|е́ние n [12] personifica-tion, embodiment; ҳя́ть [28], ⟨ҳи́ть⟩ personify, embody.

о́лов|о n [8], ҳя́нный [14] tin.

о́лух m [1] blockhead, dolt.

ольх|а́ f [5], ҳо́вый [14] alder.

ома́р m [1] lobster.

оме́ла f [5] mistletoe.

омерз|е́ние n [12] abhorrence, loathing; ҳи́тельный [14; -лен, -льна] abominable, detestable, loathsome; F lousy.

омертве́лый [14] numb; dead.

омле́т m [1] omelet(te).

омоложе́ние n [12] rejuvenation.

омо́ним m [1] ling. homonym.

омрач|а́ть [1], ⟨ҳи́ть⟩ [16 e.; -чу́, -чи́шь; -чённый] darken, sadden (v/i. -ся).

о́мут m [1] whirlpool, vortex; deep.

омы|ва́ть [1], ⟨ҳть⟩ [22] wash.

он m, ҳа́ f, ҳо́ n, ҳи́ pl. [22] he, she, it, they.

онеме́лый [14] numb; F dumb.

оне́жск|ий [16]: ᴽое о́зеро n Lake Onega.

ону́ча f [5] s. портя́нка.

ООН (Организа́ция Объединён-ных На́ций) U.N.O. (United Nations Organization).

опа|да́ть [1], ⟨ҳсть⟩ [25; pt. st.] fall (off); diminish, decrease.

опа́|здывать [1], ⟨опозда́ть⟩ [1] late (for на B, к Д), arrive (5 min.) late (на пять мину́т); miss (train на B); ҳла f [5] disgrace, ban; ҳльный [14] disgraced.

опал|я́ть [28], ⟨ҳи́ть⟩ [13] singe.

опас|а́ться [1] (P) fear, apprehend; beware (of); ҳе́ние n [12] fear, apprehension, anxiety; ҳли́вый [14 sh.] wary; anxious; ҳность f [8] danger, peril, jeopardy; risk (at/of с T/для P); ҳный [14; -сен, -сна] dangerous (to для P); ҳть s. опада́ть.

опе́к|а f [5] guardianship, (a. fig.) tutelage; trusteeship; ҳа́ть [1] be guardian (trustee) to; patronize; ҳа́емый [14] ward; ҳу́н m [1 e.], ҳу́нша f [5] guardian; trustee.

опер|ати́вный [14] operative; sur-gical; executive; ✕ front..., war...;

~áтор m [1] operator (a. ♯ = surgeon); **~ациóнный** [14] operating.

опере|жáть [1], ⟨~дить⟩ [15] outstrip (a. fig. = outdo, surpass); **~éние** n [12] plumage; ~ться s. опирáться.

операрóвать [7] (im)pf. operate.

óперный [14] opera(tic).

опер|я́ться [28], ⟨~и́ться⟩ [13] fledge.

опечáт|ка f [5; g/pl.: -ток] misprint, erratum; **~ывать**, ⟨~ать⟩ [1] seal (up).

опи́лки f/pl. [5; gen.: -лок] sawdust.

опирáться [1], ⟨опере́ться⟩ [12; обопрусь, -рёшься; опёрся, опёрлась] lean (against, on на B), a. fig. = rest, rely (up]on).

опис|áние n [12] description; **~áтельный** [14] descriptive; **~áть** s. ~ывать; **~ка** f [5; g/pl.: -сок] slip of the pen; **~ывать** [1], ⟨~áть⟩ [3] describe (a. ⅍); make (an inventory [of]); distrain (upon); -ся make a slip of the pen; **'~сь** f [8] list, inventory; distraint.

оплáк|ивать [1], ⟨~ать⟩ [3] bewail, deplore, mourn (over).

оплá|та f [5] pay(ment); settlement; **~чивать** [1], ⟨~ти́ть⟩ [15] pay (for); remunerate; settle.

оплеýха F f [5] box on the ear.

оплодотвор|éние n [12] fertilization; **~я́ть** [28], ⟨~и́ть⟩ [13] fertilize, fecundate.

оплóт m [1] bulwark, stronghold.

оплóшность f [8] blunder.

опове|щáть [1], ⟨~сти́ть⟩ [15 e.; -ещý, -ести́шь; -ещённый] notify, inform, ♦ a. advise (of о П).

опозд|áние n [12] delay; nh + о ~ием — ~ть s. опáздывать.

опозн|авáтельный [14] distinctive; **~авáть** [5], ⟨~áть⟩ [1] identify.

бóползень m [4; -зня] landslide.

ополч|áться [1], ⟨~и́ться⟩ [16 e.; -чýсь, -чи́шься; -чённый] rise in arms; **~éние** n [12] militia; Territorial Army; **~éнец** m [1; -нца] militiaman.

опóмниться [13] pf. come to or recover one's senses, come round.

опóр m [1]: во весь ~ at full speed, at a gallop; **~a** f [5] support, prop, rest; **~ный** [14] strong, of support.

опорóж|нить [13] pf. empty; **~чивать** [1], ⟨~чить⟩ [16] defile.

опóшл|ять [28], ⟨~ить⟩ [13] vulgarize.

опоя́с|ывать [1], ⟨~ать⟩ [3] gird.

оппозициóнный [14] opposition...

оппони́ровать [7] (Д) oppose.

оправа f [5] setting; rim, frame.

оправд|áние n [12] justification, excuse; ⅍ acquittal; **~áтельный** [14] justificatory; of 'not guilty'; **~áтельный докумéнт** m voucher; **~ывать** [1], ⟨~áть⟩ [1] justify, excuse; acquit; -ся a. prove (or come) true.

оправ|ля́ть [28], ⟨~ить⟩ [14] put in order; set; -ся recover (a. o.s.); put one's dress, hair in order.

опрáшивать [1], ⟨опроси́ть⟩ [15] interrogate, question.

определ|éние n [12] determination; definition; designation (to, for на B); ⅍ decision; gr. attribute; **~ённый** [14; -ёнен, -ённа] definite; fixed; certain, positive; **~я́ть** [28], ⟨~и́ть⟩ [13] determine; define; designate (to, for на B, к Д); appoint, fix; -ся take shape; enter, enlist (in[to] на B).

опроверг|áть [1], ⟨~ергнуть⟩ [21] refute; deny; **~ержéние** n [12] refutation; denial.

опроки́|дывать [1], ⟨~нуть⟩ [20; overturn, upset, capsize (-ся v/i.)] overthrow, throw (down, over).

опро|мéтчивый [14 sh.] rash, precipitate; **'~мéтью** headlong, at top speed.

опрóс m [1] interrogation, inquiry; **~и́ть** s. опрáшивать; **~ный** [14]: **~ный лист** m questionnaire.

опры́ск|ивать [1], ⟨~ать⟩ [1] sprinkle.

опря́тный [14; -тен, -тна] tidy.

óптик m [1] optician; **~a** f [5] optics.

оптó|вый [14] wholesale; **~м** wholesale.

опубликóв|áние n [12] publication; **~ывать** [1] s. публиковáть.

опус|кáть [1], ⟨~ти́ть⟩ [15] lower; cast down; hang; drop; draw (down); **~ти́ть рýки** lose heart; -ся sink; fall; go down; fig. come down (in the world); p. pt. a. down & out.

опуст|éлый [14] deserted; **~и́ть** (-ся) s. опускáть(ся), **~ошáть** [1], ⟨~оши́ть⟩ [16 e.; -шý, -ши́шь; -шённый] devastate; **~ошéние** n [12] devastation; **~оши́тельный** [14; -лсн, -льна] devastating.

опýх|áть [1], ⟨~нуть⟩ [21] swell; **'~оль** f [8] swelling, tumo(u)r.

опу́|шка f [5; g/pl.: -шек] edge, border; **~щéние** n [12] omission.

опыл|я́ть [28], ⟨~и́ть⟩ [13] pollinate.

óпыт m [1] experiment; attempt; essay; [sg., pl. †] experience; **~ный** [14] experiment(al); empirical; [-тен, -тна] experienced.

опьянéние n [12] intoxication.

опя́ть again (a., F, ~-таки; and ~, too).

орáва P f [5] gang, horde, mob.

орáкул m [1] oracle.

орáнже|вый [14] orange...; **~рéя** f [6] greenhouse.

орáть F [орý, орёшь] yell, bawl.

орби́та f [5] orbit.

óрган[1] m [1] organ.

óрган² ♪ m [1] organ.

организ|áтор m [1] organizer; **~м** m [1] organism; constitution; **~овáть** [7] (im)pf. (impf. a. **~óвывать** [1]) organize (v/i. -ся).

органи́ческий [16] organic.

о́ргия f [7] orgy.

орда́ f [5; pl. st.] horde.

о́рден m [1; pl.: -на́, etc. е.] order, decoration.

о́рдер m [1; pl.: -pá, etc. е.] warrant.

ордина́р|ец ✠ m [1; -рца] orderly.

орёл m [1; орла́] eagle; ~ и́ли ре́шка? heads or tails?

орео́л m [1] halo, aureole.

оре́х m [1] nut; лесно́й ~ hazel (-nut); ~овый [14] (wal)nut...

оригина́льный [14; -лен, -льна] original.

ориенти́р|оваться [7] (im)pf. orient o. s. (to на В), take one's bearings; familiarize o. s.; ~о́вка f [5; g/pl.: -вок] orientation, bearings pl.; ~о́вочный [14; -чен, -чна] approximate, tentative.

орке́стр m [1] orchestra; band.

орли́ный [14] aquiline.

оро|ша́ть [1], ⟨~си́ть⟩ [15 е.; -ошу́, -оси́шь; -ошённый] irrigate; ~ше́ние n [12] irrigation.

ору́д|ие n [12] tool, instrument, implement; ✠ gun; ~и́йный [14] gun...; ~овать F [7] (T) handle, operate.

оруж|е́йный [14] arms...; ~не n [12] weapon(s), arm(s); (cold) steel.

орфогра́ф|ия f [7] spelling; ~и́ческий [16] orthographic(al).

орхиде́я f [6] orchid.

оса́ f [5; pl. st.] wasp.

оса́|да f [5] siege; ~ди́ть s. ~жда́ть & ~живать; ~дный [14] of siege or martial law; ~док m [1; -дка] sediment; fig. aftertaste; ~дки pl. precipitations; ~жда́ть [1], ⟨~ди́ть⟩ [15 & 15 е.; -ажу́, -а́дишь; -аждённый] besiege; F precipitate; F importune; ~живать [1], ⟨~ди́ть⟩ [15] check, snub.

оса́н|истый [14 sh.] dignified, stately; ~ка f [5] bearing.

осв|а́ивать [1], ⟨~о́ить⟩ [13] master; open up; ⚓ acclimate (Brt. -tize); ~ accustom o. s. (to в П); familiarize o. s. (with с Т).

осведом|ля́ть [28], ⟨'~ить⟩ [14] inform (of o П); ~ся inquire (after, for; about o П); ~лённый [14] informed; versed.

освеж|а́ть [1], ⟨~и́ть⟩ [16 е.; -жу́, -жи́шь; -жённый] refresh; freshen or touch up; brush up; ~и́тельный [14; -лен, -льна] refreshing.

осве|ща́ть [1], ⟨~ти́ть⟩ [15 е.; -ещу́, -ети́шь; -ещённый] light (up), illuminate; fig. elucidate, illustrate.

освиде́тельствова|ние n [12] examination; ~ть [7] pf. examine.

освист|ывать [1], ⟨~а́ть⟩ [3] hiss.

освобо|ди́тель m [4] liberator; ~ди́тельный [14] emancipatory; ~жда́ть [1], ⟨~ди́ть⟩ [15 е.; -ожу́, -оди́шь; -ождённый] (set) free, release; liberate, deliver; emancipate; exempt, excuse; clear; vacate, quit; ~жде́ние n [12] liberation; release; emancipation; exemption.

осво|е́ние n [12] mastering; opening up; ~ить(ся) s. осва́ивать(ся).

освя|ща́ть [1], ⟨~ти́ть⟩ [15 е.; -ящу́, -яти́шь; -ящённый] consecrate.

осе|да́ть [1], ⟨~сть⟩ [25; оса́дет; осе́л; cf. сесть] subside, settle; ~длый [14] settled.

осёл m [1; осла́] donkey, (a. fig.) ass.

осен|и́ть s. осеня́ть.

осе́н|ний [15] autumnal, fall...; ~ь f [8] fall, Brt. autumn (in [the] Т).

осен|я́ть [28], ⟨~и́ть⟩ [13] shade; invest; bless, make (cross); flash on.

осе́сть s. оседа́ть.

осётр m [1 е.] sturgeon.

осе́чка f [5; g/pl.: -чек] misfire.

оси́ли|вать [1], ⟨~ть⟩ [13] s. одолева́ть.

оси́н|а f [5] asp; ~овый [14]

оси́пнуть [21] pf. grow hoarse.

осиротёлый [14] orphan(ed).

оска́ли|вать [1], ⟨~ть⟩ [13] show.

оскверн|я́ть [28], ⟨~и́ть⟩ [13] profane, desecrate, defile.

оско́лок m [1; -лка] splinter.

оскорб|и́тельный [14; -лен, -льна] offensive, insulting; ~ле́ние n [12] insult, offence; ~ля́ть [28], ⟨~и́ть⟩ [14 е.; -блю́, -би́шь; -блённый] (-ся feel) offend(ed), insult.

оскуд|ева́ть [1], ⟨~е́ть⟩ [8] become poor or scanty.

ослаб|ева́ть [1], ⟨~е́ть⟩ [8] grow weak or feeble, languish; slacken; abate; ~ить s. ~ля́ть; ~ле́ние n [12] weakening; relaxation; ~ля́ть [28], ⟨~ить⟩ [14] weaken, enfeeble; relax, slacken, loosen.

ослеп|и́тельный [14; -лен, -льна] dazzling; ~ля́ть [28], ⟨~и́ть⟩ [14 е.; -плю́, -пи́шь; -плённый] blind; dazzle.

осложн|е́ние n [12 complication; ~я́ть [28], ⟨~и́ть⟩ [13] (-ся be[come]) complicate(d).

ослуш|иваться, ⟨~аться⟩ [1] disobey; ~ник m [1] disobedient p.

ослы́шаться [4] pf. hear amiss.

осм|а́тривать [1], ⟨~отре́ть⟩ [9; -отрю́, -о́тришь; -о́тренный] view, examine; inspect; see (sights); ~ look round; take a view of (в П).

осме́|ивать [1], ⟨~ять⟩ [27 е.; -ею́, -еёшь; -е́янный] laugh at, ridicule, deride.

осме́ли|ваться [1], ⟨~ться⟩ [13] dare, venture; beg to.

осмея́|ние n [12] ridicule, derision; ~ть s. осме́ивать.

осмо́тр m [1] examination, inspection; (sight)seeing; visit (to P); ~е́ть(ся) s. осма́тривать(ся); ~и́тельность f [8] circumspection, prudence; ~и́тельный [14; -лен, -льна] circumspect, prudent.

осмысл|енный [14 sh.] sensible; intelligent; ~ивать [1] & ~ить [28], ⟨~ить⟩ [13] comprehend, conceive; grasp, make sense of.

осна|стка f [5] rigging (out, up); ~щать [1], ⟨~стить⟩ [15 e.; -ащу, -астишь; -ащённый] rig (out, up); ~щение n [12] equipment.

основ|а f [5] basis, foundation; fundamental, essential, principle; gr. stem; text. warp; ~ание n [12] foundation, basis; Δ, △, ⌂ base; fundamental; ground(s), reason; argument; ~атель m [4] founder; ~ательный [14; -лен, -льна] valid; sound, solid; thorough; ~ать s. ~ывать [5] person; personage. ~ной [14] fundamental, basic, principal, primary; ✝ original (stock); ~оположник m [1] founder; ~ывать [1], ⟨~ать⟩ [7] found; establish; -ся be based, rest; settle.

особа f [5] person; personage.

особенн|ость f [8] peculiarity; ~ый [14] (e)special, particular, peculiar.

особн|як m [1 e.] villa, private residence; ~ом apart; aloof; separate (-ly).

особ|ый [14] s. ~енный; separate.

осозн|авать [5], ⟨~ать⟩ [1] realize.

осока f [5] sedge.

осп|а f [5] smallpox; ~опрививание n [12] vaccination.

осп|аривать [1], ⟨~орить⟩ [13] contest, dispute; contend (for).

оставаться [5], ⟨остаться⟩ [-анусь, -анешься] (Т) remain, stay; be left; keep; stick (to); be(come); have to; go, get off; ~ (за Т) get, win; reserve, take; owe; ~ без (P) lose, have no (left); ~ с носом F get nothing.

остав|лять [28], ⟨~ить⟩ [14] leave; give up; drop, stop; let (alone); keep; ~лять за собой reserve to o.s.

остальн|ой [14; остальные] pl. a. the others; n & pl. a. su. the rest (в ~м as for the rest).

остан|авливать [1], ⟨~овить⟩ [14] stop, bring to a stop; fix; -ся stop; put up (at в П); dwell (on на П); ~ки m/pl. [1] remains; ~овить(ся) s. ~авливать(ся); ~овка f [5; g/pl.: -вок] stop(page); break; ~овка за ... (Т) (only) ... is wanting.

оста|ток m [1; -тка] remainder (a. △), rest; remnant (a. pl. remains; ~ться s. ~ваться.

остекл|ять [28], ⟨~ить⟩ [13] glaze.

остервенелый [14] furious.

остер|егаться [1], ⟨~ечься⟩ [26 г/ж: -егусь, -ежёшься, -егутся] (P) beware of, be careful of.

остов m [1] skeleton, framework.

остолбенелый Γ [14] stunned.

остолоп m F contr. m [1] dolt, dunce.

осторож|ность f [8] caution, heed; ~ый [14; -жен, -жна] cautious, careful, wary; prudent; ~о! look out!; with care!

остри|гать [1], ⟨~чь⟩ [26 г/ж: -игу, -ижёшь, -игут] (-ся have one's hair) cut; shear; crop; pare; ~ё n [12; g/pl.: -иёв] point; edge; ~ть [13], ⟨за-⟩ sharpen; ⟨с-⟩ joke, be witty; ~чь(ся) s. ~гать(ся).

остров m [1; pl.: -ва, etc. e.] island; isle; ~итянин m [1; pl.: -яне, -ян] islander; ~ок m [1; -вка] islet.

острог m [1] prison; hist. burg.

остро|глазый F [14 sh.] sharp-sighted; ~конечный [14; -чен, -чна] pointed; ~та́ f [5; pl. st.: -о́ты] sharpness, keenness, acuteness; witticism; joke; ~умие n [12] wit; sagacity; ~умный [14; -мен, -мна] witty; ingenious.

остр|ый [14; остр (F a. остёр), -á, -о] sharp, pointed; keen; acute; critical; ~як m [1 e.] wit(ty fellow).

оступ|аться [1], ⟨~иться⟩ [14] stumble.

остывать [1] s. стынуть.

осу|ждать [1], ⟨~дить⟩ [15; -уждённый] condemn; doom (to на В); ~ждение n [12] condemnation; conviction.

осунуться [20] pf. grow lean.

осуш|ать [1], ⟨~ить⟩ [16] drain; dry (up); empty.

осуществ|имый [14 sh.] practicable; ~лять [28], ⟨~ить⟩ [14 e.; -влю, -вишь; -влённый] realize; be carried out; come true; ~ление n [12] realization.

осчастли́вить [14] pf. make happy.

осып|ать [1], ⟨~ать⟩ [2] strew (over); stud; fig. heap; -ся crumble; fall.

ось f [8; from g/pl. e.] axis; axle.

осяз|аемый [14 sh.] tangible; ~ание n [12] sense of touch; ~ательный [14] of touch; [-лен, -льна] palpable; ~ть [1] touch, feel.

от, ото (P) from; of; off; against; for, with; in; on behalf

отаплива|ть [1], ⟨отопить⟩ [14] heat.

отбав|лять [28], ⟨~ить⟩ [14] take away or off; diminish.

отбе|гать [1], ⟨~жать⟩ [4]; -бегу, -бежишь, -бегут] run off.

отбива|ть [1], ⟨~ть⟩ [отобью, -бьёшь; cf. бить] beat, strike (or kick) off; ✗ repel; deliver; snatch away (from у Р); break off; -ся ward off (от Р); get lost, drop behind; break off; F get rid.

отбить(ся) s. отбивать(ся).

отблеск m [1] reflection; vestige.

отбой m [3] ✗ retreat; all clear (signal); teleph. ring off.

отбор m [1] selection, choice; ~ный [14] select, choice, picked.

отбр|асывать [1], ⟨~осить⟩ [15] throw off or away; ✗ throw back; reject; ~осы m/pl. [1] refuse, waste.

отбыва|ть [1], ⟨~ть⟩ [-буду, -будешь; о́тбыл, -á, -о] **1.** *v/i.* leave, depart (for в B); **2.** *v/t.* serve; do; **∠тие** *n* [12] departure.

отва́|га *f* [5] bravery, valo(u)r; **∼живаться** [1], ⟨∼житься⟩ [16] venture, dare; **∼жный** [14; -жен, -жна] valiant, brave.

отва́л: до **∼**а *f* one's fill; **∼иваться** [1], ⟨∼и́ться⟩ [13; -áлится] fall off.

отварно́й [14] boiled.

отве́|дывать, ⟨∼дать⟩ [1] (*а.* P) taste; **∼зти́** *s.* отвози́ть.

отверг|а́ть [1], ⟨∼нуть⟩ [21] reject, repudiate.

отвердева́ть [1] *s.* твердéть.

отве́рженный [14] outcast.

отверну́ть(ся) *s.* отвёртывать & отворáчивать(ся).

отвёр|тка *f* [5; *g/pl.:* -ток] screwdriver; **∼тывать** [1], ⟨отвернýть⟩ [20; отвёрнутый], ⟨отвертéть⟩ F [10] turn off.

отве́с *m* [1] plummet; **∼ить** *s.* отвéшивать; **∼ный** [14; -сен, -сна] plumb; sheer; **∼ти́** *s.* отводи́ть.

отве́т *m* [1] answer, reply (в **∼** на B in reply to; responsibility.

ответвл|е́ние *n* [12] branch, offshoot; **∼я́ться** [28] branch off.

отве́|тить *s.* ∼чáть; **∼тственность** *f* [8] responsibility; **∼тственный** [14 *sh.*] responsible (to перед T); **∼тчик** *m* [1] defendant; **∼чáть** [1], ⟨∼тить⟩ [15] (на B) answer, reply (to); (за B) answer, account (for); (Д) answer, suit.

отве́|шивать [1], ⟨∼сить⟩ [15] weigh out; make (*а bow*).

отвин|чивать [1], ⟨∼тить⟩ [15 *e.*; -нчý, -нти́шь; -и́нченный] unscrew, unfasten.

отвис|а́ть [1], ⟨∼нуть⟩ [21] hang down, lop; **∠лый** [14] loppy.

отвле|ка́ть [1], ⟨∼чь⟩ [26] divert, distract; abstract; **∼чённый** [14 *sh.*] abstract.

отво́д *m* [1] allotment; rejection; **∼и́ть** [15], ⟨отвести́⟩ [25] lead, get, take (off); turn off, avert; parry; reject; allot; **∼и́ть ду́шу** F unburden one's heart; **∼ный** [14] drain ...

отво|ёвывать [1], ⟨∼евáть⟩ [6] (re)conquer, win; **∼зи́ть** [15], ⟨отвезти́⟩ [24] take, get, drive (off).

отворáчивать [1], ⟨отвернýть⟩ [20] turn off; **-ся** turn away.

отвори́ть(ся) *s.* отворя́ть(ся).

отворо́т *m* [1] lapel; (*boot*) top.

отвор|я́ть [28], ⟨∼и́ть⟩ [13; -орю́, -óришь; -óренный] open (*v/i.* -ся).

отвра|ти́тельный [14; -лен, -льна] disgusting, abominable; **∼щáть** [1], ⟨∼ти́ть⟩ [15 *e.*; -ащý, -ати́шь; -ащённый] avert; **∼щéние** *n* [12] aversion, disgust (for, at к Д).

отвык|а́ть [1], ⟨∼нуть⟩ [21] (от P) wean (from), leave off, become disaccustomed (to).

отвя́з|ывать [1], ⟨∼áть⟩ [3] (-ся [be]come) untie(d), undo(ne); F get rid of (от P); let a person alone.

отга́д|ывать, ⟨∼áть⟩ [1] guess; **∼ка** *f* [5; *g/pl.:* -док] solution.

отгиба́ть [1], ⟨отогнýть⟩ [20] unbend; turn up (*or* back).

отгов|а́ривать [1], ⟨∼ори́ть⟩ [13] dissuade (from от P); **-ся** pretend (s. th. T); extricate o. s.; **∼о́рка** *f* [5; *g/pl.:* -рок] excuse, pretext.

отголо́сок *m* [1; -ска] *s.* о́тзвук.

отгоня́ть [28], ⟨отогнáть⟩ [отгоню́, -óнишь; отóгнанный; *cf.* гнать] drive (*or* frighten) away; *fig.* banish.

отгор|а́живать [1], ⟨∼оди́ть⟩ [15 & 15 *e.*; -ожý, -óдишь; -óженный] fence in; partition off.

отгру|жáть [1], ⟨∼зи́ть⟩ [15 & 15 *e.*; -ужý, -ýзишь; -ýженный & -ужённый] load, ship.

отгрыз|а́ть [1], ⟨∼ть⟩ [24; *pt. st.*] gnaw (off), pick.

отда|ва́ть [5], ⟨∼ть⟩ [-дáм, -дáшь, *etc., cf.* дать; óтдал, -á, -о] give back, return; give (away); send (to в B); devote; deliver, (*baggage*) check, *Brt.* book; put; pay; marry; make (*bow*); cast (*anchor*); recoil (*gun*); **∼вáть честь** (Д) ✕ salute; F sell; *impf.* smell *or* taste (of T); **-ся** devote o.s.; surrender, give o. s. up; resound; be reflected.

отдáв|ливать [1], ⟨∼и́ть⟩ [14] crush.

отдал|е́ние *n* [12] removal; estrangement; distance; **∼ённый** [14 *sh.*] remote; **∼я́ть** [28], ⟨∼и́ть⟩ [13] move away, remove; put off, postpone; alienate; **-ся** move away (from от P); become estranged.

отда́|ть(ся) *s.* ∼вáть(ся); **∼ча** *f* [5] delivery; recoil; return.

отде́л *m* [1] department; office; section; **∼áть(ся)** *s.* ∼ывать(ся); **∼ение** *n* [12] separation; secretion; department, division; branch (office); ✕ squad; compartment; (police) station; **∼и́мый** [14 *sh.*] separable; **∼и́ть(ся)** *s.* ∼я́ть(ся); **∼ка** *f* [5; *g/pl.:* -лок] finishing; trimming; **∼ывать, ⟨∼áть⟩** [1] finish, put the final touches on; trim; **-ся** get rid of (от P); get off, escape (with T); **∼ьность** *f* [8]: в **∼ьности** individually; **∼ьный** [14] separate; individual, single; **∼я́ть** [28], ⟨∼и́ть⟩ [13]; -елю́, -éлишь] separate (*v/i.* **-ся** from от P; come off); secrete.

отдёр|гивать [1], ⟨∼нуть⟩ [20] draw back; draw open.

отдира́ть [1], ⟨отодрáть⟩ [отдерý, -рёшь; отодрáл, -á, -о; отóдранный] tear (off), *pf.* F thrash; pull.

отдохну́ть *s.* отдыхáть.

отдуши́на *f* [5] vent (*а. fig.*).

о́тдых *m* [1] rest, relaxation; дом **∼**а rest home, sanatorium; **∼áть** [1], ⟨отдохнýть⟩ [20] rest, relax.

отдыша́ться [4] *pf.* recover breath.

отёк m [1] edema.
оте|ка́ть [1], ⟨∠чь⟩ [26] swell; become dropsical.
оте́ц m [1; отца́] father.
оте́че|ский [16] fatherly; paternal; ∼ственный [14] native, home...; patriotic (war); ∼ство n [9] motherland, fatherland, one's (native) country.
оте́чь s. отека́ть.
отжи|ва́ть [1], ⟨∠ть⟩ [-живу́, -вёшь; о́тжил, -а́, -о; о́тжи́тый (о́тжит, -а́, -о)] (have) live(d, had) (one's time or day); become obsolete, die out.
о́тзвук m [1] echo, repercussion; response; reminiscence.
о́тзыв m [1] response; opinion (in по Д pl.), reference; comment, review; recall; password; ∼а́ть [1], ⟨отозва́ть⟩ [отзову́, -вёшь; отозва́л, -а́, -о; ото́званный] take aside; recall; -ся respond, answer; speak (of о П); (re)sound; call forth (s. th. Т); affect (s. th. на П); impf. smack (of Т); ∠чивый [14 sh.] responsive, sympathetic.
отка́з m [1] refusal, denial, rejection (of в П, Р); renunciation (of от Р); ⊕ breakdown; ♩ natural; без ∼а smoothly; до ∼а to the full; полу-чи́ть ... в ∼ refusal, ∼ывать [1], ⟨∼а́ть⟩ [3] refuse, deny (a p. s. th. Д/в П); (от Р) dismiss; ⊕ break; -ся (от Р) refuse, decline, reject; renounce, give up; would(n't) mind.
отка́|лывать [1], ⟨отколо́ть⟩ [17] cut or chop off; unfasten; -ся come off; secede; ∼пывать, ⟨откопа́ть⟩ [1] dig up, unearth; ∼рмливать [1], ⟨откорми́ть⟩ [14] feed, fatten; ∼тывать [1], ⟨∼ти́ть, s. th. на П⟩ [15] roll (aside, away) (-ся v/i.); ∼чивать, ⟨∼ча́ть⟩ [1] pump out; ∼шливаться [1], ⟨∼шля́ться⟩ [28] clear one's throat.
отки|дно́й [14] folding, tip-up; ∠дывать [1], ⟨∠нуть⟩ [20] throw (off; back); turn down; drop, leave; -ся recline.
откла́|дывать [1], ⟨отложи́ть⟩ [16] lay aside; save; put off, defer, postpone; ∼няться [28] pf. take one's leave.
откле́|ивать [1], ⟨∼ить⟩ [13] unstick; -ся come unstuck.
о́тклик m [1] response; comment; suggestion; s. a. о́тзвук; ∼а́ться [1], ⟨∼нуться⟩ [20] (на В) respond (to), answer; comment (on).
отклон|е́ние n [12] deviation, defection; digression; rejection; ∼я́ть [28], ⟨∼и́ть⟩ [13; -оню́, -о́нишь] deflect; decline, reject; divert, dissuade; -ся deviate, deflect; digress.
отк|оло́ть s. ∼а́лывать; ∼опа́ть s. ∼а́пывать; ∼орми́ть s. ∼а́рмливать.
отко́с m [1] slope, slant, (e)scarp.
открове́н|ие n [12] revelation;

∼ный [14; -éнен, -éнна] frank, candid, open(-hearted), outspoken.
откры|ва́ть [1], ⟨∠ть⟩ [22] open; turn on; discover; disclose; reveal; unveil; inaugurate; -ся open; declare or unbosom o. s.; ∠тие n [12] opening; discovery; revelation; inauguration; unveiling; ∠тка f [5; g/pl.: -ток] (с ви́дом picture) post card; ∠тый [14] open; public; ∠ть(ся) s. ∼ва́ть(ся).
отку́да where from?; wherefrom; P why; a., F, = ∼-нибудь, ∼-то (from) somewhere or anywhere.
о́ткуп m [1; pl.: -па́, etc. e.] hist. lease; ∼а́ть [1], ⟨∼и́ть⟩ [14] buy (up); take on lease; -ся ransom o. s.
откупо́ри|вать [1], ⟨∼ть⟩ [13] uncork; open. [off; pinch off.]
отку́с|ывать [1], ⟨∼и́ть⟩ [15] bite)
отлага́тельство n [9] delay.
отлага́ться [1], ⟨отложи́ться⟩ [16] be deposited; secede, fall away.
отла́мывать, ⟨отломи́ть⟩ [1], ⟨отломи́ть⟩ [14] break off (v/i. -ся).
отл|епи́ть(ся) [14] pf., s. откле́ить (-ся); ∼ёт m [1] ✈ start; ∼ета́ть [1], ⟨∼ете́ть⟩ [11] fly away or off; F come off.
отли́|в m [1] ebb (tide); shimmer; ∼ва́ть [1], ⟨∼в⟩ [отолью́, ∼вёшь; о́тли́л, -á, -о; cf. лить] pour off, in, out (some ... Р); ⊕ found, cast; impf. (Т) shimmer, play.
отлич|а́ть [1], ⟨∼и́ть⟩ [16 e.; -чу́, -чи́шь; -чённый] distinguish (from от Р); decorate; -ся a., impf., differ; be noted (for Т); ∼ие n [12] distinction, difference; в ∼ие от (Р) as against; зна́ки ∼ия decorations; ∼и́тельный [14] distinctive; ∼ник m [1], ∼ница f [5] excellent pupil, etc.; ∼ный [14; -чен, -чна] excellent, perfect; different; adv. a. very good, A (mark, cf. пятёрка).
отло́гий [16 sh.] sloping.
отлож|éние n [12] deposit; ∼и́ть (-ся) s. откла́дывать отлага́ться; ∼но́й [14] turndown (collar).
отлом|а́ть, ∼и́ть s. отла́мывать.
отлуч|а́ть [1], ⟨∼и́ть⟩ [16 e.; -чу́, -чи́шь; -чённый] separate; wean; ∼и́ть от це́ркви excommunicate; -ся (из Р) leave, absent o. s. (from); ∼ка f [5] absence.
отма́лчиваться [1] keep silence.
отма́|тывать [1], ⟨отмота́ть⟩ [1] wind or reel off, unwind; ∼хивать [1], ⟨∼хну́ть⟩ [20] drive (or brush) away (aside) (a. -ся от Р; F disregard, dismiss.
о́тмель f [8] shoal, sandbank.
отмéн|а f [5] abolition; cancellation; countermand; ∼ный [14; -éнен, -éнна] s. отли́чный; ∼я́ть [28], ⟨∼и́ть⟩ [13; -еню́, -éнишь] abolish; cancel; countermand.
отмер|éть s. отмира́ть; ∼за́ть [1], ⟨отмёрзнуть⟩ [21] be frostbitten.

отмéр|ивать [1] & ~я́ть [28], ⟨~и́ть⟩ [13] measure (off).

отмéстк|а f [5]: в ~у in revenge.

отмé|тка f [5; g/pl.: -ток] mark, grade; ~ча́ть [1], ⟨~тить⟩ [15] mark, note.

отмира́ть [1], ⟨отмере́ть⟩ [12; отомрёт; о́тмер,- рла́, -о; отмёрший] die away or out; fade; mortify.

отмор|а́живать [1], ⟨~о́зить⟩ [15] frostbite.

отмота́ть s. отма́тывать.

отмы|ва́ть [1], ⟨~ть⟩ [22] wash (off); ~ка́ть [1], ⟨отомкну́ть⟩ [20] unlock, open; ~чка f [5; g/pl.: -чек] picklock.

отнéкиваться F [1] deny, disavow.

отнести́(сь) s. относи́ть(ся).

отнима́ть [1], ⟨отня́ть⟩ [-ниму́, -ни́мешь; о́тнял, -á, -о; о́тнятый (о́тнят, -á, -о)] take away (from y P); take (time, etc.); F amputate; ~ от гру́ди wean; -ся grow numb.

относи́тельн|ый [14; -лен, -льна] relative; ~о (P) concerning, about.

отно|си́ть [15], ⟨отнести́⟩ [24 -с-: -есу́́, -ёс, -есла́] take (to Д; в B); carry (off, away); put; refer to; ascribe; -ся, ⟨отнести́сь⟩ (к Д) treat, be; show; speak (of o П); impf. concern; refer; belong; date from; be relevant; ~шéние n [12] attitude (toward[s] к Д); treatment; relation; ratio; (official) letter; respect (in, with в П, по Д); по ~шéнию (к Д) as regards, to (-ward[s]); имéть ~шéние concern.

отны́не henceforth, henceforward.

отню́дь: ~ не by no means.

отня́|тие n [12] taking (away); amputation; weaning; ~ть(ся) s. отнима́ть(ся).

отобра|жа́ть [1], ⟨~зить⟩ [15 e.; -ажу́, -ази́шь] (-cя be) reflect(ed); ~жéние n [12] reflection.

ото|бра́ть s. отбира́ть, ~всю́ду from everywhere; ~гна́ть s. отгоня́ть; ~гну́ть s. отгиба́ть; ~грева́ть [1], ⟨~грéть⟩ [8; -грéтый] warm (up); ~двига́ть [1], ⟨~дви́нуть⟩ [20 st.] move aside, away (v/i. -ся); F put off.

отодра́ть s. отдира́ть.

отож(д)еств|ля́ть [28], ⟨~и́ть⟩ [14 e.; -влю́, -ви́шь; -влённый] identify.

ото|зва́ть(ся) s. отзыва́ть(ся); ~йти́ s. отходи́ть; ~мкну́ть s. отмыка́ть; ~мсти́ть s. мстить.

отопи́ть [28] s. ота́пливать; ~лéние n [12] heating.

оторва́ть(ся) s. отрыва́ть(ся).

оторопéть F [8] pf. be struck dumb.

отосла́ть s. отсыла́ть.

отпа|да́ть [1], ⟨~сть⟩ [25; pt. st.] (от P) fall off; fall away, secede, desert; be dropped; pass.

отпе|ва́ние n [12] burial service;

~рéть(ся) s. отпира́ть(ся).

отпеча́т|ок m [1; -тка] (im)print; mark; stamp; ~ывать, ⟨~áть⟩ [1] print; type; imprint, impress.

отпи|ва́ть [1], ⟨~ть⟩ [отопью́, -пьёшь; о́тпил, -á, -о; -пéй(те)!] drink (some ... P); ~лива́ть [1], ⟨~ли́ть⟩ [13] saw off.

отпира́т|ельство n [9] disavowel; ~ь [1], ⟨отперéть⟩ [12; отопру́, -прёшь; о́тпер, -рла́, -о; отпéрший] о́тпертый (-ерт, -á, -о)] unlock, unbar, open; -ся open; (от P) disavow.

отпи́ть s. отпива́ть.

отпи́х|ивать F [1], once ⟨~ну́ть⟩ [20] push off, away, aside, back.

отпла́|та f [5] repayment, requital; ~чивать [1], ⟨~ти́ть⟩ [15] (re)pay, require.

отплы|ва́ть [1], ⟨~ть⟩ [23] sail, leave; swim (off); ~тие n [12] sailing off, departure.

отповедь f [8] rebuff, snub.

отпо́р m [1] repulse, rebuff.

отпоро́ть [17] pf. rip off.

отправ|и́тель m [4] sender; ~и́ть (-ся) s. ~ля́ть(ся); ~ка F f [5] dispatch; ~лéние n [12] dispatch; departure; exercise, practice; function; ~ля́ть [28], ⟨~ить⟩ [14] send, dispatch, forward; mail, Brt. post; exercise, perform; -ся go; leave, set off (for в, на B); impf. (от P) start from (fig.); ~но́й [14] starting.

отпра́шиваться [1], ⟨отпроси́ться⟩ [15] ask (and get) leave (to go ...).

отпры́г|ивать [1], once ⟨~нуть⟩ [20] jump back (or aside); rebound.

о́тпрыск m [1] offshoot.

отпря|га́ть [1], ⟨~чь⟩ [26 г/ж: -ягу́, -яжёшь] unharness; ~нуть [20 st.] pf. recoil.

отпу́г|ивать [1], ⟨~ну́ть⟩ [20] scare.

о́тпуск m [1; pl. -ка́, etc. e.] leave, vacation (on: go в B; be в П: а., F, в ~у́); sale; supply; allotment; ~а́ть [1], ⟨отпусти́ть⟩ [15] let go; release, set free; dismiss; sell; provide; allot; slacken; remit; grow; F crack; ~ни́к m [1 e.] vacationist; ~но́й [14] vacation..., holiday...; selling (price).

отпущéн|ие n [12] remission; козёл ~ия scapegoat.

отраб|а́тывать, ⟨~о́тать⟩ [1] work off; finish work; p. pt. a. waste.

отра́в|а f [5] poison; fig. bane; ~лéние n [12] poisoning; ~ля́ть [28], ⟨~и́ть⟩ [14] poison; spoil.

отра́д|а f [5] comfort, joy, pleasure; ~ный [14; -ден, -дна] pleasant, gratifying, comforting.

отра|жа́ть [1], ⟨~зить⟩ [15 e.; -ажу́, -ази́шь; -ажённый] repel, ward off; refute; reflect, mirror (v/i. -ся; на П affect; show).

о́трасль f [8] branch.

отра|ста́ть [1], ⟨~сти́⟩ [24 -ст-:

-сту́; *cf.* расти́) grow; grow again; ‿щива́ть [1], ⟨‿сти́ть⟩ [15 *e.*; -ащу́, -асти́шь; -а́щенный] grow.

отре́бье *n* [10] rubbish; rabble.

отре́з *m* [1] pattern, length (*of material*); ‿а́ть & ‿ыва́ть [1], ⟨‿ать⟩ [3] cut off; F cut short.

отрезв|ля́ть [28], ⟨‿и́ть⟩ [14 *e.*; -влю, -ви́шь, -влённый] sober; *fig.* disillusion.

отре́з|ок *m* [1; -зка] piece; stretch; ✗ segment; ‿ыва́ть *s.* ‿а́ть.

отре|ка́ться [1], ⟨‿чься⟩ [26] (от P) disown, disavow; renounce; ‿чься от престо́ла abdicate.

отре́пье *n* [10] *coll.* rags *pl.*

отре|че́ние *n* [12] (от P) disavowal; renunciation; abdication; ‿чься *s.* ‿ка́ться; ‿ша́ть [1], ⟨‿ши́ть⟩ [14 *e.*; -шу́, -ши́шь; -шённый] dismiss; release; -ся relinquish; ‿ше́ние *n* [12] dismissal, removal; renunciation (of от P).

отрица́|ние *n* [12] negation, denial; ‿тельный [14; -лен, -льна] negative; ‿ть [1] deny.

отро́|г *m* [1] spur; '‿ду F from birth; in one's life; ‿дье F *n* [10] spawn; '‿к † *m* [1] boy; ‿сток *m* [1; -тка] ⚕ shoot; *anat.* appendix; '‿чество *n* [9] boyhood; adolescence.

отруб|а́ть [1], ⟨‿и́ть⟩ [14] cut off.

о́труби *f/pl.* [8; *from g/pl. e.*] bran.

отры́в *m* [1] separation; disengagement (*a.* ✗); alienation; interruption; ‿а́ть [1] 1. ⟨оторва́ть⟩ [-ву́, -вёшь; -ва́л, -а́, -о; ото́рванный] tear (*or* pull, turn) off, away; separate; -ся (от P) come off; turn (tear о.s.) away; lose contact (with); ✗ disengage; не ‿а́ясь without rest; 2. отрыть⟩ [22] dig up, out, away; F disinter; ‿истый [14 *sh.*] abrupt; ‿но́й [14] sheet *or* block (*calendar*); ‿ок *m* [1; -вка] fragment; extract, passage; ‿очный [14; -чен, -чна] fragmentary; scrappy.

отры́жка *f* [5; *g/pl.*: -жек] belch (-ing); F survival.

отры́ть *s.* отрыва́ть.

отря́|д *m* [1] detachment; squadron; troop; ♀, *zo.* class; ‿жа́ть [1], ⟨‿ди́ть⟩ [15 *e.*; -яжу́, -яди́шь; -яжённый] detach; ‿хива́ть [1], *once* ⟨‿хну́ть⟩ [20] shake off.

отсве́чивать [1] shimmer (with T).

отсе́|вать [1], ⟨‿ять⟩ [27] sift; *fig.* eliminate; ‿ка́ть [1], ⟨‿чь⟩ [26]; *pt.*: -сёк, -секла́ -сечённый] cut off; ‿че́ние *n* [12] cutting off.

отск|а́кивать [1], ⟨‿очи́ть⟩ [16] jump off, back; rebound; F fall off.

отслу́ж|ивать [1], ⟨‿и́ть⟩ [16] serve (one's time); be worn out; hold.

отсове́т|овать [1] *pf.* dissuade (from).

отсо́хнуть *s.* отсыха́ть.

отсро́ч|ивать [1], ⟨‿ить⟩ [16] postpone; respite; ‿ка *f* [5; *g/pl.*: -чек] delay; respite; prolongation.

отста|ва́ть [5], ⟨‿ть⟩ [-а́ну, -а́нешь] (от P) lag, fall *or* remain behind; *clock*: be slow 5 min. на пять мину́т); desert; leave off; come (*or* fall) off; F *pf.* leave alone.

отста́в|ка *f* [5] resignation, retirement; dismissal; в ‿ке = ной; ‿ля́ть [28], ⟨‿ить⟩ [14] remove, set aside; dismiss; F countermand; ‿но́й [14] retired.

отст|а́ивать [1], ⟨‿оя́ть⟩ [-ою́, -ои́шь] defend, save; maintain, assert; push; F stand; tire; *pf.* be away; -ся settle.

отста́|лость *f* [8] backwardness; ‿лый [14] backward; ‿ть *s.* ‿ва́ть.

отстёгивать [1], ⟨отстегну́ть⟩ [20; -ёгнутый] unbutton, unfasten.

отстоя́ть(ся) *s.* отста́ивать(ся).

отстр|а́ивать [1], ⟨‿о́ить⟩ [13] build (up); ‿аня́ть [28], ⟨‿ани́ть⟩ [13] push aside, remove; dismiss; debar; -ся (от P) dodge; shirk; ‿о́ить *s.* ‿а́ивать.

отступ|а́ть [1], ⟨‿и́ть⟩ [14] step back; retreat; fall back; recoil; *fig.* recede; deviate; indent; -ся renounce (s. th. от P); ‿ле́ние *n* [12] retreat; deviation; digression; ‿ник *m* [1] apostate; ‿но́е *n* [14] smart money.

отсу́тств|ие *n* [12] absence (in в B; in the/of за Г/P); за ‿ии absent; ‿овать [7] be absent; be lacking.

отсчи́т|ывать, ⟨‿а́ть⟩ [1] count.

отсыл|а́ть [1], ⟨отосла́ть⟩ [-ошлю́, -шлёшь; ото́сланный] send (off, back); refer (to к Д); ‿ка *f* [5; *g/pl.*: -лок] dispatch; reference.

отсып|а́ть [1], ⟨‿а́ть⟩ [2] pour (out).

отсы|ре́лый [14] damp; ‿ха́ть [1], ⟨отсо́хнуть⟩ [21] wither (off).

отсю́да from here; hence.

оття́|ивать [1], '‿ять⟩ [27] thaw; ‿лкивать [1], ⟨оттолкну́ть⟩ [20] push off, away, aside; repel; ‿лкивающий [17] repellent; ‿скивать [1], ⟨‿щи́ть⟩ [16] pull off, away, aside; ‿чивать [1], ⟨отточи́ть⟩ [16] sharpen; ‿чивать *s.* ‿ивать.

оттё́н|ок *m* [1; -нка] shade, nuance, tinge; ‿я́ть [28], ⟨‿и́ть⟩ [13] shade; set off, emphasize.

о́ттепель *f* [8] thaw.

оттесн|я́ть [28], ⟨‿и́ть⟩ [13] push off, aside; ✗ drive back; F oust.

о́ттис|к *m* [1] impression, reprint; ‿кивать [1], ⟨‿нуть⟩ [20] print (off).

отто|го́ therefore, (*a.* ‿го́ и) that's why; ‿го́ что because; ‿пкну́ть *s.* оття́лкивать; ‿пы́рить F [13] *pf.* bulge, protrude (*v/i.* -ся); ‿чи́ть *s.* отта́чивать.

отту́да from there.

отт́я|гивать [1], ⟨∼нуть⟩ [20; -я́нутый] draw off (back); delay.

отуч|а́ть [1], ⟨∼и́ть⟩ [16] disaccustom (to от P), cure (of); -ся leave off.

отхлы́нуть [20] *pf.* rush away, back.

отхо́д *m* [1] departure; ⚔ withdrawal; deviation; rupture; ∼и́ть [15], ⟨отойти́⟩ [-ойду́, -дёшь; отошёл, -шла́; отоше́дший; отойдя́] go (away, aside); leave; deviate; ⚔ withdraw; turn away; come (*or* fall) off; thaw; recover; expire; *impers.* be relieved; ∼ы *m/pl.* [1] waste.

отцве|та́ть [1], ⟨∼сти́⟩ [25 -т-: -ету́] fade, wither.

отцеп|ля́ть [28], ⟨∼и́ть⟩ [14] unhook; uncouple; F remove.

отцо́в|ский [16] paternal; fatherly; ∼ство *n* [9] paternity.

отча́|иваться [1], ⟨∼яться⟩ [27] despair (of в П), despond.

отча́ли|вать [1], ⟨∼ть⟩ [13] unmoor; push off; sail away.

отча́сти partly, in part.

отча́я|ние *n* [12] despair; ∼нный [14 *sh.*] desperate; ∼ться *s.* отча́иваться.

о́тче: ∼ наш Our Father; Lord's Prayer.

отчего́ why; ∼-то for some reason.

отчека́н|ивать [1], ⟨∼ить⟩ [13] coin; say distinctly.

о́тчество *n* [9] patronymic.

отчёт *m* [1] account (of, в П), report (on); return; (от)дава́ть себе́ ∼ в П realize *v/t.*; ∼ливый [14 *sh.*] distinct, clear; precise; ∼ность *f* [8] accounting; F accounts *pl.*; ∼ный of account.

отчи́|зна *f* [5] fatherland; '∼й [17] paternal; ∼м *m* [1] stepfather.

отчисл|е́ние *n* [12] deduction; subscription; dismissal; ∼я́ть [28], ⟨∼ить⟩ [13] deduct; allot; dismiss.

отчи́т|ывать F, ⟨∼а́ть⟩ [1] blow up, rebuke; -ся give *or* render an account (to пе́ред Т).

от|чужда́ть [1] alienate, expropriate; ∼шатну́ться [20] *pf.* start *or* shrink back; ∼швырну́ть F [20] *pf.* hurl (away); ∼ше́льник *m* [1] hermit.

отшиб|а́ть F [1], ⟨∼и́ть⟩ [-бу́, -бёшь; -ши́б(ла); -ши́бленный] strike (off).

отщепе́нец *m* [1; -нца] renegade.

отъе́|зд *m* [1] departure; ∼зжа́ть [1], ⟨∼хать⟩ [-е́ду, -е́дешь] drive (off), depart.

отъя́вленный [14] notorious, arch.

отыгр|ывать [1], ⟨∼а́ть⟩ [1] win back, regain (one's [lost] money -ся).

оты́ск|ивать [1], ⟨∼а́ть⟩ [3] find.

отяго|ща́ть [1], ⟨∼ти́ть⟩ [15 *e.*; -щу́, -оти́шь; -ощённый] (over-) burden.

офиц|е́р *m* [1] officer; ∼е́рский [16] office(r's, -s'); ∼иа́льный [14; -лен, -льна] official; ∼иа́нт *m* [1] waiter; ∼ио́зный [14; -зен, -зна] semiofficial.

оформ|ля́ть [28], ⟨∼ить⟩ [14] form, shape; get up (*book*); mount (*play*); legalize; adjust.

ох oh!, ah!; ∼анье *n* [10] groan(s).

оха́пка *f* [5; *g/pl.*: -пок] armful; fagot.

о́х|ать [1], once ⟨∼нуть⟩ [20] groan.

охва́т|ывать [1], ⟨∼и́ть⟩ [15] seize, grasp; embrace; envelop.

охла|дева́ть, ⟨∼де́ть⟩ [8] cool down; ∼жда́ть [1], ⟨∼ди́ть⟩ [15 *e.*; -ажу́, -ади́шь; -аждённый] cool; ∼жде́ние *n* [12] cooling.

охмел|я́ть [28], ⟨∼и́ть⟩ [13] (∼е́ть F [8] become) intoxicate(d).

о́хнуть *s.* о́хать.

охо́т|а *f* [5] (на В, за Т) hunt(ing) (of, for); chase (after); (к Д F desire (for), mind (to); ∼а Д + *inf.*! what do(es) ... want + *inf.* for?; ∼иться [15] (на В, за Т) hunt; chase (after); ∼ник *m* [1] hunter; volunteer; lover (of до P); ∼ничий [18] hunting, shooting; hunter's (-s'); ∼но willingly, gladly, with pleasure; ∼нее rather; ∼нее всего́ best of all.

охра́н|а *f* [5] guard(s); protection; ∼е́ние *n* [12] protection; ⚔ outpost (-s); ∼я́ть [28], ⟨∼и́ть⟩ [13] guard, protect (from, against от P).

охри́п|лый F [14], ∼ший [17] hoarse.

оце́н|ивать [1], ⟨∼и́ть⟩ [13; -еню́, -е́нишь] value (at в В), appraise, estimate; appreciate; ∼ка *f* [5; *g/pl.*: -нок] valuation, appraisal; estimation, appreciation; mark.

оцепене́|лый [14] benumbed; stupefied; ∼ние *n* [12] numbness.

оцеп|ля́ть [28], ⟨∼и́ть⟩ [14] encircle.

оча́г *m* [1 *e.*] fireplace, (*a. fig.* home) hearth; *fig.* center (-tre), seat.

очаров|а́ние *n* [12] charm, fascination; ∼а́тельный [14; -лен, -льна] charming; ∼ывать [1], ⟨∼а́ть⟩ [7] charm, fascinate, enchant.

очеви́д|ец *m* [1; -дца] eyewitness; ∼ный [14; -ден, -дна] evident.

о́чень very, (very) much.

очередно́й [14] next (in turn); regular; foremost; latest.

о́черед|ь *f* [8; *from g/pl. e.*] turn (in; by turns по ∼и); order, succession; line (*Brt.* queue); ⚔ volley; ва́ша ∼ь *or* ∼ь за ва́ми it is your turn; на ∼и next; в свою́ ∼ь in (for) my, *etc.*, turn (part).

о́черк *m* [1] sketch; outline; essay.

очерня́ть [28] *s.* черни́ть.

оче́р|тание *n* [12] outline, contour; ∼чивать [1], ⟨∼ти́ть⟩ [15] outline, sketch; ∼ти́ го́лову F headlong.

очи́|стка *f* [5; *g/pl.*: -ток] clean(s)-

ing; clearance; *pl.* peelings; ~щáть [1], ⟨~стить⟩ [15] clean(se); clear; peel; purify; evacuate, quit; empty.
очк|и́ *n/pl.* [1] spectacles, glasses; ~ó *n* [9]; *pl.*: -ки́, -кóв] *sport*: point; *cards*: spot, *Brt.* pip; ♦, ⊕ eye; ~овтирáтельство F *n* [9] eyewash, humbug.
очну́ться [20] *pf.*, *s.* опóмниться.
очуме́лый P [14] crazy, mad.
очути́ться [15; *1st. p. sg. not used*] get, find o. s.
ошале́лый F [14] crazy, mad.
оше́йник *m* [1] collar (*on a dog only*).
ошелом|ля́ть [28], ⟨~и́ть⟩ [14 *e.*; -млю́, -ми́шь; -млённый] stun, stupefy.

ошиб|áться [1], ⟨~и́ться⟩ [-бу́сь, -бёшься; -и́бся, -и́блась] be mistaken, make a mistake (-s), err; miss; ~ка *f* [5; *g/pl.*: -бок] mistake (by по Д), error, fault; ~очный [14; -чен, -чна] erroneous, mistaken.
ошпáр|ивать [1], ⟨~ить⟩ [13] scald.
ощу́п|ывать, ⟨~ать⟩ [1] feel, touch; '~ь *f* [8]: на '~ь to the touch; '~ью *adv.* gropingly.
ощу|ти́мый [14 *sh.*], ~ти́тельный [14; -лен, -льна] palpable, tangible; felt; not(ice)able; ~щáть [1], ⟨~ти́ть⟩ [15 *e.*; -ущу́, -ути́шь; -ущённый] feel, sense; -ся be felt; ~ще́ние *n* [12] sensation; feeling.

П

Пáвел *m* [1; -вла] Paul.
павиáн *m* [1] baboon.
павильóн *m* [1] pavilion; (*fair*) hall; (*film*) studio.
павли́н *m* [1], ~ий [18] peacock.
пáводок *m* [1; -дка] flood.
пá|губный [14; -бен, -бна] pernicious; ~даль *f* [8] carrion.
пáда|ть [1] 1. ⟨упáсть⟩ [25; *pt. st.*] fall; 2. ⟨пáсть⟩ *fig.* fall; die; ~ть ду́хом lose courage (*or* heart).
пад|éж¹ *m* [1 *e.*] *gr.* case; ~éж² *m* [1 *e.*] (*cattle*) plague, rinderpest; ~éние *n* [12] fall, downfall, overthrow; ✝ slump; ~кий [16; -док, -дка] (на B) greedy (of, for), mad (after); ~у́чий *f* [17] epilepsy.
пáдчерица *f* [5] stepdaughter.
паёк *m* [1; пайкá] ration.
пáзуха *f* [5] bosom (in за B); cavity.
пай *m* [3; *pl. e.*: пай, паёв] share; ~щик *m* [1] shareholder.
пакéт *m* [1] parcel, package, packet; dispatch; paper bag.
пáкля *f* [6] tow, oakum.
паковáть [7], ⟨у-, за-⟩ pack.
пáк|ость *f* [8] filth, smut, dirt(y trick); ~т *m* [1] pact, treaty.
палáт|а *f* [5] chamber; *parl.* house; board; ward; оружéйная ~а armo(u)ry; ~ка *f* [5; *g/pl.*: -ток] tent; booth.
палáч *m* [1 *e.*] hangman, executioner.
Палести́на *f* [5] Palestine.
пáл|ец *m* [1; -льца] finger; toe; смотре́ть сквозь ~ьцы wink (at на B); знать как свои́ пять ~ьцев have at one's fingertips; ~исáдник *m* [1] (small) front garden
пали́тра *f* [5] palette.
пали́ть [13] 1. ⟨с-⟩ burn, scorch; 2. ⟨о-⟩ singe; 3. ⟨вы́-⟩ fire, shoot.
пáл|ка *f* [5; *g/pl.*: -лок] stick; cane; club; из-под ~ки F under *or* in constraint; ~очка *f* [5; *g/pl.*: -чек]

(small) stick; ♪ baton; wand; ✽ bacillus.
палóмни|к *m* [1] pilgrim; ~чество *n* [9] pilgrimage.
пáлуба *f* [5] deck.
пальбá *f* [5] firing, fire.
пáльма *f* [5] palm (tree).
пальтó *n* [*indecl.*] (over)coat.
пáмят|ник *m* [1] monument; memorial; ~ный [14; -тен, -тна] memorable; unforgettable; ~ь *f* [8] memory (in/of на B/о П); remembrance; recollection (на П); на ~ь *a.* by heart; без ~и unconscious; F mad (about *or* P).
Панáмский [16]: ~ проли́в *m* Panama Canal.
пане́ль *f* [8] pavement; wainscot.
пáника *f* [5] panic.
панихи́да *f* [5] requiem, dirge.
пансиóн *m* [1] boarding house; boarding school.
панталóны *m/pl.* [5] drawers, pants.
пантéра *f* [5] panther.
пáнцирь *m* [4] coat of mail.
пáпа¹ F *m* [5] papa; dad(dy).
пáпа² *m* [5] pope.
пáперть *f* [8] porch (*of a church*).
папильóтка *f* [5; *g/pl.*: -ток] hair curler.
папирóса *f* [5] cigarette.
пáпка *f* [5; *g/pl.*: -пок] folder; cardboard.
пáпоротник *m* [1] fern.
пар *m* [1; в -у́; *pl. e.*] 1. steam; 2. fallow; ~а *f* [5] pair; couple.
Парагвáй *m* [4] Paraguay.
парáграф *m* [1] paragraph.
парáд *m* [1] parade; ~ный [14] full (dress); front (door).
парашю́т (-'ʃut) *m* [1] parachute; ~и́ст *m* [1] parachutist; ✕ paratrooper.
паре́ние *n* [12] soar(ing), hover.
пáрень *m* [4; -рня; *from g/pl. e.*] lad, guy.

пари́ n [indecl.] bet, wager (vb.: держа́ть ~); (идёт) ~? what do you bet?

Пари́ж m [1] Paris; Ǫа́нин m [1; pl.: -а́не, -а́н], Ǫа́нка f [5; g/pl.: -нок] Parisian.

пари́к m [1 e.] wig; ~ма́хер m [1] hairdresser, barber; ~ма́херская f [16] hairdressing saloon, barber's (shop).

пари́|ровать [7] (im)pf., a. ⟨от-⟩ parry; ~ть[1] [13] soar, hover.

па́рить[2] [13] steam (in a bath: -ся).

парла́мент m [1] parliament; ~а́рий m [3] parliamentarian; ~ский [16] parliamentary.

парни́к m [1 e.], ~о́вый [14] hotbed.

парни́шка F m [5; g/pl.: -шек] guy, lad, youngster.

парно́й [14] fresh (milk, meat).

па́рный [14] paired; twin...

паро|во́з m [1] 🚂 engine; ~во́й [14] steam...; ~ва́ть [7] (im)pf., ~дия f [7] parody.

паро́ль m [4] password, parole.

паро́м m [1] ferry(boat); ~щик m [1] ferryman.

парохо́д m [1] steamer; ~ный [14] steamship...; ~ство n [9] (steamship) line.

па́рт|а f [5] (school) bench, Brt. a. form; ~акти́в m [1] = ~и́йный акти́в; ~биле́т m [1] = ~и́йный биле́т; ~е́р (-'tɛr) m [1] parterre, Brt. pit; ~и́ец F m [1; -и́йца] Party man or member (Sov.); ~иза́н m [1] guerilla, partisan; ~и́йность f [8] Party membership; partisanship; Party discipline (Sov.); ~и́йный [14] party...; su. = ~и́ец; ~иту́ра f [5] ♪ score; ~ия f [7] party; † parcel, lot, consignment; ✂ detachment; batch; game, set; match; ♪ part; † ~иями in lots; ~нёр m [1], ~нёрша f [5] partner; ~орг m [1] Party organizer (Sov.).

па́рус m [1; pl.: -cá, etc. e.] sail; на всех ~ах under full sail; ~и́на f [5] sailcloth, canvas, duck; ~и́новый [14] canvas...; ~ник m [1] = ~ное су́дно n [14/9] sailing ship.

парфюме́рия f [7] perfumery.

парч|а́ f [5] brocade; ~о́вый [14] brocade(d).

парши́вый [14 sh.] mangy.

пас m [1] pass (sport, cards).

па́сквиль m [4] lampoon.

паску́дный P [14; -ден, -дна] foul, filthy.

па́смурный [14; -рен, -рна] dull, gloomy.

пасова́ть [7] pass (sport; cards, ⟨c-⟩); † yield (to пе́ред T).

па́спорт m [1; pl.: -тá, etc. e.], ~ный [14] passport.

пассажи́р m [1], ~ка f [5; g/pl.: -рок], ~ский [16] passenger.

пасси́в m [1] † liabilities pl.; ~ный [14; -вен, -вна] passive.

па́ста f [5] paste.

па́ст|бище n [11] pasture; ~ва f [5] eccl. flock; ~и́ [24 -c-] graze (v/i. -сь), pasture; ~у́х m [1 e.] herder (Brt. herdsman), shepherd; ~у́шка f [5; g/pl.: -шек] shepherdess; ~у́ший [18] shepherd's; ~ырь m [4] pastor; ~ь f [8] 1. s. па́дать; 2. f [8] jaws pl., mouth.

па́сха f [5] Easter (for на В; on на П); Easter cake; Passover; ~льный [14] Easter...

па́сынок m [1; -нка] stepson.

пате́нт m [1], ~ова́ть [7] (im)pf., a. ⟨за-⟩ patent.

патефо́н m [1] record player.

па́тока f [5] molasses, Brt. a. treacle.

патр|ио́т m [1]; patriot; ~иоти́ческий [16] patriotic; ~о́н m [1] 1. cartridge, shell; (lamp) socket; 2. patron; 3. pattern; ~о́нташ m [1] cartridge belt, pouch; ~ули́ровать [7], ~у́ль m [4 e.] patrol.

па́уза f [5] pause.

пау́к m [1 e.] spider.

паути́на f [5] cobweb.

па́фос m [1] pathos; verve, vim.

пах m [1; в -ý] anat. groin; ~арь m [4] plowman, Brt. ploughman; ~а́ть [3], ⟨вс-⟩ plow (Brt. plough), till.

па́х|нуть[1] [20] smell (of T); ~у́ть[2] F [20] pf. puff.

па́хот|а f [5] tillage; ~ный [14] arable.

паху́чий [17 sh.] fragrant.

пацие́нт m [1], ~ка f [5; g/pl.: -ток] patient.

па́че F: тем ~ all the more.

па́чка f [5; g/pl.: -чек] pack(et), package; batch.

па́чкать [1], ⟨за-, ис-, вы́-⟩ soil.

па́шня f [6; g/pl.: -шен] tillage, field.

паште́т m [1] pie. 〔field.〕

пая́льник m [1] soldering iron.

пая́сничать F [1] play the fool.

пая́ть [28], ⟨за-⟩ solder.

пая́ц m [1] buffoon, merry-andrew.

ПВО = противовозду́шная оборо́на.

пев|е́ц m [1; -вца́], ~и́ца f [5] singer; ~у́чий [17 sh.] melodious; ~чий [17] singing (bird); su. chorister, choirboy.

пе́гий [16 sh.] piebald.

педаго́г m [1] pedagogue, teacher; ~ика f [5] pedagogics; ~и́ческий [16], ~и́чный [14; -чен, -чна] pedagogic(al).

педа́ль f [8] treadle, pedal.

педа́нт m [1], ~и́чный [14; -чен, -чна] pedantic(al).

пейза́ж m [1] landscape.

пека́р|ня f [6; g/pl.: -рен] bakery; '~ь m [4; pl. a. -ря́, etc. e.] baker.

пелен|а́ f [5] shroud; ⟨за-, c-⟩ swaddle; ~ка (-'lɔn-) f [5; g/pl.: -нок] swaddling band (pl. clothes), diaper, Brt. a. napkin.

пельме́ни *m/pl.* [*gen.:* -ней] ravioli.

пе́на *f* [5] foam, froth; lather.

пена́л *m* [1] pen case.

пе́ние *n* [12] singing; crow.

пе́н|истый [14 *sh.*] foamy, frothy; ~иться [13], ⟨вс-⟩ foam, froth; sparkle, mantle; ~ка *f* [5; *g/pl.:* -нок] scum; froth.

пе́нсия *f* [7] pension.

пенсне́ (-'пе) *n* [*indecl.*] pince-nez, eyeglasses *pl.*

пень *m* [4; пня] stump; blockhead.

пенькá *f* [5] hemp; ~о́вый [14] hemp(en).

пе́ня *f* [6; *g/pl.:* -ней] fine.

пеня́ть F [28], ⟨по-⟩ blame (a p. for Д *or* на В/за В).

пе́пел *m* [1; -пла] ashes *pl.*; ~и́ще *n* [11] the ashes; *s. a.* пожа́рище; ~ьница *f* [5] ash tray; ~ьный [14] ashy.

перве́н|ец *m* [1; -нца] first-born; ~ство *n* [9] primogeniture; superiority; championship.

перви́чный [14; -чен, -чна] primary.

перво|бы́тный [14; -тен, -тна] primitive, primeval; ~исто́чник *m* [1] (first) source, origin; ~кла́ссный [14] first-rate *or* -class; ~ку́рсник *m* [1] freshman; ~на́перво P first of all; ~нача́льный [14; -лен, -льна] original; primary; ~о́браз *m* [1] prototype; ~осно́вы *f/pl.* [5] elements; ~очередно́й [14] top-priority; ~со́ртный = ~кла́ссный; ~степе́нный [14; -е́нен, -е́нна] paramount, supreme.

пе́рв|ый [4]; first, chief, main; *Brt.* ground (*floor*); *thea.* dress (*circle*); ~ое в пе́рвое first course (*meal*; for на В); ~ым де́лом (до́лгом) *or* в ~ую о́чередь first of all, first thing; ~е́йший the very first; first-rate; *cf.* пя́тый.

пергáмент *m* [1] parchment.

переб|ега́ть [1], ⟨~ежа́ть⟩ [4; -егу́, -ежи́шь, -егу́т] run over (*or* across); desert; ~е́жчик *m* [1] deserter; turncoat; ~ива́ть [1], ⟨~и́ть⟩ [-бью, -бьёшь, *cf.* бить] interrupt; break; kill; -ся break; F rough it.

переб|ира́ть [1], ⟨~ра́ть⟩ [-беру́, -рёшь, -брáл, -á, -о; -бранный] look a th. over; sort (out); *impf.* ♪ finger; tell (one's beads); cross (into на, ÷ в); cross (*v/t.* че́рез В).

переб|и́ть *s.* ~ива́ть; ~о́й *m* [3] stoppage, break; irregularity; ~оро́ть [17] *pf.* overcome, master.

переб|ра́нка F *f* [5; *g/pl.:* -нок] wrangle; ~а́сывать [1], ⟨~о́сить⟩ [15] throw over; ÷, ✝ transfer, shift; lay (*bridge*); -ся exchange (*v/t.* Т); ~а́ться *s.* перебира́ть (-ся); ~о́ска *f* [5; *g/pl.:* -сок] transference.

перевáл *m* [1] pass; ~ивать [1],

⟨~и́ть⟩ [13]; -алю́, -а́лишь; -а́ленный] tumble, turn (over; *v/i.* -ся; *impf.* waddle; F pass; *impers.* (Д) ~и́ло за (В) (p.) is past ...

перева́р|ивать [1], ⟨~и́ть⟩ [13; -арю́, -а́ришь; -а́ренный] digest.

пере|везти́ *s.* ~вози́ть; ~вёртывать [1], ⟨~верну́ть⟩ [20; -вёрнутый] turn over (*v/i.* -ся); overturn; turn; ~вéс *m* [1] preponderance; ~вести́(сь) *s.* переводи́ть(ся); ~ве́шивать [1], ⟨~ве́сить⟩ [15] hang (elsewhere); reweigh; outweigh; -ся hang *or* bend over; ~вира́ть F [1], ⟨~вра́ть⟩ [-вру́, -врёшь; -éвранный] misquote, distort.

перевóд *m* [1] transfer(ence); translation (from/into с Р/на В); remittance; (*money*) order; ~и́ть [15], ⟨перевести́⟩ [25] lead; transfer; translate (from/into с Р/на В), turn; interpret; remit; set (*watch, clock; usu.* стре́лку); ~и́ть дух take breath; (-ся, ⟨-сь⟩) transfer; die out; (у Р/И) run out/of; ~ный [14] translated; (*a.* ✝) transfer...; ~ный ве́ксель *m* draft; ~чик *m* [1], ~чица *f* [5] translator; interpreter.

перевóз *m* [1] ferriage, ferry; *a.* = ~ка; ~и́ть [15], ⟨перевезти́⟩ [24] transport, convey, remove; ferry (over); ~ка *f* [5; *g/pl.:* -зок] transport(ation), conveyance; ~чик *m* [1] ferryman.

пере|вооруже́ние *n* [12] rearmament; ~вора́чивать [1] = ~вёртывать; ~воро́т *m* [1] revolution; ~воспита́ние *n* [12] reéducation; ~вра́ть *s.* ~вира́ть; ~вы́боры *m/pl.* [1] reélection.

перевыполн|е́ние *n* [12] overfulfil(l)ment (*Sov.*); ~я́ть [28], ⟨'~ить⟩ [13] exceed, surpass.

перевя́з|ка *f* [5; *g/pl.:* -зок] dressing, bandage; ~очный [14] dressing; ~ывать [1], ⟨~а́ть⟩ [3] tie up; dress, bandage.

переги́б *m* [1] bend, fold; dog-ear; ~а́ть [1], ⟨перегну́ть⟩ [20] bend; -ся lean over.

перегля́|дываться [1], *once* ⟨~ну́ться⟩ [19] exchange glances.

пере|гна́ть *s.* ~гоня́ть; ~гно́й *m* [3] humus; ~гну́ть(ся) *s.* ~гиба́ть(ся).

перегов|а́ривать [1], ⟨~ори́ть⟩ [13] talk (s. th.) over (о Т), discuss; ~о́ры *m/pl.* [1] negotiations; ÷ parley.

перег|о́нка *f* [5] distillation; ~оня́ть [28], ⟨~на́ть⟩ [-гоню́, -го́нишь; -гна́л, -á, -о; -е́гнанный] (out)distance, outstrip; surpass, outdo; ♪ distil.

перегор|а́живать [1], ⟨~оди́ть⟩ [15 & 15 *e.*; -рожу́, -ро́дишь] partition (off); ~а́ть [1], ⟨~е́ть⟩ [9] (*lamp*) burn out; (*fuse, etc.*) blow (out); ~о́дка f [5; g/pl.: -док] partition.

перегр|ева́ть [1], ⟨~е́ть⟩ [8; -е́тый] overheat; ~ужа́ть [1], ⟨~узи́ть⟩ [15 & 15 e.; -ужу́, -у́зишь], ~у́зка f [5; g/pl.: -зок] overload; overwork; ~уппирова́ть [7] pf. regroup; ~уппиро́вка f [5; g/pl.: -вок] regrouping; ~ыза́ть [1], ⟨~ы́зть⟩ [24; pt. st.; -ы́зенный] gnaw through.

пе́ред¹, ~о (T) before, in front of.
пере́д² m [1; пе́реда; pl.: -да́, etc. e.] front.

переда|ва́ть [5], ⟨~а́ть⟩ [-да́м, -да́шь, etc., cf. дать; pt. пе́редал, -а́, -о] pass, hand (over); deliver; give (a. regards); broadcast; transmit; reproduce; render; tell; take a message (for Д, on the phone); † endorse; -ся ✦ be communicated; ~а́точный [14] transmissive; ~а́тчик m [1] transmitter; ~а́ть(ся) s. ~ава́ть(ся); ~а́ча f [5] delivery, handing over; transfer; broadcast, (a. ⊕) transmission; gear; ✦ communication; reproduction; package.

передв|ига́ть [1], ⟨~и́нуть⟩ [20] move, shift; ~иже́ние n [12] movement; transportation; ~и́жка f [5; g/pl.: -жек], ~ижно́й [14] travel(l)-ing, mobile, itinerant.

переде́л m [1] repartition; ~ка f [5; g/pl.: -лок] alteration; recast; F mess; ~ывать, ⟨~ать⟩ [1] recast; make over, alter.

пере́дн|ий [15] front..., fore...; ~ик m [1] apron; ~яя f [15] hall, antechamber.

передов|и́к m [1 e.] best worker or farmer (Sov.); ~и́ца f [5] leading article, editorial; ~о́й [14] progressive; leading, foremost; front (line); ~о́й отря́д m vanguard.

пере|до́к m [1; -дка́] front; ✕ limber; ~дохну́ть [20] pf. take breath or rest; ~дра́знивать [1], ⟨~дразни́ть⟩ [13; -азню́, -а́знишь] mimic; ~дря́га F f [5] fix, scrape; ~ду́мывать, ⟨~ду́мать⟩ [1] change one's mind; F s. обду́мать; ~ды́шка f [5; g/pl.: -шек] respite.

перее́|зд m [1] passage; crossing; move, removal (в, на В [in]to); ~зжа́ть [1], ⟨~хать⟩ [-е́ду, -е́дешь; -езжа́й] 1. v/i. cross (v/t. че́рез В); (re)move (в, на В [in]to); 2. v/t. run over.

переж|да́ть s. ~ида́ть; ~ёвывать [1], ⟨~ева́ть⟩ [7 e.; -жую́, -жуёшь] chew (well); F repeat over and over again; ~ива́ние n [12] experience; ~ива́ть [1], ⟨~и́ть⟩ [-живу́, -вёшь; пе́режи́л, -а́, -о; пе́режи́тый (пе́режи́т, -а́, -о)] experience; go through, endure; survive, outlive; ~ида́ть [1], ⟨~да́ть⟩ [-жду́, -ждёшь; -жда́л, -а́, -о] wait (till

s. th. is over); ~ито́к m [1; -тка] survival.

перезре́лый [14] overripe.

переиз|бира́ть [1], ⟨~бра́ть⟩ [-беру́, -рёшь; -бра́л, -а́, -о; -и́збранный] reёlect; ~бра́ние n [12] reёlection; ~дава́ть [5], ⟨~да́ть⟩ [-да́м, -да́шь, etc. cf. дать; -да́л, -а́, -о] republish; ~да́ние n [12] reёdition; ~да́ть s. ~дава́ть.

переименова́ть [7] pf. rename.

перена́ч|ивать F [1], ⟨~ть⟩ [16] alter, modify; distort.

перейти́ s. переходи́ть.

переки́|дывать [1], ⟨~нуть⟩ [20] throw over (че́рез В); upset; -ся exchange (v/t. T).

переки|па́ть [1], ⟨~пе́ть⟩ [10 e.; 3rd. p. only] boil over; ~сь (¹пе-) f [8] peroxide.

перекла́д|ина f [5] crossbar, cross-beam; ~ывать [1], ⟨переложи́ть⟩ [16] put, lay or pack (elsewhere), shift; interlay (with T); cf. перелага́ть.

перекл|ика́ться [1], ⟨~и́кнуться⟩ [20] shout to o.a.; reёcho (v/t. с Т); ~и́чка f [5; g/pl.: -чек] roll call.

переключ|а́ть [1], ⟨~и́ть⟩ [16 e.; -чу́, -чи́шь; -чённый] switch over (v/i. -ся); ~е́ние n [12] switching over; ~и́ть s. ~а́ть.

перекова́ть [7 e.; -кую́, -куёшь] pf. shoe over again; fig. reёducate, remake.

переко́шенный [14] wry.

перекр|а́ивать [1], ⟨~ои́ть⟩ [13; -о́енный] cut again; remake.

перекрёст|ный [14] cross (fire, -examination); ~ок m [1; -тка] crossroad(s).

перекрои́ть s. перекра́ивать.

перекр|ыва́ть [1], ⟨~ы́ть⟩ [22] (re-)cover; exceed, surpass; ~ы́тие n [12] covering.

перекус|ывать [1], ⟨~и́ть⟩ [15] bite through; F take a bite.

перел|ага́ть [1], ⟨~ожи́ть⟩ [16] transpose; arrange.

перел|а́мывать [1] 1. ⟨~оми́ть⟩ [14] break in two; overcome; 2. ⟨~ома́ть⟩ [1] break to pieces.

перел|еза́ть [1], ⟨~е́зть⟩ [24 st.; -ле́з] climb over (че́рез В).

перел|ёт m [1] passage (birds); ✈ flight; ~ета́ть [1], ⟨~ете́ть⟩ [11] fly (across); pass, migrate; flit; ~ётный [14] (bird) of passage.

перел|и́в m [1] ♪ run, roulade; play (colo[u]rs); ~ва́ние ✦ n [12] transfusion; ~ва́ть [1], ⟨~ть⟩ [-лью́, -льёшь, etc., cf. лить] decant, pour; ✦ transfuse; ~ва́ть из пусто́го в поро́жнее mill the wind; -ся overflow; impf. ♪ warble; roll; (colo[u]rs) play, shimmer.

перелист|ывать, ⟨~а́ть⟩ [1] turn over (pages); look through.

перели́ть s. перелива́ть.

перелицева́ть [7] *pf.* turn (*clothes*).
переложе́ние *n* [12] transposition; arrangement; setting to music; ~а́ть *s.* перекла́дывать & перелага́ть.

перело́м *m* [1] fracture; crisis, turning point; ~а́ть, ~и́ть *s.* перела́мывать.

перем|а́лывать [1], ⟨~оло́ть⟩ [17; -мелю́, -ме́лешь; -меля́] grind, mill; ~ежа́ть(ся) [1] alternate; intermit.

переме́н|а *f* [5] change; recess, break (*school*); ~я́ть(ся) *s.* ~я́ться; ~ный [14] variable; *& alternating; ~чивый F [14] changeable, variable; ~я́ть [28], ⟨~и́ть⟩ [13; -еню́, -е́нишь] change (*v/i.* -ся); exchange.

переме|ста́ть(ся) *s.* ~ща́ть(ся); ~ши́вать, ⟨~ша́ть⟩ [1] mix (up); confuse; ~ща́ть [1], ⟨~сти́ть⟩ [15 *e.*; -ещу́, -ести́шь; -ещённый] move, shift (*v/i.* -ся); ~щённый [14]: ~щённые ли́ца *pl.* displaced persons.

переми́рие *n* [12] armistice, truce.
перемоло́ть *s.* перема́лывать.
перенаселе́ние *n* [12] overpopulation.
перенести́ *s.* переноси́ть.

перен|има́ть [1], ⟨~я́ть⟩ [-ейму́, -мёшь; пе́ренял, -а́, -о; перенятый (пе́ренят, -а́, -о)] adopt, take over.

перено́с *m* [1] transfer, carrying over; sum carried over; syllabification; ~и́ть [15], ⟨перенести́⟩ [24 -с-] transfer, carry over; bear, endure, stand; postpone, put off (till на B); ~и́ца *f* [5] bridge (*of nose*).

перено́с|ка *f* [5; *g/pl.:* -сок] carrying, transport(ation); ~ный [14] portable; figurative.

переня́ть *s.* перенима́ть.

переоборудова́|ть [7] (*im*)*pf.* reèquip; ~ние *n* [12] reèquipment.

переоде|ва́ться [1], ⟨~ться⟩ [-е́нусь, -не́шься] change (one's clothes); ~тый [14 *sh.*] *a.* disguised.

переоцен|ивать [1], ⟨~и́ть⟩ [13; -еню́, -е́нишь] overestimate, overrate; revalue; ~ка *f* [5; *g/pl.:* -нок] overestimation; revaluation.

пе́репел *m* [1; *pl.:* -ла́, *etc. e.*] quail.

перепеча́т|ка *f* [5; *g/pl.:* -ток] reprint; ~ывать, ⟨~ать⟩ [1] reprint; type.

перепи́с|ка *f* [5; *g/pl.:* -сок] copying; typing; correspondence; ~чик *m* [1] copyist; ~ывать [1], ⟨~а́ть⟩ [3] copy; type; list; enumerate; -ся *impf.* correspond (with с T); ~ь ('пе-) *f* [8] census.

перепла́|чивать [1], ⟨~ти́ть⟩ [15] overpay.

переплет|а́ть [1], ⟨~сти́⟩ [25 -т-] bind (*book*); interlace, intertwine (*v/i.* -ся, -сь)); ~ёт *m* [1] binding, book cover; ~ётчик *m* [1] book-binder; ~ывать [1], ⟨~ы́ть⟩ [23] swim *or* sail (across че́рез B).

переполз|а́ть [1], ⟨~ти́⟩ [24] creep, crawl (over).

перепо́лн|енный [14 *sh.*] overcrowded; overflowing; ~я́ть [28], ⟨~ить⟩ [13] overfill (*v/i.* -ся), cram; overcrowd.

переполо́|х *m* [1] tumult, turmoil; dismay, fright; ~ши́ть F [16 *e.*; -шу́, -ши́шь; -шённый] *pf.* (-ся get) alarm(ed), perturb(ed).

перепо́нка *f* [5; *g/pl.:* -нок] membrane; web.

переправ|а *f* [5] crossing, passage; ford; temporary bridge; ~ля́ть [28], ⟨~ить⟩ [14] carry (over), convey; -ся cross, pass.

перепрод|ава́ть [5], ⟨~а́ть⟩ [-да́м, -да́шь, *etc.*, *cf.* дать; *pt.:* -о́дал, -ла́, -о] resell; ~а́жа *f* [5] resale.

перепры́г|ивать [1], ⟨~нуть⟩ [20] jump (over).

перепу́г F *m* [1] fright (for с ~у); ~а́ть [1] *pf.* (-ся get) frighten(ed).

перепу́тывать [1] *s.* пу́тать.
перепу́тье *n* [10] crossroad(s).

перераб|а́тывать, ⟨~о́тать⟩ [1] work (up), process; remake; ~о́тка *f* [5; *g/pl.:* -ток] working (up), processing; remaking.

перерас|та́ть [1], ⟨~ти́⟩ [24 *st e.*; -ро́с, -сла́] grow, develop; overgrow; ~хо́д *m* [1] excess expenditure.

перере́з|а́ть & ~ывать [1], ⟨~ать⟩ [3] cut (through); cut off; kill.

переро|жда́ться [1], ⟨~ди́ться⟩ [15 *e.*; -ожу́сь, -оди́шься; -ождённый] regenerate; degenerate.

переруб|а́ть [1], ⟨~и́ть⟩ [14] hew *or* cut through.

переры́в *m* [1] interruption; stop, break, interval; (*lunch*) time.

переса́|дка *f* [5; *g/pl.:* -док] transplanting; grafting; ⚙ change; ~живать [1], ⟨~ди́ть⟩ [15] transplant; graft; make change seats; -ся, ⟨пересе́сть⟩ [25; -ся́ду, -дешь; сел] take another seat, change seats; change (*trains*).

переcд|ава́ть [5], ⟨~а́ть⟩ [-да́м, -да́шь, *etc.*, *cf.* дать] repeat (*exam.*).

пересе|ка́ть [1], ⟨~чь⟩ [26; *pt.* -сёк, -секла́] cut (through, off); intersect, cross (*v/i.* -ся).

пересел|е́нец *m* [1; -нца] (re-)settler; ~е́ние *n* [12] (e)migration; removal, move; ~я́ть [28], ⟨~и́ть⟩ [13] (re)move (*v/i.* -ся, [e]migrate).

пересе́сть *s.* переса́живаться.
пересе|че́ние *n* [12] intersection; ~чь *s.* пересека́ть.

переси́ли|вать [1], ⟨~ть⟩ [13] overpower, master, subdue.

переска́з *m* [1] retelling; ~ывать [1], ⟨~а́ть⟩ [3] retell.

переск|а́кивать [1], ⟨~очи́ть⟩ [16] jump (over че́рез B); skip.

переслáть s. пересылáть.

пересм|áтривать [1], ⟨∼отрéть⟩ [9; -отрю́, -óтришь, -óтренный] reconsider, revise; ₴² review; ∼óтр m [1] reconsideration, revision; ₴² review.

пересо|лить [13; -солю́, -óлишь] pf. oversalt; ∠хнуть s. пересыхáть.

переспр|áшивать [1], ⟨∼оси́ть⟩ [15] repeat one's question.

пересссóриться [13] pf. quarrel.

перест|авáть [5], ⟨∼áть⟩ [-áну, -áнешь] stop, cease, quit; ∼авля́ть [28], ⟨∼áвить⟩ [14] put (elsewhere), (a. clock) set, move; rearrange; transpose; convert (into на B); ₴² permute; ∼анóвка f [5; g/pl.: -вок] shift, move; rearrangement; transposition; conversion (into на B); ₴² permutation; ∼áть s. ∼авáть.

перестр|áивать [1], ⟨∼óить⟩ [13] rebuild, reconstruct; reorganize; regroup (v/i. -ся); adapt o. s., change one's views); ∼éливаться [1], ∼éлка f [5; g/pl.: -лок] skirmish; ∼óить s. ∼áивать; ∼óйка f [5; g/pl.: -óек] rebuilding, reconstruction; reorganization.

переступ|áть [1], ⟨∼и́ть⟩ [14] step over, cross; fig. transgress.

пересýды F m/pl. [1] gossip.

пересчи́т|ывать, ⟨∼áть⟩ [1] re-count; (a. ⟨перечéсть⟩ [-чту́, -чтёшь, -чёл, -члá] count (down).

перес|ылáть [1], ⟨∼лáть⟩ [-ешлю́, -шлёшь, -ёсланный] transmit; forward; ∼ы́лка f [5; g/pl.: -лок] consignment, conveyance; carriage; ∼ыхáть [1], ⟨∼óхнуть⟩ [21] dry up; parch.

перетá|скивать [1], ⟨∼щи́ть⟩ [16] drag or carry (over, across чéрез B).

перетя́|гивать [12], ⟨∼нуть⟩ [19] draw (fig. win) over; outweigh; cord.

переубе|ждáть [1], ⟨∼ди́ть⟩ [15 e.; no 1st p. sg.; -ди́шь; -еждённый] make s. o. change his mind.

переýлок m [1; -лка] lane, alleyway, side street.

переутомл|éние n [12] over-fatigue; ∼ённый [14 sh.] overtired.

переучёт m [1] inventory; stock-taking.

перехвáт|ывать [1], ⟨∼и́ть⟩ [15] intercept; embrace; F borrow.

перехитри́ть [13] pf. outwit.

перехóд m [1] passage; crossing; ✕ march; fig. transition; conversion; ∼и́ть [15], ⟨перейти́⟩ [-йду́, -дёшь; -шёл, -шлá; cf. идти́] cross, go over; pass (on), proceed (to); turn (in)to; exceed, transgress; ∼ный [14] transitional; gr. transitive; ∼я́щий [17] challenge (cup, etc.).

пéрец m [1; -рца] pepper; paprika.

пéречень m [4; -чня] list; index.

пере|чёркивать [1], ⟨∼черкну́ть⟩ [20] cross out; ∼чéсть s. ∼счи́ты-

вать & ∼чи́тывать; ∼числя́ть [28], ⟨∼чи́слить⟩ [13] enumerate; ∼чи́тывать, ⟨∼читáть⟩ [1] & ⟨∼чéсть⟩ [-чту́, чтёшь; -чёл, -члá] reread; read (many, all ...); ∠чить F [16] contradict, oppose; ∼шагну́ть [20] pf. step over, cross; transgress; ∼шéек m [1; -шéйка] isthmus; ∼шёптываться [1] whisper (to one another); ∼шивáть [1], ⟨∼ши́ть⟩ [-шью́, -шьёшь, etc., & ∼ши́ть] make over, alter; ∼щеголя́ть F [28] pf. outdo.

перила n/pl. [9] railing; banisters.

перина f [5] feather bed.

перио́д m [1] period; epoch, age; ∼и́ческий [16] periodic(al); ₴ circulating.

перифери́я f [7] circumference, periphery; outskirts pl. (на в П).

перламу́тр m [1] mother-of-pearl.

перлóвый [14] pearl (barley).

перманéнт m [1] permanent wave.

пернáтый [14 sh.] feathered, feathery.

перó n [9; pl.: пéрья, -ьев] feather, plume; pen; вéчное ∼ fountain pen; ∼чи́нный [14]: ∼чи́нный нóж(ик) m penknife.

перрóн m [1] 🚆 platform.

перс m [1], ∼и́дский [16] Persian; ∠ик m [1] peach; ∼ия́нин m [1; pl.: -я́не, -я́н], ∼ия́нка f [5; g/pl.: -нок] Persian; ∼óна f [5] person; ∼онáл m [1] personnel; ∼пекти́ва f [5] perspective; fig. prospect, outlook.

пéрстень m [4; -тня] (finger) ring.

пéрхоть f [8] dandruff.

перчáтка f [5; g/pl.: -ток] glove.

пёс m [1; пса] dog; F cur.

пéсенка f [5; g/pl.: -нок] ditty.

песéц m [1; песцá] Arctic fox.

пескáрь m [4 e.] gudgeon.

песн|ь f [8] (poet., eccl.), ∠я f [6; g/pl.: -сен] song; F story.

песó|к m [1; -скá] sand; granulated sugar; ∼чный [14] sand(y).

пессими́стич|еский [16], ∼ный [14; -чен, -чна] pessimistic.

пестр|éть [8] grow (or appear, a. ∼ и́ть [13]) variegated; gleam, glisten; ∼отá f [5] motley; gayness; ∼ый ('ро-) [14; пёстр, пестрá, пёстро & пестрó] variegated, parti-colo(u)red, motley (a. fig.); gay.

песч|áный [14] sand(y); ∼и́нка f [5; g/pl.: -нок] grain (of sand).

петли́ца f [5] buttonhole.

пéтля f [6; g/pl.: -тель] loop (a., ✈ мёртвая ∼); eye; mesh; stitch; hinge.

Пётр m [1; Петрá] Peter.

Петрýшка f [5; g/pl.: -шек] 1. m Punch (and Judy); 2. ♀ f parsley.

петý|х m [1 e.] rooster, cock; ∼ши́ный [14] cock(s)...

петь [пою́, поёшь; пéтый] 1. ⟨с-, про-⟩ sing; 2. ⟨про-⟩ crow.

пехо́т|а f [5], ~ный [14] infantry; ~и́нец m [1; -нца] infantryman.

печа́л|ить [13], ⟨о-⟩ grieve (v/i. -ся); ~ь f [8] grief, sorrow; F business, concern; ~ьный [14; -лен, -льна] sad, grieved, sorrowful.

печа́т|ать [1], ⟨на-⟩ print; type; ~ся impf. be in the press; write for, appear in (в П); ~ник m [1] printer; ~ный [14] printed; printing; ~ь f [8] seal, stamp (a. fig.); press, print, type.

печён|ка f [5; g/pl.: -нок] liver (food); ~ый [14] baked.

пе́чень f [8] liver (anat.); ~е n [10] pastry; cookie, biscuit.

пе́чка f [5; g/pl.: -чек] s. печь¹.

печь¹ f [8; в -чи; from g/pl. e.] stove; oven; furnace; kiln.

печь² [26], ⟨ис-⟩ bake; scorch (sun).

печься [26] care (for o П).

пеш|ехо́д m [1] pedestrian; ~ий [17] unmounted; ~ка f [5; g/pl.: -шек] pawn (a. fig.); ~ко́м on foot.

пеще́ра f [5] cave.

пиани́но n [indecl.] piano.

пивна́я f [14] alehouse, bar, saloon.

пи́во n [9] beer; ale; ~ва́р m [1] brewer; ~ва́ренный [14]; ~ва́ренный заво́д m brewery.

пиджа́к m [1 e.] coat, jacket.

пижа́ма f [5] pajamas (Brt. py-) pl. ⸺ m [1] реаk.

пи́ка f [5] pike, lance; ~нтный [14; -тен, -тна] piquant, spicy (a. fig.).

пи́ки f/pl. [5] spades (cards).

пики́ровать ⚓ [7] (im)pf. dive.

пи́кнуть [20] pf. peep; F stir.

пил|а́ f [5; pl. st.], ~и́ть [13; пилю́, пи́лишь] saw; ~о́т m [1] pilot.

пилю́ля f [6] pill.

пингви́н m [1] penguin.

пино́к m [1; -нка́] kick.

пинце́т m [1] tweezers pl.

пионе́р m [1] pioneer (a. member of Communist youth organization in the U.S.S.R.); ~ский [16] pioneer ...

пир m [1; в -у́; pl. e.] feast.

пирами́да f [5] pyramid.

пирова́ть [7] feast, banquet.

пиро́г m [1 e.] pie; ~жник m [1] pastry cook; ~жное n [14] pastry; fancy cake; ~жо́к m [1; -жка́] patty.

пир|у́шка f [5; g/pl.: -шек] carousal, revel(ry); ~шество n [9] feast, banquet.

писа́|ние n [12] writing; (Holy) Scripture; ~рь m [4; pl.: -ря́, etc. e.] clerk; ~тель m [4] writer, author; ~тельница f [5] authoress; ~ть [3], ⟨на-⟩ write; type(write); paint.

писк m [1] squeak; ~ли́вый [14 sh.] squeaky; ~нуть s. пища́ть.

пистоле́т m [1] pistol.

писч|ебума́жный [14] stationery (store, Brt. shop); ~ий [17] note (paper).

пи́сьмен|ность f [8] literature;

~ный [14] written; in writing; writing (a. table).

письмо́ n [9; pl. st., gen.: пи́сем] letter; writin~ (in на П); ~но́сец m [1; -сца] postman, mailman.

пита́|ние n [12] nutrition; nourishment, food; board; ⊕ feeding; ~тельный [14; -лен, -льна] nutritious, nourishing; ~ть [1] nourish (a. fig.), feed (a. ⊕); cherish (hope, etc.), bear (hatred, etc., against к Д); -ся feed or live (on Т).

пито́м|ец m [1; -мца], ~ица f [5] pupil; nursling; ~ник m [1] nursery.

пить [пью, пьёшь; пил, -а́, -о; пе́й (-те)!; пи́тый (пит, -а́, -о)], ⟨вы-⟩ drink (pf. a. up; to за В); have, take; ~ё n [10] drink(ing); ~ево́й [14] drinking (water), drinkable.

пих|а́ть F [1], ⟨~ну́ть⟩ [20] shove.

пи́хта f [5] fir.

пи́чкать F [1], ⟨на-⟩ stuff (with Т).

пи́шущ|ий [17] writing; ~ая маши́нка f typewriter.

пи́ща f [5] food; fare, board.

пища́ть [4 e.; -щу́, -щи́шь], ⟨за-⟩, once ⟨пи́скнуть⟩ [20] peep, squeak, cheep.

пище|варе́ние n [12] digestion; ~во́д m [1] anat. gullet; ~во́й [14] food(stuffs).

пия́вка f [5; g/pl.: -вок] leech.

пла́ва|ние n [12] swimming; navigation; voyage, trip; ~ть [1] swim; float; sail, navigate.

плав|и́льный [14] melting; ~и́льня f [6; g/pl.: -лен] foundry; ~ить [14], ⟨рас-⟩ smelt, fuse; ~ка f [5] fusion; ~ник m [1 e.] fin.

пла́вный [14; -вен, -вна] fluent, smooth; gr. liquid.

плагиа́т m [1] plagiarism.

плака́т m [1] poster, placard, bill.

пла́к|ать [3] weep (for or от P; о П), cry; -ся F complain (of на В); ~са F m/f [5] crybaby; ~сивый [14 sh.] whining.

плам|ене́ть [8] flame; ~енный [14] flaming, fiery; fig. a. ardent; ~я n [13] flame; blaze.

план m [1] plan; draft; plane; пе́рвый, пере́дний (за́дний) ~ fore-(back)ground (in на П).

планёр ⚓ m [1] glider.

плане́та f [5] planet.

плани́ров|ать¹ [7] 1. ⟨за-⟩ plan; 2. ⟨с-⟩ ⚓ glide; ~ать², ⟨рас-⟩ level; ~ка f [5; g/pl.: -вок] planning; level(l)ing.

пла́нка f [5; g/pl.: -нок] lath.

пла́но|вый [14] planned; plan (-ning); ~ме́рный [14; -рен, -рна] systematic, planned.

планта́тор m [1] planter.

пласт m [1] layer, stratum; ~ика f [5] plastic arts; plastic figure; ~и́нка f [5; g/pl.: -нок] plate; (gramophone) record; ~ма́сса f [5] plastic; ~ырь m [4] plaster.

плат|а f [5] pay(ment); fee; wages pl.; fare; rent; ~ёж m [1 e.] payment; ~ёжеспосо́бный [14]; -бен, -бна] solvent; ~ёжный [14] of payment; ~е́льщик m [1] payer; ~и́на f [5] platinum; ~и́ть [15], ⟨за-, у-⟩ pay (in T; for за B); settle (account по Д); -ся, ⟨по-⟩ fig. pay (with T); ~ный [14] paid; to be paid for.

плато́к m [1; -тка́] (hand)kerchief.

платфо́рма f [5] platform.

пла́т|ье n [10; g/pl.: -ьев] dress, gown; ~яно́й [14] clothes...

пла́ха f [5] block.

плац|да́рм m [1] base; bridgehead; ~ка́рта f [5] reserved seat (ticket).

пла́|ч m [1] weeping; ~че́вный [14; -вен, -вна] deplorable, pitiable, lamentable; plaintive; ~шмя́ flat.

плащ m [1 e.] raincoat; cloak.

плебисци́т m [1] plebiscite.

плева́ f [5] membrane; pleura.

плева́т|ельница f [5] cuspidor, spittoon; ~ь [6 e.; плюю́, плюёшь], once ⟨плю́нуть⟩ [20] spit (out); F not care (for на B).

пле́вел m [1] weed.

плево́к m [1; -вка́] spit(tle).

плеври́т m [1] pleurisy.

плед m [1] plaid, travel(l)ing rug.

пле́м|енной [14] tribal; brood...; stud...; ~я n [13] tribe; race; family; generation; breed; F brood.

племя́нни|к m [1] nephew; ~ца f [5] niece.

плен m [1 e.; в -ý] captivity; взять (попа́сть) в ~ (be) take(n) prisoner; ~а́рный [14] plenary; ~и́тельный [14; -лен, -льна] captivating, fascinating; ~и́ть(ся) s. ~я́ть(ся).

плён|ка f [5; g/pl.: -нок] film; pellicle.

плен|ник m [1], ~ный m [14] captive, prisoner; ~я́ть [28], ⟨~и́ть⟩ [13] (-ся be) captivate(d).

плену́м m [1] plenary session.

пле́сень f [8] mo(u)ld.

плеск m [1], ~а́ть [3], once ⟨плесну́ть⟩ [20], -ся impf. splash.

пле́сневеть [8], ⟨за-⟩ get mo(u)ldy.

пле|сти́ [25 -т-: плету́], ⟨с-, за-⟩ braid, plait; weave; spin; F twaddle; lie; -сь F drag, lag; ~тёный [14] wicker...; ~те́нь m [4; -тня́] wicker fence.

плётка f [5; g/pl.: -ток], плеть f [8; from g/pl. e.] lash, scourge.

плеч|о́ n [9; pl.: пле́чи, плеч, -ча́м] shoulder; back; ⊕ arm; с ~ (со всего́) ~а́ with all one's might; straight from the shoulder; (И) не по ~ý (Д) not be equal to a th.; на ~о́! shoulder arms!; пра́вое ~о́ вперёд! ⚔ left turn (Brt. wheel)!; cf. a. гора́ F.

плеш|и́вый [14 sh.] bald; ~ь f [8] bald patch.

плит|á f [5; pl. st.] slab, (flag-, grave-) stone; plate; (kitchen) range; (gas) stove; ~а́ f [5; g/pl.: -ток] tablet, cake, bar; hot plate.

плов|е́ц m [1; -вца́] swimmer; ~у́чий [17] floating (dock); ~у́чий мая́к m lightship; s. a. льди́на.

плод m [1 e.] fruit; ~и́ть [15 e.; ложу́, -ди́шь], ⟨рас-⟩ propagate, multiply (v/i. -ся); ~ови́тый [14 sh.] fruitful, prolific; ~ово́дство n [9] fruit growing; ~о́вый [14] fruit...; ~оно́сный [14; -сен, -сна] fructiferous; ~оро́дие n [12] fertility; ~оро́дный [14; -ден, -дна] fertile, fruitful, fecund; ~отво́рный [14; -рен, -рна] fruitful, productive; profitable; favo(u)rable.

пло́мб|а f [5] (lead) seal; (tooth) filling; ~ирова́ть [7], ⟨о-⟩ seal; ⟨за-⟩ fill, stop.

пло́ск|ий [16; -сок, -ска́, -о; comp.: пло́ще] flat (a. fig. = stale, trite), plain, level; ~огорье n [10] plateau, tableland; ~огу́бцы pl. [1] pliers; ~ость f [8; from g/pl. e.] flatness; plane; level (on в П); angle (under в П); platitude.

плот m [1 e.] raft; ~и́на f [5] dam, dike; ~ник m [1] carpenter.

пло́тн|ость f [8] density; solidity; ~ый [14; -тен, -тна́ -о] compact, solid; dense; close, thick; thickset.

плот|оя́дный [14; -ден, -дна] carnivorous; ~ский [16] carnal, fleshly; ~ь f [8] flesh.

плох|о́й [16; плох, -á, -о] bad; ~о bad(ly); bad, F (mark; cf. дво́йка & едини́ца.

площа́ть F [1], ⟨с-⟩ blunder.

площа́д|ка f [5; g/pl.: -док] ground; playground; (tennis) court; platform; landing; ~но́й [14] vulgar; ~ь f [8; from g/pl. e.] square; area (a. Ⱥ); (living) space, s. жилпло́щадь.

плуг m [1; pl. e.] plow, Brt. plough.

плут m [1 e.] rogue; trickster, cheat; ~а́ть F [1] stray; ~ова́ть [7], ⟨с-⟩ trick, cheat; ~овско́й [16] roguish; rogue...; ~овство́ n [9] roguery.

плыть [23] (be) swim(ming); float (-ing), sail(ing); cf. пла́вать.

плюга́вый F [14 sh.] shabby.

плю́нуть s. плева́ть.

плюс (su. m [1]) plus; F advantage.

плюш m [1] plush.

плющ m [1 e.] ivy.

пляж m [1] beach.

пляс|а́ть [3], ⟨с-⟩ dance; ~ка f [5; g/pl.: -сок] (folk) dance; dancing; ~ово́й [14] dance..., dancing.

пневмати́ческий [16] pneumatic.

по 1. (Д) on, along; through; all over; in; by; according to, after; through; owing to; for; over; across; upon; each, at a time (2, 3, 4 with B: по́ два); 2. (В) to, up to; till, through; for; 3. (П) (up)on; ~ мне

for all I care; ~ ча́су в день an hour a day.
по- (in *compds*.): *cf*. ру́сский; ваш.
побаива́ться [1] be (a little) afraid of (P).
побе́г *m* [1] escape, flight; **⚹** shoot, sprout; ~у́шки: быть на ~у́шках F run errands (for у P).
побе́|да *f* [5] victory; ~ди́тель *m* [4] victor; winner; ~ди́ть *s*. ~жда́ть; ~дный [14], ~доно́сный [14]; -сен, -сна] victorious; ~жда́ть [1], ⟨~ди́ть⟩ [15 *e*.; *1st p. sg. not used*]; -ди́шь; -ежде́нный] be victorious (over В), win (a victory), conquer, vanquish, defeat; overcome; beat.
побере́жье *n* [10] shore, coast.
побла́жка F *f* [5; *g/pl*.: -жек] indulgence.
побли́зости close by; (от P) near.
побо́и *m/pl*. [3] beating; ~ще *n* [11] (great) battle.
побо́р|ник *m* [1] advocate; ~о́ть [17] *pf*. conquer; overcome; beat.
побо́чный [14] accessory, incidental, casual; secondary; subsidiary; by-(*product*); illegitimate.
побу|ди́тельный [14]: ~ди́тельная причи́на *f* motive; ~жда́ть [1], ⟨~ди́ть⟩ [15 *e*.; -ужу́, -уди́шь; -ужде́нный] induce, prompt, impel; ~жде́ние *n* [12] motive, impulse, incentive.
побы́вка F *f* [5; *g/pl*.: -вок] stay, visit (for, on на В [or II]).
повад|иться F [15] *pf*. fall into the habit (of [visiting *inf*.]); ~ка *f* [5; *g/pl*.: -док] F habit; P encouragement.
пова́льный [14] epidemic; general.
по́вар *m* [1; *pl*.: -ра́, *etc. e*.] cook; ~енный [14] culinary; cook(*book*, *Brt*. *cookery book*), kitchen (*salt*); ~иха *f* [5] cook.
пове|де́ние *n* [12] behavio(u)r, conduct; ~лева́ть [1] (Т) rule; ⟨~ле́ть⟩ [9] (Д) order; command; ~ли́тельный [14; -лен, -льна] imperative (*a. gr*.).
поверг|а́ть [1], ⟨~нуть⟩ [21] throw or cast (down); put into (в В).
пове́р|енный [14] confidant; plenipotentiary; chargé (d'affaires в дела́х); ~ить *s*. ~я́ть & ве́рить; ~ка *f* [5; *g/pl*.: -рок] check(up); roll call; ~ну́ть(ся) *s*. поворачивать (-ся).
пове́рх (P) over, above; ~ностный [14; -тен, -тна] superficial; surface...; ~ность *f* [8] surface.
пове́р|ье *n* [10] legend, popular belief; ~ять [28], ⟨~ить⟩ [13] entrust, confide to Д); check (up).
пове́с|а F *m* [5] scapegrace; ~ить (-ся) *s*. ве́шать(ся); ~ничать F [1] romp, play pranks.
повествова́|ние *n* [12] narration, narrative; ~тель *m* [4] narrator;

~тельный [14] narrative; ~тельное предложе́ние *n gr*. statement; ~ть [7] narrate (*v/t*. о П).
пове́ст|ка *f* [5; *g/pl*.: -ток] summons; notice; ~ка дня agenda; '~ь *f* [8; *from g/pl. e*.] story, tale; narrative.
пове́шение *n* [12] hanging.
по-ви́димому apparently.
пови́дло *n* [9] jam, fruit butter.
пови́н|ность *f* [8] duty; ~ный [14; -инен, -инна] guilty; owing; ~ная *f* confession; ~ова́ться [7] (*pt. a. pf.*) (Д) obey; submit (to); ~ове́ние *n* [12] obedience.
по́вод *m* 1. [1] cause; occasion (on по Д); по ~у (P) *a*. concerning; 2. [1; в -ду́; *pl*.: -о́дья, -о́дьев] rein; на ~у́ (у Р) in (s.b.'s) leading strings.
пово́зка *f* [5; *g/pl*.: -зок] cart; wag(g)on.
Пово́лжье *n* [10] Volga region.
повора́|чивать [1], ⟨поверну́ть⟩ [20], F ~о́ти́ть] turn (*v/i*. -ся; ~а́чивайся! come on!); ~о́т *m* [1] turn; ~о́тливый [14 *sh*.] nimble, agile; ~о́тный [14] turning.
повре|жда́ть [1], ⟨~ди́ть⟩ [15 *e*.; -ежу́, -еди́шь; -ежде́нный] damage; injure, hurt; spoil; ~жде́ние *n* [12] damage; injury.
повреме́|нить F [13] *pf*. wait a little; ~нный [14] periodical; time...
повсе|дне́вный [14; -вен, -вна] everyday, daily; ~ме́стный [14; -тен, -тна] general, universal; ~ме́стно everywhere.
повста́н|ец *m* [1; -нца] rebel, insurgent; ~ческий [16] rebel(lious).
повсю́ду everywhere.
повтор|е́ние *n* [12] repetition; review; ~и́тельный [14] repetitive; ~е́ный [14] repeated, second; ~я́ть [28], ⟨~и́ть⟩ [13] repeat (o.s. -ся); review (*lessons, etc.*).
повы|ша́ть [1], ⟨~сить⟩ [15] raise; promote; -ся rise; advance; ~ше́ние *n* [12] rise; promotion; ~шенный [14] increased, higher.
повя́з|ка *f* [5; *g/pl*.: -зок] bandage; band, armlet; ~ывать [1], ⟨~а́ть⟩ [3] bind (up); put on.
пога|ша́ть [1], ⟨~си́ть⟩ [15] put out, extinguish; discharge (*debt*).
погиб|а́ть [1], ⟨~нуть⟩ [21] perish; ~ель † *s*. ги́бель; ~ший [17] lost.
погло|ща́ть [1], ⟨~ти́ть⟩ [15; -ощу́; -още́нный] swallow up, devour; absorb; ~ще́ние *n* [12] absorption.
погля́дывать [1] look (F *a*. after).
пого́в|а́ривать [1] speak; say; ~о́рка *f* [5; *g/pl*.: -рок] saying, proverb.
пого́|да *f* [5] weather (in в В, при П); ~ди́ть F [15 *e*.; -гожу́, -годи́шь] *pf*. wait; ~ди́ later; ~лов-ный [14] general, universal; ~лов-

но without exception; ~ло́вье n [10] livestock.

пого́н m [1] epaulet, shoulder strap; ~щик m [1] drover; ~я f [6] pursuit (of за Т); pursuers pl.; ~я́ть [28] drive or urge (on), hurry (up).

пого|ре́лец m [1; -льца] burnt down p.; ~ст [1] churchyard.

пограни́чн|ый [14] frontier...; ~ик m [1] frontier guard.

погре|б m [1; pl.: -ба́, etc. e.] cellar; (powder) magazine; ~ба́льный [14] funeral; ~ба́ть [1], ⟨~сти́⟩ [24 -б-: -бу́] bury, inter; ~бе́ние n [12] burial; funeral; ~му́шка f [5; g/pl.: -шек] rattle; ~шность f [8] error, fault.

погру|жа́ть [1], ⟨~зи́ть⟩ [15 & 15 e.; -ужу́, -у́зишь, -у́женный & -ужённый] immerse; sink, plunge, submerge (v/i. -ся); ~жённый a. absorbed, lost (in в В); load, ship; ~же́ние n [12] immersion; ~зка f [5; g/pl.: -зок] loading, shipment.

погряз|а́ть [1], ⟨~нуть⟩ [21] sink.

под¹, ~о 1. (В): (direction) under; toward(s), to; (age, time) about; on the eve of; à la, in imitation of; for, suitable as; 2. (Т): (position) under, below, beneath; near, by, (battle) of; (used) for, with; по́ле ~ ро́жью rye field; ~² m [1; на -у́] hearth, floor.

подава́льщица f [5] waitress.

пода|ва́ть [5], ⟨~ть⟩ [-да́м, -да́шь, etc., cf. дать] give; serve (a. sport); drive up, get ready; move (in); hand (or send in); lodge (complaint); bring (action); set (example); render; raise (voice); не ~ва́ть виду s. пока́зывать; ~ть s. move; yield.

подав|и́ть s. ~ля́ть; ~и́ться pf. choke, suffocate; ~ле́ние n [12] suppression; ~ля́ть [28], ⟨~и́ть⟩ [14] suppress; repress; depress; crush; ~ля́ющий a. overwhelming.

пода́вно F so much or all the more.

пода́гра f [5] gout, podagra.

пода́льше F rather far off.

пода́|рок m [1; -рка] present, gift; ~тель m [4] bearer; petitioner; ~тливый [14 sh.] (com)pliant; ~ть f [8; from g/pl. e.] tax; ~ть(ся) s. ~ва́ть(ся); ~ча f [5] giving; serving; serve; presentation; rendering; supply; ~ча го́лоса voting; ~чка f [5; g/pl.: -чек] charity; gift; ~яние n [12] alms.

подбе|га́ть [1], ⟨~жа́ть⟩ [4; -бегу́, -бежи́шь, -бегу́т] run up (to к Д).

подби|ва́ть [1], ⟨~ть⟩ [подобью́, -бьёшь, etc., cf. бить] line, fur; (re)sole; hit, injure; F instigate, incite; ~тый F black (eye).

под|бира́ть [1], ⟨~обра́ть⟩ [подберу́, -рёшь; подобра́л, -á, -о; подо́бранный] pick up; tuck up; draw in; pick out, select; ~ся sneak up (to к Д); ~би́ть s. ~бива́ть; ~бо́р

m [1] picking up or out; selection; assortment; на ~бо́р chosen, select.

подборо́док m [1; -дка] chin.

подбр|а́сывать [1], ⟨~о́сить⟩ [15] throw (up); jolt; add; foist, palm (on Д).

подва́л m [1] basement; cellar.

подвезти́ s. подвози́ть.

подвер|га́ть [1], ⟨~гнуть⟩ [21] subject, expose; -ся undergo; be exposed; run (risk); ~женный [14 sh.] subject; ~же́ние n [12] subjection.

подве́с|ить s. ~шивать; ~но́й [14] hanging (lamp); ⊕ suspension.

подвести́ s. подводи́ть.

подве́тренный [14] leeward.

подве́|шивать [1], ⟨~сить⟩ [15] hang (under; on); fix.

по́двиг m [1] feat, exploit, deed.

подви|га́ть [1], ⟨~нуть⟩ [20] move (v/i. -ся; advance, get on); push (on, ahead); ~жно́й [14] mobile; movable; nimble; 🚂 rolling (stock); ~жность f [8] mobility; agility; ~за́ться [1] be active; ~нуть(ся) s. ~га́ть(ся).

подв|ла́стный [14; -тен, -тна] subject; ~о́да f [5] cart; wag(g)on.

подводи́ть [15], ⟨подвести́⟩ [25] lead (up to; to); bring, get; lay; build; make (up); F let a p. down.

подво́дн|ый [14] submarine ~ая ло́дка f submarine; ~ый ка́мень m reef.

подво́з m [1] supplies pl.; ~и́ть [15], ⟨подвезти́⟩ [24] bring, get; give a p. a lift.

подве́шивший F [17] tipsy, drunk.

подвя́з|ка f [5; g/pl.: -зок] garter; ~ывать [1], ⟨~а́ть⟩ [3] tie (up).

под|гиба́ть [1], ⟨~огну́ть⟩ [20] tuck (under); bend; -ся fail.

подгля́д|ывать [1], ⟨~е́ть⟩ [11] peep, spy.

подгов|а́ривать [1], ⟨~ори́ть⟩ [13] instigate, talk a p. into.

под|гоня́ть [28], ⟨~огна́ть⟩ [под-гоню́, -го́нишь; cf. гнать] drive or urge on, hurry (up); fit, adapt.

подгор|а́ть [1], ⟨~е́ть⟩ [9] burn.

подготов|и́тельный [14] preparatory; ~ка f [5; g/pl.: -вок] preparation (for к Д); training; 🎯 drill; ~ля́ть [28], ⟨~ить⟩[14] prepare.

подда|ва́ться [1], ⟨~ться⟩ [-да́м-ся, -да́шься, etc., cf. дать] yield; не ~ва́ться (Д) defy (description).

поддак|ивать F [1], ⟨~нуть⟩ [20] say yes (to everything), consent.

по́дда|нный m [1+] subject; ~нство n [9] nationality, citizenship; ~ться s. ~ва́ться.

подде́л|ка f [5; g/pl.: -лок] forgery, counterfeit; ~ывать, ⟨~ать⟩ [1] forge; ~ьный [14] counterfeit...; sham...

подде́рж|ивать [1], ⟨~а́ть⟩ [4] support; back up; uphold; maintain;

~ка f [5; g/pl.: -жек] support; approval.

поде́л|ать F [1] pf. do; ничего́ не **~аешь** there's nothing to be done; cf. a. де́лать F; **~о́м** F rightly; **~о́м** ему́ it serves him right; **~ываеть** F [1]: что (вы) **~ываете?** what are you doing (now)?

поде́ржанный [14] second-hand; worn, used.

поджа́р|ивать [1], **⟨~ить⟩** [13] roast, brown; toast; **~ый** [14 sh.] lean.

поджа́ть s. поджима́ть.

под|же́чь s. **~жига́ть; ~жига́тель** m [4] incendiary; **~жига́ть** [1], **⟨~же́чь⟩** [26]; подожгу́, -жжёшь; поджёг, подожгла́; подожжённый] set on fire (or fire to).

под|жида́ть [1], **⟨~ожда́ть⟩** [-ду́, -дёшь; -а́л, -а́, -о] wait (for P, В).

под|жима́ть [1], **⟨~жа́ть⟩** [подожму́, -мёшь; поджа́тый] cross (legs under под В); purse (lips); draw in (tail).

поджо́г m [1] arson; burning.

подзаголо́вок m [1; -вка] subtitle.

подзадо́р|ивать F [1], **⟨~ить⟩** [13] instigate, incite (to на В).

подза́|ты́льник m [1] cuff on the nape; **~щи́тный** m [14] ฿ client.

подзем|е́лье n [10] (under)ground vault, cave; dungeon; **~ный** [14] underground, subterranean; cf. метро́.

подзо́рная [14]: **~** труба́ f spyglass.

под|зыва́ть [1], **⟨~озва́ть⟩** [подзову́, -ёшь; подозва́л, -а́, -о; подо́званный] call, beckon; **~йP** come (**~ноw**); **go**; try I suppose.

под|ка́|пываться [1], **⟨~копа́тся⟩** undermine (v/t. под В); **~кара́ули-вать** [1], **⟨~карау́лить⟩** [13] s. подстерега́ть; **~ка́рмливать** [1], **⟨~корми́ть⟩** [14] feed, fatten; **~ка́тывать** [1], **⟨~кати́ть⟩** [15] roll or drive up (under); **~ка́ши-ваться** [1], **⟨~коси́ться⟩** [15] fail.

подки́|дывать [1], **⟨~нуть⟩** [20] s. подбра́сывать; **~дыш** m [1] foundling.

подкла́д|ка f [5; g/pl.: -док] lining; ⊕ support; **~ывать** [1], **⟨под-ложи́ть⟩** [16] lay (under); add; enclose; foist (on Д).

подкле́|ивать [1], **⟨~ить⟩** [13] glue, paste (under).

подко́в|а f [5] horseshoe; **~ывать** [1], **⟨~а́ть⟩** [7 e.; -кую́, -куёшь] shoe; **~анный** a. versed.

подко́жный [14] hypodermic.

подко́п m [1] sap, mine; **~а́ться** s. подка́пываться.

подкоси́ться s. подка́шиваться.

подкра́|дываться [1], **⟨~сться⟩** [25] steal or sneak up (to к Д); **~шивать** [1], **⟨~сить⟩** [15] touch up; make up.

подкреп|ля́ть [28], **⟨~и́ть⟩** [14 e.;

-плю́, -пи́шь; -плённый] reinforce, fortify; corroborate; refresh; **~ле́ние** n [12] reinforcement; corroboration; refreshment.

подку́п m [1] bribery; **~а́ть** [1], **⟨~и́ть⟩** [14] bribe; win, prepossess; **~но́й** [14] corrupt.

подла́|живаться F [1], **⟨~диться⟩** [15] adapt o. s.; make up to.

по́дле (P) beside, by (the side of); nearby.

подлеж|а́ть [4 e.; -жу́, -жи́шь] be subject to; be to be; (И) не **~и́т** (Д) there can be no (doubt about); **~а́-щий** [17] subject (to Д); ...able; **~а́щее** n gr. subject.

подле|за́ть [1], **⟨~зть⟩** [24 st.] creep (under; up), **~та́ть** [1], **⟨~те́ть⟩** [11] fly (up).

подле́ц m [1 e.] scoundrel, rascal.

подли|ва́ть [1], **⟨~ть⟩** [подолью́, -льёшь; подле́й; по́длил, -а́, -о; по́дли́тый (-ли́т, -а́, -о)] pour, add; **~ва́** f [5; g/pl.: -вок] gravy; sauce.

подли́з|а m/f [5] toady; **~ываться** F [1], **⟨~а́ться⟩** [3] flatter, insinuate o. s. (with к Д).

по́длинн|ик m [1] original; **~ый** [14; -инен, -инна] original; authentic, genuine; true; pure.

подли́ть s. подлива́ть.

по́длог m [1] forgery; **~жи́ть** s. подкла́дывать; **~жный** [14; -жен, -жна] spurious, false.

по́дл|ость f [8] meanness; low act; **~ый** [14; подл, -а́, -о] mean, base, low.

подма́з|ывать [1], **⟨~ать⟩** [3] grease (a., F, fig.), smear; F make up; **~ся** F insinuate o. s. (with к Д).

подма́н|ивать [1], **⟨~и́ть⟩** [13; -аню́, -а́нишь] beckon.

подмасте́рье m [10; g/pl.: -ьев] journeyman.

подме́н|а f [5] substitution, exchange; **~ивать** [1], **⟨~и́ть⟩** [13; -еню́, -е́нишь] substitute (s.th./for Т/В) (ex)change.

подме|та́ть [1], **⟨~сти́⟩** [25 -т-: -мету́] sweep; **~ти́ть** s. подмеча́ть.

подмётка f [5; g/pl.: -ток] sole.

подме|ча́ть [1], **⟨~тить⟩** [15] notice, observe, perceive.

подме́ш|ивать [1], **⟨~ать⟩** [1] mix (s. th. with s. th. Р/в В), adulterate.

подми́г|ивать [1], **⟨~нуть⟩** [20] wink (at Д).

подмо́га F f [5] help, assistance.

подмок|а́ть [1], **⟨~нуть⟩** get wet.

подмо́стки m/pl. [1] scaffold; stage.

подмо́ченный [14] wet; F stained.

подмы|ва́ть [1], **⟨~ть⟩** [22] wash (a. out, away); F press.

подне|бе́сье n [10] firmament; **~во́льный** [14; -лен, -льна] dependent; forced; **~сти́** s. подноси́ть.

поднима́ть [1], **⟨подня́ть⟩** [-ниму́, -ни́мешь; по́днял, -а́, -о; подня́-

тый (-нят, -á, -о)] lift; pick up (from с Р); elevate; set (up; off); take up (arms); hoist (flag); weigh (anchor); set (sail); give (alarm); make (noise); scare (game); plow (Brt. plough) up; ~ нóс assume airs; ~ нá ноги alarm; ~ нá смех ridicule; ~ся [pt.: -нялся, -лáсь] (с P from) rise; arise; go up(stairs по Д); climb (hill на В); set out; get agitated.

подногóтная F f [14] ins & outs pl.

поднóж|ие n [12] foot, bottom (at у Р); pedestal; **~ка** f [5; g/pl.: -жек] footboard; mot. running board; trip; **~ный** [14] green (fodder).

поднó|с m [1] tray; **~сить** [15], ⟨поднести⟩ [24 -с-] bring, carry; offer, present (Д); **~шéние** n [12] gift.

поднят|ие n [12] raise, raising; rise; elevation, etc., cf. поднимáть(ся); **~ь(ся)** s. поднимáть(ся).

подоб|áть -áет it becomes; ought; **~ие** n [12] resemblance; image (a. eccl.); A similarity; **~ный** [14; -бен, -бна] similar (to Д); such; и тому́ **~ное** and the like; ничегó **~ного** nothing of the kind; **~острáстный** [14; -тен, -тна] servile.

подо|брáть(ся) s. подбирáть(ся); **~гнáть** s. подгонять; **~гнуть(ся)** s. подгибáть(ся); **~гревáть** [1], ⟨~грéть⟩ [8; -éтый] warm up; **~двигáть** [1], ⟨~двинуть⟩ [20] move ([up] to к Д v/i. -ся; draw near); **~ждáть** s. поджидáть & ждать; **~звáть** s. подзывáть.

подозр|евáть [1], ⟨заподóзрить⟩ [13] suspect (of в П); **~éние** n [12] suspicion; **~и́тельный** [14; -лен, -льна] suspicious.

подойти́ s. подходи́ть.

подокóнник m [1] window sill.

подóл m [1] lap, hem.

подóлгу (for a) long (time).

подóнки m/pl. [1] dregs (a. fig.).

подóпытный [14] test...

подорвáть s. подрывáть.

подорóжн|ая f [14] hist. post-horse order; **~ик** m [1] plantain, ribwort.

подо|слáть s. подсылáть; **~снéть** [8] pf. come (in time); **~стлáть** s. подстилáть.

подотдéл m [1] sub-division.

подотчётный [14; -тен, -тна] accountable.

подохóдный [14] income (tax).

подóшва f [5] sole; foot, bottom.

подпа|дáть [1], ⟨~сть⟩ [25; pt. st.] fall (under); **~ивать** F [1], ⟨подпоить⟩ [13] make drunk; **~и́ть** [13] pf. F = поджéчь; singe; **~сок** m [1; -ска] shepherd boy; **~сть** s. **~дáть.**

подпевáть [1] s. втóрить.

подпирáть [1], ⟨подпереть⟩ [12; подопру́, -прёшь] support, prop.

подпис|áть(ся) s. **~ывать(ся);** **~ка** f [5; g/pl.: -сок] subscription (to;

for на В); pledge (take дать); **~нóй** [14] subscription...; **~чик** m [1] subscriber; **~ывать(ся)** [1], ⟨~áть (-ся)⟩ [3] sign; subscribe (to; for на В); **~ь** f [8] signature (for на В); за **~ью** (P) signed by.

подплы|вáть [1], ⟨~ть⟩ [23] swim (under or up to к Д).

подно|и́ть s. подпáивать; **~лзáть** [1], ⟨~лзти́⟩ [24] creep or crawl (under or up to к Д); **~лкóвник** m [1] lieutenant colonel; **~лье** n [10; g/pl.: -ьев], **~льный** [14] underground; **~р(к)а** f [5 (g/pl.: -рок)] prop; **~чва** f [5] subsoil; **~я́сывать** [1], ⟨~я́сать⟩ [3] gird.

подпр|у́га f [5] girth; **~ы́гивать** [1], once ⟨~ы́гнуть⟩ [20] jump up.

подпус|кáть [1], ⟨~ти́ть⟩ [15] allow to approach; admit; F add.

подр|áвнивать [1], ⟨~овня́ть⟩ [28] straighten; level; clip.

подража́|ние n [12] imitation (in /of в В/Д); **~тель** m [4] imitator (of Д); **~ть** [1] imitate, copy (v/t. Д); counterfeit.

подраздел|éние n [12] subdivision; ✕ unit; **~я́ть** [28], ⟨~и́ть⟩ [13] (-ся be) subdivide(d) (into на В).

подра|зумевáть [1] mean (by под Т), imply; -ся be implied; ✝ be understood; **~стáть** [1], ⟨~сти́⟩ [24 -ст-; -рóс, -лá] grow (up); rise.

подрез|áть & **~ывать** [1], ⟨~áть⟩ [3] cut; crop, clip.

подрóбн|ость f [8] detail; **~ый** [14; -бен, -бна] detailed, full-length; в **~** in detail, in full.

подровня́ть s. подравнивать.

подрóсток m [1; -стка] teenager; youth, juvenile. [hem.]

подруб|áть [1], ⟨~и́ть⟩ [14] cut;}

подру́га f [5] (girl) friend; playmate.

по-дру́жески (in a) friendly (way).

подружи́ться [16 е.; -жу́сь, -жи́шься] pf. make friends (with с Т).

подрумя́нить [13] pf. redden.

подру́чный [14] assistant; helper.

подры|в m [1] undermining; blowing up; **~вáть** [1] 1. ⟨~ть⟩ [22] sap, undermine; 2. ⟨подорвáть⟩ [-рву́, -рвёшь; -рвáл, -á, -о; подóрванный] blow up, blast, spring; fig. undermine; **~внóй** [14] blasting, explosive; subversive.

подря́д 1. adv. successive(ly), running; one after another; 2. m [1] contract; **~чик** m [1] contractor.

подс|áживать [1], ⟨~ади́ть⟩ [15] help; plant; -ся, ⟨~éсть⟩ [с; -сáду, -ся́дешь; -сéл] sit down (by к Д).

подсвéчник m [1] candlestick.

подсéсть s. подсáживаться.

подска́|зывать [1], ⟨~áть⟩ [3] prompt; **~ка** F f [5] prompting.

подскак|áть [3] pf. gallop (up to к Д; **~ивать** [1], ⟨подскочи́ть⟩ [16] run ([up] to к Д); jump up.

под|слáщивать [1], ⟨～сластить⟩ [15 *e.*; -ащу́, -астишь; -ащённый] sweeten; ～слéдственный *m* [14] (prisoner) on trial; ～слеповáтый [14 *sh.*] weak-sighted; ～слу́шивать, ⟨～слу́шать⟩ [1] eavesdrop, overhear; ～смáтривать [1], ⟨смотрéть⟩ [9; -отрю́, -о́тришь] spy, peep; ～смéиваться [1] laugh (at над Т); ～смотрéть *s.* ～смáтривать.

подснéжник *m* [1] snowdrop.

подсо́|бный [14] subsidiary, by-..., side..., subordinate; ～вывать [1], ⟨подсу́нуть⟩ [20] push, shove; present; F palm ([off] on Д); ～знáтельный [14; -лен, -льна] subconscious; ～лнечник *m* [1] sunflower; ～хнуть *s.* подсыхáть.

подспо́рье F *n* [10] help, support.

подстáв|ить *s.* ～ля́ть; ～ка *f* [5; *g/pl.*: -вок] support, prop, stay; stand; saucer; ～ля́ть [28], ⟨～ить⟩ [14] put, place, set (under под В); move up (to к Д); expose; substitute; ～ля́ть нóгу *or* нóжку (Д) trip (a p.) up; ～но́й [14] false, straw...; ～нóе лицо́ *n* dummy.

подстан|о́вка *f* [5; *g/pl.*: -вок] substitution; ～ция *f* [8] substation.

подстер|егáть [1], ⟨～éчь⟩ [26 г/ж: -регу́, -режешь, -регут; -рег, -реглá] lie in wait of; *pf.* trap.

подстил|áть [1], ⟨подостлáть⟩ [подстелю́, -éлешь; подо́стланный *&* подстéленный] spread (under под В); ～ка *f* [5; *g/pl.*: -лок] bedding; spreading.

подстр|áивать [1], ⟨～о́ить⟩ [13] build, add; F tune (to под В); plot.

подстрек|áтель *m* [4] instigator, monger; ～áтельство *n* [9] instigation; ～áть [1], ⟨～ну́ть⟩ [20] incite (to на В); stir up, provoke.

подстр|éливать [1], ⟨～елить⟩ [13; -елю́, -éлишь] hit, wound; ～игáть [1], ⟨～ичь⟩ [26 г/ж: -игу́, -ижёшь; -иг, -игла; -иженный] cut, crop, clip; trim, lop; ～о́чный *s.* подстрáивать; ～о́чный [14] interlinear; *foot(note)*.

по́дступ *m* [1] approach (*a.* ✕); ～áть [1], ⟨～и́ть⟩ [14] approach (*v/t.* к Д); rise; press.

подсуд|и́мый *m* [14] defendant; ～ность *f* [8] jurisdiction.

подсу́нуть *s.* подсо́вывать.

подсч|ёт *m* [1] calculation, computation, cast; ～и́тывать, ⟨～итáть⟩ [1] count (up), compute.

подсы|лáть [1], ⟨подослáть⟩ [-шлю́, -шлёшь; -о́сланный] send (secretly); ～пáть [1], ⟨～пáть⟩ [2] add, pour; ～хáть [1], ⟨подсо́хнуть⟩ [21] dry (up).

подтá|лкивать [1], ⟨подтолкну́ть⟩ [20] push; nudge; ～со́вывать [1], ⟨～совáть⟩ [7] shuffle

(trickily); garble; ～чивать [1], ⟨подточи́ть⟩ [16] eat (away); wash (out); sharpen; *fig.* undermine.

подтвер|ждáть [1], ⟨～ди́ть⟩ [15 *e.*; -ржу́, -рди́шь; -рждённый] confirm, corroborate; acknowledge; -ся prove (to be) true; ～ждéние *n* [12] confirmation; acknowledg(e)ment.

под|терéть *s.* ～тирáть; ～тёк *m* [1] bloodshot spot; ～тирáть [1], ⟨～терéть⟩ [12; подотру́; подтёр] wipe (up); ～толкну́ть *s.* ～тáлкивать; ～точи́ть *s.* ～тáчивать.

подтру́н|ивать [1], ⟨～и́ть⟩ [13] tease, banter, chaff (*v/t.* над Т).

подтя́|гивать [1], ⟨～ну́ть⟩ [19] pull (up); draw (in *reins*); tighten; raise (*wages*); wind *or* key up, egg on; join in (*song*); -ся chin; brace up; improve, pick up; ～жки *f/pl.* [5; *gen.*: -жек] suspenders, *Brt.* braces.

поду́мывать [1] think (about о П).

подуч|áть [1], ⟨～и́ть⟩ [16] *s.* учить.

поду́шка *f* [5; *g/pl.*: -шек] pillow; cushion, pad.

подхали́м *m* [1] toady, lickspittle.

подхвáт|ывать [1], ⟨～и́ть⟩ [15] catch; pick up; take up; join in.

подхо́д *m* [1] approach (*a. fig.*); ～и́ть [15], ⟨подойти́⟩ [подойду́, -дёшь; -ошёл; -шлá; *g.* *pt.* -ойдя́] (к П) approach, go (up to); arrive, come; (Д) suit, fit; ～я́щий [17] suitable, fit(ting), appropriate; convenient.

подцеп|ля́ть [28], ⟨～и́ть⟩ [14] hook (*a. fig.*); pick up, catch.

подчáс at times, sometimes.

подчёркивать [1], ⟨～еркну́ть⟩ [20, -ёркнутый] underline; stress.

подчин|éние *n* [12] submission; subjection; *gr.* hypotaxis; ～ённый [14] subordinate; ～я́ть [28], ⟨～и́ть⟩ [13] subject, subdue; subordinate; put under (s.b.'s Д) supervision; -ся (Д) submit (to); obey.

под|шéфный [14] sponsored; ～шивáть [1], ⟨～ши́ть⟩ [подошью́, -шьёшь; *cf.* шить] sew on (to к Д); hem; file; ～ши́пник ✛ *m* [1] bearing; ～ши́ть *s.* ～шивáть; ～шу́чивать [1], ⟨～шути́ть⟩ [15] play a trick (on над Т).

подъéзд *m* [1] entrance, porch; drive; approach; ～дно́й [14] 🚂 branch (*line*); ～зжáть [1], ⟨～хать⟩ [-éду, -éдешь] (к Д) drive *or* ride up (to), approach; F drop in (on); make up to.

подъём *m* [1] lift(ing); ascent, rise (*a. fig.*); enthusiasm; instep; лёгок (тяжёл) на ～ nimble (slow); ～ник *m* [1] elevator, lift, hoist; ～ный [14]: ～ный мост *m* drawbridge; ～ная сила *f* carrying capacity; ～ные (дéньги) *pl.* travel(l)ing expenses.

подъé|хать *s.* ～зжáть.

под|ымáть(ся) *s.* нимáть(ся).

подыск|ивать [1], ⟨～áть⟩ [3] *impf.* look for; *pf.* find; choose.

подытож|ивать [1], ⟨~ить⟩ [16] sum up.

поедать [1], ⟨поесть⟩ *cf.* есть[1].

поедин|ок *m* [1; -нка] duel (with *arms* на П).

поезд *m* [1; *pl.*: -да́, *etc. e.*] train; ~ка *f* [5; *g/pl.*: -док] trip, journey; voyage; tour; ~но́й 🚂 [14] train...

поение *n* [12] watering.

пожа́луй maybe, perhaps; I suppose; ~ста (ра'заɫustə) please; *cf. a.* (не за) что; скажи́(те) ~ста! I say!; ~те come in(to в В), please; ~те сюда́! this way, please; *cf.* жа́ловать & добро́[2].

пожа́р *m* [1] fire (to/at на В/П); conflagration; ~ище *n* [11] scene of conflagration; ~ник *m* [1] fireman; ~ный [14] fire...; *su.* = ~ник; *cf.* кома́нда.

пожа́т|ие *n* [12] shake (*of hand*); ~ь *s.* пожима́ть & пожина́ть.

пожела́ние *n* [12] wish; request.

пожелте́лый [14] yellow, faded.

поже́ртвование *n* [12] donation.

пожи́|ва *f* [5] F = нажи́ва, *s.*; ~ва́ть [1] F live; как (вы) ~ва́ете? how are you (getting on)?; ~ва́ться [14 *e.*; -влю́сь, -ви́шься] *pf.* F (Т) = нажи́ть; ~зненный [14] life...; ~ло́й [14] elderly.

пожи|ма́ть [1], ⟨пожа́ть⟩ [-жму́, -жмёшь; -а́тый] *s.* жать[1]; ~ма́ть плеча́ми shrug one's shoulders; ~на́ть [1], ⟨пожа́ть⟩ [-жну́, -жнёшь; -жа́тый] *s.* жать[2]; ~ра́ть Р [1], ⟨пожра́ть⟩ [-жру́, -рёшь; -а́л, -а́, -о] eat up; devour; ~тки *f m/pl.* [1] belongings, things; co все́ми ~тками with bag & baggage.

по́за *f* [5] pose, posture, attitude.

позавчера́ the day before yesterday; ~дй (Р) behind; past; ~про́шлый [14] ... before last.

позвол|е́ние *n* [12] permission (with c Р), leave (by); ~и́тельный [14; -лен, -льна] permissible; ~и́тельно one may; ~я́ть [28], ⟨~ить⟩ [13] allow (*a.* of), permit (Д); ~я́ть себе́ venture, presume; † beg *to*; afford; ~ь(те) may I; let; I say.

позвоно́|к *m* [1; -нка́] *anat.* vertebra; ~чник *m* [1] spinal (*or* vertebral) column, spine, backbone; ~чный [14] vertebral; vertebrate.

по́здн|ий [15] (-zn-) late; ~о it is late.

поздрав|и́тель *m* [4] congratulator; ~и́тельный [14] congratulatory; ~ить *s.* ~ля́ть; ~ле́ние *n* [12] congratulation; *pl.* compliments (of the season c Т); ~ля́ть [28], ⟨~ить⟩ [14] (c Т) congratulate (on), wish (many happy returns [of the day]); send (*or* give) one's compliments (of the season).

поземе́льный [14] land..., ground...

по́зже later; не ~ (Р) ... at the latest.

позити́вный [14; -вен, -вна] positive.

пози́ци|о́нный [14] trench..., position...; ~я *f* [7] position; *pl.* ⚔ line; *fig.* attitude (on по Д).

позна|ва́ть [5], ⟨~ть⟩ [1] perceive; (come to) know; *sние n* [12] perception; *pl.* knowledge.

позоло́та *f* [5] gilding.

позо́р *m* [1] shame, disgrace, infamy; ~ить [13], ⟨о-⟩ dishono(u)r, disgrace; ~ный [14; -рен, -рна] shameful, disgraceful, infamous, ignominious; ~ный столб *m* pillory.

позы́в *m* [1] desire; impulse.

поим|ённый [14] of names; by (roll) call; ~ено́вать [7] *pf.* name; ~ущественный [14] property...

по́иск|и *m/pl.* [1] search (in в П), quest; ⟨~тине truly, really.

по|и́ть [13], ⟨на-⟩ water; give to drink (Т); ~и́ло *n* [9] swill.

пой|ма́ть *s.* лови́ть; ~тй *s.* идти́.

пока́ for the time being (*a.* ~ что); meanwhile; while; ~ (не) until; ~! F so long!, (I'll) see you later.

пока́з *m* [1] demonstration; showing; ~а́ние (*usu. pl.*) *n* [12] evidence; ⊕ indication; ~а́тель *m* [4] A; exponent; index; figure; ~а́тельный [14; -лен, -льна] significant; demonstrative; model; show (*trial*); ~а́ть(ся) *s.* ~ывать(ся); ~но́й [14] ostentatious; sham...; ~ывать [1], ⟨~а́ть⟩ [3] show; demonstrate; point (at на В); 🏛 testify, depose (against на В); ⊕ read; ~ать себя́ (Т) prove; и ви́ду не ~ывать seem to know nothing; look unconcerned; ~ся appear (*a.* = seem, Т), turn up.

пока́мест Р, *s.* пока́.

пока́т|ость *f* [8] declivity; slope; slant; ~ый [14 *sh.*] slanting, sloping; retreating (*forehead*).

покая́н|ие *n* [12] penance (do быть на П); penitence; repentance.

поквита́ться F [1] *pf.* settle accounts.

поки|да́ть [1], ⟨~нуть⟩ [20] leave, quit; abandon, desert.

покла|да́я: не ~да́я рук unremittingly; ~ди́стый [14 *sh.*] accommodating; ~жа *f* [5] load, lading.

покло́н *m* [1] bow; regards (Д); ~е́ние *n* [12] (Д) worship; deference; ~и́ться *s.* кла́няться; ~ник *m* [1] worship(p)er; admirer; ~и́ться [28] (Д) worship; bow (to).

поко́иться [13] rest, lie; be based.

поко́й *m* [3] rest; repose; peace; calm; † apartment; (оста́вить в П let) alone; ~ник *m* [1], ~ница *f* [5] the deceased; 🏛 decedent; ~ницкая *f* [5] mortuary; ~ный [14; -о́ен, -о́йна] quiet; calm; easy; the late; *su.* = ~ник, ~ница; *cf.* споко́йный.

поколе́ние *n* [12] generation.

поко́нчить [16] *pf.* ([c] Т) finish;

(с Т) do away with; commit (suicide с собо́й).

покор|е́ние n [12] conquest; subjugation; ~и́тель m [4] conqueror; ~и́ть(ся) s. ~и́ть(ся); ~ность f [8] submission, obedience; ~ный [14; -рен, -рна] obedient; humble, submissive; ~но a. (thank) very much; ~я́ть [28], ⟨~и́ть⟩ [13] conquer, subdue; -ся submit; resign o. s.

поко́с m [1] (hay)mowing; meadow.

покри́кивать F [1] shout (at на В).

покро́в m [1] cover; hearse cloth.

покрови́тель m [4] patron, protector; ~ница f [5] patroness, protectress; ~ственный [14] patronizing; ♱ protective; ~ство n [9] protection (of Д); patronage; ~ствовать [7] (Д) patronize; protect.

покро́й m [3] cut; kind, breed.

покры|ва́ло n [9] coverlet; veil; ~ва́ть [1], ⟨~ть⟩ (Т) cover (a. = defray); coat; beat, trump; P call or run down; -ся cover o. s.; be(come) covered; ~тие n [12] cover(ing); coat(ing); defrayal; ~ка f [5; g/pl.: -шек] (tire) cover; f lid.

покуп|а́тель m [4], ~а́тельница f [5] buyer; customer; ~а́тельный [14] purchasing; ~а́ть [1], ⟨купи́ть⟩ [14] buy, purchase (from у Р); ~ка f [5; g/pl.: -пок] purchase; package; за ~ками (go) shopping; ~но́й [14] purchasing; purchase(d).

поку|ша́ться [1], ⟨~си́ться⟩ [15 e.; -ушу́сь, -уси́шься] attempt (v/t. на В); encroach (upon на В); ~ше́ние n [12] attempt ([up]on на В).

пол m [1; на ~, на -у́; pl. e.] floor.

пол² m [1; from g/pl. e.] sex.

пол³(...) [g/зg., etc.: ~(у)...] half (...).

пола́ f [5; pl. st.] skirt, tail.

полага́|ть [1], ⟨положи́ть⟩ [16] put; decide; ♪ set to (на В); impf. think, suppose, guess; fancy; на́до ~ть probably; поло́жим, что ... suppose, let's assume that; -ся rely (on на В); (Д) ~ется must; be due or proper; как ~ется properly.

по́л|день m [gen.: -(у́)дня; g/pl.: -дён] noon (at в В); cf. обе́д; ~дне́вный [14] midday; ~доро́ги s. ~пути́; ~дю́жины [gen.: -удю́жины] half (a) dozen.

по́ле n [10; pl. e.] field (a. fig.; in на, в П; across по Д; Т); ground; mst. pl. margin; ~во́й [14] field...; ~зный [14; -зен, -зна] useful, of use; helpful; wholesome; ⊕ effective; net.

полем|изи́ровать [7] polemize; ~ика f [5], ~и́ческий [16] polemic.

поле́но n [9; -нья, -ньев] log.

полёт m [1] flight; бре́ющий ~ low-level flight; слепо́й ~ blind flying.

по́лз|ать [1], ~ти́ [24] creep, crawl; ~ко́м on all fours; ~у́чий [17] ~у́чее расте́ние n creeper, climber.

поли|ва́ть [1], ⟨~ть⟩ [-лью́,

-лёшь; cf. лить] water; pf. start raining (or pouring); ~вка f [5] watering; flushing.

полиго́н m [1] (target) range.

полиня́лый [14] faded.

поли|рова́ть [7], ⟨от-⟩ polish, burnish; ~ро́вка f [5; g/pl.: -вок] polish(ing); '~с m [1] (insurance) policy.

Полит|бюро́ n [indecl.] Politburo (Sov.), Political Bureau; ~гра́мота f [5] political primer (Sov.); ~те́хникум m [1] polytechnic; ~заключённый m [14] political prisoner.

поли́т|ик m [1] politician; ~ика f [5] policy; politics pl.; ~и́ческий [16] political; ~рук m [1] political instructor (or commissar[y]) (Sov.); ~у́ра f [5] polish; ~уче́ба f [5] political instruction (Sov.); ~ь s. полива́ть; ~эконо́мия f [7] political economy, economics.

полиц|е́йский [16] police(man su.); ~ия f [7] police.

поли́чн|ое n [14] corpus delicti; с ~ым (catch) red-handed.

полк m [1 e.; в -у́] regiment; ~а f [5; g/pl.: -лок] shelf; pan (gun).

полко́в|ник m [1] colonel; ~оде́ц m [1; -дца] commander, general; ~о́й [14] regimental.

полне́ть [8], ⟨по-⟩ grow stout.

по́лно 1. full, to the brim; 2. F (a. ~те) okay, all right; never mind; enough or no more (of this); (a. ~ Д + inf.) stop, quit (that) (...ing)!; ~ве́сный [14; -сен, -сна] weighty; ~вла́стный [14; -тен, -тна] absolute; ~во́дный [14; -ден, -дна] deep; ~кро́вный [14; -вен, -вна] full-blooded; ♂ plethoric; ~лу́ние n [12] full moon; ~мо́чие n [12] (full) power; ~мо́чный [14; -чен, -чна] plenipotentiary; cf. полпред (-ство); ~пра́вный [14; -вен, -вна]: ~пра́вный член m full member; ~стью completely, entirely; ~та́ f [5] fullness, plenitude; completeness; corpulence; ~це́нный [14; -е́нен, -е́нна] full (value)...; fig. full-fledged.

по́лн|очь f [8; -(у́)ночи] midnight. по́лн|ый [14; по́лон, полна́, по́лно́ полне́е] full (of P or Т); complete, absolute; perfect (a. right); stout; chubby; ~ым-~ый F full up, packed (with P).

полови́к m [1 e.] mat.

полови́н|а f [5] half (by на В); ~а в ~е) пя́того (at) half past four; два с ~ой two & a half; ~ка f [5; g/pl.: -нок] half; leaf (door); ~чатый [14] fig. vague, evasive.

полови́ца f [5] deal, board. [spring).\

полово́дье n [10] high water (in

полово́й¹ [14] floor...; s ♂

полово́й² [14] sexual; ~а́я зре́лость f puberty; ~ы́е о́рганы m/pl. genitals.

по́лог *m* [1] bed curtain.

полого́й [16; *comp*.: поло́же] slightly sloping, flat.

положе́|ние *n* [12] position, location; situation; state, condition; standing; regulations *pl*.; thesis; в (интере́сном) ~е́нии F in the family way; ~а́тельный [14; -лен, -льна] positive, affirmative; ~и́ть (-ся) *s*. класть 1. & полага́ть(ся).

по́лоз *m* [1; *pl*.: -ло́зья, -ло́зьев] runner.

поло́мка *f* [5; *g/pl*.: -мок] breakage.

полоса́ *f* [5; *ac/sg*.: по́лосу; *pl*.: по́лосы, поло́с, -са́м] stripe, streak; strip; belt, zone; bar; field; period; ~тый [14 *sh*.] striped.

полоска́ть [3], ⟨про-⟩ rinse; gargle; -ся paddle; flap (*flag, etc*.).

по́лость *f* [8; *from g/pl. e*.] cavity.

полоте́нце *n* [11; *g/pl*.: -нец] towel (on Т); махна́тое ~ Turkish towel.

полотн|и́ще *n* [11] width; ~о́ *n* [9; *pl*.: -о́тна, -о́тен, -о́тнам] linen; bunting; ⚒ roadbed; embankment; (*saw*) blade; ~я́ный [14] linen...

поло́ть [17], ⟨вы-, про-⟩ weed.

пол|пре́д *m* [1] ambassador; ~пре́дство *n* [9] embassy (*Sov., till 1941*); ~пути́ halfway (*a*. на ~пути́); ~сло́ва [9; *gen*.: -(у)сло́ва] half a word; (*a few*) word(s); на ~(у)сло́ве (*stop*) short; ~со́тни [6; *g/sg*.: -(у)со́тни; *g/pl*.: -лусо́тен] fifty; ~ти́нник F *m* [1], ~ти́на *f* [5] half (a) ruble, 50 kopecks.

полтор|а́ *m* & *n*, ~ы́ *f* [*gen*.: -у́тора, -ры (*f*)] one and a half; ~а́ста [*obl. cases*]: -у́тораста] a hundred and fifty.

полу|боти́нки *m/pl*. [1; *g/pl*.: -нок] (low) shoes; ~гла́сный [14] semivowel; ~го́дие *n* [12] half year, six months; ~годи́чный, ~годово́й [14] semiannual, half-yearly; ~гра́мотный [14; -тен, -тна] semiliterate; ~дени́вый [14] midday, meridional; ~живо́й [14; -жи́в, -а́, -о] half dead; ~защи́тник *m* [1] halfback; ~кру́г *m* [1] semicircle; ~ме́сяц *m* [1] half moon, crescent; ~мра́к *m* [1] twilight, semi-darkness; ~ночный [14] midnight...; ~оборо́т *m* [1] half-turn; ~о́стров *m* [1; *pl*.: -ва́, *etc. e*.] peninsula; ~све́т *m* [1] twilight; demimonde; ~спу́щенный [14] half-mast; ~ста́нок *m* [1; -нка] ⚒ stop, substation; ~тьма́ *f* [5] = ~мра́к.

получ|а́тель *m* [4] addressee, recipient; ~а́ть [1], ⟨~и́ть⟩ [16] receive, get; obtain; catch; have; -ся come in, arrive; result; prove, turn out; ~е́ние *n* [12] receipt; getting; ~чка F [5; *g/pl*.: -чек] pay (day).

полу|ша́рие *n* [12] hemisphere; ~шу́бок *m* [1; -бка] short fur coat.

пол|фу́нта [*g/sg*.: -уфу́нта] half pound; ~цены́: за ~цены́ at half

price; ~часа́ *m* [1; *g/sg*.: -уча́са] half (an) hour.

по́лчище *n* [11] horde; mass.

по́лый [14] hollow; high; iceless.

полы́нь *f* [8] wormwood.

полынья́ *f* [6] ice-hole (*on frozen river etc*.).

по́льз|а *f* [5] use; benefit (for на, в В, для Р); profit; advantage; utility; в ~у (Р) in favo(u)r of; ~оваться [7] treat; -ся, ⟨вос~оваться⟩ (Т) use, make use of; avail o. s. of; enjoy, have; take (*opportunity*).

по́ль|ка *f* [5; *g/pl*.: -лек] 1. Pole; 2. polka; ~ский [16] Polish; 2ша *f* [5] Poland.

полюбо́вный [14] amicable.

по́люс *m* [1] pole; ⚡ *a*. terminal.

поля́|к *m* [1] Pole; ~на *f* [5] glade; meadow; ~рный [14] polar.

пома́да *f* [5] pomade; (*lip*)stick.

пома́з|ание *n* [12] unction; ~ывать [1], ⟨~ать⟩ [3] anoint; *s*. ма́зать.

помале́ньку F so-so; little by little.

пома́|лкивать F [1] keep silent.

пома́|рка *f* [5; *g/pl*.: -рок] blot, erasure; ~хивать [1] wag; flourish.

помести́т|ельный [14; -лен, -льна] spacious; ~ь(ся) *s*. помеща́ть.

поме́стье *n* [10] estate.   [(-ся).]

по́месь *f* [8] cross breed, mongrel.]

помеся́чный [14] monthly.

помёт *m* [1] dung; litter, brood.

поме́|тить *s*. ~ча́ть; ~тка *f* [5; *g/pl*.: -ток] mark, note; ~ха *f* [5] hindrance; trouble, disturbance (*a*. ⊕); ~ча́ть [1], ⟨~тить⟩ [15] mark, note.

поме́ш|анный [14 *sh*.] crazy; mad (about на П); ~а́тельство *n* [9] insanity; ~а́ть *s*. меша́ть; -ся *pf*. go mad (*a*. ~а́ться в уме́); F be mad (about на П).

поме|ща́ть [1], ⟨~сти́ть⟩ [15 *e*.; -ещу́, -ести́шь; -ещённый] place; lodge, accommodate; settle; invest; insert, publish; -ся settle (o. s.); locate; lodge; find room; hold; be placed *or* invested; *impf*. be (located); ~ще́ние *n* [12] lodg(e)ment, premise(s), room; investment; ~щик *m* [1] landowner, landlord.

помидо́р *m* [1] tomato.

поми́л|ование *n* [12], ~овать [7] *pf*. pardon; ~уй(те)! for goodness' sake; good gracious; ~уй бог! God forbid!; го́споди ~уй! God, have mercy upon us.

поми́мо (Р) besides; in spite of; ~ него́ without his knowledge.

помин *m* [1] mention (of о П); ~а́ть [1], ⟨помяну́ть⟩ [19] recollect, remember; speak about, mention; pray for (*a*. о П); commemorate; ~а́й, как зва́ли (be) off and away; не ~а́ть ли́хом bear no ill will (toward[s] а р. В); ~ки *f/pl*. [5; *gen*.: -нок] commemoration (for the dead); ~у́тно every minute; constantly.

по́мнит|ь [13], ⟨вс-⟩ remember, recollect, think of (a. о П); мне ~ся (as far as) I remember.

помо|га́ть [1], ⟨~чь⟩ [26 г/ж: -огу́, -о́жешь, -о́гут; -о́г, -огла́] (Д) help; aid, assist; avail.

помо́|и m/pl. [3] slops; ~йный [14] slop, garbage, dust (hole ~, F, ~йка f [5; g/pl.: -о́ек]).

помо́л m [1] grind(ing); ~вить [14] pf. affiance (to с Т); ~вка f [5; g/pl.: -вок] betrothal, engagement.

помо́ст m [1] dais; rostrum; scaffold.

по́моч|и m f/pl. [8; from gen. e.] leading strings (in на П); = подтя́жки; ~ь s. помога́ть.

помо́щ|ник m [1], ~ница f [5] assistant; deputy (s. th. P); helper, aid; '~ь f [8] help, aid, assistance (with с Т or при П; to one's на В/Д; call for на В, о П); ⚕ treatment; relief; каре́та ско́рой '~и ambulance.

по́мпа f [5] pomp; ⊕ pump.

помрача́ть s. омрача́ть.

помути́ние n [12] turbidity.

по́мы|сел m [1; -сла] thought; design; ~шля́ть [28] think (of о П).

помяну́ть s. помина́ть.

помя́тый [14] (c)rumpled (look).

пона́|добиться [14] pf. (Д) need, want; ~пра́сну F = напра́сно; ~слы́шке F by hearsay.

поне|во́ле F willy-nilly; against one's will; ~де́льник m [1] Monday (on: в В, pl.: по Д).

понемно́|гу, F ~жку (a) little; little by little, gradually; F a. so-so.

пони|жа́ть [1], ⟨~зить⟩ [15] lower, reduce (v/i. -ся; fall, sink); ~же́ние n [12] fall; reduction; decrease; degradation.

поник|а́ть [1], ⟨~нуть⟩ [21] hang (one's head голово́й); droop; wilt.

понима́|ние n [12] comprehension, understanding; conception; ~ть [1], ⟨поня́ть⟩ [пойму́, -ёшь; по́нял, -а́, -о; по́нятый (по́нят, -а́, -о)] understand, comprehend, see; realize; appreciate; ~ю (~ешь, ~ете [ли]) I (you) see.

пономарь m [4 e.] sexton.

поно́с m [1] diarrhea; ~сить [15], ~ше́ние n [12] abuse.

поно́шенный [14 sh.[worn, shabby.

понто́н m [1], ~ный [14] pontoon.

пону|жда́ть [1], ⟨~дить⟩ [15; -уждённый] force, compel; ~жде́ние n [12] compulsion.

понука́ть [1] urge on, spur.

пону́р|ить [13] hang; ~ый [14 sh.] downcast.

по́нчик m [1] doughnut.

поны́не until now.

поня́т|ие n [12] idea, notion; concept(ion); comprehension; ~ливый [14 sh.] quick-witted, bright; ~ный [14; -тен, -тна] intelligible, under-

standable; clear, plain; ~но a., F, = коне́чно; ~ь s. понима́ть.

поо|дdáль at some distance; ~дино́чке one by one; ~чередный [14] alternate.

поощр|е́ние n [12] encouragement; ~я́ть [28], ⟨~и́ть⟩ [13] encourage.

поп F m [1 e.] priest.

попа|да́ние n [12] hit; ~да́ть [1], ⟨~сть⟩ [25; pt. st.] (в на В) get, come (a. across), fall, find o. s.; hit; catch (train); become (в И pl.); F (Д impers.) get it; не ~сть miss; как ~ло anyhow, at random, haphazard; кому́ ~ло to the first comer (= пе́рвому ~вшемуся); -ся (в В) be caught; fall (into a trap на у́дочку); F (Д + vb. + И) come across, chance (up)on, meet; occur, there is (are); strike (a p.'s eye Д на глаза́); не ~да́ться be out of a p.'s sight).

попадья́ f [6] priest's wife.

попа́рно by pairs, in couples.

попа́сть(ся) s. попада́ть(ся).

попер|ёк (Р) across, crosswise; in (a p.'s way); ~еме́нно by turns; ~е́чный [14] transverse, transversal; cross...

попеч|е́ние n [12] care, charge (in на П); ~и́тель m [4] curator, trustee.

попира́ть [1] trample (on) (fig.).

по́пка F m [3; g/pl.: -пок] parrot.

поплаво́к m [1; -вка́] float (a. ⊕).

попло́йка f [5; g/pl.: -о́ек] воозе.

попол|а́м in half; half & half; fifty--fifty; ~знове́ние n [12] mind; pretension (to на В); ~ня́ть [28], ⟨~нить⟩ [13] replenish, supplement; enrich; reman, reinforce.

пополу́дни in the afternoon, p. m.

попо́на f [5] horsecloth.

поправ|ить(ся) s. ~ля́ть(ся); ~ка f [5; g/pl.: -вок], ~ле́ние n [12] correction; amendment; improvement; recovery; repair; ~ля́ть [28], ⟨~ить⟩ [14] repair; adjust; correct, (a)mend; improve; recover (v/i. -ся; put on weight, look better).

по-пре́жнему (now) as before.

попрек|а́ть [1], ⟨~ну́ть⟩ [20] reproach (with Т).

по́прище n [11] field (in на П).

попро́|сту plainly, unceremoniously; downright; ~ша́йка F m/f [5; g/pl.: -а́ек] beggar.

попугай m [3] parrot.

популя́р|ость f [8] popularity; ~ый [14; -рен, -рна] popular.

попус|ту́ fruitlessly in [9] connivance; '~т(о́м)у F in vain, to no purpose.

попу́т|ный [14] fair, favo(u)rable (wind); (~но in) passing, incidental(ly); ~чик m [1] fellow travel(l)er.

попы́т|а́ть [1] pf. try (one's luck сча́стья); ~ка f [5; g/pl.: -ток] attempt.

пор|а́¹ f [5; ac/sg.: по́ру; pl. st.] time; season; weather (in в В); period; F prime; (давно́) ~а́ it's (high) time (for Д); в (са́мую) ~у in the nick of time; до ~ы́, до вре́мени not last forever; wait for one's opportunity; до (с) каки́х ~? how long (since when)?; до сих ~ hitherto, so far, up to now (here); до тех ~ (, пока́) so (or as) long (as); с тех ~ (как) since then (since); на пе́рвых ~а́х at first, in the beginning; ~о́й at times; вече́рней ~о́й = ве́чером.

по́ра² f [5] pore.

порабо|ща́ть [1], ⟨~ти́ть⟩ [15 e.; -ощу́, -оти́шь; -ощённый] enslave, subjugate.

поравня́ться [28] pf. overtake (с Т).

пора|жа́ть [1], ⟨~зи́ть⟩ [15 e.; -ажу́, -ази́шь; -ажённый] strike (a. fig. = amaze, & ✕ = affect); defeat; ~же́нец m [1; -нца] defeatist; ~же́ние n [12] defeat; ✕ affection; ⚖ deprivation; striking; ~же́нчество n [9] defeatism; ~зи́тельный [14; -лен, -льна] striking; ~зи́ть s. ~жа́ть; ~ни́ть [13] pf. wound, cut.

порва́ть(ся) s. порыва́ть(ся).

поре́з m [1], ~ать [1] pf. cut.

поре́й m [3] leek.

пори́стый [14 sh.] porous.

порица́|ние n [12], ~ть [1] censure.

по́ровну (in) equal parts.

поро́г m [1] threshold; pl. rapids.

поро́|да f [5] breed, species, race; stock; ✗ rock; layer; ~ди́стый [14 sh.] thoroughbred; racy; ~жда́ть [1], ⟨~ди́ть⟩ [15 e.; -ожу́, -оди́шь; -ождённый] cause, give rise to, entail; ~жде́ние n [12] brood; production.

поро́жний F [15] empty.

по́рознь F separately; one by one.

поро́к m [1] vice; defect; disease.

поросёнок m [2] young pig.

поро́|ть [17] 1. ⟨рас-⟩ undo, unpick; impf. F talk (nonsense); 2. F ⟨вы́-⟩ whip, flog; '~х m [1] gunpowder; ~хово́й [14] (gun)powder...

поро́ч|ить [16], ⟨о-⟩ discredit; defile; ~ный [14; -чен, -чна] vicious.

порошо́к m [1; -шка́] powder.

порт m [1; в -ý; from g/pl. e.] port; harbo(u)r; ~ати́вный [14; -вен, -вна] portable; ~ить [15], ⟨ис-⟩ spoil (v/i. -ся; break down).

портни́|ха f [5] dressmaker; ~о́й m [14] tailor.

портов|и́к m [1 e.] longshoreman, Brt. a. docker; ~ый [14] port..., dock...; ~ый го́род m seaport.

портсига́р m [1] cigar(ette) case.

португа́л|ец m [1; -льца] Portuguese; ~ия f [7] Portugal; ~ка f [5; g/pl.: -лок], ~ьский [16] Portuguese.

порт|упе́я f [6] sword knot; ~фе́ль

m [4] brief case; portfolio; ~я́нка f [5; g/pl.: -нок] foot wrap (rag).

поруга́ние n [12] abuse, affront.

пору́|ка f [5] bail (on на В pl.), security; guarantee; responsibility; ~ча́ть [1], ⟨~чи́ть⟩ [16] charge (a p. with Д/В); commission, bid, tell (+ inf.); entrust; ~че́ние n [12] commission; instruction; message; mission; (a. ✝) order (by по Д; a. on behalf); ~чик m [1] (first) lieutenant; ~чи́тель m [4] bail, surety; ~чи́ть s. ~ча́ть.

порх|а́ть [1], once ⟨~ну́ть⟩ [20] flit.

по́рция f [7] portion, helping.

по́р|ча f [5] spoiling, spoilage; damage; ~шень m [4; -шня] piston.

поры́в m [1] gust, squall; fit, outburst; impulse; ~а́ть [1], ⟨порва́ть⟩ [-ву́, -вёшь; -а́л, -а́, -о; по́рванный] break (off; with с Т); -ся v/i.; impf. jerk; strive; s. a. рва́ть(ся); ~истый [14 sh.] gusty; jerky; impulsive.

поря́дко|вый [14] current; gr. ordinal; ~м F rather; properly.

поря́д|ок m [1; -дка] order; way (by в П; in Т), form; course; pl. conditions; kind; ~ок дня agenda; по ~ку one after another; current (no.); ~очный [14; -чен, -чна] orderly, decent; fair(ly large or great).

поса́д|ить s. сажа́ть & сади́ть; ~ка f [5; g/pl.: -док] planting; embarkation, (a. 🚂) boarding; 🛬 landing, alighting; ~очный [14] landing...

по-сво́ему in one's own way.

посвя|ща́ть [1], ⟨~ти́ть⟩ [15 e.; -ящу́, -яти́шь; -ящённый] devote ([o. s.] to [себя́] Д); dedicate; initiate (into в В); (в И pl.) ordain; knight; ~ще́ние n [12] dedication; initiation.

посе́в m [1] sowing; crop; ~но́й [14] sowing (campaign su. f).

поседе́лый [14] (turned) gray, Brt. grey.

посел|е́нец m [1; -нца] settler; ~е́ние n [12] colony (a. посёлок m [1; -лка]); ~я́ть [28], ⟨~и́ть⟩ [13] settle (v/i. -ся; put up [at в П]); inspire.

посереди́не in the middle or midst.

посе|ти́тель m [4], ~ти́тельница f [5] visitor, caller; ~ти́ть s. ~ща́ть; ~ща́емость f [8] attendance; ~ща́ть [1], ⟨~ти́ть⟩ [15 e.; -ещу́, -ети́шь; -ещённый] visit, call on; impf. attend; ~ще́ние n [12] visit (to P), call.

поси́льный [14; -лен, -льна] according to one's strength or possibilities, adequate, equal to.

поскользну́ться [20] pf. slip.

поско́льку inasmuch as, as.

послабле́ние n [12] indulgence.

посла́|ние n [12] message; epistle; ~нник m [1] envoy; messenger; ~ть s. посыла́ть.

после 1. (P) after (*a.* ~ того как + *vb.*); ~ чего whereupon; **2.** *adv.* after(ward[s]), later (on); ~**военный** [14] postwar.

последний [15] last; latest; ultimate, final; latter; worst; highest.

послед|ователь *m* [4] follower; ~**овательный** [14; -лен, -льна] consistent; successive; ~**ствие** *n* [12] consequence; ~**ующий** [17] following.

после|завтра the day after tomorrow; ~**словие** *n* [12] epilogue.

пословица *f* [5] proverb.

послуш|ание *n* [12] obedience; ~**ник** *m* [1] novice; ~**ный** [14; -шен, -шна] obedient; docile.

посм|атривать [1] (keep) look (-ing); ~**еиваться** [1] chuckle; laugh (in one's sleeve в кулак; at над Т); ~**ертный** [14] posthumous; ~**ешище** *n* [11] laughingstock; ~**еяние** *n* [12] ridicule.

пособ|ие *n* [12] grant; relief, dole, benefit; aid, means; textbook, manual; ~**лять** P [28], ⟨~**ить**⟩ [14 *e.*; -блю, -бишь] (Д) help, remedy.

посол *m* [1; -сла] ambassador; ~**ьство** *n* [9] embassy.

посох *m* [1] staff, stick.

посп|ать [-сплю, -спишь; -спал, -а, -о] *pf.* (have a) nap.

посп|евать [1], ⟨~**еть**⟩ [8] 1.ripen; = успевать; be done; get ready.

поспешн|ость *f* [8] haste; ~**ый** [14; -шен, -шна] hasty, hurried; rash.

посред|и́(не) (P) amid(st), in the middle; ~**ник** *m* [1] mediator, intermediary, middleman; ~**ничество** *n* [9] mediation; ~**ственность** *f* [8] mediocrity; ~**ственный** [14 *sh.*] middling; mediocre; ~**ственно** *a.* fair, satisfactory, C (*mark*; *cf.* тройка); ~**ство** *n* [9]: при ~**стве**, через ~**ство** ~**ством** (P) by means of.

пост *m* [1 *e.*] **1.** post; на ~у ⚔ stand sentinel; **2.** fast; великий ~ Lent.

постав|ить *s.* ~**лять** & ставить; ~**ка** *f* [5; *g/pl.:* -вок] delivery (on при П); supply; ~**лять** [28], ⟨~**ить**⟩ [14] deliver (*to* v/t.; p. Д); supply, furnish; ~**щик** *m* [1 *e.*] supplier.

постан|овить *s.* ~**овлять**; ~**овка** *f* [5; *g/pl.:* -вок] erection; staging, production; performance; position; organization; ~**овление** *n* [12] resolution, decision; decree; ~**овлять** [28], ⟨~**овить**⟩ [14] decide; decree; ~**овщик** *m* [1] stage manager, director.

посте|ли́ть *s.* стлать; ~**ль** *f* [8] bed; ~**пенный** [14; -енен, -енна] gradual.

пости|гать [1], ⟨~**гнуть**⟩ & ⟨~**чь**⟩ [21] comprehend, grasp; overtake; ~**жимый** [14 *sh.*] conceivable.

пост|илать [1] *s.* стлать; ~**иться** [15 *e.*; пощусь, постишься] fast; ~**ичь** *s.* ~**игать**; ~**ный** [14; -тен, -тна, -о] fast...; vegetable (*oil*); F lean (*meat*); *fig.* sour; sanctimonious; ~**овой** *m* [14] sentry; ~**ой** *m* [3] quarters, billets *pl.*

постольку insomuch.

посторонний [15] strange(r *su.*), outside(r), foreign (*a. body*); unauthorized; accessory, secondary.

постоялый [14]: ~ двор *m* inn.

постоян|ный [14; -янен, -янна] constant, permanent; continual, continuous; steady; ⚔ standing; ⚓ direct; ~**ство** *n* [9] constancy.

пострадавший [17] injured.

пострел F *m* [1] scapegrace, rogue.

постри|гать [1] ⟨~**чь**⟩ [26 г/ж: -игу, -ижёшь, -игут] (-ся have one's hair) cut; make (become) a monk *or* nun.

постро|ение [12], ~**йка** *f* [5; *g/pl.:* -оек] construction; building.

поступ|ательный [14] progressive; ~**ать** [1], ⟨~**ить**⟩ act; (с Т) treat, deal (with), handle; (в, на В) enter, join, matriculate; become; come in, be received (*for* на В); -ся (Т) renounce; ~**ление** *n* [12] entrance, entry; matriculation; receipt; ~**ок** *m* [1; -пка] act, behavio(u)r, conduct; '~**ь** *f* [8] gait, step.

посты|дный [14; -ден, -дна] shameful; ~**лый** [14 *sh.*] odious.

посуд|а *f* [5] crockery; (*tea*) service, F things *pl.*; F vessel; ~**ный** [14] cup(*board*); dish (*towel*).

посуточный [14] daily; 24 hours'.

посчастлив|иться [14; *impers.*] *pf.*: ему ~**лось** he succeeded (in *inf.*) *or* was lucky (enough).

посыл|ать [1], ⟨**послать**⟩ [пошлю, -шлёшь; посланный] send (*for* за Т); dispatch; ~**ка** *f* [5; *g/pl.:* -лок] dispatch, sending; package, parcel; premise; *cf. a.* побегушки; ~**ьный** *m* [14] messenger.

посып|ать [1], ⟨~**ать**⟩ [2] (be)strew (over; with Т); sprinkle; ~**аться** *pf.* fall down; F shower (down).

посяг|ательство *n* [9] encroachment; ~**ать** [1], ⟨~**нуть**⟩ [20] encroach (on на В), attempt.

пот *m* [1] sweat; весь в ~у sweating all over.

пота|йной [14] secret; ~**кать** F [1] connive (at Д); ~**совка** F *f* [5; *g/pl.:* -вок] scuffle; thrashing; ~**ш** *m* [1] potash.

потворство *n* [9] indulgence, connivance; ~**вать** [7] indulge, connive (at Д).

пот|ёмки *f/pl.* [5; *gen.:* -мок] darkness; ~**енциал** (-тe-) *m* [1] potential.

потерпевший [17] (*ship*)wrecked.

потёртый [14 *sh.*] shabby, worn.

поте́ря *f* [6] loss; waste.

поте́ть [8], ⟨вс-⟩ sweat (*a.* F = toil; *pane:* ⟨за-⟩), perspire.

поте́|ха *f* [5] fun, F lark; ⟨шать [1], ⟨шить⟩ [16] entertain, amuse; ⟨шный [14; -шен, -шна] funny, amusing.

поти|ра́ть F [1] rub; ⟨хо́ньку F slowly; silently; secretly, on the sly.

по́тный [14; -тен, -тна́; -о] sweaty.

пото́к *m* [1] stream; torrent; flow.

потоло́к *m* [1; -лка́] ceiling (*a.* ⚒).

пото́м afterward(s); then; ⟨ок *m* [1; -мка] descendant, offspring; ⟨ственный [14] hereditary; ⟨ство *n* [9] posterity, descendants *pl.*

потому́ therefore; ~ что because.

пото́п *m* [1] flood, deluge.

потреб|и́тель *m* [4] consumer; buyer; ⟨ля́ть *s.* ⟨ля́ть; ⟨ле́ние *n* [12] consumption; use; ⟨ля́ть [28], ⟨и́ть⟩ [14 *e.*; -блю́, -би́шь; -блён-ный] consume; use; ⟨ность *f* [8] need, want (of в П); requirement; ⟨бный [14; -бен, -бна] necessary.

потрёпанный F [14] shabby, worn.

потро|ха́ *m/pl.* [1 *e.*] giblets; bowels; ⟨ши́ть [16 *e.*; -шу́, -ши́шь; -шён-ный], ⟨вы́-⟩ draw, disembowel.

потряс|а́ть [1], ⟨ти́⟩ [24 -с-] shake (*a. fig.*); ⟨а́ющий [17] tremendous; ⟨е́ние *n* [12] shock, shake; ⟨ти́ *s.* ⟨а́ть.

поту́|ги *f/pl.* [5] travail, labo(u)r; ⟨пля́ть [28], ⟨пить⟩ [14] cast down (*eyes*); hang (*head*); ⟨ха́ние *n* [12] extinction; ⟨ха́ть [1] *s.* ту́хнуть.

по́тчевать [7], ⟨по-⟩ F = угоща́ть.

потя́гивать(ся) *s.* тяну́ть(ся).

поутру́ F early in the morning.

поуч|а́ть [1] teach (s. th. Д); ⟨и́тельный [14; -лен, -льна] in-structive; edifying.

поха́бный P [14; -бен, -бна] ob-scene, smutty.

похвал|а́ *f* [5] praise; commendation; ⟨ьный [14; -лен, -льна] laudable, commendable, praise-worthy; laudatory.

похи|ща́ть [1], ⟨тить⟩ [15; -ищу́, -и́щенный] purloin; kidnap; ⟨и-ще́ние *n* [12] kidnap(p)ing, abduction.

пох|лёбка *f* [5; *g/pl.:* -бок] soup; skilly; ⟨ме́лье *n* [10] hang-over.

похо́д *m* [1] campaign; march; cruise; кресто́вый ⟨ crusade; ⟨и́ть [15] (на В) be like, resemble; ⟨ка *f* [5] gait; ⟨ный [14] marching; camp-...; battle...

похожде́ние *n* [12] adventure.

похо́ж|ий [17 *sh.*] (на В) like, re-sembling; similar (to); быть ⟨им look like; ни на что не ⟨ F shock-ing.

похо|ро́нный [14] funeral...; dead (*march*); undertaker's (*office*); '⟨-

роны *f/pl.* [5; -бн, -она́м] funeral, burial (at на П); ⟨ли́вый [14 *sh.*] lustful, lewd; '⟨ть *f* [8] lust.

поцелу́й *m* [3] kiss (on в В).

почасно́ hourly.

по́чва *f* [5] soil, (*a. fig.*) ground.

почём F how much (is); how should.

почему́ why; ⟨-то for some reason.

по́черк *m* [1] handwriting.

почерп|а́ть [1], ⟨ну́ть⟩ [20; -ёрп-нутый] gather, derive; obtain.

по́честь¹ *f* [8] hono(u)r.

по́честь² *s.* почита́ть 2.

почёт *m* [1] hono(u)r, esteem; ⟨ный [14; -тен, -тна] honorary; hono(u)r-able; (*e. g. guard*) of hono(u)r.

почи|ва́ть [1], ⟨ть⟩ [-ию, -иешь] rest, repose; F sleep.

почи́н *m* [1] initiative; F ⚓ start.

почи́н|ка *f* [5; *g/pl.:* -нок] repair (for в В); ⟨я́ть [28] *s.* чини́ть 1 a.

поч|ита́ть¹ [1] 1. ⟨ти́ть⟩ -чту́, -ти́шь; -чтённый⟩ esteem, respect, hono(u)r; worship; ✝ favo(u)r (with Т); 2. ⟨есть⟩ [25; -чту́, -тёшь; -чла́; -чтённый⟩ (Т, за В) esteem, consider; -ся be held *or* reputed (to be Т); ⟨ита́ть² [1] *pf.* read (a while); ⟨а́ть *s.* почита́ть; ⟨ка *f* [5; *g/pl.:* -чек] ⚘ bud; *anat.* kidney.

по́чт|а *f* [5] mail, *Brt.* post (by по Д, Т); post; *a.* ⟨а́мт; ⟨альо́н *m* [1] mailman, postman; ⟨а́мт *m* [1] post office (at на В).

почтён|не *n* [12] respect (for к Д), esteem, obeisance; F compliments; с соверше́нным ⟨ием respectfully yours, yours faithfully; ⟨ный [14; -ёнен, -ённа] respectable; vener-able.

почти́ almost, nearly, all but; ⟨тельность *f* [8] respect; ⟨тель-ный [14; -лен, -льна] respectful; respectable; ⟨ть *s.* почита́ть.

почто́в|ый [14] post(al), mail...; post-office; note (*paper*)...; ⟨ый я́щик *m* mail (*Brt.* letter) box; (*abbr.:* п/я) Post Office Box (POB); ⟨ая ма́рка *f* (postage) stamp.

по́шл|ина *f* [5] custom, duty; ⟨ость *f* [8] platitude; ⟨ый [14; пошл, -á, -о] common(place), trite, stale.

пошту́чный [14] (by) the piece.

поща́да *f* [5] mercy; ✕ quarter.

пощёчина *f* [5] slap in the face.

поэ́|зия *f* [7] poetry; ⟨ти́ческий [16] poetic(al); ⟨тому therefore.

появ|и́ться *s.* ⟨ля́ться; ⟨ле́ние *n* [12] appearance; ⟨ля́ться [28], ⟨и́ться⟩ (на В) appear; emerge.

по́яс *m* [1; *pl.:* -cá, *etc. e.*] belt; zone.

пояс|не́ние *n* [12] explanation; ⟨ни́тельный [14] explanatory; ⟨и́ть *s.* ⟨я́ть; ⟨и́ца *f* [5] small of the back; ⟨о́й [14] belt...; zone...; half-length; ⟨я́ть [28], ⟨и́ть⟩ [13] explain.   [great-grandmother.)

прабáбушка *f* [5; *g/pl.:* -шек])

пра́вд|а f [5] truth; (э́то) ⁓а it is true; ва́ша ⁓а you are right; не ⁓а ли? isn't it, (s)he?, aren't you, they?, do(es)n't ... (etc.)?; ⁓и́вый [14 sh.] truthful; ⁓оподо́бный [14; -бен, -бна] likely, probable, verisimilar.

пра́ведн|ик m [1] (pl. the) righteous (man); ⁓ый [14; -ден, -дна] just, righteous, godly.

пра́вил|о n [9] rule; principle; pl. regulations; ⁓ьный [14; -лен, -льна] correct, right; regular.

прави́тель m [4] ruler; regent; ⁓ственный [14] governmental; ⁓ство n [9] government.

пра́в|ить [14] (Т) govern, rule; drive; ⚓ steer; (s)he? perform; ⁓ка f [5] (proof)read; strop; perform; ⁓ка f [5] proof-reading; stropping; ⁓ле́нне n [12] government; board of directors, managing or executive committee; † administration.

пра́внук m [1] great-grandson.

пра́во 1. n [9; pl. е.] right (to на В; of, by по Д); law; justice; pl. F license; **2.** adv. F indeed, really; ⁓ве́д m [1] jurist; ⁓ве́дение n [12] jurisprudence; ⁓ве́рный [14; -рен, -рна] orthodox; ⁓во́й [14] legal; ⁓мо́чный [14; -чен, -чна] authorized; ⁓писа́ние n [12] orthography, spelling; ⁓сла́вие n [12] Orthodoxy; ⁓сла́вный [14] Orthodox; ⁓су́дие n [12] (administration of) justice; ⁓та́ f [5] right(fulness), rectitude.

пра́вый [14; fig. прав, -а́, -о] right (a. fig.; a. side, on a. с Р), right-hand.

пра́вящий [17] ruling.

Пра́га f [5] Prague.

пра́дед m [1] (great-)grandfather.

пра́здн|ик m [1] holiday; festival; с ⁓иком! compliments pl. (of the season)!; ⁓ичный [14] festive, holiday...; ⁓ование n [12] celebration; ⁓овать [7], ⟨от-⟩ celebrate; ⁓ослове n [12] idle talk; ⁓ость f [8] idleness; ⁓ый [14; -ден, -дна] idle.

практи|к m [1] practical man; expert; ⁓ка f [5] practice (in на П); ⁓кова́ть [7] practice, -ise (v/i. -ся; a. be practiced); ⁓ческий [16], ⁓чный [14; -чен, -чна] practical.

прапорщик † m [1] ensign.

прах m [1] dust; ashes pl. (fig.).

пра́ч|ечная (-ſn-) f [14] laundry; ⁓ка f [5; g/pl.: -чек] laundress.

праща́ f [5; g/pl.: -ще́й] sling.

пребыва́|ние n [12], ⁓ть [1] stay.

превзойти́ s. превосходи́ть.

превоз|мога́ть [1], ⟨⁓мо́чь⟩ [26 г/ж: -огу́ -о́жешь, -о́гут; -о́г, -гла́] overcome, subdue; ⁓носи́ть [15], ⟨⁓нести́⟩ [24 -с-] extol, exalt.

превосхо́|дительство n [9] Excellency; ⁓ди́ть [15], ⟨превзойти́⟩ [-йду́, -йдёшь, etc., cf. идти́]

-йде́нный] excel, surpass; ⁓дный [14; -ден, -дна] excellent, splendid; superior; gr. superlative; ⁓дство n [9] superiority.

превра|ти́ть(ся) s. ⁓ща́ть(ся); ⁓тность f [8] vicissitude; wrongness; ⁓тный [14; -тен, -тна] wrong, mis-...; adverse, changeful; ⁓ща́ть [1], ⟨⁓ти́ть⟩ [15 е.; -ащу́ -ати́шь; -аще́нный] change, turn, transform (into в В) (v/i. -ся); ⁓ще́ние n [12] change; transformation; conversion.

превы|ша́ть [1], ⟨⁓сить⟩ [15] exceed; ⁓ше́ние n [12] excess.

прегра́|да f [5] barrier; obstacle; ⁓жда́ть [1], ⟨⁓ди́ть⟩ [15 е.; -ажу́, -ади́шь; -аждённый] bar, block (up).

прегреш|а́ть [1], ⟨⁓и́ть⟩ [16] sin.

пред = перед.

преда|ва́ть [5], ⟨⁓ть⟩ [-да́м, -да́шь, etc., cf. -дать; -пре́дал, -а́, -о; -да́й (-те)!; преданный (-ан, -а́, -о)] betray; subject, expose; ⁓ть забве́нию bury in oblivion; -ся (Д) indulge (in); devote o. s., give o. s. up (to); ⁓ние n [12] legend; tradition; ⁓нный [14 sh.] devoted, faithful, true; cf. и́скренний; ⁓тель m [4] traitor; ⁓тельский [16] treacherous; ⁓тельство n [9] treason, treachery; ⁓ть(ся) s. ⁓ва́ть(ся).

предвар|и́тельно previously, before(hand); ⁓и́тельный [14] preliminary; ⛏ a. on remand; ⁓и́ть [28], ⟨⁓я́ть⟩ [13] (В) forestall; advise (of о П).

предве́|стие = предзнаменова́ние; ⁓стник m [1] harbinger; ⁓ща́ть [1] forebode, presage.

предвзя́тый [14] preconceived.

предви́деть [11] foresee.

предвку|ша́ть [1], ⟨⁓си́ть⟩ [15] foretaste; ⁓ше́ние n [12] foretaste.

предводи́тель m [4] (ring)leader; † marshal; ⁓ство n [9] leadership.

предвосх|ища́ть [1], ⟨⁓ити́ть⟩ [15; -ищу́] anticipate, forestall.

предвы́борный [14] election...

преде́л m [1] limit, bound(ary) (within в П); border; pl. precincts; ⁓ьный [14] limit..., maximum...; utmost, extreme.

предзнаменова́|ние n [12] omen, presage, portent; ⁓ть [7] pf. portend, presage.

предисло́вие n [12] preface.

предл|ага́ть [1], ⟨⁓ожи́ть⟩ [16] offer (a p. s. th. Д/В); propose; suggest; order.

предло́|г m [1] pretext (on, under под Т), pretense (under); gr. preposition; ⁓же́ние n [12] offer; proposal, proposition, suggestion; parl. motion; † supply; gr. sentence, clause (cf. пя́тый); ⁓жи́ть s. предлага́ть; ⁓жный [14] gr. prepositional (case).

предме́стье n [10] suburb.

предме́т m [1] object; subject (matter); ✝ article; на ~ (P) for the purpose of; **~ный** [14] subject...; [-тен, -тна] objective.

предназн|ача́ть [1], ⟨~а́чить⟩ [16] (-ся be) destine(d).

предна|ме́ренный [14 *sh.*] premeditated, deliberate; **~черта́ть** [1] *pf.* predetermine.

пре́док m [1; -дка] ancestor.

предопредел|е́ние n [12] predestination; **~я́ть** [28], ⟨~и́ть⟩ [13] predetermine.

предост|авля́ть [28], ⟨~а́вить⟩ [14] (Д) let (a p.) have; leave (to); give, render; grant; place (at a p.'s disposal).

предостер|ега́ть [1], ⟨~е́чь⟩ [26 г/ж] warn (of от P); **~еже́ние** n [12] warning.

предосторо́жност|ь f [8] precaution(ary measure ме́ра ~и).

предосуди́тельный [14; -лен, -льна] reprehensible, scandalous.

предотвра|ща́ть [1], ⟨~ти́ть⟩ [15 *e.*; -ащу́, -ати́шь; -ащённый] avert, prevent; **~ще́ние** n [12] prevention.

предохран|е́ние n [12] protection (from, against от P); **~и́тельный** [14] precautionary; ⚡ preventive; ⊕ safety...; **~я́ть** [28], ⟨~и́ть⟩ [13] guard, preserve (from от P).

предпис|а́ние n [12] order, instruction, direction; **~ывать** [1], ⟨~а́ть⟩ [3] order, prescribe.

предпол|ага́ть [1], ⟨~ожи́ть⟩ [16] suppose, assume; *impf.* intend, plan; presuppose; **~ожи́тельный** [14; -лен, -льна] presumable; **~ожи́ть** *s.* ~ага́ть.

предпо|сла́ть *s.* ~сыла́ть; **~сле́дний** [15] last but one; **~сыла́ть** [1], ⟨~сла́ть⟩ [-шлю, -шлёшь; *cf.* слать] premise; **~сы́лка** f [5; *g/pl.*: -лок] (pre)supposition; (pre-)condition, prerequisite.

предпоч|ита́ть [1], ⟨~е́сть⟩ [25 -т-: -чту́, -чтёшь; -чёл, -чла́; -чтённый] prefer; *pt.* + бы would rather; **~те́ние** n [12] preference; favo(u)r; отда́ть ~те́ние (Д) prefer; **~ти́тельный** [14; -лен, -льна] preferable.

предпри|и́мчивость f [8] enterprise; **~и́мчивый** [14 *sh.*] enterprising; **~нима́тель** m [4] employer; industrialist, businessman; **~нима́ть** [1], ⟨~ня́ть⟩ [-иму́, -и́мешь; -и́нял, -а́, -о; -и́нятый (-и́нят, -а́, -о)] undertake; **~я́тие** n [12] undertaking, enterprise; business, plant, works, factory (at на П).

предраспол|ага́ть [1], ⟨~ожи́ть⟩ [16] predispose; **~оже́ние** n [12] predisposition.

предрассу́док m [1; -дка] prejudice.

председа́тель m [4] chairman, president; **~ство** n [9] presidency;

~ствовать [7] preside (over на П), be in the chair.

предсказ|а́ние n [12] prediction; forecast; prophecy; **~ывать** [1], ⟨~а́ть⟩ [3] foretell, predict; forecast; prophesy.

предсме́ртный [14] death..., dying.

представ|и́тель m [4] representative; *cf. a.* полпре́д; advocate; **~ный** [14; -лен, -льна] representative; stately, imposing; **~ство** n [9] representation; *cf. a.* полпре́дство.

представ|и́ть(ся) *s.* ~ля́ть(ся); **~ле́ние** n [12] presentation; performance; introduction; idea, notion; application (for на В); **~ля́ть** [28], ⟨~ить⟩ present (o.s., occur, offer -ся); produce; introduce (o.s.); (*a.* собо́й) represent, be; act (*a.* = feign -ся [Т]); (*esp.* ~ля́ть себе́) imagine; propose (for к Д); *refl. a.* appear; seem.

предст|ава́ть [5], ⟨~а́ть⟩ [-а́ну, -а́нешь] appear; **~оя́ть** [-ои́т] be in store (of Д), expect; (will) have to; **~оя́щий** [17] (forth)coming.

преду|бежде́ние n [12] prejudice, bias; **~ведомля́ть** [28], ⟨~ве́домить⟩ [14] advise (of о П); **~га́дывать** [1], ⟨~гада́ть⟩ guess (beforehand), foresee; **~мы́шленный** [14] *s.* преднаме́ренный.

предупре|ди́тельный [14; -лен, -льна] preventive; obliging; **~жда́ть** [1], ⟨~ди́ть⟩ [15 *e.*; -ежу́, -еди́шь; -еждённый] forestall, anticipate (*p.*), prevent (*th.*); warn (of о П); give notice (of); **~жде́ние** n [12] warning; notice; notification; prevention.

предусм|а́тривать [1], ⟨~отре́ть⟩ [9; -отрю́, -о́тришь] foresee; provide (for), stipulate; **~отри́тельный** [14; -лен, -льна] prudent.

предчу́вств|ие n [12] presentiment; **~овать** [7] have a presentiment (of).

предшеств|енник m [1] predecessor; **~овать** [7] (Д) precede.

предъяв|и́тель m [4] bearer; **~ля́ть** [28], ⟨~и́ть⟩ [14] present, produce, show; ⚖ bring (*action* against к Д); assert (*claim*).

пре|дыду́щий [17] preceding, previous; **~е́мник** m [1] successor.

пре́ж|де formerly; (at) first; (P) before (а. ~де чем); **~девре́менный** [14; -енен, -енна] premature, early; **~ний** [15] former, previous.

прези́д|ент m [1] president; **~иум** m [1] presidium (*Sov.*).

през|ира́ть [1] despise; ⟨~ре́ть⟩ [9] scorn, disdain; **~ре́ние** n [12] contempt (for к Д); **~ре́нный** [14 *sh.*] contemptible, despicable; **~ре́ть** *s.* ~ира́ть; **~ри́тельный** [14; -лен, -льна] contemptuous, scornful.

преиму́ществ|енно predominantly, mainly; ~o *n* [9] advantage; preference; privilege; по ~у = ~енно.

прейскура́нт *m* [1] price list.

преклон|е́ние *n* [12] inclination; admiration (of пе́ред Т); ~я́ться *s.* ~я́ться; ~ный [14] old, advanced; senile; ~я́ться [28], ⟨~и́ться⟩ [13] bow (to, before пе́ред Т); admire.

прекосло́вить [14] contradict.

прекра́сный [14; -сен, -сна] beautiful; fine, splendid, excellent; *a.* very well.

прекра|ща́ть [1], ⟨~ти́ть⟩ [15 *e.*; -ащу́, -ати́шь; -ащённый] stop, cease, end (*v/i.* -ся); break off; ~ще́ние *n* [12] cessation, stoppage.

преле́ст|ный [14; -тен, -тна] lovely, charming, delightful; '~ь *f* [8] charm; F *s.* ~ный.

прело́м|ле́ние *n* [12] refraction; ~ля́ть [28], ⟨~и́ть⟩ [14; -млённый] (-ся be) refract(ed).

пре́лый [14 *sh.*] rotten, putrid.

преле|ща́ть [1], ⟨~сти́ть⟩ [15 *e.*; -льщу́, -льсти́шь; -льщённый] (-ся be) charm(ed), tempt(ed), entice(d), seduce(d).

прелю́дия *f* [7] prelude.

премй|ну́ть [19] *pf.* fail; ~рова́ть [7] (*im*)*pf.* award a prize (to В); '~я *f* [7] prize; bonus; premium; rate.

премье́р *m* [1] premier, (*usu.* ~мини́стр) prime minister; ~а *f* [5] première, first night.

пренебр|ега́ть [1], ⟨~е́чь⟩ [26 г/ж], ~еже́ние *n* [12] (Т) neglect; disregard; disdain; scorn, slight; ~ежи́тельный [14; -лен, -льна] slighting, scornful, disparaging; ~е́чь *s.* ~ега́ть.

пре́ния *n/pl.* [12] debate, discussion.

преоблада́|ние *n* [12] predominance; ~ть [1] prevail, predominate.

преобра|жа́ть [1], ⟨~зи́ть⟩ [15 *e.*; -ажу́, -ази́шь; -ажённый] change, transform (*v/i.* -ся); ~же́ние *n* [12] transformation; *eccl.* Transfiguration; ~зи́ть(ся) *s.* ~жа́ть(ся); ~зова́ние *n* [12] transformation; reorganization; reform; ~зова́тель *m* [4] reformer; ~зо́вывать [1], ⟨~зова́ть⟩ [7] reform, reorganize; transform.

преодол|ева́ть [1], ⟨~е́ть⟩ [8] overcome, subdue; surmount.

препара́т *m* [1] preparation.

препира́тельство *n* [9] wrangle.

преподава́|ние *n* [12] teaching, instruction; ~тель *m* [4], ~тельница *f* [5] teacher, instructor; ~ть [5] teach.

преподн|оси́ть [15], ⟨~ести́⟩ [24 -с-] present, offer.

препрово|жда́ть [1], ⟨~ди́ть⟩ [15 *e.*; -ожу́, -оди́шь; -ождённый] forward, send; spend, pass.

препя́тств|ие *n* [12] obstacle, hindrance; бег (*or* ска́чки) с ~иями steeplechase; ~овать [7], ⟨вос-⟩ hinder, prevent (a p. from Д/в П).

прер|ва́ть(ся) *s.* ~ыва́ть(ся); ~ека́ние *n* [12] squabble; ~ыва́ть [1], ⟨~ва́ть⟩ [-ву́, -вёшь; -ал, -á, -о; пре́рванный (-ан, -á, -о)] interrupt; break (off), *v/i.* -ся; ~ы́вистый [14 *sh.*] broken, faltering.

пресе|ка́ть [1], ⟨~чь⟩ [26] cut short; suppress; -ся break; stop.

пресле́дов|ание *n* [12] pursuit; persecution; ₮₮ prosecution; ~ать [7] pursue; persecute; haunt; ₮₮ prosecute.

пресловутый [14] notorious.

пресмыка́|ться [1] creep, crawl; *fig.* cringe (to пе́ред Т); ~ющиеся *n/pl.* [17] reptiles.

пре́сный [14; -сен, -сна́, -о] fresh (*water*); unleavened (*bread*); stale.

пресс *m* [1] ⊕ press; ~a *f* [5] press; ~-конфере́нция *f* [7] press conference; ~-папье́ *n* [*ind.*] paperweight.

престаре́лый [14] aged.

престо́л *m* [1] throne; altar.

преступ|а́ть [1], ⟨~и́ть⟩ [14] break, infringe; ~ле́ние *n* [12] crime; на ме́сте ~ле́ния red-handed; ~ник *m* [1] criminal, delinquent; ~ность *f* [8] criminality, delinquency.

пресы|ща́ть [1], ⟨~тить⟩ [15] surfeit (*v/i.* -ся), satiate; ~ще́ние *n* [12] satiety.

претвор|я́ть [28], ⟨~и́ть⟩ [13] change, transform; ~я́ть в жизнь put into practice, realize.

претен|дова́ть [7] (на В) (lay) claim (to); ~зия *f* [7] claim, pretension, title (to на В, к Д); быть в ~зии (на В [за В]) take (a p.'s [th.]) amiss or ill.

преувел|иче́ние *n* [12] exaggeration; ~и́чивать [1], ⟨~и́чить⟩ [16] exaggerate.

преусп|ева́ть [1], ⟨~е́ть⟩ [8] succeed; thrive, prosper.

при (П) by, at, near; (*battle*) of; under, in the time of; in a p.'s presence; about (one ~ себе́), with; in (*health, weather, etc.*); for (all that ~ всём том); when, on (*-ing*); быть ~ have; be attached to; ~ э́том at that; ✝ ~ сём herewith; быть ни ~ чём F have nothing to do with (it тут), not be p.'s fault.

приба́в|ить(ся) *s.* ~ля́ть(ся); ~ка *f* [5; *g/pl.:* -вок], ~ле́ние *n* [12] increase, raise; addition; addendum; ~ля́ть [28], ⟨~ить⟩ [14] (В or Р) add; increase; put on (*weight* в П); mend (one's pace ~ля́ть ша́гу) -ся increase; be added; (a)rise; grow longer; ~очный [14] additional; surplus...

прибалти́йский [16] Baltic.

прибау́тка F *f* [5; *g/pl.*: -ток] byword, saying.

прибе|га́ть [1] **1.** ⟨~жа́ть⟩ [4; -егу́, -ежи́шь, -егу́т⟩ come running; **2.** ⟨~гнуть⟩ [20] resort, have recourse (to к Д); ~ега́ть [1], ⟨~ре́чь⟩ [26 г/ж] save, reserve.

приби|ва́ть [1], ⟨~ть⟩ [-бью́, -бьёшь, *etc.*, *cf.* бить] fasten, nail; beat (down); throw (*ashore*); ~ра́ть [1], ⟨прибра́ть⟩ [-беру́, -рёшь; -брал, -а́, -о; прибранный] tidy *or* clean (up); прибра́ть к рука́м appropriate; -ся F make o.s. up; ~ть *s.* ~ва́ть.

прибли|жа́ть [1], ⟨~зить⟩ [15] approach, draw near (к Д; *v/i.* -ся); approximate; ~же́ние *n* [12] approach(ing); approximation; ~жённый [14] confidant; *a.* = ~зи́тельный [14; -лен, -льна] approximate; ⟨~зить(ся)⟩ *s.* ~жа́ть(ся).

прибо́й *m* [3] surf.

прибо́р *m* [1] apparatus, instrument, set; cover; service; (*table*)ware; utensils *pl.*, (*shaving*) things *pl.*

прибра́ть *s.* прибира́ть.

прибре́жный [14] littoral.

прибы|ва́ть [1], ⟨~ть⟩ [-бу́ду, -дешь; прибыл, -а́, -о] arrive (in, at в В); increase, rise; '~ль *f* [8] profit, gains *pl.*; rise; '~льный [14; -лен, -льна] profitable; ~тие *n* [12] arrival (in, at в В; upon по П); ~ть *s.* ~ва́ть.

прива́л *m* [1] halt, rest.

приве|де́ние *n* [12] putting (*in order* в В); ⚔ reduction; ~сти́ *s.* приводи́ть; ~ре́дливый [14 *sh.*] fastidious.

приве́ржен|ец *m* [1; -нца] adherent; ~ный [14 *sh.*] attached.

привести́ *s.* приводи́ть.

приве́т *m* [1] greeting(s); *esp.* ✗ salute; regards, compliments *pl.*; hello!, hi!; ~ливый [14 *sh.*] affable; ~ственный [14] of welcome; ~ствие *n* [12] greeting, welcome; ~ствовать [7; *pt. a. pf.*] greet, salute; welcome.

приви|ва́ть [1], ⟨~ть⟩ [-вью, -вьёшь, *etc.*, *cf.* вить] inoculate, vaccinate; ⚕ (en)graft; -ся take; ~вка *f* [5; *g/pl.*: -вок] inoculation, vaccination; grafting; ~де́ние *n* [12] ghost, specter (*Brt.*-tre), apparition; ~легиро́ванный [14] privileged; ~ле́гия *f* [7] privilege; ~нчивать [1], ⟨~нти́ть⟩ [-нчу́, -нти́шь] screw on; ~ть(ся) *s.* ~ва́ть(ся).

прив́кус *m* [1] smack (*a. fig.*).

привле|ка́тельный [14; -лен, -льна] attractive; ~ка́ть [1], ⟨~чь⟩ [26] draw, attract; engage (в Д); call (*to account*); bring (*to trial*); ~че́ние *n* [12] attraction; calling.

приво́д *m* [1] bringing; ⊕ drive; ~и́ть [15], ⟨привести́⟩ [25] bring; lead; result (in к Д); quote, cite;

⚔ reduce; put, set; drive, throw; -ся, ⟨-сь⟩ Д + *vb.* F happen; have to; ~но́й [14] driving (*belt, etc.*).

привоз|и́ть [15], ⟨привезти́⟩ [24] bring; import; ~но́й & ~ный [14] imported.

приво́ль|е *n* [10] open (space), expanse; freedom; ease, comfort; в ~ *a.* in clover.

привы|ка́ть [1], ⟨~кнуть⟩ [21] get or be(come) accustomed *or* used (to к Д); ~чка *f* [5; *g/pl.*: -чек] habit; custom; ~чный [14; -чен, -чна] habitual.

привя́з|анность *f* [8] attachment; ~а́ть(ся) *s.* ~ывать(ся); ~чивый F [14 *sh.*] affectionate; captious; obtrusive; ~ывать [1], ⟨~а́ть⟩ [3] (к Д) tie, attach (to); -ся become attached; F run after; intrude (upon); cavil; '~ь *f* [8] leash.

пригла|си́тельный [14] invitation...; ~ша́ть [1], ⟨~си́ть⟩ [15 *e.*; -ашу́, -аси́шь; -ашённый] invite (to *mst* на В), ask; call (*doctor*); ~ше́ние *n* [12] invitation.

пригна́ть *s.* пригоня́ть.

пригово́р|ивать [1], ⟨~и́ть⟩ [13] sentence; condemn; *impf.* F say (at the same time); ~ор *m* [1] sentence; verdict (*a. fig.*); ~и́ть *s.* ~а́ривать.

приго́дный [14; -ден, -дна] *s.* го́дный.

пригоня́ть [28], ⟨пригна́ть⟩ [-гоню́, -го́нишь; -гнал, -а́, -о; при́гнанный] drive; fit, adjust.

пригор|а́ть [1], ⟨~е́ть⟩ [9] burn; ~од *m* [1] suburb; '~одный [14] suburban; '~шня *f* [6; *g/pl.*: -ней & -ней] hand(ful).

пригот|а́вливать(ся) [1] *s.* ~овля́ть(ся); ~ови́тельный [14] preparatory; ~о́вить(ся) *s.* ~овля́ть (-ся); ~овле́ние *n* [12] preparation (for к Д); ~овля́ть [28], ⟨~о́вить⟩ [14] prepare (*v/i. a.*, o.s. -ся) (for к Д).

прида|ва́ть [5], ⟨~ть⟩ [-да́м, -да́шь, *etc.*, *cf.* дать; прида́л, -а, -о; при́данный (-ан, -а́, -о)] add; give; attach; ~ное *n* [14] dowry; ~ток *m* [1; -тка] appendage; *anat.* appendix; ~точный [14] *gr.* subordinate (*clause*); ~ть *s.* ~ва́ть; ~ча *f* [5]: в ~чу to boot.

придви|га́ть [1], ⟨~нуть⟩ [20] move up (*v/i.* -ся; draw near).

придво́рный [14] court(ier *su. m*).

приде́л|ывать, ⟨~ать⟩ [1] fasten, fix (to к Д).

приде́рж|ивать [1], ⟨~а́ть⟩ [4] hold (back); -ся *impf.* (P) adhere to; F hold (on [to]).

придир|а́ться [1], ⟨придра́ться⟩ [-деру́сь, -рёшься; -дра́лся, -а́-ла́сь, -а́лось⟩ (к Д) find fault (with), carp *or* cavil (at); seize; ~ка *f* [5; *g/pl.*: -рок] cavil; ~чивый [14 *sh.*] captious.

придра́ться s. придира́ться.
приду́м|ывать, ⟨~ать⟩ [1] think out, devise, contrive.
придыха́ние n [12] aspiration.
прие́з|д m [1] arrival (in в В; upon по П); ~жа́ть [1], ⟨прие́хать⟩ [-е́ду, -е́дешь] arrive (in, at в В); ~жий [17] visitant..., guest...
прие́м m [1] reception; acceptance, admission; consultation; engagement, ✕ enlistment; taking; dose; movement (with в В); draught; sitting (at в В); device, trick; method, way; ~ник m [1] receiver, receiving set; s. радиоприёмник; ~ный [14] reception (day; room: a. waiting, usu. su. f ~ная), receiving, consultation..., office (hours); entrance (examination); foster (father, etc.; foster child a. ~ыш m [1]).
при|жа́ть (~езжа́ть, ~езжа́ть) s. ~жа́ть(ся); ~жима́ть(ся); ~жига́ть [1], ⟨~же́чь⟩ [26 г/ж: -жгу, -жжёшь; cf. жечь] cauterize; ~жима́ть [1], ⟨~жа́ть⟩ [-жму, -жмёшь; ~а́тый] press (to, on к Д); ~ся press; nestle; ~з m [1] prize; ~заду́м(ыв)аться s. заду́м(ыв)аться.
призва́ние n [12] vocation, calling; ~ть s. призыва́ть.
приземл|я́ться ✕ [28], ⟨~и́ться⟩ [13] land; ~е́ние n [12] landing.
при́зма f [5] prism.
призна|ва́ть [5], ⟨~ть⟩ [1] (Т; a. за В) recognize, acknowledge (as); see, admit, own; find, consider, declare; -ся confess (s. th. в П), avow, admit; ~ться or ~юсь to tell the truth, frankly speaking; ~к m [1] sign; feature, characteristic; ~ние n [12] acknowledg(e)ment, recognition; confession; declaration (of love в любви́); ~тельность f [8] gratitude; ~тельный [14; -лен, -льна] grateful, thankful (for за В); ~ться(ся) s. ~ва́ть(ся).
при́зра|к m [1] phantom, specter (Brt. -tre); ~чный [14; -чен, -чна] ghostly; illusive.
призы́в m [1] appeal, call (for на В), summons; ✕ draft, conscription; ~а́ть [1], ⟨призва́ть⟩ [-зову́, -вёшь; -зва́л, -а́, -о; при́званный] call (for на В; to witness в свиде́тели), appeal; ✕ draft, call out or up (for на В); при́званный a. qualified; ~ник m [1 e.] draftee, conscript; ~но́й [14] ✕ draft(ee)...
при́иск m [1] mine, field.
прийти́(сь) s. приходи́ть(ся).
прика́з m [1] order, command; hist. office, board; ~а́ть s. ~ывать; ~чик m [1] † s. продаве́ц; steward; ~ывать [1], ⟨~а́ть⟩ [3] order, command; tell; F should, ought; s. a. уго́дно.
при|ка́лывать [1], ⟨~коло́ть⟩ [17] pin, fasten; stab; ~каса́ться [1], ⟨~косну́ться⟩[20](к Д, † Р) touch;

~ки́дывать [1], ⟨~ки́нуть⟩ [20] weigh; calculate; estimate; -ся F pretend or feign to be, act (the Т).
прикла́д m [1] (rifle) butt; ~но́й [14] applied; ~ывать [1], ⟨приложи́ть⟩ [16] (к Д) apply (to), put (on); enclose (with); affix (seal); -ся kiss; F level; apply (s. th. to Т/к Д).
прикле́и|вать [1], ⟨~ть⟩ [13] paste.
приключ|а́ться F [1], ⟨~и́ться⟩ [16 e.; 3rd p. only] happen, occur; ~е́ние n [12] (~е́нческий [16] of) adventure.
прико́|вывать [1], ⟨~ва́ть⟩ [7 e.; -кую́, -куёшь] chain, fetter; arrest, captivate; ~ла́чивать [1], ⟨~лоти́ть⟩ [15] nail (on, to к Д), fasten; ~ло́ть s. прика́лывать; ~мандирова́ть [7] pf. attach; ~сновéние n [12] touch; contact; ~сну́ться s. прикаса́ться.
прикра́|са f f [5] embellishment; ~шивать [1], ⟨~сить⟩ [15] embellish.
прикреп|и́ть(ся) s. ~ля́ть(ся); ~лéние n [12] fastening; attaching; ~ля́ть [28], ⟨~и́ть⟩ [14 e.; -плю, -пи́шь; плённый] fasten; attach; -ся register (with к Д).
прикри́к|ивать [1], ⟨~нуть⟩ [20] shout (at на В).
прикры|ва́ть [1], ⟨~ть⟩ [22] cover; protect; ~тие n [12] cover (a. ✕); convoy; ✕ cloak.
прила́вок m [1; -вка] counter.
прилага́|тельное n [14] adjective (a. и́мя ~тельное); ~ть [1], ⟨приложи́ть⟩ [16] (к Д) enclose (with); apply (to); take (pains), make (efforts); ~емый enclosed.
прила́|живать [1], ⟨~дить⟩ [15] fit.
приле|га́ть [1] 1. (к Д) (ad)join, border; 2. ⟨~чь⟩ [26 г/ж: -ля́гу, -ля́жешь; -ля́гут; -лёг, -легла́; -ля́г(те)]) lie down (for a while); fit (closely); ~жа́ние n [12] diligence; ~жный [14; -жен, -жна] diligent, industrious; ~пля́ть [28], ⟨~пи́ть⟩ [14] stick; ~та́ть [1], ⟨~те́ть⟩ [11] arrive, fly; ~чь s. ~га́ть 2.
прили́в m [1] flood, flow; fig. rush; ~ва́ть [1], ⟨~ть⟩ [-лью, -льёшь; cf. лить] rush; add; ~па́ть [1], ⟨~пнуть⟩ [21] stick; ~ть s. ~ва́ть.
прили́ч|ие n [12] decency (for d.'s sake из or для Р), decorum; ~ный [14; -чен, -чна] decent, proper; F respectable.
приложе́|ние n [12] enclosure; supplement; application; gr. apposition; seal: affixture; ~ить s. прикла́дывать & прилага́ть.
прима́нка f [5; g/pl.: -нок] bait, lure.
примен|éние n [12] application; use; adaptation; ~и́мый [14 sh.] applicable; ~я́ть [28], ⟨~и́ть⟩ [13;

-еню́, -е́нишь; -ене́нный] apply (to к Д); use, employ; **-ся** adapt o.s.

приме́р m [1] example (в ~ cite as an example); не в ~ F far + *comp.*; к **-у** F = например; **-ивать** [1], ⟨**-ить**⟩ [13] try *or* fit on; **-ка** f [5; *g/pl.*: -рок] trying *or* fitting on; **-ный** [14; -рен, -рна] exemplary; approximate; **-ять** [28] = **-ивать**.

при́месь f [8] admixture.

приме́|та f [5] mark, sign, token; omen; *pl.* signalment, description; на **-те** in view; **-тить** s. **-ча́ть**; **-тный** s. заме́тный; **-ча́ние** n [12] (foot)note; notice; **-ча́тельный** [14; -лен, -льна] notable, remarkable; **-ча́ть** F [1], ⟨**-тить**⟩ [15] notice; **-шивать** [1], ⟨**-ша́ть**⟩ [1] add, (ad)mix.

примир|е́ние n [12] reconciliation; **-и́тельный** [14; -лен, -льна] (re)conciliatory; arbitration...; **-я́ть** (-ся) [28] s. мири́ть(ся).

примити́вный [14; -вен, -вна] primitive.

прим|кну́ть s. **-ыка́ть**; **-о́рский** [16] coastal, seaside...; **-о́чка** f [5; *g/pl.*: -чек] lotion; **-ула** f [5] primrose; **-ус** m [2] kerosene stove; **-ча́ться** [4 e.; -мчу́сь, -чи́шься] *pf.* come in a great hurry; **-ыка́ть** [1], ⟨**-кну́ть**⟩ [20] join (v/t. к Д); *impf.* adjoin.

принадл|ежа́ть [4 e.; -жу́, -жи́шь] belong to [к Д], pertain; **-е́жность** f [8] accessory; material, implement; *pl.* a. equipment; membership.

принести́ s. приноси́ть.

принима́ть [1], ⟨приня́ть⟩ [приму́, -и́мешь; при́нял, -á, -o; при́нятый (-ят, -á, -o)] take (a. over; for за B; *measures*); accept; receive; admit (in)to в, на B); pass (*law, etc.*); adopt; assume; **-** на себя́ take (up)on o.s., undertake; **-** на свой счёт feel hurt; **-** пара́д review troops; **-ся** [-ня́лся, -ля́сь] (за В) set about *or* to, start; F take to task; **◊**, **⚕** take.

приноро́вить F [14 e.; -влю́, -ви́шь] *pf.* adapt; fit.

прин|оси́ть [15], ⟨**-ести́**⟩ [24 -с-: -су́; -ёс, -есла́] bring (a. forth, in); yield (a. profit, thanks); make (*sacrifice* в B); **-оси́ть в дар** s. дари́ть.

прину|ди́тельный [14; -лен, -льна] forced, compulsory, coercive; **-жда́ть** [1], ⟨**-дить**⟩ [15] force, compel, constrain, oblige; **-жде́ние** n [12] compulsion, coercion; constraint (under по Д); **-ждённый** [14] forced, constrained, obliged.

при́нцип m [1] principle; (on в П, **-иа́льно**); **-иа́льный** [14; -лен, -льна] of principle(s) (a. из **-а**).

приня́|тие n [12] taking (over); acceptance; admission ([in]to в, на

B); passing (*law, etc.*); adoption; assumption; *cf. a.* **-ть(ся)** → принима́ть(ся).

приобре|та́ть [1], ⟨**-сти́**⟩ [25 -т-] acquire, obtain, get; buy; **-те́ние** n [12] acquisition.

приобщ|а́ть [1], ⟨**-и́ть**⟩ [16 e.; -щу́, -щи́шь; -щённый] (к Д) join, add; **-ся** join.

приостан|а́вливать [1], ⟨**-ови́ть**⟩ [14] stop (v/i. -ся); **⚖** suspend.

припа́док m [1; -дка] fit, attack.

припа́сы m/pl. [1] supplies, stores.

припая́ть [28] *pf.* solder (on to к Д).

припе́|в m [1] refrain; **-ва́ть** F [1] sing; **-ва́ючи** F in clover; **-ка́ть** [1], ⟨**-чь**⟩ [26] burn, be hot.

припи́с|ка f [5; *g/pl.*: -сок] postscript; addition; **-ывать** [1], ⟨**-а́ть**⟩ [3] ascribe, attribute (to к Д); add.

приплата f [5] extra payment.

приплод m [1] increase, offspring.

приплы|ва́ть [1], ⟨**-ть**⟩ [23] come, arrive, swim *or* sail (up to к Д).

приплю́снутый [14] flat (*nose*).

припод|нима́ть [1], ⟨**-ня́ть**⟩ [-ниму́, -ни́мешь; -по́днял, -á, -o; -по́днятый (-ят, -á, -o)] lift *or* raise (**-ся** rise) (a little); **-ня́тый** [14] high (*spirits*); elevated (*style*).

приполз|а́ть [1], ⟨**-ти́**⟩ [24] creep.

припом|ина́ть [1], ⟨**-нить**⟩ [13] remember (*a. impers.* Д -ся И).

приправ|а f [5] seasoning; **-ля́ть** [28], ⟨**-ить**⟩ [14] season, dress.

припух|а́ть [1], ⟨**-нуть**⟩ [21] swell.

прира́вн|ивать [1], ⟨**-я́ть**⟩ [28] compare (to к Д); level.

прира|ста́ть [1], ⟨**-сти́**⟩ [24 -ст-: -стёт; -ро́с, -сла́] take; grow (to к Д); increase (by на B); **-ще́ние** n [12] increase; taking.

приро́|да f [5] nature (by, a. birth от P [a. in]; по Д); **-дный** [14] natural; a. = **-ждённый** [14] (in)born; **-ст** m [1] increase.

прируч|а́ть [1], ⟨**-и́ть**⟩ [16 e.; -чу́, -чи́шь; -чённый] tame.

при|са́живаться [1], ⟨-се́сть⟩ [25; -ся́ду; -се́л] sit down (a while).

присв|а́ивать [1], ⟨**-о́ить**⟩ [13] appropriate; adopt; confer ([up]on Д); **-о́ение** n [12] appropriation; adoption; conferment.

присе|да́ть [1], ⟨**-сть**⟩ [25; -ся́ду; -се́л] squat; curts(e)y; **-ст** m [1] sitting (at, in в B); **-сть** s. **-да́ть** & приса́живаться.

прискаќ|ивать [1], ⟨**-а́ть**⟩ [3] come, arrive (at full gallop; leaping).

прискорб|не n [12] regret; **-ный** [14; -бен, -бна] deplorable, pitiable.

присла́ть s. присыла́ть.

прислон|я́ть [28], ⟨**-и́ть**⟩ [13] lean (v/i. -ся; against к Д).

прислу́|га f [5] servant(s); **⚔** crew, gunners pl.; **-живать** [1] wait (up)on (Д), serve; **~ся** (Д) be sub-servient (to), ingratiate o. s. (with); **~шиваться**, ⟨**~шаться**⟩ [1] listen (to к Д).

присм|а́тривать [1], ⟨**~отре́ть**⟩ [9]; -отрю́, -о́тришь; -о́тренный] look after (за Т); F find; **-ся** (к Д) peer, look narrowly (at); examine (closely); familiarize o.s., get ac-quainted (with, or accustomed to); **~о́тр** m [1] care, supervision; **~отре́ть(ся)** s. **~а́тривать(ся)**.

присовокуп|ля́ть [28], ⟨**~и́ть**⟩ [14 e.; -плю́, -пи́шь; -плённый] add; enclose (with к Д).

присоедин|е́ние n [12] joining; connection; annexation; **~я́ть** [28], ⟨**~и́ть**⟩ [13] (к Д) join (a. **-ся**); connect, attach (to); annex, in-corporate.

приспе́шник m [1] accomplice.

приспособ|ить(ся) s. **~ля́ть(ся)**; **~ле́ние** n [12] adaptation; device; **~ля́ть** [28], ⟨**~ить**⟩ [14] fit, adapt (o.s. **-ся**; to, for к Д, под В).

при́став m [1] (form.) police officer.

приста|ва́ть [5], ⟨**~ть**⟩ [-а́ну, -а́нешь] (к Д) stick (to); importune, pester; join; ⚓ land; F become; befit; ⚓ be taken (with); **~вить** s. **~влять**; **~вка** f [5; g/pl.: -вок] prefix; **~влять** [28], ⟨**~вить**⟩ [14] (к Д) set, put (to), lean (against); add, piece on; appoint (to look after); '**~льный** [14; -лен, -льна] steadfast; '**~нь** f [8; from g/pl. e.] quay, wharf, pier; **~ть** s. **~ва́ть**.

пристёгивать [1], ⟨**пристегну́ть**⟩ [20] button or fasten (to).

пристр|а́ивать [1], ⟨**~о́ить**⟩ [13] (к Д) add or attach (to); settle; place; provide; **-ся** F = устра́иваться; join.

пристра́ст|ие n [12] predilection (for к Д); bias; **~ный** [14; -тен, -тна] bias(s)ed, partial (to к Д).

пристре́ли|вать [1], ⟨**~ть**⟩ [13; -стрелю́, -е́лишь] shoot.

пристр|о́ить(ся) s. **~а́ивать(ся)**; **~о́йка** f [5; g/pl.: -о́ек] addition; annex.

при́ступ m [1] assault, onset, on-slaught, storm (by Т); ⚓ & fig. fit, attack; F access; **~а́ть** [1], ⟨**~и́ть**⟩ [14] set about, start, begin; proceed (to); approach (a., F, **-ся**).

присужда́ть [1], ⟨**~ди́ть**⟩ [15; -уждённый] (к Д) sentence, con-demn (to); award; **~жде́ние** n [12] awarding.

прису́тств|ие n [12] presence (in в П; of mind ду́ха); † office (hours); **~овать** [7] be present (at на, в, при П); **~ующий** [17] present.

прису́щий [17 sh.] peculiar (to Д).

прис|ыла́ть [1], ⟨**~ла́ть**⟩ [-шлю́, -шлёшь; при́сланный] send (for за Т); **~ыпа́ть** [1], ⟨**~ы́пать**⟩ [2] (be)strew.

прися́|га f [5] oath (upon под Т); **~га́ть** [1], ⟨**~гну́ть**⟩ [20] swear; **~жный** [14] juror; суд **~жных** jury.

прита|и́ть [13] pf. F s. затаи́ть; **-ся** hold (breath); hide; keep quiet; **~скивать** [1], ⟨**~щи́ть**⟩ [16] drag (o.s. **-ся** F; [up] to к Д); F bring (come).

притвор|и́ть(ся) s. **~я́ть(ся)**; **~ный** [14; -рен, -рна] feigned, pretended, sham; **~ство** n [9] pretense, dis-simulation; **~я́ть** [28], ⟨**~и́ть**⟩ [13; -орю́, -о́ришь; -о́ренный] close; leave ajar; **-ся** [13] feign, pretend (to be Т).

притесн|е́ние n [12] oppression; **~и́тель** m [4] oppressor; **~я́ть** [28], ⟨**~и́ть**⟩ [13] oppress; † press.

прити́х|ать [1], ⟨**~нуть**⟩ [21] be-come silent, stop; abate (wind).

прито́к m [1] tributary; afflux.

прито́м besides; to that or it.

прито́н m [1] den, nest.

при́торный [14; -рен, -рна] sugary, luscious.

притр|а́гиваться [1], ⟨**~о́нуться**⟩ [20] touch (slightly); v/t. к Д.

притуп|ля́ть [28], ⟨**~и́ть**⟩ [14] (**-ся** become) blunt, dull.

при́тча f [5] parable.

притя́|гивать [1], ⟨**~ну́ть**⟩ [19] draw, pull; attract; F s. привлека́ть; **~жа́тельный** [14] possessive; **~же́ние** n [12] attraction; **~за́ние** n [12] claim, pretension (to на В); **~ну́ть** s. **~гивать**.

прну|ро́чить [16] pf. time, date (for к Д); **~ча́ть** [1], ⟨**~чи́ть**⟩ [16] accustom, habituate; train.

прн|кида́ть Г [1], ⟨**~во́рнуть**⟩ [20] be(come pf.) unwell or sickly.

прихо́д m [1] arrival, coming; † receipt(s), credit; parish; **~и́ть** [15], ⟨прийти́⟩ приду́, -дёшь; пришёл, -шла́; -ше́дший; g. pr.: придя́] come (to), arrive (in, at в, на В; for за Т); fig. fall, get, fly (into в, на В); (Д) **~и́ть** в го́лову, на ум, etc. think of, hit on (the idea), take into one's head; not: a. dream; **~и́ть** в себя́ (or чу́вство) come to (o.s.); **-ся**, ⟨**~сь**⟩ suit, fit ([p.'s] s. th. [Д] по Д), be to; Т p.'s aunt, etc.); fall (on в В; to на В); мне **~ится** I have to, must; придётся a. = попа́ло, s. попа́сть; **~ный** [14] receipt...; **~о-расхо́дный** [14] cash(book); **~ский** [16] parish...; **~я́щий** [17] day (servant); ⚕ ambulatory.

прихож|а́нин m [1; pl. -а́не, -а́н] parishioner; **~ая** f [17] s. пере́дняя.

прихот|ли́вый [14 sh.] freakish, fastidious; **~ь** f [8] whim, freak.

прихра́мывать [1] limp slightly.

припе́л m [1] sight; a. **~ива́ние** n [12] (taking) aim; **~ива́ться** [1], ⟨**~иться**⟩ [13] (take) aim (at в В).

прице́п m [1] trailer; **~ка** f [5; g/pl.:

-пок] coupling; ~ля́ть [28], ⟨~и́ть⟩ [14] hook (on; то к Д); couple; -ся stick, cling; *s. a.* приста́(ва́)ть; ~но́й [14]: ~но́й ваго́н *m* = ~.

прича́л *m* [1] mooring(s); ~ивать [1], ⟨~ить⟩ [13] moor; land.

прича́|стие *n* [12] *gr.* participle; *eccl.* Eucharist; F = ~ще́ние; ~стный [14; -тен, -тна] participating *or* involved (in к Д); ~ща́ть [1], ⟨~сти́ть⟩ [15 *e.*; -ащу́, -асти́шь; -ащённый] administer (-ся receive) the Lord's Supper *or* Sacraments; ~ще́ние *n* [12] administration of the Lord's Supper.

причём: ... ~ изве́стно, что ... = ... it being known that ...

причёс|ка *f* [5; *g/pl.*: -сок] hairdo (*Brt.* -dress), coiffure; ~ывать [1], ⟨причеса́ть⟩ [3] do, brush, comb one's hair -ся.

причи́н|а *f* [5] cause; reason (for по Д); по ~е because of; ~ность *f* [8] causality; ~ный [14] causal; ~я́ть [28], ⟨~и́ть⟩ [13] cause, do.

причи́с|ля́ть [28], ⟨~слить⟩ [13] rank, number (among к Д); ✗ assign; F add; ~та́ние *n* [12] lamentation; ~та́ть [1] lament; ~та́ться [1] be due, (p.: с Р) have to pay.

причу́д|а *f* [5] whim, freak; ~ли́вый [14 *sh.*] freakish; cranky.

при|шле́ц *m* [1; -льца́] newcomer, arrival; ~ши́бленный [14] dejected; ~шива́ть [1], ⟨~ши́ть⟩ [-шью, -шьёшь, *etc.*, *cf.* шить] (к Д) sew [on] to); F involve (in), impose (up]on); ~шпо́рить [13] *pf.* spur on; ~щемля́ть [28], ⟨~щеми́ть⟩ [14 *e.*; -млю́, -ми́шь; -млённый] pinch, squeeze in; ~щу́ривать [1], ⟨~щу́рить⟩ [13] *s.* жму́рить.

прию́т *m* [1] refuge, shelter; asylum; orphanage; ~и́ть [15 *e.*; -ючу́, -юти́шь] *pf.* shelter (*v/i.* -ся).

прия́|тель *m* [4], ~тельница *f* [5] friend; ~тельский [16] friendly; ~тный [14; -тен, -тна] pleasant, pleasing, agreeable.

про F (В) about, of; ~ себя́ to o. s., (*read*) silently.

про́ба *f* [5] trial (on [= probation] на В), test; ⊕ assay, sample; standard, hallmark.

пробе́|г *m* [1] run, race; ~га́ть [1], ⟨~жа́ть⟩ [4 *e.*; -егу́, -ежи́шь, -гу́т] run (through, over), pass (by); cover; skim.

пробе́л *m* [1] blank, gap; defect.

проби|ва́ть [1], ⟨~ть⟩ [-бью, -бьёшь; -бе́й(те)!; проби́л, -а, -о] break through; pierce, punch; *s. a.* бить 2.; -ся fight (or make) one's way (through сквозь В); *fig.* rough it; ❀ come up; shine through; *pf.* toil (at над Т); ~ра́ть [1], ⟨пробра́ть⟩ [-беру́, -рёшь; *cf.* брать] F scold; blow up, upbraid; -ся [-бра́лся, -ла́сь, -ло́сь] make

one's way (through сквозь В); steal *or* slip; ~рка *f* [5; *g/pl.*: -рок] test tube; ~ть(ся) *s.* ~ва́ть(ся).

про́бк|а *f* [5; *g/pl.*: -бок] cork; stopper, plug; ⚡ fuse; *traffic:* jam; ~овый [14] cork...

пробле́ма *f* [5] problem; ~ти́ческий [16], ~ти́чный [14; -чен, -чна] problematic(al).

про́блеск *m* [1] gleam, flash.

про́б|ный [14] trial..., test...; specimen..., sample...; touch(stone); pilot (*balloon*); ~овать [7], ⟨по-⟩ try; taste.

пробо́ина *f* [5] hole; ⚓ leak.

пробо́р *m* [1] (hair) parting.

пробо́чник *m* [1] corkscrew.

пробра́ться *s.* пробира́ть(ся).

пробу|жда́ть [1], ⟨~ди́ть⟩ [15; -уждённый] waken, rouse; -ся awake, wake up; ~жде́ние *n* [12] awakening.

пробы́ть [-бу́ду, -бу́дешь; про́бы́л, -а́, -о] *pf.* stay.

прова́л *m* [1] collapse; *fig.* failure; ~ивать [1], ⟨~и́ть⟩ [13; -алю́, -а́лишь; -а́ленный] wreck; fail; reject; *thea.* damn; ~ива́й(те)! F decamp; -ся break *or* fall in; fail, flunk; *thea.* be damned; disappear; ~и́сь! F the deuce take you!

прова́нский [16] olive (*oil*).

прове́|дать F [1] *pf.* visit; find out; ~де́ние *n* [12] carrying out, realization; construction, installation; ~сти́ *s.* провозди́ть; ~рить *s.* ~ря́ть; ~рка *f* [5; *g/pl.*: -рок] check(up), examination, control; ~ря́ть [28], ⟨~рить⟩ [13] examine, check (up), control; ~сти́ *s.* проводи́ть; ~три́вать [1], ⟨~три́ть⟩ [13] air, ventilate.

прови|а́нт *m* [1] *s.* ~зия; ~зия *f* [7] provisions, foodstuffs, victuals *pl.*; ~ни́ться [13] *pf.* commit offence, be guilty of (в П), offend (р. пе́ред Т; with в П); ~нциа́льный [14; -лен, -льна] provincial; ~нция *f* [7] province.

про́во|д *m* [1; *pl.*: -да́, *etc. e.*] wire; line; cable; lead; ~ди́мость *f* [8] conductivity; ~ди́ть [15] 1. ⟨провести́⟩ [25] lead, *a.* ⚡, *impf.* conduct, guide; carry out (*or* through), realize, put (*into* practice); put *or* get through; pass; spend (*time*; at за Т); draw (*line, etc.*); lay, construct; develop (*idea*); pursue (*policy*); hold (*meeting*); ✝ enter, book, *pf.* F trick, cheat; 2. *s.* ~жа́ть; ~дка *f* [5; *g/pl.*: -док] construction, installation; ⚡ lead; *tel.* line, wire(s); ~дни́к *m* [1 *e.*] guide; ✵, ⚡ conductor (*Brt.* ✵ guard); ~жа́ть [1], ⟨~ди́ть⟩ [15] see (off), accompany; follow; ~з *m* [1] transport(ation).

провозгла|ша́ть [1], ⟨~си́ть⟩ [15 *e.*; -ашу́, -аси́шь; -ашённый] proclaim; propose (*toast*).

провоз|и́ть [15], ⟨провезти́⟩ [24] drive, convey; take, get, carry.

провока́|тор *m* [1] agent provocateur; ~ция *f* [7] provocation.

пробо́л|ока *f* [5] wire; ~о́чка F *f* [5; *g/pl.*: -чек] delay (in с Т), protraction.

провор|ный [14; -рен, -рна] quick, nimble, deft; ~ство *n* [9] quickness, nimbleness, deftness.

провоци́ровать [7] (*im*)*pf.*, *a.* ⟨с-⟩ provoke (to на В).

прогада́ть F [1] *pf.* lose (by на П).

прога́лина *f* [5] glade; patch, spot.

прогл|а́тывать [1], ⟨~оти́ть⟩ [15] swallow, gulp; F lose (*tongue*); ~я́дывать [1] 1. ⟨~яде́ть⟩ [11] overlook; look over (*or* through); 2. ⟨~яну́ть⟩ [19] peep out, appear.

прогн|а́ть *s.* прогоня́ть; ~о́з *m* [1] forecast; *g⁸* prognosis.

прого|ва́ривать [1], ⟨~вори́ть⟩ [13] say; talk; -ся blab (*v/t.* о П); ~лода́ться [1] *pf.* get *or* feel hungry; ~ня́ть [28], ⟨прогна́ть⟩ [-гоню́, -го́нишь; -гна́л, -а́, -о; про́гнанный] drive (away); F *fig.* banish; F fire; run (the gantlet сквозь строй); ~ра́ть [1], ⟨~ре́ть⟩ [9] burn through; F smash (up).

програ́мма *f* [5] program(me *Brt.*).

прогре́сс *m* [1] progress; ~и́вный [14; -вен, -вна] progressive; ~и́ровать [7] (make) progress.

прогрыз|а́ть [1], ⟨~ть⟩ [24; *pt. st.*] gnaw *or* bite through.

прогу́л *m* [1] truancy; ~ивать [1], ⟨~я́ть⟩ [28] shirk (work), play truant; -ся take (*or* go for a) walk; ~ка *f* [5; *g/pl.*: -лок] walk (for на В), stroll, ride; ~ьщик *m* [1] shirker, truant; ~я́ть(ся) *s.* ~ивать(ся).

прода|ва́ть [5], ⟨~ть⟩ [-да́м, -да́шь, *etc.*, *cf.* дать; про́дал, -а́, -о; про́данный (про́дан, -а́, -о)] sell (*v/i.* -ся; *a.* = be for *or* on sale); ~ве́ц *m* [1; -вца́], ~вщи́ца *f* [5] seller, sales(wo)man, (store) clerk, *Brt.* shop assistant; ~жа *f* [5] sale (on в П; for в В); ~жный [14] for sale; [-жен, -жна] venal, corrupt; ~ть (-ся) *s.* ~ва́ть(ся).

продви|га́ть [1], ⟨~нуть⟩ [20] move, push (ahead); -ся advance; ~же́ние *n* [12] advance(ment).

проде́л|ать [1] ~ывать; ~ка *f* [5; *g/pl.*: -лок] trick, prank; ~ывать, ⟨~ать⟩ [1] break through, make; carry through *or* out, do; F play (*trick*).

проде́ть [-де́ну, -де́нешь; -де́нь (-те)!; -де́тый] *pf.* pass through, thread.

продл|ева́ть [1], ⟨~и́ть⟩ [13] prolong; ~е́ние *n* [12] prolongation.

продово́льств|енный [14] food...; grocery...; ~ие *n* [12] food(stuffs), provisions *pl.*

продолгова́тый [14 *sh.*] oblong; ~жа́тель *m* [4] continuator; ~жа́ть [1], ⟨~жить⟩ [16] continue, go on; lengthen; prolong; -ся last; ~же́ние *n* [12] continuation; sequel; course (in в В); ~же́ние сле́дует to be continued; ~жи́тельность *f* [8] duration; ~жи́тельный [14; -лен, -льна] long; ~жить (-ся) *s.* ~жа́ть(ся); ~ьный [14] longitudinal.

продро́гнуть [21] *pf.* be chilled (to the marrow).

проду́к|т *m* [1] product; material; *pl. a.* (food)stuffs; ~ти́вный [14; -вен, -вна] productive; ~то́вый [14] grocery (*store*); ~ция *f* [7] production (= product[s]), output.

проду́м|ывать, ⟨~ать⟩ [1] think over.

про|еда́ть [1], ⟨~е́сть⟩ [-е́м, -е́шь, *etc.*, *cf.* есть¹] eat away *or* through; F spend (on eating); eat.

прое́з|д *m* [1] passage, thoroughfare (no т.! ~а нет!); ~ом on the way, in passing; transient(ly); ~дить *s.* ~жать; ~дно́й [14]; ~дно́й биле́т *m* ticket; ~дная пла́та *f* fare; ~жа́ть [1] 1. ⟨прое́хать⟩ [-е́ду, -е́дешь, -езжа́й(те)!] pass, drive *or* ride through (*or* past, by); travel; -ся F take a drive *or* ride; 2. ⟨~дить⟩ [15] break in (*horse*); F spend (on fare *or* in driving, riding); ~жий [14] (through) traveller, transient; ~жая доро́га *f* highway.

прое́к|т *m* [1] project, plan, scheme; draft; ~ти́ровать [7], ⟨с-⟩ project, plan; ~цио́нный [14]; ~цио́нный аппара́т *m* projector.

прое́|сть *s.* ~да́ть; ~хать *s.* ~зжа́ть.

прожектор *m* [1] searchlight.

прожи|ва́ть [1], ⟨~ть⟩ [-иву́, -ивёшь; про́жил, -а́, -о; про́житый (про́жит, -а́, -о)] live; F spend; ~га́ть [1], ⟨прожечь⟩ [26 г/ж: -жгу, -жжёшь] burn (through); ~га́ть жизнь F live fast; ~то́чный [14]; ~то́чный ми́нимум *m* living wage; ~ть *s.* ~ва́ть.

прожорли́в|ость *f* [8] gluttony, voracity; ~ый [14 *sh.*] gluttonous.

про́за *f* [5] prose; ~ик *m* [1] prose writer; ~и́ческий [16] prosaic.

про́|звище *n* [11] nickname; по ~звищу nicknamed; ~зва́ть *s.* ~зыва́ть; ~зева́ть F [1] *pf.* miss; let slip; ~зорли́вый [14 *sh.*] perspicacious; ~зра́чный [14; -чен, -чна] transparent; ~зре́ть [9] *pf.* recover one's sight: see, perceive; ~зыва́ть [1], ⟨~зва́ть⟩ [-зову́, -вёшь; -зва́л, -а́, -о; про́званный] (Т) nickname; ~зя́бать [1] vegetate; ~зя́бнуть F [21] *s.* продро́гнуть.

проигр|ывать [1], ⟨~а́ть⟩ [1] lose (at play); F play; -ся lose all one's money; ~ыш *m* [1] loss (в П lose).

произв|едéние n [12] work, product(ion); ~ести́ s. ~оди́ть; ~оди́тель m [4] producer; ~оди́тельность f [8] productivity; output; ~оди́тельный [14; -лен, -льна] productive; ~оди́ть [15], ⟨~ести́⟩ [25] (-ся impf.) be) make (made), carry (-ried) out, execute(d), effect (-ed); (⊕ usu. impf.) produce(d); bring forth; promote(d [to the rank of] [в И pl.]); impf. derive(d; from от P); ~о́дный [14] derivative (a. su. f ᴊ); ~о́дственный [14] production...; manufacturing; works...; industrial; ~о́дство n [9] production, manufacture; plant, works, factory (at на П); execution; promotion.

произво́л m [1] arbitrariness; mercy; despotism, tyranny; ~вольный [14; -лен, -льна] arbitrary; ~носи́ть [15], ⟨~нести́⟩ [24 -с-] pronounce; deliver, make (speech); utter; ~ношéние n [12] pronunciation; ~ойти́ s. происходи́ть.

про́ис|ки m/pl. [1] intrigues; ~ходи́ть [15], ⟨произойти́⟩ [-зойдёт; -зошёл, -шла́; g. pt.: произойдя́] take place, happen, arise, originate (from от P); descend (from от, из P); ~хождéние n [12] origin (by [= birth] по Д), descent; ~шéствие n [12] incident, occurrence, event.

про|йти́(сь) s. ~ходи́ть & ~ха́живаться.}

прок m [1] s. по́льза & впрок.

прока́з|а f [5] prank, mischief; ♂ leprosy; ~ник m [1], ~ница f [5] F s. шалу́н(ья); ~ничать [1] F s. шали́ть.

прока́|лывать [1], ⟨проколо́ть⟩ [17] pierce, stick, stab; ~пывать [1], ⟨прокопа́ть⟩ [1] dig (through); ~рмливать [1], ⟨прокорми́ть⟩ [14] support, nourish; feed; -ся F subsist (on, by T).

прока́т m [1] hire (for на В), lease; (film, etc.) distribution; отда́ть в ~ hire out; ~а́ть(ся) [15] pf. give (take) a drive or ride; ~ный [14] rolled (iron); rolling (mill); for hire; lending; ~ывать, ⟨~а́ть⟩ [1] mangle; ⊕ roll; ride; -ся F s. ~и́ться.

прокла́д|ка f [5; g/pl.: -док] laying; construction; packing; lining; ~ывать [1], ⟨проложи́ть⟩ [16] lay (a. = build); fig. pave; force (one's way себé), interlay; draw.

прокламáция f [7] leaflet.

прокл|инáть [1], ⟨~я́сть⟩ [-яну́, -янёшь; про́клял, -á, -о; про́клятый (про́клят, -á, -о)] curse, damn; ~я́тие n [12] damnation; ~я́тый [14] cursed, damned.

прокó|л m [1] perforation; ~ло́ть s. прокáлывать; ~па́ть s. прокáпывать; ~рми́ть(ся) s. прокáрмливать(ся); ~рмлéние n [12] support.

прокрá|дываться [1], ⟨~сться⟩ [25; pt. st.] steal; go stealthily.

прокуро́р m [1] public prosecutor.

про|лагáть s. ~клáдывать; ~лáмывать, ~ломáть⟩ [1] & ⟨~ломи́ть⟩ [14] break (through; v/i. -ся); fracture; ~легáть [1] s. run; ~лезáть [1], ⟨~лéзть⟩ [24 st.] creep or get (in[to]); ~лёт m [1] passage; flight; ᴧ span; well; ~летариáт m [1] proletariat; ~летáрий m [3], ~летáрский [16] proletarian; ~летáть [1], ⟨~летéть⟩ [11] fly (past, by, over), pass (by, quickly); ~лётка f [5; g/pl.: -ток] droshky.

пролó|в m [1] strait (e.g. Strait of Dover ~в Па-де-Калé); ~вáть [1], ⟨~ть⟩ [-лью, -льёшь; -лéй(те)!; проли́л, -á, -о; проли́тый (про́лит, -á, -о)] spill (v/i. -ся); shed; ~вно́й [14]: ~вно́й дождь m downpour, cloudburst; ~ть s. ~вáть.

проло́|г m [1] prologue; ~жи́ть s. проклáдывать; ~м m [1] breach; fracture; ~мáть s. ~мáть, ~ми́ть s. проломывать.

про́мах m [1] miss; blunder (make дать or сдéлать; a. miss, fail; F fool); ~иваться [1], ⟨~нýться⟩ [20] miss; blunder.

промедлéние n [12] delay.

промежýто|к m [1; -тка] interval (at в П; ... of в В); period; ~чный [14] intermediate.

проме́|лькнýть s. мелькáть; ~ни́вать [1], ⟨~ня́ть⟩ [28] exchange (for на В); ~рзáть [1], ⟨промёрзнуть⟩ [21] freeze (through); F s. продро́гнуть.

промо|кáтельный [14]: ~кáтельная бумáга f blotting paper; ~кáть [1], ⟨~кнуть⟩ [21] get wet or drenched; ~лчáть [4 e.; -чу́, -чи́шь] pf. keep silent; ~чи́ть [16] pf. wet, drench.

промтовáры m/pl. [1] s. ширпотрéб.

промчáться [4] pf. dash or fly (past, by).

промы́|вáть [1], ⟨~ть⟩ [22] wash (out, away); ♂ irrigate.

промы́|сел m [1; -сла] trade, (line of) business; (oil, gold) field; (salt, etc.) works; ~словый [14] trade(s) ...; ~ть s. ~вáть.

промышлен|ник m [1] industrialist; ~ность f [8] industry; ~ный [14] industrial.

пронести́(сь) s. проноси́ть(ся).

прон|зáть [1], ⟨~зи́ть⟩ [15e.; -нжу́, -нзи́шь; -нзённый] pierce, stab; ~зи́тельный [14; -лен, -льна] shrill, piercing, penetrating; ~изывать [1], ⟨~изáть⟩ [3] penetrate, pierce.

прони|кáть [1], ⟨~кнуть⟩ [21] penetrate; permeate; get (in); spread; -ся be imbued or inspired (with T); ~кновéние n [12] penetration; fervo(u)r; ⸰кновённый [14; -énen, -énna] feeling, heart-felt, pathetic [14 sh.] permeable; ⸰цательный [14; -лен, -льна] penetrating, searching; acute, shrewd; ⸰цать s. ⸰кать.

про|носить [15] 1. ⟨⸰нести⟩ [24 -с-: -есу́; -ёс, -сслá] carry (through, by, away); speed; -ся ⟨-сь⟩ fly (past, by), pass or spread (swiftly); 2. pf. F wear out; ⸰ны́рливый [14 sh.] crafty; ⸰нюхать P [1] smell out.

прообраз m [1] prototype.

пропаганд|и́ровать [7] propagandize; ⸰и́стский [16] propagandist...; propaganda...

пропа|дать [1], ⟨⸰сть⟩ [25; pt. st.] get or be lost, be gone (wasted); be (missing; a. ⸰сть бéз вести); lose, fail; vanish; perish, die; ⸰жа f [5] loss; ⸰сть¹ s. ⸰дáть; '⸰сть² f [8] precipice, abyss; chasm, gap; disaster; F lots or a lot (of).

пропи|вáть [1], ⟨⸰ть⟩ [-пью́, -пьёшь -пéй(те)!; прóпил, -á, -о; прóпитый (прóпит, -á, -о)] spend (on drinking); drink.

пропис|áть(ся) s. ⸰ывать(ся); ⸰ска f [5; g/pl.: -сок] registration; ⸰нóй [14] capital, cf. бýква; common; registration...; ⸰ывать [1], ⟨⸰áть⟩ [3] prescribe (for Д), order; register (v/i. -ся); ⸰ью (write) in full.

пропи|тáние n [12] livelihood, living (earn one's себé на В); ⸰тывать, ⟨⸰тáть⟩ [1] (-ся be[come]) impregnate(d), imbue(d) with T); ⸰ть s. ⸰вáть.

проплы|вáть [1], ⟨⸰ть⟩ [23] swim or sail (by, under); pass; strut.

проповéд|ник m [1] preacher; ⸰овать [1] preach; ⸰ь ('рˮэ-) f [8] eccl. sermon; propagation.

прополо|сáть [1], ⟨⸰ть⟩ [24] creep (by, through, under); ⸰ка f [5] weeding.

пропорциона́льный [14; -лен, -льна] proportional, proportionate.

прóпуск m [1] 1. ommission, blank; absence; 2. [pl.: -кá, etc. e.] pass(-age); ✕ password; ⸰кáть [1], ⟨⸰тить⟩ [15] let pass (or through); pass; omit; miss; let slip; impf. leak; ⸰кнóй [14] blotting (paper).

прора|бáтывать, ⟨⸰бóтать⟩ F, [1] study; ⸰стáть [1], ⟨⸰сти́⟩ [24 -ст-: -стёт; -рос, -рослá] grow (through); come up.

прорвáть(ся) s. прорывáть(ся).

прорез|áть [1], ⟨⸰ать⟩ [3] cut (through); -ся cut (teeth); ⸰инéнный [14] gummed.

прорéха f [5] slit, hole, tear.

прорóк m [1] prophet; ⸰ни́ть [13; -оню́, -óнишь; -óненный] pf. utter; ⸰ческий [16] prophetic(al); ⸰чество n [9] prophecy; ⸰чить [16] prophesy

проруб|áть [1], ⟨⸰и́ть⟩ [14] cut (through); '⸰ь f [8] ice-hole.

прор|ы́в m [1] break; breach; gap, arrear(s), hitch; ⸰ывáть [1] 1. ⟨⸰вáть⟩ [-вý, -вёшь; -вáл, -á, -о; прóрванный (-ан, -á, -о)] tear; break through (v/i. -ся; burst open; force one's way); 2. ⟨⸰ы́ть⟩ [22] dig (through).

про|сáчиваться [1], ⟨⸰сочи́ться⟩ [16 e.; 3rd p. only] ooze (out), percolate; ⸰сверли́ть [13] pf. bore (through).

просвé|т m [1] gleam, glimpse; chink; ⚠ bay, opening; fig. hope; ⸰ти́тельный [14] of enlightenment; educational; ⸰тить s. ⸰щáть & ⸰чивать 2.; ⸰тлéть [8] pf. clear up, brighten; ⸰чивать [1] 1. shine through, be seen; 2. ⟨⸰ти́ть⟩ [15] radiograph, X-ray; test (egg); ⸰щáть [1], ⟨⸰ти́ть⟩ [15 e.; -ещý, -ети́шь; -ещённый] enlighten, educate, instruct; ⸰щéние n [12] enlightenment, education, instruction.

прó|седь f [8] grayish (Brt. greyish), grizzly (hair); ⸰се́ять⟩ [27] sift; ⸰сéка f [5] glade; ⸰сёлок m [1; -лкá] = ⸰сёлочная дорóга; ⸰сёлочный [14]: ⸰сёлочная дорóга f by-road, field path; ⸰сéять s. ⸰сéивать.

проси́|живать [1], ⟨⸰дéть⟩ [11] sit (up); stay, remain; spend; F wear out; ⸰тель m [4], ⸰тельница f [5] petitioner, applicant; ⸰ть [15], ⟨по-⟩ ask (p. for В/о П; у Р/Р, a. beg p.'s), request; entreat; invite; intercede (for за В), please; прошý, прóсит a. please; -ся (в, на В) ask (for; leave [to enter, go]; F suggest o. s.; ⸰я́ть [28] pf. shine forth, brighten.

проск|ользнýть [20] pf. slip (into в В); ⸰очи́ть [16] pf. jump or slip (by, through, in[to]).

просл|авля́ть [28], ⟨⸰áвить⟩ [14] glorify, make (-ся become) famous; ⸰еди́ть [15 e.; -ежý, -еди́шь; -éженный] pf. follow up; ⸰езя́ться [15 e.; -ежýсь, -ези́шься] pf. shed tears. [layer.)

прослóйка f [5; g/pl.: -óек] streak.)

про|слýшать [1] pf. hear; ✛ auscultate; F miss; ⸰смáтривать [1], ⟨⸰смотрéть⟩ [9]; -отрю́, -óтришь; -óтренный] look through or over; overlook; ⸰смóтр m [1] examination, review, revision; oversight; ⸰снýться s. ⸰сыпáться; ⸰со n [9] millet; ⸰сóвывать [1], ⟨⸰сýнуть⟩ [20] pass or push (through); ⸰сóхнуть s. ⸰сыхáть; ⸰сочи́ться s. ⸰сáчиваться; ⸰спáть s. ⸰сыпáть.

проспéкт m [1] avenue; prospectus.

просрóч|ивать [1], ⟨⸰ить⟩ [16] let lapse, expire; exceed; ⸰ка f [5; g/pl.: -чек] expiration; exceeding.

прост|áивать [1], ⟨⸰оя́ть⟩ [-ою́,

-ойшь] stand; stay; ᴧа́к *m* [1 *e.*] simpleton; ᴧёнок *m* [1; -нка] pier.

прост|ира́ть [1], ⟨ᴧере́ть⟩ [12] stretch (out); *v/i.* -ся), extend.

прости́тельный [14; -лен, -льна] pardonable, excusable; venial.

проститу́тка *f* [5; *g/pl.:* -ток] prostitute.

прости́ть(ся) *s.* проща́ть(ся).

простоду́ш|ие *n* [12] naïveté; ᴧный [14; -шен, -шна] simple-minded, ingenuous, artless.

просто́й 1. [14; прост, -а́, -о; *comp.:* про́ще] simple, plain; easy; artless, unsophisticated; ordinary, common; prime (*number*). 2. *m* [3] stoppage, standstill.

простоква́ша *f* [5] curdled milk.

просто́|р *m* [1] open (space); freedom (in на П); scope; ᴧре́чие *n* [12] language of the (uneducated) people; vernacular; ᴧрный [14; -рен, -рна] spacious, roomy; ᴧсерде́чный [14; -чен, -чна] *s.* ᴧду́шный; ᴧта́ *f* [5] simplicity; naïveté; silliness; ᴧфи́ля *m/f* F [6] ninny; ᴧя́ть *s.* проста́ивать.

простра́н|ный [14; -а́нен, -а́нна] vast; diffuse; ᴧство *n* [9] space; room; area.

простре́л *m* [1] lumbago; ᴧива́ть [1], ⟨ᴧи́ть⟩ [13; -елю́; -е́лишь; -е́ленный] shoot (through).

просту́|да *f* [5] cold; ᴧжива́ть [1], ⟨ᴧди́ть⟩ [15] chill; ᴧся catch a cold.

просту́пок *m* [1; -пка] offence.

простыня́ *f* [5] *pl.:* про́стыни, -ы́нь, *etc. e.*] (bed) sheet.

просу́|нуть *s.* просо́вывать; ᴧши́вать [1], ⟨ᴧши́ть⟩ [16] dry (up).

просфора́ *f* [5; *pl.:* про́сфоры, -фо́р, *etc. e.*] *eccl.* Host.

просчита́ться [1] *pf.* miscalculate.

просыпа́ть [1], ⟨проспа́ть⟩ [-плю́, -пи́шь; -спал, -а́, -о] oversleep; sleep; F miss (by sleeping); ᴧся, ⟨просну́ться⟩ [20] awake, wake up.

прос|ыха́ть [1], ⟨ᴧо́хнуть⟩ [21] dry.

про́сьба *f* [5] request (at по П; for о П); entreaty; † petition; please (don't не + *inf.*); (у Р/к Д) ᴧ (may p.) ask (p.) a favo(u)r.

про|та́лкивать [1], once ⟨ᴧтолкну́ть⟩ [20], F ⟨ᴧтолка́ть⟩ [1] push (through); -ся force one's way (through); ᴧта́птывать [1], ⟨ᴧтопта́ть⟩ [3] tread (out); F wear out *or* down; ᴧта́скивать [1], ⟨ᴧтащи́ть⟩ [16] carry *or* drag (past, by); F smuggle in.

проте́з (-'tes) *m* [1] artificial limb.

проте́|ка́ть [1], ⟨ᴧчь⟩ [26] flow (by); leak; pass, elapse; take a ... course; ᴧкция *f* [7] patronage; ᴧ́ре́ть *s.* протира́ть; ᴧст *m* [1], ᴧстова́ть [7], *v/t.* (*im*)*pf.* & ⟨о-⟩ protest; ᴧ́ся *s.* ᴧ́кать.

про́тив (Р) against (*a.* as against); opposite; быть *or* име́ть ᴧ (have)

object(ion) to), mind; ᴧиться [14], ⟨вос-⟩ (Д) oppose, object; ᴧник *m* [1] opponent, adversary, enemy; ᴧный [14; -вен, -вна] repugnant, disgusting, offensive, nasty; opposite, contrary; мне ᴧно *a.* I hate; в ᴧном слу́чае otherwise, failing which.

противо|ве́с *m* [1] counterbalance; ᴧвозду́шный [14] anti-aircraft (*defense*); air-raid (*precautions, protection*); ᴧга́з *m* [1] gas mask; ᴧде́йствие *n* [12] counteraction; resistance; ᴧде́йствовать [7] counteract; resist; ᴧесте́ственный [14 *sh.*] unnatural; ᴧзако́нный [14; -о́нен, -о́нна] unlawful, illegal; ᴧобще́ственный [14] antisocial; ᴧполо́жность *f* [8] contrast, opposition (in в В); antithesis; ᴧполо́жный [14; -жен, -жна] opposite; contrary, opposed; ᴧпоставля́ть [28], ⟨ᴧпоста́вить⟩ [14] oppose; ᴧпоставле́ние *n* [12] opposition; ᴧре́чие *n* [12] contradiction; ᴧречи́вый [14 *sh.*] contradictory; ᴧре́чить [16] (Д) contradict; ᴧсто́ять [-ою́, -ои́шь] (Д) withstand; stand against; ᴧта́нковый [14] antitank...; ᴧхими́ческий [16] (anti)gas...; ᴧя́дие *n* [12] antidote.

про|тира́ть [1], ⟨ᴧтере́ть⟩ [12] rub (through); wipe; ᴧткну́ть *s.* ᴧтыка́ть; ᴧто́кол *m* [1] ⟨ᴧтоколи́ровать⟩ [7] [*im*]*pf., a.* ⟨за-⟩ take down the) minutes *pl.*, record; *su. a.* protocol; ᴧтолка́ть, ᴧтолкну́ть *s.* ᴧта́лкивать; ᴧтопта́ть *s.* ᴧта́птывать; ᴧто́ренный [14] beaten (*path*), trodden; ᴧтоти́п *m* [1] prototype; ᴧто́чный [14] flowing, running; ᴧтрезвля́ть [28], ⟨ᴧтрезви́ться⟩ [14 *e.*; -влю́сь, -ви́шься; -влённый] (become) sober; ᴧтыка́ть [1], once ⟨ᴧткну́ть⟩ [20] pierce.

протя́|гивать [1], ⟨ᴧну́ть⟩ [19] stretch (out), extend, hold out; pass; drawl; P turn up (one's toes ноги); ᴧже́ние *n* [12] extent, stretch (at на П); course (in на П); ᴧжный [14; -жен, -жна] drawling, lingering; ᴧну́ть *s.* ᴧгива́ть.

проучи́ть F [16] *pf.* teach a lesson.

профе́сс|иона́льный [14] professional; trade (*union, cf.* профсою́з); ᴧия *f* [7] profession (by no Д), calling, trade; ᴧор *m* [1; *pl.:* -ра́, *etc. e.*] professor; ᴧура́ *f* [5] professorship; professorate.

про́филь *m* [4] profile.

профо́рма F *f* [5] formality.

профсою́з *m* [1], ᴧный [14] trade union.

про|ха́живаться [1], ⟨ᴧйти́сь⟩ [-йду́сь, -йдёшься; -оше́лся, -шла́сь] (go for a) walk, stroll; F pass; mock (at насчёт Р); ᴧхва́тывать F [1], ⟨∼хвати́ть⟩ [15] pierce; blow up; ∼хвост F m [1] scoundrel.

прохла́д|а f [5] cool(ness); ∼и́-тельный [14]; -лен, -льна] refreshing, cooling; ∼ный [14; -ден, -дна] cool (a. fig.), fresh.

прохо́д m [1] passage, pass; anat. duct (за́дний ∼д anus); ∼ди́мец m [1; -мца] impostor, villain; ∼ди́мость f [8] passableness; maneuverability; ∼ди́ть [15], ⟨пройти́⟩ [пройду́, -дёшь; прошёл, -шла́; -ше́дший; про́йденный; g. pt.: пройдя́] pass, go (by, through, over, along); take a ... course, be; spread; ∼дно́й [14] (with a) through passage; ∼жде́ние n [12] passing or going (through, over); ∼жий m [17] passer-by; traveller.

процвета́ть [1] prosper, thrive.

проце|ду́ра f [5] procedure; ∼жи-вать [1], ⟨∼ди́ть⟩ [15] filter; ∼нт m [1] percent(age) (by на В); (usu. pl.) interest; ∼сс m [1] process; ☞ trial (at на П); ∼ссия f [7] procession.

проче́сть s. прочи́тывать.

про́ч|ий [17] other; n & pl. a. su. the rest; и ∼ее and so on or forth, etc.; ме́жду ∼им by the way, incidentally; among other things.

прочи́|стить s. ∼ща́ть; ∼тывать, ⟨∼та́ть⟩ [1] & ⟨проче́сть⟩ [25 -т-: -чту́, -тёшь; -чёл, -чла́; g. pt.: -чтя́; -чтённый] read (through); recite; ∼ть [1, 16] designate (to в В); ∼ща́ть [1], ⟨∼стить⟩ [15] clean.

про́чн|ость f [8] durability; ∼ый [14; -чен, -чна́, -о] firm, solid, strong; lasting.

прочте́ние n [12] reading, perusal.

прочь away, off (with you поди́(те) ∼); cf. доло́й; я не ∼ + inf. F I wouldn't mind ...ing.

проше́|дший [17] past (a. su. n ∼ед-шее), a. gr.; last; ∼ние n [12] petition, application (for о П; on по Д); ∼ствие n [12] s. исте́чение; ∼ло-го́дний [15] last year's; ∼лый [14] past (a. su. n ∼лое); last; ∼мыгну́ть F [20] pf. slip, rush.

проща́|й(те)! farewell!, goodby(e)!, adieu!; ∼а́льный [14] farewell...; parting; ∼а́ние n [12] parting (when, at при П; на В), leave--taking, farewell; ∼а́ть [1], ⟨про-сти́ть⟩ [15 e.; -ощу́, ости́шь; -ощённый] forgive (p. Д), excuse, pardon; prostí(te) a. = ∼а́й(те), s.; -ся (с Т) take leave (of), say goodby (to); ∼е́ние n [12] forgiveness; pardon.

прояв|и́тель m [4] phot. developer; ∼и́ть(ся) s. ∼ля́ть(ся); ∼ле́ние n [12] manifestation, display, demonstration; phot. development; ∼ля́ть [28], ⟨∼и́ть⟩ [14] show, display, evince, manifest; phot. develop.

проясн|я́ться [28], ⟨∼и́ться⟩ [13] clear up, brighten.

пруд m [1 e.; в -у́] pond.

пружи́на f [5] spring; motive.

прусс|а́к m [1 e.], ∼кий [16] Prussian.

прут m [1; a. e.; pl.: -ья, -ьев] rod, switch.

пры|гать [1], once ⟨∼гнуть⟩ [20] jump, spring, leap (of); ∼гу́н m [1 e.] jumper; ∼жо́к m [1; -жка́] jump, leap, bound; dive; ∼ткий [16] -ток, -тка́, -о] nimble, quick; ∼ть F [8] agility; speed (at full на всю); ∼щ m [1 e.], ∼щик m [1] pimple.

пряди́ль|ный [14] spinning; ∼щик m [1], ∼щица f [5] spinner.

пря|дь f [8] lock, tress, strand; ∼жа f [5] yarn; ∼жка f [5; g/pl.: -жек] buckle ∼лка f [g/pl.: -лок] spinning wheel.

прям|изна́ f [5] straightness; ∼о-ду́шие n [12] s. ∼ота́; ∼оду́шный [14]; -шен, -шна] s.; ∼о́й [14; прям, -а́, -о] straight (a. [= bee] line ∼а́я su. f); direct (a. gr.); ☞ through...; ☞ right; fig. straight (-forward), downright, outspoken, frank; ∼а́я кишка́ f rectum; ∼оли-не́йный [14]; -е́ен, -е́йна] rectilinear; fig. s. ∼о́й fig.; ∼ота́ f [5] straight-forwardness, frankness; ∼оуго́ль-ник m [1] rectangle; ∼оуго́льный [14] rectangular.

пря́н|ик m [1] gingerbread; ∼ость f [8] spice, pl. spicery; spiciness; ∼ый [14 sh.] spicy, piquant.

прясть [25; -ял, -а́, -о], ⟨с-⟩ spin.

пря́т|ать [3], ⟨с-⟩ hide (v/i. -ся), conceal; ∼ки f/pl. [5; gen.: -ток] hide-and-seek.

пря́ха f [5] spinner.

псал|о́м m [1; -лма́] psalm; ∼о́м-щик m [1] s. дьяк; ∼ты́рь f [8] Psalter.

пса́рня f [6; g/pl.: -рен] kennel(s).

псевдони́м m [1] pseudonym.

псих|иа́тр m [1] psychiatrist; ∼ика f [5] mind, psyche; mentality; ∼и́ческий [16] mental, psychic(al); ∼о́лог m [1] psychologist; ∼оло́гия f [7] psychology.

птене́ц [1; -нца́] nestling.

пти́|ца f [5] bird; дома́шняя ∼ца poultry; ∼чий [18] bird('s); poultry...; вид с ∼чьего полёта bird's--eye view; ∼чка f [5; g/pl.: -чек] birdie.

публи́ка f [5] audience; public; ∼ка́ция f [7] publication; advertisement; ∼кова́ть [7], ⟨о-⟩ publish; ∼ци́ст m [1] publicist; ∼чность f [8] publicity; ∼чный [14] public; ∼чная же́нщина f prostitute.

пу́г|ало n [9] scarecrow; ∼а́ть [1], ⟨ис-, на-⟩, once ⟨∼ну́ть⟩ [20] (-ся be) frighten(ed; of P), scare(d); ∼ли́вый [14 sh.] timid, fearful.

пу́говица f [5] button.

пуд m [1; pl. e.] pood (= 36 lbs.); ∼ель m [4; pl. a. -ля́, etc. e.] poodle.

13*

пу́др|а f [5] powder; са́харная ~а powdered sugar; ~еница f [5] powder box; ~ть [13], ⟨на-⟩ powder.

пуз|а́тый P [14 sh.] paunchy; ~о P n [9] paunch.

пузыр|ёк [1; -рькá] vial; a. dim. of ~ь m [4 e.] bubble; anat. bladder; F blister; kid.

пук m [1; pl. e.] wisp; bunch, bundle.

пулемёт m [1] machine gun; ~ный [14] machine-gun; cartridge (belt); ~чик m [1] machine gunner.

пуль|вериза́тор m [1] spray(er); ~с m [1] pulse; ~си́ровать [7] puls(at)e; ~т m [1] desk, stand.

пу́ля f [6] bullet.

пункт m [1] point (at all по Д); station; place, spot; item, clause, article; ~и́р m [1] dotted line; ~и́рный [14] dotted; ~уа́льность f [8] punctuality; accuracy; ~уа́льный [14; -лен, -льна] punctual; accurate.

пунцо́вый [14] crimson.

пунш m [1] punch (drink).

пуп|о́к m [1; -пка́], F ~ m [1 e.] navel.

пурга́ f [5] blizzard, snowstorm.

пу́рпур m [1], ~ный [14], ~овый [14] purple.

пуск m [1] (a. ~ в ход) start(ing), setting in operation; ~а́й F s. пусть; ~а́ть [1], ⟨пусти́ть⟩ [15] let (go; in[to]), set (free; going, in motion or operation [a. ~а́ть в ход]); start; launch, throw; release; allow; put (forth); send; force; take (root); ~а́ть под отко́с derail; -ся (+ inf.) start (...ing; v/t. в В), set out (on в В); enter or engage (into), begin, undertake.

пуст|е́ть [8], ⟨о-, за-⟩ become empty or deserted; ~и́ть s. пуска́ть.

пуст|о́й [14; пуст, -á, -о] empty; void; vain, idle (talk ~о́е n su.; s. a. ~я́к); vacant; blank; dead (rock); F hollow; ~ота́ f [5; pl. st.: -о́ты] emptiness; void; phys. vacuum; vacancy.

пусты́|нный [14; -ы́нен, -ы́нна] desert, desolate; ~ня f [6] desert, waste, wilderness; ~рь m [4 e.] waste ground; ~шка F f [5; g/pl.: -шек] blank; nonentity.

пусть let (him, etc., + vb.; ~ [он] + vb. 3rd. p.), may; even (if).

пустя|́к m [1 e.] trifle; pl. nonsense; (it's) nothing; ~ко́вый, ~чный (-ʃn-) F [14] trifling.

пу́та|ница f [5] confusion, muddle, mess; ~ть [1], ⟨за-, с-, пере-⟩ (-ся get) confuse(d), muddle(d), mix(ed) up, entangle(d; interfere in в В).

путёвка f [5; g/pl.: -вок] pass (Sov.), permit.

путе|води́тель m [4] guide(book) (to по Д); ~во́дный [14] lode...; pole(star); ~во́й [14] travelling; traveller's; road...

путеше́ств|енник m [1] travel(l)er; ~ие n [12] journey, trawel, tour (on

в B or П); voyage; ~овать [7] travel (through по Д).

пу́т|ник m [1] travel(l)er; ~ный F [14] s. де́льный; ~ы pl. [9] shackles.

путь m [8 e.; instr/sg.: -тём] way (a. fig.: [in] that way ~ём, a. by means of P), road, path; 🚂 track (a. fig.), line; means; trip, journey (on в В or П); route; в or по ~и́ on the way; in passing; нам по ~и́ I (we) have the same way (as с Т); F s. толк.

пух m [1; в -хý] down; в ~ (и прах) (smash) to pieces; (defeat) utterly, totally; F over(dress); ~ленький F [16], ~лый [14; пухл, -á, -о] chubby, plump; ~нуть [21], ⟨рас-⟩ swell; ~о́вка f [5; g/pl.: -вок] powder puff; ~о́вый [14] down...

пучи́на f [5] gulf, abyss; eddy.

пучо́к m [1; -чка́] dim. of пук, s.

пуш|ечный [14] gun..., cannon...; ~и́нка f [5; g/pl.: -нок] down, fluff; ~и́стый [14 sh.] downy, fluffy; ~ка f [5; g/pl.: -шек] gun, cannon; F hoax; ~ни́на f [5] furs pl.; ~но́й [14] fur...; ~о́к F m [1; -шка́] down.

пу́ще P more (than P).

пчел|а́ f [5; pl. st.: пчёлы] bee; ~ово́д m [1] beekeeper; ~ово́дство n [9] beekeeping; ~ьник m [1] apiary.

шпен|и́ца f [5] wheat; ~и́чный [14] wheaten; ~о́ (ˈрʃɔ-) [14] millet...; ~о́ n [9] millet.

пыл m [1] ardo(u)r, zeal, blaze; в ~ý in the thick (of the fight); ~а́ть [1], ⟨вос-, за-⟩ blaze, flare (up), (in-)flame; glow, burn; (en)rage (with Т); ~есо́с m [1] vacuum cleaner; ~и́нка f [5; g/pl.: -нок] mote; ~и́ть [13], ⟨за-⟩ dust; -ся be(come) dusty; ~кий [16; -лок, -лка, -о] ardent, fiery.

пыль f [8; в -лú] dust; ~ный [14; -лен, -льна́, -о] dusty (a. = в -лú); ~ца́ f [5] pollen.

пыт|а́ть [1], torture; ~а́ться [1], ⟨по-⟩ try, attempt; ~ка f [5; g/pl.: -ток] torture; ~ли́вый [14 sh.] inquisitive, searching.

пыхте́ть [11] puff, pant; F sweat.

пы́шн|ость f [8] splendo(u)r, pomp; ~ый [14; -шен, -шна́, -о] magnificent, splendid, sumptuous; luxuriant, rich.

пьедеста́л m [1] pedestal.

пье́са f [5] thea. play; ♪ piece.

пьян|е́ть [8], ⟨о-⟩ get drunk (a. fig.) with от P); ~и́ца m/f [5] drunkard; ~ство n [9] drunkenness; ~ствовать [7] drink, F booze; ~ый [14; пьян, -á, -о] drunk(en), a. fig. (with от P).

пюре́ (-ˈrɛ) n [ind.] mashed potatoes pl.

пядь f [8; from g/pl. e.] span; fig.

пята́ f [5; nom/pl. st.] heel (on по Д).

пят|а́к F m [1 e.], ~ачо́к F m [1; -чка́]

five-kopeck coin; ~ёрка f [5; g/pl.: -рок] five (cf. двойка); F (mark) = отлично, cf.; five-ruble note; ~еро [37] five (cf. двое).

пяти|деся́тый [14] fiftieth; ~деся́тые го́ды pl. the fifties; cf. пя́тый; ~коне́чный [14] five-pointed (star); ~ле́тка f [5; g/pl.: -ток] five--year plan (Sov.); ~ле́тний [15] five-year (old), of five; ~со́тый [14] five hundredth.

пяти́ться [15], ⟨по-⟩ (move) back.

пя́тка f [5; g/pl.: -ток] heel (take to one's heels показа́ть ~и).

пятна́дцат|ый [14] fifteenth; cf. пя́тый; ~ь [35] fifteen; cf. пять.

пятни́стый [14 sh.] spotty, spotted.

пя́тн|ица f [5] Friday (on: в В, pl.: по Д); ~о́ n [9; pl. st.; g/pl.: -тен] spot, stain, blot(ch) (with pl. в П); роди́мое ~о́ birthmark, mole.

пя́т|ый [14] fifth; (page, chapter, year, etc., sentence or lesson no.) five; ~ая f su. ⅕ fifth (part); ~ое n su. fifth (date); on Р: ~ого; cf. число́); ~ь (мину́т) ~ого five (minutes) past four; ~ь [35] five; без ~и (мину́т) час (два, etc., часа́), ~ь, etc. [ча-со́в]) five (minutes) to one (two, etc. [o'clock]); ~ьдеся́т [35] fifty; ~ьсо́т [36] five hundred; ~ью five times.

Р

р. abbr. = 1. рубль, -ля́, -ле́й; 2. река́.

раб m [1 e.], ~á f [5] slave; ~овладе́лец m [1; -льца] slaveholder; ~оле́пство n [9] servility, ~оле́пствовать [7] cringe (to пе́ред Т).

рабо́т|а f [5] work (at за Т; на П) labo(u)r, toil; assignment, task; ~ать [1] work (at на. над Т; for р. на Д; из Т); function, labo(u)r, toil, be open; ~ник m [1], ~ница f [5] worker, man(wo)man; (day) labo(u)rer, (farm)hand; (house)maid; official, functionary; employee; member, clerk; ~ода́тель m [4] employer, F boss; ~оспосо́бный [14; -бен, -бна] able to work, able--bodied; hard-working, efficient.

рабо́ч|ий m [17] (esp. industrial) worker; adj.: working, work (a. day); workers', labo(u)r...; ~ая си́ла f man power; labo(u)r.

ра́б|ский [16] slave...; slavish, servile; ~ство n [9] slavery; ~ыня f [6] s. ~á.

ра́в|енство n [9] equality; ~не́ние n [12] ※ eyes (right!); ~ни́на f [5] plain; ~но́ equal(ly); as well (as); всё ~но́ it's all the same, it doesn't matter; anyway, in any case.

равно|ве́сие n [12] balance (a. fig.), equilibrium; ~ду́шие n [12] indifference (to к Д) ~ду́шный [14; -шен, -шна] indifferent (to к Д); ~зна́чный [14; -чен, -чна] equivalent; ~ме́рный [14; -рен, -рна] uniform, even, equal; ~пра́вие n [12] equality (of rights); ~пра́вный [14; -вен, -вна] (enjoying) equal (rights); ~си́льный [14; -лен, -льна] equivalent; ~це́нный [14; -е́нен, -е́нна] equal (in value).

ра́вн|ый [14; ра́вен, -вна́] equal (a. su.); ~ым о́бразом s.-ó; ему́ нет ~ого he has no match; ~я́ть [28], ⟨с-⟩ equalize; ※ dress (ranks); F compare; (v/i. -ся; a. be [equal to Д]).

рад [14; ра́да] (be) glad (at, of Д; a. to see p.), pleased, delighted; would like; (be) willing; не ~ (be) sorry; ~ не ~ willy-nilly; ~ áр m [1] radar; ~и (Р) for the sake of (or... ['s] sake); for.

радиа́тор m [1] radiator.

ра́дий m [3] radium.

радика́л m [1], ~ьный [14; -лен, льна] radical.

ра́дио n [ind.] radio, Brt. a. wireless (on по Д); ~акти́вность f [8] radioactivity; ~акти́вный [14; -вен, -вна] radioactive; ~аппара́т m [1] s. ~приёмник; ~веща́ние n [12] broadcasting (system); ~ла f [5] radio-gramophone; ~люби́тель m [4] radiofan; ~переда́ча f [5] (radio)broadcast, transmission; ~приёмник m [1] receiving set, radio, Brt. wireless (set); ~слу́шатель m [4] listener; ~ста́нция f [7] radio station; ~у́зел [1; -зла́] radio center (Brt. -tre); ~устано́вка f [5; g/pl.: -вок] radio plant.

ради́|ст m [1] radio (wireless) operator; ~ус m [1] radius.

ра́до|вать [7], ⟨об-, по-⟩ (В) gladden, please, rejoice; -ся (Д) rejoice (at), be glad or pleased (of, at); look forward (to); ~стный [14; -тен, -тна] joyful, glad; merry; ~сть f [8] joy, gladness; pleasure.

ра́ду|га f [5] rainbow; ~жный [14] iridescent, rainbow...; fig. rosy.

раду́ш|ие n [12] kindliness, hospitality; ~ный [14; -шен, -шна] kindly, hearty; hospitable.

раз m [1; pl. e., gen. раз] time (this, etc. [в] В); one; (оди́н) ~ once; два ~а twice; ни ~у not once, never; не ~ repeatedly; как ~ just (in time F в са́мый ~; s. a. впо́ру); the very; вот тебе́ ~ F s. на́².

разба|вля́ть [28], ⟨~ви́ть⟩ [14] dilute; ~лтывать F, ⟨разболта́ть⟩ [1] let out.

разбе́|г *m* [1] start, run (with, at с Р); ~га́ться [1], ⟨~жа́ться⟩ [4; -егу́сь, -ежи́шься, -егу́тся] take a run; scatter; disperse.

разби|ва́ть [1], ⟨~ть⟩ [разобью́, -бьёшь; разбе́й(те)!; -и́тый] break (to pieces), crash, crush; defeat; divide (into на В); lay out (*park*); pitch (*tent*); knock; -ся break; crash; split; come to nothing; ~ра́тельство *n* [9] trial; ~ра́ть [1], ⟨разобра́ть⟩[разберу́, -рёшь; разобра́л, -á, -о; -о́бранный] take to pieces, dismantle, pull down; investigate, inquire into; review; analyze (*Brt.* -se); parse; make out, decipher, understand; sort out; ₂₃₃ try; buy up; *F* take; *impf.* be particular; -ся *F* (в П) grasp, understand; unpack; ~тие *n* [12] crash, defeat (*cf.* ~ва́ть); ~тый [14 *sh.*] broken; *F* jaded; ~ть(ся) *s.* ~ва́ть(ся).

разбо́й *m* [3] robbery; ~ник *m* [1] robber; ~ничать [1] rob; pirate; ~нический [16], ~ничий [18] predatory; of robbers *or* brigands.

разболта́ть *s.* разба́лтывать.

разбо́р *m* [1] analysis; review, critique; investigation, inquiry (into); ₂₃₃ trial; без ~a, ~у *F* indiscriminately; ~ка *f* [5] taking to pieces, dismantling; sorting (out); ~ный [14] folding, collapsible; ~чивость *f* [8] legibility; scrupulousness; ~чивый [14 *sh.*] legible; discerning; scrupulous, fastidious.

разбр|а́сывать, ⟨~оса́ть⟩ [1] scatter, throw about, strew; *F* squander; ~еда́ться [1], ⟨~ести́сь⟩ [25] disperse; ~о́д *m* [1] disorder, mess; ~о́санный [14] scattered; ~оса́ть *s.* ~а́сывать.

разбух|а́ть [1], ⟨~нуть⟩ [21] swell.

разва́л *m* [1] collapse, breakdown; chaos; ~ивать [1], ⟨~и́ть⟩ [13; -алю́, -а́лишь] pull (*or* break) down; disorganize; -ся fall to pieces, collapse; *F* sprawl; ~ины *f/pl.* ruins (*F a. sg = p.*).

ра́зве really; perhaps; only; *F* unless.

развева́ться [1] flutter; stream.

развед|а́ть *s.* ~ывать; ~е́ние *n* [12] breeding; cultivation; ~ённый [14] divorced, divorcé(e) *su.*; ~ка *f* [5; *g/pl.:* -док] reconnaissance; intelligence service; ~очный [14] reconnaissance...; ~чик *m* [1] scout; intelligence officer; reconnaissance plane; ~ывательный [14] *s.* ~очный; ~ывать, ⟨~ать⟩ [1] reconnoiter (*Brt.* -tre); *F* find out.

разве́|зти́ *s.* развози́ть; ~нча́ть [1] *pf.* uncrown, dethrone; unmask.

развёр|нутый [14] large-scale; ~тывать [1], ⟨развёрну́ть⟩ [20] unfold, unroll, unwrap; open; ✕ deploy; *fig.* develop; (-ся *v/i.*; *a.* turn).

разве́|сно́й [14] weighed out; ~сить *s.* ~шивать; ~сти́(сь) *s.* разводи́ть(ся); ~твле́ние *n* [12] ramification, branching; ~твля́ться [28], ⟨~тви́ться⟩ [14 *e.*; *3rd p. only*] ramify; branch; ~шивать [1], ⟨~сить⟩ [15] weigh (out); hang (out); ~ять [27] *pf.* disperse, dispel.

разви|ва́ть [1], ⟨~ть⟩ [разовью́, -вьёшь; разве́й(те)!; развил, -á, -о; -ви́тый ⟨разви́т, -á, -о)] develop (*v/i.* -ся); evolve; untwist; ~нчивать [1], ⟨~нти́ть⟩ [15 *e.*; -нчу́, -нти́шь; -инченный] unscrew; ~тие *n* [12] development; evolution; ~то́й [14; развит, -á, -о] developed; intelligent; advanced; ~ть(ся) *s.* ~ва́ть(ся).

развле|ка́ть [1], ⟨~чь⟩ [26] entertain, amuse (o.s. -ся); divert; ~че́ние *n* [12] entertainment, amusement, diversion.

разво́д *m* [1] divorce; ✕ relief, mounting; ~и́ть [15], ⟨развести́⟩ [25] take (along), bring; divorce (from с Т); separate; dilute; mix; rear, breed; plant, cultivate; light, make; ✕ mount, relieve; -ся, ⟨-сь⟩ get divorced (from с Т); *F* multiply, grow *or* increase in number.

раз|вози́ть [15], ⟨~везти́⟩ [24] deliver, carry; ~вора́чивать *F s.* ~вёртывать.

развра́|т *m* [1] debauch; depravity; ~ти́ть(ся) *s.* ~ща́ть(ся); ~тник *m* [1] libertine, debauchee, rake; ~тничать *F* [1] (indulge in) debauch; ~тный [14; -тен, -тна] dissolute, licentious; ~ща́ть [1], ⟨~ти́ть⟩ [15 *e.*; -ащу́; -ати́шь; -ащённый] (-ся become) deprave(d), debauch(ed), corrupt; ~ще́ние *n* [12], ~ще́нность *f* [8] depravity.

развя́з|а́ть *s.* ~ывать; ~ка *f* [5; *g/pl.:* -зок] denouement; outcome, conclusion, head; ~ный [14; -зен, -зна] forward, (free &) easy; ~ывать [1], ⟨~а́ть⟩ [3] untie, undo; *fig.* unleash; *F* loosen; -ся come untied; *F* get rid of (с Т).

разгад|а́ть *s.* ~ывать; ~ка *f* [5; *g/pl.:* -док] solution; ~ывать [1], ⟨~а́ть⟩ [1] solve, unriddle.

разга́р *m* [1] (в П *or* В) heat, thick (in), height (at), (in full) swing.

раз|гиба́ть [1], ⟨~огну́ть⟩ [20] unbend, straighten (o.s. -ся).

разгла́|живать [1], ⟨~дить⟩ [15] smooth; iron, press; ~ша́ть [1], ⟨~си́ть⟩ [15 *e.*; -ашу́, -аси́шь; -ашённый] divulge; trumpet.

разгляд|е́ть [11] *pf.* make out; ~ывать [1], ⟨~а́ть⟩ [1] examine, view.

разгне́ванный [14] angry.

разгов|а́ривать [1] talk (to, with с Т; about, of о П), converse, speak; ~о́р *m* [1] talk, conversation; *cf.* речь; ~о́рный [14] colloquial; ~о́рчивый [14 *sh.*] talkative.

разго́н *m* [1] dispersal; *a.* = разбе́г; в ~е out; **~я́ть** [28], ⟨разогна́ть⟩ [разгоню́, -о́нишь; разогна́л, -а́, -о; разо́гнанный] disperse, scatter; dispel; F drive away; **-ся** take a run.

разгор|а́ться [1], ⟨~е́ться⟩ [9] kindle (*a. fig.*), (in)flame, blaze up.

разгра|бля́ть [28], ⟨~би́ть⟩ [14], **~бле́ние** *n* [12] plunder, pillage, loot; **~ниче́ние** *n* [12] delimitation; **~ни́чивать** [1], ⟨~ни́чить⟩ [16] demarcate, delimit.

разгро́м *m* [1] rout; debacle, destruction, ruin, chaos.

разгру|жа́ть [1], ⟨~зи́ть⟩ [15 & 15 *e.*; -ужу́, -у́зи́шь; -у́женный & -ужённый] (-ся be) unload(ed); F relieve(d); **~зка** *f* [5; *g/pl.*: -зок] unloading.

разгу́л *m* [1] revelry, carouse; debauch(ery), licentiousness; **~ивать** F [1] stroll, saunter; **-ся**, ⟨~я́ться⟩ [28] clear up; F have a good walk *or* run, move without restraint; **~ьный** F [14; -лен, -льна] dissolute; loose, easy.

разда|ва́ть [5], ⟨~ть⟩ [-да́м, -да́шь, *etc.*, *s.* дать; ро́здал, раздала́, ро́здало; ро́зданный (-ан, раздана́, ро́здано)] distribute; play (*cards:* deal) out; (re)sound, ring; give way; split, separate; F expand; **~влива́ть** [1] *s.* дави́ть 2.; **~ть(ся)** *s.* ~ва́ть(ся); **~ча** *f* [5] distribution.

раздаива́ться *s.* двои́ться.

разд|ви|га́ть [1], ⟨~нуть⟩ [20] part, separate, move apart; pull out; **~жно́й** [14] sash...; telescope, -pic.

раздво́ение *n* [12] bifurcation.

раздева́|лка F *f* [5; *g/pl.*: -лок], F **~льня** [6; *g/pl.*: -лен] checkroom, cloakroom; **~ть** [1], ⟨разде́ть⟩ [-де́ну, -де́нешь; -де́тый] undress (*v/i.* **-ся**), take off; F strip (of).

разде́л *m* [1] division; section; **~а́ться** *F* [1] *pf.* get rid of *or* be quit (of *c* T); **~е́ние** *n* [12] division (into на В); *eccl.* schism; **~и́тельный** [14] dividing; *gr.* disjunctive; **~и́ть(ся)** *s.* **~я́ть(ся)** & дели́ть(ся); **~ьный** [14] separate; distinct; **~я́ть** [28], ⟨~и́ть⟩ [13]; елю́, -е́лишь; -елённый] divide (into на В; *a.* [-ed] by); separate; share; **-ся** (be) divide(d), fall.

разде́ть(ся) *s.* раздева́ть(ся).

раз|дира́ть F [1], ⟨~одра́ть⟩ [раздеру́, -рёшь; разодра́л, -а́, -о; -о́дранный] rend; *pf.* F tear; **~добы́ть** F [-бу́ду, -бу́дешь] *pf.* get, procure.

раздо́лье *n* [10] *s.* приво́лье.

раздо́р *m* [1] discord, contention.

раздоса́дованный F [14] angry.

раздраж|а́ть [1], ⟨~и́ть⟩ [16 *e.*; -жу́, -жи́шь; -жённый] irritate, provoke; vex, annoy; **-ся** lose one's temper; **~е́ние** *n* [12] irritation; temper; **~и́тельный** [14; -лен,

-льна] irritable, touchy; **~и́ть(ся)** *s.* **~а́ть(ся).**

раздробл|е́ние *n* [12] breaking; smashing; **~я́ть** [28] *s.* дроби́ть.

разду|ва́ть [1], ⟨~ть⟩ [18] fan; blow (away); swell; puff up, exaggerate; **-ся** swell, inflate.

разду́м|ывать, ⟨~ать⟩ [1] change one's mind; *impf.* deliberate, consider; **~ье** *n* [10] thought(s), meditation; doubt(s).

разду́ть(ся) *s.* раздува́ть(ся).

раз|ева́ть F [1], ⟨~и́нуть⟩ [20] open wide; **~ева́ть рот** gape; **~жа́лобить** [14] *pf.* move to pity; **~жа́ловать** [7] *pf.* degrade (to в И *pl.*); **~жа́ть** *s.* ~жима́ть; **~жёвывать** [1], ⟨~жева́ть⟩ [7 *e.*; -жую́, -жуёшь] chew; **~жига́ть** [1], ⟨~же́чь⟩ [r/ж: -зожгу́, -жжёшь, -жгу́т; разжёг, разожгла́; разожжённый] kindle (*a. fig.*); heat; rouse; unleash; **~жима́ть** [1], ⟨~жа́ть⟩ [разожму́, -мёшь; разжа́тый] unclench, open; **~и́нуть** *s.* ~ева́ть; **~и́ня** F *m/f* [6] gawk, gaper; **~и́тельный** [14; -лен, -льна] striking.

раз|лага́ть [1], ⟨~ложи́ть⟩ [16] analyze (*Brt.* -yse); decompose; (*v/i.* **-ся**) (become) demoralize(d), corrupt(ed); decay); **~ла́д** *m* [1] dissension, discord, dissonance; disturbance; **~ла́мывать** [1], ⟨~лома́ть⟩ [1], ⟨~ломи́ть⟩ [14] break; pull down; **~лета́ться** [1], ⟨~лете́ться⟩ [11] fly (away, asunder); F break (to pieces); come to naught; take a sweep.

разли́|в *m* [1] flood; **~ва́ть** [1], ⟨~ть⟩ [разолью́, -льёшь; *cf.* лить; -ле́й(те)!; -и́л, -а́, -о; -и́тый (-и́т, -а́, -о)] spill; pour out; bottle; ladle; flood, overflow; spread; bestow (*v/i.* **-ся**).

различ|а́ть [1], ⟨~и́ть⟩ [16 *e.*; -чу́, -чи́шь; -чённый] distinguish; **-ся** *impf.* differ (in T, по Д); **~ие** *n* [12] distinction, difference; **~и́тельный** [14] distinctive; **~и́ть** *s.* ~а́ть; **~ный** [14; -чен, -чна] different (from от P); different, various, diverse.

разлож|е́ние *n* [12] analysis; decomposition, decay; corruption, degeneration; **~и́ть(ся)** *s.* разлага́ть(ся) & раскла́дывать.

разлом|а́ть, ~и́ть *s.* разла́мывать.

разлу́|ка *f* [5] separation (from *c* T), parting; **~ча́ть** [1], ⟨~чи́ть⟩ [16 *e.*; -чу́, -чи́шь; -чённый] separate (*v/i.* **-ся**; from *c* T), part.

размá|зывать [1], ⟨~зать⟩ [3] smear, spread; **~тывать** [1], ⟨размота́ть⟩ unwind, wind off; **~x** *m* [1] swing, brandish (with [*a.* might] *c* ~ху); span (*fig.* & *fig.*), sweep; amplitude; *fig.* vim, verve, élan; scope; **~хивать** [1], *once* ⟨~хну́ть⟩ [20] (T) swing, sway, dangle; brandish; gesticulate; -ся lift (one's hand Т)] wide; diffuse.

размежева́ть [7] *pf.* mark off, demarcate; ~льча́ть [1], ⟨~льчи́ть⟩ [16 *e.*]. чу́, -чи́шь; -чённый] pound, crush.

размéн *m* [1] exchange (for на В); ~ивать [1], ⟨~я́ть⟩ [28] (ex)change (for на В); ~ный [14]: ~ная монéта *f* change.

размéр *m* [1] size; dimension(s), measure(ment); rate (at в П), amount; scale; *poetic.*, ♪ meter (*Brt.* -tre; in Т), ♪ *a.* time, measure (of в В); ~енный [14 *sh.*] measured; ~я́ть [28], ⟨~ить⟩ [13] measure (off).

размe|сти́ть *s.* ~ща́ть; ~ча́ть [1], ⟨~ти́ть⟩ [15] mark; ~шивать [1], ⟨~ша́ть⟩ [1] stir (up); knead; ~ща́ть [1], ⟨~сти́ть⟩ [15 *e.*; -ещу́, -ести́шь; -ещённый] place; lodge, accommodate (in, at, with в П, по Д); distribute; ~щéние *n* [12] distribution; accomodation; arrangement, order.

размин|а́ть [1], ⟨разми́ть⟩ [разомну́, -нёшь; размя́тый] knead; F stretch (*limbs*); ~у́ться F *pf.* [20] cross; miss o. a.

размнож|а́ть [1], ⟨~ить⟩ [16] multiply (*v/i.* -ся); mimeograph; ~éние *n* [12] multiplication; propagation, reproduction (*also* -ся.)·~а́ть(ся).

размо|зжи́ть [16 *e.*; -жу́, -жи́шь; -жжённый] *pf.* smash, crush; ~ка́ть [1], ⟨~кнуть⟩ [21] soak, swell; ~лвка *f* [5; *g/pl.*: -вок] tiff, quarrel; ~ло́ть [17; -мелю́, -мéлешь] *pf.* grind, crush; ~та́ть *s.* размáтывать; ~чи́ть [16] *pf.* soak.

размы|ва́ть [1], ⟨~ть⟩ [22] wash out *or* away; ~ка́ть [1], ⟨разомкну́ть⟩ [20] open (♪, ⊕); ~ть *s.* ~ва́ть.

размышл|éние *n* [12] reflection (for на В), thought; ~я́ть [28] reflect, meditate (on о П).

размягч|а́ть [1], ⟨-хт(-)⟩ [1], ⟨~и́ть⟩ [16 *e.*; -чу́, -чи́шь; -чённый] soften, mollify.

раз|мя́ть *s.* ~мина́ть, ~на́шивать, ⟨~носи́ть⟩ [15] tread out, wear to shape; ~нести́ *s.* ~носи́ть 1.; ~нима́ть [1], ⟨~ня́ть⟩ [-ниму́, -нимешь; -ня́л & ро́знял, -á, -о; -ня́тый (-ня́т, -á, -о)] part; take to pieces.

ра́зница *f* [5] difference.

разно|ви́дность *f* [8] variety, sort; ~гла́сие *n* [12] discord, disagreement, difference, variance; discrepancy; ~калиберный F [14], ~мáстный [14; -тен, -тна] *s.* ~шёрстный [14]; ~образие *n* [12] variety, diversity, multiplicity; ~обрáзный [14; -зен, -зна] manifold, multifarious, various; ~речь *s.* противореч...; ~ро́дный [14; -ден, -дна] heterogeneous.

разно́с *m* [1] delivery; peddlery; ~я́ть [15] 1. ⟨разнести́⟩ [25 -с-] deliver (to, at по Д); carry; hawk, peddle; F spread; smash, destroy; blow up; scatter; swell; 2. *s.* разнáшивать; ~ка *f* [5. *s.* ~; ~ный [14] peddling.

разно|сторо́нний [15; -онен, -óння] many-sided; '~сть *f* [8] difference; ~счик *m* [1] peddler, hawker; (*news*)boy, man; messenger; ~цвéтный [14; -тен, -тна] multicolo(u)red; ~шёрстный [14; -тен, -тна] variegated; F motley, mixed.

разнузданный [14 *sh.*] unbridled.

ра́зн|ый [14] various, different, diverse; ~ить *s.* ~имáть.

разо|блача́ть [1], ⟨~блачи́ть⟩ [16 *e.*; -чу́, -чи́шь; -чённый] expose, disclose, unmask; ~блачéние *n* [12] exposure, disclosure, unmasking; ~бра́ть(ся) *s.* разбира́ть(ся); ~гна́ть(ся) *s.* разгоня́ть(ся); ~гну́ть(ся) *s.* разгиба́ть(ся); ~грева́ть [1], ⟨~гре́ть⟩ [8; -е́тый] warm (up); ~дéтый F [14 *sh.*] dressed up; ~дра́ть *s.* раздира́ть; ~йти́сь *s.* расходи́ться; ~мкну́ть *s.* размыка́ть; ~рва́ть(ся) *s.* разрыва́ть (-ся).

разо́р|éние *n* [12] ruin, destruction, devastation; ~и́тельный [14; -лен, -льна] ruinous; ~и́ть(ся) *s.* ~я́ть(ся); ~ужа́ть [1], ⟨~ужи́ть⟩ [16 *e.*; -жу́, -жи́шь; -жённый] disarm (*v/i.* -ся); ~ужéние *n* [12] disarmament; ~я́ть [28], ⟨~и́ть⟩ [13] (*a.* be[come]) ruin(ed), destroy(ed), ravage(d).

разосла́ть *s.* рассыла́ть.

разостла́ть *s.* расстила́ть.

разочар|ова́ние *n* [12] disappointment; ~о́вывать [1], ⟨~ова́ть⟩ [7] (-ся be) disappoint(ed) (in в П).

разра|бáтывать [1], ⟨~бóтать⟩ [1] work up (into на В), process; work out, elaborate; ✗ till; ✗ exploit; ~бóтка *f* [5; *g/pl.*: -ток] working (out); elaboration; ✗ tillage; ✗ exploitation; ~жáться [1], ⟨~зи́ться⟩ [15 *e.*; -ажу́сь, -ази́шься] burst out (into Т); ~стáться(ся) [1], ⟨~сти́сь⟩ [24; *3rd p. only:* -тётся; -рóсся, -слась] grow; enlarge, expand.

разрежённый [14] rarefied.

разрéз *m* [1] cut; section; angle (from в П); ~áть [1], ⟨~áть⟩ [3] cut (up), slit; ~нóй [14]: ~нóй нож *m* paper knife; ~ывать [1] *s.* ~áть.

разреш|а́ть [1], ⟨~и́ть⟩ [16 *e.*; -шу́, -ши́шь; -шённый] permit, allow; (re)solve; release (for к Д); absolve; settle; -ся be (re)solved; end, burst (in[to] Т); be delivered (of Т); ~éние *n* [12] permission (with с Р); licence (for на В); (re)solution; settlement; absolution; delivery; ~и́ть(ся) *s.* ~а́ть(ся).

раз|рисова́ть [7] *pf.* ornament;

~ро́зненный [14] odd; isolated;
~руба́ть [1], ⟨~руби́ть⟩ [14] split.
разру́|ха f [5] ruin; ~ша́ть [1],
⟨~шить⟩ [16] destroy, demolish;
ruin; frustrate; -ся (fall or come
to) ruin; ~ше́ние n [12] destruction,
demolition, devastation; ~шить
(-ся) s. ~ша́ть(ся).
разры́в m [1] breach, break, rupture; explosion; gap; ⊕ на ~в ten-
sile; ~ва́ть [1] 1. ⟨разорва́ть⟩ [-ву́,
-вёшь; -ва́л, -а́, -о; ~о́рванный]
tear (to pieces на В); break (off);
impers. burst, explode; (-ся v/i.)
2. ⟨~ть⟩ [22] dig up; ~вно́й [14]
explosive; ~да́ться [1] pf. break
into sobs; ~ть s. ~ва́ть 2.; ~хли́ть
[28] s. рыхли́ть.
разря́д m [1] category, class; discharge; unloading; ~ди́ть s. ~жа́ть;
~дка f [5; g/pl.: -док] spacing,
space; slackening; disengagement;
~жа́ть [1], ⟨~ди́ть⟩ [15 e. & 15;
-яжу́, -я́дишь; -я́женный &
-яжённый] unload; discharge; reduce, disengage (tension); typ. space;
[15] F dress up.
разу|бежда́ть [1], ⟨~беди́ть⟩ [15
e.; -ежу́, -еди́шь; -еждённый] (в
П) dissuade (from); -ся change
one's mind (about); ~ва́ться [1],
⟨~ться⟩ [18] take off one's shoes,
~веря́ть [28], ⟨~ве́рить⟩ [13] (в П)
(-ся в) undeceive(d), disabuse(d)
(of); disappoint(ed); ~знава́ть F
[5], ⟨~зна́ть⟩ [1] find out (about о
П, В); ~кра́шивать [1], ⟨~кра́-
сить⟩ [15] decorate; embellish; ~
круши́ть [28], ⟨~круша́ть⟩ [14]
diminish; decentralize.
ра́зум m [1] reason; sense(s); ~е́ть
[8] understand; know; mean, imply
(by под Т); -ся be meant or understood; ~е́ется of course; ~ный [14;
-мен, -мна] rational; reasonable,
sensible; clever, wise.
разу|ться s. ~ва́ться; ~чивать [1],
⟨~чи́ть⟩ [16] study, learn; -ся
forget, unlearn.
разъе|да́ть [1] s. есть¹ 2; ~диня́ть
[28], ⟨~дини́ть⟩ [13] separate; ⚡
disconnect; ~зд m [1] trip, journey
(on в П); setting out, departure; 🚃
horse patrol; 🚃 siding; ~зжа́ть [1]
drive, ride, go about; be on a journey or trip; -ся, ⟨~ха́ться⟩ [-е́дусь,
-е́дешься; -езжа́йтесь!] leave (for
по Д); separate; pass o. a. (с Т).
разъярённый [14] enraged, furious.
разъясн|е́ние n [12] explanation;
clarification; ~я́ть [28], ⟨~и́ть⟩ [13]
explain, elucidate.
разы́|грывать, ⟨~гра́ть⟩ [1] play;
raffle (off); -ся break out; run high;
happen; ~скивать [1], ⟨~ска́ть⟩
[3] seek, search (for; pf. out = find).
рай m [3; в раю́] paradise.
рай|ко́м m [1] (райо́нный комите́т)
district committee (Sov.); ~о́н m [1]

district; region, area; ~о́нный [14]
district...; regional; ~сове́т m [1]
(райо́нный сове́т) district soviet
(or council).
рак m [1] crawfish, Brt. crayfish;
морско́й ~ lobster; 🦀, ast.(♋) cancer.
раке́т|а f [5] (a. sky) rocket; ~ка f
[5; g/pl.: -ток] racket (sport); ~ный
[14] rocket...
ра́ковина f [5] shell; sink; bowl.
ра́м|(к)а f [5; g/pl.: -мок] frame
(-work, a. fig. = limits; within в
П); ~па f [5] footlights pl.; stage.
ра́н|а f [5] wound; ~r m [1] rank;
~ение n [12] wound(ing); ~еный
[14] wounded (a. su.); ~ец m [1;
-нца] satchel; 🎖 knapsack; ~ить
[13] (im)pf. wound, injure (in в В).
ра́н|ний [15] early (adv. ~о); morn-
ing...; spring...; ~о и́ли по́здно
sooner or later; ~ова́то F rather
early; ~ьше earlier; formerly; first;
(Р) before.
рап|и́ра f [5] rapier; ~орт m [1]
~ортова́ть [7] (im)pf. report; ~с m
[1] ⟨rape; ~со́дия f [7] rhapsody.
ра́са f [5] race.
раска́|иваться [1], ⟨~яться⟩ [27]
repent (v/i., в П); ~лённый [14],
~ли́ть(ся) s. ~ля́ть(ся); ~лывать
[1], ⟨расколо́ть⟩ [17] split, cleave;
crack, (v/i. ~ся), ~ля́ть [20],
⟨~ли́ть⟩ [13] make (-ся become)
red-hot, white-hot; ~пывать [1],
⟨раскопа́ть⟩ [1] dig out or up; ~т
m [1] roll, peal; ~тистый [14 sh.]
rolling; ~тывать, ⟨~та́ть⟩ [1] (un-)
roll; v/i. -ся; ⟨~ти́ться⟩ [15] gain
speed; roll (off); ~чивать, ⟨~ча́ть⟩
[1] swing; shake; F bestir; ~яние n
[12] repentance (of в П); ~яться
s. ~иваться.
расквартирова́ть [7] pf. quarter.
раски|дывать [1], ⟨~нуть⟩ [20]
spread (out); throw out; pitch
(tent), set up.
раскла́|дной [14] folding, collaps-
ible; ~дывать [1], ⟨разложи́ть⟩
[16] lay or spread out, display; lay;
set up; make, light; apportion,
repartition; ~ниваться [1], ⟨~ня́ть-
ся⟩ [28] (с Т) bow (to), greet; take
leave (of).
раско́л m [1] split, schism; ~о́ть
(-ся) s. раска́лывать(ся); ~па́ть
s. раска́пывать; ~пка f [5; g/pl.:
-пок] excavation.
раскр|а́шивать [1] s. кра́сить; ~е-
пощать [1], ⟨~епости́ть⟩ [15 e.;
-ощу́, -ости́шь; -ощённый] eman-
cipate, liberate; ~епоще́ние n [12]
emancipation, liberation; ~итико-
ва́ть [7] pf. scarify; ~ича́ться [4 e.;
-чу́сь, -чи́шься] pf. shout, bawl
(at на В); ~ыва́ть [1], ⟨~ы́ть⟩ [22]
open (v/i. -ся); uncover; disclose,
reveal; put one's cards on the table.
раску|ла́чить [16] pf. dispossess or
oust (the kulak[s]) ~па́ть [1],

‹пить› [14] buy up; ⌇поривать [1], ‹⌇порить› [13] uncork; open; ⌇сывать [1], ‹⌇сить› [15] crack; F see through, get (the hang of); ⌇тывать, ‹⌇тать› [1] unwind, un-}

ра́совый [14] racial.   [wrap.]

распа́д m [1] disintegration; decay.

распа|да́ться [1], ‹⌇сться› [25; -па́лся, -лась; -па́вшийся] fall to pieces; decay; disintegrate; break up (into на B), split; ⌇ко́вывать [1], ‹⌇кова́ть› [7] unpack; ⌇ры-ва́ть [1] s. поро́ть; ⌇сться s. ⌇да́ться; ⌇хивать [1] 1. ‹⌇ха́ть› [3] plow (Brt. plough) up; 2. ‹⌇хну́ть› [20] throw or fling open (v/i. -ся); ⌇ять [24] pf. (-ся come) unsolder(ed).

распе|ва́ть [1] sing; ⌇ка́ть F [1], ‹⌇чь› [26] dress down, scold, call down, blow up; ⌇ча́тывать, ‹⌇ча́тать› [1] unseal; open.

распи́|ливать [1], ‹⌇ли́ть› [13; -илю́, -и́лишь; -и́ленный] saw; ⌇на́ть [1], ‹распя́ть› [-пну́, -пнёшь; -пя́тый] crucify.

распис|а́ние n [12] timetable (по ⌇а́ние поездо́в; school: ⌇а́ние уро́-ков), schedule (on по Д); ⌇а́ть(ся) s. ⌇сывать(ся); ⌇ка f [5; g/pl.: -сок] receipt (against под В); ⌇сывать [1], ‹⌇а́ть› [3] write, enter; paint; ornament; -ся sign (one's name); (acknowledge) receipt (в П); F register one's marriage.

распл|авля́ть [28] s. пла́вить; ⌇а́каться [3] pf. burst into tears; ⌇а́та f [5] payment; requital; ⌇а́чиваться [1], ‹⌇ати́ться› [15] (с Т) pay off, settle accounts (with); pay (for за В); ⌇еска́ть [3] pf. spill.

распле|та́ть [1], ‹⌇сти́› [25-т-](-ся, ‹-сь› get) unbraid(ed); untwist.

распл|ыва́ться [1], ‹⌇ться› [23] spread; run; swim about; blur; swell; F grow fat; ⌇ы́вчатый [14 sh.] blurred, diffuse, vague.

распло́щить [16] pf. flatten.

распозн|ава́ть [1], ‹⌇а́ть› [1] perceive, discern; find out.

распол|ага́ть [1], ‹⌇ожи́ть› [16] dispose (a. fig. = incline), arrange, place, lodge; impf. (Т) dispose (of), have (at one's disposal); -ся settle; encamp; pf. be situated; ⌇ага́ю-щий [17] engaging; ⌇за́ться [1], ‹⌇зти́сь› [24] creep or crawl (away); ⌇оже́ние n [12] arrangement, order, (dis)position (toward[s] к Д); situation; inclination; favo(u)r; mind; ⌇оже́ние ду́ха mood; ⌇о́-женный [14 sh.] a. situated; (well-) disposed (toward[s] к Д); inclined; ⌇ожи́ть s. ⌇ага́ть.

распор|яди́тельность f [8] administrative ability, management; ⌇яди́тельный [14; -лен, -льна] circumspect, efficient; ⌇яди́ться s. ⌇яжа́ться; ⌇я́док m [1; -дка]

order, rule, (office, etc.) regulations pl.; ⌇яжа́ться [1], ‹⌇яди́ться› [15 e.; -яжу́сь, -яди́шься] give orders; (Т) dispose (of); take charge of or care (of); impf. manage, direct; ⌇яже́ние n [12] order(s), instruction(s); decree; disposal (at в В; в П); charge, command (to в В).

распра́в|а f [5] punishment (of с Т); massacre; short work (of с Т); ⌇ля́ть [28], ‹⌇ить› [14] straighten; smooth; spread, stretch; -ся (с Т) punish, avenge o.s. (on).

распредел|е́ние n [12] distribution; ⌇и́тельный [14] distributing; ⊕ control...; ⚡ switch...; ⌇я́ть [28], ‹⌇и́ть› [13] distribute; allot; assign (to по Д); arrange, classify.

распрод|ава́ть [5], ‹⌇а́ть› [-да́м, -да́шь, etc., s. дать; -про́дал, -а́, -о; -про́данный] sell out (or off); ⌇а́жа f [5] (clearance) sale.

распрост|ира́ть [1], ‹⌇ере́ть› [12] spread, stretch; extend (v/i. -ся); ⌇ёртый a. open (arms объя́тия pl.); ⌇и́ться [15 e.; -ощу́сь, -ости́шься] (с Т) bid farewell (to); give up, abandon.

распростран|е́ние n [12] spread (-ing), expansion; dissemination, propagation; circulation; ⌇ённый [14] widespread; ⌇я́ть [28], ‹⌇и́ть› [13] spread, extend (v/i. -ся); propagate, disseminate; diffuse; -ся enlarge upon.

распро|ща́ться [1] F = ⌇сти́ться.

ра́спр|я f [6; g/pl.: -рей] strife, contention, conflict; ⌇га́ть [1], ‹⌇чь› [26 г/ж; -ягу́, -я́жешь] unharness.

распу́|скать [1], ‹⌇сти́ть› [15] dismiss, disband, dissolve, break up; unfurl; undo; loosen; spread; melt; fig. spoil; -ся open; expand; loosen, untie; dissolve; F become spoiled; ⌇та́ть s. ⌇тывать; ⌇тица f [5] impassability of roads; ⌇тник s. развра́тник; ⌇тывать, ‹⌇тать› [1] untangle; ⌇тье n [10] crossroad(s); swell к [1], ‹⌇хну́ть› [21] swell; ⌇хший [17] swollen; ⌇щен-ный [14 sh.] spoiled, undisciplined; dissolute.

распыл|и́тель m [4] spray(er), atomizer; ⌇я́ть [28], ‹⌇и́ть› [13] spray, atomize; scatter.

распя́|тие n [12] crucifixion; ⌇ть s. распина́ть.

расса́|да f [5] sprout(s); ⌇ди́ть s. ⌇живать; ⌇дник m [1] nursery; fig. hotbed; ⌇живать [1], ‹⌇ди́ть› [15] transplant; seat; -ся, ‹рассе́сться› [рассяду́сь, -дешься; -се́лся, -се́лась] sit down, take seats; F sit at ease.

рассве́|т m [1] dawn (at на П), daybreak; ⌇та́ть [1], ‹⌇сти́› [25 -т-; -светёт; -свело́] dawn.

рассе|да́ть [1] pf. unsaddle; ⌇ивать [1], ‹⌇ять› [27] disseminate;

scatter, disperse (*v*/*i*. -ся); dissipate, dispel; divert (*usu*. -ся o.s.); ⸝ка́ть [1], ⟨⸝чь⟩ [26] cut (up), dissect, hew, cleave; swish; ⸝ля́ть [28], ⟨⸝ли́ть⟩ [13] settle (*v*/*i*. -ся); separate; ⸝сться s. расса́живаться; ⸝янность *f* [8] absent-mindedness; ⸝янный [14 *sh*.] absent-minded; dissipated; scattered; *phys.* diffused; ⸝ять(ся) s. ⸝ливать(ся).

рассказ *m* [1] story, tale, narrative; short novel (*or* story); ⸝а́ть s. ⸝ывать; ⸝чик *m* [1] narrator; storyteller; ⸝ывать [1], ⟨⸝а́ть⟩ [3] tell; relate, narrate.

рассла́б|ля́ть [28], ⟨⸝ить⟩ [14] weaken, enervate (*v*/*i*. ⸝еть [8] *pf.*).

рассл|е́дование *n* [12] investigation, inquiry into; ⸝е́довать [7] (*im*)*pf.* investigate, inquire into; ⸝ое́ние *n* [12] stratification; ⸝ы́шать [16] *pf.* hear distinctly; не ⸝ы́шать not (quite) catch.

рассм|а́тривать [1], ⟨⸝отре́ть⟩ [-отрю́, -о́тришь; -о́тренный] examine, view; consider; discern, distinguish; ⸝е́яться [27 *e*.; -е́юсь, -се́шься] *pf.* burst out laughing; ⸝отре́ние *n* [12] examination (at при П); consideration; ⸝отре́ть s. ⸝а́тривать.

рассо́л *m* [1] brine, pickle.

расспр|а́шивать [1], ⟨⸝оси́ть⟩ [15] inquire, ask; ⸝о́сы *pl.* [1] inquiries.

рассро́чка *f* [5] (payment by) instal(l)ments (by в В *sg.*).

расста|ва́ние *s.* проща́ние; ⸝ва́ться [5], ⟨⸝ться⟩ [-а́нусь, -а́нешься] part, separate (from с Т); leave; ⸝вля́ть [28], ⟨⸝вить⟩ [14] place; arrange; set (up); move apart; ⸝но́вка *f* [5; *g*/*pl.*: -вок] arrangement; distribution; order; punctuation; drawing up; pause; ⸝ться s. ⸝ва́ться.

расст|ёгивать [1], ⟨⸝егну́ть⟩ [20] unbutton, unfasten (*v*/*i*. -ся); ⸝и-ла́ть [1], ⟨разостла́ть⟩ [расстелю́, -е́лешь; разо́стланный] spread (*v*/*i*. -ся); ⸝оя́ние *n* [12] distance (at на П).

расстр|а́ивать [1], ⟨⸝о́ить⟩ [13] upset, derange; disorganize; disturb, spoil; shatter; frustrate; ♪ put out of tune (*or* humo[u]r, *fig.*); -ся be(come) upset, *etc.*; fail.

расстре́л *m* [1] (death by) shooting, execution; ⸝ивать [1], ⟨⸝я́ть⟩ [28] shoot, execute.

расстро́|ить(ся) *s.* расстра́ивать (-ся); ⸝йство *n* [9] disorder, confusion; disturbance, derangement; frustration.

расступ|а́ться [1], ⟨⸝и́ться⟩ [14] give way, part; open, split.

рассу|ди́тельность *f* [8] judiciousness; ⸝ди́тельный [14; -лен, -льна] judicious, wise; ⸝ди́ть [15] *pf.* judge; decide (*a. issue*); consider;

⸝до́к *m* [1; -дка] reason, sense(s); judg(e)ment, mind (of в П); ⸝до́чный [14; -чен, -чна] rational; ⸝жда́ть [1] argue, reason; talk; ⸝жде́ние *n* [12] reasoning, argument(ation); objection; treatise, essay (on о П).

рассчи́т|ывать [1], ⟨⸝а́ть⟩ [1] & ⟨расче́сть⟩ [25; разочту́, -тёшь; расчёл, разочла́; разочтённый; *g. pt.*: разочтя́] ⸝& (не mis)calculate, estimate; judge; dismiss, pay off; *impf.* count *or* reckon (on на В); expect; intend; -ся settle accounts, get even (with с Т), pay off; count off.

рассыл|а́ть [1], ⟨разосла́ть⟩ [-ошлю́, -ошлёшь; -о́сланный] send out (*or* round); ⸝ка *f* [5] distribution, dispatch.

рассы́п|а́ть [1], ⟨⸝ать⟩ [2] scatter, spill; spread; (*v*/*i*. -ся; crumble, fall to pieces; break up; fail; shower [s. th. on в П/Д]; resound; burst out).

раста́|лкивать, ⟨растолка́ть⟩ [1] push aside; push; ⸝пливать [1], ⟨растопи́ть⟩ [14] light, kindle; melt; (*v*/*i*. -ся); ⸝птывать [1], ⟨растопта́ть⟩ [3] tread down; ⸝скивать [1], ⟨⸝щи́ть⟩ [16], F ⟨⸝ска́ть⟩ [1] pilfer; take to pieces; F separate.

раство́р *m* [1] solution; mortar; ⸝и́мый [14 *sh*.] soluble; ⸝я́ть [28], ⟨⸝и́ть⟩ 1. [13] dissolve; 2. [13; -орю́, -о́ришь; -о́ренный] open.

расте́|ние *n* [12] plant; ⸝ре́ть s. растира́ть; ⸝рза́ть [1] *pf.* tear to pieces; lacerate; ⸝ря́нный [14 *sh*.] confused, perplexed, bewildered; ⸝ря́ть [28] *pf.* lose (one's head -ся; be[come] perplexed *or* puzzled).

расти́ [24 -ст-; -сту́, -стёшь; рос, -сла́; ро́сший], ⟨вы́-⟩ grow, increase.

раст|ира́ть [1], ⟨⸝ере́ть⟩ [12; разотру́, -трёшь] pound, pulverize; rub; smear.

расти́тельн|ость *f* [8] vegetation, flora; hair; ⸝ый [14] vegetable; vegetative.

расти́ть [15 *e*.; ращу́, расти́шь] rear; F grow.

расто|лка́ть *s.* раста́лкивать; ⸝лкова́ть [7] *pf.* expound, explain; ⸝пи́ть *s.* раста́пливать; ⸝пта́ть *s.* раста́птывать; ⸝пы́рить F [13] *pf.* spread; ⸝рга́ть [1], ⟨⸝ргнуть⟩ [21] break (off), annul; dissolve, sever; ⸝рже́ние *n* [12] breaking (off); annulment; dissolution; ⸝ро́пный [14; -пен, -пна] deft, quick; ⸝ча́ть [1], ⟨⸝чи́ть⟩ [16 *e*.; -чу́, -чи́шь; -чённый] squander, waste, dissipate; lavish (on Д); ⸝чи́тель *m* [4], ⸝чи́тельный [14; -лен, -льна] prodigal, spendthrift, extravagant.

растра|вля́ть [28], ⟨⸝ви́ть⟩ [14] irritate; fret, stir (up); ⸝та *f* [5]

waste; embezzlement; ⟨тчик *m* [1]
embezzler; ⟨чивать [1], ⟨тить⟩
[15] spend, waste; embezzle.
растр|ёшь [2] *pf.* (-ся be[come])
tousle(d, ⟨ёпанный [14]), dishevel
(-[1]ed); tear (torn), thumb(ed).
растрóгать [1] *pf.* move, touch.
растя|гивать [1], ⟨⟨нýть⟩ [19]
stretch (*v/i.* -ся; F fall flat); ⟨strain;
drawl; extend, prolong; ⟨жёние *n*
[12] stretching; strain(ing); ⟨жú-
мый [14 *sh.*] extensible, elastic; *fig.*
vague; ⟨нýтый [14] long-drawn;
⟨нýть(ся) *s.* ⟨гивать(ся).
рас|формировáть [8] *pf.* disband;
⟨хáживать [1] walk about *or* up
& down, pace; ⟨хвáливать [1],
⟨хвалúть⟩ [13; -алю, -áлишь;
-áленный] extol(1 *Brt.*), praise
(highly); ⟨хвáтывать F, ⟨хва-
тáть⟩ [1] snatch away; buy up
расхи|щáть [1], ⟨тить⟩ [15] plun-
der; ⟨щéние *n* [12] plunder.
расхó|д *m* [1] expenditure (for на В),
expense(s); † *a.* debit; consump-
tion; sale; ⟨дúться *m* [15], ⟨разой-
тúсь⟩ [-ойдýсь, -ойдёшься; -о-
шёлся, -ошлáсь → -ошёдшийся; *g.
pt.*: -ойдя́сь] disperse; break up;
differ (from с Т); diverge; part,
separate, get divorced (from с Т);
pass *or* miss o.a., (*letters*) cross; be
sold out, sell; be spent, (у Р) run
out of; melt, dissolve; ramify;
radiate; F spread; become enraged;
get excited *or* animated; ⟨довáть
[7], ⟨из-⟩ spend, expend; *pf. a.* use
up; ⟨ждéние *n* [12] divergence,
difference (of в П); radiation.
расцарáп|ывать, ⟨ать⟩ [1] scratch.
расцвё|т *m* [1] blossom, (*a. fig.*)
bloom; prime; prosperity; ⟨тáть
[1], ⟨стú⟩ [25 -т-] blo(ss)om; flourish, thrive; ⟨тка *f* [5; *g/pl.*: -ток]
colo(u)ring.
расцé|нивать [1], ⟨нúть⟩ [13;
-еню́, -éнишь; -енённый] estimate,
value, rate; ⟨нка *f* [5; *g/pl.*: -нок]
valuation; rate, tariff; ⟨плять [28],
⟨пúть⟩ [14] uncouple, unhook.
рас|чёсывать *s.* ⟨чёсывать⟩, ⟨чéска *f*
[5; *g/pl.*: -сок] comb; ⟨чéсть *s.* рас-
считáть; ⟨чёсывать [1], ⟨чесáть⟩
[3] comb (one's hair -ся F).
расчёт *m* [1] calculation; estimation;
settlement (of accounts); payment;
dismissal, *Brt.* F *a.* sack; account,
consideration; intention; provi-
dence; F use; ✕ gunners *pl.*; из
⟨а on the basis (of); в ⟨е quits; ⟨
ливый [14 *sh.*] provident, thrifty;
circumspect.
рас|чищáть [1], ⟨чúстить⟩ [15]
clear (away); ⟨членять [28],
⟨членúть⟩ [13] dismember; ⟨шá-
тывать, ⟨шатáть⟩ [1] loosen (*v/i.*
-ся); (be[come]) shatter(ed); ⟨ше-
велúть F [13] *pf.* stir (up).

расши|бáть F *s.* ушибáть; ⟨вáть
[1], ⟨ть⟩ [разошью́, -шьёшь; *cf.*
шить] embroider; undo, rip; ⟨рé-
ние *n* [12] widening, enlargement;
expansion; ⟨ря́ть [28], ⟨рить⟩ [13]
widen, enlarge; extend, expand;
☞ dilate; ⟨ть *s.* ⟨вáть; ⟨фрóвы-
вать [1], ⟨фровáть⟩ [7] decipher,
decode.
рас|шнуровáть [7] *pf.* untie;
⟨щéлина *f* [5] crevice, cleft, crack;
⟨щеплéние *n* [12] splitting; fission;
⟨щеплять [28], ⟨щепúть⟩ [14 *e.*;
-плю́, -пúшь, -плённый] split.
ратифи|кáция *f* [7] ratification;
⟨цúровать [7] (*im*)*pf.* ratify.
рáтовать [7] fight, struggle.
рафинáд *m* [1] lump sugar.
рахúт *m* [1] rickets.
рацион|ализúровать [7] (*im*)*pf.*
rationalize; ⟨áльный [14; -лен,
-льна] rational (*a.* ℛ, *no sb.*).
рванýть [20] *pf.* jerk; -ся dart.
рвать [рву, рвёшь; рвал, -á, -о]
1. ⟨разо-, изо-⟩ [-óрванный] tear
(to, in *pieces* на, в В), *v/i.* -ся; **2.**
⟨со-⟩ pluck; **3.** ⟨вы́-⟩ pull out;
impers. (В) vomit, spew; **4.** ⟨пре-⟩
break off; **5.** ⟨взо-⟩ blow up; ⟨ и
метáть F be in a rage; -ся break;
strive *or* long (eagerly).
рвéние *n* [12] zeal; eagerness.
рвóт|а *f* [5] vomit(ing); ⟨ный [14]
emetic (*a. n, su.*).
рдеть [8] redden, flush.
реа|билитúровать [7] (*im*)*pf.* re-
habilitate; ⟨гúровать [7] (на В)
react (upon); respond (to); ⟨ктúв-
ный [14] reactive; jet (*plane*); ⟨к-
ционéр *m* [1], ⟨кциóнный [14]
reactionary.
реал|úзм *m* [1] realism; ⟨изовáть
[7] (*im*)*pf.* realize; † *a.* sell; ⟨истú-
ческий [16] realistic; ⟨ьность *f*
[8] reality; ⟨ьный [14; -лен, -льна]
real; realistic.
ребёнок *m* [2; *pl. a.* дети, -ей] child;
baby, F kid; груднóй ⟨ suckling.
ребрó *n* [9; *pl.*: рёбра, рёбер, рё-
брам] rib; edge (on ⟨м); ⟨м *fig.*
point-blank.
ребя́|та *pl. of* ребёнок; F boys; ⟨-
ческий [16], ⟨чий F [18] childish;
⟨чество F [9] childishness; ⟨чить-
ся F [16] behave childishly.
рёв *m* [1] roar; bellow; howl.
рев|áнш *m* [1] revenge; return
match; ⟨éнь *m* [4 *e.*] rhubarb; ⟨éть
[-ву, -вёшь] roar; bellow; howl; F
cry.
ревú́з|ия *f* [7] inspection; auditing;
revision; ⟨óр *m* [1] inspector; au-
ditor. ⟨ческий [16] rheumatic.
ревматú|зм *m* [1] rheumatism;
ревнú|вый [14 *sh.*] jealous; ⟨овáть
[7], ⟨при-⟩ be jealous (of [p.'s] к Д
[В]); ⟨ость *f* [8] jealousy; zeal,
eagerness; ⟨остный [14; -тен, -тна]
zealous, eager.

револь|ьвёр *m* [1] revolver; **~юцио-нёр** *m* [1], **~юцио́нный** [14] revolutionary; **~ю́ция** *f* [7] revolution.

регистр *m* [1], **~и́ровать** [7], ⟨за-⟩ register (*v/i.* **-ся**; *a.* get married in a civil ceremony); index.

рег|ла́мент *m* [1] order, regulations *pl.*; **~ре́сс** *m* [1] retrogression.

регул|и́ровать [7], ⟨у-⟩ regulate; (*esp. pf.*) settle; **~я́рный** [14; -рен, -рна] regular; **~я́тор** *m* [1] regulator.

редак|ти́ровать [7], ⟨от-⟩ edit, redact; **~тор** *m* [1] editor; **~ция** *f* [7] editorial staff; editorship; editor's office; wording, text, version; redaction; (*radio*) desk.

ред|е́ть [8], ⟨по-⟩ (grow) thin; **~и́ска** *f* [5; *g/pl.*: -сок] (red) radish.

ре́дк|ий [16; -док, -дка́, -о; *comp.*: ре́же] rare; thin, sparse; scarce; *adv. a.* seldom; **~ость** *f* [8] rarity, curiosity; sparsity, thinness; uncommon (thing); на **~ость** F extremely, awfully.

ре́дька *f* [5; *g/pl.*: -дек] radish.

режим *m* [1] regime(n); conditions *pl.*; regulations *pl.*; order.

режисс|ёр *m* [1] stage manager; director, producer; **~и́ровать** [7] stage.

ре́зать [3] 1. ⟨раз-⟩ cut (up, open); carve (*meat*); 2. ⟨за-⟩ slaughter, kill; 3. ⟨вы-⟩ carve, cut (in *wood* по Д, на П); 4. ⟨с-⟩ cut off; F fail; *impf.* hurt; F say; P talk; 5. **-ся** F cut (one's teeth); gamble.

резв|и́ться [14 *e.*; -влюсь, -вишься] frolic, frisk, gambol; **~ый** [14; резв, -á, -о] frisky, sportive, frolicsome; quick; lively.

резёрв *m* [1], reserve(s) [1] **~и́ст** *m* [1] reservist; **~ный** [14] reserve...

резе́ц *m* [1; -зца́] incisor.

рези́н|а *f* [5] rubber; **~овый** [14] rubber...; **~ка** *f* [5; *g/pl.*: -нок] eraser, (india) rubber; elastic.

ре́з|кий [16; -зок, -зка́, -о; *comp.*: ре́зче] sharp, keen; biting, piercing; acute; harsh, shrill; glaring; rough, abrupt; **~кость** *f* [8] sharpness, *etc.*, *s.* **~кий**; harsh word; **~но́й** [14] carved; **~ня́** *f* [6] slaughter; **~олю́ция** *f* [7] resolution; decision; **~о́н** *m* [1] reason; **~она́нс** *m* [1] resonance; **~о́нный** F [14; -о́нен, -о́нна] reasonable; **~ульта́т** *m* [1] result (as *a.* в П); **~ьба́** *f* [5] carving.

резюм|е́ *n* [*ind.*] summary; **~и́ровать** [7] (*im*)*pf.* summarize.

рейд *m* [1] 🛥 road(stead); ⚔ raid.

Рейн *m* [1] Rhine.

рейс *m* [1] trip; voyage; flight.

река́ *f* [5; *ac/sg. a. st.*; *pl. st.*; *from dat/pl.a.*] river, stream.

реклам|а *f* [5] advertising; advertisement; publicity; **~и́ровать** [7] (*im*)*pf.* advertise; boost; (re-)claim; complain; **~ный** [14] advertising.

реко|менда́тельный [14] of recommendation; **~менда́ция** *f* [7] recommendation; reference; **~мендова́ть** [7] (*im*)*pf.*, *a.* ⟨по-⟩ recommend, advise; † introduce; **~нструи́ровать** [7] (*im*)*pf.* reconstruct; **~рд** *m* [1] record; **~рдный** [14] record...; **~рдсме́н** *m* [1], **~рдсме́нка** *f* [5; *g/pl.*: -нок] champion.

ре́ктор *m* [1] president, (*Brt.* vice-)chancellor, rector (*univ.*).

рели|гио́зный [14; -зен, -зна] religious; **~гия** *f* [7] religion; **~квия** *f* [7] relic.

рельс *m* [1], **~овый** [14] rail; track.

реме́нь *m* [4; -мня́] strap; belt.

ремёсл|енник *m* [1] (handi)craftsman, artisan; *fig.* bungler; **~енный** [14] trade...; handicraft...; home--made; bungling; **~о́** *n* [9; *pl.*: -мёсла, -мёсел, -мёслам] trade, (handi)craft; occupation.

ремо́нт *m* [1] repair(s); remount (-ing); **~и́ровать** [7] (*im*)*pf.*, **~ный** [14] repair.

ре́нта *f* [5] rent; revenue; (*life*) annuity; **~бельный** [14; -лен, -льна] profitable.

рентге́новск|ий [16]: **~ий сни́мок** *m* roentgenogram; **~ие лучи́** *m/pl.* X-rays.

реорганизова́ть [7] (*im*)*pf.* reorganize (*Brt.* -se).

ре́па *f* [7] turnip.

репа|рацио́нный [14] reparation...; **~трии́ровать** [7] (*im*)*pf.* repatriate.

репе́йник *m* [1] bur(dock); agrimony.

репертуа́р *m* [1] repertoire, repertory.

репети́|ровать [7], ⟨про-⟩ rehearse; **~ция** *f* [7] rehearsal.

ре́плика *f* [5] retort; *thea.* cue.

репорта́ж *m* [1] report(ing).

репортёр *m* [1] reporter.

репре́сс|ия *f* [7] reprisal.

репроду́ктор *m* [1] loud-speaker.

ресни́ца *f* [5] eyelash.

респу́блик|а *f* [5] republic; **~а́нец** *m* [1; -нца] **~а́нский** [16] republican.

рессо́ра *f* [5] spring.

рестора́н *m* [1] restaurant (at в П).

ресу́рсы *m/pl.* [1] resources.

рети́вый [14] zealous; mettlesome.

ре|туши́ровать [7], ⟨от-⟩ retouch; **~фера́т** *m* [1] report, paper.

рефо́рм|а *f* [5], **~и́ровать** [7] (*im*)*pf.* reform; **~а́тор** *m* [1] reformer.

рецензе́|нт *m* [1] reviewer; **~и́ровать** [7], ⟨про-⟩, **~ия** *f* [7] review.

реце́пт *m* [1] recipe.

рецидив *m* [1] relapse.

речев|о́й [14] speech...

ре́ч|ка *f* [5; *g/pl.*: -чек] (small) river; **~но́й** [14] river...

речь *f* [8; *from g/pl. e.*] speech;

discourse, talk, conversation; word; об этом не может быть и ~и that is out of the question; *cf.* идти.

реш|а́ть [1], ⟨~и́ть⟩ [*e.*; -шу́, -ши́шь; -шённый] solve; decide, resolve (*a.* -ся [on, to на В]); make up one's mind); не ~а́ться hesitate; ~а́ющий [17] decisive; ~е́ние *n* [12] decision; (re)solution; ~ётка *f* [5; *g/pl.:* -ток] grating; lattice, trellis; grate; ~ето́ *n* [9; *pl. st.:* -шёта] sieve; ~ётчатый [14] trellis(ed); ~и́мость *f* [8] determination; ~и́тельный [14; -лен, -льна] resolute, firm; decisive; definite; absolute; ~и́ть(ся) *s.* ~а́ть(ся).

ре́ять [27] soar, fly.

ржа́|веть [8], ⟨за-⟩, ~вчина *f* [5] rust; ~вый [14] rusty; ~во́й [14] гче...; ~ть [рржёт], ⟨за-⟩ neigh.

ря́за *f* [5] chasuble; robe.

Рим *m* [1] Rome; 'Qля́нин *m* [1; *pl.:* -я́не, -я́н], 'Qля́нка *f* [5; *g/pl.:* -нок], 'Qский [14] Roman.

ри́нуться [20] *pf.* rush; plunge.

рис *m* [1] rice.

риск *m* [1] risk (at на В); ~о́ванный [14 *sh.*] risky; ~ова́ть [7], ⟨~ну́ть⟩ [20] (*usu.* T) risk, venture.

рисова́|ние *n* [12] drawing; designing; ~ть [7], ⟨на-⟩ draw; design; -ся appear, loom; pose, mince.

ри́совый [14] rice...

рису́нок *m* [1; -нка] drawing, design; picture, illustration (in на П).

ритм *m* [1] rhythm; ~и́чный [14; -чен, -чна] rhythmical.

риф *m* [1] reef; ~ма *f* [5] rhyme.

роб|е́ть [8], ⟨о-⟩ be timid, quail; не ~е́й! courage!; ~кий [16; -бок, -бка, -о; *comp.:* ро́бче] shy, timid; ~ость *f* [8] shyness, timidity.

ров *m* [1; рва; во рву] ditch.

рове́сник *m* [1] coeval, of the same age.

ро́вн|ый [14; -вен, -вна́, -о] even, level, flat; straight; equal; equable; ~о precisely, exactly; *time a.* sharp; F absolutely; ~я́ F *f* [5] equal.

рог *m* [1; *pl. e.:* -ра́] horn; antler; bugle; ~а́тый [14 *sh.*] horned; ~о́вица *f* [5] cornea; ~ово́й [14] horn ...

рого́жа *f* [5] (bast) mat.

род *m* [1; в, на -ý; *pl. e.*] genus; race; generation; kind; way; *gr.* gender; birth (by T); F class; ~ом из, с P come or be from; от ~у (Д) *be* ... old; с ~у in one's life.

роди́|льный [14] maternity (hospital дом *m*); ~мый [14] *s.* родно́й & '~нка; '~на *f* [5] native land, home(land) (in на П); '~нка *f* [5; *g/pl.:* -нок] birthmark, mole; ~те-ли *m/pl.* [4] parents; ~тельный [14] genitive (*case*); ~тельский [16] parental.

роди́ть [15 *e.*; рожу́, роди́шь; -йл, -а (*pf.:* -á), -о; рождённый] (*im-*)*pf.*, (*impf. a.* рожда́ть, F рожа́ть

[1]) bear, give birth to; beget; *fig.* bring forth, produce; -ся [*pf.* -йлся] be born; arise; come up, grow.

родн|и́к *m* [1 *e.*] spring; ~о́й [14] own; native; (my) dear; *pl.* = ~я́ *f* [6] relative(s), relation(s).

родо|во́й [14] patrimonial; generic; ~нача́льник *m* [1] ancestor, (*a. fig.*) father; ~сло́вный [14] genealogical; ~сло́вная family tree.

ро́дствен|ник *m* [1], ~ница *f* [5] relative, relation; ~ный [14 *sh.*] related, kindred, cognate; of blood.

родств|о́ *n* [9] relationship; cognation; F relatives; в ~é related (to с Т).

ро́ды *pl.* [1] (child)birth.

ро́жа *f* [5] ♯ erysipelas; P mug.

рожд|а́емость *f* [2] birth rate; ~а́ть(ся) *s.* роди́ть(ся); ~е́ние *n* [12] birth (by or P); день ~е́ния birthday (on в В); ~е́ственский [16] Christmas...; ~ество́ *n* [9] (*a.* Qество́ [Христо́во]) Christmas (at на В); поздра́вить с Qество́м Христо́вым wish a Merry Xmas; до (по́сле) Р.Хр. B.C. (A.D.).

рож|о́к *m* [1; -жка́] *dim. of* рог; ear trumpet; feeding bottle; (*gas*) burner; shoehorn; ~ь *f* [8; ржи; *instr/sg.:* ро́жью] rye.

ро́за *f* [5] rose.

ро́зга *f* [5; *g/pl.:* -зог] rod.

розе́тка *f* [5; *g/pl.:* -ток] rosette; ∉ (*plug*) socket.

ро́зн|ица *f* [5]: в ~ицу by retail; ~ичный [14] retail...; ~ь F *f* [8] discord; И/Д ~ь th. *or* p. & th/p. are not the same *or* different.

ро́зовый [14 *sh.*] pink, rosy.

ро́зыгрыш *m* [1] draw; drawn game; drawing of a lottery; ~ пе́рвенства play(s) for championship.

ро́зыск *m* [1] search (in/of в П *pl./P*); ⚖ preliminary trial; уголо́вный ~ criminal investigation department.

ро|и́ться [13], ~й *m* [3; в рою]; *pl. e.:* рой, роёв] swarm.

рок *m* [1] fate; ~ово́й [14] fatal; ~от *m* [1], ~ота́ть [3] roll.

ро́лик *m* [1] roller (skates *pl.*).

роль *f* [8; *from g/pl. e.*] part, role.

ром *m* [1] rum.

рома́н *m* [1] novel; F (love) affair, romance; ~и́ст *m* [1] novelist; ~ти́зм *m* [1] romanticism; ~ти́ческий [16], ~ти́чный [14; -чен, -чна] romantic.

ром|а́шка *f* [5; *g/pl.:* -шек] camomile; ~б *m* [1] rhombus.

роня́ть [28], ⟨урони́ть⟩ [13]; -оню́, -о́нишь; -о́ненный] drop; droop; lose; shed; *fig.* disparage, discredit.

ро́п|от *m* [1], ~та́ть [3; -пщу́, ро́пщешь] murmur, grumble, growl (at на В).

роса́ *f* [5; *pl. st.*] dew.

роско́ш|ный [14; -шен, -шна] luxurious; magnificent, splendid, sumptuous; F luxuriant, exuberant; **'**_ь f [8] luxury; magnificence, sumptuousness; luxuriance.

ро́слый [14] big, tall.

ро́спись f [8] list; fresco.

ро́спуск m [1] dissolution; dismissal; disbandment; breaking up.

Росси́|я f [7] Russia; 2йский [16] Russian; cf. РСФСР.

рост m [1] growth; increase; stature, size; ... высо́кого _а tall ...

ростовщи́|к m [1 e.] usurer.

рос|то́к m [1] sprout, shoot; _черк m [1] flourish; stroke.

рот m [1; рта; во рту] mouth; _а f [5] company; _ный [14] company (commander); _озе́й F [3] gaper.

ро́ща f [5] grove.

роя́ль m [4] (grand) piano.

РСФСР (Росси́йская Сове́тская Федерати́вная Социалисти́ческая Респу́блика) Russian Soviet Federative Socialist Republic.

ртуть f [8] mercury.

руба́|нок m [1; -нка] plane; _нка f [5; g/pl.: -шек] shirt; chemise.

рубе́ж m [1 e.] boundary; border (line), frontier; за _о́м abroad.

рубе́ц m [1; -бца́] hem; scar, wake.

руби́ть [14] 1. ⟨на-⟩ chop, cut, hew, hack; mince; 2. ⟨с-⟩ fell; F impf. speak bluntly; -ся fight (hand to hand).

ру́бка f [5] felling; F cabin.

ру́бленый [14] chopped, minced.

рубль m [e.] r(o)uble.

ру́б|рика f [5] heading; column; _чатый [14] ribbed.

руга́|нь f [8] abuse; _тельный [14] abusive; _тельство n [9] curse, oath; _ть [1], ⟨вы́-⟩ abuse, scold; -ся swear, curse; abuse o. a.

руд|а́ f [5; pl. st.] ore; _ни́к m [1 e.] mine, pit; _нико́вый [14] mine(r's); fire(damp); _око́п m [1] miner.

руж|е́йный [14] gun...; _ьё n [10; pl. st.; g/pl.: -жей] gun, rifle.

рук|а́ f [5; ac/sg.: ру́ку; pl.: ру́ки, рук, -ка́м] hand; arm; _а́ в _у (or о́б -у) hand in hand (arm in arm; a. под _у); из _ вон (пло́хо) F quite wretched(ly); быть на _у (Д) suit a p. (well); на́ _у нечи́ст light--fingered; от _и́ in handwriting; по _а́м! it's bargain!; под _о́й at hand, within reach; _о́й пода́ть it's no distance (a stone's throw); (у P) _и коро́тки F it's not in (p.'s) power; из пе́рвых _ at first hand; приложи́ть _у sign.

рука́в m [1 e.; pl.: -ва́, -во́в] sleeve; branch; hose; _и́ца f [5] mitten; gauntlet; _чик m [1] cuff.

руководи́|тель m [4] leader; chief; manager; teacher; _ть [15] (Т) lead; direct, manage; -ся follow, conform (to); _ство n [9] leadership; guidance; instruction; text-

book, guide; _ствовать(ся) [7] s. _и́ть(ся); _ящий [17] leading.

руко|де́лие n [12] needlework; _мо́йник m [1] washstand; _па́шный [14] hand-to-hand; _пись f [8] manuscript; _плеска́ние n [12] (mst pl.) applause; _пожа́тие n [12] hand shake; _я́тка f [5; g/pl.: -ток] handle, gripe; hilt.

рул|ево́й [14] steering; control...; su. steersman, helmsman; _ь m [4 e.] rudder; helm; steering wheel; handle bar; _ь высоты́ ✈ elevator.

румы́н m [1], _ка f [5; g/pl.: -нок]; _ский [16] R(o)umanian.

румя́н|а n/pl. [9] rouge; _ец m [1; -нца] ruddiness; blush; _ить [13] 1. ⟨за-⟩ redden; 2. ⟨на-⟩ rouge; _ый [14 sh.] ruddy, rosy; red; scarlet.

ру|но́ n [9; pl. st.] fleece; _пор m [1] megaphone; mouthpiece.

руса́лка f [5; g/pl.: -лок] mermaid.

ру́сло n [9] bed, (a. fig.) channel.

ру́сский [16] Russian (a. su.); adv. по-ру́сски (in) Russian.

ру́сый [14 sh.] fair(-haired), blond(e).

Русь f [8; -си́] hist., poet. Russia.

рути́н|а f [5], _ный [14] routine.

ру́хлядь F f [8] lumber, stuff.

ру́хнуть [20] pf. crash down; fail.

руча́|тельство n [9] guarantee; _ться [1], ⟨поручи́ться⟩ [16] (за B) warrant, guarantee, vouch for.

руче́й m [3 e.; -чья́] brook, stream.

ру́чка f [5; g/pl.: -чек] (small) hand; handle, knob; chair arm; lever; pen(holder).

ручно́й [14] hand...; manual; handmade; small; ✂ a. light; tame; wrist (watch).

ру́шить(ся) [16] (im)pf. collapse, break down.

ры́б|а f [5] fish; _а́к m [1 e.] fisherman; _ий [18] fish...; cod-liver (oil); _ный [14] fish(y); _ный про́мысел m fishery.

рыболо́в m [1] angler; _ный [14] fishing; fish...; _ство n [9] fishery.

рыво́к m [1; -вка́] jerk.

рыг|а́ть [1], ⟨_ну́ть⟩ [20] belch.

рыда́|ние n [12] sob(bing); _ть [1] sob.

ры́жий [17; рыж, -а́, -е] red; sorrel.

ры́ло n [9] snout; P mug.

ры́но|к m [1]; -нка] market (in на П); _чный [14] market...

рыс|а́к m [1 e.] trotter; _ка́ть [3] rove, run about; _ью [14] trot (at, in в B, на _си́, T); zo. lynx.

ры́твина f [5] rut, groove, hole.

рыть [22], ⟨вы́-⟩ dig; burrow, mine; _ся rummage.

рыхл|и́ть [13], ⟨вз-, раз-⟩ loosen (soil); _ый [14; рыхл, -а́, -о] friable, crumbly, loose.

рыцар|ский [16] knightly, chivalrous; knight's; **~ь** *m* [4] knight.

рыча́г *m* [1 *e.*] lever.

рыча́ть [4 *e.*; -чу́, -чи́шь] growl.

рья́ный [14 *sh.*] zealous; mettlesome.

рю́мка *f* [5; *g/pl.*: -мок] (wine-)glass.

ряби́на *f* [5] mountain ash; F pit.

ряби́ть [14 *e.*; -и́т] ripple; mottle; *impers.* flicker (before p.'s *eyes* в П/у В).

рябо́й [14; ряб, -а́, -о] pockmarked; piebald, spotted; freckled.

ряб|чик *m* [1] hazel grouse; **~ь** *f* ripples *pl.*; flicker.

ря́вк|ать F [1], *once* ⟨~нуть⟩ [20] bellow, bawl; snap (at на В).

ряд *m* [1; в -у́; *pl. e.*; *after* 2,3,4, ряда́] row; line; file; series; [в -е] number, several; *pl.* ranks; *thea. a.* tier; **~ами** in rows; **из ~а** вон выходя́щий remarkable, outstanding; **~овой** [14] ordinary; *su.* ⚔ private; **~ом** side by side; (с Т) beside, next to; next door; close by.

ря́женый [14] disguised, masked; [masker.

ря́са *f* [5] cassock.

С

с. *abbr.*: село́.

с, со: 1. (P) from; since; with; for; 2. (B) about; 3. (T) with; of; to.

са́бля *f* [6; *g/pl.*: -бель] saber (*Brt.* -bre).

сабот|а́ж *m* [1], sabotage; **~а́жник** *m* [1] saboteur; **~и́ровать** [7] (*im*)*pf.* sabotage.

са́ван *m* [1] shroud.

савра́сый [14] roan.

сад *m* [1; в -у́; *pl. e.*] garden.

сади́ть [15], ⟨по-⟩ *s.* сажа́ть; **~ся**, ⟨сесть⟩ [25; ся́ду, -дешь; сел, -а; се́вший] (на, в В) sit down; get in(to) *or* on, board; ⚓ embark, ⚒ entrain; mount (*horse*); alight (*bird*); ⚓ land; set (*sun*); settle; sink; shrink (*fabric*); set (to *work* за В); run (aground на мель).

садо́в|ник *m* [1] gardener; **~одство** *n* [9] gardening, horticulture.

са́ж|а *f* [5] soot; в **~е** sooty.

сажа́ть [1] (*iter. of* сади́ть) seat; put; plant; ⚓ embark, ⚒ entrain.

са́жень *f* [8] *Russ.* fathom (= 7*ft.*).

саквоя́ж *m* [1] travel(l)ing bag.

сала́зки *f/pl.* [5; *gen.*: -зок] sled.

сала́т *m* [1] salad; lettuce.

са́ло *n* [9] bacon; suet, tallow.

салфе́тка *f* [5; *g/pl.*: -ток] napkin.

са́льдо *n* [*ind.*] † balance.

са́льный [14; -лен, -льна] greasy; obscene.

салю́т *m* [1], **~ова́ть** [7] (*im*)*pf.* salute.

сам *m*, **~а́** *f*, **~о́** *n*, **~и** *pl.* [30] -self: я ~(á) I ... myself; мы ~и we ... ourselves; **~е́ц** *m* [1; -мца́] *zo.* male; **~ка** *f* [5; *g/pl.*: -мок] *zo.* female.

само|бы́тный [14; -тен, тна] original; **~ва́р** *m* [1] samovar; **~вла́стный** [14; -тен, -тна] autocratic; **~во́льный** [14; -лен, льна] arbitrary; **~го́н** *m* [1] home-brew; **~де́льный** [14] homemade, self-made.

самодержа́в|ие *n* [12] autocracy; **~ный** [14; -вен, -вна] autocratic.

само|де́ятельность *f* [8] amateur performance(s); **~дово́льный** [14;

-лен, -льна] self-satisfied, self-complacent; **~ду́р** *m* [1] despot; **~защи́та** *f* [5] self-defense; **~зва́нец** *m* [1; -нца] impostor, usurper; pseudo...; **~ка́т** *m* [1] scooter; **~кри́тика** *f* [5] self-criticism.

самолёт *m* [1] airplane (*Brt.* aeroplane), aircraft; пассажи́рский ~ air liner; **~-снаря́д** *m* guided missile.

само|люби́вый [14 *sh.*] ambitious; vain, conceited; **~любие** *n* [12] ambition; vanity; **~мне́ние** *n* [12] self-conceit; **~наде́янный** [14 *sh.*] self-confident, self-assertive; **~облада́ние** *n* [12] self-control; **~обма́н** *m* [12] self-deception; **~оборо́на** *f* [5] self-defense; **~обслу́живание** *n* [12] self-service; **~определе́ние** *n* [12] self-determination; **~отве́рженный** [14 *sh.*] self-denying, self-sacrificing; **~пи́шущий** [17] fountain (*pen*); **~поже́ртвование** *n* [12] self-sacrifice; **~ро́дный** [14; -ден, -дна] native, pure; original; **~сохране́ние** *n* [12] self-preservation.

самостоя́тельн|ость *f* [8] independence; **~ый** [14; -лен, -льна] independent.

само|су́д *m* [1] lynch law; **~уби́йство** *n* [9], **~уби́йца** *m/f* [5] suicide; **~уве́ренный** [14 *sh.*] self-confident; **~управле́ние** *n* [12] self-government; **~у́чка** *m/f* [5; *g/pl.*: -чек] self-taught p.; **~хвальство** F *n* [9] boasting; **~хо́дный** [14] self-propelled; **~це́ль** *f* [8] end in itself; **~чу́вствие** *n* [12] (state of) health.

са́м|ый [14] the most, ...est; the very; the (self)same; just, right; early *or* late; **~ое бо́льшее** (ма́лое) F at (the) most (least).

сан *m* [1] dignity.

санато́рий *m* [3] sanatorium.

санда́лии *f/pl.* [7] sandals.

са́ни *f/pl.* [8; *from g/pl. e.*] sled(ge).

санита́р *m* [1], **~ка** *f* [5; *g/pl.*:

-рок) nurse; *m a.* hospital attendant, orderly; ~ный [14] sanitary.
сан|кциони́ровать [7] *(im)pf.*
sanction; ~о́вник *m* [1] dignitary.
сантиме́тр *m* [1] centimeter.
сапёр *m* [1] engineer, *Brt.* sapper.
сапо́г *m* [1 *e.*; *g/pl.*: -апо́г] boot.
сапо́жник *m* [1] shoemaker.
сара́й *m* [3] shed; barn.
саранча́ *f* [5; *g/pl.*: -че́й] locust.
сарафа́н *m* [1] sarafan (*long sleeveless gown of countrywomen*).
сард|е́лька *f* [5; *g/pl.*: -лек] wiener
(thick variety); ~и́на *f* [5] sardine.
сатана́ *m* [8] Satan.
сателли́т *m* [1] satellite.
сати́н *m* [1] sateen, glazed cotton.
сати́р|а *f* [5] satire; ~ик *m* [1]
satirist; ~и́ческий [16] satirical.
сафья́н *m* [1] morocco.
са́хар *m* [1; *part. g.*: -у] sugar; ~и́-
стый [14 *sh.*] sugary; ~ница *f* [5]
sugar bowl; ~ный [14] sugar...;
~ная боле́знь *f* diabetes.
сачо́к *m* [1; -чка́] butterfly net.
Са́ш(ень|ка)а *m/f* [5] *dim. of* Алек-
са́ндр, -а.
сба́в|ить *s.* ~ля́ть; ~ка *f* [5; *g/pl.*:
-вок] reduction; ~ля́ть [28],
⟨~ить⟩ [14] reduce.
сбе|га́ть¹ [1], ⟨~жа́ть⟩ [4; -егу́,
-ежи́шь, -егу́т] run down; *pf.* run
away, escape, flee; -ся come running; ~га́ть² [1] *pf.* run (for за Т).
сбере|га́тельный [14] savings
(*bank*)...; ~га́ть [1], ⟨~чь⟩ [26 г/ж:
-регу́, -режёшь, -регу́т] save; preserve; ~же́ние *n* [12] saving, pre-
servation.
сберка́сса *f* [5] savings bank.
сби|ва́ть [1], ⟨~ть⟩ [собью, -бьёшь;
сбей!; сби́тый] knock down (*or* off);
overthrow (*a.* с ног); shoot down;
whip (*cream*), beat up (*eggs*), churn
(*butter*); mix; lead (astray с пути́)
-ся lose one's way); -ся be[come]
confus(ed) *or* puzzl(ed); *refl. a.* run o.s. off (one's legs с ног);
flock; ~вчивый [14 *sh.*] confused;
uneven; ~ть *s.* ~ва́ть(ся).
сбли|жа́ть [1], ⟨~зить⟩ [15] bring
or draw together; -ся become
friends (with с Т); ~же́ние *n* [12]
(*a. pol.*) rapprochement; approach
(-es).
сбо́ку sideways; next to it.
сбор *m* [1] collection; gathering;
harvest; levy; tax; duty; receipts
pl.; ✕ muster; *pl.* preparations; в ~е
assembled; ~ище *n* [11] concourse,
crowd; ~ка *f* [5; *g/pl.*: -рок] pleat,
tuck; ⊕ assemblage; ~ник *m* [1]
collection; symposium; ~ный [14]
✕ assembly (*point*); *sport:* select
(*team*); ~очный [14] assembling.
сбр|а́сывать [1], ⟨~о́сить⟩ [15]
throw off, drop, shed; discard; ~од
m [1] rabble, riff-raff; ~о́сить *s.*
~а́сывать; ~у́я *f* [6] harness.

сбы|ва́ть [1], ⟨~ть⟩ [сбу́ду, -дешь;
сбыл, -а́, -о] sell, market; get rid of
(*a.* с рук); fall; -ся come true; ~т *m*
[1] sale; ~ть(ся) *s.* ~ва́ть(ся).
сва́д|ебный [14], ~ьба *f* [5; *g/pl.*:
-деб] wedding.
сва́л|ивать [1], ⟨~и́ть⟩ [13; -алю́,
-а́лишь] knock down, overthrow;
fell; dump; heap up; shift (off) (to
на В); -ся fall down; ~ка *f* [5; *g/pl.*:
-лок] dump; brawl.
сва́р|ивать [1], ⟨~и́ть⟩ [13] сварю́,
сва́ришь; сва́ренный] weld; ~ка
f [5], ~очный [14] welding.
сварли́вый [14 *sh.*] quarrelsome.
сва́т *m* [1] matchmaker; ~ать [1],
⟨по-⟩ seek (-ся ask) in marriage
(for за В); ~ха *f* [5] matchmaker.
свая *f* [6; *g/pl.*: свай] pile.
све́д|ение *n* [12] information; при-
ня́ть к ~ению take notice (of В);
~ущий [17 *sh.*] expert, versed.
све́ж|есть *f* [8] freshness, ~е́ть
[8], ⟨по-⟩ freshen, become fresh;
~ий [15; свеж, -а́, -о́, све́жи́] fresh;
cool; latest; new.
свезти́ *s.* свози́ть.
свёкла *f* [5; *g/pl.*: -кол] beet.
свёкор *m* [1; -кра] (свекро́вь *f* [8])
father-(mother-)in-law (*husband's
father or mother resp.*).
сверг|а́ть [1], ⟨~нуть⟩ [21] over-
throw; dethrone (с тро́на); shake
off (*yoke*); ~же́ние *n* [12] overthrow; ~нуть *s.* ~а́ть.
сверк|а́ть [1], *once* ⟨~ну́ть⟩ [20]
sparkle, glitter; flash; мо́лния ~ет
it lightens.
сверл|е́ние *n* [12], ~и́льный [14]
drilling; ~и́ть [13], ⟨про-⟩, ~о́ *n*
[9; *pl. st.*: свёрла] drill.
свер|ну́ть(ся) *s.* свёртывать(ся) &
свора́чивать; ~стник *s.* рове́сник.
свёрт|ок *m* [1; -тка] roll; parcel;
~ывать [1], ⟨свернуть⟩ [20] roll
(up); turn; curtail; break up
(*camp*); twist; -ся coil up; curdle;
coagulate.
сверх (Р) above, beyond; over; besides; ~ того́ moreover; ~звуково́й
[14] supersonic; ~при́быль *f* [8]
surplus profit; ~у from above; ~-
уро́чный [14] overtime; ~штат-
ный [14] supernumerary; ~есте́-
ственный [14 *sh.*] supernatural.
сверчо́к *m* [1; -чка́] *zo.* cricket.
свер|я́ть [28], ⟨~ить⟩ [13] compare;
[collate.
све́сить *s.* све́шивать.
свести́(сь) *s.* своди́ть(ся).
свет *m* [1] light; world (in на П);
day(light); (high) society; Р dear,
darling; чуть ~ at dawn; ~ть [1]
dawn; ~ило *n* [9] star; (*celestial*)
body; ~и́ть(ся) [15] shine.
светл|е́ть [8], ⟨по-⟩ brighten; grow
light(er); ~о... light...; ~ый [14;
-тел, -тла́, -о] light; bright; serene;
~я́к *m* [1 *e.*], ~ячо́к [1 *e.*; -чка́]
glowworm.

свето|вой [14] light...; ∼маскиро́вка f [5; g/pl.: -вок] blackout; ∼фо́р m [1] traffic light.

све́тский [16] secular, worldly; of high society.

светя́щийся [17] luminous.

свеча́ f [5; pl.: све́чи, -е́й, -а́м] candle; ⚡ plug.

све́|шивать [1], ⟨∼сить⟩ [15] hang down; dangle; -ся hang over.

сви|ва́ть [1], ⟨∼ть⟩ [совью, -вьёшь; cf. вить] braid, plait; build (nest).

свида́ни|е n [12] appointment, meeting (at на II); до ∼я good-by(e).

свиде́тель m [4], ∼ница f [5] witness; ∼ство n [9] evidence; certificate; licence; ∼ствовать [7], ⟨за-⟩ testify; impf. (о II) show.

свина́рник m [1] pigsty.

свине́ц m [1; -нца́] lead.

свин|и́на f [5] pork; ∼ка f [5; g/pl.: -нок] mumps; морска́я ∼ка guinea pig; ∼о́й [14] pig...; pork...; ∼ство n [9] dirty or rotten act, smut; ∼цо́вый [14] lead(en).

свин|чивать [1], ⟨∼ти́ть⟩ [15 e.; -нчу́, -нти́шь; свинченный] screw together, fasten with screws.

свинья́ f [5; pl. st.; gen.: -не́й; a. -ньям] pig, hog, swine.

свире́ль f [8] pipe, reed.

свире́п|ствовать [7] rage; ∼ый [14 sh.] fierce, furious, grim.

свиса́ть [1] hang down; slouch.

свист m [1] whistle; hiss; ∼а́ть [3] & ∼е́ть [11], once ⟨∼нуть⟩ [20] whistle; pf. P pilfer; ∼о́к m [1; -тка́] whistle.

сви́т|а f [5] retinue, suite; ∼ер (-ter) m [1] sweater; ∼ок m [1; -тка] roll; ∼ь s. свива́ть. [mad.]

свихну́ть F [20] pf. sprain; -ся go)

свищ m [1 e.] fistula; crack.

свобо́д|а f [5] freedom, liberty; на ∼у ⟨set⟩ free; ∼ный [14; -ден, -дна] free (from, of от P); vacant (seat, etc.); spare (time, etc.); ready (money); easy; loose; fluent; exempt (from or P); ∼омы́слящий [17] freethinking; su. freethinker, liberal.

свод m [1] ⚒ vault; ⚖ code.

своди́ть [15], ⟨свести́⟩ [25] lead, take (down); bring (together); close (vault); reduce (то в в В); square (accounts); contract; remove; drive (mad с ума́); ∼ на нет bring to nought; -ся, ⟨-сь⟩ (к Д) come or amount (to), result (in); turn (into на В).

сво́д|ка f [5; g/pl.: -док] summary; report, communiqué; typ. revise; ∼ный [14] summary; step...; ∼чатый [14] vaulted.

свое|во́льный [14; -лен, -льна] self-willed, wil(l)ful; ∼вре́менный [14; -менен, -менна]] timely; ∼нра́вный [14; -вен, -вна] capricious; ∼обра́зный [14; -зен, -зна] original; peculiar.

свози́ть [15], ⟨свезти́⟩ [24] take.

сво|й m, ∼я́ f, ∼ё n, ∼и́ pl. [24] my, his, her, its, our, your, their (refl.); one's own; peculiar; su. pl. one's people, folks, relations; не ∼й frantic (voice in T); ∼йственный [14 sh.] peculiar (to Д); (p.'s Д) usual; ∼йство n [9] property, quality; F kind.

сво́|лочь f [8]rabble, riff-raff; rascal; ∼ра f [5] pack; ∼ра́чивать [1], ⟨сверну́ть⟩ [20] &, P, ⟨∼роти́ть⟩ [15] turn (off с P); ∼я́ченица f [5] sister-in-law (wife's sister).

свы|ка́ться [1], ⟨∼кнуться⟩ [21] get used (to с Т); ∼сока́ haughtily; ∼ше from above; (P) over; beyond.

связ|а́ть(ся) s. ∼ывать(ся); ∼и́ст m [1] signalman; ∼ка f [5; g/pl.: -зок] bunch; anat. ligament; (vocal) cord; gr. copula; ∼ный [16; -зен, -зна] coherent; ∼ывать [1], ⟨∼а́ть⟩ [3] tie (together); bind, connect, join; unite; associate; teleph. put through, connect; -ся get into touch, contact; associate (with с Т); ∼ь f [8; в -зи́] tie, bond; connection (Brt. connexion); relation; contact; liaison; ✕ signal (service, etc.); communication; postal (system).

свят|и́ть [15 e.; -ячу́, -яти́шь], ⟨о-⟩ consecrate, hallow; ∼ки f/pl. [5; gen.: -ток] Christmastide (at на II); ∼о́й [14; свят, -а́, -о] holy; sacred; godly; solemn; Easter (week su. f); su. saint; ∼ость f [8] holiness, sanctity; ∼отатство n [9] sacrilege; ∼о́ша m/f [5] hypocrite; ∼ыня f [6] relic; sanctuary.

свяще́нн|ик m [1] priest; ∼ый [14 sh.] holy; sacred.

с. г. abbr.: сего́ го́да; cf. сей.

сгиб m [1], ∼а́ть [1], ⟨согну́ть⟩ [20] bend, curve, fold; v/i. -ся.

сгла́|живать [1], ⟨∼дить⟩ [15] smooth; -ся be smoothed (out).

сгнива́ть [1] s. гнить.

сго́вор m [1] F s. угово́р; ∼и́ться [13] pf. agree; come to terms; ∼чивый [14 sh.] compliant, amenable.

сго|ня́ть [28], ⟨согна́ть⟩ [сгоню́, сго́нишь; согна́л, -а́, -о; со́гнанный] drive (off); ∼ра́ние n [12] combustion; ∼ра́ть [1], ⟨∼ре́ть⟩ [9] burn down; perish; die (of от, с P); ∼ря́ча́ in a temper.

сгр|еба́ть [1], ⟨∼ести́⟩ [24-б-: сгребу́; сгрёб, сгребла́] rake up; shovel (down); ∼ужа́ть [1], ⟨∼узи́ть⟩ [15 & 15 e.; -ужу́, -у́зишь; -у́женный & -ужённый] unload.

сгу|ща́ть s. ∼ща́ть; ∼сток m [1; -тка] clot; ∼ща́ть [1], ⟨∼сти́ть⟩ [15 e.; -ущу́, -усти́шь; -ущённый] thicken; condense; ∼ща́ть кра́ски exaggerate.

сда|ва́ть [5], ⟨∼ть⟩ [сдам, сдашь, etc. s. дать] deliver, hand in (or over); surrender; check; register; rent, let (out); deal (cards); return (*change*); pass (*examination*); yield; P seem; ~ся surrender; ~ётся ... ... for rent (*Brt.* to let); ~вливать [1], ⟨~вить⟩ [14] squeeze; ~ть(ся) *s.* ~вáть(ся); ~ча *f* [5] surrender; delivery; deal; change; check, register.

сдвиг *m* [1] shift; (land)slide; ~áть [1], ⟨сдвинуть⟩ [20] move (*v/i.* -ся); join; knit (*brow*).

сдéл|ка *f* [5; *g/pl.:* -лок] bargain, transaction, deal; arrangement, settlement; ~ьный [14] piece(-*work*).

сдéрж|анный [14 *sh.*] reserved, (self-)restrained; ~ивать [1], ⟨~áть⟩ [4] check, restrain; suppress; keep (*word, etc.*); -ся control o.s.

сдирáть [1], ⟨содрáть⟩ [сдерý, -рёшь; содрáл, -á, -о; сóдранный] tear off (*or* down), strip; flay (*a. fig.*).

сдóбн|ый [14]: ~ая бул(оч)ка *f* bun.

сдружиться *s.* подружиться.

сду|вáть [1], ⟨~ть⟩ [16], *once* ⟨~нуть⟩ [20] blow off (*or away*); ~ру F foolishly.

сеáнс *m* [1] sitting; cinema: show.

себестóимость *f* [8] prime cost.

себ|я́ [21] myself, yourself, himself, herself, itself, ourselves, yourselves, themselves (*refl.*); oneself; к ~é home; íнto one's room; on p.'s behalf; тáк ~é so-so; ~ялюбивый [14 *sh.*] selfish, self-loving.

сев *m* [1] sowing.

Севастóполь *m* [4] Sevastopol.

сéвер *m* [1] north; *cf.* востóк; ~ный [14] north(ern); northerly; arctic; ℒный Ледовитый океáн *m* Arctic Ocean; ~о-востóк *m* [1] northeast; ~о-востóчный [14] northeast...; ~о-зáпад *m* [1] northwest; ~о-зáпадный [14] northwest...

сегóдня today; ~ ýтром this morning; ~шний [15] today's; this (*day*).

седéть [8], ⟨по-⟩ turn gray (*Brt.* grey); ~инá *f* [5] gray hair; *pl. a. fig.* great age.

седл|áть [1], ⟨о-⟩, ~ó *n* [9; *pl. st.:* сёдла, сёдел, сёдлам] saddle.

седо|волóсый [14 *sh.*], ~й [14; сед, -á, -о] gray(-haired, -headed), *Brt.* grey.

седóк *m* [1 *e.*] horseman; passenger.

седьмóй [14] seventh; *cf.* пятый.

сезóн *m* [1] season; ~ный [14] seasonal.

сей *m*, сия́ *f*, сиé *n*, сий *pl.* † [29] this; сим herewith, hereby; при сём enclosed; сегó гóда (мéсяца) of this year (month); *cf.* порá.

сейчáс now, at present; presently, (*a.* ~ же) immediately, at once; just (now).

секрéт *m* [1] secret (in по Д, под Т); ~ариáт *m* [1] secretariat; ~áрь *m* [4 *e.*] secretary; ~ничать F [1] be secretive, act secretly; whisper; ~ный [14; -тен, -тна] secret; confidential.

сек|суáльный [14; -лен, -льна]

sexual; ~та *f* [5] sect; ~тор *m* [1] sector; sphere, branch.

секýнд|а *f* [5] second; ~ный [14] second...; ~омéр *m* [1] stop watch.

селёдка *f* [5; *g/pl.:* -док] herring.

селезёнка *f* [5; *g/pl.:* -нок] anat. spleen; ~ень *m* [4; -зня] drake.

селéние *n* [12] settlement, colony.

селитра *f* [5] saltpeter, niter, *Brt.* nitre; ~ся(я) [13] *s.* поселить(ся).

сел|ó *n* [9; *pl. st.:* сёла village (in в *or* на П); на ~é *a.* in the country; ни к ~ý ни к гóроду F without rhyme or reason.

сельд|ерéй *m* [3] celery; ~ь *f* [8; *from g/pl. e.*] herring.

сéль|ский [16] rural, country..., village...; ~ское хозяйство *n* agriculture; ~скохозяйственный [14] agricultural; farming; ~совéт *m* [1] village soviet.

сéльтерская *f* [16] Seltzer.

сёмга *f* [5] salmon.

семéй|ный [14] family...; married; ~ство *n* [9] family.

Семён *m* [1] Simeon.

семен|ить F [13] trip, mince; ~нóй [14] seed...; seminal.

семёрка *f* [5; *g/pl.:* -рок] seven; *cf.* двойка.

сéмеро [37] seven; *cf.* двóе.

семé|стр *m* [1] term, semester; ~чко *n* [9; *pl.:* -чки, -чек, -чкам] seed.

семи|десятый [14] seventieth; *cf.* пя(тидеся)тый; ~лéтка *f* [5; *g/pl.:* -ток] seven-year school (*or* plan); ~лéтний [15] seven-year (old), of seven.

семинáр *m* [1], ~ий *m* [3] seminar; ~ия *f* [7] seminary.

семисóтый [14] seven hundredth.

семнáдцат|ый [14] seventeenth; *cf.* пятый; ~ь [35] seventeen; *cf.* пять.

семь [35] seven; *cf.* пять & пятый; ~десят [35] seventy; ~сóт [36] seven hundred; ~ю seven times.

семья́ *f* [6; *pl.:* сéмьи, семéй, сéмьям] family; ~нин *m* [1] family man.

сéмя *n* [13; *pl.:* -менá, -мя́н, -менáм] seed (*a. fig.*).

сенáт *m* [1] senate; ~ор *m* [1] senator.

сéни *f/pl.* [8; *from gen. e.*] hall(way).

сéно *n* [9] hay; ~вáл *m* [1] hayloft; ~кóс *m* [1] haymaking; *cf.* косилка.

сен|сациóнный [14; -óнен, -óнна] sensational; ~тиментáльный [14; -лен, -льна] sentimental.

сентябрь *m* [4 *e.*] September.

сень † *f* [8; в -ни] shade; shelter.

сепарáтный [14] separate.

сéра *f* [5] sulfur; F earwax.

серб *m* [1], ℒ(ия́н)ка *f* [5; *g/pl.:* -б(ия́н)ок] Serb(ian); ℒский [16] Serbian.

серви|з *m* [1] service, set; ~ровáть [7] (*im*)*pf.* serve.

Сергéй *m* [3] Sergius, Serge.

сердéчный [14; -чен, -чна] heart('s); hearty, cordial; intimate; dear; best.

сердй|тый [14 *sh.*] angry, mad (with, at на B), wrathful; irascible, fretful; spiteful, vicious; ~ть [15], ⟨рас-⟩ annoy, vex, fret, anger; -ся be(come) angry (with на B).

сéрдц|е *n* [11; *pl. e.*: -дцá, -дéц, -дцáм] heart; temper; anger; darling, love, sweetheart (*address*); от всегó ~a whole-heartedly; пó ~у (Д) to one's liking; положá рýку нá ~e F (quite) frankly; ~ебиéние *n* [12] palpitation; ~евúна *f* [5] core, heart.

серебр|úстый [14 *sh.*] silvery; ~úть [13], ⟨по-, вы-⟩ silver; -ся glisten like silver; ~ó *n* [9] silver; ~яный [14] silver(y).

середúна *f* [5] middle; center (*Brt.* -tre); mean.

Сер|ёж([ень]к)а *m* [5] *dim. of* Сергéй; ~ётъ [8], ⟨по-⟩ turn (*impf.* show) gray (*Brt.* grey).

сержáнт *m* [1] sergeant; младший ~ corporal.

серú|йный [14] serial; multiple;'~я *f* [7] series.

сéрна *f* [5] chamois.

сéр|ный [14] sulfuric; sulfur...; ~овáтый [14 *sh.*] grayish, Brt. greyish.

серп *m* [1 *e.*] sickle; crescent.

сéрый [14; сер, -á, -о] gray, *Brt.* grey; dull (*a. fig.* = humdrum).

сéрьги *f/pl.* [5; серёг, серьгáм; *sg. e.*] earrings.

серьёз|ный [14; -зен, -зна] serious, grave; earnest (in ~о); ~о *a.* indeed, really.

сéссия *f* [7] session (in на П).

сестрá *f* [5; *pl.*: сёстры, сестёр, сёстрам] sister; nurse; нáша ~ F (such as) we.

сесть *s.* садúться.

сéт|ка *f* [5; *g/pl.*: -ток] net; *&* grid; scale; ~овать [1] complain (about на B); ~чатка *f* [5; *g/pl.*: -ток] retina; ~ь *f* [8; в сетú; *from g/pl. e.*] net; network.

сечéние *n* [12] section.

сечь[1] [26; *pt. e.*; сек, секлá] cut (up), chop, hew; cleave; -ся split; ravel; ~[2] [26: *pt. st.*; сек, секлá], ⟨вы-⟩ whip, flog.

сéялка *f* [5; *g/pl.*: -лок] seeder.

сéять [27], ⟨по-⟩ sow (*a. fig.*).

сжáлиться [13] *pf.* (над T) have *or* take pity (on), pity.

сжáт|ие *n* [12] pressure; compression; ~ый [14] compressed; compact, concise, terse; ~ь(ся) *s.* сжимáть(ся) *&* жать[1], жать[2].

сжигáть [1], ⟨сжечь⟩ *cf.* жечь.

сжимáть [1], ⟨сжать⟩ [сожмý, -мёшь; сжáтый] (com)press, squeeze; clench; -ся contract; shrink; become clenched.

сзáди (from) behind (*as prp.*: P).

сзывáть *s.* созывáть.

Сибúр|ь *f* [8] Siberia; 2ский [16], 2як *m* [1 *e.*], 2ячка *f* [5; *g/pl.*: -чек] Siberian.

сúвый [14; сив, -á, -о] (ash) gray (grey).

сигáр(éт)а *f* [5] cigar(ette).

сигнáл *m* [1], ~изúровать [7] (*im*)*pf.*, ~ьный [14] signal; alarm.

сидéлка *f* [5; *g/pl.*: -лок] nurse.

сидé|нье *n* [10] seat; ~ть [11; сидя сит (at, over за T); be, stay; fit (a p. на П); -ся: емý не сидúтся he can't sit still.

сидр *m* [1] cider.

сидячий [17] sedentary; sitting.

сúзый [14; сиз, -á, -о] (bluish) gray, *Brt.* grey; dove-colo(u)red.

сúл|а *f* [5] strength; force; power; might; vigo(u)r; intensity; efficacy; energy; volume; свои́ми ~ами by o. s.; в ~у (P) by virtue (of); не в ~ах unable; не по ~ам above one's strength; ~ нет F awfully; изо всех ~ F with all one's might; ~áч *m* [1 *e.*] athlete; ~и́ться [13] try, endeavo(u)r; ~овóй [14] power...

силóк *m* [1; -лкá] snare, noose.

сúль|ный [14; сúлен *&* силён, -льнá, -о, сúльны] strong; powerful, mighty; intense; heavy (*rain*); bad (*cold*); great; *&* power...; ~о *a.* very much; hard.

сúмвол *m* [1] symbol; ~úческий [16], ~úчный [14; -чен, -чна] symbolic(al).

симметрú|чный [14; -чен, -чна] symmetrical; ~я *f* [7] symmetry.

симпат|изúровать [7] sympathize (with Д); ~úчный [14; -чен, -чна] nice, sympathetic; он мне ~úчен I like him; ~ия *f* [7] sympathy.

симул|úровать [7] (*im*)*pf.* feign, sham; malinger; ~янт *m* [1], ~янтка *f* [5; *g/pl.*: -ток] simulator.

симфонú|ческий [16] symphonic, symphony...; ~я *f* [7] symphony.

синдикáт *m* [1] syndicate.

син|евá *f* [5] blue; ~евáтый [14 *sh.*] bluish; ~éть [8], ⟨по-⟩ turn (*impf.* show) blue; ~ий [15; синь, синя, сúне] blue; ~úльный [14] hydrocyanic, prussic (*acid*); ~úть [13], ⟨под-⟩ blue; ~úца *f* [5] titmouse.

син|óд *m* [1] synod; ~óним *m* [1] synonym; ~тáксис *m* [1] syntax; ~тез *m* [1] synthesis; ~тетúческий [16] synthetic(al); ~хронизúровать [7] (*im*)*pf.* synchronize.

синь *f* [8], ~ка *f* [5; *g/pl.*: -нек] blue.

синяк *m* [1 *e.*] livid spot, bruise.

сúплый [14; сипл, -á, -о] hoarse.

сирéна *f* [5] siren.

сирéн|евый [14], ~ь *f* [8] lilac.

сирóп *m* [1] syrup.

сиротá *m/f* [5; *pl. st.*: сирóты] orphan.

систéма *f* [5] system; ~тúческий

[16], ~тичный [14; -чен, -чна] systematic(al).

ситец m [1; -тца] chintz, cotton.

сито n [9] sieve.

Сицилия f [7] Sicily.

сия|ние n [12] radiance; light, shine; halo; ~ть [28] shine, beam; radiate.

сказ|ание n [12] legend; saga; story; ~ать s. говорить; ~ка f [5; g/pl.: -зок] fairy tale; tale, fib; ~очный [14; -чен, -чна] fabulous, fantastic; fairy (tale)...

сказуемое n [14] gr. predicate.

скак|ать [3] skip, hop, leap; gallop; race; ~овой [14] race...; racing.

скал|á f [5; pl. st.] rock, cliff, crag; ~истый [14 sh.] rocky, cliffy; ~ить [13], ⟨o-⟩ show; bare (one's teeth); F impf. grin; jeer; ~ка f [5; g/pl.: -лок] rolling pin; ~ывать [1], ⟨сколоть⟩ [17] pin together; split (off); prick.

скам|éечка f [5; g/pl.: -чек] footstool; a. dim. of ~éйка f [5; g/pl.: -éек]; ~ья́ f [6; nom/pl. a. st.] bench; ~ья подсудимых dock.

сканда́л m [1] scandal; row; F shame; ~ить [13], ⟨на-⟩ row; ~ьный [14; -лен, -льна] scandalous; F wretched.

скандинавский [10] Scandinavian.

ска́пливать(ся) [1] s. скоплять (-ся).

скар|б F [1] belongings, things pl.; ~едный F [14; -ден, -дна] stingy; ~латина f [5] scarlet fever.

скат m [1] slope, pitch.

скат|áть s. скатывать 2; ~ерть f [8; from g/pl. e.] tablecloth.

ска́т|ывать [1] 1. ⟨~ить⟩ [15] roll (or slide) down (v/i. -ся); 2. ⟨~ать⟩ [1] roll (up); P copy.

ска́ч|ка f [5; g/pl.: -чек] gallop; pl. horse race(s); ~óк s. прыжóк.

ска́шивать [1], ⟨скосить⟩ [15] mow off or down; slope; bevel.

сква́жина f [5] chink, crack; pore; ⊕ hole; замочная ~ keyhole.

сквер m [1] square, park; ~нословить [14] talk smut; ~ный [14; -рен, -рна́, -о] nasty, foul.

сквоз|и́ть [15; -и́т] shine through, appear; ~ит there is a draft, Brt. draught; ~ной [14] through...; thorough...; transparent; ~няк m [1 e.] draft, Brt. draught; ~ь (В) through.

скворе́|ц m [1; -рца́] starling; ~чница (-́jn-) f [5] nestling box.

скеле́т m [1] skeleton.

скепти́ческий [16] skeptic(al).

ски́|дка f [5; g/pl.: -док] discount, rebate; ~дывать [1], ⟨~нуть⟩ [20] throw off or down; take or put off; discount, deduct; ~петр m [1] scepter, Brt. -tre; ~пидар m [1] turpentine; ~рд m [1 e.] haystack.

скис|áть [1], ⟨~нуть⟩ [21] turn sour.

скита́|лец m [1; -льца] wanderer; ~ться [1] wander, rove.

склад m [1] warehouse, storehouse (in на П); ✕ depot; constitution, disposition, turn; breed; way (of life); F harmony; sense; ~ка f [5; g/pl.: -док] pleat, fold; crease; wrinkle; ~ной [14] fold(ing), collapsible; camp...; falt(boat); ~ный [14; -ден, -дна́, -о] harmonious; coherent; fluent, smooth; P well--made (or -built); accommodating; ~чина f [5]: в ~чину by clubbing (together); ~ывать [1], ⟨сложить⟩ [16] lay or put (together, up, down); pile up or pack (up); fold; add; compose; lay down (arms; one's life); сложа руки idle; -ся (be) form (-ed), develop; F club (together).

скле́и|вать [1], ⟨~ть⟩ [13; -éю] stick together (v/i. -ся).

склеп m [1] crypt, vault.

скло́ка f [5] squabble.

склон m [1] slope; ~éние n [12] inclination; gr. declension; ast. declination; ~я́ть(ся) s. ~я́ть(ся); ~ность f [8] inclination (fig.; to, for к Д), disposition; ~ный [14; -óнен, -онна́, -о] inclined (to к Д), disposed; ~я́ть [28] 1. ⟨~и́ть⟩ [13; ~оню́, ~óнишь; ~онённый] bend, incline (a. fig.; v/i. -ся; sink); persuade; 2. ⟨просклоня́ть⟩ gr. -ся be) decline(d).

скоб|á f [5; pl.: скóбы, скоб, скобáм] cramp (iron); ~ка f [5; g/pl.: -бок] cramp; gr., typ. bracket, parenthesis; ~ли́ть [13; -облю́, -óблишь; -óбленный] scrape; ~яно́й [14] hard(ware).

скова́ть s. скóвывать.

сковорода́ f [5; pl.: скóвороды, -рóд, -дáм] frying pan.

скó́в|ывать [1], ⟨~áть⟩ [7 e.; скую́, скуёшь] forge (together); weld; fetter, chain; bind; arrest.

сколоть s. ска́лывать.

скольз|и́ть [15 e.; -льжу́, -льзи́шь], once ⟨~нуть⟩ [20] slide, glide, slip; ~кий [16; -зок, -зка́, -о] slippery.

ско́лько [32] how (or as) much, many; ~ лет, ~ зим s. вéчность F.

сконча́ться [1] pf. die, expire.

скоп|ля́ть [28], ⟨~и́ть⟩ [14] accumulate, gather (v/i. -ся), amass; save; ~лéние n [12] accumulation; gathering, crowd.

скорб|éть [10 e.; -блю́, -би́шь] grieve (over о П); ~ный [14; -бен, -бна] mournful, sorrowful; ~ь f [8] grief, sorrow.

скорлупá f [5; pl.: -лу́пы] shell.

скорня́к m [1 e.] furrier.

скоро|гово́рка f [5; g/pl.: -рок] tongue twister; rapid speech, sputter; ~мный [14; -мен, -мна] meat, milk (food, forbidden in Lent); ~по́стижный [14; -жен, -жна] sudden; ~спéлый [14 sh.] early; precocious; ~стно́й [14] (high-)speed-...; '~сть f [8; *from* g/pl. *e.*] speed; rate; *mot.* gear; груз большо́й (ма́лой) '~сти express (ordinary) freight; ~те́чный [14; -чен, -чна] transient; ✻ galloping.

ско́р|ый [14; скор, -а́, -о] quick, fast, rapid, swift; speedy; prompt; first (*aid*); near (*future*); early (*reply*); ~о *a.* soon; ~ее всего́ F most probably; на ~ую ру́ку F in haste, offhand, anyhow.

скоси́ть *s.* ска́шивать.

скот *m* [1 *e.*] cattle, livestock; ~и́на *f* [5] F cattle; P brute; dolt, boor; ~ный [14]: ~ный двор cattle yard; ~обо́йня *f* [6; g/pl.: -о́ен] slaughterhouse; ~ово́дство *n* [9] cattle breeding; ~ский [16] brutish, bestial, swinish.

скребо́к *m* [1; -бка́] scraper.

скре́жет *m* [1], ~а́ть [3] (Т) gnash.

скре́п|а *f* [5] cramp, clamp; ~и́ть *s.* ~ля́ть; ~ка *f* [5; g/pl.: -пок] (paper) clip; ~ле́ние *n* [12] fastening; ~ля́ть [28], ⟨~и́ть⟩ [14 *e.*] -плю́, -пи́шь; -плённый] fasten; tighten; corroborate; validate; countersign; ~я́ се́рдце reluctantly.

скрести́ [24 -б-: скребу́; скрёб] scrape; scratch.

скре́щива|ть [1], ⟨скрести́ть⟩ [15 *e.*; -ещу́, -ести́шь; -ещённый] cross (*v/i.* -ся); ~ние *n* [12] crossing.

скрип *m* [1] creak; scratch; ~а́ч *m* [1 *e.*] violinist; ~е́ть [10 *e.*; -плю́, -пи́шь], ⟨про-⟩, *once* ⟨~нуть⟩ [20] creak; scratch; grit, gnash; ~ка *f* [5; g/pl.: -пок] violin.

скро́м|ность *f* [8] modesty; ~ый [14; -мен, -мна́, -о] modest; frugal.

скру́|чивать [1], ⟨~ти́ть⟩ [15] braid; roll; bind; P bend.

скры|ва́ть [1], ⟨~ть⟩ [22] hide, conceal (*from* от Р); -ся disappear; hide; ~тность *f* [8] reserve; ~тный [14; -тен, -тна] reserved, reticent; ~тый [14] concealed; latent; secret; ~ть(ся) *s.* ~ва́ть(ся).

скря́га *m/f* [5] miser.

ску́дный [14; -ден, -дна́, -о] scanty, poor.

ску́ка *f* [5] boredom, ennui.

скула́ *f* [5; *pl. st.*] cheekbone; ~стый [14 *sh.*] with high cheek-\
скули́ть [13] whimper. [bones.⌡

скульпту́ра *f* [7] sculpture.

ску́мбрия *f* [7] mackerel.

скуп|а́ть [1], ⟨~и́ть⟩ [14] buy up.

скуп|и́ться [14], ⟨по-⟩ be stingy (*or* sparing) stint (in, of на В); ~о́й [14; скуп, -а́, -о] avaricious, stingy; sparing (in на В); scanty, poor; taciturn (на слова́); *su.* miser; ~ость *f* [8] avarice.

скуч|а́ть [1] be bored; (по П *or* Д) long (for), miss; ~ный [14; -чен, -чна́, -о] boring, tedious, dull; sad; (Д) ~но feel bored.

сла́б|е́ть [8], ⟨о-⟩ weaken, slacken; ~и́тельный [14] laxative (*n a. su.*); ~ово́льный [14; -лен, -льна] weak-willed (*or* -minded); ~оси́льный [14; -лен, -льна] *s.* ~ый; ~ость *f* [8] weakness (*a. fig.* = foible; for к Д); infirmity; ~оу́мный [14; -мен, -мна] feeble-minded; ~охара́ктерный [14; -рен, -рна] flabby; ~ый [14; слаб, -а́, -о] weak (*a. ✻*), feeble; faint; infirm; delicate; flabby; poor.

сла́в|а *f* [5] glory; fame, renown; reputation, repute; (Д) hail; long live; ~а бо́гу! thank goodness!; на ~у F first-rate, A-one; ~ить [14], ⟨про-⟩ glorify; praise, extol; -ся be famous (for Т) ~ный [14; -вен, -вна́, -о] famous; glorious; F nice; capital, dandy.

славян|и́н *m* [1; *pl.*: -я́не, -я́н], ~ка *f* [5; g/pl.: -нок] Slav; ~ский [16] Slavic, *Brt.* Slavonic.

слага́ть [1], ⟨сложи́ть⟩ [16] compose; lay down; resign (*from*); exonerate; relieve o.s. (of); *cf.* скла́дывать(ся); -ся *a.* be composed.

сла́д|кий [16; -док, -дка́, -о; *comp.*: сла́ще] sweet; sugary; ~ое *su.* dessert (*for* на В); ~остный [14; -тен, -тна] sweet, delightful; ~остра́стие *n* [12] voluptuousness; ~остра́стный [14; -тен, -тна] voluptuous; ~ость *f* [8] sweetness; delight; *cf.* сла́сти.

сла́женный [14 *sh.*] harmonious.

сла́нец *m* [1; -нца] slate.

сла́сти *f/pl.* [8; *from gen. e.*] candy *sg.*, *Brt. a.* sweets.

слать [шлю, шлёшь], ⟨по-⟩ send.

слаща́вый [14 *sh.*] sugary.

сле́ва on, to (*or* from) the left.

слегка́ (-хк-) slightly; in passing.

след *m* [1; g/sg. *e.* & -ду; на -ду́; *pl. e.*] trace (*a. fig.*), track; footprint, footstep; print; scent; ~ом (right) behind; его́ и ~ просты́л F he was off and away; ~и́ть [15 *e.*; -ежу́, -еди́шь] (за Т, † В) watch, follow; look after; shadow; trace.

сле́доват|ель *m* [4] examining magistrate; ~ельно consequently, therefore; so; ~ь [7] (за Т; Д) follow; ensue (from из Р); go, move; (Д) *impers.* should, ought to; be to be; как сле́дует properly, duly; F downright, thoroughly; as it should be; кому́ *or* куда́ сле́дует to the proper p. *or* quarter; ско́лько с меня́ сле́дует? how much do I have to pay?

сле́дствие *n* [12] consequence; inquest, trial.

сле́дующий [17] following, next.

слёжка *f* [5; g/pl.: -жек] shadowing.

слез|а́ *f* [5; *pl.*: слёзы, слёз, слеза́м] tear; ~а́ть [1], ⟨~ть⟩ [24 *st.*] climb *or* get down; dismount, alight;

get out; F come off; **~и́ться** [15; -и́тся] water; **~ли́вый** [14 h.] tearful, lachrymose; **~оточи́вый** [14] tear (gas); watering; **~ть** s. **~а́ть**.

слеп|**ёнь** m [4; -пня́] gadfly; **~е́ц** m [1; -пца́] blind man; **~и́ть** 1. [14 e.; -илю́, -пи́шь], ⟨о-⟩ [ослеплённый] blind; dazzle; 2. [14] pf.; impf.: **~ля́ть** [28] stick together (v/i. -ся); s. a. лепи́ть; **~ну́ть** [21], ⟨о-⟩ grow (or become) blind; **~о́й** [14; слеп, -а́, -о] blind (in, Brt. of one eye на В); dull (glass); indistinct; su. blind man; **~ок** m [1; -пка] mould, cast; **~ота́** f [5] blindness.

слеса́р|**ь** m [4; pl.: -ря́, etc. e., & -ри] locksmith; fitter, mechanic.

слёт m [1] flight; rally, meeting (at на П).

слет|**а́ть** [1], ⟨**~е́ть**⟩ [11] fly (down, off); F fall (down, off); **-ся** fly together; F gather.

слечь F [26 г/ж: сля́гу, сля́жешь; сляг(те)] pf. fall ill.

сли́ва f [5] plum.

сли|**ва́ть** [1], ⟨**~ть**⟩ [солью́, -льёшь; cf. лить] pour (off, out, together); fuse, merge, amalgamate (v/i. -ся).

сли́в|**ки** f/pl. [5; gen.: -вок] cream (a. fig. = elite); **~очный** [14] creamy; (ice) cream.

сли́з|**истый** [14 sh.] mucous; slimy; **~ь** f [8] slime; mucus; phlegm.

слипа́ться [1] stick together; close.

сли́т|**ный** [14] conjoint; continuous; **~но** a. together; in one word; **~ок** m [1; -тка] ingot; **~ь(ся)** s. слива́ть(ся).

слич|**а́ть** [1], ⟨**~и́ть**⟩ [16 e.; -чу́, -чи́шь; -чённый] compare; collate.

сли́шком too, too much; **э́то** (уж) **~** F that beats everything.

слия́ние n [12] confluence; fusion; amalgamation; blending.

слова́к m [1] Slovak.

слова́р|**ный** [14]: **~ный соста́в** m stock of words; **~ь** m [4 e.] dictionary; vocabulary, glossary; lexicon.

слов|**а́цкий** [16], **~а́чка** f [5; g/pl.: -чек] Slovak; **~е́нец** m [1; -нца], **~е́нка** f [5; g/pl.: -нок], **~е́нский** [16] Slovene.

словес|**ность** f [8] literature; (folk-) lore; philology; **~ный** [14] verbal, oral; literary; philologic(al).

сло́вно as if; like; F as it were.

сло́во n [9; pl. e.] word (in a Т; ... for ... И/в В); term; speech; к слову сказа́ть by the way; на слова́х by word of mouth, orally; по слова́м according to; проси́ть (предоста́вить Д) **~** ask (give p.) permission to speak; **~измене́ние** n [12] inflection (Brt. -xion); **~охо́тливый** [14 sh.] talkative.

слог m [1; from g/pl. e.] syllable; style.

слоёный [14] puff (paste).

слож|**е́ние** n [12] addition; composition; constitution, build; laying

down; resignation; **~и́ть(ся)** s. скла́дывать(ся), слага́ть(ся) & класть 2.; **~ность** f [8] complexity, complicacy, complication; **~ный** [14; -жен, -жна́, -о] complicated, complex, intricate; compound.

сло|**и́стый** [14 sh.] stratiform; flaky; **~й** m [3; pl. e.: слои́, слоёв] layer, stratum (in Т pl.); coat(ing).

слом m [1] demolition, destruction; **~а́ть** [14] pf. break, overcome; overpower; **~я́ го́лову** F headlong.

слон m [1 e.] elephant; bishop (chess); **~о́вый** [14]: **~о́вая кость** f ivory.

слоня́ться f [28] linger, loaf.

слу|**га́** m [5; pl. st.] servant; **~жа́щий** m [17] employee; **~жба** f [5] (на П) service (in); employment, job; office, work (at); duty (on); **~же́бный** [14] office...; official; secondary, subordinate, subservient; gr. relational; **~же́ние** n [12] service; **~жи́ть** [16], ⟨по-⟩ serve (a p./th. Д); work (as Т); be.

слух m [1] hearing; ear (by на В; по Д); rumo(u)r, hearsay; news, sign; **~ово́й** [14] of hearing; acoustic(al); ear...; **~ово́е окно́** dormer (window).

слу́ча|**й** m [3] case; occurrence, event; occasion (on по Д; при П), opportunity, chance, **~** несчастный **~й**) accident; на вся́кий (пожа́рный F) **~й** to be on the safe side; по **~ю** second hand; (P) on account of; **~йность** f [8] chance, fortuity; **~йный** [14; -аен, -айна] accidental, casual, chance (by **~йно**); **~ться** [1], ⟨**~чи́ться**⟩ [16 e.; 3rd p. or impers.] happen (to с Т); come; take place; F be.

слу́ша|**тель** m [4] listener, hearer; student; pl. audience; **~ть** [1], ⟨по-⟩ listen (to В), hear; attend; **№** auscultate; **~й!** a., **№**, attention!; **~ю!** teleph.: hullo!; **~ю(сь)!** yes (, sir); **-ся** obey (p. Р); take (advice).

слыть [23], ⟨про-⟩ (Т, за В) pass for, have the reputation of.

слыха́ть, ⟨у-⟩ s. слы́шать.

слы́|**шать** [4] (F **~ха́ть** [no pr.]), ⟨у-⟩ hear (of, about о П); F feel; notice; **~шаться** [4] be heard; **~шимость** f [8] audibility; **~шно** it can be heard (of о П); it is said; (мне) **~шно** one (I) can hear; что **~шно**? what is the news?; **~шный** [14; -шен, -шна́, -о] audible.

слюда́ f [5] mica.

слюн|**а́** f [5], **~и** F pl. [8; from gen. e.] saliva, spittle; **~ки** F f/pl.: **~ки** теку́т mouth waters; **~я́вый** F [14 sh.] slobbery.

сля́коть f [8] slush.

см. abbr.: смотри́ see, v(ide).

с. м. abbr.: сего́ ме́сяца; cf. сей.

сма́з|**ать** s. **~ывать**; **~ка** f [5 g/pl.: -зок] greasing, oiling, lubrication; **~очный** [14] lubricant; **~ывать**

[1], ⟨~áть⟩ [3] grease, oil, lubricate;
F blur.

сма|нивать [1], ⟨~нить⟩ [13; сма-
ню́, -áнишь; -áненный & -анён-
ный] lure away, entice; ~тывать,
⟨смотáть⟩ [1] reel on or off; ~хи-
вать [1], ⟨~хнýть⟩ [20] brush off
(or aside); impf. F have a likeness
(with на В); ~чивать [1], ⟨смо-
чить⟩ [16] moisten.   [jacent.⟩

смéжный [14; -жен, -жна] ad-⟩
смéл|ость f [8] boldness; courage;
~ый [14; смел, -á, -о] courageous,
bold; ~о á. F easily; offhand.

смéн|а f [5] shift (in в В); ✕ relief;
change; supersession; successors
pl.; прийти на ~у s. ~иться; ~ить
[28], ⟨~ить⟩ [13; -ены́, -ёнишь;
-енённый] (-ся be) superseded(d; о
a.), ✕ relieve(d), replace(d; by Т),
substitute(d; for); change.

смерк|áться [1], ⟨~нуться⟩ [20]
grow dusky or dark.

смерт|éльный [14; -лен, -льна]
mortal, fatal, (a. adv.) deadly;
~ность f [8] mortality, death rate;
~ный [14; -тен, -тна] mortal (a.
su.), deadly, fatal; (a. ᵍᵗᶻ) death ...;
ᵍᵗᶻ capital; ~ь f [8; from g/pl. e.]
death; F (a. ~ь как, до ~и, нá ~ь)
deadly, utterly; при ~и at death's
door.

смерч m [1] waterspout; tornado.
смести́ s. сметáть; ~ть s. смещáть.
смéс|ь f [8] mixture; blend; alloy;
miscellanies pl.; ~тá f [5] estimate.
сметáна f [5] sour cream.

сме|тáть [1], ⟨~сти́⟩ [25 -т-] sweep
away; sweep together; wipe off.

смéтливый [14 sh.] sharp(-witted).
сметь [8], ⟨по-⟩ dare, venture; beg.
смех m [1] laughter (with сó ~y);
joke, fun (for ради Р, в or на В);
cf. шýтка.

смéш|анный [14] mixed; ~áть(ся)
s. ~ивать(ся); ~éние n [12] mixture;
confusion; ~ивать, ⟨~áть⟩ [1] mix
(up), mingle, blend (v/i. -ся; get or
be[come]) confuse(d).

смеш|áть [16 е.; -шý, -ши́шь],
⟨рас-⟩ [-шённый] make laugh; ~-
нóй [14; -шóн, -шнá] laughable,
ludicrous, ridiculous; funny; (Д)
~нó amuse (р.).

сме|щáть [1], ⟨~сти́ть⟩ [15 е.; -ещý,
-ести́шь; -ещённый] displace,
shift, dislocate; ~щéние n [12] dis-
placement.

смеяться [27 е.; -еюсь, -еёшься],
⟨за-⟩ laugh (at impf. над Т); mock
(at); deride; F joke.

смир|éние n [12], ~énность f [8]
humility; meekness; ~énный [14
sh.] humble; meek; ~я́ть(ся) s.
~ить(ся); ~ный [14; -рен (F -рён),
-рнá, -о] quiet, still; meek, gentle;
~но! ✕ (at) attention!; ~я́ть [28],
⟨~ить⟩ [13] subdue; restrain, check;
-ся humble o.s.

смóкинг m [1] tuxedo, dinner
jacket.

смол|á f [5; pl. st.] resin; pitch;
tar; ~и́стый [14 sh.] resinous; ~и́ть
[13], ⟨вы́-, за-⟩ pitch, tar; ~кáть
[1], ⟨~кнуть⟩ [21] grow silent; cease;
~оду F from one's youth; ~янóй
[14 pitch..., tar...]

сморкáться [1], ⟨вы́-⟩ blow one's
nose.

сморóдина f [5] currant(s pl.).

смотáть s. смáтывать.

смотр m [1; ✕ на -ý & pl. е.] review;
parade, show; inspection; ~éть
[9; -отрю́, -óтришь; -óтренный],
⟨по-⟩ look (at на В; after за Т),
gaze; (re)view, see, watch; examine,
inspect; mind (v/t. на В); look out;
~й it depends (on по Д), according
(to); ~éть в óба be all eyes; ~и́тель
m [4] inspector; (post)master.

смочить s. смáчивать.

смрад m [1] stench; ~ный [14;
-ден, -дна] stinking.

смýглый [14; смугл, -á, -о] swarthy.

смут|и́ть(ся) s. смущáть(ся); ~-
ный [14; -тен, -тнá, -о] vague,
dim; restless, uneasy; of unrest.

смущ|áть [1], ⟨смути́ть⟩ [15 е.;
-ущý, -ути́шь; -ущённый] (-ся
be[come]) embarrass(ed), con-
fuse(d), perplex(ed); ~éние n [12]
embarrassment, confusion; ~ённый
[14] embarrassed.

смы|вáть [1], ⟨~ть⟩ (22) wash off
(or away); ~кáть [1], ⟨сомкнýть⟩
[20] close (v/i. -ся); ~сл m [1]
sense, meaning; respect; F use; ~-
слить F [13] understand; ~ть s.
~вáть; ~чкóвый [14] ♪ stringed;
~чóк m [1; -чкá] ♪ bow; ~шлёный
F [14 sh.] clever, bright.

смягч|áть (-хт/-) [1], ⟨~и́ть⟩ [16 е.;
-чý, -чи́шь; -чённый] soften (v/i.
-ся) mitigate, alleviate; extenuate;
phon. palatalize; -ся a. relent; ~-
ю́щий ᵍᵗᶻ extenuating; ~éние n [12]
mitigation; extenuation; palata-
lization; ~и́ть(ся) s. ~áть(ся).

смятéние n [12] confusion.

снаб|жáть [1], ⟨~ди́ть⟩ [15 е.; -бжý,
-бди́шь; -бжённый] supply, furnish, provide (with Т); ~жéние n
[12] supply, provision; purchasing
(dept.).

снáйпер m [1] sharpshooter.

снарýжи from (the) outside.

снаря́|д shell; missile, projectile;
apparatus; tool, equipment; tackle;
~жáть [1], ⟨~ди́ть⟩ [15 е.; -яжý,
-яди́шь; -яжённый] equip, fit out
(with Т); ~жéние n [12] equipment; munitions pl.

снасть f [8; from g/pl. е.] tackle;
rigging.

сначáла at first; first; over again.

снег m [1; в -ý; pl. е.: -á] snow; ~
идёт it is snowing; ~и́рь m [4 е.]
bullfinch; ~опáд m [1] snowfall.

снеж|и́нка f [5; g/pl.: -нок] snow-flake; ~ный [14; -жен, -жна] snow(y); ~о́к m [1; -жка́] dim. of снег; snowball.

снести́(сь) s. сноси́ть(ся).

сни|жа́ть [1], ⟨~зить⟩ [15] lower; reduce, decrease; (-ся v/i.; a. fall; ✕ land); ~же́ние n [12] lowering; reduction, decrease; fall; landing; ~зойти́ s. ~сходи́ть; ~зу from below.

сним|а́ть [1], ⟨снять⟩ [сниму́, сни́мешь; снял, -á, -о; сня́тый (снят, -á, -о)] take (off, away or down); remove, discard, dismiss; withdraw; cut (off); rent; (take a) photograph (of); reap, gather cancel, strike (off); deprive (of); release (from с Р); raise (siege); strike (camp); make (copy, etc.); ~áть сли́вки skim; -ся take off; weigh (anchor с Р); have a picture of o.s. taken; be struck off (a list); ~ок m [1; -мка] photograph, picture (in на П).

сни́ск|ивать [1], ⟨~áть⟩ [3] get, win.

снисхо|ди́тельный [14; -лен, -льна] indulgent; condescending; ~ди́ть [15], ⟨снизойти́⟩ [-ойду́, -ойдёшь; cf. идти́] condescend; ~жде́ние n [12] indulgence, leniency; condescension.

сни́ться [13], ⟨при-⟩ impers.: (Д) dream (of И).

сно́ва (over) again, anew.

сно|ва́ть [7 e.] scurry, whisk; ~виде́ние n [12] vision, dream.

сноп m [1 e.] sheaf.

сноро́вка f [5] knack, skill.

снос|и́ть [15], ⟨снести́⟩ [24 -с-: снесу́; снёс] carry (down, away or off, together), take; pull down, demolish; endure, bear, tolerate; cf. a. нести́; -ся communicate (with с Т); get in touch, contact; ~ка f [5; g/pl.: -сок] footnote; ~ный [14; -сен, -сна] tolerable.

сноха́ f [5; pl. st.] daughter-in-law.

сноше́ние n [12] (usu. pl.) intercourse; relations.

снят|ие n [12] taking down; raising; removal; dismissal; ~о́й [14] skim (milk); ~ь(ся) s. снима́ть(ся).

соба́|ка f [5] dog; hound; ~чий [18] dog('s).

собесе́дник m [1] interlocutor.

собира́т|ель m [4] collector; ~ельный [14] gr. collective; ~ь [1], ⟨собра́ть⟩ [-беру́, -рёшь; -а́л, -á, -о; со́бранный (-ан, -á, -о)] gather, collect; ⊕ assemble; prepare; -ся gather, assemble; prepare, make o.s. or ready to start (or set out or go; on a journey в путь); be going, intend, collect (one's thoughts с Т); brace up (с си́лами).

собла́зн m [1] temptation; ~и́тель m [4] seducer, temper; ~и́тельный [14; -лен, -льна] tempting, seduc-

tive; ~и́ть [28], ⟨~и́ть⟩ [13] (-ся be) tempt(ed); seduce(d).

соблю|да́ть [1], ⟨~сти́⟩ [25] observe, obey, adhere (to); maintain (order); ~де́ние n [12] observance; maintenance; ~сти́ s. ~да́ть.

соболе́знова|ние n [12] condolence; ~ть [7] condole (with Д).

собо́|ль m [4; pl. a. -ля́, etc. e.] sable; ~р m [1] cathedral; council; diet; ~ровать(ся) [7] administer (receive) extreme unction.

собра́|ние n [12] meeting (at, in на П), assembly; collection; ~ть(ся) s. собира́ть(ся).

со́бственн|ик m [1] owner, proprietor; ~ость f [8] property; ~ый [14] own; proper; personal; dead (weight).

собы́тие n [12] event, occurrence.

сова́ f [5; pl. st.] owl.

сова́ть [7 e.; сую́, суёшь], ⟨су́нуть⟩ [20] put; F slip, give; poke (one's nose -ся; a. butt in).

соверш|а́ть [1], ⟨~и́ть⟩ [16 e.; -шу́, -ши́шь; -шённый] accomplish; commit; make (a. trip); strike (bargain), effect; celebrate, do; -ся happen, take place; be effected, etc.; ~енноле́тие n [12] majority, full age; ~еннолетний [15] (стать Т come) of age; ~енный [14; -шен, -енна] perfect(ive gr.); absolute, complete; adv. a. quite; ~е́нство n [9] perfection; в ~е́нстве a. perfectly; ~е́нствовать [7], ⟨у-⟩ perfect (о.s. -ся), improve, polish up; ~и́ть(ся) s. соверша́ть(ся).

со́вест|ливый [14 sh.] conscientious; ~но (р. Д) ashamed; ~ь f [8] conscience; по ~и honestly.

сове́т m [1] advice, counsel; council; board; USSR a. soviet; Верхо́вный ⚒ Supreme Soviet; ~ник m [1] council(l)or; ~овать [7], ⟨по-⟩ advise (р. Д); -ся consult, deliberate (on о П); ~ский [16] Soviet; ~чик m [1] adviser.

совеща́|ние n [12] conference (at на П), meeting (a. in); deliberation, consultation (for на В); ~тельный [14] advisory, consultative; ~ться [1] confer, consult, deliberate.

совлада́ть F [1] pf. (с Т) master.

совме|сти́мый [14 sh.] compatible; ~сти́ть s. ~ща́ть; ~стный [14] joint, combined; co(education); ~стно together, conjointly; ~ща́ть [1], ⟨~сти́ть⟩ [15 e.; -ещу́, ести́шь; -ещённый] combine; unite; recon-

сово́к m [1; -вка́] scoop. (cile.)

совоку́пн|ость f [8] total(ity), aggregate, whole; ~ый [14] joint.

совпа|да́ть [1], ⟨~сти́⟩ [25; pt. st.] coincide; agree; ⋏ be congruent; ~де́ние n [12] coincidence, etc. s. vb.

совреме́нн|ик m [1] contemporary; ~ый [14; -éнен, -éнна] modern; present-day, up-to-date; s. a. ~ик.

совсе́м quite, entirely; at all.

совхо́з m [1] (сове́тское хозя́йство) state farm; cf. колхо́з.

согла́|сие n [12] consent (to на В; with с Р); agreement (by по Д); harmony, concord; accordance; **~си́ться** s. **~ша́ться**; **~сно** (Д) according to, in accordance with; **~сный** [14; -сен, -сна] agreeable, accordant; harmonious; **я ~сен** (f **~сна**) I agree (with с Т; to на В); (a. su.) consonant; **~сова́ние** n [12] coördination; gr. agreement, concord; **~сова́ть** s. **~со́вывать**; **~сова́ться** [7] (im)pf. (с Т) conform (to); agree (with); **~со́вывать** [1], ⟨**~сова́ть**⟩ [7] coördinate; adjust; (a. gr.) make agree; **~ша́тельский** [16] conciliatory; **~ша́ться** [1], ⟨**~си́ться**⟩ [15 e.; -ашу́сь, -аси́шься] agree (with с Т; to на В), consent (to), assent; F admit; **~ше́ние** n [12] agreement, understanding.

согна́ть s. сгоня́ть. [consent.]

согну́ть(ся) s. сгиба́ть(ся).

согре|ва́ть [1], ⟨**~ть**⟩ [8] warm, heat.

соде́йств|ие n [12] assistance, help; **~овать** [7] (im)pf., a. ⟨по-⟩ (Д) assist, help, coöperate; contribute (to), further, promote.

содерж|а́ние n [12] content(s); maintenance, support, upkeep; cost (at на П); salary; **~а́тель** m [4] holder, owner; **~а́тельный** [14; -лен, -льна] pithy, substantial; **~а́ть** [4] contain, hold; maintain, support; keep; **-ся** be contained, etc.; **~и́мое** n [14] contents pl.

содра́ть(ся) s. сдира́ть.

содрог|а́ние n [12], **~а́ться** [1], once ⟨**~ну́ться**⟩ [20] shudder.

содру́жество n [9] community.

соедин|е́ние n [12] union, junction, (at a. на П), connection; combination; ↗ compound; ⚔ formation; **~и́тельный** [14] connective; gr. a. copulative; **~я́ть** [28], ⟨**~и́ть**⟩ [13] unite, join; (a. teleph.) connect; (a. ↗) combine; (v/i. **-ся**); cf. США.

сожал|е́ние n [12] regret (for o П); pity (on к Д); к **~е́нию** unfortunately, to (p.'s) regret; **~е́ть** [8] (o П) regret.

сожже́ние n [12] burning.

сожи́тельство n [9] cohabitation.

созв|а́ть s. созыва́ть; **~е́здие** n [12] constellation; **~о́ниться** F [13] pf. (с Т) phone; **~у́чный** [14; -чен, -чна] conformable, accordant; concordant.

созда|ва́ть [5], ⟨**~ть**⟩ [-да́м, -да́шь etc., cf. дать; со́здал, -á, -о; со́зданный (-ан, -á, -о)] create; produce; build up; prepare; **-ся** arise, form; **~ние** n [12] creation; creature; **~тель** m [4] creator; founder; **~ть** (-ся) s. **~ва́ть(ся)**.

созерца́т|ельный [14; -лен, -льна] contemplative; **~ь** [1] contemplate.

созида́тельный [14; -лен, -льна] creative.

созна|ва́ть [5], ⟨**~ть**⟩ [1] realize (Brt. realise), see; **-ся** (в П) confess, avow, own; **~ние** n [12] consciousness; realization, perception, awareness; confession (of в П); **без ~ния** unconscious; **~тельный** [14; -лен, -льна] conscious; class conscious; conscientious; **~ть(ся)** s. **~ва́ть(ся)**.

созы́в m [1] convocation; **~а́ть** [1], ⟨созва́ть⟩ [созову́, -вёшь; -зва́л, -á, -о; со́званный] call, invite; convoke, convene, summon.

соизмери́мый [14 sh.] commensurable.

сойти́(сь) s. сходи́ть(ся).

сок m [1; в -ý] juice; sap.

со́кол m [1] falcon.

сокра|ща́ть [1], ⟨**~ти́ть**⟩ [15 e.; -ащу́, -ати́шь; -ащённый] shorten; abbreviate; abridge; reduce, curtail; p. pt. p. a. short, brief; **-ся** decrease, shorten; contract; **~ще́ние** n [12] abbreviation; reduction, curtailment; abridg(e)ment; contraction.

сокров|е́нный [14 sh.] secret; **~ище** n [11] treasure; F darling; **~ищница** f [5] treasury, thesaurus.

сокруш|а́ть [1], ⟨**~и́ть**⟩ [16 e.; -шу́, -ши́шь; -шённый] smash; break; distress, afflict; **-ся** impf. grieve, be distressed; **~е́ние** n [12] destruction; distress, contrition; **~и́тельный** [14; -лен, -льна] shattering; **~и́ть** s. **~а́ть**.

солда́т m [1; g/pl.: солда́т] soldier; **~ский** [16] soldier's.

сол|е́ние n [12] salting; **~ёный** [14; со́лон, -а, -о] salt(y); saline; pickled; corned; fig. spicy.

солида́рн|ость f [8] solidarity; **~ый** [14; -рен, -рна] solidary; in sympathy with.

соли́дн|ость f [8] solidity; **~ый** [14; -ден, -дна] solid, firm, sound; respectable.

соли́ст m [1], **~ка** f [5; g/pl.: -ток] soloist.

солитёр m [1] tapeworm.

соли́ть [13; солю́, со́лишь; со́ленный] 1. ⟨по-⟩ salt; 2. ⟨за-⟩ pickle.

со́лн|ечный [14; -чен, -чна] sun (-ny); solar; **~це** ('sɔn-) n [11] sun (lie in на П).

со́лод m [1], **~овый** [14] malt.

солове́й m [3; -вья́] nightingale.

соло́м|а f [5] straw; thatch; **~енный** [14] straw...; thatched; grass (widow[er]); **~инка** f [5; g/pl.: -нок] straw.

солони́на f [5] corned beef.

соло́нка f [5; g/pl.: -нок] saltcellar.

сол|ь f [8; from g/pl. e.] salt (a. fig.); F point; **~яно́й** [14] salt...; hydrochloric (acid).

сом m [1 e.] catfish, sheatfish.

сомкну́ть(ся) s. смыка́ть(ся).

сомн|ева́ться [1], ⟨усомни́ться⟩ [13] (в П) doubt; (about в П) question (in под Т); ⟨е́ние n [12] doubt (about в П); question (in под Т); ⟨и́тельный [14; -лен, -льна] doubtful; dubious.

сон m [1; сна] sleep; dream (in во П); ⟨ли́вый [14 sh.] sleepy; ⟨ный [14] sleeping (a. ⚙); sleepy, drowsy; soporific; ⟨я f m/f [6; g/pl.: -ней] sleepyhead; ²⟨я f [6] dim. of Со́фья.

сообра|жа́ть [1], ⟨~зи́ть⟩ [15 e.; -ажу́, -ази́шь; -ажённый] consider, weigh, think (over); grasp, understand; ⟨же́ние n [12] consideration; reason; grasp, understanding; ⟨зи́тельный [14; -лен, -льна] sharp, quick-witted; ⟨зи́ть s. ⟨жа́ть; ⟨зный [14; -зен, -зна] conformable (to с Т); adv. a. according (to); ⟨зова́ть [7] (im)pf. (make) conform, adapt (to с Т), coördinate (with); -ся conform (to с Т).

сообща́ together, conjointly.

сообщ|а́ть [1], ⟨~и́ть⟩ [16 e.; -щу́, -щи́шь; -щённый] communicate (v/i. -ся impf.), report; inform (p. of Д/о П); impart; ⟨е́ние n [12] communication; report, statement, announcement, information; ⟨ество n [9] community; company; ⟨ить s. ⟨а́ть; ⟨ник m [1], ⟨ница f [5] accomplice.

сооруж|а́ть [1], ⟨~ди́ть⟩ [15 e.; -ужу́, -уди́шь; -ужённый] build, construct, erect, raise; ⟨же́ние n [12] construction, building, structure.

соотве́тств|енный [14 sh.] corresponding; adv. a. according(ly) (to Д), in accordance (with); ⟨ие n [12] conformity, accordance; ⟨овать [7] (Д) correspond, conform (to), agree, comply (with); ⟨ующий [17] corresponding, respective; suitable.

соотечественни|к m [1], ⟨ца f [5] compatriot, fellow country(wo)man.

соотноше́ние n [12] correlation.

сопе́рни|к m [1] rival; ⟨чать [1] compete, rival, vie; be a match (for с Т); ⟨чество n [9] rivalry.

соп|е́ть [10 e.; сопплю́, сопи́шь] wheeze; ⟨ли P pl. [5; gen.: -ле́й, etc. e.] snot; ⟨ля́к P m [1 e.] snot nose.

сопоставл|е́ние n [12] comparison; ⟨ля́ть [28], ⟨~вить⟩ [14] compare.

сопри|каса́ться [1], ⟨~косну́ться⟩ [20] (с Т) adjoin; (get in) touch (with); ⟨коснове́ние n [12] contact, touch.

сопрово|ди́тельный [14] covering (letter); ⟨жда́ть [1] 1. accompany; escort; 2. ⟨~ди́ть⟩ [15 e.; -ожу́, -оди́шь; -ождённый] provide (with Т); -ся impf. be accompanied (by Т); entail; ⟨жде́ние n [12] accompaniment; в ⟨жде́нии (Р) accompanied (by).

сопротивл|е́ние n [12] resistance; ⟨я́ться [28] (Д) resist, oppose.

сопряжённый [14; -жён, -жена́] connected.

сопу́тствовать [7] (Д) accompany.

cop m [1] rubbish, litter.

соразме́рно in proportion (to Д).

сора́тник m [1] brother-in-arms.

сорв|ане́ц F m [1; -нца́] madcap (fellow); ⟨а́ть(ся) s. срыва́ть(ся); ⟨иголова́ F m/f [5; ac/sg.: сорви́голову́; pl. s. голова́] daredevil.

соревнова́|ние n [12] competition; contest; emulation; ⟨ться [7] (с Т) compete (with); emulate.

cop|и́ть [13], ⟨на-⟩ litter; make dirty; ⟨ный [14]: ⟨ная трава́ f = ⟨я́к m [1 e.] weed.

со́рок [35] forty; ⟨а f [5] magpie.

сороко|во́й [14] fortieth; cf. пят(и-десят)ый; ⟨но́жка f [5; g/pl.: -жек] centipede.

соро́чка f [5; g/pl.: -чек] (under-) shirt.

сорт m [1; pl.: -та́, etc. e.] sort; quality; ⟨иро́вать [7], ⟨рас-⟩ (as-) sort; ⟨иро́вка f [5] (as)sorting; ⟨иро́вочный [14] 🚂 switching.

соса́ть [-су́, -сёшь; со́санный] suck.

сосе́д m [sg. 1; pl.: 4], ⟨ка f [5; g/pl.: -док] neighbo(u)r; ⟨ний [15] neighbo(u)ring, adjoining; ⟨ский [16] neighbo(u)r's; ⟨ство n [9] neighbo(u)rhood.

соси́ска f [5; g/pl.: -сок] sausage.

со́ска f [5; g/pl.: -сок] (baby's) dummy.

соск|а́кнвать [1], ⟨~очи́ть⟩ [16] jump or spring (off, down); ⟨а́льзывать [1], ⟨~ользну́ть⟩ [20] slide (down, off); slip (off); ⟨учи́ться [16] pf. become bored; s. скуча́ть.

сосл|ага́тельный [14] gr. subjunctive; ⟨а́ть(ся) s. ссыла́ть(ся); ⟨о́вие n [12] estate, class; ⟨ужи́вец m [1; -вца] colleague.

сосна́ f [5; pl. st.: со́сны, со́сен, со́снам] pine.

сосо́к m [1; -ска́] nipple, teat.

сосредото́ч|ение n [12] concentration; ⟨ивать [1], ⟨~ить⟩ [16] concentrate (v/i. -ся); p. pt. p. a. intent.

соста́в m [1] composition, structure; body; (ли́чный ~) staff; рядово́й ~ rank & file; strength (of в П); thea. cast; 🚂 stock; 🏛 facts pl.; 🧪 solution, mixture; в ~е (P) a. consisting of; ⟨и́тель m [4] compiler, author; ⟨ить s. ⟨ля́ть; ⟨ле́ние n [12] composition; compilation; drawing up; ⟨ля́ть [28], ⟨~ить⟩ [14] compose, make (up); put together, arrange; draw up, work out; compile; form, constitute; amount (or come) to; ⟨но́й [14] composite, compound; component, constituent (part; ⟨ная часть f a. ingredient).

состоя́|ние n [12] state, condition; status, station; position; fortune;

быть в ~нии ... *a*. be able to ...; ~тельный [14; -лен, -льна] well--to-do, well-off; solvent; valid, sound, well-founded; ~ть [-ою́, -о́ишь] consist (of из P; in в П) be (*a*. T); occupy (*position* в П), work (with при П); -ся *pf*. take place; come about.

сострада́ние *n* [12] compassion.

состяза́|ние *n* [12] contest, competition; match; ~ться [1] compete, vie, contend.

сосу́д *m* [1] vessel.

сосу́лька *f* [5; *g/pl*.: -лек] icicle.

сосуществова́ние *n* [12] coexistence; ~ть [7] coexist.

сотворе́ние *n* [12] creation.

со́тня *f* [6; *g/pl*.: -тен] a hundred.

сотру́дни|к *m* [1] collaborator; employee, member; *pl*. staff; contributor; colleague; ~чать [1] collaborate, coöperate; ~чество *n* [9] collaboration, coöperation.

сотрясе́ние *n* [12] concussion.

со́ты *m/pl*. [1] honeycomb(s); ~й [14] hundredth; *cf*. пя́тый; две це́лых и два́дцать пять ~х 2.25.

со́ус *m* [1] sauce; gravy.

соуча́ст|ие *n* [12] complicity; ~ник *m* [1] accomplice.

соучени́к *m* [1 *e*.] schoolmate.

Со́фья *f* [6] Sophia.

соха́ *f* [5; *pl*. *st*.] (wooden) plow, plough.

со́хнуть [21] 1. ⟨вы́-⟩ dry; 2. ⟨за-⟩ fade, wither; 3. *f impf*. pine away.

сохран|е́ние *n* [12] preservation, conservation; charge (*give into, take ...* of на B); ~и́ть(ся) *s*. ~я́ть (-ся); ~ность *f* [8] safety; integrity; в ~ности *a*. safe; ~я́ть [28], ⟨~и́ть⟩ [13] keep; preserve; retain; maintain; reserve (to o.s. за собо́й); (*God*) forbid!; -ся be preserved; keep (safe, *etc*.).

социа́л|-демокра́т *m* [1] Social Democrat; ~демократи́ческий [16] Social Democrat(ic); ~и́зм *m* [1] socialism; ~и́ст *m* [1] socialist; ~исти́ческий [16] socialist(ic); ~ьный [14] social.

соц|соревнова́ние *n* [12] socialist competition (*Sov*.); ~страх *m* [1] social insurance (*Sov*.).

соче́льник *m* [1] (Xmas) Eve.

сочета́|ние *n* [12] combination; union; ~ть [1] combine (*v/i*. -ся); unite (in T).

сочине́ние *n* [12] composition; writing, work; thesis; *gr*. parataxis, coördination; ~тель *m* [4] author; ~ть [28], ⟨~и́ть⟩ [13] compose, write; invent; *gr*. coördinate.

соч|и́ться [16 *e*.; *3rd. p. only*] ooze (out); ~и́ться кро́вью bleed; ~ный [14; -чен, -чна́, -о] juicy; rich.

сочу́вств|енный [14 *sh*.] sympathetic, sympathizing; ~ие *n* [12] sympathy (with, for к Д); ~овать

[7] (Д) sympathize, feel with; approve (of); ~ующий *m* [17] sympathizer.

сою́з *m* [1] union; alliance; confederacy; league; *gr*. conjunction; Сове́тский ♀ Soviet Union; *cf*. СССР; ~ник *m* [1] ally; ~ный [14] allied; (of the) Union (*Sov*.).

со́я *f* [6] soy(bean).

спа|да́ть [1], ⟨~сть⟩ [25; *pt*. *st*.] fall (down); ~ива́ть 1. ⟨~я́ть⟩ [28] solder; 2. F ⟨спои́ть⟩ [13] make drunk; ⟨~я́ть⟩ F solder(ing); ~лзывать *s*. сползáть.

спа́льн|ый [14] sleeping; bed...; ~я *f* [6; *g/pl*.: -лен] bedroom.

спа́ржа *f* [5] asparagus.

спас|а́тельный [14] life...; ~а́ть [1], ⟨~ти́⟩ [24 -с-] save, rescue; redeem; -ся, ⟨-сь⟩ *a*. escape (*v/t*. от P); ~е́ние *n* [12] rescue; redemption.

спаси́бо (вам) thank you (very much большо́е ~), thanks (for за B, на П).

спаси́тель *m* [4] savio(u)r, rescuer; ~ный [14] saving.

спас|ти́ *s*. ~а́ть; ~ть *s*. спада́ть.

спать [сплю, спишь; спал, -á, -о] sleep; (*a*. идти́, ложи́ться ~) go to bed; мне не спи́тся F I can't sleep.

спая́ть *s*. спа́ивать 1.

спека́ться [1] F *s*. запека́ться; ⊕ conglomerate.

спекта́кль *m* [1] performance.

спекул|и́ровать [7] speculate (with T); ~я́нт *m* [1] speculator.

спе́лый [14; спел, -á, -о] ripe.

сперва́ F (at) first.

спе́реди (in from) front (as *prp*.: P).

спёртый F [14 *sh*.] stuffy, close.

спеси́вый [14 *sh*.] haughty.

спеть [8], ⟨по-⟩ ripen; *s*. *a*. петь.

спех F *m* [1] haste, hurry.

специ|ализи́роваться [7] (*im*)*pf*. specialize (in в П, по Д) ~али́ст *m* [1] specialist, expert (in по Д); ~а́льность *f* [8] special(i)ty, line, profession (by по Д); ~а́льный [14; -лен, -льна] special; express; ~фи́ческий [16] specific.

спецоде́жда *f* [5] overalls *pl*.

спеш|и́ть [16 *e*.; -шу́, -ши́шь] hurry (up), hasten; *clock*: be fast (5 min. на 5 мину́т); ~и́ться [10] *pf*. dismount; ~ка F [5] haste, hurry; ~ный [14; -шен, -шна́] urgent, pressing; special, express.

спин|а́ *f* [5; *ac/sg*.: спи́ну; *pl*. *st*.] back; за ~о́й F [*g/pl*.: -нок] back (*of chair, etc*.); ~но́й [14] spinal (cord мозг *m*); vertebral (column хребе́т *m*), back(*bone*).

спира́ль *f* [8], ~ный [14] spiral.

спирт *m* [1; *a*. в -ý; *pl. e*.] spirit(s *pl*.), alcohol; ~но́й [14] alcoholic, strong (*drink*).

спис|а́ть *s*. ~ывать; ~ок *m* [1; -ска] list, register; copy; ~ывать [1],

⟨~а́ть⟩ [3] copy; write (off); plagiarize, crib; ⚬ pay off.

спи́х|ивать [1], *once* ⟨~ну́ть⟩ F [20] push (down, aside).

спи́ца f [5] spoke; knitting needle.

спи́чка f [5; g/pl.: -чек] match.

сплав m [1] alloy; float(ing); ~ля́ть [28], ⟨~ить⟩ [14] float; alloy.

спла́чивать [1], ⟨сплоти́ть⟩ [15 e.; -очу́, -оти́шь; -очённый] rally (v/i. -ся); fasten.

сплет|а́ть [1], ⟨сплести́⟩ [25 -т-] plait, braid; (inter)lace; F invent; ~е́ние n [12] interlacement, texture; ~ник m [1], ~ница f [5] scandalmonger; ~ничать [1], ⟨на-⟩ gossip; ~ня f [6; g/pl.: -тен] gossip; pl. scandal.

спло|та́ть(ся) s. спла́чивать(ся).

~хова́ть F [7] pf. blunder; ~че́ние n [12] rallying; ~шно́й [14] solid, compact; sheer, complete; continuous; ~шь throughout, entirely, everywhere; quite often.

сплю́щить [16] pf. flatten.

сподви́жник s. сора́тник.

спои́ть s. спа́ивать 2.

споко́й|ный [14; -бен, -бйна] calm, quiet, tranquil; composed; ~но F s. смело́ г.; ~ной но́чи! good night!; бу́дьте ~ны! don't worry!; ~ствие n [12] calm(ness), tranquility; composure; peace, order.

сполз|а́ть [1], ⟨~ти́⟩ [24] climb or slip (down, off).

сполна́ ... wholly, whole ..., total ...

сполосну́ть [20] pf. rinse.

спор m [1] dispute, controversy, argument; wrangle, quarrel; ~у нет no doubt; ~ить [13], ⟨по-⟩ dispute, argue, debate; quarrel; F bet; *poet.* fight; ~иться F [13] succeed, get along; ~ный [14; -рен, -рна] disputable, questionable.

спорт m [1] sport; лы́жный ~ skiing; ~и́вный [14] sporting, athletic; sport(s)...; ~смен m [1] sportsman; ~сме́нка f [5; g/pl.: -нок] sportswoman.

спо́соб m [1] method, means; manner, way (in T); directions pl. (for use P); ~ность f [8] (cap)ability (for к Д), talent; faculty; capacity; power; quality; ~ный [14; -бен, -бна] (к Д) able, talented, clever (at); capable (of; a. на В); ~ствовать [7], ⟨по-⟩ (Д) promote, further, contribute to.

спот|ыка́ться [1], ⟨~кну́ться⟩ [20] stumble (over o В).

спохва́т|ываться [1], ⟨~и́ться⟩ [15] bethink o.s.

спра́ва on, to (or from) the right.

справедли́в|ость f [8] justice; truth; по ~ости by rights; ~ый [14 sh.] just, fair; true, right.

спра́в|иться(ся) s. ~ля́ть(ся); ~ка f [5; g/pl.: -вок] inquiry (make наводи́ть); information; certificate;

~ля́ть [28], ⟨~ить⟩ [14] F celebrate; make (*holiday*); -ся inquire (after, about o П); consult (v/t. в П); (с Т) manage, cope with; ~очник m [1] reference book, vade mecum; directory; guide; ~очный [14] (of) information, inquiry; reference...

спра́шива|ть [1], ⟨спроси́ть⟩ [15] ask (p. a. y P; for, s. th. a. P), inquire; demand; (c P) be taken to account; -ся s. проси́ться; ~ется one may ask.

спрос m [1] demand (for на В); без ~а or ~у F without permission; ~и́ть(ся) s. спра́шивать(ся).

спросо́нок F half asleep. [cently.)

спроста́ F unintentionally, inno-)

спры́г|ивать [1], *once* ⟨~нуть⟩ [20] jump down (or off); ~скивать [1], ⟨~снуть⟩ [20] sprinkle; F wet.

спряга́ть [1], ⟨про-⟩ gr. (-ся *impf.* be) conjugate(d); ~же́ние n [12] gr. conjugation.

спус|к m [1] lowering; descent; slope; launch(ing); drain(ing); fig. F quarter; ~ка́ть [1], ⟨~ти́ть⟩ [15] lower, let down; launch; drain; unchain, let free; pull (*trigger*); slacken; F pardon; lose, gamble away; -ся go (or come) down(*stairs* по Д), descend; slip down; sink; ~тя́ (В) later, after.

спу́тни|к m [1], ~ца f [5] fellow travel(l)er; (*life's*) companion; ~к *ast.* satellite.

спя́чка f [5] hibernation; sleep.

ср. *abbr.*: сравни́ compare, cf.

сравн|е́ние n [12] comparison (in/ with по Д/с Т); compare; simile; ~ивать [1] 1. ⟨~и́ть⟩ [13] compare (to, with с Т; v/i. -ся); 2. ⟨~я́ть⟩ [28] level; equalize; ~и́тельный [14] comparative; ~и́ть(ся) s. ~ивать(ся); ~я́ть s. ~ивать 2.

сра|жа́ть [1], ⟨~зи́ть⟩ [15 e.; -ажу́, -ази́шь; -ажённый] smite; overwhelm; overtake; -ся fight, battle; F contend, play; ~же́ние n [12] battle; ~зи́ть(ся) s. ~жа́ть(ся).

сра́зу at once; at one stroke.

срам m [1] shame, disgrace; ~и́ть [14 e.; -млю́, -ми́шь], ⟨о-⟩ [осрамлённый] disgrace, shame, compromise; -ся bring shame upon o.s.

сраст|а́ться [1], ⟨~и́сь⟩ [24 -ст-; сро́сся, сросла́сь] grow together, knit.

сред|а́ f 1. [5; ac/sg.: сре́ду; nom/pl. st.] Wednesday (on: в В, pl.: по Д) 2. [5; ac/sg.: -ду́; pl. st.] environment, surroundings pl., sphere; medium; midst; ~и́ (P) among; in the middle (of), amid(st); ~изе́мный [14], ~изе́мномо́рский [16] Mediterranean; ~неве́ко́вый [14] medieval; ~ний [15] middle; medium...; central; middling; average... (on в П); ₴ mean; gr. neuter; secondary (*school*).

средото́чие n [12] center (*Brt.* -tre).

сре́дство n [9] means (within [beyond] one's [не] по Д *pl.*); remedy; /₂ agent; *pl. a.* facilities.

сре́з|ать [1], ⟨ʌывать⟩ [3] cut off; F cut short; fail (*v/i.* -ся).

сровня́ть *s.* сравнивать 2.

сро́д|ный [14; -ден, -дна] related, cognate; ʌство n [9] affinity.

сро|к m [1] term (for/of Т/на В), date, deadline; time (in, on в В, к Д), period; ʌчный [14; -чен, -чна́, -о] urgent, pressing; timed.

сруб|а́ть [1], ⟨ʌи́ть⟩ [14] cut down, fell; carpenter, build.

сры|в m [1] frustration; failure, breakdown; breaking up; ʌва́ть [1] 1. ⟨сорва́ть⟩ [-ву́, -вёшь; сорва́л, -а́, -о; со́рванный] tear off; pluck, pick; F break up, disrupt, frustrate; vent; -ся (с Р) come off; break away (*or* loose); fall down; F dart off; escape; fail, go wrong; 2. ⟨ʌть⟩ [22] level, raze to the ground.

сса́дн|на f [5] graze, abrasion; ʌть [15] *pf.* graze; make alight; drop.

ссо́р|а f [5] quarrel; altercation; variance (в В в П); ʌиться [13], ⟨по-⟩ quarrel, fall out.

СССР (Союз Сове́тских Социалисти́ческих Респу́блик) U.S.S.R. (Union of Soviet Socialist Republics).

ссу́д|а f [5] loan; ʌа́ть [15] *pf.* lend; ʌный [14] loan...

ссыл|а́ть [1], ⟨сосла́ть⟩ [сошлю́, -лёшь; со́сланный] exile, banish; -ся (на В) refer to, cite; ʌка f [5; *g/pl.*: -лок] exile; deportation; reference (to на В); ʌьный [14] exiled (p.).

ссыпа́|ть [1], ⟨ʌʌть⟩ [2] pour, sack.

ст. *abbr.*: 1. столе́тие; 2. ста́нция; 3. ста́рший.

стабили|зи́р|ова́ть [7] (*im*)*pf.* stabilize; ʌьный [14; -лен, -льна] stable.

ста́вень m [4; -вня] shutter.

ста́в|ить [14], ⟨по-⟩ put, place, set, stand (*clock, etc.*) set; put (*or* set) up; stake, (на В) back; *thea.* stage; ✗ billet; make (*conditions, etc.*); drive; cite; impute (to p.'s *notice* В/в В); give; organize; value, esteem; F present, engage; ʌка f [5; *g/pl.*: -вок] rate; wage, salary; stake; (head)quarters *pl.*; *fig.* hope; о́чная ʌка confrontation; ʌленник m [1] protegé; ʌня f [6; *g/pl.*: -вен] *s.* ʌень.

стадио́н m [1] stadium (in на П).

ста́дия f [7] stage.

ста́до n [9; *pl. e.*] herd; flock.

стаж m [1] length of service.

стака́н m [1] glass.

сталели́те́йный [14] steel (*mill.*).

ста́лкивать [1], ⟨столкну́ть⟩ [20] push (off, down, together); -ся (с Т) collide, run into; come across.

сталь f [8] steel; ʌно́й [14] steel...

стаме́ска f [5; *g/pl.*: -сок] chisel.

стан m [1] figure; camp; ⊕ mill.

стандарт m [1] standard; ʌный [14; -тен, -тна] standard...; prefabricated.

стани́ца f [5] Cossack village.

станов|и́ться [14], ⟨стать⟩ [ста́ну, -нешь] stand; (Т) become, grow, get; step, place о. s., get; в о́чередь line, *Brt.* queue up; *pf.* begin; will; feel (*better*); во что́ бы то ни ста́ло at all costs, at any cost.

стано́к m [1; -нка́] machine; lathe; press; bench; тка́цкий ʌ loom.

ста́нц|ио́нный [14] station...; waiting; post(*master*); ʌя f [7] station (at на П); *teleph.* office, exchange; 🚂 *a.* yard; узлова́я ʌя junction.

ста́птывать [1], ⟨стопта́ть⟩ [3] tread down; wear out.

стара́|ние n [12] pains *pl.*, care(ful effort); endeavo(u)r; trouble; ʌтельный [14; -лен, -льна] assiduous, diligent; careful; ʌться [1], ⟨по-⟩ endeavo(u)r, try (hard); strive (for о П).

стар|е́ть [21] 1. ⟨по-⟩ grow old, age; 2. ⟨у-⟩ grow obsolete; ʌец m [1; -рца] (old) monk; *a.* = ʌи́к m [1 *e.*] old man; ʌина́ f [5] olden time *or* days (of yore) (in в В); F old man; ʌи́нный [14] ancient, antique; old; longstanding; ʌить [13], ⟨со-⟩ make (-ся grow) old.

старо|мо́дный [14; -ден, -дна] old-fashioned, out-of-date; ʌста m [5] (*village*) elder; (*church*) warden; (*class*) monitor; ʌсть f [8] old age (in one's на П лет).

стартова́ть [7] (*im*)*pf.* start.

стар|у́ха f [5] old woman; ʌческий [16] senile; ʌший [17] elder, older, senior; eldest, oldest; higher, highest; fore(*man*); first (*lieutenant*); ʌшина́ m [5] foreman; chairman, manager; ✗ first sergeant (*or*, ⚓, mate); ʌшинство́ n [9] seniority.

ста́р|ый [14; стар, -á, -о] old; ancient, antique; older; ʌьё n [10] second-hand articles *pl.*; junk, *Brt.* lumber.

ста́|скивать [1], ⟨ʌщи́ть⟩ [16] pull (off, down); take, bring.

стати́ст m [1], ʌка f [5; *g/pl.*: -ток] *thea.* supernumerary; *film*: extra; ʌика f [5] statistics; ʌи́ческий [16] statistical.

ста́т|ный [14; -тен, -тна́, -о] stately, portly; ʌуя f [6; *g/pl.*: -уй] statue; ʌь[1] [8] build; trait; F need, seemly; с какой ʌи F why (should I, *etc.*).

стать[2] *s.* станови́ться; ʌся F (*impers.*) happen (to с Т); (*may*)be.

статья́ f [6; *g/pl.*: -те́й] article; item, entry; F matter, business (another осо́бая).

[vite.]

стаха́новец m [1; -вца] Stakhano-]

стациона́рный [14] stationary.
ста́чка f [5; g/pl.: -чек] strike.
стащи́ть s. ста́скивать.
ста́я f [6; g/pl.: стай] flight, flock;
shoal; pack, troop.
ста́ять [27] pf. thaw off, melt.
ствол m [1 e.] trunk; barrel.
ство́рчатый [14] folding (doors).
сте́бель m [4; -бля; from g/pl. e.]
stalk, stem.
стёганый [14] quilted.
стега́ть [1] 1. ⟨вы́-, про-⟩ quilt; 2.
once ⟨стегну́ть⟩ [20] whip.
сте|ка́ть [1], ⟨-чь⟩ [26] flow
(down); -ся join; flock, gather.
стек|ло́ n [9; pl.: стёкла, стёкол,
стёклам] glass; pane; (lamp) chimney; ⟨-ля́нный [14] glass...; glassy;
⟨-о́льщик m [1] glazier.
стел|и́ть(ся) F s. стла́ть(ся); ⟨-ля́ж
m [1 e.] shelf; ⟨-ька f [5; g/pl.: -лек]
inner sole; ⟨-ьный [14]: ⟨-ьная ко-
ро́ва cow with calf.
стен|а́ f [5; ac/sg.: сте́ну; pl.: сте́ны,
стен, стена́м] wall; ⟨-газе́та f [5]
(стенна́я газе́та) wall newspaper;
⟨-ка f [5; g/pl.: -нок] wall; ⟨-но́й
[14] wall...
стеногра́|мма f [5] shorthand (ver-
batim) report or notes pl.; ⟨-фи́ст
m [1], ⟨-фи́стка f [5; g/pl.: -ток]
stenographer; ⟨-фия f [7] short-
hand.
Степа́н m [1] Stephen.
степе́нный [14; -е́нен, -е́нна] sedate, staid, grave, dignified; mature.
сте́пень f [8; from g/pl. e.] degree
(to до P), extent; A power.
степ|но́й [14] steppe...; ⟨-ь f [8; в
-пи́; from g/pl. e.] steppe.
стёрва P contp f [5] damned wretch.
стере|оти́пный [14; -пен, -пна]
stereotyped; ⟨-ть s. стира́ть.
стере́чь [26 г/ж: -егу́, -ежёшь;
-ёг, -егла́] guard, watch (over).
сте́ржень m [4; -жня] core (a. fig.);
pivot.
стерил|изова́ть [7] (im)pf. steri-
lize; ⟨-ьный [14; -лен, -льна] sterile.
стерпе́ть [10] pf. endure, bear.
стесн|е́ние n [12] constraint, re-
straint; ⟨-и́тельный [14; -лен,
-льна] constraining, embarrassing;
⟨-я́ть [28], ⟨-и́ть⟩ [13] constrain,
restrain; embarrass, hamper; cramp;
trouble, press; ⟨-я́ться, ⟨по-⟩ feel
(or be) shy, self-conscious or embarrassed; (P) be ashamed of; hesitate.
сте́ч|ение n [12] confluence; coinci-
dence; ⟨-ься s. стека́ть(ся).
стиль m [4] style; (Old, New) Style.
стипе́ндия f [7] scholarship.
стир|а́льный [14] washing; ⟨-а́ть
[1] 1. ⟨стере́ть⟩ [12; сотру́, -трёшь;
стёр(ла), стёрши & стере́в] wipe
or rub off, out; erase, efface, blot
out; clean; pulverize; 2. ⟨вы́-⟩
wash, launder; ⟨-ка f [5] wash(ing);
laundry; отда́ть в ⟨-ку send to the
wash.

стис|кивать [1], ⟨-нуть⟩ [20]
clench; grasp, press.
стих (a. -и́ pl.) m [1 e.] verse; pl. a.
poem(s); ⟨-а́ть [1], ⟨-нуть⟩ [21]
abate; fall; cease; calm down, (become) quiet; ⟨-и́йный [14; -и́ен,
-и́йна] elemental; spontaneous; natural; ⟨-и́я f [7] element(s); ⟨-нуть
s. ⟨-а́ть.
стихотворе́ние n [12] poem.
стлать & F стели́ть [стелю́, -сте́-
лешь], ⟨по-⟩ [постла́нный] spread,
lay; make (bed); -ся impf. (be)
spread; drift; ⟨ creep.
сто [35] hundred.
стог m [1; в сто́ге & в стогу́; pl.:
-а́, etc. e.] stack, rick.
сто́и|мость f [8] cost; value, worth
(... Т/в В); ⟨-ть [13] cost; be worth;
pay; take, require; (Д) need, if
(only); matter; не ⟨-т F = не за что.
стой! stop!, halt!; ⟨-ка f [5; g/pl.:
сто́ек] stand(ard); support; counter; ⟨-кий [16; сто́ек, сто́йка́, -о;
comp.: сто́йче] firm, steadfast,
steady; ⟨-кость f [8] firmness; ⟨-ло
n [9] box (stall); ⟨-мя́ upright.
сток m [1] flowing (off); drain.
Стокго́льм m [1] Stockholm.
стокра́тный [14] hundredfold.
стол m [1 e.] table (at за Т); board,
fare; meal; office, bureau; hist.
throne.
столб m [1 e.] post, pole; column;
pillar; ⟨-ене́ть [8], ⟨о-⟩ petrify; ⟨-е́ц
m [1; -бца́], ⟨-ик m [1] column; ⟨-
ня́к m [1 e.] stupor; tetanus; ⟨-ово́й
[14]: ⟨-ова́я доро́га f highway.
столе́тие n [12] century; centenary.
сто́лик m [1] dim. of стол; F table.
столи́|ца f [5] capital; ⟨-чный [14]
metropolitan.
столкн|ове́ние n [12] collision;
clash; ⟨-у́ть(ся) s. ста́лкивать(ся).
столо́в|ая f [14] dining room;
restaurant; ⟨-ый [14] table(spoon);
dinner (service).
столп m [1 e.] pillar; column.
столь so; ⟨-ко [32] so much, so
many; ⟨-ко же as much or many.
столя́р m [1 e.] joiner; cabinet-
maker; ⟨-ный [14] joiner's (shop,
etc.).
стон m [1], ⟨-а́ть [-ну́, сто́нешь;
стоня́й], ⟨про-⟩ groan, moan.
стоп! stop!; ⟨-а́ f 1. [5 e.] foot; footstep (with Т; in по Д); 2. [5; pl. st.]
foot (verse); pile; ⟨-ка f [5; g/pl.:
-пок] cup; roll, rouleau; ⟨-ори́ть
[13], ⟨за-⟩ stop; ⟨-та́ть s. ста́пты-
вать.
сто́рож m [1; pl.: -а́, etc. e.] guard,
watchman; ⟨-ево́й [14] watch...; on
duty; sentry (box); observation
(post); ⟨ patrol...; ⟨-и́ть [16 e.;
-жу́, -жи́шь] guard, watch (over).
сторон|а́ f [5; ac/sg.: сто́рону; pl.:
сто́роны, сторо́н, -на́м] side (on a.
по Д; с Р); direction; part (on c[о]

P); place, region, country; party; distance (at в П; from с P); в `~у aside, apart (a. joking шутки); в `~é aloof, apart; нá `~у abroad; с одной `~ы́ on the one hand; ... с вáшей `~ы́ a. ... of you; `~и́ться [13; -онюсь, -óнишься], ⟨по-⟩ make way, step aside; (P) avoid, shun; `~и́сь! look out!; `~ник m [1] adherent, follower, supporter; partisan.

стóчный [14] waste..., soil...

стоя́|лый [14] stale; `~нка f [5; g/pl.: -нок] stop (at на П); stand, station, (fixed) quarters pl.; parking place or lot; ⚓ anchorage.

стоя́|ть [стою́, стои́шь; стóй] stand; be; stop; lodge, quarter; stand up (for за В), defend; insist (on на П); стóй(те)! stop!; F wait!; `~чий [17] standing; stagnant; stand-up (collar); standard (lamp).

стр. abbr.: страни́ца page, p.

страда́|лец m [1; -льца] martyr; `~ние n [12] suffering; `~тельный [14] gr. passive; `~ть [1], ⟨по-⟩ suffer (from от P, T; for за В); F be poor.

страж m [1] guard; `~a f [5] guard(s); watch; custody (in[to] под Т [В]).

стран|á f [5; pl. st.] country; `~и́ца f [5] page (cf. пя́тый); column (in на П); `~ник m [1] wanderer, travel(l)er; pilgrim; `~ность f [8] strangeness, oddity; `~ный [14; -áнен, -аннá, -о] strange, odd; `~ствова)ние n [12] wandering, travel; `~ствовать [7] wander, travel; `~ствующий a. (knight-)errant.

страст|нóй (-sn-) [14] Holy; Good (Friday); `~ный (-sn-) [14; -тен, -тнá, -о] passionate, fervent; `~ь f [8; from g/pl. e.] passion (for к Д); P awfully.

стратег|и́ческий [16] strategic(al); `~ия f [7] strategy.

стратосфéра f [5] stratosphere.

стрáус m [1] ostrich.

страх m [1] fear (for от, со P); risk, peril (at на В); F awfully; `~кáсса f [5] insurance office; `~овáние n [12] insurance (fire... от P); `~овáть [7], ⟨за-⟩ insure (against от P); `~óвка f [5; g/pl.: -вок] insurance (rate); `~овóй [14] insurance...

страш|и́ть [16 e.; -шу́, -ши́шь], ⟨у-⟩ [-шённый] (-ся be) frighten (-ed; at P; fear, dread, be afraid of); `~ный [14; -шен, -шнá, -о] terrible, frightful, dreadful; Last (Judg[e]ment); F awful; мне `~но I'm afraid, I fear.

стрекозá f [5; pl. st.: -óзы, -óз, -óзам] dragonfly.

стрел|á f [5; pl. st.] arrow(like T); 🏹 shaft; `~ка f [5; g/pl.: -лок] hand, pointer, indicator; needle; arrow (drawing, etc.); clock (stocking); tongue (land); 🔀 switch, Brt. point; `~кóвый [14] shooting...; (of) rifles

pl.; `~óк m [1; -лкá] marksman, shot; 🏹 rifleman; `~óчник 🚂 m [1] switchman, Brt. pointsman; `~ьбá f [5; pl. st.] shooting, fire; `~я́ть [28], ⟨вы́стрелить⟩ [13] shoot, fire (at в В, по Д; gun из P); F impers. feel acute pains pl.; `~ся impf. (fight a) duel.

стрем|глáв headlong, headfirst; `~и́тельный [14; -лен, -льна] impetuous, violent, rash; `~и́ться [14 e.; -млю́сь, -ми́шься] (к Д) aspire (to, after), strive (for, after); rush; `~лéние n [12] aspiration, striving, urge; tendency.

стрéмя n [13; pl.: -менá, -мя́н, -менáм] stirrup.

стриж m [1 e.] sand martin.

стри́|женый [14] bobbed, short-haired; shorn; trimmed; `~жка f [5] haircut(ting); shearing; trimming; `~чь [26 г/ж: -игу́, -ижёшь; pt. st.], ⟨по-, о(б)-⟩ cut; shear; clip, trim; -ся have one's hair cut.

строгáть [1], ⟨вы́-⟩ plane.

стрóг|ий [16; строг, -á, -о; comp.: стрóже] severe; strict; austere; stern; `~ость f [8] severity, austerity, strictness.

строе|вóй [14] fighting, front(line); `~вóй лес m timber; `~ние n [12] construction, building; structure.

строи́тель m [4] builder, constructor; `~ный [14] building...; `~ство n [9] construction.

стрóить [13] 1. ⟨по-⟩ build (up), construct; make, scheme; play fig. (из P); 2. ⟨вы́-⟩ 🔀 draw up, form; -ся, ⟨вы́-, по-⟩ be built; build a house; 🔀 fall in.

строй m 1. [3; в строю́; pl. e.: строй, строёв] order, array; line; 2. [3] system, order, regime; ♪ tune; `~ка f [5; g/pl.: -óек] construction; `~ность f [8] harmony; slenderness; `~ный [14; -óен, -ойнá, -о] slender, slim; harmonious; symmetrical, well-shaped, well-disposed.

строкá f [5; ac/sg.: стрóку́; pl.: стрóки, строк, строкáм] line.

стропи́ло n [9] rafter. [refractory.)

стропти́вый [14 sh.] obstinate,)

строфá f [5; nom/pl. st.] stanza.

строч|и́ть [16 & 16 e.; -очу́, -о́чишь; -о́ченный & -очённый] stitch, sew; F scribble, write; crackle; `~ка f [5; g/pl.: -чек] line; seam.

стру́|жка f [5; g/pl.: -жек] shaving, `~и́ться [13] stream, flow, run; purl; `~йка f [5; g/pl.: -уéк] dim. of `~я́.

структу́ра f [5] structure.

струн|á f ♪ f [5; pl. st.], `~ный [14] string.

струч|кóвый s. бобóвый; `~óк m [1; -чкá] pod, husk.

струя́ f [6; pl. st.: -у́и] stream (in T); jet; current; flood.

стря́|пать F [1], ⟨со-⟩ cook; `~хивать [1], ⟨`~хну́ть⟩ [20] shake off.

студён|т *m* [1], ~тка *f* [5; *g/pl.*: -ток] student, undergraduate; ~ческий [16] students'.

студёный F [14 *sh.*] (icy) cold.

студень *m* [4; -дня] jellied meat.

студия *f* [7] studio, atelier.

стук *m* [1] knock; rattle, clatter, noise; ~нуть *s.* стучать.

стул *m* [1; *pl.*: стулья, -льев] chair; seat; ~ *s* stool.

ступа *f* [5] mortar (*vessel*).

ступ|ать [1], ⟨~ить⟩ [14] step, tread, go; ~енчатый [14 *sh.*] (multi)grad-ed; ~ень *f* 1. [8; *pl.*: ступени, ступеней] step; 2. [8; *pl.*: ступени, -ней, *etc. e.*] stage, grade; ~енька *f* [5; *g/pl.*: -нек] step; rung; ~ить *s.* ~ать; ~ка *f* [5; *g/pl.*: -пок] (small) mortar; ~ня *f* [6; *g/pl.*: -ней] foot; sole.

сту|чать [4 *e.*; -чу, -чишь] ⟨по-⟩, *once* ⟨~кнуть⟩ [20] knock (at *door* в В; *a.* -ся); rap, tap; throb; chat-ter; clatter, rattle; ~чат there's a knock at the door; ~кнуть F *s.* ис-полниться.

стыд *m* [1] shame; ~ить [15 *e.*; -ыжу, -ыдишь], ⟨при-⟩ [пристыженный] shame, make ashamed; -ся, *once* ⟨~) be ashamed (of Р); ~ливый [14 *sh.*] shy, bashful; ~ный Г [14; -ден, -дна, -о] shameful; ~но! (for) shame!; мне ~но I am ashamed (for р. за В).

стык *m* [1] joint, juncture (at на П).

сты|(ну)ть [21], ⟨о-⟩ (become) cool.

стычка *f* [5; *g/pl.*: -чек] skirmish.

стя|гивать [1], ⟨~нуть⟩ [19] draw *or* pull together (off, down); tie up; ⚔ concentrate; F pilfer; ~жать [1] gain, acquire; ~нуть *s.* ~гивать.

суб|бота *f* [5] Saturday (on: в В, *pl.*: по Д); ~сидия *f* [7] subsidy.

субтропический [16] subtropical.

субъект *m* [1] subject; F fellow; ~ивный [14; -вен, -вна] subjec-tive.

суверен|итет *m* [1] sovereignty; ~ный [14; -нен, -ённа] sovereign.

суг|роб *m* [1] snowdrift, bank; ~убый [14 *sh.*] especial, exceptional.

суд *m* [1 *e.*] judg(e)ment (то на В); court (of justice); tribunal; trial (put on отдать под В; bring to пре-дать Д); justice; полевой ~ court martial; ~ак *m* [1 *e.*] pike perch.

судар|ыня *f* [6] madam; '~ *m* [1] sir.

суд|ебный [14] judicial, legal; law-...; (of the) court; ~ейский [16] judicial; referee's; ~ить [15; сужу; суждённый] 1. ⟨по-⟩ judge *fig.* (of о П); by по Д); 2. (*im*)*pf.* try, judge; des-tine; ~я по [Д] judging by; -ся be at law (with с Т).

суд|но *n* 1. [9; *pl.*: суда, -ов] ⚓ ship, vessel; 2. [9; *pl.*: судна, -ден] ves-sel; ~омойка *f* [5; *g/pl.*: -оек] scul-lery *or* kitchen maid.

судоро|га *f* [5] cramp, spasm; ~ж-ный [14; -жен, -жна] convulsive.

судо|строение *n* [12] shipbuilding; ~строительный [14] shipbuild-ing...; ship(*yard*); ~ходный [14; -ден, -дна] navigable; ~ходство *n* [9] navigation.

судьба *f* [5; *pl.*: судьбы, судеб, судьбам] fate.

судья *m* [6; *pl.*: судьи, судей, судь-ям] judge; arbitrator, referee; um-pire.

суевер|ие *n* [12] superstition; ~ный [14; -рен, -рна] superstitious.

сует|а *f* [5] vanity; fuss; ~иться [15 *e.*; суечусь, суетишься] fuss; ~ливый [14 *sh.*] fussy.

суж|дение *n* [12] judg(e)ment; ~ение *n* [12] narrowing; ⚔ con-striction; ~ивать [1], ⟨~(узить⟩ [15] narrow (*v/i.* -ся; taper).

сук *m* [1 *e.*; на -у; *pl.*: сучья, -ьев & -й, -ов] bough, branch; knot; ~а *f* [5] bitch; ~ин [19] of a bitch.

сукно *n* [9; *pl. st.*; сукна, сукон, сукнам] cloth.

суконный [14] cloth...

сулить [13], ⟨по-⟩ promise.

султан *m* [1] sultan; plume.

сумасброд *m* [1] madman; crank; ~ный [14; -ден, -дна] crazy, cranky, foolish; ~ство *n* [9] folly, madness.

сумасшедший [14] mad, insane; *su.* madman; lunatic (asylum дом *m*); ~ствие *n* [12] madness, insanity.

суматоха *f* [5] turmoil, fuss.

сум|бур *m* [1] *s.* путаница; ~ерки *f/pl.* [5; *gen.*: -рек] dusk, twilight; ~ка *f* [5; *g/pl.*: -мок] (hand)bag; pouch; satchel; wallet; ~ма *f* [5] sum (for/of на В в В), amount; ~марный [14; -рен, -рна] sum-mary; ~мировать [7] (*im*)*pf.* sum up.

сумочка *f* [5; *g/pl.*: -чек] hand-bag.

сумра|к *m* [1] twilight, dusk; gloom; ~чный [14; -чен, -чна] gloomy.

сундук *m* [1 *e.*] trunk, chest.

сунуть(ся) *s.* совать(ся).

суп *m* [1; *pl. e.*], ~овой [14] soup.

супру|г *m* [1] husband; ~га *f* [5] wife; ~жеский [16] matrimonial, conjugal; married; ~жество *n* [9] matrimony, wedlock.

суртуч *m* [1 *e.*] sealing wax.

суров|ость *f* [8] severity; ~ый [14 *sh.*] harsh, rough; severe, austere; stern; rigorous.

суррогат *m* [1] substitute.

сурьма *f* [5] antimony.

сустав *m* [1] joint.

сутки *f/pl.* [5; *gen.*: -ток] 24 hours; day (and night); круглые ~ round the clock.

сутолока *f* [5] turmoil.

суточный [14] day's, daily, 24 hours'; *pl. su.* daily allowance.

суту́лый [14 *sh.*] round-shouldered.

сут|**ь** *f* [8] essence, core, main point; по ∠и (де́ла) at bottom.

суфл|**ёр** *m* [1] prompter; **∼и́ровать** [7] prompt (р. Д).

сух|**а́рь** *m* [4 *e.*] cracker, zwieback, *Brt.* biscuit; **∼оже́лие** *n* [12] sinew; **∼о́й** [14; сух, -а́, -о] *comp.:* су́ше] dry; arid; lean; land...; *fig.* cool, cold; boring, dull; **∼опу́тный** [14] land...; ∠ость *f* [8] dryness, *etc.*, *s.* **∼о́й**; **∼оща́вый** [14 *sh.*] lean, meager.

сучи́ть [16] twist; roll.

сучо́к *m* [1; -чка́] *dim. of* сук, *cf.*

су́ш|**а** *f* [5] (main)land; **∼е́ние** *n* [12] drying; **∼ёный** [14] dried; **∼и́лка** *f* [5; *g/pl.:* -лок] drying apparatus; *a.* = **∼и́льня** *f* [6; *g/pl.:* -лен] drying room; **∼и́ть** [16] 1. ⟨вы́-⟩ dry; air; 2. ⟨ис-⟩ wear out, emaciate; **∼ка** *f* [5; *g/pl.:* -шек] drying; ring-shaped cracknel.

существ|**енный** [14 *sh.*] essential, substantial; **∼и́тельное** *n* [14] noun, substantive (*a.* и́мя **∼и́тельное**); **∼о́** *n* [9] creature, being; essence; по **∼у́** at bottom; to the point; **∼ова́ние** *n* [12] existence, being; subsistence; **∼ова́ть** [7] exist, be; live.

су́щ|**ий** [17] existing; F plain (*truth*), quite (*true* or *right*), sheer, downright; **∼ность** *f* [8] essence, substance; в **∼ности** at bottom, properly.

суэ́цкий [16]: ♀ кана́л Suez Canal.

сфе́ра *f* [5] sphere; field, realm.

с.-х. *abbr.:* сельскохозяйственный.

схват|**и́ть(ся)** *s.* ∠ывать(ся); **∠ка** *f* [5; *g/pl.:* -ток] skirmish, fight, combat; scuffle; *pl. a.* (*childbirth*) labo(u)r; ∠ывать [1], ⟨**∼и́ть**⟩ [15] seize (by за B), grasp (*a. fig.*), grab; snatch; catch; -ся seize, lay hold of; F grapple.

схе́ма *f* [5] diagram, scheme (in на П); **∼ти́ческий** [16] schematic.

сход|**и́ть** [15], ⟨сойти́⟩ [сойду́, -дёшь; сошёл, -шла́; с(о)шéдший; *g. pt.:* сойдя́] go (or come) down, descend (from с Р); get off (out); come off (out); run off; leave; disappear; F pass (for за В); Р do; pass off; **∼и́ть** *pf.* go (& get, fetch за Т); *cf.* ум; -ся, ⟨∼сь⟩ meet; gather; become friends; agree (upon в П); harmonize (in Т); coincide; approximate; F click; **∼ка** *f* [5; *g/pl.:* -док] meeting (at на П); **∼ни** *f/pl.* [6; *gen.:* -ней] gangplank, gangway; **∼ный** [14; -ден, -дна́, -о] similar (to с Т), like; F reasonable; **∼ство** *n* [9] similarity (to с Т), likeness.

сцеди́ть [15] *pf.* draw off.

сце́н|**а** *f* [5] stage; scene (*a. fig.*); **∼а́рий** *m* [3] scenario; script; **∼и́ческий** [16] stage..., scenic.

сцеп|**и́ть(ся)** *s.* ∼ля́ть(ся); **∠ка** *f* [5; *g/pl.:* -пок] coupling; **∼ле́ние** *n* [12] *phys.* cohesion; ⊕ coupling; *fig.* concatenation; **∼ля́ть** [28], ⟨**∼и́ть**⟩ [14] link; ⊕ couple (*v/i.* -ся; concatenate; F grapple).

счаст|**ли́вец** *m* [1; -вца] lucky man; **∼ли́вый** [14; сча́стлив, -а, -о] happy; fortunate, lucky; **∼ли́вого** путú bon voyage!; **∼ли́во** F bye-bye, so long: **∼ли́во отде́латься** have a narrow escape; **∠ье** *n* [10] happiness; good luck; fortune; к, по **∠ью** fortunately.

счесть(ся) *s.* счита́ть(ся).

счёт *m* [1; на -e & -у́; счету́; *pl.:* счета́, *etc. e.*] count, calculation; account (on в В; на В); bill; invoice; *sport* score; в коне́чном **∼е** ultimately; за ∼ (Р) at the expense (of); на э́тот ∼ in this respect, as for this; сказа́но на мой ∼ aimed at me; быть на хоро́шем ∼у́ (у Р) stand high (in p.'s) favo(u)r; у него́ **∼у** нет (Д) he has lots (of); **∼ный** [14] calculating (*machine*, calculator); slide (*rule*).

счетово́д *m* [1] accountant.

счёт|**чик** *m* [1] meter; counter; **∼ы** *pl.* [1] abacus *sg.*; accounts *fig.*

счисле́ние *n* [12] calculation.

счита́|**ть** [1], ⟨со-⟩ & ⟨счесть⟩ [25; сочту́, -тёшь; счёл, сочла́; сочтён-ный; *g. pt.:* сочтя́] count; (*pf.* счесть) (Т, за В) consider, regard (*a.* as), hold, think; (*v a.* including; **∼нные** *pl.* very few; -ся count; settle accounts; (Т) be considered (or reputed) to be, pass for; (с Т) consider, regard.

США (Соединённые Шта́ты Аме́рики) U.S.A. (United States of America).

сши|**ба́ть** [1], ⟨**∼би́ть**⟩ [-бу́, -бёшь; *cf.* ушиби́ть] F *s.* сби(ва́)ть; **∼ва́ть** [1], ⟨**∼ть**⟩ [сошью́, -шьёшь; сшей (-те)!; сши́тый] sew (together).

съед|**а́ть** [1], ⟨съесть⟩ *s.* есть¹; **∼о́б-ный** [14; -бен, -бна] edible.

съез|**д** *m* [1] congress (at на П); **∠дить** [15] *pf.* go; (за Т) fetch; (к Д) visit; **∼жа́ть** [1], ⟨съе́хать⟩ [съе́ду, -дешь] go, drive (or slide) down; move; -ся meet; gather.

съёмка *f* [5; *g/pl.:* -мок] survey; shooting.

съестно́й [14] food...

съе́хать(ся) *s.* съезжа́ть(ся).

сы|**воротка** *f* [5; *g/pl.:* -ток] whey; serum; **∼гра́ть** *s.* игра́ть.

сы́знова F anew, (once) again.

сын *m* [1; *pl.:* сыновья́, -ве́й, -вья́м; *fig. pl.:* сыны́] son; *fig. a.* child; **∼о́вний** [15] filial; **∼о́к** F *m* [1; -нка́] sonny.

сы́п|**ать** [2], ⟨по-⟩ strew, scatter; pour; F splutter, pelt, (*jokes*) crack, (*money*) squander; -ся pour; F spatter, hail, pelt; **∼но́й** [14]: **∼но́й** тиф spotted fever; **∼у́чий** [17 *sh.*] dry; quick(*sand*); **∼ь** *f* [8] rash.

сыр *m* [1; *pl. e.*] cheese; как ~ в масле (*live*) in clover; ~éть [8], ⟨от-⟩ dampen; ~éц *m* [1; -рцá] шёлк-~éц raw silk; ~ник *m* [1] cheese cake; ~ный [14] cheese...; caseous; ~овáтый [14 *sh.*] dampish; rare, *Brt.* underdone; ~ой [14; сыр, -á, -о] damp; moist; raw; crude; unbaked; ~ость *f* [8] dampness; moisture; ~ьё *n* [10] *coll.* raw material.

сыск|áть F [3] *pf.* find; ~ся be found; ~ной [14] detective.

сыт|ный [14; сытен, -тнá, -о] substantial, rich; F fat; ~ый [14; сыт, -á, -о] satisfied; fat.

сыч *m* [1 *e.*] horned owl.

сыщик *m* [1] detective, policeman.

сюдá here, hither; this way.

сюжéт *m* [1] subject; plot.

сюрпрúз *m* [1] surprise.

сюртýк *m* [1 *e.*] frock coat.

Т

т. *abbr.*: **1.** товáрищ; **2.** том; **3.** тóнна; **4.** тысяча.

табá|к *m* [1 *e.*; *part. g.*: -ý] tobacco; ~кéрка *f* [5; *g/pl.*: -рок] snuffbox; ~чный [14] tobacco...

табéль *m* [4] time sheet; ~лéтка *f* [5; *g/pl.*: -ток] tablet; ~лица *f* [5] table, schedule, list; scale; *gr.* paradigm; ~ор *m* [1] (*gipsy's*) camp; ⚔

табýн *m* [1 *e.*] herd, drove. [parity.]

табурéтка *f* [5; *g/pl.*: -ток] stool.

таджúк *m* [1], ~ский [16] Tajik.

таз *m* [1; в -ý; *pl. e.*] basin; *anat.* pelvis.

тáинств|енный [14 *sh.*] mysterious; secret(ive); '~о *n* [9] sacrament.

тáить [13] conceal; -ся hide.

тайгá *f* [5] taiga.

тай|кóм secretly; behind (one's) back (от P); ~на *f* [5] secret; mystery; ~ник *m* [1 *e.*] hiding (place); (inmost) recess; ~ный [14] secret; stealthy; vague; privy.

так so, thus; like that; (~ же just) as; so much; just so; then; well; yes; one way ...; *s. a.* прáвда; F properly; не ~ wrong(ly); ~ и (*both*...) and; F downright; ~ как as, since; и ~ without that; ~же also, too; ~же не neither, nor; ~же as well as; ~й F all the same; indeed; ~ наз. *abbr.*: ~ называемый so-called; alleged; ~овóй [14; same; был(á) ~ов(á)] disappeared, vanished; ~óй [16] such; so; ~óe *su.* such things; ~óй же the same; as ...; ~óй-то such-and-such; so-and-so; что (э́то) ~óe? F what's the matter?; как вы ~óй (~áя)? = кто вы?

тáкса *f* [5] (fixed) rate.

таксú *n* [*ind.*] taxi(cab).

таксúровать [7] (*im)pf.* rate.

такт *m* [1] *J* time, measure, bar; *fig.* tact; ~ика *f* [5] tactics *pl. & sg.*; ~úческий [16] tactical; ~úчность *f* [8] tactfulness; ~úчный [14; -чен, -чна] tactful.

талáнт *m* [1] talent, gift (for к Д); ~ливый [14 *sh.*] talented, gifted.

тáлия *f* [7] waist.

талóн *m* [1] coupon.

тáлый [14] thawed; slushy.

там there; F then; ~ же in the same place; ibidem; ~ и сям F here and there.

тамóж|енный [14] custom(s)...; ~ня *f* [6; *g/pl.*: -жен] custom house.

тáмошний [15] of that place, there.

тáн|ец *m* [1; -нца] dance (*go* dancing на В *pl.*); ~к *m* [1] tank; ~ковый [14] armo(u)red...; tank...

танц|евáльный [14] dancing...; ~евáть [7], ⟨с-⟩ dance; ~óвщик *m* [1], ~óвщица [5] (ballet) dancer; ~óр *m* [1], ~óрка *f* [5; *g/pl.*: -рок] dancer.

Тáня *f* [6] *dim. of* Татья́на.

тáпочка *f* [5; *g/pl.*: -чек] sport slipper.

тáра *f* [5] tare; packing.

таракáн *m* [1] cockroach.

тарáнить [13], ⟨про-⟩ ram.

тарахтéть F [11] rumble.

тарáщить [16], ⟨вы́-⟩: ~ глазá stare (at на В; with *surprise* от P).

тарéлка *f* [5; *g/pl.*: -лок] plate.

тарúф *m* [1] tariff; ~ный [14] tariff...; standard (*wages*).

таскáть [1] carry; drag, pull; F steal; P wear; -ся F roam; go; frequent; gad about.

тасовáть [7], ⟨с-⟩ shuffle.

ТАСС (Телегрáфное Агéнтство Совéтского Сою́за) TASS (Telegraph Agency of the U.S.S.R.).

татáр|ин *m* [1; *pl.*: -ры, -рам], ~ка *f* [5; *g/pl.*: -рок], ~ский [16] Tartar.

Татья́на *f* [5] Tatyana.

тафтá *f* [5] taffeta.

тачáть [1], ⟨с-, вы́-⟩ seam, sew.

тащúть [16] **1.** ⟨по-⟩ drag, pull; carry, bring; **2.** F ⟨с-⟩ steal, pilfer; ~ся F trudge, drag (o.s.) along.

тáять [27], ⟨рас-⟩ thaw, melt; fade, die (away); languish, pine.

тварь *f* [8] creature; F wretch.

твердéть [8], ⟨за-, о-⟩ harden.

твердúть F [15 *e.*; -ржý, -рдúшь] reiterate, repeat (over & over again); talk; practice; ⟨за-, вы́-⟩ learn.

твёрд|ость *f* [8] firmness; hardness; ~ый [14; твёрд, твердá, -о] hard;

solid; firm (*a. fig.*); (stead)fast, steady; fixed (*a. prices*); sound, good; F sure; ~o *a.* well, for sure.

твердыня *f* [6] stronghold.

тво|й *m*, ~я *f*, ~ё *n*, ~й *pl.* [24] your; yours; *pl. su.* F your folks; *cf.* ваш.

твор|е́ние *n* [12] work; creature; ~е́ц *m* [1; -рца́] creator; author; ~и́тельный [14] *gr.* instrumental (*case*); ~и́ть [13], ⟨co-⟩ create, do; perform; -ся F be (going) on; ~о́г *m* [1 *e.*] curd(s).

тво́рче|ский [16] creative; ~ство *n* [9] work(s), creation.

т. е. *abbr.*: то́ есть, *cf.*

теа́тр *m* [1] theater (*Brt.* -tre; at в П); house; stage; ~а́льный [14; -лен, -льна] theatrical; theater...

тёзка *m/f* [5; *g/pl.*: -зок] namesake.

текст́иль *m* [4] *coll.* textiles *pl.*, ~ный [14] textile; cotton (*mill*).

теку́|чий [17 *sh.*] fluid; fluctuating; ~щий [17] current; instant; present; miscellaneous.

телеви́|дение *n* [12] television (on по Д); ~зио́нный [14] TV; ~зор *m* [1] TV set.

теле́га *f* [5] cart, telega.

телегра́мма *f* [5] telegram, wire.

телегра́ф *m* [1] telegraph (office); wire (by по Д); ~и́ровать [7] (*im*)*pf.* telegraph, wire, cable; ~ный [14] telegraph(ic); telegram..., by wire.

теле́жка *f* [5; *g/pl.*: -жек] hand-cart.

телёнок *m* [2] calf.

телепереда́ча *f* [5] telecast.

телеско́п *m* [1] telescope.

теле́сный [14] corporal; corporeal; flesh-colo(u)red.

телефо́н *m* [1] telephone (by по Д); ~и́ровать [7] (*im*)*pf.* (Д) telephone, F phone; ~и́ст *m* [1], ~и́ст-ка *f* [5; *g/pl.*: -ток] operator; ~ный [14] tele(phone)...; call (*box*).

тели́ться [15; тели́тся], ⟨o-⟩ calve.

тёлка *f* [5; *g/pl.*: -лок] heifer.

те́ло *n* [9; *pl. e.*] body; *phys.* solid; иноро́дное ~ foreign matter; всем ~м all over; ~сложе́ние *n* [12] build; constitution; ~храни́тель *m* [4] bodyguard.

теля́|тина *f* [5], ~чий [18] veal.

тем *s.* тот.

те́м|(атик)а *f* [5] subject, theme(s).

тембр (тε-) *m* [1] timbre.

Те́мза *f* [5] Thames.

темн|е́ть [8] 1. ⟨по-⟩ darken; 2. ⟨с-⟩ grow or get dark; 3. (*a.* -ся) appear or show dark; loom; ~и́ца *f* [5] prison, dungeon.

тёмно... (in *compds.*) dark...

темнота́ *f* [5] darkness; obscurity.

тёмн|ый [14; тёмен, темна́] dark; *fig.* obscure; gloomy; shady, dubious; evil, malicious; ignorant, slow, backward.

темп (тε-) *m* [1] tempo; rate, pace.

темпера́мент *m* [1] temperament;

spirits *pl.*; ~ный [14; -тен, -тна] temperamental.

температу́ра *f* [5] temperature.

те́мя *n* [13] crown.

тенденци|о́зный (тεндε-) [14; -зен, -зна] tendentious; '~я (тεn'dε-) *f* [7] tendency.

те́ндер ⚙, ⚓ ('tεndər) *m* [1] tender.

тени́стый [14 *sh.*] shady.

те́ннис ('tε-) *m* [1] tennis.

те́нор ♪ *m* [1; *pl.*: -ра́, *etc. e.*] tenor.

тень *f* [8; в тени́; *pl.*: те́ни, тене́й, *etc. e.*] shade; shadow.

теор|е́тик *m* [1] theorist; ~ети́ческий [16] theoretical; ~ия *f* [7] theory; ~ия позна́ния epistemology.

тепе́р|ешний [15] present, actual; ~ь now, at present.

тепл|е́ть [8; *3rd p. only*], ⟨по-⟩ grow warm; ~и́ться [13] burn; glimmer; ~и́ца *f* [5], ~и́чный [14] hothouse; ~о́ 1. *n* [9] warmth; *phys.* heat; warm weather; 2. *adv., s.* тёплый; ~ово́й [14] (of) heat, thermal; ~ота́ *f* [5] warmth; *phys.* heat; ~охо́д *m* [1] motor ship; ~у́шка *f* [5; *g/pl.*: -шек] heatable boxcar.

тёплый [14; тёпел, тепла́, -о́ & тёпло] warm (*a. fig.*); hot (*sun*); (мне) тепло́ it is (I am) warm.

терапи́я *f* [7] therapy.

тере|би́ть [14 *e.*; -блю́, -би́шь] pull; tousle; twitch; F pester; '~м *m* [1; *pl.*: -á, *etc. e.*] attic; (tower-)chamber; ~ть [12] rub; grate; -ся F hang about.

терза́|ние *n* [12] torment, agony; ~ть [1] 1. ⟨ис-⟩ torment, torture; 2. ⟨рас-⟩ tear to pieces.

тёрка *f* [5; *g/pl.*: -рок] grater.

те́рмин *m* [1] term; ~оло́гия *f* [7] terminology.

термо́|метр *m* [1] thermometer; '~с ('tε-) *m* [1] vacuum *or* thermos bottle.

терни́стый [14 *sh.*] thorny.

терп|ели́вый [14 *sh.*] patient; ~е́ние *n* [12] patience; ~е́ть [10], ⟨по-⟩ suffer, endure; tolerate, bear, stand; not press, permit of delay; (Д) не -ся *impf.* be impatient or eager; ~и́мость *f* [8] tolerance (toward[s] к Д); ~и́мый [14 *sh.*] tolerant; bearable; [те́рпкɪ̆й tart.

те́рпкий [16; -пок, -пка́, -о; *comp.*:]

терра́са *f* [5] terrace.

террит|ориа́льный [14] territorial; ~о́рия *f* [7] territory.

терро́р *m* [1] terror; ~изи́ровать & ~изова́ть [7] im(*pf.*) terrorize.

тёртый F [14] cunning, sly.

теря́ть [28], ⟨по-⟩ lose; waste; shed (*leaves*); give up (*hope*); -ся be lost; disappear, vanish; become embarrassed, be at a loss.

теса́ть [23], ⟨об-⟩ hew, cut.

тесн|и́ть [13], ⟨с-⟩ press; oppress; -ся crowd, throng; jostle; ~ота́ *f* [5] narrowness; throng; ~ый [14;

тéсен, теснá, -о] narrow; tight; clore; intimate.

тéст|о n [9] dough, paste; ~ь m [4] father-in-law (*wife's father*).

тесьмá f [5; g/pl.: -сём] tape.

тéтер|ев m [1; *pl.*: -á, *etc. e.*] black grouse, blackcock; ~я P f [6]: глухáя ~я deaf fellow; сóнная ~я sleepyhead.

тетивá f [5] bowstring.

тётка f [5; g/pl.: -ток] aunt.

тетрáд|ь f [8], ~ка f [5; g/pl.: -док] exercise book, notebook, copybook.

тётя f f [6; g/pl.: -тей] aunt.

тéхн|ик m [1] technician; ~ика f [5] technics; technique; equipment; F skill; ~икум m [1] technical school; ~йческий [16] technical; ~ологйческий [16] technological; ~ология f [7] technology.

теч|éние n [12] current; stream (up- [down-] вверх [вниз] по Д); course (in в В); in/of *time* с Т/Р; *fig.* trend; movement; ~ь [26] 1. flow, run; stream; move; leak; 2. f [8] leak (spring дать).

тéшить [16], ⟨по-⟩ amuse; please; -ся amuse o. s.; take comfort; banter. [*mother*).]

тёща f [5] mother-in-law (*wife's*)

тибéтец m [1; -тца] Tibetan.

тигр m [1] tiger; ~йца f [5] tigress.

тйка|нье n [10], ~ть [1] tick.

Тимофéй m [3] Timothy.

тйн|а f [5] ooze; ~истый [14 *sh.*] oozy.

тип m [1] type; F character; ~йчный [14] -чен, -чна] typical; ~огрáфия f [7] printing plant *or* office; ~огрáфский [16] printing (*press*); printer's (ink крáска f).

тир m [1] shooting gallery, rifle

тирáда f [5] tirade. [range.]

тирáж m [1 *e.*] circulation; drawing (*of a lottery*).

тирáн m [1] tyrant; ~ить [13] tyrannize; ~ия f [7], ~ство n [9] tyranny.

тирé n [*ind.*] dash.

тйс|кать [1], ⟨~нуть⟩ [20] squeeze, press; print; ~кй m/pl. [1 *e.*] vice, grip; F fix; ~нёный [14] (im-)printed.

тйтул m [1], ~ьный [14] title.

тиф m [1] typhus.

тй|хий [16; тих, -á, -о; *comp.*: тйше] quiet, still; calm; soft, gentle; slow; † dull, flat; *cap.* Pacific; ~хомóлком F on the quiet; ~ше! silence!; ~шинá f [5] silence, stillness, calm (-ness); ~шь f [8; в тишй] calm; silence.

т. к. *abbr.*: тáк как, *cf.* так.

ткa|нь f [8] fabric, cloth; *biol.* tissue; ~ть [тку, ткёшь] ткал, ткалá, -о], ⟨со-⟩ [сóтканный] weave; ~цкий [16] weaver's; weaving; ~ч m [1 *e.*], ~чйха f [5] weaver.

ткнýть(ся) n [12] decay, putrefaction;

тлé|ние n [12] decay, putrefaction;

smo(u)ldering; ~ть [8], ⟨ис-⟩ (s)mo(u)lder, decay, rot, putrefy; glimmer.

то 1. [28] that; ~ же the same; к ~мý (же) in addition (to that), moreover; add to this; ни ~ ни cё F neither fish nor flesh; ни с ~гó ни с ceró F all of a sudden, without any reason; до ~гó so much; 2. (*cj.*) then; ~ ... ~ now ... now; he ~ ... не ~ *or* ~ ли ... ~ ли either ... or, half ... half; не ~, чтóбы not that; а не ~ (or) else; 3. ~ -~ just, exactly; although; oh ...

тов. *abbr.*: товáрищ.

товáр m [1] commodity, article (of trade); *pl.* goods, wares.

товáрищ m [1] comrade, friend; mate, companion (in *arms* по Д); colleague; assistant; ~ по шкóле schoolmate; ~ по университéту fellow student; ~еский [16] friendly; companionable; ~ество n [9] comradeship, fellowship; partnership; association, company.

товáр|ный [14] ware(*house*); goods-...; 🚂 freight..., *Brt.* goods...; ~о- обмéн m [1] barter; ~ооборóт m [1] commodity circulation.

тогдá then, at that time; ~ как whereas, while; ~шний [15] of that (*or* the) time, then.

тó есть that is (to say), i. e.

тождéств|енный [14 *sh.*] identical; '~о n [9] identity.

тóже also, too, as well; *cf.* тáкже.

ток m 1. [1] current; 2. [1; на -ý; *from* g/pl. *e.*] (threshing) floor.

токáр|ный [14] turner's; turning (*lathe*); '~ь m [4] turner.

толк m [1; бéз -у] sense; use; judg(e)-ment; F talk, rumo(u)r; † doctrine; sect; знать ~ в (П) be a judge of; ~áть [1], *once* ⟨~нýть⟩ [20] push, shove, thrust; *fig.* induce, prompt; F urge on, spur; -ся push (o. a.); F knock (at в В; about); ~овáть [7] 1. ⟨ис-⟩ interpret, expound, explain; comment; take (in ... part в ... стó-рону); 2. ⟨по-⟩ talk (to с Т); speak, tell, say; ~óвый [14] explanatory, commenting; F [*sh.*] sensible, smart, wise; ~óм ~ о; *a.* in earnest; ~отня́ F f [6] crush, crowd; ~учка P f [5; g/pl.: -чек] second-hand market.

толо|кнó n [9] oat flour; ~чь [26; -лкý, -лчёшь, -лкýт; -лóк, -лклá; -лчённый], ⟨рас-, ис-⟩ pound; ~чься P hang about.

толп|á f [5; *pl. st.*; ~йться [14 *e.*; *no 1st. & 2nd p. sg.*], ⟨с-⟩ crowd, throng; mob; swarm.

толст|éть [8], ⟨по-, рас-⟩ grow stout; ~окóжий [17 *sh.*] thick--skinned; ~ый [14; толст, -á, -о; *comp.*: тóлще] thick; large, big; stout, fat; ~як m [1 *e.*] fat man.

толч|ёный [14] pounded; ~ея F f

[6] crush, crowd; ∠óк *m* [1; -чкá] push; shock; jolt; *fig.* impulse.

толщин|á *f* [5] thickness; stoutness; ∠óй в (В), ... в ∠у ... thick.

толь *m* [4] roofing felt.

то́лько only, but; как ∠ as soon as; лишь (*or* едва́) ∠ no sooner ... than; ∠ бы if only; ∠ что just (now); ∠-∠ F barely.

том *m* [1; *pl.*: -á, *etc. e.*] volume.

том|и́тельный [14; -лен, -льна] painful, tormenting; oppressive; ∠и́ть [14 *e.*; томлю́, томи́шь, томлённый], <ис-> torment, plague, harass, pester; pinch, oppress; -ся pine (for Т), languish (with; be tormented, *etc.*, *s.* ∠и́ть); ∠ле́ние *n* [12], ∠ность *f* [8] languor; ∠ный [14; -мен, -мнá, -о] languishing.

тон *m* [1; *pl.*: -á, *etc. e.*] tone.

то́нк|ий [16; -нок, -нкá, -о; *comp.*: то́ньше] thin; slim, slender; small; fine; delicate, subtle; keen; light (*sleep*); high (*voice*); ∠ F cunning; ∠ость *f* [8] thinness, *etc. s.* ∠ий; delicacy, subtlety; *pl.* details (go into вдава́ться в В; F split hairs).

то́нна *f* [5] ton; ∠ж *m* [1] tonnage.

тону́ть [19] *v/i.* 1. <по-, за-> submerge; 2. <у-> drown.

То́ня *f* [6] *dim.* of Антони́на.

топ|а́ть [1], *once* <∠ну́ть> [20] stamp; ∠и́ть [14] *v/t.* 1. <за-, по-> sink; flood; 2. <за-, ис-, на-> heat; light a fire; 3. <рас-> melt; 4. <у-> drown; ∠ка *f* [5; *g/pl.*: -пок] heating; furnace; ∠кий [16; -пок, -пкá, -о] boggy, marshy; ∠лёный [14] melted; molten; ∠ливо *n* [9] fuel; ∠нуть *s.* ∠а́ть.

топогра́фия *f* [7] topography.

то́поль *m* [4; *pl.*: -ля́, *etc. e.*] poplar.

топо́р *m* [1] ax(e); ∠ный [14; -рен, -рна] coarse.

то́пот *m* [1] stamp(ing), tramp(ing).

топта́ть [3], <по-, за-> trample, tread; <вы-> press; <с-> wear out; ∠ся tramp(le); F hang about; mark time (на ме́сте).

топь *f* [8] marsh, mire, bog, fen.

торг *m* [1; на -ý; *pl.*: -и́, *etc. e.*] bargaining, chaffer; *pl.* auction (by с Р; at на П); ∠а́ш *contp. m* [1 *e.*] dealer; ∠ова́ть [8] trade, deal (in Т); sell; be open; -ся, <с-> (strike a) bargain (for о П); ∠о́вец *m* [1; -вца] dealer, trader, merchant; ∠о́вка *f* [5; *g/pl.*: -вок] market woman; ∠о́бля *f* [6] trade, commerce; traffic; business; ∠о́вый [14] trade..., trading, commercial, of commerce; ⚓ mercantile, merchant...; ∠пре́д *m* [1] Soviet trade representative; ∠пре́дство *n* [9] trade agency of the U.S.S.R.

торже́ств|енность *f* [8] solemnity; ∠енный [14 *sh.*] solemn; festive; triumphant; ∠о́ *n* [9] triumph; festivity, celebration; ∠ова́ть [7],

<вос-> triumph (over над Т); *impf.* celebrate.

то́рмо|з *m* 1. [1; *pl.*: -á, *etc. e.*] brake; 2. [1] *fig.* drag; ∠и́ть [15 *e.*; -ожу́, -ози́шь; -ожённый], <за-> (put the) brake(s on); *fig.* hamper; *psych.* curb, restrain; ∠ши́ть F [16 *e.*; -шу́, -ши́шь] *s.* тереби́ть.

то́рный [14] beaten (*road, a. fig.*).

торо́п|ить [14], <по-> hasten, hurry up (*v/i.* -ся; *a.* be in a hurry); ∠ли́вый [14 *sh.*] hasty, hurried.

торпе́д|а *f* [5], ∠и́ровать [7] (*im*)*pf.* torpedo; ∠ный [14] torpedo...

торт *m* [1] pie; fancy cake.

торф *m* [1] peat; ∠яно́й [14] peat...

торча́ть [4 *e.*; -чу́, чи́шь] stick out; F hang about.

тоск|á *f* [5] melancholy; anxiety, grief; yearning; boredom, ennui; ∠á по ро́дине homesickness; ∠ли́вый [14 *sh.*] melancholy; sad, dreary; ∠ова́ть [7] grieve, feel sad (*or* lonely); feel bored; yearn *or* long (for по П *or* Д); be homesick (по ро́дине).

тот *m*, та *f*, то *n*, те *pl.* [28] that, *pl.* those; the one; the other; не ∠ wrong; (н)и тот (и) друго́й both (neither); тот же (са́мый) the same; тем бо́лее the more so; тем лу́чше so much the better; тем са́мым thereby; *cf.* а. то.

то́тчас (же) immediately, at once.

точи́|льный [14] grinding; ∠льщик *m* [1] grinder; ∠ть [16] 1. <на-> whet, grind; sharpen; 2. <вы́-> turn; 3. <ис-> eat (*or* gnaw) away; gnaw at; perforate; wear; weather.

то́чк|а *f* [5; *g/pl.*: -чек] point; dot; *typ.*, *gr.* period, full stop; ∠а высшая ∠а zenith, climax (at на П); ∠а с запято́й *gr.* semicolon; ∠а! F enough!; *s. a.* точь.

то́чн|о *adv. of* ∠ый; *a.* = сло́вно indeed; так ∠о! ⚔ yes, sir!; ∠ость *f* [8] accuracy, exactness, precision; в ∠ости *s.* ∠о; ∠ый [14; -чен, -чнá, -о] exact, precise, accurate; punctual; (of) precision.

точь: ∠ в ∠ exactly.

тошн|и́ть [13]; меня́ ∠и́т I feel sick; I loathe; ∠отá *f* [5] nausea; F loathing; ∠ый [14; -шен, -шнá, -о]loathsome, nauseous; мне ∠о *s.* ∠и́ть.

то́щий [17; тощ, -á, -е] lean, lank, gaunt; F empty; scanty, poor.

трава́ *f* [5; *pl. st.*] grass; herb; weed.

трав|и́ть [14] 1. <за-> bait, chase, course; *fig.* attack; 2. <с-, вы́-> corrode, stain; exterminate; 3. ⚓ <вы́-> loosen; ∠ля *f* [6; *g/pl.*: -лей] baiting; *fig.* defamation.

травян|и́стый [14 *sh.*], ∠о́й [14] grass(y).

траг|е́дия *f* [7] tragedy; ∠ик *m* [1] tragedian; ∠и́ческий [16], ∠и́чный [14; -чен, -чна] tragic(al).

традицио́нный [14; -о́нен, -о́нна] traditional.

тракт m [1] highway; anat. tract; **~а́т** m [1] treatise; **~и́р** m [1] inn, tavern, Brt. public house, F pub; **~и́рщик** m [1] innkeeper; **~ова́ть** [7] treat; **~о́вка** f [5; g/pl.: -вок] treatment; **~ори́ст** m [1] tractor operator; **~орный** [14] tractor...

тра́льщик m [1] trawler; ✕ mine sweeper.

трамбова́ть [7], ⟨у-⟩ ram.

трамва́й m [3] streetcar, Brt. tramway, tram(car) (by Т, на П).

трампли́н m [1] springboard.

транзи́т m [1], **~ный** [14] transit.

транс|кри́бировать [7] (im)pf. transcribe; **~ли́ровать** [7] (im)pf. transmit; relay; **~ля́ция** f [7] transmission; **~пара́нт** m [1] transparency.

тра́нспорт m [1] transport(ation; a. system [of]); **~и́ровать** [7] (im)pf. transport, convey; **~ный** [14] (of) transport(ation).

трансформа́тор m [1] transformer.

транше́я f [6; g/pl.: -е́й] trench.

трап m [1] gangway; **~е́ция** f [7] trapeze; ♣ trapezium.

тра́сса f [5] route, line.

тра́т|а f [5] expenditure; expense; waste; **~ить** [15], ⟨ис-, по-⟩ spend; wasted; **~та** f [5] draft.

тра́ур m [1] mourning; **~ный** [14] mourning...; funeral...

трафаре́т m [1] cliché (a. fig.).

трах! crash!

тре́бова|ние n [12] demand (on по Д); requirement; claim; order; **~тельный** [14; -лен, -льна] exacting; particular; pretentious; **~ть** [7], ⟨по-⟩ (Р) demand; require; claim; cite, summon; call; **-ся** be required (or wanted); be necessary.

трево́|га f [5] alarm; warning, alert; anxiety; **~жить** [16] 1. ⟨вс-, рас-⟩ alarm, disquiet; 2. ⟨по-⟩ disturb, trouble; **-ся** be anxious; worry; **~жный** [14; -жен, -жна] restless, uneasy; alarm(ing), disturbing.

тре́зв|ость f [8] sobriety; **~ый** [14; трезв, -а́, -о] sober (a. fig.).

трель f [8] trill, shake; warble.

тре́нер m [1] trainer, coach.

тре́ние n [12] friction (a. fig.).

трениро́в|ать [7], ⟨на-⟩ train, coach; v/i. **-ся**; **~ка** f [5] training.

трепа́ть [2] 1. ⟨по-⟩ tousle; twitch; flutter; F tap (on по Д); wear out, fray; harass; prate; 2. ⟨вы-⟩ scutch.

тре́пет m [1] tremor; quiver; **~а́ть** [3], ⟨за-⟩ tremble (with от Р); quiver, shiver; flicker; palpitate; **~ный** [14; -тен, -тна] quivering; flickering.

треск m [1] crack, crash; **~а́** f [5] cod; **~а́ться** [1], ⟨по-, тре́снуть⟩ [20] burst; crack, split; chap; **~отня́** f [6] crackle; rattle; chirp; gabble;

~у́чий [17 sh.] hard, ringing (frost); fig. bombastic.

тре́снуть s. тре́скаться & треща́ть.

трест m [1] trust.

трет|е́йский [16] of arbitration; **~ий** [18] third; **~ьего дня** = позавчера́; cf. пя́тый; **~ирова́ть** [7] (mal)treat; **~ь** f [8; from g/pl. e.] (one) third.

треуго́ль|ник m [1] triangle; **~ный** [14] triangular; three-cornered (hat).

тре́фы f/pl. [5] clubs (cards).

трёх|годи́чный [14] three years'; triennial; **~дне́вный** [14] three days'; **~колёсный** [14] three-wheeled; **~ле́тний** [15] three-years(-old)'; **~со́тый** [14] three hundredth; **~цве́тный** [14] three-colo(u)r; tricolor(ed); **~эта́жный** [14] three-storied (Brt. -reyed).

треща́ть [4 e.; -щу́, -щи́шь] 1. ⟨за-⟩ crack; 2. ⟨про-⟩ crackle; rattle; chirp; F prattle; 3. ⟨тре́снуть⟩ [20] burst; **~и́на** f [5] split (a. fig.), crack, cleft, crevice, fissure; chap; **~о́тка** f [5; g/pl.: -ток] rattle; F chatterbox.

три [34] three; cf. пять.

трибу́н|а f [5] tribune, platform; stand; **~а́л** m [1] tribunal.

тригономе́трия f [7] trigonometry.

три́дца|тый [14] thirtieth; cf. пяти́десятый; **~ть** [35 e.] thirty.

три́жды three times, thrice.

трико́ n [ind.] tights pl.; **~та́ж** m [1] hosiery; jersey.

трило́гия f [7] trilogy.

трина́дца|тый [14] thirteenth; cf. пя́тый; **~ть** [35] thirteen; cf. пять.

три́ста [36] three hundred.

триу́мф m [1] triumph; **~а́льный** [14] triumphal; triumphant.

тро́га|тельный [14; -лен, -льна] touching, moving; **~ть** [1], once ⟨тро́нуть⟩ [20] touch (a. fig. = move); F pester; **~й!** go!; **-ся** start; set out (on a journey в путь); move; be touched.

тро́е [37] three (cf. дво́е); **~кра́тный** [14; -тен, -тна] repeated three times.

тро́иц|а f [5] Trinity; Whitsunday.

тро́й|ка f [5; g/pl.: тро́ек] three (cf. дво́йка); troika (team of 3 horses abreast [+ vehicle]); triumvirate; F (mark =) посре́дственно, cf.; **~но́й** [14] threefold, triple, treble; **~ня** f [6; g/pl.: тро́ен] triplets pl.

тролле́йбус m [1] trolley bus.

трон m [1] throne; **~ный** [14] Brt. King's (Queen's) (speech).

тро́нуть(ся) s. тро́гать(ся).

троп|а́ f [5; pl.: тро́пы, троп, -па́м] path, track; **~и́нка** f [5; g/pl.: -нок] (small) path.

тропи́ческий [16] tropic(al).

трос m [1] hawser, cable.

трост|ни́к m [1 e.] reed; cane; **~ни-**

ко́вый [14] reed...; cane...; ʌочка f [5; g/pl.: -чек], ʌь f [8; from g/pl. e.] cane, Brt. a. walking stick.

тротуа́р m [1] sidewalk, Brt. pavement, footpath, footway.

трофе́й m [3], ʌный [14] trophy.

тро|ю́родный [14] second (cousin брат m, сестра́ f); ʌя́кий [16 sh.] threefold, triple.

труб|а́ f [5; pl. st.] pipe, (a. anat.) tube; chimney (⚙, 🛆 smokestack, funnel; (fire) engine; ♪ trumpet; ʌа́ч m [1 e.] trumpeter; ʌи́ть [14 e.; -блю́, -би́шь], ⟨про-⟩ blow (the в B); ʌка f [5; g/pl.: -бок] tube; pipe (to smoke); teleph. receiver; roll; ʌо-прово́д m [1] pipe line; ʌочи́ст m [1] chimney sweep; ʌчатый [14] tubular.

труд m [1 e.] labo(u)r, work; pains pl., trouble; difficulty (with c T; a. hard[ly]); pl. a. transactions; F service; ʌи́ться [15], ⟨по-⟩ work; toil, exert o.s.; trouble; ʌность f [8] difficulty; ʌный [14; -ден, -дна́, -о] difficult, hard; F heavy; ʌово́й [14] labo(u)r...; ~ working; workman's; earned; service...; ʌолю-би́вый [14 sh.] industrious; ʌоспосо́бный [14; -бен, -бна] able-bodied, able to work; ʌя́щийся [17] working; su. worker.

тру́женик m [1] toiler, worker.

труни́ть [13] make fun (of над T).

труп m [1] corpse, body.

тру́ппа f [5] company, troupe.

трус m [1] coward; ʌики m/pl. [1] trunks, shorts; ʌить [15], ⟨с-⟩ be afraid (of P); ʌи́ха F f [5] f of ~; ~ли́вый [14 sh.] cowardly; ʌость f [8] cowardice; ʌы́ s. ʌики.

трут m [1] tinder.

тру́тень m [4; -тня] drone.

трущо́ба f [5] slum, den, nest.

трюк m [1] trick, F stunt.

трюм ⚓ m [1] hold.

трюмо́ n [ind.] pier glass.

тряп|и́чник m [1] ragpicker; ʌка f [5; g/pl.: -пок] rag; duster; patch; F milksop; ʌьё n [10] rag(s).

тряси́на f [5] bog, fen, quagmire.

тряс|ка f [5] jolting, ʌкий [16; -сок, -ска] shaky; jolty; ʌти́ [24 -с-], once ⟨тряхну́ть⟩ [20] shake (a p.'s Д hand; head, etc. T; a. fig.); F (impers.) jolt; ʌти́сь shake; shiver (with от P).

тряхну́ть s. трясти́.

тсс! hush!

тт. abbr.: 1. това́рищи; 2. тома́.

туале́т m [1] toilet.

туберкулёз m [1] tuberculosis; ʌный [14] tubercular; tuberculous (patient).

туго́|й [14; туг, -а́, о; comp.: ту́же] tight, taut; stiff; crammed; F stingy; slow, hard (a. of hearing на́ ухо); adv. a. hard put to it; hard up; hard, with difficulty.

туда́ there, thither; that way.

тужи́ть F [16] grieve; long for (о П).

туру́рка f [5; g/pl.: -рок] jacket.

туз m [1 e.] ace; F boss.

тузе́м|ец m [1; -мца] native; ʌный [14] native.

ту́ловище n [11] trunk.

тулу́п m [ ] sheepskin coat.

тума́н m [1] fog, mist; haze; smog; ʌный [14; -а́нен, -а́нна] foggy, misty; fig. hazy, vague.

ту́мб|а f [5] curbstone (Brt. kerb-); pedestal; ʌочка f [5; g/pl.: -чек] bedside table.

тунея́дец m [1; -дца] parasite.

Туни́с m [1] Tunisia; Tunis.

тунне́ль (-'пе-) m [4] tunnel.

туп|е́ть [8], ⟨(п)о-⟩ grow blunt; ʌи́к m [1 e.] blind alley, dead end, (a. fig.) impasse; nonplus, tight corner; ста́вить в ʌи́к baffle; стать в ʌи́к be at one's wit's end; ʌо́й [14; туп, -а́, -о] blunt; ʌ obtuse; fig. dull, stupid; apathetic; ʌость f [8] bluntness; dullness; ʌоу́мный [14; -мен, -мна] stupid.

тур m [1] round; tour; zo. aurochs.

тура́ f [5] rook, castle (chess).

турби́на f [5] turbine.

туре́цкий [16] Turkish.

тури́|зм m [1] tourism; ʌст m [1] tourist.

туркме́н m [1] Turk(o)man; ʌский [16] Turkmen(ian).

турне́ (-'пе) n [ind.] tour.

турни́к m [1 e.] horizontal bar.

турни́р m [1] tournament (in на П).

ту́р|ок m [1; -рка; g/pl.: ту́рок], ʌча́нка f [5; g/pl.: -нок] Turk; Ωция f [7] Turkey.

ту́ск|лый [14; тускл, -а́, -о] dim; dull; dead (gold, etc.); ʌне́ть [8], ⟨по-⟩ & ʌнуть [20] grow dim or dull.

тут F here; there; then; ʌ! present!; ʌ же there & then, on the spot; ʌ как ʌ already there.

ту́тов|ый [14]: ʌое де́рево n mulberry. [per.]

ту́фля f [6; g/pl.: -фель] shoe; slip-]

ту́х|лый [14; тухл, -а́, -о] bad (egg), rotten; ʌнуть [21] 1. ⟨по-⟩ go or die out, expire; 2. ⟨про-⟩ go bad.

ту́ч|а f [5] cloud; dim. ʌка f [5; g/pl.: -чек]; ʌный [14; -чен, -чна́, -о] corpulent, obese, stout, fat; fertile (soil).

туш ♪ m [1] flourish.

ту́ша f [5] carcass.

туш|ёный [14] stewed; ʌи́ть [16] ⟨по-, F за-⟩ put out, extinguish; impf. stew; fig. subdue.

тушь f [8] Indian ink.

тща́тельн|ость f [8] care(fulness); ʌый [14; -лен, -льна] careful.

тще|ду́шный [14; -шен, -шна] sickly; ʌсла́вие n [12] vanity; ʌсла́вный [14; -вен, -вна] vain

(-glorious); ~тный [14; -тен, -тна] vain, futile; ~тно in vain.

ты [21] you, † thou; быть на ~ (с Т) thou (p.), be familiar (with).

ты́кать [3], ⟨ткнуть⟩ [20] poke, jab, thrust (v/i. -ся); F (thee &) thou.

ты́ква f [5] pumpkin.

тыл m [1; в -ý; pl. e.] rear, base; глубо́кий ~ hinterland.

ты́сяч|а f [5] thousand; ~еле́тие n [12] millenium; ~ный [14] thousandth; of thousand(s).

тьма f [5] dark(ness); F lots of.

тьфу! F fie!, for shame!

тю́бик m [1] tube.

тюк m [1 e.] bale, pack.

тюле́нь m [4] seal; F lout.

тюль m [4] tulle.

тюльпа́н m [1] tulip.

тюр|е́мный [14] prison ...; ~е́мщик m [1] jailer, Brt. gaoler, warder; ~ьма́ f [5; pl.: тюрьмы, -рем, -рьмам] prison, jail, Brt. gaol.

тюфя́к m [1 e.] mattress.

тя́вкать F [1] yap, yelp.

тяг|а́ f [5] draft, Brt. draught; traction; fig. bent (for к Д), desire (of); ~аться F [1] (с Т) be a match (for), cope, vie (with); be at law (with); ~остный [14; -тен, -тна] burden-

some; painful; ~ость f [8] burden (be ... to в В/Д); ~отение n [12] gravitation; a. = ~a fig.; ~оте́ть [8] gravitate (toward[s] к Д); weigh (upon над Т); ~отить [15 e.; -ощу́, -отишь] weigh upon, be a burden to; -ся feel the burden (of Т); ~у́чий [17 sh.] viscous; ductile; drawling, lingering.

тяж|ба́ f [5] action, lawsuit; ~елове́с m [1] heavyweight; ~елове́сный [14; -сен -сна] heavy, ponderous; ~ёлый [14; -жёл, -жела́] heavy; difficult, hard; laborious; serious (wound, etc.); (a. ♀) severe, grave; grievous, sad, oppressive, painful; close (air); (Д) ~ело́ feel sad; ~есть f [8] heaviness; weight; load; burden; gravity; seriousness; painfulness; ~кий [16; тяжек, тяжка́, -о] heavy (fig.), etc., cf. ~ёлый.

тяну́ть [19] pull, draw; ♫ tow; draw in (out = delay); protract; drawl (out); attract; gravitate; drive at; long; have a mind to; would like; waft; ~ет there is a draft (Brt. draught) (of Т); F drag (on); steal; take (from с Р); -ся stretch (a. = extend); last; drag, draw on; reach out (for к Д).

У

у (Р) at, by, near; with; (at) ...'s; at p.'s place; у меня́ (был, -á ...) I have (had); my; (borrow, learn, etc.) from; of; off (coast); in; у себя́ in (at) one's home or room, office,

away; ~йся (вон)! get out of here!

убавля́ть s. убива́ть.

убáв|ля́ть [28], ⟨~ить⟩ [14] lower, reduce, diminish, decrease; v/i. -ся.

убе́|га́ть [1], ⟨~жáть⟩ [4; -егу́, -жи́шь, -гут] run away; escape.

убе|ди́тельный [14; -лен, -льна] convincing; urgent (request); ~ждáть [1], ⟨~ди́ть⟩ [15 e.; no 1st p. sg.; -еди́шь, -еждённый] convince (of в П), persuade (impf. a. try to ...); ~жде́ние n [12] persuasion; conviction.

убе́ж|а́ть s. убега́ть; ~ище n [11] shelter, refuge; asylum.

убере|га́ть [1], ⟨~е́чь⟩ [26 г/ж] save, safeguard.

уби|вáть [1], ⟨~ть⟩ [убью́, -ьёшь; уби́тый] kill; murder; beat (card); drive into despair; blight; F waste.

уби́й|ственный [14 sh.] killing; murderous; F deadly, terrible; ~ство n [9] murder; покуше́ние на ~ство murderous assault; ~ца m/f [5] murderer; assassin.

убира́|ть [1], ⟨убра́ть⟩ [уберу́, -рёшь, убра́л, -á, -о; у́бранный] take (or put, clear) away (in); gather, harvest; tidy up; decorate, adorn, trim; dress up; -ся F clear off,

уба́вить s. убивáть.

убо́|гий [16 sh.] needy, poor; wretched, miserable; scanty; crippled; ~жество n [9] poverty.

убо́й m [3] slaughter (for на В).

убо́р m [1] attire; (head)gear; ~истый [14 sh.] close: ~ка f [5; g/pl.: -рок] harvest, gathering; tidying up; ~ная f [14] lavatory, toilet, water closet; dressing room; ~очный [14] harvest(ing); ~щица f [5] charwoman.

убра́|нство n [9] attire; furniture; ~ть(ся) s. убира́ть(сп).

убы|ва́ть [1], ⟨~ть⟩ [убу́ду, убу́дешь; убы́л, -á, -о] subside, fall; decrease; leave; fall out; ~ль f [8] decrease, fall; loss; ~ток m [1; -тка] loss, damage; disadvantage (be at в П); ~точный [14; -чен, -чна] unprofitable; ~ть s. убыва́ть.

уважа́|емый [14] dear (address); ~ть [1], ~ние n [12] respect, esteem (su. for к Д); ~ительный [14; -лен, -льна] valid.

уведомля́ть [28], ⟨~ить⟩ [14] inform, notify, advise (of о П); ~ле́ние n [12] notification, † advice.

увезти́ s. увозить.

увекове́чи|вать [1], ⟨~ть⟩ [16] immortalize.

увелич|е́ние n [12] increase; en-

largement; ⊾ивать [1], ⟨⊾ить⟩ [16]
increase; enlarge; magnify; *v/i.* -ся;
⊿ительный [14] *opt.* magnifying;
gr. augmentative.

увенча́ться [1] *pf.* (Т) be crowned.

уве́р|е́ние *n* [12] assurance (of в П);
⊾енность *f* [8] firmness, assurance;
certainty; confidence (in в П); ⊾ен-
ный [14 *sh.*] firm, steady; confident
(of в П); positive, sure, certain;
бу́дьте ⊾ены I assure you, you may
depend on it; ⊾ить *s.* ⊾я́ть.

уве́рт|ка *F f* [5; *g/pl.:* -ток] sub-
terfuge, dodge; ⊿ливый [14 *sh.*]
evasive.

увертю́ра *f* [5] overture.

уве́р|я́ть [28], ⟨⊾ить⟩ [13] assure
(of в П); make believe (sure -ся),
persuade.

увесел|е́ние *n* [12] amusement;
⊿ительный [14] pleasure...; ⊾я́ть
⟨⊾и́ть⟩ *s.* уводи́ть. [28] amuse.

уве́ч|ить [16], ⟨из-⟩ mutilate; ⊾ный
[14] crippled; ⊾ье *n* [10] mutilation.

увещ(ев)а́|ние *n* [12] admonition;
⊾ть [1] admonish.

уви́л|ивать [1], ⟨⊾ьну́ть⟩ [20] shirk.

увлажн|я́ть [28], ⟨⊾и́ть⟩ [13] wet,
dampen.

увле|ка́тельный [14; -лен, -льна]
fascinating; ⊾ка́ть [1], ⟨⊾чь⟩ [26]
carry (away; *a. fig.* = transport,
captivate); -ся (Т) be carried away
(by), be(come) enthusiastic (about);
be(come) absorbed (in); take to;
fall (*or* be) in love (with); ⊾че́ние *n*
[12] enthusiasm, passion (for Т).

уво́|д *m* [1] ✕ withdrawal; theft;
⊾ди́ть [15], ⟨увести́⟩ [25] take,
lead (away, off); steal; ✕ withdraw;
⊾зи́ть [15], ⟨увезти́⟩ [24] take,
carry, drive (away, off); F steal, kidnap.

увол|ить *s.* ⊾ьня́ть; ⊾ьне́ние *n* [12]
dismissal (from с Р); granting of
leave в В); ⊾ьня́ть [28], ⟨⊾ить⟩
[13] dismiss (from с Р); give leave
of absence в о́тпуск; (от Р) dispense (with), spare.

увы́! alas!

увя|да́ние *n* [12] withering; ⊾да́ть
[1], ⟨⊾нуть⟩ [20] wither, fade; ⊾-
дший [17] withered.

увя́з|а́ть [1] 1. ⟨⊾нуть⟩ [21] stick,
sink; 2. *s.* ⊾ыва́ть(ся); ⊾ка *f* [5]
coördination; ⊾ывать [1], ⟨⊾а́ть⟩
[3] tie up; coördinate (*v/i.* -ся).

уга́д|ывать [1], ⟨⊾а́ть⟩ [1] guess.

уга́р *m* [1] coal gas; poisoning by
coalgas; *fig.* frenzy, intoxication;
⊾ный [14] full of coal gas; charcoal...

уга́с|а́ть [1], ⟨⊾нуть⟩ [21] die (*or*
fade) out, away, expire; become
extinct.

угле|кислота́ *f* [5] carbonic acid;
⊾ки́слый [14] carbonic(ic); choke-
damp...; ⊾ко́п *m* [1] *s.* шахтёр; ⊾-
ро́д *m* [1] carbon.

углово́й [14] corner...; angle...

углуб|я́ть(ся) *s.* ля́ть(ся); ⊾ле́ние
n [12] deepening; hollow, cavity;
absorption; extension; ⊾лённый
[14 *sh.*] profound; *a. fig. p. pt. p.* of ⊾
и́ть(ся); ⊾ля́ть [28], ⟨⊾и́ть⟩ [14 *e.*;
-блю́, -би́шь; блённый] deepen
(*v/i.* -ся); make (become) more
profound, extend; -ся *a.* go deep
(into в В), be(come) absorbed (in).

угна́ть *s.* угоня́ть.

угнет|а́тель *m* [4] oppressor; ⊾а́ть
[1] oppress; depress; ⊾е́ние *n* [12]
oppression; (*a.* ⊾ённость *f* [8])
depression; ⊾ённый [14; -тён,
-тена́] oppressed; depressed.

угов|а́ривать [1], ⟨⊾ори́ть⟩ [13]
(В) (*impf.* try to) persuade; -ся
arrange, agree; ⊾о́р *m* [1] agreement,
arrangement (by no Д); condition
(on с Т); *pl.* persuasion(s); ⊾о-
ри́ть(ся) *s.* ⊾а́ривать(ся).

уго́д|а *f* [5]: в ⊾у (Д) for p.'s sake,
to please s. o.; ⊾а́ть *s.* угожда́ть;
⊾ливый [14 *sh.*] complaisant; obliging; ingratiating, toadyish; ⊾ник *m*
[1] saint; ⊾но please; как (что)
вам ⊾но just as (whatever) you
like; что вам ⊾но? what can I do
for you?; не ⊾но ли вам ...?
wouldn't you like ...; ско́лько (ду-
шé) ⊾но *s.* вдо́воль & в вдасть.

уго|жда́ть [1], ⟨⊾ди́ть⟩ [15*e.*; -ожу́,
-оди́шь] (Д, на В) please; *pf.* F get,
come; (в В) hit.

у́гол *m* [1; угла́; в, на углу́] corner
(at на П); ▲ angle; nook; home;
⊾о́вный [14] criminal.

уголо́к *m* [1; -лка́] nook, corner.

у́голь *m* [4; у́гля] coal; как на ⊾ях
F on tenterhooks; ⊾ный [14] coal-
...; carbonic; ⊾ный[2] [14] corner...

угомони́ть(ся) [13] *pf.* calm (down).

угоня́ть [28], ⟨угна́ть⟩ [угоню́,
уго́нишь; угна́л, -а, -о; у́гнанный]
drive (away, off); steal; -ся F catch
up (with за Т).

угор|а́ть [1], ⟨⊾е́ть⟩ [9] be poi-
soned by coal gas; F go mad.

у́горь *m* [4 *e.*; угря́] eel; blackhead.

уго|ща́ть [1], ⟨⊾сти́ть⟩ [15*e.*; -ощу́,
-ости́шь; -ощённый] treat (with Т),
entertain; ⊾ще́ние *n* [12] entertain-
ment; food, drinks *pl.*

угро|жа́ть [1] threaten (p. with
Д/Т); ⊾за *f* [5] threat, menace.

угрызе́ни|е *n* [12]; ⊾я *pl.* со́вести
remorse.

угрю́мый [14 *sh.*] morose, gloomy.

уда́в *m* [1] boa.

уда́|ва́ться [5], ⟨⊾ться⟩ [уда́стся,
-аду́тся; уда́лся, -а́, -ла́сь] succeed;
мне ⊾ётся (⊾ло́сь) (+ *inf.*) I succeed
(-ed) (in ...ing).

удал|е́ние *n* [12] removal; extrac-
tion; ⊾и́ть(ся) *s.* ⊾я́ть(ся); ⊾о́й,
⊾ый [14; удал, -а́, -о] bold,
daring; '⊾ь *f* [8], F ⊾ьство́ *n* [9]
boldness, daring; ⊾я́ть [28], ⟨⊾и́ть⟩

[13] remove; extract (*tooth*); **-ся** retire, withdraw; move away.

уда́р *m* [1] blow (*a. fig.*); (*a.* 🌣) stroke; ⚡, *fig.* shock; impact; slash; (*thunder*)clap; F form; **~е́ние** *n* [12] stress, accent; **~ить(ся)** *s.* **~я́ть(ся);** **~ник** *m* [1] shock worker, Stakhanovite (*Sov.*); **~ный** [14] shock...; impact...; foremost; **~я́ть** [28], ⟨**~ить**⟩ [13] strike (on по Д), hit; knock; beat, sound; punch (кулако́м); butt (голово́й); kick (ного́й); set about, start (...ing в В *pl.*); attack (*v/t.* на В; with в В *pl.*); to head (в В); F set in; stir; **-ся** strike *or* knock (with/against Т/о В); hit (в В); F fall into; throw o.s., plunge.

уда́ться *s.* удава́ться.

уда́ч|a *f* [5] (good) luck; **~ник** F *m* [1] lucky man; **~ный** [14; -чен, -чна] successful; good.

удв|а́ивать [1], ⟨**~о́ить**⟩ [13] double (*v/i.* **-ся**).

уде́л *m* [1] lot, destiny; appanage; **~и́ть** *s.* **~я́ть; ~ьный** [14] specific (*gravity, a. fig.*); **~я́ть** [28], ⟨**~и́ть**⟩ [13] devote; spare; allot.

уде́рж|ивать [1], ⟨**~а́ть**⟩ [4] withhold, restrain; keep, retain; suppress; deduct; **-ся** hold (on; to за В; *a.* out); refrain (from от Р).

удешев|ля́ть [28], ⟨**~и́ть**⟩ [14 *e.*; -влю́, -ви́шь; -влённый] cheapen.

удив|и́тельный [14; -лен, -льна] wonderful, marvel(l)ous; miraculous; amazing, strange; (не) удиви́тельно it is a (no) wonder **~и́ть(ся)** *s.* **~ля́ть(ся); ~ле́ние** *n* [12] astonishment, surprise; **~ля́ть** [28], ⟨**~и́ть**⟩ [14 *e.*; -влю́, -ви́шь; -влённый] (**-ся** be) astonish(ed at Д), surprise(d, wonder).

удила́ *n/pl.* [9; -ил, -ила́м] bit.

удира́ть F [1], ⟨удра́ть⟩ [удеру́, -рёшь; удра́л, -а́, -о] run away.

уди́ть [15] angle (for *v/t.*), fish (ры́бу).

удлин|е́ние *n* [12] lengthening; **~я́ть** [28], ⟨**~и́ть**⟩ [13] lengthen.

удо́б|ный [14; -бен, -бна] convenient; comfortable; **~о...** easily ...; **~овари́мый** [14 *sh.*] digestible; **~ре́ние** *n* [12] manure, fertilizer; fertilization; **~ря́ть** [28], ⟨**~рить**⟩ [13] fertilize, manure, dung; **~ство** *n* [9] convenience; comfort; *pl.* facilities.

удовлетвор|е́ние *n* [12] satisfaction; **~и́тельный** [14; -лен, -льна] satisfactory; *adv. a.* D (*mark*); **~я́ть** [28], ⟨**~и́ть**⟩ [13] satisfy; grant; (Д) meet; **-ся** content o.s. (with Т).

удо́|во́льствие *n* [12] pleasure; **~рожа́ть** [1], ⟨**~рожи́ть**⟩ [16] raise the price of.

удост|а́ивать [1], ⟨**~о́ить**⟩ [13] (**-ся** be) hono(u)r(ed), (*a.* ✝) favo(u)r(ed) (with P, T); bestow, confer (on); award; deign (to look

at p. взгля́да, -ом В); **~овере́ние** *n* [12] certificate, certification; (*identity*) card; corroboration (in в В); **~оверя́ть** [28], ⟨**~ове́рить**⟩ [13] certify, attest; prove (*one's identity*); convince (of в П; o.s. **-ся**; *a.* make sure); **~ить(ся)** *s.* **~ивать(ся).**

удосу́житься F [16] find time.

у́дочк|a *f* [5; *g/pl.*: -чек] fishing tackle; *fig.* trap; заки́нуть **~у** F *fig.* drop a hint.

удра́ть *s.* удира́ть.

удружи́ть [16 *e.*; -жу́, -жи́шь] F *s.* услужи́ть.

удруч|а́ть [1], ⟨**~и́ть**⟩ [16 *e.*; -чу́, -чи́шь; -чённый] deject, depress.

удуш|е́ние *n* [12] suffocation; poisoning; **~ли́вый** [14 *sh.*] stifling, suffocating; oppressive (*heat*); poison (*gas*); **~ье** *n* [10] asthma.

едине́|ние *n* [12] solitude; **~ённый** [14 *sh.*] retired, secluded, lonely, solitary; **~я́ться** [28], ⟨**~и́ться**⟩ [13] retire, seclude o.s.

уе́зд ✝ *m* [1], **~ный** [14] district.

уезжа́ть [1], ⟨**уе́хать**⟩ [уе́ду, -дешь] (в В) leave (for), go (away; to).

уж 1. *m* [1 *e.*] grass snake; 2. = уже́; F indeed, well; *do, be* (+ *vb.*).

у́жас *m* [1] horror; terror, fright; F = **~ный; ~но;** **~а́ть** [1], ⟨**~ну́ть**⟩ [20] horrify; **-ся** be horrified *or* terrified (at Р, Д); **~а́ющий** [17] horrifying; **~ный** [14; -сен, -сна] terrible, horrible, dreadful; F awful.

уже́ already; as early as; **~ не** not ... any more; (во́т) **~** for (*time*).

уже́ние *n* [12] angling, fishing.

ужи|ва́ться [1], ⟨**~ться**⟩ [-иву́сь, -вёшься; -и́лся, -ила́сь] get accustomed (то в П); live in harmony (with с Т); **~вчивый** [14 *sh.*] sociable, accomodating; **~мка** *f* [5; *g/pl.*: -мок] grimace; gesture.

у́жин *m* [1] supper (at за Т; for на В, к Д); **~ать** [1], ⟨по-⟩ have supper.

ужи́ться *s.* ужива́ться.

узако́н|ение *n* [12] legalization; statute; **~ивать** & **~я́ть** [28], ⟨**~ить**⟩ [13] legalize.

узбе́к *m* [1], **~ский** [16] Uzbek.

узд|а́ *f* [5; *pl. st.*], **~е́чка** *f* [5; *g/pl.*: -чек] bridle.

у́зел *m* [1; узла́] knot; 🚉 junction; center, *Brt.* centre; *anat.* ganglion; bundle; **~о́к** *m* [1; -лка́] knot; packet.

у́зк|ий [16; у́зок, узка́, -о; *comp.*: у́же] narrow (*a. fig.*); tight; **~ое ме́сто** *n* bottleneck; weak point; **~околе́йный** [14] narrow-gauge.

узлов|а́тый [14 *sh.*] knotty; **~о́й** [14] knot(ty); central, chief; 🚉 *s.* у́зел.

узна|ва́ть [5], ⟨**~ть**⟩ [1] recognize (by по Д); learn (from: p. от Р; th. из Р), find out, (get to) know, hear; позво́льте **~ть** tell me, please.

у́зник *m* [1] prisoner.

узо́р *m* [1] pattern, design; с ~ами = ~чатый [14 *sh.*] figured; pattern.

у́зость *f* [8] narrow(-minded)ness.

у́зы *f/pl.* [5] bonds, ties.

уйма́ F *f* [5] a great lot.

уйти́ *s.* уходи́ть.

ука́з *m* [1] decree, edict, ukase; ~а́ние *n* [12] instruction (by по Д), direction; indication (of Р, в В); ~а́тель *m* [4] index; indicator; guide; ~а́тельный [14] indicatory; fore(*finger*), index; *gr.* demonstrative; ~а́ть *s.* ~ывать; ~ка *f* [5] pointer; F order (by по Д); ~ывать [1], ⟨~а́ть⟩ [3] point out; point (to на В); show; indicate.

ука́ч|ивать, ⟨~а́ть⟩ [1] rock to sleep, lull; *impers.* make (sea)sick.

укла́д *m* [1] mode, way (of life); form; ~ка *f* [5] packing; laying; ~ывать [1], ⟨уложи́ть⟩ [16] put (to bed); lay; pack (up F -ся); place; cover; -ся *a.* find room; F manage.

укло́н *m* [1] slope, incline; slant (*a. fig.* = bias, bent, tendency); *pol.* deviation; ~е́ние *n* [12] swerve, deviation; evasion; ~я́ться *s.* ~я́ться; ~чивый [14 *sh.*] evasive; ~я́ться [28], ⟨~и́ться⟩ [13]; -оню́сь, -они́шься deviate; evade (*v/t.* от Р); swerve; digress.

уклю́чина *f* [5] oarlock (*Brt.* row-).

уко́л *m* [1] prick; 🞛 injection.

укомплекто́в|ывать [1], ⟨~а́ть⟩ [7] complete, fill; supply (fully; with Т).

уко́р *m* [1] reproach; ~а́чивать [1], ⟨~оти́ть⟩ [15 *e.*] -очу́, -оти́шь; -о́ченный] shorten; ~еня́ть [28], ⟨~ени́ть⟩ [13] implant; -ся take root; ~и́зна *f* [5] ~; ~и́зненный [14] reproachful; ~и́ть *s.* ~я́ть; ~оти́ть *s.* ~а́чивать; ~я́ть [28], ⟨~и́ть⟩ [13] reproach, blame (of в П, за В).

укра́дкой furtively;

Украи́н|а *f* [5] Ukraine (in на П); 2ец *m* [1; -нца], 2ка *f* [5; *g/pl.:* -нок], 2ский [16] Ukrainian.

укра|ша́ть [1], ⟨~сить⟩ [15] adorn; (-ся by) decorate(d); trim; embellish; ~ше́ние *n* [12] adornment; decoration; ornament; embellishment.

укреп|и́ть(ся) *s.* ~ля́ть(ся); ~ле́ние *n* [12] strengthening; consolidation; 🞛 fortification; ~ля́ть [28], ⟨~и́ть⟩ [14 *e.*; -плю́, -пи́шь; -плённый] strengthen; fasten; consolidate; 🞛 fortify; ~ля́ющий *a.* 🞛 restorative; ~ся strengthen, become stronger; 🞛 entrench.

укро́|мный [14; -мен, -мна] secluded; ~п *m* [1] fennel.

укро|ти́тель *m* [4], ~ти́тельница; [5] tamer; ~ща́ть [1], ⟨~ти́ть⟩ [15 *e.*; -ощу́, -оти́шь; -ощённый] tame;

break (*horse*); subdue, restrain; ~ще́ние *n* [12] taming; subdual.

укрупн|я́ть [28], ⟨~и́ть⟩ [13] enlarge, extend; centralize.

укры|ва́тель *m* [4] receiver; ~ва́ть [1], ⟨~ть⟩ [22] cover; shelter; conceal, harbo(u)r; -ся cover o.s.; hide; take shelter *or* cover; ~тие *n* [12] cover, shelter.

у́ксус *m* [1] vinegar.

уку́с *m* [1] bite; ~и́ть *s.* куса́ть.

уку́т|ывать ⟨~ать⟩ [1] wrap up.

ул. *abbr.:* у́лица.

ула́|вливать [1], ⟨улови́ть⟩ [14] catch, seize; grasp; ~живать [1], ⟨~дить⟩ [15] settle, arrange; reconcile.

у́лей *m* [3; у́лья] beehive.

улет|а́ть [1], ⟨~е́ть⟩ [11] fly (away).

улету́чи|ваться [1], ⟨~ться⟩ [16] volatilize; F evaporate, vanish.

уле́чься [26 г/ж: уля́гусь, уля́жешься, уля́гутся] lie down, go (to bed); settle; calm down, abate.

ули́ка *f* [5] corpus delicti, proof.

ули́тка *f* [5; *g/pl.:* -ток] snail; *anat.* cochlea.

у́лиц|а *f* [5] street (in, on на П); на ~е *a.* outside, outdoors.

улич|а́ть [1], ⟨~и́ть⟩ [16 *e.*; -чу́, -чи́шь; -чённый] (в П) detect, catch (in the act [of]); convict (of); give (a p. *the* lie).

у́личный [14] street...

уло́в *m* [1] catch; ~и́мый [14 *sh.*] perceptible; ~и́ть *s.* ула́вливать; ~ка *f* [5; *g/pl.:* -вок] trick, ruse.

уложи́ть(ся) *s.* укла́дывать(ся).

улуч|а́ть F [1], ⟨~и́ть⟩ [16 *e.*; -чу́, -чи́шь; -чённый] find.

улучш|а́ть [1], ⟨~и́ть⟩ [16] improve; *v/i.* -ся; ~е́ние *n* [12] improvement; ~и́ть(ся) *s.* ~а́ть(ся).

улыб|а́ться [1], ⟨~ну́ться⟩ [20], ~ка *f* [5; *g/pl.:* -бок] smile (at Д).

ультракоро́ткий [16] very-high-frequency (*radio*).

ум *m* [1 *e.*] intellect; mind; sense(s); head (off не в П); без ~а́ mad (about от Р); за́дним ~о́м кре́пок *be* wise after the event; име́ть на ~е́ (у Р) have in mind; не его́ ~а́ де́ло beyond his reach; сойти́ (F спяти́ть) с ~а́ go mad; сходи́ть с ~а́ F *a.* be mad (about по П); (у Р) ~ за ра́зум захо́дит F *be* crazy; (у Р) ~ ко́роток F *be* dull *or* dense.

умал|е́ние *n* [12] belittling; ~и́ть (-ся) *s.* ~я́ть(ся); ~ишённый [14] *s.* сумасше́дший; ~чивать [1], ⟨умолча́ть⟩ [4 *e.*; -чу́, -чи́шь] (о П) pass (th.) over in silence; ~я́ть [28], ⟨~и́ть⟩ [13] belittle, derogate, disparage; curtail; -ся decrease, lessen.

уме́|лый [14] skil(l)ful, skilled; ~ние *n* [12] skill, faculty, knowhow.

уменьш|а́ть [1], ⟨~и́ть⟩ [16 & 16 *e.*; -е́ньшу́, -е́ньши́шь; -е́ньшенный & -шённый] reduce, diminish, decrease (v/i. -ся); ~éние n [12] decrease, reduction; ~áтельный [14] diminutive; ~áть(ся) s. ~áть (-ся).

умéренн|ость f [8] moderation, moderateness; ~ый [14 sh.] moderate, (a. geogr. [no sh.]) temperate.

умер|éть s. умирáть; ~ить s. ~я́ть; ~твить s. ~щвля́ть; ~ший [17] dead; ~вля́ть [28], ⟨~твить⟩ [14 e.; -рщвлю́, -ртвишь; -рщвлённый] kill, destroy; mortify; ~я́ть [28], ⟨~ить⟩ [13] moderate.

уме|стить(ся) s. ~щáть(ся); ~стный (-'mesn-) [14; -тен, -тна] appropriate; ~ть [8], ⟨с-⟩ can; know how; ~щáть [1], ⟨~стить⟩ [15 e.; -ещу́, -естишь; -ещённый] get (into в В); -ся find room; sit down.

умиле́ние n [12] deep emotion, affection; ~ённый [14] affected, affectionate; ~я́ть [28], ⟨~и́ть⟩ [13] (-ся не) move(d), touch(ed).

умирáть [1], ⟨умере́ть⟩ [12]; pt.: у́мер, умерлá, -о; уме́рший die (of, from от, с Р).

умн|éть [8], ⟨по-⟩ grow wiser; ~ик m [1], ~и́ца m/f [5] clever (or good) boy, girl, (wo)man; ~и́чать [ı] s. му́дрить.

умнож|áть [1], ⟨~ить⟩ [16] multiply (by на В); v/i. -ся; ~éние n [12] multiplication.

у́м|ный [14; умён, умнá, у́мнó] clever, smart, wise; ~озаключéние n [12] conclusion; ~озри́тельный [14; -лен, -льна] speculative.

умол|я́ть s. ~я́ть; ~к: без ~у incessantly, ~кáть [1], ⟨~кнуть⟩ [21] stop, become silent; subside; ~чáть s. умáлчивать; ~я́ть [28], ⟨~и́ть⟩ [13; -олю́, -óлишь] implore (v/t.), beseech, entreat (for o П).

умопо|мешáтельство n [9], ~мрачéние n [12] (mental) derangement.

умор|а F f [5], ~и́тельный F [14; -лен, -льна] side-splitting, awfully funny; ~и́ть F [13] pf. kill; exhaust, fatigue (a. with laughing сó смеху).

у́мственный [14] intellectual, mental; brain (work[er]).

умудр|я́ть [28], ⟨~и́ть⟩ [13] make wise; -ся F contrive, manage.

умывá|льня f [14] washroom; ~льник m [1] wash(ing) stand; washbowl, Brt. wash-basin; ~ние n [12] washing; wash; ~ть [1], ⟨умы́ть⟩ [22] (-ся) wash (a. o.s.).

умы́|сел m [1; -сла] design, intent(ion); с ~слом (без ~ла) (un-)intentionally; ~ть(ся) s. умывáть (-ся); ~шленный [14] deliberate; intentional.

унавóживать [1], s. навóзить.

унести́(сь) s. уноси́ть(ся).

универ|мáг m [1] (~сáльный магази́н) department store, Brt. stores pl.; ~сáльный [14; -лен, -льна] universal; cf. a. универмáг; ~ситéт m [1] university (at, в в П).

уни|жáть [1], ⟨~зить⟩ [15] humble, humiliate, abase; ~жéние n [12] humiliation; ~жённый [14 sh.] humble; ~зи́тельный [14; -лен, -льна] humiliating; ~зить s. ~жáть.

унимáть [1], ⟨уня́ть⟩ [уйму́, уймёшь; уня́л, -á, -о ⟨-я́тый [-я́т, -á, -о)⟩] appease, soothe; still (pain); stanch (blood); -ся calm or quiet down; subside.

уничижи́тельный [14] ling. pejorative.

уничт|ожáть [1], ⟨~óжить⟩ [16] annihilate; destroy; abolish, annul; ~ожéние n [12] annihilation; ~óжить s. ~ожáть.

уноси́ть [15], ⟨унести́⟩ [24 -с-] carry, take (away, off); -ся, ⟨-сь⟩ speed away.

у́нтер-офице́р m [1] corporal.

уны|вáть [1] despond; ~лый [14 sh.] sad, dejected; ~ние n [12] despondency; ennui.

уня́ть(ся) s. унимáть(ся).

упáдо|к m [1; -дка] decay, decadence; ~к ду́ха dejection; ~к сил collapse; ~чный [14; -чен, -чна] decadent; depressive.

упаков|áть s. ~ывать; ~ка f [5; g/pl.: -вок] packing; wrappings pl.; ~щик m [1] packer; ~ывать [1], ⟨~áть⟩ [7] pack (up).

упáсть s. пáдать.

упир|áть [1], ⟨упере́ть⟩ [12] prop, stay (against в В); rest (a., F, eyes on в В); P steal; lean, prop (s.th. Т; against в В); F rest (on в В); insist on; be obstinate.

упи́танный [14] well-fed, fat.

уплá|та f [5] payment (in в В); ~чивать [1], ⟨~ти́ть⟩ [15] pay; meet (bill).

уплотн|я́ть [28], ⟨~и́ть⟩ [13] condense, compact; fill up (with work).

уплы|вáть [1], ⟨~ть⟩ [23] swim or sail (away, off); pass (away), vanish.

уповáть [1] (на В) trust (in), hope (for).

упод|обля́ть [28], ⟨~óбить⟩ [14] liken; assimilate (v/i. -ся).

упо|éние n [12] rapture, ecstasy; ~ённый [14; -ён, -енá] enraptured; ~и́тельный [14; -лен, -льна] rapturous, delightful; intoxicating.

уползти́ [24] pf. creep away.

уполномóч|енный m [14] plenipotentiary; ~ивать [1], ⟨~ить⟩ [16] authorize, empower (to на В).

упоминá|ние n [12] mention (of o П); ~ть [1], ⟨упомяну́ть⟩ [19] mention (v/t. B, o П).

упо́р *m* [1] rest; support, prop; 🚂 buffer stop; ⊕ stop, catch; де́лать ~ lay stress *or* emphasis (on на В); в ~ point-blank, straightforward (*a. look* at на В); **~ный** [14; -рен, -рна] pertinacious, persistent, persevering; stubborn, obstinate; **~ство** *n* [9] persistence, perseverance; obstinacy; **~ствовать** [7] persevere, persist (in в П).

употреб|и́тельный [14; -лен, -льна] common, customary; current; **~и́ть** *s.* **~ля́ть**; **~ле́ние** *n* [12] use; usage; **~ля́ть** [28], ⟨~и́ть⟩ [14 *е.*; -блю́, -би́шь; -блённый] (*impf.* **-ся** be) use(d), employ(ed); take (*medicine*); make (*efforts*); **~и́ть во зло** abuse.

управ|дом *m* [1] (управля́ющий до́мом) manager of the house; **~ля́ться** *s.* **~ля́ться**; **~ле́ние** *n* [12] administration (of Р; Т), management; direction; board; ⊕ control; *gr.* government; **~ля́ть** [28] (Т) manage, operate; rule; govern (*a. gr.*); ♪ drive; ⊕ steer; ⊕ control; guide; ♪ conduct; **-ся**, ⟨~иться⟩ F [14] (с Т) manage; finish; **~ля́ющий** *m* [17] manager; steward.

упражн|е́ние *n* [12] exercise; practice; **~я́ть** [28] exercise (*v/t.*, *v/refl.* **-ся**; в П: practise s.th.).

упраздн|е́ние *n* [12] abolition; **~я́ть** [28], ⟨~и́ть⟩ [13] abolish.

упра́шивать [1], ⟨упроси́ть⟩ [15] (*impf.* try to) persuade.

упрёк *m* [''] reproach, blame.

упрек|а́ть [1], ⟨~ну́ть⟩ [20] reproach, b ame (with в П).

упро|си́ть *s.* упра́шивать; **~сти́ть** *s.* ~ща́ть; **~че́ние** *n* [12] consolidation; **~чивать** [1], ⟨~чить⟩ [16] consolidate (*v/i.* **-ся**), stabilize; **~ща́ть** [1], ⟨~сти́ть⟩ [15 *е.*; -ощу́, -ости́шь; -ощённый] simplify; **~ще́ние** *n* [12] simplification.

упру́г|ий [16 *sh.*] elastic, resilient; **~ость** *f* [8] elasticity.

у́пряжь *f* [8] harness.

упря́м|иться [14] be obstinate; persist; **~ство** *n* [9] obstinacy, stubbornness; **~ый** [14 *sh.*] obstinate, stubborn.

упря́т|ывать [1], ⟨~ать⟩ [3] hide.

упу|ска́ть [1], ⟨~сти́ть⟩ [15] let go; let escape; miss; *cf.* вид; **~ще́ние** *n* [12] neglect, ommission.

ура́! hurrah!

уравн|е́ние *n* [12] equation; **~ивать** [1] **1.** (уровня́ть) [28] level; **2.** ⟨~я́ть⟩ [28] equalize, level *fig.*; **~и́тельный** [14] level(l)ing; **~ове́шивать** [1], ⟨~ове́сить⟩ [15] balance; *p.pt.p. a.* well-balanced, composed, calm; **~я́ть** *s.* ~ивать 2.

ураган *m* [1] hurricane.

Ура́л *m* [1], **~ьский** [16] Ural.

ура́н *m* [1], **~овый** [14] uranium.

урегули́рование *n* [12] settlement; regulation; *vb. cf.* регули́ровать.

урез|а́ть & ~ывать F [1], ⟨~ать⟩ [3] cut (down), curtail; **~о́нить** F [13] *pf.* bring to reason.

у́рна *f* [5] urn; (*voting*) box.

уро́в|ень *m* [4; -вня] level (at, on на П); standard; gauge; rate; **~ня́ть** *s.* уравнивать 1.

уро́д *m* [1] monster; F ugly creature; **~и́ться** [15 *е.*; -и́тся; -ождённый] *pf.* grow, be born; F be like (в В); **~ливый** [14 *sh.*] deformed; ugly; abnormal; **~овать** [7], ⟨из-⟩ deform, disfigure; mutilate; spoil; **~ство** *n* [9] deformity; ugliness; abnormity.

урож|а́й *m* [3] harvest, (abundant) crop; **~а́йность** *f* [8] yield (heavy высо́кая), productivity; **~а́йный** [14] fruitful; **~дённая** [14] nee; **~е́нец** *m* [1; -нца], **~е́нка** *f* [5; *g/pl.*: -нок] native.

уро́|к *m* [1] lesson (in на П); task; **~н** *m* [1] loss(es); injury; **~ни́ть** *s.* роня́ть; **~чный** [14] set, fixed.

Уругва́й *m* [4] Uruguay.

урча́ть [4 *е.*; -чу́, -чи́шь] (g)rumble; murmur.

уры́вками F by fits (& starts).

ус *m* [1; *pl. е.*] (*mst pl.*) m(o)ustache; **кито́вый ~** whalebone.

уса|ди́ть *s.* уса́живать; **~дьба** *f* [5; *g/pl.*: -деб] farm (land); manor; **~живать** [1], ⟨~ди́ть⟩ [15] seat; set; plant (with Т); **-ся**, ⟨усе́сться⟩ [25] уся́дусь, -дешься⟩ уся́дься, -дься́сь!; уся́лся, -лась⟩ sit down, take a seat; settle down.

уса́тый [14] with a m(o)ustache.

усв|а́ивать [1], ⟨~о́ить⟩ [13] adopt; acquire, assimilate; master, learn; **~о́ение** *n* [12] adoption; acquirement, assimilation; mastering, learning.

усе́|ивать [1], ⟨~ять⟩ [27] stud.

усе́рд|ие *n* [12] zeal, eagerness (for к Д); assiduity; **~ный** [14; -ден, -дна] eager, zealous; assiduous.

усе́сться *s.* уса́живаться.

усе́ять *s.* усе́ивать.

усид|е́ть [11] *pf.* remain seated, sit still, (can) sit; hold out; **~чивый** [14 *sh.*] assiduous, persevering.

у́сик *m* [1] *dim. of* ус; *zo.* feeler.

усил|е́ние *n* [12] strengthening, reinforcement; intensification; amplification; **~енный** [14] intens(iv)e; substantial; pressing; **~ивать** [1], ⟨~ить⟩ [13] strengthen, reinforce; intensify; (*sound*) amplify; aggravate; **-ся** increase; **~ие** *n* [12] effort, strain, exertion; **~итель** *m* [4] amplifier (*radio*); **~ить(ся)** *s.* ~ивать(ся).

ускака́ть [3] *pf.* leap *or* gallop (away).

ускольз|а́ть [1], ⟨∼ну́ть⟩ [20] slip (off, away), escape (from от P).

ускор|е́ние n [12] acceleration; ∼я́ть [28], ⟨∼ить⟩ [13] speed up, accelerate; v/i. -ся.

усла|вливаться F s. усло́вливаться; ∼жда́ть [1], ⟨∼ди́ть⟩ [15 e.; -ажу́, -ади́шь; -аждённый] sweeten, soften; delight, ∼ть s. усыла́ть.

усло́в|ие n [12] condition (on с T, при П; under на П), term; stipulation; proviso; agreement, contract; ∼иться s. ∼ливаться; ∼ленный [14 sh.] agreed upon, fixed; ∼ливаться [1], ⟨∼иться⟩ [14] arrange, fix, agree (upon о П); ∼ность f [8] convention; ∼ный [14; -вен, -вна] conditional; conventional; relative; t_2^2 probational; ∼ные зна́ки pl. conditional signes.

усложн|я́ть [28], ⟨∼и́ть⟩ [13] (-ся become) complicate(d).

услу́|га f [5] service (at к Д pl.), favo(u)r; ∼живать [1], ⟨∼жи́ть⟩ [16] do (p. Д) a service or favo(u)r; ∼жливый [14 sh.] obliging.

усм|а́тривать [1], ⟨∼отре́ть⟩ [9; -отрю́, -о́тришь; -о́тренный] see (after за T); ∼еха́ться [1], ⟨∼ехну́ться⟩ [20], ∼е́шка f [5; g/pl.: -шек] smile, grin; ∼ире́ние n [12] suppression; ∼иря́ть [28], ⟨∼ири́ть⟩ [13] pacify; suppress; ∼отре́ние n [12] discretion (at по Д; to на B), judg(e)ment; ∼отре́ть s. ∼а́тривать

усну́ть [20] pf. fall asleep; sleep.

усоверше́нствован|ие n [12] improvement, perfection; ∼ный [14] improved, perfected.

усомни́ться s. сомнева́ться.

усо́пший [17] deceased.

успе|ва́емость f [8] progress; ∼ва́ть [1], ⟨∼ть⟩ [8] have (or find) time, manage, succeed; arrive, be in time (for к Д, на B); catch (train на B); impf. get on, make progress, learn; не ∼л(а) (+ inf.), как no sooner + pt. than; ∼ва́ющий [17] advanced; ∼х m [1] success; result; pl. a. progress; ∼шный [14; -шен, -шна] successful; ∼шно a. with success.

успок|а́ивать [1], ⟨∼о́ить⟩ [13] calm, soothe; reassure; satisfy; -ся calm down; subside; become quiet; content o.s. (with на П); ∼ое́ние n [12] peace; calm; ∼ои́тельный [14; -лен, -льна] soothing, reassuring; ∼о́ить(ся) s. ∼а́ивать(ся).

УССР (Украи́нская Сове́тская Социалисти́ческая Респу́блика) Ukrainian Soviet Socialist Republic.

уста́ † n/pl. [9] mouth, lips pl.

уста́в m [1] statute(s); regulations pl.; charter (a. UNO).

уста|ва́ть [5], ⟨∼ть⟩ [-а́ну, -а́нешь] get tired; ∼вля́ть [28], ⟨∼вить⟩ [14] place; cover (with T), fill; fix (eyes on на B); -ся stare (at, на or в B); ∼лость f [8] weariness, fatigue; ∼лый [14] tired, weary; ∼на́вливать [1], ⟨∼нови́ть⟩ [14] set or put up; mount; arrange; fix; establish; find out, ascertain; adjust (to на B); -ся be established; form; set in; ∼но́вка f [5; g/pl.: -вок] mounting, installation; ⊕ plant; fig. orientation (toward[s] на B); ∼новле́ние n [12] establishment; ∼ре́лый [14] obsolete, out-of-date; ∼ть s. ∼ва́ть.

устла́ть [1], ⟨устла́ть⟩ [-телю́, -те́лешь; у́стланный] cover, lay out (with T).

у́стный [14] oral, verbal.

усто́|и m/pl. [3] foundations; ∼йчивость f [8] stability; ∼йчивый [14 sh.] stable; ∼я́ть [-ою́, -ои́шь] keep one's balance; hold one's ground (v/t. про́тив P, пе́ред T).

устр|а́ивать [1], ⟨∼о́ить⟩ [13] arrange; organize, set up; furnish; construct; make (scene, etc.); provide (job на B, place in в B); F suit; -ся be settled; settle; get a job (a. на Д), ∼ане́ние n [12] removal, elimination; ∼аня́ть [28], ⟨∼ани́ть⟩ [13] remove; eliminate; ∼аша́ть (-ся) [1], s. страши́ть(ся); ∼емля́ть [28], ⟨∼еми́ть⟩ [14 e.; -млю, -ми́шь; -млённый] direct (to, at), fix (on); -ся rush; be directed; ∼ица f [5] oyster; ∼о́ить (-ся) s. ∼а́ивать(ся); ∼о́йство n [9] arrangement; establishment; equipment; installation; organization; system; mechanism.

усту́п m [1] ledge; projection; step; terrace; ∼а́ть [1], ⟨∼и́ть⟩ [14] cede, let (p. Д) have; yield; be inferior to (Д); sell; abate (v/t. с P, в П); ∼а́ть доро́гу (Д) let p. pass, give way; ∼и́тельный [14] gr. concessive; ∼ка f [5; g/pl.: -пок] concession; cession; † abatement, reduction; ∼чивый [14 sh.] compliant, pliant.

усты|жа́ть [1], ⟨∼ди́ть⟩ [15 e.; -ыжу́, -ыди́шь; -ыжённый] (-ся be) ashame(d; of P).

у́стье n [10; g/pl.: -ьев] mouth (at в П).

усугуб|ля́ть [28], ⟨∼и́ть⟩ [14 & 14 e.; -гублю́, -гу́бишь; -гу́бленный & -гублённый] increase, redouble.

усы́ s. ус; ∼ла́ть [1], ⟨усла́ть⟩ [ушлю́, ушлёшь; у́сланный] send (away); ∼новля́ть [28], ⟨∼нови́ть⟩ [14 e.; -влю́, -ви́шь; -влённый] adopt; ∼па́ть [1], ⟨∼па́ть⟩ [2] (be)strew (with T); ∼пи́тельный [14; -лен, -льна] soporific; drowsy;

~плять [28], ⟨~пить⟩ [14 *e.*; -плю, -пишь; -плённый] lull (to sleep); ⚕ narcotize.

утá|ивать [1], ⟨~ить⟩ [13] conceal, hide; embezzle; ~йка F: без ~йки frankly; ~птывать [1], ⟨утоптáть⟩ [3] tread *or* trample (down); ~скивать [1], ⟨~щить⟩ [16] carry, drag *or* take (off, away); F pilfer.

у́тварь *f* [8] implements, utensils *pl.*

утвер|ди́тельный [14; -лен, -льна] affirmative (in the -но); ~ждáть [1], ⟨~ди́ть⟩ [15 *e.*; -ржу́, -рди́шь; -рждённый] confirm; consolidate (*v/i.* -ся); *impf.* affirm, assert, maintain; ~ждéние *n* [12] confirmation; affirmation, assertion; consolidation.

утe|кáть [1], ⟨~чь⟩ [26] flow (away); F escape; ~рéть *s.* утирáть; ~рпéть [10] *pf.*: не ~рпéл, чтóбы не (+ *inf. pf.*) could not help ...ing.

утёс *m* [1] cliff, rock.

утé|чка *f* [5] leakage, escape; ~чь *s.* ~кáть; ~шáть [1], ⟨~шить⟩ [16] console, comfort; -ся *a.* take comfort (in T); ~шéние *n* [12] comfort, consolation; ~ши́тельный [14; -лен, -льна] comforting, consolatory.

утú|ль *m* [4], ~льсырьё *n* [10] scrap(s); ~рáть [1], ⟨утерéть⟩ [12] wipe; ~хáть [1], ⟨~хнуть⟩ [21] subside, abate; cease; calm down.

у́тка *f* [5; *g/pl.*: у́ток] duck; canard.

уткнýть(ся) F [20] *pf.* thrust; hide; put; be(come) engrossed.

утол|кáть *s.* ~я́ть; ~щáть [1], ⟨~сти́ть⟩ [15 *e.*; -лщу́, -лсти́шь; -лщённый] thicken; ~щéние *n* [12] thickening; ~я́ть [28], ⟨~и́ть⟩ [13] quench; appease; allay, still.

утом|и́тельный [14; -лен, -льна] wearisome, tiresome; ~и́ть(ся) *s.* ~ля́ть(ся); ~лéние *n* [12] fatigue, exhaustion; ~лённый [14; -лён, -ена́] tired, weary; ~ля́ть [28], ⟨~и́ть⟩ [14 *e.*; -млю́, -ми́шь; -млённый] tire, weary (*v/i.* -ся; *a.* get tired).

утонч|áть [1], ⟨~и́ть⟩ [16 *e.*; -чу́, -чи́шь; -чённый] thin; *fig.* refine; (*v/i.* -ся).

утоп|áть [1] 1. ⟨утонýть⟩ *s.* тонýть 2.; 2. overflow (with in П); wallow, revel; ~ленник *m* [1] drowned man; ~ленница *f* [5] drowned woman; ~тáть *s.* утáптывать.

уточн|éние *n* [12] specification; ~я́ть [28], ⟨~и́ть⟩ [13] specify.

утрá|ивать [1], ⟨утрóить⟩ [13] treble; *v/i.* -ся; ~мбовáть [7] *pf.* ram; stamp; ~та *f* [5] loss; ~чивать [1], ⟨~тить⟩ [15] lose.

у́тренн|ий [15] morning; ~ик *m* [1] matinee; morning frost.

ýтр|о *n* [9; с, до -á; к -ý] morning (in the ~ом; по ~áм;... -á *a.* ... a. m. (*cf.* день); ~óба *f* [5] womb; ~бить (-ся) *s.* ~áивать(ся); ~иждáть [1], ⟨~ди́ть⟩ [15 *e.*; -ужý, -уди́шь; -уждённый] trouble, bother.

утю́|г *m* [1 *e.*] (flat)iron; ~жить [16], ⟨вы́-, от-⟩ iron; stroke.

ухá *f* [5] fish soup; ~б *m* [1] hole; ~бистый [14 *sh.*] bumpy.

ухá|живать [1] (за T) nurse, look after; (pay) court (to), woo.

ýхарский F [16] dashing.

ýхать [1], *once* ⟨ýхнуть⟩ [20] boom.

ухвáт|ывать [1], ⟨~и́ть⟩ [15] (за B) seize, grasp; -ся snatch; cling to.

ухи|трáться [28], ⟨~три́ться⟩ [13] contrive, manage; ~щрéние *n* [12], ~щря́ться [28] shift.

ухмыл|я́ться F [28], ⟨~ьнýться⟩ [20] grin, smile (contentedly).

ýхнуть *s.* ýхать.

ýхо *n* [9; *pl.*: ýши, ушéй, *etc. e.*] ear (in на B); по́ уши over head and ears; пропускáть ми́мо ушéй turn a deaf ear (to B); держáть ~ востро́ *s.* насторóже.

ухóд *m* [1] departure; (за T) care, tendance; nursing; ~и́ть [1], ⟨уйти́⟩ [уйдý, уйдёшь; ушёл, ушлá; ушéдший] → идти́ *pf.*: уйдя́] leave (*v/t.* из, от Р), depart (from), go (away); pass; escape; evade; resign; retire; be lost; fail; take; sink; plunge; F be spent (for на B).

ухудш|áть [1], ⟨~ить⟩ [16] deteriorate (*v/i.* -ся); ~éние *n* [12] deterioration; change for the worse.

уцелéть [8] *pf.* escape; be spared.

уцепи́ться [14] F *s.* ухвати́ться.

учáст|вовать [7] participate, take part (in в П); ~вующий [17] *s.* ~ник; ~ие *n* [12] (в П) participation (in); interest (in), sympathy (with); ~ить(ся) *s.* учащáть(ся); ~ливый [14 *sh.*] sympathizing, sympathetic; ~ник *m* [1], ~ница *f* [5] participant, participator; competitor (*sports*): member; ~ок *m* [1; -тка] (p)lot; section; region; district; site; *fig.* field, branch; † (police) station; ~ь *f* [8] fate, lot.

учá|щáть [1], ⟨~сти́ть⟩ [15 *e.*; -ащý, -асти́шь; -ащённый] make (-ся become) more frequent; speed up.

учá|щийся *m* [17] schoolboy, pupil, student; ~ёба *f* [5] studies *pl.*, study; training; drill; ~éбник *m* [1] textbook; ~éбный [14] school...; educational; text(*book*), exercise...; training; ⚔ drill...; ~éбный план *m* curriculum.

учéн|ие *n* [12] learning; instruction; apprenticeship; ⚔ drill; teaching, doctrine; ~и́к *m* [1 *e.*] schoolboy (~и́ца *f* [5] schoolgirl), pupil;

student; apprentice; disciple; ~**и́**ческий [16] pupils', students'.
учён|ость f [8] learning; ~ый [14 sh.] learned; su. scholar.
уч|ёсть s. учи́тывать; ~ёт m [1] calculation; registration; inventory; discount; list(s); fig. consideration, regard; вести ~ёт keep books pl.; взять на ~ёт register.
учи́лище n [11] school (at в П).
учиня́ть [28] s. чини́ть 2.
учи́тель m [4; pl.: -ля́, etc. e.; fig. st.], ~ница f [5] teacher, instructor; ~ский [16] (of) teachers(').
учи́тывать [1], ⟨уче́сть⟩ [25; учту́, -тёшь; учёл, учла́; g. pt.: учтя́; учтённый] take into account, consider; calculate; register; ↑ take late; stock; discount.
учи́ть [16] 1.⟨на-, об-, вы́-⟩ teach (p. s.th. В/Д), instruct; ✗ drill; train; (a. -ся Д); 2. ⟨вы-⟩ learn, study.
учреди́тель m [4] founder; ~ный [14] constituent.
учре|жда́ть [1], ⟨~ди́ть⟩ [15 e.; -ежу́, -еди́шь; -еждённый] found, constitute; establish, introduce;

~жде́ние n [12] foundation, constitution; institution; institute, office (at в П).
учти́вый [14 sh.] polite; obliging.
уша́т m [1] tub, bucket.
уши́б m [1] bruise; injury; ~а́ть [1], ⟨~и́ть⟩ [-бу́, -бёшь; -и́б(ла); уши́бленный] hurt, bruise (o.s. -ся).
ушко́ n [9; pl.: -ки́, -ко́в] eye.
ушно́й [14] ear...
уще́лье n [10] gorge, ravine.
ущем|ля́ть [28], ⟨~и́ть⟩ [14 e.; -млю́, -ми́шь; -млённый] pinch, jam; fig. restrain; F wound, impair.
уще́рб m [1] damage; wane.
ущипну́ть [20] s. щипа́ть.
Уэ́льс m [1] Wales.
ую́т m [1] coziness; ~ный [14; -тен, -тна] snug, cozy, comfortable.
уязви́мый [14 sh.] vulnerable; ~ля́ть [28], ⟨~и́ть⟩ [14 e.; -влю́, -ви́шь; -влённый] wound, sting; fig. hurt.
уясня́ть [28], ⟨~и́ть⟩ [13] comprehend; make clear, clear up.

Ф

фабзавко́м m [1] s. завко́м.
фа́бри|ка f [5] factory (in на П); mill; ~ка́нт m [1] manufacturer; ~ка́т m [1] product; ~чный [14] factory (a. worker); trade(mark).
фа́була f [5] plot.
фа́з|а f [5], ~ис m [1] phase.
фаза́н m [1] pheasant.
фа́кел m [1] torch.
факт m [1] fact; ~ тот the matter is; ~и́ческий [16] (f)actual, real; adv. a. in fact; ~у́ра f [5] invoice.
факульте́т m [1] faculty (in на П).
фаль|сифици́ровать [7] (im)pf. falsify, forge; adulterate; ~ши́вить [14], ⟨с-⟩ sing out of tune, play falsely; F cheat, be false; ~ши́вка ⊦ f [5; g/pl.: -вок] forgery; ~ши́вый [14 sh.] false; forged, counterfeit; base (coin); ~шь f [8] falseness; hypocrisy; deceit(fulness).
фами́л|ия f [7] surname, family name; как ва́ша ~ия? what is your name?; ~ья́рный [14; -рен, -рна] familiar.
фана́ти|зм m [1] fanaticism; ~-ческий [16], ~чный [14; -чен, -чна] fanatical.
фане́ра f [5] plywood; veneer.
фанта|зёр m [1] visionary; ~зи́ровать [7] indulge in fancies, dream; ⟨с-⟩ invent; ~зия f [7] imagination; fancy; invention, fib; ♩ fantasia; F whim, freak; ~сти́ческий [16], ~сти́чный [14; -чен, -чна] fantastic.

фа́р|а f [5] headlight; ~ва́тер m [1] waterway, fairway; fig. track; ~-маце́вт m [1] pharmac(eut)ist; ~тук m [1] apron; ~фо́р m [1], ~фо́ровый [14] china, porcelain; ~ш m [1] stuffing; forcemeat; ~широ-ва́ть [7] stuff.
фасо́|ль f [8] string (Brt. runner) bean(s); ~н m [1] cut, style.
фат m [1] dandy, fop, dude.
фата́льный [14; -лен, -льна] fatal.
фаши́|зм m [1] fascism; ~ст m [1] fascist; ~стский [16] fascist...
фая́нс m [1], ~овый [14] faience.
февра́ль m [4 e.] February.
федера́|льный [14] federal; ~ти́в-ный [14] federative, federal.
Фёдор m [1] Theodore; dim. Фе́дя.
фееричный [16]fairylike. [m [6].)
фейерве́рк m [1] firework.
фельд|ма́ршал m [1] field marshal; ~фе́бель m [4] sergeant; ~шер m [1] medical assistant.
фельето́н m [1] feuilleton.
фено́мен m [1] phenomenon.
феода́льный [14] feudal.
ферзь m [4 e.] queen (chess).
фе́рм|а f [5] farm; ~ер m [1] farmer.
фестива́ль m [4] festival.
фетр m [1] felt; ~овый [14] felt...
фехтова́|льщик m [1] fencer; ~-ние n [12] fencing; ~ть [7] fence.
фиа́лка f [5; g/pl.: -лок] violet.
фи́бра f [5] fiber, Brt. fibre.
фи́г|а f [5], ~овый [14] fig.
фигу́р|а f [5] figure; (chess)man;

~**а́льный** [14; -лен, -льна] figurative; ~**ровать** [7] figure, appear; ~**ный** [14] figured, trick..., stunt...

физи́|к m [1] physicist; ~**ка** f [5] physics; ~**оло́гия** f [7] physiology; ~**оно́мия** f [7] physiognomy; ~**ческий** [16] physical; manual.

физкульту́р|а f [5] physical culture; gymnastics; ~**ник** m [1], ~**ница** f [5] sports(wo)man, gymnast.

фик|са́ж m [1] fixative; ~**си́ровать** [7], ⟨за-⟩ fix; ~**ти́вный** [14; -вен, -вна] fictitious.

фила|нтро́п m [1] philanthropist; ~**рмони́ческий** [16] philharmonic.

филе́ n [ind.] tenderloin, fillet.

филиа́л m [1] branch (office); ~**ьный** [14] branch...

фи́лин m [1] eagle owl.

Филиппи́ны f/pl. [5] Philippines.

филол|ог m [1] philologist; ~**и́ческий** [16] philological; ~**о́гия** f [7] philology.

филос|о́ф m [1] philosopher; ~**о́фия** f [7] philosophy; ~**о́фский** [16] philosophical; ~**о́фствовать** [7] philosophize.

фильм m [1] film (vb.: снима́ть ~).

фильтр m [1], ~**ова́ть** [7] filter.

фимиа́м m [1] incense.

фина́л m [1] final; f finale.

финанс|и́ровать [7] (im)pf. finance; ~**овый** [14] financial; ~**ы** m/pl. [1] finance(s).

фи́ник m [1] date; ~**овый** [14] date...

фин|ля́ндец m [1; -дца], ~**и́н** m [1], ~**ка**(ля́нд)**ка** f [5; g/pl.: -н(ля́нд)ок] Finn; ~**ля́ндия** f [7] Finland; ~**ка**(ля́нд)**ский** [16] Finnish.

фиоле́товый [14] violet.

фи́рма f [5] firm.

фити́ль m [4 e.] wick; match.

флаг m [1] flag, colo(u)rs pl.; banner.

фланг m [1], ~**овый** [14] flank.

Фла́ндрия f [7] Flanders.

фланел|евый [14], ~**ь** f [8] flannel.

флегма f [5] phlegm; ~**ти́чный** [14; -чен, -чна] phlegmatic(al).

фле́йта f [5] flute.

фли|гель ⚑ m [4; pl.: -ля́, etc. e.] wing; ~**рт** m [1] flirtation; ~**ртова́ть** [7] flirt.

флот m [1] fleet; marine; navy; (air) force; ~**ский** [16] naval; su. f sailor.

флю|гер m [1] weathercock, weather vane; ~**с** m [1] gumboil.

фля́|га, ~**жка** f [5; g/pl.: -жек] flask; canteen; Brt. water bottle.

фойе́ n [ind.] thea. lobby, foyer.

фокстро́т m [1] fox trot.

фо́кус m [1] hocus-pocus, (juggler's) trick, sleight of hand; F trick; freak, whim; ~**ник** m [1] juggler; conjurer; ~**ничать** F [1] trick.

фо́льга f [5] foil.

фолькло́р m [1], ~**ный** [14] folklore.

Фо|ма́ m [5] Thomas; ⚹**н** m [1] background (against на П).

фона́р|ик m [1] flashlight, Brt. (electric) torch; ~**ь** m [4 e.] lantern; (street) lamp; (head)light; Fs. синя́к.

фонд m [1] fund.

фоне́т|ика f [5] phonetics; ~**и́ческий** [16] phonetic(al).

фонта́н m [1] fountain.

форе́ль f [8] trout.

фо́рм|а f [5] form, shape; model; ⊕ mo(u)ld; ✕ uniform; dress (sports); ~**а́льность** f [8] formality; ~**а́льный** [14; -лен, -льна] formal; ~**а́т** m [1] size; form; ~**енный** [14] formal; f downright; ~**енная оде́жда** f uniform; ~**ирова́ть** [7], ⟨с-⟩ (-ся be) form(ed); ~**ова́ть** [7], ⟨с-, от-⟩ mo(u)ld, model; ~**ули́ровать** [7] (im)pf. & ⟨с-⟩ formulate; ~**улиро́вка** f [5; g/pl.: -вок] formulation; ~**уля́р** m [1] form.

форпо́ст m [1] advanced post.

форси́ровать [7] (im)pf. force.

фо́|сфорточка f [5; g/pl.: -чек] window leaf; ~**сфор** m [1] phosphorus.

фото|аппара́т m [1] camera; ~**граф** m [1] photographer; ~**графи́ровать** [7], ⟨с-⟩ photograph; ~**графи́ческий** [16] photographic; cf. ~**аппара́т**; ~**гра́фия** f [7] photograph; photography; photographer's.

фра́за f [5] phrase; empty talk.

фрак m [1] dress coat.

фра́кция f [7] faction.

франки́ровать [7] (im)pf. stamp.

франт m [1] dandy, fop; ~**и́ть** F [15 e.; -нчу́, -нти́шь] overdress; ~**овско́й** [16] dandyish, dudish.

Фра́нц|ия f [7] France; ⚹**уженка** f [5; g/pl.: -нок] Frenchwoman; ⚹**уз** m [1] Frenchman; ⚹**у́зский** [16] French.

фрахт m [1], ~**ова́ть** [7] freight.

ФРГ cf. Герма́ния.

фре́зер m [1] milling cutter.

френч m [1] (army-type) jacket.

фре́ска f [5] fresco.

фронт m [1] front; ~**ово́й** [14] front...

фрукт m [1] (mst pl.) fruit; ~**о́вый** [14] fruit...; ~**о́вый сад** m [1] orchard.

фу! fie!, ugh!

фуга́сный [14] demolition (bomb).

фунда́мент m [1] foundation; basis; ~**а́льный** [14; -лен, -льна] fundamental.

функциони́ровать [7] function.

фунт m [1] pound (= 409.5 g).

фур|а́ж m [1 e.] fodder; ~**а́жка** f [5; g/pl.: -жек] (service) cap; ~**го́н** m [1] van; ~**ия** f [7] fury; ~**о́р** m [1] furor; ~**у́нкул** m [1] furuncle, boil.

футбо́л m [1] soccer, Brt. a. association football; ~**и́ст** m [1] soccer player; ~**ьный** [14] soccer..., football...

футля́р m [1] case; sheath; box.

фуфа́йка f [5; g/pl.: -а́ек] jersey.

фы́рк|ать [1], ⟨~**нуть**⟩ [20] snort.

X

ха́ки [*ind.*] khaki.
хала́т *m* [1] dressing gown, bath-robe; smock; **∼ный** F [14; -тен, -тна] careless, negligent; sluggish.
халту́ра F *f* [5] botch, bungle.
хам F *m* [1] cad, boor, churl.
хандр|а́ *f* [5] melancholy, blues *pl.*; **∼и́ть** [13] be in the dumps.
ханж|а́ F *m/f* [5; *g/pl.*: -же́й] hypocrite; **∼ество́** *n* [9] hypocrisy, bigotry.
хао́с *m* [1] chaos; **∼ти́ческий** & **∼ти́чный** [14; -чен, -чна] chaotic.
хара́ктер *m* [1] character, nature; temper, disposition; principles *pl.*; **∼изова́ть** [7] (*im*)*pf.* & ⟨о-⟩ characterize, mark; **∼и́стика** *f* [5] characterization; **∼ный** [14; -рен, -рна] characteristic (of для Р).
ха́рк|ать F [1], ⟨**∼нуть**⟩ [20] spit.
харч|евня́ *f* [6; *g/pl.*: -вен] tavern; **∼и́** P *m/pl.* [1 *e.*] food, grub; board.
ха́ря P *f* [6] mug, phiz.
ха́та *f* [5] (peasant's) hut.
хвал|а́ *f* [5] praise; **∼е́бный** [14; -бен, -бна] laudatory; **∼и́ть** [13; хвалю́, хва́лишь] praise; **-ся** boast (of Т).
хваст|а́ться & , F, **∼ать** [1], ⟨по-⟩ boast, brag (of Т); **∼ли́вый** [14 *sh.*] boastful; **∼овство́** *n* [9] boasting; **∼у́н** *m* [1 *e.*] boaster, braggart.
хват [1] 1. ⟨(с)хвати́ть⟩ [15] (за В) snatch (at); grasp, seize (by); *a.*, F, (-ся за В; lay hold of); 2. ⟨**∼и́ть**⟩ (*impers.*) (P) suffice, be sufficient; (p. Д, у P) have enough; last (v/t. на В); (э́того мне) ∼и́т (that's) enough (for me); F hit, knock, strike; drink, eat; take; go.
хво́йный [14] coniferous.
хвора́ть F [1] be sick *or* ill.
хво́рост *m* [1] brushwood.
хвост *m* [1 *e.*] tail; brush (*fox*); F train; line, *Brt.* queue; в **∼сте́** (*lag*) behind; поджа́ть ∼ F come down a peg (or two).
хвоя́ *f* [6] (pine) needle(s *or* branches *pl.*).
хи́жина *f* [5] hut, cabin.
хи́лый [14; хил, -á, -о] sickly.
хи́ми|к *m* [1] (*Brt.* analytical) chemist; **∼ческий** [16] chemical; indelible *or* copying-ink (*pencil*); **∼я** *f* [7] chemistry.
хини́н *m* [1] quinine.
хире́ть [8] weaken, grow sickly.
хиру́рг *m* [1] surgeon; **∼и́ческий** [16] surgical; **∼и́я** *f* [7] surgery.
хитр|е́ц *m* [1 *e.*] cunning fellow, dodger; **∼и́ть** [13], ⟨с-⟩ dodge; fox; quibble; *cf.* мудри́ть; **∼ость** *f* [8] craft(iness); cunning; artifice, ruse, trick; stratagem; **∼ый** [14; -тёр,

-трá, хи́тро] cunning, crafty, sly, artful; ingenious.
хихи́кать [1] chuckle, giggle, titter.
хище́ние *n* [12] embezzlement.
хи́щ|ник *m* [1] beast (*or* bird) of prey; **∼ый** [14; -щен, -щна] rapacious, predatory; of prey.
хладнокро́в|ие *n* [12] composure; **∼ный** [14; -вен, -вна] cool(-headed), calm.
хлам *m* [1] trash, stuff, lumber.
хлеб *m* 1. [1] bread; loaf; 2. [1; *pl.*: -бá, *etc. e.*] grain, *Brt.* corn; livelihood; *pl.* cereals; **∼áть** [1], *once* ⟨**∼ну́ть**⟩ [20] drink, sip; P eat; **∼ный** [14] grain..., corn..., cereal; bread...; baker's; F profitable; **∼опека́рня** *f* [6; *g/pl.*: -рен] bakery; **∼осо́льный** [14; -лен, -льна] hospitable; **∼осо́льство** *n* [9], F **∼-со́ль** *f* [1/8] hospitality.
хлев *m* [1; в -e & -ý; *pl.*: -á, *etc. e.*] shed; cote; sty.
хлест|а́ть [3], *once* ⟨**∼ну́ть**⟩ [20] lash, whip, beat; splash; gush, spurt; pour.
хли́пать F [1] sob.
хлоп! crack!, plop!; *cf. a.* **∼ать** [1], ⟨по-⟩, *once* ⟨**∼нуть**⟩ [20] slap; clap; bang, slam (*v/t.* Т); crack; pop (*cork*); detonate; resound; blink.
хло́пок *m* [1; -пка] cotton.
хлопот|а́ть [3], ⟨по-⟩ (о П) strive (for), endeavo(u)r; exert o. s. (on behalf of о П, за В); apply (for); *impf.* bustle (about); **∼ли́вый** [14 *sh.*] troublesome; busy, fussy; **∼ы** *f/pl.* [5; *gen.*: -по́т] trouble(s), cares; business, commissions.
хлопу́шка *f* [5; *g/pl.*: -шек] fly flap; cracker.
хлопчатобума́жный [14] cotton...
хло́пья *n/pl.* [10; *gen.*: -ьев] flakes.
хлор *m* [1] chlorine; **∼и́стый** [14] ... chloride; **∼ный** [14] chloric; **∼офо́рм** *m* [1], **∼оформи́ровать** [7] (*im*)*pf.* chloroform.
хлы́нуть [20] *pf.* gush (forth); rush; (begin to) pour in torrents.
хлыст *m* [1 *e.*] horsewhip; switch.
хлю́пать F [1] squelch.
хмел|ь *m* [4] hop; intoxication; во **∼ю́** drunk; **∼ьно́й** F [14; -лён, -льнá] intoxicated; intoxicating.
хму́р|ить [13], ⟨на-⟩ knit (*the brow*); **-ся** frown, scowl; be(come) overcast; **∼ый** [14; хмур, -á, -о] gloomy, sullen; cloudy.
хны́кать F [3] whine, snivel.
хо́бот *m* [1] *zo.* trunk.
ход *m* [1; в (на) -ý & -e; *pl.*: хо́ды] motion; speed (at на П), pace; course; passage; walk; ⊕ *a.* action, movement; stroke (*piston*); entrance; access; lead (*cards*); move (*chess, etc.*); turn; vogue, currency;

в ~у́ а. = ~кий; на ~у́ а. while walking, *etc.*; F in progress; пусти́ть в
~ start, set going *or* on foot, circulate; все ~ы и вы́ходы the ins and
outs.

ходата́й *m* [3] intercessor, advocate;
~ство *n* [9] intercession; petition;
~ствовать [7], ⟨по-⟩ intercede
(with/for у Р/за В); petition (for o
П).

ход|и́ть [15] go (to в, на В); walk;
sail; run, ply; move; visit, attend
(*v/t.* в, на В; р. к Д); circulate;
(в П) wear; (за Т) look after, take
care of, nurse; tend; (на В) hunt;
lead (*cards*); F be current; ease o. s.;
~ки́й [16; хо́док, -дка́, -о] *comp.*:
хо́дче] marketable, sal(e)able; current; F quick, easygoing; ~кая кни́-
ra *f* best seller; ~у́льный [14; -лен,
-льна] stilted; ~ьба́ *f* [5] walking;
walk; ~ячий [17] current; trivial;
F walking.   circulation.

хожде́ние *n* [12] going, walking.

хозя́|ин *m* [1; *pl.:* хозя́ева, хозя́ев]
master, owner; boss, principal;
landlord; host; innkeeper; manager;
farmer; ~ева = ~ин *&* ~йка; ~йка *f*
[5; *g/pl.:* -я́ек] mistress (landlady);
hostess; housewife; ~йничать [1]
keep house; manage (at will);
о. s. at home; ~йственный [14 *sh.*]
economic(al); thrifty; ~йство *n* [9]
economy; household; farm.

хокке́й *m* [3] hockey.

холе́ра *f* [5] cholera.

хо́лить [13] groom, care for, fondle.

хо́л|ка *f* [5; *g/pl.:* -лок] withers;
~м *m* [1 *e.*] hill; ~ми́стый [14 *sh.*]
hilly.

хо́лод *m* [1] cold (in на П); chill (*a.
fig.*); *pl.* [-á, *etc. e.*] cold (weather)
(in в В); ~е́ть [8], ⟨по-⟩ grow cold,
chill; ~е́ц *m* [1; -дца́] = сту́день;
~и́льник *m* [1] refrigerator; ~-
ность *f* [8] coldness; ~ный [14;
хо́лоден, -дна́, -о] cold (*a. fig.*);
geogr. & fig. frigid; (мне) ~но it is
(I am) cold.

холо́п *m* [1] bondman; F toady.

холост|о́й [14; хо́лост] single, un-
married; bachelor('s); blank (*cartridge*); ⊕ idle (*motion*); ~я́к *m* [1 *e.*]
bachelor.

холст *m* [1 *e.*] linen; canvas.

холу́й P *m* [3] cad; toady.

хому́т *m* [1 *e.*] (horse) collar.

хомя́к *m* [1 *e.*] hamster.

хор *m* [1] chorus; choir.

хорва́т *m* [1], ~ка *f* [5; *g/pl.:* -ток]
Croat; ~ский [16] Croatian.

хорёк *m* [1; -рька́] polecat, fitch.

хорово́д *m* [1] round dance.

хорони́ть [13; -оню́, -о́нишь], ⟨по-⟩
bury.

хоро́ш|енький [15] pretty; ~е́нько
F properly; ~е́ть [8], ⟨по-⟩ grow
prettier; ~ий [17; хоро́ш, -á; *comp.*:
лу́чше] good; fine, nice; (*a.* собо́й)

pretty, good-looking, handsome;
~о́ well; *mark:* good, B (*cf.* четвёрка); all right!, O. K.!, good!; мне
~о́ I am well off; ~о́ вам (+ *inf.*) it
is very well for you to ...

хоте́|ть [хочу́, хо́чешь, хо́чет, хо-
ти́м, хоти́те, хотя́т], ⟨за-⟩ (P) want,
wish; я ~л(а) бы I would (*Brt.*
should) like; я хочу́, что́бы вы +
pt. I want you to ...; хо́чешь не
хо́чешь willy-nilly; -ся (*impers.*):
мне хо́чется I'd like; *a.* = ~ть.

хоть (*a.* ~ бы) at least; even (if *or*
though); if only; ~ ... ~ whether ...
whether, (either ...) or; if you please;
so much, *etc.*, that; any ...; I wish I
could (*or* you'd); ~ бы и так even if
it be so; ~ убе́й for the life of me;
s. a. хотя́.

хотя́ although, though (*a.* ~ и); ~ бы
even though; if; *s. a.* хоть.

хохо́л *m* [1; хохла́] tuft; crest; forelock; *contp.* Ukrainian (*man*).

хо́хот *m* [1] (loud) laughter, roar;
~а́ть [3], ⟨за-⟩ roar (with laughter).

храбр|е́ц *m* [1 *e.*] brave; ~ость *f* [8]
valo(u)r, bravery; ~ый [14; храбр,
-á, -о] brave, valiant.

храм *m* [1] *eccl.* temple.

хран|е́ние *n* [12] keeping; storage;
ка́мера ~е́ния ручно́го багажа́ ✉
cloackroom, *Brt.* left-luggage office;
~и́лище *n* [11] storehouse; archives
pl.; ~и́тель *m* [4] keeper, guardian;
custodian; ~и́ть [13], ⟨со-⟩ keep;
store; preserve; observe; guard.

храп *m* [1], ~е́ть [10 *e.*; -плю́,
-пи́шь] snore; snort.

хребе́т *m* [1; -бта́] *anat.* spine; range.

хрен *m* [1] horseradish.

хрип *m* [1], ~е́нье *n* [12] rattle;
~е́ть [10 *e.*; -плю́, -пи́шь] rattle;
be hoarse; F speak hoarsely; ~лый
[14; хрипл, -á, -о] hoarse, husky;
~нуть [21], ⟨о-⟩ become hoarse;
~ота́ *f* [5] hoarseness; husky voice.

христ|иани́н *m* [1; *pl.:* -áне, -áн],
~иа́нка *f* [5; *g/pl.:* -нок], ~иа́н-
ский [16] Christian; ~иа́нство *n*
[9] Christianity; ⌀о́в [19] Christ's;
⌀о́с *m* [Христа́] Christ.

хром *m* [1] chromium; chrome.

хром|а́ть [1] limp; be lame; ~о́й
[14; хром, -á, -о] lame; ~ота́ *f* [5]
lameness.

хро́н|ика *f* [5] chronicle; current
events; newsreel; ~и́ческий [16]
chronic(al); ~ологи́ческий [16]
chronological; ~оло́гия *f* [7] chro-
nology.

хру́|пкий [16; -пок, -пка́, -о; *comp.*:
хру́пче] brittle, fragile; frail, infirm;
~сталь *m* [4 *e.*] crystal; ~сталь-
ный [14] crystal...; ~стёть [11]
crunch; ~щ *m* [1 *e.*] cockchafer.

хрю́к|ать [1], *once* ⟨~нуть⟩ [20]
grunt.

хрящ *m* [1 *e.*] cartilage.

худе́ть [8], ⟨по-⟩ grow thin.

ху́до *n* [9] evil; *s. a.* худо́й.

худо́ж|ественный [14 *sh.*] artistic; art(s)...; of art; belles(-*lettres*); applied (*arts*); **~ество** *n* [9] (applied) art; **~ник** *m* [1] artist; painter.

худ|о́й [14; худ, -а́, -о; *comp.*: худе́е] thin, lean, scrawny (*a.* **~оща́вый** [14 *sh.*]); [*comp.*: ху́же] bad, evil; **~ший** [16] worse, worst; *cf.* лу́чший.

ху́же worse; *cf.* лу́чше & тот.

хулига́н *m* [1] rowdy, hooligan.

ху́тор *m* [1] farm(stead); hamlet.

Ц

ца́п|ать F [1], *once* ⟨**~нуть**⟩ [20] snatch.

ца́пля *f* [6; *g/pl.*: -пель] heron.

цара́п|ать [1], ⟨**~по-**⟩, *once* ⟨**~нуть**⟩ [20], **~ина** *f* [5] scratch.

цар|е́вич *m* [1] czarevitch; prince; **~е́вна** *f* [5; *g/pl.*: -вен] princess; **~и́ть** [13] reign; prevail; **~и́ца** *f* [5] czarina; empress; *fig.* queen; **~ский** [16] of the czar(s), czarist; imperial; **~ство** *n* [9] empire; kingdom (*a. fig.*); rule; *a.* = **~ствование** *n* [12] reign (in в В); **~ствовать** [7] reign, rule; prevail; **~ь** *m* [4 *e.*] czar, (Russian) emperor; king.

цвести́ [25 -т-] bloom, blossom.

цвет *m* [1] **1.** [*pl.*: -а́, *etc. e.*] colo(u)r; **~** лица́ complexion; защи́тного **~а** khaki; *etc.* **2.** [*only pl.*: -ы́, *etc. e.*] flowers; **3.** [*no pl.*; в -у́; *fig.* в(о) цве́те] blossom, flower; *fig.* **~**; **~е́ние** *n* [12] flowering; **~и́стый** [14 *sh.*] florid; **~ни́к** *m* [1 *e.*] flower bed; **~но́й** [14] colo(u)red; variegated; nonferrous (*metals*); technicolor (*film*); **~на́я** капу́ста *f* cauliflower; **~о́к** *m* [1; -тка́; *pl. usu.* = 2] flower (*a. fig.*); **~о́чник** *m* [1] florist; **~о́чница** *f* [5] florist; flower girl; **~о́чный** [14] flower...; **~у́щий** [17 *sh.*] flowering; flourishing; prime (*of life*).

цеди́ть [15] **1.** ⟨про-⟩ strain, pass, filter; F murmur, utter (between one's teeth); **2.** ⟨вы́-⟩ draw (off).

Цейло́н *m* [1] Ceylon.

цейхга́уз (сэј'ха-) *m* [1] arsenal.

целе́|бный [14; -бен, -бна] curative, medicinal; **~во́й** [14] special, for a specified purpose, purposeful; principal; **~сообра́зный** [14; -зен, -зна] expedient; **~устремлённый** [14 *sh.*] purposeful.

цели|ко́м entirely, wholly; **~на́** *f* [5] virgin soil; **~тельный** [14; -лен, -льна] salutary, curative; **~ть (-ся)** [13], ⟨при-⟩ aim (at в В).

целлюло́за *f* [5] cellulose.

целова́ть(ся) [7], ⟨по-⟩ kiss.

це́л|ое *n* [14] whole (on the в П; **~** in the lump); **~омудренный** [14 *sh.*] chaste; **~ому́дрие** *n* [12] chastity; **~ость** *f* [8] integrity; в **~ости** intact; **~ый** [14; цел, -а́, -о] whole; entire; safe, sound; intact; **~ое число** *n* integer; *cf.* деся́тый & со́тый.

цель *f* [8] aim, end, goal, object; target; purpose (for с Т, в П *pl.*); име́ть **~ю** aim at; **~ность** *f* [8] integrity; **~ный** [14; це́лен, -льна́, -о] entire, whole; righteous; [*no sh.*] rich (*milk*). [ment.]

цеме́нт *m* [1], **~и́ровать** [7] ce-

цен|а́ *f* [5; *ac/sg.*: це́ну; *pl. st.*] price (of Р, на В, Д; at/of по Д/в В), cost (at Т); value (of *or* one's Д); **~ы́ нет** (Д) be invaluable; любо́й **~о́й** at any price; **~зу́ра** *f* [5] censorship.

цен|и́тель *m* [4] judge, connoisseur; **~и́ть** [13; ценю́, це́нишь], ⟨о-⟩ value, estimate, appreciate; **~ность** *f* [8] value; *pl.* valuables; **~ный** [14; -е́нен, -е́нна] valuable; money (*letter*); **~ные бума́ги** *pl.* securities.

це́нтнер *m* [1] centner (= *100 kg*).

центр *m* [1] center, *Brt.* centre; **~ализова́ть** [7] (*im*)*pf.* centralize; **~а́льный** [14] central; *cf.* ЦИК & ЦК; **~обе́жный** [14] centrifugal.

цеп *m* [1 *e.*] flail.

цеп|ене́ть [8], ⟨о-⟩ grow numb, stiffen; be transfixed; **~кий** [16; -пок, -пка́, -о] clinging; tenacious; **~ля́ться** [28] cling (to за В); **~но́й** [14] chain(ed); **~о́чка** *f* [5; *g/pl.*: -чек] chain(s); **~ь** *f* [8; из -пи -и, *from g/pl. e.*] chain (*a. fig.*); ⚔ line; ⚡ circuit.

церемо́н|иться [13], ⟨по-⟩ stand on ceremony, be ceremonious; **~ия** *f* [7] ceremony; **~ный** [14] ceremonious.

церко́в|ный [14] church...; **~ь** *f* [8; -кви; *instr/sg.*: -ковью; *pl.*: -кви, -ве́й, -ва́м] church.

цех *m* [1] shop, section; † guild.

цивилиз|ова́ть [7] (*im*)*pf.* civilize; **~о́ванный** [14] civilized.

ЦИК (Центра́льный Исполни́тельный Комите́т) Central Executive Committee (*Sov.*); *cf.* ЦК.

цикл *m* [1] cycle; course, set; **~о́н** *m* [1] cyclone.

цико́рий *m* [3] chicory.

цили́ндр *m* [1] cylinder; top (*or* high) hat; **~и́ческий** [16] cylin- [drical.]

цинга́ *f* [5] scurvy.

цини́|зм *m* [1] cynicism; '**~к** *m* [1] cynic; **~чный** [14; -чен, -чна] cynical.

цинк *m* [1] zinc; **~овый** [14] zinc **~**.

цино́вка *f* [5; *g/pl.*: -вок] mat.

цирк *m* [1], **~ово́й** [14] circus.

циркул|и́ровать [7] circulate; '**~ь**

m [4] (оди́н a pair of) compasses *pl.*; **~яр** *m* [1] circular.

цисте́рна *f* [5] cistern, tank.

цитаде́ль (-'dɛ-) *f* [8] citadel; stronghold.

цита́та *f* [5] quotation.

цити́ровать [7], ⟨про-⟩ quote.

циф|ербла́т *m* [1] dial, face (*watch, etc.*); **~ра** *f* [5] figure.

ЦК (Центра́льный Комите́т) Central Committee (*Sov.*); *cf.* ЦИК.

цо́коль *m* [4] △ socle; ⊕ socket.

цыга́н *m* [1; *nom/pl.*: -е & -ы; *gen.*: цыга́н], **~ка** *f* [5; *g/pl.*: -нок], **~ский** [16] Gypsy, *Brt.* Gipsy.

цыплёнок *m* [2] chicken.

цы́почк|и: на **~ах** (*or* **~и**) on tiptoe.

Ч

ч. *abbr.*: **1.** час; **2.** часть.

чад *m* [1; в -ý] smoke, fume(s); *fig.* daze; frenzy; **~и́ть** [15 *e.*; чажу́, чади́шь], ⟨на-⟩ smoke.

ча́до † & *iron.* *n* [9] child.

чае́вые *pl.* [14] tip.

чай[1] *m* [3; *part. g.*: -ю; в -е & -ю; *pl. e.*: чай, чаёв] tea; tea party; дать на **~** tip; **~**[2] P perhaps, I suppose.

ча́йка *f* [5; *g/pl.*: ча́ек] (sea) gull, mew.

ча́йн|ик *m* [1] teapot; teakettle; **~ый** [14] tea (*spoon, etc.*).

чалма́ *f* [5] turban.

чан *m* [1; *pl. e.*] tub, vat.

ча́р|ка *f* [5; *g/pl.*: -рок] (*wine- etc.*) glass; **~ова́ть** [20] charm; **~оде́й** *m* [3] magician.

час *m* [1; в -е & -ý; *after* 2, 3, 4: -á; *pl. e.*] hour (by the по **~**ám; for *pl.* **~**áми); (one) o'clock (at в B); time, moment (at в B); an hour's ...; второ́й **~** (it is) past one; в пя́том **~**ý between four & five; (*cf.* пять & пя́тый); **~** от **~**у or с **~**у на **~** hourly; на **~**áх (*stand*) sentinel; **~**о́вня *f* [6; *g/pl.*: -вен] chapel; **~**о́вой [14] hour's; by the hour; watch..., clock-...; *su.* sentry, sentinel; **~**ово́й ма́стер *m* = **~**овщи́к [1 *e.*] watchmaker.

част|и́ца *f* [5] particle; **~и́чный** [14; -чен, -чна] partial; **~**и́чное *n* [14] quotient; **~**ность *f* [8] particular; **~**ный [14] private; particular; individual; **~**око́л *m* [1] palisade; **~**ота́ *f* [5; *pl. st.*: -о́ты] frequency; **~**у́шка *f* [5; *g/pl.*: -шек] couplet; **~**ый [14; част, -á, -о; *comp.*: ча́ще] frequent (*adv. a.* often); thick(-set), dense; close; quick, rapid; **~**ь *f* [8; *from g/pl. e.*] part (in T; *pl. a.* по Д); share; piece; department, section (in *a.* по Д), F line, branch; ✕ unit; † police station; бо́льшей **~**ью, по бо́льшей **~**и for the most part, mostly.

час|ы́ *m/pl.* [1] watch; clock; (*sun*)dial; на мои́х **~**áx by my watch.

ча́х|лый [14 *sh.*] sickly; stunted; **~**нуть [21], ⟨за-⟩ wither, shrivel; grow stunted; **~**о́тка *f* [5] consump-

tion; **~**о́точный [14; -чен, -чна] consumptive.

ча́ша *f* [5] cup, chalice; bowl.

ча́шка *f* [5; *g/pl.*: -шек] cup; pan; cap; надколе́нная **~** kneecap.

ча́ща *f* [5] thicket.

ча́ще more (**~** всего́ most) often.

ча́я|ние *n* [12] expectation (contrary to па́че *or* сверх P), hope, dream.

чван|иться F [13], **~**ство *n* [9] brag, blow, swagger.

чей *m*, **чья** *f*, **чьё** *n*, **чьи** *pl.* [26] whose; **~** э́то дом? whose house is this?

чек *m* [1] check, *Brt.* cheque; **~**ани́ть [13], ⟨вы́-⟩ mint, coin; chase; **~**а́нка *f* [5; *g/pl.*: -нок] minting, coinage; chase; **~**и́ст *m* [1] member of ЧК, *cf.*; **~**овый [14] check...

чёлн *m* [1 *e.*; челна́] boat; canoe.

челно́к *m* [1 *e.*] *dim. of* чёлн; *a.* shuttle.

чело́ † *n* [9; *pl. st.*] forehead, brow.

челове́|к *m* [1; *pl.*: лю́ди, *cf.*; 5, 6, *etc.* -е́к] man, human being; person, individual; one; † servant; waiter; ру́сский **~**к Russian; **~**колю́бие *n* [12] philanthropy; **~**ческий [16] human(e); **~**чество *n* [9] mankind, humanity; **~**чный [14; -чен, -чна] humane.

че́люсть *f* [8] jaw; (full) denture.

че́лядь *f* [8] servants *pl.*

чем than; F instead of; **~** ..., тем ... the ... the ...; **~**ода́н *m* [1] suitcase.

чемпио́н *m* [1] champion; **~**а́т *m* [1] championship.

чепе́ц *m* [1; -пца́] cap.

чепуха́ F *f* [5] nonsense; trifle.

че́пчик *m* [1] cap.

черв|и́ *m/pl.* [4; *from gen. e.*] & **~ы** *f/pl.* [5] hearts (*cards*).

черви́вый [14 *sh.*] worm-eaten.

черво́нец *m* [1; -нца] 10 rubles.

черв|ь *m* [4 *e.*; *nom/pl. st.*: че́рви, черве́й], **~я́к** *m* [1 *e.*] worm.

черда́к *m* [1 *e.*] garret, attic, loft.

черёд F *m* [1 *e.*] turn; course.

чередова́|ние *n* [12] alternation; **~**ть(ся) [7] alternate.

че́рез (B) through; across; over;

time: in, after; *go:* via; with (the help of); because of; ~ день *a.* every other day.

черёмуха *f* [5] bird cherry.

че́реп *m* [1; *pl.*: -á, *etc. e.*] skull.

черепа́|ха *f* [5] tortoise; turtle; tortoise shell; ~ховый [14] tortoise-(-shell)...; ~ший [18] tortoise's, snail's (pace шаг *m* at Т).

череп|и́ца *f* [5] tile (*of roof*); ~и́чный [14] tiled; ~о́к *m* [1; -пка́] fragment, piece.

чере|счу́р too, too much; ~шня *f* [6; *g/pl.*: -шен] (sweet) cherry.

черкну́ть F [20] *pf.*: ~ па́ру (*or* не́сколько) слов drop a line.

черн|е́ть [8], ⟨по-⟩ blacken, grow black; *impf.* (*a.* -ся) show black; ~е́ц *m* [1 *e.*] monk; ~и́ка *f* [5] bilberry, -ries *pl.*; ~и́ла *n/pl.* [9] ink; ~и́льница *f* [5] inkwell (*Brt.* inkpot), inkstand; ~и́льный [14] ink...; ~и́ть [13] 1. ⟨на-⟩ blacken; 2. ⟨о-⟩ blacken (*fig.*), denigrate, slander.

черно|ви́к *m* [1 *e.*] rough copy; draft; ~во́й [14] draft...; rough; waste (*book*); ~воло́сый [14 *sh.*] black-haired; ~гла́зый [14 *sh.*] black-eyed; ~го́рец *m* [1; -рца] Montenegrin; ~зём *m* [1] chernozem, black earth; ~ко́жий [17 *sh.*] Negro; ~ма́зый [14 *sh.*] swarthy; ~мо́рский [16] Black Sea...; ~рабо́чий *m* [17] unskilled worker; ~сли́в *m* [1] prune(s); ~та́ *f* [5] blackness.

чёрн|ый [14; чёрен, черна́] black (*a. fig.*); brown (*bread*); ferrous (*metals*); rough (*work*); back(*stairs, etc.*); leafy (*wood*); на ~ый день for a rainy day; ~ым по бе́лому in black & white.

чернь *f* [8] mob, rabble.

че́рп|ать [1], ⟨~ну́ть⟩ [20] scoop, draw; gather (from из Р, в П).

черст|ве́ть [8], ⟨за-, по-⟩ grow stale; harden; ~вый ('tʃɔ-) [14; чёрств, -á, -о] stale, hard, callous.

чёрт *m* [1; *pl.* 4 че́рти, -те́й, *etc. e.*] devil; F the deuce (*go: u.* ступа́й, убира́йся; take: возьми́, побери́, [по]дери́; *a.* confound; blast, damn it!); к ~у, на кой ~ F *a.* the deuce; ни черта́ F nothing at all; never mind!

черт|а́ *f* [5] line; trait, feature (*a.* ~ы лица́); precincts *pl.* (within в П); term.

чертёж *m* [1 *e.*] (mechanical) drawing, draft (*Brt.* draught), design; ~ник *m* [1] draftsman, *Brt.* draughtsman; ~ный [14] drawing (*board, etc.*).

черт|и́ть [15], ⟨на-⟩ draw, design; ~о́вский [14] devilish.

чёрточка *f* [5; *g/pl.*: -чек] hyphen.

черче́ние *n* [12] drawing.

чеса́ть [3] 1. ⟨по-⟩ scratch; 2. ⟨при-⟩ F comb; 3. *impf.* hackle, card; -ся *a.*, F, itch (му у меня́).

чесно́к *m* [1 *e.*] garlic.

чесо́тка *f* [5] itch.

чест|вова́ние *n* [12] celebration; ~вовать [7] celebrate, hono(u)r; ~ность *f* [8] honesty; ~ный [14; че́стен, -тна́, -о] honest, of hono(u)r; fair; ~олюби́вый [14 *sh.*] ambitious; ~олюбие *n* [12] ambition; ~ь *f* [8] hono(u)r (in в В); credit; по ~и F honestly; ~ь ~ью F properly, well.

чета́ *f* [5] couple, pair; F match.

четве́р|г *m* [1 *e.*] Thursday (on: в В, *pl.*: по Д); ~е́ньки F *f/pl.* [5] all fours (on на В, П); ~ка (-'уɔг-) *f* [5; *g/pl.*: -рок] four (*cf.* тро́йка); F (*mark*) = хорошо́, *cf.*; ~о [37] four (*cf.* дво́е); ~оно́гий [16] four-footed; ~тый (-'уɔг-) [14] fourth; *cf.* пя́тый; ~ть *f* [8; *from g/pl. e.*] (one) fourth; quarter (to без Р; past one второ́го).

чёткий [16; чёток, четка́, -о] distinct, clear; legible; exact, accurate.

чётный [14] even.

четы́ре [34] four; *cf.* пять; ~жды four times; ~ста [36] four hundred.

четырёх|ле́тний [15] four-years-(-old); ~ме́стный [14] four-seated; ~со́тый [14] four hundredth; ~уго́льник *m* [1] quadrangle; ~уго́льный [14] quadrangular; ~эта́жный [14] four-storied (*Brt.* -storeyed).

четы́рнадца|тый [14] fourteenth; *cf.* пя́тый; ~ть [35] fourteen; *cf.* пять.

чех *m* [1] Czech.

чехарда́ *f* [5] leapfrog.

чехо́л *m* [1; -хла́] case, cover.

Чехослова́|кия *f* [7] Czechoslovakia; 2цкий [16] Czechoslovak.

чечеви́ца *f* [5] lentil(s).

че́ш|ка *f* [5; *g/pl.*: -шек] Czech (woman); ~ский [16] Czech(ic).

чешуя́ *f* [6] scales *pl.*

чи́бис *m* [1] lapwing.

чиж *m* [1 *e.*], F ~ик *m* [1] siskin.

Чи|ка́го *n* [*ind.*] Chicago; ~ли *n* [*ind.*] Chile; 2ли́ец *m* [1; -и́йца] Chilean.

чин *m* [1; *pl. e.*] rank, grade; station; order, ceremony; official; ~и́ть 1. [13; чиню́, чи́нишь] a) ⟨по-⟩ mend, repair; b) ⟨о-⟩ sharpen, point; 2. [13], ⟨у-⟩ raise, cause; administer; ~ный [14; чи́нен, чинна́, чи́нно] proper; sedate; ~о́вник *m* [1] official; bureaucrat.

чири́к|ать [1], ⟨~нуть⟩ [20] chirp.

чи́рк|ать [1], ⟨~нуть⟩ [20] strike.

числ|енность *f* [8] number; ✕ strength (of/of Т/в В); ~енный [14] numerical; ~и́тель ♃ *m* [4] numerator; ~и́тельное n [14] gr. numeral (a. и́мя ~и́тельное); ~и́ться [13] be on the ... list (в П or по Д/Р); ~о́ n [9; pl. st.: чи́сла, чи́сел, чи́слам] number; day (in в П; on Р); кото́рое (како́е) сего́дня ~о́? what date is today? (cf. пя́тый); в ~е́ (Р), в том ~е́ including.

чи́стильщик m [1] (boot)black.

чи́ст|ить [15] 1. ⟨по-, вы́-⟩ clean(se); brush; polish; 2. ⟨о-⟩ peel; pol. purge; ~ка f [5; g/pl.: -ток] clean(s)ing; polish(ing); pol. purge; ~окро́вный [14; -вен, -вна] thoroughbred; fig. genuine; ~о-пло́тный [14; -тен, -тна] cleanly; fig. clean; ~осерде́чный [14; -чен, -чна] open-hearted, frank, sincere; ~ота́ f [5] clean(li)ness; purity; ~ый [14; чист, -а́, -о; comp.: чи́ще] clean; pure; neat, cleanly; clear; net; blank (sheet); fine, faultless; genuine; sheer; plain (truth); mere (chance); hard (cash); free, open (field).

чита́|льный [14]: ~льный зал m, ~льня f [6; g/pl.: -лен] reading room; ~тель m [4] reader; ~ть [1], ⟨про-⟩ & ⟨проче́сть⟩ F [25; -чту́, -чтёшь; -чёл, -чла́; -чтённый] read, recite; give (lecture on o П), deliver, lecture; teach; ~ть по склада́м spell.

чи́тка f [5; g/pl.: -ток] reading.

чих|а́ть [1], once ⟨~ну́ть⟩ [20] sneeze.

ЧК (Чрезвыча́йная коми́ссия ...) Cheka (predecessor, 1917—22, of the ГПУ, cf.).

член m [1] member; limb; gr. article; part; ~оразде́льный [14; -лен, -льна] articulate; ~ский [16] member(-ship)...; ~ство n [9] membership. [smack.]

чмо́к|ать F [1], once ⟨~нуть⟩ [20]] чо́к|аться [1], once ⟨~нуться⟩ [20] touch (glasses F) (with с Т).

чо́|порный [14; -рен, -рна] prim, prudish; ~рт s. чёрт.

чрев|а́тый [14 sh.] pregnant (a. fig.); ~о n [9] womb.

чрез s. че́рез; ~выча́йный [14; -а́ен, -а́йна] extraordinary; extreme; special; ~ме́рный [14; -рен, -рна] excessive.

чте́|ние n [12] reading; recital; ~ц m [1 e.] reader.

чтить s. почита́ть[1].

что [23] 1. pron. what (a. ~ за); that; which; how; (a. a ~?) why (so?); (a. a ~) what about? what's the matter? F a ~? well?; how (or as) much, how many; вот ~ the following; listen; that's it; ~ до меня́ as for me; ~ вы (ты)! you don't say!, what next!; не́ за ~ (you are) welcome, Brt. don't mention it; ни за ~ not for the world; ну ~ же? what of that?; (уж) на ~ F however; с чего́? F why?,

wherefore?; ~ и говори́ть F sure; cf. ни; F s. ~-нибудь, ~-то; 2. cj. that; like, as if; ~ (ни) ..., то ... every ... (a)...

что́б(ы) (in order) that or to (a. с тем, ~); ~ не lest, for fear that; вме́сто того́ ~ + inf. instead of ...ing; скажи́ ему́, ~ он + pt. tell him to inf.

что́|-либо, ~-нибудь, ~-то [23] something; anything; ~-то a. F somewhat; somehow, for some reason or other.

чу́вств|енный [14 sh.] sensuous; sensual; material; ~ительность f [8] sensibility; ~и́тельный [14; -лен, -льна] sensitive; sentimental; sensible (a. = considerable, great, strong); biting (cold); grievous (loss); ~о n [9] sense; feeling; sensation; F love; без ~ unconscious, senseless; ~овать [7], ⟨по-⟩ feel (a. себя́ [Т s. th.]); ~ся be felt.

чугу́н m [1 e.] cast iron; ~ный [14] cast-iron; ~оли́тейный [14]: ~оли́тейный заво́д m iron foundry.

чуд|а́к m [1 e.] crank, character; ~а́чество n [9] eccentricity; ~е́сный [14; -сен, -сна] wonderful, marvel(l)ous; miraculous; ~и́ть [15 e.] F s. дури́ть; ~и́ться [15] F = мере́щиться; ~но́й F [14; -дён, -дна́] queer, odd, strange; funny; ~ный [14; -ден, -дна] wonderful, marvel(l)ous; ~о n [9; pl.: чудеса́, -е́с, -еса́м] miracle, marvel, wonder; a. = ~но; ~о́вище n [11] monster; ~о́вищный [14; -щен, -щна] monstrous; ~отво́рец m [1; -рца] wonderworker.

чуж|би́на f [5] foreign country (in на П; a. abroad); ~да́ться [1] (Р) shun, avoid; ~дый [14; чужд, -а́, -о] foreign; strange, alien; free (from Р); ~езе́мец m [1; -мца] foreigner; ~о́й [14] someone else's, alien; strange, foreign; su. a. stranger, outsider.

чула́н m [1] closet; pantry; ~о́к m [1; -лка́; g/pl.: -ло́к] stocking.

чума́ f [5] plague, pestilence.

чума́зый F [14 sh.] dirty.

чурба́н m [1] block; blockhead.

чу́тк|ий [16; -ток, -тка́, -о; comp.: чу́тче] sensitive (to на В), keen; light (sleep); vigilant, watchful; wary; quick (of hearing); responsive; sympathetic; ~ость f [8] keenness; delicacy (of feeling).

чу́точку F a bit.

чуть hardly, scarcely; a little; ~ не nearly, almost; ~ ли не F seem (-ingly); ~ ~ F on the least occasion; ~~ s. ~; ~ё n [10] instinct (for на В); scent, flair.

чу́чело n [9] stuffed animal or bird; scarecrow; ~ горо́ховое F dolt.

чушь F f [8] bosh, baloney.

чу́ять [27], ⟨по-⟩ scent, feel.

III

шабáш F **1.** *m* [1] (knocking-)off-time; **2.** *int.* enough!, no more!; ⁓ить F [16], ⟨по-⟩ knock off.

шаблóн *m* [1] stencil, pattern, cliché; ⁓ный [14] trite, hackneyed.

шаг *m* [1; *after* 2, 3, 4: -á; в -ý; *pl. e.*] step (by step ⁓ за T) (*a. fig.*); pace (at T); stride; démarche; ни ⁓у (дáльше) no step further; на кáждом ⁓ý everywhere, on end; ⁓áть [1], *once* ⟨⁓нýть⟩ [20] step, stride; march; walk; advance; (чéрез) cross; *pf. a.* take a step; далекó ⁓йти *fig.* make great progress; ⁓ом at a slow pace, slowly.

шáйба *f* [5] disk.

шáйка *f* [5; *g/pl.*: шáек] gang.

шакáл *m* [1] jackal.

шалáш *m* [1] hut; tent.

шал|и́ть [13] be naughty, frolic, romp; fool (about), play (pranks); be up to mischief; buck; ⁓и́шь! P fiddlesticks!, on no account!; ⁓овли́вый [14 *sh.*] frolicsome, playful; ⁓опáй F *m* [3] good-for-nothing; ⁓ость *f* [8] prank; ⁓ýн *m* [1 *e.*] naughty boy; ⁓ýнья *f* [6; *g/pl.*: -ний] tomboy, madcap.

шаль *f* [8] shawl.

шáльнóй [14] mad, crazy; stray...

шáмкать [1] mumble.

шампáнское *n* [16] champagne.

шампýнь *m* [4] shampoo.

шанс *m* [1] chance, prospect (of на B).

шантáж *m* [1], ⁓и́ровать [7] blackmail.

шáпка *f* [5; *g/pl.*: -пок] cap; heading.

шар *m* [1; *after* 2, 3, 4: -á; *pl. e.*] sphere; ball; возлýшный ⁓ balloon; земнóй ⁓ globe.

шарáх|аться F [1], ⟨⁓нуться⟩ [20] rush (aside), recoil; shy; bolt.

шарж *m* [1] cartoon, caricature.

шáрик *m* [1] *dim. of* шар; corpuscle; ⁓овый [14] ball (point *pen*); ⁓оподши́пник *m* [1] ball bearing.

шáрить [1], ⟨по-⟩ rummage.

шáр|кать [1], *once* ⟨⁓кнуть⟩ [20] scrape; bow; ⁓мáнка *f* [5; *g/pl.*: -нок] hand organ.

шарни́р *m* [1] hinge, joint.

шаро|вáры *f/pl.* [5] baggy trousers; ⁓ви́дный [14; -ден, -дна], ⁓обрáзный [14; -зен, -зна] spherical, globular.

шарф *m* [1] scarf, neckerchief.

шассú *n* [*ind.*] chassis; ⚙ undercarriage.

шат|áть [1], *once* ⟨(по)шатнýть⟩ [20] (-ся be[come]) shake(n); rock; ⁓ся *a.* stagger, reel, totter; F lounge *or* loaf, gad about.

шатёр *m* [1; -трá] tent.

шáт|кий [16; -ток, -тка] shaky, rickety, tottering; *fig.* unsteady, fickle; ⁓нýть(ся) *s.* ⁓áть(ся).

шá|фер *m* [1; *pl.*: -á, *etc. e.*] best man; ⁓x *m* [1] shah; check (*chess*).

шахмат|и́ст *m* [1] chess player; '⁓ный [14] chess...; '⁓ы *f/pl.* [5] chess (*play v/t.* в B).

шáхт|а *f* [5] mine, pit; ⁓ёр *m* [1] miner, pitman; ⁓ёрский [16] miner's.

шáшка *f* [5; *g/pl.*: -шек] saber, *Brt.* sabre; checker, draughtsman; *pl.* checkers, *Brt.* draughts.

швед *m* [1], ⁓ка *f* [5; *g/pl.*: -док] Swede; ⁓ский [16] Swedish.

швéйный [14] sewing (*machine*).

швейцáр *m* [1] doorman, doorkeeper, porter; ⁓ец *m* [1; -рца], ⁓ка *f* [5; *g/pl.*: -рок] Swiss; Ся́я *f* [7] Switzerland; ⁓ский [16] Swiss; doorman's, porter's.

Швéция *f* [7] Sweden.

швея́ *f* [6] seamstress.

швыр|я́ть [28], *once* ⟨⁓нýть⟩ [20] hurl, fling (*a.* T); squander.

шеве|ли́ть [13; -елю́, -éлишь], ⟨по-⟩, *once* ⟨(по)льнýть⟩ [20] stir, move (*v/i.* -ся), turn (*шау*).

шедéвр (-'devr) *m* [1] masterpiece.

шéйка *f* [5; *g/pl.*: шéек] neck.

шéлест *m* [1], ⁓éть [11] rustle.

шёлк *m* [1; *g/sg. a.* -у; в шелкý; *pl.*: шелкá, *etc. e.*] silk.

шелкови́|стый [14 *sh.*] silky; ⁓ца *f* [5] mulberry (tree); ⁓чный [14]; ⁓чный червь *m* silkworm.

шёлковый [14] silk(en).

шел|охнýться [20] *pf.* stir; ⁓ухá *f* [5], ⁓упи́ть [16 *e.*; -шу́, -ши́шь] peel, husk; ⁓ьмá F *f* [5] rascal, rogue.

шепеля́в|ить [14] lisp; ⁓ый [14 *sh.*] lisping.

шёпот *m* [1] whisper (in а T).

шеп|тáть [3], ⟨про-⟩, *once* ⟨⁓нýть⟩ [20] whisper (*v/i. a.* -ся).

шерéнга *f* [5] file, rank.

шерохóватый [14 *sh.*] rough.

шерст|ь *f* [8; *from g/pl. e.*] wool; coat; fleece; ⁓янóй [14] wool(l)en).

шершáвый [14 *sh.*] rough; shaggy.

шест *m* [1 *e.*] pole.

шéств|ие *n* [12] procession; ⁓овать [7] step, stride, go, walk.

шест|ёрка *f* [5; *g/pl.*: -рок] six (*cf.* трóйка); ⁓ерня́ ⊕ *f* [6; *g/pl.*: -рён] pinion; cogwheel; ⁓еро [37] six (*cf.* двóе); ⁓идеся́тый [14] sixtieth; *cf.* пят(идеся́т)ый; ⁓имéсячный [14] six-months(-old)*; ⁓исóтый [14] six hundredth; ⁓иугóльник *m* [1] hexagon; ⁓нáдцатый [14] sixteenth; *cf.* пя́тый; ⁓нáдцать [35] sixteen; *cf.* пять;

~о́й [14] sixth; **пя́тый**; **~ь** [35 e.] six; cf. пять; **~ьдеся́т** [35] sixty; **~ьсо́т** [36] six hundred; **~ью** six times.

шеф m [1] chief, head, F boss; patron, sponsor; **~ство** n [9] patronage, sponsorship.

ше́я f [6; g/pl.: шей] neck; back.

ши́|бко P swiftly; very; **~ворот:** взять за **~ворот** collar.

шик|а́рный [14; -рен, -рна] chic, smart; **~а́ть** F [1], once **~ну́ть** [20] hiss.

ши́ло n [1; pl.: -лья, -льев] awl.

ши́на f [5] tire, Brt. tyre; ⊕ splint.

шине́ль f [8] greatcoat, overcoat.

шинкова́ть [7] chop, shred.

шип m [1 e.] thorn; (dowel) pin.

шипе́|ние n [12] hiss(ing); **~ть** [10], ⟨про-⟩ hiss; spit; whiz.

шипо́вник m [1] dogrose.

шип|у́чий [17 sh.] sparkling, fizzy; **~я́щий** [17] sibilant.

ширина́ f [5] width, breadth; **~но́й** в (B) or в **~у́** ... wide; **'~ть** [13], ⟨-ся⟩ widen, spread.

ши́рма f [5] (mst pl.) screen.

широ́к|ий [16; широ́к, -ока́, -о́ко] comp.: ши́ре] broad; wide; vast; (at) large; great; mass...; large-scale; phon. open; на **~ую** но́гу in grand style; **~овеща́тельный** [14] broadcasting; [-лен, -льна] promising; **~опле́чий** [17 sh.] broad-shouldered.

шир|ота́ f [5; pl. st.: -о́ты] breadth; geogr. latitude; **~потре́б** F m [1] consumers' goods; **~ь** f [8] breadth, width; open (space).

шить [шью, шьёшь; шей(те)!; ши́тый], ⟨с-⟩ [сошью, -ьёшь; сши́тый] sew (pf. a. together); embroider; have made; **~ё** n [10] sewing; embroidery.

шифр m [1] cipher, code; pressmark; **~ова́ть** [7], ⟨за-⟩ cipher, code.

шиш F m [1 e.] fig; **~ка** f [5; g/pl.: -шек] bump, lump; ⚘ cone; knot; F bigwig.

шка|ла́ f [5; pl. st.] scale; **~ту́лка** f [5; g/pl.: -лок] casket; **~ф** m [1; в -у́; pl. e.] cupboard; wardrobe; (book)case; несгора́емый **~ф** safe.

шквал m [1] squall, gust.

шкив ⊕ m [1] pulley.

шко́л|а f [5] school (go to в B; be at, in в П); вы́сшая **~а** academy; university; **~ьник** m [1] schoolboy; **~ьница** f [5] schoolgirl; **~ьный** [14] school...

шку́р|а f [5] skin (a. **~ка** f [5; g/pl.: -рок]), hide; **~ник** F m [1] self-seeker.

шлагба́ум m [1] barrier, turnpike.

шлак m [1] slag, scoria; cinder.

шланг m [1] hose.

шлем m [1] helmet.

шлёп F crack!; **~ать** [1], once ⟨~нуть⟩ [20] slap; shuffle; plump (v/i. F -ся; plop).

шлифова́ть [7], ⟨от-⟩ grind; polish.

шлю́|з m [1] sluice, lock; **~пка** f [5; g/pl.: -пок] boat; launch.

шля́п|а f [5] hat; F milksop; **~ка** f [5; g/pl.: -пок] dim. of. **~а**; (lady's) hat; head (nail); **~очник** m [1] hatter; **~ный** [14] hat...; hatter's; milliner's.

шля́ться P [1] s. шата́ться.

шмель m [4 e.] bumblebee.

шмыг quick!; **~ать** F [1], once ⟨~ну́ть⟩ [20] whisk, scurry, slip.

шнице́ль m [4] cutlet.

шнур m [1 e.] cord; **~ова́ть** [7], ⟨за-⟩ lace (or tie) up; **~о́к** m [1; -рка́] shoestring, (shoe) lace.

шныря́ть F [28] poke about.

шов m [1; шва] seam; ⊕ a. joint.

шокола́д m [1] chocolate.

шомпол m [1; pl.: -á, etc. e.] ramrod.

шо́пот m [1] s. шёпот.

шо́рник m [1] saddler.

шо́рох m [1] rustle.

шоссе́ (-'sε) n [ind.] high road.

шотла́нд|ец m [1; -дца] Scotchman, pl. the Scotch; **~ка** f [5; g/pl.: -док] Scotchwoman; ♀ня n [7] Scotland; **~ский** [16] Scotch, Scottish.

шофёр m [1] driver, chauffeur.

шпа́га f [5] sword.

шпага́т m [1] packthread, string.

шпа́л|а f [5] cross tie, Brt. sleeper; **~éра** f [5] trellis; lane.

шпа|рга́лка F f [5; g/pl.: -лок] pony, Brt. crib; **~т** m [1] min. spar.

шпиго́вать [7], ⟨на-⟩ lard.

шпик m [1] slab bacon, fat; F sleuth.

шпи́|лька f [5; g/pl.: -лек] hairpin; hat pin; tack; fig. taunt, twit (vb.: пусти́ть B); **~на́т** m [1] spinach.

шпио́н m [1], **~ка** f [5; g/pl.: -нок] spy; **~а́ж** m [1] espionage; **~ить** [13] spy.

шпиц m [1] Pomeranian (dog).

шпо́р|а f [5], **~ить** [13] spur.

шприц m [1] syringe, squirt.

шпрот m [1] sprat, brisling.

шпу́лька f [5; g/pl.: -лек] spool, bobbin.

шрам m [1] scar.

шрифт m [1] type, print.

штаб ✕ m [1] staff; headquarters.

шта́бель m [4; pl.: -ля́, etc. e.] pile.

штабно́й ✕ [14] staff...

штамп m [1], **~ова́ть** [7], ⟨от-⟩ stamp.

шта́нга f [5] ⊕ pole; sport: weight.

штаны́ F m/pl. [1 e.] pants, trousers.

штат m [1] state; staff; cf. США; **~и́в** m [1] support; phot. tripod; **~ный** [14] (on the) staff; **~ский** [16] civil; civilian; plain (clothes).

штемпел|ева́ть (ʃte-) [6], **~ь** m [4; pl.: -ля́, etc. e.] stamp; postmark.

штепсель ('ʃte-) m [4; pl.: -ля́, etc. e.] plug; jack.

шти|ль *m* [4] calm; ~фт *m* [1 *e.*] pin.
штоп|ать [1], ⟨за-⟩ darn; ~ка *f* [5] darning.
штопор *m* [1] corkscrew; ✈ spin.
што|ра *f* [5] blind; curtain; ~рм *m* [1] storm; ~ф *m* [1] quart, bottle; damask.
штраф *m* [1] fine, penalty, mulct; ~ной [14] fine...; penalty...; convict...; ~овать [7], ⟨о-⟩ fine.
штрейкбрéхер *m* [1] strikebreaker.
штрих *m* [1 *e.*] stroke; trait; touch; ~овáть [7], ⟨за-⟩ hatch; shade.
штудировать [7], ⟨про-⟩ study.
штýка *f* [5] piece; F thing; fish; trick; story; business; point.
штукатýр|ить [13], ⟨о-⟩, ~ка *f* [5] plaster.
штурвáл *m* [1] steering wheel.
штурм *m* [1] storm, onslaught; ~ан *m* [1] navigator; ~овáть [7] storm, assail; ~овик *m* [1 *e.*] battleplane.
штýчный [14] (by the) piece.
штык *m* [1 *e.*] bayonet.
шýба *f* [5] fur (coat).
шýлер *m* [1; *pl.*: -á, *etc. e.*] sharper.
шум *m* [1] noise; din; rush; bustle; buzz; F hubbub, row, ado; ~ам hullabaloo; надéлать ~у cause a sensation; ~éть [10 *e.*; шумлю, шу-мúшь] make a noise; rustle; rush; roar; bustle; buzz; ~иха F [5] sensation, clamo(u)r; ~ливый [14 *sh.*] clamorous; ~ный [14; -мен, -мнá, -о] noisy, loud; sensational; ~овóй [14] noise...; jazz...; ~ók *m* [1; -мкá]: под ~ók F on the sly.
Шýра *m/f* [5] *dim. of* Алексáндр(а).
шýр|ин *m* [1] brother-in-law (*wife's brother*); ~шáть [4 *e.*; -шý, шúшь], ⟨за-⟩ rustle.
шýстрый F [14; -тёр, -трá, -о] nimble.
шут *m* [1 *e.*] fool, jester, clown, buffoon; F deuce; ~úть [15], ⟨по-⟩ joke, jest; make fun (of над Т); ~ка *f* [5; *g/pl.*: -ток] joke, jest (in в В); fun (for рáди Р); trick (*play:* over с Т); F trifle (it's no ~ка ли); ~ кроме ~ок joking apart; are you in earnest?; не на ~ку serious(ly); (Д) не до ~ок be in no laughing mood; ~ливый [14 *sh.*] jocose, playful; ~ник *m* [1 *e.*] joker, wag; ~очный [14] jocose, sportive, comic; laughing (*matter*); ~я́ jokingly (не in earnest).
шушýкать(ся) F [1] whisper.
шхýна *f* [5] schooner.
ш-ш hush!

Щ

щавéль *m* [4 *e.*] ❧ sorrel.
щадúть [15 *e.*; щажý, щадúшь], ⟨по-⟩ [-щажённый], spare.
щéбень *m* [4; -бня] road metal.
щебетáть [3] chirp, twitter.
щегóл *m* [1; -глá] goldfinch; ~евáтый [14 *sh.*] stylish, smart; '~ь ('ʃt͡ʃo-) *m* [4] dandy, fop; ~ьскóй [16] foppish; ~я́ть [28] flaunt, parade.
щéдр|ость *f* [8] liberality; ~ый [14; щедр, -á, -о] liberal, generous.
щекá *f* [5; *ac/sg.*: щёку; *pl.*: щёки, щёк, щекáм, *etc. e.*] cheek.
щеколда *f* [5] latch.
щекот|áть [3], ⟨по-⟩, ~ка *f* [5] tickle; ~лúвый [14 *sh.*] ticklish.
щёлк|ать [1], *once* ⟨~нуть⟩ [20] 1. *v/i.* click (*one's tongue* Т), snap (*one's fingers* Т), crack (*whip* Т); chatter (*one's teeth* Т); warble, sing (*birds*); 2. *v/t.* fillip (он по Д); crack (*nuts*).
щёло|к *m* [1] lye; ~чь *f* [8; *from g/pl. e.*] alkali; ~чнóй [14] alkaline.
щелчóк *m* [1; -чкá] fillip; crack.
щель *f* [8; *from g/pl. e.*] chink, crack, crevice; slit; голосовáя ~ glottis.
щемúть [14 *e.*; *3rd. p., a. impers.*] press; *fig.* oppress.
щенóк *m* [1; -нкá; *pl.*: -нкú & (2) -ня́та] puppy, whelp.

щеп|етúльный [14; -лен, -льна] scrupulous, punctilious, squeamish, fancy...; ~ка *f* [5; *g/pl.*: -пок] chip; *fig.* lath
щепóтка *f* [5; *g/pl.*: -ток] pinch.
щетúн|а *f* [5] bristle(s); ~истый [14 *sh.*] bristly; ~иться [13], ⟨о-⟩ bristle up.
щётка *f* [5; *g/pl.*: -ток] brush.
щи *f/pl.* [5; *gen.*: щей] cabbage soup.
щúколотка *f* [5; *g/pl.*: -ток] ankle.
щип|áть [2], *once* ⟨⟨у⟩~нуть⟩ [20] pinch, tweak (*v/t.* за В), (*a. cold*) nip; bite; twitch; pluck; browse; ~цы́ *m/pl.* [1 *e.*] tongs, pliers, pincers, nippers; ~ forceps; (nut)crackers; ~чики *m/pl.* [1] tweezers.
щит *m* [1 *e.*] shield; buckler; screen, guard, protection; (snow)shed; (⚡ switch)board; sluice gate; (tortoise) shell.
щитовúдный [14] thyroid (*gland*).
щýка *f* [5] pike (*fish*).
щýп|альце *n* [11; *g/pl.*: -лец] feeler, tentacle; ~ать [1], ⟨по-⟩ feel; touch; *fig.* sound; ~лый F [14; щупл, -á, -о] puny.
щýрить [13] screw up (*one's eyes* ~ся).

Э

эваку́ировать [7] (im)pf. evacuate.
эволюцио́нный [14] evolution(ary).
эго́й|зм m [1] ego(t)ism, selfishness; ~ст m [1], ~стка f [5; g/pl.: -ток] egoist; ~сти́ческий [16], ~сти́чный [14]; -чен, -чна] selfish.
Эдинбу́рг m [1] Edinburgh.
эй! halloo!, hullo!, hey!
эквивале́нт m [1], ~ный [14; -тен, -тна] equivalent.
экза́м|ен m [1] examination (in ... на П; ... in по Д); ~ена́тор m [1] examiner; ~енова́ть [7], ⟨про-⟩ examine; -ся be examined (by y P); p. pr. p. examinee.
экземпля́р m [1] copy; specimen.
экзоти́ческий [16] exotic.
э́кий F [16; sh.: no m, -a] what (a).
эки́п|а́ж m [1] carriage; Ф, ⚓ crew; ~ирова́ть [7] (im)pf. fit out, equip.
эконо́м|ика f [5] economy; economics; ~ить [14], ⟨с-⟩ save; economize; ~и́ческий [16] economic; ~ия f [7] economy; saving (of P, в П); ~ный [14; -мен, -мна] economical, thrifty.
экра́н m [1] screen.
экскава́тор m [1] dredge(r Brt.).
экску́рс|ант m [1] excursionist; ~ия f [7] excursion, outing, trip; ~ово́д m [1] guide.
экспеди́|тор m [1] forwarding agent(s); ~цио́нный [14] forwarding...; expedition...; ~ция f [7] dispatch (office); forwarding agency; expedition.
экспери́|мента́льный [14] experimental; ~т m [1] expert (in по Д); ~ти́за f [5] examination; (expert) opinion.
эксплуа|та́тор m [1] exploiter; ~та́ция f [7] exploitation; Ⓕ operation; ~ти́ровать [7] exploit; sweat; Ⓕ operate, run.
экспон|а́т m [1] exhibit; ~и́ровать [7] (im)pf. exhibit; phot. expose.
э́кспорт m [1], ~и́ровать [7] (im)pf. export; ~ный [14] export...
экс|про́мт m [1] impromptu; ~про́мтом a. extempore; ~та́з m [1] ecstasy; ~тра́кт m [1] extract; ~тренный [14 sh.] special; extra; urgent; ~центри́чный [14; -чен, -чна] eccentric.
эласти́чн|ость f [8] elasticity; ~ый [14; -чен, -чна] elastic.
элега́нтн|ость f [8] elegance; ~ый [14; -тен, -тна] elegant, stylish.
электр|ик m [1] electrician; ~ифи́ци́ровать [7] (im)pf. electrify; ~и́ческий [16] electric(al); ~и́чество n [9] electricity; ~ово́з m [1] electric locomotive; ~о́д m [1]

electrode; ~омонтёр s. ~ик; ~о́н m [1], electron [7] power station; ~оте́хник m [1] electrical engineer; ~оте́хника f [5] electrical engineering.
элеме́нт m [1] element; ~а́рный [14; -рен, -рна] elementary.
эма́л|евый [14], ~ирова́ть [7], ~ь f [8] enamel.
эмбле́ма f [5] emblem.
эмигр|а́нт m [1], ~а́нтка f [5; g/pl.: -ток], ~а́нтский [16] emigrant; emigre; ~и́ровать [7] (im)pf. emigrate.
эмоциона́льный [14; -лен, -льна] emotional.
эмпири́зм m [1] empiricism.
энерг|и́чный [14; -чен, -чна] energetic; drastic; ~ия f [7] energy.
энтузиа́зм m [1] enthusiasm.
энциклопе́д|ия f [7] (a. ~и́ческий слова́рь m) encyclop(a)edia.
эпи|гра́мма f [5] epigram; ~де-ми́ческий [16], ~де́мия f [7] epidemic; ~зо́д m [1] episode; ~ле́псия f [7] epilepsy; ~ло́г m [1] epilogue; ~тет m [1] epithet.
э́по|с m [1] epic (poem), epos; ~ха f [5] epoch, era, period (in в В).
эроти́ческий [16] erotic.
эска́др|а f [5] Ф squadron; ~и́лья f [6; g/pl.: -лий] ✈ squadron.
эс|кала́тор m [1] escalator; ~ки́з m [1] sketch; ~кимо́с m [1] Eskimo; ~корти́ровать [7] escort; ~ми́нец m [1; -нца] Ф destroyer; ~се́нция f [7] essence; ~тафе́та f [5] relay race; ~тети́ческий [16] aesthetic.
эсто́н|ец m [1; -нца], ~ка f [5; g/pl.: -нок], ~ский [16] Estonian.
эстра́да f [7] platform; s. варьете́.
эта́ж m [1 e.] floor, stor(e)y; дом в три ~а three-storied (Brt. -reyed) house; ~е́рка f [5; g/pl.: -рок] whatnot; bookshelf.
э́так(ий) F s. так(ой).
эта́п m [1] stage; base; transport(s).
э́тика f [5] ethics (a. pl.).
этике́тка f [5; g/pl.: -ток] label.
этимоло́гия f [7] etymology.
этногра́фия f [7] ethnography.
э́т|от m, ~а f, ~о n, ~и pl. [27] this, pl. these; su. this one; that; it; there (-in, etc.); ~о a. well, then, as a matter of fact.
этю́д m [1] study, étude; sketch.
эф|е́с m [1] (sword) hilt; ~и́р m [1] ether; ~и́рный [14; -рен, -рна] ethereal.
эффе́кт|ивность f [8] efficacy; ~и́вный [14; -вен, -вна] efficacious; ~ный [14; -тен, -тна] effective.
эх ah!
эшафо́т m [1] scaffold.
эшело́н m [1] echelon; troop train.

Ю

юбил|е́й m [3] jubilee; ⁓е́йный [14] jubilee...; ⁓я́р m [1] p. celebrating his jubilee.
ю́бка f [5; g/pl.: ю́бок] skirt.
ювели́р m [1] jeweller(' ⁓ный [14]).
юг m [1] south; е́хать на ⁓ travel south; cf. восто́к; ⁓о-восто́к m [1] southeast; ⁓о-восто́чный [14] southeast...; ⁓о-за́пад m [1] southwest; ⁓о-за́падный [14] southwest...; 2осла́вия f [7] Yugoslavia.
йогу́рт m [1] yogurt.
Ю́жно-Африка́нский Сою́з m [16/1] Union of South Africa.
ю́жный [14] south(ern); southerly.
юла́ f [5] humming top; F fidgety p.
ю́мор m [1] humo(u)r; ⁓исти́ческий [16] humorous; comic.
ю́нга m [5] cabin boy.

ю́ность f [8] youth (age).
ю́нош|а m [5; g/pl.: -шей] youth (young man); ⁓ество n [9] youth.
ю́ный [14; юн, -а́, -о] young, youthful.
юри|ди́ческий [16] juridical; of law; ⁓сконсульт m [1] legal adviser.
'Ю́рий m [3] George.
юри́ст m [1] lawyer; F law student.
ю́рк|ий [16; ю́рок, юрка́, -о] nimble, quick; ⁓ну́ть [20] pf. vanish (quickly).
юро́дивый [14] fool(ish) ,,in Christ''; ⁓тя f [5] nomad's tent.
юсти́ция f [7] justice.
юти́ться [15 e.; ючу́сь, юти́шься] nestle; be cooped.
юфть f [8] Russia leather.

Я

я [20] I; э́то я it's me.
я́бед|а F f [5] slander, talebearing; ⁓ник m [1] slanderer, informer; ⁓ничать [1] slander (v/t. на В).
я́бло|ко n [9; pl.: -ки, -к] apple; (⁓ня)а f [6] apple tree.
яв|и́ть(ся) s. ⁓ля́ть(ся); ⁓ка f [5] appearance; presence, attendance; submission, presentation; place of secret meeting; ⁓ле́ние n [12] phenomenon; occurrence, event; thea. scene; appearance, apparition; ⁓ля́ть [28], ⟨⁓и́ть⟩ [14] present, submit; do; show; -ся appear, turn up; come; (T) be; ⁓ный [14; я́вен, я́вна] open; obvious, evident; avowed; ⁓ствовать [7] follow.
ягнёнок m [2] lamb.
я́год|а f [5], ⁓ный [14] berry.
я́годица f [5] buttock.
яд m [1] poison; fig. a. venom.
я́дерный [14] nuclear.
ядови́тый [14 sh.] poisonous; venomous.
ядр|ёный F [14 sh.] strong, stalwart, solid; pithy; fresh; ⁓о́ n [9; pl. st.; g/pl.: я́дер] kernel; phys., & nucleus; cannon ball; fig. core, pith.
я́зва f [5] ulcer; plague; wound; ⁓и́тельный [14; -лен, -льна] venomous; caustic.
язы́к m [1 e.] tongue; language (in на П); speech; na russisch ⁓é speak (text, etc. in) Russian; держа́ть ⁓ за зуба́ми hold one's tongue; ⁓ове́д m [1] linguist; ⁓ово́й [14] language...; ⁓о́вый [14] tongue...; ⁓озна́ние n [12] linguistics.
язы́ч|еский [16] pagan; ⁓ество n [9] paganism; ⁓ник m [1] pagan.
язычо́к m [1; -чка́] uvula; tongue.
яи́чн|ица (-fn-) f [5] (scrambled or fried) eggs pl.; ⁓ый [14] egg...

яйцо́ n [9; pl.: я́йца, яи́ц, я́йцам] egg.
я́кобы allegedly; as it were. [egg.]
'Яков m [1] Jakob.
я́кор|ь m [4; pl.: -ря́, etc. e.] anchor (at на П); стоя́ть на ⁓е anchor.
я́лик m [1] jolly boat.
я́м|а f [5] hole, pit; F dungeon; ⁓(оч)ка f [5; g/pl.: я́мо(че)к] dimple.
ямщи́к m [1 e.] coachman, driver.
янва́рь m [4 e.] January.
янта́рь m [4 e.] amber.
япо́н|ец m [1; -нца], ⁓ка f [5; g/pl.: -нок], ⁓ский [16] Japanese; 2ия f [7] Japan.
я́ркий [16; я́рок, ярка́, -о; comp.: я́рче] bright; glaring; vivid; rich (colo[u]r); blazing; fig. striking, outstanding.
яр|лы́к m [1 e.] label; ⁓марка f [5; g/pl.: -рок] fair (at на П).
ярмо́ n [9; pl.: я́рма, etc. st.] yoke.
яровой [14] summer, spring (crops).
я́рост|ный [14; -тен, -тна] furious, fierce; ⁓ь f [8] fury, rage.
я́рус m [1] circle (thea.); layer.
я́рый [14 sh.] fierce, violent; ardent.
я́сень m [4] ash (tree).
я́сли m/pl. [4; gen.: я́слей] crib, manger; day nursery, Brt. crèche.
ясн|ови́дец m [1; -дца] clairvoyant; ⁓ость f [8] clarity; ⁓ый [14; я́сен, ясна́, -о] clear; bright; fine; limpid; distinct; evident; plain (answer).
я́стреб m [1; pl.: -ба́ & -бы] hawk.
я́хта f [5] yacht.
яче́|йка f [5; g/pl.: -е́ек], ⁓я́ f [6; g/pl.: ячей] cell; mesh.
ячме́нь m [4 e.] barley; & sty.
'Яш(к)а m [5] dim. of 'Яков.
я́щерица f [5] lizard.
я́щик m [1] box, case, chest; drawer; откла́дывать в до́лгий ⁓ shelve; cf. для.

PART TWO

ENGLISH-RUSSIAN
VOCABULARY

A

a [ei, ə] неопределённый артикль; как правило, не переводится; ~ table стол; 10 roubles a dozen десять рублей дюжина.

A 1 [ei'wʌn] **1.** F первоклассный; **2.** прекрасно.

aback [ə'bæk] *adv.* назад.

abandon [ə'bændən] отказываться [-заться] от (P); оставлять [-авить], покидать [-инуть]; ~ed покинутый; распутный; ~ment [-mənt] оставление.

abase [ə'beis] унижать [унизить]; ~ment [-mənt] унижение.

abash [ə'bæʃ] смущать [смутить]; ~ment [-mənt] смущение.

abate [ə'beit] *v/t.* уменьшать [-еньшить]; *v/i.* утихать [утихнуть] (о буре и т. п.); ~ment [-mənt] уменьшение; скидка.

abattoir ['æbətwɑ:] скотобойня.

abb|ess ['æbis] настоятельница монастыря; ~ey ['æbi] монастырь *m*; ~ot ['æbət] аббат, настоятель *m*.

abbreviat|e [ə'bri:vieit] сокращать [-ратить]; ~ion [əbri:vi'eiʃən] сокращение.

abdicat|e ['æbdikeit] отрекаться от престола, отказываться [-заться] от (P); ~ion [æbdi'keiʃən] отречение от престола.

abdomen [æb'doumen] живот; брюшная полость *f.*

abduct [æb'dʌkt] похищать [-итить] (женщину).

aberration [æbə'reiʃən] заблуждение; *ast.* аберрация.

abet [ə'bet] *v/t.* подстрекать [-кнуть]; [по]содействовать (дурному); ~tor [-ə] подстрекатель (-ница *f*) *m.*

abeyance [ə'beiəns] состояние неизвестности; in ~ без владельца; временно отменённый (закон).

abhor [əb'hɔ:] ненавидеть; ~rence [əb'hɔrəns] отвращение; ~rent [-ənt] ☐ отвратительный.

abide [ə'baid] *irr.*] *v/i.* пребывать; ~ by твёрдо держаться (P); *v/t.* not ~ не терпеть.

ability [ə'biliti] способность *f.*

abject ['æbdʒekt] ☐ презренный, жалкий.

abjure [əb'dʒuə] отрекаться [-ечься] от (P).

able ['eibl] ☐ способный; be ~ мочь, быть в состоянии; ~-bodied ['bɔdid] здоровый; годный.

abnegat|e ['æbnigeit] отказывать [-зать] себе в (П); отрицать; ~ion [æbni'geiʃən] отрицание; (само)отречение.

abnormal [æb'nɔ:məl] ☐ ненормальный.

aboard [ə'bɔ:d] ♣ на корабль, на корабле.

abode [ə'boud] **1.** *pt.* от abide; **2.** местопребывание; жилище.

aboli|sh [ə'bɔliʃ] отменять [-нить]; упразднять [-нить]; ~tion [æbo'liʃən] отмена.

abomina|ble [ə'bɔminəbl] ☐ отвратительный; ~te [-neit] *v/t.* питать отвращение к (Д); ~tion [əbɔmi'neiʃən] отвращение.

aboriginal [æbə'ridʒənəl] **1.** туземный; **2.** тузе́мец.

abortion [ə'bɔ:ʃən] выкидыш, аборт. (Т).

abound [ə'baund] изобиловать (in

about [ə'baut] **1.** *prp.* вокруг (P); около (P), о (П), об (П), обо (П), насчёт (P); у (P); про (В); I had no money ~ me у меня не было с собой денег; **2.** *adv.* вокруг, везде; приблизительно; be ~ to do собираться делать.

above [ə'bʌv] **1.** *prp.* над (Т); выше (P); сверх (P); ~ all главным образом; **2.** *adv.* наверху, наверх; выше; **3.** *adj.* вышесказанный.

abreast [ə'brest] в ряд.

abridg|e [ə'bridʒ] сокращать [-ратить]; ~(e)ment [-mənt] сокращение.

abroad [ə'brɔ:d] за границей, за границу; there is a report ~ ходит слух.

abrogate ['æbrogeit] *v/t.* отменять [-нить]; аннулировать (*im*)*pf.*

abrupt [ə'brʌpt] ☐ обрывистый; внезапный; резкий.

abscond [əb'skɔnd] *v/i.* скрываться).

absence ['æbsns] отсутствие; отлучка; ~ of mind рассеянность *f.*

absent 1. ['æbsnt] ☐ отсутствующий; **2.** [æb'sent] ~ o. s. отлучаться [-читься]; ~-minded ☐ рассеянный.

absolut|e ['æbsəlu:t] ☐ абсолютный; беспримерный; ~ion [æbsə'lu:ʃən] отпущение грехов.

absolve [əb'zɔlv] прощать [простить]; освобождать [-бодить] (from от P).

absorb [əb'sɔ:b] впитывать [впитать]; абсорбировать (*im*)*pf.*

absorption [əb'sɔ:pʃən] всасывание, впитывание; *fig.* погружённость *f* (в дело).

abstain [əbs'tein] воздерживаться [-жаться] (from от P).

abstemious [əbs'ti:miəs] □ воздержанный, умеренный.

abstention [æbs'tenʃən] воздержание.

abstinen|ce ['æbstinəns] умеренность *f*; трезвость *f*; ~t [-nənt] □ умеренный, воздержанный; непьющий.

abstract 1. ['æbstrækt] □ отвлечённый, абстрактный; **2.** конспект; извлечение; *gr.* отвлечённое имя существительное **3.** [æbs'trækt] отвлекать [-éчь]; резюмировать (*im*)*pf.*; ~ed [-id] □ отвлечённый; ~ion [-kʃən] абстракция.

abstruse [æbs'tru:s] □ *fig.* непонятный, тёмный.

abundan|ce [ə'bʌndəns] избыток, изобилие; ~t [-dənt] □ обильный, богатый.

abus|e 1. [ə'bju:s] злоупотребление; оскорбление; брань *f*; **2.** [ə'bju:z] злоупотреблять [-бить] (T); [вы]ругать; ~ive [ə'bju:siv] □ оскорбительный.

abut [ə'bʌt] граничить (upon с T).

abyss [ə'bis] бездна.

academic|(al □) [ækə'demik(əl)] академический; ~ian [əkædə'miʃən] академик.

accede [æk'si:d]: ~ to вступать [-пить] в (B).

accelerat|e [æk'seləreit] ускорять [-брить]; ~or [æk'seləreitə] ускоритель *m*.

accent 1. ['æksənt] ударение; произношение, акцент; **2.** [æk'sent] *v/t.* делать или ставить ударение на (П); ~uate [æk'sentjueit] делать или ставить ударение на (П); *fig.* подчёркивать [-черкнуть].

accept [ək'sept] принимать [-нять], соглашаться [-гласиться] с (T); ~able [ək'septəbl] □ приемлемый; приятный; ~ance [ək'septəns] приём, принятие; ✝ акцепт.

access ['ækses] доступ, проход; ✻ приступ; easy of ~ доступный; ~ary [æk'sesəri] соучастник (-ица); ~ible [æk'sesəbl] □ доступный, достижимый; ~ion [æk'seʃən] вступление (to в B); доступ (to к Д); ~ to the throne вступление на престол.

accessory [æk'sesəri] □ **1.** добавочный, второстепенный; **2.** *pl.* принадлежности *f/pl.*

accident ['æksidənt] случайность *f*; катастрофа, авария; ~al [æk'si'dentl] □ случайный.

acclaim [ə'kleim] шумно приветствовать (B); аплодировать (Д).

acclamation [æklə'meiʃən] шумное одобрение.

acclimatize [ə'klaimətaiz] акклиматизировать(ся) (*im*)*pf.*

acclivity [ə'kliviti] подъём (дороги).

accommodat|e [ə'kɔmədeit] приспособлять [-пособить]; давать жильё (Д); ~ion [ə'kɔmə'deiʃən] приют; помещение.

accompan|iment [ə'kʌmpənimənt] аккомпанемент; сопровождение; ~y [-pəni] *v/t.* аккомпанировать (Д); сопровождать [-водить].

accomplice [ə'kɔmplis] соучастник (-ица).

accomplish [-pliʃ] выполнять [выполнить]; достигать [-игнуть] (P); ~ment [-mənt] выполнение; достижение; ~s *pl.* образованность *f*.

accord [ə'kɔ:d] **1.** соглашение; гармония; with one ~ единодушно; **2.** *v/i.* согласовываться [-соваться] (с T); гармонировать (с T); *v/t.* предоставлять [-ставить]; ~ance [-əns] согласие; ~ant [-ənt] □ согласный (с T); ~ing [-iŋ]: ~ to согласно (Д); ~ingly [-iŋli] *adv.* соответственно; таким образом.

accost [ə'kɔst] заговаривать [-ворить] с (T).

account [ə'kaunt] **1.** счёт; отчёт; of no ~ незначительный; on no ~ ни в коем случае; on ~ of из-за (P); take into ~, take ~ of принимать во внимание; turn to ~ использовать (*im*)*pf.*; call to ~ призывать к ответу; make ~ of придавать значение (Д); **2.** *v/i.* ~ for отвечать [-етить] за (B); объяснять [-нить]; be much ~ed of иметь хорошую репутацию; *v/t.* считать [счесть] (B/T); ~able [ə'kauntəbl] □ объяснимый; ~ant [-ənt] счетовод; (chartered, *Am.* certified public присяжный) бухгалтер; ~ing [-iŋ] отчётность *f*; учёт.

accredit [ə'kredit] аккредитовать (*im*)*pf.*; приписывать [-сать].

accrue [ə'kru:] накопляться [-питься]; происходить [произойти] (from из P).

accumulat|e [ə'kju:mjuleit] накапливать(ся) [-копить(ся)]; скопляться(ся) [-пить(ся)]; ~ion [əkju:mju'leiʃən] накопление; скопление.

accura|cy ['ækjurəsi] точность *f*; тщательность *f*; ~te [-rit] □ точный; тщательный.

accurs|ed [ə'kə:sid], ~t [-st] проклятый.

accus|ation [ækju'zeiʃən] обвинение; ~e [ə'kju:z] *v/t.* обвинять [-нить]; ~er [-ə] обвинитель(ница *f*) *m*.

accustom [ə'kʌstəm] приучать [-чить] (to к Д); get ~ed привыкать [-выкнуть] (to к Д); ~ed [-d] привычный; приученный.

ace [eis] туз; *fig.* первоклассный лётчик.

acerbity [ə'sə:biti] терпкость *f*.

acet|ic [ə'si:tik] уксусный; ~ify [ə'setifai] окислять(ся) [-лить(ся)].

ache [eik] 1. боль f; 2. v/i. болѣть (о части тѣла).

achieve [ə'tʃiːv] достигать [-и́гнуть] (P); ~ment [-mənt] достиже́ние.

acid ['æsid] ки́слый; ѣ́дкий; ~ity [ə'siditi] кислота́; ѣ́дкость f.

acknowledg|e [ək'nɔlidʒ] v/t. подтвержда́ть [-ерди́ть]; призна(ва́)ть; ~(e)ment [-mənt] призна́ние; распи́ска.

acme ['ækmi] вы́сшая то́чка (P); кри́зис.

acorn ['eikɔːn] ⅋ жёлудь m.

acoustics [ə'kaustiks] аку́стика.

acquaint [ə'kweint] v/t. [по]знако́мить; be ~ed with быть знако́мым с (T); ~ance [-əns] знако́мство; знако́мый.

acquiesce [ækwi'es] мо́лча и́ли неохо́тно соглаша́ться (in na B); ~ment [-mənt] молчали́вое и́ли неохо́тное согла́сие.

acquire [ə'kwaiə] v/t. приобрѣта́ть [-ести́]; достига́ть [-и́гнуть] (P); ~ment [-mənt] приобрѣте́ние.

acquisition [ækwi'ziʃən] приобрѣте́ние.

acquit [ə'kwit] v/t. опра́вдывать [-да́ть]; ~ of освобожда́ть [-боди́ть] от (P); выполня́ть [вы́полнить] (обя́занности); ~ o. s. well хорошо́ справля́ться с рабо́той; ~tal [-l] оправда́ние; ~tance упла́ти (долга́ и т. п.).

acre ['eikə] акр (0,4 га).

acrid ['ækrid] о́стрый, ѣ́дкий.

across [ə'krɔs] 1. adv. поперёк; на ту сто́рону, кресто́м; 2. prp. сквозь (B), че́рез (B).

act [ækt] 1. v/i. дѣ́йствовать; поступа́ть [-пи́ть]; v/t. thea. игра́ть [сыгра́ть]; 2. дѣ́ло; постановле́ние; акт; ~ing [-iŋ] 1. исполня́ющий обя́занности; 2. дѣ́йствия n/pl.; thea. игра́.

action ['ækʃən] посту́пок; дѣ́йствие (a. thea.); дѣ́ятельность f; ⚔ бой; иск; take ~ принима́ть мѣ́ры.

activ|e ['æktiv] ☐ акти́вный; энерги́чный; дѣ́ятельный; ~ity [æk'tiviti] дѣ́ятельность f; акти́вность f; эне́ргия.

act|or ['æktə] актёр; ~ress [-tris] актри́са.

actual ['æktjuəl] ☐ дѣйстви́тельный.

actuate ['æktjueit] приводи́ть в дѣ́йствие.

acute [ə'kjuːt] ☐ о́стрый; проница́тельный.

adamant ['ædəmənt] fig. несокруши́мый.

adapt [ə'dæpt] приспособля́ть [-пособить] (to, for к Д); ~ation [ædæp'teiʃən] приспособле́ние; передѣ́лка; аранжиро́вка.

add [æd] v/t. прибавля́ть [-а́вить]; Ⓐ скла́дывать [сложи́ть]; v/i. увели́чи(ва)ть (to B).

addict ['ædikt] наркома́н; ~ed [ə'diktid] скло́нный (to к Д).

addition [ə'diʃən] Ⓐ сложе́ние; прибавле́ние; in ~ кро́мѣ того́, к тому́ же; in ~ to вдоба́вок к (Д); ~al [-l] ☐ доба́вочный, дополни́тельный.

address [ə'dres] v/t. 1. адресова́ть (im)pf.; обраща́ться [обрати́ться] к (Д); 2. а́дрес; обраще́ние; речь f; ~ee [ædre'siː] адреса́т.

adept ['ædept] адепт.

adequa|cy ['ædikwəsi] соразме́рность f; ~te [-kwit] ☐ доста́точный; адеква́тный.

adhere [əd'hiə] прилипа́ть [-ли́пнуть] (to к Д); fig. приде́рживаться (to P); ~nce [-rəns] приве́рженность f; ~nt [-rənt] приве́рженец (-нка).

adhesive [əd'hiːsiv] ☐ ли́пкий, кле́йкий; ~ plaster, ~ tape ли́пкий пла́стырь m.

adjacent [ə'dʒeisənt] ☐ сме́жный (to c T), сосе́дний.

adjoin [ə'dʒɔin] примыка́ть [-мкну́ть] к (Д); грани́чить с (T).

adjourn [ə'dʒəːn] v/t. откла́дывать [отложи́ть]; отсро́чи(ва)ть; parl. дѣ́лать переры́в; ~ment [-mənt] отсро́чка; переры́в.

adjudge [ə'dʒʌdʒ] выноси́ть при́говор (Д).

administ|or [əd'ministə] управля́ть (T); ~ justice отправля́ть правосу́дие; ~ration [ədminis'treiʃən] администра́ция; ~rative [əd'ministrətiv] администрати́вный; исполни́тельный; ~rator [əd'ministreitə] администра́тор.

admir|able ['ædmərəbl] ☐ превосхо́дный, восхити́тельный; ~ation [ædmi'reiʃən] восхище́ние; ~e [əd'maiə] восхища́ться [-ити́ться] (T); [по]любова́ться (T or на B).

admiss|ible [əd'misəbl] ☐ допусти́мый, прие́млемый; ~ion [əd'miʃən] вход; допуще́ние; призна́ние.

admit [əd'mit] v/t. допуска́ть [-сти́ть]; ~tance [-əns] до́ступ, вход.

admixture [əd'mikstʃə] при́месь f.

admon|ish [əd'mɔniʃ] увещ(ев)а́ть impf.; предостерега́ть [-ре́чь] (of от P); ~ition [ædmo'niʃən] увеща́ние; предостереже́ние.

ado [ə'duː] суета́; хло́поты f/pl.

adolescen|ce [ædo'lesns] ю́ность f; ~nt [-snt] ю́ный, ю́ношеский.

adopt [ə'dɔpt] v/t. усыновля́ть [-ви́ть]; усва́ивать [усво́ить]; ~ion [ə'dɔpʃən] усыновле́ние; усва́ивание; ~e [ə'dɔːp] v/t. обожа́ть.

ador|ation [ædo'reiʃən] обожа́ние.

adorn [ə'dɔːn] украша́ть [укра́сить]; ~ment [-mənt] украше́ние.

adroit [ə'drɔit] ☐ ло́вкий; нахо́дчивый.

adult ['ædʌlt] взрослый, совершеннолётний.

adulter|ate [ə'dʌltəreit] фальсифицировать *(im)pf.*; **~er** [ə'dʌltərə] нарушающий супружескую верность; **~ess** [-ris] нарушающая супружескую верность; **~y** [-ri] нарушение супружеской верности.

advance [əd'va:ns] **1.** *v/i.* подвигаться вперёд; ✗ наступать [-пить]; продвигаться [-инуться]; делать успехи; *v/t.* продвигать [-инуть]; выдвигать [выдвинуть]; платить авансом; **2.** ✗ наступление; успех (в учении); прогресс; **~d** [-t] передовой; **~ment** [-mənt] успех; продвижение.

advantage [əd'va:ntidʒ] преимущество; выгода; take **~** (of) (вос-) пользоваться (Т); **~ous** [ædvən-'teidʒəs] □ выгодный.

adventur|e [əd'ventʃə] приключение; **~er** [-rə] искатель приключений; авантюрист; **~ous** [-rəs] □ предприимчивый; авантюрный.

advers|ary ['ædvəsəri] противник (-ица); соперник (-ица); **~e** ['ædvə:s] □ враждебный; **~ity** [əd'və:siti] бедствие, несчастье.

advertis|e ['ædvətaiz] рекламировать *(im)pf.*; объявлять [-вить]; **~ement** [əd'və:tismənt] объявление; реклама; **~ing** ['ædvətaiziŋ] рекламный.

advice [əd'vais] совет.

advis|able □ [əd'vaizəbl] желательный; **~e** [əd'vaiz] *v/t.* [по]советовать (Д); *v/i.* [по]советоваться (with с Т; on, about о П); **~er** [-ə] советник (-ица), советчик (-ица).

advocate 1. ['ædvəkit] защитник (-ица); сторонник (-ица); адвокат; **2.** [-keit] отстаивать [отстоять].

aerial ['ɛəriəl] **1.** □ воздушный; **2.** антенна; outdoor **~** наружная антенна.

aero... ['ɛərou] аэро...; **~drome** ['ɛərədroum] аэродром; **~naut** [-nɔ:t] аэронавт; **~nautics** ['nɔ:-tiks] аэронавтика; **~plane** [-plein] самолёт, аэроплан; **~stat** [-stæt] аэростат.

aesthetic [i:s'θetik] эстетичный; **~s** [-s] эстетика.

afar [ə'fa:] *adv.* вдалеке, вдали; from **~** издалека.

affable ['æfəbl] приветливый.

affair [ə'fɛə] дело.

affect [ə'fekt] *v/t.* [по]действовать на (В); задеть(вать); ✗ поражать [-разить]; **~ation** [æfek'teiʃən] жеманство; **~ed** [ə'fektid] □ жеманный; **~ion** [ə'fekʃən] привязанность *f*; заболевание; **~ionate** □ нежный.

affidavit [æfi'deivit] письменное показание под присягой.

affiliate [ə'filieit] *v/t.* присоединять [-нить] (как филиал).

affinity [ə'finiti] сродство.

affirm [ə'fə:m] утверждать [-рдить]; **~ation** [æfə:'meiʃən] утверждение; **~ative** [ə'fə:mətiv] □ утвердительный.

affix [ə'fiks] прикреплять [-пить] (to к Д).

afflict [ə'flikt] *v/t.* огорчать [-чить]; be **~ed** страдать (with от Р); **~ion** [ə'flikʃən] горе; болезнь *f.*

affluen|ce ['æfluens] изобилие, богатство; **~t** [-ənt] **1.** □ обильный, богатый; **2.** приток.

afford [ə'fɔ:d] позволять [-волить] себе; I can **~** it я могу себе это позволить; предоставлять [-авить].

affront [ə'frʌnt] **1.** оскорблять [-бить]; **2.** оскорбление.

afield [ə'fi:ld] *adv.* вдалеке; в поле; на войне.

afloat [ə'flout] ⚓ на воде; в море; в ходу.

afraid [ə'freid] испуганный; be **~** of бояться (Р).

afresh [ə'freʃ] *adv.* снова, сызнова.

African ['æfrikən] **1.** африканец (-нка); **2.** африканский.

after ['a:ftə] **1.** *adv.* потом, после, затем; позади; **2.** *prp.* за (Т), позади (Р); через (В); после (Р); **3.** *cj.* с тех пор, как; после того, как; **4.** *adj.* последующий; **~crop** второй урожай; **~math** [-mæθ] отава; *fig.* последствия *n/pl.*; **~noon** [-'nu:n] время после полудня; **~taste** (остающийся) привкус; **~thought** мысль, пришедшая поздно; **~wards** [-wədz] *adv.* потом.

again [ə'gein *Am.* ə'gen] *adv.* снова, опять; **~** and **~** time and **~** то и дело; as much **~** ещё столько же.

against [ə'geinst] *prp.* против (Р); о, об (В); на (В); as **~** против (Р); **~** the wall у стены; к стене.

age [eidʒ] возраст; года *m/pl.*; эпоха; of **~** совершеннолетний; under **~** несовершеннолетний; **~d** ['eidʒid] старый, постаревший; **~** twenty двадцати лет.

agency ['eidʒənsi] действие; агентство.

agent ['eidʒənt] фактор; агент; доверенное лицо.

agglomerate [ə'glɔməreit] *v/t.* соб(и)рать; *v/i.* скопляться [-питься].

agglutinate [ə'glu:tineit] склеи(ва)ть.

aggrandize ['ægrəndaiz] увеличи(ва)ть, возвеличи(ва)ть.

aggravate ['ægrəveit] усугублять [-бить]; ухудшать [ухудшить]; раздражать [-жить].

aggregate 1. ['ægrigeit] собирать (-ся) в одно целое; **2.** □ [-git] совокупный; **3.** [-git] совокупность *f*; агрегат.

aggress|ion [ə'greʃən] нападе́ние; агре́ссия; **~or** [ə'gresə] агре́ссор.

aghast [ə'gɑ:st] ошеломлённый; поражённый у́жасом.

agil|e ['ædʒail] □ прово́рный, живо́й; **~ity** [ə'dʒiliti] прово́рство, жи́вость *f.*

agitat|e ['ædʒiteit] *v/t.* [вз]волнова́ть, возбужда́ть [-уди́ть]; *v/i.* аги́тировать (for за В); **~ion** [ædʒi'teiʃən] волне́ние; агита́ция.

agnail ['ægneil] *ℱ* заусе́ница.

ago [ə'gou]: a year ~ год тому́ наза́д.

agonize ['ægənaiz] быть в аго́нии; си́льно му́чить(ся).

agony ['ægəni] аго́ния; боль *f.*

agree [ə'gri:] *v/i.* соглаша́ться [-ласи́ться] (to с Т, на В); ~ [up]on усла́вливаться [усло́виться] о (П); **~able** [-əbl] согла́сный (to с Т, на В); прия́тный; **~ment** [-mənt] согла́сие; соглаше́ние, догово́р.

agricultur|al [ægri'kʌltʃərəl] сельскохозя́йственный; **~e** ['ægrikʌltʃə] се́льское хозя́йство; земледе́лие; агроно́мия; **~ist** [ægri'kʌltʃərist] агроно́м; земледе́лец.

ague ['eigju:] лихора́дочный озно́б.

a̶h̶e̶a̶d̶ ̶[̶ə̶'̶h̶e̶d̶]̶ ̶в̶п̶е̶р̶е̶д̶и̶,̶ ̶в̶п̶е̶р̶е̶д̶;̶ straight ~ пря́мо, вперёд.

aid [eid] 1. по́мощь *f*; помо́щник (-ица); 2. помога́ть [помо́чь] (Д).

ail [eil]: what ~s him? что его́ беспоко́ит?; **~ing** ['eiliŋ] больно́й, нездоро́вый; **~ment** ['eilmənt] нездоро́вье.

aim [eim] 1. *v/i.* прице́ли(ва)ться (at в В); *fig.* ~ at име́ть в виду́; *v/t.* направля́ть [-ра́вить] (at в В); 2. цель *f*, наме́рение; **~less** [eimlis] □ бесце́льный.

air¹ [ɛə] 1. во́здух; by ~ самолётом; возду́шной по́чтой; *Am.* be on the ~ рабо́тать (о радиоста́нции); *Am.* put on the ~ переда(ва́)ть по ра́дио; *Am.* be off the ~ не рабо́тать (о радиоста́нции); 2. прове́три(ва)ть.

air² [~] *mst pl.* аффекта́ция, ва́жничанье; give o.s. ~s ва́жничать.

air³ [~] *♪* мело́дия; пе́сня; а́рия.

air|-base авиаба́за; **~brake** возду́шный то́рмоз; **~conditioned** [c] кондициони́рованным во́здухом; **~craft** самолёт; **~field** аэродро́м; **~force** вое́нно-возду́шный флот; **~jacket** надувно́й спаса́тельный нагру́дник; **~lift** возду́шный мост, возду́шная перево́зка; **~liner** ре́йсовый самолёт; **~mail** возду́шная по́чта; **~man** лётчик, авиа́тор; **~plane** *Am.* самолёт; **~port** аэропо́рт; **~raid** возду́шный налёт; **~ precautions** *pl.* противовозду́шная оборо́на; **~route** возду́шная тра́сса, **~shelter** бомбоубе́жище; **~ship** дирижа́бль *m*; **~tight** гермети́ческий; **~tube**

ка́мера ши́ны; *anat.* трахе́я; **~way** возду́шная тра́сса.

airy ['ɛəri] □ возду́шный; легкомы́сленный.

aisle [ail] *♠* приде́л (хра́ма); прохо́д.

ajar [ə'dʒɑ:] приотво́ренный.

akin [ə'kin] ро́дственный, бли́зкий (to Д).

alarm [ə'lɑ:m] 1. трево́га; страх; 2. [вс]трево́жить], [вз]волнова́ть; **~clock** буди́льник.

albuminous [æl'bju:minəs] содержа́щий бело́к; альбуми́нный.

alcohol ['ælkəhɔl] алкого́ль *m*; спирт; **~ic** [ælkə'hɔlik] 1. алкого́льный; 2. алкого́лик; **~ism** ['ælkəhɔlizm] алкоголи́зм.

alcove ['ælkouv] алько́в, ни́ша.

ale [eil] пи́во, эль *m.*

alert [ə'lə:t] 1. □ живо́й, прово́рный; 2. (возду́шная) трево́га; on the ~ настороже́.

alien ['eiliən] 1. иностра́нный; чу́ждый; 2. иностра́нец, чужестра́нец; **~able** [-əbl] отчужда́емый; **~ate** [-eit] отчужда́ть [-уди́ть]; **~ist** ['eiliənist] психиа́тр.

alight [ə'lait] 1. сходи́ть [сойти́] (от П); приземля́ться [-ли́ться] 2. *adj. predic.* зажжённый, в огне́; освещённый.

align [ə'lain] выра́внивать(ся) [вы́ровнять(ся)].

alike [ə'laik] 1. *adj. pred.* одина́ковый; похо́жий; 2. *adv.* то́чно так же; подо́бно.

aliment ['ælimənt] пита́ние; **~ary** [æli'mentəri] пищево́й; пита́тельный; ~ canal пищево́д.

alimony ['æliməni] алиме́нты *m/pl.*

alive [ə'laiv] живо́й, бо́дрый; чу́ткий (to к Д); киша́щий (with T); be ~ to я́сно понима́ть.

all [ɔ:l] 1. *adj.* весь *m*, вся *f*, всё *n*, все *pl*; вся́кий; всевозмо́жный; for ~ that несмотря́ на то; 2. всё, все; at ~ вообще́; not at ~ во́все не; for ~ (that) I care мне безразли́чно; for ~ I know поско́льку я зна́ю; 3. *adv.* вполне́, всеце́ло, соверше́нно; ~ at once сра́зу, ~ the better тем лу́чше; ~ but почти́; ~ right хорошо́, ла́дно.

allay [ə'lei] успока́ивать [-ко́ить].

alleg|ation [æle'geiʃən] заявле́ние; голосло́вное утвержде́ние; **~e** [ə'ledʒ] ссыла́ться [сосла́ться] на (В); утвержда́ть (без основа́ния).

allegiance [ə'li:dʒəns] ве́рность *f*, пре́данность *f.*

alleviate [ə'li:vieit] облегча́ть [-чи́ть].

alley ['æli] алле́я; пересу́лок.

alliance [ə'laiəns] сою́з.

allocat|e ['æləkeit] размеща́ть [-мести́ть]; распределя́ть [-ли́ть]; **~ion** [ælo'keiʃən] распределе́ние.

allot [ə'lɔt] *v/t.* распределя́ть [-ли́ть]; разда́(ва́)ть.

allow [ə'lau] позволя́ть [-о́лить]; допуска́ть [-сти́ть]; *Am.* утвержда́ть; **~able** [-əbl] ☐ позволи́тельный; **~ance** [-əns] (материа́льное) содержа́ние; ски́дка; разреше́ние; **make ~ for** принима́ть во внима́ние.

alloy [ə'bi] **1.** при́месь *f*; сплав; **2.** сплавля́ть [-а́вить].

all-round всесторо́нний.

allude [ə'lu:d] ссыла́ться [сосла́ться] (to на В); намека́ть [-кну́ть] (to на В).

allure [ə'ljuə] завлека́ть [-е́чь]; **~ment** [-mənt] обольще́ние.

allusion [ə'luʒən] намёк; ссы́лка.

ally 1. [ə'lai] соединя́ть [-ни́ть] (to, with с Т); **2.** ['ælai] сою́зник.

almanac ['ɔ:lmənæk] календа́рь *m*, альмана́х.

almighty [ɔ:l'maiti] всемогу́щий.

almond ['ɑ:mənd] **1.** минда́ль *m*; минда́лина (*a. ~*); **2.** минда́льный.

almost ['ɔ:lmoust] почти́, едва́ не.

alms [ɑ:mz] *sg. a. pl.* ми́лостыня; **~-house** богаде́льня.

aloft [ə'lɔft] наверху́, наве́рх.

alone [ə'loun] оди́н *m*, одна́ *f*, одно́ *n*, одни́ *pl.*; одино́кий (-кая); **let** (и́ли **leave**) **~** оста́вить в поко́е; **let ~ ...** не говоря́ уже́ о ... (П).

along [ə'lɔŋ] **1.** *adv.* вперёд; **all ~** всё вре́мя; **~ with** вме́сте с (Т); **I get ~ with you!** убира́йтесь!; **2.** *prp.* вдоль (Р),по (Д); **~side** [-said] бок-ó-бок, ря́дом.

aloof [ə'lu:f] поо́даль, в стороне́; **stand ~** держа́ться в стороне́.

aloud [ə'laud] гро́мко, вслух.

alp [ælp] го́рное па́стбище; **2s** 'Áльпы *f/pl.*

already [ɔ:l'redi] уже́.

also ['ɔ:lsou] та́кже, то́же.

alter ['ɔ:ltə] изменя́ть(ся) [-ни́ть (-ся)]; **~ation** [ɔ:ltə'reiʃən] переме́на, измене́ние, переде́лка (to P).

alternat|e 1. ['ɔ:ltə:neit] чередова́ть(ся); **2.** ☐ [ɔ:l'tə:nit] переме́нный; **ℰ alternating current** переме́нный ток; **~ion** [ɔ:ltə:'neiʃən] чередова́ние; **~ive** [ɔ:l'tə:nətiv] **1.** ☐ взаимоисключа́ющий, альтернати́вный; переме́нно де́йствующий; **2.** альтернати́ва; вы́бор, возмо́жность *f*.

although [ɔ:l'ðou] хотя́.

altitude ['æltitju:d] высота́; возвы́шенность *f*.

altogether [ɔ:ltə'geðə] вполне́, всеце́ло; в о́бщем.

alumin(i)um [ælju'minjəm] алюми́ний.

always ['ɔ:lwəz] всегда́.

am [æm; в предложе́нии: əm] [*irr.*] **1.** *pers. sg. prs.* от **be**.

amalgamate [ə'mælgəmeit] амальгами́ровать (*im*)*pf.*

amass [ə'mæs] соб(и)ра́ть; накопля́ть [-пи́ть].

amateur ['æmətə:, -tjuə] люби́тель(ница *f*) *m*; дилета́нт(ка).

amaz|e [ə'meiz] изумля́ть [-ми́ть], поража́ть [порази́ть]; **~ement** [-mənt] изумле́ние; **~ing** [ə'meiziŋ] удиви́тельный, изуми́тельный.

ambassador [æm'bæsədə] посо́л; посла́нец.

amber ['æmbə] янта́рь *m*.

ambigu|ity [æmbi'gjuiti] двусмы́сленность *f*; **~ous** [-'bigjuəs] ☐ двусмы́сленный; сомни́тельный.

ambitio|n [æm'biʃən] честолю́бие; **~us** [-ʃəs] ☐ честолюби́вый.

amble ['æmbl] **1.** и́ноходь *f*; **2.** идти́ и́ноходью.

ambulance ['æmbjuləns] каре́та ско́рой по́мощи.

ambuscade [æmbəs'keid], **ambush** ['æmbuʃ] заса́да.

ameliorate [ə'mi:liəreit] улучша́ть(ся) [улу́чшить(ся)].

amend [ə'mend] исправля́ть(ся) [-а́вить(ся)]; *parl.* вноси́ть попра́вки в (В); **~ment** [-mənt] исправле́ние; *parl.* попра́вка (к резолю́ции, законопрое́кту); **~s** [ə'mendz] компенса́ция.

amenity [ə'mi:niti] прия́тность *f*.

American [ə'merikən] **1.** америка́нец (-нка); **2.** америка́нский; **~ism** [-izm] американи́зм; **~ize** [-aiz] американизи́ровать (*im*)*pf.*

amiable ['eimjəbl] ☐ дружелю́бный; доброду́шный.

amicable ['æmikəbl] ☐ дру́жеский, дру́жественный.

amid(st) [ə'mid(st)] среди́ (Р), посреди́ (Р), ме́жду (Т *sometimes* Р).

amiss [ə'mis] *adv.* пло́хо, непра́вильно; некста́ти, несвоевре́менно; **take ~** обижа́ться [оби́деться].

amity ['æmiti] дру́жба.

ammonia [ə'mounjə] 🜄 аммиа́к.

ammunition [æmju'niʃən] боеприпа́сы *m/pl.*

amnesty ['æmnesti] **1.** амни́стия; **2.** амнисти́ровать (*im*)*pf.*

among(st) [ə'mʌŋ(st)] среди́ (Р), ме́жду (Т *sometimes* Р).

amorous ['æmərəs] ☐ влюблённый (of в В); влюбчивый.

amount [ə'maunt] **1. ~ to** равня́ться (Д); **2.** су́мма; коли́чество.

ample ['æmpl] ☐ доста́точный, оби́льный; просто́рный.

ampli|fication [æmplifi'keiʃən] расшире́ние; увеличе́ние; усиле́ние; **~fier** ['æmplifaiə] *phys.* усили́тель *m*; **~fy** ['æmplifai] уси́ли(ва)ть; распространя́ть(ся) [-ни́ть(ся)]; **~tude** [-tju:d] широта́, разма́х (мы́сли); *phys., astr.* амплиту́да.

amputate ['æmpjuteit] ампути́ровать (*im*)*pf.*, отнима́ть [-ня́ть].

amuse [ə'mju:z] забавля́ть, позаба́вить *pf.*, развлека́ть [-éчь]; ~ment [-mənt] развлече́ние, заба́ва.

an [æn, ən] неопределённый член.

an(a)esthetic [æni:s'θetik] нарко́тик.

analog|ous [ə'næləgəs] □ аналоги́чный, схо́дный; ~y [ə'nælədʒi] анало́гия, схо́дство.

analys|e ['ænəlaiz] анализи́ровать (*im*)*pf.*, *pf. a.* [про-]; ~is [ə'næləsis] ана́лиз.

anarchy ['ænəki] ана́рхия.

anatom|ize [ə'nætəmaiz] анатоми́ровать (*im*)*pf.*; [про]анализи́ровать (*im*)*pf.*; ~y анато́мия.

ancest|or ['ænsistə] пре́док; ~ral [æn'sestrəl] насле́дственный, родово́й; ~ress ['ænsistris] прароди́тельница; ~ry ['ænsistri] происхожде́ние; пре́дки *m/pl.*

anchor ['æŋkə] 1. я́корь *m*; at ~ на я́коре; 2. ста́вить (стать) на я́корь.

anchovy [æn'tʃouvi] анчо́ус.

ancient ['einʃənt] 1. дре́вний; анти́чный; 2. the ~s *pl. hist.* дре́вние наро́ды *m/pl.*

and [ænd, ənd, F ən] и; а.

anew [ə'mju:] [наново̇, снова̇]; по-но́вому;

angel ['eindʒəl] а́нгел; ~ic(al □) [æn'dʒelik(əl)] а́нгельский.

anger ['æŋgə] 1. гнев; 2. [рас]серди́ть.

angle ['æŋgl] 1. у́гол; то́чка зре́ния; 2. уди́ть (for B); уди́ть ры́бу; *fig.* заки́дывать у́дочку.

Anglican ['æŋglikən] 1. член англика́нской це́ркви; 2. англика́нский.

Anglo-Saxon ['æŋglou'sæksn] 1. англосáкс; 2. англосаксо́нский.

angry ['æŋgri] серди́тый (with на B).

anguish ['æŋgwiʃ] му́ка.

angular ['æŋgjulə] углово́й, у́гольный; *fig.* углова́тый; нело́вкий.

animal ['ænimal] 1. живо́тное; 2. живо́тный; ското́вий.

animat|e ['ænimeit] оживля́ть [-ви́ть]; воодушевля́ть [-ви́ть]; ~ion [æni'meiʃən] жи́вость *f*; оживле́ние.

animosity [æni'mositi] вражде́бность *f*.

ankle ['æŋkl] лоды́жка.

annals ['ænlz] *pl.* ле́топись *f*.

annex 1. [ə'neks] аннекси́ровать (*im*)*pf.*; присоедини́ть [-ни́ть]; 2. ['æneks] пристро́йка; приложе́ние; ~ation [ænek'seiʃən] анне́ксия.

annihilate [ə'naieleit] уничтожа́ть [-о́жить], истребля́ть [-би́ть].

anniversary [æni'və:səri] годовщи́на.

annotat|e ['ænouteit] аннати́ровать (*im*)*pf.*; снабжа́ть примеча́ни-

ями; ~ion [ænou'teiʃən] примеча́ние.

announce [ə'nauns] объявля́ть [-ви́ть]; дава́ть знать; заявля́ть [-ви́ть]; ~ment [-mənt] объявле́ние; ~r [-ə] *radio* ди́ктор.

annoy [ə'nɔi] надоеда́ть [-éсть] (Д); досажда́ть [досади́ть] (Д); ~ance [-əns] доса́да; раздраже́ние; неприя́тность *f*.

annual ['ænjuəl] 1. □ ежего́дный; годово́й; 2. ежего́дник; однолéтнее растéние.

annuity [ə'njuiti] годова́я ре́нта.

annul [ə'nʌl] аннули́ровать (*im*)*pf.*; отменя́ть [-ни́ть]; ~ment [-mənt] аннули́рование.

anoint [ə'nɔint] нама́з(ыв)ать; *eccl.* пома́з(ыв)ать.

anomalous [ə'nɔmələs] □ анома́льный, непра́вильный.

anonymous [ə'nɔniməs] □ анони́мный.

another [ə'nʌðə] друго́й; ещё оди́н.

answer ['ɑ:nsə] 1. *v/t.* отвеча́ть [-éтить] (Д); удовлетворя́ть [-ри́ть]; ~ the bell *or* door открыва́ть дверь на звоно́к; *v/i.* отвеча́ть [-éтить] (to a p. Д, to a question на вопро̇с); ~ for отвеча́ть [-éтить] за (В); 2. отвéт (to на В); ~able ['ɑ:nsərəbl] □ отвéтственный.

ant [ænt] мураве́й.

antagonis|m [æn'tægənizm] антагони́зм, вражда́; ~t [-ist] антагони́ст, проти́вник.

antecedent [ænti'si:dənt] 1. □ предшéствующий, предыду́щий (to Д); 2. ~s *pl.* прошлое (человéка).

anterior [æn'tiriə] предшéствующий (to Д); пере́дний.

ante-room ['æntirum] пере́дняя.

anthem ['ænθəm] гимн.

anti... ['ænti...] проти́во..., анти...; ~aircraft [ænti'eəkrɑ:ft] проти́вовозду́шный; ~ alarm возду́шная трево́га; ~ defence проти́вовозду́шная оборо́на (ПВО).

antic ['æntik] 1. □ шуто́вский; гроте́ск; ~s *pl.* ужи́мки *f/pl.*; ша́лости *f/pl.*

anticipat|e [æn'tisipeit] предвкуша́ть [-уси́ть]; предчу́вствовать; предупрежда́ть [-реди́ть]; ожида́ть [-ний...]; 2. предвкушéние; [æntisi'peiʃən] ожида́ние; предчу́вствие; in ~ зара́нее.

antidote ['æntidout] противоя́дие.

antipathy [æn'tipəθi] антипа́тия.

antiqua|ry ['æntikwəri] антиква́р; ~ted [-kweitid] устарéлый; старомо́дный.

antique [æn'ti:k] 1. □ анти́чный; стари́нный; 2. анти́чное произведéние иску́сства; антиква́рная вещь *f*; ~ity [æn'tikwiti] дре́вность *f*; старина́; анти́чность *f*.

antlers ['æntləz] *pl.* оле́ньи рога́ *m/pl.*

anvil ['ænvil] накова́льня.

anxiety [æŋ'zaiəti] беспоко́йство; стра́стное жела́ние; опасе́ние.

anxious ['æŋkʃəs] □ озабо́ченный; беспоко́ящийся (about, for о П).

any ['eni] 1. *pron.* како́й-нибудь; вся́кий, любо́й; not ~ ника́кой; 2. *adv.* ско́лько-нибудь; не́сколько; ~body, ~one кто́-нибудь; вся́кий; ~how ка́к-нибудь; так и́ли ина́че, во вся́ком слу́чае; ~thing что́-нибудь; ~ but далеко́ не ...; совсе́м не ...; ~where где́-нибудь, куда́-нибудь.

apart [ə'pɑːt] отде́льно; по́рознь; ~ from кро́ме (P); ~ment [-mənt] ко́мната (меблиро́ванная); ~s *pl.* кварти́ра; *Am.* ~ house многокварти́рный дом.

ape [eip] 1. обезья́на; 2. подража́ть (Д), [c]обезья́нничать.

aperient [ə'piəriənt] слаби́тельное сре́дство.

aperture ['æpətjuə] отве́рстие; проём.

apiculture ['eipikʌltʃə] пчелово́д-) **apiece** [ə'piːs] за шту́ку; за ка́ждого, с челове́ка.

apish ['eipiʃ] □ обезья́ний; глу́пый.

apolog|etic [əpɔlə'dʒetik] (~ally) извини́тельный; извиня́ющийся; защити́тельный; ~ize [ə'pɔlədʒaiz] извиня́ться [-ни́ться] (for за В; то пе́ред Т); ~y [-dʒi] извине́ние.

apoplexy ['æpɔpleksi] уда́р, парали́ч.

apostate [ə'pɔstit] отсту́пник.

apostle [ə'pɔsl] апо́стол.

apostroph|e [ə'pɔstrefi] апостро́фа; апостро́ф; ~ize [-faiz] обраща́ться (обрати́ться).

appal [ə'pɔːl] [ис]пуга́ть; устраша́ть [-ши́ть].

apparatus [æpə'reitəs] прибо́р; аппара́ту́ра, аппара́т.

apparel [ə'pærəl] оде́жда, пла́тье.

appar|ent [ə'pærənt] □ очеви́дный, несомне́нный; ~ition [æpə'riʃən] появле́ние; при́зрак.

appeal [ə'piːl] 1. апелли́ровать (*im)pf.*; подава́ть жа́лобу; обраща́ться (обрати́ться) (to к Д); привлека́ть [-е́чь] (to В); 2. воззва́не, при́зыв; апелля́ция; при тека́те ~то ть *f*; ~ing [-iŋ] тро́гательный; привлека́тельный.

appear [ə'piə] появля́ться [-ви́ться]; пока́зываться [-за́ться]; выступа́ть [вы́ступить] (на конце́рте и т. п.); ~ance [ə'piərəns] появле́ние; вне́шний вид, нару́жность *f*; ~s *pl.* прили́чия *n/pl.*

appease [ə'piːz] умиротворя́ть [-ри́ть]; успока́ивать [-ко́ить].

appellant [ə'pelənt] апелля́нт.

append [ə'pend] прилага́ть [-ложи́ть] (к Д), прибавля́ть [-а́вить] (к Д); ~age [-idʒ] прида́ток; ~ix [ə'pendiks] приложе́ние.

appertain [æpə'tein] принадлежа́ть; относи́ться (to к Д).

appetite ['æpitait] аппети́т (for на В); *fig.* влече́ние, скло́нность *f* (for к Д).

appetizing ['æpitaiziŋ] аппети́тный.

applaud [ə'plɔːd] *v/t.* аплоди́ровать (Д); одобря́ть [одо́брить].

applause [ə'plɔːz] аплодисме́нты *m/pl.*; одобре́ние.

apple [æpl] я́блоко; ~sauce я́блочный мусс; *sl.* лесть *f*; ерунда́.

appliance [ə'plaiəns] приспособле́ние, прибо́р.

applica|ble ['æplikəbl] примени́мый, подходя́щий (to к Д); ~nt [-kənt] проси́тель(ница *f*) *m*; кандида́т (for на В); ~tion [æpli'keiʃən] примене́ние; заявле́ние; про́сьба (for о П).

apply [ə'plai] *v/t.* прилага́ть [-ложи́ть] (to к Д); применя́ть [-ни́ть] (to к Д); ~ о. s. занима́ться (заня́ться) (Т); *v/i.* обраща́ться (обрати́ться) (for за Т; то к Д); относи́ться.

appoint [ə'pɔint] назнача́ть [-на́чить]; определя́ть [-ли́ть]; снаряжа́ть [-яди́ть]; well ~ed хорошо́ обору́дованный; ~ment [-mənt] назначе́ние; свида́ние; обору́дование; обстано́вка.

apportion [ə'pɔːʃən] [по]дели́ть, разделя́ть [-ли́ть]; ~ment [-mənt] пропорциона́льное распределе́ние.

apprais|al [ə'preizəl] оце́нка; ~e [ə'preiz] оце́нивать [-ни́ть], расце́нивать [-ни́ть].

apprecia|ble [ə'priːʃəbl] □ заме́тный, ощути́мый; ~te [-ieit] *v/t.* оце́нивать [-ни́ть]; [о]цени́ть; понима́ть [-ня́ть]; *v/i.* повыша́ться в це́нности; ~tion [əpriːʃi'eiʃən] оце́нка; понима́ние.

apprehen|d [æpri'hend] предчу́вствовать; боя́ться; заде́рживать [-жа́ть], аресто́вывать [-ова́ть]; ~sion [-'henʃən] опасе́ние, предчу́вствие; аре́ст; ~sive [-'hensiv] □ озабо́ченный.

apprentice [ə'prentis] 1. подмасте́рье, учени́к; 2. отдава́ть в уче́ние; ~ship [-ʃip] уче́ние, учени́чество.

approach [ə'proutʃ] 1. приближа́ться [-бли́зиться] к (Д); обраща́ться (обрати́ться) к (Д); 2. приближе́ние; по́дступ; *fig.* подхо́д.

approbation [æprou'beiʃən] одобре́ние; са́нкция.

appropriat|e [ə'prouprieit] присва́ивать [-сво́ить]; *parl.* пред-

назначать [-зна́чить]; **2.** [-it] □
подходя́щий; соотве́тствующий;
~ion [əproupri'eiʃən] присвое́ние;
parl. ассигнова́ние.

approv|al [ə'pru:vəl] одобре́ние;
утвержде́ние; ~e [ə'pru:v] одоб-
ря́ть [одо́брить]; утвержда́ть
[-рди́ть]; санкциони́ровать *(im)pf.*

approximate **1.** [ə'prɔksimeit]
приближа́ть(ся) [-бли́зить(ся)]
к (Д); **2.** [-mit] □ приблизи́тель-
ный.

apricot ['eiprikɔt] абрико́с.

April ['eiprəl] апре́ль *m.*

apron ['eiprən] передни́к, фа́р-
тук.

apt [æpt] □ подходя́щий; спо-
со́бный; ~ to скло́нный к (Д);
~itude ['æptitju:d], ~ness [-nis]
спосо́бность *f*; скло́нность *f* (for,
to к Д). уме́тность *f.*

aquatic [ə'kwætik] **1.** водяно́й;
во́дный; **2.** ~s *pl.* во́дный спорт.

aque|duct ['ækwidʌkt] акведу́к;
~ous ['eikwiəs] водяни́стый.

Arab ['ærəb] ара́б(ка); ~ic ['ærə-
bik] **1.** ара́бский язы́к; **2.** ара́б-
ский.

arable ['ærəbl] па́хотный.

arbit|er ['ɑbitə] арби́тр, трете́й-
ский судья́ *m*; *fig.* вершитель
судеб; ~rariness ['ɑ:bitrərinis]
произво́л; ~rary [-trəri] □ про-
изво́льный; ~rate ['ɑ:bitreit] ре-
ша́ть трете́йским судо́м; ~ration
[ɑ:bi'treiʃən] трете́йское реше́ние;
~rator ['ɑ:bitreitə] *a.* арби́тр,
трете́йский судья́ *m.*

arbo(u)r ['ɑ:bə] бесе́дка.

arc [ɑ:k] *ast.*, *A̅*, *f* дуга́; ~ule
[ɑ:'keid] пасса́ж; сво́дчатая гале-
ре́я.

arch¹ [ɑ:tʃ] **1.** а́рка; свод; дуга́;
2. придава́ть фо́рму а́рки; изги-
ба́ть(ся) дуго́й.

arch² [~] **1.** хи́трый, лука́вый;
2. *pref.* архи... (выраже́ние превос-
хо́дной сте́пени.)

archaic [ɑ:'keiik] (~ally) устаре́-
лый.

archbishop ['ɑ:tʃbiʃəp] архиепи́с-
коп.

archery ['ɑ:tʃəri] стрельба́ из
лу́ка.

architect ['ɑ:kitekt] архите́ктор;
~onic ['ɑ:nik] (~ally) архитекту́р-
ный, конструкти́вный; ~ure
['ɑ:kitektʃə] архитекту́ра.

archway ['ɑ:tʃwei] сво́дчатый про-
хо́д.

arc-lamp ['ɑ:klæmp] *f* дугова́я
ла́мпа.

arctic ['ɑ:ktik] поля́рный, аркти́-
ческий.

arden|cy ['ɑ:dənsi] жар, пыл; рве́-
ние; ~t [-dənt] □ *mst fig.* горя́-
чий, пы́лкий; ре́вностный.

ardo(u)r ['ɑ:də] рве́ние; пыл.

arduous ['ɑ:djuəs] □ тру́дный.

are [ɑ:; в предложе́нии: ɑ] *s.* be.

area ['ɛəriə] пло́щадь *f*; о́бласть *f,*
райо́н.

Argentine ['ɑ:dʒəntain] **1.** аргент-
ти́нский; **2.** аргенти́нец (-и́нка).

argue ['ɑ:gju:] *v/t.* обсужда́ть
[-уди́ть], дока́зывать [-за́ть]; ~ a
p. into убежда́ть (убеди́ть) в (П)
v/i. [по]спо́рить (с Т).

argument ['ɑ:gjumənt] до́вод,
аргуме́нт; спор; ~ation [ɑ:gju-
men'teiʃən] аргумента́ция.

arid ['ærid] сухо́й (*a. fig.*), безво́д-
ный.

arise [ə'raiz] [*irr.*] *fig.* возника́ть
[-ни́кнуть] (from из Р); восст(а-
ва́)ть; ~n ['rizn] *p. pt.* от arise.

aristocra|cy [æris'tɔkrəsi] аристо-
кра́тия; ~t ['æristəkræt] аристо-
кра́т; ~tic(al □) [æristə'krætik,
-ikəl] аристократи́ческий.

arithmetic [ə'riθmətik] арифме́-
тика.

ark [ɑ:k] ковче́г.

arm¹ [ɑ:m] рука́; рука́в (реки́).

arm² [~] **1.** ору́жие; род войск;
2. вооружа́ть(ся) [-жи́ть(ся)].

arma|ment ['ɑ:məmənt] воору-
же́ние; ~ture ['ɑ:mətjuə] броня́;
⊕ армату́ра.

armchair ['ɑ:m'tʃɛə] кре́сло.

armistice ['ɑ:mistis] переми́рие.

armo(u)r ['ɑ:mə] **1.** доспе́хи *m/pl.*;
броня́, па́нцирная обши́вка; **2.**
покрыва́ть броне́й; ~y [-ri] арсе-
на́л.

armpit ['ɑ:mpit] подмы́шка.

army ['ɑ:mi] а́рмия; *fig.* мно́же-
ство.

arose [ə'rouz] *pt.* от arise.

around [ə'raund] **1.** *adv.* всю́ду,
круго́м; **2.** *prp.* вокру́г (Р).

arouse [ə'rauz] [раз]буди́ть; воз-
бужда́ть [-уди́ть]; вызыва́ть [вы́-
звать].

arraign [ə'rein] привлека́ть к суду́;
fig. находи́ть недоста́тки в (П).

arrange [ə'reindʒ] приводи́ть в
поря́док; устра́ивать [-ро́ить];
классифици́ровать *(im)pf.*; усла́-
вливаться [усло́виться]; *f* аранжи́-
ровать *(im)pf.*; ~ment [-mənt]
устро́йство; расположе́ние; согла-
ше́ние; мероприя́тие; *f* аранжи-
ро́вка.

array [ə'rei] **1.** боево́й поря́док;
fig. мно́жество, це́лый ряд; **2.**
оде́(ва́)ть; украша́ть [укра́сить];
выстра́ивать в ряд.

arrear [ə'riə] *mst. pl.* задо́лжен-
ность *f*, недои́мка.

arrest [ə'rest] **1.** аре́ст, задержа́-
ние; **2.** аресто́вывать [-ова́ть],
заде́рживать [-жа́ть].

arriv|al [ə'raivl] прибы́тие, при-
е́зд; *pl.* прибы́вшие *pl.*; ~e
[ə'raiv] прибы(ва́)ть; приезжа́ть
[-е́хать] (at в, на В).

arroga|nce ['ærəgəns] надме́нность *f*, высокоме́рие; ~nt □ надме́нный, высокоме́рный; ~te [-geit] дерзко тре́бовать (P).

arrow ['ærou] стрела́.

arsenal ['ɑ:sinl] арсена́л.

arsenic ['ɑ:snik] мышья́к.

arson ['ɑ:sn] ⚖️ поджо́г.

art [ɑ:t] иску́сство; *fig.* хи́трость *f*.

arter|ial [ɑ'tiəriəl]: ~ road маги-стра́ль *f*; ~у ['ɑ:təri] арте́рия; гла́вная доро́га.

artful ['ɑ:tful] ло́вкий; хи́трый.

article ['ɑ:tikl] статья́; пара́граф; *gr.* арти́кль *m*, член; ~d to о́тдан-ный (в уче́ние) к (Д).

articulat|e 1. [ɑ:'tikjuleit] отчёт-ливо, я́сно произноси́ть; **2.** [-lit] отчётливый; членоразде́льный; коле́нчатый; ~ion [ɑ:tikju'leiʃən] артикуля́ция; членоразде́льное произноше́ние; *anat.* сочлене́ние.

artific|e ['ɑ:tifis] ло́вкость *f*; изобрете́ние, вы́думка; ~ial [ɑ:ti-'fiʃəl] □ иску́сственный.

artillery [ɑ:'tiləri] артилле́рия; ~man [-mən] артиллери́ст.

artisan [ɑ:ti'zæn] реме́сленник.

artist ['ɑ:tist] худо́жник (-ица); актёр, актри́са; ~e [ɑ:'tist] эстра́д-ный (-ная) арти́ст(ка); ~ic(al □) [ɑ:'tistik, -tikəl] артисти́ческий, худо́жественный.

as [æz] *cj. a. adv.* когда́; в то вре́мя как; так как; хотя́; ~ it were ка́к бы; ~ well та́к же; в тако́й же ме́ре; such ~ тако́й как; как напри-ме́р; ~ well ... и ... и ...; *prp.* ~ for, ~ to что каса́ется (P); ~ from с (P).

ascend [ə'send] поднима́ться [-ня́ться]; всходи́ть [взойти́] на (В); восходи́ть (to к Д); ⚓ наб(и)-ра́ть высоту́.

ascension [ə'senʃən] восхожде́ние; ♀ (Day) вознесе́ние.

ascent [ə'sent] подъём; крутизна́.

ascertain [æsə'tein] удостоверя́ть-ся [-ве́риться] в (П).

ascribe [ə'skraib] припи́сывать [-са́ть] (Д/В).

aseptic [ei'septik] 🩺 стери́льный.

ash[1] [æʃ] ♀ я́сень *m*; mountain ~ ряби́на.

ash[2] [~], *mst pl.* ~es [æʃiz] зола́, пе́пел.

ashamed [ə'ʃeimd] пристыжён-ный.

ash-can *Am.* ведро́ для му́сора.

ashen [æʃn] пе́пельный (цвет).

ashore [ə'ʃɔ:] на бе́рег, на берегу́; run ~, be driven ~ наскочи́ть на мель.

ash-tray пе́пельница.

ashy ['æʃi] пе́пельный; бле́дный.

Asiatic [eiʃi'ætik] **1.** азиа́тский; **2.** азиа́т(ка).

aside [ə'said] в сто́рону, в стороне́; отде́льно.

ask [ɑ:sk] *v/t.* [по]проси́ть (a th. of, from a p. что́-нибудь у кого́--нибудь); ~ that проси́ть, что́бы ...; спра́шивать [спроси́ть]; ~ (a p.) a question задава́ть вопро́с (Д); *v/i.* ~ for [по]проси́ть (В *or* P *or* о П).

askance [əs'kæns], **askew** [əs'kju:] и́скоса, ко́со; кри́во.

asleep [ə'sli:p] спя́щий; be ~ спать.

aslope [ə'sloup] *adv.* пока́то; на скло́не, на ска́те.

asparagus [əs'pærəgəs] ♀ спа́ржа.

aspect ['æspekt] вид (*a. gr.*); аспе́кт; сторона́.

asperity [æs'periti] стро́гость *f*; суро́вость *f*.

asphalt ['æsfælt] **1.** асфа́льт; **2.** по-крыва́ть асфа́льтом.

aspir|ant [əs'paiərənt] кандида́т; ~ate ['æspəreit] произноси́ть с придыха́нием; ~ation [æspə'rei-ʃən] стремле́ние; *phon.* придыха́-ние; ~e [əs'paiə] стреми́ться (to, after, at к Д); домога́ться (P).

ass [æs] осёл.

assail [ə'seil] напада́ть [-па́сть] на (В), атакова́ть (В) (*im*)*pf.*; *fig.* энер-ги́чно бра́ться за (де́ло); ~ant [-ənt] проти́вник, напада́ющий.

assassin [ə'sæsin] уби́йца *m/f*; ~ate [-ineit] уби(ва́)ть; ~ation [əsæsi-'neiʃən] уби́йство.

assault [ə'sɔ:lt] **1.** нападе́ние, ата́ка; ⚖️ слове́сное оскорбле́ние; физи́-ческое наси́лие; **2.** напада́ть [напа́сть], набра́сываться [-ро́-ситься] на (В).

assay [ə'sei] **1.** испыта́ние, опро́бо-вание (мета́ллов); **2.** [ис]про́бо-вать, испы́тывать [испыта́ть].

assembl|age [ə'semblidʒ] собра́-ние; скопле́ние; сбор; ⊕ мон-та́ж, сбо́рка; ~e [ə'sembl] соз(ы)-ва́ть; ⊕ [с]монти́ровать; ~y [-i] собра́ние; ассамбле́я; ⊕ сбо́рка часте́й.

assent [ə'sent] **1.** согла́сие; **2.** со-глаша́ться [-ласи́ться] (to на В; с Т).

assert [ə'sə:t] утвержда́ть [-рди́ть]; ~ion [ə'sə:ʃən] утвержде́ние.

assess [ə'ses] облага́ть нало́гом; оце́нивать иму́щество (P); ~able [-əbl] □ подлежа́щий обложе́-нию; ~ment [-mənt] обложе́ние; оце́нка.

asset ['æset] це́нное ка́чество; ♦ статья́ дохо́да; ~s *pl.* ♦ акти́в.

assiduous [ə'sidjuəs] □ приле́ж-ный.

assign [ə'sain] определя́ть [-ли́ть]; назнача́ть [-на́чить]; ассигно́вы-вать, ассигнова́ть (*im*)*pf*; поруча́ть [-чи́ть]; ~ment [ə'sainmənt] на-значе́ние; переда́ча; зада́ние.

assimilat|e [ə'simileit] ассимили́-ровать(ся) (*im*)*pf.*; осва́ивать [осво́ить]; прира́внивать [-ня́ть];

~ion [əsimi'leiʃən] уподобле́ние; ассимиля́ция; усвое́ние.

assist [ə'sist] помога́ть [-мо́чь] (Д), [по]соде́йствовать (*im*)*pf.* (Д); ~ance [-əns] по́мощь *f*; ~ant [-ənt] ассисте́нт(ка); помо́щник (-ица).

associa|te 1. [ə'souʃieit] обща́ться (with с Т); ассоции́ровать(ся) (*im*)*pf.*, присоединя́ть(ся) [-ни́ть (-ся)] (with к Д); **2.** [-ʃiit] a) свя́занный; объединённый; b) това́рищ, колле́га; соуча́стник; ~tion [əsousi'eiʃən] ассоциа́ция; соедине́ние; о́бщество.

assort [ə'sɔːt] [рас]сортирова́ть; подбира́ть [подобра́ть]; снабжа́ть ассортиме́нтом; ~ment [-mənt] сортиро́вка.

assum|e [ə'sjuːm] принима́ть [-ня́ть] (на себя́); предполага́ть [-ложи́ть], ~ption [ə'sʌmpʃən] предположе́ние; присвое́ние; *eccl.* ♀ успе́ние.

assur|ance [ə'ʃuərəns] увере́ние; уве́ренность *f*; страхо́вка; ~e [ə'ʃuə] уверя́ть [уве́рить]; обеспе́чи(ва)ть; [за]страхова́ть; ~edly [-ridli] *adv.* коне́чно, несомне́нно.

astir [əs'təː] в движе́нии; на нога́х.

astonish [əs'tɔniʃ] удивля́ть [-ви́ть], изумля́ть [-ми́ть]; be ~ed удивля́ться [-ви́ться] (at Д); ~ing [-iʃiŋ] □ удиви́тельный, изуми́тельный; ~ment [əs'tɔniʃmənt] удивле́ние, изумле́ние.

astound [əs'taund] поража́ть [порази́ть].

astray [əs'trei]: go ~ заблуди́ться, сби́ться с пути́.

astride [əs'traid] верхо́м (of на П).

astringent [əs'trindʒənt] □ ♂ вя́жущий (о сре́дстве).

astro|logy [əs'trɔlɔdʒi] астроло́гия; ~nomer [əs'trɔnəmə] астроно́м; ~nomy [əs'trɔnəmi] астроно́мия.

astute [əs'tjuːt] □ хи́трый; проница́тельный; ~ness [-nis] хи́трость *f*; проница́тельность *f*.

asunder [ə'sʌndə] по́рознь, отде́льно; в куски́, на ча́сти.

asylum [ə'sailəm] прию́т; убе́жище.

at [æt] *prp.* в (П, В); у (Р); при (П); на (П, В); о́коло (Р); за (Т); ~ school в шко́ле; ~ the age of в во́зрасте (Р).

ate [et, eit] *pt.* от eat.

atheism ['eiθiizm] атеи́зм.

athlet|e ['æθliːt] атле́т; ~ic(al □) [æθ'letik(əl)] атлети́ческий; ~ics *pl.* [æθ'letiks] атле́тика.

Atlantic [ət'læntik] **1.** атланти́ческий; **2.** (*a.* ~ Ocean) Атланти́ческий океа́н.

atmospher|e ['ætmɔsfiə] атмосфе́ра; ~ic(al □) [ætmɔs'ferik(əl)] атмосфе́рный, атмосфери́ческий.

atom ['ætəm] ♀ а́том; ~ (*a.* ~ic) bomb а́томная бо́мба; ~ic [ə'tɔmik] а́томный; ~ pile а́томный реа́ктор; ~ smashing расщепле́ние а́тома; ~izer ['ætəmaizə] распыли́тель *m.*

atone [ə'toun]: ~ for загла́живать [-ла́дить], искупа́ть [-пи́ть]; ~ment [-mənt] искупле́ние.

atroci|ous [ə'trouʃəs] □ зве́рский, ужа́сный; ~ty [ə'trɔsiti] зве́рство.

attach [ə'tætʃ] *v/t. com.* прикрепля́ть [-пи́ть]; прикомандиро́вывать [-рова́ть] (к Д); придо(ав)а́ть; ♂ налага́ть аре́ст на (В); арестовывать [-ова́ть]; ~ o. s. to при-вя́зываться [-за́ться] к (Д); ~ment [-mənt] привя́занность *f*; прикрепле́ние; наложе́ние аре́ста.

attack [ə'tæk] **1.** ата́ка, наступле́ние; припа́док; **2.** атакова́ть (*im*)*pf.*; напада́ть [напа́сть] на (В); набра́сываться [-ро́ситься] на (В); ♂ поража́ть [порази́ть] (о боле́зни).

attain [ə'tein] *v/t.* достига́ть [-и́гнуть] (Р), добива́ться (Р); ~ment [-mənt] приобрете́ние; достиже́ние; ~s *pl.* зна́ния *n/pl.*; на́выки *m/pl.*

attempt [ə'tempt] **1.** попы́тка; покуше́ние; **2.** [по]пыта́ться; покуша́ться [-уси́ться] на (В).

attend [ə'tend] обслу́живать [-жи́ть]; посеща́ть [-ети́ть]; ♂ ходи́ть, уха́живать за (Т); прислу́живать (to Д); прису́тствовать (at на П); быть внима́тельным; ~ance [ə'tendəns] прису́тствие (at на П); обслу́живание; пу́блика; посеща́емость *f*; ♂ ухо́д (за Т); ~ant [-ənt] **1.** сопровожда́ющий (on В); прису́тствующий (at на П); **2.** посети́тель(ница *f*) *m*; спу́тник (-ица); ♂ санита́р; служи́тель *m.*

attent|ion [ə'tenʃən] внима́ние; ~ive [-tiv] □ внима́тельный.

attest [ə'test] [за]свиде́тельствовать; удостоверя́ть [-ве́рить]; *part.* ✗ приводи́ть к прися́ге.

attic ['ætik] черда́к; мансарда.

attire [ə'taiə] **1.** наря́д; **2.** оде́(ва́)ть, наряжа́ть [-яди́ть].

attitude ['ætitjuːd] отноше́ние; пози́ция; по́за, оса́нка; *fig.* то́чка зре́ния.

attorney [ə'təːni] пове́ренный; power of ~ полномо́чие; ♀ General *Am.* мини́стр юсти́ции.

attract [ə'trækt] *v/t.* привлека́ть [-вле́чь] (*a. fig.*); притя́гивать [-яну́ть]; *fig.* прельща́ть [-льсти́ть]; ~ion [ə'trækʃən] притяже́ние, тяготе́ние; *fig.* привлека́тельность *f*; *thea.* аттракцио́н; ~ive [-tiv] привлека́тельный; зама́нчивый; ~iveness [-tivnis] привлека́тельность *f.*

attribute 1. [ə'tribjuːt] припи́сывать [-са́ть] (Д/В); относи́ть [отнестА] (к Д); 2. ['ætribju:t] свойство, признак; *gr.* определе́ние.

attune [ə'tju:n] приводи́ть в созву́чие.

auction ['ɔ:kʃən] 1. аукцио́н, торги́ *m/pl.*; sell by ~, put up for ~ продава́ть с аукцио́на; 2. продава́ть с аукцио́на (*mst* ~ off); ~eer [ɔ:kʃə-'niə] аукциони́ст.

audaci|ous [ɔ:'deiʃəs] □ сме́лый; де́рзкий; *b. s.* на́глый; ~ty [ɔ:'dæsi-ti] сме́лость *f*; де́рзость *f*; *b.s.* на́глость *f*.

audible ['ɔ:dbl] □ вня́тный, слы́шный.

audience ['ɔ:djəns] слу́шатели *m/pl.*, зри́тели *m/pl.*, пу́блика; аудие́нция (of, with y P).

audit ['ɔ:dit] 1. прове́рка, реви́зия (бухга́лтерских книг); 2. проверя́ть [-е́рить] (отчётность); ~or ['ɔ:ditə] слу́шатель *m*; ревизо́р, (фина́нсовый) контролёр.

auger ['ɔ:gə] ⊕ сверло́, бура́в.

augment [ɔ:g'ment] увели́чи(ва)ть; ~ation [ɔ:gmen'teiʃən] увеличе́ние, прирост, прираще́ние.

augur ['ɔ:gə] 1. авгу́р, прорица́тель *m*; 2. предска́зывать [-за́ть] (well хоро́шее, ill плохо́е); ~y предзнаменова́ние.

August ['ɔ:gəst] а́вгуст.

aunt [ɑ:nt] тётя, тётка.

auspic|e ['ɔ:spis] до́брое предзнаменова́ние; ~s *pl.* покрови́тельство; ~ious [ɔ:s'piʃəs] □ благоприя́тный.

auster|e [ɔ:s'tiə] □ стро́гий, суро́вый; ~ity [ɔ:s'teriti] стро́гость *f*, суро́вость *f*.

Australian [ɔ:s'treiljən] 1. австрали́ец (-и́йка); 2. австрали́йский.

Austrian ['ɔ:striən] 1. австри́ец (-и́йка); 2. австри́йский.

authentic [ɔ:'θentik] (~ally) по́длинный, достове́рный.

author ['ɔ:θə] а́втор; ~itative [ɔ:'θɔriteitiv] □ авторите́тный; ~ity [ɔ:'θɔriti] авторите́т; полномо́чие; власть *f* (over над T); on the ~ of на основа́нии (P); по утвержде́нию (P); ~ize ['ɔ:θəraiz] уполномо́чи(ва)ть; санкциони́ровать (*im*)*pf.*

autocar ['ɔ:təka:] автомоби́ль *m*.

autocra|cy [ɔ:'tɔkrəsi] самодержа́вие, автокра́тия; ~tic(al [ɔ:tə'krætik(əl)] самодержа́вный; деспоти́ческий.

autogyro [ɔ:tou'dʒaiərou] ✖ авто-жир.

autograph ['ɔ:təgra:f] авто́граф.

automat|ic [ɔ:tə'mætik] (~ally) автомати́ческий; ~ machine автома́т; ~on [ɔ:'tɔmətn] автома́т.

automobile ['ɔ:təməbi:l] *part. Am.* автомоби́ль *m*.

autonomy [ɔ:'tɔnəmi] автоно́мия, самоуправле́ние.

autumn ['ɔ:təm] о́сень *f*; ~al [ɔ:'tʌmnəl] осе́нний.

auxiliary [ɔ:g'ziljəri] вспомога́тельный; доба́вочный.

avail [ə'veil] 1. помога́ть [помо́чь] (Д); ~ o. s. of [вос]по́льзоваться (T); 2. по́льза, вы́года; of no ~ бесполе́зный; ~able [ə'veiləbl] □ досту́пный; нали́чный.

avalanche ['ævəlɑ:nʃ] лави́на.

avaric|e ['ævəris] ску́пость *f*; жа́дность *f*; ~ious [ævə'riʃəs] □ скупо́й; жа́дный.

aveng|e [ə'vendʒ] [ото]мсти́ть (Д за В); ~er [ə'vendʒə] мсти́тель(ница *f*) *m*.

avenue ['ævinju:] алле́я; *Am.* широ́кая у́лица, проспе́кт; *fig.* путь *m*.

aver [ə'və:] утвержда́ть.

average ['ævəridʒ] 1. сре́днее число́; at an ~ в сре́днем; 2. сре́дний; 3. выводи́ть сре́днее число́.

avers|e [ə'və:s] □ нерасположе́нный (to, from к Д); неохо́тный; ~ion [ə'və:ʃən] отвраще́ние, антипа́тия.

avert [ə'və:t] отвраща́ть [-рати́ть].

aviat|ion [eivi'eiʃən] авиа́ция; ~or ['eivieitə] лётчик, авиа́тор.

avoid [ə'vɔid] избега́ть [-ежа́ть] (P); ~ance [-əns] отмена.

avow [ə'vau] призн(ав)а́ть; ~ oneself призн(ав)а́ться; ~al [-əl] призна́ние.

await [ə'weit] ожида́ть (P).

awake [ə'weik] 1. бо́дрствующий; be ~ to я́сно понима́ть; 2. [*irr.*] *v/t.* (*mst* ~n [ə'weikən]) [раз]буди́ть; пробужда́ть [-уди́ть] (созна́ние, интере́с) (к Д); *v/i.* просыпа́ться [просну́ться]; ~ to a th. осозн(ав)а́ть (В).

aware [ə'wɛə]: be ~ of знать (В *or* о П), созн(ав)а́ть (В); become ~ of отдава́ть себе́ отчёт в (П).

away [ə'wei] прочь; далеко́.

awe [ɔ:] 1. благогове́ние, тре́пет (of пе́ред Т); 2. внуша́ть благогове́ние, страх (Д).

awful ['ɔ:ful] □ внуша́ющий благогове́ние; стра́шный; F ужа́сный; чрезвыча́йный.

awhile [ə'wail] на не́которое вре́мя, недо́лго.

awkward ['ɔ:kwəd] неуклю́жий, нело́вкий; неудо́бный.

awl [ɔ:l] ши́ло.

awning ['ɔ:niŋ] наве́с, тент.

awoke [ə'wouk] *pt.* и *p. pt.* от awake.

awry [ə'rai] ко́со, на́бок; *fig.* непра́вильно.

ax(e) [æks] топо́р, колу́н.

axis ['æksis], *pl.* axes [-si:z] ось *f*.

axle ['æksl] ⊕ ось *f*; ~-tree колёсный вал.

ay(e) [ai] да; *parl.* утверди́тельный го́лос (при голосова́нии).

azure ['æʒə] 1. лазу́рь *f*; 2. лазу́рный.

B

babble ['bæbl] 1. лепет; болтовня; 2. [по]болтать; [за]лепетать.

baboon [bə'bu:n] *zo.* бабуин.

baby ['beibi] 1. младенец, ребёнок, дитя *n*; 2. небольшой, малый; ~hood ['beibihud] младенчество.

bachelor ['bætʃələ] холостяк; *univ.* бакалавр.

back [bæk] **1.** спина; спинка (стула, платья и т. п.); изнанка (материи); *football* защитник; **2.** *adj.* задний; обратный; отдалённый; **3.** *adv.* назад, обратно; тому назад; **4.** *v/t.* поддерживать [-жать]; подкреплять [-епить]; [по]пятить; держать пари на (В), [по]ставить на (лошадь); *v/i.* отступать [-пить]; [по]пятиться; ~**bone** позвоночник, спинной хребет; *fig.* опора; ~**er** [ˊbækə] □ индоссант; ~**ground** задний план, фон; ~**ing** поддержка; † индоссамент; ~**side** задняя, тыльная сторона; ~**slide** [*irr.* (slide)] отпадать [отпасть] (от веры); ~**stairs** чёрная лестница; ~**stroke** плавание на спине; ~**talk** *Am.* дерзкий ответ; ~**ward** ['bækwəd] **1.** *adj.* обратный; *fig.* отсталый; **2.** *adv.* (a. ~**wards** [-z]) назад; задом; наоборот; обратно; ~**water** завод *f*; ~**wheel** заднее колесо.

bacon ['beikən] бекон, копчёная грудинка.

bacteri|ologist [bæktiəri'ɔlədʒist] бактериолог; ~**um** [bæk'tiəriəm], *pl.* ~**a** [-riə] бактерия.

bad [bæd] □ плохой, дурной, скверный; he is ~ly off его дела плохи; ~ly wounded тяжелораненый; F want ~ly очень хотеть.

bade [beid, bæd] *pt.* от bid.

badge [bædʒ] значок.

badger ['bædʒə] 1. *zo.* барсук; 2. [за]травить; изводить [извести].

badness ['bædnis] негодность *f*; вредность *f*.

baffle ['bæfl] расстраивать [-ройть]; сбивать с толку.

bag [bæg] 1. мешок; сумка; 2. класть в мешок; *hunt.* уби(ва)ть.

baggage ['bægidʒ] багаж; ~**check** *Am.* багажная квитанция.

bagpipe ['bægpaip] волынка.

bail [beil] 1. поручательство; admit to ~ выпускать под поруки; 2. ~ out отбрать на поруки.

bailiff ['beilif] судебный пристав; управляющий (имением).

bait [beit] 1. приманка, наживка; *fig.* искушение; 2. приманивать [-нить]; *hunt.* травить собаками;

fig. преследовать насмешками, изводить [-вести].

bak|e [beik] [ис]печь(ся); обжигать (обжечь) (кирпичи); ~**er** ['beikə] пекарь *m*, булочник; ~**ery** [-ri] пекарня; ~**ing-powder** пекарный порошок.

balance ['bæləns] 1. весы *m/pl.*; равновесие; противовес; балансир; † баланс; сальдо *n indecl.*; *sl.* остаток; ~ of power политическое равновесие; ~ of trade активный баланс; 2. [с]балансировать (В); сохранять равновесие; † подводить баланс; взвешивать [-есить] (в уме); быть в равновесии.

balcony ['bælkəni] балкон.

bald [bɔ:ld] лысый, плешивый; *fig.* простой; бесцветный (стиль).

bale [beil] † кипа, тюк.

balk [bɔ:k] 1. межа; брус; балка; 2. *v/t.* (вос)препятствовать (Д), [по]мешать (Д); [за]артачиться (*a. fig.*).

ball[1] [bɔ:l] 1. мяч; шар; клубок (шерсти); keep the ~ rolling поддерживать разговор; 2. соби(ра)ть(ся) в клубок; сви(ва)ть(ся).

ball[2] [~] бал, танцевальный вечер.

ballad ['bæləd] баллада.

ballast ['bæləst] 1. щебень *m*; 🚢, ⚓ балласт; 2. грузить балластом.

ball-bearing(s *pl.*) шарикоподшипник.

ballet ['bælei] балет.

balloon [bə'lu:n] воздушный шар, аэростат; ~**ist** [-ist] аэронавт, пилот аэростата.

ballot ['bælət] 1. баллотировка, голосование; 2. [про]голосовать; ~**box** избирательная урна.

ball-point (*a.* ~ **pen**) шариковая ручка.

ball-room бальный зал.

balm [bɑ:m] бальзам; *fig.* утешение.

balmy [bɑ:mi] □ ароматный.

baloney [bə'louni] *Am. sl.* вздор.

balsam ['bɔ:lsəm] бальзам; ⚘ бальзамин.

balustrade ['bæləstreid] балюстрада.

bamboo [bæm'bu:] бамбук.

bamboozle F [-zl] наду(ва)ть, обманывать [-нуть].

ban [bæn] 1. запрещение, запрет; 2. налагать запрещение на (В).

banana [bə'nɑ:nə] банан.

band [bænd] 1. лента, тесьма; обод; банда; отряд; ♪ оркестр; 2. связывать [-зать]; ~ o. s. объединяться [-ниться].

bandage ['bændidʒ] 1. бинт, бандаж; 2. [за]бинтовать, перевязывать [-зать].

bandbox ['bændbɔks] картонка (для шляп).

bandit ['bændit] банди́т.

band-master ['bændmɑ:stə] ка-
пельме́йстер.

bandy ['bændi] обме́ниваться
[-ня́ться] (слова́ми, мячо́м и т. п.).

bane [bein] *fig.* отра́ва.

bang [bæŋ] 1. уда́р, стук; 2. уда-
ря́ть(ся) [уда́рить(ся)]; сту́кать(ся)
[-кнуть(ся)].

banish ['bæniʃ] изгоня́ть [изгна́ть];
высыла́ть [вы́слать]; **~ment**
[-mənt] изгна́ние.

banisters ['bænistəz] *pl.* пери́ла
n/pl.

bank [bæŋk] 1. бе́рег; на́сыпь *f*;
банк; **~ of issue** эмиссио́нный
банк; 2. *v/t.* окружа́ть ва́лом;
запру́живать [-уди́ть]; ↑ класть
(де́ньги) в банк; *v/i.* быть бан-
ки́ром; ⚞ де́лать вира́ж; на-
креня́ться [-ни́ться]; **~ on** по-
лага́ться [-ложи́ться] на (В); **~er**
['bæŋkə] банки́р; **~ing** ['bæŋkiŋ]
ба́нковое де́ло; **~rupt** ['bæŋkrʌpt]
1. банкро́т; 2. обанкро́тившийся;
3. де́лать банкро́том; **~ruptcy**
['bæŋkrʌptsi] банкро́тство.

banner ['bænə] зна́мя *n*, стяг.

banns [bænz] *pl.* оглаше́ние (всту-
па́ющих в брак).

banquet ['bæŋkwit] 1. банке́т, пир;
2. дава́ть банке́т; пирова́ть.

banter ['bæntə] подшу́чивать [-шу-
ти́ть], поддра́знивать [-ни́ть].

baptism ['bæptizm] креще́ние.

baptize [bæp'taiz] [о]крести́ть.

bar [bɑ:] 1. брусо́к; засо́в; о́тмель
f; бар; сто́йка; ♪ такт; *fig.* пре-
гра́да, препя́тствие; ♣♣ адво-
кату́ра; 2. запира́ть на засо́в;
прегражда́ть [-ради́ть]; исключа́ть
[-чи́ть].

barb [bɑ:b] колю́чка; зубе́ц; **~ed**
wire колю́чая про́волока.

barbar|ian [bɑ:'bɛəriən] 1. ва́рвар;
2. ва́рварский; **~ous** ['bɑ:bərəs] ☐
ди́кий; гру́бый, жесто́кий.

barbecue ['bɑ:bikju:] 1. целико́м
жа́рить (ту́шу); 2. целико́м за-
жа́ренная ту́ша.

barber ['bɑ:bə] парикма́хер.

bare [bɛə] 1. го́лый, обнажённый;
пусто́й; 2. обнажа́ть [-жи́ть],
открыва́(ва́)ть; **~faced** ['bɛəfeist] ☐
бессты́дный; **~foot** босико́м;
~footed босо́й; **~headed** с не-
покры́той голово́й; **~ly** ['bɛəli]
едва́.

bargain ['bɑ:gin] 1. сде́лка, вы́-
годная поку́пка; 2. [по]торго-
ва́ться (о П, с Т).

barge [bɑ:dʒ] ба́ржа; **~man** ['bɑ:dʒ-
mən] ло́дочник с ба́ржи.

bark¹ [bɑ:k] 1. кора́; 2. сдира́ть
кору́ с (Р).

bark² [~] 1. лай; 2. [за]ла́ять.

bar-keeper буфе́тчик.

barley ['bɑ:li] ячме́нь *m*.

barn [bɑ:n] амба́р.

baron ['bærən] баро́н; **~ess** [-is]
бароне́сса.

barrack(s *pl.*) ['bærək(s)] бара́к;
[каза́рма.]

barrage ['bærɑ:ʒ] загражде́ние; ✗
загради́тельный ого́нь *m*.

barrel ['bærəl] бо́чка, бочо́нок;
ствол (ружья́); ⊕ цили́ндр; бара-
ба́н; вал; 2. разлива́ть по бо́чкам.

barren ['bærən] ☐ неплодоро́д-
ный, беспло́дный.

barricade [bæri'keid] 1. баррика́-
да; 2. [за]баррикади́ровать.

barrier ['bæriə] барье́р, заста́ва;
препя́тствие, поме́ха.

barrister ['bæristə] адвока́т.

barrow ['bærou] та́чка.

barter ['bɑ:tə] 1. товарообме́н,
мелова́я торго́вля; 2. [по]меня́ть,
обме́нивать [-ня́ть] (for на В).

base¹ [beis] ☐ по́длый, ни́зкий.

base² [~] 1. осно́ва, ба́зис; фунда́-
мент; ⚞ основа́ние; 2. осно́вы-
вать [-ова́ть] (В на П), бази́-
ровать.

base|-ball *Am.* бейсбо́л; **~less**
['beislis] без основа́ний; **~ment**
[-mənt] подва́л, подва́льный эта́ж.

baseness ['beisnis] ни́зость *f*.

bashful ['bæʃful] ☐ засте́нчивый,
ро́бкий.

basic ['beisik] (**~ally**) основно́й; ⚞
основно́й.

basin ['beisn] таз, ми́ска; бассе́йн.

bas|is ['beisis], *pl.* **~es** [-i:z] осно-
ва́ние, исхо́дный пункт; ✗, ⚓
ба́за.

bask [bɑ:sk] гре́ться (на со́лнце).

basket ['bɑ:skit] корзи́на; **~ball**
баскетбо́л.

bass [beis] ♪ 1. бас; 2. басо́вый.

basso ['bæsou] ♪ бас.

bastard ['bæstəd] 1. ☐ внебра́ч-
ный; подде́льный; ло́маный (о
языке́); 2. внебра́чный ребёнок.

baste¹ ['beist] полива́ть жарко́е со́-
ком (во вре́мя жа́рения).

baste² [~] намётывать [наметáть].

bat¹ [bæt] летýчая мышь *f*.

bat² [~] 1. битá (в крикéте); 2. бить,
удáрить в мяч.

bath [bɑ:θ] 1. вáнна; купáльня;
2. [вы-, по]мы́ть, [вы́]купáть.

bathe [beið] [вы́]купáться.

bathing ['beiðiŋ] купáние; **~hut**
кабина; **~suit** купáльный костю́м.

bath|-room вáнная ко́мната;
~sheet купáльная простыня́;
~towel купáльное полоте́нце.

batiste [bæ'ti:st] ⚞ бати́ст.

baton ['bætən] жезл; дирижёрская
пáлочка; полицéйская дуби́нка.

battalion [bə'tæljən] батальо́н.

batter ['bætə] 1. взби́тое те́сто;
2. си́льно бить, [по]колоти́ть, [от]-
дубáсить; **~ down** или *in* взлáмы-
вать [взломáть]; **~y** [-ri] батаре́я;
assault and **~** оскорбле́ние дéйст-
вием.

battle ['bætl] 1. би́тва, сраже́ние

(of под Т); 2. сража́ться [срази́ть-ся]; боро́ться; **~ax(e)** hist. боево́й топо́р; Am. fig. бой-ба́ба.

battle|-field по́ле би́твы; **~plane** ✕ штурмови́к; **~ship** ✕ лине́йный кора́бль m.

bawdy ['bɔːdi] непристо́йный.

bawl [bɔːl] крича́ть [кри́кнуть], [за]ора́ть; **~ out** выкри́кивать [вы́крикнуть].

bay[1] [bei] 1. гнедо́й; 2. гнеда́я ло́-)

bay[2] [~] зали́в, бу́хта. [шадь f.)

bay[3] [~] ла́вровое де́рево.

bay[4] [~] 1. лай; 2. [за]ла́ять; bring to ~ fig. припере́ть к стене́; загоня́ть [загна́ть] (зве́ря).

bayonet ['beiənit] ✕ 1. штык; 2. коло́ть штыко́м.

bay-window ['bei'windou] 🔺 э́ркер; Am. брюшко́.

baza(a)r [bə'zɑː] база́р.

be [biː, bi] [irr.] a) быть, быва́ть; жить; находи́ться; пожива́ть, чу́вствовать себя́; there is, are есть; ~ about соб(и)ра́ться (+ inf.); ~ at s. th. быть за́нятым (Т); ~ off отправля́ться [-ви́ться]; ~ on быть в де́йствии; b) v/aux. (для образова́ния дли́тельной фо́рмы): ~ reading чита́ть и т. д.; (для образова́ния пасси́ва): ~ read ░░░░░░░ ░░░░ ░░░░░░░░░░ ░░ та́емым).

beach [biːtʃ] 1. пляж, взмо́рье; 2. 🛳 вы́тащить на бе́рег; посади́ть на мель.

beacon ['biːkən] сигна́льный ого́нь m; ба́кен; буй.

bead [biːd] бу́сина, би́серина; ка́пля; **~s** pl. a. чётки f/pl.; бу́сы f/pl.; би́сер.

beak [biːk] клюв; но́сик (сосу́да).

beam [biːm] 1. ба́лка, брус; луч; 2. сия́ть; излуча́ть [-чи́ть].

bean [biːn] боб.

bear[1] [bɛə] медве́дь m (-ве́дица f); ♟ sl. спекуля́нт, игра́ющий на пониже́ние.

bear[2] [~] [irr.] v/t. носи́ть [нести́]; [вы]терпе́ть, выде́рживать [вы́держать]; рожда́ть [роди́ть]; ~ down преодоле́(ва́)ть; ~ out подтвержда́ть [-рди́ть]; ~ o. s. держа́ться, вести́ себя́; ~ up подде́рживать [-жа́ть]; ~ (up)on каса́ться [косну́ться] (Р); име́ть отноше́ние к (Д); bring to ~ употребля́ть [-би́ть].

beard [biəd] 1. борода́; зубе́ц; ♟ ость f (ко́лоса). 2. v/t. сме́ло выступа́ть про́тив (Р).

bearer ['bɛərə] носи́льщик; пода́тель(ница f) m, предъяви́тель (-ница f) m.

bearing ['bɛəriŋ] ноше́ние; терпе́ние; мане́ра держа́ть себя́; детороже́ние.

beast [biːst] зверь m; скоти́на; **~ly** [-li] гру́бый, ужа́сный.

beat [biːt] 1. [irr.] v/t. [по]би́ть; ударя́ть [уда́рить]; [по]колоти́ть; ~ a retreat отступа́ть [-пи́ть]; ~ up изби(ва́)ть; взби(ва́)ть; ~ about the bush подходи́ть к де́лу издалека́; v/i. бить, би́ться; [по]стуча́ться; 2. уда́р; бой; бие́ние; ритм; **~en** [biːtn] 1. p. pt. от beat; 2. би́тый, побеждённый; проторённый (путь).

beatitude [bi'ætitjuːd] блаже́нство.

beau [bou] щёголь m; кавале́р.

beautiful ['bjuːtiful] ▢ прекра́сный, краси́вый.

beautify ['bjuːtifai] украша́ть [укра́сить].

beauty ['bjuːti] красота́; краса́вица.

beaver ['biːvə] бобр.

became [bi'keim] p. pt. от become.

because [bi'kɔz] потому́ что, так как; ~ of из-за (Р).

beckon ['bekən] [по]мани́ть.

become [bi'kʌm] [irr. (come)] v/i. [с]де́латься; станови́ться [стать]; v/t. быть к лицу́, идти́ (об оде́жде) (Д); подоба́ть (Д); **~ing** [-iŋ] ▢ к лицу́ (оде́жда).

bed bed 1. посте́ль f; крова́ть f; ✿ гря́дка, клу́мба; 2. класть или ложи́ться в посте́ль; выса́живать [вы́садить] (цветы́).

░░░ ░░░░░░ f/. ░░░░░░░░ ░░░░.

bedding ['bediŋ] посте́льные принадле́жности f/pl.

bedevil [bi'devl] [ис]терза́ть, [из]му́чить; околдо́вывать [-дова́ть].

bed|rid(den) прико́ванный к посте́ли (боле́знью); **~room** спа́льня; **~spread** покрыва́ло (на крова́ть); **~stead** крова́ть f, **~time** вре́мя ложи́ться спать.

bee [biː] пчела́; have a ~ in one's bonnet F быть с причу́дой.

beech [biːtʃ] ♣ бук, бу́ковое де́рево; **~nut** бу́ковый оре́шек.

beef [biːf] говя́дина, **~tea** кре́пкий бульо́н; **~y** [biːfi] му́скули́стый; мяси́стый.

bee|hive у́лей; **~line** пряма́я ли́ния.

been [biːn, bin] p. pt. от be.

beer [biə] пи́во; small ~ сла́бое пи́во.

beet [biːt] ✿ свёкла.

beetle [biːtl] жук.

befall [bi'fɔːl] [irr. (fall)] v/t. постига́ть [-и́гнуть, -и́чь] (о судьбе́) (В); v/i. случа́ться [-чи́ться].

befit [bi'fit] прили́чествовать (Д), подходи́ть [подойти́] (Д).

before [bi'fɔː] 1. adv. впереди́, вперёд; ра́ньше; long ~ задо́лго; 2. cj. пре́жде чем; скоре́е чем; 3. prp. пе́ред (Т); впереди́ (Р); до (Р); **~hand** зара́нее, заблаговре́менно.

befriend [bi'frend] относи́ться по-дру́жески к (Д).

beg [beg] v/t. [по]проси́ть (Р);

умоля́ть [-ли́ть] (for о П); выпра́шивать [вы́просить] (of у Р); v/i. ни́щенствовать.

began [bi'gæn] pt. от begin.

beget [bi'get] [irr. (get)] рожда́ть [роди́ть], производи́ть [-вести́].

beggar ['begə] 1. ни́щий, ни́щенка; 2. разоря́ть [-ри́ть], доводи́ть до нищеты́; fig. превосходи́ть [-взойти́]; it ~s all description не поддаётся описа́нию.

begin [bi'gin] [irr.] нач(ин)а́ть (with с Р); ~ner [-ə] начина́ющий, новичо́к; ~ning [-iŋ] нача́ло.

begot(ten) [bi'gɔt(n)] pt. от beget.

begrudge [bi'grʌdʒ] [по]зави́довать (Д в П).

beguile [bi'gail] обма́нывать [-ну́ть]; [с]корота́ть (время).

begun [bi'gʌn] pt. от begin.

behalf [bi'hɑːf] : on or in ~ of для (Р), от и́мени (Р).

behav|e [bi'heiv] вести́ себя́; поступа́ть [-пи́ть]; ~iour [-jə] поведе́ние.

behead [bi'hed] обезгла́вливать [-гла́вить].

behind [bi'haind] 1. adv. по́сле; позади́, сза́ди; 2. prp. за (Т); позади́ (Р), сза́ди (Р); по́сле (Р).

behold [bi'hould] [irr. (hold)] 1. замеча́ть [-е́тить], [у]ви́деть; 2. смотри́!, вот!

behoof [bi'huːf]: to (for, on) (the) ~ of в по́льзу (Р), за (В).

being ['biːiŋ] бытие́, существова́ние.

belated [bi'leitid] запозда́лый.

belch [beltʃ] 1. отры́жка; столб (огня́, ды́ма); 2. рыга́ть [рыгну́ть]; изверга́ть [-е́ргнуть].

belfry ['belfri] колоко́льня.

Belgian ['beldʒən] 1. бельги́ец (-и́йка); 2. бельги́йский.

belief [bi'liːf] ве́ра (in в В); убежде́ние.

believable [bi'liːvəbl] правдоподо́бный.

believe [bi'liːv] [по]ве́рить (in в В); ~r [-ə] ве́рующий.

belittle [bi'litl] fig. умаля́ть [-ли́ть]; принижа́ть [-ни́зить].

bell [bel] ко́локол; звоно́к.

belle [bel] краса́вица.

belles-lettres ['be'letr] pl. худо́жественная литерату́ра, беллетри́стика.

belligerent [bi'lidʒərənt] 1. вою́ющая сторона́; 2. вою́ющий.

bellow ['belou] 1. мыча́ние; рёв (бу́ри); 2. [за]мыча́ть; [за]реве́ть, [за]бушева́ть; ~s [-z] pl. кузне́чные меха́ m/pl.

belly ['beli] 1. живо́т, брю́хо; 2. наду́(ва́)ть(ся).

belong [bi'lɔŋ] принадлежа́ть (Д); относи́ться (к Д); ~ings [-iŋz] pl. принадле́жности f/pl.; пожи́тки m/pl.

beloved [bi'lʌvid, pred. bi'lʌvd] возлю́бленный, люби́мый.

below [bi'lou] 1. adv. внизу́; ни́же; 2. prp. ни́же (Р); под (В, Т).

belt [belt] 1. по́яс; зо́на; ⊕ приводно́й реме́нь m; ⚔ портупе́я; 2. подпоя́с(ыв)ать; поро́ть ремнём.

bemoan [bi'moun] опла́к(ив)ать.

bench [bentʃ] скамья́; ⊕ верста́к.

bend [bend] 1. сгиб; изги́б (доро́ги); излу́чина (реки́); ♪ у́зел, шпанго́ут; 2. [irr.] сгиба́ть(ся) [согну́ть(ся)]; направля́ть [-ра́вить]; покоря́ть [-ри́ть].

beneath [bi'niːθ] s. below.

benediction [beni'dikʃən] благослове́ние.

benefact|ion [-'fækʃən] благодея́ние; ~or ['benifæktə] благоде́тель m.

benefice|nce [bi'nefisns] благотвори́тельность f; ~nt □ благоде́тельный.

beneficial [beni'fiʃə] □ благотво́рный, поле́зный.

benefit ['benifit] 1. вы́года, по́льза; посо́бие; thea. бенефи́с; 2. приноси́ть по́льзу; извлека́ть по́льзу.

benevolen|ce [bi'nevələns] благожела́тельность f; ~t [-ənt] □ благожела́тельный.

benign [bi'nain] □ до́брый, ми́лостивый; ⚕ доброка́чественный.

bent [bent] 1. pt. и p. pt. от bend; ~ on помеша́нный на (П); 2. скло́нность f.

benz|ene [ben'ziːn] 🜍 бензо́л; ~ine [~] бензи́н.

bequeath [bi'kwiːð] завеща́ть (im)pf.

bequest [bi'kwest] насле́дство.

bereave [bi'riːv] [irr.] лиша́ть [-ши́ть] (Р); отнима́ть [-ня́ть].

berry ['beri] я́года.

berth [bəːθ] ♪ я́корная стоя́нка; ко́йка; fig. (вы́годная) до́лжность f.

beseech [bi'siːtʃ] [irr.] умоля́ть [-ли́ть], упра́шивать [упроси́ть] (+ inf.).

beset [bi'set] [irr. (set)] окружа́ть [-жи́ть], осажда́ть [осади́ть].

beside [bi'said] prp. ря́дом с (Т), о́коло (Р), близ (Р), ми́мо (Р); ~ o. s. вне себя́ (with от Р); ~ the question некста́ти, не по существу́; ~s [-z] 1. adv. кро́ме того́, сверх того́; 2. prp. кро́ме (Р).

besiege [bi'siːdʒ] осажда́ть [осади́ть].

besmear [bi'smiə] [за]па́чкать, [за]мара́ть.

besom ['biːzəm] метла́, ве́ник.

besought [bi'sɔːt] pt. от beseech.

bespatter [bi'spætə] забры́зг(ив)ать.

bespeak [bi'spiːk] [irr. (speak)] зака́зывать [-за́ть]; bespoke tailor портно́й, рабо́тающий по зака́зу.

best [best] 1. *adj.* лу́чший; ~ **man** шафер; 2. *adv.* лу́чше всего́, всех; 3. са́мое лу́чшее; **to the** ~ **of** ... наско́лько ...; **po** мέρε ...; **make the** ~ **of** испо́льзовать наилу́чшим о́бразом; **at** ~ в лу́чшем слу́чае.

bestial ['bestjəl] □ ско́тский, живо́тный.

bestow [bi'stou] дарова́ть ([up]on Д/В *or* В/Т), награжда́ть [-ради́ть].

bet [bet] 1. пари́ *n indecl.*; 2. [*irr.*] держа́ть пари́; би́ться об закла́д.

betake [bi'teik] [*irr.* (take)]: ~ **o. s. to** отправля́ться [-а́виться] в (В); *fig.* прибега́ть [-éгнуть] к (Д).

bethink [bi'θiŋk] [*irr.* (think)]: ~ **o. s.** вспомина́ть [вспо́мнить]; ду́мать (of o П); ~ **o. s. to** *inf.* заду́м(ыв)ать.

betray [bi'trei] преда́(ва́)ть; вы́да(ва́)ть; ~**er** [-ə] преда́тель(ница *f*) *m*.

betrothal [bi'trouðəl] помо́лвка, обруче́ние.

better ['betə] 1. *adj.* лу́чший; **he is** ~ ему́ лу́чше; 2. преиму́щество; ~**s** *pl.* ли́ца стоя́щие вы́ше; **get the** ~ **of** взять верх над (Т); 3. *adv.* лу́чше; бо́льше; **so much the** ~ тем лу́чше; **you had** ~ **go** вам бы лу́чше пойти́; *fig.* хорошо́ [улу́чшить]; поправля́ть [-а́вить]; *v/i.* поправля́ться [-а́виться]; ~**ment** [-mənt] улучше́ние.

between [bi'twi:n] 1. *adv.* ме́жду ни́ми; 2. *prp.* ме́жду (Т).

beverage ['bevəridʒ] напи́ток.

bevy ['bevi] ста́я (птиц); ста́до; гру́ппа, толпа́ (де́вушек).

bewail [bi'weil] скорбе́ть о (П), опла́к(ив)ать.

beware [bi'wɛə] оберега́ться [-ре́чься] (of).

bewilder [bi'wildə] смуща́ть [смути́ть]; ста́вить в тупи́к; сбива́ть с то́лку; ~**ment** [-mənt] смуще́нис, замеша́тельство; пу́таница.

bewitch [bi'witʃ] околдо́вывать [-дова́ть]; очаро́вывать [-рова́ть].

beyond [bi'jɔnd] 1. *adv.* вдали́, на расстоя́нии; 2. *prp.* за (В, Т); вне (Р); сверх (Р); по ту сто́рону (Р).

bias ['baiəs] 1. предубежде́ние (про́тив Р); склон, укло́н; 2. склоня́ть [-ни́ть]; 3. ко́со.

bib [bib] де́тский нагру́дник.

Bible [baibl] би́блия.

biblical ['biblikəl] □ библе́йский.

bicarbonate [bai'ka:bənit] ?; ~ **of soda** двууглеки́слый на́трий.

bicker ['bikə] пререка́ться (с Т).

bicycle ['baisikl] 1. велосипе́д; 2. е́здить на велосипе́де.

bid [bid] 1. [*irr.*] прика́зывать [-за́ть]; предлага́ть [-ложи́ть] (це́ну); ~ **fair** [по]сули́ть, [по]обеща́ть; ~ **farewell** [по]проща́ться [прости́ться]; 2. предложе́ние

(це́ны); зая́вка (на торга́х); *Am.* F приглаше́ние; ~**den** [bidn] *p. pt.* от bid.

bide [baid] : ~ **one's time** ожида́ть благоприя́тного слу́чая.

biennial [bai'enjəl] двухле́тний.

bier [biə] похоро́нные дро́ги *f/pl.*

big [big] большо́й, кру́пный; взро́слый; F *fig.* ва́жный, ва́жничающий; F *fig.* ~ **shot** ва́жная «ши́шка»; **talk** ~ [по]хва́статься.

bigamy ['bigəmi] бига́мия, двое-бра́чие.

bigot ['bigət] слепо́й приве́рженец; ~**ry** [-ri] слепа́я приве́рженность *f*.

bigwig ['bigwig] F ва́жная «ши́шка».

bike [baik] F велосипе́д.

bile [bail] жёлчь *f*; *fig.* раздражи́-тельность *f*.

bilious ['biljəs] □ жёлчный.

bill¹ [bil] клюв; носо́к я́коря.

bill² [~] 1. законопрое́кт, билль *m*; счёт; афи́ша; ✝ ве́ксель *m*; ~ **of fare** меню́; ~ **of lading** коносаме́нт; ~ **of sale** ⚖ закладна́я; 2. объявля́ть [-ви́ть] (афи́шей).

billfold бума́жник.

billiards ['biljədz] *pl.* билья́рд.

billion ['biljən] биллио́н; *Am.* милиа́рд.

billow ['bilou] большо́й вал; вздыма́ться (во́лнами), [вз]волнова́ться (о мо́ре); ~**y** ['biloui] вздыма́ющийся (о волна́х).

bin [bin] за́кром; ларь *m*; му́сорное ведро́.

bind [baind] [*irr.*] 1. *v/t.* [с]вяза́ть; свя́зывать [-за́ть]; обя́зывать [-за́ть]; переплета́ть [-плести́]; 2. *v/i.* затверде́(ва́)ть; ~**er** ['baində] переплётчик; ~**ing** [-iŋ] 1. переплёт; 2. свя́зующий.

binocular [bai'nɔkjulə] бино́кль *m*.

biography [bai'ɔgrəfi] биогра́фия.

biology [bai'ɔlədʒi] биоло́гия.

birch [bə:tʃ] 1. ♀ (и́ли ~**-tree**) берёза, берёзовое де́рево; ро́зга; 2. сечь ро́згой.

bird [bə:d] пти́ца; ~**'s-eye** ['bə:d-zai]: ~ **view** вид с пти́чьего полёта.

birth [bə:θ] рожде́ние; происхожде́ние; **bring to** ~ порожда́ть [-роди́ть]; **give** ~ поро́да; ~**day** день рожде́ния; ~**-place** ме́сто рожде́ния.

biscuit ['biskit] пече́нье.

bishop ['biʃəp] епи́скоп; *chess* слон; ~**ric** [-rik] епа́рхия.

bison ['baisn] *zo.* бизо́н, зубр.

bit [bit] 1. кусо́чек, части́ца; немно́го; удила́ *n/pl.*; боро́дка (ключа́); 2. *pt.* от ~е.

bitch [bitʃ] су́ка.

bite [bait] 1. уку́с; клёв (ры́бы); кусо́к; острота́; 2. [*irr.*] куса́ть [укуси́ть]; клева́ть [клю́нуть] (о ры́бе); жечь (о пе́рце); щипа́ть (о моро́зе); ⊕ брать [взять]; *fig.* [съ]язви́ть.

bitten ['bitn] *pt.* от bite.

bitter ['bitə] ☐ го́рький; ре́зкий; *fig.* го́рький, мучи́тельный; ~s *pl.* [-z] го́рький лека́рственный напи́ток.

blab [blæb] F разба́лтывать [-болта́ть].

black [blæk] 1. ☐ чёрный; тёмный, мра́чный; 2. [по]черни́ть; *fig.* [о]позо́рить; ~ out затемни́ть [-ни́ть]; 3. чернота́; чёрный цвет; черноко́жий (негр); ~berry ежеви́ка; ~bird чёрный дрозд; ~board кла́ссная доска́; ~en ['blækn] *v/t.* [на]черни́ть; *fig.* [о]черни́ть; *v/i.* [по]черне́ть; ~guard ['blægɑːd] 1. негодя́й, подле́ц; 2. ☐ по́длый; ~head ♂ угри́ *m/pl.*; ~ing ['blækiŋ] ва́кса; ~ish ['blækiʃ] ☐ черноватый; ~leg мошенник; штрейкбре́хер; ~letter *typ.* стари́нный готи́ческий шрифт; ~mail 1. вымога́тельство, шанта́ж; 2. вымога́ть де́ньги у (P); ~ness [-nis] чернота́; ~out затемне́ние; ~smith кузне́ц.

bladder ['blædə] *anat.* пузы́рь *m.*

blade [bleid] ло́пасть *f; anat.* лопа́тка; ле́звие; клино́к; ♣ лист; сте́бель *m,* были́нка.

blame [bleim] 1. упрёк, вина́; порица́ние; 2. порица́ть, обвиня́ть [-ни́ть]; be to ~ for быть винова́тым в (П); ~ful ['bleimful] заслу́живающий порица́ния; ~less ['bleimlis] ☐ безупре́чный.

blanch [blɑːntʃ] [вы]бели́ть; [вы]чи́стить (мета́лл); ~ over обеля́ть [-ли́ть], опра́вдывать [-да́ть].

bland [blænd] ☐ ве́жливый; мя́гкий.

blank [blæŋk] 1. ☐ пусто́й; бессодержа́тельный; невырази́тельный; ☒ незапо́лненный; ~ cartridge ☒ холосто́й патро́н; ☒ бланк; пробе́л; пустота́ (душе́вная).

blanket ['blæŋkit] 1. шерстяно́е одея́ло; 2. покрыва́ть одея́лом.

blare [blɛə] [за]трубить.

blasphem|e [blæs'fiːm] богоху́льствовать; поноси́ть (against В); ~y ['blæsfimi] богоху́льство.

blast [blɑːst] 1. си́льный поры́в ве́тра; звук (духово́го инструме́нта); взрывна́я волна́; подрывно́й заря́д; ♣ головня́; ⊕ дутьё; *fig.* па́губное влия́ние; 2. взрыва́ть [взорва́ть]; проклина́ть [-кля́сть]; ~furnace ⊕ до́мна, до́менная печь *f.*

blaze [bleiz] 1. я́ркое пла́мя *n*; вспы́шка (огня́, стра́сти); 2. *v/i.* горе́ть; пыла́ть, сверка́ть [-кну́ть]; *v/t.* разглаша́ть [-гласи́ть]; ~r ['bleizə] спорти́вная ку́ртка.

blazon ['bleizn] герб.

bleach [bliːtʃ] [вы]бели́ть.

bleak [bliːk] ☐ го́лый, пусты́нный; суро́вый (по кли́мату).

blear [bliə] 1. затума́ненный, нея́сный; 2. затума́ни(ва)ть; ~-eyed ['bliəraid] с затума́ненными глаза́ми.

bleat [bliːt] 1. бле́яние; 2. [за]бле́ять.

bleb [bleb] волды́рь *m;* пузырёк во́здуха (в воде́).

bled [bled] *pt.* и *p. pt.* от bleed.

bleed [bliːd] [*irr.*] 1. *v/i.* кровоточи́ть; истека́ть кро́вью; 2. *v/t.* пуска́ть кровь (Д); ~ing ['bliːdiŋ] кровотече́ние; кровопуска́ние.

blemish ['blemiʃ] 1. недоста́ток; пятно́; позо́р; 2. [за]пятна́ть; [ис]по́ртить; [о]позо́рить.

blench [blentʃ] отступа́ть [-пи́ть] (пе́ред Т).

blend [blend] 1. сме́шивать(ся) [-ша́ть(ся)]; разбавля́ть [-ба́вить]; сочета́ть(ся) (*im*)*pf.*; 2. сме́шивание; смесь *f.*

bless [bles] благословля́ть [-ви́ть]; осчастли́вливать [-тли́вить]; ~ed (*pt.* blest; *adj.* 'blesid) ☐ счастли́вый, блаже́нный; ~ing ['blesiŋ] благослове́ние.

blew [bluː] *pt.* от blow[2],[3].

blight [blait] 1. ♣ ми́лдью *n indecl.* (и други́е боле́зни расте́ний); *fig.* ги́бель *f;* 2. приноси́ть вред (расте́ниям); разби́(ва́)ть (наде́жды и т. п.).

blind [blaind] ☐ 1. слепо́й (*fig.* ~ to к Д); нечёткий, нея́сный; ~ alley тупи́к; ~ly *fig.* науга́д, наобу́м; 2. што́ра; марки́за; жалюзи́ *n indecl.;* 3. ослепля́ть [-пи́ть]; ~fold ['blaindfould] завя́зывать глаза́ (Д).

blink [bliŋk] 1. мерца́ние; морга́ние; миг; 2. *v/i.* мига́ть [мигну́ть], морга́ть [-гну́ть]; прищу́ри(ва)ться; *v/t.* закрыва́ть глаза́ на (В).

bliss [blis] блаже́нство.

blister ['blistə] 1. волды́рь *m;* 2. покрыва́ться пузыря́ми.

blizzard ['blizəd] бура́н, си́льная мете́ль *f.*

bloat [blout] распуха́ть [-пу́хнуть]; разду́(ва́)ться; ~er ['bloutə] копчёная сельдь *f.*

block [blɔk] 1. коло́да, чурба́н; пла́ха; глы́ба; кварта́л (го́рода); 2. ~ in набра́сывать вчерне́; (*mst* ~ up) блоки́ровать (*im*)*pf.*

blockade [blɔ'keid] 1. блока́да; 2. блоки́ровать (*im*)*pf.*

blockhead ['blɔkhed] болва́н.

blond [blɔnd] 1. белоку́рый; ~e блонди́нка.

blood [blʌd] кровь *f;* in cold ~ хладнокро́вно; ~-horse чистокро́вная ло́шадь *f;* ~shed кровопроли́тие; ~shot нали́тый кро́вью (о глаза́х); ~thirsty кровожа́дный; ~-vessel кровено́сный сосу́д; ~y ['blʌdi] ☐ окрова́вленный; крова́вый.

bloom [blu:m] **1.** цвето́к; цвете́ние; расцве́т (*a. fig.*); **2.** цвести́, быть в цвету́.

blossom ['blɔsəm] **1.** цвето́к (фрукто́вого де́рева); расцве́т; **2.** цвести́, расцвета́ть [-ести́].

blot [blɔt] **1.** пятно́, кля́кса; *fig.* пятно́; **2.** [за]па́чкать; промока́ть [-кну́ть]; вычёркивать [вы́черкнуть].

blotch [blɔtʃ] прыщ; пятно́; кля́кса.

blotter ['blɔtə] пресс-папье́ *n indecl.*

blotting-paper промока́тельная бума́га.

blouse [blauz] блу́за; блу́зка.

blow¹ [blou] уда́р. (ние.)

blow² [⌐] [*irr.*] **1.** цвести́; **2.** цвете-}

blow³ [⌐] [*irr.*] **1.** [по]ду́ть; ве́ять; [за]пыхте́ть; игра́ть на (духово́м инструме́нте); ~ up взрыва́ть (-ся) [взорва́ть(ся)]; разду(ва́)ть (ого́нь); гнать (ту́чи); ~ one's nose [вы́]сморка́ться; **2.** дунове́ние; ~er ['blouə] труба́ч; ~n [-n] *p. pt.* от blow², ³; ~out *mot.* разры́в ши́ны; ~pipe пая́льная тру́бка.

bludgeon ['blʌdʒən] дуби́на.

blue [blu:] **1.** □ голубо́й; лазу́рный; си́ний; F уны́лый, пода́вленный; **2.** си́няя кра́ска; си́ний цвет; голуба́я кра́ска; си́нька; ~s *pl.* меланхо́лия, хандра́; **3.** окра́шивать в си́ний, голубо́й цвет; [по]сини́ть (бельё).

bluff [blʌf] **1.** □ ре́зкий; грубова́тый; обры́вистый; **2.** обма́н, блеф; **3.** запу́гивать [-га́ть]; обма́нывать [-ну́ть].

bluish ['blu:iʃ] синева́тый, голубова́тый.

blunder ['blʌndə] **1.** гру́бая оши́бка; **2.** де́лать гру́бую оши́бку.

blunt [blʌnt] **1.** □ тупо́й; ре́зкий; **2.** притупля́ть [-пи́ть].

blur [blə:] **1.** нея́сное очерта́ние; кля́кса, пятно́; **2.** *v/t.* [за]мара́ть, [за]пачкать, [за]пятна́ть (*a. fig.*); *fig.* затемня́ть [-ни́ть] (созна́ние).

blush [blʌʃ] **1.** кра́ска стыда́; **2.** [по]красне́ть.

bluster ['blʌstə] **1.** хвастовство́, самохва́льство; пусты́е угро́зы *f/pl.*; **2.** грози́ться; [по]хва́статься.

boar [bɔ:] бо́ров; *hunt.* каба́н.

board [bɔ:d] **1.** доска́; стол (пита́ние); ⚓ борт; сце́на, подмо́стки *m/pl.*; правле́ние; ~ of Trade министе́рство торго́вли; *Am.* торго́вая пала́та; ⚓ наст(и)ла́ть (пол); ⚓ брать на аборда́ж; *v/i.* столова́ться; сади́ться [сесть] на (по́езд, кора́бль); ~er [,bɔ:də] пансионе́р(ка); ~ing-house меблиро́ванные ко́мнаты со столо́м.

boast [boust] **1.** хвастовство́; **2.** (of, about) горди́ться (Т); [по]хва́статься (Т); ~ful ['boustful] □ хвастли́вый.

boat [bout] ло́дка; су́дно; ~ing ['boutiŋ] ката́ние на ло́дке.

bob [bɔb] **1.** ги́ря (ма́ятника); рыво́к; ко́ротко подстри́женные во́лосы *m/pl.*; **2.** *v/t.* стричь ко́ротко; *v/i.* подпры́гивать [-гнуть].

bobbin ['bɔbin] кату́шка; шпу́лька.

bode [boud] предвеща́ть [-ести́ть]; предска́зывать [-за́ть].

bodice ['bɔdis] лиф, ли́фчик.

bodily ['bɔdili] теле́сный.

body ['bɔdi] те́ло; труп; *mot.* ку́зов; ✗ войскова́я часть *f*.

bog [bɔg] **1.** боло́то, тряси́на; **2.** be ~ed увяза́ть [увя́знуть] (в тряси́не).

boggle ['bɔgl] (ис)пуга́ться (at P); неуме́ло рабо́тать.

bogus ['bougəs] подде́льный.

boil [bɔil] **1.** кипе́ние; фуру́нкул, нары́в; **2.** [с]вари́ть(ся); [вс]кипяти́ть(ся); кипе́ть; ~er ['bɔilə] котёл; куб, бак (для кипяче́ния).

boisterous ['bɔistərəs] □ бу́рный, шу́мный.

bold [bould] □ сме́лый; самоуве́ренный; на́глый; *тур.* жи́рный, отчётливый (шрифт); ~ness ['bouldnis] сме́лость *f*; на́глость *f*.

bolster ['boulstə] **1.** (дива́нный) ва́лик; поду́шка; **2.** подде́рживать [-жа́ть].

bolt [boult] **1.** болт; засо́в, задви́жка; мо́лния; **2.** *v/t.* запира́ть на засо́в; *v/i.* нести́сь стрело́й; убега́ть [убежа́ть]; понести́ *pf.* (о лошадя́х).

bomb [bɔm] **1.** бо́мба; **2.** бомби́ть.

bombard [bɔm'ba:d] бомбардирова́ть.

bombastic [bɔm'bæstik] напы́щенный.

bomb-proof непробива́емый бо́мбами.

bond [bɔnd] *pl.*: ~s у́зы *f/pl.*; око́вы *f/pl.*; ✝ долгово́е обяза́тельство; ~age ['bɔndidʒ] ра́бство; зави́симость *f*; ~(s)man [bɔnd(z)mən] раб.

bone [boun] **1.** кость *f*, ~ of contention я́блоко раздо́ра; make no ~s about F не церемо́ниться с (Т); **2.** вынима́ть, выреза́ть ко́сти.

bonfire ['bɔnfaiə] костёр.

bonnet ['bɔnit] чепчик; ка́пор; шля́пка; *mot.* капо́т.

bonus ['bounəs] ✝ пре́мия; тантье́ма.

bony ['bouni] костля́вый; кости́стый.

booby ['bu:bi] болва́н, дура́к.

book [buk] **1.** кни́га; **2.** заноси́ть в кни́гу; регистри́ровать (*im*)*pf.*, *pf. a.* [за-]; зака́зывать и́ли брать (биле́т в теа́тр, на по́езд и т. п.); приглаша́ть [-ласи́ть] (арти́стов); ~-case кни́жный шкаф; ~-clerk ['bukiŋkla:k] касси́р; ~ing-office биле́тная ка́сса; ~-keeping

счетово́дство; ~let ['buklit] бро-
шю́ра; ~seller книгопрода́вец;
буки́нст.

boom[1] [bu:m] **1.** ♣ бум; **2.** произво-
ди́ть сенса́цию, шум вокру́г (Р).

boom[2] [~] **1.** гул; гуде́ние; **2.** [за-]
гуде́ть; [за]жужжа́ть.

boon[1] [bu:n] благодея́ние.

boon[2] [~] благотво́рный; прия́т-
ный.

boor [buə] гру́бый, невоспи́тан-
ный челове́к; ~ish ['buəriʃ] □
гру́бый, невоспи́танный.

boost [bu:st] поднима́ть [-ня́ть]
(торго́влю).

boot[1] [bu:t]: to ~ в прида́чу, вдо-
ба́вок adv.

boot[2] [~] сапо́г.

booth [bu:ð] пала́тка; кио́ск.

bootlegger ['bu:tlegə] Am. торговец контраба́ндными напи́тками.

booty ['bu:ti] добы́ча; награ́блен-
ное добро́.

border ['bɔ:də] **1.** грани́ца; край;
кайма́ (на ска́терти и т. п.); **2.** гра-
ни́чить (upon с Т); окаймля́ть
[-ми́ть].

bore[1] [bɔ:] **1.** высверленное от-
ве́рстие; кали́бр; fig. ску́чный
челове́к; **2.** [про]сверли́ть; [про-]
бура́вить; надоеда́ть [-е́сть] (Д).

bore[2] [~] **1.** pt. от bear[2].

born [bɔ:n] рождённый; прирождённый; ~e [~] p. pt. от bear[2].

borough ['bʌrə] небольшой го́род;
municipal ~ го́род, име́ющий са-
моуправле́ние.

borrow ['bɔrou] занима́ть [-ня́ть]
(from, of у Р).

bosom ['buzəm] грудь f; па́зуха;
fig. ло́но; не́дра n/pl.

boss F [bɔs] **1.** хозя́ин; предприни-
ма́тель(ница f) m; pol. Am. руко-
води́тель полити́ческой па́ртии;
2. распоряжа́ться [-яди́ться] (Т),
быть хозя́ином (Р); ~y Am. ['bɔsi]
лю́бящий распоряжа́ться.

botany ['bɔtəni] бота́ника.

botch [bɔtʃ] **1.** гру́бая запла́та;
плоха́я почи́нка; **2.** де́лать гру́бые
запла́ты на (П); пло́хо чини́ть.

both [bouθ] о́ба, о́бе; и тот и дру-
го́й; ~ ... and ... как ... так и ...; и
... и ...

bother ['bɔðə] F **1.** беспоко́йство;
oh ~! кака́я доса́да!; **2.** надое-
да́ть [-е́сть] (Д); [по]беспоко́ить.

bottle ['bɔtl] **1.** буты́лка; **2.** разли-
ва́ть по буты́лкам.

bottom ['bɔtəm] **1.** дно, дни́ще;
ни́жняя часть f; грунт, по́чва; F
зад; fig. осно́ва, суть f; at the ~
внизу́; fig. в су́щности; на дне
(о́бщества); **2.** са́мый ни́жний.

bough [bau] ве́тка, ветвь f.

bought [bɔ:t] pt. и p. pt. от buy.

boulder ['bouldə] валу́н.

bounce [bauns] **1.** прыжо́к, скачо́к;
2. подпры́гивать [-гнуть]; отска-

кивать [отскочи́ть] (о мяче́); F
преувеличе́ние.

bound[1] [baund] **1.** преде́л; ограни-
че́ние; **2.** ограни́чи(ва)ть; сде́р-
живать [-жа́ть].

bound[2] [~] ⚓ гото́вый к отправле́-
нию, направля́ющийся (for в В).

bound[3] [~] **1.** прыжо́к, скачо́к;
2. пры́гать [-гнуть], [по]скака́ть;
отска́кивать [отскочи́ть].

bound[4] [~] **1.** pt. и p. pt. от bind;
2. свя́занный; обя́занный; пере-
плетённый.

boundary ['baundəri] грани́ца.

boundless [-lis] □ безграни́чный.

bounteous ['bauntiəs] □, **bountiful**
['bauntiful] □ ще́дрый (челове́к);
оби́льный.

bounty ['baunti] ще́дрость f; ♣
прави́тельственная пре́мия.

bouquet ['bukei] буке́т; арома́т
(вина́).

bout [baut] черёд; раз; ⚕ припа́-
док; sport: схва́тка.

bow[1] [bau] **1.** покло́н; ⚓ нос; **2.** v/i.
[со]гну́ться; кла́няться [покло-
ни́ться]; подчиня́ться [-ни́ться]
(Д); v/t. [со]гну́ть.

bow[2] [bou] **1.** лук; дуга́; бант; ♪
смычо́к; rain. ра́дуга; **2.** ♪ вла-
де́ть смычко́м.

bowels ['bauəlz] pl. кишки́ f/pl.;
вну́тренности f/pl.; не́дра n/pl.
(земли́); fig. сострада́ние.

bower ['bauə] бесе́дка.

bowl[1] [boul] ку́бок, ча́ша; ва́за.

bowl[2] [~] **1.** шар; **2.** v/t. [по]кати́ть;
v/i. игра́ть в шары́; ~ along ка-
ти́ться бы́стро.

box[1] [bɔks] **1.** коро́бка; я́щик; сун-
ду́к; ⊕ бу́кса; вту́лка; ⚓ бу́кс;
thea. ло́жа; **2.** вкла́дывать в
я́щик.

box[2] [~] **1.** sport бокс; ~ on the
ear пощёчина.

box|-keeper капельди́нер; ~-office
театра́льная ка́сса.

boy [bɔi] ма́льчик; молодо́й чело-
ве́к; ~hood ['bɔihud] о́трочество;
~ish ['bɔiiʃ] □ мальчи́шеский, о́т-
роческий.

brace [breis] **1.** ⊕ связь f; ско́бка;
па́ра (о ди́чи); ~s pl. подтя́жки
f/pl.; **2.** свя́зывать [-за́ть]; под-
пира́ть [-пере́ть]; ~ up подба́дри-
вать [-бодри́ть].

bracelet ['breislit] брасле́т.

bracket ['brækit] **1.** △ кроншти́ен,
консо́ль f; га́зовый рожо́к; typ.
ско́бка; **2.** заключа́ть в ско́бки;
fig. ста́вить на одну́ до́ску с (Т).

brag [bræg] **1.** [по]хва́статься; **2.**
хвастовство́.

braggart ['brægət] **1.** хвасту́н;
2. □ хвастли́вый.

braid [breid] **1.** коса́ (воло́с);
тесьма́; галу́н; **2.** заплета́ть
[-сти́]; обшива́ть тесьмо́й.

brain [brein] **1.** мозг; голова́; (fig.

mst ~s) рассудок, ум; умственные способности *f/pl.*; 2. размозжить голову (Д).

brake [breik] 1. ⊕ тормоз; 2. [за-] тормозить.

bramble ['bræmbl] ❦ ежевика.

bran [bræn] отруби *f/pl.*

branch [brɑːntʃ] 1. ветвь *f*, ветка, сук (*pl.*: сучья); отрасль *f* (науки); филиал; 2. разветвлять(ся) [-етвить(ся)]; расширяться [-шириться].

brand [brænd] 1. выженное клеймо, тавро; ⊕ фабричное клеймо; сорт; 2. выжигать клеймо; *fig.* [за]клеймить, [о]позорить.

brandish ['brændiʃ] размахивать [-хнуть] (Т).

bran(d)new ['brænd'njuː] F совершенно новый, «с иголочки».

brandy ['brændi] коньяк.

brass [brɑːs] латунь *f*, жёлтая медь *f*; F бесстыдство; ~ band духовой оркестр.

brassiere ['bræsiə] бюстгальтер.

brave [breiv] 1. храбрый, смелый; 2. бравировать; храбро встречать (опасность и т. п.); ~ry ['breivəri] храбрость *f*, смелость *f*.

brawl [brɔːl] 1. шумная ссора, уличный скандал; 2. [по]ссориться (с Т).

brawny ['brɔːni] сильный; мускулистый.

bray[1] [brei] 1. крик осла; 2. [за-] кричать (об осле).

bray[2] [~] [ис]толочь.

brazen ['breizn] ☐ медный, бронзовый; бесстыдный, наглый (*a.* ~ faced).

Brazilian [brə'ziljən] 1. бразильский; 2. бразилец, бразильянка.

breach [briːtʃ] 1. пролом; *fig.* разрыв (отношений); нарушение; ⚔ брешь *f*; 2. пробивать брешь в (П).

bread [bred] хлеб.

breadth [bredθ] ширина; широта (кругозора); широкий размах.

break [breik] 1. перерыв; пауза; рассвет; трещина; F a bad ~ неудача; 2. [*irr.*] *v/t.* [с]ломать; разби(ва)ть; разрушать [-рушить]; прер(ы)вать; взламывать [взломать]; ~ up разламывать [-ломать]; разби(ва)ть; *v/i.* пор(ы)вать (с Т) [по]ломаться, разби(ва)ться; ~ away отделяться [-литься] (от Р); ~ down потерпеть неудачу; ~able ['breikəbl] ломкий; хрупкий; ~age ['breikidʒ] поломка; ~down развал, расстройство; *mot.* авария; ~fast ['brekfəst] 1. завтрак; 2. [по]завтракать; ~up распад, развал; ~water мол; волнорез.

breast [brest] грудь *f*; make a clean ~ of a th. чистосердечно сознаваться в чём-либо; ~stroke брасс.

breath [breθ] дыхание; вздох; ~e

[briːð] *v/i.* дышать [дохнуть]; перевести дух; ~less ['breθlis] ☐ запыхавшийся; безветренный.

bred [bred] 1. вскормленный; воспитанный; 2. *pt.* и *p. pt.* от breed.

breeches ['bretʃiz] *pl.* бриджи *pl.*, штаны *m/pl.*

breed [briːd] 1. порода; 2. [*irr.*] *v/t.* выводить [вывести]; разводить [-вести]; высиживать [высидеть]; вскармливать [вскормить]; *v/i.* размножаться [-ожиться] [вы]раста; ~er ['briːdə] производитель *m*; скотовод; ~ing [-diŋ] разведение (животных); хорошие манеры *f/pl.*; воспитание.

breez|**e** [briːz] лёгкий ветерок, бриз; ~y ['briːzi] свежий, живой, весёлый.

brethren ['breðrin] собратья *m/pl.*, братия.

brevity ['breviti] краткость *f*.

brew [bruː] *v/t.* [с]варить (пиво); заваривать [-рить] (чай); приготовлять [-товить]; *fig.* затевать [затеять]; ~ery ['bruəri] пивоваренный завод.

brib|**e** [braib] 1. взятка; подкуп; 2. подкупать [-пить]; давать взятку (Д); ~ery ['braibəri] взяточничество.

brick [brik] 1. кирпич; *fig.* славный парень *m*; 2. класть кирпичи; облицовывать кирпичами; ~layer каменщик.

bridal ['braidl] ☐ свадебный; ~ procession свадебная процессия.

bride [braid] невеста; новобрачная; ~groom жених; новобрачный; ~smaid подружка невесты.

bridge [bridʒ] 1. мост; 2. соединять мостом; наводить мост через (В); *fig.* преодоле(ва)ть (препятствия).

bridle ['braidl] 1. узда; повод; 2. *v/t.* взнуздывать [-дать]; *v/i.* [за]артачиться; задирать нос (*a.* ~ up); ~path верховая тропа.

brief [briːf] 1. ☐ короткий, краткий, сжатый; 2. ⚖ резюме дела для защитника; hold a ~ for принимать на себя ведение дела (Р); ~case портфель *m*.

brigade [bri'geid] ⚔ бригада.

bright [brait] ☐ яркий, светлый, ясный; ~en ['braitn] *v/t.* [на]полировать; придавать блеск (Д); *v/i.* проясняться [-ниться]; ~ness [-nis] яркость *f*; блеск.

brillian|**ce**, ~**cy** ['briljəns, -si] яркость *f*; блеск; великолепие; ~t [-jənt] 1. ☐ блестящий (*a. fig.*); сверкающий; 2. бриллиант.

brim [brim] 1. край; поля *n/pl.* (шляпы); 2. наполнять(ся) до краёв.

brine [brain] рассол; морская вода.

bring [briŋ] [*irr.*] приносить [-нести]; доставлять [-авить];

привозить [-везти]; приводить [-вести]; ~ about осуществлять [-вить]; ~ down снижать [снизить] (цены); ~ forth производить [-вести]; ~ home to давать понять (Д); ~ round приводить [-вести] в себя (после обморока); ~ up воспитывать [-тать].

brink [briŋk] край (обрыва); (крутой) берег; ~ (ный).

brisk [brisk] □ живой, оживлённый.

bristl|e ['brisl] 1. щетина; 2. [o]щетиниться; [рас]сердиться; with изобиловать (Т); ~ed [-d], ~y [-i] щетинистый, колючий.

British ['britiʃ] британский; the ~ англичане m/pl.

brittle ['britl] хрупкий, ломкий.

broach [broutʃ] поч(ин)ать; поднимать [-нять] (вопрос); нач(ин)ать (разговор).

broad [brɔ:d] □ широкий; обширный; грубоватый; ~cast 1. разбрасывать [-росать] (семена); распространять [-нить]; передавать по радио, вещать; 2. радиопередача; радиовещание; ~cloth тонкое сукно; бумажная ткань f.

brocade [bro'keid] парча.

broil [brɔil] 1. жареное мясо; 2. жарить(ся) на огне; F жариться на солнце.

broke [brouk] pt. от break.

broken ['broukən] 1. p. pt. от break; 2. разбитый, расколотый; ~ health надломленное здоровье.

broker ['broukə] маклер.

bronc(h)o ['brɔŋkou] Am. полудикая лошадь f.

bronze [brɔnz] 1. бронза; 2. бронзовый; 3. бронзировать (im)pf.; загорать на солнце.

brooch [broutʃ] брошка.

brood [bru:d] 1. выводок; стая; 2. сидеть на яйцах; fig. грустно размышлять.

brook [bruk] ручей.

broom [bru:m, brum] метла, веник; ~stick метловище.

broth [brɔ:θ, brɔθ] бульон.

brothel ['brɔθl] публичный дом.

brother [brʌðə] брат; собрат; ~hood ['hud] братство; ~-in-law [-rinlɔ] шурин; зять m; деверь m; свояк; ~ly [-li] братский.

brought [brɔ:t] pt. и pt. от bring.

brow [brau] бровь f; выступ (скалы); ~beat ['braubi:t] (irr. (beat)) запугивать [-гать].

brown [braun] 1. коричневый цвет; 2. коричневый; смуглый; загорелый; 3. загорать [-реть].

browse [brauz] 1. ощипывать, объедать листья; fig. читать беспорядочно; 2. молодые побеги m/pl.

bruise [bru:z] 1. синяк, кровоподтёк; 2. ушибать [-бить]; подставлять синяки.

brunt [brʌnt] главный удар; вся тяжесть f.

brush [brʌʃ] 1. щётка; кисть f; чистка щёткой; Am. ~wood заросль f; 2. v/t. чистить щёткой; причёсывать щёткой (волосы); ~ up приводить в порядок; fig. освежать в памяти; v/i. ~ by проскмыгивать [-гнуть]; ~ against a p. слегка задеть кого-либо (проходя мимо); ~wood [brʌʃwud] хворост, валежник.

brusque [brusk] □ грубый; резкий.

brut|al ['bru:tl] □ грубый; жестокий; ~ality [bru:'tæliti] грубость f; жестокость f; ~e [bru:t] 1. жестокий; бессознательный; 2. животное; F скотина (ругательство).

bubble ['bʌbl] 1. пузырь m; 2. пузыриться; кипеть; бить ключом.

buccaneer [bʌkə'niə] пират.

buck [bʌk] 1. zo. самец (олень, заяц и др.); 2. становиться на дыбы; брыкаться [-кнуться]; ~ up F встряхнуться pf.; оживляться, [-виться].

bucket ['bʌkit] ведро; бадья.

buckle ['bʌkl] 1. пряжка; 2. v/t. застёгивать [-тегнуть] (пряжкой); v/i. ⊕ сгибаться [согнуться] (от давления); ~ to fig. подтягиваться [-тянуться]; приниматься энергично за дело.

buckshot ['bʌkʃɔt] hunt. крупная дробь f.

bud [bʌd] 1. почка, бутон; fig. зародыш; 2. v/i. 🌱 давать почки; пускать ростки; fig. разви(ва)ться.

budge ['bʌdʒ] шевелить(ся) [-льнуть(ся)]; сдвигать с места.

budget ['bʌdʒit] бюджет; финансовая смета; draft ~ проект государственного бюджета.

buff [bʌf] 1. буйволовая кожа; 2. тёмно-жёлтый.

buffalo ['bʌfəlou] zo. буйвол.

buffer ['bʌfə] 🚃 буфер; амортизатор, демпфер.

buffet[1] ['bʌfit] 1. удар (рукой), толчок; 2. наносить удар (Д).

buffet[2] 1. [~] буфет; 2. ['bufei] буфетная стойка.

buffoon [bʌ'fu:n] шут, фигляр.

bug [bʌg] клоп; Am. насекомое.

bugle ['bju:gl] рожок, горн.

build [bild] 1. [irr.] [по]строить; сооружать [-рудить]; [с]вить (гнездо); ~ on полагаться [положиться] на (В); 2. конструкция; стиль m; телосложение; ~er ['bildə] строитель m; подрядчик; плотник; ~ing [-iŋ] здание; постройка; строительство.

built [bilt] pt. и p. pt. от build.

bulb [bʌlb] ♣ луковица; лампочка

bulge [bʌldʒ] 1. выпуклость *f*; 2. выпячиваться [выпятиться], выдаваться [выдаться].

bulk [bʌlk] объём; ⚓ вместимость *f*; in ~ в навалку; in the ~ в целом; ~у [bʌlki] громоздкий.

bull¹ [bul] бык; ✝ *sl.* спекулянт, играющий на повышение; *Am. sl.* нелепость *f*; противоречие.

bull² [‿] папская булла.

bulldog [buldɔg] бульдог.

bullet [bulit] пуля; ядро.

bulletin [bulitin] бюллетень *m*.

bullion [buljən] слиток золота или серебра.

bully [buli] 1. задира *m*, забияка *m*; 2. задирать; запугивать [-гать]; 3. *Am.* F первоклассный, великолепный; хвастливый.

bulwark [bulwək] ⚔ вал; *mst fig.* оплот, защита.

bum [bam] *Am.* F 1. зад(ница); лодырь *m*, бездельник, лентяй; 2. лодырничать.

bumble-bee [bamblbi] шмель *m*.

bump [bʌmp] 1. столкновение; глухой удар; шишка; *fig.* способность *f* (of к Д); 2. ударять(ся) [ударить(ся)].

bumper [bampə] 1. бокал, полный до краёв; ~ crop ✝ *sl.* небывалый урожай; 2. *Am. mot.* амортизатор.

bun [bʌn] булочка (с изюмом).

bunch [bant∫] 1. связка; пучок; пачка; 2. связывать в пучок.

bundle [bʌndl] 1. узел; вязанка; 2. *v/t.* собирать вместе (вещи); связывать в узел (*a.* ~ up).

bungalow [bʌngəlou] одноэтажная дача, бунгало *n indecl.*

bungle [bʌngl] 1. (плохая) небрежная работа; ошибка; путаница; 2. неумело, небрежно работать; портить работу.

bunk¹ [bʌŋk] *Am.* вздор.

bunk² [‿] ложиться спать.

bunny [bʌni] кролик.

buoy [bɔi] ⚓ 1. бакен, буй; 2. ставить бакены; поддерживать на поверхности; (*mst* ~ up) *fig.* поддерживать [-жать]; ~ant [bɔiənt] □ плавучий; жизнерадостный; бодрый.

burden [bə:dn] 1. ноша; тяжесть *f*; бремя *n*; груз; 2. нагружать [-грузить]; обременять [-нить]; ~some [-səm] обременительный.

bureau [bjuə'rou] контора; бюро *n indecl.*; отдел; ~cracy [bjuə'rɔkrəsi] бюрократия.

burglar [bə:glə] вор-взломщик; ~y [-ri] кража со взломом.

burial [beriəl] похороны *f/pl.*

burlesque [bə:'lesk] 1. комичный; 2. карикатура, пародия; 3. пародировать (*im*)*pf.*

burly [bə:li] дородный.

burn [bə:n] 1. ожог; клеймо; 2. [*irr.*] *v/i.* гореть; подгорать [-реть] (о пище); жечь; *v/t.* [с]жечь; сжигать [сжечь]; ~er [bə:nə] горелка.

burnish [bə:ni∫] 1. полировка; блеск (металла); 2. [от]полировать (металл); блестеть.

burnt [bə:nt] *pt.* и *p. pt.* от burn.

burrow [bʌrou] 1. нора; 2. рыть нору; [по]рыться в (книгах и т. п.).

burst [bə:st] 1. разрыв (снаряда); взрыв *a. fig.*; вспышка (гнева, пламени); 2. [*irr.*] *v/i.* взрываться [взорваться] (о котле, бомбе); прор(ы)ваться (о плотине); лопаться [лопнуть] (with of P); ~ forth или out вспыхивать [-хнуть] (о вражде, войне); ~ into tears заливаться слезами; *v/t.* взрывать [взорвать]; разрушать [-рушить].

bury [beri] [по]хоронить; зарывать).

bus [bʌs] F автобус.

bush [bu∫] куст, кустарник.

bushel [bu∫l] бушель *m* (мера ёмкости сыпучих тел в Англии [= 36,3 л] и в США [=35,2 л]).

bushy [bu∫i] густой.

business [biznis] дело, занятие; профессия; ✝ фирма; торговое предприятие; ~ of the day повестка дня; ~ (*or* professional) discretion служебная обязанность хранить молчание; have no ~ to *inf.* не иметь права (+ *inf.*); ~like [-laik] деловой; практичный.

bust [bʌst] бюст; женская грудь *f*.

bustle [bʌsl] 1. суматоха; суета; 2. *v/i.* [по]торопиться, [за]суетиться; *v/t.* [по]торопить.

busy [bizi] 1. □ деятельный; занятой (at T); занятый; *Am. teleph.* занятая (линия); 2. (*mst* ~ о. s.) заниматься [заняться] (with T).

but [bʌt] 1. *cj.* но, а; однако; тем не менее; если бы не (*a.* ~ that) 2. *prp.* кроме (P), за исключением (P); the last ~ one предпоследний; ~ for без (P); 3. *adv.* только, лишь; ~ just только что; ~ now лишь теперь; all ~ едва не ...; nothing ~ ничего кроме, только; I cannot ~ *inf.* не могу не (+ *inf.*).

butcher [but∫ə] 1. мясник; *fig.* убийца *m*; 2. бить (скот); уби(ва́)ть; ~y [-ri] скотобойня; резня.

butler [bʌtlə] дворецкий.

butt [bʌt] 1. удар; приклад (ружья); (*a.* ~ end) толстый конец; ~s *pl.* стрельбище, полигон; *fig.* посмешище; 2. ударить головой; бодать(ся) [боднуть]; натыкаться [наткнуться].

butter [bʌtə] 1. масло; 2. намазывать маслом; ~cup ⚘ лютик; ~fly бабочка; ~y [bʌtəri] 1. кладовая; 2. масляный.

buttocks [bʌtəks] *pl.* ягодицы *f/pl.*

button ['bʌtn] 1. пу́говица; кно́пка; буто́н (цветка́); 2. застёгивать [-тегну́ть] (на пу́говицу).

buttress ['bʌtris] 1. подпо́ра, усто́й; бык (моста́); *fig.* опо́ра, подде́ржка; 2. подде́рживать [-жа́ть]; служи́ть опо́рой (Д).

buxom ['bʌksəm] здоро́вый; миловидный.

buy [bai] [*irr.*] *v/t.* покупа́ть [купи́ть] (from у Р); **~er** ['baiə] покупа́тель(ница *f*) *m*.

buzz [bʌz] 1. жужжа́ние; гул; 2. *v/i.* [за]жужжа́ть; [за]гуде́ть.

buzzard ['bʌzəd] сары́ч.

by [bai] 1. *prp.* у (Р), при (П), о́коло (Р); вдоль (Р); ~ the dozen дю-

жинами; ~ o. s. оди́н *m*, одна́ *f*; ~ land сухи́м путём; ~ rail по желе́зной доро́ге; day ~ day изо дня́ в де́нь; 2. *adv.* бли́зко, ря́дом; ми́мо; ~ and ~ вско́ре; ~ the ~ ме́жду про́чим; ~ and large *Am.* вообще́ говоря́; **~-election** ['baii-'lekʃən] дополни́тельные вы́боры *m/pl.*; **~-gone** про́шлый; **~-law** постановле́ние ме́стной вла́сти; **~-path** обхо́д, обхо́дная доро́га; **~-product** побо́чный проду́кт; **~-stander** свиде́тель(ница *f*) *m*; зри́тель(ница *f*) *m*; **~-street** глуха́я у́лица; переу́лок; **~-way** малопроезжая доро́га; **~-word** погово́рка.

C

cab [kæb] экипа́ж; такси́ *n indecl.*; 🚂 бу́дка (на парово́зе).

cabbage ['kæbidʒ] капу́ста.

cabin ['kæbin] 1. хи́жина; бу́дка; ⚓ каю́та; 2. помеща́ть в те́сную ко́мнату и т. п.

cabinet ['kæbinit] кабине́т; го́рка; я́щик; ♔ Counil сове́т мини́стров; **~-maker** столя́р.

cable ['keibl] 1. ка́бель *m*; кана́т; 2. *tel.* телеграфи́ровать (*im*)*pf.*; **~-gram** [-græm] телегра́мма.

cabman ['kæbmən] изво́зчик.

cacao [kə'ka:ou] кака́овое де́рево; кака́о *n indecl.*

cackle ['kækl] 1. куда́хтанье; гого́танье; *fig.* 2. [за]куда́хтать; [за]гогота́ть.

cad [kæd] F невоспи́танный, гру́бый челове́к.

cadaverous [kə'dævərəs] ☐ исхуда́лый как труп; тру́пный.

cadence ['keidəns] ♪ каде́нция; модуля́ция.

cadet [kə'det] каде́т.

café ['kæfei] кафе́ *n indecl.*, кафе́-рестора́н.

cafeteria [kæfi'tiəriə] кафете́рий, кафе́-заку́сочная.

age [keidʒ] 1. кле́тка; лифт; ⚒ скле́пь *f* (в ша́хтах); 2. сажа́ть в кле́тку.

cajole [kə'dʒoul] [по]льсти́ть (Д).

cake [keik] 1. торт; кекс; пиро́жное; 2. спека́ться [спе́чься].

calami|tous [kə'læmitəs] ☐ па́губный; бе́дственный; **~ty** [-ti] бе́дствие.

calcify ['kælsifai] превраща́ться в и́звесть.

calculat|e ['kælkjuleit] *v/t.* вычисля́ть [вы́числить]; подсчи́тывать [-ита́ть]; [c]калькули́ровать; *v/i.* рассчи́тывать (on на В); **~ion** [kæl-kju'leiʃən] вычисле́ние; калькуля́ция; расчёт.

caldron ['kɔ:ldrən] котёл.

calendar ['kælində] 1. календа́рь *m*; ре́єстр; 2. составля́ть и́ндекс (Р); [за]регистри́ровать.

calf[1] [ka:f], *pl.* **calves** [ka:vz] телёнок (*pl.*: теля́та); (и́ли **~-skin**) теля́чья ко́жа, опо́ек.

calf[2] [~], *pl.* **calves** [~] икра́ (ноги́).

calibre ['kælibə] кали́бр.

calico ['kælikou] † коленко́р; *Am.* си́тец.

call [kɔ:l] 1. зов, о́клик; *teleph.* вы́зов; *fig.* предложе́ние (ме́ста, ка́федры и т. п.); призы́в; сигна́л; тре́бование; спрос (for на В); визи́т, посеще́ние; on ~ по тре́бованию; 2. *v/t.* [по]зва́ть; соз(ы)ва́ть; вызыва́ть [вы́звать]; [раз]буди́ть; приз(ы)ва́ть; ~ in тре́бовать наза́д (долг); ~ over де́лать переклику (Р); ~ up призыва́ть на вое́нную слу́жбу; *teleph.* вызыва́ть [вы́звать]; *v/i.* крича́ть (кри́кнуть); *teleph.* [по]звони́ть; заходи́ть [зайти́] (at в В; on a p. к Д); ~ for [по]тре́бовать; [по]зва́ть на (В); ~ for a p. заходи́ть [зайти́] за (Т); ~ in F забега́ть [-жа́ть] (к Д); ~ on навеща́ть [-ести́ть] (В); взыва́ть [воззва́ть] к (Д) (or о П); приз(ы)ва́ть (to do *etc.* сде́лать и т. д.); **~-box** ['kɔ:lbɔks] телефо́нная бу́дка; **~er** ['kɔ:lə] гость(я *f*) *m*.

calling ['kɔ:liŋ] призва́ние; профе́ссия.

call-office ['kɔ:lɔfis] телефо́нная ста́нция.

callous ['kæləs] ☐ огрубе́лый, мозо́листый; *fig.* бессерде́чный.

calm [ka:m] 1. ☐ споко́йный; безве́тренный; 2. тишина́; штиль *m*; споко́йствие; 3. ~ down успока́ивать(ся) [-ко́ить(ся)].

calori|c [kə'lɔrik] 1. *phys.* теплота́; 2. теплово́й; **~e** ['kæləri] *phys.* кало́рия.

calumn|iate [kə'lʌmnieit] [o]клеветáть; **∼ati∙n** [kɔlʌmni'eiʃən], **∼y** ['kæləmni] клеветá.

calve [kɑːv] [o]телúться; **∼s** *pl.* от calf.

cambric ['keimbrik] † батúст.

came [keim] *pt.* от come.

camera ['kæmərə] фотографúческий аппарáт; in ∼ ♟♙ в кабинéте судьú.

camomile ['kæməmail] ♀ ромáшка.

camouflage ['kæmuːflɑːʃ] ✖ маскирóвка; 2. [∼]маскир ∙áт. (ся).

camp [kæmp] 1. лáгерь *m*; ∼ bed похóдная кровáть *f*; 2. располагáться лáгерем; ∼ out ночевáть на откры∙том вóздухе.

campaign [kæm'pein] 1. ✖ похóд; кампáния; 2 учá∙тновать в похóде; проводить ка∙пáнию.

camphor ['kæmfə] камфарá.

can[1] [kæn] [*irr.*] могý и т. д.; *inf.*: be able — [c] очь, быть в состоянии; [c]у éг.

can[2] [∼] 1. бидóн; бáнка; 2. *Am.* консервúрон∙т (*im*)*pf.*, *pf. a.* [за-].

canal [kə'næl] канáл.

canard [kə'nɑː] «ýтка», лóжный слух.

canary [kə'nɛəri] канарéйка.

cancel ['kænsəl] вычёркивать (вычеркн∙]; аннулúровать (*im*)*pf.*; погашáть (∙нога т] (∙áрки) Ⱥ (*a.* ∼ out) сокращáт. [-ратúть].

cancer ['kænsə] *ast.* созвéздие Рáка; ♂ рак; **∼ous** [-rəs] рáковый.

candid ['kændid] □ úскренний, прямóй.

candidate ['kændidit] кандидáт(ка) (for на В).

candied ['kændid] засáхаренный.

candle ['kændl] свечá; **∼stick** [-stik] подсвéчник.

cando(u)r ['kændə] úскренность *f*.

candy ['kændi] 1. леденéц; *Am.* конфéты *f/pl.*, слáсти *f/pl.*; 2. *v/t.* засáхари(ва)ть.

cane [kein] 1. камыш; тростнúк; трость *f*; 2. бить пáлкой.

canker ['kæŋkə] ♂ гангренóзный стоматúт; ♀ рак.

canned [kænd] *Am.* консервúрованный (продýкт).

cannibal ['kænibəl] каннибáл.

cannon ['kænən] пýшка; орýдие.

cannot ['kænɔt] не в состоянии, *s.* can.

canoe [kə'nuː] челнóк; байдáрка.

canon ['kænən] ♪ канóн; прáвило; критéрий.

canopy ['kænəpi] пóлог; *fig.* небéсный свод; ⌂ навéс.

cant[1] [kænt] 1. косяк, наклóн; 2. скáшивать [скосúть]; наклонять [-нúть].

cant[2] [∼] 1. плаксúвый тон; ханжествó; 2. говорúть на распéв; ханжúть.

can't [kɑːnt] F не в состоянии.

canteen [kæn'tiːn] ✖ лáвка; столóвая; похóдная кýхня.

canton 1. ['kæntɔn] кантóн; 2. [kən'tuːn] ✖ расквартирóвывать [-овáт∙.] (войскá).

canvas ['kænvəs] холст; канвá; *paint.* картúна.

canvass [∼] 1. обсуждéние; 2. *v/t.* обсуждáть [-удúть]; *v/i.* собирáть голосá; искáть закáзов.

caoutchouc ['kautʃuk] каучýк.

cap [kæp] 1. кéпка, фурáжка, шáпка; ⊕ колпачóк, голóвка; шляпка (грибá); пистóн; set one's ∼ at a p. заúгрывать с кéм-либо (о жéнщине); 2. присуждáть учёную стéпень (Д); *fig.* довершáть [-шúть]; F перещеголять.

capab|ility [keipə'biliti] спосóбность *f*; **∼le** ['keipəbl] □ спосóбный (of на В).

capaci|ous [kə'peiʃəs] □ простóрный; объёмистый; **∼ty** [kə'pæsiti] объём, вместúтельность *f*; спосóбность *f*; in the ∼ of в кáчестве (Р).

cape[1] [keip] плащ; пелерúна.

cape[2] [∼] мыс.

caper ['keipə] скачóк; шáлость *f*, прокáза; cut ∼s дурáчиться.

capital ['kæpitl] 1. □ основнóй, капитáльный; (*crime*) уголóвный; (*sentence, punishment*) смéртный; 2. столúца; капитáл; (*или ∼ letter*) прописнáя бýква; **∼ism** ['kæpitəlizm] капитализм; **∼ize** [kə'pitəlaiz] капитализúровать (*im*)*pf.*

capitulate [kə'pitjuleit] сд(ав)áться (to Д).

capric|e [kə'priːs] капрúз, причýда; **∼ious** [kə'priʃəs] □ капрúзный.

capsize [kæp'saiz] *v/i.* ⚓ опрокúдываться [-кúнуться]; *v/t.* опрокúдывать [-кúнуть] (лóдку и т. п.).

capsule ['kæpsjuːl] кáпсюль *m*; ♂ кáпсула.

captain ['kæptin] ✖ капитáн; руководúтель(ница *f*) *m*; ⚓ капитáн, командúр.

caption ['kæpʃən] *part. Am.* заголóвок (статьú, главы); (кинó) нáдпись на экрáне. [вый.]

captious ['kæpʃəs] □ придúрчи-]

captiv|ate ['kæptiveit] пленять [-нúть]; очарóвывать [-овáть]; **∼e** ['kæptiv] 1. плéнник; плéнный; 2. взятый в плен, **∼ity** [kæp'tiviti] плен.

capture ['kæptʃə] 1. захвáтывать сúлой; брать в плен; 2. поймка; захвáт; добыча; ⚓ приз.

car [kɑː] вагóн; автомобúль *m*.

caramel ['kærəmel] карамéль *f*.

caravan [kærə'væn] карвáн; дóм-автоприцéп.

caraway ['kærəwei] ♀ тмин.

carbine ['kɑːbain] карабúн.

carbohydrate ['kɑːbou'haidreit] ♟ углевóд.

carbon ['ka:bən] 🜍 углеро́д; (и́ли ~ paper) копи́рка.

carburet(t)or ['ka:bjuretə] *mot.* карбюра́тор.

carcas|e, *mst* **~s** ['ka:kəs] труп; ту́ша.

card ['ka:d] ка́рта; ка́рточка; **~board** [ka:dbɔ:d] карто́н.

cardigan ['ka:digən] шерстяно́й джéмпер.

cardinal ['ka:dinl] 1. □ гла́вный, основно́й; кардина́льный; ~ number коли́чественное числи́тельное; 2. кардина́л. [тéка.)

card-index ['ka:dindeks] карто-

card-sharp(er) [ka:dʃɑ:pə] шу́лер.

care [kɛə] 1. забо́та; попечéние; внима́ние; ~ of (*abbr.* c/o) по а́дресу (P); take ~ of [c]берéчь (B); [по]смотрéть за (T); with ~! осторо́жно!; 2. имéть желáние; за-хотéть (to: + *inf.*); ~ for: a) [по]забо́титься о (П); b) люби́ть (B); пита́ть интерéс к (Д); F I don't ~ мне всё равно́!; well ~d-for вы́-холенный; хорошо́ обеспéченный.

career [kə'riə] 1. карьéр; *fig.* карьéра, успéх; 2. бы́стро про-дви́гаться.

carefree ['kɛəfri:] беззабо́тный.

careful ['kɛəful] □ забо́тливый (for о П); аккура́тный, внима́-тельный (к Д); **~ness** [-nis] за-бо́тливость *f.*

careless [-lis] □ легкомы́сленный; небрéжный; 2. имéть желáние; ~ness [-nis] небрéж-ность *f.*

caress [kə'res] 1. ла́ска; 2. лас-ка́ть; [по]гла́дить.

caretaker ['kɛəteikə] дво́рник; сто́рож.

carfare ['ka:fɛə] *Am.* проездны́е (дéньги).

cargo ['ka:gou] ⚓ груз.

caricature ['kærikə'tjuə] 1. кари-кату́ра; 2. изобража́ть в кари-кату́рном ви́де.

carn|al ['ka:nl] □ чу́вственный, плотско́й; **~ation** [ka:'neiʃən] ⚜ гвозди́ка.

carnival ['ka:nivəl] карнава́л.

carnivorous [ka:'nivərəs] плото-я́дный.

carol ['kærəl] 1. рождéственский гимн; 2. воспé(ва́)ть, сла́вить.

carous|e [kə'rauz] 1. *a.* **~al** [-əl] пиру́шка, попо́йка; 2. пирова́ть.

carp¹ [ka:p] *zo.* карп.

carp² [~] прид(и)ра́ться (at к Д).

carpent|er ['ka:pintə] пло́тник; **~ry** [-tri] пло́тничное дéло.

carpet [ka:pit] 1. ковёр; 2. усти-ла́ть ковро́м.

carriage ['kæridʒ] экипа́ж; пере-во́зка; тра́нспорт; **~-drive** подъ-éзд; ~ **free**, ~ **paid** пересы́лка бес-пла́тно.

carrier ['kæriə] посы́льный; нос-и́льщик; ⚔ транспортёр.

carrot ['kærət] морко́вь *f.*

carry ['kæri] 1. *v/t.* носи́ть, [по-] нести́; вози́ть, [по]везти́; ~ o. s. держа́ться, вести́ себя́; be carried быть при́нятым; ♰ ~ forward и́ли over переноси́ть на другу́ю стра-ни́цу; ~ on продолжа́ть [-до́л-жить]; вести́ (дéло, борьбу́ и т. п.); ~ out through доводи́ть до конца́; выполня́ть [вы́полнить]; *v/i.* доноси́ться [донести́сь]; ✕ долета́ть [долетéть] (о снаря́де); 2. ✕ дальнобо́йность *f.*; да́льность полёта (снаря́да).

cart [ka:t] 1. телéга, пово́зка; 2. везти́ в телéге; **~age** [ka:tidʒ] пе-рево́зка, сто́имость перево́зки.

carter ['ka:tə] во́зчик.

cartilage ['ka:tilidʒ] хрящ.

carton ['ka:tən] карто́н.

cartoon [ka:'tu:n] карикату́ра; ⊕ карто́н.

cartridge ['ka:tridʒ] патро́н; заря́д.

carve [ka:v] рéзать (по дéреву); [вы́]гравирова́ть; нареза́ть (на-рéзать) (мя́со); *r* ['ka:və] рéзчик (по дéреву); гравёр; нож для раз-дéлки мя́са.

carving ['ka:viŋ] резьба́ (по дé-реву).

case¹ [keis] 1. я́щик; футля́р; су́м-ка; витри́на; *typ.* набо́рная ка́сса; 2. класть в я́щик.

case² [~] 1. слу́чай; положéние; обстоя́тельство; ⚖ судéбное дéло.

case-harden ['keisha:dn] ⊕ цемен-ти́ровать (сталь) (*im*)*pf.*; *fig.* дéлать нечувстви́тельным.

casement ['keismənt] ство́рный око́нный переплёт.

cash [kæʃ] 1. дéньги; нали́чные дéньги *f/pl.*; ~ down, for ~ за на-ли́чный расчёт; ~ on delivery нало́женным платежо́м; ~ register ка́ссовый аппара́т; 2. получа́ть дéньги по (Д); **~-book** ка́ссовая кни́га; **~-ier** [kæ'ʃiə] касси́р(ша).

casing ['keisiŋ] опра́ва; ра́ма; об-ши́вка, оби́вка.

cask [ka:sk] бо́чка, бочо́нок.

casket [ka:skit] шкату́лка; *Am.* гроб.

casserole ['kæsəroul] кастрю́ля.

cassock ['kæsək] ря́са, сута́на.

cast [ka:st] 1. бросо́к, метáние; ги́псовый слéпок; ⊕ броса́ние (я́коря); *thea.* распределéние ро-лéй; соста́в исполни́телей; 2. [*irr.*] *v/t.* броса́ть [бро́сить]; кида́ть [ки́нуть]; метáть [-тну́ть]; ⊕ от-ли́(ва́)ть (мета́ллы); *thea.* распре-деля́ть [-ли́ть] (ро́ли); ~ iron чу-гу́н; ~ lots броса́ть жрéбий; be ~ down быть в уны́нии; *v/i.* ~ about for обду́м(ыв)ать (B).

castaway ['ka:stəwei] 1. па́рия, отвéрженец; ⚓ потерпéвший ко-раблекрушéние; 2. отвéрженный.

caste [ka:st] ка́ста.

castigate ['kæstigeit] наказывать [-зать]; *fig.* жестоко критиковать.

cast-iron чугунный.

castle ['kɑ:sl] замок; *chess* ладья.

castor[1] ['kɑ:stə]: ~ oil касторовое масло.

castor[2] [~] колёсико (на ножке мебели).

castrate [kæs'treit] кастрировать (*im*)*pf.*

casual ['kæʒjuəl] □ случайный; небрежный; ~ty [-ti] несчастный случай; *pl.* ✗ потери (на войне) *f/pl.*

cat [kæt] кошка.

catalog, *Brt.* ~ue ['kætələg] 1. каталог; прейскурант; 2. каталогизировать (*im*)*pf.*, вносить в каталог.

cataract ['kætərækt] водопад; 🩺 катаракта.

catarrh [kə'tɑ:] катар.

catastrophe [kə'tæstrəfi] катастрофа.

catch [kætʃ] 1. поимка; захват; улов; добыча; ловушка; ⊕ задвижка; шпингалет; 2. [*irr.*] *v/t.* ловить [поймать]; схватывать [схватить]; заражаться [заразиться] (Т); поспе(ва)ть к (поезду и т. п.); ~ cold простужаться [-удиться]; ~ a p.'s eye улавливать взгляд (P); ~ up догонять [догнать]; подниматъ [-нять]; 3. *v/i.* зацепляться [-питься] F ~ on становиться модным; ~ up with догонять [догнать] (В); ~er ['kætʃə] ловец; ~ing ['kætʃiŋ] *fig.* заразительный (смех); привлекательный; 🩺 заразительный; ~word модное словечко; заглавное слово.

catechism ['kætikizm] катехизис.

categor|ical [kæti'gɔrikəl] □ категорический; решительный; ~y ['kætigəri] категория, разряд.

cater ['keitə]: ~ for поставлять провизию (Д); *fig.* [по]заботиться о (П). [ница.)

caterpillar *zo.*, ⊕ ['kætəpilə] гусе-)

catgut ['kætgʌt] кишечная струна.

cathedral [kə'θi:drəl] собор.

Catholic ['kæθəlik] 1. католик; 2. католический.

cattle [kætl] крупный рогатый скот; ~breeding скотоводство; ~plague чума.

caught [kɔ:t] *pt.* и *pt.* от catch.

cauldron ['kɔ:ldrən] котёл.

cauliflower ['kɔliflauə] 🌿 цветная капуста.

caulk [kɔ:k] 🚢 [про]конопатить.

caus|al ['kɔ:zəl] □ причинный; ~e [kɔ:z] 1. причина, основание; повод; ⁊⁊ дело, процесс; 2. причинять [-нить]; вызывать [вызвать]; ~eless ['kɔ:zlis] □ беспричинный, необоснованный.

caution ['kɔ:ʃən] 1. (пред)осторожность *f*; предостережение; ~ money

залог; 2. предостерегать [-речь] (against от P).

cautious ['kɔ:ʃəs] □ осторожный; предусмотрительный; ~ness [-nis] осторожность *f*; предусмотрительность *f.*

cavalry ['kævəlri] ✗ конница.

cave ['keiv] 1. пещера; 2. ~ in: *v/i.* оседать [осесть], опускаться [-ститься].

cavil ['kævil] 1. придирка; 2. прид(и)раться (at, about к Д, за В).

cavity ['kæviti] впадина; полость *f.*

caw [kɔ:] 1. карканье; 2. [за]каркать.

cease [si:s] *v/i.* перест(ав)ать; *v/t.* прекращать [-кратить]; приостанавливать [-новить]; ~less ['si:slis] □ непрерывный, непрестанный.

cede [si:d] уступать [-пить] (Д).

ceiling ['si:liŋ] потолок; *attr.* максимальный; ~ price предельная цена.

celebrat|e ['selibreit] [от]праздновать; ~ed [-id] знаменитый; ~ion [seli'breiʃən] торжества *n/pl.*; празднование.

celebrity [si'lebriti] знаменитость *f.*

celerity [-'riti] быстрота.

celery ['seləri] 🌿 сельдерей.

celestial [si'lestiəl] □ небесный.

celibacy ['selibəsi] целибат; обет безбрачия.

cell [sel] ячейка; тюремная камера; келья; ∱ элемент.

cellar ['selə] подвал; винный погреб.

cement [si'ment] 1. цемент; 2. цементировать (*im*)*pf.*

cemetery ['semitri] кладбище.

censor ['sensə] 1. цензор; 2. подвергать цензуре; ~ious [sen'sɔ:riəs] □ строгий, критикующий; ~ship ['sensəʃip] цензура.

censure [senʃə] 1. осуждение, порицание; 2. осуждать [осудить], порицать.

census ['sensəs] перепись *f.*

cent [sent] сотня *f*; *Am.* цент (0,01 доллара); per ~ процент.

centennial [sen'tenjəl] столетний; происходящий раз в сто лет.

center *s.* centre.

centi|grade ['sentigreid] стоградусный; ~metre [-mi:tə] сантиметр; ~pede [-pi:d] *zo.* сороконожка.

central ['sentrəl] □ центральный; главный; ~ office центральная контора; ~ station главный вокзал; ~ize [-laiz] централизовать (*im*)*pf.*

centre ['sentə] 1. центр; средоточие; 2. [с]концентрировать(ся); сосредоточи(ва)ть(ся).

century ['sentʃəri] столетие, век.

cereal [siəriəl] хлебный злак; *Am.* каша.

ceremon|ial [seri'mounjəl] □ фор-

máльный; церемониáльный; ~ious [-njəs] церемóнный; жемáнный; ~y ['seriməni] церемóния.

certain ['sə:tn] □ определённый; увéренный; нéкий; нéкоторый; ~ty [-ti] увéренность f; опредéлённость f.

certi|ficate 1. [sə'tifikit] свидéтельство; сертификáт; ~ of birth свидéтельство о рождéнии, мéтрика; 2. [-keit] выдáть пи́сьменное удостоверéние (Д); ~fication [sə:tifi'keiʃən] удостоверéние; ~fy ['sə:tifai] удостоверя́ть [-éрить]; ~tude [-tju:d] увéренность f.

cessation [se'seiʃən] прекращéние.

cession ['seʃən] устýпка, передáча.

cesspool ['sespu:l] выгребнáя я́ма; стóчный колóдец.

chafe [tʃeif] v/t. натирáть [натерéть]; нагре(вá)ть; v/i. раздражáться [-жи́ться], нéрвничать.

chaff [tʃɑ:f] 1. мяки́на; отбрóсы m/pl.; F подшýчивание, поддрáзнивание; 2. мéлко нарéзать (солóму и т. п.); F подшýчивать [-шути́ть] над (Т), поддрáзнивать [-зни́ть].

chagrin ['ʃægrin] 1. досáда, огорчéние; 2. досаждáть [досади́ть] (Д); огорчáть [-чи́ть].

chain [tʃein] 1. цепь f; ~s pl. fig. окóвы f/pl.; ýзы f/pl.; 2. скóвывать [сковáть]; держáть в цепя́х; fig. прикóвывать [-овáть].

chair [tʃeə] стул; кáфедра; председáтельское мéсто; be in the ~ председáтельствовать; ~man ['tʃeəmən] председáтель m.

chalk [tʃɔ:k] 1. мел; 2. писáть, рисовáть мéлом; (mst ~ up) запи́сывать [-исáть] (долг) ~ out набрáсывать [-брóсить]; намечáть [-éтить].

challenge ['tʃælindʒ] 1. вы́зов; ✕ óклик (часовóго); part. ᵗᵗ отвóд (прися́жных); 2. вызывáть [вы́звать]; оспáривать [оспóрить]; [по]трéбовать (внимáния).

chamber ['tʃeimbə] кóмната; палáта; ~s pl. контóра адвокáта; кáмера судьи́; ~maid гóрничная.

chamois ['ʃæmwɑ:] 1. сéрна; ['ʃæmi] зáмша; 2. жёлто-кори́чневый.

champion ['tʃæmpjən] чемпиóн (-ка); победи́тель(ница) f) m; защи́тник (-ница), 2. защищáть [-ити́ть]; боротьcя за (В).

chance [tʃɑ:ns] 1. случáйность f; риск (в игрé); шанс; удóбный слýчай; шанс (of на В); by ~ случáйно; take a ~ рисковáть [-кнýть]; 2. случáйный; 3. v/i. случáться [-чи́ться]; ~ upon случáйно найти́ pf.; v/t. F рбобовать наудáчу.

chancellor ['tʃɑ:nsələ] кáнцлер.

chandelier [ʃændi'liə] лю́стра.

chandler ['tʃɑ:ndlə] лáвочник.

change ['tʃeindʒ] 1. перемéна, из-

менéние; смéна (белья́); мéлочь f, сдáча (о деньгáх); 2. v/t. [по]меня́ть; изменя́ть [-ни́ть], переменя́ть[-ни́ть]; обмéнивать [-ня́ть]; размéнивать [-ня́ть] (дéньги); v/i. [по]меня́ться; изменя́ться [-ни́ться]; переменя́ться [-ни́ться]; переодé(вá)ться; обмéниваться [-ня́ться]; ᜒᜒ пересáживаться [-сéсть]; ~able ['tʃeindʒəbl] □ непостоя́нный, переменчивый; ~less [-lis] □ неизмéнный, постоя́нный.

channel ['tʃænl] рýсло; фарвáтер; проли́в; fig. путь m; истóчник.

chant [tʃɑ:nt] 1. песнь f; песнопéние; 2. петь монотóнно; fig. воспé(вá)ть.

chaos ['keiɔs] хáос.

chap¹ [tʃæp] 1. щель f; трéщина; 2. [по]трéскаться.

chap² [~] F мáлый, пáрень m.

chapel ['tʃæpl] часóвня; капéлла.

chaplain ['tʃæplin] свящéнник.

chapter ['tʃæptə] глава́.

char [tʃɑ:] обжигáть [обжéчь]; обýгли(ва)ть(ся).

character ['kæriktə] харáктер; ли́чность f; thea. дéйствующее лицó; бýква; ~istic [kæriktə'ristik] 1. (~ally) харáктерный; типи́чный (of для Р); 2. харáктерная осóбенность f; ~ize ['kæriktəraiz] характеризовáть (im)pf.; изображáть [-рази́ть].

charcoal ['tʃɑ:koul] древéсный ýголь m.

charge [tʃɑ:dʒ] 1. заря́д; нагрýзка; поручéние; ценá; обвинéние; атáка; fig. попечéние, забóта; ~s pl. ✝ расхóды m/pl.; издéржки f/pl.; be in ~ of завéдовать (Т); 2. v/t. заряжáть [-яди́ть]; нагружáть [-узи́ть]; поручáть [-чи́ть] (Д); обвиня́ть [-ни́ть] (with в П); назначáть [-нáчить] (цéну) (to на В); Am. утверждáть [-рди́ть].

charitable ['tʃæritəbl] □ благотвори́тельный; милосéрдный.

charity ['tʃæriti] милосéрдие; благотвори́тельность f.

charlatan ['ʃɑ:lətən] шарлатáн.

charm [tʃɑ:m] 1. амулéт; fig. чáры f/pl.; обая́ние, очаровáние; 2. заколдóвывать [-довáть]; fig. очарóвывать [-овáть]; ~ing ['tʃɑ:miŋ] □ очаровáтельный, обая́тельный.

chart [tʃɑ:t] 1. ⚓ морскáя кáрта; 2. наноси́ть на кáрту; черти́ть кáрту.

charter ['tʃɑ:tə] 1. хáртия; прáво; привилéгия; 2. даровáть привилéгию (Д); ⚓ [за]фрахтовáть (сýдно).

charwoman ['tʃɑ:wumən] подéнщица.

chary ['tʃɛəri] □ остóрожный; скупóй (на словá и т. п.).

chase [tʃeis] 1. погóня f; охóта; 2. охóтиться за (Т); преслéдовать; прогоня́ть [-гнáть].

chasm [kæzm] бе́здна, про́пасть f.

chaste [tʃeist] □ целому́дренный.

chastity ['tʃæstiti] целому́дрие; де́вственность f.

chat [tʃæt] 1. бесе́да; 2. [по]болта́ть, [по]бесе́довать.

chattels ['tʃætlz] pl. (mst goods and ~) иму́щество, ве́щи f/pl.

chatter ['tʃætə] 1. болтовня́ f; щебета́ние 2. [по]болта́ть; ~er [-rə] болту́н(ья).

chatty ['tʃæti] болтли́вый.

chauffeur ['ʃoufə] води́тель m, шофёр.

cheap [tʃi:p] □ дешёвый; fig. плохо́й; ~en ['tʃi:pən] [по]дешеве́ть; снижа́ть це́ну (B); fig. унижа́ть [уни́зить].

cheat [tʃi:t] 1. обма́нщик, плут; обма́н; 2. обма́нывать [-ну́ть].

check [tʃek] 1. chess шах; препя́тствие; остано́вка; контро́ль m (on над T), прове́рка (on P); Am. бага́жная квита́нция; Am. † чек; кле́тчатая ткань f; 2. проверя́ть [-ве́рить]; [про]контроли́ровать; остана́вливать [-нови́ть]; препя́тствовать [-тека] контролёр; ~s pl. Am. ша́шки f/pl., ~ing-room Am. ка́мера хране́ния (багажа́); ~mate 1. шах и мат; 2. де́лать мат; ~up Am. стро́гая прове́рка.

cheek [tʃi:k] щека́ (pl.: щёки); F на́глость f, де́рзость f.

cheer [tʃiə] 1. весёлые; одобри́тельные во́згласы m/pl.; 2. v/t. ободря́ть [-ри́ть]; поощря́ть [-ри́ть]; приве́тствовать гро́мкими во́згласами; v/i. ликова́ть; ~ful ['tʃiəful] □ бо́дрый, весёлый; ~less [-lis] □ уны́лый, мра́чный; ~y [-ri] □ живо́й, весёлый, ра́достный.

cheese [tʃi:z] сыр.

chemical ['kemikəl] 1. □ хими́ческий; 2. ~s [-s] pl. хими́ческие препара́ты m/pl., химика́лии f/pl.

chemist ['kemist] хи́мик; апте́карь m; ~ry ['kemistri] хи́мия.

cheque [tʃek] † ба́нковый чек.

chequer ['tʃekə] 1. mst ~s pl. кле́тчатый узо́р; 2. графи́ть в кле́тку.

cherish ['tʃeriʃ] леле́ять (наде́жду); храни́ть (в па́мяти); не́жно [люби́ть.]

cherry ['tʃeri] ви́шня.

chess [tʃes] ша́хматы f/pl.; ~board ша́хматная доска́; ~man ша́хматная фигу́ра.

chest [tʃest] я́щик, сунду́к; грудна́я кле́тка; ~ of drawers комо́д.

chestnut ['tʃesnət] 1. кашта́н; F изби́тый анекдо́т; 2. кашта́новый; гнедо́й (о ло́шади).

chevy ['tʃevi] Brit. 1. охо́та; пого́ня; 2. гна́ться за (T); уд(и)ра́ть.

chew [tʃu:] жева́ть; размышля́ть; ~ing-gum ['tʃu:iŋgəm] жева́тельная рези́нка.

chicane [ʃi'kein] 1. приди́рка; 2. прид(и)ра́ться к (Д).

chick [tʃik], ~en ['tʃikin] цыплёнок; птене́ц; ~en-pox ❦ ветряна́я о́спа.

chief [tʃi:f] 1. □ гла́вный; руководя́щий; ~ clerk нача́льник отде́ла; 2. глава́, руководи́тель (-ница f) m; ...-in-~ гла́вный ...; ~tain ['tʃi:ftən] вождь m (кла́на); атама́н.

chilblain ['tʃilblein] отморо́женное ме́сто.

child [tʃaild] ребёнок, дитя́ n (pl.: де́ти); from a ~ с де́тства; with ~ бере́менная; ~birth ро́ды m/pl.; ~hood [-hud] де́тство; ~like [-laik] ['tʃaildiʃ] □ де́тский; ~like [-laik] как ребёнок; неви́нный; ~ren ['tʃildrən] pl. от child.

chill [tʃil] 1. хо́лод; хо́лодность f; ❦ просту́да; 2. холо́дный; расхола́живающий; 3. v/t. охлажда́ть [-лади́ть]; [о]студи́ть; v/i. охлажда́ться [-лади́ться]; ~y ['tʃili] зя́бкий; холо́дный.

chime [tʃaim] 1. звон колоколо́в; бой часо́в; fig. гармони́чное сочета́ние; 2. [по]звони́ть (о колокола́х); [про]би́ть (о часа́х); fig. соотве́тствовать; гармони́ровать.

chimney ['tʃimni] дымова́я труба́; ла́мповое стекло́.

chin [tʃin] подборо́док.

china ['tʃainə] фарфо́р.

Chinese ['tʃai'ni:z] 1. кита́ец (-а́янка); 2. кита́йский.

chink [tʃiŋk] щель f, сква́жина.

chip [tʃip] 1. ще́пка, лучи́на; стру́жка; оско́лок (стекла́); 2. v/t. отбива́ть края́ (посу́ды и т. п.); v/i. отла́мываться [отлома́ться].

chirp [tʃə:p] 1. чири́канье; щебета́ние; 2. чири́кать [-кнуть]; [за]щебета́ть.

chisel ['tʃizl] 1. долото́, стаме́ска; 2. [из]вая́ть; sl. наду́(ва́)ть, обма́нывать [-ну́ть].

chit-chat ['tʃit-tʃæt] болтовня́.

chivalr|ous ['ʃivəlrəs] □ ры́царский; ~y [-ri] ры́царство.

chlor|ine|ide['klɔ:ri:n] ❦, хлор; ~oform ['klɔrəfɔ:m] 1. хлорофо́рм; 2. хлороформи́ровать (im)pf.

chocolate ['tʃɔkəlit] шокола́д.

choice [tʃɔis] 1. вы́бор; отбо́р; альтернати́ва; 2. □ отбо́рный.

choir ['kwaiə] хор.

choke [tʃouk] 1. v/t. [за]души́ть; засоря́ть [-ри́ть]; ⚙ дроссели́ровать; (mst ~ down) глота́ть с трудо́м; дави́ться (with or P); задыха́ться [-дохну́ться]; 2. припа́док удушья; ⊕ засло́нка.

choose [tʃu:z] [irr.] выбира́ть [вы́брать]; предпочита́ть [-че́сть]; ~ to inf. хоте́ть (+ inf.).

chop [tʃɔp] 1. отбивна́я котле́та; ~s pl. че́люсть f; 2. v/t. ⊕ стёсывать [стеса́ть]; долби́ть; [на]руби́ть; [на]кроши́ть; v/i. колеба́ться; меня́ться, перемени́ться pf. (о ве́тре); ~per ['tʃɔrə] коса́рь (нож) m; лесору́б; колу́н; ~py ['tʃɔpi] неспоко́йный (о мо́ре).

choral ['kɔrəl] □ хорово́й; ~(e) [kɔ'ra:l] ♪ хора́л.

chord [kɔ:d] струна́; ♪ акко́рд; созву́чие.

chore [tʃɔ:] Am. подённая рабо́та; рути́нная дома́шняя рабо́та.

chorus ['kɔ:rəs] 1. хор; му́зыка для хо́ра; 2. петь хо́ром.

chose [tʃouz] pt. от choose; ~n (~n) 1. p. pt. от choose; 2. и́збранный.

Christ [kraist] Христо́с.

christen ['krisn] [o]крести́ть; ~ing [-iŋ] крести́ны f/pl.; креще́ние.

Christian ['kristjən] 1. христиа́нский; ~ name и́мя (в отли́чие от фами́лии); 2. христиани́н (-а́нка); ~ity [kristi'æniti] христиа́нство.

Christmas ['krisməs] рождество́.

chromium ['kroumiəm] □ хром; ~-plated покры́тый хро́мом.

chronic ['krɔnik] (~ally) хрони́ческий; ♣ застаре́лый; P отврати́тельный; ~le [-l] 1. хро́ника, ле́топись f; 2. вести́ хро́нику (P).

chronolog|ical [krɔnə'lɔdʒikəl] □ хронологи́ческий; ~y [krə'nɔlədʒi] хроноло́гия.

chubby ['tʃʌbi] П по́лный, то́лстый.

chuck¹ [tʃʌk] 1. куда́хтанье; цыплёнок; my ~! голу́бчик !; 2. [за-] куда́хтать.

chuck² [~] 1. броса́ть [бро́сить]; F швыря́ть [-рну́ть]; 2. F увольне́ние.

chuckle ['tʃʌkl] посме́иваться.

chum [tʃʌm] F 1. това́рищ; закады́чный друг; 2. быть в дру́жбе.

chump [tʃʌmp] коло́да, чурба́н; F «ба́шка».

chunk [tʃʌŋk] F ломо́ть m; болва́н.

church [tʃə:tʃ] це́рковь f; ~ service богослуже́ние; ~yard кла́дбище.

churl [tʃə:l] гру́бый челове́к; ~ish ['tʃə:liʃ] □ скупо́й; гру́бый.

churn [tʃə:n] 1. маслобо́йка; 2. сбива́ть ма́сло; fig. взба́лтывать [взболта́ть]; вспе́ни(ва)ть.

cider ['saidə] сидр.

cigar [si'ga:] сига́ра.

cigarette [sigə'ret] папиро́са, сигаре́та; ~-case портсига́р.

cigar-holder мундшту́к.

cinch [sintʃ] Am. sl. не́что надёжное, ве́рное.   [вание.]

cincture ['siŋktʃə] по́яс; опоя́сы-]

cinder ['sində] шлак; ока́лина; ~s pl. зола́; ~-path sport: гарева́я доро́жка.

cinema ['sinimə] кинемато́граф, кино́ n indecl.

cinnamon ['sinəmən] кори́ца.

cipher ['saifə] 1. шифр; ци́фра; нуль m or ноль m; 2. зашифро́вывать [-ова́ть]; вычисля́ть [вы́числить]; высчи́тывать [вы́считать].

circle ['sə:kl] 1. круг; окру́жность f; орби́та; кружо́к; сфе́ра; thea. я́рус; 2. враща́ться кругообра́зно; соверша́ть круги́, кружи́ть(ся).

circuit ['sə:kit] кругооборо́т; объе́зд; о́круг (суде́бный); ∮ цепь f, ко́нтур; ∮ short ~ коро́ткое замыка́ние; ∦ кругово́й полёт.

circular ['sə:kjulə] 1. □ кру́глый, кругово́й; ~ letter циркуля́р, циркуля́рное письмо́; ~ note ✝ ба́нковый аккредити́в; 2. циркуля́р; проспе́кт.

circulat|e ['sə:kjuleit] v/i. распространя́ться (-ни́ться), име́ть циргово́е движе́ние; циркули́ровать; ~ing [-iŋ]: ~ library библиоте́ка с вы́дачей книг на́ дом; ~ion [-'kju'leiʃən] кровообраще́ние; циркуля́ция; тира́ж (газе́т и т. п.); fig. распростране́ние (слу́хов и т. п.).

circum... ['sə:kəm] pref. (в сло́жных слова́х) вокру́г, круго́м; ~ference [sə'kʌmfərəns] окру́жность f; перифери́я; ~jacent [sə:kəm'dʒeisnt] окружа́ющий; ~locution [-lə'kju:ʃən] многоречи́вость f; ~navigate [-'nævigeit] соверша́ть пла́вание вокру́г (P); ~scribe [-skəmskraib] ∥ опи́сывать (описа́ть) (круг); fig. ограни́чи(ва)ть (права́ и т. п.); ~spect [-spekt] □ осмотри́тельный, осторо́жный; ~stance ['sə:kəmstəns] обстоя́тельство; ~stantial [sə:kəm'stænʃəl] □ обстоя́тельный, подро́бный; ~vent [-'vent] обходи́ть (обойти́) (зако́н и т. п.).

cistern ['sistən] бак; водоём; цисте́рна.

cit|ation [sai'teiʃən] цита́та, ссы́лка; цити́рование; ~e [sait] ссыла́ться (сосла́ться) на (B).

citizen ['sitizn] граждани́н (-да́нка); ~ship [-ʃip] гражда́нство.

citron ['sitrən] цитро́н.

city ['siti] го́род; attr. городско́й; 2. the ☉ делово́й кварта́л в Ло́ндоне; ☉ article биржево́й бюллете́нь m; статья́ в газе́те по фина́нсовым и комме́рческим вопро́сам.

civic ['sivik] гражда́нский; ~s [-s] pl. ♥ гражда́нские дела́ n/pl.; осно́вы гражда́нственности.

civil ['sivil] □ гражда́нский; шта́тский; ве́жливый; ∰ гражда́нский (противополо́жный уголо́вному); ~ servant чино́вник; ~ service госуда́рственная слу́жба; ~ian [si'viljən] ✠ шта́тский; ~ity [si'viliti] ве́жливость f; ~ization [sivilai'zeiʃən] цивилиза́ция; ~ize ['sivilaiz] цивилизова́ть (im) pf.

clad [klæd] pt. и p. pt. от clothe.

claim [kleim] 1. тре́бование; прете́нзию на (B); [по]тре́бовать; заявля́ть права́; утвержда́ть [-рди́ть]; заявля́ть права́ на (B) и т. ; 2. тре́бование; иск; прете́нзия; ~ to be выдавать себя за (В); ~ant ['kleimənt] претендент; ₰ истец.

clairvoyant [klɛə'vɔiənt] ясновидец.

clamber ['klæmbə] [вс]карабкаться.

clammy ['klæmi] □ клейкий, липкий; холодный и влажный.

clamo(u)r ['klæmə] 1. шум, крики m/pl.; протесты m/pl. (шумные); 2. шумно требовать (Р).

clamp [klæmp] ⊕ скоба; скрепа; зажим; 2. скреплять [-пить]; заж(им)ать; смыкать [сомкнуть].

clandestine [klæn'destin] □ тайный.

clang [klæŋ] 1. лязг, звон (оружия, колоколов, молота); 2. лязгать [-гнуть].

clank [klæŋk] 1. звон, лязг (цепей, железа и т. п.), бряцание; 2. бряцать, [за]греметь.

clap [klæp] 1. хлопок; хлопанье; удар (грома); 2. хлопать (в ладоши); ~trap погоня за эффектом.

clarify ['klærifai] v/t. очищать [очистить]; делать прозрачным; fig. выяснять [выяснить]; v/i. делаться прозрачным, ясным.

clarity ['klæriti] ясность f.

clash [klæʃ] 1. столкновение; противоречие; конфликт; 2. сталкиваться [столкнуться]; расходиться [разойтись] (о взглядах).

clasp [klɑːsp] 1. пряжка, застёжка; fig. объятия n/pl.; 2. v/t. застёгивать [застегнуть]; сж(им)ать; fig. заключать в объятия; v/i. обви(ва)ться (о растении).

class [klɑːs] 1. класс (школы); общественный класс; 2. классифицировать (im)pf.

classic ['klæsik] 1. классик; 2. ~(al □) [~-ikəl] классический.

classi|fication [klæsifi'keiʃən] классификация; ~fy ['klæ'sifai] классифицировать (im)pf.

clatter ['klætə] 1. звон (посуды); грохот (машин); болтовня; топот; 2. [за]греметь; [за]топать; fig. [по]болтать.

clause [klɔːz] пункт; статья; клаузула (в договоре).

claw [klɔː] 1. коготь m; клешня (рака); 2. разрывать, терзать когтями.

clay [klei] глина; fig. прах.

clean [kliːn] 1. adj. □ чистый; опрятный; чистоплотный; 2. adv. начисто, совершенно, полностью; 3. [вы]чистить; прочищать [-чистить]; счищать [счистить]; ~ up уб(и)рать; приводить в порядок; ~ing ['kliːniŋ] чистка; уборка; очистка; ~liness ['klenlinis] чистоплотность f.; ~ly 1. adv. ['kliːnli] чисто; целомудренно; 2. adj. ['klenli] чистоплотный; ~se [klenz]

очищать [очистить]; дезинфицировать (im)pf.

clear [kliə] 1. □ ясный, светлый; прозрачный; fig. свободный (from, of от Р); ✝ чистый (вес, доход и т. п.); 2. v/t. очищать [очистить] (from, of от Р); расчищать [-истить]; распрод(ав)ать (товар); ₰ оправдывать [-дать] (обвиняемого); v/i. (a. ~ up) рассеиваться [-еяться] (о тумане); проясняться [-ниться]; ~ance ['kliərəns] очистка; устранение препятствий; очистка от таможенных пошлин; расчистка (под пашню); ~ing ['kliəriŋ] прояснение; просека; клиринг (между банками); ♀ House расчётная палата.

cleave¹ [kliːv] [irr.] раскалывать (-ся) [-колоть(ся)]; рассекать [-ечь] (волны, воздух).

cleave² [~] fig. оставаться верным (to Д).

cleaver ['kliːvə] большой нож мясника.

clef [klef] ♪ ключ.

cleft [kleft] 1. расселина; 2. расколотый.

clemen|cy ['klemənsi] милосердие; снисходительность f; ~t ['klemənt] □ милосердный, милостивый.

clench [klenʃ] сжимать сомкнутыми м)ать (кулаки); стискивать [стиснуть] (зубы); s. clinch.

clergy ['kləːdʒi] духовенство; ~man [-mən] священник.

clerical ['klerikəl] 1. □ клерикальный; канцелярский; 2. клерикал.

clerk [klɑːk] чиновник; конторский служащий; Am. приказчик.

clever ['klevə] □ умный; даровитый, одарённый; ловкий.

clew [kluː] 1. клубок; 2. сматывать в клубок.

click [klik] 1. щёлканье; ⊕ защёлка, собачка; 2. щёлкать [-кнуть] (замком); прищёлкивать [-кнуть] (языком); Am. иметь успех.

client ['klaiənt] клиент(ка); постоянный (-ная) покупатель(ница) m; ~èle [kliːɑːn'teil] клиентура.

cliff [klif] утёс, скала.

climate ['klaimit] климат.

climax ['klaimæks] 1. кульминационный пункт; 2. достигать кульминационного пункта.

climb [klaim] [irr.] влез(а)ть на (В); подниматься [-няться] (на гору); ~er ['klaimə] альпинист; fig. честолюбец; ♀ вьющееся растение.

clinch [klintʃ] 1. ⊕ зажим; скоба; 2. v/t. заклёпывать [-лепать]; ~ a bargain заключать сделку; s. clench.

cling [kliŋ] [irr.] (to) прильнуть к (Д); ~ together держаться вместе.

clinic ['klinik] 1. клиника; 2. = ~al [-ikəl] клинический.

clink [kliŋk] 1. звон (металла, стекла); 2. [за]звенеть; [за]звучать.

clip¹ [klip] 1. стрижка; 2. обрезать [обрезать]; [о]стричь.

clip² [~] скрепка.

clipp|er ['klipə]: (a pair of) ~s pl. ножницы f/pl.; секатор; ♣ клиппер (парусное судно); (flying ~) самолёт гражданской авиации; ~ings [-iŋz] pl. газетные вырезки f/pl.; обрезки m/pl.

cloak [klouk] 1. плащ; мантия; покров, fig. предлог; 2. покры(ва)ть (плащом и т. п.); fig. прикры(ва)ть; ~room раздевальня; 🚂 камера хранения.

clock [klɔk] часы m/pl. (стенны́е, настольные, башенные).

clod [klɔd] ком (грязи); дурень m, олух.

clog [klɔg] 1. препятствие; путы f/pl.; деревянный башмак; 2. [вос]препятствовать (Д); засоря́ть(ся) [-ри́ть(ся)].

cloister ['klɔistə] монастырь m; крытая аркада.

close 1. [klous] □ закрытый; близкий; тесный; душный, спёртый (воздух); скупой; ~ by adv. рядом, поблизости; ~to около (P); ~ fight, hunt. ~ season, ~ time запретное время охоты; 2. a) [klouz] конец; заключение; b) [klous] огороженное место; 3. [klouz] v/t. закры(ва)ть; заканчивать [-кончить]; кончать [кончить]; заключать [-чить] (речь); v/i. закры(ва)ться; кончаться [кончиться]; ~ in приближаться [-лизиться]; наступать [-пить]; ~ on (prp.) замыкаться вокруг (P); ~ness f; скупость f; ~ness f ['klousnis] близость f; скупость f.

closet ['klɔzit] 1. чулан; уборная; стенной шкаф; 2. be ~ed with совещаться наедине с (Т).

closure ['klouʒə] закрытие; parl. прекращение прений.

clot [klɔt] 1. сгусток (крови); комок; 2. сгущаться [сгусти́ться], свёртываться [свернуться].

cloth [klɔ:θ, klɔθ, pl. ~s [klɔ:ðz, klɔðs] скатерть f; ткань f; сукно; F the ~ духовенство; ~ binding ткацевый переплёт.

clothe [klouð] [a. irr.] оде(ва)ть; fig. облекать [-éчь].

clothes [klouðz] pl. одежда, платье; бельё; ~-basket бельевая корзина; ~-line верёвка для сушки белья́; ~-peg зажимка для развешенного белья́.

clothier ['klouðiə] фабрикант сукон.

clothing ['klouðiŋ] одежда, платье.

cloud [klaud] 1. облако, туча; 2. покрывать(ся) тучами, облаками; омрачать(ся) [-чить(ся)]; ~burst ливень m; ~less ['klaudlis] □

безоблачный; ~y [-i] □ облачный; мутный (о жидкости); туманный (о мысли).

clove¹ [klouv] гвоздика (пряность).

clove² [~] pt. от cleave; ~n ['klouvn] p. pt. от cleave.

clover ['klouvə] ⚘ клевер.

clown [klaun] клоун.

cloy [klɔi] пресыщать [-сытить].

club [klʌb] 1. клуб; дубина; Am. палка полицейского; ~s pl. трефы f/pl. (карточная масть); 2. v/t. [по]бить (палкой и т.п.); v/i. собираться вместе; устраивать складчину.

clue [klu:] ключ к разгадке; путеводная нить f.

clump [klʌmp] 1. комок; группа (деревьев); 2. тяжело ступать.

clumsy ['klʌmzi] □ неуклюжий; неловкий; бестактный.

clung [klʌŋ] pt. и p. pt. от cling.

cluster ['klʌstə] 1. кисть f; пучок; гроздь f; 2. расти гроздьями, пучками.

clutch [klʌtʃ] 1. сжатие; захват; ⊕ зажим; защёлка; муфта сцепления; 2. схватывать [-тить] заж(им)ать.

clutter ['klʌtə] 1. суматоха; хаос; 2. приводить в беспорядок.

coach [koutʃ] 1. экипаж; тренер; инструктор; 🚂 пассажирский вагон; 2. ехать в карете; [на]тренировать; натаскивать к экзамену; ~man кучер.

coagulate [kou'ægjuleit] сгущаться [сгуститься].

coal [koul] 1. уголь m (каменный); 2. ♣ грузи́ть(ся) углем.

coalesce [kouə'les] срастаться [срастись].

coalition [kouə'liʃən] коалиция; союз.

coal-pit угольная шахта, копь f.

coarse [kɔ:s] □ грубый; крупный; неотёсанный.

coast [koust] 1. морской берег, побережье; 2. плыть вдоль побережья; ~er ['koustə] ♣ каботажное судно.

coat [kout] 1. пиджак; пальто n indecl.; мех, шерсть f (у животных); слой; ~ of arms гербовый щит; 2. покры(ва)ть (краской, пылью и т. п.); облицовывать [-цевать]; ~-hanger вешалка; ~ing ['koutiŋ] слой (краски и т. п.).

coax [kouks] уговаривать [уговорить].

cob [kɔb] ком; Am. початок кукурузы.

cobbler ['kɔblə] сапожник; fig. халтурщик, плохой мастер.

cobweb ['kɔbweb] паутина.

cock [kɔk] 1. петух; кран; флюгер; курок; 2. (a. ~ up) настораживать [-рожить] (уши).

cockade [kɔ'keid] кокарда.

cockatoo [kɔkə'tu:] какаду́ *m indecl.*

cockboat ['kɔkbout] ⚓ судова́я шлю́пка.

cockchafer ['kɔktʃeifə] ма́йский жук.

cock-eyed ['kɔkaid] *sl.* косогла́зый; косо́й; *Am.* пья́ный.

cockpit ['kɔkpit] ме́сто петуши́ных бое́в; ⚓ ку́брик; ✈ каби́на.

cockroach ['kɔkroutʃ] *zo.* тарака́н.

cock|sure ['kɔk'ʃuə] самоуве́ренный; ~tail кокте́йль *m; fig.* вы́скочка; ~у ['kɔki] ☐ F наха́льный; де́рзкий.

coco ['koukou] коко́совая па́льма.

cocoa ['koukou] кака́о (порошо́к, напи́ток) *n indecl.*

coco-nut ['koukənʌt] коко́совый оре́х.

cocoon [kə'ku:n] ко́кон.

cod [kɔd] треска́.

coddle ['kɔdl] изне́жи(ва)ть; [из-] балова́ть.

code [koud] 1. ко́декс; *telegr.* код; 2. коди́ровать (*im*)*pf.*

codger ['kɔdʒə] F чуда́к.

cod-liver: ~ oil ры́бий жир.

coerc|e [kou'ə:s] принужда́ть [-ну́дить]; ~ion [-ʃən] принужде́ние.

coeval [kou'i:vəl] ☐ совреме́нный.

coexist [kouig'zist] сосуществова́ть (с Т).

coffee ['kɔfi] ко́фе *m indecl.*; ~pot кофе́йник, ~room столо́вая в гости́нице; ~set кофе́йный серви́з.

coffer ['kɔfə] металли́ческий сунду́к.

coffin ['kɔfin] гроб.

cogent ['koudʒənt] ☐ неоспори́мый; убеди́тельный.

cogitate ['kɔdʒiteit] *v/i.* размышля́ть; *v/t.* обду́м(ыв)ать.

cognate ['kɔgneit] ро́дственный; схо́дный.

cognition [kɔg'niʃən] зна́ние; позна́ние.

coheir ['kou'ɛə] сонасле́дник.

coheren|ce [kou'hiərəns] связь *f*; свя́зность *f*; согласо́ванность *f*; ~t [-rənt] ☐ свя́зный; согласо́ванный.

cohesi|on [kou'hi:ʒən] связь *f*; сплочённость *f*; ~ve [-siv] связу́ющий; спосо́бный к сцепле́нию.

coiff|eur [kwa:'fə:] парикма́хер; ~ure [-'fjuə] причёска.

coil [kɔil] 1. кольцо́ (верёвки, змей и т. п.); ⚡ кату́шка; ⊕ змееви́к; 2. (*a.* ~ up) свёртываться кольцо́м (спира́лью).

coin [kɔin] 1. моне́та; 2. [вы́]чека́нить (моне́ты); вы́би(ва́)ть (меда́ли); ~age ['kɔinidʒ] чека́нка (моне́т).

coincide [kouin'said] совпада́ть [-па́сть]; ~nce [kou'insidəns] совпаде́ние; *fig.* случа́йное стече́ние обстоя́тельств.

coke [kouk] 1. кокс; 2. коксова́ть.

cold [kould] 1. ☐ холо́дный; неприве́тливый; 2. хо́лод; просту́да; ~ness ['kouldnis] хо́лодность *f*; равноду́шие.

colic ['kɔlik] ✚ ко́лики *f/pl.*

collaborat|e [kə'læbəreit] сотру́дничать; ~ion [kəlæbə'reiʃən] сотру́дничество; in ~ в сотру́дничестве (с Т).

collapse [kə'læps] 1. обва́л; разруше́ние; упа́док сил; 2. обру́ши(ва)ться; обва́ливаться [-ли́ться]; си́льно слабе́ть.

collar ['kɔlə] 1. воротни́к; оше́йник; хому́т; ⊕ вту́лка; о́бруч; ша́йба; 2. схвати́ть за во́рот; *sl.* заладе́(ва́)ть (Т); захва́тывать [-ти́ть] (си́лой).

collate [kɔ'leit] слича́ть [-чи́ть]; сопоставля́ть [-ста́вить].

collateral [kɔ'lætərəl] 1. ☐ побо́чный; ко́свенный; 2. родство́ по боково́й ли́нии.

colleague ['kɔli:g] колле́га *f/m*, сослуживец (-вица).

collect 1. ['kɔlekt] *eccl.* кра́ткая моли́тва; 2. [kə'lekt] *v/t.* соб(и-)ра́ть; коллекциони́ровать; заходи́ть (зайти́) за (Т); *v/i.* соб(и)ра́ться; овладева́ть собо́й; ~ed [kə'lektid] ☐ *fig.* хладнокро́вный; споко́йный; ~ion [kə'lekʃən] колле́кция; собра́ние; ~ive [-tiv] ☐ коллекти́вный; совоку́пный; ~or [-tə] коллекционе́р; сбо́рщик.

college ['kɔlidʒ] колле́дж; сре́дняя шко́ла.

collide [kə'laid] ста́лкиваться [столкну́ться].

collie ['kɔli] ко́лли *m/f indecl.* (шотла́ндская овча́рка).

collier ['kɔliə] шахтёр; ⚓ у́гольщик (су́дно); ~у [kə'ljəri] каменноу́гольный рудни́к.

collision [kə'liʒən] столкнове́ние.

colloquial [kə'loukwiəl] ☐ разгово́рный.

colloquy ['kɔləkwi] разгово́р, собесе́дование.

colon ['koulən] *typ.* двоето́чие.

colonel ['kə:nl] ✖ полко́вник.

coloni|al [kə'lounjəl] 1. колониа́льный; 2. жи́тель(ница *f*) *m* коло́ний; ~ze ['kɔlənaiz] колонизи́ровать (*im*)*pf.*, заселя́ть [-ли́ть].

colony ['kɔləni] коло́ния.

colo(u)r ['kʌlə] 1. цвет; кра́ска; румя́нец (на лице́); *fig.* колори́т; ~s *pl.* зна́мя *n*; 2. *v/t.* [по]кра́сить; окра́шивать [окра́сить]; *fig.* прикра́шивать [-кра́сить]; *v/i.* [по]красне́ть; [за]рде́ться (о лице́, плоде́ и т. п.); ~ed [-d] окра́шенный; цветно́й; ~ful [-ful] я́ркий; ~ing [-riŋ] окра́ска, раскра́ска; *fig.* прикра́шивание; ~less [-lis] ☐ бесцве́тный.

colt [koult] жеребёнок (*pl.* жеребя́та); *fig.* новичо́к.

column ['kɔləm] Δ, ✕ коло́нна; столб; *typ.* столбе́ц.

comb [koum] 1. гре́бень *m*, гребёнка; со́ты *m/pl.*; ⊕ бёрдо, чеса́лка; 2. *v/t.* расчёсывать [-чеса́ть]; чеса́ть (*a.* ⊕); трепа́ть (лён и т. п.).

combat ['kɔmbət, 'kʌm-] 1. бой, сраже́ние; 2. сража́ться [срази́ться]; ~ant [-ənt] бое́ц.

combin|ation [kɔmbi'neiʃən] соедине́ние; сочета́ние; *mst* ~s *pl.* комбина́ция (бельё); ~e [kəm'bain] объединя́ть(ся) [-ни́ть(ся)]; сочета́ть(ся) (*im*)*pf.*

combusti|ble [kəm'bʌstəbl] 1. горю́чий, воспламеня́емый; 2. ~s *pl.* то́пливо; *mot.* горю́чее; ~on [-tʃən] горе́ние, сгора́ние.

come [kʌm] [*irr.*] приходи́ть [прийти́]; приезжа́ть [прие́хать]; to ~ бу́дущий; ~ about случа́ться [-чи́ться]; ~ across происходи́ть [произойти́]; ~ across a p. встреча́ться [-ре́титься] с (Т), ната́лкиваться [натолкну́ться] на (В); ~ at доб(и)ра́ться до (Р); ~ by дост(ав)а́ть (случа́йно); ~ off отдели́(ыв)аться; сходи́ть [сойти́]; ~ round приходи́ть в себя́; F заходи́ть [зайти́] (к Д); *fig.* идти́ на усту́пки; ~ to доходи́ть [дойти́] до (Р); ⚓ останови́ть су́дно; равня́ться (Д), сто́ить (В *or* Р); ~ up to соотве́тствовать (Д).

comedian [kə'miːdiən] актёр-ко́мик; а́втор коме́дии.

comedy ['kɔmidi] коме́дия.

comeliness ['kʌmlinis] милови́дность *f*.

comfort ['kʌmfət] 1. комфо́рт, удо́бство; *fig.* утеше́ние; подде́ржка; 2. утеша́ть [уте́шить]; успока́ивать [-ко́ить]; ~able [-əbl] □ удо́бный, комфорта́бельный; *Am.* F доста́точный; ~er [-ə] утеши́тель *m*; *Am.* стёганое одея́ло; ~less [-lis] □ неую́тный.

comic(al □) ['kɔmik(əl)] коми́ческий, смешно́й; юмористи́ческий.

coming ['kʌmiŋ] 1. прие́зд, прибы́тие; 2. бу́дущий, ожида́емый.

command [kə'maːnd] 1. кома́нда, прика́з; кома́ндование; have at ~ име́ть в своём распоряже́нии; 2. прика́зывать [-за́ть] (Д); владе́ть (Т); ✕ кома́ндовать; ~er [kə'maːndə] ✕ команди́р; ⚓ капита́н; ♀er-in-Chief [-rin'tʃiːf] главнокома́ндующий; ~ment [-mənt] прика́з; *eccl.* за́поведь *f*.

commemora|te [kə'meməreit] [от]пра́здновать (годовщи́ну); отмеча́ть [-е́тить] (собы́тие); ~tion [kəmemə'reiʃən] пра́зднование (годовщи́ны).

commence [kə'mens] нач(ин)а́ть(-ся); ~ment [-mənt] нача́ло.

commend [kə'mend] рекомендова́ть (*im*)*pf.*

comment ['kɔment] 1. толкова́ние; коммента́рий; 2. (*upon*) коммента́ровать (*im*)*pf.*; объясня́ть [-ни́ть]; ~ary ['kɔməntəri] коммента́рий; ~ator ['kɔmenteitə] коммента́тор.

commerc|e ['kɔməs, -ɔːs] торго́вля; обще́ние; ~ial [kə'məːʃəl] □ торго́вый, комме́рческий.

commiseration [kəmizə'reiʃən] сочу́вствие, соболезнова́ние.

commissary ['kɔmisəri] комисса́р, уполномо́ченный; ✕ интенда́нт.

commission [kə'miʃən] 1. коми́ссия; полномо́чие; поруче́ние; ✕ пате́нт на офице́рский чин; 2. назнача́ть на до́лжность; уполномо́чи(ва)ть; ⚓ гото́вить (кора́бль) к пла́ванию; ~er [kə'miʃənə] уполномо́ченный; комисса́р.

commit [kə'mit] поруча́ть [-чи́ть], вверя́ть [вве́рить]; преда(ва́)ть (огню́, земле́, суду́ и т.п.); соверша́ть [-ши́ть] (преступле́ние); ~ (o. s.) [с]компромети́ровать (себя́); ~ обя́зывать(ся) [-за́ть(ся)]; ~ (to prison) заключа́ть [-чи́ть] (в тюрьму́); ~ment [-mənt], ~tal [-l] переда́ча; обяза́тельство; ~tee [-i] коми́ссия; комите́т.

commodity [kə'mɔditi] това́р, предме́т потребле́ния.

common ['kɔmən] 1. □ о́бщий; просто́й; грубый; обыкнове́нный; зауря́дный; ♀ Council муниципа́льный сове́т; ~ law обы́чное пра́во; ~ sense здра́вый смысл; in ~ совме́стно, сообща́; 2. о́бщинная земля́; вы́гон; ~place 1. бана́льность *f*; 2. бана́льный, F изби́тый; ~s [-z] *pl.* о́бщий стол; (*mst* House of) ♀ пала́та о́бщин; ~wealth [-welθ] содру́жество; федера́ция; the British ♀ of Nations Брита́нское Содру́жество На́ций.

commotion [kə'mouʃən] волне́ние; смяте́ние.

communal ['kɔmjunl] □ коммуна́льный; обще́нный; коллекти́вный.

communicat|e [kə'mjuːnikeit] *v/t.* сообща́ть [-щи́ть]; перед(ав)а́ть; *v/i.* сообща́ться; ~ion [kəmjuːni'keiʃən] сообще́ние; коммуника́ция; связь *f*; ~ive [kə'mjuːnikeitiv] □ обще́нный, разгово́рчивый.

communion [kə'mjuːnjən] обще́ние; *eccl.* прича́стие.

communis|m ['kɔmjunizm] коммуни́зм; ~t 1. коммуни́ст(ка); 2. коммунисти́ческий.

community [kə'mjuːniti] общи́на; о́бщество.

commutation [kɔmju'teiʃən] заме́на; ⚖ смягче́ние наказа́ния; ⚡ коммута́ция; переключе́ние.

compact 1. ['kɔmpækt] догово́р; 2.

[kəm'pækt] *adj.* компáктный; плóтный; сжáтый (о стúле); 3. *v/t.* сж(им)áть; уплотнáть [-нúть].

companion [kəm'pænjən] товáрищ; спýтник; собесéдник; **~ship** [-ʃip] компáния; товáрищеские отношéния *n/pl.*

company ['kʌmpəni] óбщество; компáния, товáрищество; гóсти *pl.*; ⚓ экипáж (сýдна); *thea.* трýппа; have ~ имéть гостéй; keep ~ with поддéрживать знакóмство с (Т).

compar|able ['kɔmpərəbl] □ сравнúмый; **~ative** [kəm'pærətiv] □ сравнúтельный; **~e** [kəm'pɛə] 1. beyond ~, without ~, past ~ вне всякого сравнéния; 2. *v/t.* срáвнивать [-нúть], сличáть [-чúть], (to с Т); уподоблять [-дóбить] (В/Д); *v/i.* срáвниваться [-нúться]; **~ison** [kəm'pærisn] сравнéние.

compartment [kəm'paːtmənt] отделéние; перегорóдка; 🚃 купé *n indecl.*

compass ['kʌmpəs] 1. кóмпас; объём; окрýжность *f*; ♪ диапазóн; (a pair of ~es *pl.* цúркуль *m*; 2. достигáть [достúгнуть] (Р); замышлять [-ýслить] (дурнóе).

compassion [kəm'pæʃən] сострадáние, жáлость *f*; **~ate** [-it] □ сострадáтельный, жáлостливый.

compatible [kəm'pætəbl] □ совместúмый.

compatriot [-triət] соотéчественник (-ица).

compel [kəm'pel] заставлять [-áвить]; принуждáть [-нýдить].

compensat|e ['kɔmpenseit] *v/t.* вознаграждáть [-рáдить]; возмещáть [-естúть] (убытки); **~ion** [kɔmpen'seiʃən] вознаграждéние; компенсáция.

compete [kəm'piːt] состязáться; конкурúровать (with с Т, for рáди Р).

competen|ce, ~cy ['kɔmpitəns, -i] спосóбность *f*; компетéнтность *f*; **~t** [-tənt] □ компетéнтный.

competit|ion [kɔmpi'tiʃən] состязáние; соревновáние; ♦ конкурéнция; **~or** [kəm'petitə] конкурéнт(ка); сопéрник (-ица).

compile [kəm'pail] [c]компилúровать; составлять [-áвить] (from из Р).

complacen|ce, ~cy [kəm'pleisns, -snsi] самодовóльство.

complain [kəm'plein] [по]жáловаться (of на В); подавáть жáлобу; *✗* жáлоба; *✗* болéзнь *f*; **~ant** [-ənt] истéц.

complement ['kɔmplimənt] 1. дополнéние; комплéкт; [по]полнять [дополнить]; [у]комплектовáть.

complet|e [kəm'pliːt] 1. □ пóлный; закóнченный; 2. закáнчивать [закóнчить]; дополнять [-óлнить]; **~ion** [-ʃən] окончáние.

complex ['kɔmpleks] 1. □ слóжный; кóмплексный, составнóй; *fig.* слóжный, запýтанный; 2. кóмплекс; **~ion** [kəm'plekʃən] цвет лицá; **~ity** [-siti] слóжность *f*.

compliance [kəm'plaiəns] соглáсие; in ~ with в соотвéтствии с (Т).

complicate ['kɔmplikeit] усложнять(ся) [-нúть(ся)].

compliment 1. ['kɔmplimənt] комплимéнт; привéт; 2. [-'ment] *v/t.* говорúть комплимéнты (Д); поздравлять [-áвить] (on с Т).

comply [kəm'plai] соглашáться [-ласúться] (with с Т); подчиняться [-нúться] (with Д).

component [kəm'pounənt] 1. компонéнт; составнáя часть *f*; 2. составнóй.

compos|e [kəm'pouz] составлять [-áвить]; сочинять [-нúть]; писáть мýзыку; успокáиваться [-кóиться]; *typ.* наб(и)рáть; **~ed** [-d] □ спокóйный, сдéржанный; **~er** [-ə] композúтор; **~ition** [kɔmpə'ziʃən] композúция; состáв; сочинéние; 🚩 полюбóвная сдéлка; **~ure** [kəm'pouʒə] самооблáдание.

compound 1. ['kɔmpaund] состáв, соединéние; 2. составнóй; слóжный; ~ interest слóжные процéнты *m/pl.*; 3. [kəm'paund] *v/t.* смéшивать [-шáть]; соединять [-нúть]; улáживать [улáдить]; *v/i.* приходúть к компромúссу.

comprehend [kɔmpri'hend] постигáть [постúгнуть]; обхвáтывать [обхватúть].

comprehen|sible [kɔmpri'hensəbl] □ понятный, постижúмый; **~sion** [-ʃən] понимáние; понятливость *f*; **~sive** [-siv] □ объёмлющий; исчéрпывающий.

compress [kəm'pres] сж(им)áть; сдáвливать [сдáвить]; **~ed** air сжáтый вóздух; **~ion** [kəm'preʃən] *phys.* сжáтие; ⊕ компрéссия; набúвка; проклáдка.

comprise [kəm'praiz] содержáть; заключáть в себé.

compromise ['kɔmprəmaiz] 1. компромúсс; 2. *v/t.* [c]компрометúровать; подвергáть рúску; *v/i.* пойтú на компромúсс.

compuls|ion [kəm'pʌlʃən] принуждéние; **~ory** [-səri] принудúтельный; обязáтельный.

comput|ation [kɔmpju'teiʃən] вычислéние; выклáдка; расчёт; **~e** [kəm'pjuːt] вычислять [вýчислить]; дéлать выклáдки.

comrade ['kɔmrid] товáрищ.

con [kɔn] = contra прóтив.

conceal [kən'siːl] скры(вá)ть; утáивать [-úть], умáлчивать [умолчáть].

concede [kən'siːd] уступáть [-пúть], допускáть [-стúть].

conceit [kən'siːt] самомнéние; тщеславие; ~ed [-id] □ самодовольный; тщеславный.

conceiv|able [kən'si:vəbl] мыслимый; постижимый; ~e [kən'si:v] v/i. представлять себе; v/t. постигать [постигнуть]; понимать [-нять]; задум(ыв)ать.

concentrate ['kɔnsentreit] сосредоточи(ва)ть(ся).

conception [kən'sepʃən] понятие; концепция; замысел; biol. зачатие; оплодотворение.

concern [kən'sə:n] 1. дело; участие; интерес; забота; ✝ предприятие; 2. касаться [коснуться] (P); иметь отношение к (Д); ~ o. s. about, for [за]интересоваться, заниматься [заняться] (T); ~ed [-d] □ заинтересованный; имеющий отношение; озабоченный; ~ing [-iŋ] prp. относительно (P), касательно (P).

concert 1. ['kɔnsət] концерт; согласие, соглашение; 2. [kən'sə:t] сговариваться [сговориться]; ~ed согласованный. (концессия.)

concession [kən'seʃən] уступка;

conciliat|e [kən'silieit] примирять [-рить]; ~or [-ə] посредник.

concise [kən'sais] □ сжатый, краткий; ~ness [-nis] сжатость f, краткость f.

conclude [kən'klu:d] заключать [-чить]; заканчивать [закончить]; to be ~d окончание следует.

conclusi|on [kən'klu:ʒən] окончание; заключение; вывод; ~ve [-siv] □ заключительный; решающий; убедительный.

concoct [kən'kɔkt] [co]стряпать (a. fig.); fig. придум(ыв)ать; ~ion [kən'kɔkʃən] стряпня; fig. небылица.

concord ['kɔŋkɔ:d] согласие; соглашение; договор, конвенция; ♪ гармония; ~ant [kən'kɔ:dnt] □ согласный; согласующийся; ♪ гармоничный.

concrete ['kɔnkri:t] 1. □ конкретный; 2. бетон; 3. [за]бетонировать; [kən'kri:t] сгущать(ся) [сгустить(ся)]; [за]твердеть.

concur [kən'kə:] соглашаться [-ласиться]; совпадать [-пасть]; [по]содействовать; ~rence [kən'kʌrəns] совпадение; согласие.

condemn [kən'dem] осуждать [осудить]; приговаривать [-ворить] (к Д); [за]браковать; ~ation ['kɔndem'neiʃən] осуждение.

condens|ation ['kɔnden'seiʃən] конденсация, уплотнение, сгущение; ~e [kən'dens] сгущать(ся) ⊕ конденсировать (im)pf.; fig. сократить [-рати́ть].

condescen|d [kɔndi'send] снисходить [снизойти]; удостаивать [-стоить]; ~sion [-'senʃən] снисхождение; снисходительность f.

condiment ['kɔndimənt] приправа.

condition [kən'diʃən] 1. условие; состояние; ~s pl. обстоятельства n/pl.; условия n/pl.; 2. ставить условия; обусловливать [-овить]; ~al [-l] □ условный.

condol|e [kən'doul] соболезновать (with Д); ~ence [-əns] соболезнование.

conduc|e [kən'dju:s] способствовать (to Д); ~ive [-iv] способствующий.

conduct 1. ['kɔndəkt] поведение; 2. [kən'dʌkt] вести себя; руководить (делом); ♪ дирижировать; ~ion [-kʃən] ⊕ проводимость f; ~or [kən'dʌktə] кондуктор (трамвая и т. п.); Am. 🚃 вагоновожатый; ♪ дирижёр.

conduit ['kɔndjuit, 'kɔndit] трубопровод.

cone [koun] конус; ♣ шишка.

confabulation [kɔnfæbju'leiʃən] болтовня.

confection [kən'fekʃən] сласти f/pl.; ~er [-ə] кондитер; ~ery [-əri] кондитерская; кондитерские изделия n/pl.

confedera|cy [kən'fedərəsi] конфедерация; союз; ~te 1. [-rit] федеративный, союзный; 2. [-rit] член конфедерации, союзник; 3. [-reit] объединять в союз; ~tion [kɔnfedə'reiʃən] конфедерация; союз.

confer [kən'fə:] v/t. даровать; присуждать [-удить]; v/i. совещаться; ~ence ['kɔnfərəns] конференция; съезд; совещание.

confess [kən'fes] призн(ав)аться, созн(ав)аться в (П); исповедов)ать(ся); ~ion [-ʃən] признание; исповедь f; вероисповедание; ~ional [-ʃənl] исповедальня f; ~or [-sə] исповедник.

confide [kən'faid] доверять (in Д); вверять [вверить]; полагаться [положиться] (in на В); ~nce ['kɔnfidəns] доверие; уверенность f; ~nt ['kɔnfidənt] □ уверенный; ~ntial [kɔnfi'denʃəl] □ конфиденциальный; секретный.

confine [kən'fain] ограничи(ва)ть; заключать [-чить] (в тюрьму); be ~d рожать [родить] (of В); ~ment [-mənt] ограничение; заключение; роды m/pl.

confirm [kən'fə:m] подтверждать [-рдить]; поддерживать [-жать]; ~ation [kɔnfə'meiʃən] подтверждение; eccl. конфирмация.

confiscat|e ['kɔnfiskeit] конфисковать (im)pf.; ~ion [kɔnfis'keiʃən] конфискация.

conflagration [kɔnflə'greiʃən] сожжение; бушующий пожар.

conflict 1. ['kɔnflikt] конфликт; столкновение; 2. [kən'flikt] быть в конфликте.

conflu|ence ['kɔnfluəns] слия́ние (рек); стече́ние наро́да; **~ent** [-fluənt] 1. слива́ющийся; 2. прито́к (реки́).

conform [kən'fɔ:m] согласо́вываться [-сова́ться] (to с Т); подчиня́ться [-ни́ться] (to Д); **~able** [-əbl] □ (to) соотве́тствующий (Д); подчиня́ющийся (Д); **~ity** [-iti] соотве́тствие; подчине́ние.

confound [kən'faund] [с]пу́тать; поража́ть [порази́ть], приводи́ть в смуще́ние.

confront [kən'frʌnt] стоя́ть лицо́м к лицу́ с (Т); слича́ть [-чи́ть] (with с Т).

confus|e [kən'fju:z] сме́шивать [-ша́ть]; смуща́ть [-ути́ть]; **~ion** [kən'fju:ʒən] смуще́ние; беспоря́док.

confut|ation [kɔnfju:'teiʃən] опроверже́ние; **~e** [kən'fju:t] опроверга́ть [-ве́ргнуть].

congeal [kən'dʒi:l] засты(ва́)ть.

congenial [kən'dʒi:niəl] □ бли́зкий по ду́ху; благоприя́тный.

congestion [kən'dʒestʃən] перегру́женность f; перенаселённость f.

conglomeration [kɔn'glɔmə''reiʃən]накопле́ние, скопле́ние.

congratulat|e [kən'grætjuleit] поздравля́ть [-а́вить] (on с Т); **~ion** [kəngrætju'leiʃən] поздравле́ние.

congregat|e ['kɔngrigeit] соб(и)ра́ть(ся); **~ion** [kɔngri'geiʃən] собра́ние; *eccl.* прихожа́не *m/pl.*.

congress ['kɔngres] конгре́сс; съезд.

congruous ['kɔngruəs] □ соотве́тствующий; гармони́рующий (to с Т).

conifer ['kounifə] хво́йное де́рево.

conjecture [kən'dʒektʃə] 1. дога́дка, предположе́ние; 2. предполага́ть [-ложи́ть].

conjoin [kən'dʒɔin] соединя́ть(ся) [-ни́ть(ся)]; сочета́ть(ся) *(im)pf.*; **~t** [-t] о́бщий; объединённый.

conjugal ['kɔndʒugəl] □ супру́жеский, бра́чный.

conjunction [kən'dʒʌŋkʃən] соедине́ние, связь f.

conjur|e **1.** ['kʌndʒə] *v/t.* вызыва́ть [вы́звать], заклина́ть [-ля́сть] (ду́хов); изгоня́ть ду́хов; **~** up *fig.* вызыва́ть в воображе́нии; *v/i.* занима́ться ма́гией; пока́зывать фо́кусы; **2.** [kən'dʒuə] умоля́ть [-ли́ть], заклина́ть; **~er, ~or** [-rə] волше́бник; фо́кусник.

connect [kə'nekt] соединя́ть(ся) [-ни́ть(ся)]; свя́зывать(ся) [-за́ть(ся)]; *ℰ* соединя́ть [-ни́ть]; **~ed** [-id] □ свя́занный; свя́зный (о ре́чи); be **~** with име́ть свя́зи (с Т); *~ion s.* connexion.

connexion [kə'nekʃən] связь f; соедине́ние; родство́.

connive [kə'naiv]: **~** at потворство-

ва́ть (Д), смотре́ть сквозь па́льцы на (В).

connoisseur [kɔni'sə:] знато́к.

connubial [kə'nju:biəl] □ бра́чный.

conquer ['kɔŋkə] завоёвывать [-ева́ть]; побежда́ть [победи́ть]; **~able** [-rəbl] победи́мый; **~or** [-rə] победи́тель(ница *f*) *m*; завоева́тель(ница *f*) *m*.

conquest ['kɔŋkwest] завоева́ние; побе́да.

conscience ['kɔnʃəns] со́весть *f*.

conscientious [kɔnʃi'enʃəs] □ добросо́вестный; **~ness** [-nis] добросо́вестность *f*.

conscious ['kɔnʃəs] □ созна́тельный; сознаю́щий; **~ness** [-nis] созна́ние; созна́тельность *f*.

conscript ['kɔnskript] ✕ призывни́к; **~ion** [kən'skripʃən] ✕ во́инская пови́нность *f*.

consecrat|e ['kɔnsikreit] освяща́ть [-яти́ть]; посвяща́ть [-яти́ть]; **~ion** [kɔnsi'kreiʃən] освяще́ние; посвяще́ние.

consecutive [kən'sekjutiv] □ после́довательный.

consent [kən'sent] **1.** согла́сие; **2.** соглаша́ться [-ласи́ться].

consequen|ce ['kɔnsikwəns] (по-)сле́дствие; вы́вод, заключе́ние; **~t** [-kwənt] **1.** после́довательный; **2.** (по)сле́дствие; **~tial** [kɔnsi'kwenʃəl] □ логи́чески вытека́ющий; ва́жный; **~tly** ['kɔnsikwəntli] сле́довательно; поэ́тому.

conserv|ation [kɔnsə'veiʃən] сохране́ние; **~ative** [kən'sə:vətiv] **1.** □ консервати́вный; охрани́тельный; **2.** *pol.* консерва́тор; **~atory** [-tri] оранжере́я; *♪* консервато́рия; **~e** [kən'sə:v] сохраня́ть [-ни́ть].

consider [kən'sidə] *v/t.* обсужда́ть [-уди́ть]; обду́м(ыв)ать; полага́ть, счита́ть; счита́ться с (Т); *v/i.* соображе́ть [-рази́ть]; **~able** [-rəbl] □ значи́тельный; ва́жный; большо́й; **~ate** [-rit] □ внима́тельный (к Д); **~ation** [kənsidə'reiʃən] обсужде́ние; соображе́ние; внима́ние; on no **~** ни под каки́м ви́дом; **~ing** [kən'sidəriŋ] *prp.* учи́тывая (В), принима́я во внима́ние (В).

consign [kən'sain] перед(ав)а́ть; поруча́ть [-чи́ть]; ✝ посыла́ть (груз) на консигна́цию; **~ment** [-ment] па́ртия това́ров; консаме́нт.

consist [kən'sist] состоя́ть (of из Р); заключа́ться (in в П); **~ence, ~ency** [-əns, -ənsi] логи́чность *f*; пло́тность *f*; **~ent** [-ənt] □ пло́тный; после́довательный; согла́сующийся (with с Т).

consol|ation [kɔnsə'leiʃən] утеше́ние; **~e** [kən'soul] утеша́ть [уте́шить].

consolidate [kən'sɔlideit] подтверждать [-рдить]; объединять (-ся) [-нить(ся)]; консолидировать (займы) (*im*)*pf*.

consonan|ce ['kɔnsənəns] созву́чие; согла́сие; ~t [-nənt] □ согла́сный (*a.* noun); совмести́мый.

consort ['kɔnsɔ:t] супру́г(а).

conspicuous [kən'spikjuəs] □ заме́тный, броса́ющийся в глаза́.

conspir|acy [kən'spirəsi] за́говор; ~ator [-tə] загово́рщик (-ица); ~e [kən'spaiə] устра́ивать за́говор; сгова́риваться [-вори́ться].

constab|le ['kʌnstəbl] констебль *m*, полице́йский; ~ulary [kən'stæbjuləri] поли́ция.

constan|cy ['kɔnstənsi] постоя́нство; ве́рность *f*; ~t ['kɔnstənt] □ постоя́нный; ве́рный.

consternation [kɔnstə'neiʃən] оцепене́ние (от стра́ха).

constipation [kɔnsti'peiʃən] 𝓈 запо́р.

constituen|cy [kən'stitjuənsi] избира́тельный о́круг; избира́тели *m*/*pl.*; ~t [-ənt] существенный; учреди́тельный; 2. избира́тель *m*; составна́я часть *f*.

constitut|e ['kɔnstitjut] составля́ть [-а́вить]; осно́вывать [-нова́ть]; ~ion [kɔnsti'tju:ʃn] конститу́ция; учрежде́ние; телосложе́ние; соста́в; ~ional [-l] □ конституцио́нный; органи́ческий.

constrain [kən'strein] принужда́ть [-ну́дить]; сде́рживать [-жа́ть]; ~t [-t] принужде́ние; принуждённость *f*.

constrict [kən'strikt] стя́гивать [стяну́ть]; сж(им)а́ть; ~ion [kən-'strikʃən] сжа́тие; стя́гивание.

construct [kən'strʌkt] [по]стро́ить; сооружа́ть [-уди́ть]; *fig.* созд(ав)а́ть; ~ion [-kʃən] строи́тельство, стро́йка; строе́ние; ~ive [-tiv] конструкти́вный; твор́ческий; ~or [-tə] строи́тель *m*.

construe [kən'stru:] истолко́вывать [-кова́ть]; *gr.* де́лать синтакси́ческий разбо́р.

consul ['kɔnsəl] ко́нсул; ~ general генера́льный ко́нсул; ~ate ['kɔnsjulit] ко́нсульство.

consult [kən'sʌlt] *v*/*t.* спра́шивать сове́та у (P); *v*/*i.* [по]сове́товаться, совеща́ться; ~ation [kɔnsəl'teiʃən] консульта́ция; конси́лиум (враче́й); ~ative [kən'sʌltətiv] совеща́тельный.

consum|e [kən'sju:m] *v*/*t.* потребля́ть [-би́ть]; [из]расхо́довать; ~er [-ə] потреби́тель *m*.

consummate 1. [kən'sʌmit] □ соверше́нный, зако́нченный; 2. ['kɔnsʌmeit] доводи́ть до конца́; заверша́ть [-ши́ть].

consumpti|on [kən'sʌmpʃən] потребле́ние, расхо́д; 𝓈 туберкулёз лёгких; ~ve [-tiv] □ туберкулёзный, чахо́точный.

contact ['kɔntækt] конта́кт; соприкоснове́ние.

contagi|on [kən'teidʒən] 𝓈 зара́за, инфе́кция; ~ous [-dʒəs] □ зарази́тельный, инфекцио́нный.

contain [kən'tein] содержа́ть (в себе́), вмеща́ть [-ести́ть]; ~ o. s. сде́рживаться [-жа́ться]; ~er [-ə] вмести́лище; конте́йнер.

contaminate [kən'tæmineit] загрязня́ть [-ни́ть]; *fig.* заража́ть [зарази́ть]; оскверня́ть [-ни́ть].

contemplat|e ['kɔntempleit] созерца́ть; обду́м(ыв)ать; ~ion [kɔntem'pleiʃən] созерца́ние; размышле́ние; ~ive [kən'templətiv] □ созерца́тельный.

contempora|neous [kəntempə'reinjəs] □ совреме́нный; одновреме́нный; ~ry [kən'tempərəri] 1. совреме́нный; одновреме́нный; 2. совреме́нник (-ица).

contempt [kən'tempt] презре́ние (for к Д); ~ible [-əbl] □ презре́нный; ~uous [-juəs] □ презри́тельный.

contend [kən'tend] *v*/*i.* боро́ться; сопе́рничать; *v*/*t.* утвержда́ть.

content [kən'tent] 1. дово́льный; 2. удовлетворя́ть [-ри́ть]; 3. дово́льство; 4. ['kɔntent] содержа́ние; объём; ~ed [kən'tentid] □ дово́льный, удовлетворённый.

contention [kən'tenʃən] спор, ссо́ра.

contentment [kən'tentmənt] дово́льство.

contest 1. ['kɔntest] соревнова́ние; 2. [kən'test] оспа́ривать [оспо́рить]; доби(ва́)ться (ме́ста); отста́ивать [отстоя́ть] (террито́рию).

context ['kɔntekst] конте́кст.

contiguous [kən'tiguəs] □ сме́жный, соприкаса́ющийся (to с Т).

continent ['kɔntinənt] 1. □ сде́ржанный; целому́дренный; 2. мате́рик, контине́нт.

contingen|cy [kən'tindʒənsi] слу́чайность *f*; непредви́денное обстоя́тельство; ~t [-dʒənt] 1. □ случа́йный, непредви́денный; 2. ✕, ✝ континге́нт.

continu|al [kən'tinjuəl] □ беспреры́вный, беспреста́нный; ~ance [-juəns] продолжи́тельность *f*; ~ation [kəntinju'eiʃən] продолже́ние; ~e [kən'tinju:] *v*/*t.* продолжа́ть [-до́лжить]; to be ~d продолже́ние сле́дует; *v*/*i.* продолжа́ться [-до́лжиться]; простира́ться; ~ity [kɔntin'juiti] непреры́вность *f*; ~ous [kən'tinjuəs] □ непреры́вный; сплошно́й.

contort [kən'tɔ:t] искажа́ть [искази́ть]; ~ion [kən'tɔ:ʃən] искаже́ние; искривле́ние.

contour ['kɔntuə] ко́нтур, очерта́ние.

contraband ['kɔntrəbænd] контрабанда.

contract 1. [kən'trækt] v/t. сокращать [-ратить]; сж(им)ать; заключать [-чить] (сделку, дружбу); заводить [-вести](знакомство); вступать [-пить] в (брак); v/i. сокращаться [-ратиться]; сж(им)аться (-ся); **2.** ['kɔntrækt] контракт, договор; **~ion** [kən'trækʃən] сжатие; сокращение; **~or** [-tə] подрядчик.

contradict [kɔntrə'dikt] противоречить (Д); **~ion** [kɔntrə'dikʃən] противоречие; **~ory** [-təri] □ противоречивый.

contrar|iety [kɔntrə'raiəti] разногласие, противоречие; **~y** ['kɔntrəri] **1.** противоположный; **~ to** prp. вопреки (Д), против (Р); **2.** обратное; on the **~** наоборот.

contrast 1. ['kɔntræst] противоположность f, контраст; **2.** [kən'træst] сопоставлять [-авить], противополагать [-ложить]; составлять контраст.

contribut|e [kən'tribju:t] содействовать, способствовать; [по]жертвовать; сотрудничать (to в П); **~ion** [kɔntri'bju:ʃən] вклад; взнос; статья; сотрудничество; **~or** [kən-'tribjutə] сотрудник (-ица), **~ory** [-təri] содействующий; сотрудничающий.

contrit|e ['kɔntrait] □ сокрушающийся, кающийся; **~ion** [kən'triʃən] раскаяние.

contriv|ance [kən'traivəns] выдумка; изобретение; **~e** [kən'traiv] v/t. придум(ыв)ать; изобретать [-ести]; затевать [-еять]; v/i. ухитряться [-риться]; умудряться [-риться]; **~er** [-ə] изобретатель (ница f) m.

control [kən'troul] **1.** руководство; надзор; контроль m; **2.** управлять (Т); [про]контролировать, регулировать (im)pf.; сдерживать [-жать] (чувства, слёзы); **~ler** [-ə] контролёр, инспектор.

controver|sial [kɔntrə'və:ʃəl] □ спорный; **~sy** ['kɔntrəvə:si] спор, дискуссия, полемика; **~t** ['kɔntrəvə:t] оспаривать [оспорить].

contumacious [kɔntju'meiʃes] □ упорный; непокорный; **t's** неподчиняющийся распоряжению суда.

contumely ['kɔntjum(i)li] оскорбление; дерзость f; бесчестье.

convalesce [kɔnvə'les] выздоравливать [выздороветь]; **~nce** [-ns] выздоровление; **~nt** [-nt] □ выздоравливающий.

convene [kən'vi:n] соз(ы)вать; соб(и)раться(ся); созывать [вызвать] (в суд).

convenien|ce [kən'vi:njəns] удобство; at your earliest как можно скорее; **~t** [-jənt] □ удобный.

convent ['kɔnvənt] монастырь m; **~ion** [kən'venʃən] собрание; съезд; соглашение; обычай.

converge [kən'və:dʒ] сходиться [сойтись]; сводить в одну точку.

convers|ant ['kɔnvəsənt] сведущий; **~ation** [kɔnvə'seiʃn] разговор, беседа; **~ational** [-l] разговорный; **~e** [kən'və:s] разговаривать, беседовать; **~ion** [kən'və:ʃən] превращение; изменение; ⊕ переработка, превращение; ⚡ трансформирование; eccl. обращение в другую веру; ✝ конверсия.

convert 1. ['kɔnvə:t] новообращённый; **2.** [kən'və:t] превращать [-атить]; ⊕ перебатывать [-ботать]; ⚡ трансформировать (im)pf.; eccl. обращать [-ратить] (в другую веру); ✝ конвертировать (im)pf.; **~er** [-ə] ⚡ конвертер; **~ible** [-əbl] □ изменяемый; обратимый; ✝ подлежащий конверсии.

convey [kən'vei] перевозить [-везти], переправлять [-править]; перед(ав)ать; **~ance** [-əns] перевозка; доставка; **~or** [-ə] ⊕ (или **~ belt**) конвейер; транспортёр.

convict 1. ['kɔnvikt] осуждённый; каторжник; **2.** [kən'vikt] признавать виновным; изобличать [-чить]; **~ion** [kən'vikʃən] **t's** осуждение; убеждение.

convince [kən'vins] убеждать [убедить] (of в П).

convocation [kɔnvo'keiʃən] созыв; собрание.

convoke [kən'vouk] соз(ы)вать.

convoy 1. ['kɔnvɔi] конвой; сопровождение; **2.** [kən'vɔi] сопровождать; конвоировать.

convuls|ion [kən'vʌlʃən] колебание (почвы); судорога; **~ive** [-siv] □ судорожный.

coo [ku:] ворковать.

cook [kuk] **1.** кухарка, повар; **2.** [co]стряпать, [при]готовить; **~ery** ['kukəri] кулинария; стряпня; **~ie**, **~y** ['kuki] Am. печенье.

cool [ku:l] **1.** прохладный; fig. хладнокровный; невозмутимый; b. s. дерзкий, нахальный; **2.** прохлада; хладнокровие; **3.** охлаждать(ся) [охладить(ся)]; осты(ва)ть.

coolness ['ku:lnis] холодок; прохлада; хладнокровие.

coop [ku:p] **1.** курятник; **2.** **~ up** или **in** держать взаперти.

cooper ['ku:pə] бондарь m.

co-operat|e [kou'ɔpəreit] сотрудничать; [с]трудиться; **~ion** [kouɔpə'reiʃən] кооперация; сотрудничество; **~ive** [kou'ɔpərətiv] совместный, объединённый; **~ society** кооперативное общество; **~or** [-eitə] сотрудник; кооператор.

co-ordinat|e 1. [kou'ɔ:dnit] □ неподчинённый; равный; **2.** [-neit]

координи́ровать *(im)pf.*; согласо́-вывать [-ова́ть]; **~ion** [kou'ɔ:di-'neiʃən] координа́ция.

cope [koup]: ~ with справля́ться [-а́виться] с (Т).

copious ['koupjəs] ☐ оби́льный; **~ness** [-nis] оби́лие.

copper ['kɔpə] 1. медь *f*; ме́дная моне́та; 2. ме́дный; **~y** [-ri] цве́та ме́ди.

coppice, copse ['kɔpis, kɔps] ро́ща.

copy ['kɔpi] 1. ко́пия; ру́копись *f*; экземпля́р; 2. перепи́сывать [-са́ть]; снима́ть ко́пию с (Р); **~-book** тетра́дь *f*; **~ing** ['kɔpiiŋ] перепи́сывание; **~ist** ['kɔpiist] перепи́счик; подража́тель *m*; **~right** [-rait] а́вторское пра́во.

coral ['kɔrəl] кора́лл.

cord [kɔːd] 1. верёвка, шнуро́к; *anat.* свя́зка; 2. свя́зывать [-за́ть]; **~ed** ['kɔːdid] ру́бчатый (о мате́рии).

cordial ['kɔːdiəl] 1. ☐ серде́чный, и́скренний; 2. стимули́рующее (серде́чное) сре́дство; **~ity** [kɔ:-di'æliti] серде́чность *f*, раду́шие.

cordon ['kɔːdən] 1. кордо́н; 2. ~ off отгора́живать [-роди́ть].

corduroy ['kɔːdərɔi, -dju] ру́бчатый плис, вельве́т; **~s** *pl.* пли́совые *(or* вельве́товые) штаны́ *m/pl.*

core [kɔː] 1. сердцеви́на; вну́тренность *f*; *fig.* суть *f*; 2. вырезывать сердцеви́ну из (Р).

cork [kɔːk] 1. про́бка; 2. затыка́ть про́бкой; **~jacket** спаса́тельный жиле́т; **~screw** што́пор.

corn [kɔːn] зерно́; хлеба́ *m/pl.*; *Am.* кукуру́за, маис; ♂ мозо́ль *f*.

corner ['kɔːnə] 1. у́гол; 2. ♦ ску́пка това́ра; 3. *fig.* загна́ть в тупи́к; припере́ть к стене́; ♦ скупа́ть това́р.

cornet ['kɔːnit] ♪ корне́т, корне́т-а-писто́н.

cornice ['kɔːnis] ⚐ карни́з.

coron|ation [kɔrə'neiʃən] корона́ция; **~et** ['kɔrənit] коро́на, диаде́ма.

corpor|al ['kɔːpərəl] 1. ☐ теле́сный; 2. ✕ капра́л; **~ation** [kɔːpə-'reiʃən] корпора́ция; муниципалите́т; *Am.* акционе́рное о́бщество.

corpse [kɔːps] труп.

corpulen|ce, ~cy ['kɔːpjuləns] доро́дность *f*, ту́чность *f*; **~t** [-lənt] доро́дный, ту́чный.

corral *Am.* [kɔ'rɑːl] 1. заго́н (для скота́); 2. загоня́ть [загна́ть].

correct [kə'rekt] 1. ☐ пра́вильный, ве́рный, то́чный; 2. *v/t.* исправля́ть [-а́вить], [про]корректи́ровать; **~ion** [kə'rekʃən] исправле́ние, попра́вка; house of ~ исправи́тельный дом.

correlate ['kɔrileit] устана́вливать соотноше́ние.

correspond [kɔris'pɔnd] соотве́тствовать (with, to Д); согласо́вываться [-сова́ться] (с Т); перепи́сываться (с Т); **~ence** [-əns] соотве́тствие, соотноше́ние; перепи́ска; **~ent** [-ənt] 1. ☐ соотве́тствующий; 2. корреспонде́нт(ка).

corridor ['kɔridɔː] коридо́р; ~ train по́езд, состоя́щий из ваго́нов, соединённых та́мбурами.

corroborate [kə'rɔbəreit] подде́рживать [-жа́ть]; подтвержда́ть [-рди́ть].

corro|de [kə'roud] разъеда́ть [-е́сть]; [за]ржаве́ть; **~sion** [kə-'rouʒən] корро́зия; ржа́вчина; окисле́ние; **~sive** [-siv] 1. ☐ е́дкий; 2. е́дкое вещество́.

corrugate ['kɔrugeit] смо́рщи-(ва)ть(ся); ⊕ де́лать рифлёным, волни́стым; **~d iron** рифлёное желе́зо.

corrupt [kə'rʌpt] 1. ☐ испо́рченный; искажённый; развращённый; 2. *v/t.* искажа́ть [-зи́ть]; развраща́ть [-рати́ть]; подкупа́ть [-пи́ть]; *v/i.* [ис]по́ртиться; искажа́ться [-зи́ться]; **~ible** [kə'rʌp-təbl] ☐ подку́пно́й; **~ion** [-ʃən] по́рча; искаже́ние; прода́жность *f*.

corsage [kɔː'sɑːʒ] корса́ж.

corset ['kɔːsit] корсе́т.

co-signatory ['kou'signətəri] 1. лицо́, подписа́вшее соглаше́ние совме́стно с други́ми; 2. подпи́сывающий соглаше́ние совме́стно с други́ми.

cosmetic [kɔz'metik] 1. космети́ческий; 2. косме́тика.

cosmopolit|an [kɔzmo'pɔlitən] космополити́ческий; **~e** [kɔz'mɔ-pəlait] 1. космополи́т(ка); 2. космополити́ческий.

cost [kɔst] 1. цена́, сто́имость *f*; first *или* prime ~ фабри́чная себесто́имость *f*; 2. [*irr.*] сто́ить.

cost|liness ['kɔstlinis] дорогови́зна; **~y** [-li] дорого́й, це́нный.

costume ['kɔstjuːm] (национа́льный и́ли маскара́дный) костю́м.

cosy ['kouzi] 1. ☐ ую́тный; 2. стёганный чехо́л (для ча́йника).

cot [kɔt] де́тская крова́ть *f*; ♠ ко́йка.

cottage ['kɔtidʒ] котте́дж; изба́; *Am.* ле́тняя да́ча; ~ piano небольшо́е пиани́но *n indecl.*

cotton ['kɔtn] 1. хло́пок; хлопча́тая бума́га; ♦ си́тец; ни́тка; 2. хлопчатобума́жный; ~ wool ва́та; 3. F сдружи́ться (with to с Т) *pf.*

couch [kautʃ] 1. куше́тка; ло́говище; 2. *v/t.* излага́ть [изложи́ть]; [с]формули́ровать; *v/i.* лежа́ть, притаи́ться *pf.* (о зверя́х).

cough [kɔːf, kɔf] 1. ка́шель *m*; 2. ка́шлять [кашляну́ть].

could [kud] *pt.* от can.

council ['kaunsl] совет; ~(l)or [-silə] член совета; советник.

counsel ['kaunsəl] 1. обсуждение, совещание; ⚖ адвокат; ~ for the prosecution обвинитель *m*; 2. давать совет (Д); ~(l)or [-ə] советник; *Am.* адвокат.

count[1] [kaunt] 1. счёт, подсчёт; итог; ⚖ статья в обвинительном акте; 2. *v/t.* [co]считать; подсчитывать [-итать]; зачислять [-ислить]; *v/i.* считаться; иметь значение.

count[2] [~] граф (не английский).

countenance ['kauntinəns] 1. лицо; самообладание; поддержка; 2. поддерживать [-жать], поощрять [-рить].

counter[1] ['kauntə] прилавок; стойка; таксометр; счётчик; фишка.

counter[2] [~] 1. противоположный (to Д); встречный; 2. *adv.* обратно; напротив, 3. (вос)противиться (Д); (в боксе) наносить встречный удар.

counteract [kauntə'rækt] противодействовать (Д); нейтрализовать (*im*)*pf.*

counterbalance 1. ['kauntəbæləns] противовес; 2. [kauntə'bæləns] уравновешивать [-весить]; служить противовесом (Д).

counter-espionage ['kauntər'espiə-'naːʒ] контрразведка.

counterfeit ['kauntəfit] 1. поддельный, подложный; 2. подделка; 3. поддел(ыв)ать; обманывать [-нуть].

countermand 1. ['kauntə'maːnd] контрприказ; 2. [kauntə'maːnd] отменять [-нить] (заказ, приказ); отзывать [отозвать] (лицо, воинскую часть).

counter-move ['kauntəmuːv] *fig.* ответная мера.

counterpane [-pein] покрывало, стёганое одеяло.

counterpart [-paːt] копия; двойник; ~s люди или вещи, взаимно дополняющие друг друга.

counterpoise [-pɔiz] 1. противовес; равновесие; 2. держать равновесие; (*a. fig.*) уравновешивать [-есить].

countersign [-sain] 1. контрассигновка; ✗ пароль *m*; 2. скреплять [-пить] (подписью).

countervail [-veil] противостоять (Д); уравновешивать [-есить].

countess ['kauntis] графиня.

counting-house ['kauntiŋhaus] контора.

countless ['kauntlis] бесчисленный, несчётный.

country ['kʌntri] 1. страна; местность *f*; деревня; 2. деревенский; ~man [-mən] крестьянин; земляк; ~side [-'said] сельская местность *f*; сельское население.

county ['kaunti] графство; *Am.* округ. [т. п.).)

coup [kuː] удачный ход (удар и

couple ['kʌpl] 1. пара; свора; 2. соединять [-нить]; ассоциировать (*im*)*pf.*; ⊕ сцеплять [-пить]; ~r [-ə] *radio* устройство связи.

coupling ['kʌpliŋ] совокупление; ⊕ муфта; сцепление; *radio* связь *f*.

coupon ['kuːpɔn] купон, талон.

courage ['kʌridʒ] мужество, смелость *f*, храбрость *f*, отвага; ~ous [kə'reidʒəs] □ мужественный, смелый, храбрый.

courier ['kuriə] курьер, нарочный.

course [kɔːs] 1. направление, курс; ход; течение; блюдо (за обедом); of ~ конечно; 2. *v/t.* гнаться за (Т); охотиться (с гончими) на (В) or за (Т); *v/i.* бегать, [по]бежать.

court [kɔːt] 1. двор (*a. fig.*); суд; pay (one's) ~ ухаживать (to за Т); 2. ухаживать за (Т); искать расположения (Р); ~eous ['kɔːtiəs] □ вежливый, учтивый; ~esy ['kɔː-tisi] учтивость *f*, вежливость *f*; ~ier ['kɔːtjə] придворный; ~ly [-ly] вежливый; ~-martial ✗ 1. военный трибунал; 2. судить военным судом; ~ship [-ʃip] ухаживание; ~yard двор.

cousin ['kʌzn] двоюродный брат, двоюродная сестра.

cove [kouv] (маленькая) бухта; *fig.* убежище.

covenant ['kʌvinənt] 1. ⚖ договор, завет; 2. соглашаться [-ласиться].

cover ['kʌvə] 1. крышка, обёртка; покрывало; переплёт; конверт; ✗ укрытие; *fig.* покров; ⊕ кожух; *mot.* покрышка; 2. покры(ва)ть (*a.* ✝); прикры(ва)ть; скры(ва)ть; ~ing [-riŋ] (по)крышка; обшивка; облицовка.

covert ['kʌvət] 1. □ прикрытый, тайный; 2. убежище для дичи.

covet ['kʌvit] жаждать (Р); ~ous [-əs] □ жадный, алчный; скупой.

cow[1] [kau] корова.

cow[2] [~] запугивать [-гать]; терроризовать (*im*)*pf.*

coward ['kauəd] 1. □ трусливый; малодушный, робкий; 2. трус (-иха); ~ice [-is] трусость *f*; малодушие; ~ly [-li] трусливый.

cowboy ['kaubɔi] пастух; *Am.* ковбой.

cower ['kauə] съёжи(ва)ться.

cowl [kaul] капюшон.

coxcomb ['kɔkskoum] ⚘ петуший гребешок; фат.

coxswain ['kɔkswein, *mst* 'kɔksn] рулевой.

coy [kɔi] □ застенчивый, скромный.

crab [kræb] *zo.* краб; ⊕ лебёдка, ворот; F ворчливый человек.

crab-louse ['kræblaus] площица.

crack [kræk] **1.** треск; трещина; щель *f*; расселина; F удар; *Am.* саркастическое замечание; *Am.* at ~ of day на заре; **2.** F первоклассный; **3.** *v/t.* раскалывать [-колоть], колоть; ~ a joke отпустить шутку; *v/i.* производить треск, шум; трескаться [треснуть], раскалываться [-колоться]; ломаться (о голосе); ~ed [krækt] треснувший; F выживший из ума; ~er ['krækə] хлопушка-конфета; *Am.* тонкое сухое печенье; ~le ['krækl] потрескивание; треск.

cradle ['kreidl] **1.** колыбель *f*; *fig.* начало; младенчество; **2.** убаюк(ив)ать.

craft [krɑːft] ловкость; сноровка; ремесло; судно (*pl.* суда); ~sman ['krɑːftsmən] мастер; ремесленник; ~y ['krɑːfti] □ ловкий, искусный; хитрый.

crag [kræg] скала, утёс.

cram [kræm] впихивать [-хнуть]; переполнять [-олнить]; [на]пичкать; F [за]зубрить.

cramp [kræmp] **1.** судорога, спазмы *f/pl.*; ⊕ зажим, скоба; **2.** вызывать судорогу у (Р), стеснять [-нить] (развитие); суживать [сузить] (поле действия).

cranberry ['krænbəri] клюква.

crane [krein] **1.** журавль *m*; ⊕ подъёмный кран; **2.** поднимать краном; вытягивать шею.

crank [kræŋk] **1.** рукоятка; причуда; человек с причудами; **2.** заводить рукояткой (автомобиль и т. п.); ~shaft ⊕ коленчатый вал; ~y ['kræŋki] неисправный (механизм); капризный; эксцентричный.

cranny ['kræni] щель *f*, трещина.

crape [kreip] креп; траур.

crash [kræʃ] **1.** грохот, треск; ✈ авария; ✝ крушение; ✝ крах; **2.** падать, рушиться с треском; разби(ва)ть(ся); ✈ потерпеть аварию.

crater ['kreitə] кратер; ✗ воронка.

crave [kreiv] *v/t.* настоятельно просить; *v/i.* страстно желать, жаждать (for P).

crawfish ['krɔːfiʃ] речной рак.

crawl [krɔːl] **1.** ползание; *fig.* пресмыкательство; **2.** пресмыкаться; ползать, [по]ползти.

crayfish ['kreifiʃ] речной рак.

crayon ['kreiən] цветной карандаш; пастель *f* (карандаш); пастельный рисунок.

craz|e [kreiz] **1.** мания; F мода, повальное увлечение; be the ~ быть в моде; **2.** сводить с ума; сходить с ума; ~y ['kreizi] □ помешанный; шаткий.

creak [kriːk] **1.** скрип; **2.** [за]скрипеть.

cream [kriːm] **1.** сливки *f/pl.*; крем; самое лучшее; **2.** снимать сливки с (Р); ~ery ['kriːməri] маслобойня; молочная; ~y ['kriːmi] □ сливочный; кремовый.

crease [kriːs] **1.** складка; сгиб; **2.** [с]мять(ся); загибать [загнуть].

creat|e [kriːˈeit] [со]творить; созд(ав)ать; ~ion [-ʃən] создание, (со)творение; ~ive [-tiv] творческий; ~or [-tə] создатель *m*, творец; ~ure ['kriːtʃə] создание; существо; тварь *f*.

creden|ce ['kriːdəns] вера, доверие; ~tials [kri'denʃəlz] *pl.* верительные грамоты *f/pl.*, документы *m/pl.*

credible ['kredibl] □ заслуживающий доверие, вероятный.

credit ['kredit] **1.** доверие; хорошая репутация; ✝ кредит; **2.** верить, доверять (Д); ✝ кредитовать (*im*)*pf.*; ~ a p. with a th. приписывать кому-либо что-либо; ~able ['kreditəbl] □ похвальный; ~or [-tə] кредитор.

credulous ['kredjuləs] □ легковерный, доверчивый.

creed [kriːd] вероучение; кредо *indecl. n.*

creek [kriːk] бухта; залив; рукав реки; *Am.* приток; ручей.

creep [kriːp] [*irr.*] ползать, [по]ползти; виться (о растениях); красться; *fig.* ~ in вкрадываться [вкрасться]; ~er ['kriːpə] вьющееся растение.

crept [krept] *pt.* и *p. pt.* от creep.

crescent ['kresnt] **1.** растущий; ['kreznt] серповидный; **2.** полумесяц.

crest [krest] гребешок (петуха); хохолок (птицы); гребень *m* (волны, горы, шлема); ~fallen ['krestfɔːlən] упавший духом; унылый.

crevasse [kri'væs] расселина (в леднике); *Am.* прорыв плотины.

crevice ['krevis] щель *f*, расщелина, трещина.

crew[1] [kruː] бригада, артель рабочих; ⚓ судовая команда.

crew[2] [-] *pt.* от crow.

crib [krib] **1.** ясли *m/pl.*, кормушка; детская кроватка; *school:* шпаргалка; **2.** помещать в тесное помещение; F списывать тайком.

cricket ['krikit] *zo.* сверчок; крикет (игра); F not ~ не по правилам, нечестно.

crime [kraim] преступление.

crimina|l ['kriminəl] **1.** преступник; **2.** преступный; криминальный, уголовный; ~lity [krimi'næliti] преступность *f*; виновность *f*.

crimp [krimp] гофрировать (*im*)*pf.*

crimson ['krimzn] **1.** багровый, малиновый **2.** [по]краснеть.

cringe [krindʒ] раболепствовать.

crinkle ['kriŋkl] **1.** складка; морщи́на; 2. [c]мо́рщиться; зави́(ва́)ться; [по]мя́ться.

cripple ['krɪpl] 1. кале́ка *m/f*, инвали́д; 2. [ис]кале́чить, [из]уро́довать; *fig.* парализова́ть (*im*)*pf.*

crisp [krɪsp] 1. кудря́вый; хрустя́щий; све́жий (о во́здухе); 2. зави́(ва́)ть(ся); хрусте́ть [хру́стнуть]; покрыва́ться ря́бью (о реке́ и т. п.).

criss-cross ['krɪskrɔs] 1. *adv.* крест-на́крест; вкось; 2. перекре́щивать [-крести́ть].

criteri|on [kraɪ'tɪərɪən], *pl.* ~a [-rɪə] крите́рий, мери́ло.

criti|c ['krɪtɪk] кри́тик; ~cal ['krɪtɪkəl] □ крити́ческий; разбо́рчивый; ~cism [-sɪzm] кри́тика; реце́нзия; ~que [krɪ'tiːk] кри́тика; ~cize ['krɪtɪsaɪz] [рас]критикова́ть; осужда́ть [осуди́ть].

croak [krouk] [за]ка́ркать; [за]ква́кать.

crochet ['krouʃeɪ] 1. вяза́ние (крючко́м); 2. вяза́ть (крючко́м).

crock [krɔk] гли́няный кувши́н; ~ery ['krɔkərɪ] посу́да.

crone [kroun] F стару́ха, ста́рая карга́.   [друг.]

crony ['krounɪ] F закады́чный]

crook [kruk] 1. по́сох; крюк; поворо́т; заги́б; *sl.* обма́нщик, плут; 2. кривля́ть(ся) [-ви́ть(ся)]; ~ed ['krukɪd] изо́гнутый; криво́й; нече́стный.

croon [kruːn] 1. моното́нное пе́ние; 2. напева́ть.

crop [krɔp] 1. урожа́й; хлеба́ на корню́; кнутови́ще; зоб; 2. засева́ть [засе́ять]; собира́ть урожа́й; подстрига́ть [-ри́чь]; ~ up (внеза́пно) появля́ться [-ви́ться].

cross [krɔs, krɔːs] 1. крест; распя́тие; 2. □ попере́чный; серди́тый; 3. *v/t.* [о]крести́ть; скре́щивать [-ести́ть] (ру́ки и т. п.); переходи́ть [перейти́], переезжа́ть [перее́хать]; *fig.* противоде́йствовать (Д); противоре́чить (Д); ~ o. s. [пере]крести́ться; *v/i.* ᴕ размину́ться *pf.*; ~-bar попере́чина; ~-breed по́месь *f*; гибри́д; ~-examination перекрёстный допро́с; ~-eyed косо́й, косогла́зый; ~ing ['krɔsɪŋ] перекрёсток; перепра́ва; перее́зд, перехо́д; ~-road попере́чная доро́га; ~s *pl.* и́ли *sg.* перекрёсток; ~-section попере́чное сече́ние; ~-wise крестообра́зно; кресто́м.

crotchet ['krɔtʃɪt] крючо́к; причу́да; ♪ четвертна́я но́та.

crouch [krautʃ] раболе́пствовать; притаи́ться *pf.*

crow [krou] 1. воро́на; пе́ние петуха́; ра́достный крик (младе́нца); 2. [*irr.*] [про]пе́ть (о петухе́); ликова́ть; ~-bar лом, ва́га.

crowd [kraud] 1. толпа́; мно́жество; ма́сса; толкотня́, да́вка; F компа́ния; 2. собира́ться толпо́й, толпи́ться; набива́ться битко́м.

crown [kraun] 1. вене́ц, коро́на; *fig.* заверше́ние; кро́на (де́рева); маку́шка(головы́); коро́нка(зу́ба); 2. [у]венча́ть; коронова́ть (*im*)*pf.*; *fig.* заверша́ть [-ши́ть]; поста́вить коро́нку (на зуб).

cruci|al ['kruːʃɪəl] □ крити́ческий; реша́ющий; ~ble [-sɪbl] ти́гель *m*; ~fixion [kruːsɪ'fɪkʃən] распя́тие; ~fy ['kruːsɪfaɪ] распина́ть [-пя́ть].

crude [kruːd] □ сыро́й; необрабо́танный; незре́лый; гру́бый.

cruel ['kruːəl] □ жесто́кий; *fig.* мучи́тельный; ~ty [-tɪ] жесто́кость *f*.

cruet-stand ['kruːɪtstænd] судо́к.

cruise [kruːz] ♣ 1. морско́е путеше́ствие; 2. крейси́ровать; соверша́ть ре́йсы; ~r ['kruːzə] ♣ кре́йсер.

crumb [krʌm] 1. кро́шка; 2. (= ~le ['krʌmbl]) [рас-, ис]кроши́ть(ся).

crumple ['krʌmpl] [с]мя́ть(ся); [с]ко́мкать(ся).

crunch [krʌntʃ] разжёвывать [-жева́ть]; хрусте́ть [хру́стнуть].

crusade [kruː'seɪd] крестовый похо́д; кампа́ния; ~r [-ə] крестоно́сец

crush [krʌʃ] 1. да́вка; толкотня́; 2. *v/t.* [раз]дави́ть; выжима́ть [вы́жать]; уничтожа́ть [-о́жить].

crust [krʌst] 1. ко́рка; кора́; 2. покрыва́ть(ся) ко́ркой, коро́й; ~y ['krʌstɪ] □ покры́тый ко́ркой, коро́й.

crutch [krʌtʃ] косты́ль *m*.

cry [kraɪ] 1. крик; вопль *m*; плач; 2. [за]пла́кать; восклица́ть [-и́кнуть]; крича́ть (кри́кнуть); ~ for [по]тре́бовать (Р).

crypt [krɪpt] склеп; ~ic ['krɪptɪk] таи́нственный; сокрове́нный.

crystal ['krɪstl] хруста́ль *m*; криста́лл; *Am.* стекло́ для часо́в; ~line [-təlaɪn] хруста́льный; ~lize [-təlaɪz] кристаллизова́ть(ся) (*im*)*pf.*

cub [kʌb] 1. детёныш (зве́ря); *Am.* новичо́к; 2. [о]щени́ться.

cub|e [kjuːb] Å 1. куб; ~ root куби́ческий ко́рень *m*; 2. возводи́ть в куб; ~ic(al □) ['kjuːbɪk, -ɪkəl] куби́ческий.

cuckoo ['kuku] куку́шка.

cucumber ['kjuːkʌmbə] огуре́ц.

cud [kʌd] жва́чка; chew the ~ жева́ть жва́чку.

cuddle ['kʌdl] *v/t.* прижима́ть к себе́; *v/i.* прижи́м)а́ться (друг к другу).   [ба́сить дуби́ной.]

cudgel ['kʌdʒəl] 1. дуби́на; 2. ду-]

cue [kjuː] 1. (билья́рдный) кий; намёк; *thea.* ре́плика.

cuff [kʌf] 1. манже́та, обшла́г; 2. [по]би́ть (руко́й), [по]колоти́ть.

culminate ['kʌlmineit] достигáть вы́сшей тóчки (или стéпени).

culpable ['kʌlpəbl] ☐ винóвный; престýпный.

culprit ['kʌlprit] престýпник; винóвный.

cultivat|e ['kʌltiveit] обрабáтывать [-бóтать]; воздéл(ыв)ать; культиви́ровать; **~ion** [kʌlti'veiʃən] воздéлывание (земли́); разведéние, культýра (растéний); **~or** ['kʌltiveitə] культивáтор (✍ орýдие); землeдéлец.

cultural ['kʌltʃərəl] ☐ культýрный.

culture ['kʌltʃə] культýра; разведéние, воздéлывание; **~d** [-d] культýрный; культиви́рованный.

cumber ['kʌmbə] затруднять [-ни́ть], стеснять [-ни́ть], **~some** [-səm], **cumbrous** ['kʌmbrəs] громóздкий; обременительный.

cumulative ['kju:mjulətiv] ☐ совокýпный; кумуляти́вный; накóпленный.

cunning ['kʌniŋ] 1. лóвкий; хи́трый; коварный; *Am.* изя́щный; прелéстный; 2. лóвкость *f*; хи́трость *f*; коварство.

cup [kʌp] чáшка; чáша; кýбок; **~board** ['kʌbəd] шкаф.

cupidity [kju'piditi] áлчность *f*, жáдность *f*, скáредность *f*.

cupola ['kju:pələ] кýпол.

cur [kə:] дворня́жка (собáка).

curate ['kjuərit] помóщник прихóдского свящéнника.

curb [kə:b] 1. мундштýчная уздéчка; уздá (*a. fig.*); (*a. ~*stone) обóчина тротуáра; 2. обуздывать [-дáть] (*a. fig.*).

curd [kə:d] 1. творóг; 2. (*mst ~*le, [kə:dl]) свёртываться [свернýться] (о молокé, крóви).

cure [kjuə] 1. лечéние; срéдство; 2. [вы́]лечить, исцелять [-ли́ть]; заготовлять [-тóвить], консерви́ровать (*im*)*pf*.

curio ['kjuəriou] рéдкая антиквáрная вещь *f*; **~sity** [kjuəri'ositi] любопытство; рéдкость *f*; **~us** ['kjuəriəs] ☐ любопытный; пытли́вый; стрáнный.

curl [kə:l] 1. лóкон; завитóк; спирáль *f*; 2. ви́ться; клубйться; **~y** ['kə:li] кудря́вый; курчáвый; вью́щийся.

currant ['kʌrənt] сморóдина; (*a.* dried **~**) корйнка.

curren|cy ['kʌrənsi] ✝ дéньги *f/pl.*, валю́та; дéнежное обращéние; **~t** [-ənt] 1. ✝ текýщий; ходя́чий; ✝ находя́щийся в обращéнии; 2. потóк; течéние; ⚡ ток.

curse [kə:s] 1. проклятие; ругáтельство; бич, бéдствие; 2. проклинáть [-клясть]; ругáться; **~d** ['kə:sid] ☐ прóклятый.

curt [kə:t] ☐ крáткий.

curtail [kə:'teil] укорáчивать [-ро-

тить]; урéз(ыв)ать; *fig.* сокращáть [сократи́ть].

curtain ['kə:tn] 1. занавéска; зáнавес; 2. занавéшивать [-вéсить].

curts(e)y ['kə:tsi] 1. реверáнс; поклóн; 2. дéлать реверáнс (го Д).

curv|ature ['kə:vətʃə] искривлéние; **~e** [kə:v] 1. ◊ кривáя; изги́б; кривизнá; 2. [со]гнýть; изгибáть (-ся) [изогнýть(ся)].

cushion ['kuʃin] 1. подýшка; борт (билья́рдного столá); 2. подклáдывать подýшку под (В).

custody ['kʌstədi] опéка, попечéние; заточéние.

custom ['kʌstəm] обычай; привычка; клиентýра; **~s** *pl.* тамóженные пóшлины *f/pl.*; **~ary** [-əri] ☐ обычный; **~er** [-ə] постоя́нный (-ная) покупáтель(ница *f*) *m*; клиéнт(ка); **~house** тамóжня; **~made** *Am.* изготóвленный на закáз.

cut [kʌt] 1. разрéз, порéз; зарýбка, засéчка; отрéз (матéрии); покрóй (плáтья); (*mst short-~*) сокращённый путь *m*; 2. [*irr.*] *v/t.* рéзать; разрезáть [-рéзать]; [по]стричь; [от]шлифовáть; [с]коси́ть (травý); прорéз(ыв)аться (о зубáх); **~ short** прер(ы)вáть; **~ down** сокращáть [-рати́ть] (расхóды); **~ out** вырезáть [вырезать]; [с]крóить; выключáть [вы́ключить]; *fig.* вытеснять [вы́теснить]; be **~ out** for быть слóвно сóзданным для (Р); *v/i.* рéзать; **~ in** вмéшиваться [-шáться].

cute [kju:t] ☐ Ϝ хи́трый; *Am.* ми́лый, привлекáтельный. [*n/pl.*]

cutlery ['kʌtləri] ножевые издéлия'

cutlet ['kʌtlit] котлéта.

cut|-out ⚡ автоматический выключáтель *m*, предохрани́тель *m*; **~ter** ['kʌtə] рéзчик (по дéреву); закрóйщик; ⊕ рéжущий инструмéнт; ⚓ кáтер; **~throat** головорéз; уби́йца *m*; **~ting** ['kʌtiŋ] 1. ☐ óстрый, рéзкий; язви́тельный; 2. рéзание; закрóйка; ⊕ фрезерóвание; гранéние; ♣ побéг, черенóк; **~s** *pl.* обрéзки *m/pl.*; (газéтные) вырезки *f/pl.*; ⊕ стрýжки *f/pl.*

cycl|e ['saikl] 1. цикл; круг; велосипéд; ⊕ кругoвóй процéсс; 2. éздить на велосипéде; **~ist** [-ist] велосипеди́ст(ка).

cyclone ['saikloun] циклóн.

cylinder ['silində] цили́ндр (*geom.*); ⊕ барабáн; вáлик.

cymbal ['simbəl] ♪ тарéлки *f/pl.*

cynic ['sinik] 1. (*a.* **~al** ☐, -ikəl) циничный; 2. ци́ник.

cypress ['saipris] ♣ кипари́с.

Czech [tʃək] 1. чех, чéшка; 2. чéшский.

Czecho-Slovak ['tʃekou'slouvæk] 1. жи́тель(ница) Чехослoвáкии; 2. чехослoвáцкий.

D

dab [dæb] 1. шлепок; мазок; пятно (краски); 2. слегка трогать (B); делать лёгкие мазки на (П).

dabble ['dæbl] плескать(ся); барахтаться (в воде и т. п.); халтурить, заниматься чём-либо поверхностно.

dad [dæd] F, **~dy** ['dædi] F папа.

daffodil ['dæfədil] жёлтый нарцисс.

dagger ['dægə] кинжал; be at **~s** drawn быть на ножах (с Т).

daily ['deili] 1. *adv.* ежедневно; 2. ежедневный; 3. ежедневная газета.

dainty ['deinti] 1. □ лакомый; изящный; изысканный; 2. лакомство, деликатес. [дельня.]

dairy ['dɛəri] молочная; масло-]

daisy ['deizi] маргаритка.

dale [deil] долина, дол.

dall|iance ['dæliəns] несерьёзное занятие; флирт; **~y** ['dæli] зря терять время; флиртовать.

dam [dæm] 1. матка (животных); дамба, плотина; 2. запруживать [-удить].

damage ['dæmidʒ] 1. вред; повреждение; убыток; **~s** *pl.* ⚖ убытки *m/pl.*; компенсация за убытки; 2. повреждать [-едить], [ис]портить.

damask ['dæməsk] камка.

damn [dæm] 1. проклинать [-лясть]; осуждать [осудить]; ругаться; 2. проклятие; ругательство; **~ation** [dæm'neiʃən] проклятие; осуждение.

damp [dæmp] 1. сырость *f*, влажность *f*; 2. влажный, затхлый; 3. *a.* **~en** ['dæmpən] [на]мочить; [от]сыреть; *fig.* обескуражи(ва)ть.

danc|e ['dɑ:ns] 1. танец; бал; 2. танцевать; **~er** ['dɑ:nsə] танцор, танцовщик (-ица); **~ing** [-iŋ] танцы *m/pl.*; пляска; *attr.* танцевальный. [чик.\

dandelion ['dændilaiən] ✿ одуван-]

dandle ['dændl] [по]качать (на руках).

dandruff ['dændrəf] перхоть *f*.

dandy ['dændi] 1. щёголь *m*; *sl.* первоклассная вещь *f*; 2. *Am. sl.* первоклассный.

Dane [dein] датчанин (-чанка).

danger ['deindʒə] опасность *f*; **~ous** ['deindʒrəs] □ опасный.

dangle ['dæŋgl] висеть, свисать [свиснуть]; болтать (Т).

Danish ['deiniʃ] датский.

dapple ['dæpl] испещрять [-рить]; **~d** [-d] испещрённый, пёстрый; **~grey** серый в яблоках (конь).

dar|e [dɛə] *v/i.* [по]сметь; отважи(ва)ться; *v/t.* вызывать [вы-]

звать]; **~e-devil** смельчак, сорвиголова *m*; **~ing** ['dɛəriŋ] 1. □ смелый, отважный; дерзкий; 2. смелость *f*, отважность *f*.

dark [dɑ:k] 1. тёмный; смуглый; тайный; мрачный; **~ horse** „тёмная лошадка"; **~ lantern** потайной фонарь *m*; 2. темнота, тьма; неведение; **~en** ['dɑ:kən] затемнять(ся) [-нить(ся)]; **~ness** ['dɑ:knis] темнота, тьма; **~y** ['dɑ:ki] F чернокожий, чёрный (о негре).

darling ['dɑ:liŋ] 1. любимец (-мица); баловень *m*; 2. любимый.

darn [dɑ:n] [за]штопать.

dart [dɑ:t] 1. стрела; дротик; прыжок; 2. метать [метнуть] (стрелы, взгляды и т. п.); *v/i. fig.* мчаться стрелой.

dash [dæʃ] 1. порыв; удар; взмах; плеск (воды); *fig.* примесь *f*, чуточка; набросок; штрих; тире *n indecl.* 2. *v/t.* бросать [бросить]; разби(ва)ть; разбавлять [-авить]; *v/i.* ринуться; бросаться [броситься]; **~board** *mot.*, ✈ приборная доска; **~ing** ['dæʃiŋ] □ лихой.

data ['deitə] *pl.*, *Am. a. sg.* данные *n/pl.*; новости *f/pl.*; факты *m/pl.*

date [deit] 1. дата, число; F свидание; out of **~** устарелый; up to **~** новейший; современный; 2. датировать (*im*)*pf.*; *Am.* F условливаться [-овиться] с (Т) (о встрече); иметь свидание.

daub [dɔ:b] [по]мазать; [на]малевать.

daughter ['dɔ:tə] дочь *f*; **~-in-law** [-rinlɔ:] невестка, сноха.

daunt [dɔ:nt] устрашать [-шить], запугивать [-гать]; **~less** ['dɔ:ntlis] неустрашимый, бесстрашный.

dawdle ['dɔ:dl] F бездельничать.

dawn [dɔ:n] 1. рассвет, утренняя заря; *fig.* зачатки *m/pl.*; проблески *m/pl.*; 2. светать.

day [dei] день *m*; (*mst* **~s** *pl.*) жизнь *f*; **~ off** выходной день *m*; the other **~** на днях; недавно; **~break** рассвет; **~labo(u)rer** подёнщик (-ица); **~star** утренняя звезда.

daze [deiz] ошеломлять [-мить], ослеплять [-пить].

dazzle ['dæzl] ослеплять [-пить]; ⚓ маскировать окраской.

dead [ded] 1. мёртвый, увядший (о цветах); онемевший (о пальцах); неподвижный; безразличный; **~ bargain** дешёвка; **~ letter** письмо, недоставленное по адресу; **~ shot** стрелок, не дающий промаха; **~ wall** глухая стена; 2. *adv.* полно, совершенно; **~ against** решительно против; 3. the **~** покойники *m/pl.*; **~en** [dedn] лиша́ть (-ся) си́лы; заглуша́ть [-ши́ть]; **~lock** *fig.* мёртвая то́чка; засто́й; **~ly** [-li] смерте́льный; смертоно́сный.

deaf [def] □ глухо́й; **~en** [defn] оглуша́ть [-ши́ть].

deal [di:l] 1. коли́чество; соглаше́ние; обхожде́ние; F сде́лка; a good ~ весьма́ мно́го; a great ~ о́чень мно́го; 2. [*irr.*] *v/t.* разд(ав)а́ть; распределя́ть [-ли́ть]; *v/i.* торгова́ть; ~ with обходи́ться [обойти́сь] *or* поступа́ть [-пи́ть] с (Т); име́ть де́ло с (Т); **~er** ['di:lə] торго́вец; **~ing** ['di:liŋ] (*mst* ~s *pl.*) торго́вые дела́ *n/pl.*; **~t** [delt] *pt.* и *p. pt.* от ~.

dean [di:n] настоя́тель собо́ра; дека́н (факульте́та).

dear [diə] 1. □ дорого́й, ми́лый; 2. прекра́сный челове́к; 3. F o(h) ~!, ~ me! го́споди!

death [deθ] смерть *f*; **~bed** сме́ртное ло́же; **~duty** нало́г на насле́дство; **~less** ['deθlis] бессме́ртный; **~ly** [-li] смерте́льный; **~rate** проце́нт сме́ртности; **~warrant** сме́ртный пригово́р.

debar [di'ba:] исключа́ть [-чи́ть]; лиша́ть пра́ва.

debase [di'beis] унижа́ть [уни́зить]; понижа́ть ка́чество (Р).

debat|able [di'beitəbl] □ спо́рный, дискуссио́нный; **~e** [di'beit] 1. диску́ссия; пре́ния *n/pl.*; деба́ты *m/pl.*; 2. обсужда́ть [-уди́ть]; [по]спо́рить; обду́м(ыв)ать.

debauch [di'bɔtʃ] 1. распу́тство; попо́йка; 2. развраща́ть [-рати́ть]; обольща́ть [-льсти́ть].

debilitate [di'biliteit] ослабля́ть [-а́бить]; расслабля́ть [-а́бить].

debit ['debit] ♰ 1. де́бет; 2. дебетова́ть (*im*)*pf.*, вноси́ть в де́бет.

debris [debri:] разва́лины *f/pl.*; обло́мки *m/pl.*

debt [det] долг; **~or** ['dətə] должни́к (-и́ца). [ле́тие.]

decade ['dekəd] дека́да; десяти-

decadence ['dekədəns] упа́док; дека́дентство.

decamp [di'kæmp] снима́ться с ла́геря; уд(и)ра́ть; **~ment** [-mənt] выступле́ние из ла́геря; бы́стрый ухо́д.

decant [di'kænt] [про]фильтрова́ть; сце́живать [сцеди́ть]; **~er** [-ə] графи́н.

decapitate [di'kæpiteit] обезгла́вливать [-а́вить].

decay [di'kei] 1. гние́ние; разложе́ние; 2. [с]гнить; разлага́ться [-ложи́ться].

decease [di'si:s] *part.* ♰♰ 1. смерть *f*, кончи́на; 2. умира́ть (умере́ть), сконча́ться *pf.*

deceit [di'si:t] обма́н; **~ful** [-ful] □ обма́нчивый.

deceiv|e [di'si:v] обма́нывать [-ну́ть]; **~er** [-ə] обма́нщик (-ица).

December [di'sembə] дека́брь *m*.

decen|cy ['di:nsi] прили́чие; благопристо́йность *f*; **~t** [-t] □ прили́чный; сла́вный.

deception [di'sepʃən] обма́н; ложь *f*.

decide [di'said] реша́ть(ся) [реши́ть(ся)]; принима́ть реше́ние; **~d** [-id] □ реши́тельный; определённый; бесспо́рный.

decimal ['desiməl] 1. десяти́чный; 2. десяти́чная дробь *f*.

decipher [di'saifə] расшифро́вывать [-ова́ть]; разбира́ть [разобра́ть].

decisi|on [di'siʒən] реше́ние; реши́тельность *f*; ♰♰ пригово́р; **~ve** [di'saisiv] реша́ющий.

deck [dek] 1. ♻ па́луба; *Am.* коло́да (карт); 2. украша́ть [укра́сить]; уб(и)ра́ть (цвета́ми и т. п.); **~chair** складно́й стул.

declaim [di'kleim] произноси́ть [-нести́] (речь); [про]деклами́ровать.

declar|able [di'klɛərəbl] подлежа́щий деклара́ции; **~ation** [deklə-'reiʃən] заявле́ние; деклара́ция (*a.* ♰); **~e** [di'klɛə] объявля́ть [-ви́ть]; заявля́ть [-ви́ть]; выска́зываться [вы́сказаться] (for за B, against про́тив P); предъявля́ть [-ви́ть] (ве́щи в тамо́жне).

declin|ation [dekli'neiʃən] отклоне́ние; накло́н; **~e** [di'klain] 1. скло́н, укло́н; паде́ние; упа́док (сил); сниже́ние (цен); ухудше́ние (здоро́вья); зака́т (жи́зни); 2. *v/t.* отклоня́ть [-ни́ть] (предложе́ние); *gr.* [про]склоня́ть; *v/i.* приходи́ть в упа́док; ухудша́ться [уху́дшиться] (о здоро́вье и т. п.).

declivity [di'kliviti] пока́тость *f*; отло́гий спуск.

decode [di:'koud] *tel.* расшифро́вывать [-рова́ть].

decompose [di:kəm'pouz] разлага́ть(ся) [-ложи́ть(ся)]; [с]гнить.

decontrol ['di:kən'troul] освобожда́ть от контро́ля (торго́влю и т. п.).

decorat|e ['dekəreit] украша́ть [укра́сить]; награжда́ть зна́ком отли́чия; **~ion** [dekə'reiʃən] украше́ние; о́рден, знак отли́чия; **~ive** ['dekərətiv] декорати́вный.

decor|ous ['dekərəs] □ присто́йный; **~um** [di'kɔ:rəm] этике́т.

decoy [di'kɔi] 1. прима́нка, мано́к; 2. прима́нивать [-ни́ть]; завлека́ть [-е́чь].

decrease 1. ['di:kri:s] уменьше́ние, убыва́ние, пониже́ние; 2. [di:-'kri:s] уменьша́ть(ся) [уме́ньшить (-ся), уба́вить(ся)].

decree [di'kri:] 1. ука́з, декре́т, прика́з; ♰♰ постановле́ние 2. издава́ть декре́т.

decrepit [di'krepit] дряхлый; ветхий.

dedicat|e ['dedikeit] посвящать [-ятить]; **~ion** [dedi'keiʃən] посвящение.

deduce [di'dju:s] выводить [вывести] (заключение, формулу и т. п.).

deduct [di'dʌkt] вычитать [вычесть]; **~ion** [di'dʌkʃən] вычет; вывод, заключение; ✝ скидка.

deed [di:d] 1. действие; поступок; подвиг; ✝ᵗᵗ документ; 2. Am. передавать по акту.

deem [di:m] v/t. считать [счесть]; v/i. полагать; [по]думать (of о П).

deep [di:p] 1. ☐ глубокий; хитрый; густой (о краске); 2. бездна; poet. море, океан; **~en** ['di:pən] углублять(ся) [-бить(ся)]; сгущать(ся) [сгустить(ся)] (о красках, тенях); **~ness** [-nis] глубина.

deer [diə] coll. красный зверь m; олень m; лань f.

deface [di'feis] искажать [исказить]; стирать [стереть].

defam|ation [defə'meiʃən] диффамация; клевета; **~e** [di'feim] поносить; [о]клеветать.

default [di'fɔ:lt] 1. невыполнение обязательств; неявка в суд; in ~ of за неимением (P); 2. не выполнить обязательств; прекращать платежи; не являться по вызову суда.

defeat [di'fi:t] 1. поражение; расстройство (планов); 2. ⚔ побеждать [-едить]; расстраивать [-роить] (планы).

defect [di'fekt] недостаток; неисправность f, дефект; изъян; **~ive** [-tiv] ☐ недостаточный; дефектный, повреждённый.

defence, Am. **defense** [di'fens] оборона, защита; **~less** [-lis] беззащитный.

defend [di'fend] оборонять(ся), [-нить(ся)], защищать(ся) [-итить(ся)]; ✝ᵗᵗ защищать на суде; **~ant** [-ənt] ✝ᵗᵗ подсудимый; **~er** [-ə] защитник.

defensive [di'fensiv] 1. оборона; 2. оборонный, оборонительный.

defer [di'fə] откладывать [отложить]; отсрочи(ва)ть; Am. ⚔ давать отсрочку от призыва.

defian|ce [di'faiəns] вызов; неповиновение; пренебрежение; **~t** [-ənt] ☐ вызывающий.

deficien|cy [di'fiʃənsi] недостаток; дефицит; **~t** [-ənt] недостаточный; несовершенный.

deficit ['defisit] недочёт; дефицит.

defile [di'fail] [про]дефилировать.

defin|e [di'fain] определять [-лить]; давать характеристику (P); устанавливать значение (P); **~ite** ['definit] ☐ определённый; точный; **~ition** [defi'niʃən] определение;

~itive [di'finitiv] ☐ определительный.

deflect [di'flekt] отклонять(ся) [-нить(ся)].

deform [di'fɔ:m] [из]уродовать; искажать [исказить] (мысль); **~ed** изуродованный; искажённый (о мысли); **~ity** [di'fɔ:miti] уродство.

defraud [di'frɔ:d] обманывать [-нуть]; выманивать [выманить] (of B). [тить).]

defray [di'frei] оплачивать [оплатить] (Т).

deft [deft] ☐ ловкий; искусный.

defy [di'fai] вызывать [вызвать] (на спор, борьбу); пренебрегать [-бречь] (Т).

degenerate 1. [di'dʒenəreit] вырождаться [выродиться]; 2. [-rit] ☐ вырождающийся.

degrad|ation [degrə'deiʃən] понижение, деградация; **~e** [di'greid] v/t. понижать [понизить]; разжаловать pf.; унижать [унизить].

degree [di'gri:] градус; ступень f; уровень m; степень f; звание; by **~s** adv. постепенно; in no ~ adv. ничуть, нисколько.

deify ['di:ifai] боготворить.

deign [dein] соизволять [-олить], удостаивать [-стоить].

deity ['di:iti] божество.

deject [di'dʒekt] угнетать [-чить]; угнетать [-ести]; **~ed** [-id] ☐ удручённый; угнетённый; **~ion** [di'dʒekʃən] уныние.

delay [di'lei] 1. задержка; отсрочка; замедление; 2. v/t. задерживать [-жать]; откладывать [отложить]; медлить с (Т); v/i. медлить, мешкать.

delega|te 1. ['deligit] делегат, представитель(ница f) m; 2. [-geit] делегировать (im)pf.; поручать [-чить]; **~tion** [deli'geiʃən] делегация, депутация.

deliberat|e 1. [di'libəreit] v/t. обдум(ыв)ать; взвешивать [-есить]; обсуждать [обсудить]; v/i. совещаться [-ститься]; 2. [-rit] ☐ преднамеренный, умышленный; **~ion** [dilibə'reiʃən] размышление; обсуждение; осмотрительность f.

delica|cy ['delikəsi] деликатность f; лакомство; утончённость f; нежность f; чувствительность f; **~te** [-kit] ☐ деликатный; хрупкий; изящный; искусный (о работе); чувствительный; щепетильный; **~tessen** Am. [delikə'tesn] гастрономический магазин.

delicious [di'liʃəs] восхитительный; очень вкусный.

delight [di'lait] 1. удовольствие; восторг; наслаждение; 2. восхищать [-итить]; доставлять наслаждение (Д); наслаждаться (in Т); ~ to inf. иметь удовольствие (+ inf.); **~ful** [-ful] ☐ очаровательный; восхитительный.

delineate [di'linieit] обрисовывать [-ова́ть]; описывать [-са́ть].

delinquent [di'liŋkwənt] 1. правонаруши́тель(ница f) m; престу́пник (-ица); 2. престу́пный.

deliri|ous [di'liriəs] находя́щийся в бреду́, вне себя́, в исступле́нии; **~um** [-əm] бред; исступле́ние.

deliver [di'livə] освобожда́ть [-боди́ть]; доставля́ть [-а́вить]; разноси́ть [-нести́] (газе́ты и т. п.); произноси́ть [-нести́] (речь); сда(ва́)ть (зака́з); наноси́ть (нанести́) (уда́р); be **~ed** разреши́ться от бре́мени, роди́ть; **~ance** [-rəns] освобожде́ние; **~er** [-rə] освободи́тель m; поставщи́к; **~y** [-ri] ро́ды m/pl.; разно́ска; доста́вка.

dell [del] леси́стая доли́на.

delude [di'lu:d] вводи́ть в заблужде́ние; обма́нывать [-ну́ть].

deluge ['delju:dʒ] 1. наводне́ние; пото́п; 2. затопля́ть [-пи́ть]; наводня́ть [-ни́ть] (a. fig.).

delus|ion [di'lu:ʒən] заблужде́ние; иллю́зия; **~ive** [-siv] □ обма́нчивый; иллюзо́рный.

demand [di'ma:nd] 1. тре́бование (a. ⚡); запро́с; потре́бность f; ✝ спрос (на това́р); 2. [по]тре́бовать (P).

demean [di'mi:n] вести́ себя́; **~ o. s.** роня́ть своё досто́инство; **~o(u)r** [-ə] поведе́ние.

demented [di'mentid] сумасше́дший.

demilitarize [di:'militəraiz] демилитаризова́ть (im)pf.

demobilize [di:'moubilaiz] демобилизова́ть (im)pf.

democra|cy [di'mɔkrəsi] демокра́тия; **~tic(al** □) [demə'krætik(əl)] демократи́ческий.

demolish [di'mɔliʃ] разруша́ть [-ру́шить], сноси́ть (снести́).

demon ['di:mən] де́мон, дья́вол.

demonstrat|e ['demənstreit] [про]демонстри́ровать; дока́зывать [-за́ть]; **~ion** [deməns'treiʃən] демонстра́ция; демонстри́рование; доказа́тельство; **~ive** [di'mɔnstrətiv] □ убеди́тельный; демонстрати́вный; экспанси́вный; gr. указа́тельный.

demote [di:'mout] снижа́ть в до́лжности.

demur [di'mə:] 1. [по]колеба́ться; возража́ть [-рази́ть]; 2. колеба́ние; возраже́ние.

demure [di'mjuə] □ серьёзный; чо́порный.

den [den] ло́говище; берло́га; sl. прито́н.

denial [di'naiəl] отрица́ние; опрове́ржение; отка́з.

denominat|e [di'nɔmineit] наз(ы)ва́ть; дава́ть и́мя (Д); **~ion** [dinɔmi'neiʃn] наименова́ние; се́кта.

denote [di'nout] означа́ть [-на́чить], обознача́ть [-на́ить].

denounce [di'nauns] обвиня́ть [-ни́ть]; поноси́ть; денонси́ровать (догово́р) (im)pf.

dens|e [dens] □ густо́й; пло́тный; fig. глу́пый, тупо́й; **~ity** ['densiti] густота́; пло́тность f.

dent [dent] 1. вы́боина, вда́вленное ме́сто; 2. вда́вливать [вда́вить].

dentist ['dentist] зубно́й врач.

denunciat|ion [dinʌnsi'eiʃən] доно́с; обличе́ние, обвине́ние; **~or** [di'nʌnsieitə] обвини́тель m; доно́счик (-ица).

deny [di'nai] отрица́ть; отка́зываться [-за́ться] от (P); отка́зывать [-за́ть] в (П).

depart [di'pɑ:t] v/i. уходи́ть [уйти́], уезжа́ть [уе́хать]; отбы(ва́)ть, отправля́ться [-а́виться]; отступа́ть [-пи́ть] (from от P); **~ment** [-mənt] ве́домство; департа́мент; о́трасль f (нау́ки); отде́л, отделе́ние; о́бласть f; Am. министе́рство; State ⚡ министе́рство иностра́нных дел; **~ store** универма́г; **~ure** [di'pɑ:tʃə] отхо́д, отбы́тие, отъе́зд; ухо́д; отправле́ние; отклоне́ние.

depend [di'pend]: **~** (up)on зави́сеть от (P); F it **~s** смотря́ по обстоя́тельствам; **~able** [-əbl] наде́жный; **~ant** [-ənt] подчинённый; иждиве́нец; **~ence** [-əns] зави́симость f; дове́рие; **~ency** [-ənsi] зави́симость f; коло́ния; **~ent** [-ənt] □ (on) зави́сящий (от P); подчинённый (a. gr.).

depict [di'pikt] изобража́ть [-рази́ть]; fig. опи́сывать [-са́ть].

deplete [di'pli:t] опорожня́ть [-ни́ть], fig. истоща́ть [-щи́ть].

deplor|able [di'plɔ:rəbl] □ плаче́вный; заслу́живающий сожале́ния; **~e** [di'plɔ:] опла́к(ив)ать; сожале́ть о (П).

deport [di'pɔ:t] высыла́ть [вы́слать]; ссыла́ть [сосла́ть]; **~** вести́ себя́; **~ment** [-mənt] мане́ры f/pl., уме́ние держа́ть себя́.

depose [di'pouz] смеща́ть [смести́ть]; сверга́ть [све́ргнуть] (с престо́ла); ⚡ дать показа́ния под прися́гой.

deposit [di'pɔzit] 1. отложе́ние; за́лежь f; ✝ вклад (в банк); депози́т; зало́г; 2. класть [положи́ть]; депони́ровать (im)pf.; дава́ть оса́док; **~ion** [depə'ziʃən] сверже́ние (с престо́ла); показа́ние под прися́гой; оса́док; **~or** [di'pɔzitə] вкла́дчик (-ица).

depot 1. ['depou] ⚡ депо́ n indecl.; склад, сара́й; 2. ['di:po] Am. ⚡ ста́нция. [[-рати́ть].]

deprave [di'preiv] развраща́ть

depreciate [di'pri:ʃieit] обесце́ни(ва)ть; недооце́нивать [-и́ть].

depress [di'pres] угнета́ть [-ести́]; подавля́ть [-ви́ть]; унижа́ть [-и́зить]; ~ed [-t] *fig.* уны́лый; ~ion [di'preʃən] сниже́ние; впа́дина; тоска́; † депре́ссия.

deprive [di'praiv] лиша́ть [лиши́ть] (of P).

depth [depθ] глубина́.

deput|ation [depju'teiʃən] депута́ция, делега́ция, ~e [di'pju:t] делеги́ровать (*im*)*pf.*; ~y ['depjuti] делега́т(ка); депута́т(ка); замести́тель(ница *f*) *m*.

derail [di'reil] 🚄 *v/i.* сходи́ть с ре́льсов; *v/t.* устро́ить круше́ние (поезда).

derange [di'reindʒ] расстра́ивать [-ро́ить] (мы́сли, пла́ны); приводи́ть в беспоря́док.

derelict ['derilikt] поки́нутый (кора́бль, дом), (за)бро́шенный; ~ion [deri'likʃən] забро́шенность *f*.

deri|de [di'raid] осмеивать [-е́ять], высме́ивать [вы́смеять]; ~sion [di'riʒən] высме́ивание; ~sive [di'raisiv] ☐ насме́шливый.

deriv|ation [deri'veiʃən] исто́чник; происхожде́ние; ~e [di'raiv] происходи́ть [-изойти́]; извлека́ть [-вле́чь] (по́льзу) (from от P); устана́вливать происхожде́ние (P).

derogat|e ['derougeit] умаля́ть [-ли́ть] (from B); ~ion [dero'geiʃən] умале́ние.

derrick ['derik] ⊕ де́ррик-кран; ✕ бурова́я вы́шка; ⚓ подъёмная стрела́.

descend [di'send] спуска́ться [спусти́ться]; сходи́ть [сойти́]; ✕ снижа́ться [сни́зиться]; ~ (up)on обру́ши(ва)ться на (B); происходи́ть [-изойти́] (from из P); ~ant [-ənt] пото́мок.

descent [di'sent] спуск; сниже́ние; склон; скат; происхожде́ние.

describe [dis'kraib] опи́сывать [-са́ть].

description [dis'kripʃən] описа́ние; изображе́ние.

desert 1. ['dezət] a) пусты́нный; забро́шенный; b) пусты́ня; **2.** [di'zə:t] a) *v/t.* броса́ть [бро́сить]; покида́ть [-ки́нуть]; *v/i.* дезерти́ровать (*im*)*pf.*; b) заслу́га; ~er [-ə] дезерти́р; ~ion [-ʃən] дезерти́рство; оставле́ние.

deserv|e [di'zə:v] заслу́живать [-жи́ть]; име́ть заслу́ги (of пе́ред T); ~ing [-iŋ] заслу́живающий; досто́йный (of P).

design [di'zain] **1.** за́мысел; прое́кт; план; рису́нок; узо́р; наме́рение; **2.** предназнача́ть [-зна́чить]; заду́м(ыв)ать; составля́ть план (P); [на]рисова́ть.

designat|e ['dezigneit] определя́ть [-ли́ть]; обознача́ть [-зна́чить]; предназнача́ть [-зна́чить]; ~ion

designer [di'zainə] констру́ктор; чертёжник; *fig.* интрига́н.

desir|able [di'zaiərəbl] ☐ жела́тельный; ~e [di'zaiə] **1.** жела́ние; тре́бование; **2.** [по]жела́ть (P); [по]тре́бовать (P); ~ous [-rəs] ☐ жела́ющий, жа́ждущий (of P).

desist [di'zist] отка́зываться [-за́ться] (from от P).

desk [desk] конто́рка; пи́сьменный стол.

desolat|e 1. ['desoleit] опустоша́ть [-ши́ть]; разоря́ть [-ри́ть]; **2.** [-lit] ☐ опустошённый; несча́стный; одино́кий; ~ion [deso'leiʃən] опустоше́ние; одино́чество.

despair [dis'peə] **1.** отча́яние; безнадёжность *f*; **2.** отча́иваться [-ча́яться]; теря́ть наде́жду (of на B); ~ing [-riŋ] ☐ отча́ивающийся.

despatch *s.* dispatch.

desperat|e ['despərit] ☐ отча́янный; безнадёжный; отъя́вленный; *adv.* отча́янно; стра́шно; ~ion [despə'reiʃən] отча́яние; безрассу́дство.

despise [dis'paiz] презира́ть.

despite [dis'pait] **1.** зло́ба; in ~ of вопреки́ (Д); несмотря́ на (B); на́зло (Д); **2.** *prp.* (*a.* ~ of) несмотря́ на (B).

despoil [dis'pɔil] [о]гра́бить; лиша́ть [лиши́ть] (of P).

despond [dis'pɔnd] унывать; теря́ть наде́жду; па́дать ду́хом; ~ency [-ənsi] уны́ние; упа́док ду́ха; ~ent [-ənt] ☐ подавленный; уны́лый.

dessert [di'zə:t] десе́рт.

destin|ation [desti'neiʃən] назначе́ние; ме́сто назначе́ния, цель *f* (путеше́ствия); ~e ['destin] предназнача́ть [-зна́чить]; предопределя́ть [-ли́ть]; ~y [-tini] судьба́; уде́л.

destitute ['destitju:t] ☐ нужда́ющийся; лишённый (of P).

destroy [dis'trɔi] уничтожа́ть [-о́жить]; истребля́ть [-би́ть]; разруша́ть [-у́шить].

destruct|ion [dis'trʌkʃən] разруше́ние; уничтоже́ние; разоре́ние; ~ive [-tiv] ☐ разруши́тельный; па́губный; вре́дный.

detach [di'tætʃ] отделя́ть [-ли́ть]; отвя́зывать [-за́ть]; разъединя́ть [-ни́ть]; ✕ отряжа́ть [-яди́ть], пос(ы)ла́ть; ~ed [-t] отде́льный; беспристра́стный; ~ment [-mənt] разъедине́ние; ✕ командирова́ние; ✕ отря́д.

detail 1. ['di:teil] подро́бность *f*, дета́ль *f*; ✕ наря́д, кома́нда; in ~ в подро́бностях, подро́бно; **2.** [di'teil] входи́ть в подро́бности; ✕ откома́ндиро́вывать [-рова́ть].

detain [di'tein] заде́рживать [-жа́ть]; содержа́ть под стра́жей.

detect [di'tekt] обнару́жи(ва)ть; ₤ детекти́ровать; **~ion** [di'tekʃən] обнаруже́ние; ₤ детекти́рование; **~ive** [-tiv] 1. сы́щик, аге́нт сыскно́й поли́ции; 2. сыскно́й, детекти́вный.

detention [di'tenʃən] задержа́ние, содержа́ние под аре́стом.

deter [di'tə:] отпу́гивать [-гну́ть] (from от Р).

deteriorat|e [di'tiəriəreit] ухудша́ть(ся) [ухудшить(ся)]; [ис]по́ртить(ся); **~ion** [ditiəriə'reiʃən] ухудше́ние; по́рча.

determin|ation [ditə:mi'neiʃən] определе́ние; установле́ние (грани́ц); калькуля́ция (цен); реши́тельность f; **~e** [di'tə:min] v/t. устана́вливать [-нови́ть]; определя́ть [-ли́ть]; реша́ть [реши́ть]; v/i. реша́ться [реши́ться]; **~ed** [-d] реши́тельный; твёрдый (хара́ктер).

detest [di'test] ненави́деть; пита́ть отвраще́ние к (Д); **~able** [-əbl] □ отврати́тельный; **~ation** [dites-'teiʃən] отвраще́ние.

dethrone [di'θroun] сверга́ть с престо́ла.

detonate ['di:touneit] детони́ровать; взрыва́ть(ся) [взорва́ть(ся)].

detour [di'tuə] 1. око́льный путь m; Am. объе́зд; make a **~** де́лать крюк.

detract [di'trækt] умаля́ть [-ли́ть], уменьша́ть [уме́ньшить]; **~ion** [di-'trækʃən] умале́ние (досто́инства); клевета́.

detriment ['detrimənt] уще́рб, вред.

devaluate [di:'væljueit] обесце́ни(ва)ть.

devastat|e ['devəsteit] опустоша́ть [-ши́ть]; разоря́ть [-ри́ть], **~ion** [devəs'teiʃən] опустоше́ние.

develop [di'veləp] разви(ва́)ть(ся); излага́ть [изложи́ть] (пробле́му); phot. проявля́ть [-ви́ть]; Am. обнару́жи(ва)ть; **~ment** [-mənt] разви́тие; эволю́ция; рост; расшире́ние; собы́тие.

deviat|e ['di:vieit] отклоня́ться [-ни́ться], уклоня́ться [-ни́ться], **~ion** [di:vi'eiʃən] отклоне́ние; девиа́ция (ко́мпаса); pol. укло́н.

device [di'vais] приспособле́ние, изобрете́ние; деви́з, эмбле́ма; leave a p. to his own **~** предоста́вить челове́ка самому́ себе́.

devil [devl] 1. дья́вол, чёрт, бес; 2. v/i. исполня́ть черново́ю рабо́ту для како́го-либо литера́тора; **~ish** [-iʃ] □ дья́вольский; а́дский; **~(t)ry** чёрная ма́гия; чертовщи́на.

devious ['di:viəs] □ блужда́ющий.

devise [di'vaiz] 1. ⚖ заве́щанье; 2. приду́м(ыв)ать; изобрета́ть [-рести́]; ⚖ завеща́ть (im)pf.

devoid [di'vɔid] (of) лишённый (Р).

devot|e [di'vout] посвяща́ть [-яти́ть] (В/Д); отд(ав)а́ть; **~ed** [-id] □ пре́данный; привя́занный; **~ion** [di'vouʃən] пре́данность f, привя́занность f; **~s** pl. религио́зные обря́ды m/pl., моли́твы f/pl.

devour [di'vauə] пож(и)ра́ть.

devout [di'vaut] □ благогове́йный; набо́жный, благочести́вый.

dew [dju:] 1. роса́; poet. све́жесть f; 2. ороша́ть [ороси́ть]; **~y** покры́тый росо́й; вла́жный.

dexter|ity [deks'teriti] прово́рство; ло́вкость f; **~ous** ['dekstərəs] □ ло́вкий; прово́рный.

diabolic(al □) ['daiə'bɔlik(əl)] дья́вольский; fig. жесто́кий; злой.

diagram ['daiəgræm] диагра́мма; схе́ма.

dial ['daiəl] 1. цифербла́т; со́лнечные часы́ m/pl.; teleph. диск; 2. teleph. набира́ть но́мер.

dialect ['daiəlekt] диале́кт, наре́чие.

dialogue ['daiəlɔg] диало́г; разгово́р.

diameter [dai'æmitə] диа́метр.

diamond ['daiəmənd] алма́з; бриллиа́нт; ромб; **~s** pl. cards: бу́бны f/pl.

diaper ['daiəpə] пелёнка. [f/pl.]

diaphragm ['daiəfræm] диафра́гма a. opt.; teleph. мембра́на.

diary ['daiəri] дневни́к.

dice [dais] 1. (pl. of die²) ко́сти f/pl.; 2. игра́ть в ко́сти; **~-box** стака́нчик для игра́льных косте́й.

dicker ['dikə] Am. торгова́ться по мелоча́м.

dictat|e 1. ['dikteit] предписа́ние; веле́ние; pol. дикта́т; 2. [dik'teit] [про]диктова́ть (a. fig.); предпи́сывать [-са́ть]; **~ion** [dik'teiʃən] дикто́вка, дикта́нт; предписа́ние; **~orship** [dik'teitəʃip] диктату́ра.

diction ['dikʃən] ди́кция; **~ary** [-ri] слова́рь m.

did [did] pt. от do.

die¹ [dai] умира́ть [умере́ть]; сконча́ться pf.; ₤ томи́ться жела́нием; **~ away**, **~ down** замира́ть [-мере́ть] (о зву́ке); затиха́ть [-и́хнуть] (о ве́тре); увяда́ть [-я́нуть], угаса́ть [угасну́ть].

die² [~] (pl. dice) игра́льная кость f; (pl. dies [daiz]) ⊕ штамп, чека́н; lower **~** ма́трица.

diet ['daiət] 1. пи́ща, стол; дие́та; 2. v/t. держа́ть на дие́те; v/i. быть на дие́те.

differ ['difə] различа́ться, отлича́ться; не соглаша́ться [-ласи́ться], расходи́ться [разойти́сь] (from с Т, in в П); **~ence** ['difrəns] ра́зница; разли́чие; разногла́сие; ра́зность f; **~ent** [-t] □ ра́зный; друго́й, не тако́й (from как), ино́й; **~entiate** [difə'renʃieit] различа́ть(-ся) [-чи́ть(ся)], отлича́ть(ся) [-чи́ть(ся)].

difficult ['difikəlt] □ трýдный; трéбовательный; ~у трýдность *f*; затруднéние.

diffiden|ce ['difidəns] неувéренность *f*; застéнчивость *f*; ~t [-dənt] □ неувéренный; застéнчивый.

diffus|e 1. [di'fju:z] *fig.* распространя́ть [-ни́ть]; разглаша́ть [-ласи́ть]; **2.** [di'fju:s] □ распространённый; рассéянный (о свéте); ~ion [di'fju:ʒən] распространéние; рассéивание.

dig [dig] **1.** [*irr.*] копа́ться; [вы́]копа́ть; ры́ться; [вы́]рыть; **2.** F толчóк, тычóк.

digest 1. [di'dʒest] перева́ривать [-ри́ть] (пи́щу); усва́ивать [усвóить]; *v/i.* перева́риваться [-ри́ться]; усва́иваться [усвóиться]; **2.** ['daidʒest] óчерк, резюмé *n indecl.*; *z'z* свóд закóнов; ~ible [di'dʒestəbl] удобовари́мый; *fig.* легкó усва́иваемый; ~ion [-t'ʃən] пищеварéние.

digni|fied ['dignifaid] достóйный; велича́ственный; ~fy [-fai] возводи́ть в сан; *fig.* облагора́живать [-рóдить].

dignit|ary ['dignitəri] санóвник; ~y [-ti] достóинство; сан.

digress [dai'gres] отступа́ть [-пи́ть]; отклоня́ться [-ни́ться] (от тéмы).

dike [daik] **1.** да́мба, плоти́на; гать *f*; **2.** ока́пывать рвом; защища́ть да́мбой; осуша́ть кана́вами.

dilapidate [di'læpideit] приходи́ть в упа́док; приводи́ть в упа́док.

dilat|e [dai'leit] расширя́ть(ся) [-ши́рить(ся)]; ~ory ['dilətəri] □ мéдленный; запозда́лый.

diligen|ce ['dilidʒəns] прилежа́ние; усéрдие; ~t [ ] прилéжный, усéрдный.

dilute [dai'lju:t] разбавля́ть [-ба́вить]; разводи́ть [-вести́].

dim [dim] **1.** □ тýсклый, нея́сный (снег); сла́бый (о зрéнии); смýтный (о воспомина́ниях); **2.** [по-] тускнéть; [за]тума́нить(ся).

dime [daim] *Am.* монéта в 10 цéнтов (= 0,1 дóллара).

dimin|ish [di'miniʃ] уменьша́ть(ся) [умéньшить(ся)]; убы(ва́)ть; ~ution [dimi'nju:ʃən] уменьшéние; убавлéние; ~utive [di'minjutiv] □ миниатю́рный.

dimple ['dimpl] я́мочка (на щекé).

din [din] шум; грóхот.

dine [dain] [по]обéдать; угоща́ть обéдом; ~r ['dainə] обéдающий; (*part. Am.*) вагóн-рестора́н.

dingle ['diŋgl] глубóкая лощи́на.

dingy ['dindʒi] □ гря́зный; тýсклый. ~-room столóвая.

dining|-car вагóн-рестора́н;

dinner ['dinə] обéд; ~-party гóсти на зва́ном обéде.

dint [dint]: by ~ of посрéдством (P).

20*

---

dip [dip] **1.** *v/t.* погружа́ть [-узи́ть]; окуна́ть [-нýть]; обма́кивать [-кнýть]; *v/i.* погружа́ться [-узи́ться], окуна́ться [-нýться]; салютова́ть (фла́гом) (*im*)*pf.*; спуска́ться [-сти́ться]; **2.** погружéние; откóс; F карма́нник.

diploma [di'ploumə] дипло́м; свидéтельство; ~cy [-si] диплома́тия; ~t *s.* ~tist; tic(al □) [diplo'mætik, -ikəl] дипломати́ческий; ~tist [di'ploumətist] диплома́т.

dipper ['dipə] ковш; черпа́к.

dire ['daiə] ужа́сный.

direct [di'rekt] **1.** □ прямóй; непосрéдственный; диаметра́льный; я́сный; откры́тый; ~ current постоя́нный ток; ~ train беспереса́дочный пóезд; **2.** *adv.* = ~ly: непосрéдственно; пря́мо, немéдленно; **3.** руководи́ть (T); управля́ть (T); направля́ть [-а́вить]; ука́зывать дорóгу (Д); ~ion [di'rekʃən] руковóдство; указа́ние; инстрýкция; направлéние; ~ion-finder радиопеленга́тор; ~ive [di'rektiv] директи́вный; направля́ющий; ~ly [-li] **1.** *adv.* пря́мо, непосрéдственно; немéдленно; **2.** *cj.* как тóлько.

director [di'rektə] руководи́тель *m*, дирéктор; *films* режиссёр; board of ~s наблюда́тельный совéт; ~ate [-rit] дирéкция; правлéние; дирéкторство; ~y [-ri] а́дресная (или телефóнная) кни́га.

dirge [də:dʒ] погреба́льная песнь *f*.

dirigible ['diridʒəbl] дирижа́бль *m*.

dirt [də:t] грязь *f*; нечистóты *f/pl.*; ~-cheap F дешёвле па́реной рéпы; ~y ['də:ti] **1.** □ гря́зный; непри-ли́чный, скабрёзный; нена́стный (о погóде); **2.** загрязня́ть [-ни́ть].

disability [disə'biliti] неспосóбность *f*, бесси́лие.

disable [dis'eibl] дéлать непригóдным; [ис]калéчить; ~d [-d] искалéченный; ~ veteran инвали́д войны́.

disadvantage [disəd'va:ntidʒ] невы́года; ущéрб; неудóбство.

disagree [disə'gri:] расходи́ться во взгля́дах; противорéчить друг другу; быть врéдным (with для P); ~able [-əbl] □ неприя́тный; ~ment [-mənt] разла́д, разногла́сие.

disappear [disə'piə] исчеза́ть [-éзнуть]; скры(ва́)ться; ~ance [-rəns] исчезновéние.

disappoint [disə'pɔint] разочарóвывать [-рова́ть]; обма́нывать [-нýть]; ~ment разочарова́ние.

disapprov|al [disə'pru:vəl] неодобрéние; ~e ['disəpru:v] не одобря́ть [одóбрить] (P); неодобри́тельно относи́ться (of к Д).

disarm [dis'a:m] *v/t.* обезорýжи(ва)ть; разоружа́ть [-жи́ть];

v/i. разоружа́ться [-жи́ться]; ～ament [dis'ɑ:məmənt] разоруже́ние.

disarrange ['disə'reindʒ] расстра́ивать [-ро́ить]; приводи́ть в беспоря́док.

disast|er [di'zɑ:stə] бе́дствие; катастро́фа; ～rous [-rəs] □ бе́дственный; катастрофи́ческий.

disband [dis'bænd] распуска́ть [-усти́ть].

disbelieve [disbi'li:v] не [по]ве́рить; не доверя́ть (Д).

disburse [dis'bə:s] распла́чиваться [-лати́ться].

disc [disk] *s.* disk.

discard [dis'kɑ:d] отбра́сывать [-ро́сить] (за нена́добностью); отверга́ть [-е́ргнуть].

discern [di'sə:n] различа́ть [-чи́ть]; распозна(ав)а́ть; разгляде́ть *pf.*; отлича́ть [-чи́ть]; ～ing [-iŋ] □ проница́тельный; ～ment [-mənt] распознава́ние; проница́тельность *f.*

discharge [dis'tʃɑ:dʒ] 1. *v/t.* разгружа́ть [-узи́ть]; освобожда́ть [-боди́ть]; уволня́ть [уво́лить]; упла́чивать [уплати́ть] (долги́); выполня́ть [вы́полнить] (обяза́тельства); *v/i.* разряжа́ться [-яди́ться]; гнои́ться; 2. разгру́зка; вы́стрел; освобожде́ние; увольне́ние; разря́д; выполне́ние.

disciple [di'saibl] учени́к (-йца); после́дователь(ница *f*) *m.*

discipline ['disiplin] 1. дисципли́на, поря́док; 2. дисциплини́ровать (*im*)*pf.*

disclose [dis'klouz] обнару́жи(ва)ть; разоблача́ть [-чи́ть]; раскры́(ва́)ть.

discolo(u)r [dis'kʌlə] обесцве́чивать(ся) [-е́тить(ся)].

discomfort [dis'kʌmfət] 1. неудо́бство; беспоко́йство; 2. причиня́ть неудо́бство (Д).

discompose [diskəm'pouz] расстра́ивать [-ро́ить]; [вз]волнова́ть, [вс]тревожи́ть.

disconcert [diskən'sə:t] смуща́ть [смути́ть]; приводи́ть в замеша́тельство.

disconnect [diskə'nekt] разъединя́ть [-ни́ть] (*a.* ⚡); разобща́ть [-щи́ть]; расцепля́ть [-пи́ть]; ～ed [-id] □ бессвя́зный; отры́вистый.

disconsolate [dis'kɔnsəlit] □ неуте́шный.

discontent ['diskən'tent] недово́льство; неудовлетворённость *f*; ～ed [-id] □ недово́льный; неудовлетворённый.

discontinue ['diskən'tinju:] пре́р(ы)ва́ть; прекраща́ть [-рати́ть].

discord ['diskɔ:d], ～ance [dis'kɔ:dəns] разногла́сие; разла́д; ♪ диссона́нс.

discount 1. ['diskaunt] ✝ диско́нт,

учёт векселе́й; ски́дка; 2. [dis'kaunt] ✝ дисконти́ровать (*im*)*pf.*, учи́тывать [уче́сть] (векселя́); де́лать ски́дку.

discourage [dis'kʌridʒ] обескура́жи(ва)ть; отбива́ть охо́ту (Д; from к Д); ～ment [-mənt] обескура́женность *f*, упа́док ду́ха.

discourse [dis'kɔ:s] 1. рассужде́ние; речь *f*; бесе́да, разгово́р; 2. ора́торствовать; вести́ бесе́ду.

discourte|ous [dis'kə:tiəs] □ неве́жливый, неучти́вый; ～sy [-tisi] неве́жливость *f*, неучти́вость *f*.

discover [dis'kʌvə] де́лать откры́тие (Р); обнару́жи(ва)ть, раскры́(ва́)ть; ～y [-ri] откры́тие.

discredit [dis'kredit] 1. дискредита́ция; 2. дискредити́ровать (*im*)*pf.*; [о]позо́рить.

discreet [dis'kri:t] □ осторо́жный; не болтли́вый.

discrepancy [dis'krepənsi] разногла́сие; ра́зница; несхо́дство.

discretion [dis'kreʃən] благоразу́мие; осторо́жность *f*; усмотре́ние.

discriminat|e [dis'krimineit] выделя́ть [вы́делить]; относи́ться по-ра́зному; уме́ть распознава́ть, различа́ть; ～ against ста́вить в неблагоприя́тные усло́вия (В); ～ing [-iŋ] □ уме́ющий различа́ть, распознава́ть; ～ion [-'neiʃən] проница́тельность *f*; дискримина́ция.

discuss [dis'kʌs] обсужда́ть [-уди́ть]; дискути́ровать; ～ion [-'ʃən] обсужде́ние, диску́ссия; пре́ния *n/pl.*

disdain [dis'dein] 1. презира́ть [-зре́ть]; счита́ть ни́же своего́ досто́инства; 2. презре́ние; пренебреже́ние. [больно́й.]

disease [di'zi:z] боле́знь *f*; ～d [-d]]

disembark ['disim'bɑ:k] сходи́ть на́ берег (с су́дна); выгружа́ть [вы́грузить] (това́ры).

disengage ['disin'geidʒ] высвобожда́ть(ся) [вы́свободить(ся)]; разобща́ть [-щи́ть]; ⊕ разъединя́ть [-ни́ть].

disentangle ['disin'tæŋgl] распу́т(ыв)ать(ся); *fig.* выпу́тываться [вы́путать(ся)] (из затрудне́ний).

disfavo(u)r ['dis'feivə] 1. неми́лость *f*; 2. не одобря́ть [одо́брить].

disfigure [dis'figə] обезобра́живать [-ра́зить]; искажа́ть [искази́ть].

disgorge [dis'gɔ:dʒ] изверга́ть [-е́ргнуть] (ла́ву); изрыга́ть [-гну́ть] (пи́щу).

disgrace [dis'greis] 1. неми́лость *f*; позо́р, бесче́стие; 2. [о]позо́рить; подве́ргнуть неми́лости; ～ful [-ful] □ посты́дный, позо́рный.

disguise [dis'gaiz] 1. маскиро́вка; переодева́ние; ма́ска; 2. [за]маскирова́ть(ся); переоде(ва́)ть(ся); скры(ва́)ть.

disgust [dis'gʌst] 1. отвраще́ние; 2. внуша́ть отвраще́ние (Д); ~ing [-iŋ] □ отврати́тельный.

dish [diʃ] 1. блю́до, таре́лка, ми́ска; ~s pl. посу́да; блю́до, ку́шанье; 2. класть на блю́до; (mst ~ up) подава́ть на стол.

dishearten [dis'hɑːtn] приводи́ть в уны́ние.

dishevel(l)ed [di'ʃevəld] растрёпанный, взъеро́шенный.

dishonest [dis'ɔnist] □ нече́стный; недобросо́вестный; ~y [-i] недобросо́вестность f; обма́н.

dishono(u)r [dis'ɔnə] 1. бесче́стие, позо́р; 2. [о]бесче́стить, [о]позо́рить; ~able [-rəbl] □ бесче́стный; ни́зкий.

disillusion [disi'luːʒən] 1. разочарова́ние; 2. (a. ~ize [-aiz]) разруша́ть иллю́зии (Р); открыва́ть пра́вду (Д).

disinclined ['disin'klaind] нерасполо́женный.

disinfect ['disin'fekt] дезинфици́ровать (im)pf.; ~ant [-ənt] дезинфици́рующее сре́дство.

disintegrate [dis'intigreit] распада́ться [-па́сться]; разруша́ться [-у́шиться].

disinterested [dis'intristid] □ бескоры́стный; беспристра́стный.
~~disk~~ ~~[disk]~~ ~~диск.~~

dislike [dis'laik] 1. не люби́ть; пита́ть отвраще́ние к (Д); 2. нелюбо́вь f (for к Д); антипа́тия.

dislocate ['disləkeit] вы́вихивать [вы́вихнуть]; наруша́ть [нару́шить]; расстра́ивать [-ро́ить].

dislodge [dis'lɔdʒ] смеща́ть [смести́ть]; изгоня́ть [изогна́ть].

disloyal [dis'lɔiəl] □ нелоя́льный; вероло́мный.

dismal ['dizməl] □ мра́чный; уны́лый; гнету́щий.

dismantl|e [dis'mæntl] ⚓ рассна́щивать [-насти́ть]; ⊕ демонти́ровать (im)pf.; ~ing [-iŋ] демонта́ж.

dismay [dis'mei] 1. уны́ние; страх; 2. v/t. приводи́ть в уны́ние.

dismiss [dis'mis] v/t. отпуска́ть [-сти́ть]; увольня́ть [уво́лить]; освобожда́ть [-боди́ть]; ⚖ прекраща́ть [-рати́ть] (де́ло); отклоня́ть [-ни́ть] (иск); ~al [-əl] ро́спуск; увольне́ние; освобожде́ние; ⚖ отклоне́ние.

dismount ['dis'maunt] v/t. разнима́ть [-ня́ть]; ⊕ разбира́ть [разобра́ть]; v/i. слеза́ть с ло́шади, спе́ши(ва)ться.

disobedien|ce [diso'biːdʒəns] непослуша́ние, неповинове́ние; ~t [-t] □ непослу́шный, непоко́рный.

disobey ['diso'bei] ослу́шаться pf. (Р), не повинова́ться (im)pf. (Д).

disorder [dis'ɔːdə] 1. беспоря́док; ⚕ расстро́йство; ~s pl. ма́ссовые волне́ния n/pl.; 2. приводи́ть в беспоря́док; расстра́ивать [-ро́ить] (здоро́вье); ~ly [-li] беспоря́дочный; беспоко́йный; распу́щенный.

disorganize [dis'ɔːgənaiz] дезоргани́зова́ть (im)pf., расстра́ивать [-ро́ить].

disown [dis'oun] не призн(ав)а́ть; отка́зываться [-за́ться] от (Р).

dispassionate [dis'pæʃnit] □ беспристра́стный; бесстра́стный.

dispatch [dis'pætʃ] 1. отпра́вка; отправле́ние; депе́ша; донесе́ние; by ~ с курье́ром 2. пос(ы)ла́ть; отправля́ть [-а́вить].

dispel [dis'pel] рассе́ивать [-се́ять]; разгоня́ть [разогна́ть].

dispensa|ry [dis'pensəri] апте́ка; амбулато́рия; ~tion [dispen'seiʃən] разда́ча; разделе́ние; веле́ние (судьбы́); освобожде́ние.

dispense [dis'pens] v/t. освобожда́ть [-боди́ть]; приготовля́ть и распределя́ть (лека́рства); отправля́ть [-а́вить] (правосу́дие).

disperse [dis'pəːs] разгоня́ть [разогна́ть]; рассе́ивать(ся) [-е́ять (-ся)]; распространя́ть [-ни́ть].
~~dispirit~~ ~~[dis'pirit]~~ ~~удруча́ть~~ ~~[-чи́ть];~~
~~приводи́ть в уны́ние.~~

displace [dis'pleis] смеща́ть [смести́ть]; переставля́ть [-а́вить]; перекла́дывать [переложи́ть]; вытесня́ть [вы́теснить].

display [dis'plei] 1. выставля́ть [вы́ставить] (в витри́не); проявля́ть [-ви́ть]; выставля́ть напока́з; 2. вы́ставка; проявле́ние.

displeas|e [dis'pliːz] не [по]нра́виться (Д); быть не по вку́су (Д); ~ed [-d] □ недово́льный; ~ure [dis'pleʒə] недово́льство.

dispos|al [dis'pouzəl] расположе́ние; распоряже́ние; употребле́ние; удале́ние (нечисто́т и т. п.); ~e [dis'pouz] v/t. располага́ть [-ложи́ть] (В); склоня́ть [-ни́ть]; v/i. ~ of распоряжа́ться [-ди́ться] (Т); отде́л(ыв)аться от (Р); ~ed [-d] □ расположе́нный; настро́енный; ~ition [dispə'ziʃən] расположе́ние; распоряже́ние; предрасположе́ние (к Д), скло́нность f (к Д).

disproof ['dis'pruːf]опроверже́ние.

disproportionate [disprə'pɔːʃnit] □ непропорциона́льный, несоразме́рный.

disprove ['dis'pruːv] опроверга́ть [-ве́ргнуть].

dispute [dis'pjuːt] 1. оспа́ривать [оспо́рить]; перека́ивать; [по]спо́рить; 2. ди́спут, деба́ты m/pl.; поле́мика.

disqualify [dis'kwɔlifai] дисквалифици́ровать (im)pf.; лиша́ть пра́ва.

disregard ['disri'ga:d] 1. пренебрежение; игнорирование; 2. игнорировать (im)pf.; пренебрегать [-бречь] (T).

disreput|able [dis'repjutəbl] □ дискредитирующий; пользующийся дурной репутацией; ~e ['disri'pju:t] дурная слава.

disrespect ['disris'pekt] неуважение, непочтительность f; ~ful [-ful] □ непочтительный.

dissatis|faction ['dissætis'fækʃən] недовольство; ~factory [-təri] неудовлетворительный; ~fy ['di-'sætisfai] не удовлетворять [-рить].

dissect [di'sekt] рассекать [-ечь]; вскры(ва)ть (труп).

dissemble [di'sembl] v/t. скры(ва)ть; v/i. притворяться [-риться], лицемерить.

dissen|sion [di'senʃən] разногласие; распря, разлад; ~t [-t] 1. несогласие; 2. расходиться во взглядах, мнениях.

dissimilar ['di'similə] □ непохожий, несходный, разнородный.

dissimulation [disimju'leiʃən] симуляция; притворство, обман, лицемерие.

dissipat|e ['disipeit] рассеивать [-еять]; расточать [-чить], растрачивать [-тратить]; ~ion [disi'peiʃən] рассеяние; расточение; беспутный образ жизни.

dissoluble [di'sɔljubl] растворимый; расторжимый (о браке, договоре).

dissolut|e ['disəlu:t] □ распущенный; беспутный; ~ion [disə'lu:ʃən] расторжение (брака, договора); роспуск (парламента).

dissolve [di'zɔlv] v/t. распускать [-устить] (парламент и т. п.); расторгать [-оргнуть]; аннулировать (im)pf.; v/i. растворяться [-риться]; разлагаться [-ложиться].

dissonant ['disonənt] ♪ нестройный, диссонирующий.

dissuade [di'sweid] отговаривать [-ворить] (from от P).

distan|ce ['distəns] 1. расстояние; даль f; промежуток, период (времени); at a ~ на известном расстоянии; 2. оставлять далеко позади себя; размещать на равном расстоянии; ~t [-t] □ дальний, далёкий; отдалённый; сдержанный; холодный.

distaste ['dis'teist] отвращение; ~ful [-ful] □ противный, неприятный (на вкус, вид; to Д).

distemper [dis'tempə] нездоровье; собачья чума.

distend [dis'tend] наду(ва)ть(ся).

distil [dis'til] сочиться, капать; гнать (спирт и т. п.); перегонять [-гнать], дистиллировать (im)pf.; ~lery [-əri] винокуренный завод.

distinct [dis'tinkt] □ особый, индивидуальный; отчётливый; определённый; ~ion [dis'tinkʃən] различие; отличие; отличительная особенность f; знак отличия; ~ive [-tiv] □ отличительный, характерный.

distinguish [dis'tingwiʃ] различать [-чить]; разглядывать [-деть]; выделять [выделить]; ~ed [-t] выдающийся, известный.

distort [-'tɔ:t] искажать [исказить]; искривлять [-вить]; извращать [-ратить].

distract [dis'trækt] отвлекать [отвлечь], рассеивать [-еять]; ~ion [dis'trækʃən] развлечение; отвлечение (внимания).

distress [dis'tres] 1. горе; бедствие; страдание; нужда, нищета; 2. причинять горе, страдание (Д); ~ed [-t] нуждающийся; страдающий.

distribut|e [dis'tribju:t] распределять [-лить]; разд(ав)ать; распространять [-нить]; ~ion [distri'bju:ʃən] распределение; раздача; распространение.

district [dis'trikt] район; округ; область f.

distrust [dis'trʌst] 1. недоверие; подозрение; 2. не доверять (Д); ~ful [-ful] □ недоверчивый; подозрительный; ~ (of o. s.) неуверенный в себе.

disturb [dis'tə:b] [по]беспокоить; [по]мешать (Д); нарушать [-ушить]; ~ance [-əns] нарушение; тревога, волнение.

disunite ['disju:'nait] разделять [-лить]; разъединять(ся) [-нить (-ся)].

disuse ['dis'ju:z] изъять из употребления.

ditch [ditʃ] канава, ров.

ditto ['ditou] то же; столько же.

dive [daiv] 1. нырять [нырнуть]; погружаться [-узиться]; бросаться в воду; пикировать (im)pf.; 2. ныряние; погружение; пикирование; Am. притон; ~r ['daivə] водолаз; ныряльщик (-ица).

diverge [dai'və:dʒ] расходиться [разойтись]; отклоняться [-ниться], уклоняться [-ниться]; ~nce [-əns] расхождение; отклонение, уклонение; ~nt [-ənt] □ расходящийся; отклоняющийся.

divers|e [dai'və:s] □ различный, разнообразный; иной; ~ion [dai-'və:ʃən] развлечение; отвлечение; ~ity [-siti] разнообразие; различие.

divert [dai'və:t] отводить в сторону (дорогу и т. п.); отвлекать [-ечь] (внимание); развлекать [-ечь].

divest [dai'vest] разде(ва)ть; fig. лишать [-шить] (of P).

divid|e [di'vaid] v/t. [раз]делить;

разделя́ть [-ли́ть]; v/i. [раз]дели́ться; разделя́ться; [-ли́ться]; **~** дели́ться без оста́тка; **~end** ['dividend] дивиде́нд; **~** дели́мое.

divine [di'vain] **1.** ☐ боже́ственный; **~** service богослуже́ние; **2.** уга́дывать [-да́ть].

diving ['daivin] ныря́ние; *sport* прыжки́ в во́ду.

divinity [di'viniti] богосло́вие; божество́; боже́ственность *f.*

divis|ible [di'vizəbl] ☐ дели́мый; **~ion** [di'viʒən] деле́ние; разделе́ние; перегоро́дка; ✗ диви́зия; ♬ деле́ние без оста́тка.

divorce [di'vɔ:s] **1.** разво́д; разры́в; **2.** растерга́ть брак (P); разводи́ться [-вести́сь] с (T).

divulge [dai'vʌldʒ] разглаша́ть [-ласи́ть] (та́йну).

dizz|iness ['dizinis] головокруже́ние; **~y** ['dizi] чу́вствующий головокруже́ние; головокружи́тельный.

do [du:] [*irr.*] (*s. a.* done) **1.** v/t. [c]де́лать; выполня́ть [вы́полнить]; устра́ивать [-ро́ить]; приготовля́ть [-то́вить]; **~** London осма́тривать Ло́ндон; have done reading ко́нчить чита́ть; **~** in обма́нывать [-ну́ть]; уби(ва́)ть; **~** into переводи́ть [перевести́]; **~** over передел(ыв)а́ть; покры(ва́)ть; обма́з(ыв)ать; **~** up завора́чивать [заверну́ть]; приводи́ть в поря́док; уб(и)ра́ть; **2.** v/i. [c]де́лать; поступа́ть [-пи́ть], де́йствовать; **~** so as to ... устра́ивать так, что́бы ...; that will **~** доста́точно, дово́льно; сойдёт; how **~** you **~**? здра́вствуй(те)!; как вы пожива́ете?; **~** well успева́ть; хорошо́ вести́ де́ло; **~** away with уничтожа́ть [-о́жить]; I could **~** with ... мне мог бы пригоди́ться (И)...; **~** without обходи́ться [обойти́сь] без (P); **~** be quick поспеши́те!, скоре́й!; **~** you like London? — I do вам нра́вится Ло́ндон? — Да.

docil|e ['dousail] послу́шный; поня́тливый; **~ity** [dou'siliti] послуша́ние; поня́тливость *f.*

dock[1] [dɔk] обруба́ть [-уби́ть] (хвост); ко́ротко стричь (во́лосы); *fig.* сокраща́ть [сократи́ть].

dock[2] [~] **1.** ⚓ док; ⚖ скамья́ подсуди́мых; **2.** ⚓ ста́вить су́дно в док; входи́ть в док.

dockyard ['dɔkjɑ:d] верфь *f.*

doctor ['dɔktə] **1.** врач; до́ктор (учёная сте́пень); **2.** F лечи́ть.

doctrine ['dɔktrin] уче́ние, доктри́на.

document 1. ['dɔkjumənt] докуме́нт; свиде́тельство; **2.** [-'mənt] подтвержда́ть докуме́нтами.

dodge [dɔdʒ] **1.** уве́ртка, уло́вка, хи́трость *f.*; **2.** увёртывать [-льну́ть]; [c]хитри́ть; избега́ть [-ежа́ть] (P).

doe [dou] са́мка (оле́ня, за́йца, кры́сы, кро́лика).

dog [dɔg] **1.** соба́ка, пёс; **2.** ходи́ть по пята́м (P); выслё́живать [вы́следить].

dogged ['dɔgid] ☐ упря́мый, упо́рный, насто́йчивый.

dogma ['dɔgmə] до́гма; до́гмат; **~tic(al)** [dɔg'mætik, -ikəl] догмати́ческий; **~tism** ['dɔgmətizm] догмати́зм.

dog's-ear F заги́б (за́гнутый у́гол страни́цы).

dog-tired ['dɔg'taiəd] уста́лый как соба́ка.

doings ['du:inz] де́йствия *n/pl.*, посту́пки *m/pl.*

dole [doul] **1.** Brt. посо́бие (безрабо́тным); **2.** выдава́ть ску́по.

doleful ['doulful] ☐ ско́рбный, печа́льный.

doll [dɔl] ку́кла.

dollar ['dɔlə] до́ллар.

dolly ['dɔli] ку́колка.

dolt [doult] дуре́нь *m*, болва́н.

domain [do'mein] владе́ние; име́ние; террито́рия; *fig.* о́бласть *f*, сфе́ра.

dome [doum] ку́пол; свод.

domestic [do'mestik] **1.** (**~al**) дома́шний; семе́йный; домосе́дливый; **2.** дома́шняя рабо́тница; **~ate** [~keit] приуча́ть к семе́йной жи́зни; прируча́ть [-чи́ть] (живо́тное).

domicile ['dɔmisail] постоя́нное местожи́тельство; **~d** [-d] осе́длый; прожива́ющий.

domin|ant ['dɔminənt] госпо́дствующий, преоблада́ющий; **~ate** [-neit] госпо́дствовать, преоблада́ть; **~ation** [dɔmi'neiʃən] госпо́дство, преоблада́ние; **~eer** [dɔmi'niə] де́йствовать деспоти́чески; влады́чествовать; **~eering** [-riŋ] ☐ деспоти́ческий, вла́стный.

dominion [də'minjən] доминио́н; владе́ние.

don [dɔn] наде́(ва́)ть.

donat|e [dou'neit] Am. [по]же́ртвовать; **~ion** [-ʃən] поже́ртвование.

done [dʌn] **1.** p. pt. от do; **2.** adj. гото́вый; уста́лый; обма́нутый; well **~** хорошо́ приго́товленный; прожа́ренный.

donkey ['dɔŋki] осёл.

donor ['dounɔ:] же́ртвователь(ница *f*) *m*; ✚ до́нор.

doom [du:m] **1.** рок, судьба́; **2.** осужда́ть [осуди́ть]; обрека́ть [-е́чь] (to на B).

door [dɔ:] дверь *f*; next **~** ря́дом; (with)in **~s** внутри́, в до́ме; **~-handle** ру́чка две́ри; **~-keeper**, Am. **~-man** швейца́р, привра́тник; **~-way** вход; пролёт две́ри.

dope [doup] **1.** нарко́тик; F дурма́н; **2.** дава́ть нарко́тики (Д).

dormant ['dɔ:mənt] mst *fig.* безде́йствующий, спя́щий.

dormer(-window) ['dɔːmə('window)] слуховбе окно.

dormitory ['dɔːmitəri] дортуáр, óбщая спáльня; *Am.* общежитие.

dose [dous] 1. дóза, приём; 2. дозировать (*im*)*pf.*; давáть дóзами.

dot [dɔt] 1. тóчка; крóшечная вещь *f*; 2. стáвить тóчки над (Т); отмечáть пунктиром.

dot|e [dout]: ~ (up)on любить до безумия; **~ing** ['doutiŋ] безумно любящий.

double ['dʌbl] □ двойнóй; двоякий; двуличный; 2. двойник; двойнóе количество; пáрная игрá; *thea.* дублёр; 3. *v/t.* удвáивать [удвóить]; склáдывать вдвóе; up скрючившийся; *v/i.* удвáиваться [удвóиться]; **~-breasted** двубóртный (пиджáк); **~-dealing** двурушничество; **~-edged** обоюдоóстрый; **~ entry** двойнáя бухгалтéрия.

doubt [daut] 1. *v/t.* сомневáться [усомниться] в (П); не доверять (Д); подозревáть; *v/i.* имéть сомнéния; 2. сомнéние; no ~ без сомнéния; **~ful** ['dautful] □ сомнительный; **~fulness** [-nis] сомнительность *f*; **~less** ['dautlis] несомнéнно; вероятно.

douche [duːʃ] 1. душ; обливáние; 2. принимáть душ; обливáть(ся) водóй.

dough [dou] тéсто, **~nut** ['dounʌt] (пóнчик.)

dove [dʌv] гóлубь *m*; *fig.* голýбчик (-бушка).

dowel ['dauəl] ⊕ дюбель *m*, штифт.

down¹ [daun] пух; холм; безлéсная возвышенность *f*.

down² [~] 1. *adv.* вниз, внизý; ~ to вплоть до (Р); ~ be ~ upon напа-дáть [напáсть] на (В); 2. *prp.* вниз по (Д); вдоль по (Д); ~ the river вниз по рекé; 3. *adj.* направленный вниз; ~ platform перрóн для поездóв, идýщих из столицы (или большóго гóрода); 4. *v/t.* опускáть [опустить]; сбивáть(ся) (самолёт); одолевáть(ся); **~cast** ['daunkɑːst] удручённый; **~fall** падéние; **~hearted** пáвший дýхом; **~hill** вниз; под гóру; **~pour** ливень *m*; **~right** 1. *adv.* совершéнно; прямо; 2. *adj.* прямóй; откровéнный; чéстный; **~stairs** ['daun'steəz] вниз, внизý; **~stream** вниз по течéнию; **~town** *part. Am.* в деловýю часть гóрода, в деловóй части гóрода; **~ward(s)** [-wəd(z)] вниз, книзу.

downy ['dauni] пушистый, мягкий как пух; *sl.* хитрый.

dowry ['dauəri] придáное.

doze [douz] 1. дремóта; 2. дремáть, «клевáть нóсом».

dozen ['dʌzn] дюжина.

drab [dræb] желтовáто-сéрый; однообрáзный;

draft [drɑːft] 1. = draught; чек; сýмма, полýченная по чéку; ✕ пополнéние, подкреплéние; 2. набрáсывать [-росáть].

drag [dræg] 1. обýза, брéмя *n*; дрáга; боронá; 2. *v/t.* [по]тянýть, [по]волочить; чистить дно (реки и т. п.); *v/i.* [по]волочиться; ~ тянýться (о врéмени).

dragon ['drægən] дракóн; **~-fly** стрекозá.

drain [drein] 1. дренáж; канализáция; водостóк; 2. *v/t.* дренировать (*im*)*pf.*; истощáть [-щить]; осушáть [-шить]; **~age** ['dreinidʒ] дренáж; сток, канализáция.

drake [dreik] сéлезень *m*.

drama|tic [drə'mætik] (**~ally**) драматический; драматичный; **~tist** ['dræmətist] драматýрг; **~tize** [-taiz] драматизировать (*im*)*pf.*

drank [dræŋk] *pt.* от drink.

drape [dreip] [за]драпировáть; располагáть склáдками; **~ry** ['dreipəri] драпирóвка; ткáни *f/pl.*

drastic ['dræstik] (**~ally**) решительный, крутóй (о мéрах).

draught [drɑːft] тяга; сквозняк; глотóк; черновик, набрóсок; ♣ водоизмещéние; **~-é-él** шáшки *f/pl.*; *s.* draft; ~ beer пиво в бóчке; **~-horse** ломовáя лóшадь *f*; **~sman** [-smən] чертéжник.

draw [drɔː] 1. [*irr.*] [на]рисовáть; [по]тянýть; [по]тащить; вырывáть [вырвать]; чéрпать (вóду); привлекáть [-éчь] (внимáние); выводить [вывести] (заключéние); кончáть (игрý) вничью; ~ near приближáться [-лизиться]; ~ out вытягивать [вытянуть]; ~ up составлять [-áвить] (докумéнт) (останáвливаться [-новиться]; ~ (up)on ↑ выставлять вéксель на (В); 2. тяга; жеребьёвка; F гвоздь *m* (сезóна, вéчера и т. п.); **~back** ['drɔːbæk] помéха; недостáток; ↑ возврáтная пóшлина; **~er** 1. ['drɔːə] чертёжник; ↑ трассáнт; 2. [drɔː] выдвижнóй ящик; (a pair of) **~s** *pl.* кальсóны *f/pl.*

drawing ['drɔːiŋ] рисýнок; рисовáние; чертёж; черчéние; **~board** чертёжная доскá; **~room** гостиная.

drawn [drɔːn] *p. pt.* от draw.

dread [dred] 1. бояться, страшиться (Р); 2. страх, боязнь *f*; **~ful** ['dredful] □ ужáсный, стрáшный.

dream [driːm] 1. сон, сновидéние; мечтá; грёза; 2. [*a. irr.*] видеть во снé; мечтáть; грéзить; воображáть [-разить]; **~er** ['driːmə] мечтáтель(ница) *f*) *m*, фантазёр(ка); **~y** [-i] □ мечтáтельный.

dreary ['driəri] □ тоскливый; скýчный.

dredge [dredʒ] 1. землечерпáлка,

дра́га, экскава́тор); 2. драги́ровать (*im*)*pf.*; углубля́ть фарва́тер.

dregs [dregz] *pl.* оса́док; небольшой оста́ток; подо́нки *m/pl.*

drench [drentʃ] 1. промока́ние (под дождём); 2. прома́чивать наскво́зь.

dress [dres] 1. оде́жда, пла́тье; одея́ние; *thea.* ~ rehearsal генера́льная репети́ция; 2. оде́(ва)ть (-ся); украша́ть(ся) [укра́сить(ся)]; де́лать причёску; ✗ равня́ться [вы́ровняться], выра́внивать [вы́ровнять]; ✗ перевя́зывать [-за́ть]; ~-circle *thea.* бельэта́ж; ~er ['dresə] ку́хонный шкаф; *Am.* туале́тный сто́лик.

dressing ['dresiŋ] перевя́зочный материа́л; перевя́зка; *cook.* припра́ва; ~ down вы́говор, голово́мойка; ~-gown хала́т; ~-table туале́тный сто́лик.

dress|maker портни́ха; ~-parade вы́ставка мод.

drew [dru:] *pt.* от draw.

dribble ['dribl] ка́пать; пуска́ть слю́ни.

dried [draid] сухо́й; вы́сохший.

drift [drift] 1. дрейф; сугро́б (снега); нано́с (песка́); *fig.* стремле́ние; тенде́нция; 2. *v/t.* относи́ть [отнести́] наноси́ть [нанести́]; мести́ (снег, о ве́тре); *v/i.* дрейфова́ть (*im*)*pf.*; скопля́ться ку́чами (о ли́стьях и т. п.); *fig.* безде́йствовать, быть пасси́вным, не сопротивля́ться.

drill [dril] 1. сверло́; бура́в; коловоро́т; физи́ческое упражне́ние; ✗ борозда́; ✗ строево́е обуче́ние; 2. [на]трениро́вать; ✗ проводи́ть строево́е обуче́ние.

drink [drink] 1. питьё; напи́ток; 2. [*irr.*] [вы́]пить; пья́нствовать.

drip [drip] 1. ка́пание; 2. ка́пать.

drive [draiv] 1. ката́нье, езда́; подъездна́я алле́я (к до́му); ✗ уда́р, ата́ка; ⊕ переда́ча, при́вод; *fig.* эне́ргия; си́ла; 2. [*irr.*] 1. [по]гна́ть; вби(ва́)ть (гвоздь и т. п.); вози́ть, [по]везти́ (в автомоби́ле, экипа́же и т. п.); пра́вить (лошадьми́ и т. п.); управля́ть (маши́ной); *v./i.* е́здить, [по]е́хать; ката́ться; [по]нести́сь; ~ at [на]ме́тить на (B).

drivel ['drivl] 1. распуска́ть слю́ни; нести́ вздор; 2. бессмы́слица, чепуха́.

driven ['drivn] *p. pt.* от drive.

driver ['draivə] пого́нщик (скота́); *mot.* шофёр, води́тель *m*; 🚂 маши́нист; ⊕ веду́щее колесо́.

drizzle ['drizl] 1. ме́лкий дождь *m*, и́зморось *f*; 2. мороси́ть.

drone [droun] 1. *zo.* тру́тень *m*; *fig.* безде́льник, лентя́й; 2. [за-] жужжа́ть; [за]гуде́ть.

droop [dru:p] *v/t.* склоня́ть [-ни́ть]

(го́лову); *v/i.* свиса́ть [сви́снуть], поника́ть [-и́кнуть]; увяда́ть [увя́нуть] (о цвета́х).

drop [drop] 1. ка́пля; ледене́ц; паде́ние, пониже́ние; *thea.* за́навес; 2. *v/t.* роня́ть [урони́ть]; броса́ть [бро́сить] (привы́чку); ~ a p. a line черкну́ть кому́-либо слове́чко; *v/i.* ка́пать [ка́пнуть]; спада́ть [спасть]; па́дать [упа́сть]; понижа́ться [-и́зиться]; ~ in заходи́ть [зайти́], загля́дывать [загляну́ть].

drought [draut] за́суха.

drove [drouv] 1. гурт, ста́до; 2. *pt.* от drive.

drown [draun] *v/t.* затопля́ть [-пи́ть]; *fig.* заглуша́ть [-ши́ть] (звук); *v/i.* [у]тону́ть = be ~ed; o. s. [у]топи́ться.

drows|e [drauz] [за]дрема́ть; ~y ['drauzi] со́нный.

drudge [drʌdʒ] исполня́ть ску́чную, тяжёлую рабо́ту, •тяну́ть ля́мку.

drug [drʌg] 1. лека́рство, медикаме́нт; нарко́тик; 2. употребля́ть нарко́тики; дава́ть нарко́тики (Д); ~gist ['drʌgist] апте́карь *m*.

drum [drʌm] 1. бараба́н; бараба́нный бой; *anat.* бараба́нная перепо́нка; ? бить в бараба́н, бараба́нить.

drunk [drʌŋk] 1. *p. pt.* от drink; 2. пья́ный; get ~ напива́ться пья́ным; ~ard ['drʌŋkəd] пья́ница *m/f*; ~en ['drʌŋkən] пья́ный.

dry [drai] 1. ☐ сухо́й, вы́сохший; F жа́ждущий; F антиалкого́льный; ~ goods *pl. Am.* мануфакту́ра; галантере́я; 2. [вы́]суши(ва)ть [вы́]сохнуть]; ~ up высу́шивать [вы́сушить]; высыха́ть [вы́сохнуть], пересыха́ть [-со́хнуть] (о реке́ и т. п.); ~-clean чи́стить хими́чески; ~-nurse ня́ня.

dual ['djuəl] ☐ двойственный, двойно́й.

dubious ['dju:biəs] ☐ сомни́тельный, подозри́тельный.

duchess ['dʌtʃis] герцоги́ня.

duck [dʌk] 1. у́тка; наклоне́ние головы́; ныря́ние; F ду́шка; 2. ныря́ть [нырну́ть]; окуна́ться [-ну́ться]; увёртываться [уверну́ться].

duckling ['dʌkliŋ] утёнок.

dudgeon ['dʌdʒən] оби́да.

due [dju:] 1. до́лжный, надлежа́щий; обя́занный; ожида́емый; in ~ time в своё вре́мя; it is his ~ ему́ это полага́ется; 2. *adv.* ✧ то́чно, пря́мо (о стре́лке ко́мпаса); 3. до́лжнос: то, что причита́ется; ~s *pl.* сбо́ры *m/pl.*, нало́ги *m/pl.*; по́шлины *f/pl.*; чле́нский взнос.

duel ['djuəl] 1. дуэ́ль *f*; 2. дра́ться на дуэ́ли.

dug [dʌg] *pt.* и *p. pt.* от dig.

duke [dju:k] герцог; **~dom** ['dju:-kdəm] герцогство.

dull [dʌl] **1.** □ тупой (*a. fig.*); скучный; ✝ вялый; пасмурный (день); **2.** притупля́ть(ся) [-пи́ть (-ся)]; *fig.* де́лать(ся) тупым, скучным; **~ness** ['dʌlnis] скука; вялость *f*; тупость *f*.

duly ['dju:li] до́лжным образом.

dumb [dʌm] □ немой; глу́пый.

dummy ['dʌmi] манекен, ку́кла; ⚒ макет; *fig.* фикти́вное лицо́.

dump [dʌmp] **1.** сва́лка; ⚔ полевой склад; **2.** сбра́сывать [сбро́сить]; нава́ливать [-ли́ть]; сва́ливать [-ли́ть] (му́сор); **~s** *pl.* плохо́е настроение; **~ing** ✝ де́мпинг.

dun [dʌn] насто́йчиво тре́бовать упла́ты долга.

dunce [dʌns] тупи́ца *m/f*.

dune [dʒu:n] дюна.

dung [dʌŋ] **1.** наво́з; **2.** унаваживать [унаво́зить].

dungeon ['dʌndʒən] подзе́мная тюрьма́.

duplic|ate 1. ['dju:plikit] a) двойной; запасно́й; b) дубликат, ко́пия; **2.** [-keit] снима́ть, де́лать ко́пию с (P); удва́ивать [удво́ить]; **~ity** [dju:'plisiti] двули́чность *f*.

dura|ble ['djuərəbl] □ про́чный; долговре́менный; **~tion** [djuə'reiʃən] продолжи́тельность *f*.

duress(e) [djuə'res] принужде́ние.

during ['djuəriŋ] *prp.* в тече́ние (P), во вре́мя (P).

dusk [dʌsk] су́мерки; **~y** ['dʌski] □ су́меречный; сму́глый.

dust [dʌst] **1.** пыль *f*; **2.** [за-, на-] пыли́ть; вытира́ть пыль; **~bin** му́сорный я́щик; **~er** ['dʌstə] пы́льная тря́пка; **~y** ['dʌsti] □ пы́льный.

Dutch [dʌtʃ] **1.** голла́ндец (-дка); **2.** голла́ндский; the ~ голла́ндцы *pl.*

duty ['dju:ti] долг, обя́занность *f*; дежу́рство; по́шлина; off ~ свобо́дный от дежу́рства; **~-free** *adv.* беспо́шлинно.

dwarf [dwɔ:f] **1.** ка́рлик; **2.** меша́ть ро́сту, остана́вливать развитие (P).

dwell [dwel] [*irr.*] жить, пребыва́ть; ~ (up)on заде́рживаться [-жа́ться] на (П); **~ing** ['dweliŋ] жили́ще, дом.

dwelt [dwelt] *pt.* и *p. pt.* от dwell.

dwindle ['dwindl] уменьша́ться [уме́ньшиться], сокраща́ться [-рати́ться].

dye [dai] **1.** кра́ска; окра́ска; *fig.* of deepest ~ настоя́щий; **2.** [по-] кра́сить, окра́шивать [окра́сить].

dying ['daiiŋ] (*s. die[1]*) **1.** □ умира́ющий; предсме́ртный; **2.** умира́ние.

dynam|ic [dai'næmik] динами́ческий; акти́вный; энерги́чный; **~ics** [-iks] *mst sg.* дина́мика; **~ite** ['dainəmait] **1.** динами́т; **2.** взрыва́ть динами́том.

E

each [i:tʃ] ка́ждый; ~ other друг дру́га.

eager [i:gə] □ стремя́щийся; усе́рдный; энерги́чный; **~ness** [-nis] пыл, рве́ние.

eagle [i:gl] орёл, орли́ца.

ear [iə] у́хо (*pl.*: у́ши); **~-drum** бараба́нная перепо́нка.

earl [ə:l] граф (англи́йский).

early ['ə:li] **1.** ра́нний; преждевре́менный; **2.** *adv.* ра́но; заблаговре́менно; as ~ as уже́.

ear-mark ['iəma:k] отмеча́ть [-е́тить].

earn [ə:n] зараба́тывать [-бо́тать]; заслу́живать [-жи́ть].

earnest ['ə:nist] **1.** □ серьёзный; убеждённый; и́скренний; **2.** серьёзность *f*.

earnings ['ə:niŋz] за́работок.

ear|piece ра́ковина телефо́нной тру́бки; **~shot** преде́лы слы́шимости.

earth [ə:θ] **1.** земля́, земно́й шар; земля́, по́чва, **2.** *v/t.* зары(ва́)ть; зака́пывать [закопа́ть]; ⚡ заземля́ть [-ли́ть]; **~en** ['ə:θən] земля

но́й; **~enware** [-weə] гли́няная посу́да; **~ing** ⚡ заземле́ние; **~ly** ['ə:θli] земно́й; *fig.* су́етный; **~quake** [-kweik] землетрясе́ние; **~worm** земляно́й червь *m*.

ease [i:z] **1.** поко́й; лёгкость *f*; непринуждённость *f*; at ~ свобо́дно, удо́бно; **2.** облегча́ть [-чи́ть]; успока́ивать [-ко́ить].

easel [i:zl] мольбе́рт.

easiness ['i:zinis] *s.* ease 1.

east [i:st] **1.** восто́к; **2.** восто́чный; **3.** *adv.* на восто́к; к восто́ку (of от P).

Easter ['i:stə] па́сха.

easter|ly ['i:stəli], **~n** ['i:stən] восто́чный.

eastward(s) ['i:stwəd(z)] на восто́к.

easy [i:zi] лёгкий; споко́йный; непринуждённый; take it ~ не торопи́(те)сь!; споко́йнее!; **~-chair** кре́сло; **~-going** *fig.* доброду́шный; беззабо́тный.

eat [i:t] **1.** [*irr.*] [съ]есть; разъеда́ть [-е́сть] **2.** [et] *pt.* от eat 1; **~ables** ['i:təblz] *pl.* съестно́е; **~en** ['i:tn] *p. pt.* от eat 1.

eaves [i:vz] *pl.* карниз; стреха; **~drop** подслуш(ив)ать.

ebb [eb] 1. (*a.* **~tide**) отлив; *fig.* перемена к худшему; 2. отли-(ва)ть, убы(ва)ть (о воде); *fig.* ослабе(ва)ть.

ebony ['ebəni] чёрное дерево.

ebullition [ebə'liʃən] кипение; вскипание.

eccentric [ik'sentrik] 1. эксцентричный; ⚥ эксцентрический; 2. чудак.

ecclesiastic [ikli:zi'æstik] 1. ⚒, *mst* **~al** □ [-tikəl] духовный, церковный; 2. духовное лицо.

echo ['ekou] 1. эхо; *fig.* отголосок; 2. отдаваться как эхо.

eclipse [i'klips] 1. затмение; 2. затмевать [-мить]; заслонять [-нить].

econom|ic(al □) [i:kə'nɔmik(əl)] экономический; экономный, бережливый; **~ics** [-iks] *pl.* экономика; народное хозяйство; **~ist** [i:'kɔnəmist] экономист; **~ize** [-maiz] [с]экономить; экономия; **~y** [-mi] хозяйство; экономия; бережливость *f*; political **~** политическая экономия.

ecsta|sy ['ekstəsi] экстаз; **~tic** [eks'tætik] (**~ally**) исступлённый.

eddy ['edi] 1. водоворот; 2. крутиться в водовороте.

edge [~dʒ] 1. край, лезвие, остриё; кряж, хребет (гор); кромка (материи); обрез (книги); **be on ~** быть как на иголках; 2. обрезать края, окаймлять [-мить]; натачивать [наточить]; **~ways**, **~wise** [-weiz, -waiz] краем, боком.

edging ['edʒiŋ] край, кайма, бордюр.

edible ['edibl] съедобный.

edifice ['edifis] здание.

edit ['edit] изд(ан)ать; [от]редактировать; **~ion** [i'diʃən] издание; **~or** ['editə] издатель *m*; редактор; **~orial** [edi'tɔ:riəl] 1. редакторский; редакционный; 2. передовая статья; **~orship** ['editəʃip] редакторство.

educat|e ['edju:keit] давать образование (Д); воспитывать [-тать]; **~ion** [edju'keiʃən] образование; воспитание; Board of ♀ министерство просвещения; **~ional** [-ʃnl] □ педагогический; учебный; **~or** ['edjukeitə] педагог.

eel [i:l] угорь *m*.

efface [i'feis] стирать [стереть]; вычёркивать [вычеркнуть]; *fig.* **~ o. s.** стушёвываться [-шеваться].

effect [i'fekt] 1. следствие; результат; ⊕ производительность *f*; действие; **~s** *pl.* имущество; пожитки *m/pl.*; take **~** be of **~** вступать в силу; in **~** в действительности; to the **~** следующего содержания; 2. производить

[-вести]; выполнять [выполнить]; совершать [-шить]; **~ive** [-iv] □ эффективный, действительный; имеющий силу; ⊕ полезный; **~ date** дата вступления в силу (Р); **~ual** [juəl] □ действительный; ⚥ имеющий силу.

effeminate [i'feminit] □ женоподобный.

effervesce [efə'ves] [вс]пениться; играть (о вине).

effete [e'fi:t] истощённый; бесплодный.

efficacy ['efikəsi] действительность *f*, сила.

efficien|cy [i'fiʃənsi] эффективность *f*; умелость *f*; **~t** [-ənt] □ умелый, квалифицированный; эффективный.

efflorescence [əflɔ:'resns] расцвет.

effluence ['efluəns] истечение; эманация.

effort ['efət] усилие; достижение.

effrontery [e'frʌntəri] бесстыдство.

effulgent [e'fʌldʒənt] □ лучезарный.

effus|ion [i'fju:ʒən] излияние; **~ive** [i'fju:siv] □ экспансивный; несдержанный.

egg[1] [eg] подстрекать [-кнуть] (*mst* **~ on**).

egg[2] [~] яйцо; buttered, scrambled **~s** *pl.* яичница-болтунья; fried **~s** *pl.* яичница-глазунья.

egoism ['egoutizm] эготизм; самомнение.

egress ['i:gres] выход; исток, истечение.

Egyptian [i'dʒipʃən] 1. египтянин (-янка); 2. египетский.

eight [eit] 1. восемь; 2. восьмёрка; **~een** ['ei'ti:n] восемнадцать; **~eenth** ['ei'ti:nθ] восемнадцатый; **~h** [eitθ] 1. восьмой; 2. восьмая часть *f*; **~ieth** ['eitiiθ] восьмидесятый; **~y** ['eiti] восемьдесят.

either ['aiðə] 1. *pron.* один из двух; тот или другой, и тот и другой, оба; 2. *cj.* **~ ... or ...** или ... или ...; либо ... либо ...; not (...) **~** также не.

ejaculate [i'dʒækjuleit] восклицать [-ликнуть]; извергать [-ергнуть].

eject [i'dʒekt] изгонять [изгнать]; выселять [выселить]; извергать [-ергнуть]; выпускать [выпустить] (дым).

eke [i:k]: **~ out** восполнять [-полнить]; **~ out one's existence** перебиваться кое-как.

elaborat|e 1. [i'læbərit] □ сложный; тщательно выработанный; 2. [-reit] разрабатывать [-ботать]; разви(ва)ть; **~eness** [-ritnis], **~ion** [ilæbə'reiʃən] разработка; развитие; уточнение.

elapse [i'læps] проходить [пройти], пролетать [-лететь] (о времени).

elastic [i'læstik] 1. (**~ally**) эластичный; упру́гий; 2. рези́нка (шнур); ~ity [elæs'tisiti] эласти́чность f.

elate [i'leit] 1. □ лику́ющий; 2. поднима́ть настрое́ние (P).

elbow ['elbou] 1. ло́коть m; ⊕ коле́но; уго́льник; at one's ⊕ под руко́й, ря́дом; 2. толка́ть локтя́ми; ~ out выта́лкивать [вы́-толкнуть].

elder ['eldə] 1. ста́рший; 2. ♀ бузина́; ~ly ['eldəli] пожило́й.

eldest ['eldist] (са́мый) ста́рший.

elect [i'lekt] 1. изб(и)ра́ть; выбира́ть [вы́брать]; назнача́ть [-на́-чить]; 2. и́збранный, вы́борный; ~ion [i'lekʃən] вы́боры m/pl.; ~or [-tə] избира́тель m; ~oral [-tərəl] избира́тельный; ~orate [-tərit] контин-ге́нт избира́телей.

electri|c [i'lektrik] электри́ческий; ~ circuit электри́ческая цепь f; ~cal [-trikəl] □ электри́ческий; ~ engineering электроте́хника; ~cian [ilek'triʃən] электромонтёр.

electri|city [ilek'trisiti] электри́чество; ~fy [i'lektrifai], ~ze [i'lektraiz] электрифици́ровать (im)pf.; [на]-электризова́ть.

electro|cute [i'lektrəkju:t] казни́ть на электри́ческом сту́ле.

electron [i'lektrən] электро́н; ~-ray tube опти́ческий индика́тор на-стро́йки, "маги́ческий глаз".

electro|plate гальванизи́ровать (im)pf.; ~type гальванопла́стика.

elegan|ce ['eligəns] элега́нтность f, изя́щество; ~t ['eligənt] □ эле-га́нтный, изя́щный.

element ['elimənt] элеме́нт; стихи́я; ~s pl. осно́вы f/pl.; ~al [eli'mentl] □ основно́й; стихи́йный; ~ary [-təri] □ элемента́рный; elemen-taries pl. осно́вы f/pl. (како́й-либо нау́ки).

elephant ['elifənt] слон.

elevat|e ['eliveit] поднима́ть [-ня́ть], повыша́ть [-вы́сить]; fig. возвыша́ть [-вы́сить]; ~ion [eli-'veiʃən] возвыше́ние, возвы́шен-ность f; высота́ (над у́ровнем мо́ря); ~or ['eliveitə] ⊕ элева́тор, грузоподъёмник; Am. лифт; ✈ руль высоты́.

eleven [i'levn] оди́ннадцать; ~th [-θ] 1. оди́ннадцатый; 2. оди́ннад-цатая часть f.

elf [elf] эльф; прока́зник.

elicit [i'lisit] извлека́ть [-е́чь]; вы-зыва́ть [вы́звать].

eligible ['elidʒəbl] □ могу́щий быть и́збранным; подходя́щий.

elimiat|e [i'limineit] устраня́ть [-ни́ть]; уничтожа́ть [-то́жить]; ~ion [ilimi'neiʃən] выключе́ние; уничтоже́ние.

elk [elk] zo. лось m.

elm [elm] ♀ вяз.

elocution [elə'kju:ʃən] ора́торское иску́сство.

elope [i'loup] [у]бежа́ть (с возлю́б-ленным).

eloquen|ce ['elokwəns] красно-ре́чие; ~t [-t] □ красноречи́вый.

else [els] ещё; кро́ме; и́наче; ино́й, друго́й; or ~ а то; и́ли же; ~where ['els'wɛə] где́-нибудь в друго́м ме́сте.

elucidat|e [i'lu:sideit] разъясня́ть [-ни́ть]; ~ion [ilu:si'deiʃən] разъ-ясне́ние.

elude [i'lu:d] избега́ть [-ежа́ть] (P), уклоня́ться [-ни́ться] от (P).

elus|ive [i'lu:siv] неулови́мый; ~ory [-səri] ускольза́ющий.

emaciate [i'meiʃieit] истоща́ть [-щи́ть], изнуря́ть [-ри́ть].

emanat|e ['eməneit] истека́ть [-е́чь]; происходи́ть [произойти́] (from от P); ~ion [emə'neiʃən] эмана́ция; испуска́ние; fig. излу-че́ние.

emancipat|e [i'mænsipeit] освобо-ди́ть от ограниче́ний; ~ion [imæn-si'peiʃən] освобожде́ние.

embalm [im'ba:m] [на]бальзами́-ровать.

embankment [im'bæŋkmənt] дам-ба, на́сыпь f; на́бережная.

embargo [em'ba:gou] эмба́рго n indecl.; запреще́ние.

embark [im'ba:k] [по]грузи́ть(ся); сади́ться [сесть] (на кора́бль); fig. ~ in, (up)on нач(ин)а́ть (B).

embarras [im'bærəs] затрудня́ть [-ни́ть]; смуща́ть [смути́ть]; стес-ня́ть [-ни́ть]; ~ing [-iŋ] □ затруд-ни́тельный; неудо́бный; стесни́-тельный; ~ment [-mənt] затруд-не́ние; смуще́ние; замеша́тель-ство.

embassy ['embəsi] посо́льство.

embellish [im'beliʃ] украша́ть [укра́сить].

embers ['embəz] pl. после́дние тле́ющие уголья́ m/pl.

embezzle [im'bezl] растра́чивать [-а́тить] (чужи́е де́ньги); ~ment [-mənt] растра́та.

embitter [im'bitə] озлобля́ть [озло́бить].

emblem ['embləm] эмбле́ма, си́мвол.

embody [im'bɔdi] воплоща́ть [-ло-ти́ть]; олицетворя́ть [-ри́ть]; включа́ть [-чи́ть] (в соста́в).

embosom [im'buzəm] обнима́ть [обня́ть]; ~ed with окружённый (T).

emboss [im'bɔs] выбива́ть вы́пук-лый рису́нок на (П), [от-, вы́]че-ка́нить; лепи́ть релье́ф.

embrace [im'breis] 1. объя́тие; 2. обнима́ть(ся) [-ня́ть(ся)]; прини-ма́ть [-ня́ть] (ве́ру и т. п.); обхва́-тывать [обхвати́ть].

embroider [im'brɔidə] вы́ши-(ва́)ть; ~y [-ri] вышива́ние; вы́-шивка.

embroil [im'brɔil] запу́т(ыв)ать (дела́); впу́т(ыв)ать (в неприя́тности).

emerald ['emərəld] изумру́д.

emerge [i'məːdʒ] появля́ться [-ви́ться]; всплы(ва́)ть; **~ncy** [-ənsi] непредви́денный слу́чай; *attr.* запасно́й, вспомога́тельный; **~ call** *teleph.* сро́чный вы́зов по телефо́ну; **~nt** [-ənt] непредви́денный; сро́чный.

emigra|nt ['emigrənt] 1. эмигра́нт, переселе́нец; 2. эмигри́рующий, переселе́нческий; **~te** [-greit] эмигри́ровать (*im*)*pf.*, переселя́ться [-ли́ться]; **~tion** [emi'greiʃən] эмигра́ция, переселе́ние.

eminen|ce ['eminəns] высота́; высо́кое положе́ние; ♀ce высокопреосвяще́нство; **~t** [-ənt] □ *fig.* выдаю́щийся, замеча́тельный; *adv.* замеча́тельно.

emit [i'mit] изд(ав)а́ть, испуска́ть [-усти́ть] (за́пах, звук, крик); выделя́ть [вы́делить].

emoti|on [i'mouʃən] душе́вное волне́ние, возбужде́ние; эмо́ция; **~onal** [-l] □ взволно́ванный; волну́ющий (о му́зыке и т. п.).

emperor ['empərə] импера́тор.

empha|sis ['emfəsis] вырази́тельность *f*; ударе́ние, акце́нт; **~size** [саіz] под черкива́ть [черкну́ть], **~tic** [im'fætik] (**~ally**) вырази́тельный; подчёркнутый; насто́йчивый.

empire ['empaiə] импе́рия.

employ [im'plɔi] 1. употребля́ть [-би́ть], применя́ть [-ни́ть], испо́льзовать (*im*)*pf.*; дава́ть рабо́ту (Д); 2. in the **~** of на рабо́те у (Р), рабо́тающий у (Р); **~ee** [emplɔi'iː] слу́жащий (-щая), рабо́тник (-ица); **~er** [im'plɔiə] нанима́тель (-ница *f*) *m*, работода́тель(ница *f*) *m*; **♀** зака́зчик (-ица); **~ment** [-mənt] примене́ние; рабо́та, заня́тие; **♀** Exchange би́ржа труда́.

empower [im'pauə] уполномо́чи(ва)ть.

empress ['empris] императри́ца.

empt|iness ['emptinis] пустота́; **~y** [-ti] 1. □ пусто́й, поро́жний; *F* голо́дный; 2. опоро́жня́ть(ся) [-ни́ть(ся)]; [о]пусте́ть.

emul|ate ['emjuleit] соревнова́ться с (Т); **~ation** [emju'leiʃən] соревнова́ние.

enable [i'neibl] дава́ть возмо́жность и́ли пра́во (Д).

enact [i'nækt] предпи́сывать [-са́ть]; постановля́ть [-ви́ть]; *thea.* игра́ть роль; ста́вить на сце́не.

enamel [i'næml] 1. эма́ль *f*; 2. эмалирова́ть (*im*)*pf.*; покрыва́ть эма́лью. [влюблённый в (В).]

enamo(u)red [i'næməd]: **~** of

encamp [in'kæmp] ✗ располага́ться ла́герем.

enchain [in'tʃein] зако́вывать [-ова́ть]; прико́вывать [-ова́ть].

enchant [in'tʃaːnt] очаро́вывать [-ова́ть]; **~ment** [-mənt] очарова́ние; **~ress** [-ris] чароде́йка.

encircle [in'səːkl] окружа́ть [-жи́ть].

enclos|e [in'klouz] заключа́ть [-чи́ть]; огора́живать [-роди́ть]; прилага́ть [-ложи́ть]; **~ure** [-ʒə] огоро́женное ме́сто; вложе́ние, приложе́ние.

encompass [in'kʌmpəs] окружа́ть [-жи́ть].

encore [ɔŋ'kɔː] *thea.* 1. бис!; 2. крича́ть «бис»; вызыва́ть [вы́звать].

encounter [in'kauntə] 1. встре́ча; столкнове́ние; 2. встреча́ть(ся) [-е́тить(ся)]; ната́лкиваться [натолкну́ться] на (тру́дности и т. п.).

encourage [in'kʌridʒ] ободря́ть [-ри́ть]; поощря́ть [-ри́ть]; **~ment** [-mənt] ободре́ние; поощре́ние.

encroach [in'kroutʃ]: **~** (up)on вторга́ться [вто́ргнуться] в (В); **~ment** [-mənt] вторже́ние.

encumb|er [in'kʌmbə] обременя́ть [-ни́ть]; загроможда́ть [-мозди́ть]; затрудня́ть [-ни́ть]; [вос]препя́тствовать (Д); **~rance** [-brəns] бре́мя *n*; обу́за; *fig.* препя́тствие.

encyclop(a)edia [ensaiklou'piːdiə] энциклопе́дия.

end [end] 1. коне́ц, оконча́ние; цель *f*; результа́т; **no ~** of безме́рно, бесконе́чно мно́го (Р); **in the ~** в конце́ концо́в; **on ~** стоймя́; ды́бом; беспреры́вно, подря́д; 2. конча́ть(ся) [ко́нчить(ся)].

endanger [in'deindʒə] подверга́ть опа́сности.

endear [in'diə] внуша́ть любо́вь, заставля́ть полюби́ть; **~ment** [-mənt] ла́ска, выраже́ние не́жности.

endeavo(u)r [in'devə] 1. [по]пыта́ться, прилага́ть уси́лия, [по]стара́ться; 2. попы́тка, стара́ние.

end|ing ['endiŋ] оконча́ние; **~less** ['endlis] □ бесконе́чный.

endorse [in'dɔːs] ✝ индосси́ровать (*im*)*pf.*; одобря́ть [одо́брить]; **~ment** [in'dɔːsmənt] ✝ индосса́мент.

endow [in'dau] одаря́ть [-ри́ть] (умо́м и т. п.); наделя́ть [-ли́ть]; **~ment** [-mənt] наде́л.

endue [in'djuː] облека́ть [-е́чь].

endur|ance [in'djuərəns] выно́сливость *f*; про́чность *f*; **~e** [in'djuə] выноси́ть [вы́нести], терпе́ть.

enema ['enimə] кли́зма.

enemy ['enimi] враг; неприя́тель *m*; проти́вник.

energ|etic [enə'dʒetik] (**~ally**) энерги́чный; **~y** ['enədʒi] эне́ргия.

enervate ['enəːveit] обесси́ли(ва)ть, ослабля́ть [-а́бить].

enfold [in'fould] обнима́ть [обня́ть], обхва́тывать [обхвати́ть].

enforce [in'fɔ:s] навя́зывать [-за́ть] (upon Д); наста́ивать [настоя́ть] на (П); добива́ться (Р) си́лой; уси́л(ива)ть; ~ment [-mənt] принужде́ние.

engage [in'geidʒ] v/t. нанима́ть [наня́ть]; зака́зывать [-за́ть]; занима́ть [заня́ть]; привлека́ть [-е́чь]; завлада́(ва́)ть; fig. привя́зывать [-за́ть]; вовлека́ть [-е́чь]; ✕ вводи́ть в бой; be ~d быть за́нятым; быть помо́лвленным; v/i. обя́зываться [-за́ться]; занима́ться [заня́ться] (in Т); ✕ вступа́ть в бой; ~ment [-mənt] обяза́тельство; свида́ние; приглаше́ние; помо́лвка; ✕ бой.

engaging [-iŋ] □ очарова́тельный.

engender [in'dʒendə] fig. порожда́ть [породи́ть].

engine ['endʒin] маши́на; ⊕ мото́р; 🚂 парово́з; ~-driver машини́ст.

engineer [endʒi'niə] 1. инжене́р; меха́ник; машини́ст; 2. сооружа́ть [-ди́ть]; [за]проекти́ровать; ~ing [-riŋ] те́хника.

English ['iŋgliʃ] 1. англи́йский; 2. англи́йский язы́к; the ~ англича́не pl.; ~man [-mən] англича́нин; ~woman ['wumən] англича́нка.

engrav|e [in'greiv] [вы]гравирова́ть; fig. запечатле́(ва́)ть (в па́мяти); ~er [-ə] гравёр; ~ing [-iŋ] гравирова́ние; гравю́ра.

engross [in'grous] поглоща́ть [-лоти́ть] (внима́ние).

engulf [in'gʌlf] fig. поглоща́ть [-лоти́ть] (о пучи́не).

enhance [in'hɑ:ns] повыша́ть [повы́сить]; уси́ли(ва)ть.

enigma [i'nigmə] зага́дка; ~tic(al □) [enig'mætik, -ikəl] зага́дочный.

enjoin [in'dʒɔin] втолко́вывать [-кова́ть] (Д).

enjoy [in'dʒɔi] наслажда́ться [наслади́ться] (Т); ~ o. s. забавля́ться [забави́ться]; ~able [-əbl] прия́тный; ~ment [-mənt] наслажде́ние, удово́льствие.

enlarge [in'lɑ:dʒ] увели́чи(ва)ть (-ся); распростроня́ться (on o П); ~ment [-mənt] расшире́ние; увеличе́ние.

enlighten [in'laitn] fig. озаря́ть [-ри́ть]; просвеща́ть [-ети́ть]; ~ment просвеще́ние; просвещённость f.

enlist [in'list] v/t. ✕ вербова́ть на вое́нную слу́жбу; ~ed man ✕ рядово́й.

enliven [in'laivn] оживля́ть [-ви́ть].

enmity ['enmiti] вражда́, неприя́знь f. [[-ро́дить].)

ennoble [i'noubl] облагора́живать)

enorm|ity [i'nɔ:miti] чудо́вищность f; ~ous [-əs] □ огро́мный, грома́дный; чудо́вищный.

enou h [i'nʌf] доста́точно, дово́льно.

enquire [in'kwaiə] s. inquire.

enrage [in'reidʒ] [вз]беси́ть, приводи́ть в я́рость.

enrapture [in'ræptʃə] восхища́ть [-ити́ть], очаро́вывать [-ова́ть].

enrich [in'ritʃ] обогаща́ть [-гати́ть].

enrol(l) [in'roul] v/t. [за]регистри́ровать; ✕ [за]вербова́ть; v/i. поступа́ть на вое́нную слу́жбу; ~ment [-mənt] регистра́ция; вербо́вка.

ensign ['ensain] значо́к, эмбле́ма; зна́мя, флаг; Am. ♣ мла́дший лейтена́нт.

enslave [in'sleiv] порабоща́ть [-боти́ть]; ~ment [-mənt] порабоще́ние.

ensnare [in'snɛə] зама́нивать [-ни́ть].

ensue [in'sju:] [по]сле́довать; получа́ться в результа́те.

entail [in'teil] влечь за собо́й, вызыва́ть [вы́звать] (что́-либо).

entangle [in'tæŋgl] запу́т(ыв)ать; ~ment [-mənt] ✕ (про́волочное) загражде́ние.

enter ['entə] v/t. вступа́ть [-пи́ть] в (В); поступа́ть [-пи́ть] в (В); ✝ вноси́ть [внести́] (в кни́гу); входи́ть (войти́) в (В); проника́ть [-ни́кнуть] в (В); v/i. входи́ть (войти́), вступа́ть [-пи́ть]; ~ (up)on 🔒 вступа́ть во владе́ние (Т).

enterpris|e ['entəpraiz] предприя́тие; предприи́мчивость f; ~ing [-iŋ] □ предприи́мчивый.

entertain [entə'tein] угоща́ть [угости́ть]; развлека́ть [-ле́чь], занима́ть [заня́ть]; ~ment [-mənt] развлече́ние; приём (госте́й).

enthrone [in'θroun] возводи́ть на престо́л.

enthusias|m [in'θju:ziæzm] восто́рг; энтузиа́зм; ~t [-æst] энтузиа́ст(ка); ~tic [inθju:zi'æstik] (~ally) восто́рженный; по́лный энтузиа́зма.

entic|e [in'tais] зама́нивать [-ни́ть], соблазня́ть [-ни́ть]; ~ement [-mənt] собла́зн, прима́нка.

entire [in'taiə] □ це́лый, це́льный; сплошно́й; ~ly [-li] всеце́ло; соверше́нно; ~ty [-ti] полнота́, це́льность f; о́бщая су́мма.

entitle [in'taitl] озагла́вливать [-ла́вить]; дава́ть пра́во (Д).

entity ['entiti] бытие́; су́щность f.

entrails ['entreilz] pl. вну́тренности f/pl.; не́дра n/pl. (земли́).

entrance ['entrəns] вход, въезд; вы́ход (актёра на сце́ну); до́ступ.

entrap [in'træp] пойма́ть в лову́шку; запу́т(ыв)ать.

entreat [in'tri:t] умоля́ть [-ли́ть]; ~y [-i] мольба́, про́сьба.

entrench [in'trentʃ] ✕ окружа́ть око́пами.

entrust [in'trʌst] поручать [-чить], вверять [вверить].

entry ['entri] вход, вступление, въезд; *thea.* выход (на сцену); t^b вступление во владение; *sport*: заявка.

enumerate [i'nju:məreit] перечислять [-ислить].

enunciate [i'nʌnsieit] хорошо произносить; [с]формулировать.

envelop [in'veləp] закут(ыв)ать; заворачивать [завернуть]; ⚔ окружать [-жить]; ~e ['enviloup] конверт; оболочка.

envi|able ['enviəbl] □ завидный; ~ous □ завистливый.

environ [in'vaiərən] окружать [-жить]; ~ment [-mənt] окружающая обстановка; ~s ['environz] *pl.* окрестности *f/pl.*

envoy ['envɔi] посланник.

envy ['envi] 1. зависть *f*; 2. [по]завидовать (Д).

epic ['epik] 1. эпическая поэма; 2. эпический.

epicure ['epikjuə] эпикуреец.

epidemic [epi'demik] 🏥 1. (~ally) эпидемический; 2. эпидемия.

epilogue ['epilɔg] эпилог.

episcopa|cy [i'piskəpəsi] епископальная система церковного управления; ~l [-pəl] епископский.

epist|le [i'pisl] послание; ~olary [-tələri] эпистолярный.

epitaph ['epita:f] эпитафия.

epitome [i'pitəmi] конспект, очерк.

epoch ['i:pɔk] эпоха.

equable ['ekwəbl] □ равномерный, ровный; *fig.* уравновешенный.

equal ['i:kwəl] 1. □ равный; одинаковый; ~ to *fig.* способный на (В); 2. равняться (Д); ~ity [i'kwɔliti] равенство; ~ization [i:kwəlai'zeiʃən] уравнивание; ~ize [-aiz] уравнивать [-нять].

equat|ion [i'kweiʃən] ♈ уравнение; ~or [-ə] экватор.

equestrian [i'kwestriən] 1. конный; 2. всадник.

equilibrium [i:kwi'libriəm] равновесие.

equip [i'kwip] снаряжать [-ядить], снабжать [-бдить]; ~ment [-mənt] снаряжение; обмундирование; оборудование.

equipoise ['ekwipɔiz] равновесие; противовес. [*f.*\]

equity ['ekwiti] беспристрастность⏎

equivalent [i'kwivələnt] 1. эквивалент (to Д); 2. равноценный; равнозначащий.

equivoca|l [i'kwivəkəl] □ двусмысленный; сомнительный; ~te [i'kwivəkeit] говорить двусмысленно.

era ['iərə] эра, эпоха.

eradicate [i'rædikeit] искоренять [-нить].

eras|e [i'reiz] стирать [стереть]; подчищать [-истить]; ~er [-ə] резинка; ~ure [i'reiʒə] подчистка; стёртое резинкой.

ere [ɛə] 1. *cj.* прежде чем, скорее чем; 2. *prp.* до (Р); перед (Т).

erect [i'rekt] 1. □ прямой; поднятый; 2. сооружать [-удить], воздвигать [-игнуть]; ~ion [i'rekʃən] сооружение, строение.

eremite ['erimait] отшельник.

ermine ['ə:min] *zo.* горностай.

erosion [i'rouʒən] эрозия; разъедание.

erotic [i'rɔtik] эротический.

err [ə:] ошибаться [-биться], заблуждаться.

errand ['erənd] поручение; ~boy мальчик на посылках.

errant ['erənt] □ странствующий; блуждающий (о мыслях).

errat|ic [i'rætik] (~ally) неустойчивый; ~um [i'reitəm], *pl.* ~a [-tə] опечатка, описка.

erroneous [i'rouniəs] □ ошибочный.

error ['erə] ошибка, заблуждение; ~s excepted исключая ошибки.

erudit|e ['erudait] □ учёный; ~ion [eru'diʃən] эрудиция, учёность *f.*

eruption [i'rʌpʃən] извержение; 🩺 высыпание (сыпи, прыщей).

escalator ['eskəleitə] эскалатор.

escap|ade [eskə'peid] смелая проделка; побег (по тюрьмы.); ~e [is'keip] 1. v/i. бежать (из тюрьмы) (*impf.*); спасаться [спастись]; v/t. избегать [-ежать] (опасности и т. п.); ускользать [-знуть] от (Р); 2. бегство; спасение.

escort 1. ['eskɔ:t] эскорт, конвой; 2. [is'kɔ:t] конвоировать, сопровождать.

escutcheon [is'kʌtʃən] щит герба.

especial [is'peʃəl] особенный; специальный; ~ly [-i] особенно.

espionage [espiə'na:ʒ] шпионаж.

essay 1. ['esei] очерк, попытка; сочинение; 2. [e'sei] подвергать испытанию; [по]пытаться.

essen|ce ['esns] сущность *f*; существо; эссенция; ~tial [i'senʃəl] 1. □ существенный (to для Р), важный; 2. сущность *f.*

establish [is'tæbliʃ] устанавливать [-новить]; учреждать [-едить], основывать [-овать]; ~ o. s. поселяться [-литься], устраиваться [-роиться] (в П); ~ed Church государственная церковь *f*; ~ment [-mənt] учреждение, заведение; хозяйство.

estate [es'teit] *pol.* сословие; имущество; имение; real ~ недвижимость *f.*

esteem [is'ti:m] 1. уважение; 2. уважать.

estimable ['estiməbl] достойный уважения.

estimat|e 1. [-meit] оценивать [-нить]; 2. [-mit] смета, калькуляция; оценка; ~ion [esti'meiʃən] оценка; мнение.

estrange [is'treindʒ] отчуждать

etch [etʃ] гравировать травлением.

etern|al [i'tə:nəl] □ вечный; неизменный; ~ity [-niti] вечность f.

ether ['i:θə] эфир; ~eal [i'θiəriəl] □ эфирный; воздушный.

ethic|al ['eθikəl] □ этичный, этический; ~s ['eθiks] этика.

etiquette [eti'ket] этикет.

etymology [eti'mɔlədʒi] этимология.

eucharist ['ju:kərist] евхаристия.

European [juərə'piən] 1. европеец [-пейка]; 2. европейский.

evacuate [i'vækjueit] эвакуировать (im)pf.

evade [i'veid] избегать [-ежать] (P); ускользать [-знуть] от (P); обходить [обойти] (закон и т. п.).

evaluate [i'væljueit] оценивать [-нить]; выражать в числах.

evangelic, ~al □ [ivæn'dʒelik, -ikəl] евангелический.

evaporat|e [i'væpəreit] испарять (-ся) [-рить(ся)], ~ion [ivæpə'reiʃən] испарение.

evasi|on [i'veiʒən] уклонение, увёртка; ~ve [-siv] □ уклончивый (of от P).

eve [i:v] канун; on the ~ of накануне (P).

even ['i:vən] 1. adj. □ ровный, гладкий; равный, одинаковый; монотонный; беспристрастный; чётный (о числе); 2. adv. ровно; как раз; даже; not ~ даже не; ~ though, ~ if хотя бы, даже если; 3. выравнивать [выровнять]; сглаживать [сгладить]; ~handed ['hændid] беспристрастный.

evening ['i:vniŋ] вечер; вечеринка; ~ dress вечерний туалет, фрак.

evenness ['i:vənnis] ровность f; гладкость f; равномерность f.

evensong вечерня.

event [i'vent] событие, происшествие; fig. исход; номер (в программе); at all ~s во всяком случае; in the ~ of в случае (P); ~ful [-ful] полный событий.

eventual [i'ventjuəl] □ возможный; конечный; ~ly в конце концов; со временем.

ever ['evə] всегда; когда-нибудь, когда-либо; ~ so очень; как бы ни; as soon as ~ I can как только я смогу; for ~ навсегда; yours ... ~ (в конце письма) ваш ... ; ~green вечнозелёный; ~lasting [evə'lɑ:stiŋ] □ прочный; постоянный; ~more ['evəmɔ:] навеки, навсегда.

every ['evri] каждый; ~ now and then время от времени; ~ other

day через день; ~body все pl.; каждый, всякий; ~day ежедневный; ~one каждый, всякий; все pl.; ~thing всё; ~where везде, всюду.

evict [i'vikt] выселять [выселить]; оттягать по суду.

eviden|ce ['evidəns] 1. очевидность f; доказательство; ⚓ улика, свидетельское показание; in ~ в доказательством; 2. служить доказательством; ~t [-t] □ очевидный.

evil ['i:vl] 1. □ злой; пагубный; дурной, плохой; the ⚓ One дьявол; 2. зло; бедствие.

evince [i'vins] проявлять [-вить].

evoke [i'vouk] вызывать [вызвать] (воспоминания и т. п.).

evolution [i:və'lu:ʃən] эволюция; развитие; передвижение.

evolve [i'vɔlv] развивā́ться; эволюционировать (im)pf.

ewe [ju:] овца.

exact [ig'zækt] 1. □ точный, аккуратный; 2. [по]требовать (P); взыскивать [-кать]; ~ing [-iŋ] требовательный, взыскательный; ~itude [-titju:d], ~ness [-nis] точность f.

exaggerate [ig'zædʒəreit] преувеличи(ва)ть.

exalt [ig'zɔ:lt] возвышать [-ысить]; превозносить [-нести]; ~ation [egzɔ:l'teiʃən] возвышение; восторг.

examin|ation [igzæmi'neiʃən] осмотр; исследование; освидетельствование; экспертиза; экзамен; ~e [ig'zæmin] осматривать [-мотреть]; исследовать (im)pf.; [про]экзаменовать.

example [ig'zɑ:mpl] пример; образец; for ~ например.

exasperate [ig'zɑ:spəreit] доводить до белого каления; усили(ва)ть.

excavate ['ekskəveit] выкапывать [выкопать].

exceed [ik'si:d] превышать [-ысить]; переходить границы (P); ~ing [-iŋ] □ огромный; чрезвычайный.

excel [ik'sel] v/t. превосходить [-взойти] (in, at T); v/i. выделяться [выделиться]; ~lence ['eksələns] превосходство; ~lency [-i] превосходительство; ~lent ['eksələnt] □ превосходный.

except [ik'sept] 1. исключать [-чить]; 2. prp. исключая (P); кроме (P); ~ for за исключением (P); ~ing [-iŋ] prp. за исключением (P); ~ion [ik'sepʃən] исключение; take ~ to возражать [-разить] против (P); ~ional [-l] исключительный; ~ionally [-əli] исключительно.

excess [ik'ses] избыток, излишек; эксцесс; ~ fare доплата, приплата;

~ luggage бага́ж вы́ше но́рмы; ~ive [-iv] □ чрезме́рный.

exchange [iks'tʃeindʒ] 1. обме́ниваться [-ня́ться] (Т); обме́нивать [-ня́ть], *by mistake*: [-ня́ть] (for на В); [по]меня́ться (Т); 2. обме́н; разме́н; (*a. Ω*) би́ржа; foreign ~(s *pl.*) иностра́нная валю́та; ~ office меня́льная конто́ра.

exchequer [iks'tʃekə] казначе́йство; казна́; Chancellor of the Ω мини́стр фина́нсов Великобрита́нии.

excit|able [ik'saitəbl] возбуди́мый; ~e [ik'sait] возбужда́ть [-уди́ть], [вз]волнова́ть; ~ement [-mənt] возбужде́ние, волне́ние.

exclaim [iks'kleim] восклица́ть [-и́кнуть].

exclamation [eksklə'meiʃən] восклица́ние.

exclude [iks'klu:d] исключа́ть [-чи́ть].

exclusi|on [iks'klu:ʒən] исключе́ние; ~ve [-siv] □ исключи́тельный; еди́нственный; ~ of за исключе́нием (P).

excommunicat|e [ekskə'mju:nikeit] отлуча́ть от це́ркви; ~ion [ekskəmju:ni'keiʃən] отлуче́ние от це́ркви.

excrement ['ekskrimənt] экскреме́нты *m/pl.*, испражне́ния *n/pl.*

excrete [eks'kri:t] выделя́ть [выделить], извергать [-е́ргнуть].

excruciate [iks'kru:ʃieit] [из-, за]му́чить, терза́ть.

exculpate ['ekskʌlpeit] опра́вдывать [-да́ть].

excursion [iks'kə:ʃən] экску́рсия.

excursive [eks'kə:siv] □ отклоня́ющийся (от те́мы).

excus|able [iks'kju:zəbl] □ извини́тельный, прости́тельный; ~e 1. [iks'kju:z] извиня́ть [-ни́ть], проща́ть [прости́ть]; 2. [iks'kju:s] извине́ние; оправда́ние; отгово́рка.

execra|ble ['eksikrəbl] □ отврати́тельный; ~te ['eksikreit] пита́ть отвраще́ние к (Д); проклина́ть [-кля́сть].

execut|e ['eksikju:t] исполня́ть [-о́лнить]; выполня́ть [вы́полнить]; казни́ть (*im*)*pf.*; ~ion [eksi'kju:ʃən] исполне́ние; выполне́ние; казнь *f*; ~ioner [-ə] пала́ч; ~ive [ig'zekjutiv] 1. □ исполни́тельный; администрати́вный; ~ committee исполни́тельный комите́т; 2. исполни́тельная власть *f*; ✝ админи́стратор; ~or [-tə] душеприка́зчик.

exemplary [ig'zempləri] образцо́вый, приме́рный.

exemplify [ig'zemplifai] поясня́ть приме́ром; служи́ть приме́ром (P).

exempt [ig'zempt] 1. освобожда́ть [-боди́ть] (от вое́нный слу́жбы и т. п.); 2. освобождённый, свобо́дный (of от P).

exercise ['eksəsaiz] 1. упражне́ние; трениро́вка; моцио́н; take ~ де́лать моцио́н; 2. упражня́ть(ся); разви(ва́)ть; [на]трениро́вать(ся); ✗ обуча́ть(ся) [-чи́ть(ся)].

exert [ig'zə:t] напряга́ть [-ря́чь] (си́лы); ока́зывать [-за́ть] (влия́ние и т. п.); ~ o. s. [по]стара́ться; ~ion [ig'zə:ʃən] напряже́ние и т.д.

exhale [eks'heil] выдыха́ть [вы́дохнуть]; испаря́ть(ся) [-ри́ть(ся)].

exhaust [ig'zɔ:st] 1. изнуря́ть [-ри́ть], истоща́ть [-щи́ть]; 2. ⊕ выхлопна́я труба́; вы́хлоп, вы́пуск; ~ion [-ʃən] истоще́ние, изнуре́ние; ~ive [-iv] □ истоща́ющий; исче́рпывающий.

exhibit [ig'zibit] 1. пока́зывать [-за́ть], проявля́ть [-ви́ть]; выставля́ть [вы́ставить]; 2. экспона́т; ✝ веще́ственное доказа́тельство; ~ion [eksi'biʃən] проявле́ние, пока́з; вы́ставка; ~or [ig'zibitə] экспоне́нт.

exhilarate [ig'ziləreit] оживля́ть [-ви́ть]; развеселя́ть [-ли́ть].

exhort [ig'zɔ:t] увещева́ть, увещева́ть.

exigen|ce, ~cy ['eksidʒəns(i)] о́стра́я необходи́мость *f*, кра́йность *f*.

exile ['eksail] 1. изгна́ние, ссы́лка; изгна́нник; 2. изгоня́ть [изгна́ть], ссыла́ть [сосла́ть].

exist [ig'zist] существова́ть, жить; ~ence [-əns] существова́ние, жизнь *f*; in ~ = ~ent [-ənt] существу́ющий.

exit ['eksit] вы́ход; *fig.* смерть *f*; *thea.* ухо́д со сце́ны.

exodus ['eksədəs] ма́ссовый отъе́зд; исхо́д свре́ев из Еги́пта.

exonerate [ig'zɒnəreit] *fig.* реабилити́ровать (*im*)*pf.*; снять бре́мя (вины́ и т. п.) с (P).

exorbitant [ig'zɔ:bitənt] □ непоме́рный, чрезме́рный.

exorci|se, ~ze ['eksɔ:saiz] изгоня́ть [изгна́ть] (ду́хов, нечи́стую си́лу); освобожда́ть [-боди́ть] (of от P).

exotic [eg'zɒtik] экзоти́ческий.

expan|d [iks'pænd] расширя́ть(ся) [-и́рить(ся)], увели́чи(ва)ть(ся); разви(ва́)ть(ся); ~se [iks'pæns], ~sion [-ʃən] простра́нство; протяже́ние; экспа́нсия; расшире́ние; ~sive [-siv] □ спосо́бный расширя́ться; обши́рный; *fig.* экспанси́вный.

expatriate [eks'pætrieit] изгоня́ть]

expect [iks'pekt] ожида́ть (P); рассчи́тывать, наде́яться; F полага́ть, [по]ду́мать; ~ant [-ənt] 1. ~ ожида́ющий; ~ mother бере́менная же́нщина; 2. кандида́т; ~ation [ekspek'teiʃən] ожида́ние; рассчёт; наде́жда.

expectorate [eks'pektəreit] отхаркивать [-кнуть]; плевать [плюнуть].

expedi|ent [iks'pi:diənt] 1. подходящий, целесообразный, соответствующий (обстоятельствам); 2. подручное средство; уловка; **~tion** [ekspi'diʃən] экспедиция; быстрота; поспешность f.

expel [iks'pel] изгонять [изгнать] (из P), исключать [-чить] (из P).

expen|d [iks'pend] [ис]тратить; [из]расходовать; **~diture** [-itʃə] расход, трата; **~se** [iks'pens] расход, трата; **~s** pl. расходы m/pl.; **~sive** [-siv] □ дорогой, дорого стоящий.

experience [iks'piərəns] 1. опыт (жизненный); переживание; 2. испытывать [испытать]; пережи(ва)ть; **~d** [-t] опытный.

experiment 1. [iks'perimənt] опыт, эксперимент; 2. [-'ment] производить опыты; **~al** [eksperi'mentl] □ экспериментальный, основанный на опыте; пробный.

expert ['ekspə:t] 1. □ [pred. eks'pə:t] опытный, искусный; 2. эксперт, знаток, специалист.

expir|ation [ekspai'reiʃən] выдыхание; окончание, истечение (срока); **~e** [iks'paiə] выдыхать [выдохнуть]; умирать [умереть]; ♱ кончаться [кончиться], истекать [-ечь] (о сроке).

explain [iks'plein] объяснять [-нить]; оправдывать [-дать] (поведение).

explanat|ion [eksplə'neiʃən] объяснение; толкование; **~ory** [iks'plænətəri] □ объяснительный.

explicable ['eksplikəbl] объяснимый. [двусмысленный.]

explicit [iks'plisit] □ ясный, не-)

explode [iks'ploud] взрывать(ся) [взорвать(ся)]; подрывать [подорвать]; разражаться [-разиться] (with T).

exploit 1. ['eksploit] подвиг; 2. [iks'ploit] эксплуатировать; ⚒ разрабатывать [-ботать]; **~ation** [eksploi'teiʃən] эксплуатация; ⚒ разработка.

explor|ation [eksplɔ:'reiʃən] исследование; **~e** [iks'plɔ:] исследовать (im)pf.; разведывать [-дать]; **~er** [-rə] исследователь(ница f) m.

explosi|on [iks'plouʒən] взрыв; вспышка (гнева); **~ve** [-siv] 1. □ взрывчатый; fig. вспыльчивый; 2. взрывчатое вещество.

exponent [eks'pounənt] объяснитель m; представитель m; образец m; ♱ показатель степени.

export 1. ['ekspɔ:t] экспорт, вывоз; 2. [eks'pɔ:t] экспортировать (im)pf., вывозить [вывезти] (товары); **~ation** [ekspɔ:'teiʃən] вывоз.

expos|e [iks'pouz] подвергать [-ергнуть] (опасности и т. п.); бросать на произвол судьбы; выставлять [выставить]; разоблачать [-чить]; phot. экспонировать (im)pf.; **~ition** [ekspo'ziʃən] выставка; изложение

exposure [iks'pouʒə] подвергание; выставление; разоблачение; phot. экспозиция, выдержка.

expound [iks'paund] излагать [изложить]; разъяснять [-нить].

express [iks'pres] 1. □ определённый, точно выраженный; специальный; срочный; ~ company Am. транспортная контора; 2. курьер, нарочный; (a. ~ train) экспресс, курьерский поезд; 3. adv. спешно; с нарочным; 4. выражать [выразить]; **~ion** [iks'preʃən] выражение; выразительность f; **~ive** [iks'presiv] □ выразительный; выражающий.

expropriate [eks'prouprieit] экспроприировать (im)pf.; лишать собственности.

expulsion [iks'pʌlʃən] изгнание; исключение (из школы и т. п.).

exquisite ['ekskwizit] 1. □ изысканный, утончённый; прелестный; 2. фат, щёголь m.

extant [eks'tænt] сохранившийся.

extempor|aneous [ekstempə'reiniəs] □, **~ary** [iks'tempərəri] неподготовленный; **~e** [-pəri] adv. экспромтом.

extend [iks'tend] v/t. протягивать [-тянуть]; распространять [-нить] (влияние); продлевать [-лить] (срок); ✗ рассыпать в цепь; v/i. простираться [простереться].

extensi|on [iks'tenʃən] вытягивание; расширение; распространение; протяжение; продление; University 2 популярные лекции, организуемые университетом; **~ve** [-siv] □ обширный, пространный.

extent [iks'tent] протяжение; размер, степень f, мера; to the ~ of в размере (P); to some ~ до известной степени.

extenuate [eks'tenjueit] уменьшать [уменьшить] (вину); стараться найти извинение; ослаблять [-абить].

exterior [eks'tiəriə] 1. □ внешний, наружный; 2. внешность f, наружность f.

exterminate [eks'tə:mineit] искоренять [-нить], истреблять [-бить].

external [eks'tə:nl] 1. □ наружный, внешний; 2. **~s** pl. внешность f, наружность f; fig. внешние обстоятельства.

extinct [iks'tiŋkt] угасший; вымерший; потухший.

extinguish [iks'tiŋgwiʃ] [по]гасить; [по]тушить; погашать [погасить] (долг).

extirpate ['ekstə:peit] искоренять [-нить], истреблять [-бить].

extol [iks'tɔl] превозносить [-нести].

extort [iks'tɔ:t] вымогать (деньги); выпытывать [выпытать] (тайну); **~ion** [iks'tɔ:ʃən] вымогательство.

extra ['ekstrə] **1.** добавочный, дополнительный; экстренный; **2.** adv. особо; собственно; дополнительно; **3.** приплата; Am. экстренный выпуск газеты; **~s** pl. побочные расходы (доходы).

extract 1. ['ekstrækt] экстракт; выдержка, извлечение; **2.** [iks'trækt] удалять [-лить]; извлекать [-ечь]; вырывать [вырвать]; **~ion** [-kʃən] извлечение; происхождение (человека).

extraordinary [iks'trɔ:dnri] необычайный; удивительный, странный.

extravagan|ce [iks'trævigəns] расточительность f; нелепость f; излишество; **~t** [-gənt] □ рас-

точительный; сумасбродный, нелепый.

extrem|e [iks'tri:m] **1.** □ крайний; последний; чрезвычайный; **2.** крайность f; **~ity** [iks'tremiti] оконечность f; крайность f; крайняя нужда; крайняя мера; **~ities** [-z] pl. конечности f/pl.

extricate ['ekstrikeit] выводить [вывести] (из затруднительного положения).

exuberan|ce [ig'zju:bərəns] изобилие, избыток; **~t** [-t] обильный; пышный; цветистый, многословный.

exult [ig'zʌlt] ликовать; торжествовать.

eye [ai] **1.** глаз, око; взгляд; ушко; with an **~** с целью (+ inf.); **2.** смотреть на (B), пристально разглядывать; **~ball** глазное яблоко; **~brow** бровь f; **~d** [aid] ...глазый; **~glass** линза; (a pair of) **~es** pl. очки n/pl.; лорнет; **~lash** ресница; **~lid** веко; **~sight** зрение.

F

fable ['feibl] басня.

fabric ['fæbrik] сооружение; структура; выделка; фабрикат; ткань f, материя; **~ate** ['tæbrikeit] (mst fig.) выдумывать [выдумать]; выделывать [выделать].

fabulous ['fæbjuləs] □ баснословный; неправдоподобный.

face [feis] **1.** лицо, физиономия; гримаса; лицевая сторона (ткани); фасад; on the **~** of it с первого взгляда; **2.** v/t. встречать смело; смотреть в лицо (Д); стоять лицом к (Д); выходить на (B) (об окне); **△** облицовывать [-цевать]; [паот]полировать; v/i. **~ about ✗** поворачиваться кругом.

facetious [fə'si:ʃəs] □ шутливый.

facil|e ['fæsail] лёгкий, свободный (о речи и т. п.); **~itate** [fə'siliteit] облегчать [-чить]; **~ity** [fə'siliti] лёгкость f; способность f; плавность f (речи); облегчение.

facing ['feisiŋ] ⊕ облицовка; **~s** pl. отделка мундира.

fact [fækt] факт; дело; явление; истина, действительность f.

faction ['fækʃən] фракция; клика.

factitious [fæk'tiʃəs] □ искусственный.

factor ['fæktə] фактор; агент; ✝ комиссионер; **~y** [-ri] фабрика, завод.

faculty ['fækəlti] способность f; fig. дар; univ. факультет. [чуда.]

fad [fæd] F конёк; прихоть f, при-]

fade [feid] увядать [увянуть]; постепенно исчезать.

fag [fæg] v/i. потрудиться; корпеть (над T); v/t. утомлять [-мить].

fail [feil] **1.** v/i. ослабе(ва)ть; недоста(ва)ть; потерпеть неудачу; проваливаться [-литься] (на экзамене); he **~ed** to do me ему не удалось сделать (P); забы(ва)ть; v/t. изменять [-нить] (Д), покидать [-инуть]; **2.** su.: without **~** наверняка; непременно; **~ing** ['feiliŋ] недостаток; слабость f; **~ure** [feiljə] неудача, неуспех; провал (на экзамене); банкротство; неудачник (-ица).

faint [feint] **1.** □ слабый; робкий (голос); тусклый; **2.** [o]слабеть; потерять сознание (with от P); **3.** обморок, потеря сознания; **~-hearted** ['feint'ha:tid] малодушный.

fair¹ [fɛə] **1.** adj. прекрасный, красивый; благоприятный; белокурый; ясный; попутный; справедливый; **2.** adv. честно; любезно; прямо, ясно; **~** copy чистовик; **~** play игра по правилам.

fair² [~] ярмарка.

fair|ly ['fɛəli] справедливо; довольно; вполне; **~ness** ['fɛənis] справедливость f; красота (s. fair¹); **~way** ⊕ фарватер.

fairy ['fɛəri] фея; **~land** сказочная страна; **~tale** сказка.

faith [feiθ] доверие, вера; вера (религия); **~ful** ['feiθful] □ верный, преданный; правдивый; yours **~ly** уважающий Вас; **~less** ['feiθlis] □ вероломный; неверующий.

fake [feik] *sl.* 1. подделка, фальшивка; 2. поддел́(ыв)ать.

falcon ['fɔ:lkən] сокол.

fall [fɔ:l] 1. падение; упадок; обрыв, склон; напор; *Am.* осень *f*; (*mst* ~s *pl.*) водопад; 2. [*irr.*] падать [упасть]; спадать [спасть]; убы-(ва́)ть (о воде́); обваливаться [-литься] (о земле); ~ back отступать [-пить]; ~ ill *или* sick заболе(ва́)ть; ~ out [по]ссориться; ~ short of не оправдать (ожиданий) не достигать [-ить] *a.* [-игнуть] (цели); ~ short не хватать [-тить], кончаться [ко́нчиться]; ~ to принима́ться [-на́ться] за (B).

fallacious [fə'leiʃəs] □ ошибочный, ложный.

fallacy ['fæləsi] заблуждение, ошибка.

fallen ['fɔ:lən] *p. pt.* от fall.

falling ['fɔ:liŋ] падение; понижение; ~-sickness эпилепсия; ~-star метеор, падающая звезда.

fallow ['fælou] *adj.* вспаханный под пар.

false [fɔ:ls] □ ложный, ошибочный; фальшивый; веролом-ный; искусственный (о зубах); ~hood ['fɔ:lshud], ~ness [-nis] ложь *f*; фальшивость *f*; ошибочность *f*.

falsi|fication [fɔ:lsifi'keiʃən] подделка; ~fy ['fɔ:lsifai] поддел("ыв)ать; ~ty [-ti] ложность *f*, ошибочность *f*; вероломство.

falter ['fɔ:ltə] спотыкаться [-ткнуться]; запинаться [запнуться]; *fig.* колебаться.

fame [feim] слава; молва; ~d [feimd] известный, знаменитый.

familiar [fə'miljə] 1. □ близкий, хорошо знакомый, обычный; 2. близкий друг; ~ity [fə'mili'æriti] близость *f*; фамильярность *f*; осведомлённость *f*; ~ize [fə'miljəraiz] ознакомлять [-комить].

family ['fæmili] семья, семейство; in the ~ way в интересном положении (беременна); ~ tree родословное дерево.

fami|ne ['fæmin] голод; голодание; ~sh голодать; морить голодом.

famous ['feiməs] □ знаменитый.

fan [fæn] 1. веер; вентилятор; *sport* болельщик (-ица); поклонник (-ица); 2. обмахивать [-хнуть].

fanatic [fə'nætik] 1. (*a.* ~al [-ikəl]) фанатический; 2. фанатик (-тичка).

fanciful ['fænsiful] □ прихотливый, капризный; причудливый.

fancy ['fænsi] 1. фантазия, воображение; прихоть *f*; пристрастие; склонность *f*; 2. прихотливый, фантастический; орнаментальный; ~ ball костюмированный бал; ~ goods *pl.* модные товары *m/pl.*; 3. воображать [-разить];

представлять [-авить] себе; [по]любить; [за]хотеть; just ~! представьте себе!

fang [fæŋ] клык; ядовитый зуб (змей).

fantas|tic [fæn'tæstik] (~ally) причудливый, фантастичный; ~y ['fæntəsi] фантазия, воображение.

far [fɑ:] *adj.* дальний, далёкий, отдалённый; *adv.* далеко; гораздо; as ~ as до (P); in so ~ as поскольку; ~ away далеко.

fare [fɛə] 1. проездные деньги *f/pl.*; пассажир; съестные припасы *m/pl.*; 2. быть, поживать; питаться; ~well ['fɛə'wel] 1. прощай(те)!; 2. прощание.

far-fetched ['fɑ:'fetʃt] *fig.* притянутый за волосы.

farm [fɑ:m] 1. ферма; 2. обрабатывать землю; ~er ['fɑ:mə] крестьянин, фермер; ~house жилой дом на ферме; ~ing 1. занятие сельским хозяйством; 2. сельскохозяйственный; ~stead ['fɑ:msted] усадьба.

far-off ['fɑ:rɔf] далёкий.

farthe|r ['fɑ:ðə] 1. *adv.* дальше; 2. *adj.* отдалённый; ~st [-ðist] 1. *adj.* самый дальний, самый дальний; 2. *adv.* дальше всего.

fascinat|e ['fæsineit] очаровывать [-овать], пленять [-нить]; ~ion [fæsi'neiʃən] очарование, обаяние.

fashion ['fæʃn] 1. мода; стиль *m*; фасон, покрой; образ, манера; in (out of) ~ (не)модный; 2. придавать форму, вид (Д into P); ~able ['fæʃnəbl] □ модный, фешенебельный.

fast¹ [fɑ:st] прочный, крепкий, твёрдый; быстрый; легкомысленный.

fast² [~] 1. *eccl.* пост; 2. поститься.

fasten ['fɑ:sn] *v/t.* прикреплять [-пить]; привязывать [-зать]; свинчивать [-нтить]; застёгивать [-тегнуть]; *v/i.* запираться [запереться]; застёгивать(ся) [-тегнуть (-ся)]; ~ upon *fig.* ухватиться за (B); ~er [-ə] запор, задвижка, застёжка. (редливый.)

fastidious [fæs'tidiəs] □ приве-

fat [fæt] 1. □ жирный; сальный; тучный; 2. жир; сало; 3. откармливать [откормить]; [раз]-жиреть.

fatal ['feitl] □ роковой, фатальный, неизбежный; смертельный; ~ity [fə'tæliti] обречённость *f*; фатальность *f*; несчастье; смерть *f* (от несчастного случая).

fate [feit] рок, судьба.

father ['fɑ:ðə] отец; ~hood [-hud] отцовство; ~-in-law ['fɑ:ðərinlɔ:] свёкор; тесть *m*; ~less [-lis] оставшийся без отца; ~ly [-li] отеческий.

fathom ['fæðəm] 1. ♏ морская сажень f (= 6 футам = 182 сантиметрам); 2. ♏ измерять глубину (P); fig. вникать [вникнуть] в (B), понимать [понять]; ~less [-lis] неизмеримый; бездонный.

fatigue [fə'ti:g] 1. утомление, усталость f; 2. утомлять [-мить], изнурять [-рить].

fat|ness ['fætnis] жирность f; ~ten ['fætn] откармливать [откормить] (на убой); [раз]жиреть.

fatuous ['fætjuəs] □ глупый, пустой.

faucet ['fɔ:sit] Am. (водопроводный) кран.

fault [fɔ:lt] недостаток, дефект; проступок, вина; find ~ with прид(и)раться к (Д); be at ~ потерять след; ~-finder придира m/f; ~less ['fɔ:ltlis] □ безупречный; ~y ['fɔ:lti] □ имеющий недостаток, дефектный.

favo(u)r ['feivə] 1. благосклонность f, расположение; одобрение; одолжение; your ~ ✝ Ваше письмо; 2. благоволить к (Д); оказывать внимание (Д); покровительствовать (Д); ~able [-rəbl] □ благоприятный, удобный; ~ite ['feivərit] 1. любимец (-мица) фаворит(ка) ...; 2. ...

fawn [fɔ:n] 1. молодой олень m; коричневый цвет; 2. подлизываться [-заться] (цроп к Д).

fear [fiə] 1. страх, боязнь f; опасение; 2. бояться (P); ~ful ['fiəful] □ страшный, ужасный; ~less ['fiəlis] □ бесстрашный, неустрашимый.

feasible ['fi:zəbl] возможный, вероятный, выполнимый.

feast [fi:st] 1. пир, празднество; банкет; 2. v/t. угощать [угостить]; чествовать; v/i. пировать.

feat [fi:t] подвиг, трюк.

feather ['feðə] 1. перо; оперение; show the white ~ F проявить трусость; in high ~ в отличном настроении; 2. украшать перьями; ~-brained, ~-headed пустой, ветреный, глупый; ~ed ['feðəd] пернатый; ~y [-ri] оперённый, пушистый.

feature ['fi:tʃə] 1. особенность f, свойство; Am. газетная статья; ~s pl. черты лица; 2. изображать [-разить]; показывать [-зать] (на экране); выводить в главной роли.

February ['februəri] февраль m.

fecund ['fekənd] плодородный.

fed [fed] pt. и p. pt. от feed; I am ~ up with ... мне надоел (-ла, -ло).

federa|l ['fedərəl] федеральный; союзный; ~tion [fedə'reiʃən] федерация.

fee [fi:] 1. гонорар; взнос; плата; чаевые pl. 2. [за]платить.

feeble ['fi:bl] □ слабый, хилый.

feed [fi:d] 1. питание, кормление; пища; ⊕ подача (материала); 2. [irr.] v/t. питать, [по]кормить; ⊕ снабжать [-бдить] (материалом); v/i. питаться, кормиться; пастись; ~ing-bottle детский рожок.

feel [fi:l] 1. [irr.] [по]чувствовать (себя); испытывать [-тать]; ощущать [ощутить], осязать; ~ like doing быть склонным сделать; 2. ощущение, осязание; чутьё; ~er ['fi:lə] щупальце; ~ing ['fi:liŋ] 1. □ чувствительный; прочувствованный; 2. чувство.

feet [fi:t] pl. от foot 1.

feign [fein] притворяться [-риться], симулировать (im)pf.

feint [feint] притворство; манёвр.

felicit|ate [fi'lisiteit] поздравлять [-авить]; ~ous [-təs] □ удачный; счастливый.

fell [fel] 1. pt. от fall; 2. [c]рубить.

felloe ['felou] обод (колеса).

fellow [~] товарищ, собрат; человек; the ~ of a glove парная перчатка; ~-countryman соотечественник; ~ship [-ʃip] товарищество.

felly ['feli] обод (колеса).

felon ['felən] ⅜ уголовный преступник; ~y ['fe..] уголовное преступление.

felt[1] [felt] pt. и p. pt. от feel.

felt[2] [~] 1. войлок, фетр; 2. сбивать (or сбиваться в) войлок.

female ['fi:meil] 1. женский; 2. женщина. [женственный.]

feminine ['feminin] □ женский;

fen [fen] болото, топь f.

fence [fens] 1. забор, изгородь f, ограда; sit on the ~ колебаться между двумя мнениями; занимать выжидательную позицию; 2. v/t. огораживать [-родить]; защищать [-итить]; v/i. фехтовать; укрывать краденое.

fencing ['fensiŋ] 1. изгородь f, забор, ограда; фехтование; 2. attr. фехтовальный.

fender ['fendə] каминная решётка; mot. Am. крыло.

ferment 1. ['fə:ment] закваска, фермент; ⅞ брожение; fig. возбуждение, волнение; 2. [fə'ment] вызывать брожение; бродить; fig. волноваться; ~ation [fə:men'teiʃən] брожение, ферментация.

fern [fə:n] ♣ папоротник.

feroci|ous [fə'rouʃəs] □ жестокий, свирепый; ~ty [fə'rɔsiti] жестокость f, свирепость f.

ferret ['ferit] 1. zo. хорёк; 2. [по]рыться, [по]шарить; ~ out вынискивать [выискать]; развед(ы)нать.

ferry ['feri] 1. перевоз, переправа; паром; 2. перевозить [-везти]; ~man перевозчик.

fertil|e ['fɜ:tail] □ плодоро́дный; изоби́льный; изоби́лующий (T); **~ity** [fə:'tiliti] плодоро́дие; изоби́лие; **~ize** ['fɜ:tilaiz] удобря́ть [удо́брить];оплодотворя́ть [-ри́ть]; **~izer** удобре́ние.

ferven|cy ['fɜ:vənsi] рве́ние, пыл; **~t** [-t] □ горя́чий, пы́лкий.

fervour ['fɜ:və] жар, пыл.

festal ['festl] □ пра́здничный.

fester [-tə] гнои́ться.

festiv|al ['festəvəl] пра́зднество; фестива́ль m; **~e** ['festiv] □ пра́здничный; **~ity** [fes'tiviti] пра́зднество; весе́лье.

fetch [fetʃ] сходи́ть, съе́здить за (T); приноси́ть [-нести́]; **~ing** F □ привлека́тельный.

fetid ['fetid] □ злово́нный, воню́чий.

fetter ['fetə] 1. *mst* **~s** *pl.* пу́ты *f/pl.*; канда́лы *m/pl.*; *fig.* око́вы *f/pl.*, у́зы *f/pl.*; 2. зако́вывать [-ова́ть].

feud [fju:d] вражда́; феода́льное поме́стье; **~al** ['fju:dəl] □ феода́льный; **~alism** [-delizm] феодали́зм.

fever ['fi:və] лихора́дка, жар; **~ish** [-riʃ] □ лихора́дочный.

few [fju:] немно́гие; немно́го, ма́ло (P); a **~** не́сколько (P).

fiancé(e) [fi'ɑ:nsei] жени́х (неве́ста).

fib [fib] 1. вы́думка, непра́вда; 2. прив(и)ра́ть.

fibr|e ['faibə] фи́бра, волокно́, нить *f*; **~ous** ['faibrəs] □ волокни́стый.

fickle ['fikl] непостоя́нный; **~ness** [-nis] непостоя́нство.

fiction ['fikʃən] вы́мысел, вы́думка; беллетри́стика; **~al** [-l] □ вы́мышленный; беллетристи́ческий.

fictitious [fik'tiʃəs] □ вы́мышленный, фикти́вный.

fiddle ['fidl] F 1. скри́пка; 2. игра́ть на скри́пке; **~stick** смычо́к.

fidelity [fi'deliti] ве́рность *f*, пре́данность *f*; то́чность *f*.

fidget ['fidʒit] F 1. беспоко́йное состоя́ние; 2. ёрзать, быть в волне́нии; приводи́ть в беспоко́йство; **~y** суетли́вый, беспоко́йный, не́рвный.

field [fi:ld] по́ле; луг; простра́нство; hold the **~** уде́рживать пози́ции; **~-glass** полевой бино́кль *m*; **~-officer** штаб-офице́р; **~ of vision** по́ле зре́ния; **~-sports** *pl.* спорт на откры́том во́здухе.

fiend [fi:nd] дья́вол; злой дух; **~ish** ['fi:ndiʃ] □ дья́вольский; жесто́кий, злой.

fierce [fiəs] □ свире́пый, лю́тый; си́льный; **~ness** ['fiəsnis] свире́пость *f*, лю́тость *f*.

fif|teen ['fif'ti:n] пятна́дцать; **~teenth** [-θ] пятна́дцатый; **~th** [fifθ] 1. пя́тый; 2. пя́тая часть *f*; **~tieth** ['fiftiiθ] пятидеся́тый; **~ty** ['fifti] пятьдеся́т.

fig [fig] 1. ви́нная я́года, инжи́р, смо́ква; 2. F состоя́ние.

fight [fait] 1. сраже́ние, бой; дра́ка; спор; борьба́; show **~** быть гото́вым к борьбе́; 2. [*irr.*] *v/t.* боро́ться про́тив (P); отстаива́ть [отстоя́ть]; *v/i.* сража́ться [срази́ться]; воева́ть; боро́ться; **~er** [-faitə] боец; ✈ истреби́тель *m*; **~ing** ['faitiŋ] сраже́ние, бой; дра́ка; *attr.* боево́й.

figurative ['figjurətiv] □ перено́сный, метафори́ческий.

figure ['figə] 1. фигу́ра; изображе́ние; ци́фра; диагра́мма; F цена́; 2. *v/t.* изобража́ть [-рази́ть]; представля́ть себе́; вычисля́ть [вы́числить], рассчи́тывать [-ита́ть]; *v/i.* фигури́ровать.

filament ['filəmənt] ⚡ нить нака́ла; волокно́, воло́сок.

filbert ['filbət] ♀ лесно́й оре́х.

filch [filtʃ] [y]красть, [y-, с]тащи́ть (from у P).

file¹ [fail] 1. ⊕ напи́льник; пи́лочка (для ногте́й); 2. пили́ть, подпи́ливать [-ли́ть].

file² [fail] 1. регистра́тор; подши́тые бума́ги *f/pl.*; картоте́ка; 2. регистри́ровать (докуме́нты) (*im*)*pf.*; подшива́ть к де́лу.

filial ['filjəl] □ сыно́вний, дочéрний. [(пира́т.)]

filibuster ['filibʌstə] флибустье́р;

fill [fil] 1. наполня́ть(ся) [-о́лнить (-ся)]; [за]пломби́ровать (зуб); удовлетворя́ть [-ри́ть]; *Am.* выполня́ть (вы́полнить) (зака́зы); **~ in** заполня́ть [-о́лнить]; 2. доста́ток; сы́тость *f*.

fillet ['filit] повя́зка (на го́лову); филе́(й) (мя́со) *n indecl.*

filling ['filiŋ] наполне́ние; погру́зка; (зубна́я) пло́мба; фарш, начи́нка; *mot.* **~ station** бензи́новая коло́нка.

fillip ['filip] щелчо́к; толчо́к.

filly ['fili] молода́я кобы́ла.

film [film] 1. плёнка; фильм; ды́мка; **~ cartridge** кату́шка с плёнками; 2. производи́ть киносъёмку (P); экранизи́ровать (*im*)*pf.*

filter ['filtə] 1. фильтр, цеди́лка; 2. [про]фильтрова́ть, [про]цеди́ть.

filth [filθ] грязь *f*; **~y** ['filθi] □ гря́зный, нечи́стый.

fin [fin] плавни́к (ры́бы); *sl.* рука́.

final ['fainl] 1. □ заключи́тельный; оконча́тельный; 2. *sport* фина́л.

financ|e [fi'næns] 1. нау́ка о фина́нсах; **~s** *pl.* фина́нсы *m/pl.*; 2. *v/t.* финанси́ровать (*im*)*pf.*; *v/i.* занима́ться фина́нсовыми опера́циями; **~ial** [fi'nænʃəl] □ фина́нсовый; **~ier** [-siə] финанси́ст.

finch [fintʃ] *zo.* зя́блик.

find [faind] [*irr.*] **1.** находи́ть [найти́]; счита́ть [счесть]; обрета́ть [обрести́]; заст(ав)а́ть; all found на всём гото́вом; **2.** нахо́дка; **~ing** ['faindiŋ] $\frac{t}{t}$ пригово́р; *pl.* вы́воды.

fine[1] [fain] □ то́нкий; изя́щный; прекра́сный; высокопро́бный.

fine[2] [~] **1.** штраф; in ~ в о́бщем, сло́вом; наконе́ц; **2.** □ штрафова́ть.

fineness ['fainnis] то́нкость *f*, изя́щество; острота́ (чувств).

finery ['fainəri] пы́шный наря́д; украше́ние.

finger ['fiŋgə] **1.** па́лец; **2.** тро́гать, перебира́ть па́льцами; **~-language** язы́к глухонемы́х; **~-print** дактилоскопи́ческий отпеча́ток.

finish ['finiʃ] **1.** *v/t.* конча́ть [ко́нчить]; заверша́ть [-ши́ть]; отде́л(ыв)ать; доеда́ть [дое́сть], допи́(ва́)ть; *v/i.* конча́ть(ся) [ко́нчить(ся)]; **2.** коне́ц; зако́нченность *f*; отде́лка; *sport* фи́ниш.

finite ['fainait] □ ограни́ченный, име́ющий преде́л.

fir [fə:] ель *f*, пи́хта; **~-cone** ['fə:koun] ело́вая ши́шка.

fire ['faiə] **1.** ого́нь *m*; be on ~ горе́ть; **2.** *v/t.* зажига́ть [заже́чь], поджига́ть; (пе́чку); обжига́ть [обже́чь] (кирпичи́ и т. п.); *fig.* воспламеня́ть [-ни́ть]; *Am.* F увольня́ть [уво́лить]; *v/i.* стреля́ть [вы́стрелить]; **~-alarm** пожа́рная трево́га; **~-brigade**, *Am.* **~-department** пожа́рная кома́нда; **~-engine** ['faiərˈendʒin] пожа́рная маши́на; **~-escape** ['ˈfaiəriskeip] пожа́рная ле́стница; **~-extinguisher** [-riksˈtiŋgwiʃə] огнетуши́тель *m*; **~-man** пожа́рный; кочега́р; **~-place** ками́н; **~-plug** пожа́рный кран, гидра́нт; **~-proof** огнеупо́рный; **~-side** ме́сто о́коло ками́на; **~-station** пожа́рная ста́нция; **~-wood** дрова́ *n/pl.*; **~-works** *pl.* фейерве́рк. [ние.)

firing ['faiəriŋ] стрельба́; отопле-)

firm [fə:m] **1.** □ кре́пкий, пло́тный, твёрдый; сто́йкий, насто́йчивый; **2.** фи́рма; **~-ness** ['fə:mnis] твёрдость *f*.

first [fə:st] **1.** *adj.* пе́рвый; ра́нний; выдаю́щийся; ~ cost *f* себесто́имость *f*; **2.** *adv.* сперва́, снача́ла; впервы́е; скоре́е; at ~ снача́ла; ~ of all пре́жде всего́; **3.** нача́ло; the ~ пе́рвое число́; from the ~ с са́мого нача́ла; ~ born пе́рвенец; **~-class** первокла́ссный; **~-ly** ['fə:stli] во-пе́рвых; **~-rate** первокла́ссный.

fish [fiʃ] **1.** ры́ба; F odd (*или* queer) ~ чуда́к; **2.** уди́ть ры́бу; выу́живать [вы́удить] (*a. fig.*); **~-bone** ры́бная кость *f*.

fisher|man ['fiʃəmən] рыба́к, рыболо́в; **~-ry** [-ri] рыболо́вство; ры́бный про́мысел.

fishing ['fiʃiŋ] ры́бная ло́вля; **~-line** леса́; **~-tackle** рыболо́вные принадле́жности *f/pl.*

fiss|ion ['fiʃən] ⚛ расщепле́ние; **~-ure** ['fiʃə] тре́щина, рассе́лина.

fist [fist] кула́к; по́черк (шутли́во); **~-icuffs** ['fistikʌfs] *pl.* кула́чный бой.

fit[1] [fit] **1.** □ го́дный, подходя́щий; здоро́вый; досто́йный; **2.** *v/t.* прила́живать [-ла́дить] (to к Д); подходи́ть (подойти́) к (Д); приспособля́ть [-спосо́бить] (for, to к Д); ~ out снаряжа́ть [-яди́ть]; снабжа́ть [-бди́ть]; ~ up соб(и)-ра́ть, [с]монти́ровать; *v/i.* годи́ться; сиде́ть (о пла́тье); прила́живаться [-ла́диться]; приспособля́ться [-спосо́биться]; **3.** ⊕ приго́нка; поса́дка.

fit[2] [fit] ⚕ припа́док, парокси́зм, при́ступ; поры́в; by ~s and starts поры́вами, уры́вками; give a p. a ~ поража́ть [порази́ть] (В), возмуща́ть [-ути́ть] (В).

fit|ful ['fitful] □ судоро́жный, поры́вистый; **~-ness** [-nis] приго́дность *f*; **~-ter** [-ə] меха́ник, монтёр, мастер; **~-ting** [-iŋ] **1.** □ подходя́щий, го́дный; **2.** устано́вка, сбо́рка, монта́ж; приме́рка (пла́тья); **~-s** *pl.* армату́ра.

five [faiv] **1.** пять; **2.** пятёрка.

fix [fiks] **1.** устана́вливать [-нови́ть]; укрепля́ть [-пи́ть]; остана́вливать [-нови́ть] (взгляд, внима́ние) (на П); *Am.* приводи́ть в поря́док; ~ o. s. устра́иваться [-ро́иться]; ~ up реша́ть [реши́ть]; организова́ть (*im*)*pf.*; ула́живать [ула́дить]; устра́ивать [-ро́ить]; *v/i.* затверде́(ва́)ть; остана́вливаться [-нови́ться] (on на П); **2.** F диле́мма, затрудни́тельное положе́ние; **~-ed** [fikst] (*adv.* **~-edly** ['fiksidli]) неподви́жный; **~-ture** ['fikstʃə] армату́ра; прибо́р, приспособле́ние; устано́вленная величина́; lighting ~ освети́тельный прибо́р.

fizzle ['fizl] [за]шипе́ть. [прибо́р.)

flabby ['flæbi] ⃝ вя́лый; *fig.* слабохара́ктерный.

flag [flæg] **1.** флаг, зна́мя *n*; плита́; плитня́к; **2.** сигнализи́ровать фла́гом; украша́ть фла́гами; мости́ть пли́тами.

flagitious [fləˈdʒiʃəs] □ престу́пный, гну́сный, позо́рный.

flagrant ['fleigrənt] □ сканда́льный; очеви́дный.

flag|staff флагшто́к; **~-stone** плита́ (для моще́ния).

flair [fleə] чутьё, нюх.

flake [fleik] **1.** слой; ~s *pl.* хло́пья *m/pl.*; **2.** па́дать хло́пьями; рассла́иваться [-ло́иться].

flame [fleim] 1. пла́мя *n*; ого́нь *m*; *fig.* пыл, страсть *f*; 2. пламене́ть; пыла́ть.

flank [flæŋk] 1. бок, сторона́; склон (горы́); ✕ фланг; 2. быть располо́женым сбо́ку, на фла́нге (P); граничить (с T), примыка́ть (к Д).

flannel ['flænl] флане́ль *f*; ~s [-z] *pl.* флане́левые брю́ки *f/pl.*

flap [flæp] 1. взмах (кры́льев); хлопо́к, шлепо́к; пола́; дли́нное у́хо (соба́ки и т. п.); 2. *v/t.* маха́ть [махну́ть] (T); взма́хивать [-хну́ть] (кры́льями); шлёпать [-пнуть], ударя́ть легко́; *v/i.* свиса́ть; развева́ться [-ве́яться].

flare [fleə] 1. горе́ть я́рким пла́менем; расширя́ться [-ши́риться]; ~ up вспы́хивать [-хнуть]; *fig.* разрази́ться гне́вом, вспыли́ть *pf.*; 2. вспы́шка; сигна́льная раке́та; вспы́хивание.

flash [flæʃ] 1. показно́й, безвку́сный, крича́щий; 2. вспы́шка; *fig.* про́блеск; in a ~ в мгнове́ние о́ка; 3. сверка́ть [-кну́ть]; вспы́хивать [-хнуть]; бы́стро пронести́сь; сро́чно передава́ть (по телефо́ну, телегра́фу); ~light *phot.* вспы́шка ма́гния; *Am.* карма́нный электри́ческий фона́рь *m*; ~y □ показно́й, безвку́сный.

flask [flɑːsk] фля́жка; флако́н.

flat [flæt] 1. □ пло́ский; ро́вный; ску́чный; ♥ вя́лый (о ры́нке); ♪ бемо́льный, мино́рный; прямо́й; ~ price станда́ртная цена́; fall ~ не име́ть успе́ха; sing ~ детони́ровать; 2. пло́скость *f*; равни́на, низина; ♪ бемо́ль *m*; ~-iron утю́г; ~ness ['flætnis] пло́скость *f*; безвку́сица; ♥ вя́лость *f*; ~ten ['flætn] де́лать(ся) пло́ским, ро́вным.

flatter ['flætə] [по]льсти́ть (Д); ~er [-rə] льстец (льсти́ца); ~y [-ri] лесть *f*.

flavo(u)r ['fleivə] 1. прия́тный вкус; арома́т; *fig.* при́вкус; 2. приправля́ть [-ра́вить] (пи́щу); придава́ть за́пах, вкус (Д); ~less [-lis] безвку́сный.

flaw [flɔː] 1. тре́щина, щель *f*; недоста́ток, поро́к; брак (това́ра); ♣ шквал, поры́в ве́тра; 2. повреди́ть [-еди́ть]; [по]тре́скаться; ~less ['flɔːlis] □ безупре́чный.

flax [flæks] ♀ лён.

flay [flei] сдира́ть ко́жу с (P).

flea [fliː] блоха́.

fled [fled] *pt.* и *p. pt.* от flee.

flee [fliː] [*irr.*] [по]бежа́ть, спаса́ться бе́гством.

fleec|e [fliːs] 1. руно́; ове́чья шерсть *f*; 2. [о]стри́чь (овцу́); *fig.* обдира́ть [ободра́ть]; ~y ['fliːsi] покры́тый ше́рстью.

fleer [fliə] насмеха́ться [-ея́ться] (at над T).

fleet [fliːt] 1. □ бы́стрый; неглубо́кий; 2. флот.

flesh [fleʃ] 1. сыро́е мя́со; плоть *f*; мя́коть *f* (плода́); *fig.* по́хоть *f*; 2. приуча́ть вку́сом кро́ви (соба́ку к охо́те); ~ly [-li] пло́тский, теле́сный; ~y [-i] мяси́стый; то́лстый.

flew [fluː] *pt.* от fly.

flexib|ility [fleksə'biliti] ги́бкость *f*; ~le ['fleksəbl] □ ги́бкий, гну́щийся; *fig.* подáтливый.

flicker ['flikə] 1. мерца́ние; трепета́ние; 2. мерца́ть; мелька́ть [-кну́ть].

flier *s.* flyer лётчик.

flight [flait] 1. полёт, перелёт; ста́я (птиц); ✕, ✈ звено́; бе́гство; ряд ступе́ней; put to ~ обраща́ть в бе́гство; ~y ['flaiti] □ ве́треный, капри́зный.

flimsy ['flimzi] непро́чный, то́нкий.

finch [flintʃ] уклоня́ться [-ни́ться] (from от P).

fling [fliŋ] 1. бросо́к, швыро́к; жизнера́достность *f*; весе́лье; have one's ~ [по]весели́ться; 2. [*irr.*] *v/i.* кида́ться [ки́нуться], броса́ться [бро́ситься]; *v/t.* кида́ть [ки́нуть], броса́ть [бро́сить]; распространя́ть [-ни́ть] (арома́т и т. п.); ~ open распа́хивать [-хну́ть] (окно́ и т. п.).

flint [flint] креме́нь *m*.

flip [flip] 1. щелчо́к; 2. щёлкать [щёлкнуть].

flippan|cy ['flipənsi] легкомы́слие, ве́треность *f*; ~t □ легкомы́сленный, ве́треный.

flirt [fləːt] 1. коке́тка; 2. флиртова́ть; коке́тничать; ~ation [fləː'teiʃən] флирт.

flit [flit] порха́ть [-хну́ть]; ю́ркать [юркну́ть]; (та́йно) переезжа́ть [перее́хать].

float [flout] 1. поплаво́к; буй; паро́м; плот; пла́вательный по́яс; ломова́я теле́га; 2. *v/t.* затопля́ть [-пи́ть]; наводня́ть [-ни́ть]; ♣ снима́ть с ме́ли; ✝ пуска́ть в ход (предприя́тие); *v/i.* пла́вать, [по]плы́ть (о предме́те); держа́ться на воде́.

flock [flɔk] 1. пуши́нка; клочо́к; ста́до (ове́ц); ста́я; 2. стека́ться [сте́чься]; держа́ться вме́сте.

flog [flɔg] [вы]поро́ть, [вы]сечь.

flood [flʌd] 1. (*a.* ~-tide) прили́в, подъём воды́; наводне́ние, полово́дье, разли́в; 2. поднима́ться [-ня́ться] (об у́ровне реки́), выступа́ть из берего́в; затопля́ть [-пи́ть]; наводня́ть [-ни́ть]; ~-gate шлюз.

floor [flɔː] 1. пол; эта́ж; ✦ гумно́; have the ~ *parl.* взять сло́во; 2. насти́лать пол; вали́ть на́ пол; *fig.*

смущáть [смути́ть]; ~ing ['flɔ:riŋ] настилка поло́в; пол.

flop [flɔp] 1. шлёпаться [-пну́ться]; пл'учать(ся) [-хнуть(ся)]; бить (кр'лями); *Am.* потерпе́ть фиáско; 2. шлёпанье.

florid ['flɔrid] □ цвети́стый (*a. fig.*).

florin [-in] флори́н (моне́та).

florist ['flɔrist] торго́вец цвета́ми.

floss [flɔs] шёлк-сыре́ц.

flounce¹ [flauns] оборка.

flounce² [~] бросáться [бро́ситься], ре́зко дви́гаться.

flounder¹ *zo.* ['flaundə] кáмбала.

flounder² [~] барáхтаться [за]пýтаться (в словáх).

flour ['flauə] мукá.

flourish ['flʌriʃ] 1. ро́счерк; цвети́стое выраже́ние; ♪ туш; 2. *v/i.* пы́шно расти́; процветáть, преуспевáть; *v/t.* размáхивать (Т).

flout [flaut] насмехáться (at над Т).

flow [flou] 1. тече́ние, пото́к; струя́; прили́в; изоби́лие; плáвность *f* (ре́чи); 2. течь; струи́ться; ли́ться.

flower ['flauə] 1. цвето́к; цвете́ние; расцве́т; 2. цвести́; ~y [-ri] *fig.* цвети́стый (стиль).

flown [floun] *p. pt.* от *fly.*

flu [flu:] *influenza* Г гри́пп.

fluctuat|e ['flʌktjueit] колебáться; быть неусто́йчивым; ~ion [flʌktju'eiʃən] колебáние; неусто́йчивость *f.*

flue [flu:] дымохо́д; ⊕ жаровáя трубá.

fluen|cy ['flu:ənsi] *fig.* плáвность *f*, бе́глость *f* (ре́чи); ~t [-t] □ плáвный, бе́глый; жи́дкий; теку́чий.

fluff [flʌf] пух, пушо́к; ~y ['flʌfi] пуши́стый.

fluid ['flu:id] 1. жи́дкость *f*; 2. жи́дкий; теку́чий.

flung [flʌŋ] *pt.* и *p. pt.* от *fling.*

flunk [flʌŋk] *Am.* F провали́ться на экзáмене.

flunk(e)y ['flʌŋki] ливре́йный лаке́й.

flurry ['flʌri] волне́ние; суматóха.

flush [flʌʃ] 1. внезáпный прито́к; прили́в кро́ви, крáска (на лице́); прили́в (чувст); 2. по́лный (до крáёв); изоби́лующий; 3. *v/t.* затоплять [-пи́ть]; спускáть во́ду в (П); *v/i.* течь; хлы́нуть *pf.*; [по]красне́ть.

fluster ['flʌstə] 1. суетá, волне́ние; 2. [вз]волновáть(ся); возбуждáть (-ся) [-ди́ть(ся)].

flute [flu:t] 1. ♪ фле́йта; вы́емка (на коло́нне); 2. игрáть на фле́йте.

flutter ['flʌtə] 1. порхáние; тре́пет, волне́ние; 2. *v/i.* махáть кры́льями, развевáться (по ве́тру); порхáть [-хну́ть].

flux [flʌks] *fig.* тече́ние; пото́к; ☞ патологи́ческое истече́ние.

fly [flai] 1. мýха; 2. [*irr.*] летáть, [по]лете́ть; пролетáть [-ете́ть]; [по]спеши́ть; поднимáть [-ня́ть] (флаг); ☞ управля́ть (самолётом); ~ at набрáсываться [-ро́ситься] (с брáнью) на (В); ~ into a passion вспыли́ть *pf.*

flyer ['flaiə] лётчик.

fly-flap ['flaiflæp] хлопýшка.

flying ['flaiiŋ] летáтельный; лётный; летýчий; ~ squad выезднáя полице́йская комáнда.

fly|-weight наилегчáйший вес (о боксёре); ~-wheel махово́е колесо́.

foal [foul] 1. жеребёнок; ослёнок; 2. [о]жеребиться.

foam [foum] 1. пе́на; мы́ло (на лóшади); 2. [вс]пе́ниться; взмы́ли(ва)ться (о лóшади); ~y ['foumi] пе́нящийся; взмы́ленный.

focus ['foukəs] 1. центр; *phys.*, ☞ фо́кус; 2. помещáть, быть в фо́кусе; сосредото́чи(ва)ть (*a. fig.*).

fodder ['fɔdə] фурáж, корм (скотá).

foe [fou] враг.

fog [fɔg] 1. густо́й тумáн; мглá; замешáтельство; *phot.* нуáль *f*; 2. [за]тумáнить; *fig.* напустáть (в глазá) тумáну; озадáчи(ва)ть; ~gy ['fɔgi] тумáнный.

foible ['fɔibl] *fig.* слáбость *f.*

foil¹ [fɔil] фо́льга; фон.

foil² [~] 1. стáвить в тупи́к; расстрáивать плáны (Р); 2. рапи́ра.

fold¹ [fould] 1. (*mst sheep-~*) заго́н, овчáрня; *fig.* пáства; 2. загоня́ть [загнáть] (ове́ц).

fold² [~] 1. склáдка, сгиб; 2. ство́р (две́ри); ⊕ фальц; 3. *v/t.* склáдывать [сложи́ть]; сгибáть (согну́ть); скре́пивать [-ести́ть] (ру́ки); ~er ['fouldə] фальцо́вщик; *Am.* брошю́ра.

folding ['fouldiŋ] складно́й; ство́рчатый; откидно́й; ~-camera *phot.* складно́й аппарáт; ~-chair складно́й стул; ~-door (s *pl.*) двуство́рчатая дверь; ~-screen ши́рма.

foliage ['fouliidʒ] листвá.

folk [fouk] нарóд, лю́ди *m/pl.*; ~lore ['fouklɔ:] фолькло́р; ~song нарóдная пе́сня.

follow ['fɔlou] сле́довать (за Т *or* Д); следи́ть за (Т); [по]гнáться за (Т); занимáться [-ня́ться] (Т); ~ suit сле́довать приме́ру; ~er ['fɔlouə] после́дователь(ница *f*) *m*; *pol.* попýтчик; покло́нник; ~ing ['fɔlouiŋ] сле́дующий; попýтный.

folly ['fɔli] безрассýдство, глýпость *f*, безýмие.

foment [fou'ment] клáсть припáрку (Д); подстрекáть [-кнýть].

fond [fɔnd] □ не́жный, любящий; be ~ of люби́ть (В).

fond|le ['fɔndl] [при]ласкáть; ~ness [-nis] не́жность *f*, любо́вь *f.*

font [fɔnt] купель *f*; источник.

food [fu:d] пища; **~stuffs** *pl.* съестные продукты *m/pl.*; **~value** питательность *f*.

fool [fu:l] 1. дурак, глупец; **make a ~ of a p.** одурачи(ва)ть кого-либо; 2. *v/t.* обманывать [-нуть]; **~ away** упускать [-стить]; *v/i.* [по]дурачиться; **~ about** болтаться зря.

fool|ery ['fu:ləri] дурачество; **~hardy** ['fu:lha:di] □ безрассудно храбрый; **~ish** ['fu:liʃ] □ глупый; **~ishness** [-nis] глупость *f*; **~proof** несложный, безопасный.

foot [fut] 1. (*pl.* feet) нога, ступня; фут (мера); основание; **on ~** пешком; **в ходу**; 2. *v/t.* (*mst ~* up) подсчитывать [-итать]; **~ the bill** заплатить по счёту; **it идти** пешком; **~boy** паж; **~fall** поступь *f*; звук шагов; **~gear** F *coll.* обувь *f*; чулки *m/pl.*; **~hold** *fig.* точка опоры.

footing ['futiŋ] опора; основание; итог столбца цифр; **lose one's ~** оступаться [-питься].

foot|lights *pl. thea.* рампа; **~man** ['futmən] ливрейный лакей; **~path** тропинка; тротуар; **~print** след; **~sore** со стёртыми ногами; **~step** стопа; след; шаг; **~stool** скамеечка для ног; **~wear** *part. Am.* = **~gear**.

fop [fɔp] щёголь *m*, хлыщ.

for [fɔ:; fɔːr; fə, fo, f] *prp. mst* для (Р); ради (Р); за (В); в направлении (Р), к (Д); из-за (Р), по причине (Р), вследствие (Р); в течение (Р), в продолжение (Р); **~ three days** в течение трёх дней; уже три дня; вместо (Р); в обмен на (В); 2. *cj.* так как, потому что, ибо.

forage ['fɔridʒ] 1. фураж; корм; 2. фуражировать.

foray ['fɔrei] набег, мародёрство.

forbad(e) [fə'beid] *pt.* от forbid.

forbear¹ [fɔ:'bɛə] [*irr.*] быть терпеливым; воздерживаться [-жаться] (from от Р).

forbear² ['fɔ:bɛə] предок; предшественник.

forbid [fə'bid] [*irr.*] запрещать [-стить]; **~den** [-n] *p. pt.* от forbid; **~ding** [-iŋ] □ отталкивающий; угрожающий.

forbor|e [fɔ:'bɔː] *pt.* от forbear¹; **~ne** [-n] *p. pt.* от forbear¹.

force [fɔ:s] 1. сила; насилие, принуждение; смысл, значение; **armed ~s** *pl.* вооружённые силы *f/pl.*; **come in ~** вступать в силу (В); 2. заставлять [-авить], принуждать [-удить]; брать силой; **~ open** взламывать [взломать]; **~d** [-t] **~ loan** принудительный заём; **~ landing** вынужденная посадка; **~ march** форсированный марш (поход); **~ful** □ сильный, действенный.

forcible ['fɔ:səbl] □ насильственный; убедительный; эффективный. (вброд.)

ford [fɔːd] 1. брод; 2. переходить

fore [fɔː] 1. *adv.* впереди; 2. *adj.* передний; **~bode** [fɔː'boud] предвещать; предчувствовать; **~boding** плохое предзнаменование; предчувствие; **~cast** 1. ['fɔːkaːst] предсказание; 2. [fɔː'kaːst] [*irr.* (cast)] предсказывать [-зать]; **~father** предок; **~finger** указательный палец; **~foot** передняя нога; **~go** [fɔː'gou] [*irr.* (go)] предшествовать; **~gone** [fɔː'gɔn, *attr.* 'fɔːgɔn]: **~ conclusion** заранее принятое решение; **~ground** передний план; **~head** ['fɔrid] лоб.

foreign ['fɔrin] иностранный; the ♀ Office министерство иностранных дел (в Лондоне); **~ policy** внешняя политика; **~er** [-ə] иностранец (-нка).

fore|leg передняя нога; **~lock** чуб, прядь волос на лбу; **~man** ♊ старшина присяжных; десятник; прораб; **~most** передний, передовой; **~noon** утро; **~runner** предвестник (-ица); **~see** [fɔː'siː] [*irr.* (see)] предвидеть; **~sight** ['fɔːsait] предвидение; предусмотрительность *f*.

forest ['fɔrist] 1. лес; 2. засаживать лесом.

forestall [fɔː'stɔːl] предупреждать [-упредить]; предвосхищать [-хитить].

forest|er ['fɔristə] лесник, лесничий; **~ry** [-tri] лесничество; лесоводство.

fore|taste ['fɔːteist] 1. предвкушение; 2. предвкушать [-усить]; **~tell** [fɔː'tel] [*irr.* (tell)] предсказывать [-зать].

forfeit ['fɔːfit] 1. штраф; конфискация; утрата (права); фант; 2. [по]платиться (Т); утрачивать [-атить] (право).

forgave [fə'geiv] *pt.* от forgive.

forge¹ [fɔːdʒ] (*mst ~* ahead) настойчиво продвигаться вперёд.

forge² [~] 1. кузница; 2. ковать; подделывать; **~ry** ['fɔːdʒəri] подделка, подлог.

forget [fə'get] [*irr.*] забы(ва)ть; **~ful** [-ful] □ забывчивый; **~me-not** [-minɔt] незабудка.

forgiv|e [fə'giv] [*irr.*] прощать [простить]; **~en** [fə'givn] *p. pt.* от **~e**; **~eness** [-nis] прощение; **~ing** □ всепрощающий, снисходительный.

forgo [fɔː'gou] [*irr.* (go)] воздерживаться [-жаться] от (Р), отказываться [-заться] от (Р).

forgot, ~ten [fə'gɔt(n)] *pt. a. p. pt.* от forget.

fork [fɔ:k] вилка; вилы *f/pl.*; ♪ камертон; разветвление (дороги).

forlorn [fə'lɔ:n] заброшенный, несчастный.

form [fɔ:m] 1. форма; фигура; бланк; *school* парта; класс; 2. образовывать(ся) [-овать(ся)]; составлять [-авить]; ⚒ [по]строить (-ся); [c]формировать.

formal ['fɔ:məl] □ формальный, официальный; ~ity [fɔ:'mæliti] формальность *f*.

formation [fɔ:'meiʃən] образование; формирование; ⚒ расположение, строй; система; строение.

former ['fɔ:mə] прежний, бывший; предшествующий; ~ly [-li] прежде.

formidable ['fɔ:midəbl] □ страшный; громадный; труднопреодолимый (о задаче).

formula ['fɔ:mjulə] формула; ⚗ рецепт; ~te [-leit] формулировать (*im)pf.*, *pf. a.* [c-].

forsake [fə'seik] [*irr.*] оставлять [-авить], покидать [-инуть].

forswear [fɔ:'swɛə] [*irr. (swear)*] отрекаться [-ечься] от (Р); ~ o. s. нарушать клятву.

fort [fɔ:t] ⚔ форт.

forth [fɔ:θ] *adv.* вперёд, дальше; впредь; ~coming предстоящий, грядущий; ~with *adv.* тотчас, немедленно.

fortieth ['fɔ:tiiθ] сороковой; сороковая часть *f*.

forti|fication [fɔ:tifi'keiʃən] фортификация; укрепление; ~fy ['fɔ:tifai] ⚔ укреплять [-пить], сооружать укрепление (Р); *fig.* подкреплять [-пить] (фактами); ~tude [-tju:d] сила духа.

fortnight ['fɔ:tnait] две недели *f/pl.*

fortress ['fɔ:tris] крепость *f*.

fortuitous [fɔ:'tju:itəs] □ случайный.

fortunate ['fɔ:tʃnit] счастливый, удачный; ~ly *adv.* к счастью.

fortune ['fɔ:tʃən] судьба; богатство, состояние; ~teller гадалка.

forty ['fɔ:ti] сорок.

forward ['fɔ:wəd] 1. *adj.* передний; передовой; развязный, дерзкий; ранний; 2. *adv.* вперёд, дальше; впредь; 3. *sport* нападающий; 4. пере(сы)лать; препровождать [-водить].

forwarding-agent экспедитор.

forwent [fɔ:'went] *pt.* от forego.

foster ['fɔstə] воспитывать [-итать]; ходить за (детьми, больными); *fig.* питать (чувство), лелеять (мысль); поощрять [-рить]; благоприятствовать (Д).

fought [fɔ:t] *pt.* и *p. pt.* от fight.

foul [faul] 1. □ грязный; отвратительный; бурный (о погоде); гнойный; заразный; бесчестный; run ~ of сталкиваться [столкнуть-ся] с (Т); 2. *sport* играть против правил; 3. [за]пачкать(ся); нечестно играть.

found [faund] 1. *pt.* и *p. pt.* от find; 2. закладывать [заложить] (фундамент); основывать [основать]; учреждать [-едить]; ⊕ плавить; отли(ва)ть.

foundation [faun'deiʃən] фундамент, основа.

founder ['faundə] 1. основатель(ница *f*) *m*, учредитель(ница *f*) *m*; 2. *v/i.* идти ко дну.

foundry ['faundri] ⊕ литейная, литьё.

fountain ['fauntin] источник; фонтан; ~pen авторучка, вечное перо.

four [fɔ:] 1. четыре; 2. четвёрка; ~square квадратный; *fig.* устойчивый; ~teen ['fɔ:'ti:n] четырнадцать; ~teenth [-θ] четырнадцатый; ~th [fɔ:θ] 1. четвёртый; 2. четверть *f*.

fowl [faul] домашняя птица.

fox [fɔks] 1. лисица, лиса; 2. [c]хитрить; обманывать [-нуть]; ~y ['fɔksi] хитрый.

fraction ['frækʃən] дробь *f*; частица.

fracture ['fræktʃə] 1. трещина, излом; ♒ перелом; ⚕ [с]ломать (*a.* ♒); раздроблять [-бить].

fragile ['frædʒail] хрупкий, ломкий.

fragment ['frægmənt] обломок, осколок; отрывок.

fragran|ce ['freigrəns] аромат; ~t [-t] □ ароматный.

frail [freil] □ хрупкий; хилый; болезненный; ~ty *fig.* хрупкость *f*.

frame [freim] 1. сооружение; сруб, скелет; телосложение; рамка, рама; ~ of mind настроение; 2. сооружать [-удить]; созд(ав)ать; вставлять в раму; ~work ⊕ рама; сруб, остов; *fig.* строй, рамки *f/pl.*

franchise ['fræntʃaiz] ♙ право участвовать в выборах; привилегия.

frank ['fræŋk] □ искренний, откровенный.

frankfurter ['fræŋkfətə] *Am.* сосиска.

frankness ['fræŋknis] откровенность *f*.

frantic ['fræntik] (~ally) неистовый.

fratern|al [frə'tə:nl] □ братский; *adv.* по-братски; ~ity [-niti] братство; община; *Am. univ.* студенческая организация.

fraud [frɔ:d] обман, мошенничество; ~ulent ['frɔ:djulənt] □ обманный, мошеннический.

fray [frei] 1. драка, столкновение; 2. изнашивать(ся) [износить(ся)].

freak [fri:k] каприз, причуда; уродец (в природе).

freckle ['frekl] веснушка.

free [fri:] 1. □ *com.* свободный, вольный; независимый, незанятый; бесплатный; he is ~ to он волен (+ *inf.*); make ~ to *inf.* позволять себе; set ~ выпускать на свободу; 2. освобождать (-бодить); **~booter** ['fri:bu:tə] пират; **~dom** ['fri:dəm] свобода; ~ of a city право почётного гражданина; **~holder** земельный собственник; **~mason** масон.

freez|e [fri:z] [*irr.*] *v/i.* замерзать [замёрзнуть]; засты(ва)ть; мёрзнуть; *v/t.* замораживать [-розить]; **~er** ['fri:zə] мороженица; **~ing** 1. □ леденящий; 2. замораживание; замерзание; ~ point точка замерзания.

freight [freit] 1. фрахт, груз; стоимость перевозки; 2. [по]грузить; [за]фрахтовать; **~-car** *Am.* ⚙ товарный вагон.

French [frentʃ] 1. французский; take ~ leave уйти не простившись; 2. французский язык; the ~ французы *pl.*; **~man** ['frentʃmən] француз; **~woman** ['frentʃwumən] француженка.

frenz|ied ['frenzid] взбешённый; **~y** [-zi] безумие, бешенство.

frequen|cy ['fri:kwənsi] частота (*a. phys.*); частое повторение; **~t** 1. [-t] □ частый; 2. [fri'kwent] посещать часто.

fresh [freʃ] 1. □ свежий; новый; чистый; *Am.* F дерзкий; ~ water пресная вода; **~en** ['freʃn] освежать [-жить]; [по]свежеть; **~et** ['freʃit] половодье; *fig.* поток; 2. **~man** [-mən] *univ. sl.* первокурсник; **~ness** [-nis] свежесть *f.*

fret [fret] 1. волнение, раздражение; ♪ лад (в гитаре); 2. [о]беспокоить(ся), [вз]волновать(ся); подтачивать [-точить], разъедать [-есть]; **~ted instrument** струнный щипковый инструмент.

fretful ['fretful] □ раздражительный, капризный.

friar ['fraiə] монах.

friction ['frikʃən] трение (*a. fig.*).

Friday ['fraidi] пятница.

friend [frend] приятель(ница *f*) *m,* друг, подруга; **~ly** [-li] дружеский; **~ship** [-ʃip] дружба.

frigate ['frigit] ⚓ фрегат.

fright [frait] испуг; *fig.* пугало, страшилище; **~en** ['fraitn] [ис]пугать; вспугивать [-гнуть]; ~ed at или of испуганный (Т); **~ful** [-ful] □ страшный, ужасный.

frigid ['fridʒid] □ холодный.

frill [fril] оборка.

fringe [frindʒ] 1. бахрома; чёлка; кайма; 2. отделывать бахромой; окаймлять [-мить].

frippery ['fripəri] безделушки *f/pl.*; мишурные украшения *n/pl.*

frisk [frisk] 1. прыжок; 2. резвиться; **~y** ['friski] □ резвый, игривый.

fritter ['fritə] 1. оладья; 2. ~ away растрачивать по мелочам.

frivol|ity [fri'vɔliti] легкомыслие; фривольность *f*; **~ous** ['frivələs] □ легкомысленный, поверхностный; пустячный.

frizzle ['frizl] жарить(ся) с шипением.

fro [frou]: to and ~ взад и вперёд.

frock [frɔk] дамское или детское платье; ряса; (*mst* ~-coat) сюртук.

frog [frɔg] лягушка.

frolic ['frɔlik] 1. шалость *f*, веселье, резвость *f*; 2. резвиться, [на]проказничать; **~some** [səm] □ игривый, резвый.

from [frɔm, frəm] *prp.* от (P); из (P); с (P); по (Д); defend ~ защищать от (P).

front [frʌnt] 1. фасад; передняя сторона; ⚔ фронт; in ~ of перед (Т); впереди (P); 2. передний; 3. выходить на (В) (об окне) (*a.* ~ on, towards); **~al** ['frʌntl] *anat.* лобный; △ фасадный; фронтальный; **~ier** ['frʌntjə] 1. граница; 2. пограничный; **~ispiece** ['frʌntispi:s] *typ.* фронтиспис; △ фасад.

frost [frɔst] 1. мороз; 2. побивать морозом (растения); **~bite** [-] отмороженное место; **~y** ['frɔsti] □ морозный; *fig.* ледяной.

froth [frɔθ] 1. пена; 2. [вс-, за]пенить(ся); **~y** ['frɔθi] □ пенистый; *fig.* пустой.

frown [fraun] 1. хмурый взгляд; нахмуренные брови *f/pl.*; 2. *v/i.* [на]хмуриться; [на]супиться.

frow|zy, ~sy ['frauzi] затхлый, спёртый; неряшливый.

froze [frouz] *pt.* от freeze; **~n** [-n] 1. *p. pt.* от freeze; 2. замёрзший; замороженный.

frugal ['fru:gəl] □ умеренный, скромный.

fruit [fru:t] 1. плод, фрукт; 2. плодоносить, давать плоды; **~erer** ['fru:tərə] торговец фруктами; **~ful** ['fru:tful] □ плодовитый, плодородный; *fig.* плодотворный; **~less** [-lis] □ бесплодный.

frustrat|e [frʌs'treit] расстраивать [-роить] (планы), делать тщетным; **~ion** [frʌs'treiʃən] расстройство (планов), крушение (надежд).

fry [frai] 1. жареное (кушанье); 2. [из]жарить(ся); **~ing-pan** ['fraiiŋpæn] сковорода.

fudge [fʌdʒ] 1. выдумка; помадка; 2. делать кое-как.

fuel ['fjuəl] 1. топливо; 2. *mot.* горючее.

fugitive ['fju:dʒitiv] беглец; беженец (-нка); 2. беглый; мимолётный.

fulfil(l) [ful'fil] выполнять [выполнить], осуществля́ть [-ви́ть]; **~ment** [-mənt] осуществле́ние, выполне́ние.

full [ful] 1. □ *com.* по́лный; це́лый; доро́дный; of ~ age совершенноле́тний; 2. *adv.* вполне́; как раз; о́чень; 3. по́лность *f*; in ~ по́лностью; to the ~ в по́лной ме́ре; **~-dress** пара́дная фо́рма; **~-fledged** вполне́ опери́вшийся, ра́звитый. [лие.]

ful(l)ness ['fulnis] полнота́, оби́-]

fulminate ['fʌlmineit] сверка́ть [-кну́ть]; [за]греме́ть; ~ **against** [раз]громи́ть (В).

fumble ['fʌmbl] нащу́п(ыв)ать; [про]мя́млить; верте́ть в рука́х.

fume [fju:m] 1. пар, дым; испаре́ние; 2. окуривать [-рить]; испаря́ться [-ри́ться].

fumigate ['fju:migeit] окуривать [-рить].

fun [fʌn] весе́лье; заба́ва; **make ~ of** высме́ивать [вы́смеять] (В).

function ['fʌŋkʃən] 1. фу́нкция, назначе́ние; 2. функциони́ровать, де́йствовать; **~ary** [-ɛri] должностно́е лицо́.

fund [fʌnd] 1. запа́с; капита́л, фонд; ~**s** *pl.* госуда́рственные проце́нтные бума́ги *f/pl.*; 2. консолиди́ровать (*im*)*p/s*; фунди́ровать (*im*)*pf.*

fundament|al [fʌndə'mentl] □ основно́й, коренно́й, суще́ственный; **~als** *pl.* осно́вы *f/pl.*

funer|al ['fju:nərəl] 1. по́хороны *f/pl.*; 2. похоро́нный; **~eal** [fju:-'niəriəl] □ тра́урный; мра́чный.

fun-fair ['fʌn-] я́рмарка.

funnel ['fʌnl] воро́нка; ⚓, 🚂 дымова́я труба́.

funny ['fʌni] □ заба́вный, смешно́й; стра́нный.

fur [fə:] 1. мех; шку́ра; ~**s** *pl.* меха́ *m/pl.*, мехо́вы́е това́ры *m/pl.*, пушни́на (В); 2. обивать ме́хом.

furbish ['fə:biʃ] [от]полирова́ть; ~ **up** подновля́ть [-ви́ть].

furious ['fjuəriəs] □ взбешённый.

furl [fə:l] уб(и)ра́ть (паруса́); скла́дывать (сложи́ть] (зо́нтик).

furlough ['fə:lou] 1. о́тпуск; 2. увольня́ть в о́тпуск (*mst* о солда́тах).

furnace ['fə:nis] горн, печь *f*; то́пка.

furnish ['fə:niʃ] снабжа́ть [снабди́ть] (**with** Т); доставля́ть [-а́вить]; обставля́ть [-а́вить], меблирова́ть (*im*)*pf.*

furniture ['fə:nitʃə] ме́бель *f*, обстано́вка; обору́дование.

furrier ['fʌriə] мехови́к.

furrow ['fʌrou] борозда́; колея́; жёлоб; морщи́на.

further ['fə:ðə] 1. да́льше, да́лее; зате́м; кро́ме того́; 2. соде́йствовать, спосо́бствовать (Д); **~ance** [-rəns] продвиже́ние (of Р), соде́йствие (of Д); **~more** [-mɔ:] *adv.* к тому́ же, кро́ме того́.

furthest ['fə:ðist] са́мый да́льний.

furtive ['fə:tiv] □ скры́тый, та́йный.

fury ['fjuəri] нейстовство, я́рость *f*.

fuse [fju:z] 1. пла́вка; ⚡ взрыва́тель *m*; ⚡ пла́вкий предохрани́тель *m*; 2. сплавля́ть(ся) [-а́вить(ся)]; ⚡ [рас]пла́вить(ся) ⚡ вставля́ть взрыва́тель в (В).

fusion ['fju:ʒən] пла́вка; *fig.* слия́ние.

fuss [fʌs] F 1. суета́; возбуждённое состоя́ние; 2. [за]суети́ться; [вз-]волнова́ться (about из-за Р); надоеда́ть с пустяка́ми (Д).

fusty ['fʌsti] за́тхлый, спёртый; *fig.* старомо́дный, устаре́вший.

futile ['fju:tail] безполе́зный, тще́тный; пусто́й.

future ['fju:tʃə] 1. бу́дущий; 2. бу́дущее, бу́дущность *f*; ~**s** *pl.* ✝ това́ры, закупа́емые заблаговре́менно.

fuzz [fʌz] 1. пух; пуши́нка; 2. покры́(ва́)ться пу́хом; разлета́ться [-лете́ться] (о пу́хе).

G

gab [gæb] F болтовня́; **the gift of the ~** хорошо́ подве́шенный язык.

gabble ['gæbl] 1. бормота́ние, бессвя́зная речь *f*; 2. [про]бормота́ть; [за]гогота́ть.

gaberdine ['gæbədi:n] габарди́н.

gable ['geibl] 🔺 фронто́н, щипе́ц.

gad [gæd]: ~ **about** шля́ться, шата́ться.

gad-fly ['gædflai] *zo.* о́вод, слепе́нь *m*.

gag [gæg] 1. заты́чка, кляп; *parl.* прекраще́ние пре́ний; *Am.* острота́; 2. затыка́ть рот (Д); заста́вить

замолча́ть; *pol.* заж(им)а́ть (кри́тику и т. п.).

gage [geidʒ] зало́г, закла́д; вы́зов.

gaiety ['geiəti] весёлость *f*.

gaily ['geili] *adv.* от gay ве́село; я́рко.

gain [gein] 1. при́быль *f*; вы́игрыш; за́работок; приро́ст; 2. выи́грывать [вы́играть]; приобрета́ть [-ести́]; **~ful** □ ['geinful] □ дохо́дный, вы́годный.

gait [geit] похо́дка.

gaiter ['geitə] гама́ша, ге́тра, кра́га.

gale [geil] шторм, си́льный ве́тер.

gall [gɔːl] 1. ꝓ жёлчь *f*; жёлчность *f*; ссáдина; 2. раздражáть [-жáть]; [о]беспокóить.

gallant *mst* [gə'lænt] 1. □ галáнтный; внимáтельный; почтáтельный; 2. ['gælənt] *adj.* □ хрáбрый, дóблестный; *su.* кавалéр; **~ry** ['gæləntri] хрáбрость *f*; галáнтность *f*.

gallery ['gæləri] галерéя.

galley ['gæli] ⚓ галéра; **~proof** грáнка.

gallon ['gælən] галлóн (мéра жáдких и сыпýчих тел; англ. = 4,54 л; ам. = 3,78 л).

gallop ['gæləp] 1. галóп; 2. скакáть (пускáть) галóпом.

gallows ['gæləuz] *sg.* вáселица.

gamble ['gæmbl] 1. азáртная игрá; рискóванное предприя́тие; 2. игрáть в азáртные áгры; спекулáровать (на бáрже); **~r** [-ə] картёжник, игрóк.

gambol ['gæmbəl] 1. прыжóк; 2. прáгать, скакáть.

game [geim] 1. игрá; пáртия (игрá); дичь *f*; **~s** *pl.* состязáния *n/pl.*; áгры *f/pl.*; 2. F охóтно готóвый (сдéлать чтó-либо); 3. игрáть на дéньги; **~ster** игрóк, картёжник.

gander ['gændə] гусáк.

gang [gæŋ] 1. бригáда; артéль *f*; смéна (рабóчих); шáйка, бáнда; 2. **~** up организовáть шáйку; **~board** ⚓ схóдни *f/pl.*

gangway [-wei] прохóд мéжду рядáми (крéсел и т. п.); ⚓ схóдни *f/pl.*

gaol [dʒeil] тюрьмá; *s.* jail.

gap [gæp] пробéл; бреш *f*, щель *f*; *fig.* расхождéние (во взгля́дах).

gape [geip] разевáть рот; [по]глазéть; зия́ть.

garb [gɑːb] наря́д, одея́ние.

garbage ['gɑːbidʒ] (кýхонные) отбрóсы *m/pl.*; мýсор.

garden ['gɑːdn] 1. сад; огорóд; 2. занимáться садóводством; **~er** садóвник, садовóд; **~ing** садовóдство.

gargle ['gɑːgl] 1. полоскáть гóрло; 2. полоскáние для гóрла.

garish ['gɛəriʃ] □ кричáщий (о плáтье, крáсках); я́ркий.

garland ['gɑːlənd] гирля́нда, венóк.

garlic ['gɑːlik] ꝓ чеснóк.

garment ['gɑːmənt] предмéт одéжды; *fig.* покрóв, одея́ние.

garnish ['gɑːniʃ] 1. гарнáр; украшéние; 2. гарнáровать (*im*)*pf.*; украшáть [украсить].

garret ['gærit] мансáрда.

garrison ['gærisn] ⚔ 1. гарнизóн; 2. стáвить (полк и т. п.) гарнизóном.

garrulous ['gæruləs] □ болтлáвый.

garter ['gɑːtə] подвя́зка.

gas [gæs] 1. газ; F болтовня́; *Am.* F бензáн, горю́чее; 2. выпускáть гáзы; отравля́ть гáзом; F болтáть, бахвáлиться; **~eous** ['geiziəs] газообрáзный.

gash [gæʃ] 1. глубóкая рáна, разрéз; 2. наносáть глубóкую рáну (Д).

gas|-lighter гáзовая зажигáлка; **~mantle** калáльная сéтка; **~olene, ~oline** ['gæsɔli:n] *mot.* газолáн; *Am.* бензáн.

gasp [gɑːsp] задыхáться [задохнýться]; ловáть вóздух.

gas|sed [gæst] отрáвленный гáзом; **~stove** гáзовая плитá; **~works** *pl.* гáзовый завóд.

gate [geit] ворóта *n/pl.*; калáтка; **~man** сторож; **~way** ворóта *n/pl.*, вход; проéзд.

gather ['gæðə] 1. *v/t.* соб(и)рáть; снимáть [снять] (урожáй); [на-, со]рвáть (о цветáх); *fig.* дéлать вáвод; **~ speed** набирáть скóрость; ускоря́ть ход; *v/i.* соб(и)рáться; 2. **~s** *pl.* сбóрки *f/pl.*; **~ing** собирáние; сбóрище, собрáние.

gaudy ['gɔːdi] □ я́ркий, кричáщий, безвкýсный.

gauge [geidʒ] 1. мéра; измерáтельный прибóр; масштáб; ⚙ ширинá колéй; ⚙ шаблóн, лекáло; 2. измеря́ть [-éрить]; градуáровать (*im*)*pf.*; выверя́ть [вáверить]; *fig.* оцéнивать [-нáть] (человéка).

gaunt [gɔːnt] □ исхудáлый, измождённый; мрáчный.

ga(u)ntlet ['gɔːntlit] 1. *hist.* лáтная рукавáца; рукавáца (шофёра, фехтовáльная и т. п.); 2. run the **~** пройтá сквозь строй; подвергáться рéзкой крáтике.

gauze [gɔːz] газ (матéрия); мáрля.

gave [geiv] *pt.* от give.

gawk [gɔːk] F остолóп, разáня *m/f*; **~y** [gɔː'ki] неуклю́жий. [стрый.]

gay [gei] □ весёлый; я́ркий, пё-)

gaze [geiz] 1. внимáтельный взгляд; 2. прáстально глядéть.

gazette [gə'zet] 1. официáльная газéта; 2. опубликовáть в официáльной газéте.

gear [giə] 1. механáзм; приспособлéния *n/pl.*; ⚙ шестерня́; зубчáтая передáча; *mot.* передáча; скóрость *f*; in **~** включённый, дéйствующий; 2. приводáть в движéние; включáть [-чáть]; **~ing** ⚙ зубчáтая передáча; привóд.

geese [giːs] *pl.* от goose.

gem [dʒem] драгоцéнный кáмень *m*; *fig.* сокрóвище.

gender ['dʒendə] *gr.* род.

general ['dʒenərəl] 1. □ óбщий; обáчный; повсемéстный; глáвный; генерáльный; **~ election** всеóбщие вáборы *m/pl.*; 2. ⚔ генерáл; **~ity** [dʒenə'ræliti] всеóбщность *f*; применáмость ко всему; большинство; **~ize** ['dʒenərəlaiz] обобщать [-щить]; **~ly** [-li] вообще; обычно.

generat|e ['dʒenəreit] порождать [-родить]; производить [-вести]; **~ion** [dʒenə'reiʃən] поколение; порождение.

gener|osity [dʒenə'rɔsiti] великодушие; щедрость f; **~ous** ['dʒenərəs] □ великодушный; щедрый.

genial ['dʒiːnjəl] □ тёплый, мягкий (климат); добрый, сердечный.

genius ['dʒiːnjəs] гений; дух; одарённость f, гениальность f.

genteel [dʒen'tiːl] светский; элегантный.

gentle ['dʒentl] □ знатный; мягкий; кроткий; тихий; нежный; смирный (о животных); лёгкий (ветер); **~man** ['dʒentlmən] джентльмен; господин; **~manlike**, **~manly** [-li] воспитанный; **~ness** ['dʒentlnis] мягкость f; доброта.

gentry ['dʒentri] мелкопоместное дворянство.

genuine ['dʒenjuin] □ подлинный; искренний; неподдельный.

geography [dʒi'ɔɡrəfi] география.

geology [dʒi'ɔlədʒi] геология.

geometry [dʒi'ɔmitri] геометрия.

germ [dʒəːm] 1. микроб; зародыш; 2. *fig.* зарождаться [-одиться].

German¹ ['dʒəːmən] 1. германский, немецкий; **~** silver ⊕ нейзильбер; 2. немец, немка; немецкий язык.

german² [~]: brother **~** родной брат; **~e** [dʒəː'mein] уместный, подходящий.

germinate ['dʒəːmineit] давать ростки, прорастать [-расти].

gesticulat|e [dʒes'tikjuleit] жестикулировать; **~ion** [-'tikju''leiʃən] жестикуляция.

gesture ['dʒestʃə] жест; мимика.

get [get] [*irr.*] 1. *v/t.* достать); получать [-чить]; зарабатывать [-ботать]; добы(ва)ть; заставлять [заставить]; I have got a **~** I have got a имею; **~** one's hair cut [по]стричься; **~** by heart учить наизусть; 2. *v/i.* [с]делаться, становиться [стать]; **~** ready [при]готовиться; **~** about начинать ходить (после болезни); **~abroad** распространяться [-ниться] (о слухах); **~** ahead продвигаться вперёд; **~** at доб(и)раться до (P); **~** away уд(и)рать, уходить [уйти]; **~** off отправляться [-авиться]; **~** in входить (войти); **~** on with a p. ужи(ва)ться с кем-либо; **~** out выходить (выйти); **~** to hear (know, learn) узна(ва)ть; **~** up вст(ав)ать; **~-up** [get'ʌp] манера одеваться; оформление; *Am.* предприимчивость f.

ghastly ['ɡɑːstli] ужасный; мёртвенно-бледный.

ghost [ɡoust] призрак, привидение;

дух (*a. eccl.*); *fig.* тень f, лёгкий след; **~like** ['ɡoustlaik], **~ly** [-li] похожий на привидение, призрачный.

giant ['dʒaiənt] 1. великан, гигант, исполин; 2. гигантский, исполинский.

gibber ['dʒibə] говорить невнятно.

gibbet ['dʒibit] 1. виселица; 2. вешать [повесить].

gibe [dʒaib] *v/t.* смеяться над (T); *v/i.* насмехаться (at над T).

gidd|iness ['ɡidinis] ⚕ головокружение; легкомыслие; **~y** ['ɡidi] □ испытывающий головокружение; легкомысленный.

gift [ɡift] дар, подарок; способность f, талант (of к Д); **~ed** ['ɡiftid] одарённый, способный, талантливый.

gigantic [dʒai'ɡæntik] (**~ally**) гигантский, громадный.

giggle ['ɡiɡl] 1. хихиканье; 2. хихикать [-кнуть].

gild [ɡild] [*irr.*] [по]золотить.

gill [ɡil] *zo.* жабра.

gilt [ɡilt] 1. позолота; 2. позолоченный.

gin [dʒin] джин (напиток); ⊕ подъёмная лебёдка.

ginger ['dʒindʒə] 1. имбирь m; F воодушевление; 2. F подстёгивать [-стегнуть], оживлять [-вить]; **~bread** имбирный пряник; **~ly** [-li] осторожный, робкий.

Gipsy ['dʒipsi] цыган(ка).

gird [ɡəːd] [*irr.*] опоясывать(ся) [-сать(ся)]; окружать [-жить].

girder ['ɡəːdə] ⊕ балка, перекладина, подпорка.

girdle ['ɡəːdl] 1. пояс, кушак; 2. подпоясывать [-сать].

girl [ɡəːl] девочка, девушка; **~hood** ['ɡəːlhud] девичество; **~ish** □ девический.

girt [ɡəːt] *p. pt.* от gird.

girth [ɡəːθ] обхват, размер; подпруга.

gist [dʒist] суть f, сущность f.

give [ɡiv] [*irr.*] 1. *v/t.* да(ва)ть; [по]дарить; причинять [-нить]; доставлять [-авить]; **~** birth to родить; **~** away отд(ав)ать; F выда(ва)ть, пред(ав)ать; **~** forth изд(ав)ать (запах и т. п.); объявлять [-вить]; **~** in отд(ав)ать; **~** up отказываться [-заться] от (P); 2. *v/i.* (in) уступать [-пить]; **~** into, (up)on выходить на (B) (об окнах и т. п.); **~** out кончаться [кончиться]; обессилеть *pf.*; [ис]портиться; **~n** [ɡivn] 1. *p. pt.* от give; 2. *fig.* данный; склонный (to к Д); преданный (to Д).

glaci|al ['ɡleisiəl] □ ледниковый; ледяной; леденящий; **~er** глетчер, ледник.

glad [ɡlæd] □ довольный; радостный, весёлый; I am **~** я рад(а);

~ly охо́тно, ра́достно; ~den ['glædn] [об]ра́довать.

glade [gleid] прога́лина, про́сека.

gladness ['glædnis] ра́дость f.

glamo|rous ['glæmərəs] обая́тельный, очарова́тельный; ~(u)r ['glæmə] 1. очарова́ние; 2. очаро́вывать [-рова́ть].

glance [glɑːns] 1. бы́стрый взгляд; 2. скользи́ть [-зну́ть] (mst ~ aside, off); ~ at ме́льком взгляну́ть на (В).

gland [glænd] железа́.

glare [glɛə] 1. ослепи́тельно сверка́ть; при́стально смотре́ть; 2. при́стальный и́ли свире́пый взгляд; ослепи́тельный блеск.

glass [glɑːs] 1. стекло́; стака́н, рю́мка; зе́ркало; (a pair of) ~es pl. очки́ n/pl.; 2. attr. стекля́нный; ~-shade (стекля́нный) колпа́к; абажу́р; ~y ['glɑːsi] □ зерка́льный; безжи́зненный; стекля́нный.

glaz|e [gleiz] 1. глазу́рь f, мурава́; 2. глазирова́ть (im)pf.; застекля́ть [-ли́ть]; ~ier ['gleizjə] стеко́льщик.

gleam [gliːm] 1. о́тблеск; сла́бый свет; fig. про́блеск; 2. мерца́ть, сла́бо свети́ться.

glean [gliːn] v/t. fig. тща́тельно собира́ть (фа́кты, све́дения); v/i. подбира́ть коло́сья (по́сле жа́твы).

glee [gliː] ликова́ние; ~ club клуб для хорово́го пе́ния.

glib [glib] □ гла́дкий; бо́йкий (о ре́чи).

glid|e [glaid] 1. скользи́ть, пла́вно дви́гаться; ✈ [с]плани́ровать; 2. пла́вное движе́ние; ~er ['glaidə] ✈ планёр.

glimmer ['glimə] 1. мерца́ние, ту́склый свет; min. слюда́; 2. мерца́ть, ту́скло свети́ть.

glimpse [glimps] 1. мимолётный взгляд; мимолётное впечатле́ние (of от Р); 2. (у)ви́деть ме́льком.

glint [glint] 1. я́ркий блеск; 2. я́рко блесте́ть; отража́ть свет.

glisten ['glisn], **glitter** ['glitə] блесте́ть, сверка́ть, сия́ть.

gloat [glout]: ~ (up)on, over пожира́ть глаза́ми (В).

globe [gloub] шар; земно́й шар; гло́бус.

gloom [gluːm], ~iness ['gluːminis] мрак; мра́чность f; ~y ['gluːmi] □ мра́чный; угрю́мый.

glori|fy ['glɔːrifai] прославля́ть [-а́вить]; восхваля́ть [-ли́ть]; ~ous ['glɔːriəs] □ великоле́пный, чуде́сный.

glory ['glɔːri] 1. сла́ва; 2. торже́ствова́ть; горди́ться (in Т).

gloss [glɔs] 1. вне́шний блеск; гло́сса; 2. наводи́ть гля́нец на (В); ~ over прикра́шивать [-кра́сить].

glossary ['glɔsəri] глосса́рий, слова́рь m (в конце́ кни́ги).

glossy ['glɔsi] □ глянцеви́тый, лощёный.

glove [glʌv] перча́тка.

glow [glou] 1. накаля́ться докрасна́; горе́ть; тлеть; сия́ть; 2. зной; нака́л; за́рево; жар; румя́нец; ~worm светля́к, светлячо́к.

glue [gluː] 1. клей; 2. [с]кле́ить.

glut [glʌt] пресыще́ние; затова́ривание (ры́нка).

glutton ['glʌtn] обжо́ра m/f; ~ous [-əs] □ обжо́рливый; ~y [-i] обжо́рство.

gnash [næʃ] [за]скрежета́ть (зуба́ми).

gnat [næt] кома́р.

gnaw [nɔː] глода́ть.

gnome [noum] гном, ка́рлик.

go [gou] 1. [irr.] com. ходи́ть, идти́ [пойти́]; проходи́ть [пройти́]; уходи́ть [уйти́]; е́здить; [с]де́латься; рабо́тать (о маши́не, се́рдце); let ~ пуска́ть [пусти́ть]; выпуска́ть из рук; ~ shares дели́ться по́ровну; ~ to (or and) see заходи́ть [зайти́] к [Д], навеща́ть [-ести́ть]; ~ at набра́сываться [-ро́ситься] на (В); ~ between посре́дничать ме́жду (Т); ~ by проходи́ть [пройти́]; руководи́ться (Т); ~ for идти́ [пойти́] за (Т); ~ for a walk де́лать прогу́лку; ~ in for an examination [про]экзаменова́ться; ~ on продолжа́ть [-до́лжить]; идти́ да́льше; ~ through with доводи́ть до конца́ (В); ~ without обходи́ться [обойти́сь] без (Р); 2. ходьба́, движе́ние; F мо́да; эне́ргия; on the ~ на ходу́; на нога́х; it is no ~ ничего́ не поде́лаешь; in one ~ сра́зу; have a ~ at [по]про́бовать (В).

goad [goud] 1. побужда́ть [побуди́ть]; подстрека́ть [-кну́ть], стрека́ло; fig. сти́мул, возбуди́тель m.

goal [goul] цель f; ме́сто назначе́ния; sport воро́та n/pl.; гол; фи́ниш; ~-keeper врата́рь m.

goat [gout] козёл, коза́.

gobble [gɔbl] есть жа́дно, бы́стро; ~r [-ə] обжо́ра m/f; индю́к.

go-between ['goubitwiːn] посре́дник.

goblin ['gɔblin] гном, домово́й.

god бог (eccl.: ♀ Бог) божество́; fig. и́дол, куми́р; ~child кре́стник (-ица); ~dess ['gɔdis] боги́ня; ~father кре́стный оте́ц; ~head бо́жество; ~less [-'lis] безбо́жный; ~like богоподо́бный; ~liness [-linis] на́божность f; благоче́стие; ~ly [-li] благочести́вый; ~mother крёстная мать f.

goggle [gɔgl] 1. тара́щить глаза́; 2. (a pair of) ~s pl. защи́тные очки́ n/pl.

going ['gouiŋ] 1. иду́щий; де́йствующий; be ~ to inf. намерева́ться, собира́ться (+ inf.); 2. ходьба́; ухо́д; отъе́зд.

gold [gould] 1. зо́лото; 2. золото́й; ~en ['gouldən] золото́й; ~finch *zo.* щего́л; ~smith золоты́х дел ма́стер.

golf [gɔlf] 1. гольф; 2. игра́ть в гольф.

gondola ['gɔndələ] гондо́ла.

gone [gɔn] *p. pt.* от go; уше́дший, уе́хавший; F безнаде́жный, поте́рянный; уме́рший, поко́йный.

good [gud] 1. *com.* хоро́ший; до́брый; го́дный, поле́зный; † кредитоспосо́бный; ♀ Friday *eccl.* вели́кая страстна́я пя́тница; be ~ at быть спосо́бным к (Д); 2. добро́, бла́го; по́льза; ~s *pl.* това́ры; that's no ~ э́то бесполе́зно; for ~ навсегда́; ~by(e) [gud'bai] 1. до свида́ния, проща́йте!; 2. проща́ние; ~ly ['gudli] милови́дный, прия́тный; значи́тельный, изря́дный; ~natured доброду́шный; ~ness [-nis] доброта́; *int.* го́споди!; ~will доброжела́тельность *f.*

goody ['gudi] конфе́та.

goose [gu:s], *pl.* geese [gi:s] гусь *m,* гусы́ня; портно́вский утю́г.

gooseberry ['gu:zbəri] крыжо́вник (*no pl.*).

goose-flesh, *Am.* ~pimples *pl. fig.* гуси́ная ко́жа (от хо́лода).

gore [gɔ:] 1. запёкшаяся кровь *f;* 2. забода́ть *pf.*

gorge [gɔ:dʒ] 1. пасть *f,* гло́тка; у́зкое уще́лье; пресыще́ние; 2. [co]жра́ть; ~ o. s. наж(и)ра́ться.

gorgeous ['gɔ:dʒəs] ◯ пы́шный, великоле́пный.

gory ['gɔ:ri] ◻ окрова́вленный; кровопроли́тный.

gospel ['gɔspəl] ева́нгелие.

gossip ['gɔsip] 1. спле́тни *f/pl.;* спле́тник (-ица); 2. [на]спле́тничать.

got [gɔt] *pt.* и *p. pt.* от get.

Gothic ['gɔθik] готи́ческий; *fig.* ва́рварский.

gouge [gaudʒ] 1. ◉ долото́, стаме́ска; 2. выда́лбливать [вы́долбить]; *Am.* F обма́нывать [-ну́ть].

gourd [guəd] ◊ ты́ква.

gout [gaut] ✷ пода́гра.

govern ['gʌvən] *v/t.* пра́вить, управля́ть (Т); *v/i.* госпо́дствовать; ~ess [-is] гуверна́нтка; ~ment [-mənt] прави́тельство; управле́ние; губе́рния; *attr.* прави́тельственный; ~mental [gʌvən'mentl] прави́тельственный; ~or ['gʌvənə] прави́тель *m;* коменда́нт; губерна́тор; ✝ оте́ц.

gown [gaun] 1. (же́нское) пла́тье; ма́нтия; 2. оде́(ва́)ть.

grab [græb] F 1. схва́тывать [-ати́ть]; 2. захва́т; ◉ автомати́ческий ковш, черпа́к.

grace [greis] 1. гра́ция, изя́щество; любе́зность *f;* ми́лость *f,* милосе́рдие; Your ♀ Ва́ша Ми́лость *f;*

2. *fig.* украша́ть [укра́сить]; удоста́ивать [-сто́ить]; ~ful ['greisful] ◻ грацио́зный, изя́щный; ~fulness [-nis] грацио́зность *f,* изя́щность *f.*

gracious ['greiʃəs] ◻ снисходи́тельный; благоскло́нный; ми́лостивый.

gradation [grə'deiʃən] града́ция, постепе́нный перехо́д.

grade [greid] 1. сте́пень *f;* гра́дус; ранг; ка́чество; *Am.* класс (шко́лы); ◉ укло́н; 2. [рас]сорти́рова́ть; ◉ нивели́ровать (*im*)*pf.*

gradua|l ['grædjuəl] ◻ постепе́нный; после́довательный; ~te 1. [-eit] градуи́ровать (*im*)*pf.,* наноси́ть деле́ния; конча́ть университе́т; *Am.* конча́ть (любо́е) уче́бное заведе́ние; 2. [-it] *univ.* око́нчивший университе́т с уче́ной сте́пенью; ~tion [grædju'eiʃən] градуи́ровка (сосу́да); *Am.* оконча́ние уче́бного заведе́ния; *univ.* получе́ние уче́ной сте́пени.

graft [grɑ:ft] 1. ✎ черено́к; приви́вка (расте́ния); *Am.* взя́тка; по́дкуп; 2. ✎ приви(ва́)ть (расте́ние); ✷ переса́живать ткань; *Am.* дава́ть (брать) взя́тки.

grain [grein] зерно́; хле́бные зла́ки *m/pl.;* крупи́нка; *fig.* скло́нность *f,* приро́да.

gramma|r ['græmə] грамма́тика; ~r school сре́дняя шко́ла; *Am.* ста́ршие кла́ссы сре́дней шко́лы; ~tical [grə'mætikəl] ◻ граммати́ческий.

gram(me) [græm] грамм.

granary ['grænəri] жи́тница; амба́р.

grand [grænd] 1. ◻ вели́чественный; грандио́зный; вели́кий; ♪ (a. ~ piano) роя́ль *m;* ~child внук, вну́чка; ~eur ['grændʒə] грандио́зность *f;* вели́чие.

grandiose ['grændious] ◻ грандио́зный; напы́щенный.

grandparents *pl.* де́душка и ба́бушка.

grange [greindʒ] фе́рма.

grant [grɑ:nt] 1. предоставля́ть [-а́вить]; допуска́ть [-сти́ть]; дарова́ть (*im*)*pf.;* 2. дар; субси́дия; да́рственный акт; take for ~ed счита́ть доказа́нным.

granul|ate ['grænjuleit] [раз]дроби́ть; гранули́ровать(ся) (*im*)*pf.;* ~e ['grænjul] зерно́, зёрнышко.

grape [greip] виногра́д; ~fruit ✾ грейпфру́т.

graph [græf] диагра́мма, гра́фик; ~ic(al ◻) ['græfik, -ikəl] графи́ческий; нагля́дный; ~ arts *pl.* изобрази́тельные иску́сства *n/pl.;* ~ite ['græfait] графи́т.

grapple ['græpl]: ~ with боро́ться с (Т); *fig.* пыта́ться преодоле́ть (затрудне́ние).

grasp [grɑ:sp] 1. хвата́ть [схвати́ть] (by за В); заж(им)а́ть (в руке́); хвата́ться [схвати́ться] (at за В); понима́ть [поня́ть]; 2. спосо́бность восприя́тия; схва́тывание, кре́пкое сжа́тие; власть f.

grass [grɑ:s] трава́; па́стбище; send to ~ выгоня́ть на подно́жный корм; ~hopper кузне́чик; ~widow F «соло́менная» вдова́; ~y травяни́стый; травяно́й.

grate [greit] 1. решётка; ⊕ гро́хот; 2. [на]тере́ть (тёркой); [за]скрежета́ть (зуба́ми); ~ on fig. раздража́ть [-жи́ть] (В).

grateful ['greitful] □ благода́рный.

grater ['greitə] тёрка.

gratiǀfication [grætifi'keiʃən] вознагражде́ние; удовлетворе́ние; ~fy ['grætifai] удовлетворя́ть [-ри́ть].

grating ['greitiŋ] 1. □ скрипу́чий, ре́зкий; 2. решётка.

gratitude ['grætitju:d] благода́рность f.

gratuitǀous [grə'tju(:)itəs] □ дарово́й, безвозме́здный; ~y [-i] де́нежный пода́рок; чаевы́е.

grave [greiv] 1. □ серьёзный, ве́ский; ва́жный; тяжёлый; 2. моги́ла; 3. [irr.] запечатле́(ва́)ть; ~digger моги́льщик.

gravel ['grævəl] 1. гра́вий; ♂ моче́вой песо́к; 2. посыпа́ть гра́вием.

graveyard кла́дбище.

gravitation [grævi'teiʃən] притяже́ние; тяготе́ние (a. fig.).

gravity ['græviti] серьёзность f; ва́жность f; тя́жесть f, опа́сность f (положе́ния).

gravy ['greivi] (мясна́я) подли́вка.

gray [grei] се́рый.

graze [greiz] пасти́(сь); щипа́ть траву́; заде́(ва́)ть.

grease 1. [gri:s] са́ло; сма́зка, сма́зочное вещество́; 2. [gri:z] сма́з(ыв)ать.

greasy ['gri:zi] □ са́льный, жи́рный; ско́льзкий (о гря́зной доро́ге).

great [greit] □ com. вели́кий; большо́й; огро́мный; F восхити́тельный; великоле́пный; ~grandchild пра́внук (-учка); ~coat ['greit'kout] пальто́ n indecl.; ~ly ['greitli] о́чень, си́льно; ~ness [-nis] вели́чие, си́ла.

greed [gri:d] жа́дность f, а́лчность f; ~y ['gri:di] □ жа́дный, а́лчный (of, for к Д).

Greek [gri:k] 1. грек, греча́нка; 2. гре́ческий.

green [gri:n] 1. □ зелёный; незре́лый; fig. нео́пытный; 2. зелёный цвет, зелёная кра́ска; мо́лодость f; лужа́йка; ~s pl. зе́лень f, о́вощи m/pl.; ~back Am. банкно́та; ~grocer зеленщи́к; ~house

тепли́ца, оранжере́я; ~ish ['gri:niʃ] зеленова́тый; ~sickness бле́дная не́мочь f.

greet [gri:t] □ приве́тствовать; кла́няться [поклони́ться] (Д); ~ing ['gri:tiŋ] приве́тствие; приве́т.

grenade [gri'neid] ⚔ грана́та.

grew [gru:] pt. от grow.

grey [grei] 1. □ се́рый; седо́й; 2. се́рый цвет, се́рая кра́ска; 3. де́лать(ся) се́рым; ~hound борза́я (соба́ка). [(ра́шпер.)]

grid [grid] решётка; се́тка; ~iron[]

grief [gri:f] го́ре, печа́ль f; come to ~ потерпе́ть неуда́чу, попа́сть в беду́.

grievǀance ['gri:vəns] оби́да; жа́лоба; ~e [gri:v] горева́ть; огорча́ть [-чи́ть], опеча́ли(ва)ть; ~ous ['gri:vəs] □ го́рестный, печа́льный.

grill [gril] 1. ра́шпер; жа́реное на ра́шпере (мя́со и т. п.); 2. жа́рить на ра́шпере; ~room ко́мната рестора́на, где мя́со жа́рится при пу́блике.

grim [grim] □ жесто́кий; мра́чный, злове́щий.

grimace [gri'meis] 1. грима́са, ужи́мка; 2. грима́сничать.

grimǀe [graim] грязь f, са́жа (на ко́же); ~y ['graimi] □ запа́чканный, гря́зный.

grin [grin] 1. усме́шка; 2. усмеха́ться [-хну́ться].

grind [graind] [irr.] 1. [с]моло́ть; размалывать [-моло́ть]; растира́ть [растере́ть] (в порошо́к); [на]точи́ть; fig. зубри́ть; 2. размалывание; тяжёлая, ску́чная рабо́та; ~stone точи́льный ка́мень m; жёрнов.

grip [grip] 1. схва́тывание, зажа́тие, пожа́тие; рукоя́ть f; fig. тиски́ m/pl.; 2. схва́тывать [схвати́ть] (a. fig.); овладева́ть внима́нием (Р).

gripe [graip] зажи́м; рукоя́тка; ~s pl. ко́лики f/pl.

grisly ['grizli] ужа́сный.

gristle ['grisl] хрящ.

grit [grit] 1. песо́к, гра́вий; F твёрдость хара́ктера, вы́держка; ~s pl. овся́ная крупа́; 2. [за]скрежета́ть (Т).

grizzly ['grizli] 1. се́рый; с про́седью; 2. североамерика́нский се́рый медве́дь m, гри́зли m indecl.

groan [groun] о́хать [о́хнуть]; [за]стона́ть.

grocer ['grousə] бакале́йщик; ~ies [-riz] pl. бакале́я; ~y [-ri] бакале́йная ла́вка; торго́вля бакале́йными това́рами.

groggy ['grɔgi] нетвёрдый на нога́х; ша́ткий.

groin [grɔin] anat. пах.

groom [grum] 1. грум, ко́нюх; жени́х; 2. ходи́ть за (ло́шадью); хо́лить; well-~ed вы́холенный.

groove [gru:v] 1. желобо́к, паз; *fig.* рути́на, привы́чка, колея́; 2. де́лать вы́емку на (П).

grope [group] идти́ о́щупью; нащу́п(ыв)ать (*a. fig.*).

gross [grous] 1. □ большо́й; ту́чный; гру́бый; ✝ валово́й, бру́тто; 2. ма́сса; гросс; in the ~ о́птом, гурто́м.

grotto ['grɔtou] пеще́ра, грот.

grouch [grautʃ] *Am.* F 1. дурно́е настрое́ние; 2. быть не в ду́хе; ~y ['grautʃi] ворчли́вый.

ground[1] [graund] *pt.* и *p. pt.* от grind; ~ glass ма́товое стекло́.

ground[2] [graund] 1. *mst* земля́, по́чва; уча́сток земли́; площа́дка; основа́ние; дно; ~s *pl.* сад, парк (при до́ме); (кофе́йная) гу́ща; on the ~(s) of на основа́нии (Р); stand one's ~ удержа́ть свои́ пози́ции, прояви́ть твёрдость; 2. класть на зе́млю; обосно́вывать [-нова́ть]; ⚡ заземля́ть [-ли́ть]; обуча́ть осно́вам предме́та; ~-floor ни́жний эта́ж; ~less [-lis] □ беспричи́нный, необосно́ванный; ~staff ✈ нелётный соста́в; ~work фунда́мент, осно́ва.

group [gru:p] 1. гру́ппа; фра́кция; 2. (с)группирова́ть(ся); классифици́ровать (*im*)*pf.*.

grove [grouv] ро́ща, лесо́к.

grovel ['grɔvl] *mst fig.* по́лзать, пресмыка́ться.

grow [grou] [*irr.*] *v/i.* расти́; выраста́ть [вы́расти]; (с)де́латься, станови́ться [стать]; *v/t.* ♦ выра́щивать [вы́растить]; культиви́ровать (*im*)*pf.*.; ~er ['grouə] садово́д, плодово́д. [ча́ть.)

growl [graul] [за]рыча́ть; [за]вор-)

grow|n [groun] *p. pt.* от grow; ~n-up ['groun ʌp] взро́слый; ~th [grouθ] рост.

grub [grʌb] 1. личи́нка, гу́сеница; 2. вска́пывать [вскопа́ть]; выкорчёвывать [вы́корчевать]; ~by ['grʌbi] чума́зый, неря́шливый.

grudge [grʌdʒ] 1. недово́льство; за́висть *f*; 2. [по]зави́довать в (П); неохо́тно дава́ть [по]жале́ть.

gruff [grʌf] □ гру́бый.

grumble ['grʌmbl] [за]ворча́ть; [по]жа́ловаться; [за]грохота́ть; ~r [-ə] *fig.* ворчу́н(ья).

grunt [grʌnt] хрю́кать [-кнуть].

guarant|ee [gærən'ti:] 1. поручи́тель(ница *f*) *m*; гара́нтия; поруча́тельство; 2. гаранти́ровать (*im*)*pf.*, руча́ться за (В); ~or [gærən'tɔ] поручи́тель *m*; ~y ['gærənti] гара́нтия.

guard [gɑ:d] 1. стра́жа; ✕ карау́л; 🚂 конду́ктор; *Am.* тюре́мщик; ~s *pl.* гва́рдия; be off ~ быть недоста́точно бди́тельным; 2. *v/t.* охраня́ть [-ни́ть]; сторожи́ть; защища́ть [защити́ть] (from от Р);

v/i. [по]бере́чься, остерега́ться [-ре́чься] (against P); ~ian ['gɑ:djən] храни́тель *m*; ⚖ опеку́н; ~ianship [-ʃip] охра́на; ⚖ опеку́нство.

guess [ges] 1. дога́дка, предположе́ние; 2. отга́дывать [-да́ть], уга́дывать [-да́ть]; *Am.* счита́ть, полага́ть.

guest [gest] гость(я *f*) *m*.

guffaw [gʌ'fɔ:] хо́хот.

guidance ['gaidəns] руково́дство.

guide [gaid] 1. проводни́к, гид; ⊕ переда́точный рыча́г; Girl ~s *pl.* ска́утки *f/pl.*; 2. направля́ть [-ра́вить]; руководи́ть (Т); ~book путеводи́тель *m*; ~post указа́тельный столб.

guild [gild] цех, ги́льдия; организа́ция.

guile [gail] хи́трость *f*, кова́рство; ~ful ['gailful] □ кова́рный; ~less [-lis] □ простоду́шный.

guilt [gilt] вина́, вино́вность *f*; ~less [-'giltlis] □ неви́нный; ~y ['gilti] □ вино́вный, винова́тый.

guise [gaiz] нару́жность *f*; ма́ска.

guitar [gi'tɑ:] ♩ гита́ра.

gulf [gʌlf] зали́в; про́пасть *f*.

gull [gʌl] 1. ча́йка; глупе́ц; 2. обма́нывать [-ну́ть]; [о]дура́чить.

gullet ['gʌlit] пищево́д; гло́тка.

gulp [gʌlp] 1. жа́дно глота́ть; 2. глото́к.

gum [gʌm] десна́; гу́мми *n indecl.*; клей; ~s *pl. Am.* гало́ши *f/pl.*; скле́и(ва)ть; гумми́ровать (*im*)*pf.*.

gun [gʌn] 1. ору́дие, пу́шка, ружьё; *Am.* револьве́р; F big ~ *fig.* ва́жная персо́на, «ши́шка»; 2. *Am.* охо́титься; ~boat каноне́рка; ~man *Am.* банди́т; ~ner [-ə] ⚓ ['gʌnə] артиллери́ст, пулемётчик; ~powder по́рох; ~smith оруже́йный ма́стер. [(бу́лькать.)]

gurgle ['gɔ:gl] [за]журча́ть; [за-])

gush [gʌʃ] 1. си́льный пото́к; ли́вень *m*; *fig.* излия́ние; 2. хлы́нуть *pf.*; ли́ться пото́ком; *fig.* изли-ва́ть чу́вства; ~er ['gʌʃə] *fig.* челове́к, излива́ющий свои́ чу́вства; *Am.* нефтяно́й фонта́н.

gust [gʌst] поры́в (ве́тра).

gut [gʌt] кишка́; ~s *pl.* вну́тренности *f/pl.*; F си́ла во́ли.

gutter ['gʌtə] водосто́чный жёлоб; сто́чная кана́ва.

guy [gai] 1. пу́гало, чу́чело; *Am.* F па́рень *m*, ма́лый; 2. издева́ться над (Т), осме́ивать [-е́ять].

guzzle ['gʌzl] жа́дно пить; есть с жа́дностью.

gymnas|ium [dʒim'neizjəm] гимнасти́ческий зал; ~tics [dʒim'næstiks] *pl.* гимна́стика.

gyrate [dʒaiə'reit] враща́ться по кру́гу, дви́гаться по спира́ли.

gyroplane ['dʒaiərəplein] автожи́р.

H

haberdashery ['hæbədæʃəri] галантерея; *Am.* мужское бельё.

habit ['hæbit] **1.** привычка; сложение; свойство; **2.** оде(ва́)ть; **~able** ['hæbitəbl] го́дный для жилья́; **~ation** [hæbi'teiʃən] жилище.

habitual [hə'bitjuəl] □ обы́чный, привы́чный.

hack [hæk] **1.** теса́ть; руби́ть (руб(а́)нуть); разбива́ть на куски́; **2.** наёмная ло́шадь *f*; мотью́га.

hackneyed ['hæknid] *fig.* изби́тый, бана́льный.

had [hæd] *pt.* и *p. pt.* от have.

hag [hæg] (*mst fig.* old ~) ве́дьма.

haggard ['hægəd] □ изможде́нный, осу́нувшийся.

haggle [hægl] [c]торгова́ться.

hail [heil] **1.** град; о́клик; **2.** it ~s град идёт; *fig.* сы́паться гра́дом; приве́тствовать; ~ **from** происходи́ть из (P) ~**stone** гра́дина.

hair [heə] во́лос; ~**breadth** минима́льное расстоя́ние; ~**cut** стри́жка; ~**do** причёска; ~**dresser** парикма́хер; ~**less** ['heəlis] лы́сый, безволо́сый; ~**pin** шпи́лька; ~**raising** стра́шный; ~**splitting** крохобо́рство; ~**y** [-ri] волоса́тый.

hale [heil] здоро́вый, кре́пкий.

half [haːf] **1.** полови́на; ~ **a crown** полкро́ны; **by halves** ко́е-ка́к; **go halves** дели́ть попола́м; **2.** полу...; полови́нный; **3.** почти́; наполови́ну; ~**back** полузащи́тник; ~**breed** мети́с; гибри́д; ~**caste** челове́к сме́шанной ра́сы; ~**hearted** □ равноду́шный, вя́лый; ~**length** (*a.* ~ **portrait**) поясно́й портре́т; ~**penny** ['heipni] полпе́нни *n indecl.*; ~**time** *sport* тайм, полови́на игры́; ~**way** на полпути́; ~**witted** слабоу́мный.

halibut ['hælibət] па́лтус (ры́ба).

hall [hɔːl] зал; холл, вестибю́ль *m*; *Am.* коридо́р; *univ.* общежи́тие для студе́нтов.

halloo [hə'luː] крича́ть ату́; нау́ськ(ив)ать.

hallow ['hælou] освяща́ть [-яти́ть]; ~**mas** [-mæs] *eccl.* день «всех святы́х».

halo ['heilou] *ast.* вене́ц; орео́л.

halt [hɔːlt] **1.** прива́л; остано́вка; **2.** остана́вливать(ся) [-нови́ть(ся)]; де́лать прива́л; *mst fig.* колеба́ться; запина́ться [запну́ться].

halter ['hɔːltə] по́вод, недо́уздок.

halve [haːv] **1.** дели́ть попола́м; **2.** ~**s** [haːvz] *pl.* от half.

ham [hæm] о́корок, ветчина́.

hamburger ['hæmbəːgə] *Am.* (ру́бленая) котле́та.

hamlet ['hæmlit] дереву́шка.

hammer ['hæmə] **1.** молото́к, мо́лот; ♪ молото́чек; **2.** кова́ть мо́лотом; бить молотко́м; [по]стуча́ть; выко́вывать (вы́ковать].

hammock ['hæmək] гама́к, подвесна́я ко́йка.

hamper ['hæmpə] **1.** корзи́на с кры́шкой; **2.** [вос]препя́тствовать, [по]меша́ть (Д).

hand [hænd] **1.** рука́; по́черк; стре́лка (часо́в); рабо́чий; at ~ под руко́й; a good (poor) ~ at (не-)иску́сный в (П); ~ **and glove** в те́сной свя́зи; lend a ~ помога́ть [-мо́чь]; off ~ экспро́мтом; on ~ ♱ име́ющийся в прода́же, в распоряже́нии; on the one ~ с одно́й стороны́; on the other ~ с друго́й стороны́; ~-to-~ рукопа́шный; **come to** ~ получа́ться [-чи́ться]; прибы(ва́)ть; **2.** ~ **down** оставля́ть пото́мству; ~ **in** вруча́ть [-чи́ть]; ~ **over** перед(ав)а́ть; ~**bag** да́мская су́мочка; ~**bill** рекла́мный листо́к; ~**brake** ⊕ ручно́й то́рмоз; ~**cuff** нару́чник; ~**ful** ['hændful] горсть *f*; F «наказа́ние»; ~**glass** ручно́е зе́ркальце.

handicap ['hændikæp] **1.** поме́ха; *sport* гандика́п; **2.** ста́вить в невы́годное положе́ние.

handi|craft [-kraːft] ручна́я рабо́та, ремесло́; ~**craftsman** куста́рь *m*; реме́сленник; ~**work** рукоде́лие; ручна́я рабо́та.

handkerchief ['hæŋkətʃi(ː)f] носово́й плато́к; косы́нка.

handle [hændl] **1.** ру́чка, рукоя́тка; **2.** держа́ть в рука́х, тро́гать или брать рука́ми; обходи́тся [обойти́сь] с (Т).

hand|made ручно́й рабо́ты; ~**set** *Am.* телефо́нная тру́бка; ~**shake** рукопожа́тие; ~**some** ['hænsəm] □ краси́вый; поря́дочный; ~**work** ручна́я рабо́та; ~**writing** по́черк; ~**y** ['hændi] □ удо́бный; бли́зкий.

hang [hæŋ] **1.** [*irr.*] *v/t.* ве́шать [пове́сить]; подве́шивать [-ве́сить]; (*pt.* и *p. pt.* ~ed) ве́шать [пове́сить]; *v/i.* висе́ть; ~ **about** (*Am.* **around**) слоня́ться, ока́лчиваться, шля́ться; ~ **on** прицепля́ться [-пи́ться] к (Д); *fig.* упо́рствовать; **2.** смысл, су́щность *f*.

hangar ['hæŋə] анга́р.

hang-dog пристыжённый, винова́тый (вид).

hanger ['hæŋə] ве́шалка (пла́тья); крючо́к, крюк; ~**-on** *fig.* прихлеба́тель *m*.

hanging ['hæŋiŋ] ве́шание; пове́шение (казнь); ~**s** [-s] *pl.* драпиро́вки *f/pl.*

hangman ['hæŋmən] пала́ч.

hang-over F похмéлье.

hap|hazard ['hæp'hæzəd] **1.** случáйность *f*; at ~ наудáчу; **2.** случáйный; **~less** [-lis] □ злополýчный.

happen ['hæpən] случáться [-чи́ться], происходи́ть [произойти́]; окáзываться [-зáться]; he ~ed to be at home он случáйно оказáлся дóма; ~ (up)on, *Am.* ~ in with случáйно встрéтить; **~ing** ['hæpniŋ] слýчай, собы́тие.

happi|ly ['hæpili] счастли́во; к счáстью; **~ness** [-nis] счáстье.

happy ['hæpi] □ *com.* счастли́вый; удáчный.

harangue [hə'ræŋ] **1.** речь *f*; **2.** произноси́ть речь.

harass ['hærəs] [вс]тревóжить; изводи́ть [-вести́].

harbo(u)r ['hɑːbə] **1.** гáвань *f*, порт; **2.** стать на я́корь; дать убéжище (Д); *fig.* затáивать [-ить]; **~age** [-ridʒ] убéжище, прию́т.

hard [hɑːd] **1.** *adj. com.* твёрдый; жёсткий; крéпкий; трýдный; тяжёлый; *Am.* спиртнóй; ~ **cash** наличные *pl.* (дéньги); ~ **currency** усто́йчивая валю́та; ~ **of hearing** тугóй на́ ухо; **2.** *adv.* твёрдо; крéпко; си́льно; упóрно; с трудóм; *by* бли́зко; ~ **up** в затрудни́тельном финáнсовом положéнии; **~-boiled** свáренный вкрутýю; бесчýвственный, чёрствый; *Am.* хладнокрóвный; **~en** ['hɑːdn] дéлать(ся) твёрдым; [за]твердéть; *fig.* закаля́ть(ся) [-ли́ть(-ся)]; **~-headed** практи́чный, трéзвый; **~-hearted** □ бесчýвственный; **~iness** вынóсливость *f*; **~ly** ['hɑːdli] с трудóм; едвá; едвá ли; **~ness** [-nis] твёрдость *f* и т. д.; **~ship** [-ʃip] лишéние, нуждá; **~ware** скобянóй товáр; **~y** ['hɑːdi] □ смéлый, отвáжный; вынóсливый.

hare [hɛə] зáяц; **~-brained** рассéянный.

hark [hɑːk] прислýш(ив)аться (to к Д); ~! чу!

harlot ['hɑːlət] проститýтка.

harm [hɑːm] **1.** вред, зло; оби́да; **2.** [по]врéдить (Д); **~ful** ['hɑːmful] □ врéдный, пáгубный; **~less** [-lis] □ безврéдный, безоби́дный.

harmon|ic [hɑː'mɔnik] (**~ally**, **~ious** □ [hɑː'mounjəs]) гармони́чный, стрóйный; **~ize** ['hɑːmənaiz] *v/t.* гармонизи́ровать (*im*)*pf.*; приводи́ть в гармóнию; *v/i.* гармони́ровать; **~y** [-ni] гармóния, созвýчие; соглáсие.

harness ['hɑːnis] **1.** ýпряжь *f*, сбрýя; **2.** запрягáть [запрячь].

harp [hɑːp] **1.** áрфа; **2.** игрáть на áрфе; ~ (up)on завести́ волы́нку о (П).

harpoon [hɑː'puːn] гарпýн, острогá.

harrow ['hærou] **1.** боронá; **2.** [вз]борони́ть; *fig.* [из]мýчить, [ис]терзáть.

harry ['hæri] разоря́ть [-ри́ть], опустошáть [-ши́ть].

harsh [hɑːʃ] □ рéзкий; жёсткий; стрóгий, сурóвый; тéрпкий.

hart [hɑːt] *zo.* олéнь *m.*

harvest ['hɑːvist] **1.** жáтва, убóрка (хлéба), сбор (я́блок и т. п.); урожáй; **2.** собирáть урожáй.

has [hæz] 3. *p. sg. pres.* от **have**.

hash [hæʃ] **1.** рýбленое мя́со; *fig.* пýтаница; **2.** [по]руби́ть, [по]кроши́ть (о мя́се).

haste [heist] поспéшность *f*, торопли́вость *f*; **make** ~ [по]спеши́ть; **~n** ['heisn] [по]торопи́ть(ся); **~y** ['heisti] □ поспéшный; вспы́льчивый; необдýманный.

hat [hæt] шля́па.

hatch [hætʃ] **1.** вы́водок; ⚓, 🔩 люк; **2.** выси́живать [вы́сидеть] (цыпля́т и т. п.) (*a. fig.*); вылупля́ться из яи́ц.

hatchet ['hætʃit] топóрик.

hatchway ⚓ люк.

hat|e [heit] **1.** нéнависть *f*; **2.** ненави́деть; **~eful** ['heitful] □ ненави́стный; **~red** ['heitrid] нéнависть *f*.

haughti|ness ['hɔːtinis] надмéнность *f*, высокомéрие; **~y** [-ti] □ надмéнный, высокомéрный.

haul [hɔːl] **1.** перевóзка; тя́га; **2.** [по]тянýть; таскáть, [по]тащи́ть; перевози́ть [-везти́].

haunch [hɔːntʃ] бедрó, ля́жка; зáдняя ногá.

haunt [hɔːnt] **1.** появля́ться [-ви́ться] в (П) (о при́зраке); чáсто посещáть (мéсто); **2.** люби́мое мéсто; прито́н; **~ed house** дом с привидéнием.

have [hæv] **1.** [*irr.*] *v/t.* имéть; **I** ~ **to do** я дóлжен сдéлать; ~ **one's hair cut** стри́чься; **he will** ~ **it that** ... он настáивает на том, что́бы (+ *inf.*); **I had better go** мне бы лýчше пойти́; **I had rather go** я предпочёл бы пойти́; ~ **about one** имéть при себé; **2.** *v/aux.* вспомогáтельный глагóл для образовáния перфéктной фóрмы: **I** ~ **come** я пришёл.

haven ['heivn] гáвань *f*; убéжище.

havoc ['hævək] опустошéние.

hawk [hɔːk] **1.** я́стреб; **2.** торговáть вразнóс.

hawthorn ['hɔːθɔːn] 🌿 боя́рышник.

hay [hei] сéно; ~ **fever** сеннáя лихорáдка; **~cock**, **~stack** копнá сéна; **~loft** сеновáл.

hazard ['hæzəd] **1.** шанс; риск; **2.** рисковáть [-кнýть]; **~ous** ['hæzədəs] □ рискóванный.

haze [heiz] **1.** лёгкий тумáн, ды́мка; **2.** *Am.* зло подшýчивать над (Т)

hazel ['heizl] **1.** ♣ орешник; **2.** карий (цвет); ~**nut** лесной орех.

hazy ['heizi] □ туманный; *fig.* смутный.

he [hi:] **1.** *pron. pers.* он; ~ **who** ... тот, кто ...; **2.** ~-... перед названием животного обозначает самца.

head [hed] **1.** *com.* голова; глава; начальник; вождь *m*; изголовье; лицевая сторона (монеты); **come to a** ~ назреть (о нарыве); *fig.* достигнуть критической стадии; **get it into one's** ~ **that** ... забрать себе в голову, что ...; **2.** главный; **3.** *v/t.* возглавлять; ~ **off** отклонять [-нить]; *v/i.* направляться [-авиться]; ~ **for** держать курс на (В); ~**ache** ['hedek] головная боль *f*; ~-**dress** головной убор; причёска; ~**ing** [-iŋ] заголовок; ~**land** мыс; ~**light** ⚓ головной фонарь *m*; *mot.* фара; ~-**line** заголовок; ~**long** *adj.* опрометчивый; *adv.* опрометчиво; очертя голову; ~**master** директор школы; ~-**phone** слуховой, ~**quarters** *pl.* ✕ штаб-квартира; ~**strong** своевольный, упрямый; ~**waters** *pl.* истоки *m/pl.*; ~**way:** **make** ~ делать успехи; ~**y** ['hedi] □ стремительный; опьяняющий.

heal [hi:l] излечивать [-чить], исцелять [-лить]; (*a.* ~ **up**) заживать [-вить].

health [helθ] здоровье; ~**ful** ['helθful] □ целебный; ~-**resort** курорт; ~**y** ['helθi] □ здоровый; полезный.

heap [hi:p] **1.** куча, масса; груда; **2.** нагромождать [-моздить]; нагружать [-узить]; накоплять [-пить] (*a.* ~ **up**).

hear [hiə] [*irr.*] [у]слышать; [по]слушать; ~**d** [hə:d] *pt. и p. pt. от* hear; ~**er** ['hiərə] слушатель(ница *f*) *m*; ~**ing** [-iŋ] слух; ⚖ слушание, разбор дела; ~**say** ['hiəsei] слух, молва.

hearse [hə:s] катафалк.

heart [hɑ:t] *com.* сердце; мужество; суть *f*; сердцевина; ~**s** *pl.* черви *f/pl.* (карточная масть); *fig.* сердце, душа; **by** ~ наизусть; **out of** ~ в унынии; **lay to** ~ принимать близко к сердцу; **lose** ~ терять мужество; **take** ~ собраться с духом; ~**ache** ['hɑ:teik] душевная боль *f*; ~-**break** сильная печаль *f*; ~-**broken** убитый горем; ~**burn** изжога; ~**en** ['hɑ:tən] ободрять [-рить]; ~**felt** искренний.

hearth [hɑ:θ] очаг (*a. fig.*).

heart|**less** ['hɑ:tlis] □ бессердечный; ~**rending** душераздирающий; ~**y** ['hɑ:ti] □ дружеский, сердечный, здоровый.

heat [hi:t] **1.** *com.* жара, жар; пыл; *sport* забег, заплыв, заезд; **2.** на-

грё(ва)ть(ся); топить; [раз]горячить; ~**er** ['hi:tə] ⊕ нагреватель *m*; калорифер, радиатор.

heath [hi:θ] местность, поросшая вереском; ♣ вереск.

heathen ['hi:ðən] **1.** язычник; **2.** языческий.

heating ['hi:tiŋ] нагревание; отопление; ~ накаливание.

heave [hi:v] **1.** подъём; волнение (моря); **2.** [*irr.*] *v/t.* поднимать [-нять]; [по]тянуть (якорь); *v/i.* вздыматься; напрягаться [-ячиться].

heaven ['hevn] небеса *n/pl.*, небо; ~**ly** [-li] небесный.

heaviness ['hevinis] тяжесть *f*; инертность *f*; депрессия.

heavy ['hevi] □ *com.* тяжёлый; обильный (урожай); сильный (ветер и т. п.); бурный (о море); мрачный; неуклюжий; ⚡ ~ **current** ток высокого напряжения; ~-**weight** *sport* тяжеловес.

heckle ['hekl] прерывать замечаниями (оратора).

hectic ['hektik] 🟥 чахоточный; лихорадочный, возбуждённый.

hedge [hedʒ] **1.** изгородь *f*; **2.** *v/t.* огораживать изгородью; ограничи(ва)ть; *fig.* окружать [-жить] (**with** Т); *v/i.* уклоняться от прямого ответа; ~**hog** *zo.* ёж.

heed [hi:d] **1.** внимание, осторожность *f*; **take no** ~ **of** не обращать внимания на (В); **2.** обращать внимание на (В); ~**less** [-lis] □ небрежный; необдуманный.

heel [hi:l] **1.** пятка; каблук; *Am. sl.* хам, подлец; **head over** ~**s**, ~**s over head** вверх тормашками; **down at** ~ *fig.* неряшливый; **2.** прибивать каблук к (Д); **следовать по пятам за** (Т).

heifer ['hefə] тёлка.

height [hait] высота; вышина; возвышенность *f*; верх; ~**en** [-tn] повышать [повысить]; усили(ва)ть.

heinous ['heinəs] □ отвратительный, ужасный.

heir [ɛə] наследник; ~ **apparent** законный наследник; ~**ess** ['ɛəris] наследница; ~**loom** [-lu:m] наследство.

held [held] *pt. и p. pt. от* hold.

helicopter ['helikɔptə] вертолёт.

hell [hel] ад; *attr.* адский; **raise** ~ скандалить, безобразничать; ~**ish** ['heliʃ] □ адский.

hello ['hʌ'lou, ho'lou] алло!

helm [helm] ⚓ руль *m*, рулевое колесо, штурвал; *fig.* кормило.

helmet ['helmit] шлем.

helmsman ['helmzmən] ⚓ рулевой; кормчий.

help [help] **1.** *com.* помощь *f*; спасение; **mother's** ~ бонна **2.** *v/t.* помогать [помочь] (Д); угощать [угостить] (to T); ~ o. s. не церемониться, брать (за столом); I could not ~ laughing я не мог не смеяться; v/i. помогать [-мочь]; годиться; ~er ['helpə] помощник (-ица); ~ful ['helpful] □ полезный; ~ing ['helpiŋ] порция; ~less ['helplis] □ беспомощный; ~lessness [-nis] беспомощность f; ~mate ['helpmeit], ~meet [-mi:t] помощник (-ица); товарищ, подруга; супруг(а).

helve [helv] ручка, рукоять f.

hem [hem] 1. рубец, кромка; 2. подрубать [-бить]; ~ in окружать [-жить].

hemisphere ['hemisfiə] полушарие.

hemlock ['hemlɔk] ♀ болиголов.

hemp [hemp] конопля, пенька.

hemstitch ['hemstitʃ] ажурная строчка.

hen [hen] курица; самка (птица).

hence [hens] отсюда; следовательно; a year ~ через год; ~forth ['hens'fɔ:θ], ~forward ['hens'fɔ:wəd] с этого времени, впредь.

henpecked находящийся под башмаком у жены.

her [hə:, hə] eё; ей.

herald ['herəld] 1. вестник; 2. возвещать [-вестить], объявлять [-вить]; ~in вводить [ввести].

herb [hə:b] (целебная) трава; (пряное) растение; ~ivorous [hə:'bivərəs] травоядный.

herd [hə:d] 1. стадо, гурт; fig. толпа; 2. v/t. пасти (скот); v/i. (a. ~ together) ходить стадом; [c]толпиться; ~sman ['hə:dzmən] пастух.

here [hiə] здесь, тут; сюда; вот; ~'s to you! за ваше здоровье!

here|after [hiər'a:ftə] 1. в будущем; 2. будущее; ~by этим, настоящим; при сём; таким образом.

heredit|ary [hi'reditəri] наследственный; ~y [-ti] наследственность f.

here|in [hiər'in] в этом; здесь; при сём; ~of этого, об этом; отсюда, из этого.

heresy ['herisi] ересь f.

heretic ['heritik] еретик (-ичка).

here|tofore ['hiətu'fɔ:] прежде, до этого; ~upon вслед за этим, после этого; вследствие этого; ~with настоящим, при сём.

heritage ['heritidʒ] наследство; наследие (mst fig.).

hermit ['hə:mit] отшельник, пустынник.

hero ['hiərou] герой; ~ic [-'rouik] (~ally) героический, геройский; ~ine ['herouin] героиня; ~ism [-izm] геройзм.

heron ['herən] zo. цапля.

herring ['heriŋ] сельдь f, селёдка.

hers [hə:z] pron. poss. eё.

herself [hə:'self] сама; себя, -ся, -сь.

hesitat|e ['heziteit] [по]колебаться; запинаться [запнуться]; ~ion [hezi'teiʃən] колебание; запинка.

hew [hju:] [irr.] рубить; разрубать [-бить]; прокладывать [проложить] (дорогу); высекать [высечь].

hey [hei] эй!

heyday ['heidei] fig. зенит, расцвет.

hicc|up, ['hikʌp] a. ~ough 1. икота; 2. икать [икнуть].

hid [hid], hidden ['hidn] pt и p. pt. от hide.

hide [haid] [irr.] [c]прятать(ся); скры(ва)ть(ся); ~-and-seek игра в прятки.

hidebound ['haidbaund] fig. узкий, ограниченный.

hideous ['hidiəs] □ отвратительный, ужасный.

hiding-place потаённое место, убежище.

high [hai] 1. adj. □ com. высокий; возвышенный; сильный; высший, верховный; дорогой (о цене); с душком (мясо); with a ~ hand своевольно, властно; ~ spirits pl. приподнятое настроение; ~ life высшее общество; ~ light основной момент; ~ words гневные слова n/pl.; 2. adv. высоко; сильно; ~-bred породистый; ~-brow Am. sl. претендующий на интеллигента; ~-class первоклассный; ~-day праздник; ~-grade высокопроцентный; высокосортный; ~-handed своевольный; повелительный; ~-lands pl. горная страна; ~-ly ['haili] очень, весьма; speak ~ of положительно отзываться о (П); ~-minded возвышенный, благородный; ~-ness ['hainis] возвышенность f; fig. высочество; ~-power: ~ station мощная электростанция; ~-road шоссе n, indecl.; главная дорога; ~-strung очень чувствительный; ~-way большая дорога, шоссе; fig. прямой путь m; ~-wayman разбойник.

hike [haik] F 1. пешеходная экскурсия; 2. путешествовать пешком; ~r ['haikə] пешеходный путешественник; странник (-ица).

hilarious [hi'leəriəs] □ (шумно) весёлый.

hill [hil] холм, возвышение; ~billy Am. ['hilbili] человек из глухой стороны; ~ock ['hilək] холмик; ~y [-i] холмистый.

hilt [hilt] рукоятка (сабли и т. п.).

him [him] pron. pers. (косвенный падеж от he) его, ему; ~self [him'self] сам; себя, -ся, -сь.

hind [haind] 1. лань f; 2. ~ leg задняя нога; ~er 1. ['haində] adj. задний; 2. ['hində] v/t. [по]мешать, препя́тствовать (Д); ~most са́мый за́дний.

hindrance ['hindrəns] поме́ха, препя́тствие.

hinge [hindʒ] 1. пе́тля; крюк; шарни́р; fig. сте́ржень m, суть f; 2. ~ upon fig. зави́сеть от (P).

hint [hint] 1. намёк; 2. намека́ть [-кну́ть] (at на B).

hip [hip] бедро́; ♀ я́года шипо́вника.

hippopotamus [hipə'pɔtəməs] гиппопота́м.

hire [haiə] 1. наём, прока́т; 2. нанима́ть [наня́ть]; ~ out сдава́ть в наём, дава́ть напрока́т.

his [hiz] pron. poss. его́, свой.

hiss [his] v/i. (про)шипе́ть; v/t. осв…стывать [-ста́ть].

historian [his'tɔːriən] исто́рик; ~ic(al □) [his'tɔrik, -rikəl] истори́ческий; ~y ['histəri] исто́рия.

hit [hit] 1. уда́р, толчо́к; попада́ние (в цель); thea., ♪ успе́х, боеви́к; 2. [irr.] ударя́ть [уда́рить], поража́ть [порази́ть]; попада́ть (попа́сть) в (цель и т. п.); Am. ♬ прибы́(ва́)ть в (B); ~ a p. a blow наноси́ть уда́р (Д); F ~ it off with [по-]ла́дить с (T); ~ (up)on находи́ть [найти́] (B); напада́ть [напа́сть] на (B).

hitch [hitʃ] 1. толчо́к, рыво́к; ♬ пе́тля, у́зел; fig. препя́тствие; 2. подта́лкивать [-толкну́ть]; зацепля́ть(ся) [-пи́ть(ся)], прицепля́ть(-ся) [-пи́ть(ся)]; ~hike Am. F mot. путеше́ствовать, по́льзуясь попу́тными автомоби́лями.

hither ['hiðə] lit. сюда́; ~to [-'tuː] lit. до сих пор.

hive [haiv] 1. у́лей; рой пчёл; fig. людско́й мураве́йник; 2. ~ up запаса́ть [-сти́]; жить вме́сте.

hoard [hɔːd] 1. запа́с, склад; 2. нако́пля́ть [-пи́ть]; запаса́ть [-сти́] (B); припря́т(ыв)ать.

hoarfrost ['hɔː'frɔst] и́ней.

hoarse [hɔːs] □ хри́плый, охри́пший.

hoary ['hɔːri] седо́й; покры́тый и́неем.

hoax [houks] 1. обма́н, мистифика́ция; 2. поду́рачивать [-у́тить] над (T), мистифици́ровать (im)pf.

hobble ['hɔbl] 1. прихра́мывающая похо́дка; 2. v/i. прихра́мывать; v/t. [c]треножить (ло́шадь).

hobby ['hɔbi] fig. конёк, люби́мое заня́тие.

hobgoblin ['hɔbgɔblin] домово́й.

hobo ['houbou] Am. F бродя́га m.

hod [hɔd] лото́к (для подно́са кирпиче́й); коры́то (для и́звести).

hoe [hou] ♬ 1. моты́га; 2. моты́жить; разрыхля́ть [-ли́ть] (моты́гой).

hog [hɔg] 1. свинья́ (a. fig.); бо́ров; 2. выгиба́ть спи́ну; ко́ротко под-

стрига́ть (гри́ву); ~gish ['hɔgiʃ] □ сви́нский; обжо́рливый.

hoist [hɔist] 1. лебёдка; лифт; 2. поднима́ть [-ня́ть].

hold [hould] 1. владе́ние; захва́т; власть f, влия́ние; ♬ трюм; catch (or get, lay, take) ~ of схва́тывать [схвати́ть] (B); keep ~ of уде́рживать [-жа́ть] (B); 2. [irr.] v/t. держа́ть; выде́рживать [вы́держать]; остана́вливать [-нови́ть]; проводи́ть [-вести́] (собра́ние и т. п.); завла́де(ва́)ть (внима́нием); занима́ть [-ня́ть]; вмеща́ть [вмести́ть]; ~ one's own отста́ивать свою́ пози́цию; ~ the line! teleph. не ве́шайте тру́бку; ~ over откла́дывать [отложи́ть]; ~ up подде́рживать [-жа́ть]; заде́рживать [-жа́ть]; остана́вливать с це́лью грабежа́; 3. v/i. остана́вливаться [-нови́ться]; держа́ться (о пого́де); ~ forth рассужда́ть; разглаго́льствовать; ~ good (or true) име́ть си́лу; ~ off держа́ться по́одаль; ~ on держа́ться за (B); ~ to приде́рживаться (P); ~ up держа́ться пря́мо; ~er ['houldə] аренда́тор; владе́лец; ~ing [-iŋ] уча́сток земли́; владе́ние; ~over Am. пережи́ток; ~up Am. налёт, ограбле́ние.

hole [houl] дыра́, отве́рстие; я́ма; нора́; F fig. затрудни́тельное положе́ние; pick ~s in находи́ть недоста́тки в (П).

holiday ['hɔlidi] пра́здник; день о́тдыха; о́тпуск; ~s pl. кани́кулы f/pl.

hollow ['hɔlou] 1. □ пусто́й, по́лый; впа́лый, ввали́вшийся; 2. пустота́; дупло́; лощи́на; 3. выда́лбливать [вы́долбить].

holly ['hɔli] ♀ остроли́ст, па́дуб.

holster ['houlstə] кобура́.

holy ['houli] свято́й, свяще́нный; ~ water свята́я вода́; ♀ Week страстна́я неде́ля.

homage ['hɔmidʒ] почте́ние, уваже́ние; do (or pay, render) ~ ока́зывать почте́ние (to Д).

home [houm] 1. дом, жили́ще; ро́дина; at ~ до́ма; 2. adj. дома́шний; вну́тренний; ♀ Office, Am. ♀ Department министе́рство вну́тренних дел; ♀ Secretary мини́стр вну́тренних дел; 3. adv. домо́й; hit (or strike) ~ попа́сть в цель; ~felt прочу́вствованный, серде́чный; ~less ['houmlis] бездо́мный; ~like ую́тный; ~ly [-li] fig. просто́й, обы́денный; дома́шний; некраси́вый; ~made дома́шнего изготовле́ния; ~sickness тоска́ по ро́дине; ~stead дом с уча́стком земли́; уса́дьба; ~ward(s) [-wəd(s)] домо́й.

homicide ['hɔmisaid] уби́йство; уби́йца m/f.

homogeneous [hɔmo'dʒi:niəs] □ однородный.

hone [houn] 1. оселок, точильный камень *m*; 2. [на]точить.

honest ['ɔnist] □ честный; **~y** [-i] честность *f*.

honey ['hʌni] мёд; *my* ~! душенька!; **~comb** ['hʌnikoum] соты *m/pl.*; **~ed** ['hʌnid] медовый; **~moon** 1. медовый месяц; 2. проводить медовый месяц.

honorary ['ɔnərəri] почётный.

hono(u)r ['ɔnə] 1. честь *f*; честность *f*; почёт; почесть *f*; Your ~ ваша честь *f*; 2. почитать [-чтить]; † платить в срок (по векселю); **~able** ['ɔnərəbl] □ почётный; благородный; почтенный.

hood [hud] 1. капюшон; *mot.* капот; 2. покрывать капюшоном.

hoodwink ['hudwiŋk] обманывать [-нуть].

hoof [hu:f] копыто.

hook [hu:k] 1. крюк, крючок; багор; серп; by ~ or by crook правдами и неправдами, так или иначе; 2. зацеплять [-пить]; застёгивать(ся) [-стегнуть(ся)].

hoop [hu:p] 1. обруч; ⊕ обойма, бугель *m*, кольцо; 2. набивать обручи на (B); скреплять обручем.

hooping-cough коклюш.

hoot [hu:t] 1. крик совы; гиканье; 2. *v/i.* [за]улюлюкать, [за]гикать; *mot.* [за]гудеть; *v/t.* освистывать [-истать].

hop [hop] 1. ♀ хмель *m*; прыжок; *sl.* танцевальный вечер; 2. собирать хмель; скакать, прыгать на одной ноге.

hope [houp] 1. надежда; 2. надеяться (for на B); ~ in полагаться [положиться] на (B); **~ful** ['houpful] □ подающий надежды; надеющийся; **~less** [-lis] □ безнадёжный.

horde [hɔ:d] орда; ватага, шайка.

horizon [hə'raizn] горизонт; *fig.* кругозор.

horn [hɔ:n] рог; *mot.* гудок; ♪ рожок; ~ of plenty рог изобилия.

hornet ['hɔ:nit] *zo.* шершень *m*.

horny ['hɔ:ni] □ мозолистый.

horr|ible ['hɔrəbl] □ страшный, ужасный, **~id** ['hɔrid] □ ужасный; противный; **~ify** ['hɔrifai] ужасать [-снуть]; шокировать; **~or** ['hɔrə] ужас; отвращение.

horse [hɔ:s] лошадь *f*, конь *m*; козлы *f/pl.*; *sport* конь *m*; take ~ сесть на лошадь; **~back**: on ~ верхом; **~hair** конский волос; **~laugh** ♀ грубый, громкий хохот; **~man** [-mən] всадник, верховой; **~power** лошадиная сила; **~radish** ♀ хрен; **~shoe** подкова.

horticulture ['hɔ:tikʌltʃə] садоводство.

hose [houz] † *coll.* чулки *m/pl.* (как название товара); шланг.

hosiery ['houʒəri] † чулочные изделия *n/pl.*, трикотаж.

hospitable ['hɔspitəbl] □ гостеприимный.

hospital ['hɔspitl] больница, госпиталь *m*; **~ity** [hɔspi'tæliti] гостеприимство.

host [houst] хозяин; содержатель гостиницы; *fig.* множество; ~s of heaven *eccl.* ангелы, силы небесные.

hostage ['hɔstidʒ] заложник (-ица).

hostel ['hɔstəl] общежитие; турбаза.

hostess ['houstis] хозяйка (*s.* host).

hostil|e ['hɔstail] враждебный; **~ity** [hɔs'tiliti] враждебность *f*; враждебный акт.

hot [hɔt] горячий; жаркий; пылкий; ~ dogs горячие сосиски *f/pl.*; **~bed** парник; *fig.* очаг.

hotchpotch ['hɔtʃpɔtʃ] овощной суп; *fig.* всякая всячина.

hotel [ho(u)'tel] отель *m*, гостиница.

hot|headed опрометчивый; **~-house** оранжерея, теплица; **~-spur** вспыльчивый человек.

hound [haund] 1. гончая собака; *fig.* негодяй, подлец; 2. травить собаками. [ежечасный.]

hour [auə] час; время; **~ly** ['auəli]]

house 1. [haus] *com.* дом; здание; *parl.* палата; *univ.* коллёдж; 2. [hauz] *v/t.* поселять [-лить]; помещать [-естить]; приютить *pf.*; *v/i.* помещаться [-еститься]; жить; **~breaker** взломщик, громила *m*; **~check** *Am.* обыск; **~hold** домашнее хозяйство; домочадцы *m/pl.*; **~holder** глава семьи; **~keeper** экономка; **~keeping** домашнее хозяйство, домоводство; **~warming** новоселье; **~wife** хозяйка, **~wifery** ['hauswifəri] домашнее хозяйство; домоводство.

housing ['hauziŋ] снабжение жилищем; жилищное строительство.

hove [houv] *pt.* и *p. pt.* of heave.

hovel ['hɔvəl] навес; лачуга, хибарка.

hover ['hɔvə] парить (о птице); *fig.* колебаться, не решаться.

how [hau] как?, каким образом?; ~ about ...? как обстоит дело с (T)?; **~ever** [hau'evə] 1. *adv.* как бы ни; 2. *cj.* однако, тем не менее.

howl [haul] 1. вой, завывание; 2. [за]выть; **~er** ['haulə] *sl.* грубая ошибка.

hub [hʌb] ступица (колеса), втулка; *fig.* центр (внимания).

hubbub ['hʌbʌb] шум, гам.

huckster ['hʌkstə] мелочной торговец; барышник.

huddle ['hʌdl] 1. сва́ливать в ку́чу, укла́дывать кое-ка́к; сверну́ться «кала́чиком»; ~ on надева́ть на́спех; 2. ку́ча; су́толока, сумато́ха.

hue [hju:] отте́нок; ~ and cry пого́ня с кри́ками.

huff [hʌf] 1. раздраже́ние; 2. v/t. задира́ть; запу́гивать [-га́ть]; v/i. оскорбля́ться [-би́ться], обижа́ться [обиде́ться].

hug [hʌg] 1. объя́тие; 2. обнима́ть [-ня́ть]; fig. быть приве́рженным, скло́нным к (Д).

huge [hju:dʒ] □ огро́мный, гига́нтский; ~ness ['hju:dʒnis] огро́мность f.

hulk [hʌlk] fig. большо́й, неуклю́жий челове́к.

hull [hʌl] 1. ♀ шелуха́, скорлупа́; ко́рпус (корабля́); 2. [на]шелуши́ть, [об]лущи́ть.

hum [hʌm] [за]жужжа́ть; напева́ть; F make things ~ вноси́ть оживле́ние в рабо́ту.

human ['hju:mən] 1. □ челове́ческий; ~ly по-челове́чески; 2. F челове́к; ~e [hju:'mein] □ гума́нный, челове́чный; ~itarian [hju:mæni'teəriən] филантро́п; 2. гуманита́рный; гума́нный; ~ity [hju:'mæniti] челове́чество; гума́нность f; ~kind ['hju:mən'kaind] людско́й род.

humble ['hʌmbl] 1. □ скро́мный; поко́рный, смире́нный; 2. унижа́ть [уни́зить]; смиря́ть [-ри́ть].

humble-bee ['hʌmblbi:] шмель m.

humbleness [-nis] скро́мность f; поко́рность f.

humbug ['hʌmbʌg] чепуха́; хвасту́н.

humdrum ['hʌmdrʌm] бана́льный, ску́чный.

humid ['hju:mid] сыро́й, вла́жный; ~ity [hju:'miditi] сы́рость f, вла́га.

humiliat|e [hju:'milieit] унижа́ть [уни́зить], ~ion [hju:mili'eiʃən] униже́ние.

humility [hju:'militi] смире́ние; поко́рность f.

humming ['hʌmiŋ] F мо́щный; ~bird zo. коли́бри m/f indecl.

humorous ['hju:mərəs] □ юмористи́ческий; коми́ческий.

humo(u)r ['hju:mə] 1. ю́мор; шутли́вость f; настрое́ние; out of ~ не в ду́хе; 2. потака́ть (Д); ублажа́ть [-жи́ть].

hump [hʌmp] 1. горб; 2. [с]го́рбить(ся).

hunch [hʌntʃ] 1. горб; Am. подозре́ние; ломо́ть m; 2. [с]го́рбить (-ся) (a. ~ out, up); ~back горбу́н(ья).

hundred ['hʌndrəd] 1. сто; 2. со́тня; ~th [-θ] со́тый; со́тая часть f; ~weight це́нтнер.

hung [hʌŋ] pt. и p.pt. от hang.

Hungarian [hʌŋ'gɛəriən] 1. венге́рец (-рка); 2. венге́рский.

hunger ['hʌŋgə] 1. го́лод; fig. жа́жда; 2. v/i. голода́ть; быть голо́дным; fig. жа́ждать (for P).

hungry ['hʌŋgri] □ голо́дный.

hunk [hʌŋk] то́лстый кусо́к.

hunt [hʌnt] 1. охо́та; по́иски m/pl. (for P); 2. охо́титься на (В) or за (Т); трави́ть; ~ out or up отыски́вать [-ка́ть]; ~ for fig. охо́титься за (Т), иска́ть (P or В) ~er ['hʌntə] охо́тник; охо́тничья ло́шадь f; ~ing-ground райо́н охо́ты.

hurdle ['hə:dl] 1. препя́тствие, барье́р; ~race ска́чки с препя́тствиями; барье́рный бег.

hurl [hə:l] 1. си́льный бросо́к; 2. швыря́ть [-рну́ть], мета́ть [метну́ть].

hurricane ['hʌrikən] урага́н.

hurried ['hʌrid] □ торопли́вый.

hurry ['hʌri] 1. торопли́вость f, поспе́шность f; 2. v/t. [по]торопи́ть; поспе́шно посыла́ть; v/i. [по]спеши́ть (a. ~ up).

hurt [hə:t] 1. поврежде́ние; 2. [irr.] (a. fig.) причиня́ть боль; повреда́ть [-еди́ть]; боле́ть (о ча́сти те́ла).

husband ['hʌzbənd] 1. муж, супру́г; 2. [с]эконо́мить, эконо́мно расхо́довать.

hush [hʌʃ] 1. тишина́, молча́ние; 2. ти́ше!; 3. водворя́ть тишину́; ~ up зама́лчивать [замолча́ть]; v/i. успока́иваться [-ко́иться]; утиха́ть [ути́хнуть].

husk [hʌsk] 1. ♀ шелуха́; 2. очища́ть от шелухи́, [на]шелуши́ть; ~y ['hʌski] □ си́плый, охри́пший (го́лос); Am. ро́слый.

hustle ['hʌsl] 1. v/t. толка́ть [-кну́ть]; [по]торопи́ть; понужда́ть [-ну́дить]; v/i. толка́ться [-кну́ться]; [по]торопи́ться; part. Am. бы́стро де́йствовать; 2. толкотня́; Am. F энерги́чная де́ятельность f; ~ and bustle толкотня́ и шум.

hut [hʌt] хи́жина, хиба́рка; бара́к.

hutch [hʌtʃ] кле́тка (для кро́ликов и т. п.).

hybrid ['haibrid] ⚕ гибри́д, по́месь f; ~ize ['haibridaiz] скре́щивать [-ести́ть] (расте́ния, живо́тных).

hydro... ['haidro...] ⚕ водо́...; ~chloric [-'klɔrik]: ~ acid соля́ная кислота́; ~gen ['haidridʒən] ⚗ водоро́д; ~pathy [hai'drɔpəθi] водолече́ние; ~phobia ['haidro'foubiə] водобоя́знь f; ~plane ['haidroplein] гидроплан.

hygiene ['haidʒi:n] гигие́на.

hymn [him] 1. церко́вный гимн; 2. петь ги́мны.

hyphen ['haifən] 1. дефи́с, соединительная чёрточка; 2. писать через чёрточку.

hypnotize ['hipnətaiz] [за]гипнотизировать.

hypo|chondriac [haipo'kɔndriæk] ипохóндрик; **~crisy** [hi'pɔkrəsi] лицемéрие; **~crite** ['hipokrit] лицемéр; **~critical** [hipo'kritikəl] □ лицемéрный; **~thesis** [hai'pɔθisis] гипóтеза, предположéние.

hyster|ical [his'terikəl] □ истерúчный; **~ics** [his'teriks] pl. истéрика.

I

I [ai] *pers. pron.* я.

ice [ais] 1. лёд; морóженое; 2. замораживать [-рóзить]; покрывáть льдом; глазировáть (im)pf.; **~age** ледникóвый перúод; **~bound** затёртый льдáми; **~box**, **~chest** холодúльник, лéдник; **~cream** морóженое.

icicle ['aissikl] (ледянáя) сосýлька.

icing ['aisiŋ] сáхарная глазýрь f; ✝ обледенéние.

icy ['aisi] □ ледянóй.

idea [ai'diə] идéя; понáтие, представлéние; мысль f; **~l** [-l] 1. □ идеáльный; воображáемый; 2. идеáл.

identi|cal [ai'dentikəl] □ тождéственный; одинáковый; **~fication** [ai'dentifi'keiʃən] отождествлéние; установлéние лúчности; **~fy** [-fai] отождествлáть [-нúть]; устанáвливать лúчность (тóждество) (P); **~ty** [-ti] тождéственность f; **~ card** удостоверéние лúчности.

idiom ['idiəm] идиóма; гóвор.

idiot ['idiət] идиóт(ка); **~ic** [idi'ɔtik] (-ally) идиотúческий.

idle ['aidl] 1. □ незáнятый; безрабóтный; лишúвший; прáздный; тщéтный; ⊕ бездéйствующий, холостóй; **~ hours** pl. часы́ досýга; 2. v/t. проводúть (врéмя) без дéла (mst **~ away**); v/i. ленúться, бездéльничать; **~ness** [-nis] прáздность f, бездéлье; **~r** [-ə] бездéльник (-ица), лентяй(ка).

idol ['aidl] úдол; fig. кумúр; **~atry** [ai'dɔlətri] идолопоклóнство; обожáние; **~ize** ['aidələiz] боготворúть]

idyl(l) ['aidil] идúллия.   [рúть.]

if [if] cj. éсли; éсли бы; (= whether) ли: **~ he knows** знáет ли он.

ignit|e [ig'nait] зажигáть [-жéчь]; загорáться [-рéться], воспламенáться [-нúться]; **~ion** [ig'niʃən] mot. зажигáние; запáл; attr. запáльный.

ignoble [ig'noubl] □ нúзкий, позóрный.

ignor|ance ['ignərəns] невéжество; невéдение; **~ant** [-rənt] невéжественный; невéдущий; **~e** [ig'nɔː] игнорúровать (im)pf.; ⅏ отвергáть [-éргнуть].

ill [il] 1. adj. больнóй, нездорóвый; дурнóй; 2. adv. едвá ли; плóхо, дýрно; 3. зло, вред.

ill|-advised неблагоразýмный; **~-bred** невоспúтанный.

illegal [i'liːgəl] □ незакóнный.

illegible [i'ledʒəbl] □ неразбóрчивый.

illegitimate [ili'dʒitimit] □ незакóнный; незаконнорождённый.

ill-favo(u)red некрасúвый; неприя́тный; **~-humo(u)red** в дурнóм настроéнии, не в дýхе.

illiberal [i'libərəl] □ огранúченный (о взгля́дах); скупóй.

illicit [i'lisit] □ запрещённый (закóном).

illiterate [i'litərit] □ 1. негрáмотный; 2. необразóванный человéк; неýч.

ill-mannered невоспúтанный, грýбый; **~-natured** □ дурнóго нрáва, злóбный.

illness ['ilnis] болéзнь f.

ill-timed несвоевремéнный, неподходя́щий; **~-treat** плóхо обращáться с (Т).

illumin|ate [i'ljuːmineit] освещáть [-етúть], озаря́ть [-рúть]; просвещáть [-етúть]; проливáть свет на (В); **~ating** [-neitiŋ] освещáющий, осветúтельный; **~ation** [ilju:mi'neiʃən] освещéние; иллюминáция.

illus|ion [i'ljuːʒən] иллю́зия, обмáн чувств; **~ive** [-siv], □ **~ory** [-] обмáнчивый, иллюзóрный.

illustrat|e ['iləstreit] иллюстрúровать (im)pf.; поясня́ть [-нúть]; **~ion** [iləs'treiʃən] иллюстрáция; **~ive** ['iləstreitiv] □ иллюстратúвный.

illustrious [i'lʌstriəs] □ знаменúтый.

ill-will недоброжелáтельность f.

image ['imidʒ] óбраз; изображéние; отражéние; подóбие.

imagin|able [i'mædʒinəbl] □ воображáмый; **~ary** [-nəri] воображáемый; мнúмый; **~ation** [imædʒi'neiʃən] воображéние, фантáзия; **~ative** [i'mædʒinətiv] □ одарённый воображéнием; **~e** [i'mædʒin] воображáть [-разúть]; представля́ть [-áвить] себé.

imbecile ['imbisail] 1. □ слабоýмный; 2. глупéц.

imbibe [im'baib] впúтывать [впитáть], вдыхáть [вдохнýть]; fig. усвáивать [усвóить] (идéи).

imbue [im'bju:] насыщáть [-ы́тить]; окрáшивать [окрáсить]; *fig.* наполня́ть [-о́лнить].

imita|te ['imiteit] подражáть (Д); передрáзнивать [-ни́ть]; поддéл(ыв)ать; **~tion** [imi'teiʃən] подражáние; поддéлка, суррогáт; *attr.* поддéльный, искýсственный.

immaculate [i'mækjulit] □ безукори́зненный; незапя́тнанный (*a. fig.*).

immaterial [imə'tiəriəl] □ несущéственный, невáжный; невещéственный.

immature [imə'tjuə] незрéлый; недорáзвитый.

immediate [i'mi:djət] □ непосрéдственный; ближáйший; безотлагáтельный; **~ly** [-li] *adv.* непосрéдственно; немéдленно.

immense [i'mens] □ огрóмный.

immerse [i'mə:s] погружáть [-узи́ть], окунáть [-нýть]; *fig.* **~ o. s. in** погружáться [-узи́ться] в (В).

immigra|nt ['imigrənt] иммигрáнт(ка); **~te** [greit] иммигри́ровать (*im*)*pf.*; **~tion** [imi'greiʃən] иммигрáция.

imminent ['iminənt] □ грозя́щий, нави́сший. [ный.|

immobile [i'moubail] неподви́ж-|

immoderate [i'mɔdərit] неумéренный, чрезмéрный.

immodest [i'mɔdist] □ нескрóмный.

immoral [i'mɔrəl] □ безнрáвственный.

immortal [i'mɔ:tl] □ бессмéртный.

immovable [i'mu:vəbl] □ недви́жимый, неподви́жный; непоколеби́мый.

immun|e [i'mju:n] невосприи́мчивый (**from** к Д); иммýнный; **~ity** [-iti] освобождéние (от платежá); ✠ иммунитéт, невосприи́мчивость *f* (**from** к Д); *pol.* иммунитéт.

imp [imp] бесёнок; шалуни́шка *m/f.*

impair [im'pɛə] ослаблять [-áбить]; [ис]пóртить; повреждáть [-еди́ть].

impart [im'pɑ:t] прид(ав)áть; перед(ав)áть (нóвости т. п.).

impartial [im'pɑ:ʃəl] □ беспристрáстный, непредвзя́тый; **~ity** ['impɑ:ʃi'æliti] беспристрáстность *f.*

impassable [im'pɑ:səbl] □ непроходи́мый, непроéзжий.

impassioned [im'pæʃənd] стрáстный, пы́лкий.

impassive [im'pæsiv] □ спокóйный, безмятéжный.

impatien|ce [im'peiʃəns] нетерпéние; **~t** [-t] □ нетерпели́вый.

impeach [im'pi:tʃ] порицáть; набрáсывать тень на (В).

impeccable [im'pekəbl] □ безупрéчный; непогреши́мый.

impede [im'pi:d] [вос]препя́тствовать (Д); [по]мешáть (Д).

impediment [im'pedimənt] помéха; задéржка.

impel [im'pel] принуждáть [-ýдить].

impend [im'pend] нависáть [-и́снуть]; надвигáться [-и́нуться].

impenetrable [im'penitrəbl] □ непроходи́мый; непроницáемый; *fig.* непостижи́мый.

imperative [im'perətiv] □ повели́тельный, влáстный; крáйне необходи́мый.

imperceptible [impə'septəbl] □ незамéтный.

imperfect [im'pə:fikt] □ непóлный, несовершéнный, дефéктный.

imperial [im'piəriəl] □ импéрский; императóрский; государственный.

imperil [im'peril] подвергáть опáсности.

imperious [im'piəriəs] □ влáстный; настоя́тельный; высокомéрный.

impermeable [im'pə:miəbl] непроницáемый.

impersonal [im'pə:snl] □ безли́чный.

impersonate [im'pə:səneit] олицетворя́ть [-ри́ть]; исполня́ть роль (Р).

impertinen|ce [im'pə:tinəns] дéрзость *f*; **~t** [-nənt] □ дéрзкий.

impervious [im'pə:viəs] □ непроницáемый, непроходи́мый; глухóй (к Д).

impetu|ous [im'petjuəs] □ стреми́тельный; **~s** ['impitəs] дви́жущая си́ла.

impiety [im'paiəti] невéрие; неувáжение.

impinge [im'pindʒ] *v/i.* удари́ться [удáриться] (**on** о В); покушáться [-уси́ться] (**on** на В).

impious ['impiəs] □ нечести́вый.

implacable [im'pleikəbl] □ неумоли́мый; непримири́мый.

implant [im'plɑ:nt] насаждáть [насади́ть]; внушáть [-ши́ть].

implement ['implimənt] 1. инструмéнт; орýдие; принадлéжность *f*; 2. выполня́ть [вы́полнить].

implicat|e ['implikeit] вовлекáть [-éчь], впýт(ыв)ать; заключáть в себé; **~ion** [impli'keiʃən] вовлечéние; вы́вод.

implicit [im'plisit] □ безоговóрочный; подразумевáемый.

implore [im'plɔ:] умоля́ть [-ли́ть].

imply [im'plai] подразумевáть; намекáть [-кнýть] на (В); знáчить.

impolite [impo'lait] □ невéжливый, неучти́вый.

impolitic [im'pɔlitik] □ нецелесообрáзный.

import 1. ['impɔ:t] ввоз, и́мпорт; **~s** *pl.* ввози́мые това́ры *m/pl.*; **2.** [im'pɔ:t] ввози́ть [ввезти́], импорти́ровать (*im*)*pf.*; име́ть значе́ние; **~ance** [im'pɔ:təns] значи́тельность *f*, ва́жность *f*; **~ant** [-tənt] □ ва́жный, значи́тельный; **~ation** [impɔ:'teiʃən] ввоз, и́мпорт.

importun|ate [im'pɔ:tjunit] □ назо́йливый; **~e** [im'pɔ:tju:n] докуча́ть (Д), надоеда́ть [-е́сть] (Д).

impos|e [im'pɔuz] *v/t.* навя́зывать [-за́ть]; облага́ть [обложи́ть]; *v/i.* **~ upon** производи́ть впечатле́ние на (В), импони́ровать (Д); **~ition** [impə'ziʃən] наложе́ние; обложе́ние.

impossib|ility [im'pɔsə'biliti] невозмо́жность *f*; невероя́тность *f*; **~le** [im'pɔsəbl] □ невозмо́жный; невероя́тный.

impost|or [im'pɔstə] обма́нщик; самозва́нец; **~ure** [im'pɔstʃə] обма́н, плуто́вство́.

impoten|ce ['impɔtəns] бесси́лие, сла́бость *f*; **~t** [-tənt] бесси́льный, сла́бый.

impoverish [im'pɔvəriʃ] доводи́ть до бе́дности; обедня́ть [-ни́ть].

impracticable [im'præktikəbl] □ неисполни́мый, неосуществи́мый.

impregnate ['impregneit] оплодотворя́ть [-ри́ть]; *fig.* насыща́ть [-ы́тить], пропи́тывать [-пита́ть].

impress 1. ['impres] отпеча́ток (*a. fig.*); *typ.* о́ттиск; **2.** [im'pres] отпеча́т(ыв)ать; запечатле́(ва́)ть; внуша́ть [-ши́ть] (on Д); производи́ть впечатле́ние на (В); **~ion** [im'preʃən] впечатле́ние; *typ.* о́ттиск; печа́тание; **I am under the ~ that** у меня́ впечатле́ние, что ...; **~ive** [im'presive] □ внуши́тельный, производя́щий впечатле́ние.

imprint 1. [im'print] запечатле́(ва́)ть; отпеча́т(ыв)ать; **2.** ['imprint] отпеча́ток; *typ.* выходны́е све́дения *n/pl.*

imprison [im'prizn] заключа́ть в тюрьму́, заточа́ть [-чи́ть]; **~ment** [-mənt] заточе́ние, заключе́ние (в тюрьму́).

improbable [im'prɔbəbl] □ невероя́тный, неправдоподо́бный.

improper [im'prɔpə] □ неуме́стный; непристо́йный; непра́вильный.

improve [im'pru:v] *v/t.* улучша́ть [улу́чшить]; [у]соверше́нствовать; повыша́ть це́нность (Р); *v/i.* улучша́ться [улу́чшиться]; [у]соверше́нствоваться; **~ upon** улучша́ть [улу́чшить] (В); **~ment** [-mənt] усоверше́нствование; улучше́ние.

improvise ['improvaiz] импровизи́ровать (*im*)*pf.*

imprudent [im'pru:dənt] □ неблагоразу́мный; неосторо́жный.

impuden|ce ['impjudəns] бессты́дство; де́рзость *f*; **~t** [-dənt] наха́льный; бессты́дный.

impuls|e ['impʌls], **~ion** [im'pʌlʃən] толчо́к; поры́в; *&* возбужде́ние.

impunity [im'pju:niti] безнака́занность *f*; **with ~** безнака́занно.

impure [im'pjuə] □ нечи́стый; с при́месью.

imput|ation [impju'teiʃən] обвине́ние; **~e** [im'pju:t] вменя́ть [-ни́ть] (в вину́); припи́сывать [-са́ть] (Д/В).

in [in] **1.** *prp. com.* в, во (П or В); **~ number** в коли́честве (Р), число́м в (В); **~ itself** само́ по себе́; **1949** в 1949-ом (в ты́сяча девятьсо́т со́рок девя́том) году́; **cry out ~ alarm** закрича́ть в испу́ге (*or* от стра́ха); **~ the street** на у́лице; **~ my opinion** по моему́ мне́нию, по-мо́ему; **~ English** по-англи́йски; **a novel ~ English** рома́н на англи́йском языке́; **~ tens** по деся́ти; **~ the circumstances** при да́нных усло́виях; **a coat ~ velvet** ба́рхатное пальто́ (*or* из ба́рхата); **~ this manner** таки́м о́бразом; **~ a word** одни́м сло́вом; **~ crossing the road** переходя́ че́рез у́лицу; **be ~ power** быть у вла́сти; **be engaged ~ reading** занима́ться чте́нием; **~ it** внутри́; внутрь; **be ~ for:** a) быть обречённым на (что-либо неприя́тное); b) **I am ~ for an examination** мне предстои́т экза́мен; **F be ~ with** быть в хоро́ших отноше́ниях с (Т). [*f.*\

inability [inə'biliti] неспосо́бность *f*.

inaccessible [inæk'sesəbl] □ недосту́пный; недосяга́емый.

inaccurate [in'ækjurit] □ нето́чный; неаккура́тный.

inactive [in'æktiv] □ безде́ятельный; недействующий; **~ity** [inæk'tiviti] безде́ятельность *f*; ине́ртность *f*.

inadequate [in'ædikwit] □ несоразме́рный; недоста́точный.

inadmissible [inəd'misəbl] недопусти́мый, неприе́млемый.

inadvertent [inəd'vɜ:tənt] □ невнима́тельный; ненаме́ренный.

inalienable [in'eiliənəbl] □ неотъе́млемый.

inane [i'nein] □ бессмы́сленный; пусто́й.

inanimate [in'ænimit] □ неодушевлённый; безжи́зненный.

inapproachable [inə'prəutʃəbl] □ недосту́пный, непристу́пный.

inappropriate [-priit] □ неуме́стный, несоотве́тствующий.

inapt [in'æpt] □ неспосо́бный; неподходя́щий.

inarticulate [inɑ:'tikjulit] □ нечленоразде́льный, невня́тный.

inasmuch [inəz'mʌtʃ]: **~ as** *adv.* так как; ввиду́ того́, что.

inattentive [inə'tentiv] □ невнимательный.

inaugura|te [i'nɔ:gjureit] откры(ва)ть (выставку и т. п.); вводить в должность; ~tion [inɔːgju-'reiʃən] вступление в должность; (торжественное) открытие.

inborn ['in'bɔːn] врождённый; природный.

incalculable [in'kælkjuləbl] □ неисчислимый, несчётный; ненадёжный (о человеке).

incandescent [inkæn'desnt] раскалённый; калильный.

incapa|ble [in'keipəbl] □ неспособный (of к Д or на В); ~citate [inkə'pæsiteit] делать неспособным, непригодным.

incarnate [in'kɑːnit] воплощённый; олицетворённый.

incautious [in'kɔːʃəs] □ неосторожный, опрометчивый.

incendiary [in'sendjəri] 1. поджигатель *m*; *fig.* подстрекатель *m*; 2. зажигательный (*a.* ✕); *fig.* подстрекающий.

incense[1] ['insens] ладан, фимиам.
incense[2] [in'sens] [рас]сердить, приводить в ярость.

incentive [in'sentiv] побудительный мотив, побуждение.

incessant [in'sesnt] □ непрерывный.

incest ['insest] кровосмешение.

inch [intʃ] дюйм (= 2,54 *см*); *fig.* пядь *f*; by ~es мало-помалу.

inciden|ce ['insidəns] сфера действия; ~t [-t] 1. случай, случайность *f*; происшествие; 2. случайный; присущий (то Д); ~tal [insi-'dentl] □ случайный; побочный; присущий (Д); ~ly случайно; между прочим.

incinerate [in'sinəreit] сжигать [сжечь]; испепелять [-лить].

incis|e [in'saiz] надрез(ыв)ать, делать надрез на (П); ~ion [in'siʒən] разрез, надрез; насечка; ~ive [in-'saisiv] □ режущий; острый.

incite [in'sait] побуждать [-удить], подстрекать [-кнуть]; ~ment [-mənt] подстрекательство; побуждение, стимул.

inclement [in'klemənt] суровый, холодный.

inclin|ation [inkli'neiʃən] наклон, откос; отклонение; наклонность *f*, склонность *f*; ~e [in'klain] 1. *v/i.* склоняться [-ниться]; ~ to *fig.* быть склонным (к Д); *v/t.* склонять [-нить] (*a fig.*); располагать [-ложить]; 2. наклон; склонность *f*.

inclose [in'klouz] *s.* enclose.

inclu|de [in'kluːd] заключать [-чить], содержать (в себе); включать [-чить]; ~sive [-siv] □ включающий в себя, содержащий.

incoheren|ce [inko'hiərəns] несвяз-

ность *f*, непоследовательность *f*; ~t [-t] □ несвязный, непоследовательный.

income ['inkəm] доход.

incommode [inkə'moud] [по]беспокоить.

incomparable [in'kɔmpərəbl] □ несравнимый; несравненный.

incompatible [inkəm'pætəbl] □ несовместимый.

incompetent [in'kɔmpitənt] □ несведущий, неумелый; *ⁿₜₛ* неправоспособный.

incomplete [inkəm'pliːt] □ неполный; незаконченный.

incomprehensible [in'kɔmpri-'hensəbl] □ непонятный, непостижимый. [невообразимый.\

inconceivable [inkən'siːvəbl] □ }

incongruous [in'kɔŋgruəs] □ неуместный, нелепый; несовместимый.

inconsequent(ial) [in'kɔnsikwənt, -'kwenʃəl] □ непоследовательный.

inconsidera|ble [inkən'sidərəbl] □ незначительный, неважный; ~te [-rit] □ неосмотрительный; необдуманный; невнимательный (к другим).

inconsisten|cy [inkən'sistənsi] несовместимость *f*; ~t [-tənt] □ несовместимый.

inconstant [in'kɔnstənt] □ непостоянный, неустойчивый.

incontinent [in'kɔntinənt] □ несдержанный; невоздержанный.

inconvenien|ce [inkən'viːnjəns] 1. неудобство, беспокойство; 2. [по]беспокоить; ~t [-njənt] □ неудобный, затруднительный.

incorporat|e 1. [in'kɔːpəreit] объединять(ся) [-нить(ся)]; включать [-чить] (into в В); 2. [-rit] соединённый, объединённый; ~ed [-reitid] зарегистрированный (об обществе); ~ion [in'kɔːpə'reiʃən] объединение; регистрация.

incorrect [inkə'rekt] □ неправильный; неисправный.

incorrigible [in'kɔridʒəbl] □ неисправимый.

increase 1. [in'kriːs] увеличи-(ва)ть(ся); усили(ва)ть(ся); 2. ['in-kriːs] рост; увеличение; прирост.

incredible [in'kredəbl] □ невероятный.

incredul|ity [inkri'djuːliti] недоверчивость *f*; ~ous [in'kredjuləs] □ недоверчивый, скептический.

incriminate [in'krimineit] *ⁿₜₛ* инкриминировать (*im*)*pf.*, обвинять в преступлении.

incrustation [inkrʌs'teiʃən] кора, корка; ⊕ накипь *f*.

incub|ate ['inkjubeit] выводить [вывести] (цыплят); ~ator [-beitə] инкубатор.

inculcate ['inkʌlkeit] внедрять [-рить], вселять [-лить] (upon Д).

incumbent [in'kʌmbənt] возло́женный, (воз)лежа́щий.

incur [in'kə:] подверга́ться [-е́ргнуться] (Д); наде́лать pf. (долго́в).

incurable [in'kjuərəbl] 1. неизлечи́мый; 2. страда́ющий неизлечи́мой боле́знью.

incurious [in'kjuəriəs] □ нелюбопы́тный; невнима́тельный.

incursion [in'kə:ʃən] вторже́ние.

indebted [in'detid] в долгу́; fig. обя́занный.

indecen|cy [in'di:snsi] непристо́йность f, неприли́чие; ~t [-snt] □ неприли́чный.

indecisi|on [indi'siʒən] нереши́тельность f; колеба́ние; ~ve [-saisiv] □ нереши́тельный; не реша́ющий.

indecorous [in'dekərəs] □ некорре́ктный; неприли́чный.

indeed [in'di:d] в са́мом де́ле, действи́тельно; неуже́ли!

indefensible [indi'fensəbl] □ непри го́дный для оборо́ны; fig. несостоя́тельный.

indefinite [in'definit] □ неопределённый; неограни́ченный.

indelible [in'delibl] □ неизглади́мый; несмыва́емый.

indelicate [in'delikit] □ неделика́тный, нескро́мный.

indemni|fy [in'demnifai] возмеща́ть убы́тки (P); обезопа́сить pf.; компенси́ровать (im)pf.; ~ty [-ti] гара́нтия от убы́тков; возмеще́ние, компенса́ция.

indent [in'dent] 1. зазу́бривать [-ри́ть]; выреза́ть [вы́резать]; предъявля́ть тре́бование; ↑ зака́зывать това́ры; 2. тре́бование; ↑ зака́з на това́ры; о́рдер; ~ation [inden'teiʃən] зубе́ц; вы́резка; ~ure [in'dentʃə] 1. докуме́нт, контра́кт, догово́р; 2. обя́зывать догово́ром.

independen|ce [indi'pendəns] незави́симость f, самостоя́тельность f; ~t [-t] □ незави́симый, самостоя́тельный.

indescribable [indis'kraibəbl] □ неописуемый.

indestructible [-'strʌktəbl] □ неразруши́мый.

indeterminate [indi'tə:minit] □ неопределённый; нея́сный.

index ['indeks] 1. и́ндекс, указа́тель m; показа́тель m; указа́тельный па́лец; 2. заноси́ть в и́ндекс.

India ['indjə] 'Индия; ~ rubber каучу́к; рези́на; ~n [-n] 1. инди́йский; инде́йский; ~ corn ма́ис, кукуру́за; 2. инди́ец, индиа́нка; (Red ~) инде́ец, индиа́нка.

indicat|e ['indikeit] ука́зывать [-за́ть]; предпи́сывать [-са́ть]; ~ion [indi'keiʃən] указа́ние.

indict [in'dait] предъявля́ть обви-

не́ние (for в П); ~ment [-mənt] обвини́тельный акт.

indifferen|ce [in'difrəns] равноду́шие, безразли́чие; ~t [-t] □ равноду́шный, беспристра́стный; незначи́тельный.

indigenous [in'didʒinəs] ме́стный, тузе́мный.

indigent ['indidʒənt] □ нужда́ющийся.

indigest|ible [indi'dʒestəbl] □ неудобовари́мый; ~ion [-tʃən] расстро́йство желу́дка.

indign|ant [in'dignənt] □ негоду́ющий; ~ation [indig'neiʃən] негодова́ние; ~ity [in'digniti] пренебреже́ние, оскорбле́ние.

indirect [indi'rekt] □ непрямо́й; око́льный; укло́нчивый.

indiscre|et [indis'kri:t] □ нескро́мный; неблагоразу́мный; болтли́вый; ~tion [-'kreʃən] нескро́мность f; неосмотри́тельность f; болтли́вость f.

indiscriminate [indis'kriminit] □ неразбо́рчивый.

indispensable [indis'pensəbl] □ необходи́мый, обяза́тельный.

indispos|ed [indis'pouzd] нездоро́вый; ~ition ['indispə'ziʃən] недомога́ние, нездоро́вье; нерасположе́ние (то к Д).

indistinct [indis'tiŋkt] □ нея́сный, неотчётливый; невня́тный.

indite [in'dait] выража́ть в слова́х; сочиня́ть [-ни́ть].

individual [indi'vidjuəl] 1. □ ли́чный, индивидуа́льный; характе́рный; отде́льный; 2. индиви́дуум; ли́чность f; ~ity [-vidju'æliti] индивидуа́льность f.

indivisible [indi'vizəbl] неделимый.

indolen|ce ['indoləns] пра́здность f; вя́лость f; ~t [-t] □ пра́здный; вя́лый.

indomitable [in'dɔmitəbl] □ упо́рный; неукроти́мый.

indoor ['indɔ:] вну́тренний; ко́мнатный; ~s [in'dɔ:z] в до́ме, внутри́ до́ма.

indorse s. endorse.

induce [in'dju:s] побужда́ть [-уди́ть]; вызыва́ть [вы́звать]; ~ment [-mənt] побужде́ние.

induct [in'dʌkt] водворя́ть [-ри́ть], вводи́ть в до́лжность; ~ion [in'dʌkʃən] вступле́ние, введе́ние.

indulge [in'dʌldʒ] v/t. доставля́ть удово́льствие (Д with Т); балова́ть; потво́рствовать (Д); v/i. ~ in a th. увлека́ться [-е́чься] (Т); пред(ав)а́ться (Д); ~nce [-əns] снисхожде́ние; потво́рство; ~nt [-ənt] □ снисходи́тельный; потво́рствующий.

industri|al [in'dʌstriəl] □ промы́шленный; производи́тельный; ~alist [-ist] промы́шленник; ~ous [in'dʌstriəs] ☐ трудолюби́вый, приле́жный.

industry ['indəstri] промы́шленность f, инду́стрия; прилежа́ние.

inebriate 1. [in'i:briit] пья́ный; опьяне́вший; **2.** [-ieeit] опьяня́ть [-ни́ть].

ineffable [in'efəbl] ☐ невырази́мый.

ineffect|ive [ini'fektiv], **~ual** [-tjuəl] ☐ безрезульта́тный; недействи́тельный.

inefficient [ini'fiʃənt] ☐ неспосо́бный, неуме́лый; непроизводи́тельный.

inelegant [in'eligənt] ☐ грубова́тый, безвку́сный.

inept [i'nept] ☐ неуме́стный, неподходя́щий; глу́пый.

inequality [ini'kwɔliti] нера́венство; неодина́ковость f.

inequitable [in'ekwitəbl] пристра́стный.

inert [i'nə:t] ☐ ине́ртный; вя́лый; ко́сный; **~ia** [i'nə:ʃiə], **~ness** [i'nə:tnis] ине́рция; вя́лость f.

inestimable [in'estiməbl] ☐ неоцени́мый.

inevitable [in'evitəbl] ☐ неизбе́жный, немину́емый.

inexact [inig'zækt] ☐ нето́чный.

inexhaustible [inig'zɔ:stəbl] ☐ неистощи́мый, неисчерпа́емый.

inexorable [in'eksərəbl] ☐ неумоли́мый, непрекло́нный.

inexpedient [iniks'pi:diənt] ☐ нецелесообра́зный.

inexpensive [iniks'pensiv] ☐ недорого́й, дешёвый.

inexperience [iniks'piəriəns] нео́пытность f; **~d** [-t] нео́пытный.

inexpert [in'ekspə:t] ☐ нео́пытный; неиску́сный, неуме́лый.

inexplicable [in'eksplikəbl] ☐ необъясни́мый, непоня́тный.

inexpressi|ble [iniks'presəbl] ☐ невырази́мый, неопису́емый; **~ve** [-siv] ☐ невырази́тельный.

inextinguishable [iniks'tiŋgwiʃəbl] ☐ неугаси́мый.

inextricable [in'ekstrikəbl] ☐ запу́танный; безвы́ходный.

infallible [in'fæləbl] ☐ безоши́бочный, непогреши́мый.

infam|ous ['infəməs] ☐ посты́дный, позо́рный, бесче́стный; **~y** [-mi] бесче́стье, позо́р; ни́зость f, по́длость f.

infan|cy ['infənsi] младе́нчество; **~t** [-t] младе́нец.

infanti|le [in'fantail], **~ne** [-tain] младе́нческий; инфанти́льный.

infantry ['infəntri] ✕ пехо́та, инфанте́рия.

infatuate [in'fætjueit] вскружи́ть го́лову (Д); увлека́ть [-е́чь].

infect [in'fekt] заража́ть [-рази́ть]; **~ion** [in'fekʃən] инфе́кция, зара́за; зарази́тельность f; **~ious** [-ʃəs] ☐,

~ive [-tiv] инфекцио́нный, зара́зный; зарази́тельный.

infer [in'fə:] де́лать вы́вод; подразумева́ть; **~ence** ['infərəns] вы́вод, заключе́ние; подразумева́емое.

inferior [in'fiəriə] **1.** ни́зший (по чи́ну); ху́дший, неполноце́нный; **2.** подчинённый; **~ity** [infiəri'ɔriti] бо́лее ни́зкое ка́чество (положе́ние, досто́инство); неполноце́нность f.

infernal [in'fə:nl] ☐ а́дский.

infertile [in'fə:tail] беспло́дный, неплодоро́дный.

infest [in'fest] fig. наводни́ть [-ни́ть]; be **~ed with** кише́ть (Т).

infidelity [infi'deliti] неве́рие; неве́рность f (to Д).

infiltrate [in'filtreit] v/t. пропуска́ть сквозь фильтр; v/i. проника́ть [-и́кнуть]; проса́чиваться [-сочи́ться].

infinit|e ['infinit] ☐ бесконе́чный, безграни́чный; **~y** [in'finiti] бесконе́чность f, безграни́чность f.

infirm [in'fə:m] ☐ не́мощный, дря́хлый; слабохара́ктерный; **~ary** [-əri] больни́ца; **~ity** [-iti] не́мощь f; недоста́ток.

inflame [in'fleim] воспламеня́ть(-ся) [-ни́ть(ся)]; ✚ воспаля́ть(ся) [-ли́ть(ся)]; **~d** [-d] воспалённый.

inflamma|ble [in'flæməbl] ☐ воспламеня́ющийся; огнеопа́сный; **~tion** [inflə'meiʃən] воспламене́ние; ✚ воспале́ние; **~tory** [in'flæmətəri] поджига́тельский; воспали́тельный.

inflat|e [in'fleit] наду(ва́)ть (га́зом, во́здухом); ♦ взду(ва́)ть; **~ion** [-ʃən] надува́ние; fig. напы́щенность f; инфля́ция.

inflexi|ble [in'fleksəbl] ☐ неги́бкий, негну́щийся; fig. непрекло́нный, непоколеби́мый; **~on** [-ʃən] изги́б; модуля́ция.

inflict [in'flikt] налага́ть [-ложи́ть]; наноси́ть [-нести́] (ра́ну и т. п.); причиня́ть [-ни́ть] (боль); **~ion** [infli'kʃən] наложе́ние и т. д.

influen|ce ['influəns] **1.** влия́ние, возде́йствие; **2.** возде́йствовать на (В) (im)pf., [по]влия́ть на (В); **~tial** [influ'enʃəl] ☐ влия́тельный.

influx ['inflʌks] впаде́ние (прито́ка); fig. наплы́в, прили́в.

inform [in'fɔ:m] v/t. информи́ровать (im)pf., уведомля́ть [уве́домить] (of о П); v/i. доноси́ть [-нести́] (against a р. на В); **~al** [-l] ☐ неофициа́льный; непринуждённый; **~ality** [infɔ:'mæliti] несоблюде́ние форма́льностей; отсу́тствие церемо́ний; **~ation** [infə'meiʃən] информа́ция, све́дения n/pl.; спра́вка; осведомле́ние;

~ative [in'fɔ:mətiv] информацио́нный.

infrequent [in'fri:kwənt] □ ре́дкий.

infringe [in'frindʒ] наруша́ть [-ру́шить] (a. ~ upon).

infuriate [in'fjuərieit] [вз]беси́ть.

infuse [in'fju:z] ❧ влива́ть [-ли́ть]; fig. вселя́ть [-ли́ть]; наста́ивать [настоя́ть] (тра́вы и т. п.).

ingen|ious [in'dʒi:njəs] □ изобрета́тельный; ~uity [indʒi'njuiti] изобрета́тельность f; ~uous [in-'dʒenjuəs] □ чистосерде́чный; просто́й, бесхи́тростный.

ingot ['iŋgət] сли́ток, брусо́к (мета́лла).

ingratitude [in'grætitju:d] неблагода́рность f.

ingredient [in'gri:diənt] составна́я часть f, ингредие́нт.

inhabit [in'hæbit] обита́ть, жить в (11); ~ant [-itənt] жи́тель(ница f) m, обита́тель(ница f) m.

inhal|ation [inhə'leiʃən] вдыха́ние; ❧ ингаля́ция; ~e [in'heil] вдыха́ть [вдохну́ть].

inherent [in'hiərənt] □ прису́щий; прирождённый.

inherit [in'herit] насле́довать (im)pf.; унасле́довать pf.; ~ance [-itəns] насле́дство; biol. насле́дственность f.

inhibit [in'hibit] [вос]препя́тствовать (Д); biol. [за]тормози́ть; ~ion [inhi'biʃən] сде́рживание; biol. торможе́ние.

inhospitable [in'hɔspitəbl] □ негостеприи́мный.

inhuman [in'hju:mən] □ бесчелове́чный, нечелове́ческий.

inimitable [i'nimitəbl] □ неподража́емый; несравне́нный.

iniquity [i'nikwiti] несправедли́вость f; беззако́ние.

initia|l [i'niʃəl] 1. □ нача́льный, первонача́льный; 2. нача́льная бу́ква; ~s pl. инициа́лы m/pl.; ~te 1. [-iit] при́нятый (в о́бщество); посвящённый (в та́йну); 2. [-ieit] вводи́ть [ввести́]; посвяща́ть [-вяти́ть]; положи́ть нача́ло (Д); ~tive [i'niʃiətiv] инициати́ва, почи́н; ~tor [-ieitə] инициа́тор.

inject [in'dʒekt] впры́скивать [-снуть].

injunction [in'dʒʌŋkʃən] прика́з; постановле́ние суда́.

injur|e ['indʒə] [по]вреди́ть по-; врежда́ть [-еди́ть]; ра́нить (im)pf.; ~ious [in'dʒuəriəs] □ вре́дный; оскорби́тельный; ~y ['indʒəri] оскорбле́ние; поврежде́ние, ра́на.

injustice [in'dʒʌstis] несправедли́вость f.

ink [iŋk] 1. черни́ла n/pl.; (mst printer's ~) типогра́фская кра́ска; 2. ме́тить черни́лами; сади́ть кля́ксы на (В).

inkling ['iŋkliŋ] намёк (of на B); подозре́ние.

ink|pot черни́льница; ~stand пи́сьменный прибо́р; ~y ['iŋki] черни́льный.

inland ['inlənd] 1. вну́тренняя террито́рия страны́; 2. вну́тренний; 3. [in'lænd] внутрь, внутри́ (страны́).

inlay [in'lei] 1. irr. (lay) вкла́дывать [вложи́ть]; выстила́ть [вы́стлать]; покрыва́ть моза́икой (~ [2.]); 2. ['in'lei] моза́ика, инкруста́ция.

inlet ['inlet] у́зкий зали́в, бу́хта; входно́е (or вво́дное) отве́рстие.

inmate ['inmeit] сожи́тель(ница f) m (по ко́мнате).

inmost ['inmoust] глубоча́йший, сокрове́нный.

inn [in] гости́ница.

innate ['in'neit] □ врождённый, приро́дный.

inner ['inə] вну́тренний; ~most [-moust] s. inmost.

innings ['iniŋz] о́чередь пода́чи мяча́.

innkeeper ['inkipə] хозя́ин гости́ницы.

innocen|ce ['inosns] ❧❧ невино́вность f; неви́нность f; простота́; ~t [-snt] 1. □ неви́нный; ❧❧ неви́новный; 2. проста́к, найвны́й челове́к.

innocuous [i'nɔkjuəs] □ безвре́дный, безоби́дный.

innovation [ino'veiʃən] нововведе́ние, но́вшество; нова́торство.

inuendo [inju'endou] ко́свенный намёк, инсинуа́ция.

innumerable [in'ju:mərəbl] □ бесчи́сленный, бесчи́сленный.

inoculate [i'nɔkjuleit] де́лать приви́вку (Д), приви́(ва́)ть; fig. внуша́ть [-ши́ть].

inoffensive [ino'fensiv] безоби́дный, безвре́дный.

inoperative [in'ɔpərətiv] безде́ятельный; неде́йствующий.

inopportune [in'ɔpətju:n] □ несвоевре́менный, неподходя́щий.

inordinate [i'nɔ:dinit] □ неуме́ренный, чрезме́рный.

inquest ['inkwest] ❧❧ сле́дствие, дозна́ние; coroner's ~ суде́бный осмо́тр тру́па.

inquir|e [in'kwaiə] узн(ав)а́ть; наводи́ть спра́вки (about, after, for о П; into о P); ~ into иссле́довать (im)pf.; ~ing [-riŋ] □ пытли́вый; ~y [-ri] спра́вка; рассле́дование, сле́дствие.

inquisit|ion [inkwi'ziʃən] рассле́дование; ~ive [in'kwizitiv] □ любозна́тельный; любопы́тный.

inroad ['inroud] набе́г, наше́ствие; fig. посяга́тельство.

insan|e [in'sein] □ душевнобольно́й; безу́мный; ~ity [in'sæniti] умопомеша́тельство; безу́мие.

insatia|ble [in'seiʃiəbl] □, **~te** [-ʃiət] ненасытный, жадный.

inscribe [in'skraib] вписывать [-сать]; надписывать [-сать] (in, on В/Т *or* В на П); посвящать [-ятить] (книгу).

inscription [in'skripʃən] надпись *f*; посвящение (книги).

inscrutable [ins'kru:təbl] □ непостижимый, загадочный.

insect ['insekt] насекомое; **~icide** [in'sektisaid] средство для истребления насекомых.

insecure [insi'kjuə] □ ненадёжный; небезопасный.

insens|ate [in'senseit] бесчувственный; бессмысленный; **~ible** [-əbl] □ нечувствительный; потерявший сознание; незаметный; **~itive** [-itiv] нечувствительный.

inseparable [in'sepərəbl] □ неразлучный; неотделимый.

insert 1. [in'sə:t] вставлять [-авить]; помещать [-естить] (в газете) 2. ['insə:t] вставка, вкладыш; **~ion** [in'sə:ʃən] вставка; объявление.

inside ['in'said] 1. внутренняя сторона; внутренность *f*; изнанка (одежды); 2. *adj.* внутренний; 3. *adv.* внутрь, внутри; 4. *prp.* внутри (Р).

insidious [in'sidiəs] □ хитрый, коварный.

insight ['insait] проницательность *f*; интуиция.

insignia [in'signiə] *pl.* знаки отличия; значки *m/pl.*

insignificant [insig'nifikənt] незначительный.

insincere [insin'siə] нейскренний.

insinuat|e [in'sinjueit] инсинуировать (*im*)*pf.*; намекать [-кнуть] на (В); **~** o. s. *fig.* вкрадываться [вкрасться]; **~ion** [insinju'eiʃən] инсинуация; вкрадчивость *f*.

insipid [in'sipid] безвкусный, пресный.

insist [in'sist] **~** (up)on: настаивать [-стоять] на (П), утверждать (В); **~ence** [-əns] настойчивость *f*; **~ent** [-ənt] □ настойчивый.

insolent ['insələnt] □ наглый.

insoluble [in'sɔljubl] нерастворимый; неразрешимый.

insolvent [in'sɔlvənt] несостоятельный (должник).

inspect [in'spekt] осматривать [осмотреть]; инспектировать; **~ion** [in'spekʃən] осмотр; инспекция.

inspir|ation [inspə'reiʃən] вдыхание; вдохновение; воодушевление; **~e** [in'spaiə] вдыхать [вдохнуть]; *fig.* вдохновлять [-вить].

install [in'stɔ:l] устанавливать [-новить]; вводить в должность; ⊕ [с]монтировать; **~ation** [instɔ:'leiʃən] установка; устройство.

instalment [in'stɔ:lmənt] очеред-ной взнос (при рассрочке); отдельный выпуск (книги).

instance ['instəns] случай; пример; требование; ⅋⅋ инстанция; for **~** например.

instant ['instənt] □ 1. немедленный, безотлагательный; on the 10th **~** 10-го текущего месяца; 2. мгновение, момент; **~aneous** [instən'teinjəs] □ мгновенный; **~ly** ['instəntli] немедленно, тотчас.

instead [in'sted] взамен, вместо; **~** of вместо (Р).

instep ['instep] подъём (ноги).

instigat|e ['instigeit] побуждать [-удить]; подстрекать [-кнуть]; **~or** [-ə] подстрекатель(ница *f*) *m*.

instil(l) [in'stil] вливать по капле; *fig.* внушать [-шить] (into Д).

instinct ['instiŋkt] инстинкт; **~ive** [in'stiŋktiv] □ инстинктивный.

institut|e ['institju:t] 1. научное учреждение, институт; 2. учреждать [-едить]; устанавливать [-новить]; **~ion** [insti'tju:ʃən] установление; учреждение, заведение.

instruct [in'strʌkt] [на]учить, обучать [-чить]; инструктировать (*im*)*pf.*; **~ion** [in'strʌkʃən] обучение; предписание; инструкция; **~ive** [-tiv] □ поучительный; **~or** [-tə] руководитель *m*, инструктор; преподаватель *m*.

instrument ['instrumənt] инструмент; орудие (*a. fig.*); прибор, аппарат; ⅋⅋ документ; **~al** [instru'mentl] □ служащий средством; инструментальный; **~ality** [-men'tæliti] средство, способ.

insubordinate [insə'bɔ:dnit] неподчиняющийся дисциплине.

insufferable [in'sʌfərəbl] □ невыносимый, нестерпимый.

insufficient [insə'fiʃənt] недостаточный.

insula|r ['insjulə] □ островной; *fig.* замкнутый; **~te** [-leit] ⚡ изолировать (*im*)*pf.*; **~tion** [insju'leiʃən] ⚡ изоляция.

insult 1. ['insʌlt] оскорбление; 2. [in'sʌlt] оскорблять [-бить].

insur|ance [in'ʃuərəns] страхование; *attr.* страховой; **~e** [in'ʃuə] [за]страховать(ся).

insurgent [in'sə:dʒənt] 1. мятежный; 2. повстанец; мятежник.

insurmountable [insə'mauntabl] □ непреодолимый.

insurrection [insə'rekʃən] восстание; мятеж.

intact [in'tækt] нетронутый; неповреждённый.

intangible [in'tændʒəbl] □ неосязаемый; *fig.* неуловимый.

integr|al ['intigrəl] □ неотъемлемый; целый; целостный; **~ate** [-greit] объединять [-нить]; интегрировать (*im*)*pf.*; **~rity** [in'tegriti] честность *f*; целостность *f*.

intellect ['intilekt] ум, рассудок; **~ual** [inti'lektjuəl] 1. □ интеллектуа́льный, у́мственный; 2. интеллиге́нт(ка); ~s *pl.* интеллиге́нция.

intelligence [in'telidʒəns] ум, рассудок, интелле́кт; Intelligence service разве́дывательная слу́жба, разве́дка.

intellig|ent [in'telidʒənt] □ у́мный; смышлёный; **~ible** [-dʒəbl] □ поня́тный.

intemperance [in'tempərəns] неуме́ренность *f*; невозде́рж(ан)ность *f*; пристра́стие к спиртны́м напи́ткам.

intend [in'tend] намерева́ться, име́ть в виду́; ~ for предназнача́ть [-зна́чить] для (Р).

intense [in'tens] □ си́льный; инте́нсивный, напряжённый.

intensify [in'tensifai] уси́ли(ва)ть (~ся); интенсифици́ровать (*im*)*pf.*

intensity [in'tensiti] интенси́вность *f*, си́ла; *f* я́ркость *f* (кра́ски).

intent [in'tent] 1. □ стремя́щийся, скло́нный (on к Д); внима́тельный, при́стальный; 2. наме́рение, цель *f*; to all ~s and purposes в су́щности; во всех отноше́ниях; **~ion** [in'tenʃən] наме́рение; **~ional** [-l] □ наме́ренный, умы́шленный.

inter [in'tə:] предава́ть земле́, [по]хорони́ть.

inter... ['intə] *pref.* меж..., между...; пере...; взаимо...

interact [intər'ækt] де́йствовать друг на дру́га, взаимоде́йствовать.

intercede [intə'si:d] ходата́йствовать.

intercept [-'sept] перехва́тывать [-хвати́ть]; пре́р(ы)ва́ть; прегражда́ть путь (Д); **~ion** [-pʃən] перехва́т(ывание); пересече́ние.

interces|sion [intə'seʃən] ходата́йство, засту́пничество, **~or** [-sə] хода́тай, засту́пник.

interchange 1. [intə'tʃeindʒ] *v/t.* чередова́ть; обме́ниваться [-ня́ться] (Т); *v/i.* чередова́ться; 2. ['intə'tʃeindʒ] обме́н; чередова́ние, сме́на.

intercourse ['intəkɔ:s] обще́ние, связь *f*; отноше́ния *n/pl.*; сноше́ния *n/pl.*

interdict 1. [intə'dikt] запреща́ть [-рети́ть]; лиша́ть пра́ва по́льзования; 2. ['intə:dikt], **~ion** [intə'dikʃən] запреще́ние.

interest ['intrist] 1. *com.* интере́с; заинтересо́ванность *f* (in в П); вы́года; проце́нты *m/pl.* (на капита́л); 2. *com.* интересова́ть; заинтересо́вывать [-сова́ть]; **~ing** [-iŋ] □ интере́сный.

interfere [intə'fiə] вме́шиваться [-ша́ться]; [по]меша́ть, надоеда́ть [-е́сть] (with Д); **~nce** [-rəns] вмеша́тельство; поме́ха.

interim ['intərim] 1. промежу́ток

вре́мени; 2. вре́менный, промежу́точный.

interior [in'tiəriə] 1. □ вну́тренний; 2. вну́тренность *f*; вну́треннее о́бласти страны́; *pol.* вну́треннее дела́ *n/pl.*

interjection [intə'dʒekʃən] восклица́ние; *gr.* междоме́тие.

interlace [intə'leis] переплета́ть(ся) [-плести́(сь)].

interlock [intə'lɔk] сцепля́ть(ся) [-пи́ть(ся)].

interlocu|tion [intələ'kju:ʃən] бесе́да, диало́г; **~or** [intə'lɔkjutə] собесе́дник.

interlope [intə'loup] вме́шиваться [-ша́ться]; **~r** [-ə] вме́шивающийся в чужи́е дела́.

interlude ['intəlu:d] антра́кт; промежу́точный эпизо́д.

intermeddle [intə'medl] вме́шиваться [-ша́ться] (with, in в В); сова́ться не в своё де́ло.

intermedia|ry [-'mi:diəri] 1. = intermediate; посре́днический; 2. посре́дник; **~te** [-'mi:djət] □ промежу́точный; сре́дний.

interment [in'tə:mənt] погребе́ние.

interminable [in'tə:minəbl] □ бесконе́чный.

intermingle [intə'miŋgl] сме́шивать(ся) [-ша́ть(ся)]; обща́ться.

intermission [-'miʃən] переры́в, па́уза, переме́на (в шко́ле).

intermit [intə'mit] прер(ы)ва́ть (-ся), **~tent** [-ənt] □ преры́вистый; перемежа́ющийся.

intermix [intə'miks] переме́шивать(ся) [-ша́ть(ся)].

intern [in'tə:n] интерни́ровать (*im*)*pf.*

internal [in'tə:nl] □ вну́тренний.

international [intə'næʃnl] □ междунаро́дный, интернациона́льный; ~ law междунаро́дное пра́во.

interpolate [in'tə:poleit] интерполи́ровать (*im*)*pf.*

interpose [intə'pouz] *v/t.* вставля́ть [-а́вить], вводи́ть [ввести́]; *v/i.* станови́ться [стать] (between ме́жду Т); вме́шиваться [-ша́ться] (в В).

interpret [in'tə:prit] объясня́ть [-ни́ть], расто́лковывать [-кова́ть]; переводи́ть [-вести́] (у́стно); **~ation** [-'eiʃən] толкова́ние, интерпрета́ция, объясне́ние; **~er** [-ə] перево́дчик (-ица).

interrogat|e [in'terogeit] допра́шивать [-роси́ть]; спра́шивать [спроси́ть]; **~ion** [-'geiʃən] допро́с; вопро́с; **~ive** [intə'rogətiv] □ вопроси́тельный.

interrupt [intə'rʌpt] прер(ы)ва́ть; **~ion** [-'rʌpʃən] переры́в.

intersect [intə'sekt] пересека́ть(ся) [-се́чь(ся)]; скре́щивать(ся) [-ести́ть(ся)]; **~ion** [-kʃən] пересече́ние.

intersperse [intə'spə:s] разбрасывать [-бросáть], рассыпáть [-ыпать]; усéивать [усéять].

intertwine [intə'twain] сплетáть (-ся) [-естú(сь)].

interval ['intəvəl] промежýток, расстоя́ние, интервáл; пáуза, перемéна.

interven|e [intə'vi:n] вмéшиваться [-шáться]; вступáться [-пúться]; **~tion** [-'venʃən] интервéнция; вмешáтельство.

interview ['intəvju:] 1. свидáние, встрéча; интервью́ n indecl.; 2. интервью́ировать (im)pf., имéть бесéду с (Т).

intestine [in'testin] 1. внýтренний; 2. кишкá; **~s** pl. кишкú f/pl., кишéчник.

intima|cy ['intiməsi] интúмность f, блúзость f; **~te** 1. [-meit] сообщáть [-щúть]; намекáть [-кнýть] на (В); 2. [-mit] a) ~ интúмный, лúчный; блúзкий; b) блúзкий друг; **~tion** [inti'meiʃən] сообщéние; намёк.

intimidate [in'timideit] [ис]пугáть; запýгивать [-гáть].

into ['intu, intə] prp. в, во (В).

intolera|ble [in'tɔlərəbl] □ невыносúмый, нестерпúмый; **~nt** [-rənt] □ нетерпúмый.

intonation [intou'neiʃən] интонáция.

intoxica|nt [in'tɔksikənt] опьяня́ющий (напúток); **~te** [-keit] опьяня́ть [-нúть]; **~tion** [-'keiʃən] опьянéние.

intractable [in'træktəbl] □ неподáтливый.

intrepid [in'trepid] неустрашúмый, бесстрáшный, отвáжный.

intricate ['intrikit] □ слóжный, затруднúтельный.

intrigue [in'tri:g] 1. интрúга; любóвная связь f; 2. интриговáть; [за]интриговáть, [за]интересовáть; **~r** [-ə] интригáн(ка).

intrinsic(al □) [in'trinsik, -sikəl] внýтренний; свóйственный; существéнный.

introduc|e [intrə'dju:s] вводúть [ввестú]; представля́ть [-áвить]; **~tion** [-'dʌkʃən] введéние; представлéние; ♪ интродýкция; **~tory** [-'dʌktəri] вступúтельный, ввóдный.

intru|de [in'tru:d] вторгáться [вто́ргнуться]; навя́зываться [-зáться]; **~der** [-ə] проны́ра m/f; незвáный гость m; **~sion** [-ʒən] вторжéние; появлéние без приглашéния; **~sive** [-siv] □ назóйливый, навя́зчивый.

intrust [in'trʌst] s. entrust.

intuition [intju:'iʃən] интуúция.

inundate ['inʌndeit] затопля́ть [-пúть], наводня́ть [-нúть].

inure [i'njuə] приучáть [-чúть] (to к Д).

invade [in'veid] вторгáться [вто́ргнуться]; fig. овладé(вá)ть (Т); **~r** [-ə] захвáтчик, интервéнт.

invalid 1. [in'vælid] недействúтельный, не имéющий закóнной сúлы; 2. ['invəli:d] a) нетрудоспосóбный; b) инвалúд; **~ate** [in'vælideit] лишáть закóнной сúлы, сдéлать недействúтельным.

invaluable [in'væljuəbl] □ неоценúмый.

invariable [in'vɛəriəbl] □ неизмéнный; неизменя́емый.

invasion [in'veiʒən] вторжéние, набéг; ⚖ посягáтельство; ✦ инвáзия.

inveigh [in'vei] ~ against поносúть, [об]ругáть (В).

invent [in'vent] изобретáть [-брестú]; выдýмывать [вы́думать]; **~ion** [in'venʃən] изобретéние; изобретáтельность f; **~ive** [-tiv] □ изобретáтельный; **~or** [-tə] изобретáтель m; **~ory** ['invəntri] 1. óпись f, инвентáрь m; Am. переучёт товáра, инвентаризáция; 2. составля́ть óпись (Р); вносúть в инвентáрь.

inverse ['invə:s] □ перевёрнутый, обрáтный.

invert [in'və:t] перевёртывать [-вернýть], переставля́ть [-áвить].

invest [in'vest] вклáдывать [вложúть] (капитáл); fig. облекáть [облéчь] (with Т); ✕ обложúть pf. (крéпость).

investigat|e [in'vestigeit] расслéдовать (im)pf.; разузн(ав)áть; исслéдовать (im)pf.; **~ion** [investi'geiʃən] ⚖ слéдствие; исслéдование; **~or** [in'vestigeitə] исслéдователь m; ⚖ слéдователь m.

invest|ment [in'vestmənt] вложéние дéнег, инвестúрование; вклад; **~or** [-ə] вклáдчик.

inveterate [in'vetərit] закоренéлый; F заядлый; застарéлый.

invidious [in'vidiəs] □ вызывáющий враждéбное чýвство; ненавúстный; завúдный.

invigorate [in'vigəreit] давáть сúлы (Д); воодушевля́ть [-вúть].

invincible [in'vinsəbl] □ непобедúмый.

inviola|ble [in'vaiələbl] □ нерушúмый; неприкосновéнный; **~te** [-lit] ненарýшенный.

invisible [in'vizəbl] невúдимый.

invit|ation [invi'teiʃən] приглашéние; **~e** [in'vait] приглашáть [-ласúть].

invoice ['invɔis] ✝ наклáдная, фактýра.

invoke [in'vouk] вызывáть [вы́звать] (дýха); взывáть [воззвáть] о (П); приз(ы)вáть.

involuntary [in'vɔləntəri] □ невóльный; непроизвóльный.

involve [in'vɔlv] включáть в себя́; вовлекáть [-éчь]; впýт(ыв)ать.

invulnerable [in'vʌlnərəbl] □ неуязви́мый.

inward ['inwəd] 1. внýтренний; ýмственный; 2. adv. (mst ~s [-z]) внутрь; внýтренне; 3. ~s pl. внýтренности f/pl.

inwrought ['in'rɔ:t] вóтканный в матéрию (об узóре); fig. тéсно свя́занный (with с T).

iodine ['aiədi:n] йод.

IOU ['aiou'ju:] (= I owe you) долговáя распи́ска.

irascible [i'ræsibl] □ раздражи́тельный.

irate [ai'reit] гнéвный.

iridescent [iri'desnt] рáдужный, перели́вчатый.

iris ['aiəris] anat. рáдужная оболóчка (глáза); ♣ и́рис, касáтик.

Irish ['aiəriʃ] 1. ирлáндский; 2. the ~ ирлáндцы m/pl. (скýчный.)

irksome ['ə:ksəm] утоми́тельный,□

iron ['aiən] 1. желéзо; (mst flat-~) утю́г; ~s pl. оковы f/pl., кандалы́ m/pl.; 2. желéзный; 3. [вы́]утю́жить, [вы́]гладить; ~clad 1. покры́тый бронёй, брониро́ванный; 2. броненóсец; ~-hearted fig. жестокосéрдный.

ironic(al □) [aiə'rɔnik,-nikəl] ирони́ческий.

iron|ing ['aiəniŋ] 1. глáженье; вéщи для глáженья; 2. гладúльный; ~mongery скобянóй товáр; ~mould ржáвое пятнó; ~works mst sg. чугуноплави́льный или железодéлательный завóд.

irony ['aiərəni] иро́ния.

irradiate [i'reidieit] озаря́ть [-ри́ть]; 𝔰 облучáть [-чи́ть]; phys. испускáть лучи́; fig. распространя́ть [-ни́ть] (знáния и т. п.); проливáть свет на (B).

irrational [i'ræʃnl] неразýмный; 𝔸 иррационáльный.

irreconcilable [i'rekənsailəbl] □ непримири́мый; несовмести́мый.

irrecoverable [iri'kʌvərəbl] □ непоправи́мый, невозврáтный.

irredeemable [iri'di:məbl] □ невозврáтный; безысхóдный; не подлежáщий вы́купу.

irrefutable [i'refjutəbl] □ неопровержи́мый.

irregular [i'regjulə] □ непрáвильный (a. gr.); беспоря́дочный; нерегуля́рный.

irrelevant [i'relivənt] □ не относя́щийся к дéлу; неумéстный.

irreligious [iri'lidʒəs] □ нерелигиóзный; невéрующий.

irremediable [iri'mi:diəbl] □ непоправи́мый; неизлечи́мый.

irreparable [i'repərəbl] □ непоправи́мый.

irreproachable [iri'proutʃəbl] □ безукори́зненный, безупрéчный.

irresistible [iri'zistəbl] □ неотрази́мый; непреодоли́мый (о желáнии и т. п.).

irresolute [i'rezəlu:t] □ нереши́тельный.

irrespective [iris'pektiv] □ безотноси́тельный (of к Д); незави́симый (of от P).

irresponsible [iris'pɔnsəbl] □ безотвéтственный; невменя́емый.

irreverent [i'revərənt] □ непочти́тельный.

irrevocable [i'revəkəbl] □ безвозврáтный.

irrigate ['irigeit] орошáть [ороси́ть].

irrita|ble ['iritəbl] □ раздражи́тельный; болéзненно чувстви́тельный; ~nt [-tənt] раздражáющее срéдство; ~te [-teit] раздражáть [-жи́ть]; ~tion [iri'teiʃən] раздражéние.

irruption [i'rʌpʃən] набéг, нашéствие.

is [iz] 3. p. sg. pres. от be.

island ['ailənd] óстров; ~er [-ə] острови́тянин (-тя́нка).

isle [ail] óстров; ~t [ail'lit] острово́к.

isolat|e ['aisəleit] изоли́ровать; (im)pf., отделя́ть [-ли́ть]; ~ion [aisə'leiʃən] изоля́ция.

issue ['isju:] 1. вытекáние, излия́ние; выход; потóмство; спóрный вопрóс; вы́пуск, издáние; исхóд, результáт; ~ in law разноглáсие о прáвильности применéния закóна; be at ~ быть в разноглáсии; быть предмéтом спóра; point at ~ предмéт обсуждéния; 2. v/i. исхóдить [изойти́] (from из P); вытекáть [вы́течь] (from из P); происходи́ть [произойти́] (from от P); v/t. выпускáть [вы́пустить], изд(ав)áть.

isthmus ['isməs] перешéек.

it [it] pron. pers. oh, онá, онó; э́то.

Italian [i'tæljən] 1. италья́нский; 2. италья́нец (-нка); 3. италья́нский язы́к.

italics [i'tæliks] typ. курси́в.

itch [itʃ] 1. 𝔰 чесотка; 2. чесáться, зудéть; be ~ing to inf. горéть желáнием (+ inf.).

item ['aitem] 1. пункт, парáграф; вопрóс (на повéстке); нóмер (прогрáммы); 2. adv. тáкже, тóже; ~ize ['aitəmaiz] part. Am. перечисля́ть по пýнктам.

iterate ['itəreit] повторя́ть [-ри́ть].

itinerary [i'tinərəri, ai't-] маршрýт, путь m; путеводи́тель m.

its [its] pron. poss. от it егó, её, свой.

itself [it'self] (сам m, самá f,) самó n; себя́, -ся, -сь; себé; in ~ самó по себé; by ~ самó собóй; отдéльно.

ivory ['aivəri] слонóвая кость f.

ivy ['aivi] ♣ плющ.

J

jab [dʒæb] F 1. толка́ть [-кну́ть]; ты́кать [ткнуть]; пыря́ть [-рну́ть]; 2. толчо́к, пино́к, (ко́лющий) уда́р.

jabber ['dʒæbə] болта́ть, тараторить.

jack [dʒæk] 1. па́рень *m*; вале́т (ка́рта); ⊕ домкра́т; ♣ матро́с; флаг, гюйс; 2. поднима́ть домкра́том; *Am. sl.* повыша́ть [-ы́сить] (це́ны); ~**ass** осёл; дура́к.

jacket ['dʒækit] жаке́т, ку́ртка; ⊕ чехо́л, кожу́х.

jack|-knife складно́й нож; ~**of--all-trades** на все ру́ки ма́стер.

jade [dʒeid] кля́ча; *contp.* шлю́ха; неря́ха.

jag [dʒæg] зубе́ц; зазу́брина; дыра́, проре́ха; ~**ged** ['dʒægid], ~**gy** [-i] зубча́тый; зазу́бренный.

jail [dʒeil] тюрьма́; тюре́мное заключе́ние; ~**er** ['dʒeilə] тюре́мщик.

jam¹ [dʒæm] варе́нье.

jam² [⌣] 1. сжа́тие, сжима́ние; ⊕ перебо́й; traffic ~ зато́р в у́личном движе́нии; *Am.* be in a ~ быть в затрудни́тельном положе́нии; 2. заж(им)а́ть; защемля́ть [-ми́ть]; набива́ть битко́м; загроможда́ть [-мозди́ть]; глуши́ть (радиопереда́чи).

jangle ['dʒæŋgl] издава́ть ре́зкие зву́ки; нестро́йно звуча́ть.

janitor ['dʒænitə] швейца́р; дво́рник.

January ['dʒænjuəri] янва́рь *m*.

Japanese [dʒæpə'niːz] 1. япо́нский; 2. япо́нец (-нка); the ~ *pl.* япо́нцы *pl.*

jar [dʒɑː] 1. кувши́н; ба́нка; ссо́ра; неприя́тный, ре́зкий звук; дре́безжа́ние; 2. [за]дребезжа́ть; [по-]коро́бить; дисгармони́ровать.

jaundice ['dʒɔːndis] ♀ желту́ха; жёлчность *f*; *fig.* за́висть *f*; ~**d** [-t] желту́шный; *fig.* зави́стливый.

jaunt [dʒɔːnt] 1. увесели́тельная пое́здка, прогу́лка; 2. предпринима́ть увесели́тельную пое́здку и т. п.; ~**y** ['dʒɔːnti] □ весёлый, бо́йкий.

javelin ['dʒævlin] копьё.

jaw [dʒɔː] че́люсть *f*; ~**s** *pl.* рот, пасть *f*; ⊕ *mst pl.* губа́ (кле́щей); ~**-bone** челюстна́я кость *f*.

jealous ['dʒeləs] □ ревни́вый; зави́стливый; ~**y** [-i] ре́вность *f*; за́висть *f*.

jeep [dʒiːp] *Am.* ✕ джип.

jeer [dʒiə] 1. насме́шка, глумле́ние; 2. насмеха́ться [-ея́ться], [по]глуми́ться (at над T).

jejune [dʒi'dʒuːn] □ пре́сный, пусто́й, неинтере́сный.

jelly ['dʒeli] 1. желе́ *n indecl.*; сту́день *m*; 2. засты(ва́)ть; ~**-fish** меду́за.

jeopardize ['dʒepədaiz] подверга́ть опа́сности.

jerk [dʒəːk] 1. рыво́к; толчо́к; подёргивание (му́скула); 2. ре́зко толка́ть и́ли дёргать; дви́гаться толчка́ми; ~**y** ['dʒəːki] □ отры́вистый; ~ **ily** *adv.* рывка́ми.

jersey ['dʒəːzi] фуфа́йка; вя́заный жаке́т.

jest [dʒest] 1. шу́тка; насме́шка; 2. [по]шути́ть; насме́шничать; ~**er** ['dʒestə] шутни́к (-и́ца); шут.

jet [dʒet] 1. струя́ (воды́, га́за и т. п.); ⊕ жиклёр, форсу́нка; *attr.* реакти́вный; 2. бить струёй, выпуска́ть струёй.

jetty ['dʒeti] ⊕ при́стань *f*; мол; да́мба.

Jew [dʒuː] евре́й; *attr.* евре́йский.

jewel ['dʒuːəl] драгоце́нный ка́мень *m*; ~(**l**)**er** [-ə] ювели́р; ~(**le**)**ry** [-ri] драгоце́нности *f/pl.*

Jew|ess ['dʒuːis] евре́йка; ~**ish** [-iʃ] евре́йский.

jib [dʒib] ♣ кли́вер.

jiffy ['dʒifi] F миг, мгнове́ние.

jig-saw *Am.* маши́нная ножо́вка; ~ **puzzle** составна́я карти́нка-зага́дка.

jilt [dʒilt] 1. коке́тка, обма́нщица; 2. увле́чь и обману́ть (о же́нщине).

jingle ['dʒiŋgl] 1. звон, звя́канье; 2. [за]звене́ть, звя́кать [-кнуть].

job [dʒɔb] 1. рабо́та, труд, де́ло; зада́ние; by the ~ сде́льно, поуро́чно; ~ lot ве́щи ку́пленные гурто́м по дешёвке; ~ **work** сде́льная рабо́та; 2. *v/t.* брать (дава́ть) внаём; *v/i.* рабо́тать поштучно, сде́льно; быть ма́клером; ~**ber** ['dʒɔbə] занима́ющийся случа́йной рабо́той; сде́льщик; ма́клер; спекуля́нт.

jockey ['dʒɔki] 1. жоке́й; 2. обма́нывать [-ну́ть], надy(ва́)ть.

jocose [dʒə'kous] шутли́вый, игри́вый.

jocular ['dʒɔkjulə] шутли́вый, юмористи́ческий.

jocund ['dʒɔkənd] □ весёлый, живо́й; прия́тный.

jog [dʒɔg] 1. толчо́к; тря́ская езда́; ме́дленная езда́; 2. *v/t.* толка́ть [-кну́ть]; *v/i.* (*mst* ~ along), ~ на́ехать подпры́гивая, трясти́сь.

join [dʒɔin] 1. *v/t.* соединя́ть [-ни́ть], присоединя́ть [-ни́ть]; присоедини́ться [-ни́ться] к (Д); войти́ в компа́нию (Р); вступи́ть в чле́ны (Р); ~ **battle** вступа́ть в бой; ~ **hands** объединя́ться [-ни́ться]; бра́ться за́ руки; *v/i.*

joiner ['dʒɔinə] столя́р; **~y** [-ri] столя́рничество.

joint [dʒɔint] **1.** ме́сто соедине́ния; *anat.* суста́в; ♀ у́зел; кусо́к мя́са для жа́рения; put out of ~ вы́вихнуть [вы́вихнуть]; **2.** □ соединённый; о́бщий; ~ heir сона́следник; **3.** соединя́ть [-ни́ть]; расчленя́ть [-ни́ть]; **~-stock** акционе́рный капита́л; ~ **company** акционе́рное о́бщество.

jok|e [dʒouk] **1.** шу́тка, острота́; **2.** *v/i.* [по]шути́ть; *v/t.* поддра́знивать [-ни́ть], **~er** ['dʒoukə] шутни́к (-и́ца); **~y** [-ki] □ шутли́вый; шу́точный.

jolly ['dʒɔli] весёлый, ра́достный; F преле́стный, сла́вный.

jolt [dʒoult] **1.** трясти́ [тряхну́ть], встря́хивать [-хну́ть]; **2.** толчо́к; тря́ска.

jostle ['dʒɔsl] **1.** толка́ть(ся) [-кну́ть(ся)]; тесни́ть(ся); **2.** толчо́к; толкотня́, да́вка (в толпе́).

jot [dʒɔt] **1.** ничто́жное коли́чество, йо́та; **2.** ~ down бегло набро́сать, кра́тко записа́ть.

journal ['dʒə:nl] дневни́к; журна́л; *parl.* протоко́л заседа́ния; ⊕ ше́йка (ва́ла); ца́пфа; **~ism** ['dʒə:nlizm] журнали́стика.

journey ['dʒə:ni] **1.** пое́здка, путеше́ствие; **2.** путеше́ствовать; **~man** подмасте́рье; наёмник.

jovial ['dʒouvjəl] весёлый, общи́тельный.

joy [dʒɔi] ра́дость f, удово́льствие; **~ful** ['dʒɔiful] □ ра́достный, весёлый; **~less** [-lis] □ безра́достный; **~ous** [-əs] □ ра́достный, весёлый.

jubil|ant ['dʒu:bilənt] лику́ющий; **~ate** [-leit] ликова́ть, торжествова́ть; **~ee** ['dʒu:bili:] юбиле́й.

judge [dʒʌdʒ] **1.** судья́ *m*; арби́тр; знато́к, цени́тель; **2.** *v/i.* суди́ть, посуди́ть *pf.*; быть арби́тром; *v/t.* суди́ть о (П); оце́нивать [-ни́ть]; осужда́ть [осуди́ть], порица́ть.

judg(e)ment ['dʒʌdʒmənt] пригово́р; реше́ние суда́; сужде́ние; рассуди́тельность *f*; мне́ние; взгляд.

judicature ['dʒu:dikətʃə] суде́йская корпора́ция; судоустро́йство; отправле́ние правосу́дия.

judicial [dʒu:'diʃəl] □ суде́бный; суде́йский; рассуди́тельный.

judicious [dʒu:'diʃəs] □ здравомы́слящий, рассуди́тельный; **~ness** [-nis] рассуди́тельность *f*.

jug [dʒʌg] кувши́н; F тюрьма́.

juggle ['dʒʌgl] **1.** фо́кус, трюк; **2.** жонгли́ровать; обма́нывать [-ну́ть]; **~r** [-ə] жонглёр; фо́кусник (-ица).

juic|e [dʒu:s] сок; **~y** ['dʒu:si] □ со́чный; F колори́тный; интере́сный.

July [dʒu:'lai] ию́ль *m*.

jumble ['dʒʌmbl] **1.** пу́таница, беспоря́док; **2.** толка́ться; сме́шивать(ся) [-ша́ть(ся)]; дви́гаться в беспоря́дке; **~-sale** прода́жа вся́ких сбо́рных веще́й с благотвори́тельной це́лью.

jump [dʒʌmp] **1.** прыжо́к; скачо́к; вздра́гивание (от испу́га); **2.** *v/i.* пры́гать [-гнуть]; скака́ть [-кну́ть]; ~ at охо́тно приня́ть (предложе́ние, пода́рок), ухвати́ться [ухвати́ться] за (В); ~ to conclusions де́лать поспе́шные вы́воды; *v/t.* перепры́гивать [-гнуть]; **~er** ['dʒʌmpə] прыгу́н; скаку́н; джéмпер; **~y** [-pi] не́рвный, легко́ вздра́гивающий.

junct|ion ['dʒʌŋkʃən] соедине́ние; ⊕ железнодоро́жный у́зел; **~ure** [-ktʃə] соедине́ние; стече́ние обстоя́тельств, положе́ние дел; (крити́ческий) моме́нт; at this ~ of things при подо́бном положе́нии дел.

June [dʒu:n] ию́нь *m*.

jungle ['dʒʌŋgl] джу́нгли *f/pl.*; густы́е за́росли *f/pl.*

junior ['dʒu:njə] **1.** мла́дший; моло́же (to P *or* чем И); **2.** мла́дший.

junk [dʒʌŋk] ⊕ джо́нка; *Am.* старьё; *sl.* хлам, отбро́сы *m/pl.*

juris|diction [dʒuəris'dikʃən] отправле́ние правосу́дия; юрисди́кция; **~prudence** ['dʒuərispru:dəns] юриспруде́нция, законове́дение.

juror ['dʒuərə] ⚖ прися́жный; член жюри́.

jury [-ri] ⚖ прися́жные *m/pl.*; жюри́ *n indecl.*; **~man** прися́жный; член жюри́.

just [dʒʌst] **1.** □ *adj.* справедли́вый; пра́ведный; ве́рный, то́чный; **2.** *adv.* то́чно, как раз, и́менно; то́лько что; пря́мо; ~ now сейча́с, сию́ мину́ту; то́лько что.

justice ['dʒʌstis] справедли́вость *f*; правосу́дие; судья́ *m*; court of ~ суд.

justification [dʒʌstifi'keiʃən] оправда́ние; реабилита́ция.

justify ['dʒʌstifai] опра́вдывать [-да́ть], извиня́ть [-ни́ть].

justly ['dʒʌstli] справедли́во.

justness [-nis] справедли́вость *f*.

jut [dʒʌt] (*a.* ~ out) выступа́ть; выда(ва́)ться.

juvenile ['dʒu:vinail] **1.** ю́ный, ю́ношеский; **2.** ю́ноша *m*, подро́сток.

K

kangaroo [kæŋgə'ru:] кенгуру́ *m/f. indecl.*

keel [ki:l] 1. киль *m*; 2. ~ **over** опроки́дывать(ся) [-и́нуть(ся)].

keen [ki:n] □ о́стрый; ре́зкий; проница́тельный; си́льный; **be** ~ **on** о́чень люби́ть (В), стра́стно увлека́ться (Т); ~**ness** ['ki:nnis] острота́; проница́тельность *f*.

keep [ki:p] 1. содержа́ние; пропита́ние; **for** ~**s** F *part. Am.* навсегда́; 2. [*irr.*] *v/t. com.* держа́ть; сохраня́ть [-ни́ть], храни́ть; содержа́ть; вести́ (кни́ги и т. п.); [с]держа́ть (сло́во и т. п.); ~ **company with** подде́рживать знако́мство с (Т); ~ **waiting** заста́вить ждать; ~ **away** не подпуска́ть (**from** к Д); ~ **a th. from a p.** уде́рживать что́-либо от (Р); ~ **in** не выпуска́ть [вы́пустить] (из); (**from**) ~ оставля́ть (шко́льника) по́сле уро́ков; ~ **on** не снима́ть (шля́пы и т. п.); ~ **up** подде́рживать [-жа́ть]; 3. *v/i.* держа́ться; уде́рживаться [-жа́ться] (**from** от Р); ост(ав)а́ться; не по́ртиться (о пи́ще); F и́ли *Am.* жить, обрета́ться; ~ **doing** продолжа́ть де́лать; ~ **away** держа́ться в отдале́нии; ~ **from** воздёрживаться [-жа́ться] от (Р); ~ **off** держа́ться в отдале́нии от (Р); ~ **on** (**talking**) продолжа́ть (говори́ть); ~ **to** приде́рживаться (Р); ~ **up** держа́ться бо́дро; ~ **up with** держа́ться наравне́ с (Т), идти́ в но́гу с (Т).

keep|er ['ki:pə] храни́тель *m*; сто́рож; ~**ing** ['ki:piŋ] хране́ние; содержа́ние; **be in (out of)** ~ **with** ... (не) согласова́ться с (Т); ~**sake** ['ki:pseik] пода́рок на па́мять.

keg [keg] бочо́нок.

kennel ['kenl] конура́.

kept [kept] *pt. и p. pt. om* keep.

kerb(stone) ['kə:b(stoun)] край тротуа́ра; бордю́рный ка́мень *m*.

kerchief ['kə:tʃif] (головно́й) плато́к; косы́нка.

kernel ['kə:nl] зерно́, зёрнышко; ядро́; *fig.* суть *f*.

kettle ['ketl] ча́йник (для кипяче́ния воды́); котёл; ~**drum** ♪ лита́вра; F зва́ный вече́рний чай.

key [ki:] 1. ключ; код; ⊕ клин; шпо́нка; кла́виш(а); ♪ ключ, тона́льность *f*; *fig.* тон; 2. запира́ть [запере́ть] (на ключ); ♪ настра́ивать [-ро́ить]; ~ **up** придава́ть реши́мость (Д); **be** ~**ed up** *Am.* быть в взви́нченном состоя́нии; ~**board** клавиату́ра; ~**hole** замо́чная сква́жина; ~**note** тона́льность *f*; *fig.* основна́я мысль *f*; ~**stone** △ ключево́й ка́мень *m*.

kick [kik] 1. уда́р (ного́й, копы́том); пино́к; F си́ла сопротивле́ния; 2. *v/t.* ударя́ть [уда́рить] (ного́й); брыка́ть [-кну́ть]; ~ **out** *Am. sl.* вышвы́ривать [вы́швырнуть], выгоня́ть [вы́гнать]; *v/i.* брыка́ться [-кну́ться], ляга́ться [лягну́ться]; [вос]проти́виться; ~**er** ['kikə] брыкли́вая ло́шадь *f*; футболи́ст.

kid [kid] 1. козлёнок; ла́йка (ко́жа); F ребёнок; 2. *sl.* поддра́знивать [-ни́ть].

kidnap ['kidnæp] похища́ть [-хи́тить] (люде́й); ~(**p**)**er** [-ə] похити́тель-вымога́тель *m*.

kidney ['kidni] *anat.* по́чка; F тип, хара́ктер.

kill [kil] уби(ва́)ть; бить (скот); *fig.* [по]губи́ть; *parl.* прова́ливать [-ли́ть] (законопрое́кт и т. п.); ~ **off** уничтожа́ть [-о́жить]; ~ **time** убива́ть вре́мя; ~**er** ['kilə] уби́йца *m/f*.

kiln [kiln] обжига́тельная печь *f*.

kin [kin] семья́; родня́.

kind [kaind] 1. □ до́брый, серде́чный, любе́зный; 2. сорт, разнови́дность *f*; род; **pay in** ~ плати́ть нату́рой; ~**-hearted** мягкосерде́чный, до́брый.

kindle ['kindl] зажига́ть(ся) [заже́чь(ся)]; воспламеня́ть [-ни́ть].

kindling ['kindliŋ] расто́пка.

kind|ly ['kaindli] до́брый; ~**ness** [-nis] доброта́; до́брый посту́пок.

kindred ['kindrid] 1. ро́дственный; 2. кро́вное родство́.

king [kiŋ] коро́ль *m*; ~**dom** ['kiŋdəm] короле́вство; ♀, *zo.* (расти́тельное, живо́тное) ца́рство; ~**like** [-laik], ~**ly** [-li] короле́вский; вели́чественный.

kink [kiŋk] изги́б; пе́тля; у́зел; *fig.* стра́нность *f*, причу́да.

kin|ship ['kinʃip] родство́; ~**sman** ['kinzmən] ро́дственник.

kiss [kis] 1. поцелу́й; 2. [по]целова́ть(ся).

kit [kit] ка́дка; ра́нец; ✕ ли́чное обмундирова́ние; ~**bag** ✕ вещево́й мешо́к; ⊕ набо́р инструме́нтов.

kitchen ['kitʃin] ку́хня.

kite [kait] (бума́жный) змей.

kitten ['kitn] котёнок.

knack [næk] уда́чный приём; уме́ние, сноро́вка.

knapsack ['næpsæk] ра́нец, рюкза́к.

knave [neiv] моше́нник; вале́т (ка́рта).

knead [ni:d] [с]меси́ть.

knee [ni:] коле́но; ~**-cap** *anat.* коле́нная ча́шечка; ~**l** [ni:l] [*irr.*]

становиться на колени; стоять на коленях (to перед Т).
knell [nel] похоронный звон.
knelt [nelt] *pt. и p. pt.* от kneel.
knew [nju:] *pt. и p. pt.* от know.
knickknack ['niknæk] безделушка.
knife [naif] 1. (*pl.* knives) нож; 2. резать, колоть ножом.
knight [nait] 1. рыцарь *m*; *chess* конь *m*; 2. возводить в рыцари; ~**errant** странствующий рыцарь *m*; ~**hood** ['naithud] рыцарство; ~**ly** [-li] рыцарский.
knit [nit] [*irr.*] [c]вязать; связывать [-зать]; срастаться [срастись]; ~ the brows хмурить брови; ~**ting** ['nitiŋ] 1. вязание; 2. вязальный.
knives [naivz] *pl.* от knife.
knob [nɔb] шишка; набалдашник; ручка; кнопка, головка.
knock [nɔk] 1. удар, стук; 2. ударять(ся) [ударить(ся)]; [по]стучать(ся) F ~ about рыскать по свету; ~ down сбивать с ног; ⊕ разбирать [-зобрать]; be ~ed down попадать под автомобиль и т. п.; ~ off work прекращать работу; ~ off стряхивать [-хнуть], смахивать [-хнуть]; ~ out выби(ва)ть, выколачивать [выколотить]; *sport.* нокаутировать (*im*)*pf.*; ~**kneed** с вывернутыми внутрь коленями; *fig.* слабый; ~**out** нокаут (*a.* ~ blow).
knoll [noul] холм, бугор.
knot [nɔt] 1. узел; союз; узы *f/pl.*; 2. завязывать (или узлом) спут(ыв)ать; ~**ty** ['nɔti] узловатый; сучковатый; *fig.* затруднительный.
know [nou] [*irr.*] знать; быть знакомым с (Т); узн(ав)ать; [с]уметь; ~ French говорить по-французски; come to ~ узн(ав)ать; ~**ing** ['nouiŋ] □ ловкий, хитрый; проницательный; ~**ledge** ['nɔlidʒ] знание; to my ~ по моим сведениям; ~**n** [noun] *p. pt.* от know; come to be ~ сделаться известным; make ~ объявлять [-вить].
knuckle ['nʌkl] 1. сустав пальца; 2. ~ down, ~ under уступать [-пить]; подчиняться [-ниться].

L

label ['leibl] 1. ярлык, этикетка; 2. наклеивать ярлык на (В); *fig.* относить к категории (as Р).
laboratory [lə'bɔrətəri] лаборатория; ~ assistant лабораторный (-ная) ассистент(ка).
laborious [lə'bɔːriəs] □ трудный; старательный.
labo(u)r ['leibə] 1. труд; работа; родовые муки *f/pl.*; hard ~ принудительный труд; ♀ Exchange биржа труда; 2. рабочий; трудовой; 3. *v/i.* трудиться, работать; прилагать усилия; *v/t.* вырабатывать [выработать]; ~**creation** предоставление работы; ~**ed** вымученный; трудный; ~**er** [-rə] рабочий.
lace [leis] 1. кружево; шнурок; 2. [за]шнуровать; окаймлять [-мить] (кружевом и т. п.); хлестать [-тнуть], [вы]пороть (*a.* ~ into *a p.*).
lacerate ['læsəreit] разрывать [разорвать], раздирать [раздрать].
lack [læk] 1. недостаток, нужда; отсутствие (Р); 2. испытывать недостаток, нуждаться в (П) he ~s money у него недостаток денег; be ~ing недостав(ав)ать; water is ~ing недостаёт воды; ~**lustre** тусклый.
lacquer ['lækə] 1. лак, политура; 2. [от]лакировать.
lad [læd] парень *m*, юноша *m*.
ladder ['lædə] лестница; ♣ трап.

laden ['leidn] нагружённый; *fig.* обременённый.
lading ['leidiŋ] погрузка; груз, фрахт.
ladle ['leidl] 1. ковш; черпак; половник; 2. вычерпывать [вычерпнуть]; разли(ва)ть (суп) (*a.* ~ out).
lady ['leidi] дама; леди *f. indecl.* (титул); ~**like** имеющая манеры леди; ~**love** возлюбленная; ~**ship** [-ʃip]: your ~ ваша милость *f*.
lag [læg] 1. запаздывать; отст(ав)ать (*a.* ~ behind); 2. запаздывание; отставание.
laggard ['lægəd] медленный, вялый человек.
lagoon [lə'guːn] лагуна.
laid [leid] *pt. и p. pt.* от lay; ~**up** лежачий (больной).
lain [lein] *p. pt.* от lie³.
lair [lɛə] логовище, берлога.
laity ['leiiti] миряне *pl.*; профаны *m/pl.*
lake [leik] озеро. [*m/pl.*]
lamb [læm] 1. ягнёнок; 2. [о]ягниться.
lambent ['læmbənt] играющий, колыхающийся (о пламени).
lambkin ['læmkin] ягнёночек.
lame [leim] 1. □ хромой; *fig.* неубедительный; 2. [из]увечить, [ис]калечить.
lament [lə'ment] 1. стенание, жалоба; 2. стенать; опла́к(ив)ать; [по]жаловаться; ~**able** ['læməntəbl] жалкий; печальный; ~**ation** [læmən'teiʃən] жалоба, плач.

lamp [læmp] лампа; фонарь *m*; *fig.* свёточ, светило.

lampoon [læm'pu:n] 1. памфлет, пасквиль *m*; 2. писать пасквиль на (В).

lamp-post фонарный столб.

lampshade абажур.

lance [la:ns] 1. пика; острога; 2. пронзать пикой; вскрывать ланцетом; **~corporal** *Brit.* ✕ ефрейтор.

land [lænd] 1. земля, суша; страна; **~s** *pl.* поместья *n/pl.*; **~ register** поземельная книга; 2. ⚓ высаживать(ся) [высадить(ся)]; вытаскивать на берег; ⚓ приставать к берегу, причаливать; ✈ приземляться [-литься]; **~ed** ['lændid] земельный; **~holder** владелец земельного участка.

landing ['lændiŋ] высадка; ✈ приземление, посадка; **~** посадочная площадка; **~-stage** пристань *f*.

land|lady хозяйка (меблированных комнат); помещица; **~lord** помещик; хозяин (квартиры, гостиницы); **~mark** межевой знак, веха; ориентир; **~owner** землевладелец; **~scape** ['lænskeip] ландшафт, пейзаж; **~slide** оползень *m*; *pol.* резкое изменение (в распределении голосов между партиями).

lane [lein] тропинка; переулок.

language ['læŋgwidʒ] язык (речь); strong **~** сильные выражения *n/pl.*, брань *f*.

languid ['læŋgwid] □ томный.

languish ['læŋgwiʃ] [за]чахнуть; тосковать, томиться.

languor ['læŋgə] апатичность *f*; томление; томность *f*.

lank [læŋk] □ высокий и худой; прямой (о волосах); **~y** ['læŋki] □ долговязый.

lantern ['læntən] фонарь *m*; **~slide** диапозитив.

lap [læp] 1. пола; колени *n/pl.*; *fig.* лоно; ⊕ накладка; перекрытие; *sport.* круг; 2. перекры(ва)ть; [вы]лакать; жадно пить; плескаться.

lapel [lə'pel] отворот (пальто и т. п.).

lapse [læps] 1. ход (времени); ошибка, описка; моральное падение; 2. падать [упасть] (морально); приняться за старое; терять силу (о праве).

larceny ['la:sni] ⚖ воровство.

lard [la:d] 1. свиное сало, [на-] шпиговать; **~er** ['la:də] кладовая.

large [la:dʒ] □ большой, крупный; обильный; щедрый; at **~** на свободе; пространно, подробно; **~ly** ['la:dʒli] в значительной степени; обильно, щедро; на широкую ногу, в широком масштабе; **~ness**

[-nis] большой размер; широта (взгляда).

lark [la:k] жаворонок; *fig.* шутка, проказа, забава.

larva ['la:və] *zo.* личинка.

larynx ['læriŋks] гортань *f*.

lascivious [lə'siviəs] □ похотливый.

lash [læʃ] 1. плеть *f*; бич; ремень *m* (часть кнута); удар (плётью и т. п.); ресница; 2. хлестать [-тнуть]; привязывать [-зать]; *fig.* бичевать.

lass [læs], **~ie** [læs, 'læsi] девушка, девочка.

lassitude ['læsitju:d] усталость *f*.

last¹ [la:st] 1. *adj.* последний; прошлый; крайний; **~ but one** предпоследний; **~ night** вчера вечером; 2. конец; at **~** наконец; 3. *adv.* в последний раз; после всех; в конце.

last² [~] продолжаться [-должиться]; [про]длиться; хватать [-тить]; сохраняться [-ниться].

last³ [~] колодка.

lasting ['la:stiŋ] □ длительный, постоянный; прочный.

lastly ['la:stli] наконец.

latch [lætʃ] 1. щеколда, задвижка; американский замок; 2. запирать [запереть].

late [leit] поздний; запоздалый; недавний; умерший, покойный; *adv.* поздно; at (the) **~st** не позднее; of **~** за последнее время; be **~** опаздывать [опоздать]; **~ly** ['leitli] недавно; за последнее время.   [латентный.)

latent ['leitənt] □ скрытый; ⨪

lateral ['lætərəl] □ боковой; побочный, вторичный.

lath [la:θ] 1. дранка; планка; 2. прибивать планки к (Д).

lathe [leið] токарный станок.

lather ['la:ðə] 1. мыльная пена; 2. *v/t.* намыли(ва)ть; *v/i.* мылиться, намыли(ва)ться; взмыли(ва)ться (о лошади).

Latin ['lætin] 1. латинский язык; 2. латинский.

latitude ['lætitju:d] *geogr.*, *ast.* широта; *fig.* свобода действий.

latter ['lætə] недавний; последний; **~ly** [-li] недавно; к концу.

lattice ['lætis] решётка (*a.* **~work**).

laud [lɔ:d] 1. хвала; 2. [по]хвалить; **~able** ['lɔ:dəbl] □ похвальный.

laugh [la:f] 1. смех; 2. смеяться; **~ at** p. высмеивать [высмеять] (В), смеяться над (Т); **~able** ['la:fəbl] □ смешной; **~ter** ['la:ftə] смех.

launch [lɔ:ntʃ] 1. баркас; моторная лодка; 2. запускать [-стить]; спускать [-стить] (судно на воду); *fig.* пускать в ход.

laund|ress ['lɔ:ndris] прачка; **~ry** [-ri] прачечная; бельё для стирки.)

laurel ['lɔrəl] ♠ лавр.   [ки.)

lavatory ['lævətəri] уборная.

lavender ['lævində] ♣ лаванда.

lavish ['lævif] 1. □ щедрый, расточительный; 2. расточать [-чить].

law [lɔ:] закон; правило; ⅌ право; ⅌ юриспруденция; go to ~ начать судебный процесс; lay down the ~ задавать тон; ~-abiding ⅌ законопослушный, соблюдающий закон; ~-court суд; ~ful ['lɔ:ful] □ законный; ~less ['lɔ:lis] □ беззаконный. [(ткань).\

lawn [lɔ:n] лужайка, газон; батист/

law|suit ['lɔ:sju:t] судебный процесс; ~yer ['lɔ:jə] юрист; адвокат.

lax [læks] □ вялый; рыхлый; небрёжный; неряшливый; ~ative ['læksətiv] слабительное.

lay¹ [lei] 1. pt. от lie²; 2. светский, мирской (не духовный).

lay² [~] 1. положение, направление; 2. [irr.] v/t. класть [положить]; ~ложить [-ложить], успокаивать [-коить]; накры(ва)ть (на стол); ~ before a p. предъявлять [-вить] (Д); ~ in stocks запасаться [запастись] (of Т); ~ low опрокидывать [-инуть]; ~ open излагать [изложить]; откры(ва)ть; ~ out выкладывать [выложить]; разби(ва)ть (сад, парк и т. п.); ~ up [на]копить; приковывать к постели, ~ with откладывать [отложить] (Т); v/i. [c]нестись (о птицах); держать пари (a. ~ a wager).

layer ['leiə] слой, пласт, наслоение.

layman ['leimən] мирянин; неспециалист, любитель m.

lay|off приостановка производства; ~-out план; разбивка.

lazy ['leizi] □ ленивый.

lead¹ [led] свинец; ♣ лот; грузило; typ. шпоны m/pl.

lead² [li:d] 1. руководство; инициатива; sport. лидерство; thea. главная роль f; ⅌ вводный провод; 2. [irr.] v/t. водить, [по]вести; приводить [-вести]; склонять [-нить] (to к Д); руководить (Т); ходить [пойти] с (P pl.) (о карточной игре); ~ on соблазнять [-нить]; v/t. вести; быть первым ~ off нач(ин)ать, класть начало.

leaden ['ledn] свинцовый (a. fig.).

leader ['li:də] руководитель(ница f) m; вождь m; передовая статья.

leading ['li:din] 1. руководящий; ведущий; передовой; выдающийся; 2. руководство; ведение.

leaf [li:f] (pl.: leaves) лист (♣ pl.); листья; ~let ['li:flit] листовка; ~y ['li:fi] покрытый листьями.

league [li:g] 1. лига, союз; 2. вступать в союз; объединять(ся) [-нить(ся)].

leak [li:k] 1. течь f; утечка, 2. да-

вать течь, пропускать воду; ~ out просачиваться [-сочиться]; fig. обнаружи(ва)ться; ~age ['li:kidʒ] просачивание; fig. обнаружение (тайны и т. п.); ~y ['li:ki] с течью.

lean [li:n] 1. [irr.] прислонять(ся) [-нить(ся)] (against к Д); опираться [опереться] (on на В) (a. fig.); наклонять(ся) [-нить(ся)]; 2. тощий, худой.

leant [lent] pt. и p. pt. от lean.

leap [li:p] 1. прыжок, скачок; 2. [a. irr.] прыгать [-гнуть], скакать [скакнуть]; ~t [lept] pt. и p. pt. от leap; ~-year високосный год.

learn [lə:n] [a. irr.] изучать [-чить], [на]учиться (Д); ~ from узн(ав)ать от (P); ~ed [lə:nid] □ учёный; ~ing ['lə:nin] учение; учёность f, эрудиция; ~t [lə:nt] pt. и p. pt. от learn.

lease [li:s] 1. аренда; наём; 2. сдавать внаём, в аренду; брать внаём, в аренду.

least [li:st] adj. малейший; наименьший; adv. менее всего, в наименьшей степени; at (the) ~ по крайней мере.

leather ['leðə] 1. кожа; ремень m; 2. (a. ~n) кожаный.

leave [li:v] 1. разрешение, позволение; отпуск; 2. [irr.] v/t. оставлять [-авить], покидать [покинуть]; предоставлять [-авить]; Am. позволять [-волить]; ~ off бросать [бросить] (делать что-либо); v/i. уезжать [уехать], уходить [уйти].

leaves [li:vz] pl. от leaf.

leavings ['li:vinz] остатки m/pl.; отбросы m/pl.

lecture ['lektʃə] 1. доклад; лекция; наставление; 2. v/i. читать лекции; v/t. отчитывать [-итать]; ~r [-ə] докладчик (-ица); лектор; univ. преподаватель m.

led [led] pt. и p. pt. от lead.

ledge [ledʒ] выступ, уступ; риф.

ledger ['ledʒə] ♰ гроссбух, главная книга.

leech [li:tʃ] zo. пиявка.

leer [liə] 1. взгляд искоса; 2. смотреть, глядеть искоса (at на В).

leeway ['li:wei] ♣ дрейф; fig. make up for ~ навёрстывать упущенное.

left¹ [left] pt. и p. pt. от leave; be ~ ост(ав)аться.

left² [~] 1. левый; 2. левая сторона; ~-hander левша m/f.

leg [leg] нога (от бедра до ступни); ножка (стола и т. п.); штанина.

legacy ['legəsi] наследство.

legal ['li:gəl] □ законный, легальный; правовой; ~ize [-aiz] узакони(ва)ть, легализовать (im)pf.

legation [li'geiʃən] дипломатическая миссия.

legend ['ledʒənd] легенда; надпись f; ~ary [-əri] легендарный.

leggings ['legiŋz] гамаши *f/pl.*, краги *f/pl.*

legible ['ledʒəbl] □ разборчивый.

legionary ['liːdʒənəri] легионер.

legislat|ion [ledʒis'leiʃən] законодательство; **~ive** ['ledʒisleitiv] законодательный; **~or** законодатель *m*.

legitima|cy [li'dʒitiməsi] законность *f*; **~te 1.** [-meit] узакони(ва)ть; **2.** [-mit] законный.

leisure ['leʒə] досуг; at your ~ когда вам удобно; **~ly** не спеша, спокойно.

lemon ['lemən] лимон; **~ade** [lemə'neid] лимонад.

lend [lend] *irr.* одалживать [одолжить]; давать взаймы; *fig.* д(ав)ать, прид(ав)ать.

length [leŋθ] длина; расстояние; продолжительность *f*; отрез (материи); at ~ подробно; go all ~s пойти на всё; **~en** ['leŋθən] удлинять(ся) [-нить(ся)]; **~wise** [-waiz] в длину; вдоль; **~y** [-i] растянутый; многословный.

lenient ['liːniənt] □ мягкий; снисходительный.

lens [lenz] линза.

lent¹ [lent] *pt. и p. pt.* от lend.

Lent² [~] великий пост.

less [les] **1.** (*comp.* от little) меньший; **2.** *adv.* меньше, менее; **3.** *prp.* без (Р).

lessen ['lesn] *v/t.* уменьшать [уменьшить]; недооценивать [-нить]; *v/i.* уменьшаться [уменьшиться].

lesser ['lesə] меньший.

lesson ['lesn] урок; *fig.* give a ~ to a p. проучить (В) *pf.*; предостережение.

lest [lest] чтобы не, как бы не.

let [let] *irr.* оставлять [-авить]; сдавать внаём; позволять [-волить] (Д), пускать [пустить]; ~ alone оставить в покое; *adv.* не говоря уже о ... (П); ~ down опускать [-стить]; *fig.* подводить [-вести]; ~ go выпускать из рук; выкинуть из головы (мысль); ~ into посвящать [-ятить] в (тайну и т. п.); ~ off стрелять [выстрелить] из (Р); *fig.* выпаливать [выпалить] (шутку); ~ out выпускать [выпустить]; ~ up *Am.* ослабе(ва́)ть.

lethargy ['leθədʒi] летаргия; апатичность *f*.

letter ['letə] **1.** буква; литера; письмо; ~s *pl.* литература; учёность *f; attr.* письменный; to the ~ буквально; **2.** помечать буквами; делать надпись на (П); **~-case** бумажник; **~-cover** конверт; **~ed** [-d] начитанный, образованный; **~-file** регистратор (папка); **~ing** [-riŋ] надпись *f*; тиснение; **~-press** текст в книге (в отличие от иллюстраций).

lettuce ['letis] салат.

level ['levl] **1.** горизонтальный; ровный; одинаковый, равный, равномерный; my ~ best всё, что в моих силах; **2.** уровень *m*; ватерпас, нивелир; *fig.* масштаб; ~ of the sea уровень моря; on the ~ *Am.* честно, правдиво; **3.** *v/t.* выравнивать [выровнять]; уравнивать [-внять]; сглаживать [сгладить]; сравнивать, [с]ровнять (с землёй); ~ up повышать уравнивая; *v/i.* ~ at прицели(ва)ться в (В); **~-headed** уравновешенный.

lever ['liːvə] рычаг, вага; **~age** [-ridʒ] подъёмная сила.

levity ['leviti] легкомыслие, ветренность *f*.

levy ['levi] **1.** сбор, взимание (налогов); ✕ набор (рекрутов); **2.** взимать (налог); ✕ наб(и)рать.

lewd [ljuːd] □ похотливый.

liability [laiə'biliti] ответственность *f* (*a.* ✝); обязательность; задолженность *f; fig.* подверженность *f*, склонность *f*; liabilities *pl.* обязательства *n/pl.*; ✝ долги *m/pl.*

liable ['laiəbl] □ ответственный (за В); обязанный; подверженный; be ~ to быть предрасположенным к (Д).

liar ['laiə] лгун(ья).

libel ['laibəl] **1.** клевета; **2.** [на-] клеветать на (В).

liberal ['libərəl] **1.** □ щедрый, обильный; *pol.* либеральный; **2.** либерал(ка); **~ity** [libə'ræliti] щедрость *f*; либеральность *f*.

liberat|e ['libəreit] освобождать [-бодить]; **~ion** [libə'reiʃən] освобождение; **~or** ['libəreitə] освободитель *m*.

libertine ['libətain] распутник; вольнодумец.

liberty [-ti] свобода; вольность *f*; бесцеремонность *f*; be at ~ быть свободным.

librar|ian [lai'brɛəriən] библиотекарь *m*; **~y** ['laibrəri] библиотека.

lice [lais] *pl.* от louse.

licen|ce, *Am.* ~se ['laisəns] **1.** разрешение, ✝ лицензия; вольность *f*; driving ~ водительские права *n/pl.*; **2.** разрешать [-шить]; давать право, патент на (В).

licentious [lai'senʃəs] □ распущенный, безнравственный.

lick [lik] **1.** облизывать [облизать (лизнуть)]; облизывать [-зать]; F [по]бить, [по]колотить; ~ the dust быть поверженным наземь; быть убитым; ~ into shape привести в порядок.

lid [lid] крышка; веко.

lie¹ [lai] **1.** ложь *f*, обман; give the ~ обличать во лжи; **2.** [со]лгать.

lie² [~] **1.** положение; направление; **2.** [*irr.*] лежать; быть рас-

положенным, находи́ться; заклю-
ча́ться; ~ by остава́ться без упо-
требле́ния; ~ down ложи́ться
[лечь]; ~ in wait for поджида́ть
(В).

lien ['liən] *fʰ* пра́во наложе́ния
аре́ста на иму́щество должника́.

lieu [lju:]: in ~ of вме́сто (P).

lieutenant [lef'tenənt, ⚓ and *Am.*
lut-] лейтена́нт; ~-**commander**
капита́н-лейтена́нт.

life [laif] жизнь *f*; о́браз жи́зни;
биогра́фия; жи́вость *f*; for ~ по-
жи́зненный; на всю жизнь; ~
sentence пожи́зненное заключе́-
ние; ~-**assurance** страхова́ние
жи́зни; ~-**boat** спаса́тельная лодка; ~-**guard** лейб-гва́рдия; ~-**less**
□ безжи́зненный, безжи́зненный;
~-**like** сло́вно живо́й; ~-**long** по-
жи́зненный; ~-**preserver** спаса́-
тельный по́яс; трость, на́литая
свинцо́м; ~-**time** вся жизнь *f*,
це́лая жизнь *f*.

lift [lift] 1. лифт; подъёмная ма-
ши́на; *phys.*, ✈ подъёмная си́ла;
fig. возвыше́ние; give a p. a ~
подвози́ть [-везти́] кого́-либо; 2.
v/t. поднима́ть [-ня́ть]; возвыша́ть
[-вы́сить]; *sl.* [у]кра́сть; *v/i.* воз-
выша́ться [-вы́ситься]; подни-
ма́ться [-ня́ться].

light [~] 1. свет, освеще́ние,
ого́нь *m*; *fig.* свети́ло; аспе́кт;
will you give me a ~ позво́льте
прикури́ть; put a ~ to зажига́ть
[заже́чь]; 2. све́тлый, я́сный; 3.
[*a. irr.*] *v/t.* зажига́ть [заже́чь];
освеща́ть [-ети́ть]; *v/i.* (*mst* ~ up)
загора́ться [~ре́ться]; освеща́ться
[-ети́ться].

light² [~] 1. *adj.* □ лёгкий, легко-
ве́сный; незначи́тельный; пусто́й;
легкомы́сленный; ~ current ⚡
ток сла́бого напряже́ния; make ~
of относи́ться несерьёзно к (Д);
2. ~ on неожи́данно натолкну́ть-
ся на (В), случа́йно напа́сть на
(В).

lighten ['laitn] освеща́ть [-ети́ть];
[по]светле́ть; сверка́ть [-кну́ть]
(о мо́лнии); де́лать(ся) бо́лее лёг-
ким.

lighter ['laitə] зажига́лка; запа́л;
⚓ ли́хтер.

light|headed легкомы́сленный; в
бреду́; ~-**hearted** □ беззабо́тный;
весёлый; ~-**house** мая́к.

lighting ['laitiŋ] освеще́ние.

light|-minded легкомы́сленный;
~**ness** лёгкость *f*.

lightning [-niŋ] мо́лния; ~-**conductor**, ~-**rod** громоотво́д.

light-weight *sport* легкове́с.

like [laik] 1. похо́жий, подо́бный;
ра́вный; such ~ подо́бный тому́,
тако́й; F feel ~ хоте́ть ~? (+ *inf.*);
what is he ~? что он за челове́к?;
2. не́что подо́бное; ~s *pl.* склон-

ности *f/pl.*, влече́ния *n/pl.*; his ~
ему́ подо́бные; 3. люби́ть; [за-]
хоте́ть; how do you ~ London? I
should ~ to know я хоте́л бы
знать.

like|lihood ['laiklihud] вероя́т-
ность *f*; ~**ly** ['laikli] вероя́тный;
подходя́щий; he is ~ to die он
вероя́тно умрёт.

like|n ['laikən] уподобля́ть [-о́бить];
сра́внивать [-ни́ть]; ~**ness** ['laik-
nis] схо́дство, подо́бие; ~**wise**
[-waiz] то́же, та́кже; подо́бно.

liking ['laikiŋ] расположе́ние (for
к Д).

lilac ['lailək] 1. сирень *f*; 2. лило́-
вый.

lily ['lili] ли́лия; ~ of the valley
ла́ндыш.

limb [lim] член, коне́чность *f*;
ве́тка.

limber ['limbə] ги́бкий, мя́гкий.

lime [laim] и́звесть *f*; ♀ лиме́тта
(разнови́дность лимо́на); ~-**light**
свет ра́мпы; *fig.* центр о́бщего
внима́ния.

limit ['limit] грани́ца, преде́л; off
~s вход воспрещён (на́дпись); be
~ed to ограни́чи(ва)ться (Т); ~-
ation [limi'teiʃən] ограниче́ние;
fʰ преде́льный срок; ~**ed** ['limit-
id]. ~ (liability) со́мпаиу о́бщество
с ограни́ченной отве́тствен-
ностью; ~**less** ['limitlis] □ безгра-
ни́чный.

limp [limp] 1. [за]хрома́ть; 2. при-
хра́мывать, хромота́; 3. мя́гкий,
нетвёрдый; сла́бый.

limpid ['limpid] прозра́чный.

line [lain] 1. ли́ния (*a.* 🚂, *tel.*);
строка́; черта́, штрих; шнуро́к;
леса́ (у́дочки); специа́льность *f*,
заня́тие; ✗ разверну́тый строй;
✗ рубе́ж; ~s *pl.* стихи́; ~ of conduct о́браз де́йствия; hard ~s *pl.*
неуда́ча; in ~ with в согла́сии с
(Т); stand in ~ *Am.* стоя́ть в о́че-
реди; 2. *v/t.* разлино́вывать [-но-
ва́ть]; класть на подкла́дку; ~ out
набра́сывать [-роса́ть]; тяну́ться
вдоль (Р).; *v/i.* ~ up выстра́ивать-
ся [вы́строиться] (в ряд).

linea|ge ['liniidʒ] родосло́вная,
происхожде́ние; ~**ment** [-mənt]
черты́ (лица́); очерта́ния (гор); ~**r**
['liniə] лине́йный.

linen ['linin] 1. полотно́; *coll.* белье́;
2. полотня́ный.

liner ['lainə] пассажи́рский паро-
хо́д и́ли самолёт.

linger ['liŋgə] [по]ме́длить, [про-]
ме́шкать; ~ over заде́рживаться
[-жа́ться] на (П).

lingerie ['læ:nʒəri:] † да́мское
белье́.

lining ['lainiŋ] подкла́дка; ⊕ оби́в-
ка, облицо́вка, футеро́вка.

link [liŋk] 1. звено́; связь *f*; соединéние; *fig.* ýзы *f/pl.*; 2. соединя́ть [-ни́ть]; смыка́ть [сомкну́ть]; примыка́ть [-мкну́ть].

linseed ['linsi:d] льняно́е сéмя *n*; ~ oil льняно́е мáсло.

lion ['laiən] лев; **~ess** [-is] льви́ца.

lip [lip] губá; край; F дéрзкая болтовня́; **~stick** губнáя помáда.

liquefy ['likwifai] превращáть(ся) в жи́дкость.

liquid ['likwid] 1. жи́дкий; прозрáчный; ✝ легкó реализýемый; 2. жи́дкость *f*.

liquidat|e ['likwideit] ликвиди́ровать *im(pf.)*; выплáчивать [вы́платить] (долг); **~ion** [likwi'deiʃən] ликвидáция; вы́плата дóлга.

liquor ['likə] жи́дкость *f*; (*a.* strong ~) спиртнóй напи́ток.

lisp [lisp] 1. шепеля́вость *f*; лéпет; 2. шепеля́вить, сюсю́кать.

list [list] 1. спи́сок, реéстр, пéречень *m*; крен (сýдна); 2. вноси́ть в спи́сок; составля́ть спи́сок (P); [на]крени́ться.

listen ['lisn] [по]слýшать; прислýш(ив)аться; (to к Д); ~ in подслýш(ив)ать (to в В); слýшать рáдио; **~er**, **~er-in** [-ə'rin] слýшатель(ница *f*) *m*.

listless ['listlis] апати́чный.

lit [lit] *pt. и p. pt.* от light[1].

literal ['litərəl] □ буквáльный, дословный.

litera|ry ['litərəri] □ литератýрный; **~ture** ['litritʃə] литератýра.

lithe [laið] ги́бкий.

lithography [li'θɔgrəfi] литогрáфия.

litigation [liti'geiʃən] тя́жба; спор.

litter ['litə] 1. носи́лки *f/pl.*; подсти́лка (для скотá); помёт (припло́д); беспоря́док; 2. подстилáть [подостлáть] (соло́му и т. п.); [о]щени́ться, [о]пороси́ться и т. п.; разбрáсывать в беспоря́дке.

little ['litl] 1. *adj.* мáленький, небольшóй; корóткий (о врéмени); a ~ оне мáльш; 2. *adv.* немнóго, мáло; 3. пустя́к, мéлочь *f*; a ~ немнóго; ~ by ~ мáло-помáлу, постепéнно; not a ~ немáло.

live 1. [liv] *com.* жить; существовáть; ~ to see дожи(вá)ть до (P); ~ down заглáживать [-лáдить]; ~ out пережи(вá)ть; ~ up to a standard жить соглáсно трéбованиям; 2. [laiv] живóй; жи́зненный; горя́щий; ✕ боевóй, дéйствующий (снаря́д); ⚡ под напряже́нием; **~lihood** ['laivlihud] срéдства к жи́зни; **~liness** [-nis] жи́вость *f*; оживлéние; **~ly** ['laivli] живóй; оживлённый.

liver ['livə] *anat.* пéчень *f*; *cook.* печёнка.

livery ['livəri] ливрéя.

live|s [laivz] *pl.* от life; **~stock** ['laivstɔk] живóй инвентáрь *m*.

livid ['livid] мéртвенно блéдный.

living ['liviŋ] 1. □ живóй; живýщий, существýющий; 2. срéдства к жи́зни; жизнь *f*, óбраз жи́зни; **~room** жилáя кóмната.

lizard ['lizəd] я́щерица.

load [loud] 1. груз; ноша, тя́жесть *f*, брéмя *n*; заря́д; 2. [на]грузи́ть, отягощáть [-готи́ть]; заряжáть [-яди́ть] (об орýжии); *fig.* обременя́ть [-ни́ть]; **~ing** ['loudiŋ] погрýзка; груз; заря́дка.

loaf [louf] 1. (*pl.* loaves) хлеб, карáвай; 2. бездéльничать; шатáться, слоня́ться без дéла.

loafer ['loufə] бездéльник; бродя́га *m*.

loam [loum] жи́рная гли́на; плодорóдная земля́.

loan [loun] 1. заём *m*; on ~ взаймы́; 2. давáть взаймы́, ссужáть [ссуди́ть].

lo(a)th [louθ] □ нескло́нный; **~e** [louð] питáть отвращéние к (Д); **~some** ['louðsəm] □ отврати́тельный.

loaves [louvz] *pl.* хлéбы *m/pl.*

lobby ['lɔbi] 1. прихóжая; *parl.* кулуáры *m/pl.*; *thea.* фойé *n indecl.*; 2. *part. Am. parl.* пытáться воздéйствовать на члéнов конгрéсса.

lobe [loub] ♀ *anat.* дóля; мóчка (ýха).

lobster ['lɔbstə] омáр.

local ['loukəl] 1. □ мéстный; ~ government мéстное самоуправлéние; 2. мéстное извéстие; (*a.* ~ train) при́городный пóезд; **~ity** [lou'kæliti] мéстность *f*, райóн; окрéстность *f*; **~ize** ['loukəlaiz] локализовáть *im(pf.)*; ограни́чивать распространéние (P).

locat|e [lou'keit] v/t. определя́ть мéсто (P); располагáть в определённом мéсте; назначáть мéсто для (P); *Am.* отмечáть грани́цу (P); be **~d** быть располóженным; v/i. поселя́ться [-ли́ться]; **~ion** [-ʃən] размещéние; определéние мéста; *Am.* местонахождéние.

lock [lɔk] 1. замóк; запóр; затóр; шлюз; лóкон; пучóк; 2. v/t. запирáть [запере́ть]; ⊕ [за]тормози́ть; ~ in запирáть [запере́ть]; ~ up вложи́ть (капитáл) в трýдно реализýемые бумáги; v/i. запирáться [запере́ться]; замыкáться [замкнýться].

lock|er ['lɔkə] запирáющийся шкáфчик; **~et** ['lɔkit] медальóн; **~out** локáут; **~smith** слéсарь *m*; **~up** врéмя закры́тия (школ, магази́нов и т. п.); арестáнтская кáмера.

locomotive ['loukəmoutiv] 1. дви́жущий(ся); 2. (и́ли ~ engine) локомотив, паровоз, тепловоз, электровоз.

locust ['loukəst] саранча.

lodestar путеводная звезда.

lodg|e [lɔdʒ] **1.** сторожка; (*mst* охотничий) домик; (масонская) ложа; **2.** *v/t.* дать помещение (Д); депонировать (*im*)*pf.* (деньги); под(ав)ать (жалобу); *v/i.* квартировать; застревать [-рять] (о пуле и т. п.); **~er** ['lɔdʒə] жилец, жилица; **~ing** ['lɔdʒiŋ] жилище; **~s** *pl.* квартира; комната (снимаемая).

loft [lɔft] чердак; галерея; **~у** ['lɔfti] □ высокомерный; величественный.

log [lɔg] колода; бревно; ⊕ лаг; **~-cabin** бревенчатая хижина; **~gerhead** ['lɔgəhed]: be at **~s** быть в ссоре, ссориться (with с Т).

logic ['lɔdʒik] логика; **~al** ['lɔdʒikəl] □ логический.

loin [lɔin] филейная часть *f*; **~s** *pl.* поясница.

loiter ['lɔitə] слоняться без дела; мешкать.

loll [lɔl] сидеть развалясь; стоять облокотясь.

lone|liness ['lounlinis] одиночество; **~ly** [-li] □, **~some** [-səm] □ одинокий.

long[1] [lɔŋ] **1.** долгий срок, долгое время *n*; before вскоре; for надолго; **2.** *adj.* длинный; долгий; медленный; in the **~ run** в конце концов; be **~** медлить; долго длиться; **3.** *adv.* долго; **~ ago** давно; so **~!** пока (до свидания)!; **~er** дольше; больше.

long[2] [lɔŋ] страстно желать, жаждать (for Р), тосковать (по Д).

long|-distance *attr.* дальний; *sport* на длинные дистанции; **~evity** [lɔn'dʒeviti] долговечность *f*.

longing ['lɔŋiŋ] **1.** □ тоскующий; **2.** сильное желание, стремление (к Д), тоска (по Д).

longitude ['lɔndʒitju:d] *geogr.* долгота.

long|shoreman ['lɔŋʃɔ:mən] портовый грузчик; **~sighted** дальнозоркий; **~suffering 1.** многострадальный; долготерпеливый; **2.** долготерпение; **~term** долгосрочный; **~winded** □ могущий долго бежать, не задыхаясь; многоречивый.

look [luk] **1.** взгляд; выражение (глаз, лица); вид, наружность *f* (*a.* **~s** *pl.*); have a **~** at а th. посмотреть на (В); ознакомляться (-комиться) (with с Т); **2.** *v/i.* [по]смотреть (at на В); выглядеть; **~ for** искать (В *or* Р); **~ forward to** предвкушать [-усить] (В); с радостью ожидать (Р); **~ into** исследовать (*im*)*pf.* изучать!; **~ out!** берегись!; смотри!; **~ (up)on** *fig.* смотреть как на (В), считать за (В); *v/t.* **~ disdain**

looker-on ['lukər'ɔn] зритель(ница *f*) *m*; наблюдатель(ница *f*) *m*.

looking-glass зеркало.

look-out ['luk'aut] вид (на море и т. п.); виды *m/pl.*, шансы *m/pl.*; that is my **~** это моё дело.

loom [lu:m] **1.** ткацкий станок; **2.** маячить, неясно вырисовываться.

loop [lu:p] **1.** ✈ мёртвая петля; **2.** делать (✈ мёртвую) петлю; закреплять петлёй; **~hole** лазейка (*a. fig.*); *fig.* увёртка; ✗ бойница, амбразура.

loose [lu:s] **1.** □ *com.* свободный; неопределённый; просторный; болтающийся, шатающийся; распущенный (о нравах); несвязанный; рыхлый; **2.** освобождать [-бодить]; развязывать [-зать]; **~n** ['lu:sn] ослаблять(ся) [-абить (-ся)]; развязывать [-зать]; разрыхлять [-лить]; расшатывать [-шатать].

loot [lu:t] **1.** [о]грабить [-бить]; **2.** добыча, награбленное добро.

lop [lɔp] обрубать [-бить] (ветки); **~sided** кривобокий; накренённый. [вый.]

loquacious [lo'kweiʃəs] болтли-

lord [lɔ:d] господин; барин; лорд; повелитель *m*; the **♀** господь *m*; my **~** [mi'lɔ:d] милорд (обращение); the **♀'s prayer** отче наш (молитва); the **♀'s Supper** тайная вечеря; **~ly** ['lɔ:dli] высокомерный; **~ship** ['lɔ:dʃip]: your **~** ваша светлость *f*.

lorry ['lɔri] ⛟ грузовик; вагон-платформа; подвода; полок.

lose [lu:z] [*irr.*] *v/t.* [по]терять; упускать [-стить]; проигрывать [-рать]; **~ о. s.** заблудиться *pf.*; *v/i.* [по]терять; проигрывать(ся) [-рать(ся)]; отст(ав)ать (о часах).

loss [lɔs] потеря, утрата; урон; убыток; проигрыш; at a **~** в затруднении.

lost [lɔst] *pt.* и *p. pt.* от lose; be **~** пропадать [-пасть]; погибать [-гибнуть]; *fig.* растеряться *pf.*

lot [lɔt] жребий; ♥ вещи продаваемые партией на аукционе; участь *f*, доля; *Am.* участок земли; F масса, уйма; draw **~s** бросать жребий; fall to a p.'s **~** выпасть на долю кого-нибудь.

lotion ['louʃən] жидкое косметическое средство, жидкий крем.

lottery ['lɔtəri] лотерея.

loud [laud] □ громкий, звучный; шумный, крикливый; *fig.* кричащий (о красках).

lounge [laundʒ] **1.** сидеть развaлись; стоять опираясь; 2. праздное времяпрепровождение; диван; *thea.* фойе *n indecl.*

lour ['lauə] смотреть угрюмо; [на]хмуриться.

lous|e [laus] (*pl.:* lice) вошь *f* (*pl.:* вши); **~y** ['lauzi] вшивый; *fig.* паршивый.

lout [laut] неуклюжий, неотёсанный человек.

lovable ['lʌvəbl] □ привлекательный, милый.

love [lʌv] любовь *f*; влюблённость *f*; предмет любви; give (*or* send) one's ~ to a p. передавать, посылать привет (Д); in ~ with влюблённый в (В); make ~ to ухаживать за (Т); 2. любить; ~ to do делать с удовольствием; **~affair** любовная интрига; **~ly** ['lʌvli] прекрасный, чудный; **~r** ['lʌvə] любовник; возлюбленный; любитель(ница *f*) *m.*

loving ['lʌviŋ] □ любящий.

low[1] [lou] низкий, невысокий; *fig.* слабый; тихий (о голосе); низкий, непристойный; **~est bid** самая низкая цена, предложенная на аукционе.

low[2] [~] 1. мычание; 2. [за]мычать.

lower[1] ['louə] 1. *compr.* от low[1]; низший; нижний; 2. *v/t.* спускать [-стить] (лодку, парус); опускать [-стить] (глаза); снижать [-изить]; *v/i.* снижаться [-изиться] (о ценах, звуке и т. п.); уменьшаться [уменьшиться].

lower[2] ['lauə] *s.* lour.

low|land низменная местность *f*, низменность *f*; **~liness** ['loulinis] скромность *f*; **~ly** скромный; **~-necked** с низким вырезом; **~-spirited** подавленный, унылый.

loyal ['lɔiəl] □ верный, лояльный; **~ty** [-ti] верность *f*, лояльность *f.*

lozenge ['lɔzindʒ] таблетка; ромб.

lubber ['lʌbə] увалень *m.*

lubric|ant ['lu:brikənt] смазка; **~ate** [-keit] смаз(ыв)ать (машину); **~ation** [lu:bri'keiʃən] смазка.

lucid ['lu:sid] □ ясный; прозрачный.

luck [lʌk] удача, счастье; good ~ счастливый случай, удача; bad ~ hard ~, ill ~ неудача; **~ily** ['lʌkili] к счастью; **~y** ['lʌki] □ счастливый, удачный, приносящий удачу.

lucr|ative ['lu:krətiv] □ прибыльный, выгодный; **~e** ['lu:kə] барыш, прибыль *f.*

ludicrous ['lu:dikrəs] □ нелепый, смешной.

lug [lʌg] [по]тащить, [по]волочить.

luggage ['lʌgidʒ] багаж; **~-office** камера хранения багажа.

lugubrious [lu:gju:briəs] □ мрачный.

lukewarm ['lu:kwɔ:m] тепловатый; *fig.* равнодушный.

lull [lʌl] 1. убаюк(ив)ать; усыплять [-пить]; 2. временное затишье; временное успокоение.

lullaby ['lʌləbai] колыбельная песня.

lumber ['lʌmbə] ненужные громоздкие вещи *f/pl.*; *Am.* пиломатериалы *m/pl.*; **~man** *Am.* лесопромышленник; лесоруб.

lumin|ary ['lu:minəri] светило; **~ous** [-əs] □ светящийся, светлый; *fig.* проливающий свет.

lump [lʌmp] 1. глыба, ком; *fig.* чурбан; кусок (сахара и т. п.); in the ~ оптом, гуртом; ~ sum общая сумма; 2. *v/t.* брать огулом; смешивать в кучу; ~ свёртываться в комья; **~ish** ['lʌmpiʃ] неуклюжий; тупоумный; **~y** ['lʌmpi] □ комковатый.

lunatic ['lu:nətik] 1. сумасшедший, безумный; 2. психически больной; ~ asylum психиатрическая больница.

lunch(eon) ['lʌntʃ(ən)] 1. второй завтрак; 2. [по]завтракать.

lung [lʌŋ] лёгкое; (a pair of) ~s *pl.* лёгкие *n/pl.*

lunge [lʌndʒ] 1. выпад, удар (рапирой, шпагой); 2. *v/i.* наносить удар (at Д).

lurch [lə:tʃ] 1. [на]крениться; идти шатаясь; 2. leave a. p. in the ~ покинуть кого-нибудь в беде, в тяжёлом положении.

lure [ljuə] 1. приманка; *fig.* соблазн; 2. приманивать [-нить]; *fig.* соблазнять [-нить].

lurid ['ljuərid] мрачный.

lurk [lə:k] скрываться в засаде; таиться.

luscious ['lʌʃəs] □ сочный; приторный.

lustr|e ['lʌstə] глянец; люстра; **~ous** ['lʌstrəs] □ глянцевитый.

lute[1] [lu:t, lju:t] ♪ лютня.

lute[2] [~] 1. замазка, мастика; 2. замазывать замазкой. [ский.)

Lutheran ['lu:θərən] лютеранский.)

luxur|iant [lʌg'zjuəriənt] □ пышный; **~ious** [-riəs] □ роскошный, пышный; **~y** ['lʌkʃəri] роскошь *f*; предмет роскоши.

lye [lai] щёлок.

lying ['laiiŋ] 1. *p. pr.* от lie[1] и lie[2]; 2. *adj.* лживый, ложный; лежащий; **~-in** [-'in] роды *m/pl.*; ~ hospital родильный дом.

lymph [limf] лимфа.

lynch [lintʃ] расправляться самосудом с (Т); **~-law** ['lintʃlɔ:] самосуд; закон Линча.

lynx [links] *zo.* рысь *f.*

lyric ['lirik], **~al** [-ikəl] □ лирический; **~s** *pl.* лирика.

M

macaroni [mækə'rouni] макаро́ны f/pl.

macaroon [mækə'ru:n] минда́льное пече́нье.

machin|ation [mæki'neiʃən] махина́ция, интри́га; ~s pl. ко́зни f/pl.; ~e [mə'ʃi:n] 1. маши́на; механи́зм; attr. маши́нный; ~ fitter слеса́рь-монта́жник; 2. подверга́ть маши́нной обрабо́тке; ~e-made сде́ланный механи́ческим спо́собом; ~ery [-эri] маши́нное обору́дование; ~ist [-ist] меха́ник; маши́ни́ст.

mackerel ['mækrəl] zo. макре́ль f.

mackintosh ['mækintoʃ] макинто́ш, плащ.

mad [mæd] □ сумасше́дший, поме́шанный, бе́шеный; fig. ди́кий; Am. взбешённый; go ~ сходи́ть с ума́; drive ~ своди́ть с ума́.

madam ['mædəm] мада́м f indecl.; суда́рыня.

mad|cap 1. сорвиголова́ m/f.; 2. сумасбро́дный; ~den ['mædn] [вз]беси́ть; своди́ть с ума́.

made [meid] pt. и p. pt. от make.

made-up прихорошенный; гото́вый (об оде́жде); ~ of состоя́щий из (P).

mad|house дом умалишённых; ~man сумасше́дший; ~ness ['mædnis] сумасше́ствие.

magazine [mægə'zi:n] склад боеприпа́сов; журна́л; ⊕, ✕ магази́н.

maggot ['mægət] личи́нка.

magic ['mædʒik] 1. (a. ~al ['mædʒikəl] □) волше́бный; 2. волше́бство; ~ian [mə'dʒiʃən] волше́бник.

magistra|cy ['mædʒistrəsi] до́лжность судьи́; магистра́т; ~te [-trit] мирово́й судья́ m.

magnanimous [mæg'næniməs] □ великоду́шный.

magnet ['mægnit] магни́т; ~ic [mæg'netik] (~ally) магни́тный; магнети́ческий.

magni|ficence [mæg'nifisns] великоле́пие; ~ficent [-snt] великоле́пный; ~fy ['mægnifai] увели́чи(ва)ть; ~tude ['mægnitju:d] величина́; разме́ры m/pl.; ва́жность f. [де́рево.]

mahogany [mə'hɔgəni] кра́сное]

maid [meid] деви́ца, де́вушка; го́рничная, служа́нка; old ~ ста́рая де́ва; ~ of honour фре́йлина; Am. подру́жка неве́сты.

maiden ['meidn] 1. деви́ца, де́вушка; 2. незаму́жняя; fig. де́вственный; fig. пе́рвый; ~ name де́вичья фами́лия; ~head, ~hood деви́чество; де́вственность f; ~ly [-li] деви́чий.

mail¹ [meil] кольчу́га.

mail² [~] 1. по́чта; attr. почто́вый; 2. Am. сдава́ть на по́чту; посыла́ть по́чтой; ~bag почто́вая су́мка; ~man Am. почтальо́н.

maim [meim] [ис]кале́чить; [из]уве́чить.

main [mein] 1. гла́вная часть f; ~s pl. ⚡ магистра́ль f; ⚡ сеть си́льного то́ка; f; in the ~ в основно́м; 2. гла́вный, основно́й; ~land ['meinlənd] матери́к; ~ly ['meinli] гла́вным о́бразом; бо́льшей ча́стью; ~spring fig. гла́вная дви́жущая си́ла; ~stay fig. гла́вная подде́ржка, опо́ра.

maintain [men'tein] подде́рживать [-жа́ть]; утвержда́ть [-рди́ть]; сохраня́ть [-ни́ть].

maintenance ['meintinəns] содержа́ние; сре́дства к существова́нию; подде́ржка; сохране́ние.

maize [meiz] ♀ ма́ис, кукуру́за.

majest|ic [mə'dʒestik] (~ally) вели́чественный; ~y ['mædʒisti] вели́чество; вели́чественность f.

major ['meidʒə] 1. ста́рший, бо́льший; ♪ мажо́рный; ~ key мажо́р; совершенноле́тний; 2. майо́р; Am. univ. гла́вный предме́т; ~-general генера́л-майо́р; ~ity [mə'dʒɔriti] совершенноле́тие; большинство́; чин майо́ра.

make [meik] 1. [irr.] v/t. com. [c]де́лать, производи́ть [-вести́]; [при]гото́вить; составля́ть [-а́вить]; заключа́ть [-чи́ть] (мир и т. п.); заставля́ть [-а́вить]; ~ good исправля́ть [-а́вить]; [c]держа́ть (сло́во); do you ~ one of us? вы с на́ми? ~ a port входи́ть в порт, га́вань f; ~ sure of удостоверя́ться [-ве́риться] в (П); ~ way уступа́ть доро́гу (for Д); ~ into превраща́ть [-рати́ть], переде́л(ыв)ать в (В); ~ out разбира́ть [разобра́ть]; выпи́сывать [вы́писать]; ~ over передава́ть; ~ up составля́ть [-а́вить] ула́живать (ула́дить) (о ссо́ре); [за]гримирова́ть; навёрстывать [наверста́ть] (вре́мя); = ~ up for (v/i.); ~ up one's mind реши́ться [-ши́ться]; ~ v/i. направля́ться [-а́виться] (for к Д); ~ away with отде́л(ыв)аться от (Р); ~ off уезжа́ть [уе́хать], уходи́ть [уйти́]; ~ up for возмеща́ть [-мести́ть]; 3. тип, моде́ль f; изде́лие; ма́рка (фи́рмы); ~believe притво́рство; предло́г; ~shift вре́менное, подру́чное сре́дство; ~up соста́в; грим, косме́тика.

maladjustment ['mælə'dʒʌstmənt] неуда́чное приспособле́ние.

maladministration ['mælədminis'treiʃən] плохо́е управле́ние.

malady ['mælədi] боле́знь *f.*

malcontent ['mælkəntent] 1. недово́льный; 2. недово́льный (челове́к).

male [meil] 1. мужско́й; 2. мужчи́на; саме́ц.

malediction [mæli'dikʃən] прокля́тие.

malefactor ['mælifæktə] злоде́й.

malevolen|ce [mə'levələns] злора́дство; недоброжела́тельность *f.*; **~t** [-lənt] □ злора́дный; недоброжела́тельный.

malice ['mælis] зло́ба.

malicious [mə'liʃəs] □ зло́бный; **~ness** [-nis] зло́бность *f.*

malign [mə'lain] 1. □ па́губный, вре́дный; 2. [на]клевета́ть на (В); злосло́вить; **~ant** [mə'lignənt] □ зловре́дный; зло́бный; зло́стный; ♣ злока́чественный; **~ity** [-niti] зло́бность *f.*; па́губность *f.*; ♣ злока́чественность *f.*

malleable ['mæliəbl] ко́вкий; *fig.* податливый.

mallet ['mælit] колоту́шка.

malnutrition ['mælnju:'triʃən] недоста́точное пита́ние.

malodorous ['mæ'loudərəs] □ злово́нный, воню́чий.

malt [mɔ:lt] со́лод; F пи́во.

maltreat [mæl'tri:t] ду́рно обраща́ться с (Т).

mammal ['mæməl] млекопита́ющее (живо́тное).

mammoth ['mæməθ] 1. грома́дный; 2. ма́монт.

man [mæn] 1. (*pl.* men) челове́к; мужчи́на *m*; челове́чество; слуга́ *m*; фигу́ра (игры́); **~** ⚔ укомплекто́вывать соста́вом; **~ o. s.** мужа́ться.

manage ['mænidʒ] *v/t.* управля́ть (Т), заве́довать (Т); стоя́ть во главе́ (Р); справля́ться [-а́виться] с (Т); обходи́ться [обойти́сь] (with (Т, without без Р); **~ to** (+ *inf.*) [с]суме́ть ...; **~able** [-əbl] □ послу́шный, сми́рный; сгово́рчивый; **~ment** [-mənt] управле́ние, заве́дование; уме́ние спра́виться, **~r** [-ə] заве́дующий; дире́ктор; **~ress** [-əres] заве́дующая.

managing ['mænidʒiŋ] руководя́щий; делово́й.

mandat|e ['mændeit] манда́т; нака́з; **~ory** ['mændətəri] манда́тный; повели́тельный.

mane [mein] гри́ва; *fig.* ко́смы *f/pl.*

manful ['mænful] □ му́жественный.

mange [meindʒ] *vet.* чесо́тка.

manger ['meindʒə] я́сли *m/pl.*, корму́шка.

mangle ['mæŋgl] 1. като́к (для белья́); 2. [вы́]катать (бельё); *fig.* искажа́ть [исказить].

mangy ['meindʒi] чесо́точный; парши́вый.

manhood ['mænhud] возмужа́лость *f.*; му́жественность *f.*

mania ['meiniə] ма́ния; **~c** ['meiniæk] 1. манья́к (-я́чка); 2. поме́шанный.

manicure ['mænikjuə] 1. маникю́р; 2. де́лать маникю́р (Д).

manifest ['mænifest] 1. □ очеви́дный, я́вный; 2. ♣ деклара́ция судово́го гру́за; 3. *v/t.* обнару́жив(ва)ть; обнаро́довать *pf.*; проявля́ть [-ви́ть]; **~ation** ['mænifes-'teiʃən] проявле́ние; манифеста́ция; **~o** [-'festou] манифе́ст.

manifold ['mænifould] 1. □ 1. разнообра́зный, разноро́дный; 2. размножа́ть [-о́жить] (докуме́нты).

manipulat|e [mə'nipjuleit] манипули́ровать; **~ion** [mənipju'leiʃən] манипуля́ция; подтасо́вка.

man|kind [mæn'kaind] 1. челове́чество; 2. ['mænkaind] мужско́й род; **~ly** [-li] му́жественный.

manner ['mænə] спо́соб, ме́тод; мане́ра; о́браз де́йствий; **~s** *pl.* уме́ние держа́ть себя́; мане́ры *f/pl.*; обы́чаи *m/pl.*; in a **~** в не́которой сте́пени; **~ed** [-d] вычурный; **~ly** [-li] ве́жливый.

manoeuvre [mə'nu:və] 1. манёвр; 2. проводи́ть манёвры; маневри́ровать.

man-of-war вое́нный кора́бль *f.*

manor ['mænə] поме́стье.

mansion ['mænʃən] большо́й поме́щичий дом.

manslaughter ['mænslɔ:tə] непредумы́шленное уби́йство.

mantel [mæntl] облицо́вка ками́на; **~piece**, **~shelf** по́лка ками́на.

mantle [mæntl] 1. ма́нтия; *fig.* покро́в; 2. *v/t.* оку́т(ыв)ать; покры́(ва́)ть; *v/i.* [по]красне́ть.

manual [-juəl] 1. ручно́й; 2. руково́дство (кни́га), уче́бник, спра́вочник.

manufactory [mænju'fæktəri] фа́брика.

manufactur|e [mænju'fæktʃə] 1. произво́дство; изде́лие; 2. выде́лывать [вы́делать], [с]фабрикова́ть; **~er** [-rə] фабрика́нт; заво́дчик; **~ing** [-riŋ] произво́дство, выделка; *attr.* фабри́чный, промы́шленный.

manure [mən'juə] 1. удобре́ние; 2. удобря́ть [-о́брить].

many ['meni] 1. мно́гие, многочи́сленные; мно́го; **~** а ино́й; 2. мно́жество; a good **~** поря́дочное коли́чество; a great **~** грома́дное коли́чество.

map [mæp] 1. ка́рта; 2. наноси́ть на ка́рту; **~** out [с]плани́ровать.

mar [mɑ:] искажа́ть [исказить]; [ис]по́ртить.

marble [mɑ:bl] 1. мра́мор; 2. распи́сывать под мра́мор.

March[1] [mɑ:tʃ] март.

march² [..] 1. ✕ марш; поход; *fig.* развитие (событий); 2. маршировать; *fig.* идти вперёд (*a.* ~ on).

marchioness ['ma:ʃənis] маркиза (титул).

mare [mɛə] кобыла; ~'s nest иллюзия; газетная утка.

margin ['ma:dʒin] край; поля *n/pl.* (страницы); опушка (леса); ~al [-l] □ находящийся на краю; ~ note заметка на полях страницы.

marine [mə'ri:n] 1. морской; 2. солдат морской пехоты; *paint.* морской вид (картина); ~r ['mærinə] моряк, матрос.

marital [mə'raitl] □ супружеский.

maritime ['mæritaim] приморский; морской.

mark¹ [ma:k] марка (денежная единица).

mark² [..] 1. метка, знак; балл, отметка (оценка знаний); фабричная марка; мишень *f*; норма; a man of ~ выдающийся человек; up to the ~ *fig.* на должной высоте; 2. ✕ отмечать [-éтить]; ставить расценку на (товар); ставить отметку в (П); ~ off отделять [-лить]; ~ out расставлять указательные знаки на (П); ~ time ✕ отбивать шаг на месте; ~ed [ma:kt] □ отмеченный; заметный.

market ['ma:kit] 1. рынок, базар; ✚ сбыт; in the ~ в продаже; 2. привозить на рынок (для продажи); покупать на рынке; продавать; go ~ing ходить на рынок; ~able [-əbl] □ ходкий.

marksman ['ma:ksmən] меткий стрелок.

marmalade ['ma:məleid] (апельсинное) варенье; мармелад.

maroon [mə'ru:n] высаживать на необитаемом острове.

marquee [ma:'ki:] шатёр.

marquis ['ma:kwis] маркиз.

marriage ['mæridʒ] брак; свадьба; civil ~ гражданский брак; ~able [-əbl] достигший (-шая) брачного возраста; ~lines *pl.* свидетельство о браке.

married ['mærid] женатый; замужняя; ~ couple супруги *pl.*

marrow ['mærou] костный мозг; *fig.* сущность *f*; ~y [-i] костномозговой; *fig.* крепкий.

marry ['mæri] *v/t.* женить; выдавать замуж; *eccl.* сочетать браком; жениться на (П), выйти замуж за (В); *v/i.* жениться; выйти замуж.

marsh [ma:ʃ] болото.

marshal ['ma:ʃəl] 1. маршал; церемониймейстер; *Am.* начальник полиции; 2. выстраивать [выстроить] (войска и т. п.); торжественно вести.

marshy ['ma:ʃi] болотистый, болотный.

24*

mart [ma:t] рынок; аукционный зал.

marten ['ma:tin] *zo.* куница.

martial ['ma:ʃl] □ военный; воинственный; ~ law военное положение.

martyr ['ma:tə] 1. мученик (-ица); 2. за мучить (до смерти).

marvel ['ma:vel] 1. диво, чудо; 2. удивляться [-виться]; ~lous ['ma:vələs] □ изумительный, удивительный.

mascot ['mæskət] талисман.

masculine ['ma:skjulin] мужской; мужественный.

mash [mæʃ] 1. мешанина; сусло; 2. разминать [-мять]; раздавливать [-давить]; ~ed potatoes *pl.* картофельное пюре *n indecl.*

mask [ma:sk] 1. маска; 2. за маскировать; скры(ва)ть; ~ed [-t]: ~ ball маскарад.

mason ['meisn] каменщик; масон; ~ry [-ri] каменная (или кирпичная) кладка; масонство.

masquerade [mæskə'reid] 1. маскарад; 2. *fig.* притворяться [-риться].

mass [mæs] 1. масса; *eccl.* месса; ~ meeting массовое собрание; 2. собираться толпой, собираться(ся) в кучу; ✕ массировать (*im*)*pf.*

massacre ['mæsəkə] 1. резня, избиение; 2. вырезать [вырезать] (людей).

massage ['mæsa:ʒ] 1. массаж; 2. массировать. [крупный.)

massive ['mæsiv] массивный;)

mast [ma:st] ♣ мачта.

master ['ma:stə] 1. хозяин; господин; капитан (судна); учитель *m*; мастер; *univ.* глава колледжа; ~ of Arts магистр искусств; 2. одолé(ва)ть; справляться [-авиться] с (Т); овладé(ва)ть (Т); владéть (языком); 3. *attr.* мастерской; ведущий; ~-builder строитель *m*; ~ful ['ma:stəful] □ властный; мастерской; ~-key отмычка; ~ly [-li] мастерской; ~piece шедéвр; ~ship -ʃip мастерство; должность учителя; ~y ['ma:stəri] господство, власть *f*; мастерство.

masticate ['mæstikeit] [c]жевать.

mastiff ['mæstif] английский дог.

mat [mæt] 1. циновка, рогожка; 2. *fig.* спут(ыв)ать. [*m*.)

match¹ [mætʃ] спичка; ✕ фитиль)

match² [..] 1. ровня *m/f*; матч, состязание; выгодный брак; партия; be a ~ for быть ровнёй (Д); 2. *v/t.* [c]равняться с (Т); подбирать под пару; ~ed couple хорошая пара; *v/i.* соответствовать; сочетаться; to ~ подходящий (по цвету, тону и т. п.); ~less ['mætʃlis] □ несравненный, бесподобный.

mate [meit] 1. товарищ; сожитель

(-ница *f*) *m*; супру́г(а); саме́ц (са́мка); ♣ помо́щник капита́на; 2. сочета́ть(ся) бра́ком.

material [mə'tiəriəl] 1. ☐ материа́льный; суще́ственный; 2. материа́л (*a. fig.*); мате́рия; вещество́.

matern|al [mə'tə:nl] ☐ матери́нский; **~ity** [-niti] матери́нство; (*mst ~ hospital*) роди́льный дом.

mathematic|ian [mæθimə'tiʃən] матема́тик; **~s** [-mæ'tiks] (*mst sg.*) матема́тика.

matriculate [mə'trikjuleit] приня́ть и́ли быть при́нятым в университе́т.

matrimon|ial [mætri'mounjəl] ☐ бра́чный; супру́жеский; **~y** ['mætriməni] супру́жество, брак.

matrix ['meitriks] ма́трица.

matron ['meitrən] замужняя же́нщина; эконо́мка; сестра́-хозя́йка (в больни́це).

matter ['mætə] 1. вещество́; материа́л; предме́т; де́ло; по́вод; what's the ~? что случи́лось?, в чём де́ло?; no ~ who ... всё равно́, кто ...; ~ of course само́ собо́й разуме́ющееся де́ло; for that ~ что каса́ется э́того; ~ of fact факт; 2. име́ть значе́ние; it does not ~ ничего́; **~-of-fact** факти́ческий; делово́й.

mattress ['mætris] матра́ц, тюфя́к.

matur|e [mə'tjuə] 1. ☐ зре́лый; вы́держанный; ✝ подлежа́щий упла́те; 2. созре́(ва́)ть; вполне́ разви́ва́ться; ✝ наступа́ть [-пи́ть] (о сро́ке); **~ity** [-riti] зре́лость *f*; ✝ срок платежа́ по ве́кселю.

maudlin ['mɔ:dlin] ☐ плакси́вый.

maul [mɔ:l] [рас]терза́ть; *fig.* жесто́ко критикова́ть.

mawkish ['mɔ:kiʃ] ☐ сентимента́льный; неприя́тный на вкус.

maxim ['mæksim] афори́зм; при́нцип; **~um** [-siməm] 1. ма́ксимум; вы́сшая сте́пень *f*; 2. максима́ль-)

May¹ [mei] май. [ный.)

may² [mei] [*irr.*] (мода́льный глаго́л без инфинити́ва и прича́стия) [с]мочь; име́ть разреше́ние.

maybe ['meibi:] *Am.* мо́жет быть.

May-day ['meidei] пра́здник пе́рвого ма́я.

mayor [mɛə] мэр.

maz|e [meiz] лабири́нт; *fig.* пу́таница; be **~d** in a ~ быть расте́рянным; **~y** ['meizi] ☐ запу́танный.

me [mi:; mi] ко́свенный паде́ж от I: мне, меня́; Я я.

meadow ['medou] луг.

meagre ['mi:gə] худо́й, то́щий; ску́дный.

meal [mi:l] еда́ (за́втрак, обе́д, у́жин); мука́.

mean¹ [mi:n] ☐ по́длый, ни́зкий; ска́редный.

mean² [~] 1. сре́дний; in the ~ time тем вре́менем; 2. середи́на; **~s** *pl.* состоя́ние, бога́тство; (*a. sg.*) сре́дство; спо́соб; by all **~s** любо́й цено́й; коне́чно; by no **~s** ниско́лько; отню́дь не ...; by **~s** of посре́дством (Р).

mean³ [~] [*irr.*] намерева́ться; име́ть в виду́; хоте́ть сказа́ть, подразумева́ть; предназнача́ть [-зна́чить]; зна́чить; ~ well (ill) име́ть до́брые (плохи́е) наме́рения.

meaning ['mi:niŋ] 1. ☐ зна́чащий; 2. значе́ние; смысл; **~less** [-lis] бессмы́сленный.

meant [ment] *pt.* и *p. pt.* от mean.

mean|time, **~while** тем вре́менем.

measles ['mi:zlz] *pl.* ♣ корь *f*.

measure ['meʒə] 1. ме́ра; ме́рка; мероприя́тие; масшта́б; ♪ такт; ~ of capacity ме́ра объёма; beyond ~ непоме́рно; in a great ~ в большо́й сте́пени; made to ~ сде́ланный по ме́рке; 2. измеря́ть [-е́рить]; [с]ме́рить; снима́ть ме́рку с (Р); **~less** [-lis] неизмери́мый; **~ment** [-mənt] разме́р; измере́ние.

meat [mi:t] мя́со; *fig.* содержа́ние; **~y** ['mi:ti] мяси́стый; *fig.* содержа́тельный.

mechanic [mi'kænik] меха́ник; реме́сленник; **~al** [-nikəl] ☐ маши́нный; механи́ческий; машина́льный; **~ian** [mekə'niʃən] меха́ник; **~s** (*mst sg.*) меха́ника.

mechanize ['mekənaiz] механизи́ровать (*im*)*pf.*; ⚙ моторизова́ть

medal [medl] меда́ль *f*. [(*im*)*pf.*)

meddle [medl] (with, in) вме́шиваться [-ша́ться] (в В); **~some** [-səm] ☐ надое́дливый.

media|l ['mi:diəl] ☐, **~n** [-ən] сре́дний; среди́нный.

mediat|e [mi:'dieit] посре́дничать; **~ion** [mi:di'eiʃən] посре́дничество; **~or** ['mi:dieitə] посре́дник.

medical ['medikəl] ☐ медици́нский; враче́бный; ~ certificate больни́чный листо́к; медици́нское свиде́тельство; ~ man врач, ме́дик.

medicin|al [me'disinl] ☐ лека́рственный; целе́бный; **~e** ['med(i)sin] медици́на; лека́рство.

medi(a)eval [medi'i:vəl] ☐ средневеко́вый.

mediocre ['mi:dioukə] посре́дственный.

meditat|e ['mediteit] *v/i.* размышля́ть [-вы́слить]; *v/t.* обду́м(ыв)ать (В); **~ion** [medi'teiʃən] размышле́ние; созерца́ние; **~ive** ['mediteitiv] ☐ созерца́тельный.

Mediterranean [meditə'reinjən] (и́ли ~ Sea) Средизе́мное мо́ре.

medium ['mi:diəm] 1. середи́на; сре́дство, спо́соб; ме́диум (у спири́тов); аге́нт; 2. сре́дний; уме́ренный.

medley ['medli] смесь *f*; ♪ попурри́ *n indecl*.

meek [mi:k] □ кро́ткий, мя́гкий; ~ness ['mi:knis] кро́тость *f*, мя́гкость *f*.

meet [mi:t] [*irr.*] *v/t.* встреча́ть [-е́тить]; [по]знако́миться с (Т); удовлетворя́ть [-ри́ть] (тре́бования и т. п.); опла́чивать [-лати́ть] (долги́); go to ~ а p. идти́ навстре́чу (Д); *v/i.* [по]знако́миться; сходи́ться [сойти́сь]; схо(и́)ра́ться; ~ with испы́тывать [-пыта́ть] (В), подверга́ться [-ве́ргнуться] (Д); ~ing ['mi:tin] заседа́ние; встре́ча; ми́тинг, собра́ние.

melancholy ['melənkəli] 1. уны́ние; грусть *f*; 2. пода́вленный; уны́лый.

mellow ['melou] 1. □ спе́лый; прия́тный на вкус; 2. смягча́ть(-ся) [-чи́ть(ся)]; созре́(ва́)ть.

melo|dious [mi'loudjəs] □ мелоди́чный; ~dy ['melədi] мело́дия.

melon ['melən] ♀ ды́ня.

melt [melt] [рас]та́ять; [рас]пла́вить(ся); *fig.* смягча́ть(ся) [-чи́ть (-ся)].

member ['membə] член (*a. parl.*); ~ship [-∫ip] чле́нство.

membrane ['membrein] плева́, оболо́чка; перепо́нка; ℱ мембра́на.

memento [me'mentou] напомина́ние.

memoir ['memwa:] мемориа́льная статья́; ~s *pl.* мемуа́ры *m/pl.*

memorable ['memərəbl] □ незабве́нный.

memorandum [memə'rændəm] заме́тка; *pol.* мемора́ндум.

memorial [mi'mɔ:riəl] 1. па́мятник; ~s *pl.* хро́ника; 2. мемориа́льный.

memorize ['meməraiz] *part. Am.* зау́чивать наизу́сть.

memory ['meməri] па́мять *f*; воспомина́ние.

men [men] (*pl.* от man) лю́ди *m/pl.*; мужчи́ны *m/pl.*

menace ['menəs] 1. угрожа́ть [-ози́ть], [по]грози́ть (Д; with Т); 2. угро́за; опа́сность *f*.

mend [mend] 1. *v/t.* исправля́ть [-а́вить]; [по]чини́ть; ~ one's ways исправля́ться [-а́виться]; *v/i.* улучша́ться [улу́чшиться]; поправля́ться [-а́виться]; почи́нка; on the ~ на попра́вку (о здоро́вье); 2. (вы́)... (вы́й).

mendacious [men'dei∫əs] □ лжи́-)

mendicant ['mendikənt] ни́щий; ни́щенствующий мона́х.

menial ['mi:niəl] *contp.* 1. □ рабо́ле́пный, лаке́йский; 2. слуга́ *m*, лаке́й.

mental [mentl] □ у́мственный; психи́ческий; ~ arithmetic счёт в уме́; ~ity [men'tæliti] спосо́бность мышле́ния; склад ума́.

mention ['men∫ən] 1. упомина́ние; 2. упомина́ть [-мяну́ть] (В *or* о П); don't ~ it! не сто́ит!, не́ за что!

mercantile ['mə:kəntail] торго́вый, комме́рческий.

mercenary ['mə:sinəri] 1. □ коры́стный; наёмный; 2. наёмник.

mercer ['mə:sə] торго́вец шёлком и ба́рхатом.

merchandise ['mə:t∫əndaiz] това́р (-ы *pl.*).

merchant ['mə:t∫ənt] торго́вец, купе́ц; law ~ торго́вое пра́во; ~man [-mən] торго́вое су́дно.

merci|ful ['mə:siful] □ милосе́рдный; ~less [-lis] □ немилосе́рдный.

mercury ['mə:kjuri] ртуть *f*.

mercy [-si] милосе́рдие; состра-да́ние; проще́ние; be at a p.'s ~ быть во вла́сти кого́-либо.

mere [miə] □ просто́й; сплошно́й; ~ly то́лько, про́сто.

meretricious [meri'tri∫əs] □ показно́й; мишу́рный; распу́тный.

merge [mə:dʒ] сли(ва́)ть(ся) (in с Т); ~r ['mə:dʒə] слия́ние, объеди-не́ние.

meridian [mə'ridiən] 1. полу́ден-ный; *fig.* вы́сший; 2. по́лдень *m*; *geogr.* меридиа́н; *fig.* вы́сшая то́чка; расцве́т.

merit ['merit] 1. заслу́га; досто́инство; make a ~ of a th. ста́вить что́-либо себе́ в заслу́гу; 2. заслу́живать [-ужи́ть]; ~orious [meri'tɔ:riəs] □ досто́йный награ́ды; похва́льный.

mermaid ['mə:meid] руса́лка, найда.

merriment ['merimənt] весе́лье.

merry ['meri] □ весёлый, ра́дост-ный; make ~ весели́ться; ~-go-round каруséль *f*; ~-making весе́лье; пра́зднество.

mesh [me∫] 1. пе́тля; ~(es *pl.*) се́ти *f/pl.*; ⊕ be in ~ сцепля́ться [-пи́ться]; 2. *fig.* опу́тывать сетя́ми; запу́таться в сетя́х.

mess[1] [mes] 1. беспоря́док, пу́та-ница; неприя́тность *f*; кавар-да́к; make a ~ of a th. прова́ли-вать де́ло; 2. *v/t.* приводи́ть в беспоря́док; *v/i.* F ~ about рабо́-тать кое-как.

mess[2] [~] ✕ о́бщий стол; столо́вая.

message ['mesidʒ] сообще́ние; по-сла́ние; поруче́ние.

messenger ['mesindʒə] посы́льный; предве́стник.

met [met] *pt.* и *p. pt.* от meet.

metal ['metl] 1. мета́лл; ще́бень *m*; 2. мости́ть ще́бнем; ~lic [mi'tælik] (~ally) металли́ческий; ~lurgy ['metələ:dʒi] металлу́ргия.

meteor ['mi:tjə] мете́ор; ~ology [mi:tjə'rɔlədʒi] метеороло́гия.

meter ['mi:tə] счётчик; измери́тель *m*.

method ['meθəd] метод, способ; система, порядок; ~ic, mst. ~ical □ [mi'θɔdik, -dikəl] систематический; методический, методичный.

meticulous [mi'tikjuləs] □ дотошный; щепетильный.

metre ['mi:tə] метр.

metric ['metrik] (~ally) метрический; ~ system метрическая система.

metropoli|s [mi'trɔpəlis] столица; метрополия; ~tan [metrə'pɔlitən] столичный.

mettle [metl] темперамент; пыл.

Mexican ['meksikən] 1. мексиканский; 2. мексиканец (-нка).

miauw [mi'au] [за]мяукать.

mice [mais] pl. мыши f/pl.

Michaelmas ['miklməs] Михайлов день m (29 сентября).

micro... ['maikro] микро...

micro|phone ['maikrəfoun] микрофон; ~scope микроскоп.

mid [mid] средний; ~air: in ~ высоко в воздухе; ~day 1. полдень m; 2. полуденный.

middle [midl] 1. середина; 2. средний; ♀ Ages pl. средние века m/pl., средневековье; ~aged средних лет; ~class средняя буржуазия; ~man посредник; ~sized средней величины; ~weight средний вес (о боксе); (боксёр) среднего веса.

middling ['midliŋ] посредственный.

middy ['midi] F = midshipman.

midge [midʒ] мошка, ~t ['midʒit] карлик; attr. миниатюрный.

mid|land ['midlənd] внутренняя часть страны; ~most центральный; ~night полночь f; ~riff ['midrif] anat. диафрагма; ~ship мидель m; ~shipman корабельный гардемарин; ~st [midst] середина; среда; in the ~ of среди (P); in our ~ в нашей среде; ~summer середина лета; ~way на полпути; ~wife акушерка; ~wifery ['midwifəri] акушерство; ~winter середина зимы.

mien [mi:n] мина (выражение лица).

might [mait] 1. мощь f; могущество; with ~ and main изо всех сил; 2. pt. и p.pt. от may; ~y ['maiti] могущественный; громадный.

migrat|e [mai'greit] мигрировать; ~ion [-ʃən] миграция; перелёт; ~ory ['maigrətəri] кочующий; перелётный.

mild [maild] □ мягкий; кроткий; слабый (о напитке, табаке и т. п.).

mildew ['mildju:] ♀ мильдью n indecl.; плесень f.

mildness ['maildnis] мягкость f; кроткость f; умеренность.

mile [mail] миля (= 1609,33 м).

mil(e)age ['mailidʒ] расстояние в милях.

milit|ary ['militəri] 1. □ военный; воинский; ♀ Government военное правительство; 2. военные; военные власти f/pl.; ~ia [mi'liʃə] милиция; ополчение.

milk [milk] 1. молоко; powdered ~ молочный порошок; whole ~ цельное молоко; 2. [вы]доить; ~maid доярка; ~man молочник; ~sop бесхарактерный человек, 'тряпка'; ~y ['milki] молочный; ♀ Way Млечный путь m.

mill¹ [mil] 1. мельница; фабрика, завод; 2. [с]молоть; ⊕ [от]фрезеровать (im)pf.

mill² [~] Am. (= 1/10 cent) милл (тысячная часть доллара).

millepede ['milipi:d] zo. многоножка.

miller ['milə] мельник; ⊕ фрезерный станок; фрезеровщик.

millet ['milit] ♀ просо.

milliner ['milinə] модистка; ~y [-ri] магазин дамских шляп.

million ['miljən] миллион; ~aire [miljə'nɛə] миллионер; ~th ['miljənθ] 1. миллионный; 2. миллионная часть f.

mill-pond мельничный пруд; ~stone жёрнов.

milt [milt] молоки f/pl.

mimic ['mimik] 1. подражательный; 2. имитатор; 3. пародировать (im)pf.; подражать (Д); ~ry [-ri] подражание; zo. мимикрия.

mince [mins] 1. v/t. [из]рубить (мясо); he does not ~ matters он говорит без обиняков; v/i. говорить жеманно; 2. рубленое мясо (mst ~d meat); ~meat фарш из изюма, яблок и т. п.; ~-pie пирог (s. mincemeat).

mincing-machine мясорубка.

mind [maind] 1. ум, разум; мнение; намерение; охота; память f; to my ~ по моему мнению; out of one's ~ без ума; change one's ~ передум(ыв)ать; bear in ~ помнить, не забы(ва)ть; have a ~ то иметь желание (+ inf.); have a th. on one's ~ беспокоиться о чём-либо; make up one's ~ решаться [-шиться]; 2. помнить; [по]заботиться о (П); остерегаться [-речься] (Р); never ~! ничего!; I don't ~ (it) я ничего не имею против; would you ~ taking off your hat? будьте добры, снять шляпу; ~ful ['maindful] □ (of) внимательный (к Д); заботливый.

mine¹ [main] pred. мой m, моя f, моё n, мои pl.; 2. мой (родные) мои семьй.

mine² [~] 1. рудник, копь f, шахта; fig. источник; ✕ мина; 2. добы(ва)ть; рыть; производить горные работы; ✕ минировать (*im*)*pf.*; подрь́(ва́)ть; *fig.* подрыва́ть [подорва́ть]; ~r ['mainə] горня́к, шахтёр.

mineral ['minərəl] 1. минера́л; ~s *pl.* минера́льные во́ды *f/pl.*; 2. минера́льный.

mingle ['miŋgl] сме́шивать(ся) [-ша́ть(ся)].

miniature ['minjətʃə] 1. миниатю́ра; 2. миниатю́рный.

minim|ize ['minimaiz] доводи́ть до ми́нимума; *fig.* преуменьша́ть [-е́ньшить]; ~um [-iməm] 1. ми́нимум; 2. минима́льный.

mining ['mainiŋ] го́рная промы́шленность *f*.

minister ['ministə] 1. мини́стр; посла́нник; свяще́нник; 2. *v/i.* соверша́ть богослуже́ние; [по]служи́ть. [министе́рский.]

ministry ['ministri] служе́ние;)

mink [miŋk] *zo.* но́рка.

minor ['mainə] 1. мла́дший; ме́ньший; второстепе́нный; ♪ мино́рный; ~ ля мино́р; 2. несовершеннолётний; *Am. univ.* второстепе́нный предме́т; ~ity [mai'nɔriti] несовершеннолётие; меньшинство́.

minstrel ['minstrəl] менестре́ль *m*; ~s *pl.* исполни́тели негрита́нских пе́сен.

mint [mint] ♀ мя́та; моне́та; моне́тный двор; *fig.* «золото́е дно»; a ~ of money больша́я су́мма; 2. [вы-, от]чека́нить.

minuet [minju'et] ♪ менуэ́т.

minus ['mainəs] 1. *prp.* без (Р), ми́нус; 2. *adj.* отрица́тельный.

minute 1. [mai'nju:t] □ ме́лкий; незначи́тельный; подро́бный, дета́льный; 2. ['minit] мину́та; моме́нт; ~s *pl.* протоко́л; ~ness [mai'nju:tnis] ма́лость *f*; то́чность *f*.

mirac|le ['mirəkl] □ чу́до; ~ulous [mi'rækjuləs] □ чуде́сный.

mirage ['mira:ʒ] мира́ж.

mire ['maiə] 1. тряси́на; грязь *f*; 2. завя́знуть в тряси́не.

mirror ['mirə] 1. зе́ркало; 2. отража́ть [отрази́ть].

mirth [mə:θ] весе́лье, ра́дость *f*; ~ful ['mə:θful] □ весёлый, ра́достный; ~less [-lis] □ безра́достный.

miry ['maiəri] то́пкий.

mis... [mis] *pref.* означа́ет неправильность и́ли недоста́ток, напр.: misadvise дать неправильный сове́т.

misadventure ['misəd'ventʃə] несча́стье; несча́стный слу́чай.

misanthrop|e ['mizən(θ)roup], ~ist [mi'zænθrɔpist] мизантро́п, человеконенави́стник.

misapply ['misə'plai] злоупотребля́ть [-би́ть] (Т); неправильно испо́льзовать.

misapprehend ['misæpri'hend] понима́ть оши́бочно.

misbehave ['misbi'heiv] ду́рно вести́ себя́.

misbelief ['misbi'li:f] заблужде́ние; е́ресь *f*.

miscalculate ['mis'kælkjuleit] ошиба́ться в расчёте; неправильно рассчи́тывать.

miscarr|iage ['mis'kæridʒ] неуда́ча; недоста́вка по а́дресу; вы́кидыш, або́рт; ~ of justice суде́бная оши́бка; ~y [-ri] терпе́ть неуда́чу; сде́лать вы́кидыш.

miscellaneous [misi'leinjəs] □ сме́шанный; разносторо́нний.

mischief ['mistʃif] озорство́; прока́зы *f/pl*; вред; зло.

mischievous ['mistʃivəs] □ вре́дный; озорно́й, шаловли́вый.

misconceive ['miskən'si:v] неправильно понима́ть.

misconduct 1. ['mis'kɔndəkt] дурно́е поведе́ние; плохо́е управле́ние; 2. [-kən'dʌkt] пло́хо управля́ть (Т); ~ o. s. ду́рно вести́ себя́.

misconstrue ['miskən'stru:] неправильно истолко́вывать.

miscreant ['miskriənt] негодя́й, злоде́й.

misdeed ['mis'di:d] злодея́ние.

misdemeano(u)r ['misdi'mi:nə] ♂♀ суде́бно нака́зуемый просту́пок.

misdirect ['misdi'rekt] неве́рно напра́вить; неправильно адресова́ть.

miser ['maizə] скупе́ц, скря́га *m/f*.

miserable ['mizərəbl] □ жа́лкий, несча́стный; убо́гий, ску́дный.

miserly ['maizəli] скупо́й.

misery ['mizəri] невзго́да, несча́стье, страда́ние; нищета́.

misfortune [mis'fɔ:tʃən] неуда́ча, несча́стье.

misgiving [mis'giviŋ] опасе́ние, предчу́вствие дурно́го.

misguide [mis'gaid] вводи́ть в заблужде́ние; неправильно напра́вить.

mishap ['mishæp] неуда́ча.

misinform ['misin'fɔ:m] неправильно информи́ровать.

misinterpret ['misin'tə:prit] неве́рно истолко́вывать.

mislay [mis'lei] *irr.* (lay) положи́ть не на ме́сто.

mislead [mis'li:d] *irr.* (lead) вводи́ть в заблужде́ние.

mismanage [mis'mænidʒ] пло́хо управля́ть (Т); [ис]по́ртить.

misplace ['mis'pleis] положи́ть не на ме́сто; *p.pt.* ~d *fig.* неуме́стный.

misprint 1. ['mis'print] 1. неправильно напеча́тать; сде́лать опеча́тку; 2. опеча́тка.

misread ['mis'ri:d] *irr.* (read) чита́ть неправильно; неправильно истолко́вывать.

misrepresent ['misrepri'zent] представля́ть в ло́жном све́те.

miss¹ [mis] мисс, ба́рышня.

miss² [‿] **1.** про́мах; отсу́тствие; поте́ря; **2.** *v/t.* упуска́ть [-сти́ть]; опа́здывать [-да́ть] на (В); прогляде́ть *pf.*, не заме́тить; не заста́ть до́ма; чу́вствовать отсу́тствие (кого́-либо); *v/i.* прома́хиваться [-хну́ться]; не попада́ть в цель.

missile ['misail] мета́тельный снаря́д; раке́та.

missing ['misiŋ] отсу́тствующий, недостаю́щий; ✕ бе́з вести пропа́вший; be ‿ отсу́тствовать.

mission ['miʃən] ми́ссия, делега́ция; призва́ние; поруче́ние; *eccl.* миссионе́рская де́ятельность *f*; ~ary ['miʃnəri] миссионе́р.

mis-spell ['mis'spel] [*a. irr.* (spell)] орфографи́чески непра́вильно писа́ть.

mist [mist] лёгкий тума́н; ды́мка.

mistake [mis'teik] **1.** [*irr.* (take)] ошиба́ться [-би́ться]; непра́вильно понима́ть; принима́ть [-ня́ть] (for за В); be ‿n ошиба́ться [-би́ться]; **2.** оши́бка, заблужде́ние; ~n [ən] ◻ оши́бочный, непра́вильно по́нятый; неуме́стный.

mister ['mistə] ми́стер, господи́н (ста́вится перед фами́лией).

mistletoe ['misltou] ♀ оме́ла).

mistress ['mistris] хозя́йка до́ма; учи́тельница; ма́стерица; любо́вница; сокращённо: Mrs. ['misiz] ми́ссис, госпожа́ (ста́вится перед фами́лией заму́жней же́нщины).

mistrust ['mis'trʌst] **1.** не доверя́ть (Д); **2.** недове́рие; ~ful [-ful] ◻ недове́рчивый.

misty ['misti] ◻ тума́нный; нея́сный.

misunderstand ['misʌndə'stænd] [*irr.* (stand)] непра́вильно понима́ть; ~ing [-iŋ] недоразуме́ние; размо́лвка.

misuse 1. ['mis'ju:z] злоупотребля́ть [-би́ть](Т); ду́рно обраща́ться с (Т); **2.** [-'ju:s] злоупотребле́ние.

mite [mait] *zo.* клещ; ле́пта; малю́тка *m/f*.

mitigate ['mitigeit] смягча́ть [-чи́ть]; уменьша́ть [уме́ньшить].

mitre ['maitə] ми́тра.

mitten ['mitn] рукави́ца.

mix [miks] [c]меша́ть(ся); переме́шивать [-ша́ть]; враща́ться (в о́бществе); ~ed переме́шанный, сме́шанный; разноро́дный; ~ up перепу́т(ыв)ать; be ~ed up with быть заме́шанным в (П); ~ture ['mikstʃə] смесь *f*.

moan [moun] **1.** стон; **2.** [за]стона́ть.

moat [mout] крепостно́й ров.

mob [mɔb] **1.** толпа́; чернь *f.* **2.** [c]толпи́ться; напада́ть толпо́й на (В).

mobil|e ['moubail] подвижно́й; ✕ моби́льный, подвижно́й; ~ization [moubilai'zeiʃən] ✕ мобилиза́ция;

~ize ['moubilaiz] ✕ мобилизова́ть (*im*)*pf.*.

moccasin ['mɔkəsin] мокаси́н (о́бувь инде́йцев).

mock [mɔk] **1.** насме́шка; **2.** подде́льный; мни́мый; **3.** *v/t.* осме́ивать [-ея́ть]; *v/i.* ~ at насмеха́ться [-ея́ться] над (Т); ~ery ['-ri] насме́шка.

mode [moud] ме́тод, спо́соб; обы́чай; фо́рма; мо́да.

model ['mɔdl] **1.** моде́ль *f*; манеке́н; нату́рщик (-ица); *fig.* приме́р, образе́ц; *attr.* образцо́вый, приме́рный; **2.** модели́ровать (*im*)*pf.*; [вы́]лепи́ть; оформля́ть [офо́рмить].

moderat|e 1. ['mɔdərit] ◻ уме́ренный; возде́ржанный; вы́держанный; **2.** ['mɔdəreit] умеря́ть [уме́рить]; смягча́ть(ся) [-чи́ть(ся)]; ~ion [mɔdə'reiʃən] уме́ренность *f*; воздержа́ние.

modern ['mɔdən] совреме́нный; ~ize [-aiz] модернизи́ровать (*im*)*pf.*.

modest ['mɔdist] ◻ скро́мный; благопристо́йный; ~y [-i] скро́мность *f*.

modi|fication [mɔdifi'keiʃən] видоизмене́ние; модифика́ция; ~fy ['mɔdifai] видоизменя́ть [-ни́ть]; смягча́ть [-чи́ть].

modulate ['mɔdjuleit] модули́ровать.

moist [mɔist] вла́жный; ~en ['mɔisn] увлажня́ть(ся) [-ни́ть(ся)]; ~ure ['mɔistʃə] вла́жность; вла́га.

molar ['moulə] коренно́й зуб.

molasses [mə'læsiz] чёрная па́тока.

mole [moul] *zo.* крот; ро́динка; мол, да́мба.

molecule ['mɔlikju:l] моле́кула.

molest [mo'lest] пристава́)ть к (Д).

mollify ['mɔlifai] успока́ивать [-ко́ить], смягча́ть [-чи́ть].

mollycoddle ['mɔlikɔdl] **1.** не́женка *m/f.* **2.** изне́жи(ва)ть.

molten ['moultən] распла́вленный; лито́й.

moment ['moumənt] моме́нт, миг, мгнове́ние; = ~um; ~ary [-əri] ◻ momentáльный; кратковре́менный; ~ous [mou'mentəs] ◻ ва́жный; ~um [-təm] дви́жущая си́ла; *phys.* моме́нт.

monarch ['mɔnək] мона́рх; ~y ['mɔnəki] мона́рхия.

monastery ['mɔnəstri] монасты́рь *m.*

Monday ['mʌndi] понеде́льник.

monetary ['mʌnitəri] моне́тный; валю́тный; де́нежный.

money ['mʌni] де́ньги *f/pl.*; readv = нали́чные де́ньги *f/pl*; ~-box копи́лка; ~-changer меня́ла *m*; ~-order почто́вый де́нежный перево́д.

mongrel ['mʌŋgrəl] **1.** *biol.* мети́с;

пómесь *f*; дворня́жка; **2.** нечисто-кро́вный.

monitor ['monitə] наста́вник; ⚓ мони́тор.

monk [mʌŋk] мона́х.

monkey ['mʌŋki] **1.** обезья́на; ⊕ копрова́я ба́ба; **2.** F [по]дура́читься; ~ with вози́ться с (Т); ~-wrench ⊕ раздвижно́й га́ечный ключ.

monkish ['mʌŋkiʃ] мона́шеский.

mono|cle ['mɔnɔkl] моно́кль *m*; ~gamy [mɔ'nɔgəmi] единобра́чие; ~logue [-lɔg] моноло́г; ~polist [mə'nɔpəlist] монополи́ст; ~polize [-laiz] монополизи́ровать (*im*)*pf*.; *fig.* прису́аивать себе́ (В); ~poly [-li] моноло́лия (P); ~tonous [mə'nɔtənəs] ☐ моното́нный; однозву́чный; ~tony [-təni] моното́нность *f*.

monsoon [mɔn'suːn] муссо́н.

monster ['mɔnstə] чудо́вище; уро́д; *fig.* и́зверг; *attr.* исполи́нский.

monstro|sity [mɔns'trɔsiti] чудо́вищность *f*; уро́дство; ~us ['mɔnstrəs] ☐ уро́дливый; чудо́вищный.

month [mʌnθ] ме́сяц; ~ly ['mʌnθli] **1.** (еже)ме́сячный; **2.** ежеме́сяч-ный журна́л.

monument ['mɔnjumənt] па́мятник; ~al [mɔnju'mentl] ☐ монумента́льный.

mood [muːd] настрое́ние, расположе́ние ду́ха.

moody ['muːdi] ☐ капри́зный; угрю́мый, уны́лый; не в ду́хе.

moon [muːn] **1.** луна́, ме́сяц; **2.** F проводи́ть вре́мя в мечта́ниях; ~light лу́нный свет; ~lit зали́тый лу́нным све́том; ~struck лунати́ческий.

Moor[1] [muə] марокка́нец (-нка); мавр(ита́нка).

moor[2] [..] торфяни́стая ме́стность, поро́слая ве́реском.

moor[3] [..] ⚓ прича́ли(ва)ть; ~ings ['muəriŋz] *pl.* ⚓ швартóвы *m/pl.*

moot [muːt] : ~ point спо́рный вопро́с.

mop [mɔp] **1.** шва́бра; **2.** чи́стить шва́брой.

mope [moup] хандри́ть.

moral ['mɔrəl] **1.** ☐ мора́льный, нра́вственный; **2.** нравоуче́ние, мора́ль *f*; ~s *pl.* нра́вы *m/pl.*; ~e [mɔ'rɑːl] *part.* нра́вственное состоя́ние; ~ity [mɔ'ræliti] мора́ль *f*, э́тика; ~ize ['mɔrəlaiz] морализи́ровать.

morass [mə'ræs] боло́то, тряси́на.

morbid ['mɔːbid] ☐ боле́зненный.

more [mɔː] бо́льше; бо́лее; ещё; once ~ ещё раз; so much the ~ тем бо́лее; no ~ бо́льше не ...; ~over [mɔː'rouvə] сверх того́, кро́ме того́.

moribund ['mɔribʌnd] умира́ющий.

morning ['mɔːniŋ] у́тро; tomorrow ~ за́втра у́тром; ~coat визи́тка.

morose [mə'rous] ☐ угрю́мый.

morphia ['mɔːfiə], **morphine** ['mɔːfiːn] мо́рфий.

morsel ['mɔːsəl] кусо́чек.

mortal ['mɔːtl] **1.** ☐ сме́ртный; смерте́льный; **2.** сме́ртный, челове́к; ~ity [mɔː'tæliti] смерте́льность *f*; сме́ртность *f*.

mortar ['mɔːtə] сту́пка; известко́вый раство́р; ⚔ мортира; миномёт.

mortgage ['mɔːgidʒ] **1.** закла́д; ипоте́ка; закладна́я; **2.** закла́дывать [заложи́ть]; ~e [mɔːgə'dʒiː] кредито́р по закладно́й.

mortgag|er, -or ['mɔːgədʒə] должни́к по закладно́й.

morti|fication [mɔːtifi'keiʃən] умерщвле́ние (пло́ти); униже́ние; ~fy ['mɔːtifai] умерщвля́ть [-рти́ть] (плоть); огорча́ть [-чи́ть], унижа́ть [уни́зить].

mortilce, -se ['mɔːtis] ⊕ гнездо́ шипа́.

mortuary ['mɔːtjuəri] мертве́цкая.

mosaic [mə'zeiik] моза́ика.

~~mose [mous] мону му шиистиих~~

most [moust] **1.** *adj.* ☐ наибо́льший; **2.** *adv.* бо́льше всего́; ~ beautiful са́мый краси́вый; **3.** наибо́льшее коли́чество; бо́льшая часть *f*; at (the) ~ са́мое бо́льшее, не бо́льше чем; ~ly ['moustli] по бо́льшей ча́сти; гла́вным о́бразом; ча́ще всего́.

moth [mɔθ] моль *f*; мотылёк; ~-eaten изъе́денный мо́лью.

mother ['mʌðə] **1.** мать *f*; **2.** отно́ситься по-матери́нски к (Д); ~hood ['mʌðəhud] матери́нство; ~-in-law [-rinlɔː] тёща, свекро́вь *f*; ~ly [-li] матери́нский; ~-of-pearl [-rev'pɔːl] перламу́тро-вый; ~-tongue родно́й язы́к.

motif [mou'tiːf] моти́в.

motion ['mouʃən] **1.** движе́ние; ход; *parl.* предложе́ние; **2.** *v/t.* пока́зывать же́стом; *v/i.* кива́ть [кивну́ть] (to на В); ~less [-lis] неподви́жный; ~-picture *Am.* кино́...; ~s *pl.* фильм; кино́ *n indecl.*

motive ['moutiv] **1.** дви́жущий; дви́гательный; **2.** по́вод, моти́в; **3.** побужда́ть [-уди́ть]; мотиви́ровать (*im*)*pf.*; ~less беспричи́нный.

motley ['mɔtli] разноцве́тный; пёстрый.

motor ['moutə] **1.** дви́гатель *m*, мото́р; = ~car; **2.** мото́рный; авто..., автомоби́льный; ~ mechanic, ~fitter авторемо́нтный меха́ник; **3.** е́хать (и́ли везти́) на автомоби́ле; ~bicycle мотоци́кл; ~bus автобус; ~car автомоби́ль *m*, F маши́на; **~cycle** мотоци́кл; **~ing** ['moutəriŋ] автомоби́льное де́ло; автомоби́льный спорт; **~ist** [-rist] автомобили́ст(ка). **~lorry**, *Am.* **~truck** грузово́й автомоби́ль *m*, грузови́к.

mottled [mɔtld] кра́пчатый.

mould [mould] 1. садо́вая земля́; по́чва; пле́сень *f*; фо́рма (лите́йная); шабло́н; склад, хара́ктер; 2. отлива́ть в фо́рму; *fig.* [с]формирова́ть.

moulder ['mouldə] рассыпа́ться [-ы́паться].

moulding ['mouldiŋ] △ карни́з.

mouldy ['mouldi] заплесневе́лый.

moult [moult] *zo.* [по]линя́ть.

mound [maund] на́сыпь *f*; холм; курга́н.

mount [maunt] 1. гора́; ло́шадь под седло́м; 2. *v/i.* восходи́ть [взойти́]; садиться на ло́шадь; *v/t.* устана́вливать [-нови́ть] (ра́дио и т. п.), [с]монти́ровать; вставля́ть в ра́му (в опра́ву).

mountain ['mauntin] 1. гора́; 2. го́рный, наго́рный; **~eer** [maunti'niə] альпини́ст(ка); **~ous** ['mauntinəs] гори́стый.

mourn [mɔ:n] горева́ть; оплак(ив)а́ть; *er* ['mɔ:nə] скорбя́щий; **~ful** ['mɔ:nful] □ тра́урный; **~ing** ['mɔ:niŋ] тра́ур; плач; *attr.* тра́урный.

mouse [maus] (*pl.* mice) мышь *f*.

m(o)ustache [məs'ta:ʃ] усы́ *m/pl.*

mouth [mauθ], *pl.* **~s** [-z] рот, уста́ *n/pl.*; у́стье (реки́); вход (в га́вань); **~organ** губна́я гармо́ника; **~piece** мундшту́к; *fig.* ру́пор.

move [mu:v] 1. *v/t. com.* дви́гать [дви́нуть]; передвига́ть [-и́нуть]; тро́гать [тро́нуть]; вноси́ть [внести́] (предложе́ние); *v/i.* дви́гаться [дви́нуться]; переезжа́ть [перее́хать]; развива́ться (о собы́тиях); идти́ [пойти́] (о дела́х); *fig.* враща́ться (в о́бществе и т. п.); **~** for a th. предлага́ть [-ложи́ть] что́-либо; **~** in въезжа́ть [въе́хать]; **~** on дви́гаться вперёд; 2. движе́ние; перее́зд; ход (в игре́); *fig.* шаг; on the **~** на ходу́; make a **~** встать из-за стола́; предпринима́ть что́-либо; **~ment** ['mu:vmənt] движе́ние; ♩ темп, ритм; ♩ часть *f* (симфо́нии и т. п.); ⊕ ход (маши́ны).

movies ['mu:viz] *s. pl.* кино́ *n indecl.*

moving ['mu:viŋ] □ дви́жущийся; **~** staircase эскала́тор.

mow [mou] (*irr.*) [с]коси́ть; **~n** [-n] *p. pt.* от mow.

Mr ['mistə] *s.* mister.

Mrs ['misiz] *s.* mistress.

much [mʌtʃ] *adj.* мно́го; *adv.* мно́го, о́чень; I thought as **~** я так и ду́мал; make **~** of высоко́ цени́ть (В);

I am not **~** of a dancer я нева́жно танцу́ю.

muck [mʌk] наво́з; *fig.* дрянь *f*.

mucus ['mju:kəs] слизь *f*.

mud [mʌd] грязь *f*; **~dle** [mʌdl] *v/t.* запу́тывать [-тать]; [с]пу́тать (*a.* **~** up, together); F опьяни́ть [-ни́ть]; *v/i.* халту́рить; де́йствовать без пла́на; 2. F пу́таница, неразбери́ха; **~dy** ['mʌdi] гря́зный; **~guard** крыло́.

muff [mʌf] му́фта; *fig.* недотёпа; **~etee** [mʌfi'ti:] напу́льсник.

muffin ['mʌfin] сдо́бная бу́лка.

muffle [mʌfl] 1. глуши́ть [-ши́ть] (го́лос и т. п.); заку́т(ыв)ать; **~r** [-ə] кашне́ *n indecl.*; *mot.* глуши́тель *m*.

mug [mʌg] кру́жка.

muggy ['mʌgi] ду́шный, вла́жный.

mulatto [mju'lætou] мула́т(ка).

mulberry ['mʌlbəri] ту́товое де́рево, шелкови́ца; ту́товая я́года.

mule [mju:l] мул; упря́мый челове́к; **~teer** [mju:li'tiə] пого́нщик; **mull¹** [mʌl] мусли́н; [му́лов.].

mull² [~] *Am.*: **~** over обду́м(ыв)ать; размышля́ть [-мы́слить].

mulled [mʌld]: **~** wine глинтве́йн.

multi|farious [mʌlti'fɛəriəs] □ разнообра́зный; **~form** ['mʌltifɔ:m] многообра́зный; **~ple** ['mʌltipl] 1. ♈ кра́тный; 2. ♈ кра́тное число́; многокра́тный; разнообра́зный; **~plication** [mʌltipli'keiʃən] умноже́ние; увеличе́ние; **~** table табли́ца умноже́ния; **~plicity** [-'plisiti] многочи́сленность *f*; разнообра́зие; **~ply** ['mʌltiplai] увели́чи(ва)ть(-ся); ♈ умножа́ть [-о́жить]; **~tude** [-tju:d] мно́жество; ма́сса; толпа́; **~tudinous** [mʌlti'tju:dinəs] многочи́сленный.

mum [mʌm] ти́ше!

mumble [mʌmbl] [про]бормота́ть; с трудо́м жева́ть.

mummery ['mʌməri] пантоми́ма, маскара́д; *contr.* «представле́ние».

mumm|ify ['mʌmifai] мумифици́ровать; (*im*)*pf.*; **~y** ['mʌmi] му́мия.

mumps [mʌmps] *sg.* ♈ сви́нка.

mundane ['mʌndein] □ мирско́й, све́тский.

municipal [mju'nisipəl] □ муниципа́льный; **~ity** [-nisi'pæliti] муниципалите́т.

munificen|ce [mju:'nifisns] ще́дрость *f*; **~t** [-t] ще́дрый.

murder ['mə:də] 1. уби́йство; 2. уби́(ва)ть; *fig.* прова́ливать [-ли́ть] (пье́су и т. п.); **~er** [-rə] уби́йца; **~ess** [-ris] же́нщина-уби́йца; **~ous** [-rəs] □ уби́йственный; [ный).

murky ['mə:ki] □ тёмный; па́смур-

murmur ['mə:mə] 1. журча́ние; шо́рох (ли́стьев); ро́пот; 2. [за]журча́ть; ропта́ть; [скота́).

murrain ['mʌrin] чума́ (рога́того

musc|le [mʌsl] мýскул, мышца; **~ular** ['maskjulə] мускулистый; мускульный.

Muse[1] [mju:z] мýза. (T.)

muse[2] [~] задýм(ыв)аться (on над)

museum [mju:'ziəm] музéй.

mushroom ['mʌʃrum] 1. гриб; 2. расплющи(ва)ть(ся); Am. ~ up расти как грибы.

music ['mju:zik] мýзыка; музыкáльное произведéние; нóты f/pl.; set to ~ положить на мýзыку; **~al** ['mju:zikəl] □ музыкáльный; мелодичный; ~ **box** шармáнка; **~hall** мюзик-холл, эстрáдный теáтр; **~ian** [mju:'ziʃən] музыкáнт (-ша); **~stand** пюпитр для нот; **~stool** табурéт для рояля.

musketry ['mʌskitri] ружéйный огóнь m; стрелкóвая подготóвка.

muslin ['mazlin] муслин (ткань).

mussel [mʌsl] мидия.

must [mʌst]: I ~ я дóлжен (+ inf.); I ~ not мне нельзя; 2. виногрáдное сýсло; плéсень f.

mustache Am. усы m/pl.

mustard ['mʌstəd] горчица.

muster ['mʌstə] 1. смотр, осмóтр; ✕ сбор; 2. проверять [-éрить].

musty ['mʌsti] зáтхлый.

muta|ble ['mju:təbl] □ изменчивый, непостоянный; **~tion** [mju:-'teiʃən] ~~изменéние, перемéна.~~

mute [mju:t] 1. □ немóй; 2. немóй;

статист; 3. надевáть сурдинку на (B).

mutilat|e ['mju:tileit] [из]увéчить; **~ion** [-'eiʃən] увéчье.

mutin|eer [mju:ti'niə] мятéжник; **~ous** ['mju:tinəs] □ мятéжный; **~y** [-ni] 1. мятéж; 2. поднимáть мятéж.

mutter ['mʌtə] 1. бормотáнье; ворчáние; 2. [про]бормотáть; [за]ворчáть.

mutton [mʌtn] барáнина; leg of ~ барáнья нóжка; ~ **chop** барáнья котлéта.

mutual ['mju:tjuəl] □ обоюдный, взаимный; óбщий.

muzzle ['mʌzl] 1. мóрда, рыло; дýло, жерлó; намóрдник; 2. надевáть намóрдник (Д); fig. застáвить молчáть.

my [mai, a. mi] pron. poss. мой m, моя f, моё n; мой pl.

myrtle [məːtl] ♀ мирт.

myself [mai'self, mi-] pron. refl. 1. себя, меня самогó; -ся, -сь; 2. (для усилéния) сам.

myster|ious [mis'tiəriəs] □ таинственный; **~y** [-ri] тáйна; тáинство.

mysti|c ['mistik] (a. **~al** [-ikəl] □) мистический; **~fy** [-tifai] мистифицировать (im)pf.; озадáчи(ва)ть. [цó.)

myth [miθ] миф; мифическое ли-)

N

nab [næb] sl. схватить на мéсте преступлéния.

nacre ['neikə] перламýтр.

nag [næg] F 1. кляча; 2. прид(и)рáться к (Д).

nail [neil] 1. anat. нóготь m; гвоздь m; 2. заби(вá)ть гвоздями, пригвождáть [-оздить], приби(вá)ть; fig. прикóвывать [-овáть].

naïve [nai'i:v, nɑ:'i:v] □, **naive** [neiv] □ найвный; безыскýственный.

naked ['neikid] нагóй, гóлый; явный; **~ness** [-nis] наготá; обнажённость f.

name [neim] 1. имя n; фамилия; назвáние; of (F by) the ~ of под именем (P), по имени (И); in the ~ of во имя (P); от имени (P); call a p. ~s [об]ругáть (B); 2. наз(ы)вáть; давáть имя (Д); **~less** ['neimlis] □ безымянный; **~ly** [-li] именно; **~plate** дощéчка с фамилией; **~sake** тёзка m/f.

nap [næp] 1. ворс; лёгкий сон; 2. дремáть [вздремнýть].

nape [neip] затылок.

napkin ['næpkin] салфéтка; подгýзник.

narcotic [nɑ:'kɔtik] 1. (~ally) наркотический; 2. наркóтик.

narrat|e [næ'reit] расскáзывать [-зáть]; **~ion** [-ʃən] расскáз; **~ive** ['nærətiv] 1. □ повествовáтельный; 2. расскáз.

narrow ['nærou] 1. □ узкий; тéсный; ограниченный (об интеллéкте); 2. **~s** pl. пролив; 3. сужи-вáть(ся) [сузить(ся)]; уменьшáть (-ся) [умéньшить(ся)]; ограничи-(ва)ть; **~chested** узкогрýдый; **~minded** □ ограниченный, узкий; недалёкий; **~ness** [-nis] ýзость f.

nasal ['neizəl] □ носовóй; гнусáвый.

nasty ['nɑ:sti] □ противный; неприятный; грязный; злóбный.

natal ['neitl]: ~ day день рождéния.

nation ['neiʃən] нáция.

national ['næʃnl] 1. □ национáльный, нарóдный; государственный; 2. соотéчественник; поддáнный; **~ity** [næʃə'neliti] национáльность f; поддáнство; **~ize** ['næʃnə-laiz] национализировать (im)pf.; натурализовáть (im)pf.

native ['neitiv] 1. □ роднóй; ту-

земный; ~ language родной язык;
2. уроженец (-нка); туземец (-мка).
natural ['nætʃrəl] □ естественный;
~ sciences естественные науки
f/pl.; **~ist** [-ist] натуралист (в искусстве); естествоиспытатель *m*;
~ize [-aiz] натурализовать (*im*)*pf*.;
~ness [-nis] естественность *f*.
nature ['neitʃə] природа; характер.
naught [nɔːt] ничто; ноль *m*; set at
~ пренебрегать [-бречь] (Т); **~y**
['nɔːti] □ непослушный, капризный.
nause|a ['nɔːsiə] тошнота; отвращение; **~ate** [-eit] *v/t*. тошнить; it
~s me меня тошнит от этого; внушать отвращение (Д); be **~d** испытывать тошноту; *v/i*. чувствовать тошноту; **~ous** [-əs] □ тошнотворный.   [ходный.]
nautical ['nɔːtikəl] морской; море-⌐
naval ['neivəl] (военно-)морской.
nave [neiv] ⌂ неф (церкви).
navel ['neivəl] пуп, пупок.
naviga|ble ['nævigəbl] □ судоходный; **~te** [-geit] *v/i*. управлять
(судном, аэропланом); плавать
(на судне); летать (на аэроплане);
v/t. управлять (судном и т. д.);
плавать по (Д); **~tion** [nævi'geiʃən]
мореходство; навигация; **~tor**
['nævigeitə] мореплаватель *m*;
штурман.
navy ['neivi] военный флот.
nay [nei] нет; даже; более того.
near [niə] 1. *adj.* близкий; ближний; скупой; ~ at hand под рукой;
~ silk полушёлк; 2. *adv*. подле,
близко, недалеко; почти; 3. *prp*.
около (Р), у (Р); 4. приближаться
[-лизиться] к (Д); **~by** ['niə'bai]
рядом; **~ly** ['niəli] почти; **~ness**
[-nis] близость *f*.
neat [niːt] □ чистый, опрятный;
стройный; искусный; краткий;
~ness ['niːtnis] опрятность и т. д.
nebulous ['nebjuləs] □ облачный,
туманный.
necess|ary ['nesisəri] 1. □ необходимый, нужный; 2. необходимое;
~itate [ni'sesiteit] делать необходимым; **~ity** [-ti] необходимость *f*, нужда.
neck [nek] шея; горлышко (бутылки и т. п.); вырез (в платье);
~ of land перешеек; **~ and** ~ голова
в голову; **~band** ворот (рубашки);
~erchief ['nekətʃif] шейный платок; **~lace** [-lis] ожерелье; **~tie**⌐
née [nei] урождённая.   [галстук.]
need [niːd] 1. надобность *f*; потребность *f*; нужда; недостаток; be in
~ of нуждаться в (П); 2. бедствовать; нуждаться в (П); I ~ it мне
это нужно; **~ful** ['niːdful] □ нужный.
needle ['niːdl] игла, иголка; спица
(вязальная).
needless ['niːdlis] □ ненужный.

needlewoman швея.
needy ['niːdi] □ нуждающийся;
бедствующий.
nefarious [ni'fɛəriəs] бесчестный.
negat|ion [ni'geiʃən] отрицание;
~ive ['negətiv] 1. □ отрицательный, негативный *f*; 2. отрицание;
phot. негатив; 3. отрицать.
neglect [ni'glekt] 1. пренебрежение; небрежность *f*; 2. пренебрегать [-бречь] (Т); **~ful** [-ful] □
небрежный.
negligen|ce ['neglidʒəns] небрежность *f*; **~t** [-t] □ небрежный.
negotia|te [ni'gouʃieit] вести переговоры; договариваться -вориться о (П); F преодоле(ва́)ть;
~tion [nigouʃi'eiʃən] переговоры
m/pl.; преодоление (затруднений);
~tor [ni'gouʃieitə] лицо, ведущее
переговоры.
negr|ess ['niːgris] негритянка; **~o**
['niːgrou], *pl.* **~es** [-z] негр.
neigh [nei] 1. ржание; 2. [за]ржать.
neighbo(u)r ['neibə] сосед(ка);
~hood [-hud] соседство; **~ing**
[-riŋ] соседний, смежный.
neither ['neiðə] 1. ни тот, ни другой; 2. *adv*. также не; ~ ... nor ...
ни ... ни...
nephew ['nevju:] племянник.
nerve [nəːv] 1. нерв; мужество,
хладнокровие; наглость *f*; 2. придавать силы (храбрости) (Д); **~less**
['nəːvlis] □ бессильный, вялый.
nervous ['nəːvəs] □ нервный; нервозный; сильный; **~ness** [-nis]
нервность *f*, нервозность *f*; энергия.
nest [nest] 1. гнездо (*a. fig.*); 2.
вить гнездо; **~le** [nesl] *v/i*. удобно
устроиться; прижим(ать)ся (to,
on, against к Д); *v/t*. прижим(а́)ть
(голову).
net[1] [net] 1. сеть *f*; 2. расставлять
сети; поймать или покрыть сетью.
net[2] [~] 1. нетто *adj. indecl.*, чистый (вес, доход); 2. приносить
(или получать) чистого дохода.
nettle [netl] 1. ⌂ крапива; 2. обжигать крапивой; *fig.* уязвлять
[-вить].
network ['netwəːk] плетёнка; сеть
f (железных дорог, радиостанций
и т. п.).
neuter ['njuːtə] 1. *gr.* средний;
⌂ бесполый; 2. средний род;
кастрированное животное.
neutral ['njuːtrəl] 1. □ нейтральный; средний, неопределённый;
2. нейтральное государство;
гражданин нейтрального государства; **~ity** [njuː'træliti] нейтралитет; **~ize** [nju:trəlaiz] нейтрализовать (*im*)*pf*.
never ['nevə] никогда; совсем не;
~more никогда больше; **~theless**
[nevəðə'les] тем не менее; несмотря на это.

new [nju:] нóвый; молодóй (об овощáх); свéжий; **~-comer** новоприбы́вший; **~ly** ['nju:li] зáново, вновь; недáвно.

news [nju:z] нóвости *f/pl.*, извéстия *n/pl.*; **~-agent** газéтчик; **~-boy** газéтчик-разнóсчик; **~-monger** сплéтник (-ица); **~-paper** газéта; **~-print** газéтная бумáга; **~-reel** киножурнáл; **~-stall**, *Am.* **~-stand** газéтный киóск.

New Year Нóвый год; **~'s Eve** канýн Нóвого гóда.

next [nekst] 1. *adj.* слéдующий; ближáйший; **~ door to** *fig.* чуть (ли) не, почти́; **~ to** вóзле (Р); вслед за (Т); 2. *adv.* потóм, пóсле; в слéдующий раз.

nibble [nibl] *v/t.* обгры́з(á)ть; [о]щипáть (*a. v/i.* **~ at**); *v/i.* **~ at** *fig.* прид(и)рáться к (Д).

nice [nais] □ прия́тный, ми́лый, слáвный; хорóшенький; тóнкий; привередли́вый; **~ty** ['naisiti] тóчность *f*; разбóрчивость *f*; *pl.* тóнкости *f pl.*, детáли *f pl.*

niche [nitʃ] ни́ша.

nick [nik] 1. зарýбка; **in the ~ of time** как раз вó-время; 2. сдéлать зарýбку в (П); поспéть вó-время на (В).

nickel [nikl] 1. *min.* ни́кель *m*; *Am.* монéта в 5 цéнтов; 2. [от]никели́ровать.

nickname ['nikneim] 1. прóзвище; 2. да(вá)ть прóзвище (Д).

niece [ni:s] племя́нница.

niggard ['nigəd] скупéц; **~ly** [-li] скупóй, скáредный.

night [nait] ночь *f*, вéчер; **by ~**, **at ~** нóчью, вéчером; **~-club** ночнóй клуб; **~-fall** сýмерки *f/pl.*; **~-dress**, **~-gown** (жéнская) ночнáя сорóчка; **~ingale** ['naitiŋgeil] соловéй; **~ly** ['naitli] ночнóй; *adv.* нóчью; еженóщно; **~-mare** кошмáр; **~-shirt** ночнáя рубáшка.

nil [nil] *particul. sport* ноль *m or* нуль *m*; ничегó.

nimble [nimbl] □ провóрный, лóвкий, живóй.

nimbus ['nimbəs] сия́ние, орéол.

nine [nain] дéвять; **~-pins** *pl.* кéгли *f/pl.*; **~teen** ['nain'ti:n] девятнáдцать; **~ty** ['nainti] девянóсто.

ninny ['nini] F простофи́ля *m/f*.

ninth [nainθ] 1. девя́тый; 2. девя́тая часть *f*; **~ly** ['nainθli] в-девя́тых.

nip [nip] 1. щипóк; укýс; си́льный мороз; 2. щипáть [щипнýть]; прищемля́ть [-ми́ть]; поби́ть морóзом; **~ in the bud** пресекáть в зарóдыше.

nipper ['nipə] клешня́; (a pair of) **~s** *pl.* щипцы́ *m/pl.*

nipple [nipl] сосóк.

nitre ['naitə] селитра.

nitrogen ['naitridʒən] азóт.

no [nou] 1. *adj.* никакóй; **in ~ time** в мгновéние óка; **~ one** никтó; 2. *adv.* нет; 3. отрицáние.

nobility [nou'biliti] дворя́нство; благорóдство.

noble ['noubl] 1. □ благорóдный; знáтный; 2. = **~-man** титулóванное лицó, дворяни́н; **~ness** ['noublnis] благорóдство.

nobody ['noubədi] никтó.

nocturnal [nɔk'tə:nl] ночнóй.

nod [nɔd] 1. кивáть головóй; дремáть, «клевáть нóсом»; 2. кивóк головóй. [утолщéние.]

node [noud] ♀ ýзел; ✿ нарóст;

noise [nɔiz] 1. шум, гам; грóхот; 2. **~ abroad** разглашáть [-ласи́ть]; **~less** ['nɔizlis] □ бесшýмный.

noisome ['nɔisəm] врéдный; нездорóвый; зловóнный.

noisy ['nɔizi] □ шýмный; шумли́вый; *fig.* крича́щий (о крáсках).

nominal ['nɔminl] □ номинáльный; именнóй; **~ value** номинáльная цена́; **~ate** ['nɔmineit] назначáть [-знáчить]; выставля́ть [вы́ставить] (кандидáта); **~ation** [nɔmi'neiʃən] выставлéние (кандидáта); назначéние.

non [nɔn] *prf.* не..., бес..., без...

nonage ['nounidʒ] несовершеннолéтие.

non-alcoholic безалкогóльный.

nonce [nɔns]: **for the ~** тóлько для дáнного слýчая.

non-commissioned ['nɔnkə'miʃənd]: **~ officer** сержáнт, ýнтер-офицéр.

non-committal укло́нчивый.

non-conductor ∮ непровóдник.

nonconformist ['nɔnkən'fɔ:mist] человéк не подчиня́ющийся óбщим прáвилам.

nondescript ['nɔndiskript] неопределённый; неопредели́мый.

none [nʌn] 1. ничтó, никтó; ни оди́н; никакóй; 2. нискóлько, совсéм не ...; **~ the less** тем не мéнее.

nonentity [nɔ'nentiti] небытиé; ничтóжество (о человéке); фи́кция.

non-existence небытиé. [ный.]

non-party ['nɔn'pɑ:ti] беспарти́й-]

non-performance неисполнéние.

nonplus [-'plʌs] 1. замешáтельство; 2. приводи́ть в замешáтельство.

non-resident не прожива́ющий в дáнном мéсте.

nonsens|e ['nɔnsəns] вздор, бессмы́слица; **~ical** [nɔn'sensikəl] □ бессмы́сленный.

non-skid ['nɔn'skid] приспособлéние прóтив буксовáния колéс.

non-stop безостанóвочный; ✈ беспосáдочный.

non-union не состоя́щий члéном профсою́за.

noodle ['nu:dl]: **~s** *pl.* лапшá.

nook [nuk] укромный уголок; закоулок. [_tide, _time).}

noon [nu:n] полдень *m* (*a.* _day,).

noose [nu:s] 1. петля; аркан; 2. ловить арканом; вешать [повесить].

nor [nɔː] и не; также не; ни.

norm [nɔːm] норма; стандарт, образец; _al ['nɔːməl] □ нормальный; _alize [-aiz] нормировать (*im*)*pf*.; нормализовать (*im*)*pf*.

north [nɔːθ] 1. север; 2. северный; 3. *adv.* _ of к северу от (Р); _east 1. северо-восток; 2. северо-восточный (*a.* _eastern [-ən]); _erly ['nɔːðəli], _ern ['nɔːðən] северный; _ward(s) ['nɔːθwəd(z)] *adv.* на север; к северу; _west 1. северо-запад; 2. ♦ норд-вест; 3. северо-западный (*a.* _western [-ən]).

nose [nouz] 1. нос; носик (чайника и т. п.); чутьё; нос (лодки и т. п.); 2. *v/t.* [по]нюхать; разнюх(ив)ать; _dive ✈ пикировка; _gay букет цветов.

nostril ['nɔstril] ноздря.

nosy ['nouzi] F любопытный.

not [nɔt] не.

notable ['noutəbl] 1. □ достопримечательный; 2. выдающийся человек.

notary ['noutəri] нотариус (*a.* public). [пись.}

notation [nou'teiʃən] нотация; за-)

notch [nɔtʃ] 1. зарубка; насечка; 2. зарубать [-бить]; зазубри(ва)ть.

note [nout] 1. заметка; запись *f*; примечание; долговая расписка; (дипломатическая) нота; ♪ нота; репутация; внимание; 2. замечать [-етить]; упоминать [-мянуть]; (*a* _ down) делать заметки, записывать [-сать]; отмечать [-етить]; _book записная книжка; _d ['noutid] достопримечательный; _worthy достопримечательный; заметный.

nothing ['nʌθiŋ] ничто, ничего; for _ зря, даром; bring (come) to _ свести (сойти) на нет.

notice ['noutis] 1. внимание; извещение, уведомление; предупреждение; at short _ без предупреждения; give _ предупреждать об увольнении (*или* об уходе); извещать [-естить]; замечать [-етить]; обращать внимание на (В); _able ['noutisəbl] □ достойный внимания; заметный.

noti|fication [noutifi'keiʃən] извещение, сообщение; объявление; _fy ['noutifai] извещать [-естить], уведомлять [уведомить].

notion ['nouʃən] понятие, представление; _s *pl. Am.* галантерея.

notorious [nou'tɔːriəs] □ пресловутый.

notwithstanding [nɔtwiθ'stændiŋ] несмотря на (В), вопреки (Д).

nought [nɔːt] ничто; ⚖ ноль *m or* нуль *m*.

nourish ['nʌriʃ] питать (*a. fig.*); [на-, по]кормить; *fig.* [вз]лелеять (надежду и т. п.); _ing [-iŋ] питательный; _ment [-mənt] питание; пища (*a. fig.*).

novel ['nɔvəl] 1. новый; необычный; 2. роман; _ist [-ist] романист (автор); _ty ['nɔvəlti] новинка; новизна.

November [no'vembə] ноябрь *m*.

novice ['nɔvis] начинающий; новичок; *eccl.* послушник (-ица).

now [nau] 1. теперь, сейчас; тотчас; just _ только что; _ and again (*или* then) от времени до времени; 2. *cj.* когда, раз.

nowadays ['nauədeiz] в наше время.

nowhere ['nouwεə] нигде, никуда.

noxious ['nɔkʃəs] □ вредный.

nozzle [nɔzl] носик (чайника и т.п.); ⊕ сопло.

nucle|ar ['nju:kliə] ядерный; _ pile ядерный реактор; _us [-s] ядро.

nude [nju:d] нагой; *paint.* обнажённая фигура.

nudge [nʌdʒ] F 1. подталкивать локтем; 2. лёгкий толчок локтем.

nuisance [nju:sns] неприятность *f*; досада; *fig.* надоедливый человек.

null [nʌl] невыразительный; недействительный; _ and void потерявший законную силу (о договоре); _ify ['nʌlifai] аннулировать (*im*)*pf*.; _ity [-ti] ничтожность *f*; ничтожество (о человеке); ⚖ недействительность *f*.

numb [nʌm] 1. онемелый, оцепенелый; окоченелый; 2. вызывать онемение (*или* окоченение) (Р).

number ['nʌmbə] 1. число; номер; 2. [за]нумеровать; насчитывать; _less [-lis] бесчисленный.

numera|l ['nju:mərəl] 1. имя числительное; цифра; 2. числовой; _tion [nju:mə'reiʃən] исчисление; нумерация.

numerical [nju:'merikəl] □ числовой; цифровой. [(численный.)}

numerous ['nju:mərəs] □ много-)

nun [nʌn] монахиня; *zo.* синица-лазоревка. [стырь *m*.)}

nunnery ['nʌnəri] женский мона-)

nuptial ['nʌpʃəl] 1. брачный, свадебный; 2. _s [-z] *pl.* свадьба.

nurse [nɔːs] 1. кормилица (*mst* wet-_); няня (*a.* _-maid); сиделка (в больнице); медицинская сестра; at _ на попечении няни; 2. кормить, вскармливать грудью; нянчить; ухаживать за (Т); _ry ['nɔːsri] детская (комната); _ питомник, рассадник; _ school детский сад.

nurs(e)ling ['nɔːsliŋ] питомец (-мица).

nurture ['nəːtʃə] 1. пита́ние; воспита́ние; 2. пита́ть, воспи́тывать [-та́ть].

nut [nʌt] оре́х; ⊕ га́йка; ~s pl. ме́лкий у́голь m; ~**cracker** щипцы́ для оре́хов; щелку́нчик; ~**meg** ['nʌtmeg] муска́тный оре́х.

nutri|tion [njuːˈtriʃən] пита́ние; пи́ща; ~**tious** [-ʃəs], ~**tive** ['njuːtritiv] □ пита́тельный.

nut|shell оре́ховая скорлупа́; in a ~ кра́тко, в двух слова́х; ~**ty** ['nʌti] име́ющий вкус оре́ха; щего́ль-)

nymph [nimf] ни́мфа. [ско́й.)

O

oaf [ouf] дурачо́к; неуклю́жий)
oak [ouk] дуб. [челове́к.)
oar [ɔː] 1. весло́; 2. poet. грести́; ~**sman** ['ɔːzmən] гребе́ц.
oasis [ouˈeisis] оа́зис.
oat [out] овёс (mst ~s pl.).
oath [ouθ] кля́тва; ⚖, ⚔ прися́га; ругательство.
oatmeal ['outmiːl] овся́нка (крупа́).
obdurate ['ɔbdjurit] □ закоснéлый.
obedien|ce [oˈbiːdjəns] послуша́ние, повинове́ние; ~**t** [-t] □ послу́шный, поко́рный.
obeisance [oˈbeisəns] ни́зкий покло́н, реверáнс; почте́ние; do ~ выража́ть почте́ние.
obesity [ouˈbiːsiti] ту́чность f, полнота́.
obey [oˈbei] повинова́ться (im)pf. (Д); послу́шаться (Р).
obituary [oˈbitjuəri] некроло́г; спи́сок уме́рших.
object 1. ['ɔbdʒikt] предме́т, вещь f; объе́кт; fig. цель f, наме́рение; 2. [əbˈdʒekt] не люби́ть, не одобря́ть (Р); возража́ть [-рази́ть] (to про́тив Р).
objection [əbˈdʒekʃən] возраже́ние; ~**able** [-əbl] □ нежела́тельный; неприя́тный.
objective [ɔbˈdʒektiv] 1. □ объекти́вный; целево́й; 2. ⚔ объе́кт, цель f.
object-lens opt. ли́нза объекти́ва.
obligat|ion [ɔbliˈgeiʃən] обяза́тельство; обя́занность f; ~**ory** ['ɔbligətəri] □ обяза́тельный.
oblig|e [əˈblaidʒ] обя́зывать [-за́ть]; принужда́ть [-у́дить]; ~ а p. де́лать одолже́ние кому́-либо; much ~d о́чень благода́рен (-рна); ~**ing** [-iŋ] □ услу́жливый, любе́зный.
oblique [oˈbliːk] □ косо́й; око́льный; gr. ко́свенный.
obliterate [oˈblitəreit] изгла́живать(ся) [-ла́дить(ся)]; вычёркивать [вы́черкнуть].
oblivi|on [oˈbliviən] забве́ние; ~**ous** [-əs] □ забы́вчивый.
obnoxious [əbˈnɔkʃəs] □ неприя́тный, проти́вный, несно́сный.
obscene [ɔbˈsiːn] □ непристо́йный.
obscur|e [əbˈskjuə] 1. □ тёмный; мра́чный; нея́сный; неизве́стный; непоня́тный; 2. затемня́ть [-ни́ть]; ~**ity** [-riti] мрак, темнота́ и т. д.

obsequies ['ɔbsikwiz] pl. погребе́ние.
obsequious [əbˈsiːkwiəs] □ рабо́лепный, подобостра́стный.
observ|able [əbˈzəːvəbl] □ заме́тный; ~**ance** [-vəns] соблюде́ние (зако́на, обря́да и т. п.); обря́д; ~**ant** [-vent] □ наблюда́тельный; ~**ation** [ɔbzəˈveiʃən] наблюде́ние; наблюда́тельность f; замеча́ние; ~**atory** [əbˈzəːvətri] обсервато́рия; ~**e** [əbˈzəːv] v/t. наблюда́ть; fig. соблюда́ть [-юсти́]; замеча́ть [-е́тить] (В); v/i. замеча́ть [-е́тить].
obsess [əbˈses] завладе(ва́)ть (Т); ~**ed by**, a. **with** одержи́мый (Т); пресле́дуемый (Т).
obsolete ['ɔbsoliːt, -səl-] устаре́лый.
obstacle ['ɔbstəkl] препя́тствие.
obstinate ['ɔbstinit] □ упря́мый.
obstruct [əbˈstrakt] [по]меша́ть (Д), затрудня́ть [-ни́ть]; загражда́ть [-ради́ть]; ~**ion** [əbˈstrakʃən] препя́тствие, поме́ха; загражде́ние; обстру́кция; ~**ive** [-tiv] меша́ющий; обструкцио́нный.
obtain [əbˈtein] v/t. добы(ва́)ть, доста(ва́)ть; v/i. быть в обы́чае; ~**able** [-əbl] ⚓ получа́емый; дости́жимый.
obtru|de [əbˈtruːd] навя́зывать(ся) [-за́ть(ся)] (on Д); ~**sive** [-siv] навя́зчивый.
obtuse [əbˈtjuːs] □ тупо́й (a. fig.).
obviate ['ɔbvieit] избега́ть [-ежа́ть] (Р).
obvious ['ɔbviəs] □ очеви́дный, я́сный.
occasion [əˈkeiʒən] 1. слу́чай; возмо́жность f; по́вод; причи́на; F собы́тие; on the ~ of по слу́чаю (Р); 2. причиня́ть [-ни́ть]; дава́ть по́вод к (Д); ~**al** [-ʒnl] □ случа́йный; ре́дкий.
Occident ['ɔksidənt] За́пад, стра́ны За́пада; 2**al** [ɔksiˈdentl] □ за́падный. [ный.)
occult [ɔˈkalt] □ окку́льтный, тай-)
occup|ant ['ɔkjupənt] жи́тель(ница f) m; владе́лец (-лица); ~**ation** [ɔkjuˈpeiʃən] завладе́ние; ⚔ оккупа́ция; заня́тие, профе́ссия; ~**y** ['ɔkjupai] занима́ть [заня́ть]; завладе́(ва́)ть (Т); оккупи́ровать (im)pf.
occur [əˈkəː] случа́ться [-чи́ться];

встреча́ться [-е́титься]; ~ to a p. приходи́ть в го́лову кому́; ~rence [ə'kʌrəns] происше́ствие, слу́чай.
ocean ['ouʃən] океа́н.
o'clock [ə'klɔk]: five ~ пять часо́в.
ocul|ar ['ɔkjulə] □ глазно́й; ~ist ['ɔkjulist] окули́ст, глазно́й врач.
odd [ɔd] □ нечётный; непа́рный; ли́шний; разро́зненный; чудно́й, стра́нный f; ~ity ['ɔditi] чудакова́тость f; ~s [ɔdz] f/pl. нера́венство; разногла́сие; ра́зница, преиму́щество; гандика́п; ша́нсы m/pl.; be at ~ with не ла́дить с (Т); ~ and ends оста́тки m/pl.; то да сё.
odious ['oudiəs] ненави́стный; отврати́тельный.
odo(u)r ['oudə] за́пах; арома́т.
of [ɔv; mst əv, v] prp. o, об (П); из (Р); от (Р); ука́зывает на причи́ну, принадле́жность, объе́кт де́йствия, ка́чество, исто́чник; ча́сто соотве́тствует ру́сскому роди́тельному падежу́; think ~ a th. ду́мать o (П); ~ charity из милосе́рдия; die ~ умере́ть от (Р); cheat ~ обсчи́тывать на (В); the battle ~ Quebec би́тва под Квебе́ком; proud ~ го́рдый (Т); the roof ~ the house кры́ша до́ма.
off [ɔːf, ɔf] 1. adv. прочь; far ~ далеко́; ча́ще всего́ перево́дится верба́льными приста́вками: go ~ уходи́ть [уйти́]; switch ~ выключа́ть [вы́ключить]; take ~ снима́ть [снять]; ~ and on от вре́мени до вре́мени; be well (badly) ~ быть зажи́точным (бе́дным), быть в хоро́шем (плохо́м) положе́нии; 2. prp. c (Р), co (Р) (выража́ет удале́ние предме́та c пове́рхности); от (Р) (ука́зывает на расстоя́ние); 3. adj. свобо́дный от слу́жбы (рабо́ты); да́льний, бо́лее удалённый; боково́й; пра́вый (о стороне́).
offal ['ɔfəl] отбро́сы m/pl.; па́даль f; ~s pl. потроха́ m/pl.
offen|ce, Am. ~**se** [ə'fens] просту́пок; оби́да, оскорбле́ние; наступле́ние.
offend [ə'fend] v/t. обижа́ть [оби́деть], оскорбля́ть [-би́ть]; v/i. наруша́ть [-у́шить] (against В); ~er оби́дчик; правонаруши́тель(ница f) m; first ~ престу́пник, суди́мый впервы́е.
offensive [ə'fensiv] 1. □ оскорби́тельный, оби́дный; агресси́вный, наступа́тельный; проти́вный; 2. наступле́ние.
offer ['ɔfə] 1. предложе́ние; 2. v/t. предлага́ть [-ложи́ть]; приноси́ть в же́ртву; v/i. выража́ть гото́вность (+ inf.); [по]пыта́ться; явля́ться [яви́ться] (В); ~ing [-riŋ] же́ртва; предложе́ние.
off-hand ['ɔːf'hænd] adv. F бесцеремо́нно; без подгото́вки.
office ['ɔfis] слу́жба, до́лжность

f; конто́ра, канцеля́рия; eccl. богослуже́ние; ♀ министе́рство; ~r ['ɔfisə] должностно́е лицо́, чино́вник (-ица); ✕ офице́р.
official [ə'fiʃəl] 1. □ официа́льный; служе́бный; ~ channel официа́льный поря́док; ~ hours pl. служе́бные часы́ m/pl.; 2. служе́бное лицо́, служа́щий; чино́вник.
officiate [ə'fiʃieit] исполня́ть обя́занности (as Р).
officious [ə'fiʃəs] □ назо́йливый; официо́зный.
off|set возмеща́ть [-ести́ть]; ~shoot побе́г; о́тпрыск; ответвле́ние; ~spring о́тпрыск, пото́мок.
often ['ɔːfn; a. 'ɔːftən] ча́сто, мно́го раз.
ogle [ougl] 1. стро́ить гла́зки (Д); 2. влюблённый взгля́д.
ogre ['ougə] людое́д.
oil [ɔil] 1. ма́сло (расти́тельное, минера́льное); нефть f; 2. сма́з(ыв)ать; fig. подма́з(ыв)ать; ~cloth клеёнка; ~skin дождеви́к; ~y ['ɔili] □ маслени́стый, ма́сляный; fig. еле́йный.
ointment ['ɔintmənt] мазь f.
O. K., okay ['ou'kei] F 1. pred. всё в поря́дке, хорошо́; 2. int. хорошо́!, ла́дно!, есть!
old [ould] com. ста́рый; (in times) of ~ в старину́; ~ age ста́рость f; ~-fashioned ['ould'fæʃənd] старомо́дный; ~ish ['ouldiʃ] старова́тый.
olfactory [ɔl'fæktəri] anat. обоня́тельный.   [цвет.]
olive ['ɔliv] ♀ оли́ва; оли́вковый)
ominous ['ɔminəs] □ злове́щий.
omission [o'miʃən] упуще́ние; про́пуск.
omit [o'mit] пропуска́ть [-сти́ть]; упуска́ть [-сти́ть].
omnipoten|ce [ɔm'nipotəns] всемогу́щество; ~t [-tənt] □ всемогу́щий.
on [ɔn] 1. prp. mst на (П or В); ~ the wall на стене́; march ~ London марш на Ло́ндон; ~ good authority из достове́рного исто́чника; ~ the 1st of April пе́рвого апре́ля; ~ his arrival по его́ прибы́тии; talk ~ a subject говори́ть на те́му; ~ this model по э́тому образцу́; ~ hearing it услы́шав э́то; 2. adv. да́льше; вперёд; да́лее; keep one's hat ~ остава́ться в шля́пе; have a coat ~ быть в пальто́; and so ~ и так да́лее (и т. д.); be ~ быть пу́щенным в ход, включённым (и т. п.).
once [wʌns] 1. adv. раз; не́когда, когда́-то; at ~ сейча́с же; ~ for all раз навсегда́; ~ in a while и́зредка; this ~ на э́тот раз; 2. cj. как то́лько.
one [wʌn] 1. adv. оди́н; еди́нственный; како́й-то; ~ day одна́жды; ~ never knows никогда́ не зна́ешь; 2. (число́) оди́н; едини́ца;

the little ~s малыши *m/pl.*; ~ another друг друга; at ~ заодно, сразу; ~ by ~ один за другим; I for ~ я со своей стороны.

onerous ['ɔnərəs] □ обременительный.

one|**self** [wʌn'self] *pron. refl.* -ся, -сь, (самого) себя; ~**-sided** □ односторонний; ~**-way**: ~ street улица одностороннего движения.

onion ['ʌnjən] лук, луковица.

onlooker ['ɔnlukə] зритель(ница *f*) *m*; наблюдатель(ница *f*) *m*.

only ['ounli] 1. *adj.* единственный; 2. *adv.* единственно; только; исключительно; ~ yesterday только вчера; 3. *cj.* но; ~ that ... если бы не то, что ...

onset ['ɔnset], **onslaught** [-slɔːt] атака, натиск, нападение.

onward ['ɔnwəd] 1. *adj.* продвигающийся вперёд; 2. *adv.* вперёд; впереди.

ooze [uːz] 1. ил, тина; 2. просачиваться [-сочиться]; ~ away убы(ва)ть.

opaque [ou'peik] □ непрозрачный.

open ['oupən] 1. □ *com.* открытый; откровенный; явный; ~ to доступный (Д); in the ~ air на открытом воздухе; 2. bring into the ~ обнаруживать(ся); ↑ и/т открыва́ть; нач(ин)а́ть; *v/i.* открыва(ва)ться; нач(ин)а́ться; ~ into выходить в (В) (о двери); ~ on to выходить на *or* в (В); ~**-handed** щедрый; ~**ing** ['oupniŋ] отверстие; начало; открытие; ~**-minded** *fig.* непредубеждённый.

opera ['ɔpərə] опера, ~**-glass(es** *pl.*) бинокль *m*.

operat|**e** ['ɔpəreit] *v/t.* управлять (Т); *part. Am.* приводить в действие; *v/i.* оперировать (*im*)*pf.*; оказывать влияние; работать, действовать; ~**ion** [ɔpə'reiʃən] действие; ↑, ✕, ↓ операция; процесс; be in ~ быть в действии; ~**ive** 1. ['ɔpərətiv] □ действующий, действительный; оперативный (*a.* ✚); 2. ['ɔpərətiv] (фабричный) рабочий; ~**or** ['ɔpəreitə] оператор; телеграфист(ка).

opinion [ə'pinjən] мнение; взгляд; in my ~ по-моему. [противник.]

opponent [ə'pounənt] оппонент,]

opportun|**e** ['ɔpətjuːn] □ благоприятный, подходящий; своевременный; ~**ity** [ɔpə'tjuːniti] удобный случай, возможность *f*.

oppos|**e** [ə'pouz] противопоставлять [-ставить]; (вос)противиться (Д); ~**ed** □ противопоставленный; be ~ to быть против (Р); ~**ite** ['ɔpəzit] 1. □ противоположный; 2. *adj., adv.* напротив, против (Р); 3. противоположность *f*; ~**ition** [ɔpə'ziʃən] сопротивление; оппозиция; контраст.

oppress [ə'pres] притеснять [-нить], угнетать; ~**ion** [-ʃən] притеснение, угнетение; угнетённость *f*; ~**ive** [-siv] □ гнетущий, угнетающий; душный.

optic ['ɔptik] глазной, зрительный; ~**al** [-tikəl] □ оптический; ~**ian** [ɔp'tiʃən] оптик.

option ['ɔpʃən] выбор, право выбора; ↑ right право преимущественной покупки; ~**al** ['ɔpʃənl] □ необязательный, факультативный.

opulence ['ɔpjuləns] богатство.

or [ɔː] или; ~ else иначе; или же.

oracular [ɔ'rækjulə] □ пророческий.

oral ['ɔːrəl] □ устный; словесный.

orange ['ɔrindʒ] 1. апельсин; оранжевый цвет; 2. оранжевый.

oration [ɔ'reiʃən] речь *f*, ~**or** ['ɔrətə] оратор; ~**ory** [-ri] красноречие; часовня.

orb [ɔːb] шар; орбита; *fig.* небесное светило; держава.

orchard ['ɔːtʃəd] фруктовый сад.

orchestra ['ɔːkistrə] оркестр.

ordain [ɔː'dein] посвящать в духовный сан; предписывать [-сать].

ordeal [ɔː'diːl] *fig.* испытание.

order ['ɔːdə] 1. порядок; знак отличия; приказ; ↑ заказ; ранг; ✕ строй; take (holy) ~ принимать духовный сан, in ~ to чтобы; in ~ that с тем, чтобы; make to ~ делать на заказ; *parl.* standing ~s *pl.* правила процедуры; 2. приказывать [-зать]; назначать [-начить]; ↑ заказывать [-зать]; ~**ly** [-li] 1. аккуратный; спокойный; регулярный; 2. ✕ вестовой, ординарец.

ordinance ['ɔːdinəns] указ, декрет.

ordinary ['ɔːdnri] □ обыкновенный; заурядный.

ordnance ['ɔːdnəns] ✕, ⚓ артиллерийские орудия *n/pl.*; артиллерийское и техническое снабжение.

ordure ['ɔːdjuə] навоз; отбросы *m/pl.*; грязь *f*.

ore ['ɔː] руда.

organ ['ɔːgən] орган; голос; ↓ орган; ~**-grinder** шарманщик; ~**ic** [ɔː'gænik] (~**ally**) органический; ~**ization** [ɔːgənai'zeiʃən] организация; ~**ize** ['ɔːgənaiz] организовать (*im*)*pf.*; ~**izer** [-ə] организатор.

orgy ['ɔːdʒi] оргия.

orient ['ɔːrient] 1. восток; Восток, восточные страны *f/pl.*; 2. ориентировать (*im*)*pf.*; ~**al** [ɔːri'entl] 1. восточный, азиатский; 2. житель Востока; ~**ate** ['ɔːrienteit] ориентировать (*im*)*pf.*

orifice ['ɔrifis] отверстие; устье.

origin ['ɔridʒin] источник; происхождение; начало.

original [ə'ridʒənl] 1. □ первоначáльный; оригинáльный; пóдлинный; 2. оригинáл; пóдлинник; чудáк; ~ity [əridʒi'næliti] оригинáльность f.

originat|e [ə'ridʒineit] v/t. давáть начáло (Д), порождáть [породи́ть]; v/i. происходи́ть [-изойти́] (from от Р); ~or [-ə] создáтель m; инициáтор.

ornament 1. ['ɔ:nəmənt] украшéние, орнáмент; fig. красá; 2. [-ment] украшáть [украси́ть]; ~al [ɔ:nə'mentl] □ декорати́вный.

ornate [ɔ:'neit] □ разукрáшенный; витиевáтый (стиль).

orphan ['ɔ:fən] 1. сиротá m/f.; 2. осироте́лый (a. ~ed); ~age [-idʒ]; ~asylum прию́т для сирóт.

orthodox ['ɔ:θədɔks] □ правовéрный; eccl. правослáвный.

oscillate ['ɔsileit] вибри́ровать; fig. колебáться.

ossify ['ɔsifai] [o]костенéть.

ostensible [ɔs'tensəbl] □ очеви́дный.

ostentatio|n [ɔstən'teiʃən] хвастовствó; выставлéние напокáз; ~us [-ʃəs] □ показнóй.

ostler ['ɔslə] кóнюх.

ostrich ['ɔstritʃ] zo. стрáус.

other ['ʌðə] другóй; инóй; the ~ day на днях; the ~ morning недáвно у́тром; every ~ day чéрез день; ~wise [waiz] и́наче; и́ли же.

otter ['ɔtə] zo. вы́дра.

ought [ɔ:t]: I ~ to мне слéдовало бы; you ~ to have done it вам слéдовало э́то сдéлать.

ounce [auns] у́нция (= 28,3 г).

our ['auə] pron. poss. ~s ['auəz] pron. poss. pred. наш, нáша, нáше; нáши pl.; ~selves [auə'selvz] pron. 1. refl. себя́, -ся, -сь; 2. (для усилéния) (мы) сáми.

oust [aust] выгоня́ть [вы́гнать], вытесня́ть [вы́теснить].

out [aut] 1. adv. нару́жу; вон; до концá; чáсто перевóдится пристáвкой вы- : take ~ вынимáть [вы́нуть]; be ~ with быть в ссóре с (Т); ~ and ~ совершéнно; way ~ вы́ход; 2. parl. the ~s pl. оппози́ция; 3. † ~ size размéр бóльше нормáльного; 4. prp. ~ of: из (Р); вне (Р); из-за (Р).

out... [~] пере...; вы...; рас...; про..., воз..., воз...; ~balance [aut'bæləns] перевéшивать [-вéсить]; ~bid [-'bid][irr. (bid)] перебивáть цéну; ~break ['autbreik] взрыв, вспы́шка (гнéва) (внезáпное) начáло (войны́, эпидéмии и т. п.); ~building ['autbildiŋ] надвóрное строéние; ~burst [-'bə:st] взрыв, вспы́шка; ~cast [-kɑ:st] 1. изгнáнник (-ица); пáрия m/f; 2. и́згнанный; ~come [-'kʌm] ре-

зультáт; ~cry [-krai] вы́крик; протéст; ~do [aut'du:] [irr. (do)] превосходи́ть [-взойти́]; ~door ['autdɔ:] adj. (находя́щийся) вне дóма и́ли на откры́том вóздухе; нару́жный; ~doors ['aut'dɔ:z] adv. на откры́том вóздухе, вне дóма.

outer ['autə] внéшний, нару́жный; ~most ['autəmoust] крáйний.

out|fit [-fit] снаряжéние; обмунди́ровка; оборудование; ~going [-gouiŋ] 1. уходя́щий; исходя́щий (о бумáгах, пи́сьмах и т. п.); 2. ~s pl. расхóды m/pl.; ~grow [aut'grou] [irr. (grow)] вырастáть [вы́расти] из (плáтья и т. п.); ~house [-haus] надвóрное строéние; фли́гель m.

outing ['autiŋ] (зáгородная) прогу́лка.

out|last [aut'lɑ:st] продолжáться дóльше, чем ...; пережи(вá)ть; ~law ['autlɔ:] 1. человéк вне закóна; 2. объявля́ть вне закóна; ~lay[-lei] издéржки f/pl.; ~let [-let] выпускнóе отвéрстие; вы́ход; ~line [-lain] 1. (a. pl.) очертáние, кóнтур; 2. рисовáть кóнтур (Р); дéлать набрóсок (Р); ~live [aut'liv] пережи(вá)ть; ~look ['autluk] вид, перспекти́ва; тóчка зрéния, взгляд; ~lying [-laiiŋ] отдалённый; ~number [aut'nʌmbə] превосходи́ть чи́сленностью; ~post [-poust] аванпóст; ~pouring [-pɔ:riŋ] mst pl. излия́ние (чувств); ~put [-put] вы́пуск; производи́тельность f; продукция.

outrage ['autreidʒ] 1. грýбое нарушéние (on Р); 2. грýбо нарушáть (закóн); ~ous [aut'reidʒəs] □ неи́стовый; возмути́тельный.

out|right [aut'rait] откры́то; срáзу; вполнé; ~run [aut'rʌn] [irr. (run)] перегоня́ть [-гнáть], опережáть [-реди́ть]; fig. преступáть предéлы (Р); ~set [autset]начáло; отправлéние; ~shine [aut'ʃain] [irr. (shine)] затмевáть [-ми́ть]; ~side ['aut'said] нару́жная сторонá; внéшняя повéрхность f; внéшность f; крáйность f; at the ~ в крáйнем слýчае; 2. нару́жный, внéшний; крáйний; 3. adv. нару́жу; снарýжи; на (откры́том) вóздухе; 4. prp. внé (Р); ~sider [aut'saidə] посторóнний (человéк); ~skirts [autskə:ts] pl. окрáина; ~spoken [aut'spoukən] □ откровéнный; ~standing ['autstændiŋ] выступáющий; fig. выдаю́щийся; неуплáченный (счёт); ~stretch [aut'stretʃ]протя́гивать [-тянýть]; ~strip [-'strip] опережáть [-реди́ть]; превосходи́ть [-взойти́].

outward ['autwəd] 1. внéшний, повéрхностный; 2. adv. (mst ~s [-z]) нарýжу; за предéлы.

outweigh [aut'wei] превосходи́ть ве́сом; *fig.* переве́шивать [переве́сить].

oven ['ʌvn] (хле́бная) печь *f*; духо́вка.

over ['ouvə] **1.** *adv.* ча́ще всего́ перево́дится приста́вками глаго́лов: пере..., вы..., про..., сно́ва, вдоба́вок; сли́шком; ~ **and above** кро́ме того́; (all) ~ **again** сно́ва, ещё раз; ~ **against** напро́тив; ~ **and** ~ (**again**) то и де́ло; read ~ перечи́тывать [-чита́ть]; **2.** *prp.* над (Т); по (Д); за (В); свы́ше (Р); сверх (Р); че́рез (В); о(б) (П); all ~ **the town** по всему́ го́роду.

over ... ['ouvə] *pref.* как приста́вка, означа́ет: сверх...; над...; пере...; чрезме́рно; ~**act** ['ouvər'ækt] переи́грывать [-гра́ть] (роль); ~**all** ['ouvərɔːl] спецоде́жда; ~**awe** [ouvər'ɔː] держа́ть в благогове́йном стра́хе; ~**balance** [ouvə'bæləns] теря́ть равнове́сие; переве́шивать [-ве́сить]; ~**bearing** [-'beəriŋ] □ вла́стный; ~**board** ['ouvəbɔːd] Ф за́ борт, за бо́ртом; ~**cast** ['ouvə'kɑːst] па́смурный; ~**charge** [ouvə'tʃɑːdʒ] **1.** сли́шком высо́кая цена́; **2.** перегружа́ть [-узи́ть]; запра́шивать сли́шком высо́кую це́ну с (Р) (for за В); ~**coat** [-kout] пальто́ *n indecl.*; ~**come** [-'kʌm] [*irr.* (come)] преодоле(ва́)ть, побежда́ть [-еди́ть]; ~**crowd** [ouvə'kraud] перепо́лнить [-о́лнить] (зал и т. п.); ~**do** [-'duː] [*irr.* (do)] пережа́ри(ва)ть (мя́со и т. п.); де́лать сли́шком усе́рдно, утри́ровать (*im*)*pf.*; ~**draw** ['ouvə'drɔː] [*irr.* (draw)] ✝ превыша́ть [-вы́сить] (креди́т); ~**dress** [-'dres] одева́ться сли́шком пы́шно; ~**due** [-'djuː] просро́ченный; ~**eat** [ouvər'iːt] [*irr.* (eat)]: ~ o. s. объеда́ться [объе́сться]; ~**flow 1.** [ouvə'flou] *v/t.* затопля́ть [-пи́ть]; *v/i.* перели(ва́)ться; **2.** ['ouvəflou] наводне́ние; разли́в; ~**grow** ['ouvə'grou] [*irr.* (grow)] заглуша́ть [-ши́ть] (о расте́ниях); расти́ сли́шком бы́стро; ~**hang 1.** ['ouvə'hæŋ] [*irr.* (hang)] *v/i.* нависа́ть [-и́снуть]; **2.** ['ouvəhæŋ] свес; вы́ступ; ~**haul** [ouvə'hɔːl] [от]ремонти́ровать; ~**head 1.** [ouvə'hed] *adv.* над голово́й, наверху́; **2.** ['ouvəhed] *adj.* ве́рхний; ✝ накладно́й; **3.** ~**s** *pl.* ✝ накладны́е расхо́ды *m/pl.*; ~**hear** [ouvə'hiə] [*irr.* (hear)] подслу́ши(ва)ть; неча́янно слы́шать; ~**lap** [ouvə'læp] *v/t.* части́чно покры́(ва́)ть; *v/i.* заходи́ть оди́н за друго́й; ~**lay** [ouvə'lei] [*irr.* (lay)] ⊕ покры́(ва́)ть; ~**load** [ouvə'loud] перегружа́ть [-узи́ть]; ~**look** [ouvə'luk] обозре(ва́)ть; прогля́дывать [-де́ть]; ~**master** [ouvə'mɑːstə] подчиня́ть себе́; ~**much**

['ouvə'mʌtʃ] чрезме́рно; ~**pay** [-'pei] [*irr.* (pay)] переплачивать [-лати́ть]; ~**persuade** пересили(ва)ть; ~**reach** [ouvə'riːtʃ] перехитри́ть *pf.*; ~ o. s. брать сли́шком мно́го на себя́, сли́шком напряга́ть си́лы; ~**ride** [-'raid] [*irr.* (ride)] перее́хать ло́шадью; *fig.* отверга́ть [-е́ргнуть]; ~**run** [-'rʌn] [*irr.* (run)] перелива́ться че́рез край; ~**sea** ['ouvə'siː] **1.** замо́рский; загра́ничный; **2.** (*a.* ~**seas**) за́ морем, за́ море; ~**see** [-'siː] [*irr.* (see)] надзира́ть за (Т); ~**seer** ['ouvəsiə] надзира́тель(ница *f*) *m*; ~**shadow** [ouvə'ʃædou] броса́ть тень на (В); омрача́ть [-чи́ть]; ~**sight** [-sait] недосмо́тр; ~**sleep** ['ouvəsliːp] [*irr.* (sleep)] прос(ы)па́ть; ~**spread** [ouvə'spred] [*irr.* (spread)] покры́(ва́)ть; ~**state** ['ouvə'steit] преувели́чи(ва)ть; ~**strain** [-'strein] **1.** переутомле́ние; **2.** переутомля́ть [-ми́ть]; ~**take** [ouvə'teik] [*irr.* (take)] догоня́ть [догна́ть]; застига́ть враспло́х; ~**tax** [ouvə'tæks] обременя́ть чрезме́рным нало́гом; *fig.* сли́шком напряга́ть (си́лы и т. п.); ~**throw 1.** [ouvə'θrou] [*irr.* (throw)] сверга́ть [све́ргнуть]; опроки́дывать [-и́нуть]; **2.** ['ouvəθrou] сверже́ние; ниспроверже́ние; ~**time** ['ouvətaim] **1.** сверхуро́чные часы́ *m/pl.*; **2.** *adv.* сверхуро́чно.

overture ['ouvətjuə] ♪ увертю́ра; нача́ло (перегово́ров и т. п.); форма́льное предложе́ние.

over|turn [ouvə'tɜːn] опроки́дывать [-и́нуть]; ~**weening** [ouvə'wiːniŋ] высокоме́рный; ~**whelm** [ouvə'welm] подавля́ть [-ви́ть]; пересили(ва)ть; ~**work** [-'wɜːk] **1.** перегру́зка; переутомле́ние; **2.** [*irr.* (work)] переутомля́ть(ся) [-ми́ть(ся)]; ~**wrought** [-'rɔːt] переутомлённый; возбуждённый (о не́рвах).

owe [ou] быть до́лжным (Д/В); быть обя́занным (Д/Т).

owing ['ouiŋ] до́лжный; неуплаченный; ~ **to** *prp.* благодаря́ (Д).

owl [aul] сова́.

own [oun] **1.** свой, со́бственный; родно́й; **2.** my ~ моя́ со́бственность *f*; a house of one's ~ со́бственный дом; hold one's ~ сохраня́ть свои́ пози́ции; **3.** владе́ть (Т); призна(ва́)ть (В); призна(ва́)ться в (П).

owner ['ounə] владе́лец (-лица *f*); ~**ship** [-ʃip] со́бственность *f*; пра́во со́бственности.

ox [ɔks], *pl.* **oxen** вол, бык.

oxid|**e** ['ɔksaid] ⌢ о́кись *f*; ~**ize** ['ɔksidaiz] окисля́ть(ся) [-ли́ть(ся)].

oxygen ['ɔksidʒən] ⌢ кислоро́д.

oyster ['ɔistə] у́стрица.

P

pace [peis] 1. шаг; похо́дка, по́ступь *f*; темп; 2. *v/t.* измеря́ть шага́ми; *v/i.* [за]шага́ть.

pacific [pə'sifik] (~ally) миролюби́вый; ♀ Ocean Ти́хий океа́н; ~ation ['pæsifi'keiʃən] умиротворе́ние; усмире́ние.

pacify ['pæsifai] умиротворя́ть [-ри́ть]; усмиря́ть [-ри́ть].

pack [pæk] 1. па́чка; вьюк; свя́зка; ки́па; коло́да (карт); сво́ра (соба́к); 2. *v/t.* (*often* ~ up) упако́вывать [-кова́ть]; заполня́ть [запо́лнить], наби(ва́)ть, (*a.* ~ off) выпрова́живать [вы́проводить]; ⊕ уплотня́ть [-ни́ть]; *v/i.* упако́вываться (-ва́ться); (*often* ~ up) укла́дываться [уло-жи́ться]; ~age ['pækidʒ] тюк; ки́па; упако́вка; ме́сто (багажа́); ~er ['pækə] упако́вщик (-ица); ~et ['pækit] паке́т; почто́вый парохо́д; ~thread бечёвка, шпага́т.

pact [pækt] пакт, догово́р.

pad [pæd] 1. мя́гкая прокла́дка; блокно́т; 2. подби(ва́)ть, наби(ва́)ть (ва́той и т. п.); ~ding ['pædiŋ] наби́вочный материа́л; *fig.* многосло́вие.

paddle ['pædl] 1. весло́, гребо́к; ♣ ло́пасть *f* (гребно́го колеса́); 2. грести́ гребко́м; плыть на байда́рке; ~wheel гребно́е колесо́.

paddock ['pædək] вы́гон, заго́н.

padlock ['pædlɔk] вися́чий замо́к.

pagan ['peigən] 1. язы́чник; 2. язы́ческий.

page [peidʒ] 1. паж; страни́ца; 2. нумерова́ть страни́цы (Р).

pageant ['pædʒənt] пы́шное (истори́ческое) зре́лище; карнава́льное ше́ствие.

paid [peid] *pt.* и *p. pt.* от pay.

pail [peil] ведро́, бадья́.

pain [pein] 1. боль *f*; страда́ние; наказа́ние; ~s *pl.* (*often sg.*) стара́ния *n/pl.*; on ~ of под стра́хом (Р); be in ~ испы́тывать боль; take ~s [по]стара́ться; 2. причиня́ть боль (Д); ~ful ['peinful] □ боле́зненный, мучи́тельный; ~less [-lis] □ безболе́зненный; ~staking ['peinzteikiŋ] усе́рдный, стара́тельный.

paint [peint] 1. кра́ска; румя́на *n/pl.*; 2. [по]кра́сить; [на]румя́нить(ся); ~-brush кисть *f*; ~er ['peintə] худо́жник; маля́р; ~ing ['peintiŋ] жи́вопись *f*; карти́на; ~ress [-tris] худо́жница.

pair [pɛə] 1. па́ра; чета́; a ~ of scissors но́жницы *f/pl.*; 2. соединя́ть(ся) по́ двое; спа́ривать(ся).

pal [pæl] *sl.* прия́тель(ница *f*) *m*.

palace ['pælis] дворе́ц.

palatable ['pælətəbl] вку́сный.

palate [-it] нёбо; вкус.

pale[1] [peil] 1. □ бле́дный; ту́склый; ~ ale све́тлое пи́во; 2. [по]бледне́ть.

pale[2] [~] кол; *fig.* преде́лы *m/pl.*

paleness ['peilnis] бле́дность *f*.

pall [pɔːl] окутывать покро́вом.

pallet ['pælit] соло́менный тюфя́к.

palliat|e ['pælieit] облегча́ть [-чи́ть] (боле́знь); *fig.* покры(ва́)ть; ~ive ['pælietiv] паллиати́вный; смягча́ющий.

pall|id ['pælid] □ бле́дный; ~idness [-nis], or [-lɔ] бле́дность *f*.

palm [pɑːm] 1. ладо́нь *f*; ♀ па́льма; 2. тро́гать, гла́дить ладо́нью; пря́тать в руке́; ~ off on a. всу́чивать [-чи́ть] (Д); ~tree па́льмовое де́рево.

palpable ['pælpəbl] □ осяза́емый; *fig.* очеви́дный, я́вный.

palpitat|e ['pælpiteit] трепета́ть; би́ться (о се́рдце); ~ion [-ʃən] сердцебие́ние.

palsy ['pɔːlzi] 1. парали́ч; *fig.* сла́бость *f*; 2. парализова́ть (*im*) *pf.*

palter ['pɔːltə] [с]плутова́ть; криви́ть душо́й. [(ничто́жный.)]

paltry ['pɔːltri] □ пустя́ковый,

pamper ['pæmpə] [из]балова́ть, изне́жи(ва)ть.

pamphlet ['pæmflit] брошю́ра.

pan [pæn] кастрю́ля; сковорода́.

pan... [~] *pref.* пан...; обще...

panacea [pænə'siə] панаце́я, универса́льное сре́дство.

pancake ['pænkeik] блин; ола́дья.

pandemonium [pændi'mounjəm] ⊔ *fig.* ‹ад кроме́шный›.

pander ['pændə] 1. потво́рствовать (to Д); сво́дничать; 2. сво́дник (-ица).

pane [pein] (око́нное) стекло́.

panegyric [pæni'dʒirik] панеги́рик, похвала́.

panel ['pænl] 1. △ пане́ль *f*; филёнка; ⚷ спи́сок прися́жных заседа́телей; 2. обшива́ть пане́лями (сте́ны).

pang [pæŋ] внеза́пная о́страя боль *f*; ~s *pl. fig.* угрызе́ния (со́вести).

panic ['pænik] 1. пани́ческий; 2. па́ника. [*m/pl.*]

pansy ['pænzi] ♀ аню́тины гла́зки

pant [pænt] задыха́ться [задохну́ться]; тяжело́ дыша́ть; стра́стно жела́ть (for, after P).

panties ['pæntiz] *Am.* F (a pair of ~) (да́мские) пантало́ны *m/pl.*

pantry ['pæntri] кладова́я; буфе́тная (для посу́ды).

pants [pænts] *pl. Am.* и́ли P (a pair of ~) подштанники *m/pl.*; штаны́ *m/pl.*

pap [pæp] кáшка (для детéй).

papal ['peipəl] □ пáпский.

paper ['peipə] 1. бумáга; газéта; обóи *m/pl.*; 2. наýчный докла́д; докумéнт; 2. о(б)клéивать обóями; ~bag кулёк; ~clip, ~fastener скрéпка; ~hanger обóйщик; ~weight пресс-папьé *n indecl.*

pappy ['pæpi] кашицеобрáзный.

par [pɑ:] рáвенство; † номинáльная стóимость *f*; at ~ альпáри; be on a ~ with быть наравнé, на однóм ýровне с (Т).

parable ['pærəbl] при́тча.

parachut|e ['pærəʃu:t] парашю́т; ~ist [-ist] парашюти́ст.

parade [pə'reid] 1. выставлéние напокáз; ✗ парáд; ✗ плац (= ~ground); мéсто для гулянья; make a ~ of выставлять напокáз; 2. выставлять напокáз; ✗ выстрáивать(ся) на парáд.

paradise ['pærədais] рай.

paragon [-gən] образéц (совершéнства, добродéтели).

paragraph ['pærəgrɑ:f] абзáц; парáграф; газéтная замéтка.

parallel ['pærəlel] 1. параллéльный; 2. параллéль *f* (*a. fig.*); geogr. параллéль *f*; without ~ несравни́мый; 3. быть параллéльным *с* (Т) или пара́ллéльно (Д); срáвнивать [-ни́ть].

paraly|se ['pærəlaiz] парализова́ть (*im*)*pf.*; ~sis [pə'rælisis] ✗ парали́ч.

paramount ['pærəmaunt] верхóвный, вы́сший; первостепéнный.

parapet ['pærəpit] ✗ брýствер; парапéт, перила *n/pl.*

paraphernalia [pærətə'neiljə] *pl.* принадлéжности *f/pl.*

parasite ['pærəsait] парази́т (*a. fig.*); *fig.* тунеядец (-дка).

parasol ['pærəsɔl] зóнтик (от сóлнца).

paratroops ['pærətru:ps] *pl.* ✗ парашю́тно-деса́нтные войскá *n/pl.*

parboil ['pɑ:bɔil] слегкá провáривать.

parcel ['pɑ:sl] 1. пакéт; посы́лка; 2. (*mst* ~ out) дели́ть на учáстки; выделя́ть [вы́делить].

parch [pɑ:tʃ] иссушáть [-ши́ть]; опаля́ть [-ли́ть] (о сóлнце).

parchment ['pɑ:mənt] пергáмент.

pardon ['pɑ:dn] 1. прощéние; ☆ помилова́ние; 2. прощáть [прости́ть]; поми́ловать *pf.*; ~able [-əbl] □ прости́тельный.

pare [pɛə] [по]чи́стить (óвощи и т. п.); обрезáть [-рéзать]; *fig.* урéзывать(ся).

parent ['pɛərənt] роди́тель(ница *f*) *m*; *fig.* истóчник; ~s *pl.* роди́тели *m/pl.*; ~age [-idʒ] происхождéние; ~al [pə'rentl] □ роди́тельский.

parenthe|sis [pə'renθisis], *pl.* ~ses [-si:z] вводное слóво, вводное предложéние; *pl. typ.* (крýглые) скóбки *f/pl.*

paring ['pɛəriŋ] кожурá, кóрка, шелухá; ~s *pl.* обрéзки *m/pl.*; очи́стки *f/pl.*

parish ['pæriʃ] 1. церкóвный прихóд; прихожáне *pl.*; (*a.* civil ~) граждáнский óкруг; 2. прихóдский. [цéнность *f.*\

parity ['pæriti] рáвенство; равно-\

park [pɑ:k] 1. парк; *mot.* стоя́нка; 2. *mot.* стáвить на стоя́нку; ~ing ['pɑ:kiŋ] *mot.* стоя́нка; *attr.* стоя́ночный.

parlance ['pɑ:ləns] спóсоб выражéния, язы́к.

parley ['pɑ:li] 1. переговóры *m/pl.*; 2. вести́ переговóры.

parliament ['pɑ:ləmənt] парлáмент; ~ary [-'mentəri] парламентáрный, парлáментский.

parlo(u)r ['pɑ:lə] приёмная; жилáя кóмната; гости́ная; *Am.* зал, ателье́ *n indecl.*; ~maid гóрничная.

parochial [pə'roukjəl] □ прихóдский; *fig.* мéстный; ýзкий, ограни́ченный.

parole [pə'roul] ✗ парóль *m*; чéстное слóво.

parquet ['pɑ:kei] паркéт; *thea.* передние ряды́ партéра.

parrot ['pærət] 1. попугáй; 2. повторя́ть как попугáй.

parry ['pæri] отражáть [отрази́ть], [от]пари́ровать (удáр).

parsimonious [pɑ:si'mounjəs] □ бережли́вый, экономный; скупóй.

parsley ['pɑ:sli] ✿ петрýшка.

parson ['pɑ:sn] прихóдский свящéнник, пáстор.

part [pɑ:t] 1. часть *f*, дóля; учáстие; *thea. a. fig.* роль *f*; мéстность *f*; ♪ пáртия; a man of ~s спосóбный человéк; take in good (bad) ~ хорошó (плóхо) принимáть (словá и т. п.); for my (own) ~ с моéй стороны́; in ~ части́чно; on the ~ of со стороны́ (Р); 2. *adv.* чáстью, отчáсти; 3. *v/t.* раздели́ть [-ли́ть]; ~ the hair дéлать пробóр; *v/i.* разлучáться [-чи́ться], расстáваться (with, from с Т).

partake [pɑ:'teik] [*irr.* (take)] принимáть учáстие; раздели́ть [-ли́ть].

partial ['pɑ:ʃəl] □ части́чный; пристрáстный; неравнодýшный (to к Д); ~ity [pɑ:ʃi'æliti] пристрáстие; склóнность *f*.

particip|ant [pɑ:'tisipənt] учáстник (-ица); ~ate [-peit] учáствовать (in в П); ~ation [-'peiʃən] учáстие. [ница.\

particle ['pɑ:tikl] части́ца; кру́-\

particular [pə'tikjulə] 1. □ осóбенный; осóбый; чáстный; разбóрчивый; 2. подрóбность *f*, деtáль *f*; in ~ в особенности; ~ity [pǝtikju'læriti] особенность *f*; тщательность *f*; ~ly [pǝ'tikjulǝli] особенно; чрезвычайно.

parting ['pɑːtiŋ] 1. разлука; пробóр; ~ of the ways *part. fig.* перепутье; 2. прощáльный.

partisan [pɑːti'zæn] 1. сторóнник (-ица); ✗ партизáн; 2. партизáнский.

partition [pɑː'tiʃǝn] 1. раздéл; перегорóдка; 2. ~ off отделáть перегорóдкой.

partly ['pɑːtli] чáстью, отчáсти.

partner ['pɑːtnǝ] 1.учáстник(-ица); ✝ компаньóн(ка); партнёр(ша); 2. стáвить в пáру; дéлать партнёром; быть партнёром; ~ship -[-ʃip] учáстие; ✝ товáрищество, компáния.

part-owner совладéлец.

part-time неполная зáнятость *f*; *attr.* не пóлностью зáнятый; ~ worker рабóчий, зáнятый не пóлный рабóчий день.

party ['pɑːti] пáртия; отрáд; учáстник (to в П); компáния; вечерúнка; ~ line *parl.* партийные дирекúвы *f/pl.*; ~ ticket *Am.* партúйная прогрáмма.

pass [pɑːs] 1. прохóд; перевáл; пáспорт; прóпуск; бесплáтный билéт; *univ.* посрéдственная сдáча экзáмена; 2. *v/i.* проходúть [пройтú]; прекращáться [-кратúться]; умирáть [умерéть]; происходúть [-изойтú], случáться [-чúться]; переходúть [перейтú] (from ... to ... из [Р] ... в [В] ...); имéть хождéние; *cards* [с]пасовáть; come to ~ случáться [-чúться]; ~ as, for считáться (Т); слыть (Т); ~ away исчезáть [-éзнуть]; умирáть [умерéть]; ~ by проходúть мúмо; ~ into переходúть [перейтú] в (В); ~ off проходúть [пройтú] (о бóли и т. п.); ~ on идтú дáльше; ~ out выходúть [вы́йти]; 3. *v/t.* проходúть [пройтú]; проезжáть [-éхать]; миновáть (*im*)*pf.*; выдéрживать [вы́держать] (экзáмен); обгонáть [обогнáть], опережáть [-редúть]; переправлáть(ся) [-áвить(ся)] чéрез (В); (*a.* ~ on) перед(ав)áть; выносúть [вы́нести] (приговóр); проводúть [-вестú] (врéмя); принимáть [-нáть] (закóн); ~able [pɑː- sǝbl] □ проходúмый; ходáчий (о деньгáх); посрéдственный, снóсный.

passage ['pæsidʒ] прохóд; течéние (врéмени); переéзд, перепрáва; коррúдор; отры́вок (из кнúги).

passenger ['pæsindʒǝ] седóк; ~train пассажúрский пóезд.

passer-by ['pɑːsǝ'bai] прохóжий.

passion ['pæʃǝn] страсть *f*; гнев; 2 *eccl.* крéстные мýки *f/pl.*; 2 Week

passive ['pæsiv] □ пассúвный; покóрный.

passport ['pɑːspɔːt] пáспорт.

password [-wǝːd] ✗ парóль *m*.

past [pɑːst] 1. *adj.* прóшлый; минýвший; for some time ~ за послéднее врéмя; 2. *adv.* мúмо; 3. *prp.* за (Т); пóсле (Р); мúмо (Р); свы́ше (Р); half ~ two половúна трéтьего; ~ endurance нестерпúмый; ~ hope безнадёжный; 4. прóшлое.

paste [peist] 1. тéсто; пáста; клей; 2.клéить, приклéи(ва)ть; ~board картóн; *attr.* картóнный.

pastel ['pæstel] пастéль *f*.

pasteurize ['pæstǝraiz] пастеризовáть (*im*)*pf.* [вождéние.)

pastime ['pɑːstaim] времяпрепро-)

pastor ['pɑːstǝ] пáстор; пáстырь *m*; ~al [-rǝl] пасторáльный; пастýшеский.

pastry ['peistri] пирóжное, печéнье; ~cook кондúтер.

pasture ['pɑːstǝ] 1. пáстбище; вы́гон; 2. пастú(сь).

pat [pæt] 1. похлóпывание; кружóчек (мáсла); 2. похлóп(ыв)ать; 3. кстáти; вó-время.

patch [pætʃ] 1. заплáта; клочóк землú; обры́вок; лоскýт; 2. [за]латáть, [по]чинúть.

pate [peit] F башкá, головá.

patent ['peitǝnt] 1. áвный; откры́тый; патентóванный; ~ fastener кнóпка (застёжка); ~ leather лакирóванная кóжа; 2. (*a.* letters ~ *pl.*) патéнт; диплóм; 3. [за]патентовáть; ~ee [peitǝn'tiː] владéлец патéнта.

patern|al [pǝ'tǝːnl] □ отцóвский; отéческий; ~ity [-niti] отцóвство.

path [pɑːθ], *pl.* ~s [pɑːðz] тропúнка, дорóжка.

pathetic [pǝ'θetik] (~ally) патетúческий; трóгательный.

patien|ce ['peiʃǝns] терпéние; настóйчивость *f*; ~t [-t] 1. □ терпелúвый; 2. пациéнт(ка).

patrimony ['pætriɱǝni] родовóе помéстье, вóтчина.

patrol [pǝ'troul] ✗ 1. патрýль *m*; дозóр; 2. патрулúровать.

patron ['peitrǝn] патрóн; покровúтель *m*; клиéнт; ~age ['pæ- trǝnidʒ] покровúтельство; клиентýра; ~ize [-naiz] покровúтельствовать; снисходúтельно относúться к (Д); постоáнно покупáть у (Р).

patter ['pætǝ] говорúть скороговóркой; [про]бормотáть; барабáнить (о дождé); топотáть, семенúть.

pattern ['pætǝn] 1.образéц; модéль *f*; узóр; 2. дéлать по образцý (on Р).

paunch [pɔ:ntʃ] брюшкó, пýзо.

pauper ['pɔ:pə] нúщий (-щая); **~ize** [-raiz] доводúть до нищеты́.

pause [pɔ:z] 1. пáуза, переры́в, остановка; 2. дéлать пáузу.

pave [peiv] [на]мостúть; *fig.* прокла́дывать [проложúть] (путь); **~ment** ['peivmənt] тротуáр, панéль *f*; мостовáя.

paw [pɔ:] 1. лáпа; F рукá; 2. тро́гать лáпой; бить копы́том.

pawn [pɔ:n] 1. залóг, закла́д; *chess* пéшка; in, at ~ в закла́де; 2. закла́дывать [заложúть]; **~broker** ростовщúк; **~shop** ломбáрд, ссýдная кáсса.

pay [pei] 1. плáта, уплáта; зарплáта, жáлованье; 2. [*irr.*] *v/t.* [за]платúть; опла́чивать [оплатúть]; вознагражда́ть [-радúть]; [с]дéлать (визúт); ~ attention to обраща́ть внимáние на (В); ~ down платúть наличными; *v/i.* окупáться [-пúться] (*a. fig.*); ~ for [у-, за]платúть за (В), опла́чивать [оплатúть] (В); *fig.* [по]платúться за (В); **~able** ['peiəbl] подлежáщий уплáте; **~day** платёжный день; **~ing** ['peiiŋ] вы́годный; **~master** казначéй, кассúр, **~ment** [mənt] уплáта, платёж; **~roll** платёжная вéдомость *f*.

pea [pi:] ♀ горóх; горóшина; **~s** *pl.* горóх; *attr.* горóховый.

peace [pi:s] мир; спокóйствие; **~able** ['pi:səbl] □ миролюбúвый, мúрный; **~ful** [-ful] □ мúрный, спокóйный; **~maker** миротвóрец.

peach [pi:tʃ] пéрсик; пéрсиковое дéрево.

pea|cock ['pi:kɔk] павлúн; **~hen** [-hen] пáва.

peak [pi:k] вершúна (горы́); козырёк (кéпки); *attr.* максимáльный; вы́сший.

peal [pi:l] 1. звон колоколóв; раскáт (грóма); ~ of laughter взрыв смéха; 2. разда́(ва́)ться; гремéть; трезвóнить.

peanut ['pi:nʌt] земляной орéх.

pear [pɛə] ♀ грýша; грýшевое дéрево.

pearl [pə:l] *coll.* жéмчуг; жемчý-жина *a. fig.*; *attr.* жемчýжный; **~y** ['pə:li] как жéмчуг.

peasant ['pezənt] 1. крестья́нин; 2. крестья́нский; **~ry** [-ri] крестья́нство.

peat [pi:t] торф.

pebble ['pebl] гóльш, гáлька.

peck [pek] 1. пек, мéра сыпýчих тел (= 9,087 лúтра); *fig.* мнóжество; 2. клевáть [клю́нуть].

peculate ['pekjuleit] (незакóнно) растра́чивать [-рáтить].

peculiar [pi'kju:ljə] □ своеобрáзный; осóбенный; стрáнный; **~ity** [pikju:li'æriti] осóбенность *f*; стрáнность *f*.

pecuniary [pi'kju:njəri] дéнежный.

pedagogue ['pedəɡɔɡ] педагóг, учúтель(нúца *f*) *m*.

pedal [pedl] 1. педáль *f*; 2. ножнóй; 3. éхать на велосипéде; рабóтать педáлями.

peddle [pedl] торговáть вразнóс.

pedest|al ['pedistl] пьедестáл (*a. fig.*); **~rian** [pi'destriən] 1. пешехóд; 2. пешехóдный.

pedigree ['pediɡri:] родослóвная.

pedlar ['pedlə] разнóсчик, коробéйник.

peek [pi:k] *Am.* 1. ~ in загля́дывать [-янýть]; 2. бéглый взгляд.

peel [pi:l] 1. кóрка, кóжица, шелухá; 2. (*a.* ~ off) *v/t.* снимáть кóжицу, кóрку, шелухý с (Р); [по]чúстить (фрýкты, óвощи); *v/i.* [об]лупúться, сходúть [сойтú] (о кóже).

peep [pi:p] 1. взгляд украдкой; 2. взгля́дывать украдкой; *fig.* проявля́ться [-вúться]; [про]пищáть; **~hole** глазóк (окóшечко).

peer [piə] 1. [с]равнúться с (Т); ~ at вгля́дываться [-дéться] в (В); 2. рóвня *m/f.*; пэр; **~less** ['piəlis] □ несравнéнный.

peevish ['pi:viʃ] □ брюзглúвый.

peg [peɡ] 1. кóлышек; вéшалка ♪; колóк; зажúмка для бельá; *fig.* take a p. down a ~ сбивáть спесь с когó-либо; 2. прикреплять кóлышком; отмечáть кóлышками; ~ away, along F упóрно рабóтать; **~top** юлá (игрýшка).

pellet ['pelit] шáрик; пилю́ля; дробúнка.

pell-mell ['pel'mel] впереме́шку.

pelt [pelt] 1. кóжа, шкýра; 2. *v/t.* обстрéливать [-ля́ть]; забрáсывать [-росáть]; *v/i.* барабáнить (о дождé и т. п.).

pen [pen] 1. перó; загóн; 2. [на]писáть; [*irr.*] загоня́ть в загóн.

penal ['pi:nl] □ уголóвный; карáтельный; ~ servitude кáторжные рабóты *f/pl.*; **~ize** ['pi:nəlaiz] накáзывать [-зáть]; **~ty** ['penlti] наказáние; ♀, *sport.* штраф; *attr.* штрафнóй.

penance ['penəns] эпитимúя.

pence [pens] *pl.* от penny.

pencil ['pensl] 1. карандáш; кисть *f* (живопúсца); 2. [на]рисовáть; писáть карандашóм; вычéрчивать [вы́черчить].

pendant ['pendənt] кулóн, брелóк.

pending ['pendiŋ] 1. ♣ ожидáющий решéния; 2. *prp.* в продолжéние (Р); (вплоть) до (Р).

pendulum ['pendjuləm] мáятник.

penetra|ble ['penitrəbl] □ проницáемый; **~te** [-treit] проникáть [-нúкнуть] в (В); глубокó трóгать; прони́зывать [-зáть]; *fig.* вникáть [вни́кнуть] в (В); **~tion** [peni'trei-ʃən] проникáние; проницáтельность *f*; ~tive ['penitreitiv] □ проникающий; проницательный.

penholder ручка (для пера).

peninsula [pi'ninsjulə] полуостров.

peniten|ce ['penitəns] раскаяние; покаяние; ~t 1. □ раскаивающийся; 2. кающийся грешник; ~tiary [peni'tenʃəri] исправительный дом; *Am.* каторжная тюрьма.

penman ['penmən] писатель *m*; **pen-name** псевдоним. [писец.)

pennant ['penənt] ⊕ вымпел.

penniless ['penilis] □ без копейки.

penny ['peni] пенни *n indecl.*, пенс; *Am.* монета в 1 цент; ~**weight** 24 грана (= 1,5552 гр).

pension 1. ['penʃən] пенсия; 2. увольнять на пенсию; давать пенсию (Д); ~ary, ~er ['penʃənəri, -ʃənə] пенсионер(ка).

pensive ['pensiv] □ задумчивый.

pent [pent] заключённый; ~-up накопленный (о гневе и т. п.).

penthouse ['penthaus] навес.

penu|rious [pi'njuəriəs] скудный; скупой; ~**ry** ['penjuri] нужда; недостаток.

people [pi:pl] 1. народ; *coll.* люди *m/pl.*; население; 2. заселять [-лить]; населять [-лить].

pepper ['pepə] 1. перец 2. [по-, на-]перчить; ~**mint** ⊕ мята; ~**y** [-ri] □ наперченный; *fig.* вспыльчивый.

per [pə:] по (Д), через (В), посредством (Р); за (В), на (В), в (В); ~ **cent** процент.

perambulat|e [pə'ræmbjuleit] обходить [обойти], объезжать [-éхать]; ~**or** ['præmbjuleitə] детская коляска.

perceive [pə'si:v] воспринимать [-нять]; ощущать [ощутить]; понимать [-нять].

percentage [pə'sentidʒ] процент; процентное отношение или содержание.

percepti|ble [pə'septəbl] □ ощутимый; ~**on** [-ʃən] ощущение; восприятие.

perch [pə:tʃ] 1. *zo.* окунь *m*; перч, мера длины (= 5.029 м); насест; 2. садиться [сесть]; усаживаться [усесться]; сажать на насест.

percolate ['pə:kəleit] [про]фильтровать; процеживать [-цедить].

percussion [pə:'kʌʃən] удар.

perdition [pə:'diʃən] гибель *f*.

peregrination [perigri'neiʃən] странствование; путешествие.

peremptory [pə'remptəri] безапелляционный; повелительный; властный.

perennial [pə'renjəl] □ вечный, неувядаемый; ⊕ многолетний.

perfect 1. [pə'fikt] □ совершенный, законченный; 2. [pə'fekt] [у]совершенствовать; завершать [-шить]; ~**ion** [-ʃən] совершенство; *fig.* высшая степень *f*.

perfidious [pə'fidiəs] □ вероломный.

perfidy ['pə:fidi] вероломство.

perforate ['pə:fəreit] перфорировать (*im*)*pf.*.

perform [pə'fɔ:m] исполнять [-олнить] (*a. thea.*); *thea.*, ♪ играть [сыграть] (роль, пьесу и т. п.), представлять [-авить]; ~**ance** [əns] исполнение (*a. thea.*); *thea.* представление; *sport* достижение; ~**er** [-ə] исполнитель(ница *f*) *m*.

perfume 1. ['pə:fju:m] духи *m/pl.*; благоухание; 2. [pə'fju:m] [на]душить; ~**ry** [-əri] парфюмерия.

perfunctory [pə'fʌŋktəri] □ *fig.* механический; поверхностный.

perhaps [pə'hæps, præps] может быть.

peril ['peril] 1. опасность *f*; 2. подвергать опасности; ~**ous** [-əs] □ опасный.

period ['piəriəd] период; абзац; ~**ic** [piəri'ɔdik] периодический; ~**ical** [-dikəl] 1. □ периодический; 2. периодическое издание.

perish ['periʃ] погибать [-ибнуть] [по]губить; ~**able** ['periʃəbl] □ скоропортящийся; тленный.

periwig ['periwig] парик.

perjur|e ['pə:dʒə] ~ *o. s.* лжесвидетельствовать; нарушать клятву; ~**y** [-ri] лжесвидетельство; клятвопреступление.

perk [pə:k] *F*: *mst* ~ up *v/i.* задирать нос; *v/t.* ~ *o. s.* прихорашиваться.

perky ['pə:ki] □ дерзкий; самоуверенный.

permanen|ce ['pə:mənəns] постоянство; ~**t** [-t] □ постоянный, неизменный.

permea|ble ['pə:miəbl] проницаемый; ~**te** [-mieit] проникать [-йкнуть], пропитывать [-итать].

permissi|ble [pə'misəbl] □ позволительный; ~**on** [-ʃən] позволение, разрешение.

permit 1. [pə'mit] разрешать [-шить], позволять [-волить]; допускать [-устить]; 2. ['pə:mit] разрешение; пропуск.

pernicious [pə:'niʃəs] пагубный.

perpendicular [pə:pən'dikjulə] □ перпендикулярный.

perpetrate ['pə:pitreit] совершать [-шить] (преступление и т. п.).

perpetu|al [pə'petjuəl] постоянный, вечный; ~**ate** [-jueit] увековечи(ва)ть.

perplex [pə'pleks] озадачи(ва)ть, сбивать с толку; ~**ity** [-iti] озадаченность *f*; недоумение; затруднение.

perquisites ['pə:kwizits] *pl.* случайные доходы *m/pl.*

persecut|e ['pə:sikju:t] преследовать; ~**ion** [pə:si'kju:ʃən] преследование.

persever|ance [pə:si'viərəns] на-
стойчивость *f*, упорство; ~e [-'viэ]
v/i. выдерживать [выдержать];
упорно продолжать (in B).

persist [pə'sist] упорствовать (in
в П); ~ence [-əns] настойчивость
f; ~ent [-ənt] □ настойчивый.

person ['pə:sn] лицо, личность *f*,
особа, человек; ~age [-idʒ] важ-
ная персона; персонаж; ~al [-l]
□ личный; личность *f*; колкость *f*; ~ate [pə:-
sәneit] играть роль (P); выдавать
себя за (B); ~ify [pə:'sɔnifai] олице-
творять [-рить], воплощать [-ло-
тить]; ~nel [pə:sə'nel] персонал,
личный состав.

perspective [pə'spektiv] перспектива; вид.

perspicuous [pə'spikjuəs] □ ясный.

perspir|ation [pə:spə'reiʃən] по-
тение; пот; ~e [pə'spaiə] [вс]по-
теть.

persua|de [pə'sweid] убеждать
[убедить]; склонять [-нить] (into
к Д); ~sion [-ʒən] убеждение;
убедительность *f*; ~sive [-siv] □
убедительный.

pert [pə:t] □ дерзкий; развязный.

pertain [pə:'tein] (to) принадле-
жать (Д); относиться [отнестись]
(к Д).

pertinacious [pə:ti'neiʃəs] ⊔ упрямый, неуступчивый.

pertinent ['pə:tinənt] □ уместный;
относящийся к делу.

perturb [pə'tə:b] нарушать
[-ушить] (спокойствие); [о]бес-
покоить.

perus|al [pə'ru:zəl] внимательное
прочтение; ~e [pə'ru:z] [про]чи-
тать; внимательно прочитывать.

pervade [pə:'veid] распространяться [-ниться] по (Д) (о запахе
и т. п.).

pervers|e [pə'və:s] □ превратный,
ошибочный; извращённый; ~
ion [-ʃən] ⚤ извращение.

pervert 1. [pə'və:t] извращать
[-ратить]; совращать [-ратить];
2. ['pə:və:t] отступник (-ица).

pest [pest] *fig.* язва, бич; паразит;
~er ['pestə] докучать (Д), надоедать [-есть] (Д).

pesti|ferous [pes'tifərəs] □ зараз-
ный; ~lence ['pestiləns] чума; ~
lent [-t] □ смертоносный; ~lential
[pesti'lenʃəl] □ чумной; зловон-
ный.

pet [pet] 1. комнатное животное;
любимец, баловень *m*; 2. любимый; ~ dog комнатная собачка,
болонка; ~ name ласкательное
имя; 3. баловать; ласкать.

petition [pi'tiʃən] 1. прошение,
петиция; просьба; 2. [по]просить;
подавать прошение.

petrify ['petrifai] превращать(ся)

в камень; приводить в оцепене-
ние.

petrol ['petrəl] *Brit. mot.* бензин.

petticoat ['petikout] нижняя юбка.

pettish ['petiʃ] □ обидчивый.

petty ['peti] □ мелкий; мелочный.

petulant ['petjulənt] раздражительный.

pew [pju:] церковная скамья.

pewter ['pju:tə] оловянная посуда.

phantasm ['fæntæzm] фантом;
иллюзия.

phantom ['fæntəm] фантом, призрак; иллюзия.

Pharisee ['færisi:] фарисей.

pharmacy ['fɑ:məsi] фармация;
аптека.

phase [feiz] фаза; период.

phenomen|on [fi'nɔminən], *pl.* ~a
[-nə] явление; феномен.

phial ['faiəl] склянка, пузырёк.

philander ['fi'lændə] флиртовать.

philanthropist [fi'lænθrəpist] фи-
лантроп.

philologist [fi'blɔdʒist] филолог.

philosoph|er [fi'lɔsəfə] философ;
~ize [-faiz] философствовать; ~y
[-fi] философия.

phlegm [flem] мокрота; флегма-
тичность *f*.

phone [foun] F *s.* telephone.

phonetics [fo'netiks] *pl.* фонетика.

phosphorus ['fɔsfərəs] фосфор.

photograph ['foutəgrɑ:f] 1. фотография, снимок; 2. [с]фотогра-
фировать; ~er [fə'tɔgrəfə] фото-
граф; ~y [-fi] фотография (дело).

phrase [freiz] 1. фраза, выражение; слог; 2. выражать [выра-
зить].

physic|al ['fizikəl] □ физический;
телесный; ~ian [fi'ziʃən] врач; ~
ist ['fizisist] физик; ~s ['fiziks]
sg. физика.

physique [fi'zi:k] телосложение.

pick [pik] 1. удар (острым); выбор;
кирка; 2. выбирать [выбрать];
ковырять [-рнуть] в (П); соб(и)-
рать (цветы, плоды); обгла-
дывать [обглодать]; [по]клевать;
срывать [сорвать] (цветок, фрукт);
~ out выбирать [выбрать]; ~ up
соб(и)рать; подбирать [подобрать];
поднимать [-нять]; заезжать [за-
ехать] за (T); ~-a-back ['pikəbæk]
(о детях) на спине (отца и т. п.);
~axe кирка.

picket ['pikit] 1. кол; ⚔ сторже-
вая застава; стачечный пикет; 2.
выставлять пикеты вокруг (P);
обносить частоколом.

picking ['pikiŋ] собирание, отбор
и т. д. (*s. verb*); ~s остатки *m/pl.*,
объедки *m/pl.*; mst ~s *pl.* мелкая
пожива.

pickle [pikl] 1. рассол; *pl.* пикули
f/pl.; F неприятности *f/pl.*; 2. [по-]
солить; ~d herring солёная селёдка.

pick|lock ['piklɔk] отмы́чка; **~ pocket** карма́нный вор.

pictorial [pik'tɔːriəl] 1. иллюстри́рованный; изобрази́тельный; 2. иллюстри́рованный журна́л.

picture ['piktʃə] 1. карти́на; the **~s** pl. кино́ indecl.; **~-gallery** карти́нная галере́я; **~** (post)card откры́тка с ви́дом; 2. изобража́ть [-рази́ть]; опи́сывать [-са́ть]; вообража́ть [-рази́ть]; **~sque** [piktʃə'resk] живопи́сный.

pie [pai] паште́т; пиро́г; торт.

piebald ['paibɔːld] пе́гий (о ло́шади).

piece [piːs] 1. кусо́к, часть f; обры́вок, обло́мок; шту́ка; **~ of advice** сове́т; **~ of news** но́вость f; by the **~** пошту́чно; give a **~** of one's mind выска́зывать своё мне́ние; take to **~s** разбира́ть на ча́сти; 2. [по]чини́ть; соединя́ть в одно́ це́лое, собира́ть из кусо́чков; **~meal** по частя́м, постепе́нно; **~work** сде́льная рабо́та.

pier [piə] усто́й; бык (моста́); мол; волноло́м; при́стань f.

pierce [piəs] пронза́ть [-зи́ть]; просве́рливать [-ли́ть]; прони́зывать [-за́ть]; [ность f.]

piety ['paiəti] благоче́стие, набо́ж-

pig [pig] свинья́.

pigeon ['pidʒin] го́лубь m; **~-hole** 1. отделе́ние (пи́сьменного стола́ и т. п.); 2. раскла́дывать по я́щикам; откла́дывать в до́лгий я́щик.

pig|headed ['pig'hedid] упря́мый; **~-iron** чугу́н в болва́нках; **~skin** свина́я ко́жа; **~sty** свина́рник; **~tail** коси́чка, коса́. [щка.)

pike [paik] копьё; пи́ка; zo.

pile [pail] 1. ку́ча, гру́да; 2. батаре́я; костёр; шта́бель m; **~s** pl. геморро́й; 2. скла́дывать [сложи́ть]; сва́ливать в ку́чу.

pilfer ['pilfə] [у]ворова́ть.

pilgrim ['pilgrim] пало́мник; **~age** ['pilgrimidʒ] пало́мничество.

pill [pil] пилю́ля.

pillage ['pilidʒ] 1. грабёж; 2. [о]гра́бить.

pillar ['pilə] столб, коло́нна; **~-box** почто́вый я́щик.

pillion ['piljən] mot. за́днее сиде́нье.

pillory ['piləri] 1. позо́рный столб; 2. поста́вить к позо́рному столбу́.

pillow ['pilou] поду́шка; **~-case**, **~-slip** на́волочка.

pilot ['pailət] 1. пило́т; ло́цман; 2. проводи́ть [-вести́]; пилоти́ровать; **~-balloon** шар-пило́т; 3. сводничать.

pimp [pimp] 1. сво́дник (-ица); 2.

pimple [pimpl] пры́щик.

pin [pin] 1. була́вка; шпи́лька; кно́пка; ке́гля; колок; 2. прика́лывать [-коло́ть]; fig. пригвожда́ть [-озди́ть].

pinafore ['pinəfɔː] пере́дник.

pincers ['pinsəz] pl. кле́щи f/pl.; щипцы́ m/pl.

pinch [pintʃ] 1. щипо́к; щепо́тка (со́ли и т. п.); стеснённое положе́ние, кра́йность f; 2. v/t. щипа́ть [щипну́ть]; прищемля́ть [-ми́ть]; v/i. [по]скупи́ться; жать (об о́буви).

pine [pain] 1. сосна́; 2. [за]ча́хнуть; изныва́ть; **~-apple** анана́с; **~-cone** сосно́вая ши́шка.

pinion ['pinjən] 1. оконе́чность пти́чьего крыла́; перо́ (крыла́); шестерня́; 2. подреза́ть кры́лья (Д); fig. свя́зывать ру́ки (Д).

pink [piŋk] 1. гвозди́ка; fig. вы́сшая сте́пень f; 2. ро́зовый.

pinnacle ['pinəkl] остроконе́чная ба́шенка; верши́на (горы́); fig. верх.

pint [paint] пи́нта (= 0,47 ли́тра).

pioneer [paiə'niə] 1. пионе́р; сапёр; 2. прокла́дывать путь (for Д); руководи́ть (кем-ли́бо).

pious ['paiəs] набо́жный.

pip [pip] vet. типу́н; ко́сточка, зёрнышко (плода́); очко́ (на ка́ртах); звёздочка (на пого́не).

pipe [paip] 1. труба́; тру́бка; свире́ль f, ду́дка; бо́чка (для вина́); 2. игра́ть на свире́ли и т. п.; [за]пища́ть; **~-layer** прокла́дчик труб; **~-line** трубопрово́д; нефтепрово́д; **~r** ['paipə] ду́дочник; волы́нщик.

piping ['paipiŋ]: 1. **~** hot о́чень горя́чий; 2. кант (на пла́тье).

pique [piːk] 1. доса́да; 2. возбужда́ть [-уди́ть] (любопы́тство); коло́ть [кольну́ть], заде́(ва́)ть (самолю́бие); **~ o. s. on** чва́ниться (Т).

pira|cy ['paiərəsi] пира́тство; наруше́ние а́вторского пра́ва; **~te** [-rit] 1. пира́т; нару́шитель а́вторского пра́ва; 2. самово́льно переиздава́ть.

pistol [pistl] пистоле́т.

piston ['pistən] по́ршень m; **~-rod** шату́н; **~-stroke** ход по́ршня.

pit [pit] 1. я́ма; ша́хта; о́спина; thea. парте́р; Am. отде́л това́рной би́ржи; 2. скла́дывать в я́му (на́ зиму).

pitch [pitʃ] 1. смола́; дёготь m; бросо́к; сте́пень f; высота́ тона; килева́я ка́чка; накло́н; 2. v/t. разби́(ва́)ть (пала́тку); мета́ть [метну́ть], броса́ть [бро́сить]; дава́ть основно́й тон (Д); v/i. располага́ться ла́герем; подверга́ться ка́чке; **F ~ into** (В) набра́сываться [-ро́ситься] на (В).

pitcher ['pitʃə] кувши́н.

pitchfork ['pitʃfɔːk] ви́лы f/pl.; камерто́н.

pitfall ['pitfɔːl] fig. лову́шка.

pith [piθ] спинно́й мозг; сердцеви́на; fig. су́щность f, суть f; **~y**

['piθi] с сердцеви́ной; энерги́чный.

pitiable ['pitiəbl] □ жа́лкий.
pitiful ['pitiful] □ жа́лостливый; жа́лостный; (*a. contp.*) жа́лкий.
pitiless ['pitilis] □ безжа́лостный.
pittance ['pitəns] скудное жа́лование.
pity ['piti] 1. жа́лость *f* (for к Д); it is a ~ жаль; 2. [по]жале́ть.
pivot ['pivət] 1. то́чка враще́ния; ⊕ сте́ржень *m* (*a. fig.*); штифт; 2. враща́ться [up]on вокру́г Р).
placable ['pleikəbl] □ кро́ткий, незлопа́мятный.
placard ['plæka:d] 1. плака́т; 2. раскле́и(ва)ть (объявле́ния); рекламировать плака́тами.
place [pleis] 1. ме́сто; месте́чко, селе́ние; пло́щадь *f*; жили́ще; уса́дьба; до́лжность *f*, слу́жба; ~ of delivery ме́сто доста́вки; give ~ to уступа́ть ме́сто (Д); in ~ of вме́сто (Р); out of ~ неуме́стный; 2. [по]ста́вить, класть [положи́ть]; размеща́ть [-ести́ть], помеща́ть [-ести́ть].
placid ['plæsid] □ споко́йный, безмяте́жный.
plagiar|ism ['pleidʒiərizm] плагиа́т; **~ize** [-raiz] незако́нно займ-**этвовать** (мысли и т. п.).
plague [pleig] 1. бе́дствие, бич; чума́; 2. [из]му́чить, F надоеда́ть [-е́сть] (Д).
plaid [plæd] шотла́ндка; плед.
plain [plein] 1. □ просто́й; поня́тный; я́сный, я́вный, очеви́дный; обыкнове́нный; гла́дкий, ро́вный; 2. *adv.* я́сно; разбо́рчиво; открове́нно; 3. равни́на; пло́скость *f*; **~clothes man** сы́щик; **~dealing** прямота́.
plaint|iff ['pleintif] исте́ц, исти́ца; **~ive** ['pleintiv] □ жа́лобный, зауны́вный.
plait [plæt, *Am.* pleit] 1. коса́ (волос); 2. заплета́ть [-ести́].
plan [plæn] 1. план; 2. составля́ть план; *fig.* намеча́ть [-е́тить]; намерева́ться.
plane [plein] 1. пло́ский; 2. пло́скость *f*; прое́кция; ✗ несу́щая пове́рхность *f*; самолёт; *fig.* у́ровень *m* ⊕ руба́нок; 3. [вы]строга́ть; ✗ [с]плани́ровать.
plank [plæŋk] 1. доска́, пла́нка; *Am. pol.* пункт парти́йной програ́ммы; 2. настила́ть и́ли обшива́ть доска́ми; *sl.* ~ **down** выкла́дывать [вы́ложить] (де́ньги).
plant [pla:nt] 1. расте́ние; ⊕ заво́д, фа́брика; 2. сажа́ть [посади́ть] (расте́ние); устана́вливать [-нови́ть]; **~ation** [plæn'teiʃən] планта́ция; насажде́ние; **~er** ['pla:ntə] планта́тор.
plaque [pla:k] таре́лка (как стенно́е украше́ние); доще́чка.

plash [plæʃ] плеска́ть(ся) [-сну́ть].
plaster ['pla:stə] 1. *pharm.* пла́стырь *m*; ⊕ штукату́рка; (*mst* ~ of Paris) гипс; 2. [о]штукату́рить; накла́дывать пла́стырь на (В).
plastic ['plæstik] (~ally) пласти́ческий; ~ **material** пластма́сса.
plat [plæt] план, съёмка; уча́сток.
plate [pleit] 1. пласти́нка; плита́; полоса́ (металла); доще́чка с на́дписью; столо́вое серебро́; таре́лка; ⊕ листово́е желе́зо; 2. покрыва́ть мета́ллом.
plat(t)en [plætn] ва́лик (пи́шущей маши́нки).
platform ['plætfɔ:m] перро́н, платфо́рма; трибу́на; площа́дка (ваго́на); полити́ческая програ́мма.
platinum ['plætinəm] *min.* пла́тина.
platitude [-titju:d] бана́льность *f*.
platoon [plə'tu:n] ✗ взвод.
platter ['plætə] деревя́нная таре́лка. [*n/pl.*]
plaudit ['plɔ:dit] рукоплеска́ния
plausible ['plɔ:zəbl] □ правдоподо́бный.
play [plei] 1. игра́; пье́са; ⊕ зазо́р; мёртвый ход; 2. игра́ть [сыгра́ть] (в В, ♩ на П); свобо́дно дви́гаться (о механи́зме); ~ **off** *fig.* разы́грывать [-ра́ть]; **стра́вливать** [стра́вить] (against с Т); **~ed out** вы́дохшийся; **~bill** театра́льная афи́ша; **~er** ['pleiə] игро́к; актёр; **~er-piano** пиано́ла; **~fellow**, **~mate** това́рищ игр, друг де́тства; партнёр; **~ful** ['pleiful] □ игри́вый; **~goer** театра́л; **~ground** площа́дка для игр; **~house** теа́тр; **~thing** игру́шка; **~wright** драмату́рг.
plea [pli:] оправда́ние, до́вод; мольба́; on the ~ (of и́ли that ...) под предло́гом (Р и́ли что ...).
plead [pli:d] *v/i.* обраща́ться к суду́; ~ **for** вступа́ться [-пи́ться] за (В); говори́ть за (В); ~ **guilty** признава́ть себя́ вино́вным; *v/t.* защища́ть [-ити́ть] (в суде́); приводи́ть в оправда́ние; **~er** ['pli:də] ⚖ защи́тник; **~ing** ['pli:diŋ] ⚖ защи́та.
pleasant [pleznt] □ прия́тный; **~ry** [-ri] шу́тка.
please [pli:z] [по]нра́виться (Д); угожда́ть [угоди́ть] (Д); if you ~ с ва́шего позволе́ния; изво́льте! ~ **come in** войди́те пожа́луйста!; доставля́ть удово́льствие (Д); be **~d to do** де́лать с удово́льствием; be **~d with** быть дово́льным (Т); **~d** [pli:zd] дово́льный.
pleasing ['pli:ziŋ] □ прия́тный.
pleasure ['pleʒə] удово́льствие, наслажде́ние; *attr.* увесели́тельный; at ~ по жела́нию.
pleat [pli:t] 1. скла́дка; 2. де́лать скла́дки на (П).

pledge [pledʒ] 1. залóг, заклáд; обéт, обещáние; 2. заклáдывать [заложить]; ручáться [поручи́ться] (T); he ~d himself он связáл себя обещáнием.

plenary [pli:nəri] пóлный, пленáрный.

plenipotentiary [plenipə'tenʃəri] полномóчный представи́тель m.

plentiful ['plentiful] □ оби́льный.

plenty [-ti] 1. изоби́лие; достáток; избы́ток; ~ of мнóго (P); 2. F чрезвычáйно; вполнé.

pliable ['plaiəbl] □ ги́бкий; fig. подáтливый, мя́гкий.

pliancy ['plaiənsi] ги́бкость f.

pliers ['plaiəz] pl. плоскогу́бцы m/pl.

plight [plait] 1. свя́зывать обещáнием; помóлвить pf.; 2. (плохóе) положéние.

plod [plɔd] (a. ~ along, on) таскáть[ся], [по]тащи́ться; корпéть (at над T).

plot [plɔt] 1. учáсток землú. деля́нка; зáговор; план; фáбула, сюжéт; 2. v/i. составля́ть зáговор; [за]интриговáть; v/t. наноси́ть [нанести́] (на кáрту); b. s. замышля́ть [-ы́слить].

plough, Am. a. **plow** [plau] 1. плуг; 2. [вс]пахáть; fig. [из]борозди́ть; ~share лéмех.

pluck [plʌk] 1. дёрганье; F смéлость f, мýжество; потрохá m/pl.; 2. срывáть [сорвáть] (цветóк); ощи́пывать [-пáть] (пти́цу); ~ at дёргать [дёрнуть] (B); хватáть(ся) [схвати́ть(ся)] за (B); ~ up courage собрáться с дýхом; ~y ['plʌki] смéлый, отвáжный.

plug [plʌg] 1. втýлка, заты́чка; ∮ штéпсель m; ~ socket штéпсельная розéтка; 2. v/t. затыкáть [заткнýть]; [за]пломбировáть (зуб).

plum [plʌm] сли́ва.

plumage ['plu:midʒ] оперéние.

plumb [plʌm] 1. вертикáльный; отвéсный; 2. отвéс; лот; 3. v/t. стáвить по отвéсу; измеря́ть лóтом; проникáть вглубь (P); v/i. рабóтать водопровóдчиком; ~er ['plʌmə] водопровóдчик; ~ing [-iŋ] водопровóд(ное дéло).

plume [plu:m] 1. перó; плюмáж; 2. украшáть плюмáжем; ~ o. s. on кичи́ться (T).

plummet ['plʌmit] свинцóвый отвéс; грузи́ло.

plump [plʌmp] 1. adj. пýхлый, пóлный; F □ реши́тельный; 2. [по]толстéть; бýхать(ся) [-хнуть (-ся)]; 3. тяжёлое падéние; 4. F adv. прямо, без обиняков.

plunder ['plʌndə] 1. грабёж; награ́бленные вéщи f/pl.; 2. [о]грáбить.

plunge [plʌndʒ] 1. ныря́ть [нырнýть]; окунáть(ся) [-нýть(ся)]; 2.

ныря́ние; погружéние; take the ~ дéлать реши́тельный шаг.

plurality [pluə'ræliti] мнóжество; большинствó; мнóжественность f.

plush [plʌʃ] плюш, плис.

ply [plai] 1. слой; склáдка, оборóт; three-~ трёхслóйный; 2. v/i. засыпáть [засы́пать], забрáсывать [-росáть] (вопрóсами); v/i. курси́ровать; ~-wood фанéра.

pneumatic [nju:'mætik] 1. (~ally) пневмати́ческий; ~ post пневмати́ческая пóчта; 2. пневмати́ческая ши́на.

pneumonia [nju:'mounjə] 𝒮 воспалéние лёгких.

poach [poutʃ] браконьéрствовать; ~ed egg яйцó-пашóт.

poacher ['poutʃə] браконьéр.

pocket ['pɔkit] 1. кармáн; 🌫 воздýшная я́ма; 2. класть в кармáн; прикармáни(ва)ть; присвáивать [-свóить]; подавля́ть [-ви́ть] (чýвство); проглáтывать [-лоти́ть] (оби́ду); 3. кармáнный.

pod [pɔd] 𝄞 стручóк; шелухá.

poem ['pouim] поэ́ма; стихотворéние.

poet ['pouit] поэ́т; ~ess [-is] поэтéсса; ~ic(al □) [pou'etik, -tikəl] поэти́ческий; поэти́чный; ~ics [-tiks] pl. поэ́тика; ~ry ['pouitri] поэ́зия.

poignan|cy ['pɔi(g)nənsi] остротá; ~t [-t] острый; fig. мучи́тельный.

point [pɔint] 1. тóчка, пункт, смысл; суть дéла; очкó; делéние (шкалы́); остриё, óстрый конéц; 🌫 стрéлка; ~ of view тóчка зрéния; the ~ is that ... дéло в том, что ...; make a ~ of ger. постáвить себé задáчей (+ inf.); 2. в э́том отношéнии (P); off the ~ не (относя́щийся) к дéлу; be on the ~ of ger. соби́(ра)ться (+ inf.); win on ~s вы́игрывать по пýнктам; to the ~ к дéлу (относя́щийся); 2. v/t. ~ one's finger показывать пáльцем (at на B); заостря́ть [-ри́ть]; (often ~ out) укáзывать [-зáть]; ~ at направля́ть [-рáвить] (орýжие) на (B); v/i. ~ at укáзывать [-зáть] на (B); ~ to быть напрáвленным на (B); ~ed ['pɔintid] □ остроконéчный; óстрый; fig. кóлкий; ~er ['pɔintə] укáзатель m; укáзка; пóйнтер; ~less [-lis] плóский; бессмы́сленный.

poise [pɔiz] 1. равновéсие; осáнка; 2. v/t. уравновéшивать [-éсить]; держáть (гóлову и т. п.); v/i. находи́ться в равновéсии; пари́ть.

poison ['pɔizn] 1. яд, отрáва; 2. отравля́ть [-ви́ть]; ~ous [-əs] (fig. a.) ядови́тый.

poke [pouk] 1. толчóк, тычóк; 2. v/t. ты́кать [ткнуть], толкáть [-кнýть]; совáть [сунýть]; мешáть кочергóй; ~ fun at подшýчивать [-шути́ть] над (T); v/i. совáть нос

(into в B); искать ощупью (for B)
poker ['pouka] кочерга. [or P.]
poky ['pouki] тесный; убогий.
polar ['poulə] полярный; ~ bear
белый медведь m.
pole [poul] полюс; шест; жердь f;
кол; 2 поляк, полька; ~cat zo.
хорёк.
polemic [po'lemik] (a. ~al [-mikəl]
□) полемический.
pole-star Полярная звезда; fig.
путеводная звезда.
police [pə'li:s] 1. полиция; 2. поддерживать порядок в (П); ~man
полицейский; ~station полицейский участок.
policy ['pɔlisi] политика; линия
поведения; страховой полис.
Polish¹ ['poulif] польский.
polish² ['pɔliʃ] 1. полировка; fig.
лоск; 2. [на]полировать; fig. утон-
чать [-чить].
polite [pə'lait] □ вежливый, благовоспитанный; ~ness [-nis] вежливость f.
politic ['pɔlitik] □ политичный;
расчётливый; ~al [pə'litikəl] □
политический; государственный;
~ian [pɔli'tiʃən] политик; ~s ['pɔli-
tiks] pl. политика.
poll [poul] 1. голосование; подсчёт
голосов; список избирателей; 2.
v/t. получать [-чить] (голоса); v/i.
[про]голосовать; ~book список
избирателей.
pollen ['pɔlin] ♀ пыльца.   [пог.]
poll-tax ['poultæks] подушный на-]
pollute [pə'lu:t] загрязнять [-нить];
осквернять [-нить].   [полип.]
polyp(e) ['pɔlip] zo., ~us [-lipəs] ♂]
pommel ['pʌml] 1. головка (эфеса
шпаги); лука (седла). 2. [по]бить;
[по]колотить.
pomp [pɔmp] помпа; великолепие.
pompous ['pɔmpəs] □ напыщен-
ный.
pond [pɔnd] пруд.
ponder ['pɔndə] v/t. обдум(ыв)ать;
v/i. задум(ыв)аться; ~able □
весомый; ~ous [-rəs] □ fig. тяже-
ловесный.
pontiff ['pɔntif] первосвященник.
pontoon [pɔn'tu:n] ✕ понтон; ~
bridge понтонный мост.
pony ['pouni] пони m indecl. (лошадка).
poodle [pu:dl] пудель m.
pool [pu:l] 1. лужа; бассейн; омут;
cards пулька; ✝ пул; 2. ✝ объединять в общий фонд; складывать-
ся [сложиться] (with с Т).
poop [pu:p] ♣ корма.
poor [puə] □ бедный, неимущий;
несчастный; скудный; плохой;
~house богадельня; ~law закон
о бедных; ~ly ['puəli] adj. & adv.
бедный; ~ness ['puənis] бедность f.
pop [pɔp] 1. хлопанье; F шипучий
напиток; 2. v/t. совать [сунуть]

v/i. хлопать [-пнуть] (о пробке);
[по]трескаться (о каштанах и т.п.);
~ in внезапно появиться.
popcorn ['pɔpkɔ:n] Am. калёные
зёрна кукурузы.
pope [poup] (римский) папа m.
poplar ['pɔplə] ♀ тополь m.
poppy ['pɔpi] ♀ мак.
popula|ce ['pɔpjuləs] простона-
родье; ~r [-lə] □ народный; по-
пулярный; ~rity [-'læriti] попу-
лярность f.
populat|e ['pɔpjuleit] населять
[-лить]; ~ion [pɔpju'leiʃən] население.
populous ['pɔpjuləs] □ многолюд-
ный.
porcelain ['pɔ:slin] фарфор.
porch [pɔ:tʃ] подъезд; портик; Am.
веранда.
pore [pɔ:] 1. пора; 2. погружаться
[-узиться] (over в B).
pork [pɔ:k] свинина.
porous ['pɔ:rəs] □ пористый.
porridge ['pɔridʒ] овсяная каша.
port [pɔ:t] 1. гавань f, порт; ♣ левый борт; портвейн; 2. ♣ брать
налево.
portable ['pɔ:təbl] портативный.
portal ['pɔ:tl] портал; тамбур (две-
рей).
portend [pɔ:'tend] предвещать.
portent ['pɔ:tent] предвестник, зна-
мение (плохого); чудо; ~ous [pɔ:-
'tentəs] □ зловещий; знаменатель-
ный.
porter ['pɔ:tə] привратник, швей-
цар; носильщик; портер (пиво).
portion ['pɔ:ʃən] 1. часть f; порция; fig. удел, участь f; 2. делить
(на части); наделять [-лить].
portly ['pɔ:tli] дородный; пред-
ставительный.
portmanteau [pɔ:t'mæntou] чемо-
дан.
portrait ['pɔ:trit] портрет.
portray [pɔ:'trei] рисовать портрет
с (Р); изображать [-разить]; описывать [-сать]; ~al [-əl] рисова-
ние портрета; изображение; описание.
pose [pouz] 1. поза; 2. позировать;
ставить в позу; [по]ставить (вопрос); ~ as выдавать себя за (В).
position [pə'ziʃən] место; положение; позиция; состояние; точка
зрения.
positive ['pɔzətiv] 1. □ положи-
тельный; позитивный; уверенный; самоуверенный; абсолют-
ный; 2. gr. положительная степень
f; phot. позитив.
possess [pə'zes] обладать (Т); владеть (Т); fig. овладе(ва́)ть (Т); be
~ed быть одержимым; ~ o. s. of
завладе(ва)ть (Т); ~ion [-ʃən] владение; обладание; fig. одержи-
мость f; ~or [-sə] владелец.
possib|ility [pɔsə'biliti] возмож-
ность f; ~le ['pɔsəbl] □ возмож-

ный; **~ly** [-i] возможно; **if I ~ can** если у меня будет возможность *f*.

post [poust] 1. почта; столб; должность *f*; пост; *Am*. **~ exchange** гарнизонный магазин; 2. *v/t*. отправлять по почте; расклеи(ва)ть (афиши); расставлять [-авить]; **well ~ed** хорошо осведомлённый; *v/i*. [по]спешить.

postage [-tidʒ] почтовая оплата; **~stamp** почтовая марка.

postal ['poustəl] ◻ почтовый; **~ order** денежный почтовый перевод.

post-card открытка. [вод.]

poster ['poustə] афиша, плакат.

posterior [pɔs'tiəriə] ◻ 1. последующий; задний; 2. зад.

posterity [pɔs'teriti] потомство.

post-free без почтовой оплаты.

post-haste ['poust'heist] поспешно.

posthumous ['pɔstjuməs] ◻ посмертный; рождённый после смерти отца.

post|man почтальон; **~mark** 1. почтовый штемпель *m*; 2. [за-]штемпелевать; **~master** почтмейстер.

post-mortem ['poust'mɔːtem] 1. посмертный; 2. вскрытие трупа.

post|(-)office почта, почтовая контора; **~ box** абонементный почтовый ящик; **~paid** франкированный.

postpone [poust'poun] отсрочи(ва)ть; откладывать [отложить]; **~ment** [-mənt] отсрочка.

postscript ['pous(s)kript] постскриптум.

postulate 1. ['pɔstjulit] постулат; 2. [-leit] ставить условием; постулировать (*im*)*pf*.; [по]требовать.

posture ['pɔstʃə] 1. поза; положение; 2. позировать; ставить в позу.

post-war ['poust'wɔː] послевоенный.

posy ['pouzi] букет цветов. [ный.]

pot [pɔt] 1. горшок; котелок; 2. класть или сажать в горшок; заготовлять впрок.

potation [pou'teiʃən] питьё, напиток; (*part.* **~s** *pl*.) попойка.

potato [pə'teitou] картофелина; **~es** *pl*. картофель *m*; F картошка.

pot-belly пузо; пузатый человек.

poten|cy ['poutənsi] сила, могущество; **~t** [-tənt] ◻ могущественный; крепкий; **~tial** [pə'tenʃəl] 1. потенциальный, возможный; 2. потенциал.

pother ['pɔðə] суматоха; шум.

pot|-herb пряное растение; **~house** кабак.

potion ['pouʃən] ♣ микстура; зелье.

potter ['pɔtə] гончар; **~y** [-ri] глиняные изделия *n/pl*.; гончарня.

pouch [pautʃ] 1. сумка (*a. biol*.); мешочек; 2. прикармани(ва)ть; класть в сумку.

poultry ['poultri] домашняя птица.

pounce [pauns] 1. прыжок, на-

скок; 2. набрасываться [-роситься] ((up)on на В).

pound [paund] 1. фунт; загон; **~ (sterling)** фунт стерлингов (сокр. £ = 20 ш.); 2. [ис]толочь; колотить(ся); **~ at** бомбардировать.

pour [pɔː] *v/t*. лить; **~ out** нали(ва)ть; сыпать, насыпать [насыпать]; *v/i*. литься; [по]сыпаться.

pout [paut] 1. надутые губы *f/pl*.; 2. *v/t*. наду(ва)ть (губы); *v/i*. [на]дуться.

poverty ['pɔvəti] бедность *f*.

powder ['paudə] 1. порошок; пудра; порох; 2. [ис]толочь; [на]пудрить(ся); посыпать [посыпать]; **~-box** пудреница.

power ['pauə] сила; мощность *f*; *pol*. держава; власть *f*; **&** полномочие; **&** степень *f*; **~current** ток высокого напряжения; **~ful** [-ful] ◻ мощный, могущественный; сильный; **~less** [-lis] бессильный; **~station** электростанция.

pow-wow ['pau'wau] знахарь (у индейцев) *m*; *Am*. шумное собрание.

practica|ble ['præktikəbl] ◻ осуществимый; проходимый (о дороге); **~l** [-kəl] ◻ практический; практичный; фактический; **~ joke** (грубая) шутка, проказа.

practice ['præktis] практика; упражнение, тренировка; привычка; обычай; **put into ~** осуществлять [-вить].

practise [~] *v/t*. применять [-нить]; заниматься [-няться] (Т); упражняться в (П); практиковать; *v/i*. упражняться; **~ (up)on** злоупотреблять [-бить] (Т); **~d** [-t] опытный.

practitioner [præk'tiʃnə] практикующий врач.

praise [preiz] 1. хвала; 2. [по]хвалить.

praiseworthy ['preizwəːði] достойный похвалы.

prance [prɑːns] становиться на дыбы; гарцевать.

prank [præŋk] выходка, проказа.

prate [preit] 1. пустословие; 2. пустословить, болтать.

pray [prei] [по]молиться; [по]просить; **~!** прошу вас!

prayer [prɛə] молитва; просьба; **Lord's ~** отче наш; **~-book** молитвенник; **~ful** [-ful] ◻ богомольный.

pre... [priː, pri] до...; пред...

preach [priːtʃ] проповедовать; **~er** ['priːtʃə] проповедник.

preamble [priː'æmbl] преамбула; вступление.

precarious [pri'kɛəriəs] ненадёжный.

precaution [pri'kɔːʃən] предосторожность *f*.

precede [pri'siːd] предшествовать

(Д); ⁓nce, ⁓ncy [-əns(i)] пе́рвен-ство,; преиму́щественное значе́-ние; ⁓nt ['presidənt] прецеде́нт.

precept ['pri:sept] наставле́ние; за́поведь *f*; ⁓or [pri'septə] наста́в-ник.

precinct ['pri:siŋkt] преде́л; (поли-це́йский) уча́сток; (избира́тель-ный) о́круг; ⁓s *pl.* окре́стности *f/pl.*

precious ['preʃəs] 1. □ драгоце́н-ный; 2. F *adv.* о́чень; ⁓! здо́рово!

precipi|ce ['presipis] про́пасть *f*; ⁓tate 1. [pri'sipiteit] низверга́ть [-ѓргнуть]; [по]торопи́ть; ⁓ оса́ж-да́ть [осади́ть]; 2. [-tit] a) □ опро-ме́тчивый; стреми́тельный; b) ⁓ оса́док; ⁓tation [prisipi'teiʃən] низ-верже́ние; стреми́тельность *f*; оса́дки *m/pl.*; ⁓ осажде́ние; ⁓tous [pri'sipitəs] □ круто́й, обры́ви-стый.

precis|e [pri'sais] □ то́чный; ⁓ion [-'siʒən] то́чность *f*.

preclude [pri'klu:d] исключа́ть за-ра́нее; предотвраща́ть [-рати́ть (В); [по]меша́ть (Д).

precocious [pri'kouʃəs] □ пре́жде-вре́менно развито́й.

preconceive ['pri:kən'si:v] пред-ставля́ть себе́ зара́нее; ⁓d предвзя́тое мне́ние. [предвзя́тое мне́ние.]

preconception ['pri:kən'sepʃən]

precursor [pri'kə:sə] предте́ча *m/f*; предше́ственник (-ица).

predatory ['predətəri] хи́щный.

predecessor ['pri:disesə] предше́ст-венник (-ица).

predestin|ate [pri:'destineit] пред-определя́ть [-ли́ть]; ⁓ed [-tind] предопределённый.

predicament [pri'dikəmənt] серь-ёзное затрудне́ние.

predicate ['predikit] предика́т.

predict [pri'dikt] предска́зывать [-за́ть]; ⁓ion [-kʃən] предсказа́ние.

predilection [pri:di'lekʃən] скло́н-ность *f*, пристра́стие (for к Д).

predispos|e ['pri:dis'pouz] пред-располага́ть [-ложи́ть].

predomina|nce [pri'dəminəns] го-спо́дство, преоблада́ние; ⁓nt [-nənt] □ преоблада́ющий; доми-ни́рующий; ⁓te [-neit] господ-ствовать, преоблада́ть (over над Т).

pre-eminent [pri:'eminənt] □ выда-ю́щийся.

pre-emption [pri:'emʃən] (*a.* right of ⁓) преиму́щественное пра́во на поку́пку.

prefabricate ['pri:'fæbrikeit] изго-товля́ть зара́нее (ча́сти станда́рт-ного до́ма и т. п.).

preface ['prefis] 1. предисло́вие; 2. предпос(ы́)ла́ть (Д with В); снаб-жа́ть предисло́вием.

prefect ['pri:fekt] префе́кт.

prefer [pri'fə:] предпочита́ть [-по-че́сть]; повыша́ть [-ы́сить] (в чи-не); под(ав)а́ть (проше́ние); вы-

двига́ть [вы́двинуть] (тре́бова-ние); ⁓able ['prefərəbl] □ предпо-чти́тельный; ⁓ence [rəns] пред-почте́ние; ⁓ential [prefə'renʃəl] □ предпочти́тельный; льго́тный.

prefix ['pri:fiks] префикс, приста́в-ка.

pregnan|cy ['pregnənsi] бере́мен-ность *f*; бога́тство (воображе́ния и т. п.); ⁓t [-nənt] □ бере́менная; *fig.* чрева́тый; бога́тый.

prejud|ge ['pri:'dʒʌdʒ] осужда́ть, не вы́слушав; ⁓ice ['predʒudis] 1. предрассу́док; предубежде́ние; 2. предубежда́ть [-беди́ть] (про́-тив Р); наноси́ть уще́рб (Д); ⁓ici-al [predʒu'diʃəl] па́губный.

prelate ['prelit] прела́т.

preliminar|y [pri'liminəri] 1. □ предвари́тельный; вступи́тель-ный; 2. подготови́тельное меро-прия́тие.

prelude ['prelju:d] ♪ прелю́дия.

prematur|e [premə'tjuə] пре́жде-вре́менный.

premeditation [primedi'teiʃən] преднаме́ренность *f*.

premier ['premjə] 1. пе́рвый; 2. премье́р-мини́стр.

premises ['premisiz] *pl.* помеще́-ние; дом (с постро́йками).

premium ['pri:mjəm] награ́да, пре́-мия; ✝ лаж; страхова́я пре́мия; at a ⁓ вы́ше номина́льной сто́и-мости; в большо́м спро́се.

premonit|ion [pri:mo'niʃən] пред-чу́вствие; предупрежде́ние.

preoccup|ied [pri:'ɔkjupaid] озабо́-ченный; ⁓y [-pai] поглоща́ть внима́ние (Р); занима́ть ра́ньше (чем кто́-либо).

preparat|ion [prepə'reiʃən] пригото-вле́ние; подгото́вка; ⁓ory [pri-pærətəri] □ предвари́тельный; подготови́тельный, приготови́-тельный.

prepare [pri'pɛə] *v/t.* приготовля́ть [-то́вить]; [при]гото́вить; подго-товля́ть [-то́вить]; *v/i.* [при]гото́-виться; подготовля́ться [-то́-виться] (for к Д); ⁓d [-d] □ под-гото́вленный; гото́вый.

prepondera|nce [pri'pɔndərəns] преоблада́ние; ⁓nt [-rənt] □ пре-облада́ющий; ⁓te [-reit] име́ть пере́вес; ⁓ over превосходи́ть [-взой-ти́] (В).

prepossess [pri:pə'zes] располага́ть к себе́; ⁓ing [-iŋ] располага́ю-щий.

preposterous [pri'pɔstərəs] несооб-ра́зный, неле́пый, абсу́рдный.

prerequisite ['pri:'rekwizit] пред-посы́лка.

presage ['presidʒ] 1. предзнаме-нова́ние; предчу́вствие; 2. (*a.* [pri'seidʒ])предназнамено́вать,пред-веща́ть; предчу́вствовать.

prescribe [pris'kraib] предпи́сывать [-пис́ать]; ✳ прописывать [-пис́ать].

prescription [pris'kripʃən] предпис́ание; ✳ реце́пт.

presence ['prezns] прис́утствие; ~ of mind прис́утствие дух́а.

present¹ [preznt] 1. ☐ прис́утствующий; тепе́решний, наст́оящий; д́анный; 2. наст́оящее вре́мя; под́арок; at ~ в д́анное вре́мя; for the ~ поќа; on this раз.

present² [pri'zent] представл́ять [-́авить]; преподнос́ить [-нест́и]; под(ав)́ать (прош́ение); [по]ст́авить (пье́су); одар́ять [-р́ить]; под(ав)́ать.

presentation [prezen'teiʃən] представл́ение; поднош́ение; под́ача.

presentiment [pri'zentimənt] предчу́вствие. [вас.]

presently ['prezntli] всќоре; сейч-]

preservati|on [prezə'veiʃən] сохран́ение; сох́ранность f; ~ve [pri'zə:vətiv] 1. предохран́ительный; 2. предохран́ительное ср́едство.

preserve [pri'zə:v] 1. сохран́ять [-н́ить]; предохран́ять [-н́ить]; заготовл́ять впрок (́овощи и т.п.); 2. (mst pl.) конс́ервы m/pl. (a. opt.); вар́енье; запов́едник.

preside [pri'zaid] председ́ательствовать (over на П).

presiden|cy ['prezidənsi] президе́нтство; председ́ательство; ~t [-dənt] президе́нт; председ́атель m.

press [pres] 1. печ́ать f, пр́есса; д́авка; ⊕ пресс; 2. v/t. жать; дав́ить; наж(им)́ать; нав́язывать [-з́ать] (on Д); Am. [вы]гл́адить; be ~ed for time спеш́ить; v/i. дав́ить (on на В); ~ for наст́аивать [наст́оять] на (П); ~ on [по]спеш́ить; ~ (up)on насед́ать [-с́есть] на (В); ~ing ['presiŋ] ☐ неотл́ожный; ~ure ['preʃə] давл́ение (a. fig.); сж́атие.

presum|able [pri'zju:məbl] ☐ предполож́ительный; ~e [pri'zju:m] v/t. предполаѓать [-лож́ить]; v/i. полаѓать; осм́ели(ва)ться; ~ (up)on злоупотребл́ять [-б́ить] (Т); кич́иться (Т).

presumpt|ion [pri'zʌmpʃən] самонад́еянность f; предположе́ние; ~ive [-tiv] ☐ предполаѓаемый; ~uous [-tjuəs] ☐ самонад́еянный.

presuppos|e [pri:sə'pouz] предполаѓать [-лож́ить]; ~ition ['pri:sʌpə'ziʃən] предположе́ние.

pretence [pri'tens] прет́ензия, тр́ебование; притв́орство; предл́ог.

pretend [pri'tend] притвор́яться [-р́иться]; симул́ировать (im)pf.; претендов́ать (to на В).

pretension [pri'tenʃən] прет́ензия, притяз́ание (to на В).

pretentious [-ʃəs] претенци́озный.

pretext ['pri:tekst] предл́ог.

pretty ['priti] 1. ☐ хор́ошенький; при́ятный; 2. adv. дов́ольно.

prevail [pri'veil] превозмоѓать [-м́очь] (over В); преоблад́ать (over над Т or сред́и Р); ~ (up)on a p. to do убед́ить коѓо-нибудь чт́о-либо сд́елать; ~ing [-iŋ] ☐ преоблад́ающий.

prevalent ['prevələnt] ☐ преоблад́ающий; широќо распростран́ённый.

prevaricat|e [pri'værikeit] отклон́яться от прям́ого отв́ета, увил́ивать [-льн́уть].

prevent [pri'vent] предотвращ́ать [-ат́ить]; [по]меш́ать (Д); предупрежд́ать [-упред́ить]; ~ion [-'venʃən] предупрежде́ние; предотвращ́ение; ~ive [-tiv] ☐ предупред́ительный; профилакт́ический; 2. ✳ профилакт́ическое ср́едство.

pre|view ['pri:vju:] предвар́ительный осм́отр (фи́льма, мод и т. п.).

previous ['pri:vjəs] ☐ предыд́ущий; преждевр́еменный; предвар́ительный; ~ to до (Р); ~ly пр́ежде.

pre-war ['pri:'wɔ:] довое́нный.

prey [prei] 1. доб́ыча; же́ртва; beast (bird) of ~ х́ищный зверь m (х́ищная пт́ица); 2. ~ (up)on: (о)гр́абить; терз́ать; подт́ачивать [-т́очить].

price [prais] 1. цен́а; 2. оце́нивать [-н́ить]; назнач́ать це́ну (Д); ~less ['praislis] бесце́нный.

prick [prik] 1. проќол; уќол; шип; 2. v/t. кол́оть [кольн́уть]; ~ up one's ears навостр́ить у́ши; v/i. кол́оться; ~le [prikl] шип, колю́чка; ~ly ['prikli] колю́чий.

pride [praid] 1. ѓордость f; take ~ in горд́иться (Т); 2. ~ o. s. горд́иться (собо́й) (Т).

priest [pri:st] свяще́нник. [нутый.]

prim [prim] ☐ чо́порный; нат́я-]

prima|cy ['praiməsi] перв́енство; ~ry [-ri] ☐ первонач́альный; основн́ой; нач́альный; перв́ичный.

prime [praim] 1. ☐ гл́авный; первонач́альный; перв́ичный; основн́ой; превосх́одный; ~ cost ✝ себест́оимость f; ⁇ Minister премье́р-мин́истр; 2. fig. расцв́ет; 3. v/t. снабж́ать информ́ацией; уч́ить гот́овым отв́етам.

primer ['primə] букв́арь m; нач́альный уч́ебник.

primeval [prai'mi:vəl] первоб́ытный.

primitive ['primitiv] ☐ первоб́ытный; примит́ивный; основн́ой.

primrose ['primrouz] ♀ прим́ула.

prince [prins] принц; князь m; ~ss [prin'ses] принце́сса; княѓиня; княжн́а.

principal ['prinsəpl] 1. ☐ гл́авный, основн́ой; 2. принцип́ал, глава́; ре́ктор университе́та; дире́ктор шко́лы; основно́й капита́л.

principle ['prinsǝpl] при́нцип; пра́вило; причи́на, исто́чник; on ~ из при́нципа.

print [print] 1. *typ.* печа́ть *f*; о́ттиск; шрифт; след; отпеча́ток; штамп; гравю́ра; произведе́ние печа́ти; ✝ набивна́я ткань *f*; out of ~ распро́данный (о печа́тном); 2. [на]печа́тать; *phot.* отпеча́т(ыв)ать; *fig.* запечатле́(ва́)ть (on на П); ~er ['printǝ] печа́тник.

printing ['printiŋ] печа́тание; печа́тное изда́ние; *attr.* печа́тный; ~-ink типогра́фская кра́ска; ~-office типогра́фия.

prior ['praiǝ] 1. предше́ствующий (to Д); 2. *adv.* ~ to до (P); 3. *eccl.* настоя́тель *m*; ~ity [prai'ɔriti] приорите́т; очерёдность *f*.

prism [prizm] при́зма.

prison ['prizn] тюрьма́; ~er [-ǝ] заключённый; пле́нный.

privacy ['praivǝsi] уедине́ние; сохране́ние в та́йне.

private ['praivit] 1. ☐ ча́стный; ли́чный; уединённый; конфиденциа́льный; 2. ✕ рядово́й; in ~ конфиденциа́льно.

privation [prai'veiʃǝn] лише́ние, нужда́.

privilege ['priviliʤ] 1. привиле́гия; 2. дава́ть привиле́гию (Д).

privy ['privi]: ~ to посвящённый в (В); ♀ Council та́йный сове́т; ♀ Councillor член та́йного сове́та; ♀ Seal ма́лая госуда́рственная печа́ть *f*.

prize [praiz] 1. пре́мия, приз; ⚓ приз, трофе́й; вы́игрыш; 2. удосто́енный пре́мии; 3. высоко́ цени́ть; взла́мывать [взлома́ть]; ~-fighter боксёр-профессиона́л.

probab|ility [prɔbǝ'biliti] вероя́тность *f*; ~le [-'prɔbǝbl] ☐ вероя́тный.

probation [prǝ'beiʃǝn] испыта́ние; испыта́тельный стаж; ⚖ усло́вное освобожде́ние; [дирова́ть].

probe [proub] ⚕ 1. зонд; 2. зонди́ровать.

probity ['proubiti] че́стность *f*.

problem ['prɔblǝm] пробле́ма; ⚕ зада́ча; ~atic(al ☐) [prɔbli'mætik, -tikǝl] проблемати́чный.

procedure [prǝ'si:dʒǝ] процеду́ра; о́браз де́йствия.

proceed [prǝ'si:d] отправля́ться да́льше; приступа́ть [-пи́ть] (to к Д); поступа́ть [-пи́ть]; продолжа́ть [-до́лжить] (with В); ~ from исходи́ть (от P); ~ing [-iŋ] посту́пок, ~s *pl.* ⚖ судопроизво́дство; прото́колы *m/pl.*, труды́ *m/pl.*; ~s ['prousi:dz] дохо́д; вы́ручка; ручна́я су́мма.

process 1. ['prouses] проце́сс; движе́ние, тече́ние; ход; спо́соб; in

~ на ходу́; in ~ of construction стро́ящийся; 2. [prǝ'ses] привлека́ть к суду́; ⊕ обраба́тывать [-бо́тать]; ~ion [-ʃǝn] проце́ссия.

proclaim [prǝ'kleim] провозглаша́ть [-ласи́ть]; объявля́ть [-ви́ть] (войну́ и т. п.).

proclamation [prɔklǝ'meiʃǝn] воззва́ние; объявле́ние; проклама́ция.

proclivity [prǝ'kliviti] скло́нность *f*.

procura|tion [prɔkjuǝ'reiʃǝn] полномо́чие, дове́ренность *f*; ~or ['prɔkjuǝreitǝ] пове́ренный.

procure [prǝ'kjuǝ] *v/t.* дост(ав)а́ть; *v/i.* сво́дничать.

prod [prɔd] 1. тычо́к, толчо́к; 2. ты́кать [ткнуть]; толка́ть [-кну́ть]; *fig.* подстрека́ть [-кну́ть].

prodigal ['prɔdigǝl] 1. расточи́тельный; ~ son блу́дный сын; 2. мот(о́вка).

prodig|ious [prǝ'didʒes] ☐ удиви́тельный; грома́дный; ~y [prɔ'dididʒi] чу́до.

produc|e 1. [prǝ'dju:s] предъявля́ть [-ви́ть]; представля́ть [-а́вить]; производи́ть [-вести́]; [по]ста́вить (фильм и т. п.); изд(ан)а́ть; 2. ['prɔdju:s] проду́кция, проду́кт; ~er [prǝ'dju:sǝ] производи́тель *m*; режиссёр *m*.

product ['prɔdʌkt] проду́кт, изде́лие; ~ion [prǝ'dʌkʃǝn] произво́дство; проду́кция; постано́вка; (худо́жественное) произведе́ние; ~ive [prǝ'dʌktiv] ☐ производи́тельный, продукти́вный; плодоро́дный; ~iveness [-nis], ~ivity [prɔdʌk'tiviti] производи́тельность *f*, производи́тельность *f*.

profan|e [prǝ'fein] 1. ☐ мирско́й, све́тский; богоху́льный; 2. оскверня́ть [-ни́ть]; профани́ровать (*im*)*pf.*; ~ity [prǝ'fæniti] богоху́льство.

profess [prǝ'fes] испове́довать (ве́ру); откры́то признава́ть; заявля́ть [-ви́ть]; претендова́ть на (В); *univ.* преподава́ть; ~ion [prǝ'feʃǝn] профе́ссия; ремесло́; вероиспове́дание; ~ional [-l] 1. ☐ профессиона́льный; 2. специали́ст; профессиона́л (*a. sport*); ~or [-sǝ] профе́ссор.

proffer ['prɔfǝ] 1. предлага́ть [-ложи́ть]; 2. предложе́ние.

proficien|cy [prǝ'fiʃǝnsi] о́пытность *f*; уме́ние; ~t [-ʃǝnt] 1. ☐ уме́лый; иску́сный; 2. ма́стер, знато́к.

profile ['proufi:l] про́филь *m*.

profit ['prɔfit] 1. при́быль *f*; вы́года, по́льза; 2. *v/t.* приноси́ть по́льзу (Д); *v/i.* ~ by [вос]по́льзоваться (Т); извлека́ть по́льзу из (P); ~able ['prɔfitǝbl] ☐ при́быльный; вы́годный; поле́зный; ~eer [prɔfi'tiǝ] 1. спекуля́нт; 2. спеку лировать; ~-sharing участие в прибыли.

profligate ['prɔfligit] 1. □ распутный; 2. распутник.

profound [prə'faund] □ глубокий; основательный; проникновенный.

profundity [prə'fʌnditi] глубина.

profus|e [prə'fju:s] □ изобильный; щедрый; ~ion [prə'fju:ʒən] изобилие.

progen|itor [prou'dʒenitə] прародитель(ница f) m; ~y ['prɔdʒini] потомство. [грамма.)

program, ~me ['prougræm] про-)

progress 1. ['prougres] прогресс; продвижение; успехи m/pl.; be in ~ развиваться; вестись; 2. [prə'gres] продвигаться вперёд; делать успехи; ~ion [prə'greʃən] движение вперёд; A прогрессия; ~ive [-siv] 1. □ передовой, прогрессивный; прогрессирующий; 2. pol. член прогрессивной партии.

prohibit [prə'hibit] запрещать [-етить]; препятствовать (Д); ~ion [proui'biʃən] запрещение; ~ive [prə'hibitiv] □ запретительный.

project 1. ['prɔdʒekt] проект; план; 2. [prə'dʒekt] v/t. бросать [бросить]; [с-, за]проектировать; v/i. обдумывать план; выда(ва)ться; ~ile [prə'dʒektail] снаряд; ~ion [prə'dʒekʃən] метание; проектирование; проект; выступ; проекция; ~or [-tə] ⊹ проектировщик; opt. прожектор; волшебный фонарь m.

proletarian [proule'tɛəriən] 1. пролетарий; 2. пролетарский.

prolific [prə'lifik] (~ally) плодородный; плодовитый.

prolix ['prouliks] □ многословный.

prologue ['proulɔg] пролог.

prolong [prə'lɔŋ] продлевать [-лить]; продолжать [-должить].

promenade [prɔmi'nɑ:d] 1. прогулка; место для прогулки; 2. прогуливаться [-ляться].

prominent ['prɔminənt] □ выступающий; рельефный; fig. выдающийся.

promiscuous [prə'miskjuəs] □ разнородный; смешанный; неразборчивый.

promis|e ['prɔmis] 1. обещание; 2. обещать (im)pf., pf. a. [по-]; ~ing [-iŋ] □ fig. подающий надежды; ~sory [-əri] заключающий в себе обещание; ~ note ⊹ долговое обязательство.

promontory ['prɔməntri] мыс.

promot|e [prə'mout] способствовать (im)pf., pf. a. [по-] (Д); содействовать (im)pf., pf. a. [по-] (Д); выдвигать [выдвинуть]; продвигать [-инуть]; повышать по службе; ~ присвоить звание (Р); ~ion [prə'mouʃən] повышение (в чине и т. п.); продвижение.

prompt [prɔmpt] 1. □ быстрый; проворный; 2. побуждать [-удить]; внушать [-шить]; подсказывать [-зать] (Д); суфлировать (Д); ~er ['prɔmptə] суфлёр; ~ness ['prɔmptnis] быстрота; проворство.

promulgate ['prɔmʌlgeit] провозглашать [-ласить].

prone [proun] □ (лежащий) ничком; распростёртый; ~ to склонный к (Д).

prong [prɔŋ] зубец (вилки); шпенёк.

pronounce [prə'nauns] произносить [-нести]; объявлять [-вить].

pronunciation [prənʌnsi'eiʃən] произношение.

proof [pru:f] 1. □ доказательство; проба. испытание; typ. корректура, пробный оттиск; 2. непроницаемый; недоступный; ~-reader корректор.

prop [prɔp] подпорка; опора.

propaga|te ['prɔpəgeit] размножа́ть(ся) [-ожить(ся)]; распространя́ть(ся) [-ни́ть(ся)]; ~tion [prɔpə'geiʃən] размножение; распространение.

propel [prə'pel] продвигать вперёд; ~ler [-ə] пропеллер, воздушный винт, гребной винт.

propensity [prə'pensiti] склонность f.

proper ['prɔpə] □ свойственный, присущий; подходящий; правильный; собственный; приличный; ~ty [-ti] имущество, собственность f; свойство.

prophe|cy ['prɔfisi] пророчество; ~sy [-sai] [на]пророчить.

prophet ['prɔfit] пророк.

propi|tiate [prə'piʃieit] умилостивлять [умилостивить]; ~tious [prə'piʃəs] □ благосклонный; благоприятный.

proportion [prə'pɔ:ʃən] 1. пропорция; соразмерность f; часть f; ~s pl. размеры m/pl.; 2. соразмерять [-мерить]; ~al [-l] □ пропорциональный.

propos|al [prə'pouzəl] предложение; план; ~e [prə'pouz] v/t. предлагать [-ложить]; ~ to o. s. ставить себе целью; v/i. делать предложение (брака); намереваться, предполагать; ~ition [prɔpə'ziʃən] предложение.

propound [prə'paund] предлагать на обсуждение.

propriet|ary [prə'praiətəri] собственнический; частный; pharm. патентованный; ~or [-tə] владелец (-лица); ~y [-ti] уместность f, пристойность f; the proprieties pl. приличия n/pl.

propulsion [prə'pʌlʃən] ⊕ привод; движение вперёд.

pro-rate [prou'reit] распределять пропорционально.

prosaic [prou'zeiik] (~ally) fig. прозайчный.

proscribe [pros'kraib] объявлять вне закона; запрещать [-етить].

prose [prouz] 1. проза; 2. прозайческий; fig. прозайчный.

prosecut|e ['prɔsikju:t] проводить [-вести], [по]вести; преследовать судебным порядком; ~ion [prɔsi'kju:ʃən] судебное преследование; ~or ['prɔsikju:tə] t½ обвинитель m; public ~ прокурор.

prospect 1. ['prɔspekt] перспектива, вид (a. fig.); ✝ предполагаемый покупатель m (клиент и т. п.); 2. [prəs'pekt] ✗ разведывать (for на B); ~ive [prəs'pektiv] □ будущий, ожидаемый; ~us [-təs] проспект.

prosper ['prɔspə] v/t. благоприятствовать (Д); v/i. процветать, преуспевать; ~ity [prɔs'periti] процветание; благосостояние; fig. расцвет; ~ous ['prɔspərəs] □ благоприятный; состоятельный; процветающий.

prostitute ['prɔstitju:t] 1. проститутка; 2. проституйровать (im) pf.; [o]бесчестить.

prostrat|e 1. ['prɔstreit] распростёртый, повёрженный; обессиленный; 2. [prɔs'treit] повергать ниц унижать [унизить]; истощать [-щить]; ~ o. s. падать ниц; ~ion [-ʃən] распростёртое положение; изнеможение.

prosy ['prouzi] □ fig. прозайчный; банальный.

protect [prə'tekt] защищать [-итить]; (пред)охранять [-нить] (from от P); ~ion [prə'tekʃən] защита; ~ive [-tiv] защитный; предохранительный; ~ duty покровительственная пошлина; ~or [-tə] защитник; ~orate [-tərit] протекторат.

protest 1. ['proutest] протест; опротестование (векселя); 2. [prə'test] [за]протестовать; опротестовывать [-стовать] (вексель).

Protestant ['prɔtistənt] 1. протестант(ка); 2. протестантский.

protestation [proutes'teiʃən] торжественное заявление.

protocol ['proutəkɔl] протокол.

prototype ['proutətaip] прототип.

protract [prə'trækt] тянуть (B or с T); продолжать [-должить].

protru|de [prə'tru:d] выдаваться наружу, торчать; ~sion [-ʒən] выступ.

protuberance [prə'tju:bərəns] выпуклость f; опухоль f.

proud [praud] □ гордый (of T).

prove [pru:v] v/t. доказывать [-зать]; удостоверять [-верить]; испытывать [-пытать]; v/i. оказываться [-заться].

provender ['prɔvində] корм.

proverb ['prɔvəb] пословица.

provide [prə'vaid] v/t. заготовлять [-товить]; снабжать [-бдить]; обеспечи(ва)ть; ʒ½ ставить условием; v/i. запасаться [-стись]; ~d (that) при условии (что).

providen|ce ['prɔvidəns] провидение; предусмотрительность f; ~t [-dənt] □ предусмотрительный; ~tial [prɔvi'denʃəl] □ провиденциальный. [(~йца).]

provider [prə'vaidə] поставщик]

provin|ce ['prɔvins] область f; провинция; fig. сфера деятельности; ~cial [prə'vinʃəl] 1. провинциальный; 2. провинциал(ка).

provision [prə'viʒən] снабжение; обеспечение; ʒ½ положение (договора и т. п.); ~s pl. провизия; ~al [-l] □ предварительный; временный.

proviso [prə'vaizou] условие.

provocat|ion [prɔvə'keiʃən] вызов; провокация; раздражение; ~ive [prə'vɔkətiv] вызывающий (о поведении и т. п.); провокационный.

provoke [prə'vouk] [с]провоцировать; возбуждать [-будить]; вызывать [вызвать]; [рас]сердить.

provost 1. ['prɔvest] ректор; декан; 2. [prə'vou] ✗ офицер военной полиции.

prow [prau] ⚓ нос (судна).

prowess ['prauis] доблесть f.

prowl [praul] красться; бродить.

proximity [prɔk'simiti] близость f.

proxy ['prɔksi] заместитель m; полномочие; передача голоса; доверенность f.

prude [pru:d] щепетильная, стыдливая женщина.

pruden|ce ['pru:dəns] благоразумие; предусмотрительность f; осторожность f; ~t [-t] □ благоразумный; осторожный.

prud|ery ['pru:dəri] чрезмерная стыдливость f; ~ish [-diʃ] □ чрезмерно стыдливый.

prune [pru:n] 1. чернослив; 2. ↗ подрезать [-резать], обрезать [обрезать]; fig. сокращать [-ратить].

prurient ['pruəriənt] □ похотливый.

pry [prai] 1. подглядывать [-ядеть]; ~ into совать нос в (B); Am. ~ open вскры(ва)ть, взламывать [взломать]; ~ up поднимать [-нять]; 2. рычаг.

psalm [sɑ:m] псалом. [доним.]

pseudonym ['(p)sju:dənim] псев-]

psychiatrist [sai'kaiətrist] психиатр.

psychic ['saikik], ~al [-kikəl] □ психический.

psycholog|ical [saikə'lɔdʒikəl] □ психологический; ~ist [sai'kɔlədʒist] психолог; ~y [-dʒi] психоло-]

pub [pʌb] F трактир, кабак. [гия.]

puberty ['pju:bəti] половая зрелость *f*.
public ['pʌblik] **1.** □ публичный, общественный; государственный; коммунальный; ~ house трактир; ~ law международное право; ~ spirit дух солидарности, патриотизма; **2.** публика, общественность *f*; ~an ['pʌblikən] трактирщик; ~ation [pʌbli'keiʃən] опубликование; издание; monthly ~ ежемесячник; ~ity [pʌ'blisiti] гласность *f*; реклама.
publish ['pʌbliʃ] [о]публиковать; изд(ав)ать; опубликовывать [-ковать]; оглашать [-ласить]; ~ing house издательство; ~er [-ə] издатель *m*; ~s *pl*. издательство.
pucker ['pʌkə] **1.** [с]морщить(ся); **2.** морщина.
pudding ['pudiŋ] пудинг; black ~ кровяная колбаса.
puddle ['pʌdl] лужа.
puerile ['pjuərail] □ ребяческий.
puff [pʌf] **1.** дуновение (ветра); клуб (дыма); пуховка; **2.** v. наду(ва)ть; выпячивать [выпятить]; расхваливать [-лить], преувеличенно рекламировать; ~ed eyes распухшие глаза *m/pl.*; v/i. дуть порывами; пыхтеть; ~ away за попыхивать (Т); ~ out наду(ва)ться; ~-paste слоёное тесто; ~y ['pʌfi] запыхавшийся; отёкший, одутловатый.
pug [pʌg], ~-dog мопс. [вый.]
pugnacious [pʌg'neiʃəs] драчли-]
pug-nosed ['pʌgnouz] курносый.
puke [pju:k] рвота.
pull [pul] **1.** тяга; ручка (звонка и т. п.); затяжка (дымом); **2.** [по]тянуть; таскать, [по]тащить; выдёргивать [выдернуть]; дёргать [-рнуть]; ~ down сносить [снести] (здание и т. п.); ~ out ⚙ отходить [отойти] (от станции); ⚓ ~ through выхаживать [выходить]; поправляться [-авиться] (от болезни); ~ o. s. together взять себя в руки; ~ up подтягивать [-януть]; осаживать [осадить] (лошадей); останавливать(ся) [-новить(ся)].
pulley ['puli] ⚙ блок; ворот; ременный шкив.
pulp [pʌlp] мякоть плода; пульпа (зуба); ⚙ бумажная масса.
pulpit ['pulpit] кафедра (проповедника). [стый.]
pulpy ['pʌlpi] □ мягкий; мяси-]
puls|ate [pʌl'seit] пульсировать; биться; ~e [pʌls] пульс.
pulverize ['pʌlvəraiz] v/t. распылять [-лить]; размельчать в порошок; v/i. распыляться [-литься].
pumice ['pʌmis] пемза.
pump [pʌmp] **1.** насос; лёгкая бальная туфля; **2.** качать [качнуть] (насосом); ~ up накачивать [-чать].
pumpkin ['pʌmpkin] ♀ тыква.

pun [pʌn] **1.** каламбур; **2.** каламбурить.
Punch[1] [pʌntʃ] полишинель *m*.
punch[2] [~] **1.** ⊕ кернер, пробойник; компостер; удар кулаком; **2.** проби(ва)ть (отверстия); [от]штамповать; бить кулаком.
punctilious [pʌŋk'tiliəs] педантичный; щепетильный до мелочей.
punctual ['pʌŋktjuəl] □ пунктуальный; ~ity [pʌŋktju'æliti] пунктуальность *f*.
punctuat|e ['pʌŋktjueit] ставить знаки препинания; *fig.* перемежать; ~ion [pʌŋktju'eiʃən] пунктуация.
puncture ['pʌŋktʃə] **1.** прокол; ⚕ пробой; **2.** прокалывать [-колоть]; получать прокол.
pungen|cy ['pʌndʒənsi] острота, едкость *f*; ~t [~t] острый, едкий.
punish ['pʌniʃ] наказывать [-зать]; ~able [-əbl] наказуемый; ~ment [-mənt] наказание. [душный.]
puny ['pju:ni] □ крохотный; тще-]
pupil ['pju:pl] *anat.* зрачок; ученик (-ица).
puppet ['pʌpit] марионетка (*a. fig.*); ~show кукольный театр.
puppy ['pʌpi] щенок; *fig.* молокосос; фат.
purchase ['pə:tʃəs] **1.** покупка, закупка; приобретение; ⊕ механизм для поднятия грузов (рычаг; лебёдка и т. п.); *fig.* точка опоры; **2.** покупать [купить]; приобретать [-рести]; ~r [-ə] покупатель(ница *f*) *m*.
pure [pjuə] □ *com.* чистый; беспорочный; беспримесный; ~-bred ['pjuəbred] *Am.* чистокровный.
purgat|ive ['pə:gətiv] слабительное; ~ory [-t(ə)ri] чистилище.
purge [pə:dʒ] **1.** ⚕ слабительное; *pol.* чистка; **2.** очищать [очистить]; *pol.* проводить чистку в (П).
purify ['pjuərifai] очищать (очистить). [рочность *f*.]
purity ['pjuəriti] чистота; непо-]
purl [pə:l] журчать. [ности *f/pl.*]
purlieus ['pə:lju:z] *pl.* окрест-]
purloin [pə:'lɔin] [у]воровать.
purple ['pə:pl] **1.** пурпурный; багровый; **2.** пурпур; **3.** turn ~ [по]багроветь. [ние.]
purport ['pə:pət] смысл, содержа-]
purpose ['pə:pəs] **1.** намерение, цель *f*; умысел; on ~ нарочно; to the ~ кстати; к делу; to no ~ напрасно; **2.** иметь целью; намереваться [намериться]; ~ful [-ful] □ умышленный; целеустремлённый; ~less [-lis] □ бесцельный; ~ly [-li] нарочно.
purr [pə:] [за]мурлыкать.
purse [pə:s] **1.** кошелёк; денежный приз; public ~ казна; **2.** подж(им)ать (губы); зажмури(ва)ть (глаза).

pursuan|ce [pə'sju(:)əns]: in ~ of согласно (Д); ~t [-ənt]: ~ to согласно (Д).

pursue [pə'sju:] преследовать (В); заниматься (заняться) (Т); продолжать [-должить]; ~er [-ə] преследователь(ница f) m; ~it [pə'sju:t] погоня f; mst ~s pl. занятие.

purvey [pə:'vei] поставлять [-авить] (продукты); снабжать [-бдить] (Т); ~or [-ə] поставщик.

pus [pʌs] Ⓤ гной.

push [puʃ] 1. толчок; удар; давление; напор; усилие; 2. толкать [-кнуть]; наж(им)ать (на В); продвигать(ся) [-винуть(ся)] (a. ~ on); притеснять [-нить]; [по]торопить; ~ one's way проталкиваться [протолкаться]; ~-button ⚡ кнопка (звонка и т. п.).

pussillanimous [pju:si'læniməs] ☐ малодушный.

puss(y) ['pus(i)] кошечка, киска.

put [put] [irr.] 1. класть [положить]; [по]ставить; сажать [посадить]; зад(ав)ать (вопрос, задачу и т. п.); совать [сунуть]; ~ across успешно проводить (меру); перевозить [-везти]; ~ back ставить на место (обратно); ставить назад; ~ by откладывать [отложить] (деньги); ~ down подавлять [-вить] (восстание); записывать [-сать]; заставлять замолчать; приписывать (сать) (to Д); ~ forth проявлять [-вить]; пускать [пустить] (побеги); пускать в обращение; ~ in вставлять [-авить]; всовывать [всунуть]; ~ off снимать (одежду); отдел(ы-в)аться от (P with T); отталкивать [оттолкнуть]; откладывать [отложить]; ~ on наде(ва)ть (платье и т. п.); fig. принимать [-нять] (вид); прибавлять [-авить]; ~ out выкладывать [выложить]; протягивать [-тянуть]; выгонять [выгнать]; [по]тушить (огонь); ~ through teleph. соединять [-нить] (to с Т); ~ to прибавлять [-бавить]; ~ to death казнить (im)pf.; ~ to the rack пытать; ~ up [по]строить, возводить [-вести] (здание); [по]ставить (пьесу); давать приют (Д); 2. v/i. ♣ ~ off, ~ to sea уходить в море; ~ in ♣ заходить в порт; ~ up at останавливаться [остановиться] в (П); ~ up with [по]мириться с (Т).

putrefy ['pju:trifai] (с)гнить.

putrid ['pju:trid] ☐ гнилой; вонючий; ~ity [pju:'triditi] гниль f.

putty ['pʌti] 1. (оконная) замазка; 2. замаз(ыв)ать (окна).

puzzle [pʌzl] 1. недоумение; затруднение; загадка; головоломка; 2. v/t. озадачива(ть); ставить в тупик; ~ out распут(ыв)ать; v/i. биться (over над Т); ~-headed ['pʌzl'hedid] бестолковый; сумбурный.

pygm|ean [pig'mi:ən] карликовый; ~y ['pigmi] карлик, пигмей.

pyjamas [pə'dʒɑ:məz] pl. пижама.

pyramid ['pirəmid] пирамида; ~al [pi'ræmidl] ☐ пирамидальный.

pyre ['paiə] погребальный костёр.

pyrotechnic [paiə'teknik] пиротехнический; ~ display фейерверк. [фагорейский.]

Pythagorean [pai'θægə'ri:ən] пи-|

рух [piks] eccl. дарохранительница.

Q

quack [kwæk] 1. знахарь m (-рка); шарлатан; кряканье (уток); 2.шарлатанский; 3. крякать [-кнуть]; ~ery ['kwækəri] шарлатанство.

quadrangle [kwɔ'dræŋgl] четырёхугольник; школьный двор.

quadrennial [kwɔ'dreniəl] ☐ четырёхлётний; происходящий раз в четыре года.

quadru|ped ['kwɔdruped] четвероногое животное; ~ple ['kwɔdrupl] ☐ учетверённый; четверной.

quagmire ['kwægmaiə] трясина, болото.

quail [kweil] дрогнуть pf.; [с]трусить. [обычный.]

quaint [kweint] ☐ странный, не-|

quake [kweik] [за]трястись; [за]дрожать; дрогнуть pf.

Quaker ['kweikə] квакер.

quali|fication [kwɔlifi'keiʃən] квалификация; свойство; ограничение; ~fy ['kwɔlifai] v/t. квалифи-

цировать (im)pf.; ограничи(ва)ть; смягчать [-чить]; наз(ы)вать (as Т); v/i. подготавливаться [-готовиться] (for к Д); ~ty [-ti] качество; свойство; достоинство.

qualm [kwɔ:m, kwɑ:m] тошнота; сомнение; приступ малодушия.

quantity ['kwɔntiti] количество; & величина; множество.

quarantine ['kwɔrənti:n] 1. карантин; 2. подвергать карантину.

quarrel ['kwɔrəl] 1. ссора, перебранка; 2. [по]ссориться; ~some [-səm] ☐ вздорный; придирчивый.

quarry ['kwɔri] 1. каменоломня; добыча (на охоте); 2. добы(ва)ть (камни); fig. [по]рыться.

quart [kwɔ:t] кварта (= 1,14 литра).

quarter ['kwɔ:tə] 1. четверть f; четверть часа; квартал; место, сторона; пощада; ~s pl. квартира; ✗ казармы f/pl.; fig. источники *m*/*pl.*; from all ~s со всех сторо́н; 2. дели́ть на четы́ре ча́сти; ✂ расквартиро́вывать [-ирова́ть]; четвертова́ть (*im*)*pf.*; ~-**day** день, начина́ющий кварта́л го́да; ~-**deck** шка́нцы *m*/*pl.*; ~**ly** [-li] 1. кварта́льный; 2. журна́л, выходя́щий ка́ждый кварта́л го́да; ~**master** ✂ квартирме́йстер.

quartet(te) [kwɔː'tet] ♪ кварте́т.

quash [kwɔʃ] ⚖ аннули́ровать (*im*)*pf.*

quaver ['kweivə] 1. дрожь *f*; ♪ трель *f*; 2. вибри́ровать; говори́ть дрожа́щим го́лосом.

quay [kiː] на́бережная.

queasy ['kwiːzi] □ сла́бый (о желу́дке); тошнотво́рный.

queen [kwiːn] короле́ва; *chess* ферзь *m*; ~**like**, ~**ly** ['kwiːnli] подоба́ющий короле́ве; ца́рственный.

queer [kwiə] стра́нный, эксцентри́чный.

quench [kwentʃ] утоля́ть [-ли́ть] (жа́жду); [по]туши́ть; охлажда́ть (охлади́ть).

querulous ['kwerʊləs] □ ворчли́-\
вый.\
query ['kwiəri] 1. вопро́с; 2. спра́шивать (спроси́ть); подверга́ть сомне́нию.

quest [kwest] 1. по́иски *m*/*pl.*; 2. оты́скивать [-ка́ть], разы́скивать [-ка́ть].

question ['kwestʃən] 1. вопро́с; сомне́ние; пробле́ма; beyond (all) ~ вне вся́кого сомне́ния; in ~ (лицо́, вопро́с,) о кото́ром идёт речь; call in ~ подверга́ть сомне́нию; that is out of the ~ об э́том не мо́жет быть и ре́чи; 2. расспра́шивать [-роси́ть]; задава́ть вопро́с (Д); допра́шивать [-роси́ть]; подверга́ть сомне́нию; ~**able** [-əbl] □ сомни́тельный; ~**naire** [kestiə'neə, kwestʃə'neə] анке́та.

queue [kjuː] 1. о́чередь *f*, «хвост»; коса́ (воло́с); 2. заплета́ть в ко́су; (*mst* ~ up) стоя́ть в о́череди.

quibble ['kwibl] 1. игра́ слов, каламбу́р; увёртка; 2. [с]остри́ть; уклоня́ться [-ни́ться].

quick [kwik] 1. живо́й; бы́стрый, ско́рый; прово́рный; о́стрый (слух и т. п.); 2. чувстви́тельное ме́сто; to the ~ *fig.* за живо́е; до мо́зга косте́й; cut to the ~ задева́ть

за живо́е; ~**en** ['kwikən] *v*/*t.* ускоря́ть [-о́рить]; оживля́ть [-ви́ть]; *v*/*i.* ускоря́ться [-о́риться]; оживля́ться [-ви́ться]; ~**ness** ['kwiknis] быстрота́; оживлённость *f*; сообрази́тельность *f*; ~**sand** плыву́н, сыпу́чие пески́ *m*/*pl.*; ~**silver** ртуть *f*; ~**-witted** нахо́дчивый.

quiescen|ce [kwai'esns] поко́й; неподви́жность *f*; ~**t** [-t] неподви́жный; *fig.* споко́йный.

quiet ['kwaiət] 1. □ споко́йный, ти́хий; бесшу́мный; сми́рный; 2. поко́й; тишина́; 3. успока́ивать(ся), [-ко́ить(ся)]; ~**ness** [-nis], ~**ude** [-juːd] тишина́; поко́й; споко́йствие.

quill [kwil] пти́чье перо́; ствол пера́; *fig.* перо́ (для письма́); игла́ (ежа́ и т. п.); ~**ing** ['kwilin] рюш (на пла́тье). [2. (вы)стега́ть.\
quilt [kwilt] 1. стёганое одея́ло;\
quince [kwins] ♀ айва́.

quinine [kwi'niːn, *Am.* 'kwainain] *pharm.* хини́н. [ный.\
quintuple ['kwintjupl] пятикра́т-\
quip [kwip] сарка́зм; острота́; ко́лкость *f*.

quirk [kwɜːk] = quibble, quip; причу́да; ро́счерк пера́; завито́к (рису́нка).

quit [kwit] 1. покида́ть [-и́нуть]; оставля́ть [-а́вить]; give notice to ~ заяви́ть об ухо́де (с рабо́ты); 2. свобо́дный, отде́лавшийся (of от Р).

quite [kwait] вполне́, соверше́нно, совсе́м; дово́льно; ~ a hero настоя́щий геро́й; ~ (so)!, ~ that! так!, соверше́нно ве́рно!

quittance ['kwitns] квита́нция.

quiver ['kwivə] [за]дрожа́ть; [за]трепета́ть.

quiz [kwiz] 1. шу́тка; мистифика́ция; насме́шка; *part. Am.* опро́с, прове́рка зна́ний; 2. подшу́чивать [-ути́ть] над (Т); *part. Am.* опра́шивать (опроси́ть).

quorum ['kwɔːrəm] *parl.* кво́рум.

quota ['kwoutə] до́ля, часть *f*, кво́та.

quotation [kwou'teiʃən] цита́та; цити́рование; † котиро́вка, курс.

quote [kwout] [про]цити́ровать; † котирова́ть (*im*)*pf.*; дава́ть расце́нку на (В).

R

rabbi ['ræbai] равви́н.

rabbit ['ræbit] кро́лик.

rabble [ræbl] сброд; толпа́.

rabid ['ræbid] □ нейсто́вый, я́ростный; бе́шеный.

rabies ['reibiːz] бе́шенство.

race [reis] 1. ра́са; род; поро́да; состяза́ние в ско́рости; бег; го́нки

f/*pl.*; (*mst* ~s *pl.*) ска́чки *f*/*pl.*; бега́ *m*/*pl.*; 2. [по]мча́ться; состяза́ться в ско́рости; уча́ствовать в ска́чках и т. п.; ~**course** доро́жка; трек; ~**r** ['reisə] уча́стник го́нок и́ли ска́чек (ло́шадь, автомоби́ль и т. п.).

racial ['reiʃəl] ра́совый.

rack [ræk] 1. вешалка; подставка; полка; стойка; кормушка; 🚢 luggage ~ сетка для вещей; 2. класть в сетку или на полку; пытать; ~ one's brains ломать себе голову; go to ~ and ruin погибать [-ибнуть]; разоряться [-риться].

racket ['rækit] теннисная ракетка; шум, гам; Am. шантаж; ~eer [ræki'tiə] Am. вымогатель m.

racy ['reisi] ☐ характерный; крепкий; пикантный; колоритный.

radar ['reidə:] радар; ~ set радиолокатор.

radian|ce ['reidiəns] сияние; ~t [-t] ☐ лучистый; сияющий, лучезарный.

radiat|e ['reidieit] излучать [-чить] (свет, тепло); ~ion [reidi'eifən] излучение; ~or ['reidieitə] излучатель m; Δ, mot. радиатор.

radical ['rædikəl] 1. ☐ основной, коренной; фундаментальный; радикальный; 2. pol. радикал.

radio ['reidiou] 1. радио n indecl.; ~ drama, ~ play радиопостановка; ~ set радиоприёмник; 2. передавать по радио; ~graph [-gra:f] 1. рентгеновский снимок; 2. делать рентгеновский снимок с (P); ~scopy [reidi'oskəpi] исследование рентгеновскими лучами; ~telegram радио(теле)грамма. [диска.)

radish ['rædif] редька; (red) ~ редиска.

raffle ['ræfl] 1. v/t. разыгрывать в лотерею; v/i. участвовать в лотерее; 2. лотерея.

raft [ra:ft] 1. плот; паром 2. сплавлять [-авить] (лес); ~er ['ra:ftə] ⊕ стропило.

rag [ræg] тряпка; ~s pl. тряпьё, ветошь f; лохмотья m/pl.

ragamuffin ['rægəmʌfin] оборванец; уличный мальчик.

rage [reidʒ] 1. ярость f, гнев; повальное увлечение; предмет увлечения; it is all the ~ это последний крик моды; 2. [вз]беситься; бушевать.

ragged ['rægid] ☐ неровный; рваный, поношенный.

raid [reid] 1. налёт; набег; облава; 2. делать набег, налёт на (B); вторгаться [вторгнуться] в (B).

rail [reil] 1. перила n/pl.; ограда; 🚢 поперечина; (main) ~ ⊕ поручень m; run off the ~s сойти с рельсов; 2. ехать по железной дороге; [вы]ругать, [вы]бранить (at, against B).

railing ['reilin] ограда; перила n/pl.

raillery ['reiləri] беззлобная насмешка, подшучивание.

railroad ['reilroud] part. Am., **railway** [-wei] железная дорога.

rain [rein] 1. дождь m; 2. идти (о дожде); fig. [по]сыпаться; ~bow радуга; ~coat Am. дождевик, непромокаемое пальто n indecl.; ~

fall количество осадков; ~proof непромокаемый; ~y ['reini] ☐ дождливый.

raise [reiz] (often ~ up) поднимать [-нять]; воздвигать [-вигнуть] (памятник и т. п.); возвышать [-ысить]; воспитывать [-итать]; вызывать [вызвать] (смех, гнев и т. п.); возбуждать [-удить] (чувство); добывать (деньги).

raisin [reizn] изюминка; pl. изюм.

rake [reik] 1. грабли f/pl.; кочерга; повеса m; распутник; 2. v/t. сгребать [-сти]; разгребать [-сти]; fig. ~ for тщательно искать (B or P).

rally ['ræli] 1. вновь собирать(ся); овладе(ва)ть собой; 2. Am. массовый митинг; объединение; съезд.

ram [ræm] 1. баран; таран; 2. [про]таранить; заби(ва)ть.

ramble ['ræmbl] 1. прогулка (без цели); 2. бродить без цели; говорить бессвязно; ~er [-ə] праздношатающийся; ползучее растение; ~ing [-iŋ] бродячий; бессвязный; разбросанный; ползучий.

ramify ['ræmifai] разветвляться [-етвиться].

ramp [ræmp] скат, уклон; ~ant ['ræmpənt] стоящий на задних лапах (о геральдическом животном); fig. необузданный.

rampart ['ræmpa:t] вал.

ramshackle ['ræmfækl] ветхий.

ran [ræn] pt. от run. [ферма.)

ranch [rɑ:ntf] Am. скотоводческая ферма.

rancid ['rænsid] ☐ прогорклый.

ranco(u)r ['rænkə] злоба, затаённая вражда.

random ['rændəm] 1. at ~ наугад, наобум; 2. сделанный (выбранный и т. д.) наугад; случайный.

rang [ræŋ] pt. от ring.

range [reindʒ] 1. ряд; линия (домов); цепь f (гор); область распространения (растений и т. п.); предел, амплитуда; диапазон (голоса); ⚔ дальность действия; стрельбище; 2. v/t. выстраивать в ряд; ставить в порядке; классифицировать (im)pf.; ⚓ плавать, [по]плыть вдоль (P); v/i. выстраиваться в ряд; простираться; бродить, рыскать.

rank [ræŋk] 1. ряд; ⚔ шеренга; звание, чин; категория; ~ and file рядовой состав; fig. людская масса; 2. v/t. строить в шеренгу; выстраивать в ряд; классифицировать (im)pf.; v/i. строиться в шеренгу; равняться (with Д); 3. буйный (о растительности); прогорклый (о масле); отъявленный.

rankle ['ræŋkl] fig. мучить, терзать (об обиде и т. п.); ~ in терзать (B).

ransack ['rænsæk] [по]рыться в (П); [о]грабить.

ransom ['rænsəm] 1. выкуп; 2. выкупать [выкупить].

rant [rænt] 1. деклама́ция; высокопа́рная речь f; 2. говори́ть напы́щенно; [про]деклами́ровать; шу́мно весели́ться.

rap [ræp] 1. лёгкий уда́р; стук (в дверь и т. п.); fig. not a ~ ни гроша́; 2. ударя́ть [уда́рить]; [по]стуча́ть.

rapaci|ous [rə'peiʃəs] □ жа́дный; хи́щный; **~ty** [rə'pæsiti] жа́дность f; хи́щность f.

rape [reip] 1. похище́ние; изнаси́лование; 2. похища́ть [-и́тить]; [из]наси́ловать.

rapid ['ræpid] 1. □ бы́стрый, ско́рый; круто́й; 2. **~s** pl. поро́ги m/pl., стремни́ны f/pl.; **~ity** [rə'piditi] ско́рость f.

rapt [ræpt] восхищённый; увлечённый; **~ure** ['ræptʃə] восто́рг, экста́з; go into **~s** приходи́ть в восто́рг. {жённый.}

rare [rɛə] □ ре́дкий; phys. разре-)

rarefy ['rɛərifai] разрежа́ть(ся) [-е́дить(ся)].

rarity [-riti] ре́дкость f.

rascal ['ra:skəl] моше́нник; **~ity** [ra:s'kæliti] моше́нничество; **~ly** ['ra:skəli] моше́ннический.

rash[1] [ræʃ] □ стреми́тельный; опроме́тчивый; необду́манный.

rash[2] [~] сыпь f.

rasp [ra:sp] 1. ра́шпиль m; скре́жет; 2. подпи́ливать ра́шпилем; соскреба́ть [-ести́]; раздража́ть [-жи́ть].

raspberry ['ra:zbəri] мали́на.

rat [ræt] кры́са; sl. изме́нник; smell a ~ чу́ять недо́брое.

rate [reit] 1. но́рма; ста́вка; пропо́рция; сте́пень f; ме́стный нало́г; разря́д; ско́рость f; at any ~ во вся́ком слу́чае; ~ of exchange (валю́тный) курс; 2. оце́нивать [-ни́ть], расце́нивать [-ни́ть]; [вы]брани́ть; ~ among счита́ться среди́ (P).

rather [ra:ðə] скоре́е; предпочти́тельно; верне́е; дово́льно; I had ~ ... я предпочёл бы ...

ratify ['rætifai] ратифици́ровать (im)pf.; утвержда́ть [-рди́ть].

rating ['reitiŋ] оце́нка; су́мма нало́га; ранг; класс.

ratio ['reiʃiou] ⑭ отноше́ние.

ration ['ræʃən] 1. рацио́н; паёк; 2. снабжа́ть продово́льствием; нормирова́ть вы́дачу (P).

rational ['ræʃnl] □ рациона́льный; разу́мный; **~ity** [ræʃ'næliti] рациона́льность f; разу́мность f; **~ize** ['ræʃnəlaiz] рационализи́ровать (im)pf.

ratten [rætn] саботи́ровать (im)pf.

rattle [rætl] 1. треск; дребезжа́ние; трещо́тка (a. fig.); погрему́шка; 2. [про]треща́ть; [за]дребезжа́ть; [за]греме́ть (T); говори́ть без у́молку; ~ off отбараба́нить pf.;

~snake грему́чая змея́; **~trap** fig. ве́тхий экипа́ж, автомоби́ль и т. п.

rattling ['rætliŋ] fig. бы́стрый; великоле́пный.

raucous ['rɔːkəs] □ хри́плый.

ravage ['rævidʒ] 1. опустоше́ние; 2. опустоша́ть [-ши́ть]; разоря́ть [-ри́ть].

rave [reiv] бре́дить (a. fig.), говори́ть бессвя́зно; неи́стовствовать.

ravel [rævl] v/t. запу́т(ыв)ать; распу́т(ыв)ать; v/i. запу́т(ыв)аться; (a. ~ out) располза́ться по швам.

raven [reivn] во́рон.

raven|ing ['rævniŋ], **~ous** [-əs] прожо́рливый; хи́щный.

ravine [rə'viːn] овра́г, лощи́на.

ravish ['ræviʃ] приводи́ть в восто́рг; [из]наси́ловать; похища́ть [-и́тить]; **~ment** [-mənt] похище́ние; восхище́ние; изнаси́лование.

raw [rɔː] □ сыро́й; необрабо́танный; необу́ченный; обо́дранный; **~-boned** худо́й, костля́вый.

ray [rei] 1. луч; fig. про́блеск; ⚕ ~ treatment облуче́ние.

raze [reiz] разруша́ть до основа́ния; сноси́ть (снести́) (зда́ние и т. п.); вычёркивать [вы́черкнуть].

razor ['reizə] бри́тва; **~-blade** ле́звие безопа́сной бри́твы.

re... [riː] pref. (придаёт сло́ву значе́ние:) сно́ва, за́ново, ещё раз, обра́тно.

reach [riːtʃ] 1. преде́л досяга́емости; круг понима́ния, кругозо́р; о́бласть влия́ния; beyond ~ вне преде́лов досяга́емости; within easy ~ побли́зости; под руко́й; 2. v/t. достига́ть [-и́гнуть] (P); дое́зжать [дое́хать], доходи́ть [дойти́] до (P); простира́ться [-стере́ться] до (P); протя́гивать [-яну́ть]; дост(ав)а́ть до (P); v/i. протя́гивать ру́ку (for за T).

react [ri'ækt] реаги́ровать; ~ upon each other взаимоде́йствовать; противоде́йствовать (against Д).

reaction [ri'ækʃən] реа́кция; **~ary** [-ʃənəri] 1. реакцио́нный; 2. реакционе́р(ка).

read 1. [riːd] [irr.] [про]чита́ть; изуча́ть [-чи́ть]; истолко́вывать [-кова́ть]; пока́зывать [-за́ть] (о прибо́ре); гласи́ть; ~ to a p. [red] a) pt. и p. pt. от read 1.; b) adj. начи́танный; ~able ['riːdəbl] □ интере́сный; чёткий; **~er** ['riːdə] чита́тель(ница f) m; чтец; ле́ктор; хрестома́тия.

readi|ly ['redili] adv. охо́тно; бы́стро; легко́; **~ness** [-nis] гото́вность f; подгото́вленность f.

reading ['riːdiŋ] чте́ние; ле́кция; толкова́ние; понима́ние; parl. чте́ние (законопрое́кта).

readjust ['riːə'dʒʌst] сно́ва приводи́ть в поря́док; переде́л(ыв)ать;

~ment [-mənt] приведе́ние в поря́док; переде́лка.

ready ['redi] □ гото́вый; склóнный; ⚕ нали́чный; make (или get) ~ [при]гото́вить(ся); **~-made** гото́вый (о пла́тье).

reagent [ri'eidʒənt] ⚗ реакти́в.

real [riəl] □ действи́тельный; реа́льный; настоя́щий; ~ estate недви́жимость f; **~ity** [ri'eliti] действи́тельность f; **~ization** [riəlai-'zeiʃən] понима́ние, осозна́ние; осуществле́ние; ⚕ реализа́ция; **~ize** ['riəlaiz] представля́ть себе́; осуществля́ть [-ви́ть]; осозн(ав)а́ть; реализова́ть (im)pf.

realm [relm] короле́вство; ца́рство; сфе́ра. [щество.)

realty ['riəlti] недви́жимое иму́-)

reap [ri:p] [c]жать (рожь и т. п.); fig. пож(ин)а́ть; **~er** ['ri:pə] жнец, жни́ца. [сно́ва.)

reappear ['ri:ə'piə] появля́ться)

rear [riə] **1.** v/t. воспи́тывать [-та́ть]; выра́щивать [вы́растить]; v/i. станови́ться на дыбы́; **2.** за́дняя сторона́; ✕ тыл; at the ~ of, in (the) ~ of позади́ (P); **3.** за́дний; ты́льный; ✕ тылово́й; **~-admiral** ⚓ контр-адмира́л; **~-guard** ✕ арьерга́рд.

re-arm ['ri:'ɑ:m] перевооружа́ть(-ся) [-жи́ть(ся)].

reason ['ri:zn] **1.** ра́зум; рассу́док; основа́ние; причи́на; by ~ of по причи́не (P); for this ~ поэтому; it stands to ~ that ... я́сно, что ...; очеви́дно, что ...; **2.** v/i. рассужда́ть [-уди́ть]; заключа́ть [-чи́ть]; резюми́ровать (im)pf.; v/t. ~ out проду́мать до конца́; ~ out of разубежда́ть [-еди́ть] в (П); **~able** ['ri:znəbl] □ (благо)разу́мный; уме́ренный; недорого́й.

reassure ['ri:ə'ʃuə] сно́ва уверя́ть; успока́ивать [-ко́ить].

rebate [ri'beit] ⚕ ски́дка; усту́пка.

rebel 1. [rebl] бунто́вщик (-и́ца); повста́нец; **2.** [..] (a. **~lious** [ri-'heljəs]) мяте́жный; **3.** [ri'bel] восст(ав)а́ть; бунтова́ть [вз-ся]; **~lion** [ri'beljən] мяте́ж, восста́ние; бунт.

rebirth ['ri:bə:θ] возрожде́ние.

rebound [ri'baund] **1.** отска́кивать [-скочи́ть]; **2.** рикоше́т; отско́к.

rebuff [ri'bʌf] **1.** отпо́р; ре́зкий отка́з; **2.** дава́ть отпо́р (Д).

rebuild ['ri:'bild] [irr. (build)] восста́навливать [-нови́ть] (зда́ние и т. п.).

rebuke [ri'bju:k] **1.** упрёк; вы́говор; **2.** упрека́ть [-кну́ть]; де́лать вы́говор (Д).

rebut [ri'bʌt] дава́ть отпо́р (Д).

recall [ri'kɔ:l] **1.** отозва́ние (депута́та, посла́ и т. п.); ⚕ отме́на; **2.** отзыва́ть [отозва́ть]; призыва́ть обра́тно; отменя́ть [-ни́ть]; напо-

мина́ть [-о́мнить]; вспомина́ть [-о́мнить] (В); ⚕ брать (или тре́бовать) обра́тно (капита́л); отменя́ть [-ни́ть].

recapitulate [ri:kə'pitjuleit] резюми́ровать (im)pf.

recast ['ri:'kɑ:st] [irr. (cast)] придава́ть но́вую фо́рму (Д); ⊕ отлива́ть за́ново.

recede [ri'si:d] отступа́ть [-пи́ть]; удаля́ться [-ли́ться].

receipt [ri'si:t] **1.** распи́ска, квита́нция; получе́ние; реце́пт (кулина́рный); **~s** pl. прихо́д; **2.** распи́сываться [-са́ться] (в П).

receiv|able [ri'si:vəbl] ⚕ неопла́ченный (счёт); **~e** [ri'si:v] получа́ть [-чи́ть]; принима́ть [-ня́ть], воспринима́ть [-ня́ть]; **~ed** [-d] общепри́знанный; **~er** [-ə] получа́тель(ница f) m; teleph. телефо́нная тру́бка; ⚖ суде́бный исполни́тель m.

recent ['ri:snt] □ неда́вний; све́жий; но́вый; **~ly** [-li] неда́вно.

receptacle [ri'septəkl] вмести́лище.

reception [ri'sepʃən] получе́ние; приём; приня́тие.

receptive [ri'septiv] □ восприи́мчивый (к Д).

recess [ri'ses] кани́кулы f/pl.; переры́в; ни́ша; уединённое ме́сто; **~es** pl. fig. тайники́ m/pl.; **~ion** [-ʃən] удале́ние; углубле́ние; ⚕ спад.

recipe ['resipi] реце́пт.

recipient [ri'sipiənt] получа́тель (-ница f) m.

reciproc|al [ri'siprəkəl] взаи́мный; обою́дный; эквивале́нтный; **~ate** [-keit] ⊕ дви́гать(ся) взад и вперёд; обме́ниваться [-ня́ться] (услу́гами и т. п.); **~ity** [resi'prɔsiti] взаи́мность f.

recit|al [ri'saitl] чте́ние, деклама́ция; повествова́ние; ♪ конце́рт (соли́ста); **~ation** [resi'teiʃən] деклама́ция; **~e** [ri'sait] [про]деклами́ровать; расска́зывать [-за́ть].

reckless ['reklis] □ безрассу́дный; опроме́тчивый; беспе́чный.

reckon ['rekən] v/t. исчисля́ть [-чи́слить]; причисля́ть [-чи́слить] (among к Д); счита́ть [счесть] за (В); v/i. предполага́ть [-ложи́ть]; ~ (up)on fig. рассчи́тывать на (В); **~ing** [-iŋ] подсчёт; счёт; распла́та.

reclaim [ri'kleim] исправля́ть [-а́вить]; поднима́ть [-ня́ть] (целину́).

recline [ri'klain] отки́дывать(ся) [-и́нуть(ся)].

recluse [ri'klu:s] отше́льник (-ица).

recogni|tion [rekəg'niʃən] опозна́ние; узнава́ние; призна́ние (P); **~ze** ['rekəgnaiz] узн(ав)а́ть; призн(ав)а́ть.

recoil [ri'kɔil] 1. отскок; ⚔ отдача, откат; 2. отскакивать [-скочить]; откатываться [-катиться];

recollect [rekə'lekt] вспоминать [вспомнить] (B); ~ion [rekə'lekʃən] воспоминание, память *f* (of о П).

recommend [rekə'mend] рекомендовать (*im*)*pf.*, *pf. a.* [по-]; ~ation [rekəmen'deiʃən] рекомендация.

recompense ['rekəmpəns] 1. вознаграждение, компенсация; 2. вознаграждать [-радить]; отплачивать [отплатить] (Д).

reconcil|e ['rekənsail] примирять [-рить] (to с T); улаживать [уладить]; ~e o. s. примиряться [-риться]; ~iation ['rekənsili'eiʃən] примирение.

recondition ['ri:kən'diʃən] [от]ремонтировать; переоборудовать.

reconn|aissance [ri'kɔnisəns] ⚔ разведка; ~oitre [rekə'nɔitə] производить разведку, развед(ыв)ать.

reconsider ['ri:kən'sidə] пересматривать [-мотреть].

reconstitute ['ri:kɔnstitju:t] восстанавливать [-новить].

reconstruct ['ri:kəns'trʌkt] восстанавливать [-новить]; перестраивать [-строить]; ~ion [-s'trʌkʃən] реконструкция; восстановление.

reconvert ['ri:kən'və:t] перестраивать на мирный лад.

record 1. ['rekɔ:d] запись *f*; *sport* рекорд; ⚖ протокол (заседания и т. п.); place on ~ записывать [-сать]; граммофонная пластинка; репутация; ♀ Office государственный архив; off the ~ *Am.* неофициально; on ~ зарегистрированный; 2. [ri'kɔ:d] записывать [-сать]; [за]регистрировать; ~er [ri'kɔ:də] регистратор; регистрирующий прибор.

recount [ri'kaunt] излагать [изложить] (подробно).

recoup [ri'ku:p] компенсировать (*im*)*pf.*, возмещать [-естить] (Д for B).

recourse [ri'kɔ:s] обращение за помощью; прибежище; have ~ to прибегать к помощи (P).

recover [ri'kʌvə] *v/t.* получать обратно; вернуть (себе) *pf.*; навёрстывать [-верстать] (время); *v/i.* оправляться [-авиться] (*a.* ~ o. s.); ~y [-ri] восстановление; возмещение; ⚖ взыскание.

recreat|e ['rekrieit] *v/t.* освежать [-жить]; развлекать [-ечь]; *v/i.* освежаться [-житься] (после работы и т. п.) (*a.* ~ o. s.); развлекаться [-ечься]; ~ion [rekri'eiʃən] отдых; развлечение.

recrimination [rikrimi'neiʃən] взаимное (*или* встречное) обвинение.

recruit [ri'kru:t] 1. рекрут, ново-

бранец; *fig.* новичок; 2. [у]комплектовать; [за]вербовать (новобранцев).

rectangle ['rektæŋgl] прямоугольник.

recti|fy ['rektifai] исправлять [-авить]; выверять [выверить]; ⚡ выпрямлять [выпрямить]; ~tude ['rektitju:d] прямота, честность *f*.

rector ['rektə] ректор, священник; ~y [-ri] дом священника.

recumbent [ri'kʌmbənt] □ лежачий.

recuperate [ri'kju:pəreit] восстанавливать силы; оправляться [оправиться].

recur [ri'kə:] возвращаться [-ратиться] (to к Д); приходить снова на ум; происходить вновь; ~rence [ri'kʌrəns] повторение; ~rent [-rənt] □ повторяющийся; периодический; ⚚ возвратный.

red [red] 1. красный; ~ heat красное каление; ~ herring *fig.* отвлечение внимания; ~ tape канцелярщина; 2. красный цвет; ~s *pl.* (*part. pol.*) красные *pl.*

red|breast ['redbrest] малиновка; ~den [redn] [по]краснеть; ~dish ['rediʃ] красноватый.

redeem [ri'di:m] искупать [-пить]; выкупать [выкупить]; спасать [-сти]; ~er [-ə] спаситель *m*.

redemption [ri'dempʃən] искупление; выкуп; спасение.

red-handed ['red'hændid]: take a p. ~ поймать кого-либо на месте преступления.

red-hot накалённый докрасна; *fig.* взбешённый; горячий. (день *m*.)

red-letter: ~ day праздничный

redness ['rednis] краснота. (щий.)

redolent ['redolənt] благоухаю-)

redouble [ri'dʌbl] удваивать(ся) [удвоить(ся)].

redound [ri'daund]: ~ to способствовать (Д), помогать [помочь] (Д).

redress [ri'dres] 1. исправление; ⚖ возмещение; 2. исправлять [-авить]; заглаживать [-ладить] (вину); возмещать [-естить].

reduc|e [ri'dju:s] понижать [-низить]; снижать [-изить]; доводить (довести) (to до P); уменьшать [уменьшить]; сокращать [-ратить]; урез(ыв)ать; ~ to writing излагать письменно; ~tion [ri'dʌkʃən] снижение (цен), скидка; уменьшение; сокращение; уменьшенная копия (картины и т. п.).

redundant [ri'dʌndənt] □ излишний; чрезмерный.

reed [ri:d] тростник; свирель *f*.

reef [ri:f] риф, подводная скала.

reek [ri:k] 1. вонь *f*, затхлый запах; дым; пар; 2. *v/i.* дымиться; (неприятно) пахнуть (of Т); испускать пар.

reel [riːl] **1.** катушка; бобина; барабан, ворот; **2.** *v/i.* [за]кружиться, [за]вертеться; шататься [шатнуться]; *v/t.* [на]мотать; ~ off разматывать [-мотать]; *fig.* отбарабанить *pf.*; ~ up наматывать на катушку.

re-elect [ˈriːiˈlekt] переизб(и)рать.

re-enter [ˈriːˈentə] входить снова в (В).

re-establish [ˈriːisˈtæbliʃ] восстанавливать [-новить].

refection [riˈfekʃən] закуска.

refer [riˈfəː]: ~ to *v/t.* приписывать [-сать] (Д); относить [отнести] (к Д); направлять [-равить] (к Д); передавать на рассмотрение (Д); *v/i.* ссылаться [сослаться] на (В); относиться [отнестись] к (Д); ~ee [refəˈriː] *sport* судья *m*; ~ence [ˈrefrəns] справка; ссылка; рекомендация; упоминание; отношение; лицо, давшее рекомендацию; in ~ to относительно (Р); ~ book справочник; ~ library справочная библиотека; make ~ to ссылаться [сослаться] на (В).

referendum [refəˈrendəm] референдум.

refill [ˈriːˈfil] наполнять снова; пополнять(ся) [-полнить(ся)].

refine [riˈfain] ~ очищать [очистить] рафинировать (*im*)*pf.*; делать(ся) более утончённым; ~ (up)on усовершенствовать; ~ment [-mənt] очищение, рафинирование; отделка; усовершенствование; утончённость *f*; ~ry [-əri] ⊕ очистительный завод.

reflect [riˈflekt] *v/t.* отражать [отразить]; *v/i.* ~ (up)on: бросать тень на (В); размышлять [-ыслить] о (П); отражаться [-разиться] на(В); ~ion [riˈflekʃən] отражение; отсвет; размышление; обдумывание; *fig.* тень *f*; рефлексия.

reflex [ˈriːfleks] **1.** отражение; отсвет, отблеск; рефлекс; **2.** рефлекторный.

reforest [ˈriːˈforist] снова засаждать лесом.

reform [riˈfɔːm] **1.** реформа; улучшение; **2.** улучшать(ся) [улучшить(ся)]; реформировать (*im*)*pf.*; исправлять(ся); ~ation [refəˈmeiʃən] преобразование; исправление (моральное); *eccl.* ♀ Реформация; ~atory [riˈfɔːmətəri] исправительное заведение; ~er [-mə] реформатор.

refract|ion [riˈfrækʃən] рефракция, преломление; ~ory [-təri] □ упрямый; непокорный; ⊕ огнеупорный.

refrain [riˈfrein] **1.** *v/t.* сдерживать [-жать]; *v/i.* воздерживаться [-жаться] (from от Р); **2.** припев, рефрен.

refresh [riˈfreʃ] освежать [-жить];

подкреплять(ся) [-пить(ся)]; подновлять [-вить] [-мənt] подкрепление; закуска.

refrigerat|e [riˈfridʒəreit] замораживать [-розить]; охлаждать(ся) [охладить(ся)]; ~ion [rifridʒəˈreiʃən] замораживание; охлаждение.

refuel [ˈriːˈfjuəl] *mot.* заправляться горючим.

refuge [ˈrefjuːdʒ] убежище; ~e [refjuˈdʒiː] беженец (-нка).

refulgent [riˈfʌldʒənt] лучезарный.

refund [riˈfand] возмещать расходы (Д); возвращать [-ратить].

refusal [riˈfjuːzəl] отказ.

refuse 1. [riˈfjuːz] *v/t.* отказываться [-заться] от (Р); отказывать [-зать] в (П); отвергать [отвергнуть]; *v/i.* отказываться [-заться]; [за]артачиться (о лошади); **2.** [ˈrefjuːs] брак ⊕; отбросы *m/pl.*; мусор.

refute [riˈfjuːt] опровергать [-вергнуть].

regain [riˈgein] получать обратно; снова достигать.

regal [ˈriːgəl] □ королевский; царственный.

regale [riˈgeil] *v/t.* угощать [угостить]; *v/i.* пировать; угощаться [угоститься] (on Т).

regard [riˈgɑːd] **1.** взгляд, взор; внимание; уважение; with ~ to по отношению к (Д); kind ~s сердечный привет; **2.** [по]смотреть на (В); рассматривать (as как); [по]считаться с (Т); относиться [отнестись] к (Д); as ~s ... что касается (Р); ~ing [-iŋ] относительно (Р); ~less [-lis] *adv.* ~ of не обращая внимания на (В); не считаясь с (Т).

regenerate 1. [riˈdʒenəreit] перерождать(ся) [-одить(ся)]; возрождаться [-родиться]; ⊕ регенерировать; **2.** [-rit] возрождённый.

regent [ˈriːdʒənt] регент.

regiment [ˈredʒimənt] **1.** полк; **2.** формировать полк(и) из (Р); организовать (*im*)*pf.*; ~als [redʒiˈmentlz] *pl.* полковая форма.

region [ˈriːdʒən] область *f*; район; ~al [-l] □ областной; местный.

register [ˈredʒistə] **1.** журнал (записей); реестр; официальный список; ♪ регистр; ⊕ заслонка; **2.** регистрировать(ся) (*im*)*pf.*, *pf. a.* [за-]; заносить в список; ✆ посылать заказным.

registr|ar [redʒisˈtrɑː] регистратор; служащий загса; ~ation [redʒisˈtreiʃən] регистрация; ~y [ˈredʒistri] регистратура; регистрационная запись *f*; реестр.

regret [riˈgret] **1.** сожаление; раскаяние; **2.** [по]жалеть (that ... что ...); сожалеть о (П); горевать о (П); раскаиваться [-каяться] в (П); **~ful** [-ful] □ полный сожаления; **~table** [-əbl] □ прискорбный.

regular ['regjulə] □ правильный; регулярный (a. ✕); формальный; **~ity** [regju'læriti] регулярность f.

regulat|e ['regjuleit] [y]регулировать, упорядочи(ва)ть; ⊕ [от]регулировать; **~ion** [regju'leiʃən] 1. регулирование; предписание; **~s** pl. устав; 2. attr. установленный.

rehears|al [ri'hə:səl] thea., ♪ репетиция; **~e** [ri'hə:s] thea. [про]репетировать.

reign [rein] 1. царствование; fig. власть f; 2. царствовать; господствовать (a. fig.); fig. царить.

reimburse [ri:im'bə:s] возвращать [-ратить]; возмещать расходы (Д).

rein [rein] 1. вожжа; 2. править (лошадьми); сдерживать [-жать].

reinforce [ri:in'fɔ:s] подкреплять [-пить]; усили(ва)ть; **~ment** [-mənt] подкрепление.

reinstate ['ri:in'steit] восстанавливать [-новить] (в правах и т. п.).

reinsure ['ri:in'ʃuə] перестраховывать [-овать].

reiterate [ri:'itəreit] повторять [-рить] (mst многократно).

reject [ri'dʒekt] отвергать [отвергнуть]; отказываться [-заться] от (Р); отклонять [-нить]; **~ion** [ri'dʒekʃən] отклонение; отказ.

rejoic|e [ri'dʒɔis] v/t. [об]радовать v/i. [об]радоваться (at, in Д); ликовать [-ин] (часто **~s** pl.); веселье; празднование.

rejoin 1. ['ri:'dʒɔin] снова соединяться [-ниться] с (Т); снова примыкать [-мкнуть] к (Д); 2. [ri-'dʒɔin] возражать [-разить].

rejuvenate [ri'dʒu:vineit] омолаживать(ся) [омолодить(ся).

relapse [ri'læps] 1. рецидив (⚕, ⚖); 2. снова впадать (в ересь, заблуждение и т. п.); снова заболевать.

relate [ri'leit] v/t. рассказывать [-зать]; приводить в связь; v/i. относиться (отнестись); **~d** [-id] родственный (то с Т).

relation [ri'leiʃən] отношение; связь f; родство; родственник (-ица); in **~** to по отношению к (Д); **~ship** [-ʃip] родство.

relative ['relətiv] 1. □ относительный; сравнительный (to с Т); условный; 2. родственник (-ица).

relax [ri'læks] уменьшать напряжение (Р); смягчать(ся) [-чить(ся)]; делать(ся) менее строгим; **~ation** [ri:læk'seiʃən] ослабление; смягчение; отдых от работ; развлечение.

relay [ri'lei] 1. смена; sport эстафета; attr. эстафетный; 2. radio транслировать (im)pf.

release [ri'li:s] 1. освобождение; высвобождение; избавление; вы-

пуск (фильма на прокат и т. п.); 2. освобождать [-бодить]; высвобождать [высвободить]; избавлять [-авить]; выпускать [выпустить]; отпускать [-стить]; прощать [простить] (долг).

relegate ['religeit] отсылать [отослать]; направлять [-авить] (то к Д); ссылать [сослать].

relent [ri'lent] смягчаться [-читься]; **~less** [-lis] □ безжалостный.

relevant ['relivənt] уместный; относящийся к делу.

reliab|ility [rilaiə'biliti] надёжность f; прочность f; **~le** [ri'laiəbl] □ надёжный; достоверный.

reliance [ri'laiəns] доверие; уверенность f.

relic ['relik] пережиток; реликвия; реликт; **~s** pl. останки m/pl.

relief [ri'li:f] облегчение; помощь f; пособие; подкрепление; смена (a. ✕); ✕ снятие осады; рельеф; **~ works** pl. общественные работы для безработных.

relieve [ri'li:v] облегчать [-чить]; освобождать [-бодить]; оказывать помощь (Д); выручать [выручить]; ✕ снять осаду с (Р); сменять [-нить].

religion [ri'lidʒən] религия.

religious [ri'lidʒəs] □ религиозный; благоговейный; добросовестный; eccl. монашеский.

relinquish [ri'liŋkwiʃ] оставлять [-авить] (надежду и т. п.); бросать [бросить] (привычку).

relish ['reliʃ] 1. вкус; привкус; приправа; 2. наслаждаться [-ладиться] (Т); получать удовольствие от (Р); придавать вкус (Д).

reluctan|ce [ri'lʌktəns] нежелание; нерасположение; **~t** [-t] □ сопротивляющийся; неохотный.

rely [ri'lai]: **~** (up)on полагаться [-ложиться] на (В), надеяться на (В).

remain [ri'mein] ост(ав)аться; **~der** [-də] остаток.

remark [ri'mɑ:k] 1. замечание; заметка; 2. замечать [-етить]; высказываться [высказаться] (on о П); **~able** [ri'mɑ:kəbl] □ замечательный.

remedy ['remidi] 1. средство, лекарство; мера (for против Р); 2. исправлять [-авить]; вылечивать [вылечить].

rememb|er [ri'membə] помнить; вспоминать [-омнить]; **~** me to ... передай(те) привет (Д); **~rance** [-brəns] воспоминание; память f; сувенир; **~s** pl. привет.

remind [ri'maind] напоминать [-омнить] (Д; of о П or В); **~er** [-ə] напоминание.

reminiscence [remi'nisns] воспоминание.

remiss [ri'mis] □ нерадивый;

невнима́тельный; вя́лый; ⁓ion [ri'miʃən] проще́ние; отпуще́ние (грехо́в); освобожде́ние от упла́ты; уменьше́ние.

remit [ri'mit] отпуска́ть [-сти́ть] (грехи́); перес(ы)ла́ть (това́ры); уменьша́ть(ся) [уме́ньшить(ся)]; ⁓**tance** [-əns] де́нежный перево́д.

remnant ['remnənt] оста́ток; пережи́ток.   [[-стро́ить].]

remodel ['riːmɔdl] перестра́ивать|

remonstra|nce [ri'mɔnstrəns] проте́ст; увеща́ние; ⁓**te** [-treit] протестова́ть; увещева́ть, увеща́ть (with B).

remorse [ri'mɔːs] угрызе́ния (n/pl.) со́вести; раска́яние; ⁓**less** [-lis] □ безжа́лостный.

remote [ri'mout] □ отдалённый; да́льний; уединённый; ⁓**ness** [-nis] отдалённость f.

remov|al [ri'muːvəl] перее́зд; устране́ние; смеще́ние; ⁓ **van** фурго́н для перево́за ме́бели; ⁓**e** [ri'muːv] v/t. удаля́ть [-ли́ть]; уноси́ть [унести́]; передвига́ть [-и́нуть]; смеща́ть [смести́ть]; v/i. переезжа́ть [перее́хать]; ⁓**er** [-ə] перево́зчик ме́бели.

remunerat|e [ri'mjuːnəreit] вознагражда́ть [-ради́ть]; опла́чивать [оплати́ть]; ⁓**ive** [ri'mjuːnərətiv] □ хорошо́ опла́чиваемый, вы́годный.   [ние; возобновле́ние.]

renascence [ri'næsns] возрожде́-|

rend [rend] [irr.] разрыва́ть(ся) [разорва́ть(ся)] раздира́ть(ся) [разодра́ть(ся)].

render ['rendə] возд(ав)а́ть; ока́зывать [оказа́ть] (услу́гу и т. п.); представля́ть [-а́вить]; изобража́ть [-рази́ть]; [за]плати́ть (T for за B); ♪ исполня́ть [-о́лнить]; перево́дить [-вести́] (на друго́й язы́к); раста́пливать [-топи́ть] (са́ло).

renew [ri'njuː] возобновля́ть [-нови́ть]; ⁓**al** [-əl] возобновле́ние.

renounce [ri'nauns] отка́зываться [-за́ться] от(P); отрека́ться [-ре́чься] от (P).

renovate ['renoveit] восстана́вливать [-нови́ть]; освежа́ть [-жи́ть].

renown [ri'naun] rhet. изве́стность f; ⁓**ed** [-d] rhet. знамени́тый.

rent[1] [rent] 1. pt. и p. pt. от rend; 2. проре́ха, дыра́.

rent[2] [⁓] 1. аре́ндная пла́та; кварти́рная пла́та; ре́нта; 2. нанима́ть [наня́ть] и́ли сда(ва́)ть (дом и т.п.); ⁓**al** [rentl] аре́ндная пла́та.

renunciation [rinʌnsi'eiʃən] отрече́ние; отка́з (of от P).

repair[1] [ri'pɛə] 1. почи́нка, ремо́нт; in (good) ⁓ в испра́вном состоя́нии; 2. [по]чини́ть, [от]ремонти́ровать; исправля́ть [-а́вить].

repair[2]: ⁓ to отправля́ться [-а́виться] в (B).

reparation [repə'reiʃən] возмеще́ние; исправле́ние; pol. make ⁓s pl. плати́ть репара́ции.

repartee [repɑː'tiː] нахо́дчивость f; остроу́мный отве́т.

repast [ri'pɑːst] тра́пеза.

repay [irr. (pay)] [ri'pei] отпла́чивать [-лати́ть]; отдава́ть долг (Д); возвраща́ть [-рати́ть] (де́ньги); возмеща́ть [-ести́ть]; ⁓**ment** [-mənt] возвра́т (де́нег); возмеще́ние.

repeal [ri'piːl] 1. аннули́рование; 2. аннули́ровать (im)pf.; отменя́ть [-ни́ть].

repeat [ri'piːt] 1. повторя́ть(ся) [-ри́ть(ся)]; говори́ть наизу́сть; 2. ♪ повторе́ние; знак повторе́ния; † повто́рный зака́з.

repel [ri'pel] отта́лкивать [оттолкну́ть]; ⚔ отража́ть [-рази́ть]; отверга́ть [-е́ргнуть].

repent [ri'pent] раска́иваться [-ка́яться] (of в П); ⁓**ance** [-əns] раска́яние; ⁓**ant** [-ənt] ка́ющийся.

repetition [repi'tiʃən] повторе́ние; повторе́ние наизу́сть.

replace [ri'pleis] ста́вить, класть обра́тно; заменя́ть [-ни́ть]; замеща́ть [-ести́ть] (кого́-либо); ⁓**ment** [-mənt] замеще́ние.

replenish [ri'pleniʃ] пополня́ть [-о́лнить]; ⁓**ment** [-mənt] пополне́ние (a. ⚔).   [насы́щенный.]

replete [ri'pliːt] напо́лненный;|

replica ['replikə] то́чная ко́пия.

reply [ri'plai] 1. отве́т (to на B); 2. отвеча́ть [-е́тить]; возража́ть [-рази́ть].

report [ri'pɔːt] 1. отчёт; сообще́ние; донесе́ние; докла́д; молва́, слух; свиде́тельство; звук (взры́ва и т. п.); 2. сообща́ть [-щи́ть] (B or о П); доноси́ть [-нести́] о (П); докла́дывать [доложи́ть]; рапортова́ть (im)pf. о (П); ⁓**er** [-ə] докла́дчик (-ица); репортёр(ша F).

repos|e [ri'pouz] 1. о́тдых, поко́й; 2. v/t. дава́ть о́тдых (Д); v/i. отдыха́ть [отдохну́ть] (a. ⁓ o. s.); поко́иться; быть осно́ванным (на П); ⁓**itory** [ri'pɔzitəri] склад, храни́лище.   [(говор.)].

reprehend [repri'hend] де́лать вы-|

represent [repri'zent] представля́ть [-а́вить]; изобража́ть [-рази́ть]; thea. исполня́ть роль (P); ⁓**ation** [-zən'teiʃən] изображе́ние; представи́тельство; thea. представле́ние; ⁓**ative** [repri'zentətiv] 1. характе́рный; показа́тельный; представля́ющий (of B); parl. представи́тельный; 2. представи́тель(ница f) m; House of ⁓s pl. Am. parl. пала́та представи́телей.

repress [ri'pres] подавля́ть [-ви́ть]; ⁓**ion** [ri'preʃən] подавле́ние.

reprimand ['reprimɑːnd] 1. вы́говор; 2. де́лать вы́говор (Д).

reprisal [ri'praizəl] репрессáлия.

reproach [ri'prout∫] 1. упрёк; укóр; 2. (~ a p. with a th.) упрекáть [-кнýть], укорять [-рить] (когó-либо в чём-либо).

reprobate ['reprobeit] распýтник; подлéц.

reproduc|e [ri:prə'dju:s] воспроизводить [-извести]; размножáться [-óжиться]; **~tion** [-'dΛk∫n] воспроизведéние; размножéние; репродýкция [говор.].

reproof [ri'pru:f] порицáние; выговор.

reprove [ri'pru:v] порицáть; дéлать выговор (Д).

reptile ['reptail] пресмыкáющееся (живóтное).

republic [ri'pΛblik] респýблика; **~an** [-likən] 1. республикáнский; 2. республикáнец (-нка).

repudiate [ri'pju:dieit] отрекáться [-éчься] от (Р); отвергáть [-вéргнуть].

repugnan|ce [ri'pΛgnəns] отвращéние; нераспoложéние; противорéчие; **~t** [-nənt] □ протúвный, оттáлкивающий.

repuls|e [ri'pΛls] 1. отказ; отпóр; 2. ⚔ отражáть [отразúть]; оттáлкивать [оттолкнýть]; **~ive** [-iv] □ оттáлкивающий.

reput|able ['repjutəbl] □ почтéнный; **~ation** [repju'tei∫ən] репутáция; **~e** [ri'pju:t] óбщее мнéние; репутáция; **~ed** [ri'pju:tid] извéстный; предполагáемый; be **~ed** (to be ...) слыть (за В).

request [ri'kwest] 1. трéбование; прóсьба; ✝ спрос; in (great) **~** в (большóм) хóде; (a. radio) зáявка; 2. [по]просúть (В or Р or о П).

require [ri'kwaiə] нуждáться в (П) [по]трéбовать (Р); **~d** [-d] потрéбный; обязáтельный; трéбуемый; **~ment** [-mənt] трéбование; потрéбность f.

requisite ['rekwizit] 1. необходúмый; 2. **~s** pl. всё необходúмое, нýжное; **~ion** [rekwi'zi∫ən] 1. официáльное предписáние; трéбование; ⚔ реквизúция; 2. дéлать зáявку на (В); ⚔ реквизúровать (im)pf. [ние; возмéздие.]

requital [ri'kwaitl] вознаграждéние;]

requite [ri'kwait] отплáчивать [-латúть] (Д for за В); вознаграждáть [-радúть]; [ото]мстúть (Д).

rescind [ri'sind] аннулúровать (im)pf.

rescission [ri'si∫ən] аннулúрование, отмéна.

rescue ['reskju:] 1. освобождéние; спасéние; ⚖ незакóнное освобождéние; 2. освобождáть [-бодúть]; спасáть [-стú]; ⚖ незакóнно освобождáть.

research [ri'sə:t∫] изыскáние (mst pl.); исслéдование (наýчное).

resembl|ance [ri'zembləns] схóдство (to с Т); **~e** [ri'zembl] походúть на (В), имéть схóдство с (Т).

resent [ri'zent] обижáться [обидéться] за (В); **~ful** [-ful] □ обúженный; злопáмятный; **~ment** [-mənt] негодовáние; чýвство обúды.

reservation [rezə'vei∫ən] оговóрка; скрывáние; Am. резервáция; запoвéдник; резервúрование; предварúтельный закáз.

reserve [ri'zə:v] 1. запáс; ✝ резéрвный фонд; ⚔ резéрв; сдéржанность f; скрытность f; 2. сберегáть [-рéчь]; приберегáть [-рéчь]; отклáдывать [отложúть]; резервúровать (im)pf.; оставлять за собóй; **~d** [-d] □ скрытный; закáзанный зарáнее.

reside [ri'zaid] проживáть; **~** in быть присýщим (Д); **~nce** ['rezidəns] местожúтельство; резидéнция; **~nt** [-dənt] 1. проживáющий; живýщий; 2. постоянный жúтель m; резидéнт.

residu|al [ri'zidjuəl] остáточный; **~e** ['rezidju:] остáток; осáдок.

resign [ri'zain] v/t. отказываться [-зáться] от (дóлжности, прáва); оставлять [-áвить] (надéжду); слагáть [сложúть] (обязанности); уступáть [-пúть] (правá); **~** o. s. to покорять [-рúться] (Д); v/i. уходúть в отстáвку; **~ation** [rezig'nei∫ən] отстáвка; отказ от дóлжности; **~ed** [ri'zaind] □ покóрный, безрóпотный.

resilien|ce [ri'ziliəns] упрýгость f, эластúчность f; **~t** [-t] упрýгий, эластúчный. [пáть.]

resin ['rezin] 1. смолá; 2. [вы]смолúть.]

resist [ri'zist] сопротивлáться (Д); противостоять (Д); **~ance** [-əns] сопротивлéние; **~ant** [-ent] сопротивляющийся.

resolut|e ['rezəlu:t] □ решúтельный; **~ion** [rezə'lu:∫ən] резолюция; решúтельность f, решúмость f.

resolve [ri'zɔlv] 1. v/t. растворять [-орúть]; fig. решáть [решúть]; разрешáть [-шúть]; v/i. решáть(ся) [решúть(ся)]; **~** (up)on решáться [-шúться] на (В). 2. решéние; **~d** [-d] □ пóлный решúмости.

resonant ['reznənt] □ звýчный; резонúрующий.

resort [ri'zɔ:t] 1. прибéжище; курóрт; summer **~** дáчное мéсто; 2. **~** to: прибегáть [-éгнуть] к (Д); чáсто посещáть (В).

resound [ri'zaund] [про]звучáть; оглашáть(ся) [огласúть(ся)]; отражáть [-разúть] (звук).

resource [ri'sɔ:s] ресýрс; срéдство; возмóжность f; находчивость f; **~ful** [-ful] □ находчивый.

respect [ri'spekt] **1.** уваже́ние; отноше́ние; почте́ние (of к Д); ~s pl. привет, поклон; **2.** v/t. уважа́ть, почита́ть; ~able [-əbl] ☐ почте́нный; представи́тельный; part. ✝ соли́дный; ~ful [-ful] ☐ почти́тельный; ~ing [-iŋ] относи́тельно (P); ~ive [-iv] ☐ соотве́тственный; we went to our ~ places мы пошли́ по места́м; ~ively [-ivli] йли; соотве́тственно.

respirat|ion [respə'reiʃən] дыха́ние; вдох и вы́дох; ~or ['respəreitə] респира́тор; противога́з.

respire [ris'paiə] дыша́ть; переводи́ть дыха́ние; [спро́чка.]

respite ['respait] передышка; от-]

respond [ris'pɔnd] отвеча́ть [-е́тить]; ~ to реаги́ровать на; отзыва́ться [отозва́ться] на (В).

response [ris'pɔns] отве́т; fig. о́тклик; о́тзыв.

responsi|bility [rispɔnsə'biliti] отве́тственность f; ~ble [ris'pɔnsəbl] отве́тственный (то пе́ред Т).

rest [rest] **1.** о́тдых; поко́й; ло́же; опо́ра; **2.** v/i. отдыха́ть [отдохну́ть]; [по]лежа́ть; опира́ться [опере́ться] (on на В); fig. ~ (up)on осно́вываться [-ова́ться] на (П); v/t. дава́ть о́тдых (Д).

restaurant ['restərɑ̃ːŋ] рестора́н.

restitution [resti'tjuːʃən] возвра́т (об иму́ществе); восстановле́ние; возмеще́ние убы́тков.

restive ['restiv] ☐ норови́стый (о ло́шади); упря́мый.

restless ['restlis] непоседли́вый; беспоко́йный, неугомо́нный; ~ness [-nis] непоседли́вость f; неугомо́нность f.

restorat|ion [restɔ'reiʃən] реставра́ция; восстановле́ние; ~ive [ris'tɔrətiv] укрепля́ющий, тони́ческий.

restore [ris'tɔː] восстана́вливать [-нови́ть]; возвраща́ть [-рати́ть]; paint. реставри́ровать (im)pf.; ~ to health вылечивать [вы́лечить].

restrain [ris'trein] сде́рживать [-жа́ть]; заде́рживать [-жа́ть]; подавля́ть [-ви́ть] (чу́вства); ~t [-t] сде́ржанность f; ограниче́ние; обузда́ние.

restrict [ris'trikt] ограни́чи(ва)ть; ~ion [ris'trikʃən] ограниче́ние.

result [ri'zʌlt] **1.** результа́т; исхо́д; **2.** проистека́ть [-е́чь] (from от, из Р); ~ in приводи́ть [-вести́] к (Д).

resum|e [ri'zjuːm] возобновля́ть [-ви́ть]; получа́ть обра́тно; резюми́ровать (im)pf.; ~ption [ri'zʌmpʃən] возобновле́ние; продолже́ние.

resurrection [rezə'rekʃən] воскресе́ние; воскреше́ние (обы́чая и т. п.).

resuscitate [ri'sʌsiteit] воскреша́ть [-еси́ть]; оживля́ть [-ви́ть].

retail 1. ['riːteil] ро́зничная прода́жа; by ~ в ро́зницу; attr. ро́зничный; **2.** [riː'teil] продава́ть(ся) в ро́зницу; ~er [-ə] ро́зничный торго́вец.

retain [ri'tein] уде́рживать [-жа́ть]; сохраня́ть [-ни́ть].

retaliat|e [ri'tælieit] отпла́чивать [-лати́ть] (тем же); ~ion [ritæli'eiʃən] отпла́та, возме́здие.

retard [ri'tɑːd] заде́рживать [-жа́ть]; замедля́ть [-е́длить]; запа́здывать [запозда́ть].

retention [ri'tenʃən] уде́ржание; сохране́ние.

reticent ['retisənt] сде́ржанный; молчали́вый.

retinue ['retinjuː] сви́та.

retir|e [ri'taiə] v/t. увольня́ть в отста́вку; изыма́ть из обраще́ния; v/i. выходи́ть в отста́вку; удаля́ться [-ли́ться]; уедини́ться [-ни́ться] (P); ~ed [-d] ☐ уединённый; отставно́й, в отста́вке; ~ pay пе́нсия; ~ement [-mənt] отста́вка; уедине́ние; ~ing [-riŋ] скро́мный, засте́нчивый.

retort [ri'tɔːt] **1.** ре́зкий (или нахо́дчивый) отве́т; ⚗ рето́рта; **2.** отпари́ровать pf. (ко́лкость); возража́ть [-рази́ть].

retouch ['riː'tʌtʃ] де́лать попра́вки в (П); phot. ретуши́ровать (im)pf.

retrace [ri'treis] просле́живать до исто́чника; ~ one's steps возвраща́ться по свои́м следа́м (a. fig.).

retract [ri'trækt] отрека́ться [отре́чься] от (P); брать наза́д (слова́ и т. п.); втя́гивать [втяну́ть].

retreat [ri'triːt] **1.** отступле́ние (part. ✕); уедине́ние; приста́нище; ✕ отбо́й; ✕ вече́рняя заря́; **2.** уходи́ть [уйти́]; удаля́ться [-ли́ться]; (part. ✕) отступа́ть [-пи́ть].

retrench [ri'trentʃ] уре́з(ыв)ать, сокраща́ть (расхо́ды).

retrieve [ri'triːv] (сно́ва) находи́ть [найти́]; восстана́вливать [-нови́ть].

retro... ['retro(u), 'riː'tro(u)] обра́тно...; ~active [retrou'æktiv] име́ющий обра́тную си́лу; ~grade ['retrougreid] **1.** ретрогра́дный; реакцио́нный; **2.** регресси́ровать; ~gression [retrou'greʃən] регре́сс, упа́док; ~spect ['retrouspekt] взгляд на про́шлое; ~spective [retrou'spektiv] ☐ ретроспекти́вный; име́ющий обра́тную си́лу.

return [ri'təːn] **1.** возвраще́ние; возвра́т; ✝ оборо́т; дохо́д, при́быль f; отда́ча; результа́т вы́боров; attr. обра́тный (биле́т и т. п.); many happy ~s of the day поздравля́ю с днём рожде́ния; in ~ в обме́н (for на В); by ~ (of post) с обра́тной по́чтой; ~ ticket обра́тный биле́т; **2.** v/i. возвраща́ться [-рати́ться]; верну́ться pf.;

v/t. возвраща́ть [-рати́ть]; верну́ть *pf.*; отпла́чивать [-лати́ть]; приноси́ть [-нести́] (дохо́д); присыла́ть наза́д; отвеча́ть [-е́тить]; *parl.* изб(и)ра́ть. [воссоедине́ние.\

reunion [ri:'ju:njən] собра́ние;\

revalorization [ri:vælərai'zeiʃən] переоце́нка.

reveal [ri'vi:l] обнару́жи(ва)ть; откры́(ва́)ть; ₋ing [-iŋ] обнару́живающий; показа́тельный.

revel [revl] 1. пирова́ть; упи́(ва́)ться (in T); 2. пиру́шка.

revelation [revi'leiʃən] открове́ние; обнаруже́ние; откры́тие.

revel(l)er ['revlə] гуля́ка *m*; ₋ry [-ri] разгу́л, куте́ж.

revenge [ri'vendʒ] 1. месть *f*; рева́нш; отме́стка; 2. [ото]мсти́ть за (В); ₋ful [-ful] □ мсти́тельный.

revenue ['revinju:] (годово́й) дохо́д; *pl.* дохо́дные статьи́ *f/pl.*; ₋ board, ₋ office департа́мент госуда́рственных сбо́ров.

reverberate [re'və:bəreit] отража́ть(ся) [отрази́ть(ся)].

revere [ri'viə] уважа́ть, почита́ть; ₋nce ['revərəns] 1. почте́ние; 2. уважа́ть; благогове́ть пе́ред (Т); ₋nd [-d] 1. почте́нный; 2. *eccl.* преподо́бие.

reverent(ial) ['revərənt, revə'renʃəl] почти́тельный; по́лный благогове́ния.

reverie ['revəri] мечты́ *f/pl.*; мечта́тельность *f*.

revers|al [ri'və:səl] переме́на; обра́тный ход; отме́на; измене́ние; ₋e [ri'və:s] 1. обра́тная сторона́; переме́на; противополо́жное; ₋s *pl.* превра́тности *f/pl.*; 2. □ обра́тный, противополо́жный; 3. повора́чивать наза́д; ⊕ дава́ть обра́тный ход; ₊₊ отменя́ть [-ни́ть]; ₋ion [ri'və:ʃən] возвраще́ние; *biol.* атави́зм.

revert [ri'və:t] возвраща́ться [-рати́ться] (в пре́жнее состоя́ние и́ли к вопро́су).

review [ri'vju:] 1. обзо́р; прове́рка; ₊₊ пересмо́тр; ⚔, ⚓ смотр; обозре́ние (журна́л); реце́нзия; 2. пересма́тривать [-смотре́ть]; писа́ть реце́нзию о (П); обозре́(ва́)ть (В); ⚔, ⚓ производи́ть смотр (Р).

revile [ri'vail] оскорбля́ть [-би́ть].

revis|e [ri'vaiz] пересма́тривать [-смотре́ть]; исправля́ть [-а́вить]; ₋ion [ri'viʒən] пересмо́тр; реви́зия; испра́вленное изда́ние.

reviv|al [ri'vaivəl] возрожде́ние; оживле́ние; ₋e [ri'vaiv] приходи́ть и́ли приводи́ть в чу́вство; оживля́ть [-ви́ть]; ожи(ва́)ть.

revocation [revə'keiʃən] отме́на, аннули́рование (зако́на и т. п.).

revoke [ri'vouk] *v/t.* отменя́ть [-ни́ть] (зако́н и т. п.); *v/i.* де́лать рено́нс.

revolt [ri'voult] 1. восста́ние; мяте́ж; 2. *v/i.* восст(ав)а́ть; *fig.* отпада́ть [отпа́сть] (from от Р); *v/t. fig.* отта́лкивать [оттолкну́ть].

revolution [revə'lu:ʃən] круговое враще́ние; ⊕ оборо́т; *pol.* револю́ция; ₋ary [-əri] 1. революцио́нный; 2. революционе́р(ка); ₋ize [-aiz] революционизи́ровать (*im*)*pf.*

revolv|e [ri'vɔlv] *v/i.* враща́ться; периоди́чески возвраща́ться; *v/t.* враща́ть; обду́м(ыва)ть; ₋ing [-iŋ] враща́ющийся; поворо́тный.

revulsion [ri'vʌlʃən] внеза́пное измене́ние (чувств и т. п.).

reward [ri'wɔ:d] 1. награ́да; вознагражде́ние; 2. вознагражда́ть [-ради́ть]; награжда́ть [-ради́ть].

rewrite ['ri:'rait] [*irr.* (write)] перепи́сывать [-са́ть].

rhapsody ['ræpsədi] рапсо́дия.

rheumatism ['ru:mətizm] ревмати́зм.

rhubarb ['ru:ba:b] ⊕ реве́нь *m*.

rhyme [raim] 1. ри́фма; (рифмо́ванный) стих; without ₋ or reason без смы́сла; 2. рифмова́ть(ся (with, to с Т).

rhythm [riðm] ритм; ₋ic(al) [-mik, -mikəl] ритми́чный, ритми́ческий.

rib [rib] 1. ребро́; 2. ⊕ укрепля́ть ре́брами.

ribald ['ribəld] гру́бый, непристо́йный.

ribbon ['ribən] ле́нта; ₋s *pl.* клочья *n/pl.*

rice [rais] рис.

rich [ritʃ] □ бога́тый (in Т); роско́шный; плодоро́дный (о по́чве); жи́рный (о пи́ще); по́лный (тон); густо́й (о кра́сках); ₋ milk це́льное молоко́; ₋es ['ritʃiz] *pl.* бога́тство; сокро́вища *n/pl.*

rick [rik] ⚷ стог, скирд(а́).

ricket|s ['rikits] рахи́т; ₋y [-i] рахити́чный; ша́ткий.

rid [rid] [*irr.*] избавля́ть [-а́вить] (of от Р); get ₋ of отде́л(ыва)ться от (Р), избавля́ться [-а́виться] от (Р).

ridden [ridn] 1. *p. pt.* от ride; 2. (в сло́жных слова́х) одержи́мый (стра́хом, предрассу́дками и т. п.), под вла́стью (чего́-либо).

riddle [ridl] 1. зага́дка; решето́; 2. изреше́чивать [-шети́ть].

ride [raid] 1. езда́ верхо́м; ката́ние; прогу́лка; 2. [*irr.*] *v/i.* е́здить, [по]е́хать (на ло́шади, автомоби́ле и т. п.); ката́ться верхо́м; *v/t.* е́здить, [по]е́хать на (П); ката́ть (на спине́); ₋r ['raidə] е́здник (-ица) (в ци́рке); вса́дник (-ица).

ridge [ridʒ] го́рный кряж, хребе́т; △ конёк (кры́ши); ⚷ гря́дка.

ridicul|e ['ridikju:l] 1. осмея́ние, насме́шка; 2. высме́ивать [высмеять]; ~ous [ri'dikjuləs] □ неле́пый, смешно́й.

riding ['raidiŋ] верхова́я езда́; *attr.* верхово́й.

rife [raif] □: ~ with изоби́лующий (Т).

riff-raff ['rifræf] подо́нки (о́бщества) *m/pl.*

rifle [raifl] 1. винто́вка; 2. [о]гра́бить; ~**man** ⚔ стрело́к.

rift [rift] тре́щина, рассе́лина.

rig [rig] 1. ⚓ осна́стка; F наря́д; 2. оснаща́ть [оснасти́ть]; F наряжа́ть [-яди́ть]; ~**ging** ['rigiŋ] ⚓ такела́ж, сна́сти *f/pl.*

right [rait] 1. □ пра́вильный, ве́рный; пра́вый; be ~ быть пра́вым; put ~ приводи́ть в поря́док; 2. *adv.* пря́мо; пра́вильно; справедли́во; как раз; ~ away сра́зу; ~ on пря́мо вперёд; 3. пра́во; справедли́вость *f;* the ~ *pl.* (of a story) настоя́щие фа́кты *m/pl.;* by ~ of на основа́нии (Р); on (or to) the ~ напра́во; 4. приводи́ть в поря́док; выпрямля́ть(ся) [вы́прямить(ся)]; ~**eous** ['raitʃəs] □ пра́ведный; ~**ful** ['raitful] □ справедли́вый; зако́нный.

rigid ['ridʒid] □ негну́щийся, неги́бкий, жёсткий; *fig.* суро́вый; непрекло́нный; ~**ity** [ri'dʒiditi] жёсткость *f;* непрекло́нность *f.*

rigo(u)r ['rigə] суро́вость *f;* стро́гость *f.*

rigorous [-rəs] □ суро́вый; стро́гий.

rim [rim] ободо́к; край; о́бод; опра́ва (очко́в).

rime [raim] и́ней; и́зморозь *f;* = rhyme.

rind [raind] кора́, кожура́; ко́рка.

ring [riŋ] 1. кольцо́; круг; звон (колоколо́в); звоно́к; ♪, *sport* ринг; 2. надева́ть кольцо́ на (В); (*mst* ~ in, round, about) окружа́ть [-жи́ть]; [*irr.*] [за]звуча́ть; ~ the bell [по]звони́ть у (двери); звони́ть в ко́локол; ~ a p. up позвони́ть кому́-нибудь по телефо́ну; ~**leader** зачи́нщик (-ица); ~**let** ['riŋlit] коле́чко; ло́кон.

rink [riŋk] като́к, ске́тинг-ри́нк.

rinse [rins] [вы́]полоска́ть.

riot ['raiət] 1. бунт; бу́йство; разгу́л; run ~ вести́ себя́ бу́йно; разгу́ливаться [-ля́ться]; 2. принима́ть уча́стие в бу́нте; предава́ться разгу́лу; ~**er** [-ə] бунта́рь *m;* ~**ous** [-əs] □ бу́йный, разгу́льный.

rip [rip] [рас]поро́ть(ся).

ripe [raip] □ зре́лый (*a. fig.*); спе́лый; гото́вый; ~**n** [raipn] созре(ва́)ть, [по]спе́ть; ~**ness** ['raipnis] спе́лость *f;* зре́лость *f.*

ripple [ripl] 1. рябь *f,* зыбь *f;* журча́ние; 2. покрыва́ть(ся) ря́бью; журча́ть.

rise [raiz] 1. повыше́ние; восхо́д; подъём; вы́ход (на пове́рхность);

возвы́шенность *f;* происхожде́ние; take (one's) ~ происходи́ть [произойти́]; 2. [*irr.*] поднима́ться [-ня́ться]; восходи́ть [взойти́]; вст(ав)а́ть; восст(ав)а́ть; нач(и)на́ться; ~ to be в состоя́нии спра́виться с (Т); ~**n** [rizn] *p. pt.* от rise.

rising ['raiziŋ] встава́ние; возвыше́ние; восста́ние; восхо́д.

risk [risk] 1. риск; run a (or the) ~ рискова́ть [-кну́ть]; 2. отва́жи(ва)ться на (В); рискова́ть [-кну́ть] (Т); ~**y** ['riski] □ риско́ванный.

rit|e [rait] обря́д, церемо́ния; ~**ual** ['ritjuəl] 1. ритуа́льный; 2. ритуа́л.

rival ['raivəl] 1. сопе́рник (-ица); ✝ конкуре́нт; 2. сопе́рничающий; 3. сопе́рничать с (Т); ~**ry** [-ri] сопе́рничество; соревнова́ние.

rive [raiv] [*irr.*] раска́лывать(ся) [расколо́ть(ся)].

river ['rivə] река́; пото́к (*a. fig.*); ~**side** бе́рег реки́; *attr.* прибре́жный.

rivet ['rivit] 1. заклёпка; 2. заклёпывать [-лепа́ть]; *fig.* прико́вывать [-ова́ть] (В к Д).

rivulet ['rivjulit] руче́й; ре́чушка.

road [roud] доро́га; путь *m; mst* ~s *pl.* ⚓ рейд (*a.* ~stead); ~**ster** ['roudstə] доро́жный велосипе́д; ро́дстер (двухме́стный откры́тый автомоби́ль *m*); ~**way** мостова́я.

roam [roum] *v/t.* броди́ть по (Д); *v/i.* стра́нствовать; скита́ться.

roar [rɔ:] 1. [за]реве́ть; [за]грохота́ть; ~ with laughter хохота́ть во всё го́рло; 2. рёв; гро́хот; гро́мкий хо́хот.

roast [roust] 1. [из]жа́рить(ся); кали́ть (оре́хи и т. п.); 2. жа́реный; ~ meat жа́реное, жарко́е.

rob [rɔb] [о]гра́бить; *fig.* лиша́ть [-ши́ть] (of P); ~**ber** ['rɔbə] граби́тель *m;* ~**bery** [-ri] грабёж.

robe [roub] ма́нтия (судьи́); ря́са; хала́т.

robust [ro'bʌst] □ кре́пкий, здоро́вый.

rock [rɔk] 1. скала́; утёс; го́рная поро́да; ~ crystal го́рный хруста́ль *m;* 2. кача́ть(ся) [качну́ть(ся)]; убаю́к(ив)ать.

rocket ['rɔkit] раке́та; *attr.* раке́тный; ~**powered** с раке́тным дви́гателем.

rocking-chair кре́сло-кача́лка.

rocky ['rɔki] камени́стый; скали́стый.

rod [rɔd] жезл; прут (*a.* ⊕); ро́зга, ро́зги; у́дочка; ⊕ шток; сте́ржень *m;* род (ме́ра длины́, о́коло 5-ти ме́тров).

rode [roud] *pt.* от ride.

rodent ['roudənt] грызу́н.

rodeo [rou'deiou] *Am.* заго́н для клейме́ния скота́; состяза́ние ковбо́ев.

roe [rou] косуля; икра; soft ~ молоки n/pl.

rogue [roug] жулик, мошенник; **~ish** ['rougiʃ] жуликоватый, мошеннический.

roister ['rɔistə] бесчинствовать.

rôle [roul] thea. роль f (a. fig.).

roll [roul] **1.** свёрток (материи и т. п.); рулон; катушка; реестр; список; раскат (грома); булочка; **2.** v/t. катать, [по]катить, [по]вращать; раскатывать [-катать] (тесто); прокатывать [-катать] (металл); ~ up свёртывать [свернуть]; скатывать [скатать]; v/i. катаься, [по]катиться; валиться (in в П); (о громе) грохотать; ⊕ иметь боковую качку; ~-call ✕ перекличка; ~er ['roulə] ролик; вал; ~ skate конёк на роликах.

rollick ['rɔlik] шумно веселиться.

rolling ['roulin] прокатный; холмистый; ~ mill ⊕ прокатный стан.

Roman ['roumən] **1.** □ римский; **2.** римлянин (-янка); typ. прямой светлый шрифт.

romance [rə'mæns] **1.** ♪ романс; роман; **2.** fig. прикрашивать действительность; **3.** ♀ романский; ~r [-ə] романист (автор).

romantic [ro'mæntik] (~ally) романтичный; ~ism [-tisizm] романтизм, романтика; ~ist [-tisist] романтик.

romp [rɔmp] **1.** возня; сорвиголова m/f; **2.** возиться, шумно играть.

röntgenogram [rɔnt'genəgræm] рентгенограмма.

rood [ru:d] четверть акра = 0,1 гектара; распятие.

roof [ru:f] **1.** крыша; ~ of the mouth нёбо; **2.** [по]крыть (дом); ~ing ['ru:fin] **1.** кровельный материал; **2.** кровля; ~ felt кровельный толь m.

rook [ruk] **1.** грач; chess ладья; fig. мошенник; **2.** обманывать [-нуть].

room [ru:m] **1.** комната; место; помещение; пространство; ~s pl. квартира; комнаты f/pl.; **2.** Am. жить квартирантом (-ткой); ~er ['rumə] квартирант(ка), жилец, жилица; ~mate сожитель(ница f) m; ~y ['rumi] □ просторный.

roost [ru:st] **1.** насест; **2.** усаживаться на насест; fig. устраиваться на ночь; ~er ['ru:stə] петух.

root [ru:t] корень m; strike ~ пускать корни; укореняться [-ниться]; ~ out вырывать с корнем (a. fig.); выискивать [выискать] (a. up); ~ed ['ru:tid] укоренившийся.

rope [roup] **1.** канат; верёвка; трос; нитка (жемчуга, бус); F канат до the end of one's ~ дойти до точки; know the ~s pl. знать все ходы и выходы; **2.** связывать верёвкой;

привязывать канатом; (mst ~ off) оцеплять канатом.

rosary ['rouzəri] eccl. чётки f/pl.

rose [rouz] **1.** роза; сетка (на лейке); розовый цвет; **2.** pt. от rise.

rosin ['rɔzin] канифоль f.

rostrum ['rɔstrəm] кафедра; трибуна. [ный; fig. радужный.]

rosy ['rouzi] □ розовый; румя-

rot [rɔt] **1.** гниение; гниль f; **2.** v/t. [с]гноить; v/i. сгни(ва)ть, [с]гнить.

rota|ry ['routəri] вращательный; ротационный; ~te [rou'teit] вращать(ся); чередовать(ся); ~tion [rou'teiʃən] вращение; чередование; ~tory [rou'teitəri]: s. rotary; ♂ многофазный.

rote [rout]: by ~ fig. механически.

rotten [rɔtn] □ гнилой; испорченный; F отвратительный.

rouge [ru:ʒ] **1.** румяна n/pl.; **2.** [на]румянить(ся).

rough [rʌf] **1.** □ грубый; шершавый; шероховатый; косматый; бурный; неделикатный; ~ and ready сделанный кое-как, наспех; грубоватый; **2.** буян; **3.** ~ it перебиваться с трудом; ~cast **1.** ⊕ штукатурка намётом; **2.** начерно разработанный; **3.** ⊕ штукатурить намётом; ~en ['rʌfn] делать(ся) грубым, шероховатым; ~ness ['rʌfnis] шероховатость f; грубость f; ~shod: ride ~ over обходиться грубо, сурово с (Т).

round [raund] **1.** □ круглый; круговой; прямой, искренний; ~ trip Am. поездка туда и обратно; **2.** adv. кругом, вокруг; обратно; (often ~ about) вокруг да около; all the year ~ круглый год; **3.** prp. вокруг, кругом (Р); за (В or Т); по (Д); **4.** круг; цикл; тур (в танце); sport раунд; обход; объезд; 100 ~s ✕ сто патронов; **5.** v/t. закругля[ть -лить]; огибать [обогнуть]; ~ up окружать [-жить]; v/i. закругля[ть -лить]ся; ~about ['raundəbaut] **1.** окольный; **2.** окольный путь m; карусель f; ~ish ['raundiʃ] круглова́тый; ~up облава.

rous|e [rauz] v/t. [раз]будить, возбуждать [-удить]; воодушевлять [-вить]; ~ o. s. стряхнуть лень; v/i. просыпа́ться [-снуться]; ~ing ['rauzin] возбуждающий; бурный.

rout [raut] **1.** разгром; бегство; put to ~ разгромить наголову; обращать в бегство; **2.** = put to ~; рыть рылом.

route [ru:t, ✕ raut] путь m; ✕ маршрут.

routine [ru:'ti:n] **1.** заведённый порядок; рутина; **2.** рутинный.

rove [rouv] скитаться; бродить.

row[1] [rou] **1.** ряд; прогулка в лодке; **2.** грести (веслом); править (лодкой).

row² [rau] F 1. галдёж, гвалт; драка; ссора; 2. задавать нагоняй (Д).

row-boat ['roubout] гребная лодка.

rower ['rouə] гребец (wo)man.

royal ['rɔiəl] □ королевский; великолепный; **~ty** [-ti] член королевской семьи; королевская власть f; **~s** pl. авторский гонорар.

rub [rʌb] 1. трение; растирание; fig. препятствие; 2. v/t. тереть; протирать [-тереть]; натирать [натереть]; **~ out** стирать [стереть]; **~ up** [от]полировать; освежать [-жить] (в памяти) v/i. тереться (against о В); fig. **~ along, on** проби(ва)ться с трудом.

rubber ['rʌbə] каучук; резина; резинка; cards роббер; **~s** pl. Am. галоши f/pl.; attr. резиновый.

rubbish ['rʌbiʃ] мусор; хлам; fig. вздор; глупости f/pl.

rubble ['rʌbl] щебень m; ⚒ бут.

ruby ['ru:bi] рубин; рубиновый цвет.   [поворота.\]

rudder ['rʌdə] ⚓ руль m; ✈ руль\]

rudd|iness ['rʌdinis] краснота; румянец; **~y** ['rʌdi] ярко-красный; румяный.

rude [ru:d] □ неотёсанный; грубый; невежливый; fig. крепкий (о здоровье).

rudiment ['ru:diment] biol. рудимент, зачаток; **~s** pl. начатки m/pl.

rueful ['ru:ful] □ унылый, печальный.

ruff [rʌf] брыжи f/pl.; zo. ёрш.

ruffian ['rʌfjən] грубиян; хулиган.

ruffle ['rʌfl] 1. манжетка; рюш; суматоха; рябь f; 2. [вз]ерошить (волосы); рябить (воду); fig. нарушать спокойствие (Р), [вс]тревожить.

rug [rʌg] плед; ковёр, коврик; **~ged** ['rʌgid] □ неровный; шероховатый; суровый; пересечённый; резкий.

ruin ['ruin] 1. гибель f; разорение; крушение (надежд и т. п.); mst **~s** pl. развалины f/pl.; 2. [по]губить; разорить [-рить]; разрушать [-ушить]; [о]бесчестить; **~ous** ['ruinəs] □ разорительный; губительный.

rul|e [ru:l] 1. правило, устав; правление; власть f; линейка; as a **~** обычно; 2. v/t. управлять (Т); постановлять [-вить]; [на]линовать; [раз]графить; **~ out** исключать [-чить]; v/i. господствовать [-чить]; **~er** ['ru:lə] правитель(ница f) m; линейка.   [питонной.\]

rum [rʌm] ром; Am. спиртной на-\]

Rumanian [ru(:)'meinjən] 1. румынский; 2. румын(ка).

rumble ['rʌmbl] 1. громыхание; грохот; (Am. ~-seat) откидное сиденье; 2. [за]громыхать; [за]грохотать; [за]греметь (о громе).

rumina|nt ['ru:minənt] жвачное животное; **~te** [-neit] жевать жвачку; fig. размышлять [-мыслить].

rummage ['rʌmidʒ] 1. распродажа мелочей (с благотворительной целью); 2. v/t. вытаскивать [вытащить]; перерыфать; v/i. рыться.

rumo(u)r ['ru:mə] 1. слух; молва; 2. **it is ~ed** ... ходят слухи ...

rump [rʌmp] огузок.

rumple ['rʌmpl] [с]мять; [взъ]ерошить (волосы, перья и т. п.).

run [rʌn] 1. (irr.) v/i. com. бегать, [по]бежать; [по]течь; расплы(ва)ться (о красках и т. п.); вращаться, работать (о машине); гласить; **~ across a p.** наталкиваться [натолкнуться] на (В); **~ away** убегать [убежать]; понести pf. (о лошади); **~ down** сбегать [сбежать]; останавливаться [-новиться (о часах и т. п.); истощаться [-щиться]; **~ dry** иссякать [-якнуть]; **~ for** parl. выставлять свою кандидатуру на (В); **~ into** впадать [впасть] в (В); доходить [дойти] до (Р); встречать [-етить]; **~ on** продолжаться [-должиться]; говорить без умолку; **~ out, short** кончаться [кончиться]; **~ through** прочитать бегло, пробежать [-жать]; **~ to** достигать [-игнуть] (суммы); **~ up to** доходить [дойти] до (Р); 2. v/t. пробегать [-бежать] (расстояние); налиф(ва)ть (воду и т. п.); вести (дела); выгонять в поле (скот); вонзать [-зить]; управлять (конторой и т. п.); проводить [-вести] (Т, over по Д); **~ the blockade** прорвать блокаду; **~ down** задавлять [-вить]; fig. говорить плохо о (П); унижать [унизить]; переутомлять [-мить]; **~ over** переезжать [-ехать], задавлять [-вить]; прочитать бегло; **~ up** взду(ва)ть (цены); возводить [-вести] (здание); **~ up a bill at** [за]должать (Д); 3. бег; пробег; ход, работа, действие (машины); течение, ход (времени); ряд; поездка, прогулка; ✝ спрос; управление; Am. ручей, поток; загон; пастбище; разрешение пользоваться (of Т); **the common ~** обыкновенные люди m/pl.; thea. **have a ~ of 20 nights** идти двадцать вечеров подряд (о пьесе); **in the long ~** со временем; в конце концов.

run|about ['rʌnəbaut] лёгкий автомобиль m; **~away** беглец; дезер-\]

rung¹ [rʌŋ] p. pt. of ring.   [тир.\]

rung² [~] ступенька.

run|let ['rʌnlit], **~nel** ['rʌnl] ручеёк; канава.

runner ['rʌnə] бегун; полоз (у саней); побег (растения); **~-up** [-'rʌp] занимающий второе место (в состязании).

27*

running ['rʌniŋ] 1. бегущий; беговой; текущий; two days ~ два дня подряд; ~ fire ✕ беглый огонь m; ~ hand беглый почерк m; 2. беганье; бег, бегá m/pl.; действие; **~-board** подножка.

runway ['rʌnwei] ✈ взлётно-посáдочная полосá.

rupture ['rʌptʃə] 1. перелóм; разрыв; ♂ грыжа; 2. разрывáть [разорвáть] (a. fig.); прор(ы)вáть.

rural ['ruərəl] □ сéльский, деревéнский.

rush [rʌʃ] 1. ♀ тростник, камыш; нáтиск; ↑ наплыв (покупáтелей); ~ hours pl. часы-пик; ~ бежéнка 2. v/i. мчáться; бросáться [брóситься]; носиться, [по]нестись; ~ into бросáться необдуманно в (В); ~ into print слишком поспéшно выступáть в печáти; v/t. мчать; увлекáть [увлéчь];

[по]торопить; fig. ✕ брать стремительным нáтиском.

russet ['rʌsit] крáсно-корйчневый.

Russia ['rʌʃə] Россия; **~n** [-n] 1. русский; 2. русский, русская; русский язык. [веть.]

rust [rʌst] 1. ржáвчина; 2. [за]ржá-

rustic ['rʌstik] 1. (~ally) деревéнский; простóй; грубый; 2. сéльский жйтель m.

rustle [rʌsl] 1. [за]шелестéть; 2. шéлест, шóрох.

rust|less ['rʌstlis] нержавéющий; **~y** ['rʌsti] заржáвленный, ржáвый; порыжéвший.

rut [rʌt] колея (a. fig.); ⊕ фальц, жёлоб; zo. тéчка.

ruthless ['ru:θlis] □ безжáлост-

rutted ['rʌtid], **rutty** ['rʌti] изрéзанный колеями.

rye [rai] ♀ рожь f.

S

sabotage ['sæbotɑ:ʒ] 1. саботáж; 2. саботйровать (В) (a. ~ on a th.) (im)pf.

sabre ['seibə] сáбля, шáшка.

sack [sæk] 1. грабёж; мешóк, куль m; сак (пальтó); 2. класть, ссыпáть в мешóк; [о]грáбить, F увольнять [уволить] (В); **~cloth**, **~ing** ['sækiŋ] дерюга, холст.

sacrament ['sækrəmənt] eccl. тáинство, причáстие.

sacred ['seikrid] □ святóй; свящéнный; ♪ духовный.

sacrifice ['sækrifais] 1. жéртва; жертвоприношéние; at a ~ ↑ себé в убыток; 2. [по]жéртвовать.

sacrileg|e ['sækrilidʒ] святотáтство, кощунство; **~ious** [sækri-'lidʒəs] □ святотáтственный.

sad [sæd] □ печáльный, грустный; досáдный; тусклый.

sadden [sædn] [о]печáлить(ся).

saddle [sædl] 1. седлó; 2. [о]седлáть; fig. взвáливать [-лить] (upon на В); обременять [-нить]; **~r** шóрник.

sadism ['sɑ:dizm] садизм.

sadness ['sædnis] печáль f, грустьf.

safe [seif] 1. □ невредимый; надёжный; безопáсный; (будучи) в безопáсности; 2. сейф, несгорáемый шкаф; шкаф для провизии; **~-conduct** охрáнное свидéтельство; **~guard** 1. охрáна, предостóрожность f; защита; 2. охранять [-нить]; защищáть [-итйть].

safety ['seifti] 1. безопáсность f; надёжность f; 2. безопáсный; **~-pin** англййская булáвка; **~-razor** безопáсная брйтва.

saffron ['sæfrən] шафрáн.

sag [sæg] оседáть [осéсть]; прогибáться [-гнýться]; обвисáть [-йснуть]; ♣ отклоняться от кýрса.

sagacious [sə'geiʃəs] проницáтельный, прозорлйвый; **~ty** [sə'gæsiti] проницáтельность f, прозорлйвость f.

sage [seidʒ] 1. □ мудрый; разумный; 2. мудрéц; ♀ шалфéй.

said [sed] pt. и p. pt. от say.

sail [seil] 1. пáрус; плáвание под парусáми; пáрусное судно; 2. v/i. идти под парусáми; плáвать, [по]плыть; отплы(вá)ть; носиться, [по]нестйсь (об облакáх); v/t. управлять (судном); плáвать по (Д); **~-boat** Am. пáрусная лóдка; **~or** ['seilə] моряк, матрóс; be a (good) bad ~ (не) страдáть морскóй болéзнью; **~-plane** планёр.

saint [seint] 1. святóй; 2. причислять к лйку святых; **~ly** ['seintli] adj. святóй.

sake [seik]: for the ~ of рáди (Р); for my ~ рáди меня.

sal|eable ['seiləbl] хóдкий (товáр).

salad ['sæləd] салáт.

salary ['sæləri] 1. жáлованье; 2. платйть жáлованье (Д).

sale [seil] продáжа; распродáжа; аукцион; be for ~, be on ~ продавáться.

sales|man продавéц; Am. коммивояжёр; **~woman** продавщица.

salient ['seiljənt] выдаю́щийся, выступáющий; выпуклый.

saline ['seilain] солянóй; солёный.

saliva [sə'laivə] ♂ слюнá.

sallow ['sælou] болéзненный, желтовáтый (о цвéте лицá).

sally ['sæli] 1. ✕ вылазка; рéплика,

salmon остротá; 2. ✕ дéлать вы́лазку; ~ forth, ~ out отправля́ться [-áвиться].

salmon ['sæmən] сёмга; лосóсь *m*.

saloon [sə'lu:n] зал; салóн (на парохóде); салóн-вагóн; *Am.* бар, пивнáя.

salt [sɔ:lt] 1. соль *f*; *fig.* остроу́мие; old ~ быва́лый моря́к; 2. солёный; жгу́чий; éдкий; 3. [по]соли́ть; заса́ливать [-соли́ть]; ~cellar солóнка; ~petre ['sɔ:ltpitə] сели́тра; ~y ['sɔ:lti] солёный.

salubrious [sə'lu:briəs] □, **salutary** ['sæljutəri] □ благотвóрный; полéзный для здорóвья.

salut|ation [sælju'teiʃən] привéтствие; ~e [sə'lu:t] 1. привéтствие; ✕ салю́т; ✕ отда́ние чéсти; 2. привéтствовать; ✕ ~е салютова́ть (*im*)*pf.* (Д); ✕ отдава́ть честь (Д).

salvage ['sælvidʒ] 1. спасéние иму́щества и́ли су́дна; спасённое иму́щество; подъём (затону́вших судóв); 2. спасáть [спасти́] (иму́щество от огня́, су́дно на мóре и т. п.).

salvation [sæl'veiʃən] спасéние; ♀ Army 'Армия спасéния'.

salve¹ [sælv] = salvage.

salve² [sɑ:v] 1. срéдство для успокоéния; 2. успока́ивать [-кóить] (сóвесть); сгла́живать [сгла́дить] (трýдность).

salvo ['sælvou] (оруди́йный) залп; *fig.* взрыв аплодисмéнтов.

same [seim]: the ~ тот же са́мый; та же са́мая; то же сáмое; it is all the ~ to me мне всё равнó.

sample ['sɑ:mpl] 1. прóба; образчик, образéц; 2. [по]прóбовать; отбирáть образцы́ (P).

sanct|ify ['sæŋktifai] освяща́ть [-яти́ть]; ~imonious [sæŋkti'mounjəs] □ ха́нжеский; ~ion ['sæŋkʃən] 1. са́нкция; утверждéние; принуди́тельная мéра; 2. санкциони́ровать (*im*)*pf.*; утвержда́ть [-рди́ть]; ~ity [-titi] свя́тость *f*; ~uary [-tjuəri] святи́лище; убéжище.

sand [sænd] 1. песóк; ~s *pl.* песчáный пляж; óтмель *f*; пески́ *m/pl.* (пусты́ни); 2. посыпáть пескóм.

sandal ['sændl] санда́лия.

sandwich ['sænwidʒ, -witʃ] 1. бутерброд, сáндвич; 2. прослáивать [-слои́ть].

sandy ['sændi] песчáный; песóчный; песóчного цвéта.

sane [sein] нормáльный; здра́вый; здравомы́слящий.

sang [sæŋ] *pt.* от sing.

sanguin|ary ['sæŋgwinəri] □ крова́вый; кровожáдный; ~e [-gwin] сангвини́ческий; оптимисти́ческий.

sanitary ['sænitəri] □ санитáрный.

sanit|ation [sæni'teiʃən] оздоровлéние; улучшéние санитáрных

усло́вий; санитáрия; ~y ['sæniti] здрáвый ум.

sank [sæŋk] *pt.* от sink.

sap [sæp] 1. сок (растéний); *fig.* жи́зненные си́лы *f/pl.*; ✕ сáпа; 2. истощáть [-щи́ть]; ✕ подкáпывать [-копáть]; ~less ['sæplis] худосóчный; истощённый; ~ling ['sæpliŋ] молодóе дéревцо.

sapphire ['sæfaiə] *min.* сапфи́р.

sappy ['sæpi] сóчный; *fig.* си́льный.

sarcasm ['sɑ:kæzm] сарка́зм.

sardine [sɑ:'di:n] сарди́н(к)а.

sardonic [sɑ:'dɔnik] (~ally) сардони́ческий.

sash [sæʃ] куша́к, пóяс.

sash-window подъёмное окнó.

sat [sæt] *pt.* и *p. pt.* от sit.

satchel ['sætʃəl] (шкóльный) рáнец.

sate [seit] насыщáть [-ы́тить]; пресыщáть [-ы́тить].

sateen [sæ'ti:n] сати́н.

satellite ['sætəlait] сателли́т (*a. astr.*); приспéшник; *astr.* спу́тник.

satiate ['seiʃieit] пресыщáть [-ы́тить]; насыщáть [-ы́тить].

satin ['sætin] атлáс.

satir|e ['sætaiə] сати́ра; ~ist ['sætərist] сати́рик; ~ize [-raiz] высмéивать [вы́смеять].

satisfaction [sætis'fækʃən] удовлетворéние; [удовлетвори́тельный,

satisfactory [sætis'fæktəri] удов-]

satisfy ['sætisfai] удовлетворя́ть [-ри́ть]; утоля́ть [-ли́ть] (гóлод, любопы́тство и т. п.); выполня́ть [вы́полнить] (обязáтельства); убеждáть [убеди́ть].

saturate ['sætʃəreit] ⌇ насыщáть [-ы́тить]; пропи́тывать [-итáть].

Saturday ['sætədi] суббóта.

sauce [sɔ:s] 1. сóус; *fig.* припрáва; F дéрзость *f*; 2. приправля́ть сóусом; F [на]дерзи́ть (Д); ~pan кастрю́ля; ~r ['sɔ:sə] блю́дце.

saucy ['sɔ:si] □ дéрзкий.

saunter ['sɔ:ntə] 1. прогу́ливаться; флани́ровать; шатáться; 2. прогу́лка.

sausage ['sɔsidʒ] сосúска, колбасá.

savage ['sævidʒ] 1. □ ди́кий; жестóкий; свирéпый; 2. дикáрь *m* (-áрка); *fig.* вáрвар(ка *f*); ~ry [-ri] ди́кость *f*; жестóкость *f*.

save [seiv] спасáть [спасти́]; избавля́ть [-áвить] (from от P); сберегáть [-рéчь]; откла́дывать [отложи́ть].

saving ['seiviŋ] 1. □ спаси́тельный; сберегáтельный; 2. спасéние; ~s *pl.* сбережéния *n/pl.* [са.]

savings-bank сберегáтельная кас-]

saviour ['seivjə] спаси́тель *m*; ♀ Спаси́тель *m*.

savo(u)r ['seivə] 1. вкус; F смак; *fig.* пикáнтность *f*; при́вкус; 2. F смаковáть (Т); ~ of: отзывáться (Т); пáхнуть (Т); ~y [-ri] □ вку́сный; пикáнтный; F смáчный.

saw [sɔ:] 1. *pt.* от see; 2. поговорка; пила; 3. [*irr.*] пилить; **~dust** опилки *f/pl.*; **~mill** лесопильный завод; **~n** [sɔ:n] *p. pt.* от saw.

Saxon ['sæksn] 1. саксонский; 2. саксонец (-нка).

say [sei] 1. [*irr.*] говорить [сказать]; **~ grace** читать молитву (перед едой); **that is to ~** то есть, т. е.; **you don't ~ so!** неужели!; **I ~!** послушай(те)!; **he is said to be ...** говорят, что он ...; 2. речь *f*; слово; **it is my ~ now** очередь за мной теперь говорить; **~ing** ['seiiŋ] поговорка.

scab [skæb] струп (на язве); чесотка; *sl.* штрейкбрехер.

scabbard ['skæbəd] ножны *f/pl.*

scabrous ['skeibrəs] скабрезный.

scaffold ['skæfəld] Δ леса *m/pl.*; подмостки *pl.*; эшафот; **~ing** [-iŋ] Δ леса *m/pl.*

scald [skɔ:ld] 1. ожог (кипящей жидкостью); 2. [o]шпарить; обваривать [-рить].

scale¹ [skeil] 1. чешуйка (*coll.*: чешуя); винный камень *m* (на зубах); накипь *f*, окалина (в котле и т. п.); (a pair of) **~s** *pl.* весы *m/pl.*; 2. соскоблить чешую с (Р); ⊕ снимать окалину с (Р); шелушиться; чистить от винного камня; взвешивать [-есить].

scale² [~] 1. лестница; масштаб; размер; шкала; ♪ гамма; *fig.* размер; 2. взбираться [взобраться] (по лестнице и т. п.); **~ up** увеличивать по масштабу; **~ down** уменьшить по масштабу.

scallop ['skɔləp] 1. *zo.* гребешок (моллюск); **~s** *pl.* фестоны *m/pl.*; 2. украшать фестонами.

scalp [skælp] 1. скальп; 2. скальпировать (*im*)*pf.*; *pf. a.* [o-].

scaly ['skeili] чешуйчатый; покрытый накипью.

scamp [skæmp] 1. бездельник; 2. работать кое-как; **~er** [-ə] 1. бежать стремглав; уд(и)рать; 2. поспешное бегство; галоп; *fig.* беглое чтение.

scandal ['skændl] скандал; позор; сплетни *f/pl.*; **~ize** ['skændəlaiz] скандализировать (*im*)*pf.*; **~ous** [-ləs] □ скандальный; клеветнический. [ограниченный.\]

scant, **~y** [skænt, 'skænti] скудный;\]

scapegoat ['skeipgout] козёл отпущения.

scapegrace [-greis] повеса *m*, шалун.\]

scar [skɑ:] 1. шрам; рубец; 2. покрывать рубцами; *v/i.* [за]рубцеваться.

scarce [skɛəs] недостаточный; скудный; редкий; **~ly** ['skɛəsli] едва ли; как только, едва; **~ity** [-siti] недостаток; дороговизна.

scare [skɛə] 1. [на-, ис]пугать; отпугивать [-гнуть] (*a.* **~ away**); 2.

паника; **~crow** пугало, чучело (*a. fig.*).

scarf [skɑ:f] шарф; шаль *f*; галстук.

scarlet ['skɑ:lit] 1. алый цвет; 2. алый; **~ fever** ♂ скарлатина.

scarred [skɑ:d] в рубцах.

scathing ['skeiðiŋ] едкий; резкий; *fig.* уничтожающий.

scatter ['skætə] разбрасывать [-бросать]; рассыпать(ся) [-ыпать (-ся)]; рассеивать(ся) [-еять(ся)].

scavenger ['skævindʒə] мусорщик.

scenario [si'nɑ:riou] сценарий.

scene [si:n] сцена; место действия; декорация; **~s** *pl.* кулисы *f/pl.*; **~ry** ['si:nəri] декорации *f/pl.*; пейзаж.

scent [sent] 1. аромат, запах; духи *m/pl.*; *hunt.* чутьё, нюх; 2. [по]чуять; [на]душить; **~less** ['sentlis] без аромата, запаха.

sceptic ['skeptik] скептик; **~al** [-tikəl] □ скептический.

scept|er, **~re** ['septə] скипетр.

schedule ['ʃedju:l, *Am.* 'skedju:l] 1. таблица; график, план; *Am.* расписание поездов; 2. составлять расписание (Р); назначать [назначить], намечать [-éтить].

scheme [ski:m] 1. схема; план; проект; 2. *v/t.* [за]проектировать; *v/i.* интриговать.

schism ['sizm] схизма, раскол.

scholar ['skɔlə] учёный; ученик (-ица); **~ly** [-li] *adj.* учёный; **~ship** [-ʃip] учёность *f*, эрудиция; *univ.* стипендия.

scholastic [skə'læstik] (**~ally**) схоластический; школьный.

school [sku:l] 1. школа; класс (помещение); **at ~** в школе; **primary ~** начальная школа; **secondary ~** средняя школа; 2. дисциплинировать (*im*)*pf.*; [вы]школить); **~boy** школьник; **~fellow** школьный товарищ; **~girl** школьница; **~ing** ['sku:liŋ] обучение в школе; **~master** учитель *m*; **~mate** *s.* schoolfellow; **~mistress** учительница; **~room** классная комната.

science ['saiəns] наука; естественные науки *f/pl.*

scientific [saiən'tifik] (**~ally**) научный; умелый.

scientist ['saiəntist] учёный; естествовед.

scintillate ['sintileit] сверкать [-кнуть]; мерцать.

scion ['saiən] побег (растения); отпрыск, потомок.

scissors ['sizəz] *pl.* (a pair of **~**) ножницы *f/pl.*

scoff [skɔf] 1. насмешка; 2. [по]глумиться (at над Т).

scold [skould] 1. сварливая женщина; 2. [вы]бранить.

scon(e) [skɔn, skoun] лепёшка.

scoop [sku:p] 1. совок; черпак;

scooter ['sku:tə] *mot.* моторо́ллер; ♣ скӳтер; самока́т (игрӳшка).

scope [skoup] кругозо́р; разма́х; охва́т; просто́р.

scorch [skɔ:tʃ] *v/t.* обжига́ть [обже́чь]; опаля́ть [-ли́ть]; *v/i.* пали́ть; F бе́шено нести́сь.

score [skɔ:] 1. зару́бка; ме́тка; счёт (в игре́); два деся́тка; ♪ партиту́ра; *⁓s pl.* мно́жество; run up *⁓s pl.* де́лать долги́; on the *⁓* of по причи́не (P); what's the *⁓?* каков счёт? (в игре́); 2. отмеча́ть [-е́тить]; засчи́тывать [-ита́ть]; выи́грывать [вы́играть]; забива́ть гол; оркестрова́ть (*im*)*pf.*; *Am.* [вы́]брани́ть.

scorn [skɔ:n] 1. презре́ние; 2. презира́ть [-зре́ть]; *⁓ful* ['skɔ:nful] □ презри́тельный.

Scotch [skɔtʃ] 1. шотла́ндский; 2. шотла́ндский диале́кт; the *⁓* шотла́ндцы *m/pl.*; *⁓man* ['skɔtʃmən] шотла́ндец.

scot-free ['skɔt'fri:] невреди́мый; ненака́занный.

scoundrel ['skaundrəl] него́дяй, подле́ц.

scour ['skauə] *v/t.* [по]чи́стить; отчища́ть [отчи́стить]; [вы́]мыть; смы(ва́)ть; ры́скать по (Д); *v/i.* ры́скать (*a. ⁓ about*).

scourge [skə:dʒ] 1. бич; бе́дствие; 2. бичева́ть; [по]кара́ть.

scout [skaut] 1. разве́дчик (*a. ✕*); Boy *⁓s pl.* бойска́уты *m/pl.*; *⁓ party* ✕ разве́дочный отря́д; 2. производи́ть разве́дку; отверга́ть с презре́нием.

scowl [skaul] 1. хму́рый вид; 2. [на]хму́риться.

scrabble ['skræbl] цара́пать; [вс]цара́бкаться; сгреба́ть [сгрести́].

scramble ['skræmbl] 1. [вс]цара́бкаться; [по]дра́ться (for за В); *⁓d eggs pl.* яи́чница-болту́нья; 2. сва́лка, борьба́; *⁓* кара́бканье.

scrap [skræp] 1. клочо́к; кусо́чек; лоскуто́к; вы́резка (из газе́ты); ⊕ лом; утильсырьё; *⁓s pl.* оста́тки *m/pl.*; объе́дки *m/pl.*; 2. отдава́ть на слом; выбра́сывать [вы́бросить]; *⁓book* альбо́м для газе́тных вы́резок.

scrap|**-heap** сва́лка отбро́сов (*или* ло́ма); *⁓-iron* желе́зный лом.

scratch [skrætʃ] 1. цара́пина; *sport* черта́ ста́рта; 2. случа́йный; разношёрстный; *sport* без ганди́капа;

3. [о]цара́пать; [по]чеса́ть; *⁓ out* вычёркивать [вы́черкнуть].

scrawl [skrɔ:l] 1. кара́кули *f/pl.*; 2. писа́ть кара́кулями.

scream [skri:m] 1. вопль *m*; крик; 2. пронзи́тельно крича́ть; *⁓y* [-i] крикли́вый; крича́щий (о кра́сках).

screech [skri:tʃ] пронзи́тельно крича́ть; взви́згивать [-гнуть].

screen [skri:n] 1. ши́рма; экра́н; щит; перегоро́дка; плете́нь *m*; ⚠ та́мбур; гро́хот, си́то; ✕ прикры́тие; the *⁓* кино́ *n indecl.*; 2. прикры(ва́)ть; заслоня́ть [-ни́ть]; *opt.* пока́зывать на экра́не; просе́ивать [-е́ять].

screw [skru:] 1. га́йка; винт; = screw-propeller; 2. приви́нчивать [-нти́ть] (*mst ⁓ on*); скрепля́ть винта́ми; *fig.* притесня́ть [-ни́ть]; *⁓ up* [с]мо́рщить (лицо́); *⁓driver* отвёртка; *⁓-propeller* гребно́й винт.

scribble ['skribl] 1. кара́кули *f/pl.*; 2. [на]цара́пать.

scrimp [skrimp] *v/t.* уре́з(ыва)ть; *v/i.* [по]скупи́ться.

scrip [skrip] ✝ квита́нция о подпи́ске на а́кции.

script [skript] рукопи́сный шрифт; *film* сцена́рий.

Scripture ['skriptʃə] свяще́нное писа́ние.

scroll [skroul] сви́ток (пергаме́нта); спи́сок; ⚠ завито́к (украше́ние).

scrub [skrʌb] 1. куст; *⁓s pl.* куста́рник; по́росль *f*; 2. скрести́; чи́стить щёткой.

scrubby ['skrʌbi] низкоро́слый; захуда́лый.

scrup|**le** ['skru:pl] 1. сомне́ния *n/pl.*, колеба́ния *n/pl.*; 2. [по]стесня́ться; *⁓ulous* ['skru:pjuləs] □ щепети́льный; добросо́вестный.

scrutin|**ize** ['skru:tinaiz] рассма́тривать [-мотре́ть]; тща́тельно проверя́ть; *⁓y* ['skru:tini] испыту́ющий взгляд; то́чная прове́рка.

scud [skʌd] 1. гони́мые ве́тром облака́ *n/pl.*; стреми́тельный бег; 2. носи́ться; [по]нести́сь; скользи́ть [-зну́ть].

scuff [skʌf] идти́, воло́ча но́ги.

scuffle ['skʌfl] 1. дра́ка; 2. [по]дра́ться.

scullery ['skʌləri] помеще́ние при ку́хне для мы́тья посу́ды.

sculptor ['skʌlptə] ску́льптор, вая́тель *m*.

sculptur|**e** ['skʌlptʃə] 1. скульпту́ра; 2. [из]вая́ть; высека́ть [вы́сечь].

scum [skʌm] пе́на; на́кипь *f*; *fig.* подо́нки *m/pl.*

scurf [skə:f] пе́рхоть *f*.

scurrilous ['skʌriləs] гру́бый, непристо́йный.

scurry ['skʌrɪ] бы́стро бе́гать; снова́ть (туда́ и сюда́).

scurvy ['skə:vɪ] ♂ цинга́.

scuttle ['skʌtl] 1. ведёрко для у́гля; 2. уд(и)ра́ть; дезерти́ровать *(im)pf.*

scythe [saɪð] ♂ коса́.

sea [si:] мо́ре; *attr.* морско́й; be at ~ *fig.* не знать, что де́лать; недоумева́ть; **~board** бе́рег мо́ря; **~faring** ['si:fɛərɪŋ] морепла́вание; **~going** да́льнего пла́вания (о су́дне).

seal [si:l] 1. *zo.* тюле́нь *m*; печа́ть *f*; пло́мба; клеймо́; 2. запеча́т(ыв)ать; скрепля́ть печа́тью; опеча́т(ыв)ать; ~ up ⊕ гермети́чески уку́поривать; замáз(ыв)ать; ~ (with lead) [за]пломбирова́ть.

sea-level ['levl] у́ровень мо́ря.

sealing-wax сургу́ч.

seam [si:m] 1. шов *(a.* ⊕*)*; рубе́ц; *geol.* просло́йка; 2. сши(ва́)ть; [из]борозди́ть.

seaman ['si:mən] моря́к; матро́с.

seamstress ['semstrɪs] швея́.

sea-plane гидроплáн.

sear [sɪə] иссуша́ть [-ши́ть]; опаля́ть [-ли́ть]; ♂ прижига́ть [-же́чь]; *fig.* притупля́ть [-пи́ть].

search [sə:tʃ] 1. по́иски *m/pl.*; о́быск; ро́зыск; in ~ of в по́исках (P); 2. *v/t.* обы́скивать [-ка́ть]; зонди́ровать (ра́ну); прони́зывать [-за́ть]; *v/i.* разы́скивать [-ка́ть] (for B); ~ into проника́ть [-и́кнуть] в (B); **~ing** [-ɪŋ] тща́тельный; испыту́ющий; **~light** прожéктор; **~warrant** докумéнт на пра́во о́быска.

sea|-shore морско́й бе́рег; **~sick** страда́ющий морско́й боле́знью; **~side** побере́жье; взмо́рье; *attr.* примо́рский; ~ place, ~ resort морско́й куро́рт.

season ['si:zn] 1. вре́мя го́да; пери́од; сезо́н; out of ~ не во́время; with the compliments of the ~ с лу́чшими пожела́ниями к пра́зднику; 2. *v/t.* приправля́ть [-а́вить] (пи́щу); выде́рживать [вы́держать] (вино́, лес и т. п.); закаля́ть [-ли́ть] (то про́тив P); **~able** [-əbl] ⌷ своевре́менный; по сезо́ну; **~al** ['si:zənl] ⌷ сезо́нный; **~ing** ['si:znɪŋ] припра́ва; **~ticket** сезо́нный биле́т.

seat [si:t] 1. сиде́нье; стул; скамья́; ме́сто (в теа́тре и т. п.); поса́дка (на ло́шади); уса́дьба; подста́вка; 2. уса́живать [усади́ть]; снабжа́ть сту́льями; вмеща́ть [вмести́ть]; **~ed** сидя́щий; be ~ed сиде́ть, сади́ться [сесть].

sea|-urchin морско́й ёж; **~ward** ['si:wəd] *adj.* напра́вленный к мо́рю; *adv. (a.* ~s) к мо́рю; **~weed** морска́я водоросль *f*; **~worthy** го́дный для морепла́вания.

secede [si'si:d] отка́лываться [от-

коло́ться], отпада́ть [отпа́сть] (от сою́за и т. п.).

secession [si'seʃən] раско́л; отпаде́ние; *hist.* вы́ход из сою́за (США); **~ist** [-ist] отсту́пник (-ица).

seclu|de [si'klu:d] уединя́ть [-ни́ть]; **~sion** [si'klu:ʒən] уедине́ние.

second ['sekənd] 1. ⌷ второ́й; втори́чный; уступа́ющий (to Д); on ~ thoughts по зре́лом размышле́нии; 2. секу́нда; помо́щник; секунда́нт; **~**s *pl.* това́р второ́го со́рта; 3. подде́рживать [-жа́ть]; подкрепля́ть [-пи́ть]; **~ary** [-ərɪ] ⌷ втори́чный; второстепе́нный; побо́чный; из вторы́х рук; **~ly** [-li] во-вторы́х; **~rate** второсо́ртный; второразря́дный.

secre|cy ['si:krɪsɪ] скры́тность *f*; секре́тность *f*; **~t** ['si:krit] 1. ⌷ та́йный, секре́тный; скры́тный; 2. та́йна, секре́т; in ~ секре́тно, тайко́м; be in the ~ быть посвящённым в секре́т.

secretary ['sekrətrɪ] секрета́рь *m*, секрета́рша; мини́стр.

secret|e [si'kri:t] (с)пря́тать; выделя́ть [вы́делить]; **~ion** [-ʃən] секре́ция, выделе́ние; **~ive** [-iv] скры́тный.

section ['sekʃən] сече́ние; разре́з; отре́зок; ♂ вскры́тие, се́кция; отде́л; разде́л (кни́ги); ♂ отделе́ние.

secular ['sekjulə] ⌷ мирско́й, све́тский; веково́й.

secur|e [si'kjuə] 1. ⌷ безопа́сный; надёжный; уве́ренный; 2. закрепля́ть [-пи́ть]; обеспе́чи(ва)ть; обезопа́сить *pf.*; дост(ав)а́ть; **~ity** [-riti] безопа́сность *f*; надёжность *f*; обеспе́чение; зало́г; **~ities** *pl.* це́нные бума́ги *f/pl.*

sedate [si'deit] ⌷ степе́нный; уравнове́шенный.

sedative ['sedativ] *mst* ♂ успока́ивающее сре́дство.

sedentary ['sedntərɪ] ⌷ сидя́чий.

sediment ['sedimənt] оса́док.

sedition [si'diʃən] призы́в к бу́нту.

seditious [-ʃəs] ⌷ бунта́рский.

seduc|e [si'dju:s] соблазня́ть [-ни́ть]; **~tion** [si'dʌkʃən] собла́зн; **~tive** [-tiv] ⌷ соблазни́тельный.

sedulous ['sedjuləs] ⌷ приле́жный.

see [si:] [*irr.*] *v/i.* 1 ~ я понима́ю; ~ about a th. [по]забо́титься о (П); ~ through a p. ви́деть наскво́зь кого́-либо; ~ to присма́тривать [-смотре́ть] за (Т); *v/t.* [у]ви́деть; [по]смотре́ть (фильм, и т. п.); замеча́ть [-е́тить]; понима́ть [-ня́ть]; посеща́ть [-сети́ть]; ~ a p. home провожа́ть кого́-нибудь домо́й; ~ off провожа́ть [-води́ть]; ~ a th. through доводи́ть [довести́] что-нибудь до конца́; ~ a p. through помогáть [помóчь] (Д); live to ~ дожи(вáть до (Р).

seed [si:d] 1. сéмя *n*; зернó; *coll.* семенá *n/pl.*; засéв; зёрнышко (я́блока и т. п.); потóмство; go to ~ пойти́ в семенá; *fig.* опускáться [-сти́ться]; 2. *v/t.* засевáть [засéять]; [по]сéять; *v/i.* пойти́ в сéмя; ~ling ['si:dliŋ] ♠ сéянец; ~s *pl.* рассáда; ~y ['si:di] наполненный семенáми; потрёпанный, обноси́вшийся; F нездорóвый.

seek [si:k] [*irr.*] *mst fig.* [по]искáть (Р); [по]пытáться; [по]старáться; ~ after добивáться (Р).

seem [si:m] [по]казáться; ~ing ['si:miŋ] □ кáжущийся; мни́мый; ~ly [-li] подобáющий; присто́й-]

seen [si:n] *p. pt.* от see. [ный.]

seep [si:p] просáчиваться [-сочи́ться]; протекáть [-éчь].

seer [si(:)ə] провѝдец.

seesaw ['si:sɔ:] 1. качéли *f/pl.*; качáние на доскé; 2. качáться на доскé.

seethe [si:ð] кипéть, бурли́ть.

segment ['segmənt] сегмéнт, отрéзок; дóля, дóлька.

segregate ['segrigeit] отделя́ть [-ли́ть].

seiz|e [si:z] хватáть [схвати́ть]; захвáтывать [захвати́ть]; ухвати́ться за (В) *pf.* (*a. fig.*); конфисковáть (*im*)*pf.*; *fig.* охвáтывать [-ти́ть] (о чýвстве); ~ure ['si:ʒə] конфискáция; захвáт; ♠ апоплекси́ческий удáр.

seldom ['seldəm] *adv.* рéдко, и́зредка.

select [si'lekt] 1. отбирáть [отобрáть]; подбирáть [подобрáть]; 2. отбóрный; и́збранный; ~ion [si'lekʃən] выбор; подбóр; отбóр.

self [self] 1. *pron.* сам; себя́; ♦ и́ли F = myself etc. я сам и т. д.; 2. *adj.* одноцвéтный; 3. *su.* (*pl.* selves, selvz) ли́чность *f*; ~-centred эгоцентри́чный; ~-command самообладáние; ~-conceit самомнéние; ~-conceited чвани́вый; ~-conscious застéнчивый; ~-contained самостоя́тельный; *fig.* замкнутый; ~-control самооблáдание; ~-defence: in ~ при самозащи́те; ~-denial самоотречéние; ~-evident очеви́дный; ~-interest своекоры́стие; ~ish ['selfiʃ] эгоисти́чный; ~-possession самооблáдание; ~-reliant самоувéренный; ~-seeking своекоры́стный; ~-willed своевóльный.

sell [sel] [*irr.*] прод(ав)áть; торговáть; ~ off, ~ out ♦ распрод(ав)áть; ~er ['selə] продавéц (-вщи́ца); good ~ ♦ хóдкий товáр.

semblance ['sembləns] подóбие; нарýжность *f*; вид.

semi... ['semi...] полу...; ~final полуфинáл.

seminary ['seminəri] духóвная семинáрия; рассáдник (*fig.*).

sempstress [-stris] швея́.

senate ['senit] сенáт; *univ.* совéт.

senator ['senətə] сенáтор.

send [send] [*irr.*] пос(ы)лáть; отправля́ть [-áвить]; ~ for пос(ы)лáть за (Т); ~ forth испускáть [-усти́ть]; изд(ав)áть; ~ up вызывáть повышéние (Р); ~ word сообщáть [-щи́ть].

senil|e ['si:nail] стáрческий; ~ity [si'niliti] стáрость *f*; дря́хлость *f*.

senior ['si:njə] 1. стáрший; ~ partner ♦ главá фи́рмы; 2. пожилóй человéк; стáрший; he is my ~ by a year он стáрше меня́ нá год; ~ity [si:ni'ɔriti] старшинствó.

sensation [sen'seiʃən] ощущéние; чýвство; сенсáция; ~al [-ʃnl] □ сенсацио́нный; сенсуáльный.

sense [sens] 1. чýвство; ощущéние; смысл; значéние; in (out of) one's ~s *pl.* (не) в своём умé; bring one to his ~s *pl.* привести́ когó-либо в себя́; make ~ имéть смысл; be пóнятным; 2. ощущáть [ощути́ть]; [по]чýвствовать.

senseless ['senslis] □ бесчýвственный; бессмы́сленный; бессодержáтельный; ~ness [-nis] бесчýвственность *f* и т. д.

sensibility [-i'biliti] чувстви́тельность *f*; тóчность *f* (прибóра).

sensible ['sensəbl] □ (благо)разýмный; здравомы́слящий; ощути́мый, замéтный; be ~ of созн(ав)áть (В).

sensitiv|e ['sensitiv] □ чувстви́тельный (to к Д); ~ity [-'tiviti] чувстви́тельность *f* (to к Д).

sensual ['sensjuəl] □ чýвственный.

sensuous ['sensjuəs] □ чýвственный; эстети́чный.

sent [sent] *p. pt.* от send.

sentence ['sentəns] 1. ♣ пригóвор; *gr.* предложéние; serve one's ~ отбывáть наказáние; 2. пригови́ривать [-говори́ть].

sententious [sen'tenʃəs] нравоучи́тельный; сентенцио́зный.

sentient ['senʃənt] чýвствующий.

sentiment ['sentimənt] чýвство; настроéние; мнéние; мысль *f*; s. ~ality; ~al [senti'mentl] сентиментáльный; ~ality [sentimen'tæliti] сентиментáльность *f*.

sentinel ['sentinl], **sentry** ['sentri] ✗ часовóй; карáульный.

separa|ble ['sepərəbl] □ отдели́мый; ~te 1. ['seprit] □ отдéльный, осóбый; сепарáтный; 2. ['sepəreit] отделя́ть(ся) [-ли́ть(ся)]; разлучáть(ся) [-чи́ть(ся)] расходи́ться [разойти́сь]; ~tion [sepə'reiʃən] отделéние; разлучéние; разобщéние.

September [sep'tembə] сентя́брь *m*.

sepul|chre ['sepəlkə] *rhet.* гробни́ца; **~ture** ['sepəltʃə] погребе́ние.

sequel ['si:kwəl] продолже́ние; после́дствие.

sequen|ce ['si:kwəns] после́довательность *f*; **~t** [-kwənt] сле́дующий.

sequestrate [si'kwestreit] *st* секвестрова́ть (*im*)*pf.*; конфискова́ть (*im*)*pf.*

serenade [seri'neid] **1.** ♪ серена́да; **2.** петь серена́ду (Д).

seren|e [si'ri:n] □ безо́блачный (*a. fig.*); я́сный; безмяте́жный; Your ♀ Highness ва́ша све́тлость *f*; **~ity** [si'reniti] **1.** безмяте́жность *f*; безо́блачность *f*; **2.** ♀ све́тлость *f*.

serf [sə:f] крепостно́й; раб.

sergeant ['sɑ:dʒənt] ✕ сержа́нт.

serial ['siəriəl] **1.** □ семри́йный; после́довательный; **2.** рома́н и́ли фильм в не́скольких частя́х.

series ['siəri:z] *pl.* се́рия; ряд.

serious ['siəriəs] □ серьёзный; be **~** серьёзно говори́ть; **~ness** [-nis] серьёзность *f*.

sermon ['sə:mən] про́поведь *f*.

serpent ['sə:pənt] змей; **~ine** [-ain] изви́листый; змееви́дный.

servant ['sə:vənt] слуга́ *m/f*; служа́нка; служи́тель *m*; прислу́га.

serve [sə:v] **1.** *v/t.* [по]служи́ть (Д); под(ав)а́ть (обе́д, мяч в те́ннисе и т. п.); обслу́живать [-жи́ть]; вруча́ть [-чи́ть] (on Д); отбы(ва́)ть (срок и т. п.); удовлетворя́ть [-ри́ть]; (it) **~s** him right так ему́ и на́до; **~ out** вы́да(ва́)ть, разд(ав)а́ть; *v/i.* [по]служи́ть (*a.* ✕) (as T); **~ at table** прислу́живать за столо́м; **2.** *tennis:* пода́ча.

service ['sə:vis] **1.** слу́жба; обслу́живание; услу́га; (*a.* divine **~**) богослуже́ние; сообще́ние; *tennis:* пода́ча (мяча́); the **~s** *pl.* ✕ а́рмия, флот и вое́нная авиа́ция; be at a p.'s **~** быть к чьйм-ли́бо услу́гам; **2.** *Am.* ⊕ [от]ремонти́ровать; **~able** ['sə:visəbl] □ поле́зный; про́чный.

servil|e ['sə:vail] □ ра́бский; раболе́пный; холо́пский; **~ity** [sə:viliti] ра́бство; раболе́пство.

servitude ['sə:vitju:d] ра́бство; penal **~** ка́торга.

session ['seʃən] се́ссия; заседа́ние.

set [set] **1.** [*irr.*] *v/t.* [по]ста́вить; класть [положи́ть]; помеща́ть [-ести́ть]; размеща́ть [-ести́ть]; сажа́ть [посади́ть] (насе́дку на я́йца; зад(ав)а́ть (уро́ки и т. п.); вставля́ть в ра́му (карти́ну и т. п.); уса́живать (усади́ть] (to за В); ✿ вправля́ть [-а́вить] (ру́ку, но́гу); **~ a p. laughing** [ræ]смеши́ть кого́-нибудь; **~ sail** пуска́ться в пла́вание; **~ one's teeth** сти́снуть зу́бы; **~ aside** откла́дывать [отложи́ть]; **~ store by** высоко́ цени́ть (В); счи-

тáть ва́жным (В); **~ forth** излага́ть [изложи́ть]; **~ off** оттеня́ть [-ни́ть]; **~ up** учрежда́ть [-еди́ть]; устра́ивать [-ро́ить]; **2.** *v/i. ast.* заходи́ть (зайти́), сади́ться (сесть); засты(ва́)ть; **~ about** a th. принима́ться [-ня́ться] за что́-нибудь; **~ forth** отправля́ться [-а́виться], **~ (up)on** нач(ин)а́ть (В); **~ out** отправля́ться [-а́виться]; **~ to** вступа́ть в бой; бра́ться [взя́ться] за (рабо́ту, еду́); **~ up for** выдава́ть себя́ за (В); **3.** неподви́жный; устано́вленный; засты́вший (взгляд); твёрдый; **~ (up)on** поглощённый (Т); **~ with** опра́вленный (Т); hard **~** нужда́ющийся; **~** speech пригото́вленная речь *f*; **4.** набо́р; компле́кт; прибо́р; се́рия; ряд; систе́ма; гарниту́р; се́рвиз (обе́денный и т. п.); (ра́дио)приёмник; круг (о́бщества); *tennis:* сет; покро́й (пла́тья); *thea.* обстано́вка.

set|back ['setbæk] неуда́ча; **~-down** отпо́р; **~-off** контра́ст; украше́ние.

setting ['setiŋ] опра́ва (камне́й); декора́ции и костю́мы; *fig.* окружа́ющая обстано́вка; захо́д (со́лнца); ♪ му́зыка на слова́.

settle ['setl] *v/t.* водворя́ть [-ри́ть]; приводи́ть в поря́док; успока́ивать [-ко́ить]; реша́ть [-и́ть] (вопро́с); ула́живать [-а́дить]; заселя́ть [-ли́ть]; опла́чивать [-ати́ть] (счёт); устра́ивать [-ро́ить] (дела́); *v/i.* (*often* **~ down**) поселя́ться [-ли́ться]; водворя́ться [-ри́ться]; устра́иваться [-ро́иться]; уса́живаться [усе́сться]; приходи́ть к реше́нию; отста́иваться [-тоя́ться]; оседа́ть [осе́сть]; устана́вливаться [-нови́ться] (о пого́де); **~d** ['setld] постоя́нный; усто́йчивый; **~ment** ['setlmənt] реше́ние; урегули́рование; поселе́ние; *st* да́рственная за́пись *f*; **~r** ['setlə] поселе́нец.

set-to (кула́чный) бой; схва́тка.

seven ['sevn] семь; **~teen(th)** [-ti:n(θ)] семна́дцать(-тый); **~th** ['sevnθ] **1.** ♀ седьмо́й; **2.** седьма́я часть *f*; **~tieth** ['sevntiiθ] семидеся́тый; **~ty** ['sevnti] се́мьдесят.

sever ['sevə] разъединя́ть [-ни́ть]; различа́ть [-чи́ть]; [по]рва́ть(ся).

several ['sevrəl] не́сколько (Р); □ отде́льный; **~ly** в отде́льности.

severance ['sevərəns] разры́в; отделе́ние.

sever|e [si'viə] □ стро́гий, суро́вый; ре́зкий; си́льный; жесто́кий; е́дкий; кру́пный (убы́ток); **~ity** [si'veriti] стро́гость *f*; суро́вость *f*; жесто́кость *f*.

sew [sou] [*irr.*] [с]шить.

sewer ['sjuə] сто́чная труба́; **~age** ['sjuəridʒ] канализа́ция.

sew|ing ['souiŋ] шитьё; *attr.* швёйный; **~n** [soun] *p. pt.* от sew.

sex [seks] пол.

sexton ['sekstən] церкóвный стóрож, понома́рь *m*; могильщик.

sexual ['seksjuəl] □ половóй; сексуа́льный.

shabby ['ʃæbi] □ потёртый; жа́лкий; захуда́лый; пóдлый.

shack [ʃæk] *Am.* лачу́га, хижина.

shackle ['ʃækl] 1. **~s** *pl.* кандалы́ *m/pl.*; окóвы *f/pl.*; 2. закóвывать в кандалы́.

shade [ʃeid] 1. тень *f*; оттéнок; абажу́р (для ла́мпы); нюа́нс; тéни *f/pl.* (в жи́вописи); 2. затеня́ть [-нить]; омрача́ть [-чить]; [за-] штриховáть; ♪ нюанси́ровать (*im*)*pf.*; **~ off** незамéтно переходи́ть (into в B).

shadow ['ʃædou] 1. тень *f*; при́зрак; 2. осеня́ть [-ни́ть]; (*mst* **~ forth** излага́ть тума́нно); следи́ть та́йно за (T); **~y** [-i] тени́стый; при́зрачный; сму́тный.

shady ['ʃeidi] тени́стый; F тёмный, сомни́тельный; теневóй.

shaft [ʃɑːft] дрéвко; рукоя́тка; огло́бля; *fig.* стрелá (*a.* ♀); ⊕ вал.

shaggy ['ʃægi] косма́тый; волоса́тый.

shake [ʃeik] 1. [*irr.*] *v/t.* трясти́ (в *or* T); тряхну́ть (T) *pf.*; встря́хивать [-хну́ть]; потряса́ть [-сти́]; [по]колеба́ть; **~ hands** пожа́ть ру́ку друг дру́гу, обменя́ться рукопожа́тием; *v/i.* [за]трясти́сь; [за]дрожа́ть (with, at *or* P); ♪ пуска́ть трель; 2. встря́ска; дрожь f; **~-hands** *pl.*, рукопожа́тие; **~n** ['ʃeikən] 1. *p. pt.* от shake; 2. *adj.* потрясённый.

shaky ['ʃeiki] □ нетвёрдый (на нога́х); трясу́щийся; шата́ющийся.

shall [ʃæl] [*irr.*] *v/aux.* вспом. глагóл, образу́ющий бу́дущее (1-ое лицó еди́нственного и мнóжественного числа́:) I shall do я бу́ду дéлать, я сдéлаю.

shallow ['ʃælou] 1. мéлкий; *fig.* повéрхностный; 2. óтмель f.

sham [ʃæm] 1. притвóрный; поддéльный; 2. притвóрство; поддéлка; притвóрщик (-ица); 3. *v/t.* симули́ровать (*im*)*pf.*; *v/i.* притворя́ться [-ри́ться].

shamble ['ʃæmbl] волочи́ть нóги; **~s** [-z] бóйня.

shame [ʃeim] 1. стыд; позóр; **for ~!** сты́дно! put to **~** [при]стыди́ть; 2. [при]стыди́ть; [о]срами́ть; **~faced** ['ʃeimfeist] □ засте́нчивый; **~ful** ['ʃeimful] □ сты́дный; позóрный; **~less** ['ʃeimlis] □ бессты́дный.

shampoo [ʃæm'puː] 1. шампу́нь *m*; мытьё головы́; 2. мыть шампу́нем.

shamrock ['ʃæmrɔk] ♣ трили́стник.

shank [ʃæŋk] гóлень f; ствол.

shanty ['ʃænti] хиба́рка, хижина.

shape [ʃeip] 1. фóрма; óбраз; очерта́ние; 2. *v/t.* созд(ав)а́ть; придава́ть фóрму, вид (Д); *v/i.* [с]формирова́ться; **~less** ['ʃeiplis] бесфóрменный; **~ly** [-li] хорошó сложённый; прия́тной фóрмы.

share [ʃeə] 1. дóля, часть f; уча́стие; а́кция; лéмех, сóшник (плу́га); go **~s** *pl.* дели́ться пóровну; 2. *v/t.* [по]дели́ть (T); *v/i.* уча́ствовать (in в П); **~holder** ♣ па́йщик (-ица).

shark [ʃɑːk] аку́ла; *fig.* мошéнник.

sharp [ʃɑːp] 1. □ *com.* óстрый (*a. fig.*); *fig.* отчётливый; круто́й; éдкий; ки́слый; рéзкий; пронзи́тельный; кóлкий; F продувнóй; 2. *adv.* кру́то; тóчно; look **~!** живó!; 3. ♪ диéз; **~en** ['ʃɑːpən] [на]точи́ть, заостря́ть [-ри́ть]; **~er** ['ʃɑːpə] шу́лер; **~ness** ['ʃɑːpnis] острота́; рéзкость f (и т. д.); **~-sighted** зóркий; **~-witted** остроу́мный.

shatter ['ʃætə] разбива́ть вдре́безги; разруша́ть [-ру́шить] (надéжды); расстра́ивать [-рóить] (нéрвы, здорóвье).

shave [ʃeiv] 1. [*irr.*] [по]бри́ть(ся); [вы]стрóгать (дóску и т. п.); едва́ не задéть (Д); ⫽. [по]бри́ться; **have a close ~** едва́ избежа́ть опáсности; **~n** ['ʃeivn] бри́тый.

shaving ['ʃeiviŋ] 1. бритьё; **~s** *pl.* стру́жки *f/pl.*

shawl [ʃɔːl] шаль f; большóй платóк (на плéчи).

she [ʃiː] 1. онá; 2. жéнщина; **she-...** са́мка (живóтного): she-wolf волчи́ца.

sheaf [ʃiːf] сноп; свя́зка; пучóк.

shear [ʃiə] 1. [*irr.*] [о]стри́чь (овéц); *fig.* обдира́ть как ли́пку; 2. **~s** *pl.* (большие) нóжницы *f/pl.*

sheath [ʃiːθ] нóжны *f/pl.*; **~e** [ʃiːð] вкла́дывать в нóжны; ⊕ обши(ва́)ть.

sheaves [ʃiːvz] *pl.* от sheaf.

shed[1] [ʃed] [*irr.*] [по]теря́ть (вóлосы, зу́бы); проли(ва́)ть (слёзы, кровь); сбра́сывать [сбрóсить] (одéжду, кóжу).

shed[2] [..] навéс, сара́й; анга́р.

sheen [ʃiːn] блеск; óтблеск.

sheep [ʃiːp] овцá; **~-dog** овча́рка; **~fold** овча́рня; **~ish** ['ʃiːpiʃ] □ глупова́тый; рóбкий; **~skin** овчи́на; бара́нья кóжа.

sheer [ʃiə] я́вный; полнéйший; *Am.* прозра́чный (о тка́ни); отвéсный.

sheet [ʃiːt] простыня́; лист (бума́ги, желéза); широ́кая полосá; ♪ табли́ца; **~ iron** листовóе желéзо; **~ lightning** зарни́ца.

shelf [ʃelf] пóлка; усту́п; риф; **on the ~** *fig.* сда́нный в архи́в.

shell [ʃel] 1. скорлупа; ра́ковина; щит (черепа́хи); ✗ снаря́д; ги́льза; 2. снима́ть скорлупу́ с (P); [об]лущи́ть; обстре́ливать [-ля́ть]; **~-fish** моллю́ск; **~-proof** непробива́емый снаря́дами.

shelter [ˈʃeltə] 1. прию́т, fig. кров; убе́жище (a. ✗); 2. v/t. дава́ть прию́т (Д), приюти́ть pf.; v/i. (a. take ~) укры(ва́)ться; приюти́ться pf.

shelve [ʃelv] ста́вить на по́лку; fig. откла́дывать в до́лгий я́щик; увольня́ть [уво́лить].

shelves [ʃelvz] pl. of shelf.

shepherd [ˈʃepəd] 1. пасту́х; па́стырь m; 2. пасти́; направля́ть [-а́вить] (людей как ста́до).

sherbet [ˈʃəːbət] шербе́т.

shield [ʃiːld] 1. щит; защи́та; 2. заслоня́ть [-ни́ть] (from от P).

shift [ʃift] 1. сме́на (на заводе и т. п.); измене́ние; сдвиг; переме́на; уло́вка; make ~ ухитря́ться [-ри́ться]; [у]довольствоваться (with T); 2. v/t. [по]меня́ть; перемеща́ть [-мести́ть]; v/i. изворо́чиваться [извернуться]; переме́ща́ться [-мести́ться]; ~ for o. s. обходи́ться без по́мощи; **~less** [ˈʃiftlis] □ беспо́мощный; **~y** [ˈʃifti] □ fig. изворо́тливый, ло́вкий.

shilling [ˈʃiliŋ] ши́ллинг.

shin [ʃin] 1. (или **~-bone**) го́лень f; 2. ~ up вскара́бк(ив)аться.

shine [ʃain] 1. сия́ние; свет; блеск; гля́нец, лоск; 2. [irr.] сия́ть, свети́ть; блесте́ть; [от]полирова́ть; [по]чи́стить (обувь); fig. блиста́ть.

shingle [ˈʃiŋɡl] 1. га́лька; кро́вельная дра́нка; Am. вы́веска; **~s** pl. ✗ опоя́сывающий лиша́й.

shiny [ˈʃaini] □ со́лнечный; лосня́щийся; блестя́щий.

ship [ʃip] 1. су́дно, кора́бль m; 2. грузи́ть на су́дно; перевози́ть [-везти́]; производи́ть посадку, нагру́зку (P на су́дно); **~board:** ⚓ on ~ на корабле́; **~ment** [ˈʃipmənt] нагру́зка; погру́зка; **~owner** владе́лец су́дна; **~ping** [ˈʃipiŋ] погру́зка; торго́вый флот, суда́ n/pl.; судохо́дство; attr. судохо́дный; **~wreck** 1. кораблекруше́ние; 2. потерпе́ть кораблекруше́ние; **~wrecked** потерпе́вший кораблекруше́ние; **~yard** верфь f.

shire [ˈʃaiə, ...ʃiə] гра́фство.

shirk [ʃəːk] увиля́ть [-льну́ть] от (P); **~er** [ˈʃəːkə] прогу́льщик.

shirt [ʃəːt] мужска́я руба́шка, соро́чка; (a. **~-blouse**) блу́за.

shiver [ˈʃivə] 1. дрожь f; 2. [за]дрожа́ть; вздра́гивать [-ро́гнуть]; **~y** [-ri] дрожа́щий.

shoal [ʃoul] 1. мелково́дье; мель f; ста́я, коса́к (ры́бы); 2. ме́лкий; 3. [об]меле́ть.

shock [ʃɔk] 1. уда́р, толчо́к; потрясе́ние; копна́; ✗ шок; 2. fig. потряса́ть [-ясти́]; шоки́ровать; **~ing** [ˈʃɔkiŋ] □ потряса́ющий; сканда́льный; ужа́сный.

shod [ʃɔd] pt. и p. pt. of shoe.

shoddy [ˈʃɔdi] 1. волокно́ из шерстя́ных тря́пок; fig. хлам; 2. подде́льный; дрянно́й.

shoe [ʃuː] 1. ту́фля; башма́к; полуботи́нок; подко́ва; 2. [irr.] обу(ва́)ть; подко́вывать [-кова́ть]; **~black** чи́стильщик сапо́г; **~blacking** ва́кса; **~horn** рожо́к (для о́буви); **~lace, Am. ~string** шнуро́к для боти́нок; **~maker** сапо́жник; **~polish** s. shoeblacking.

shone [ʃɔn] pt. и p. pt. of shine.

shook [ʃuk] pt. of shake.

shoot [ʃuːt] 1. стрельба́; ⚘ росто́к, побе́г; 2. [irr.] v/t. стреля́ть; застрели́ть pf.; расстре́ливать [-ля́ть]; снима́ть (снять), засня́ть pf. (фильм); v/i. стреля́ть (вы́стрелить); дёргать (о бо́ли); (a. ~ along, past) проноси́ться [-нести́сь]; промелькну́ть pf.; промча́ться pf.; ⚘ расти́ (бы́стро); ~ ahead ри́нуться вперёд; **~er** [ˈʃuːtə] стрело́к.

shooting [ˈʃuːtiŋ] стрельба́; охо́та; **~ star** па́дающая звезда́.

shop [ʃɔp] 1. ла́вка, магази́н; мастерска́я; talk ~ говори́ть о в о́бществе о свое́й профе́ссии; 2. де́лать поку́пки (mst go ~ping); **~keeper** ла́вочник (-ица); **~man** ла́вочник; продаве́ц; **~steward** цехово́й ста́роста m; **~window** витри́на.

shore [ʃɔː] 1. бе́рег; взмо́рье, побе́режье; on ~ на бе́рег, на берегу́; подпо́рка; 2. ~ up подпира́ть [-пере́ть].

shorn [ʃɔːn] p. pt. of shear.

short [ʃɔːt] коро́ткий; кра́ткий; невысо́кий (рост); недоста́точный; непо́лный; отры́вистый, сухо́й (отве́т); песо́чный (о пече́нье); in ~ вкра́тце; come (или fall) of име́ть недоста́ток в (П); не достига́ть [-и́чь] or (-и́гнуть) (P); не опра́вдывать [-да́ть] (ожида́ний); cut ~ прер(ы)ва́ть; fall (и́ли run) истоща́ться [-щи́ться], исся́кать [-я́кнуть]; stop ~ of не доезжа́ть [дое́хать], не доходи́ть [дойти́] до (P); **~age** [ˈʃɔːtidʒ] нехва́тка; **~coming** недоста́ток; изъя́н; **~cut** сокраще́ние доро́ги; **~dated** ✝ краткосро́чный; **~en** [ˈʃɔːtn] v/t. сокраща́ть [-рати́ть]; укора́чивать [-роти́ть]; v/i. сокраща́ться [-рати́ться]; укора́чиваться [-роти́ться]; **~ening** [-iŋ] жир для те́ста; **~hand** стеногра́фия; **~ly** [ˈʃɔːtli] adv. вско́ре; коро́тко; **~ness** [-nis] коро́ткость f; кра́ткость f; **~sighted** близору́кий; **~term** краткосро́чный; **~winded** страда́ющий оды́шкой.

shot [ʃɔt] 1. *pt. и p. pt.* от shoot; 2. вы́стрел; ядро́ (пу́шки); дробь *f*, дроби́нка (*mst small* ~); стрело́к; *sport* ядро́ (для толка́ния); уда́р; *phot.* сни́мок; ℀ инъе́кция; have a ~ сде́лать попы́тку; F not by a long ~ отню́дь не; **~-gun** дробови́к.

should [ʃud, ʃəd] *pt.* от shall.

shoulder ['ʃouldə] 1. плечо́; усту́п, вы́ступ; 2. взва́ливать на пле́чи; *fig.* брать на себя́; ⚔ брать к плечу́ (ружьё); **~-blade** лопа́тка (*anat.*).

shout [ʃaut] 1. крик; во́зглас; 2. [за]крича́ть (кри́кнуть); [на]крича́ть (at на В).

shove [ʃʌv] 1. толчо́к; 2. пиха́ть [пихну́ть]; толка́ть [-кну́ть].

shovel ['ʃʌvl] 1. лопа́та, сово́к; 2. копа́ть [копну́ть]; сгреба́ть лопа́той.

show [ʃou] 1. [*irr.*] *v/t.* пока́зывать [-за́ть]; выставля́ть [вы́ставить]; проявля́ть [-ви́ть]; дока́зывать [-за́ть]; ~ in вводи́ть [ввести́]; ~ up изоблича́ть [-чи́ть]; *v/i.* пока́зываться [-за́ться]; проявля́ться [-ви́ться]; ~ off пуска́ть пыль в глаза́; 2. зре́лище; вы́ставка, ви́димость *f*; пока́зывание; **~-case** витри́на.

shower ['ʃauə] 1. ли́вень *m*; душ; 2. ли́ться ли́внем; ороша́ть [ороси́ть]; поли(ва́)ть; *fig.* осыпа́ть [осы́пать]; толка́ть; **~y** ['ʃauəri] дождли́вый.

show|n [ʃoun] *p. pt.* от show; **~room** выста́вочный зал; **~window** *Am.* витри́на; **~y** ['ʃoui] ☐ вызыва́ющий, эффе́ктный.

shrank [ʃræŋk] *pt.* от shrink.

shred [ʃred] 1. лоскуто́к, клочо́к; кусо́к; 2. [*irr.*] [раз]рва́ть, рвать на клочки́; F [ис]кромса́ть.

shrew [ʃru:] сварли́вая же́нщина.

shrewd [ʃru:d] проница́тельный; хи́трый.

shriek [ʃri:k] 1. пронзи́тельный крик, вопль *m*; 2. [за]вопи́ть.

shrill [ʃril] 1. ☐ пронзи́тельный; 2. пронзи́тельно крича́ть, [за]визжа́ть.

shrimp [ʃrimp] *zo.* креве́тка; *fig.* сморчо́к.

shrine [ʃrain] ра́ка; святы́ня.

shrink [ʃriŋk] [*irr.*] сокраща́ться [-рати́ться]; усыха́ть [усо́хнуть]; сади́ться [сесть] (о мате́рии, ше́рсти); устраша́ться [-ши́ться] (from, at P); **~age** ['ʃriŋkidʒ] сокраще́ние; уса́дка; усу́шка.

shrivel ['ʃrivl] смо́рщи(ва)ть(ся), съёжи(ва)ться.

shroud [ʃraud] 1. са́ван; *fig.* покро́в; 2. заверты́вать в са́ван; оку́т(ыв)ать (*a. fig.*).

shrub [ʃrʌb] куст; **~s** *pl.* куста́рник.

shrug [ʃrʌg] 1. пож(им)а́ть (плеча́ми); 2. пожима́ние (плеча́ми).

shrunk [ʃrʌŋk] *pt. и p. pt.* от shrink (*a.* ~en).

shudder ['ʃʌdə] 1. вздра́гивать [-ро́гнуть]; содрога́ться [-гну́ться]; 2. дрожь *f*; содрога́ние.

shuffle ['ʃʌfl] 1. ша́ркать [-кнуть] (при ходьбе́); волочи́ть (но́ги); [с]тасова́ть (ка́рты); виля́ть (лука́вить); ~ off сва́лить с себя́ (отве́тственность); 2. ша́рканье; тасова́ние (карт); уве́ртка.

shun [ʃʌn] избега́ть [-ежа́ть] (Р); остерега́ться [-ре́чься] (Р).

shunt [ʃʌnt] 1. 🚂 маневри́ровать; ⚡ шунти́ровать; *fig.* откла́дывать [отложи́ть]; 2. 🚂 стре́лка; перево́д на запа́сный путь; ⚡ шунт.

shut [ʃʌt] [*irr.*] 1. закры(ва́)ть(ся), затворя́ть(ся) [-ри́ть(ся)]; ~ down прекраща́ть рабо́ту; ~ up! замолчи́!; 2. закры́тый; **~ter** ['ʃʌtə] ста́вень *m*; *phot.* затво́р.

shuttle ['ʃʌtl] ⊕ челно́к; **~ train** при́городный по́езд.

shy [ʃai] 1. пугли́вый; засте́нчивый; 2. [ис]пуга́ться (at P).

shyness ['ʃainis] засте́нчивость *f*.

Siberian [sai'biəriən] 1. сиби́рский; 2. сибиря́к (-я́чка).

sick [sik] 1. больно́й (of T); чу́вствующий тошноту́; уста́вший (of от P); be ~ for тоскова́ть по (Д *от* П); **~en** ['sikn] *v/i.* заболе(ва́)ть; [за]ча́хнуть; ~ at чу́вствовать отвраще́ние у (Д); *v/t.* де́лать больны́м; вызыва́ть тошноту́ у (Р); **~ fund** больни́чная ка́сса.

sickle ['sikl] серп.

sick|ly ['sikli] боле́зненный; тошнотво́рный; нездоро́вый (кли́мат); **~ness** [-nis] боле́знь *f*; тошнота́.

side [said] 1. *com.* сторона́; бок; край; ~ by ~ бок о́ бок; take ~ with примыка́ть к стороне́ (Р); 2. *attr.* боково́й; побо́чный; 3. ~ with стать на сто́рону (Р); **~board** буфе́т; **~-car** *mot.* коля́ска мотоци́кла; **~-light** боково́й фона́рь *m*; **~long** *adv.* вкось; *adj.* косо́й; боково́й; **~-path** тротуа́р; **~-stroke** пла́вание на боку́; **~-track** 1. 🚂 запасно́й путь *m*; 2. переводи́ть (по́езд) на запа́сный путь; **~-walk** *Am.* тротуа́р; **~ward** (-s) ['saidwədz], **~ways** в сто́рону; вкось; бо́ком.

siding ['saidiŋ] 🚂 ве́тка.

sidle ['saidl] подходи́ть (и́ли ходи́ть) бочко́м.

siege [si:dʒ] оса́да; lay ~ to осажда́ть [осади́ть].

sieve [si:v] си́то.

sift [sift] просе́ивать [-е́ять]; *fig.* [про]анализи́ровать.

sigh [sai] 1. вздох; 2. вздыха́ть [вздохну́ть].

sight [sait] 1. зре́ние; вид; взгляд; зре́лище; прице́л; ~s pl. достопримеча́тельности f/pl.; catch ~ of уви́деть pf., заме́тить pf.; lose ~ of потеря́ть из ви́ду; 2. увиде́ть pf.; вы́смотреть pf.; прице́ли(ва)ться (at in в B); ~ly ['saitli] краси́вый; прия́тный на вид; ~-seeing ['sait-si:iŋ] осмо́тр достопримеча́тельностей.

sign [sain] 1. знак; при́знак; симпто́м; вы́веска; in ~ of в знак (P); 2. v/i. подава́ть знак (Д); v/t. подпи́сывать [-са́ть].

signal ['signl] 1. сигна́л; 2. ☐ выдаю́щийся, замеча́тельный; 3. [про]сигнализи́ровать; ~ize ['signəlaiz] отмеча́ть [-е́тить].

signat|ory ['signətəri] 1. подписа́вший; 2. сторона́, подписа́вшая (догово́р); ~ powers pl. держа́вы-уча́стницы (догово́ра); ~ure ['signitʃə] по́дпись f.

sign|board вы́веска; ~er ['sainə] лицо́, подписа́вшее како́й-либо докуме́нт.

signet ['signit] печа́тка.

signific|ance [sig'nifikəns] значе́ние; ~ant [-kənt] ☐ значи́тельный, многозначи́тельный; хара́ктерный (of для P); ~ation [signifi-'keiʃən] значе́ние; смысл.

signify ['signifai] зна́чить, означа́ть; выка́зывать [вы́казать].

signpost указа́тельный столб.

silence ['sailəns] 1, молча́ние; безмо́лвие; ~! молча́ть!; 2. заста́вить молча́ть; заглуша́ть [-ши́ть], ~r [-ə] глуши́тель m.

silent ['sailənt] ☐ безмо́лвный; молчали́вый; бесшу́мный.

silk [silk] 1. шёлк; 2. шёлковый; ~en ['silkən] ☐ шелкови́стый; ~worm шелкови́чный червь m; ~y ['silki] шелкови́стый.

sill [sil] подоко́нник; поро́г.

silly ['sili] ☐ глу́пый, дура́шливый.

silt [silt] 1. ил; 2. засори́ть(ся) и́лом (mst ~ up).

silver ['silvə] 1. серебро́; 2. сере́бряный; 3. [по]серебри́ть; ~y [-ri] серебри́стый.

similar ['similə] ☐ схо́дный (с T), похо́жий (на B); подо́бный; ~ity [simi'læriti] схо́дство; подо́бие.

simile ['simili] сравне́ние (как риторическая фигу́ра).

similitude [si'militju:d] подо́бие; о́браз; схо́дство.

simmer ['simə] ме́дленно кипе́ть (или кипяти́ть).

simper ['simpə] 1. жема́нная улы́бка; 2. жема́нно улыба́ться.

simple ['simpl] ☐ просто́й; несло́жный; простоду́шный; ~hearted найвный; ~ton [-tən] проста́к.

simpli|city [sim'plisiti] простота́; простоду́шие; ~fy [-fai] упроща́ть [-ости́ть].

simply ['simpli] про́сто; несло́жно.

simulate ['simjuleit] симули́ровать (im)pf., притворя́ться [-ори́ться].

simultaneous [siməl'teinjəs] ☐ одновреме́нный.

sin [sin] 1. грех; 2. согреша́ть [-ши́ть], греши́ть.

since [sins] 1. prp. с (P); 2. adv. с тех пор; ... тому́ наза́д; 3. cj. с тех пор, как; так как; поско́льку.

sincer|e [sin'siə] ☐ и́скренний; ~ity [sin'seriti] и́скренность f.

sinew ['sinju:] сухожи́лие; fig. mst ~s pl. физи́ческая си́ла; ~y [-jui] му́скулистый; си́льный.

sinful ['sinful] ☐ гре́шный.

sing [siŋ] [irr.] [c]петь; воспе́(ва́)ть; ~ing bird пе́вчая пти́ца.

singe [sindʒ] опаля́ть [-ли́ть].

singer ['siŋə] певе́ц, певи́ца.

single ['siŋgl] 1. ☐ еди́нственный; одино́чный; одино́кий, холосто́й, незаму́жняя; ~ entry проста́я бухгалте́рия; in file гусько́м; 2. одино́чная игра́ (в те́ннисе); 3. ~ out отбира́ть [отобра́ть]; ~-breasted однобо́ртный (пиджа́к); ~-handed самостоя́тельно, без посторо́нней по́мощи; ~t ['siŋglit] те́льная фуфа́йка; ~-track одноколе́йный.

singular ['siŋgjulə] необыча́йный; стра́нный; еди́нственный; ~ity [siŋgju'læriti] необыча́йность f.

sinister ['sinistə] злове́щий.

sink [siŋk] 1. [irr.] v/i. опуска́ться [-сти́ться]; [по-, у]тону́ть; погружа́ться [-узи́ться]; v/t. затопля́ть [-пи́ть]; [вы́]рыть (коло́дец); прокла́дывать [проложи́ть] (тру́бы); помеща́ть невы́годно (капита́л); зама́лчивать [замолча́ть] (фа́кты); 2. ра́ковина (водопрово́дная); ~ing [-iŋ] ☐ внеза́пная сла́бость f; ~ fund амортизацио́нный фонд.

sinless ['sinlis] безгре́шный.

sinner ['sinə] гре́шник (-ица).

sinuous ['sinjuəs] ☐ изви́листый.

sip [sip] 1. ма́ленький глото́к; 2. пить ма́ленькими глотка́ми.

sir [sə:] су́дарь m (обраще́ние); ♀ сэр (ти́тул).

siren ['saiərin] сире́на.

sirloin ['sə:lɔin] филе́й.

sister ['sistə] сестра́; ~hood [-hud] сестри́нская общи́на; ~-in-law [-rinlɔ:] неве́стка; золо́вка; своя́ченица; ~ly [-li] сестри́нский.

sit [sit] [irr.] v/i. сиде́ть; заседа́ть; fig. быть располо́женным; ~ down сади́ться [сесть]; v/t. сажа́ть (посади́ть) (на я́йца).

site [sait] местоположе́ние; уча́сток (для строи́тельства).

sitting ['sitiŋ] заседа́ние; ~-room гости́ная.

situat|ed ['sitjueitid] располо́женный; ~ion [sitju'eiʃən] положе́ние; ситуа́ция; до́лжность f.

six [siks] 1. шесть; 2. шестёрка; ~**teen** ['siks'ti:n] шестнадцать; ~**teenth** [-θ] шестнадцатый; ~**th** [siksθ] 1. шестой; 2. шестая часть *f*; ~**tieth** ['sikstiiθ] шестидесятый; ~**ty** ['siksti] шестьдесят.

size [saiz] 1. размер, величина; формат; номер (обуви и т. п.); 2. сортировать по размерам; ... up определять величину (P); ... ~**d** [-d] ... размера.

siz(e)able ['saizəbl] порядочного размера.

sizzle ['sizl] [за]шипеть.

skat|e [skeit] 1. конёк (*pl.*: коньки); (= roller-~) конёк на роликах; 2. кататься на коньках; ~**er** ['skeitə] конькобежец (-жка).

skein [skein] моток пряжи.

skeleton ['skelitn] скелет, остов; каркас; *attr.* ✕ недоукомплектованный (полк и т. д.); ~ **key** отмычка.

sketch [sketʃ] 1. эскиз, набросок; 2. делать набросок (P); рисовать эскизы.

ski [ʃi:, *Am.* ski:] 1. (*pl.* ~ или ~s) лыжа; 2. ходить на лыжах.

skid [skid] 1. тормозной башмак; буксование; ✕ хвостовой костыль *m*; 2. *v/t.* [за]тормозить; *v/i.* буксовать.   (умелый.)

skilful ['skilful] □ искусный,\

skill [skil] мастерство, умение; ~**ed** квалифицированный; искусный.

skim [skim] 1. снимать (снять) (накипь, сливки и т. п.); [по]нестись по (Д), скользить [-знуть] по (Д); просматривать [-смотреть]; ~ **over** бегло прочитывать; 2. ~ **milk** снятое молоко.

skimp [skimp] скудно снабжать; урезывать; [по]скупиться (in на В); ~**y** ['skimpi] □ скудный; узкий.

skin [skin] 1. кожа; шкура; кожура; оболочка; 2. *v/t.* сдирать кожу, шкуру, корку с (P); ~ **off** F снимать [снять] (перчатки, чулки и т. п.); *v/i.* зажи(ва)ть (о ране) (*a.* ~ **over**); ~**-deep** поверхностный; ~**-flint** скряга *m*; ~**ny** ['skini] тощий.

skip [skip] 1. прыжок; ✕ бадья; 2. *v/i.* [по]скакать; *fig.* перескакивать [-скочить] (from с [P]), to на [B]); *v/t.* пропускать [-стить] (страницу и т. п.).

skipper ['skipə] шкипер, капитан.

skirmish ['skə:miʃ] 1. ✕ перестрелка; стычка; 2. перестреливаться.

skirt [skə:t] 1. юбка; пола; край, окраина; 2. окаймлять [-мить]; идти вдоль края; быть расположенным на окраине (P).

skit [skit] сатира, пародия; ~**tish** ['skitiʃ] □ игривый, кокетливый.

skittle ['skitl] кегля; ~ **play** (at) ~**s** *pl.* играть в кегли; ~**-alley** кегельбан.

skulk [skʌlk] скрываться; прятаться; красться; ~**er** ['skʌlkə] скрывающийся; прогульщик.

skull [skʌl] череп.

sky [skai] небо (*eccl.*: небеса); ~**lark** 1. жаворонок; 2. выкидывать штуки; ~**light** верхний свет; световой люк; ~**line** горизонт; очертание на фоне неба); ~**scraper** небоскрёб; ~**ward(s)** ['skaiwəd(z)] к небу.

slab [slæb] плита; пластина.

slack [slæk] 1. нерадивый; расхлябанный; слабый; медленный; ненатянутый (о поводьях и т. п.); (*a.* ↑) вялый; 2. ⚓ слабина (каната); ↑ застой; ~**s** *pl.* свободные (рабочие) брюки *f/pl.*; 3. = ~**en**; = slake; ~**en** ['slækn] ослаблять [-абить]; [о]слабнуть; замедлять [-едлить]; лодырничать.

slag [slæg] шлак, окалина.

slain [slein] *p. pt.* от slay.

slake [sleik] утолять [-лить] (жажду); гасить (известь).

slam [slæm] 1. хлопанье; (в карточной игре) шлем; 2. хлопать [-пнуть] (Т); захлопывать(ся) [-пнуть(ся)].

slander ['slɑ:ndə] 1. клевета; 2. [на]клеветать; ~**ous** [-rəs] □ клеветнический.

slang [slæŋ] слэнг, жаргон.

slant [slɑ:nt] 1. склон, уклон; *Am.* точка зрения; 2. *v/t.* класть косо; направлять вкось; *v/i.* лежать косо; ~**ing** ['slɑ:ntiŋ] *adj.* □ косой; ~**wise** [-waiz] *adv.* косо.

slap [slæp] 1. шлепок; ~ **in the face** пощёчина; 2. шлёпать [-пнуть].

slash [slæʃ] 1. удар сплеча; разрез; вырубка; 2. рубить (рубануть) (саблей); [по]ранить (ножом); [ис]полосовать [полоснуть] (кнутом и т. п.).

slate [sleit] 1. сланец, шифер; грифельная доска; 2. крыть шиферными плитами; ~**-pencil** грифель *m*.

slattern ['slætən] неряха (женщина).

slaughter ['slɔ:tə] 1. убой (скота); резня, кровопролитие; 2. [за]резать (домашнее животное); ~**-house** бойня.

Slav [slɑ:v] 1. славянин (-янка); 2. славянский.

slave [sleiv] 1. раб(ыня); *attr.* рабский; 2. работать как каторжник.

slaver ['slævə] 1. слюни *f/pl.*; 2. [за]слюнявить; пускать слюни.

slav|ery ['sleivəri] рабство; ~**ish** [-viʃ] □ рабский.

slay [slei] [*irr.*] уби(ва)ть.

sled [sled], ~**ge**[1] [sledʒ] сани *f/pl.*; салазки *f/pl.*

sledge[2] [~] кузнечный молот.

sleek [sli:k] 1. □ гладкий, прилизанный; хо́леный; 2. пригла́живать [-гла́дить]; ~ness [sliːknis] гла́дкость f.

sleep [sliːp] 1. [irr.] v/i. спать; ~(up-)on отложи́ть до за́втра; v/t. дава́ть (кому́-нибудь) ночле́г; ~ away прос(ы)па́ть; 2. сон; ~er [-ə] спя́щий; 🚋 шпа́ла; F спа́льный ваго́н; ~ing [-iŋ]: ~ partner компаньо́н, не уча́ствующий акти́вно в дела́х; ~ing-car(riage) 🚋 спа́льный ваго́н; ~less [-lis] □ бессо́нный; ~walker луна́тик; ~y [-i] □ со́нный, за́спанный.

sleet [sliːt] 1. дождь со сне́гом и́ли гра́дом; 2. it ~s идёт дождь со сне́гом; ~y ['sliːti] сля́котный.

sleeve [sliːv] рука́в; ⊕ му́фта; вту́лка.

sleigh [slei] са́ни f/pl.; саля́зки f/pl.

sleight [slait] (mst ~ of hand) ло́вкость f (рук); фо́кусничество.

slender ['slendə] □ стро́йный; то́нкий; ску́дный.

slept [slept] pt. и p. pt. от sleep.

sleuth [sluːθ] соба́ка-ище́йка; fig. сы́щик.

slew [sluː] pt. от slay.

slice [slais] 1. ло́мтик; то́нкий слой; часть f; 2. ре́зать ло́мтиками.

slick [slik] F гла́дкий; Am. хи́трый; ~er Am. ['slikə] жу́лик.

slid [slid] pt. и p. pt. от slide.

slide [slaid] 1. [irr.] скользи́ть [-зну́ть]; ката́ться по льду, вдвига́ть [-и́нуть], всо́вывать [всу́нуть] (into в B); let things ~ относи́ться ко всему́ спустя́ рукава́; 2. скольже́ние; ледяна́я гора́ и́ли доро́жка; о́ползень m; накло́нная пло́скость f; ⊕ саля́зки f/pl.; диапозити́в; ~-rule логарифми́ческая лине́йка.

slight [slait] 1. □ то́нкий, хру́пкий; незначи́тельный; сла́бый; 2. пренебреже́ние; 3. пренебрега́ть [-бре́чь] (T); трети́ровать.

slim|e [slaim] слизь f; ли́пкий ил; ~y ['slaimi] сли́зистый; вя́зкий.

sling [sliŋ] 1. (руже́йный) реме́нь m; рога́тка; пра́ща; 🎗 повя́зка; 2. [irr.] швыря́ть [швырну́ть]; ве́шать че́рез плечо́; подве́шивать [-е́сить].

slink [sliŋk] [irr.] кра́сться.

slip [slip] 1. [irr.] v/i. скользи́ть [-зну́ть]; поскользну́ться pf.; выска́льзывать [вы́скользнуть] (a. ~ away); буксова́ть (о колёсах); ошиба́ться [-би́ться]; v/t. сова́ть [су́нуть]; спуска́ть [спусти́ть] (соба́ку); выпуска́ть [вы́пустить] (стрелу́); ~ a p.'s memory ускольза́ть из па́мяти (P); ~ on (off) наде́(ва́)ть (сбра́сывать [сбро́сить]); 2. скольже́ние; полоса́; про́мах; оши́бка; опи́ска; опеча́тка; комбина́ция (бельё) 🎗 э́линг, ста́пель m; на́волочка; give

a p. the ~ ускольза́ть [-зну́ть] от (P); ~per ['slipə] ко́мнатная ту́фля, ~s pl. щлёпанцы m/pl.; ~pery ['slipəri] □ ско́льзкий; ненадёжный; ~shod ['slipʃɔd] неря́шливый; небре́жный; ~t [slipt] pt. и p. pt. от slip.

slit [slit] 1. разре́з; щель f; 2. [irr.] разреза́ть в длину́.

sliver ['slivə] ще́пка, лучи́на.

slogan [slougən] ло́зунг, деви́з.

sloop [sluːp] ⚓ шлюп.

slop [slɔp] 1. лу́жа; ~s pl. жи́дкая пи́ща; ~s pl. помо́и m/pl.; 2. проли́(ва́)ть; расплёскивать(ся) [-еска́ть(ся)].

slope [sloup] 1. накло́н, склон, скат; 2. клони́ться; име́ть накло́н.

sloppy ['slɔpi] □ мо́крый (о доро́ге); жи́дкий (о пи́ще); неря́шливый.

slot [slɔt] щель f; паз.

sloth [slouθ] лень f, ле́ность f; zo. лени́вец.

slot-machine автома́т (для прода́жи папиро́с и т. п.).

slouch [slautʃ] 1. [c]суту́литься; неуклю́же держа́ться; свиса́ть [сви́снуть]; 2. суту́лость f; ~ hat мя́гкая шля́па.

slough[1] [slau] боло́то; топь f.

slough[2] [slʌf] сбро́шенная ко́жа (змеи́).

sloven ['slʌvn] неря́ха m/f; ~ly [-li] неря́шливый.

slow [slou] 1. □ ме́дленный; медли́тельный; тупо́й; вя́лый; be отст(ав)а́ть (о часа́х); 2. (a. ~ down, up, off) заме́длить(ся) [заме́длить(-ся)]; ~coach тугоду́м; отста́лый челове́к; ~worm zo. медя́ница.

sludge [slʌdʒ] f; отсто́й; ти́на.

slug [slʌg] 1. слизня́к; Am. F жето́н для телефо́нных автома́тов; 2. Am. F [от]туз́ить.

slug|gard ['slʌgəd] лежебо́ка m/f.; ~ish ['slʌgiʃ] □ ме́дленный, вя́лый.

sluice [sluːs] 1. шлюз; 2. отводи́ть шлюзом; шлюзова́ть (im)pf.; обли́(ва́)ть (over B).

slum [slʌm] mst ~s pl. трущо́ба.

slumber ['slʌmbə] 1. (a. ~s pl.) сон; 2. дрема́ть; спать.

slump [slʌmp] 1. ре́зкое паде́ние (цен, спро́са); 2. ре́зко па́дать; тяжело́ опуска́ться (на стул и т. п.).

slung [slʌŋ] pt. и p. pt. от sling.

slunk [slʌŋk] pt. и p. pt. от slink.

slur [sləː] 1. слия́ние (зву́ков); fig. пятно́ (на репута́ции); ♪ ли́га; 2. v/t. сли(ва́)ть (слова́); ~ over зама́зы(ва)ть; ♪ игра́ть лега́то.

slush [slʌʃ] сля́коть f; та́лый снег.

sly [slai] □ хи́трый; лука́вый; on the ~ тайко́м.

smack [smæk] 1. (при)вкус; за́пах; чмо́канье; зво́нкий поцелу́й; fig.

оттёнок; **2.** отзываться [отозваться] (of Т); пахнуть (of Т); иметь привкус (of Р); чмокать [-кнуть] (губами); хлопать [-пнуть] (Т); шлёпать [-пнуть].

small [smɔ:l] *com.* маленький, небольшой; мелкий; незначительный; ~ **change** мелочь *f*; ~ **fry** мелкая рыбёшка; мелюзга; ~ of the back *anat.* поясница; ~**arms** *pl.* ручное огнестрельное оружие; ~**ish** [smɔ:liʃ] довольно маленький; ~**pox** *pl.* 🕇 оспа; ~**talk** лёгкий, бессодержательный разговор.

smart [smɑ:t] **1.** □ резкий, сильный (удар); суровый (о наказании); ловкий; остроумный; щеголеватый; нарядный; **2.** боль *f*; **3.** болеть (о части тела); страдать; ~**money** компенсация за увечье; отступные деньги *f/pl.*; ~**ness** ['smɑ:tnis] нарядность *f*; элегантность *f*.

smash [smæʃ] **1.** *v/t.* сокрушать [-шить] *a. fig.*; разбивать вдребезги; *v/i.* разби(ва́)ться; сталкиваться (столкнуться) (into с Т); 🕇 [о]банкротиться; **2.** битьё вдребезги; столкновение (поездов и т. п.); ~**up** катастрофа; банкротство. [ностное знание.]

smattering ['smætəriŋ] поверх-⌡

smear [smiə] **1.** пятно; мазок; **2.** [на]мазать, изма́з(ыв)ать.

smell [smel] **1.** запах; обоняние; **2.** [*irr.*] обонять (В); [по]чуять (В); (*a.* ~ at) [по]нюхать (В); ~ of пахнуть (Т).

smelt[1] [smelt] *pt. и p. pt. от* smell.

smelt[2] [⌡] выплавлять [выплавить]; ~**r** (металл).

smile [smail] **1.** улыбка; **2.** улыбаться [-бнуться].

smirch [smə:tʃ] *rhet.* [за]пятнать.

smirk [smə:k] ухмыляться [-льнуться].

smite [smait] [*irr.*] поражать [поразить]; ударять (ударить); разби(ва́)ть (неприятеля); разрушать [-рушить].

smith [smiθ] кузнец.

smithereens ['smiðə'ri:nz] *pl.* осколки *m/pl.*; черепки *m/pl.*; (in)to ~ вдребезги.

smithy ['smiði] кузница.

smitten ['smitn] **1.** *p.pt. от* smite; **2.** поражённый (with Т); очарованный (with Т).

smock [smɔk] **1.** украшать оборками; **2.** ~**frock** рабочий халат.

smoke [smouk] **1.** дым; have a ~ покурить *pf.*; **2.** курить; [на]дымить; [за]дымиться; выкуривать [выкурить] (*a.* ~ out); ~**dried** копчёный; ~**r** ['smoukə] курящий; 🚋 F вагон для курящих; отделение для курящих; ~**stack** 🚋 ⚓ дымовая труба.

smoking ['smoukiŋ] курящий; курительный (о комнате); ~**compartment** отделение для курящих.

smoky [-ki] дымный; закоптелый.

smooth [smu:ð] **1.** □ гладкий; *fig.* плавный; спокойный; вкрадчивый, льстивый; **2.** приглаживать [-ладить]; разглаживать [-ладить]; *fig.* (*a.* ~ over) смягчать [-чить], смяз(ыв)ать; ~**ness** ['smu:ðnis] гладкость *f* и т. д.

smote [smout] *pt. от* smite.

smother ['smʌðə] [за]душить.

smoulder ['smouldə] тлеть.

smudge [smʌdʒ] **1.** [за]пачкать(ся); **2.** грязное пятно.

smug [smʌg] самодовольный.

smuggle ['smʌgl] заниматься контрабандой; протаскивать контрабандой; ~**r** [-ə] контрабандист(ка).

smut [smʌt] **1.** сажа, угольная пыль *f* и т. п.; грязное пятно; непристойности *f/pl.*; 🌾 головня; **2.** [за]пачкать.

smutty ['smʌti] □ грязный.

snack [snæk] лёгкая закуска; ~**bar** закусочная.

snaffle ['snæfl] трензель *m.*

snag [snæg] коряга; сучок; обломанный зуб; *fig.* препятствие.

snail [sneil] *zo.* улитка.

snake [sneik] *zo.* змея.

snap [snæp] **1.** щёлк, треск; застёжка; хрустящее печенье; детская карточная игра; *fig.* энергичность *f*; cold ~ внезапное похолодание; **2.** *v/i.* [с]ломаться; щёлкать [-кнуть]; ухватываться [ухватиться] (at за И); огрызаться [-знуться] (at на В); [по]рваться; цапать [цапнуть] (at В); *v/t.* защёлкивать [защелкнуть]; *phot.* делать моментальный снимок (Р); ~ out отрезать *pf.*; ~ up подхватывать [-хватить]; ~**fastener** кнопка (застёжка); ~**pish** ['snæpiʃ] □ раздражительный; ~**py** ['snæpi] F энергичный; живой; ~**shot** *phot.* моментальный снимок.

snare [snɛə] **1.** силок; *fig.* ловушка, западня; **2.** поймать в ловушку.

snarl [snɑ:l] **1.** рычание; **2.** [про]рычать; *fig.* огрызаться [-знуться].

snatch [snætʃ] **1.** рывок; хватание; обрывок; кусочек; **2.** хватать [схватить]; ~ at хвататься [схватиться] за (В); ~ up подхватывать [-хватить].

sneak [sni:k] **1.** *v/i.* красться; *v/t.* F стащить *pf.*, украсть *pf.*; **2.** трус; ябедник (-ица); ~**ers** ['sni:kəz] *pl.* теннисные туфли *f/pl*; тапочки *f/pl*.

sneer [sniə] **1.** усмешка, насмешка; **2.** насмешливо улыбаться; [по]глумиться (at над Т).

sneeze [sni:z] **1.** чиханье; **2.** чихать [чихнуть].

snicker ['snikə] ти́хо ржа́ть; хихи́кать [-кнуть].

sniff [snif] фы́ркать [-кнуть] (в знак презре́ния); [за]сопе́ть; [по]ню́хать.

snigger ['snigə] подавленный смешо́к.

snip [snip] **1.** обре́зок; надре́з; **2.** ре́зать но́жницами.

snipe [snaip] стреля́ть из укры́тия.

snippy ['snipi] F отры́висто-гру́бый; надме́нный.

snivel ['snivl] [за]хны́кать; F распуска́ть со́пли.

snob [snɔb] сноб; **~bery** ['snɔbəri] сноби́зм.

snoop [snu:p] *Am.* **1.** сова́ть нос в чужи́е дела́; **2.** проны́ра *m/f.*

snooze [snu:z] F **1.** лёгкий, коро́ткий сон; **2.** дрема́ть, вздремну́ть *pf.*

snore [snɔ:] [за]храпе́ть.

snort [snɔ:t] фы́ркать [-кнуть]; [за]храпе́ть (о ло́шади).

snout [snaut] ры́ло; мо́рда.

snow [snou] **1.** снег; **2.** it **~s** снег идёт; be **~ed** under быть занесён-ным сне́гом; **~-drift** снежный сугро́б; **~y** ['snoui] сне́жный; белосне́жный.

snub [snʌb] **1.** *fig.* оса́живать [оса́дить]; **2.** вы́говор; **~-nosed** курно́сый.

snuff [snʌf] **1.** ню́хательный таба́к; **2.** снима́ть нага́р (со свечи́); (*a.* take **~**) ню́хать таба́к; **~le** ['snʌfl] гнуса́вить, говори́ть в нос.

snug [snʌg] □ ую́тный; доста́точный; **~gle** ['snʌgl] (ла́сково) приж(им)а́ть(ся) (to к Д).

so [sou] так; ита́к; таки́м о́бразом; I hope **~** я наде́юсь; are you tired? **~** I am вы уста́ли? — да; you are tired, **~** am I вы уста́ли и я то́же; **~** far до сих пор.

soak [souk] *v/t.* [на]мочи́ть; впи́тывать [впита́ть]; *v/i.* промока́ть, пропи́тываться [-пита́ться]; проса́чиваться [-сочи́ться].

soap [soup] **1.** мы́ло; soft **~** жи́дкое мы́ло; **2.** намы́ли(ва)ть; **~-box** мы́льница; импровизи́рованная трибу́на; **~y** ['soupi] □ мы́льный.

soar [sɔ:] высо́ко лета́ть; пари́ть; ✈ [с]плани́ровать.

sob [sɔb] **1.** рыда́ние; **2.** [за]рыда́ть, разрыда́ться *pf.*

sober ['soubə] **1.** □ тре́звый; уме́ренный; **2.** вытрезвля́ть [вы́трезвить]; **~ness** [-nis], **~sobriety** [sou'braiəti] тре́звость *f.*

so-called ['sou'kɔ:ld] так называ́-емый.

sociable ['souʃəbl] **1.** □ общи́тельный; дру́жеский; **2.** *Am.* вече́ринка.

social ['souʃəl] **1.** □ обще́ственный; социа́льный; све́тский; **~** service обще́ственное учрежде́ние; **2.** вече-ри́нка; **~ize** [-aiz] социализи́ровать (*im*)*pf.*

society [sə'saiəti] о́бщество; компа́ния (торго́вая); обще́ственность *f;* объедине́ние.

sociology [sousi'ɔləʤi] социоло́гия.

sock [sɔk] носо́к; сте́лька.

socket ['sɔkit] впа́дина (глазна́я); углубле́ние; ⚡ патро́н (электри́ческой ла́мпочки); ⊕ му́фта.

soda ['soudə] со́да; со́довая вода́; **~-fountain** сифо́н.

sodden ['sɔdn] промо́кший.

soft [sɔft] □ *com.* мя́гкий; не́жный; ти́хий; нея́ркий; кро́ткий; изне́женный; придура́кова́тый; **~** drink *Am.* F безалкого́льный напи́ток; **~en** ['sɔfn] смягча́ть(ся) [-чи́ть(ся)].

soggy ['sɔgi] сыро́й; пропи́танный водо́й.

soil [sɔil] **1.** по́чва, земля́; грязь *f;* пятно́; **2.** [за]па́чкать(ся).

sojourn ['sɔdʒə:n, 'sadʒ-] **1.** пребыва́ние; **2.** (вре́менно) прожива́ть.

solace ['sɔləs] **1.** утеше́ние; **2.** утеша́ть [уте́шить].

sold [sould] *pt.* и *p. pt.* от sell.

solder ['sɔ(l)də] **1.** спа́йка; **2.** пая́ть, запа́ивать [запа́ять].

soldier ['souldʒə] солда́т; **~like**, **~ly** [-li] во́инский; вои́нственный; **~s** [-ri] солда́ты *m/pl.*

sole[1] [soul] □ еди́нственный; исключи́тельный.

sole[2] [~] **1.** подо́шва; подмётка; **2.** ста́вить подмётку к (Д).

solemn ['sɔləm] □ торже́ственный; ва́жный; **~ity** [sə'lemniti] торже́ственность *f;* **~ize** ['sɔləmnaiz] [от]пра́здновать; торже́ственно отмеча́ть.

solicit [sə'lisit] [по]хода́тайствовать; выпра́шивать [вы́просить]; пристл(ав)а́ть (к мужчи́не на у́лице); **~ation** [sɔlisi'teiʃən] хода́тайство; настойчивая про́сьба; **~or** [sə'lisitə] ⟨🜲⟩ стря́пчий; пове́ренный; *Am.* аге́нт фи́рмы; **~ous** [-əs] □ забо́тливый; **~** of стремя́щийся к (Д); **~ude** [-ju:d] забо́тливость *f,* забо́та.

solid ['sɔlid] **1.** □ твёрдый; про́чный; сплошно́й; масси́вный; Å простра́нственный, куби́ческий; *fig.* соли́дный; надёжный; единогла́сный; сплочённый; a **~** hour це́лый час; **~** tire масси́вная ши́на; **2.** твёрдое те́ло; **~arity** [sɔli'dæriti] солида́рность *f;* **~ify** [sə'lidifai] [за]тверде́(ва)ть; де́лать твёрдым; **~ity** [-ti] твёрдость *f;* про́чность *f.*

soliloquy [sə'liləkwi] моноло́г; разгово́р с сами́м собо́й.

solitary ['sɔlitəri] □ одино́кий; уединённый; отде́льный; **~ude** [-tju:d] одино́чество; уединённое ме́сто.

solo ['soulou] со́ло *n indecl.*; ✈ одино́чный полёт; **~ist** ['soulouist] соли́ст(ка).

solu|ble ['sɔljubl] раствори́мый; разреши́мый; **~tion** [sə'lu:ʃən] растворе́ние; реше́ние; ⊕ раство́р; рези́новый клей.

solv|e [sɔlv] реша́ть [реши́ть], разреша́ть [-ши́ть]; **~ent** [-vənt] **1.** растворя́ющий; ✝ платёжеспосо́бный; **2.** раствори́тель *m*.

somb|er, ~re ['sɔmbə] □ мра́чный.

some [sʌm, səm] не́кий, како́й-то; како́й-нибудь; не́сколько; не́которые; о́коло (P); **~ 20 miles** миль два́дцать; **in ~** degree, то extent до изве́стной сте́пени; **~body** ['sʌmbədi] кто́-то; кто́-нибудь; **~how** [-hau] ка́к-то; ка́к-нибудь; **~ or other** так и́ли и́наче; **~one** [ˌwʌn] *s.* somebody.

somer|sault ['sʌmɛːsɔːlt], **~set** [-set] кувырка́ние; turn **~s** *pl.* кувырка́ться, turn a **~** кувыркну́ться *pf.*

some|thing ['sʌmθiŋ] что́-то; что́-нибудь; ко́е-что́; **~ like** приблизи́тельно; что́-то вро́де (P): **~time** [-taim] **1.** когда́-то; не́когда **2.** бы́вший, пре́жний; **~times** иногда́; **~what** [-wɔt] слегка́, немно́го; до не́которой сте́пени; **~where** [-wɛə] где́-то, куда́-то; где́-нибудь, куда́-нибудь.

son [sʌn] сын (*pl.:* сыновья́); *fig. pl.:* сыны́).

song [sɔŋ] пе́сня; рома́нс; F **for a mere ~** за бесце́нок; **~bird** пе́вчая пти́ца; **~ster** ['sɔŋstə] певе́ц; пе́вчая пти́ца.

son-in-law зять *m.*

sonorous [sə'nɔːrəs] □ зву́чный.

soon [su:n] ско́ро, вско́ре; ра́но; охо́тно; as (*or* so) **~** as как то́лько; **~er** ['su:nə] скоре́е; no **~** ... than едва́ ..., как; no **~** said than done сказано — сде́лано.

soot [su:t] **1.** са́жа; ко́поть *f*; **2.** покрыва́ть са́жей.

sooth|e [su:ð] успока́ивать [-ко́ить]; утеша́ть [уте́шить]; **~sayer** ['su:θseiə] предсказа́тель(ница *f*) *m*.

sooty ['su:ti] □ закопчённый; чёрный как са́жа.

sop [sɔp] **1.** обмакну́тый (в подли́вку и т. п.) кусо́к хле́ба и т. п.; *fig.* взя́тка; **2.** обма́кивать [-макну́ть]; нама́чивать [-мочи́ть].

sophist|icate [sə'fistikeit] извраща́ть [-рати́ть]; подде́л(ыв)ать; лиша́ть найвности; **~icated** [-id] извращённый, иска́женный; лишённый найвности; иску́шённый; **~ry** ['sɔfistri] софи́стика.

soporific [sɔupə'rifik] усыпля́ющее, снотво́рное сре́дство.

sorcer|er ['sɔːsərə] волше́бник; **~ess** [-ris] волше́бница; ве́дьма; **~y** [-ri] волшебство́.

---

sordid ['sɔːdid] □ гря́зный; убо́гий.

sore [sɔː] **1.** □ чувстви́тельный; боле́зненный; больно́й, воспалённый; оби́женный; **~ throat** боль в го́рле; **2.** боля́чка; я́зва (*a. fig.*).

sorrel ['sɔːrəl] **1.** гнедо́й (о ло́шади); **2.** гнеда́я ло́шадь *f*.

sorrow ['sɔrou] **1.** го́ре, печа́ль *f*; **2.** горева́ть, печа́литься; **~ful** ['sɔrouful] □ печа́льный, ско́рбный.

sorry ['sɔri] □ по́лный сожале́ния; (I am) □ **~!** мне о́чень жаль!; винова́т!; I am **~ for you** мне вас жаль.

sort [sɔːt] **1.** род, сорт; people of all **~s** *pl.* всевозмо́жные лю́ди *m/pl.*; **~ of** F ка́к бу́дто; be out of **~s** *pl.* быть не в ду́хе; пло́хо чу́вствовать себя́; **2.** сортирова́ть; **~ out** рассортиро́вывать [-иро-ва́ть].

sot [sɔt] го́рький пья́ница *m*.

sough [sau] **1.** ше́лест; **2.** [за-] шелесте́ть.

sought [sɔːt] *pt. и p. pt.* от seek.

soul [soul] душа́.

sound [saund] **1.**□ здоро́вый, кре́пкий, про́чный; здра́вый; норма́льный; ✝ платёжеспосо́бный; ⚓ за... [illegible] ...; проли́в); пла́вательный пузы́рь *m* (у ры́бы); **3.** звуча́ть (*a. fig.*); разд(ав)а́ться; зонди́ровать (*a. fig.*); измеря́ть глубину́ (P); выслу́шивать [вы́слушать] (больно́го); **~ing** ['saundiŋ] ⚓ проме́р глубины́ ло́том; зонди́рование; **~less** [-lis] □ безэву́чный; **~ness** [-nis] здоро́вье и т. д.; **~proof** звуконепро-

soup [su:p] суп. [ница́емый].

sour ['sauə] **1.** □ ки́слый; *fig.* угрю́мый; раздражи́тельный; **2.** *v/t.* [за]ква́сить; *fig.* озлобля́ть [озло́бить]; *v/i.* закиса́ть [-и́снуть]; прокиса́ть [-и́снуть].

source [sɔːs] исто́к; исто́чник (*mst fig.*), ключ, родни́к.

sour|ish ['sauəriʃ] □ кислова́тый; **~ness** [-nis] кислота́; *fig.* го́речь *f*; раздражи́тельность *f*.

souse [saus] [за]соли́ть; [за]маринова́ть; ока́чивать [окати́ть].

south [sauθ] **1.** юг; **2.** ю́жный; **~east 1.** юго-восто́к; **2.** юго-восто́чный (*a. ~eastern*).

souther|ly ['sʌðəli], **~n** ['sʌðən] ю́жный; **~ner** [-nə] южа́нин, южа́нка; *Am.* жи́тель(ница) ю́жных шта́тов.

southernmost [-moust] са́мый ю́жный.

southward, ~ly ['sauθwəd, -li], **~s** [-dz] *adv.* к ю́гу, на юг.

south|-west 1. юго-за́пад; **2.** юго-за́падный (*a. ~westerly, ~western*); **~-wester** юго-за́падный ве́тер; ⚓ зюйдве́стка.

souvenir ['su:vəniə] сувени́р.
sovereign ['sɔvrin] 1. □ верхо́вный; сувере́нный; превосхо́дный; 2. мона́рх; соверéн (монéта в один фунт стéрлингов); **~ty** [-ti] верхóвная власть *f*; суверенитéт.
soviet ['souviet] 1. совéт; 2. совéтский.
sow[1] [sau] *zo.* свинья́, свиномáтка; ⊕ чу́шка.
sow[2] [sou] [*irr.*] [по]сéять; засевáть [засéять]; **~n** [soun] *p. pt.* от sow[2].
spa [spa:] курóрт (с минерáльными вóдами); целéбные вóды *f/pl.*
space [speis] 1. прострáнство; мéсто; промежу́ток; срок; *attr.* косми́ческий; 2. *typ.* набирáть в разря́дку.
spacious ['speiʃəs] □ прострóрный; обши́рный; вмести́тельный.
spade [speid] лопáта; **~s** пи́ки *f/pl.* (кáрточная масть).
span [spæn] 1. пролёт (мóста); корóткое расстоя́ние *или* врéмя; *Am.* пáра лошадéй (волóв и т. п.); 2. стрóить мост чéрез (В); измеря́ть [-éрить].
spangle ['spæŋgl] 1. блёстка; 2. украшáть блёстками; *fig.* [у]сéять. (-нка).
Spaniard ['spænjəd] испáнец)
Spanish ['spæniʃ] испáнский.
spank [spæŋk] F 1. шлёпать [-пнуть]; отшлёп(ив)ать; 2. шлепóк; **~ing** ['spæŋkiŋ] свéжий (вéтер).
spar [spa:] 1. ⊕ рангóутное дéрево; ⚡ лонжерóн; 2. боксировать (в трениróвке); *fig.* [по]спóрить, препирáться.
spare [spɛə] 1. □ запаснóй; ли́шний, свобóдный; скудный; худощáвый; скрóмный; **~** time свобóдное врéмя *n*; 2. ⊕ запаснáя часть *f*; 3. [по]щади́ть; [по]жалéть; [с]берéчь; уделя́ть [-ли́ть] (врéмя); избавля́ть [-áвить] от (Р).
sparing ['spɛəriŋ] □ умéренный; бережли́вый; скудный.
spark [spa:k] 1. и́скра; щёголь *m*; 2. [за]и́скриться; **~(ing)-plug** *mot.* запáльная свечá.
sparkle ['spa:kl] 1. и́скра; сверкáние; 2. [за]и́скриться, [за]сверкáть; sparkling wine шипу́чее винó.
sparrow ['spærou] воробéй.
sparse [spa:s] □ рéдкий; разбрóсанный.
spasm [spæzm] спáзма, су́дорога, **~odic(al** □) [spæz'mɔdik, -dikəl] су́дорожный.
spat [spæt] 1. гéтра; 2. *pt.* и *p.pt.* от spit.
spatter ['spætə] бры́згать [-знуть]; расплёскивать [-плескáть].
spawn [spɔ:n] 1. икрá; *fig. contp.* отрóдье; 2. метáть икру́; *contp.* [рас]плоди́ться.

speak [spi:k] [*irr.*] *v/i.* говори́ть; [по]говори́ть (with, to с Т); разговáривать; **~** out, **~** up выскáзываться [выскáзаться]; говори́ть грóмко; *v/t.* выскáзывать [выскáзать]; говори́ть [сказáть] (прáвду и т. п.); **~er** ['spi:kə] орáтор *m*; *parl.* спи́кер (председáтель палáты); **~ing-trumpet** рýпор.
spear [spiə] 1. копьё; дрóтик; острогá; 2. пронзáть копьём; бить острогóй (ры́бу).
special ['speʃəl] 1. □ специáльный; осóбенный; осóбый; экстренный; 2. специáльный корреспондéнт; экстренный пóезд; **~ist** [-ist] специали́ст; **~ity** [speʃi'æliti] осóбенность *f*; специáльность *f*; **~ize** ['speʃəlaiz] специализи́ровать(ся) (*im*)*pf.* (в П или по Д); **~ty** ['speʃəlti] *s.* speciality.
specie ['spi:ʃi:] звóнкая монéта; **~s** ['spi:ʃi:z] вид; разновидность *f*.
speci|fic [spi'sifik] (**~ally**) характéрный; осóбенный; определённый; **~fy** [-fai] специфи́цировать (*im*)*pf.*; тóчно определя́ть; **~men** [-min] образéц; обрáзчик; экземпля́р.
specious ['spi:ʃəs] □ благови́дный; показнóй.
speck [spek] 1. пя́тнышко; крáпинка; 2. [за]пятнáть, **~le** ['spekl] 1. пя́тнышко; 2. испещря́ть [-ри́ть]; [за]пятнáть.
spectacle ['spektəkl] зрéлище; **~s** *pl.* очки́ *n/pl.*
spectacular [spek'tækjulə] □ эффéктный, импозáнтный.
spectator [spek'teitə] зри́тель(ница *f*) *m*.
spect|er ['spektə] при́зрак; **~ral** ['spektrəl] □ при́зрачный; **~re** *s.* **~er**.
speculat|e ['spekjuleit] размышля́ть [-ислить]; † спекули́ровать (in T); **~ion** [spekju'leiʃən] размышлéние; предположéние; † спекуля́ция; **~ive** ['spekjulətiv] □ умозри́тельный; спекуляти́вный; **~or** [-leitə] † спекуля́нт.
sped [sped] *pt.* и *p. pt.* от speed.
speech [spi:tʃ] речь *f*; гóвор; **~less** ['spi:tʃlis] □ безмóлвный.
speed [spi:d] 1. скóрость *f*, быстротá; *mot.* ход, скóрость *f*; good **~!** всегó хорóшего!; 2. [*irr.*] *v/i.* [по]спеши́ть; идти́ поспéшно; успевáть (в заня́тиях); *v/t.* **~** up ускоря́ть [-óрить]; **~-limit** допускáемая скóрость *f* (езды́); **~ometer** [spi:'dɔmitə] *mot.* спидóметр; **~y** ['spi:di] □ быстрый.
spell [spel] 1. (корóткий) период; промежу́ток врéмени; рабóчее врéмя *n*; чáры *f/pl.*; обая́ние; 2. [*a. irr.*] писáть, читáть по бу́квам; писáть прáвильно; означáть [означáчить]; **~bound** *fig.* очарóванный;

~er ['spelə] *part. Am.* буква́рь *m;*
~ing [-iŋ] правописа́ние; **~ing-**
book буква́рь *m.*

spelt [spelt] *pt. и p. pt.* от spell.

spend [spend] *irr.* [по]тра́тить,
[из]расхо́довать (де́ньги); проводи́ть [-вести́] (вре́мя); истоща́ть
[-щи́ть]; **~thrift** ['spendθrift] мот
(-о́вка), расточи́тель(ница *f*) *m.*

spent [spent] 1. *pt. и p. pt.* от spend.
2. *adj.* истощённый.

sperm [spə:m] спе́рма; кашало́т.

spher|e [sfiə] шар; земно́й шар;
небе́сная сфе́ра; *fig.* сфе́ра; круг, по́ле де́ятельности; среда́; **~ical** ['sferikəl] □ сфери́ческий.

spice [spais] 1. спе́ция, пря́ность *f;*
fig. соль *f;* приву́кус; 2. приправля́ть [-а́вить].

spick and span ['spikən'spæn]
щегольско́й, с иго́лочки.

spicy ['spaisi] □ пря́ный; пика́нтный.

spider ['spaidə] *zo.* пау́к.

spigot ['spigət] *Am.* кран (бо́чки).

spike [spaik] 1. остриё; шип, гвоздь
m (на подо́шве); ♀ ко́лос; 2. прибива́ть гвоздя́ми; снабжа́ть шипа́ми; пронза́ть [-зи́ть].

spill [spil] 1. *irr. v/t.* проли(ва́)ть;
рассыпа́ть [-ы́пать]; Ⓕ выва́ливать [вы́валить] (седока́); *v/i.* проли́(ва́)ться; 2. Ⓕ паде́ние.

spilt [spilt] *pt. и p. pt.* от spill.

spin [spin] 1. *irr.* [с]прясть; [с]сучи́ть (кана́т и т. п.); крути́ться; [за]кружи́ть(ся); **~ a yarn** расска́зывать небыли́цы; **~ along** ката́ться, [по]кати́ться; 2. круже́ние; бы́страя езда́.

spinach ['spinidʒ] ♀ шпина́т.

spinal ['spainl] спинно́й; **~ column**
спинно́й хребе́т; **~ cord, ~ marrow**
спинно́й мозг.

spindle ['spindl] веретено́.

spine [spain] *anat.* спинно́й хребе́т, позвоно́чный столб; колю́чка.

spinning-mill пряди́льная фа́брика; **~-wheel** пря́лка.

spinster ['spinstə] ста́рая де́ва; *tⁿ* нсзаму́жняя (же́нщина).

spiny ['spaini] колю́чий.

spiral ['spaiərəl] 1. □ спира́льный;
~ staircase винтова́я ле́стница; 2. спира́ль *f.*

spire ['spaiə] шпиль *m;* шпиц; остроконе́чная верши́на.

spirit ['spirit] 1. *com.* дух; привиде́ние; смысл; воодушевле́ние; спирт; *~s pl.* (high припо́днятое, low пода́вленное) настрое́ние; спиртны́е напи́тки *m/pl.;* **~ away,**
off таи́нственно похища́ть; **~ed**
[-id] □ живо́й; сме́лый; энерги́чный; **~less** [-lis] □ вя́лый; ро́бкий; безжи́зненный.

spiritual ['spiritjuəl] □ духо́вный;
одухотворённый; религио́зный;
~ism [-izm] спирит(уал)и́зм.

spirituous ['spiritjuəs] спиртно́й,
алкого́льный.

spirt [spə:t] *s.* spurt.

spit [spit] 1. ве́ртел; слюна́; плево́к; *fig.* подо́бие; 2. *irr.* плева́ть
[плю́нуть]; треща́ть (об огне́); шипе́ть (о ко́шке); моро́сить.

spite [spait] 1. зло́ба, злость *f; in ~*
of не смотря́ на (В); 2. досажда́ть
[досади́ть]; **~ful** ['spaitful] зло́бный.

spitfire ['spitfaiə] вспы́льчивый
челове́к.

spittle ['spitl] слюна́; плево́к.

spittoon [spi'tu:n] плева́тельница.

splash [splæʃ] 1. бры́зги *f/pl. (mst*
~es pl.); плеск; 2. бры́згать [-знуть];
плеска́ть(ся) [-сну́ть].

splayfoot ['spleifut] косола́пый.

spleen [spli:n] *anat.* селезёнка;
хандра́.

splend|id ['splendid] □ блестя́щий;
великоле́пный, роско́шный; **~-**
o(u)r [-də] блеск; великоле́пие,
ро́скошь *f;* пы́шность *f.*

splice [splais] ♣ сплета́ть [-ести́]
(кана́ты), сосдиня́(ва)ть.

splint [splint] 1. *&* лубо́к; 2. накла́дывать лубо́к на (В); **~er** ['splintə]
1. оско́лок; лучи́на; зано́за; 2. расщепля́ть(ся) [-пи́ть(ся)].

split [split] 1. *irr.* тре́щина; щель *f;*
fig. раско́л; 2. расщеплённый;
раско́лотый; 3. *irr. v/t.* раска́лывать [-коло́ть]; расщепля́ть
[-пи́ть]; **~ hairs** вдава́ться в то́нкости; **~ one's sides with laughing**
надрыва́ться от сме́ха; *v/i.* раска́лываться [-коло́ться]; ло́пнаться
[ло́пнуть]; **~ting** ['splitiŋ] ужа́сный (о головно́й бо́ли); оглуши́тельный.

splutter ['splʌtə] *s.* sputter.

spoil [spɔil] 1. (*a. ~s pl.*) награ́бленное добро́, добы́ча; *pol. part. Am.*
~s system распределе́ние госуда́рственных до́лжностей за услу́ги;
2. *irr.* [ис]по́ртить; [по]губи́ть;
[ис]по́ртиться (о пи́ще); [из]балова́ть (ребёнка).

spoke [spouk] 1. *pt.* от speak; 2. спи́ца (колеса́); ступе́нька, перекла́дина; **~n** ['spoukən] *p. pt.* от
speak; **~sman** ['spouksmən] представи́тель *m.*

sponge [spʌndʒ] 1. гу́бка; 2. *v/t.*
вытира́ть и́ли мыть гу́бкой; **~ up**
впи́тывать гу́бкой; *v/i.* жить на
чужо́й счёт; **~-cake** бискви́т; **~r**
['spʌndʒə] прижива́льщик (-лка).

spongy ['spʌndʒi] гу́бчатый.

sponsor ['spɔnsə] 1. покрови́тель
(-ница *f*) *m;* поручи́тель(ница *f*) *m;*
крёстный оте́ц, крёстная мать *f;*
Am. абоне́нт радиорекла́мы; 2. руча́ться [поручи́ться] за (В); быть
крёстным отцо́м (крёстной ма́терью) у (Р).

spontane|ity [spɔntə'ni:iti] непосре́дственность *f*; самопроизво́льность *f*; ~ous [spɔn'teinjəs] □ непосре́дственный; непринуждённый; самопроизво́льный.

spook [spu:k] привиде́ние.

spool [spu:l] 1. шпу́лька; 2. нама́тывать на шпу́льку.

spoon [spu:n] 1. ло́жка; 2. че́рпать ло́жкой; ~ful ['spu:nful] ло́жка (ме́ра).

sport [spɔ:t] 1. спорт; ~s *pl.* спорти́вные и́гры *f/pl.*; *attr.* спорти́вный; *fig.* игру́шка; развлече́ние, заба́ва; *sl.* молоде́ц; ~ся, резви́ться; *v/t.* Ϝ щего-ля́ть [-льну́ть] (Т); ~ive ['spɔ:tiv] □ игри́вый; весёлый; ~sman ['spɔ:tsmən] спортсме́н.

spot [spɔt] 1. *com.* пятно́; кра́пинка; ме́сто; on the ~ на ме́сте; сра́зу, неме́дленно; 2. нали́чный; подлежа́щий неме́дленной упла́те; 3. [за]пятна́ть; ⚔ обнару́жи(ва)ть; Ϝ опозн(ав)а́ть; ~less ['spɔtlis] □ безупре́чный; незапя́тнанный; ~light прожéктор; *fig.* центр внима́ния; ~ty ['spɔti] пятни́стый; кра́пчатый; прыщева́тый.

spouse [spauz] супру́г(а).

spout [spaut] 1. струя́; но́сик (ча́йника и т. п.); водосто́чная труба́; 2. выпуска́ть струёй (В); бить струёй; Ϝ ора́торствовать.

sprain [sprein] 1. растяже́ние (свя́зок); 2. растя́гивать [-тяну́ть]; вы́вихнуть *pf.*

sprang [spræŋ] *pt.* от **spring**.

sprawl [sprɔ:l] растя́гивать(ся) [-яну́ть(ся)]; развали́ваться [-ли́ться] (в кре́сле); ⚘ бу́йно разраста́ться.

spray [sprei] 1. водяна́я пыль *f*; бры́зги *f/pl.*; пульвериза́тор, распыли́тель *m* (а. ~er); 2. распыля́ть [-ли́ть]; обры́зг(ив)ать.

spread [spred] 1. [*irr.*] *v/t.* (а. ~ out) расстила́ть [разостла́ть]; распространя́ть [-ни́ть]; нама́з(ыв)ать (Т); ~ the table накры́(ва́)ть на стол; *v/i.* простира́ться [простере́ться]; распространя́ться [-ни́ться]; 2. *pt.* и *p. pt.* от **spread** 1.; 3. распростране́ние; протяже́ние.

spree [spri:] весе́лье; ша́лость *f*; кутёж.

sprig [sprig] вéточка, побе́г; *fig.* о́тпрыск; ⊕ штифтик; гвоздик.

sprightly ['spraitli] оживлённый, весёлый.

spring [spriŋ] 1. прыжо́к, скачо́к; родни́к, ключ; (а. ~time) весна́; ⊕ пружи́на, рессо́ра; *fig.* моти́в; 2. [*irr.*] *v/t.* взрыва́ть [взорва́ть]; вспу́гивать [-гну́ть] (дичь); ~ a leak ⚓ дава́ть течь (о корабле́); ~ a th. (up)on a p. неожи́данно сообщи́ть (В/Д); *v/i.* пры́гать [вскочи́ть]; вска́кивать [вскочи́ть]; ⚘ появля́ться [-ви́ться] (о по́чках); ~ up

возника́ть [-и́кнуть]; ~-board трампли́н; ~tide весна́; ~ tide сизиги́йный прили́в; ~y ['spriŋi] упру́гий.

sprinkl|e ['spriŋkl] бры́згать [-зну́ть]; [о]кропи́ть; ~ing [-iŋ] лёгкий дождь *m*; а. ~ немно́го.

sprint [sprint] *sport* 1. спринт (бег на коро́ткую диста́нцию); 2. бе́гать на ско́рость.

sprite [sprait] эльф.

sprout [spraut] 1. пуска́ть ростки́; всходи́ть [взойти́] (о семена́х); отра́щивать [отрасти́ть]; 2. ⚘ росто́к, побе́г.

spruce¹ [spru:s] □ щеголева́тый; **spruce²** [.] ⚘ ель *f*.

sprung [sprʌŋ] *pt.* и *p. pt.* от **spring**.

spry [sprai] *part. Am.* живо́й, сообрази́тельный; прово́рный.

spun [spʌn] *pt.* и *p. pt.* от **spin**.

spur [spə:] 1. шпо́ра; *fig.* побужде́ние; act on the ~ of the moment де́йствовать под влия́нием мину́ты; 2. пришпо́ри(ва)ть; побужда́ть [-уди́ть].

spurious ['spjuəriəs] □ подде́льный, подло́жный.

spurn [spə:n] отверга́ть с презре́нием; отта́лкивать [оттолкну́ть] (ного́й).

spurt [spə:t] 1. наддава́ть хо́ду струёй; выбра́сывать [вы́бросить] (пла́мя); 2. струя́; поры́в вéтра; рыво́к; *sport* спурт.

sputter ['spʌtə] 1. бры́зги *f/pl.*; шипе́ние; 2. [за]шипе́ть (об огне́); бры́згать слюно́й; говори́ть бессвя́зно.

spy [spai] 1. шпио́н(ка); та́йный аге́нт; 2. шпио́нить, следи́ть (on за Т); ~-glass подзо́рная труба́.

squabble ['skwɔbl] 1. перебра́нка, ссо́ра; 2. [по]вздо́рить.

squad [skwɔd] брига́да; отря́д; ⚔ отделе́ние; гру́ппа, кома́нда; ~ron ['skwɔdrən] ⚔ эскадро́н; ✈ эскадри́лья; ⚓ эска́дра.

squalid ['skwɔlid] □ убо́гий.

squall [skwɔ:l] 1. шквал; вопль *m*; крик; 2. [за]вопи́ть.

squander ['skwɔndə] прома́тывать [-мота́ть]; расточа́ть [-чи́ть].

square [skwɛə] 1. □ квадра́тный; прямоуго́льный; пра́вильный; ро́вный; то́чный; прямо́й, че́стный; недвусмы́сленный; Ϝ ~ measure квадра́тная мéра; 2 feet ~ 2 фу́та в квадра́те; 2. квадра́т; прямоуго́льник; пло́щадь *f*; ⚖ *v/t.* де́лать прямоуго́льным; опла́чивать [оплати́ть] (счёт); согла́совывать [-сова́ть]; *v/i.* согласо́вываться [-сова́ться]; сходи́ться [сойти́сь]; ~-toes Ϝ педа́нт.

squash [skwɔʃ] 1. фрукто́вый напи́ток; разда́вленная ма́сса; Ϝ толчея́; 2. разда́вливать [-дави́ть].

squat [skwɔt] 1. призе́мистый;

2. сидѐ́ть на ко́рточках; **~ter** ['skwɔtə] *Am.* поселѝ́вшийся само́вольно в незаня́том до́ме, на неза́нятой землѐ́.

squawk [skwɔ:k] **1.** пронзѝ́тельный крик (птѝ́цы); **2.** пронзѝ́тельно крича́ть.

squeak [skwi:k] [про]пища́ть; *sl.* доноси́ть [донести́].

squeal [skwi:l] [за]визжа́ть; *s.* squeak.

squeamish ['skwi:miʃ] □ щепетѝ́льный; обѝ́дчивый; приверѐ́дливый; брезглѝ́вый.

squeeze [skwi:z] **1.** сж(им)а́ть; стѝ́скивать [-снуть]; выжима́ть [вы́жать]; *fig.* вымога́ть (from у Р); **2.** сжа́тие; пожа́тие; давлѐ́ние; да́вка; **~r** ['skwi:zə] выжима́лка.

squelch [skweltʃ] F хлю́пать; разда́вливать ного́й; *fig.* подавля́ть [-ви́ть].

squint [skwint] коси́ть (глаза́ми); [со]щу́риться.

squire ['skwaiə] **1.** сквайр (тѝ́тул); **2.** сопровожда́ть (да́му).

squirm [skwə:m] F извѝ(ва́)ться, [с]ко́рчиться.

squirrel ['skwirəl, *Am.* 'skwə:rəl] бѐ́лка.

squirt [skwə:t] **1.** струя́; шприц; F вы́скочка *m/f*; ? пускать струю́ (Р); бить струѐ́й.

stab [stæb] **1.** уда́р (чѐ́м-либо о́стрым); **2.** *v/t.* зака́лывать [заколо́ть]; *v/i.* наноси́ть уда́р (at Д).

stabili|ty [stə'biliti] усто́йчивость *f*; про́чность *f*; **~ze** ['stæbilaiz] стабилизи́ровать (*im*)*pf.*

stable¹ ['steibl] □ сто́йкий; усто́йчивый.

stable² [~] **1.** коню́шня; хлев; **2.** ста́вить в коню́шню (ѝ́ли в хлев).

stack [stæk] **1.** стог (сѐ́на и т. п.); шта́бель *m*; труба́ (парохо́да); ку́ча; **2.** скла́дывать в стог и т. д.; нагроможда́ть [-мозди́ть].

stadium ['steidiəm] *sport* стадио́н; 𝕏 ста́дия.

staff [stɑ:f] **1.** по́сох; жезл; дрѐ́вко; 𝕏 штаб; *attr.* штабно́й; ♪ но́тная линѐ́йка; служѐ́бный персона́л; **2.** снабжа́ть персона́лом.

stag [stæg] *zo.* олѐ́нь-саме́ц.

stage [steidʒ] **1.** подмо́стки *m/pl.*; сцѐ́на; эстра́да; ста́дия; перего́н; эта́п; **2.** [по]ста́вить (пьѐ́су), инсцени́ровать (*im*)*pf.*; **~-coach** дилижа́нс; **~-manager** режиссёр.

stagger ['stægə] **1.** *v/i.* шата́ться [(по)шатну́ться]; *v/t.* потряса́ть [-ясти́]; поража́ть [порази́ть]; **2.** шата́ние.

stagna|nt ['stægnənt] □ сто́ячий (о водѐ́); *fig.* ко́сный; **~te** [-neit] заста́иваться [застоя́ться]; *fig.* [за]коснѐ́ть.

staid [steid] □ солѝ́дный, уравновѐ́шенный.

stain [stein] **1.** пятно́; ⊕ протра́ва; **2.** [за]па́чкать; [за]пятна́ть; ⊕ протра́вливать [-ра́вить] (дѐ́рево); [по]кра́сить; **~ed glass** цветно́е стекло́; **~less** ['steinlis] незапя́тнанный; нержавѐ́ющий (о ста́ли); *fig.* безупрѐ́чный.

stair [stɛə] ступѐ́нька; **~s** *pl.* лѐ́стница; **~case**, *Am.* **~way** лѐ́стница; лѐ́стничная клѐ́тка.

stake [steik] **1.** кол; ста́вка, закла́д (в пари́); **~s** *pl.* приз; be at ~ быть поста́вленным на ка́рту (*a. fig.*); **2.** подпира́ть (ѝ́ли огора́живать) ко́льями; ста́вить на ка́рту; **~ out** отмеча́ть вѐ́хами.

stale [steil] □ несвѐ́жий; вы́дохшийся; спёртый (во́здух); избѝ́тый.

stalk [stɔ:k] **1.** сте́бель *m*, черено́к; *hunt.* подкра́дывание; **2.** *v/i.* ва́жно выступа́ть; го́рдо выступа́ть; *v/t.* подкра́дываться [-ра́сться] к (Д).

stall [stɔ:l] **1.** сто́йло; прила́вок, кио́ск, ларёк; *thea.* мѐ́сто в партѐ́ре; **2.** ста́вить в сто́йло; застрева́ть [-ря́ть] (в снегу́ и т. п.); ✈ теря́ть ско́рость.

stallion ['stæljən] жеребѐ́ц.

stalwart ['stɔ:lwət] ро́слый, дю́жий, сто́йкий.

stamina ['stæminə] выно́сливость *f*.

stammer ['stæmə] **1.** заика́ться [-кну́ться]; запина́ться [запну́ться]; **2.** заика́ние.

stamp [stæmp] **1.** штамп, штѐ́мпель *m*; печа́ть *f* (*a. fig.*); клеймо́; (почто́вая, гѐ́рбовая) ма́рка; печа́ть; **2.** [от]штампова́ть; [за]штемпелева́ть; [за]клейми́ть; то́пать ного́й.

stampede [stæm'pi:d] **1.** панѝ́ческое бѐ́гство; **2.** обраща́ть(ся) в панѝ́ческое бѐ́гство.

stanch [stɑ:ntʃ] **1.** остана́вливать кровотечѐ́ние из (Р); **2.** вѐ́рный, лоя́льный.

stand [stænd] **1.** [*irr.*] *v/i. com.* стоя́ть; постоя́ть *pf.*; простаива́ть [-стоя́ть]; остана́вливаться [-нови́ться]; держа́ться; устоя́ть *pf.*; **~ against** [вос]проти́виться, сопротивля́ться (Д); **~ aside** [по]сторони́ться; **~ back** отступа́ть [-пи́ть]; **~ by** прису́тствовать; *fig.* быть нагото́ве; подде́рживать [-жа́ть] (В); **~ for** быть кандида́том (В); стоя́ть за (В); зна́чить; **~ off** отодвига́ться [-ѝ́нуться] от (Р); **~ out** выделя́ться [вы́делиться] (against на П); **~ over** остава́ться нерешённым; **~ to** держа́ться (Р); **~ up** вст(ав)а́ть, поднима́ться [-ня́ться]; **~ up for** защища́ть [-ити́ть]; **2.** *v/t.* [по]ста́вить; выдѐ́рживать [вы́держать], выноси́ть [вы́нести]; F угоща́ть [угости́ть] (Т); **3.** остано́вка; сопротивлѐ́ние; то́чка зрѐ́ния; кибск; позиция; место; подставка; трибуна; make a ~ against сопротивляться (Д).

standard ['stændəd] **1.** знамя n, флаг, штандарт; норма, стандарт; образец; уровень m; **2.** стандартный; образцовый; ~**ize** [-aiz] нормировать (im)pf.

stand-by ['stænd'bai] опора.

standing ['stændiŋ] **1.** [] стоящий; стоячий; постоянный; ~ orders pl. устав; parl. правила процедуры; **2.** стояние; положение; продолжительность f; ~**room** место для стоящих (пассажиров, зрителей).

stand|-offish сдержанный; ~**point** точка зрения; ~**still** бездействие; мёртвая точка; ~**-up**: ~ collar стоячий воротничок.

stank [stæŋk] pt. ot stink.

stanza ['stænzə] строфа, станс.

staple ['steipl] **1.** главный продукт; главная тема; **2.** основной.

star [sta:] **1.** звезда (a. fig.); fig. судьба; ~**s** and stripes pl. Am. национальный флаг США; **2.** украшать звёздами; играть главную роль; предоставлять главную роль (Д).

starboard ['sta:bəd] ⚓ **1.** правый борт; **2.** класть руль направо.

starch [sta:tʃ] **1.** крахмал; fig. чопорность f; **2.** [на]крахмалить.

stare [stɛə] **1.** пристальный взгляд; **2.** смотреть пристально; таращить глаза (at на В).

stark [sta:k] окоченелый; совершённый; adv. совершенно.

star|ry ['sta:ri] звёздный; как звёзды; ~**spangled** [-spæŋgld] усеянный звёздами; ~ banner Am. национальный флаг США.

start [sta:t] **1.** вздрагивание; отправление; ✈ вылет; sport старт; начало; fig. преимущество; get the ~ of a p. получить преимущество перед кем-либо (2); **2.** v/i. вздрагивать [-рогнуть]; вскакивать [вскочить]; отправляться в путь; sport стартовать (im)pf.; нач(ин)аться; ✈ влетать [-еть]; v/t. пускать [пустить] (в ход); sport давать старт (Д); fig. нач(ин)ать; учреждать [-едить]; вспугивать [-гнуть]; побуждать [-удить] (a p. doing кого-либо делать); ~**er** ['sta:tə] mot. стартер; sport стартер, F стартёр; fig. инициатор.

startl|e ['sta:tl] **1.** поражать [поразить]; вздрагивать [-рогнуть]; ~**ing** ['sta:tliŋ] поразительный.

starv|ation [sta:'veiʃən] голод; голодание; ~**e** [sta:v] голодать; умирать с голоду; морить голодом; ~ for fig. жаждать (Р).

state [steit] **1.** состояние; положение; государство (pol. a. 2); штат; attr. государственный; in ~ с помпой; **2.** заявлять [-вить];

констатировать (im)pf.; [с]формулировать; излагать [изложить]; ~**ly** величавый; величественный; ~**ment** утверждение; заявление; официальный отчёт; ✝ ~ of account извлечение (или выписка) из счёта; ~**room** парадный зал; ⚓ отдельная каюта (на пароходе); ~**sman** ['steitsmən] государственный (Am. a. политический) деятель m.

static ['stætik] статический; стационарный.

station ['steiʃən] **1.** место, пост; станция; вокзал; остановка; ⚓ военно-морская база; **2.** [по]ставить, помещать [-естить]; ⚔ размещать [-естить]; ~**ary** ['steiʃnəri] □ неподвижный; стационарный; ~**ery** ['steiʃnəri] канцелярские принадлежности f/pl.; ~**master** начальник станции.

statistics [stə'tistiks] статистика.

statu|ary ['stætjuəri] скульптурный; ~**e** [-ju:] статуя, изваяние.

stature ['stætʃə] рост, стан, фигура.

status ['steitəs] положение, состояние; статус.

statute ['stætju:t] статут; закон; законодательный акт; устав.

staunch [stɔ:ntʃ] s. stanch.

stave [steiv] **1.** клёпка (бочарная); перекладина; строфа; **2.** [irr.] (mst ~ in) проламывать [-ломить], разби(ва)ть (бочку и т. п.); ~ off предотвращать [-вратить].

stay [stei] ⚓ **1.** штаг; опора, поддержка; остановка; пребывание; ~**s** pl. корсет; **2.** v/t. поддерживать [-жать]; задерживать [-жать]; v/i. ост(ав)аться; останавливаться [-новиться], жить (в П); sport проявлять выносливость; ~**er** ['steiə] выносливый человек; sport стайер; ~ **race** велосипедная гонка за лидером.

stead [sted]: in ~ of вместо (Р); ~**fast** ['stedfəst] стойкий, непоколебимый.

steady ['stedi] **1.** □ устойчивый; установившийся; твёрдый; равномерный; степенный; **2.** делать (-ся) устойчивым; приходить в равновесие.

steal [sti:l] [irr.] v/t. [у]воровать, [у]красть; v/i. красться, прокрадываться [-растьcя].

stealth [stelθ]: by ~ украдкой, тайком; ~**y** ['stelθi] □ тайный; бесшумный.

steam [sti:m] **1.** пар; испарение; **2.** attr. паровой; **3.** v/i. выпускать пар; плавать [по]плыть, (о пароходе); v/t. варить на пару; парить; выпаривать [выпарить]; ~**er** ['sti:mə] ⚓ пароход; ~**y** ['sti:mi] □ парообразный; насыщенный парами.

steel [sti:l] **1.** сталь f; **2.** стальной

(*a.* ~y); *fig.* жесто́кий; 3. покрыва́ть ста́лью; *fig.* закаля́ть [-ли́ть].

steep [sti:p] 1. круто́й; F невероя́тный; 2. погружа́ть [-узи́ть] (в жи́дкость); пропи́тывать [-ита́ть]; *fig.* погружа́ться [-узи́ться] (in в B).

steeple ['sti:pl] шпиль *m*; колоко́льня; ~**chase** ска́чки с препя́тствиями.

steer[1] [stiə] кастри́рованный бычо́к.

steer[2] [~] пра́вить рулём; управля́ть (T); води́ть, [по]вести́ ((су́дно); ~**age** ['stiəridʒ] ⚓ управле́ние рулём; сре́дняя па́луба; ~**man** ['stiəzmən] рулево́й.

stem [stem] 1. ствол; сте́бель *m*; *gr.* осно́ва; ⚓ нос; 2. заде́рживать [-жа́ть]; сопротивля́ться (Д).

stench [stentʃ] злово́ние.

stencil ['stensl] трафаре́т.

stenographer [ste'nɔgrəfə] стенографи́ст(ка).

step[1] [step] 1. шаг; похо́дка; ступе́нька; подно́жка; *fig.* ме́ра; по сту́пок; tread in the ~s of *fig.* идти́ по стопа́м (P); ~s *pl.* стремя́нка; 2. *v/i.* шага́ть [шагну́ть]; ступа́ть [-пну́ть]; ходи́ть, идти́ (пойти́); ~ out бо́дро шага́ть; *v/t.* измеря́ть шага́ми (a. ~ out); ⚓ ор продолга́ть [-йну́ть].

step[2] [~]: ~**daughter** па́дчерица; ~**father** ['stepfɑ:ðə] о́тчим; ~**mother** ма́чеха; ~**son** па́сынок.

steppe [step] степь *f*.

stepping-stone *fig.* трампли́н.

steril|e ['sterail] беспло́дный; стери́льный; ~**ity** [ste'riliti] беспло́дие; стери́льность *f*; ~**ize** ['sterilaiz] стерилизова́ть (*im*)*pf*.

sterling ['stə:liŋ] полнове́сный; полноце́нный; ✝ сте́рлинговый.

stern [stə:n] 1. ☐ стро́гий, суро́вый; неумоли́мый; 2. ⚓ корма́; ~**ness** ['stə:nnis] стро́гость *f*; суро́вость *f*; ~**post** ахтерште́вень *m*.

stevedore ['sti:vidɔ:] ⚓ гру́зчик.

stew [stju:] 1. [с]туши́ть(ся); 2. туше́ное мя́со; F беспоко́йство.

steward [stjuəd] эконо́м, управля́ющий; ⚓, ✈ стю́ард, бортпроводни́к; распоряди́тель *m*; ~**ess** ['stjuədis] ⚓, ✈ стюарде́сса, бортпроводни́ца.

stick [stik] 1. па́лка; трость *f*; прут; по́сох; 2. [*irr.*] *v/i.* прикле́и(ва)ться, прилипа́ть [-ли́пнуть]; застрева́ть [-ря́ть]; завяза́ть [-я́знуть]; торча́ть (до́ма и т. п.); ~ to приде́рживаться [-жа́ться] (P); ~ at nothing не остана́вливаться ни перед чем; ~ out, ~ up торча́ть; стоя́ть торчко́м; *v/t.* вка́лывать [вколо́ть]; втыка́ть [воткну́ть]; прикле́и(ва)ть; раскле́и(ва)ть; F терпе́ть, вы́терпеть *pf.*

sticky ['stiki] ☐ ли́пкий, кле́йкий.

stiff [stif] ☐ жёсткий, неги́бкий; туго́й; тру́дный; окостене́лый; натя́нутый; ~**en** ['stifn] де́лать (-ся) жёстким и т. д.; окостене́(ва́)ть; ~**necked** ['stif'nekt] упря́мый.

stifle ['staifl] [за]души́ть; задыха́ться [задохну́ться].

stigma ['stigmə] *eccl.* стигма́т; *fig.* пятно́, клеймо́; ~**tize** [-taiz] [за]клейми́ть.

still [stil] 1. *adj.* ти́хий; неподви́жный; 2. *adv.* ещё, всё ещё; 3. *cj.* всё же, одна́ко; 4. успока́ивать [-ко́ить]; 5. дистилля́тор; ~**born** мертворождённый; ~**life** натюрмо́рт; ~**ness** ['stilnis] тишина́.

stilt [stilt] ходу́ля; ~**ed** ['stiltid] ходу́льный, высокопа́рный.

stimul|ant ['stimjulənt] 1. ⚕ возбужда́ющее сре́дство; 2. ⚕ стимули́рующий, возбужда́ющий; ~**ate** [-leit] возбужда́ть [-уди́ть]; поощря́ть [-ри́ть]; ~**ation** [stimju-'leiʃən] возбужде́ние; поощре́ние; ~**us** ['stimjuləs] сти́мул.

sting [stiŋ] 1. жа́ло; уку́с (насеко́мого); о́страя боль *f*; *fig.* ко́лкость *f*; 2. [*irr.*] [у]жа́лить; жечь (-ся) (о крапи́ве); уязвля́ть [-ви́ть]; ~**iness** ['stindʒinis] скаре́дность *f*; ~**y** ['stindʒi] скаре́дный, скупо́й.

stink [stiŋk] 1. вонь *f*; 2. [*irr.*] воня́ть.

stint [stint] 1. ограниче́ние; преде́л; 2. уре́з(ыв)ать; ограни́чи(ва)ть; [по]скупи́ться на (B).

stipend ['staipend] жа́лованье, окла́д (*mst* свяще́нника).

stipulat|e ['stipjuleit] ста́вить усло́вием; обусло́вливать [-вить]; ~**ion** [stipju'leiʃən] усло́вие; кла́узула, огово́рка.

stir [stə:] 1. шевеле́ние; суета́, сумато́ха; движе́ние; *fig.* оживле́ние; 2. шевели́ть(ся) [-льну́ть (-ся)]; [по]меша́ть (чай и т. п.); [вз]волнова́ть; ~ up возбужда́ть [-уди́ть]; разме́шивать [-ша́ть].

stirrup ['stirəp] стре́мя *n* (*pl.*: стремена́).

stitch [stitʃ] 1. стежо́к (о шитье́); пе́тля (о вяза́нии); ⚕ шов; 2. [с]шить, проши́(ва́)ть.

stock [stɔk] 1. ствол; опо́ра; ру́чка; ло́жа (винто́вки); инвента́рь *m*; запа́с; ✝ сырьё; live ~ живо́й инвента́рь *m*; скот; ✝ основно́й капита́л; фо́нды *m/pl.*; *Am.* а́кция, а́кции; ~s *pl.* госуда́рственный долг; ~s *pl.* ⚓ ста́пель *m*; ✝ take ~ of де́лать переучёт (P); *fig.* крити́чески оце́нивать; 2. име́ющийся в запа́се (йли нагото́ве); изби́тый, шабло́нный; 3. обору́довать (хозя́йство); снабжа́ть [-бди́ть]; име́ть на скла́де.

stockade [stɔ'keid] частоко́л.

stock|-breeder животново́д; ~

broker биржево́й ма́клер; ~ exchange фо́ндовая би́ржа; **~holder** *Am.* акционе́р.

stockinet ['stɔkinet] трикота́ж.

stocking ['stɔkiŋ] чуло́к.

stock|-jobber биржево́й спекуля́нт, ма́клер; **~-taking** переучёт това́ра; прове́рка инвентаря́; *fig.* обзо́р результа́тов; **~y** ['stɔki] корена́стый.

stoic ['stouik] 1. сто́ик; 2. сто́йческий.

stoker ['stoukə] кочега́р; истопни́к.

stole [stoul] *pt.* от steal; **~n** ['stoulən] *p. pt.* от steal.

stolid ['stɔlid] □ флегмати́чный; бесстра́стный; тупо́й.

stomach ['stʌmək] 1. желу́док; живо́т; *fig.* охо́та (for к Д); 2. перева́ривать [-вари́ть] (*a. fig.*); сноси́ть [снести́].

stone [stoun] 1. ка́мень *m*; ко́сточка (плода́); 2. ка́менный; 3. облицо́вывать камня́ми; забра́сывать камня́ми; вынима́ть ко́сточки из (Р); **~-blind** совсе́м слепо́й; **~ware** гонча́рные изде́лия *n/pl.* ✝

stony ['stouni] ка́менный; камени́стый; *fig.* ка́менный.

stood [stud] *pt.* и *p. pt.* от stand.

stool [stu:l] табуре́тка; ✝ стул; **~pigeon** *Am.* провока́тор.

stoop [stu:p] 1. *v/i.* наклоня́ться [-ни́ться], нагиба́ться [нагну́ться]; [с]суту́литься; унижа́ться [уни́зиться] (то до Р); снисходи́ть [снизойти́]; *v/t.* [с]суту́лить; 2. суту́лость *f*; *Am.* вера́нда.

stop [stɔp] 1. *v/t.* затыка́ть [заткну́ть] (*a.* ~ up); заде́л(ыв)ать; [за]пломбирова́ть (зуб); прегражда́ть [-гради́ть]; уде́рживать [-жа́ть]; прекраща́ть [-крати́ть]; остана́вливать [-нови́ть]; ~ it! брось!; *v/i.* перест(ав)а́ть; остана́вливаться [-нови́ться]; прекраща́ться [-крати́ться]; конча́ться [ко́нчиться]; 2. остано́вка; па́уза; заде́ржка; ⊕ сто́пор; упо́р; ♪ кла́пан; ♪ лад (стру́нного инструме́нта); ♪ педа́ль *f* (о́ргана); *gr.* (*a.* full~) то́чка; **~-gap** затычка; подру́чное сре́дство; **~-page** ['stɔpidʒ] заде́ржка, остано́вка; прекраще́ние рабо́ты; ⊕ засоре́ние; **~per** ['stɔpə] про́бка; **~ping** ['stɔpiŋ] (зубна́я) пло́мба.

storage ['stɔ:ridʒ] хране́ние; склад.

store [stɔ:] 1. запа́с; склад; амба́р; *fig.* изоби́лие; *Am.* ла́вка; **~s** *pl.* припа́сы *m/pl.*; универма́г; in ~ наготове; про запа́с; 2. снабжа́ть [снабди́ть]; запаса́ть [-сти́]; храни́ть на скла́де; **~house** склад; *fig.* сокро́вищница; **~-keeper** кладо́вщи́к; *Am.* ла́вочник.

stor(e)y ['stɔ:ri] эта́ж.

stork [stɔ:k] а́ист.

storm [stɔ:m] 1. бу́ря; ✝ *a.* шторм; ✝ штурм; 2. бушева́ть, свире́пствовать (*a. fig.*); it ~s бу́ря бушу́ет; ✝ штурмова́ть; **~y** □ бу́рный; штормово́й; я́ростный.

story ['stɔ:ri] расска́з; по́весть *f*; *thea.* фа́була; F ложь *f*.

stout [staut] 1. □ кре́пкий, про́чный, пло́тный; ту́чный; отва́жный; 2. кре́пкое пи́во.

stove [stouv] печь *f*, пе́чка; (ку́хонная) плита́.

stow [stou] укла́дывать [уложи́ть] (о гру́зе и т. п.); **~away** ⚓ безбиле́тный пассажи́р, «за́яц».

straddle ['strædl] расставля́ть [-а́вить] (но́ги); ходи́ть, расставля́я но́ги; стоя́ть, расста́вив но́ги; сиде́ть верхо́м на (П).

straggl|e ['strægl] отст(ав)а́ть; идти́ вразбро́д; быть разбро́санным; **~ing** [-iŋ] разбро́санный (о дома́х и т. п.); беспоря́дочный.

straight [streit] 1. *adj.* прямо́й; пра́вильный; че́стный; *Am.* неразба́вленный; put ~ приводи́ть в поря́док; 2. *adv.* пря́мо; сра́зу; **~en** ['streitn] выпрямля́ть(ся) [вы́прямить(ся)]; ~ out приводи́ть в поря́док; **~forward** ['fɔ:wəd] □ че́стный, прямо́й, открове́нный.

strain [strein] 1. поро́да; пле́мя *n*; ⊕ деформа́ция; напряже́ние; растяже́ние (*a.* ✝); ♪ mst ~s *pl.* напе́в, мело́дия; влече́ние (of к Д); 2. *v/t.* натя́гивать [натяну́ть]; (*a.* ⊕) напряга́ть [-я́чь]; проце́живать [-еди́ть]; переутомля́ть [-ми́ть]; ⊕ деформи́ровать (*im)pf.*, сгиба́ть (согну́ть); ✝ растя́гивать [-яну́ть]; *v/i.* напряга́ться [-я́чься]; тяну́ться (after за Т); тяну́ть изо всех сил (at B); [по]стара́ться; **~er** ['streinə] дуршла́г; си́то; фильтр.

strait [streit] проли́в; **~s** *pl.* затрудни́тельное положе́ние; ~ waistcoat смири́тельная руба́шка; **~ened** ['streitnd] стеснённый.

strand [strænd] 1. бе́рег (морско́й); прядь *f*; 2. сесть на мель; be ~ed *fig.* быть без средств.

strange [streindʒ] чужо́й; чу́ждый; стра́нный; **~r** ['streindʒə] чужезе́мец (-мка); чужо́й (челове́к); посторо́нний (челове́к).

strangle ['stræŋgl] [у]дави́ть.

strap [stræp] 1. реме́нь *m*; ля́мка; штри́пка; ⊕ крепи́тельная пла́нка; 2. стя́гивать ремнём; поро́ть ремнём.

stratagem ['strætidʒəm] страте́ма, (вое́нная) хи́трость *f*.

strateg|ic [strə'ti:dʒik] (**~ally**) стратеги́ческий; **~y** ['strætidʒi] страте́гия.

strat|um ['streitəm], *pl.* **~a** [-ə] *geol.* пласт; слой (о́бщества).

straw [strɔ:] 1. соло́ма; соло́минка; 2. соло́менный; ~ vote *Am.*

неофициа́льное про́бное голосова́ние; ~berry клубни́ка; (a. wild ~) земляни́ка.

stray [strei] **1.** сбива́ться с пути́; заблуди́ться pf.; отби(ва́)ться (from от Р); блужда́ть; **2.** (a. ~ed) заблуди́вшийся; бездо́мный; случа́йный; **3.** отби́вшееся живо́тное; безпризо́рник (-ница).

streak [stri:k] **1.** просло́йка; поло́ска; fig. черта́; **2.** проводи́ть поло́сы на (П).

stream [stri:m] **1.** пото́к; руче́й; струя́; **2.** v/i. [по]те́чь; струи́ться; развева́ться; ~er ['stri:mə] вы́мпел; дли́нная ле́нта; транспара́нт; столб (се́верного сия́ния); typ. кру́пный газе́тный заголо́вок.

street [stri:t] у́лица; attr. у́личный; ~car Am. трамва́й.

strength [streŋθ] си́ла; кре́пость f (материа́ла); on the ~ of в си́лу (Р); на основа́нии (Р); ~en ['streŋθən] v/t. уси́ли(ва)ть; укрепля́ть [-пи́ть]; v/i. уси́ли(ва)ться.

strenuous ['strenjuəs] □ си́льный; энерги́чный; напряжённый.

stress [stres] **1.** давле́ние; напряже́ние; ударе́ние; **2.** подчёркивать [-черкну́ть]; ста́вить ударе́ние на (П).

stretch [stretʃ] **1.** v/t. натя́гивать [-яну́ть]; растя́гивать [-яну́ть]; вытя́гивать [вы́тянуть]; раски́дывать [-ки́нуть]; протя́гивать [-яну́ть] (mst ~ out); fig. преувели́чи(ва)ть; v/i. тяну́ться; растя́гиваться [-яну́ться]; натя́гиваться [-яну́ться]; **2.** растя́гивание; напряже́ние; протяже́ние; натя́жка; преувеличе́ние; простра́нство; промежу́ток вре́мени; ~er ['stretʃə] носи́лки f/pl.

strew [stru:] [irr.] посыпа́ть [посы́пать]; разбра́сывать [-роса́ть].

stricken ['strikən] p. pt. от strike.

strict [strikt] то́чный; стро́гий; ~ness ['striktnis] то́чность f; стро́гость f.

stridden ['stridn] p. pt. от stride.

stride [straid] **1.** [irr.] шага́ть [шагну́ть]; ~ over переша́гивать [-гну́ть]; **2.** большо́й шаг.

strident ['straidnt] □ скрипу́чий.

strike [straik] **1.** ста́чка; забасто́вка; be on ~ бастова́ть; **2.** [irr.] v/t. ударя́ть [уда́рить]; высека́ть [вы́сечь] (ого́нь); [от]чека́нить; спуска́ть [-сти́ть] (флаг); поража́ть [порази́ть]; находи́ть (найти́); подводи́ть [-вести́] (бала́нс); заключа́ть [-чи́ть] (сде́лку); принима́ть [-ня́ть] (по́зу); наноси́ть [нанести́] (уда́р); ~ up зава́зывать [-за́ть] (знако́мство); v/i. [про]би́ть (о часа́х); ♣ сесть на мель; ~ home fig. попа́сть в са́мую то́чку; ~r ['straikə] забасто́вщик (-ица).

striking ['straikiŋ] □ порази́тельный; замеча́тельный; уда́рный.

string [striŋ] **1.** верёвка; бечёвка; тетива́ (лу́ка); ♪ струна́; ни́тка (бус); ~s pl. ♪ стру́нные инструме́нты m/pl.; pull the ~s быть закули́сным руководи́телем; **2.** [irr.] натя́гивать стру́ны на (В); напряга́ть [-ря́чь]; Am. зава́зывать [завяза́ть]; нани́зывать [-за́ть]; Am. sl. води́ть за́ нос; ~band стру́нный орке́стр.

stringent ['strindʒənt] стро́гий; то́чный; обяза́тельный; стеснённый (в деньга́х).

strip [strip] **1.** сдира́ть [содра́ть] (a. ~ off); обдира́ть [ободра́ть]; разде(ва́)ть(ся); fig. лиша́ть [-ши́ть] (of P); [о]гра́бить; ⊕ разбира́ть [разобра́ть] (на ча́сти); ♣ разоружа́ть [-жи́ть] (су́дно); **2.** полоса́; ле́нта.

stripe [straip] полоса́; ✕ наши́вка.

strive [straiv] [irr.] [по]стара́ться; стреми́ться (for к Д); ~n [-n] p. pt. от strive.

strode [stroud] pt. от stride.

stroke [strouk] **1.** уда́р (a. ✍); взмах; штрих, черта́; ⊕ ход (по́ршня); ~ of luck уда́ча; **2.** [по]гла́дить; ~ приложи́ть (?).

stroll [stroul] **1.** прогу́ливаться [-ля́ться]; **2.** прогу́лка.

strong [strɔŋ] □ com. си́льный; про́чный; кре́пкий; о́стрый; твёрдый; ~hold кре́пость f; fig. опло́т; ~willed реши́тельный; упря́мый.

strop [strɔp] **1.** реме́нь для пра́вки бритв; **2.** пра́вить (бри́тву).

strove [strouv] pt. от strive.

struck [strʌk] pt. и p. pt. от strike.

structure ['strʌktʃə] структу́ра, строй; устро́йство; △ строе́ние, сооруже́ние.

struggle ['strʌgl] **1.** боро́ться; вся́чески стара́ться; би́ться (with над Т); ~ through с трудо́м проби(ва́)ться; **2.** борьба́.

strung [strʌŋ] pt. и p. pt. от string.

strut [strʌt] **1.** v/i. ходи́ть го́голем; v/t. ⊕ подпира́ть [-пере́ть]; **2.** ва́жная похо́дка; ⊕ подпо́рка.

stub [stʌb] **1.** пень m; огры́зок; **2.** выкорчёвывать [вы́корчевать]; уда́риться [уда́риться] (ного́й) (against о В).

stubble ['stʌbl] жнивьё.

stubborn ['stʌbən] □ упря́мый; неподатли́вый; упо́рный.

stuck [stʌk] pt. и p. pt. от stick; ~up F высокоме́рный.

stud [stʌd] **1.** гвоздь m (для украше́ния); за́понка; ко́нный заво́д; **2.** оби(ва́)ть (гвоздя́ми); усе́ивать [усе́ять] (with T); ~horse племенно́й жеребе́ц.

student ['stju:dənt] студе́нт(ка).

studied ['stʌdid] обду́манный;

преднамéренный; изы́сканный; дéланный.

studio ['stju:diəu] стýдия; ателье́ *n indecl.*; мастерская́.

studious ['stju:djəs] □ прилéжный, стара́тельный, усе́рдный.

study ['stʌdi] 1. изучéние; наýчное заня́тие; наýка; заду́мчивость *f*; кабинéт; *paint.* этю́д, эски́з; 2. учи́ться (Д); изуча́ть [-чи́ть]; исслéдовать (*im*)*pf.*

stuff [stʌf] 1. материа́л; вещество́; матéрия; F дрянь *f*; чепуха́; 2. *v/t.* наби(ва́)ть; заби(ва́)ть; начиня́ть [-ни́ть]; засо́вывать [засу́нуть]; *v/i.* объеда́ться [объéсться]; ⁓ing ['stʌfiŋ] наби́вка (поду́шки и т. п.); начи́нка; ⁓y ['stʌfi] □ спёртый, ду́шный.

stultify ['stʌltifai] выставля́ть в смешно́м ви́де; своди́ть на нет.

stumble ['stʌmbl] 1. спотыка́ние; запи́нка; 2. спотыка́ться [-ткну́ться]; запина́ться [запну́ться]; ⁓ up-on натыка́ться [наткну́ться] на (В).

stump [stʌmp] 1. пень *m*; обру́бок; окýрок; 2. *v/t.* F ста́вить в тупи́к; ⁓ the country агити́ровать по странé; *v/i.* тяжело́ ступа́ть; ⁓y ['stʌmpi] □ призéмистый.

stun [stʌn] оглуша́ть [-ши́ть] (*a. fig.*); *fig.* ошеломля́ть [-ми́ть].

stung [stʌŋ] *pt. и p. pt.* от sting.

stunk [stʌŋk] *pt. и p. pt.* от stink.

stunning ['stʌniŋ] F сногсшиба́тельный.

stunt[1] [stʌnt] *Am.* F трюк; ✶ фигу́ра вы́сшего пилота́жа.

stunt[2] [⁓] заде́рживать рост (Р); ⁓ed ['stʌntid] ча́хлый.

stup|efy ['stju:pifai] изумля́ть [-ми́ть], поража́ть [порази́ть]; ⁓endous [stju:'pendəs] □ изуми́тельный; ⁓id ['stju:pid] □ глу́пый, тупо́й; ⁓idity [stju:'piditi] глу́пость *f*; ⁓or ['stju:pə] оцепенéние.

sturdy ['stə:di] си́льный, крéпкий, здоро́вый.

stutter ['stʌtə] заика́ться [-кну́ться]; запина́ться [запну́ться].

sty [stai] свина́рник; ячме́нь *m* (на глазу́).

style [stail] 1. стиль *m*; слог; мо́да; фасо́н; ти́тул; 2. титулова́ть (*im*)*pf.*

stylish ['stailiʃ] □ мо́дный; элега́нтный; ⁓ness [-nis] элега́нтность *f*.

suave [sweiv] учти́вый; мя́гкий.

sub... [sʌb] *mst* под...; суб...

subdivision ['sʌbdiˈviʒən] подраздéление.

subdue [səb'dju:] подчиня́ть [-ни́ть]; покоря́ть [-ри́ть], пода́вливать [-ви́ть].

subject ['sʌbdʒikt] 1. подчинённый; подвла́стный; *fig.* ⁓ to подлежа́щий (Д); 2. *adv.* ⁓ to при усло́вии (Р); 3. по́дданный;

предмéт; сюжéт; (*a.* ⁓ matter) тéма; 4. [səb'dʒekt] подчиня́ть [-ни́ть]; *fig.* подверга́ть [-éргнуть]; ⁓ion [səb'dʒekʃən] покорéние; подчинéние.

subjugate ['sʌbdʒugeit] порабоща́ть [-боти́ть].

sublease ['sʌb'li:s], **sublet** ['sʌb'let] [*irr.* (let)] сдать на права́х субаре́нды.

sublime [[sə'blaim] □ возвы́шенный.

submachine ['sʌbməˈʃi:n]: ⁓ gun автома́т.

submarine ['sʌbməri:n] 1. подво́дный; 2. ✲ подво́дная ло́дка.

submerge [sʌb'mə:dʒ] погружа́ть(-ся) [-узи́ть(ся)]; затопля́ть [-пи́ть].

submiss|ion [səb'miʃən] подчинéние; поко́рность *f*; представлéние (докумéнта и т. п.); ⁓ive [səb'misiv] □ поко́рный.

submit [səb'mit] подчиня́ть(ся) [-ни́ть(ся)] (Д); представля́ть [-а́вить] (на рассмотрéние).

subordinate 1. [sə'bɔ:dnit] подчинённый; *gr.* прида́точный; 2. [⁓] подчинённый (-éнная); 3. [sə'bɔ:dineit] подчиня́ть [-ни́ть].

suborn [sʌ'bɔ:n] подкупа́ть [-пи́ть].

subscribe [səb'skraib] *v/t.* подпи́сывать [-са́ть]; [по]жéртвовать; *v/i.* присоединя́ться [-ни́ться] (то к Д); подпи́сываться [-са́ться] (то на В; ✝ for на В); абони́роваться (то на В); ⁓r [⁓ə] подпи́счик (-чица); абонéнт(ка).

subscription [səb'skripʃən] подпи́ска (на журна́л и́ли на заём); абонемéнт.

subsequent ['sʌbsikwənt] □ послéдующий; ⁓ly впослéдствии.

subservient [sʌb'sə:vient] раболéпный; содéйствующий (то Д).

subsid|e [səb'said] спада́ть [спасть] (о температýре); убы(ва́)ть (о водé); утиха́ть [утихнуть], улéчься *pf.*; ⁓iary [səb'sidjəri] 1. ⁓ вспомога́тельный; 2. филиа́л; ⁓ize ['sʌbsidaiz] субсиди́ровать (*im*)*pf.*; ⁓y [-di] субси́дия.

subsist [səb'sist] существова́ть; жить (on, by Т); ⁓ence [-əns] существова́ние; срéдства к существова́нию.

substance ['sʌbstəns] сýщность *f*, суть *f*; содержа́ние; вещество́; имýщество.

substantial [səb'stænʃəl] □ существенный, ва́жный; про́чный; вещéственный; состоя́тельный; пита́тельный.

substantiate [səb'stænʃieit] дока́зывать справедли́вость (Р); подтвержда́ть [-рди́ть].

substitut|e ['sʌbstitju:t] 1. заменя́ть [-ни́ть]; замеща́ть [-ести́ть] (for В); 2. замести́тель(ница *f*) *m*; за-

ме́на; суррога́т; **~ion** [sʌbstiˈtju:-
ʃən] заме́на; замеще́ние.
subterfuge [ˈsʌbtəfjuːdʒ] уве́ртка,
отгово́рка. (подзе́мный.)
subterranean [sʌbtəˈreinjən] □)
subtle [ˈsʌtl] □ то́нкий; неулови́-
мый; утончённый; **~ty** [-ti] то́н-
кость *f*; неулови́мость *f*.
subtract [səbˈtrækt] ♣ вычита́ть
[вы́честь].
suburb [ˈsʌbəːb] при́город; пред-
ме́стье; **~an** [səˈbəːbən] при́город-
ный.
subver|sion [sʌbˈvəːʃən] ниспро-
верже́ние; **~sive** [-siv] *fig.* подо-
рывно́й; разруши́тельный; **~t**
[sʌbˈvəːt] ниспроверга́ть [-е́рг-
нуть]; разруша́ть [-у́шить].
subway [ˈsʌbwei] тонне́ль *m* (*a.*
тунне́ль); *Am.* метро́(полите́н) *n*
indecl.
succeed [səkˈsiːd] [по]сле́довать за
(Т); быть прее́мником (Р); до-
стига́ть це́ли; преуспе(ва́)ть.
success [səkˈses] успе́х; уда́ча;
~ful [səkˈsesful] □ успе́шный;
уда́чный; уда́чливый; **~ion**
[-ˈseʃən] после́довательность *f*;
непреры́вный ряд; прее́мствен-
ность *f*; in ~ – оди́н за други́м; под-
ря́д; **~ive** [-ˈsesiv] □ после́дую-
щий; после́довательный; **~or**
[-ˈsesə] прее́мник (-ица); насле́д-
ник (-ица).
succo(u)r [ˈsʌkə] 1. по́мощь *f*; 2.
приходи́ть на по́мощь (Д).
succulent [ˈsʌkjulənt] со́чный.
succumb [səˈkʌm] уступа́ть [-пи́ть]
(to Д); не выде́рживать [вы́дер-
жать] (to Р); быть побеждённым.
such [sʌtʃ] *takói*; *pred.* тако́в, -а́
и т. д.; ~ a man тако́й челове́к; -á
~ as тако́й, как ...; как наприме́р.
suck [sʌk] 1. соса́ть; выса́сывать
[вы́сосать] (*a.* ~ out); вса́сывать
[всоса́ть] (*a.* ~ in); 2. сосу́ние; **~er**
[ˈsʌkə] сосуно́к; ♀, *zo.* присо́ска;
присо́сок; *Am.* проста́к; **~le**
[ˈsʌkl] корми́ть гру́дью; **~ling**
[ˈsʌkliŋ] грудно́й ребёнок; со-
су́н(о́к).
suction [ˈsʌkʃən] 1. вса́сывание;
2. *attr.* вса́сывающий.
sudden [ˈsʌdn] □ внеза́пный; all
of a ~ внеза́пно, вдруг.
suds [sʌdz] *pl.* мы́льная вода́.
sue [sjuː] *v/t.* пресле́довать суде́б-
ным поря́дком; ~ out выхло́пат-
вать [вы́хлопотать]; *v/i.* возбужда́ть иск (for o П).
suéde [sweid] за́мша.
suet [sjuit] по́чечное са́ло.
suffer [ˈsʌfə] *v/i.* [по]страда́ть (from
от Р or Т); *v/t.* [по]терпе́ть; сно-
си́ть [снести́]; **~ance** [-rəns] по-
пусти́тельство; **~er** [-rə] страда́лец
(-лица); **~ing** [-riŋ] страда́ние.
suffice [səˈfais] хвата́ть [-ти́ть],
быть доста́точным.

sufficien|cy [səˈfiʃənsi] доста́точ-
ность *f*; доста́ток; **~t** [-ənt] □ до-
ста́точный.
suffocate [ˈsʌfəkeit] души́ть, уду-
ша́ть [-ши́ть]; задыха́ться [за-
дохну́ться]. (пра́во.)
suffrage [ˈsʌfridʒ] избира́тельное)
suffuse [səˈfjuːz] зали(ва́)ть сле-
за́ми); покры(ва́)ть (кра́ской).
sugar [ˈʃugə] 1. са́хар; 2. са́харный;
~y [-ri] са́харный (*a. fig.*); *fig.* при-
то́рный, слаща́вый.
suggest [səˈdʒest] внуша́ть [-ши́ть];
подска́зывать [-за́ть]; наводи́ть
на мысль о (П); [по]сове́товать;
предлага́ть [-ложи́ть]; **~ion** [-ʃən]
внуше́ние; сове́т, предложе́ние;
намёк; **~ive** [-iv] □ наводя́щий на
размышле́ние; соблазни́тельный;
двусмы́сленный.
suicide [ˈsjuisaid] самоуби́йца *m/f*;
самоуби́йство.
suit [sjuːt] 1. проше́ние; набо́р;
(*a.* ~ of clothes) костю́м; (ка́рточ-
ная) масть *f*; ♣ тя́жба; иск;
2. *v/t.* приспоса́бливать [-осо́бить]
(to, with к Д); соотве́тствовать
(Д); удовлетворя́ть [-ри́ть]; быть
(кому́-либо) к лицу́ (*a.* with a p.);
устра́ивать [-ро́ить]; подходи́ть
(подойти́) (Д); **~ed** подходя́щий;
v/i. годи(ть)ся; **~able** [ˈsjuːtəbl] □
подходя́щий; соотве́тствующий;
~-case чемода́н; **~e** [swiːt] сви́та;
набо́р; ♪ сюи́та; (и́ли ~ of rooms)
анфила́да ко́мнат; гарниту́р (ме́-
бели); **~or** [ˈsjuːtə] уха́живатель
m; ♣ исте́ц; проси́тель(ница *f*) *m*.
sulk [sʌlk] 1. [на]ду́ться; быть не
в ду́хе; 2. **~s** [-s] *pl.* плохо́е на-
строе́ние; **~y** [ˈsʌlki] □ наду́тый,
угрю́мый.
sullen [ˈsʌlən] угрю́мый, мра́чный;
серди́тый.
sully [ˈsʌli] *mst fig.* [за]пятна́ть.
sulphur [ˈsʌlfə] ♠ се́ра; **~ic**
[sʌlˈfjuərik] се́рный.
sultriness [ˈsʌltrinis] духота́, зной.
sultry [ˈsʌltri] □ ду́шный, зно́й-
ный.
sum [sʌm] 1. су́мма; ито́г; *fig.* со-
держа́ние; су́щность *f*; **~s** *pl.* ариф-
ме́тика; 2. (*a.* ~ up) ♣ скла́дывать
(сложи́ть); *fig.* подводи́ть ито́г.
summar|ize [ˈsʌməraiz] сумми́ро-
вать (*im*)*pf.*; резюми́ровать (*im*)-
pf.; **~y** [-ri] 1. □ кра́ткий; сокращённый; ♣ дисциплина́рный;
2. (кра́ткое) изложе́ние, резюме́
n indecl.
summer [ˈsʌmə] ле́то; **~(l)y** [-ri, -li]
ле́тний.
summit [ˈsʌmit] верши́на (*a. fig.*);
преде́л; верх.
summon [ˈsʌmən] соз(ы)ва́ть (со-
бра́ние и т. п.); [вы]вызыва́ть [вы́-
звать] (в суд); приз(ы)ва́ть; **~s** [-z]
вы́зов (в суд); суде́бная пове́стка;
♀ предложе́ние сда́ться.

sumptuous ['sʌmptjuəs] роско́шный; пы́шный.

sun [sʌn] 1. со́лнце; 2. со́лнечный; 3. гре́ть(ся) на со́лнце; **~burn** ['sʌnbəːn] зага́р.

Sunday ['sʌndi] воскресе́нье.

sun|-dial со́лнечные часы́ m/pl.; **~-down** Am. зака́т, захо́д со́лнца.

sundries ['sʌndriz] pl. вся́кая вся́чина; ✝ ра́зные расхо́ды m/pl.

sung [sʌŋ] p. pt. от sing.

sun-glasses pl. тёмные очки́ n/pl.

sunk [sʌŋk] p. pt. от sink.

sunken ['sʌŋkən] fig. впа́лый.

sun|ny ['sʌni] ☐ со́лнечный; **~rise** восхо́д со́лнца; **~set** захо́д со́лнца, зака́т; **~shade** зо́нт(ик) от со́лнца; **~shine** со́лнечный свет; in the ~ на со́лнце; **~stroke** ♂ со́лнечный уда́р; **~up** ['sʌnʌp] Am. восхо́д со́лнца.

sup [sʌp] [по]у́жинать.

super... ['sjuːpə] pref.: пере..., пре..., сверх...; над...; супер...; **~abundant** [sjuːpərə'bʌndənt] ☐ изоби́льный; **~annuate** [sjuː'rænjueit] переводи́ть на пе́нсию; fig. сдава́ть в архи́в; **~d** престаре́лый; устаре́лый; [прекра́сный.|

superb [sjuː'pəːb] роско́шный;

super|charger ['sjuːpətʃɑːdʒə] ⊕ нагнета́тель m; **~cilious** [sjuːpə'siliəs] ☐ высокоме́рный; **~ficial** [sjuːpə'fiʃəl] ☐ пове́рхностный; **~fine** ['sjuːpəˈfain] чрезме́рно утончённый; вы́сшего со́рта; **~fluity** [sjuːpəˈfluːiti] изоби́лие, изли́шек; изли́шество; **~fluous** [sjuːpəˈfluːəs] ☐ изли́шний; **~heat** [sjuːpəˈhiːt] ⊕ перегре́(ва́)ть; **~intend** [sjuːprinˈtend] надзира́ть за (T); заве́довать (T); **~intendent** [-ənt] надзира́тель m; заве́дующий; управдо́м.

superior [sjuːˈpiəriə] 1. ☐ вы́сший; ста́рший (по чи́ну); лу́чший; превосхо́дный; превосходя́щий (to B); 2. ста́рший, нача́льник; eccl. настоя́тель m, (mst lady ~) настоя́тельница; **~ity** [sjuːpiəriˈɔriti] превосхо́дство.

super|lative [sjuːpəˈlətiv] 1. ☐ высоча́йший; велича́йший; 2. превосхо́дная сте́пень f; **~numerary** [sjuːpəˈnjuːmərəri] 1. сверхшта́тный; 2. сверхшта́тный рабо́тник; thea. стати́ст; **~scription** [sjuːpəˈskripʃən] на́дпись f; **~sede** [-siːd] заменя́ть [-ни́ть]; вытесня́ть [вы́теснить]; fig. обгоня́ть [обогна́ть]; **~stition** [-ˈstiʃən] суеве́рие; **~stitious** [-ˈstiʃəs] суеве́рный; **~vene** [sjuːpəˈviːn] добавля́ться [-ба́виться]; неожи́данно возника́ть; **~vise** [ˈsjuːpəvaiz] надзира́ть за (T); **~vision** [sjuːpəˈviʒən] надзо́р; **~visor** [ˈsjuːpəvaizə] надзира́тель m. [☐ та́йная ве́черя.|

supper ['sʌpə] у́жин; the (Lord's)

supplant [səˈplɑːnt] вытесня́ть [вы́теснить] (B).

supple ['sʌpl] ги́бкий; пода́тливый.

supplement 1. ['sʌplimənt] доба́вление, дополне́ние; приложе́ние; 2. [-ˈment] дополня́ть [допо́лнить]; **~al** [sʌpliˈmentl] ☐, **~ary** [-təri] дополни́тельный, доба́вочный.

suppliant ['sʌpliənt] проси́тель (-ница f) m.

supplicat|e ['sʌplikeit] умоля́ть (for о П); **~ion** [sʌpliˈkeiʃən] мольба́; про́сьба.

supplier [səˈplaiə] поставщи́к (-йца).

supply [səˈplai] 1. снабжа́ть [-бди́ть] (with T); поставля́ть [-а́вить]; доставля́ть [-а́вить]; возмеща́ть [-ести́ть]; замеща́ть [-ести́ть]; 2. снабже́ние, поста́вка; запа́с; вре́менный замести́тель m; pl. продово́льствие; припа́сы m/pl.; ✝ предложе́ние; mst pl. parl. ассигнова́ния n/pl. (утверждённые парла́ментом).

support [səˈpɔːt] 1. подде́ржка; опо́ра; 2. подпира́ть [-пере́ть]; подде́рживать [-жа́ть]; содержа́ть (семьёй и т. п.).

suppose [səˈpouz] предполага́ть [-ложи́ть]; полага́ть; F ~ we do so? а е́сли мы э́то сде́лаем?

supposed [səˈpouzd] ☐ предполага́емый; **~ly** [-zidli] предположи́тельно; я́кобы.

supposition [sʌpəˈziʃən] предположе́ние.

suppress [səˈpres] подавля́ть [-ви́ть]; запреща́ть [-ети́ть] (газе́ту); сде́рживать [-жа́ть] (смех, гнев и т. п.); **~ion** [səˈpreʃən] подавле́ние и т. д.

suppurate ['sʌpjuəreit] гнои́ться.

suprem|acy [sjuˈpreməsi] превосхо́дство; верхо́вная вла́сть f; **~e** [sjuˈpriːm] ☐ верхо́вный; вы́сший; кра́йний.

surcharge [səːˈtʃɑːdʒ] 1. перегружа́ть [-узи́ть]; 2. [ˈsəːtʃɑːdʒ] перегру́зка; припла́та, допла́та (за письмо́ и т. п.); надпеча́тка.

sure [ʃuə] ☐ com. ве́рный; уве́ренный; безопа́сный; надёжный; to be ~! Am. ~! безусло́вно, коне́чно; **~ly** [ˈʃuəli] несомне́нно; наве́рно; **~ty** [-ti] пору́ка; поручи́тель m.

surf [səːf] прибо́й.

surface [ˈsəːfis] 1. пове́рхность f; 2. пове́рхностный.

surfeit [ˈsəːfit] 1. изли́шество; пресыще́ние; 2. пресыща́ть(ся) [-ы́тить(ся)] (on T); перееда́ть [перее́сть] (on P).

surge [səːdʒ] 1. волна́; 2. вздыма́ться (о во́лна́х); fig. [вз]волнова́ться.

surg|eon ['sə:dʒen] хиру́рг; ~ery ['sə:dʒəri] хирурги́я; хирурги́ческий кабине́т. [ский.)

surgical ['sə:dʒikəl] □ хирурги́че-)

surly ['sə:li] □ угрю́мый; гру́бый;

surmise [sə'maiz] 1. предположе́ние, дога́дка; 2. [sə'maiz] предполага́ть [-ложи́ть].

surmount [sə'maunt] преодоле́(ва́)ть, превозмога́ть [-мо́чь].

surname ['sə:neim] фами́лия; про́звище.

surpass [sə'pɑ:s] перегоня́ть [-гна́ть]; превосходи́ть [-взойти́]; ~ing [-iŋ] превосхо́дный.

surplus ['sə:pləs] 1. изли́шек; оста́ток; 2. изли́шний; доба́вочный, приба́вочный.

surprise [sə'praiz] 1. удивле́ние; неожи́данность f, сюрпри́з; attr. неожи́данный; ⚔ внеза́пный; удивля́ть [-ви́ть]; заста́ть врасплу́х.

surrender [sə'rendə] 1. сда́ча; капитуля́ция; 2. v/t. сда́(ва́)ть; отка́зываться [-за́ться] от (P); v/i. сд(ав)а́ться (a. ~ o. s.).

surround [sə'raund] окружа́ть [-жи́ть]; ~ing [-iŋ] окружа́ющий; ~ings [-iŋz] pl. окре́стности f/pl.

surtax ['sə:tæks] доба́вочный на-лог [обзо́р)

survey [sə'vei] 1. обозре́(ва́)ть; осма́тривать [осмотре́ть]; surv. меже́вать; 2. ['sə:vei] осмо́тр; обзо́р; fig. обсле́дование; surv. меже́вание; attr. обзо́рный; ~or [sə'veiə] землеме́р; Am. инспе́ктор.

surviv|al [sə'vaivəl] выжива́ние; пережи́ток; ~e [sə'vaiv] v/t. пережи́(ва́)ть; выжива́ть по́сле (P); v/i. остава́ться в живы́х, выжи-(ва́)ть; ~or [-ə] оста́вшийся в живы́х.

susceptible [sə'septəbl] □ восприи́мчивый (to к Д); оби́дчивый; be ~ of допуска́ть [-сти́ть] (В).

suspect [sə'pekt] 1. подозрева́ть, заподо́зривать [-до́зрить] (of в П); сомнева́ться [усомни́ться] в (по́длинности и т. п.); полага́ть; 2. подозри́тельный; подозрева́емый.

suspend [səs'pend] ве́шать [пове́сить]; приостана́вливать [-нови́ть]; откла́дывать [отложи́ть]; вре́менно прекраща́ть; ~ed подвесно́й; ~ers [-əz] pl. Am. подтя́жки f/pl.; подвя́зки f/pl.

suspens|e [səs'pens] напряжё́нное внима́ние; состоя́ние неизве́стности; be in ~ быть в неопределённом состоянии; ~ion [səs'penʃən] подвеши-вание; прекраще́ние; вре́менная отста́вка; ~ bridge вися́чий мост.

suspici|on [səs'piʃən] подозре́ние; fig. чу́точка; ~ous [-əs] □ подозри́тельный.

sustain [səs'tein] подпира́ть [-пере́ть]; подде́рживать [-жа́ть]; под-

тверждать [-рди́ть]; выде́рживать [вы́держать]; выноси́ть [вы́нести], испы́тывать [испыта́ть].

sustenance ['sʌstinəns] пи́ща; сре́дства к существова́нию.

svelte [svelt] стро́йный.

swab [swɔb] 1. шва́бра; ⚔ мазо́к; 2. (a. ~ down) мыть шва́брой.

swaddle ['swɔdl] [с-, за]пелена́ть; swaddling clothes pl. пелё́нки f/pl.

swagger ['swægə] ва́жничать; чва́ниться; [по]хва́стать (a. ~ся).

swallow ['swɔlou] 1. zo. ла́сточка; гло́ток; 2. [про]гла́тывать [-лоти́ть].

swam [swæm] pt. от swim.

swamp [swɔmp] 1. боло́то, топь f; 2. затопля́ть [-пи́ть], зали́(ва́)ть; ~y ['swɔmpi] боло́тистый.

swan [swɔn] ле́бедь m. (poet. a. f.).

swap [swɔp] F 1. обме́нивать(ся) [-ня́ть(ся)]; [по]меня́ть; 2. обме́н.

sward [swɔ:d] газо́н; дёрн.

swarm [swɔ:m] 1. рой (пчёл); ста́я (птиц); толпа́; 2. рои́ться (о пчё́лах); кише́ть (with T).

swarthy ['swɔ:ði] сму́глый.

swash [swɔʃ] плеска́ть [-сну́ть]; плеска́ться.

swath [swɔ:θ] ⚊ проко́с.

swathe [sweið] [за]бинтова́ть; заку́т(ыв)ать.

sway [swei] 1. колеба́ние; кача́ние; влия́ние; 2. кача́ть(ся) [качну́ть (-ся)]; [по]колеба́ться; име́ть влия́ние на (Т); вла́ствовать над (Т).

swear [swεə] [irr.] [по]кля́сться (by T); ~ s. [вы́]руга́ться.

sweat [swet] 1. пот; поте́ние; 2. [irr.] [вс]потеть; исполня́ть тяжё́лую рабо́ту; v/t. заставля́ть поте́ть; эксплуати́ровать; выделя́ть [вы́делить] (влагу); ~y ['sweti] по́тный.

Swede [swi:d] швед(ка).

Swedish ['swi:diʃ] шве́дский.

sweep [swi:p] 1. [irr.] мести́, подмета́ть [-ести́]; [по]чи́стить, проноси́ться [-нести́сь] (a. ~ past, along); fig. увлека́ть [-е́чь] (a. ~ along); ⚔ обстре́ливать [-ля́ть]; 2. подмета́ние; разма́х; взмах; трубочи́ст; make a clean ~ (of) отде́л(ыв)аться (от P); ~er ['swi:pə] мете́льщик; ~ing ['swi:piŋ] стреми́тельный; широ́кий, разма́шистый; огу́льный; ~ings [-iŋz] pl. му́сор.

sweet [swi:t] 1. □ сла́дкий; све́жий; души́стый; ми́лый; have a tooth быть сла́стёной; 2. конфе́та; ~s pl. сла́дости f/pl., сла́сти f/pl.; ~en ['swi:tn] подсла́щивать [-ласти́ть]; ~heart возлю́бленный (-енная); ~ish ['swi:tiʃ] сладкова́тый; ~meat конфе́та; ~ness ['swi:t-nis] сла́дость f.

swell [swel] 1. [irr.] v/i. [о]пу́хнуть; разду́(ва́)ться; набуха́ть [-у́хнуть];

нарастать [-сти] (о звуке); v/t. раздý(вá)ть; увеличи(ва)ть; 2. F щегольской; шикáрный; великолéпный; 3. выпуклость f; óпухоль f; ⚓ мёртвая зыбь f; F щёголь m; свéтский человéк; **~ing** ['swelin] óпухоль f.

swelter ['sweltə] томиться от жары́.

swept [swept] pt. и p. pt. от sweep.

swerve [swə:v] 1. отклоня́ться от прямого пути́; (вдруг) свора́чивать в сторону; 2. отклонéние.

swift [swift] □ бы́стрый, скóрый; **~ness** ['swiftnis] быстротá.

swill [swil] 1. помóи m/pl.; пóйло; 2. [про]полоскáть; [вы́]лакáть.

swim [swim] 1. [irr.] плáвать, [по-]плы́ть; переплы́(вá)ть; my head **~**s у меня́ головá кружи́тся; 2. плáвание; be in the **~** быть в кýрсе дéла.

swindle ['swindl] 1. обмáнывать [-нýть], надý(вá)ть; 2. обмáн, надувáтельство.

swine [swain] (sg. mst fig.) свинья́; свиньи́ f/pl.

swing [swiŋ] 1. [irr.] качáть(ся) [качнýть(ся)]; [по]колебáть(ся); размáхивать (руками); болтáть (ногами); висéть; F быть повéшенным; 2. качáние, колебáние; размáх; взмах; ритм; качéли f/pl.; in full **~** в пóлном разгáре; **~door** дверь, открывáющаяся в любую сторону.

swinish ['swainiʃ] □ свинский.

swipe [swaip] 1. ударя́ть сплечá; 2. удáр сплечá.

swirl [swə:l] 1. кружи́ть(ся) в водоворóте; клуби́ться; 2. водоворóт; круже́ние; ви́хрь m.

Swiss [swis] 1. швейцáрский; 2. швейцáрец (-рка); the **~** pl. швейцáрцы m/pl.

switch [switʃ] 1. прут; 🚂 стрéлка; ⚡ выключáтель m; фальши́вая косá; 2. хлестáть [-стнýть]; 🚂 маневри́ровать; ⚡ переключáть [-чи́ть] (often **~** over) (a. fig.); fig. переменя́ть направлéние (P); **~** on ⚡ включáть [-чи́ть]; **~** off выключáть [вы́ключить]; **~board** ⚡ коммутáтор.

swollen ['swoulən] p. pt. от swell.

swoon [swu:n] 1. óбморок; 2. пáдать в óбморок.

swoop [swu:p] 1. (a. **~** down), устремля́ться вниз (на добы́чу и т. п.); налетáть [-етéть] (on на B); 2. налёт, внезáпное нападéние.

sword [sɔ:d] шпáга; меч.

swordsman ['sɔdzmən] фехтовáльщик.

swore [swɔ:] pt. от swear.

sworn [swɔ:n] p. pt. от swear.

swum [swʌm] p. pt. от swim.

swung [swʌŋ] pt. и p. pt. от swing.

sycophant ['sikofənt] льстец.

syllable ['siləbl] слог.

symbol ['simbəl] си́мвол, эмблéма; знак; **~ic(al** □) [sim'bɔlik, -əl] символи́ческий; **~ism** ['simbəlizm] символи́зм.

symmetr|ical [si'metrikəl] симметри́чный; **~y** ['simitri] симметри́я.

sympath|etic [simpə'θetik] (**~ally**) сочýвственный; симпати́чный; **~** strike забастóвка солидáрности; **~ize** ['simpəθaiz] [по]сочýвствовать (with Д); симпатизи́ровать (with Д); [-θi] сочýвствие (with к Д); симпáтия (for к Д).

symphony ['simfəni] симфóния.

symptom ['simptəm] симптóм.

synchron|ize ['siŋkrənaiz] v/i. совпадáть по врéмени; v/t. синхронизи́ровать (im)pf.; устанáвливать одновремéнность (событий); свéрить [свéрить] (часы́); **~ous** [-nəs] □ синхрóнный.

syndicate 1. ['sindikit] синдикáт; 2. [-keit] синдици́ровать (im)pf.

synonym ['sinənim] сино́ним; **~ous** [si'nɔniməs] синоними́ческий.

synopsis [si'nɔpsis] конспéкт; синóпсис.

synthe|sis ['sinθisis] си́нтез; **~tic(al** □) [sin'θetik, -tikəl] синтети́ческий.

syringe ['sirindʒ] 1. шприц; 2. спринцевáть.

syrup ['sirəp] сирóп; пáтока.

system ['sistim] систéма; **~atic** [sistə'mætik] (**~ally**) системати́ческий.

T

tab [tæb] вéшалка; пéтелька; ✕ петли́ца (на воротникé).

table ['teibl] 1. стол; óбщество за столóм; плитá; дощéчка; табли́ца; тáбель m; **~** of contents оглавлéние; 2. класть на стол; представля́ть [-áвить] (предложéние и т. п.); **~-cloth** скáтерть f; **~-spoon** столóвая лóжка.

tablet ['tæblit] дощéчка; блокнóт; таблéтка; кусóк (мы́ла и т. п.).

taboo [tə'bu:] 1. табý n indecl.; запрещéние, запрéт; 2. подвергáть табý; запрещáть [-ети́ть]; 3. запрещённый.

tabulate ['tæbjuleit] располагáть в ви́де табли́ц.

tacit ['tæsit] □ молчали́вый (о соглáсии и т. п.); подразумевáемый; **~urn** ['tæsitə:n] □ молчали́вый, неразговóрчивый.

tack [tæk] 1. гвóздик с широкой

шля́пкой; кно́пка (канцеля́рская); стежо́к; ♣ галс; *fig.* полити́ческая ли́ния; 2. *v/t.* прикрепля́ть гвоздиками или кно́пками; смётывать [сметать]; присоединя́ть [-ни́ть], добавля́ть [-а́вить] (to, on к Д); *v/i.* ♣ повора́чивать на друго́й галс; *fig.* меня́ть полити́ческий курс.

tackle ['tækl] 1. принадле́жности *f/pl.*; снасть *f*; ⊕, ♣ та́ли *f/pl.*; 2. энерги́чно бра́ться за (В); би́ться над (Т).

tact [tækt] такт, такти́чность *f*; **~ful** ['tæktful] □ такти́чный.

tactics ['tæktiks] та́ктика.

tactless ['tæktlis] □ беста́ктный.

taffeta ['tæfitə] тафта́.

tag [tæg] 1. ярлычо́к, этике́тка; ушко́ (сапога́); *fig.* изби́тая фра́за; 2. прикрепля́ть ярлы́к, ушко́ к (Д).

tail [teil] 1. хвост; коса́ (воло́с); пола́, фа́лда; обра́тная сторона́ (моне́ты); 2. *v/t.* снабжа́ть хвосто́м; отруба́ть хвост (щеня́т); высле́живать [вы́следить]; *v/i.* тяну́ться дли́нной верени́цей; **~ off** отст(ав)а́ть; **~-coat** фрак; **~ light** *mot.*, ♠ за́дний фона́рь *m*; ⚡ хвостово́й ого́нь *m*.

tailor ['teilə] 1. портно́й; 2. портня́жничать; [с]шить; **~-made** сши́тый на зака́з.

taint [teint] 1. поро́к; пятно́ позо́ра; зара́за; испо́рченность *f*; 2. [за]пятна́ть; [ис]по́ртить(ся) ◻ заража́ть(ся) [зарази́ть(ся)].

take [teik] 1. [*irr.*] *v/t.* брать [взять]; принима́ть [-ня́ть]; [съ]есть, [вы́]пить; занима́ть [заня́ть] (ме́сто); *phot.* снима́ть [снять]; отнима́ть [-ня́ть] (вре́мя); I ~ it that я полага́ю, что ...; ~ the air выходи́ть на во́здух; ~ отлета́ть [-ете́ть]; *fire* загоре́ться [-ре́ться]; ~ in hand бра́ться [взя́ться] за (В), предпринима́ть [-ня́ть]; ~ pity on сжали́ться *pf.* над (Т); ~ place сади́ться [-чи́ться], происходи́ть [произойти́]; ~ rest отдыха́ть [отдохну́ть]; ~ a seat сади́ться [сесть]; ~ a view выска́зывать свою́ то́чку зре́ния; ~ a walk [по]гуля́ть, прогу́ливаться [-ля́ться]; ~ down снима́ть [снять]; запи́сывать [-са́ть]; ~ for принима́ть [-ня́ть] за (В); ~ from брать [взять] у (Р); отнима́ть [отня́ть] у (Р) *or* от (Р); ~ in обма́нывать [-ну́ть]; принима́ть [-ня́ть] (го́стя); получа́ть (газе́ту и т. п.); ~ off снима́ть [снять] (оде́жду); ~ out вынима́ть [вы́нуть]; ~ to pieces разбира́ть [разобра́ть] (на ча́сти); ~ up бра́ться [взя́ться] за (В); занима́ть [заня́ть], отнима́ть [отня́ть] (ме́сто, вре́мя); *v/i.* [по]де́йствовать; име́ть успе́х; ~ after походи́ть на (В); ~ off уменьша́ться

[уменьши́ться]; ⚡ взлета́ть [-ете́ть]; оторва́ться от земли́; ~ over принима́ть до́лжность (from от Р); ~ to пристрасти́ться к (Д) *pf.*; привяза́ться к (Д) *pf.*; that won't ~ with me э́тим меня́ не возьмёшь; 3. уло́в (ры́бы); (театра́льный) сбор; **~s** *pl.* бары́ш *m/pl.*; **~n** ['teikən] *p. pt.* of take; be ~ ill заболе́(ва́)ть; **~-off** ['tei'kɔf] карикату́ра; подража́ние; ⚡ взлёт.

taking ['teikiŋ] 1. □ привлека́тельный; зара́зный; 2. **~s** [-z] *pl.* ♠ бары́ш *m/pl.*

tale [teil] расска́з, по́весть *f*; вы́думка; спле́тня.

talent ['tælənt] тала́нт; **~ed** [-id] тала́нтливый.

talk [tɔːk] 1. разгово́р; бесе́да; слух; 2. [по]говори́ть; разгова́ривать; [по]бесе́довать; [на]спле́тничать; **~ative** ['tɔːkətiv] болтли́вый; **~er** ['tɔːkə] 1. говору́н(ья), болту́н(ья); собесе́дник (-ница).

tall [tɔːl] высо́кий; F невероя́тный; ~ order чрезме́рное тре́бование; ~ story *Am.* F неправдоподо́бный расска́з, небыли́ца.

tallow ['tælou] то́плёное са́ло (для свече́й).

tally ['tæli] 1. би́рка; ко́пия, дублика́т, опозна́ва́тельный я́рлы́к; 2. отмеча́ть [-е́тить]; подсчи́тывать [-ита́ть]; соотве́тствовать (with Д).

tame [teim] 1. □ ручно́й, приручённый; поко́рный; пасси́вный; ску́чный; 2. прируча́ть [-чи́ть]; смиря́ть [-ри́ть].

tamper ['tæmpə] ~ with вме́шиваться [-ша́ться] в (В); неуме́ло вози́ться с (Т); подде́л(ыв)ать (В); стара́ться подкупи́ть (В).

tan [tæn] 1. зага́р; корьё, толчёная дубо́вая кора́; 2. рыжева́то-кори́чневый; 3. [вы́]дуби́ть (ко́жу); загора́ть.

tang [tæŋ] ре́зкий при́вкус; налёт.

tangent ['tændʒənt] ♣ та́нгенс; go (*a.* fly) off at a ~ внеза́пно отклоня́ться (от те́мы и т. п.).

tangible ['tændʒəbl] □ осяза́емый, ощути́мый.

tangle ['tæŋgl] 1. пу́таница, неразбери́ха; 2. запу́т(ыв)ать(ся).

tank [tæŋk] 1. цисте́рна; бак; ✕ танк, *attr.* та́нковый; 2. налива́ть в бак.

tankard ['tæŋkəd] высо́кая кру́жка.

tannery ['tænəri] коже́венный заво́д.

tantalize ['tæntəlaiz] [за-, из]му́чить.

tantrum ['tæntrəm] F вспы́шка гне́ва и́ли раздраже́ния.

tap[1] [tæp] 1. вту́лка; кран; F сорт, ма́рка (напи́тка); 2. вставля́ть кран в (бо́чку); де́лать проко́л (для выпуска́ния жи́дкости) у (больно́го); де́лать надре́з на (де́реве для получе́ния со́ка); выпра́шивать де́ньги у (Р).

tap² [‿] **1.** [по]стуча́ть; хло́пать [-пну́ть]; **2.** лёгкий стук; шлепо́к; **~-dance** чечётка.

tape [teɪp] тесьма́; *sport* фи́нишная ле́нточка; телегра́фная ле́нта; red ~ бюрократи́зм, канцеля́рщина; **~-measure** ['teɪpmeʒə] руле́тка.

taper ['teɪpə] **1.** то́нкая восковая свеча́; **2.** *adj.* суживающийся к концу́; кони́ческий; **3.** *v/i.* сужи́ваться к концу́; *v/t.* заостря́ть [-ри́ть].

tape-recorder магнитофо́н.

tapestry ['tæpɪstrɪ] гобеле́н.

tape-worm ﹩ солитёр.

tap-room ['tæprum] пивна́я.

tar [tɑː] **1.** дёготь *m*; смола́; **2.** обма́зывать дёгтем; [вы́]смоли́ть.

tardy ['tɑːdɪ] ☐ медли́тельный; запозда́лый, по́здний.

tare¹ ['tɛə] та́ра; ски́дка на та́ру.

tare² [‿] ♃ посевна́я ви́ка.

target ['tɑːgɪt] цель *f*; мише́нь (*a. fig.*); ~ practice стрельба́ по мише́ни.

tariff ['tærɪf] тари́ф. [шеням.]

tarnish ['tɑːnɪʃ] **1.** *v/t.* лиша́ть бле́ска (мета́лл); *fig.* [о]поро́чить; *v/i.* [по]тускне́ть (о мета́лле); **2.** ту́склость *f*; *fig.* пятно́.

tarry¹ ['tærɪ] ме́длить, ме́шкать; ~ for жда́ть (В *or* Р), дожида́ться (Р).

tarry² ['tɑːrɪ] вы́мазанный дёгтем.

tart [tɑːt] **1.** сла́дкая ватру́шка; **2.** ки́слый, те́рпкий; е́дкий; *fig.* ко́лкий.

task [tɑːsk] **1.** зада́ча; уро́к; take to ~ призыва́ть к отве́ту; отчи́тывать [-ита́ть]; **2.** дава́ть зада́ние (Д); обременя́ть [-ни́ть], перегружа́ть [-узи́ть].

tassel ['tæsl] ки́сточка (украше́ние).

taste [teɪst] **1.** вкус; скло́нность *f* (for к Д); про́ба; **2.** [по]про́бовать (на вкус), отве́д(ыв)ать; *fig.* испы́тывать [-пыта́ть]; ~ sweet быть сла́дким на вкус; **~ful** ['teɪstful] ☐ (сде́ланный) со вку́сом; **~less** [-lɪs] ☐ безвку́сный.

tasty ['teɪstɪ] ☐ F вку́сный; прия́тный.

tatter ['tætə] **1.** изна́шивать(ся) в лохмо́тья; рвать(ся) в кло́чья; **2.** ~s *pl.* лохмо́тья *n/pl.*; кло́чья *m/pl.* (*sg.* клок).

tattle ['tætl] **1.** болтовня́; **2.** [по]болта́ть; [по]суда́чить.

tattoo [tə'tuː] **1.** ✕ сигна́л вече́рней зари́; татуиро́вка; **2.** татуи́ровать (*im*)*pf.*

taught [tɔːt] *pt.* и *p. pt.* от teach.

taunt [tɔːnt] **1.** насме́шка, •шпи́лька•; **2.** говори́ть ко́лкости (Д); [съ]язви́ть.

taut [tɔːt] ⚓ ту́го натя́нутый; вполне́ испра́вный (о корабле́).

tavern ['tævən] таве́рна.

tawdry ['tɔːdrɪ] ☐ мишу́рный, безвку́сный.

tawny ['tɔːnɪ] рыжева́то-кори́чневый.

tax [tæks] **1.** нало́г (on на В); *fig.* напряже́ние; бре́мя *n*; испыта́ние; **2.** облага́ть нало́гом; ♃ такси́ровать (*im*)*pf.*; че́рез ме́рно напряга́ть (си́лы); подверга́ть испыта́нию; ~ a p. with a th. обвиня́ть [-ни́ть] кого́-либо в чём-либо; **~ation** [tæk'seɪʃn] обложе́ние нало́гом; взима́ние нало́га; ♃ такса́ция.

taxi ['tæksɪ] **1.** = **~-cab** такси́ *n indecl.*; **2.** е́хать в такси́; ✈ рули́ть.

taxpayer ['tækspeɪə] налогоплате́льщик.

tea [tiː] чай.

teach [tiːtʃ] [*irr.*] [на]учи́ть, обуча́ть [-чи́ть]; преподава́ть; **~able** ['tiːtʃəbl] ☐ спосо́бный к уче́нию; подлежа́щий обуче́нию; **~er** ['tiːtʃə] учи́тель(ница *f*) *m*, преподава́тель (-ница *f*) *m*.

team [tiːm] **1.** упря́жка (лошаде́й и т. п.); *sport* кома́нда; брига́да, арте́ль *f* (рабо́чих); **~ster** ['tiːmstə] возни́ца *m*; **~-work** совме́стная рабо́та; согласо́ванная рабо́та.

teapot ['tiːpɔt] ча́йник (для зава́рки).

tear¹ [tɛə] **1.** [*irr.*] дыра́, проре́ха; **2.** [по]рва́ть(ся); разрыва́ть(ся) [разорва́ть(ся)]; *fig.* раздира́ть (-ся); [по]мча́ться.

tear² [tɪə] слеза́ (*pl.* слёзы).

tearful ['tɪəful] ☐ слези́вый; по́лный слёз (о глаза́х).

tease [tiːz] **1.** задира́ *m/f*; челове́к, лю́бящий дразни́ть; **2.** F дразни́ть; задира́ть (В); пристава́ть к (Д).

teat [tiːt] сосо́к.

technic|al ['teknɪkəl] ☐ техни́ческий; **~ality** [teknɪ'kælɪtɪ] техни́ческая сторона́ де́ла; техни́ческая дета́ль *f*; **~ian** [tek'nɪʃən] те́хник.

technique [tek'niːk] те́хника.

technology [tek'nɔlədʒɪ] техноло́гия; техни́ческие нау́ки *f/pl.*

tedious ['tiːdɪəs] ☐ ску́чный, утоми́тельный.

tedium ['tiːdɪəm] ску́ка.

tee [tiː] мише́нь *f* (в и́грах); ме́тка для мяча́ в го́льфе).

teem [tiːm] изоби́ловать, кише́ть (with Т).

teens [tiːnz] *pl.* во́зраст от трина́дцати до девятна́дцати лет.

teeth [tiːθ] *pl.* от tooth; **~e** [tiːð]: the child is teething у ребёнка проре́зabsotся зу́бы.

teetotal(l)er [tiː'toutlə] трезве́нник.

telegram ['telɪgræm] телегра́мма.

telegraph ['telɪgrɑːf] **1.** телегра́ф; **2.** телеграфи́ровать (*im*)*pf.*; **3.** *attr.*

телегра́фный; ~ic [teli'græfik] (~ally) телегра́фный; ~y [ti'legrəfi] телегра́фия.

telephon|e ['telifoun] 1. телефо́н; 2. телефони́ровать (*im*)*pf*.; ~ic [teli'fɔnik] (~ally) телефо́нный; ~y [ti'lefəni] телефони́я; телефони́рование.

telephoto ['teli'foutou] *phot.* телефотогра́фия.

telescope ['teliskoup] 1. телеско́п; 2. скла́дывать [сложи́ть(ся)] (подо́бно телеско́пу); вреза́ться друг в дру́га (о ваго́нах при круше́нии).

televis|ion ['teli'viʒən] телеви́дение; ~or [-vaizə] телеви́зор.

tell [tel] [*irr.*] *v/t.* говори́ть [сказа́ть]; расска́зывать [-за́ть]; уверя́ть [уве́рить]; отлича́ть [-чи́ть]; ~ a p. to do a th. веле́ть кому́-либо что́-либо де́лать; ~ off [вы́]брани́ть, "отде́л(ыв)ать; *v/i.* ска́зываться [сказа́ться]; выделя́ться [вы́делиться]; расска́зывать [-за́ть] (about о П); ~er ['telə] расска́зчик; касси́р (в ба́нке); ~ing ['telin] многоговоря́щий, многозначи́тельный; ~tale ['telteil] спле́тник (-ица); болту́н(ья); ⊕ предупреди́тельное сигна́льное приспособле́ние.

temper ['tempə] 1. умеря́ть [уме́рить]; смягча́ть [-чи́ть]; ⊕ отпуска́ть [-сти́ть], закаля́ть [-ли́ть] (*a fig*.); 2. хара́ктер; настрое́ние; раздраже́ние, гнев; ⊕ о́тпуск (мета́лла); ~ament [-rəmənt] темпера́мент; ~amental [tempərə'mentl] □ темпера́ментный; ~ance ['tempərəns] уме́ренность *f*; ~ate [-rit] □ уме́ренный, возде́ржанный; ~ature ['tempritʃə] температу́ра.

tempest ['tempist] бу́ря; ~uous [tem'pestjuəs] □ бу́рный, бу́йный.

temple ['templ] храм; *anat.* висо́к.

tempor|al ['tempərəl] □ вре́менный; мирско́й, све́тский; ~ary [-rəri] □ вре́менный; ~ize [-raiz] стара́ться вы́играть вре́мя; приспособля́ться к обстоя́тельствам.

tempt [tempt] искуша́ть [-уси́ть], соблазня́ть [-ни́ть]; привлека́ть [-е́чь]; ~ation [temp'teiʃən] искуше́ние, собла́зн; ~ing [-tiŋ] □ зама́нчивый, соблазни́тельный.

ten [ten] 1. де́сять; 2. деся́ток.

tenable ['tenəbl] про́чный; ⚔ обороноспосо́бный.

tenaci|ous [ti'neiʃəs] □ упо́рный; це́пкий; вя́зкий; ~ty [ti'næsiti] це́пкость *f*; сто́йкость *f*; упо́рство.

tenant ['tenənt] нанима́тель(ница *f*) *m*; аренда́тор; жи́тель(ница *f*) *m*.

tend [tend] *v/i.* име́ть скло́нность (to к Д); клони́ться; направля́ться [-ра́виться]; *v/t.* [по]забо́титься

о (П); уха́живать, [по]смотре́ть за (Т); ⊕ обслу́живать [-и́ть]; ~ance ['tendəns] уха́живание (of за Т); присмо́тр (of за Т); ~ency [-si] тенде́нция; накло́нность *f*.

tender ['tendə] 1. □ *com.* не́жный; мя́гкий; сла́бый (о здоро́вье); чувстви́тельный; ла́сковый; чу́ткий; 2. (официа́льное) предложе́ние; зая́вка (*part.* ⳽); 🚂 те́ндер; ⚓ посы́льное су́дно; плаву́чая ба́за; legal ~ зако́нное платёжное сре́дство; 3. ⊕ предлага́ть [-ложи́ть]; представля́ть [-а́вить] (докуме́нты); приноси́ть [-нести́] (извине́ние, благода́рность); ~foot F новичо́к; ~ness [-nis] не́жность *f*.

tendon ['tendən] *anat.* сухожи́лие.

tendril ['tendril] ♀ у́сик.

tenement ['tenimənt] снима́емая кварти́ра; ~ house многокварти́рный дом.

tenor ['tenə] ♪ те́нор; тече́ние, направле́ние; укла́д (жи́зни); о́бщий смысл (ре́чи и т. п.).

tens|e [tens] 1. *gr.* вре́мя *n*; 2. □ натя́нутый; возбуждённый; напряжённый; ~ion [tenʃən] напряже́ние (*a.* ⚡); натяже́ние; *pol.* напряжённость *f*; натя́нутость *f*.

tent[1] [tent] 1. пала́тка, тент; 2. размеща́ть в пала́тках, жить в пала́тках. [тампо́н в (В).]

tent[2] [~] 1. тампо́н; 2. вставля́ть]

tentacle ['tentəkl] *zo.* щу́пальце.

tentative ['tentətiv] □ про́бный; эксперимента́льный; ~ly в ви́де о́пыта.

tenth [tenθ] 1. деся́тый; 2. деся́тая часть *f*.

tenure ['tenjuə] владе́ние; пребыва́ние (в до́лжности); срок владе́ния.

tepid ['tepid] □ теплова́тый.

term [təːm] 1. преде́л; срок; семе́стр; те́рмин; ♫ члсн; 🚂 се́ссия; день упла́ты аре́нды и т. п.; ~s *pl.* усло́вия; be on good (bad) ~s быть в хоро́ших (плохи́х) отноше́ниях; come to ~s прийти́ к соглаше́нию; 2. выража́ть [вы́разить]; наз(ы)ва́ть; [на]именова́ть.

termina|l ['təːminl] 1. □ заключи́тельный; коне́чный; семестро́вый; 2. коне́чный пункт; коне́чный слог; экза́мен в конце́ семе́стра; ⚡ зажи́м; *Am.* 🚂 коне́чная ста́нция; ~te [-neit] конча́ть(ся) [ко́нчить(ся)]; ~tion [təːmi'neiʃən] оконча́ние; коне́ц.

terminus ['təːminəs] 🚂 коне́чная ста́нция.

terrace ['terəs] терра́са; на́сыпь *f*; ряд домо́в; ~d [-t] располо́женный терра́сами.

terrestrial [ti'restriəl] □ земно́й; *zo.* сухопу́тный.

terrible ['terəbl] □ ужа́сный, стра́шный.

terri|fic [tə'rifik] (∼ally) ужасáю-
щий; F великолéпный; ∼fy ['te-
rifai] v/t. ужасáть [-снýть].

territor|ial [teri'tɔ:riəl] 1. □ терри-
ториáльный; земéльный; ⚔ Army,
Force территориáльная áрмия;
2. ⚔ солдáт территориáльной áр-
мии; ∼y ['teritəri] территóрия;
óбласть f; сфéра.

terror ['terə] ýжас; террóр; ∼ize
[-raiz] терроризовáть (im)pf.

terse [tə:s] □ сжáтый, выразúтель-
ный (стиль).

test [test] 1. испытáние; критéрий;
прóба; анáлиз; ⚛ реактúв; attr.
испытáтельный; прóбный; 2.под-
вергáть испытáнию, провéрке,
(⚛) дéйствию реактúва.

testify ['testifai] давáть показáние, свидéтельствовать (to в пóль-
зу P, against прóтив P, on о П).

testimon|ial [testi'mounjəl] аттес-
тáт; рекомендáтельное письмó;
∼y ['testimeni] ýстное показáние;
пúсьменное свидéтельство.

test-tube ⚛ пробúрка.

testy ['testi] □ вспыльчивый, раз-
дражúтельный.

tether ['teðə] 1. прúвязь f (живóтного); come to the end of one's ∼
дойтú до тóчки; 2. привязывать
[-зáть] (живóтное).

text [tekst] текст; тéма (прóповеди);
∼book учéбник, руковóдство.

textile ['tekstail] 1. текстúльный;
2. ∼s pl. текстúльные издéлия
n/pl.; ткани f/pl.

texture ['tekstʃə] ткань f; кáчество
ткáни; строéние, структýра (кó-
жи и т. п.).

than [ðæn,ðən] чем, нéжели.

thank [θæŋk] 1. [по]благодарúть
(B); ∼ you благодарю́ вас; 2. ∼s pl.
спасúбо!; ∼s to благодаря́ (Д);
∼ful ['θæŋkful] □ благодáрный;
∼less [-lis] □ неблагодáрный;
∼sgiving [θæŋksgiviŋ] благодáр-
ственный молéбен.

that [ðæt, ðət] 1. pron. тот, та, то;
те pl.; (а: э́тот и т. д.); котóрый и
т. д.; 2. cj. что; чтóбы.

thatch [θætʃ] 1. соломенная или
тростникóвая крыша; 2. крыть
соломой или тростникóм.

thaw [θɔ:] 1. óттепель f; тáяние;
2. v/i. [рас]тáять; оттáивать [оттá-
ять]; v/t. растáпливать [растопú́ть]
(снег и т. п.).

the [ði:; пéред глáсными ði; пéред
соглáсными ðə] 1. определённый
член, артúкль f; 2. adv. ∼ ... ∼ ...
чем ..., тем ...

theatr|e ['θiətə] теáтр; fig. арéна;
∼ of war теáтр воéнных дéйствий;
∼ic(al) □ [θi'ætrik, -trikəl] театрáльный (a. fig.); сценúческий.

theft [θeft] воровствó, крáжа.

their [ðεə] pron. poss. (от they)
их; свой, своя́, своё, свой pl.; ∼s

[ðεəz] pron. poss. pred. их, свой и
т. д.

them [ðem, ðəm] pron. pers. (кóсвенный падéж от they) их, им.

theme [θi:m] тéма, предмéт (раз-
говóра и т. п.); шкóльное сочинé-
ние.

themselves [ðem'selvz] pron. refl.
себя́, -ся; emphasis сáми.

then [ðen] 1. adv. тогдá; потóм, за-
тéм; 2. cj. тогдá, в такóм слýчае;
знáчит; 3. adj. тогдáшний.

thence [ðens] lit. оттýда; с тогó
врéмени; fig. отсюда, из э́того.

theolog|ian [θiə'loudʒiən] бого-
слóв; ∼y [θi'ɔlədʒi] богослóвие.

theor|etic(al) □ [θiə'retik, -tikəl]
теоретúческий; ∼ist ['θiərist] тео-
рéтик; ∼y ['θiəri] теóрия.

there [ðεə] там, тудá; ∼! вот!, ну!;
∼ is, ∼ are [ðə'riz, ðə'ra:] есть,
имéется, имéются; ∼about(s)
['ðεərəbaut(s)] поблúзости; óколо
э́того, приблизúтельно; ∼after
[ðεər'a:ftə] с э́того врéмени; ∼by
['ðεə'bai] посрéдством э́того; та-
кúм óбразом; ∼fore ['ðεəfɔ:] поэ́-
тому; слéдовательно; ∼upon
['ðεərə'pɔn] пóсле тогó, вслед за
тéм; вслéдствие тогó.

thermo|meter [θə'mɔmitə] термó-
метр, грáдусник; ∼s ['θə:mɔs] (or
∼ flask, ∼ bottle) тéрмос.

these [ði:z] pl. от this.

thes|is ['θi:sis], pl. ∼es [-si:z] тéзис;
диссертáция.

they [ðei] pron. pers. онú.

thick [θik] 1. □ com. тóлстый;
густóй; плóтный; хрúплый (гóлос); F глýпый; ∼ with густó покрытый (Т); 2. чáща, fig. гýща;
in the ∼ of в сáмой гýще (P); в
разгáре (P); ∼en ['θikən] [по]тол-
стéть; сгущáть(ся) [сгустúть(ся)];
учащáться [участúться]; ∼et
['θikit] чáща; зáросли f/pl.; ∼-
-headed тупоголóвый, тупоýм-
ный; ∼ness ['θiknis] толщинá;
плóтность f; сгущённость f; ∼-set
['θik'set] гýсто насáженный; ко-
ренáстый; ∼-skinned (a. fig.) тол-
стокóжий.

thie|f [θi:f], pl. ∼ves [θi:vz] вор;
∼ve [θi:v] v/t. [у]крáсть; v/i. воро-
вáть.

thigh [θai] бедрó.

thimble ['θimbl] напёрсток.

thin [θin] 1. □ com. тóнкий; худóй;
худощáвый; рéдкий; жúдкий; in
a ∼ house в полупустóм зáле (теá-
тра); 2. дéлать(ся) тóнким, утон-
чáть(ся) [-чúть(ся)]; [по]рéдеть;
[по]худéть.

thing [θiŋ] вещь f; предмéт; дéло;
∼s pl. лúчные вéщи f/pl.; багáж;
одéжда; принадлéжности f/pl.;
the ∼ нéчто сáмое вáжное, нýжное; ∼s are going better положéние
улучшáется.

think [θiŋk] [*irr.*] *v/i.* [по]думать
(of, about o П); мыслить; полагать; вспоминать [вспомнить] (of
o П); намереваться (+ *inf.*); придум(ыв)ать (of B); *v/t.* считать
[счесть]; ~ much of быть высокого мнения o (П).

third [θə:d] 1. третий; 2. треть *f.*

thirst [θə:st] 1. жажда; 2. жаждать
(for, after P) (*part. fig.*); ~y ['θə:sti]
□ томимый жаждой; I am ~ я
хочу пить.

thirt|een ['θə:'ti:n] тринадцать;
~eenth ['θə:'ti:nθ] тринадцатый;
~ieth ['θə:tiiθ] тридцатый; ~y
['θə:ti] тридцать.

this [ðis] *pron. demonstr.* (*pl.* these)
этот, эта, это; эти *pl.*; ~ morning
сегодня утром.

thistle ['θisl] ♣ чертополох.

thong [θɔŋ] ремень *m*; плеть *f.*

thorn [θɔ:n] ♣ шип; колючка; *fig.*
~ s *pl.* терния *n/pl.*; ~y ['θɔ:ni] колючий; *fig.* тяжёлый, тернистый.

thorough ['θʌrə] □ основательный; совершённый; ~ly *adv.*
основательно, досконально, совершенно; ~bred 1. чистокровный; 2. чистокровное животное;
~fare проход; проезд; главная
артерия (города); ~going ради-
~~~~ [θɔuz] pr. oi that. [кально].]

though [ðou] *conj.* хотя; даже если
бы, хотя бы; *adv.* тем не менее;
однако; всё-таки; as ~ как будто,
словно.

thought [θɔ:t] 1. *pt.* и *p. pt.* от
think; 2. мысль *f*; мышление;
размышление; забота; внимательность *f*; ~ful ['θɔ:tful] □ задумчивый; глубокомысленный; заботливый; внимательный (of к Д);
~less ['θɔ:tlis] □ беспечный; необдуманный; невнимательный (of
к Д).

thousand ['θauzənd] тысяча; ~th
['θauzən(t)θ] 1. тысячный; 2. тысячная часть *f.*

thrash [θræʃ] [c]молотить; [по]бить;
F побеждать [-едить] (в состязании); ~ out тщательно обсуждать
(вопрос и т. п.); *s.* thresh; ~ing
['θræʃiŋ] молотьба; побои *m/pl.*, F
взбучка.

thread [θred] 1. нитка, нить *f*;
fig. нить *f*; ⊕ (винтовая) резьба,
нарезка; 2. продевать нитку в
(иголку); нанизывать [-зать] (бусы); ⊕ нарезать [-езать]; ~bare
['θredbɛə] потёртый, изношенный; *fig.* избитый.

threat [θret] угроза; ~en ['θretn]
v/t. [при]грозить, угрожать (Д
with T); *v/i.* грозить.

three [θri:] 1. три; 2. тройка; ~fold
['θri:fould] *adj. adv.* втройне;
~pence ['θrepəns] три пенса (монета); ~score ['θri:'skɔ:] шестьдесят.

thresh [θreʃ] ✔ [c]молотить; *s.*
thrash; ~ out *fig.* = thrash out.

threshold ['θreʃ(h)ould] порог.

threw [θru:] *pt.* от throw.

thrice [θrais] трижды.

thrift [θrift] бережливость *f*, экономность *f*; ~less ['θriftlis] □ расточительный; ~y ['θrifti] □ экономный, бережливый.

thrill [θril] 1. *v/t.* [вз]волновать;
приводить в трепет, [вз]будоражить; *v/i.* [за]трепетать (with of
P); [вз]волноваться; 2. трепет;
глубокое волнение; нервная
дрожь *f*; ~er ['θrilə] сенсационный
роман (*mst* детективный).

thrive [θraiv] [*irr.*] процветать,
преуспевать; разрастаться; ~n
['θrivn] *p. pt.* от thrive.

throat [θrout] горло, глотка; clear
one's ~ откашливаться [-ляться].

throb [θrɔb] 1. пульсировать;
сильно биться; 2. пульсация;
биение; *fig.* трепет.

throes [θrouz] *pl.* муки *f/pl.*; агония; родовые муки *f/pl.*

throne [θroun] трон, престол.

throng [θrɔŋ] 1. толпа, толчея;
2. [c]толпиться; заполнять [-олнить] (о толпе).

throttle ['θrɔtl] 1. [за]душить (за
горло) ⊕ дросселировать; 2. ⊕
дроссель *m.*

through [θru:] *prp.* 1. через (B); сквозь
(B); по (Д); *adv.* насквозь; от начала до конца; 2. прямой, беспересадочный (поезд и т. п.); сквозной (билет); ~out [θru:'aut] 1.
prp. через (B); по всему, всей ...;
2. повсюду; во всех отношениях.

throve [θrouv] *pt.* от thrive.

throw [θrou] 1. [*irr.*] бросать [бросить], кидать [кинуть], метать [метнуть]; ~ over перебрасывать [-бросить]; покидать [-инуть] (друзей); ~ up извергать [-ергнуть];
вскидывать [вскинуть]; 2. бросок; бросание; ~n [-n] *p. pt.* от
thru *Am.* = through. [throw.]

thrum [θrʌm] бренчать, тренькать.

thrush [θrʌʃ] дрозд.

thrust [θrʌst] 1. толчок; удар; ⊕
распор; end ~ осевое давление;
2. [*irr.*] толкать [-кнуть]; тыкать
[ткнуть]; ~ o. s. into *fig.* втираться
[втереться] в (B); ~ upon a p. навязывать [-зать] (Д).

thud [θʌd] 1. глухой звук; 2. падать с глухим звуком.

thug *Am.* [θʌg] убийца *m*, головорез.

thumb [θʌm] 1. большой палец
(руки); 2. захватывать [захватать], загрязнять [-нить] (пальцами); ~tack *Am.* чертёжная
кнопка.

thump [θʌmp] 1. глухой стук; тяжёлый удар; 2. наносить тяжёлый удар (Д).

thunder ['θʌndə] 1. гром; 2. [за-]греме́ть; it ~s гром греми́т; *fig.* мета́ть гро́мы и мо́лнии; ~**bolt** уда́р мо́лнии; ~**clap** уда́р гро́ма; ~**ous** ['θʌndərəs] □ грозово́й; гро́мовой, оглуша́ющий; ~**storm** гроза́; ~**struck** сражённый уда́ром мо́лнии; *fig.* как гро́мом пора́женный.

Thursday ['θə:zdi] четве́рг.

thus [ðʌs] так, таки́м о́бразом.

thwart [θwɔ:t] 1. ба́нка (скамья́ для гребца́); 2. меша́ть исполне́нию (жела́ний и т. п.), расстра́ивать [-ро́ить].

tick [tik] 1. *zo.* клещ; креди́т, счёт; ти́канье; тик (мате́рия); 2. *v/i.* ти́кать; *v/t.* брать и́ли отпуска́ть в креди́т; ~ off отмеча́ть «пти́чкой»; F проб(и)ра́ть, отде́л(ыв)ать.

ticket ['tikit] 1. биле́т; ярлы́к; удостовере́ние; квита́нция; *Am.* спи́сок кандида́тов па́ртии; 2. прикрепля́ть ярлы́к к (Д); ~**office**, *Am.* ~**window** биле́тная ка́сса.

tickl|e ['tikl] [по]щекота́ть; ~**ish** [-iʃ] □ щекотли́вый.

tidal ['taidl] □ ~ **wave** прили́вная волна́.

tide [taid] 1. low ~ отли́в; high ~ прили́в; *fig.* тече́ние; 2. *fig.* ~ over преодоле́(ва́)ть.

tidings ['taidiŋz] *pl.* но́вости *f/pl.*, изве́стия *n/pl.*

tidy ['taidi] 1. опря́тный, аккура́тный; значи́тельный; 2. приб(и)ра́ть; приводи́ть в поря́док.

tie [tai] 1. связь *f*; га́лстук; ра́вный счёт (голосо́в и́ли очко́в); ничья́; ⊕ скре́па; *pl.* у́зы *f/pl.*; 2. *v/t.* завя́зывать [-за́ть]; свя́зывать [-за́ть]; *v/i.* игра́ть вничью́; сравня́ть счёт.

tier [tiə] ряд; я́рус.

tie-up связь *f*; сою́з; *Am.* прекраще́ние рабо́ты и́ли у́личного движе́ния.

tiger ['taigə] тигр.

tight [tait] □ пло́тный, компа́ктный; непроница́емый; туго́й; ту́го натя́нутый; те́сный; F подвы́пивший; F ~ **place** *fig.* затрудни́тельное положе́ние; ~**en** ['taitn] стя́гивать(ся) [стяну́ть(ся)] (*a.* ~ up); затя́гивать [-яну́ть]; подтя́гивать [-яну́ть]; ~**fisted** скупо́й; ~**ness** ['taitnis] пло́тность *f* и т. д.; ~**s** [taits] *pl.* трико́ *n indecl.*

tigress ['taigris] тигри́ца.

tile [tail] 1. черепи́ца; ка́фель *m*, изразе́ц; 2. кры́ть черепи́цей и т. д.

till [til] 1. де́нежный я́щик, ка́сса (в прила́вке); 2. *prp.* до (Р); 3. *cj.* пока́; 4. ✔ возде́л(ыв)ать (В); [вс]паха́ть; ~**age** ['tilidʒ] па́шня; обрабо́тка земли́.

tilt [tilt] 1. накло́нное положе́ние, накло́н; уда́р копьём; 2. наклоня́ть(ся) [-ни́ть(ся)]; опроки́дывать(ся) [-и́нуть(ся)]; би́ться на ко́пьях; ~ **against** боро́ться с (Т).

timber ['timbə] 1. лесоматериа́л, строево́й лес; ба́лка; 2. пло́тничать; столя́рничать; стро́ить из де́рева.

time [taim] 1. вре́мя *n*; пери́од; пора́; раз; такт; темп; at the same ~ в то же вре́мя; for the ~ being пока́, на вре́мя; in (or on) ~ во́время; 2. (уда́чно) выбира́ть вре́мя для (Р); назнача́ть вре́мя для (Р); хронометри́ровать (*im*)*pf.*; ~**ly** ['taimli] своевре́менный; ~**piece** часы́ *m/pl.*; ~**table** 🚅 расписа́ние.

timid ['timid] □, **timorous** ['timərəs] □ ро́бкий.

tin [tin] 1. о́лово; (*a.* ~-**plate**) жесть *f*; жестя́нка; 2. [по]луди́ть; [за-]консерви́ровать (в жестя́нках).

tincture ['tiŋktʃə] 1. 💊 тинкту́ра; *fig.* оттёнок; 2. окра́шивать [окра́сить].

tinfoil ['tin'fɔil] фо́льга.

tinge [tindʒ] 1. слегка́ окра́шивать; *fig.* придава́ть оттёнок (Д); 2. лёгкая окра́ска; *fig.* оттёнок.

tingle ['tiŋgl] испы́тывать и́ли вызыва́ть пока́лывание (в онеме́вших чле́нах), поща́пывание (на моро́зе), зуд, звон в уша́х и т. п.

tinker ['tiŋkə] 1. луди́льщик; 2. неуме́ло чини́ть (at В); вози́ться (at с Т).

tinkle ['tiŋkl] звя́кать [-кнуть].

tin-plate ['tin'pleit] (бе́лая) жесть *f*. [шура́.]

tinsel ['tinsəl] блёстки *f/pl.*; ми-]

tinsmith ['tinsmiθ] жестя́н(щ)ик.

tint [tint] 1. кра́ска; оттёнок, тон; 2. слегка́ окра́шивать.

tiny ['taini] □ о́чень ма́ленький, кро́шечный.

tip [tip] 1. (то́нкий) коне́ц; наконе́чник; ко́нчик; чаевы́е *pl.*; ча́стная информа́ция; намёк; лёгкий толчо́к; 2. снабжа́ть наконе́чником; опроки́дывать [-и́нуть]; дава́ть на чай (Д); дава́ть ча́стную информа́цию (Д).

tipple ['tipl] пья́нствовать; вы́пи(ва́)ть, пить.

tipsy ['tipsi] подвы́пивший.

tiptoe ['tip('tou)]: on ~ на цы́почках.

tire [taiə] 1. о́бод колеса́; *mot.* ши́на; 2. утомля́ть [-ми́ть]; уст(ав)а́ть; ~**d** [-d] уста́лый; ~**less** ['taiəlis] неутоми́мый; ~**some** [-səm] утоми́тельный; надое́дливый; ску́чный.

tiro ['taiərou] новичо́к.

tissue ['tisju:] ткань *f* (*a. biol.*); *fig.* сплете́ние (лжи и т. п.); ~**-paper** [-'peipə] шёлковая бума́га; папиро́сная бума́га.

titbit ['titbit] лакомый кусочек; *fig.* пикантная новость *f.*

titillate ['titileit] [по]щекотать.

title ['taitl] заглавие; титул; звание; *g* право собственности (to на В); **~d** титулованный.

titter ['titǝ] **1.** хихиканье; **2.** хихикать [-кнуть].

tittle ['titl] малейшая частица; to a ~ тютелька в тютельку; **~tattle** [-tætl] сплетни *f/pl.*, болтовня.

to [tu:, tu, tǝ] *prp.* (указывает на направление движения, цель): к (Д); в (В); на (В); (указывает на лицо, по отношению к которому что-либо происходит, и соответствует русскому дательному падежу): ~ me *etc.* мне и т. д.; ~ and fro взад и вперёд; (частица, служащая показателем инфинитива): ~ work работать; I weep ~ think of it я плачу, думая об этом.

toad [toud] жаба, **~stool** поганка (гриб), **~y** ['toudi] **1.** подхалим; **2.** подхалимничать перед (Т).

toast [toust] **1.** гренок; тост; **2.** приготовлять гренки; поджаривать(ся) *fig.* греть(ся) (у огня); пить за чьё-либо здоровье, пить за (В).

tobacco [tǝ'bækou] табак, **~nist** [tǝ'bækǝnist] торговец табачными изделиями.

toboggan [tǝ'bɔgǝn] **1.** салазки *f/pl.*; **2.** кататься на салазках (с горы).

today [tǝ'dei] сегодня; в наше время.

toe [tou] **1.** палец (на ноге); носок (чулка, башмака); **2.** касаться носком (Р).

together [tǝ'geðǝ] вместе; друг с другом; подряд, непрерывно.

toil [tɔil] **1.** тяжёлый труд; **2.** усиленно трудиться; идти с трудом.

toilet ['tɔilit] туалет (одевание и костюм); уборная, **~table** туалетный столик.

toilsome ['tɔilsǝm] □ трудный, утомительный.

token ['toukǝn] знак; примета; подарок на память; ~ money биллонные деньги *f/pl.*

told [tould] *pt. и p. pt.* от tell.

tolera|ble ['tɔlǝrǝbl] □ терпимый; сносный; **~nce** [-rǝns] терпимость *f*; **~nt** [-rǝnt] □ терпимый; **~te** [-reit] [по]терпеть, допускать [-стить]; **~tion** [tɔlǝ'reiʃǝn] терпимость *f*; допущение.

toll [toul] пошлина; *fig.* дань *f*; **~bar**, **~gate** застава (где взимается пошлина).

tom [tɔm] ~ cat кот.

tomato [tǝ'mɑ:tou, *Am.* tǝ'meitou], *pl.* **~es** [-z] помидор, томат.

tomb [tu:m] могила; надгробный памятник.

tomboy ['tɔmbɔi] сорванец (о девочке).

tomfool ['tɔm'fu:l] шут; дурак.

tomorrow [tǝ'mɔrou] завтра.

ton [tʌn] (metric) тонна (= 1000 кг).

tone [toun] **1.** тон (*♪, paint., fig.*); интонация; **2.** придавать желательный тон (звуку, краске); настраивать [-роить] (инструмент).

tongs [tɔŋz] *pl.* щипцы *m/pl.*, клещи *f/pl.*

tongue [tʌŋ] язык; hold one's ~ держать язык за зубами; **~tied** ['tʌŋtaid] косноязычный; молчаливый.

tonic ['tɔnik] **1.** (**~ally**) тонический (*a. ♪*); укрепляющий; **2.** ♪ основной тон; *g* укрепляющее средство.

tonight [tǝ'nait] сегодня вечером.

tonnage ['tʌnidʒ] ♉ тоннаж; грузоподъёмность *f*; грузовая пошлина.

tonsil ['tɔnsl] *anat.* гланда, миндалина.

too [tu:] также, тоже; слишком; очень.

took [tuk] *pt.* от take.

tool [tu:l] (рабочий) инструмент; орудие (*a. fig.*).

toot [tu:t] **1.** звук рожка, гудок; **2.** трубить в рожок.

tooth [tu:θ] зубная боль *f*; **~brush** зубная щётка; **~less** [tu:θlis] □ беззубый; **~pick** зубочистка; **~some** ['tu:θsǝm] вкусный.

top [tɔp] **1.** верхняя часть *f*; верхушка, вершина (горы); макушка (головы, дерева); верх (автомобиля, лестницы, страницы); волчок; at the ~ of one's voice во весь голос; on ~ наверху; **2.** высший, первый; максимальный (о скорости и т. п.); **3.** покры(ва)ть (сверху); *fig.* превышать [-ысить]; быть во главе (Р).

toper ['toupǝ] пьяница *m/f.*

top-hat F цилиндр (шляпа).

topic ['tɔpik] тема, предмет; **~al** ['tɔpikǝl] местный; злободневный.

topmost ['tɔpmoust] самый верхний; самый важный.

topple ['tɔpl] опрокидывать(ся) [-инуть(ся)] (*a.* over).

topsyturvy ['tɔpsi'tǝ:vi] □ вверх дном; шиворот-навыворот.

torch [tɔːtʃ] факел; electric ~ карманный электрический фонарь *m*; **~light** свет факела; ~ procession факельное шествие.

tore [tɔ:] *pt.* от tear.

torment 1. ['tɔ:ment] мучение, мука; **2.** [tɔ:'ment] [из-, за]мучить; изводить [извести].

torn [tɔ:n] *p. pt.* от tear.

tornado [tɔ:'neidou] торнадо *m indecl.*, смерч; ураган *a. fig.*

torpedo [tɔ:'pi:dou] **1.** торпеда; **2.**

torpedírовать (*im*)*pf.*; *fig.* взрывáть [взорвáть].

torpid ['tɔ:pid] □ онемéлый, оцепенéлый; вя́лый, апати́чный; **~ity** [tɔ:'piditi], **torpor** ['tɔ:pə] оцепенéние; апáтия.

torrent ['tɔrənt] потóк (*a. fig.*).

torrid ['tɔrid] жáркий, знóйный.

tortoise ['tɔ:təs] *zo.* черепáха.

tortuous ['tɔ:tjuəs] □ изви́листый; *fig.* уклóнчивый, неи́скренний.

torture ['tɔ:tʃə] 1. пы́тка; 2. пытáть, [из-, за]мýчить.

toss [tɔs] 1. метáние, бросáние; толчóк, сотрясéние; (*a.* ~-up) бросáние монéты (в орля́нке); 2. бросáть [брóсить]; беспокóйно метáться (о больнóм); вски́дывать [-и́нуть] (гóлову); подбрáсывать [-рóсить] (*mst* ~ up); ~ (up) игрáть в орля́нку; *sport* разы́грывать ворóта.

tot [tɔt] F мáленький ребёнок, малы́ш.

total ['toutl] 1. □ пóлный, абсолю́тный; тотáльный; óбщий; 2. цéлое, сýмма; итóг; 3. подводи́ть итóг, подсчи́тывать [-итáть]; составля́ть в итóге; равня́ться (Д); **~itarian** [toutæli'tɛəriən] тоталитáрный; **~ity** [tou'tæliti] вся сýмма, всё количество.

totter ['tɔtə] идти́ невéрной похóдкой; шатáться [(по)шатнýться].

touch [tʌtʃ] 1. осязáние; прикосновéние; *fig.* соприкосновéние, общéние; чýточка; при́месь *f*; лёгкий при́ступ (болéзни); *♪* тушé *n indecl.*; штрих; 2. трóгать [трóнуть] (В) (*a. fig.*); прикасáться [-коснýться], притрáгиваться [-трóнуться] к (Д); *fig.* касáться [коснýться] (Р), затрáгивать [-рóнуть] (В) (тéму и т. п.); be ~ed *fig.* быть трóнутым; быть слегкá помéшанным; ~ up отдéл(ыв)ать, поправля́ть [-áвить] (нéсколькими штрихáми); ~ at ♁ заходи́ть [зайти́] в (порт); **~ing** ['tʌtʃiŋ] трóгательный; **~stone** пробирный кáмень *m*, оселóк; *fig.* прóбный кáмень *m*; **~y** ['tʌtʃi] □ оби́дчивый; сли́шком чувстви́тельный.

tough [tʌf] 1. жёсткий; вя́зкий; упрýгий; вынóсливый; трýдный; 2. *Am.* хулигáн; **~en** ['tʌfn] дéлать(ся) жёстким, плóтным и т. д.; **~ness** ['tʌfnis] жёсткость *f* и т. д.

tour [tuə] 1. круговóе путешéствие; турнé *n indecl.*; тур, объéзд; 2. совершáть путешéствие и́ли турнé по (Д); путешéствовать (through по Д); **~ist** ['tuərist] тури́ст(ка); **~ agency** бюрó путешéствий.

tournament [-nəmənt] турни́р.

tousle ['tauzl] взъерóши(ва)ть, растрёпывать [-рéпать].

tow [tou] ♁ 1. букси́рный канáт, трос; буксирóвка; take in ~ брать на букси́р; 2. букси́ровать; тянýть (бáржу) на бечевé.

towards [tə'wɔ:dz, tɔ:dʒ] *prp.* (укáзывает на направлéние к предмéту, отношéние к чемý-либо) по направлéнию к (Д); к (Д), по отношéнию к (Д); ради (Р).

towel ['tauəl] полотéнце.

tower ['tauə] 1. бáшня; вы́шка; *fig.* опóра; 2. возвышáться [-ви́ситься] (above, over над Т) (*a. fig.*).

town [taun] 1. гóрод; 2. *attr.* городскóй; ~ council городскóй совéт; ~ hall рáтуша; **~sfolk** ['taunzfouk], **~speople** [-pi:pl] горожáне *m/pl.*; **~sman** ['taunzmən] горожáнин; согражданин.

toxi|c(al □) ['tɔksik, -sikəl] ядови́тый; **~n** ['tɔksin] токси́н.

toy [tɔi] 1. игрýшка; забáва; безделýшка; 2. *attr.* игрýшечный; 3. игрáть; забавля́ться; флиртовáть; **~book** дéтская кни́га с карти́нками.

trace [treis] 1. след; чертá; пострóмка; 2. [на]чертить; выслéживать [вы́следить] (В); прослéживать [-еди́ть] (В); *a. fig.* [с]кальки́ровать.

tracing [treisiŋ] чертёж на кáльке.

track [træk] 1. след; просёлочная дорóга; трóпинка; беговáя дорóжка; ~ колея́, рéльсовый путь *m*; 2. следи́ть за (Т); прослéживать [-еди́ть] (В); ~ down, ~ out выслéживать [вы́следить] (В).

tract [trækt] трактáт; брошю́ра; прострáнство, полосá (земли́, воды́).

tractable ['træktəbl] сговóрчивый; поддаю́щийся обрабóтке.

tract|ion ['trækʃən] тя́га; волочéние; ~ engine тягáч; **~or** [træ'ktə] ⊕ трáктор.

trade [treid] 1. профéссия, ремеслó; торгóвля; 2. торговáть (in Т; with с Т); обмéнивать [-ня́ть] (for на В); ~ on испóльзовать (*im*)*pf.*; **~-mark** фабри́чная мáрка; **~-price** оптóвая ценá; **~sman** ['treidzmən] торгóвец, лáвочник; ремéсленник; **~(s)-union** ['treid(z)'ju:njən] профсою́з; **~-wind** ♁ пассáтный вéтер.

tradition [trə'diʃən] традиция; предáние; стáрый обы́чай; **~al** □ традициóнный.

traffic ['træfik] 1. движéние (ýличное, железнодорóжное и т. п.); торгóвля; ~ jam затóр ýличного движéния, 2. торговáть.

traged|ian [trə'dʒi:diən] áвтор трагéдии; трáгик; **~y** ['trædʒidi] трагéдия.

tragic(al □) ['trædʒik, -dʒikəl] траги́ческий, траги́чный.

trail [treil] **1.** след; тропа́; **2.** *v/t.* таска́ть, [по]тащи́ть, [по]волочи́ть; идти́ по сле́ду (P); *v/i.* таска́ться, [по]тащи́ться; ❹ свиса́ть [сви́снуть]; **~er** ['treilə] *mot.* прице́п.

train [trein] **1.** по́езд; шлейф (пла́тья); цепь *f*, верени́ца; сви́та (коме́ты, павли́на); сви́та, толпа́ (покло́нников); by ~ по́ездом; **2.** воспи́тывать [-та́ть]; приуча́ть [-чи́ть]; [на]тренирова́ть(ся); ✗ обуча́ть [-чи́ть]; [вы́]дрессиро́вать.

trait [treit] черта́ (лица́, хара́ктера).

traitor ['treitə] преда́тель *m*, изме́нник.

tram [træm] *s.* **~car**, **~way**; **~car** ['træmka:] ваго́н трамва́я.

tramp [træmp] **1.** бродя́га *m*; (до́лгое) путеше́ствие пешко́м; звук тяжёлых шаго́в; **2.** тяжело́ ступа́ть; тащи́ться с трудо́м; F то́пать; бродя́жничать; **~le** ['træmpl] топта́ть; тяжело́ ступа́ть; поп(и)ра́ть (B); ~ **down** зата́птывать [-топта́ть].

tramway ['træmwei] трамва́й.

trance [trɑ:ns] ⚕ транс; экста́з.

tranquil ['træŋkwil] □ споко́йный; **lity** [træŋˈkwiliti] споко́йствие; **lize** [ˈtræŋkwilaiz] успока́ивать (-ся) [-ко́ить(ся)].

transact [trænˈzækt] проводи́ть [-вести́] (де́ло), соверша́ть [-ши́ть]; **~ion** [-ˈzækʃən] де́ло, сде́лка; веде́ние, отправле́ние (де́ла); *~s pl.* труды́ *m/pl.*, протоко́лы *m/pl.* (нау́чного о́бщества).

transatlantic [ˈtrænzətˈlæntik] трансатланти́ческий.

transcend [trænˈsend] переступа́ть преде́лы (P); превосходи́ть [-взойти́], превыша́ть [-ы́сить].

transcribe [trænsˈkraib] перепи́сывать [-са́ть]; *gr.*, ♪ транскриби́ровать *(im)pf.*

transcript ['trænskript] ко́пия; **~ion** [trænˈskripʃən] перепи́сывание; ко́пия, *gr.*, ♪ транскри́пция.

transfer 1. [trænsˈfə:] *v/t.* переноси́ть [-нести́], перемеща́ть [-мести́ть]; перед(ав)а́ть; переводи́ть [-вести́] в друго́й го́род, на другу́ю рабо́ту; *v/i. Am.* переса́живаться [-се́сть]; **2.** ['trænsfə:] перено́с; переда́ча; трансфе́рт; перево́д; *Am.* переса́дка; **~able** [trænsˈfə:rəbl] предоставля́емый с пра́вом переда́чи; допуска́ющий переда́чу.

transfigure [trænsˈfigə] видоизменя́ть [-ни́ть]; преобража́ть [-рази́ть].

transfix [-ˈfiks] пронза́ть [-зи́ть]; прока́лывать [-коло́ть]; **~ed** *fig.* прико́ванный к ме́сту (with от P).

transform (-ˈfɔ:m) превраща́ть [-врати́ть]; преобразо́вывать [-зова́ть]; **~ation** [-fəˈmeiʃən] преобразова́ние; превраще́ние; ✎ трансформа́ция.

transfuse [-ˈfu:z] перели(ва́)ть; ⚕ де́лать перелива́ние (кро́ви); *fig.* перед(ав)а́ть (свой энтузиа́зм и т. п.).

transgress [-ˈgres] *v/t.* преступа́ть [-пи́ть], наруша́ть [-ши́ть] (зако́н и т. п.); *v/i.* [co]греши́ть; **~ion** [-ˈgreʃən] просту́пок; наруше́ние (зако́на и т. п.); **~or** [-ˈgresə] (пра́во)наруши́тель(ница *f*) *m*; гре́шник (-ица).

transient ['trænʃənt] **1.** *s.* transitory; **2.** *Am.* прое́зжий (-жая).

transition [trænˈsiʒən] перехо́д; перехо́дный пери́од.

transitory ['trænsitəri] □ мимолётный, скоротечный, скоропреходя́щий.

translat|e [trɑ:nsˈleit] переводи́ть [-вести́] (from с P, into на B); *fig.* перемеща́ть [-мести́ть]; **~ion** [trɑ:nsˈleiʃən] перево́д.

translucent [trænzˈluːsnt] просве́чивающий; полупрозра́чный.

transmigration [trænzmaiˈgreiʃən] переселе́ние.

transmission [trænzˈmiʃən] переда́ча (*a.* ⊕); ⊕ трансми́ссия; *radio* переда́ча; трансля́ция; *opt.* пропуска́ние.

transmit [trænzˈmit] отправля́ть [-а́вить]; пос(ы)ла́ть; перед(ав)а́ть (*a. radio*); *opt.* пропуска́ть [-сти́ть]; **~ter** [-ə] переда́тчик (*a. radio*); *tel.* микрофо́н. [ща́ть [-рати́ть])

transmute [trænzˈmjuːt] превра-

transparent [trænsˈpɛərənt] □ прозра́чный.

transpire [-ˈpaiə] испаря́ться [-ри́ться]; проса́чиваться [-сочи́ться]; *fig.* обнару́жи(ва)ться.

transplant [-ˈplɑ:nt] переса́живать [-сади́ть]; *fig.* переселя́ть [-ли́ть].

transport 1. [trænsˈpɔːt] перевози́ть [-везти́], перемеща́ть [-мести́ть]; *fig.* увлека́ть [-е́чь], восхища́ть [-ити́ть]; **2.** ['trænspɔːt] тра́нспорт; перево́зка; тра́нспортное (-ные) сре́дство (-ства *n/pl.*); be in **~s** быть вне себя́ (of от P); **~ation** [trænspɔːˈteiʃən] перево́зка.

transpose [trænsˈpouz] перемеща́ть [-мести́ть], переставля́ть [-а́вить] (слова́ и т. п.); ♪ транспони́ровать *(im)pf.*

transverse [ˈtrænzvə:s] □ попере́чный.

trap [træp] **1.** лову́шка, западня́; капка́н; **2.** расставля́ть лову́шки; лови́ть в лову́шку; *fig.* зама́нивать в лову́шку; **~door** [ˈtræpdɔ:] люк; опускна́я дверь *f*.

trapeze [trəˈpiːz] трапе́ция.

trapper ['træpə] охо́тник, ста́вящий капка́ны.

trappings ['træpiŋz] *pl.* кóнская (парáдная) сбрýя; парáдный мундѝр. [*f*/*pl.*; багáж.]

traps [træps] *pl.* F лѝчные вéщи.

trash [træʃ] хлам; отбрóсы *m*/*pl.*; *fig.* дрянь *f*; макулатýра (о кнѝге); вздор, ерундá; ~y ['træʃi] □ дряннóй.

travel ['trævl] 1. *v/i.* путешéствовать; éздить, [по]éхать; передвигáться [-ѝнуться]; распространя́ться [-нѝться] (о свéте, звýке); *v/t.* объезжáть [-éздить, -éхать]; проезжáть [-éхать] (... км в час и т. п.); 2. путешéствие; *a.* ход; (пере)движéние; ~(l)er [-ə] путешéственник (-ица).

traverse ['trævə:s] 1. пересекáть [-сéчь]; проходѝть (пройтѝ) (B); 2. поперéчина; ⚔, ✕ травéрс.

travesty ['trævisti] 1. пародѝя; искажéние; 2. пародѝровать; искажáть [исказѝть].

trawler ['trɔːlə] трáльщик.

tray [trei] поднóс; лотóк.

treacher|ous ['tretʃərəs] □ предáтельский, веролóмный; ненадёжный; ~y [-ri] предáтельство, веролóмство.

treacle ['triːkl] пáтока.

tread [tred] 1. [*irr.*] ступáть [-пѝть]; ~ down затáптывать [затоптáть]; 2. пóступь *f*, похóдка; ступéнька; *mot.* протéктор; ~le ['tredl] педáль *f* (велосипéда); поднóжка (швéйной машѝны).

treason ['triːzn] измéна; ~able [-əbl] □ измéннический.

treasure ['treʒə] 1. сокрóвище; 2. хранѝть; высóко ценѝть; ~r [-rə] казначéй.

treasury ['treʒəri] казначéйство; сокрóвищница.

treat [triːt] 1. *v/t.* обрабáтывать [-бóтать]; ⚕лечѝть; угощáть [угостѝть](to T); обращáться[обратѝться] с (T), обходѝться [обойтѝсь] с (T); *v/i.* ~ of имéть предмéтом, обсуждáть [-удѝть] (B); ~ with вестѝ переговóры с (T); 2. удовóльствие, наслаждéние; угощéние; ~ise ['triːtiz] трактáт; ~ment ['triːtmənt] обрабóтка (T); лечéние; обращéние (of с T); ~y ['triːti] договóр.

treble ['trebl] 1. □ тройнóй, утрóенный; 2. трóйное колѝчество; ♪ дѝскант; 3. утрáивать(ся) [утрóить(ся)].

tree [triː] дéрево; родослóвное дéрево; (сапóжная) колóдка.

trefoil ['trefɔil] трилѝстник.

trellis ['trelis] 1. решётка; 🌱 шпалéра; 2. обносѝть решёткой; сажáть (растéния) шпалéрой.

tremble ['trembl] [за]дрожáть, [за]трястѝсь (with от P).

tremendous [tri'mendəs] □ стрáшный, ужáсный; F громáдный.

tremor ['tremə] дрожáние.

tremulous ['tremjuləs] □ дрожáщий; трéпетный, рóбкий.

trench [trentʃ] 1. канáва; ✕ траншéя, окóп; 2. рыть рвы, траншéи и т. п.; вскáпывать [вскопáть]; ~ (up)on посягáть [-гнýть] на (B); ~ant ['tren(t)ʃənt] □ рéзкий, кóлкий.

trend [trend] 1. направлéние (*a. fig.*); *fig.* течéние; направленность *f*; 2. отклоня́ться [-нѝться] (то к Д) (о гранѝце и т. п.); имéть тендéнцию (towards к Д).

trespass ['trespəs] 1. нарушáть гранѝцы (on P); совершáть простýпок; злоупотребля́ть [-бѝть] (on T); 2. нарушéние гранѝц; злоупотреблéние ([up]on T); ~er [-ə] нарушѝтель гранѝц; правонарушѝтель *m*.

tress [tres] лóкон; косá.

trestle ['tresl] кóзлы *f*/*pl.*; подстáвка.

trial ['traiəl] испытáние; óпыт, прóба; ⚖ судéбное разбирáтельство; суд; on ~ на испытáнии, на испытáние; под судóм; give *a. p. a* ~ нанимáть когó-либо на испытáтельный срок; ~ ... *attr.* прóбный, испытáтельный.

triang|le ['traiæŋgl] треугóльник; ~ular [trai'æŋgjulə] □ треугóльный.

tribe [traib] плéмя *n*; *contp.* компáния.

tribun|al [trai'bjuːnl] суд; трибунáл; ~e ['tribjuːn] трибýна; трибýн.

tribut|ary ['tribjutəri] 1. □ платя́щий дань; *fig.* подчинённый, спосóбствующий; 2. дáнник (-ица); *geogr.* притóк; ~e ['tribjuːt] дань *f*; поднношéние.

trice [trais]: in a ~ мгновéнно.

trick [trik] 1. штýка, шáлость *f*; фóкус, трюк; улóвка; сноróвка; 2. обмáнывать [-нýть]; надý(вá)ть; искýсно украшáть; ~ery ['trikəri] надувáтельство; продéлка.

trickle ['trikl] течь струйкой; сочѝться.

trick|ster ['trikstə] обмáнщик; ~y ['triki] □ хѝтрый; мудрёный, слóжный, трýдный; [велосипéд.]

tricycle ['traisikl] трёхколéсный.

trifl|e ['traifl] 1. пустя́к; мéлочь *f*; *a* ~ *fig.* немнóжко; 2. *v/i.* [по]шутѝть; занимáться пустякáми; *v/t.* ~ away зря трáтить; ~ing ['traifliŋ] пустя́чный, пустякóвый.

trig [trig] 1. опря́тный; наря́дный; 2. наряжáть [-ядѝть]; [за]тормозѝть.

trigger ['trigə] ✕ спусковóй крючóк; ⊕ собáчка, защёлка.

trill [tril] 1. трель *f*; 2. выводѝть трель.

trim [trim] 1. □ наря́дный; приведённый в поря́док; 2. наря́д;

порядок; состояние готовности; ⚓ (правильное) размещение груза; 3. приводить в порядок; (~ up) подрезать [-езать], подстригать [-ичь]; отдел(ыв)ать (платье); ⚓ уравновешивать [-есить] (судно); ~ming ['trimiŋ] mst ~s pl. отделка (на платье); приправа, гарнир.

trinket ['triŋkit] безделушка; брелок; ~s pl. contr. финтифлюшки f/pl.

trip [trip] 1. путешествие; поездка; экскурсия; спотыкание; fig. обмолвка, ошибка; 2. v/i. идти легко и быстро; спотыкаться [споткнуться]; обмолвиться pf.; v/t. подставлять ножку (Д).

tripartite ['trai'pɑ:tait] тройственный; состоящий из трёх частей.

tripe [traip] cook. рубец.

triple ['tripl] тройной; утроенный; ~ts ['triplits] pl. тройня sg.

tripper [tripə] F экскурсант(ка).

trite [trait] □ банальный, избитый.

triturate ['tritjəreit] растирать в порошок.

triumph ['traiəmf] 1. триумф; торжество; 2. праздновать победу, триумф; торжествовать; восторжествовать pf. (over над Т); ~al [~əl] триумфальный; ~ant [~ənt] □ победоносный; торжествующий.

trivial ['triviəl] □ обыденный; мелкий, пустой; тривиальный.

trod [trɔd] pt. от tread; ~den ['trɔdn] p. pt. от tread.

troll [troul] напевать.

troll(e)y ['trɔli] вагонетка; 🚋 дрезина; Am. трамвай.

trollop ['trɔləp] contr. неряха m/f; проститутка.

trombone [trɔm'boun] ♪ тромбон.

troop [tru:p] 1. толпа; отряд; ✗ кавалерийский или танковый взвод; Am. эскадрон; 2. двигаться или собираться толпой; ~ away, ~ off удаляться [-литься]; ~er ['tru:pə] (рядовой) кавалерист; рядовой-танкист; ~s pl. войска n/pl.

trophy ['troufi] трофей, добыча.

tropic ['trɔpik] тропик; ~s pl. тропики m/pl. (зона); ~(al □) [~-pikəl] тропический.

trot [trɔt] 1. рысь (лошади); быстрый ход (человека); 2. бегать рысью; пускать рысью; [по]спешить.

trouble ['trʌbl] 1. беспокойство; волнение; заботы f/pl., хлопоты f/pl., затруднения n/pl.; горе, беда; take ~ утруждаться [-диться]; 2. [по-] беспокоить(ся); [по]просить; утруждать [-удить]; don't ~! не трудитесь!; ~some [-səm] трудный; причиняющий беспокойство.

trough [trɔf] корыто, кормушка; квашня; жёлоб.

trounce [trauns] F [по]бить, [вы]пороть.

troupe [tru:p] thea. труппа.

trousers ['trauzəz] pl. брюки f/pl.

trout [traut] форель f.

trowel ['trauəl] лопатка (штукатура).

truant ['tru:ənt] 1. лентяй; прогульщик; ученик, прогуливший уроки; 2. ленивый; праздный.

truce [tru:s] перемирие.

truck [trʌk] 1. вагонетка; тележка; Am. грузовик; 🚋 (открытая) товарная платформа; мена; товарообмен; 2. перевозить на грузовиках; вести меновую торговлю; обменивать [-нять]; ~farmer Am. огородник.

truckle ['trʌkl] раболепствовать.

truculent ['trʌkjulənt] свирепый; грубый.

trudge [trʌdʒ] идти с трудом; таскаться, [по]тащиться.

true [tru:] верный; правильный; настоящий; it is ~ правда; come ~ сбы(ва)ться; ~ to nature точно такой, как в натуре.

truism ['tru:izm] трюизм.

truly ['tru:li] правдиво; лояльно; поистине; точно; yours ~ преданный (-ная) вам.

trump [trʌmp] 1. козырь m; ✗ козырять [-рнуть]; бить козырем; ~ up выдумывать [выдумать]; ~ery ['trʌmpəri] мишура; дрянь f.

trumpet ['trʌmpit] 1. труба; 2. [за-, про]трубить; fig. возвещать [-естить].

truncheon ['trʌntʃən] ✗ (маршальский) жезл; дубинка (полицейского).

trundle ['trʌndl] катать(ся), [по]катить(ся).

trunk [trʌŋk] ствол (дерева); туловище; хобот (слона); дорожный сундук; ~call teleph. вызов по междугородному телефону; ~line 🚋 магистраль f; teleph. междугородная линия.

truss [trʌs] 1. связка; большой пук; 🚑 бандаж; △ стропильная ферма; 2. увязывать в пуки; скручивать руки (Д); △ связывать [-зать]; укреплять [-пить].

trust [trʌst] 1. доверие; вера; ответственное положение; ✝ кредит; трест; on ~ в кредит; на веру; 2. v/t. доверять, [по]верить (Д); вверять, [по]верить; доверить [-ерить] (Д with В); v/i. полагаться [положиться] (in, to на В); надеяться (in, to на В); ~ee [trʌs'ti:] опекун; попечитель m; ~ful ['trʌstful] □, ~ing ['trʌstiŋ] □ доверчивый; ~worthy [-wə:ði] заслуживающий доверия.

truth [tru:θ] правда; истина; ~ful ['tru:θful] □ правдивый; верный.

try [trai] 1. испытывать [испы-

тя́ть]; [по]про́бовать; [по]пы-
та́ться; [по]стара́ться; утомля́ть
[-ми́ть]; ⚖ суди́ть; ~ on примеря́ть
[-е́рить] (на себя́); 2. попы́тка;
~ing ['traiiŋ] □ тру́дный; тяжёлый; раздража́ющий.

tub [tʌb] ка́дка, лоха́нь f; бадья́;
F ва́нна.

tube [tju:b] труба́, тру́бка; F метро́
n indecl. (в Ло́ндоне).

tuber ['tju:bə] ♣ клу́бень m; ~
culous [tju:ˈbə:kjuləs] ⚕ туберку-
лёзный.

tubular ['tju:bjulə] □ тру́бчатый;
цилиндри́ческий.

tuck [tʌk] 1. скла́дка, сбо́рка (на
пла́тье); 2. де́лать скла́дки; подби-
ра́ть под себя́; запря́т[ыв]ать;
~ up подвёртывать [-верну́ть] (по-
до́л); засу́чивать [-чи́ть] (рукава́).

Tuesday ['tju:zdi] вто́рник.

tuft [tʌft] пучо́к (травы́); хохоло́к;
бородка кли́нышком.

tug [tʌg] 1. рыво́к; гуж; ⚓ букси́р;
2. тащи́ть с уси́лием; дёргать [дёр-
нуть] (изо всех сил); ⚓ букси́ро-
вать.

tuition [tju'iʃən] обуче́ние. вать.

tulip ['tju:lip] тюльпа́н.

tumble ['tʌmbl] 1. v/i. па́дать
[упа́сть] (споткну́вшись); кувыр-
ка́ться [-кну́ться]; опроки́дывать-
ся [-и́нуться]; мета́ться (в посте́-
ли); v/t. приводи́ть в беспоря́док,
[по]мя́ть; 2. паде́ние; беспоря́док,
~down [-daun] полуразру́шен-
ный, ~r [-ə] акроба́т; бока́л, (вы-
со́кий) стака́н.

tumid ['tju:mid] □ распу́хший; fig.
напы́щенный.

tumo(u)r ['tju:mə] о́пухоль f.

tumult ['tju:mʌlt] шум и кри́ки;
буйство; душевное возбужде́ние;
~uous [tju'mʌltjuəs] шу́мный, бу́й-
ный; возбуждённый.

tun [tʌn] больша́я бо́чка.

tuna ['tju:nə] туне́ц.

tune [tju:n] 1. мело́дия, моти́в;
тон; строй; звук; in ~ настро́ен-
ный (роя́ль); в тон; out of ~ рас-
стро́енный (роя́ль); не в тон; 2.
настра́ивать [-ро́ить](инструме́нт);
~ in radio настра́ивать приёмник
(to на B); ~ful ['tju:nful] □ мело-
ди́чный, гармони́чный; ~less
['tju:nlis] □ немелоди́чный.

tunnel ['tʌnl] 1. тунне́ль m (a. тон-
не́ль m); ⚒ што́льня; 2. проводи́ть
туннель через (B).

turbid ['tə:bid] му́тный; тума́нный.

turbulent ['tə:bjulənt] бу́рный;
бу́йный, непоко́рный.

tureen [təˈri:n, tju'r-] супова́я
ми́ска.

turf [tə:f] 1. дёрн; торф; ко́нный
спорт, ска́чки f/pl.; 2. обдира́ть
[-ни́ть], ~y ['tə:fi] покры́тый дёр-
ном, дерни́стый; торфяно́й.

turgid ['tə:dʒid] □ опу́хший; fig.
напы́щенный.

Turk [tə:k] ту́рок, турча́нка.

turkey ['tə:ki] индю́к, инде́йка.

Turkish ['tə:kiʃ] 1. туре́цкий; 2.
туре́цкий язы́к.

turmoil ['tə:mɔil] шум, суматоха;
беспоря́док.

turn [tə:n] 1. v/t. враща́ть, верте́ть;
повора́чивать [поверну́ть]; обора́-
чивать [оберну́ть]; точи́ть (на то-
ка́рном станке́); превраща́ть [-ра-
ти́ть]; направля́ть [-ра́вить]; ~ a
corner заверну́ть за́ угол; ~ down
отверга́ть [-е́ргнуть] (предложе́-
ние); заги́бать [загну́ть]; ~ off за-
кры(ва́)ть (кран); выключа́ть [вы́-
ключить]; ~ on откры(ва́)ть
(кран); включа́ть [-чи́ть]; ~ out
выгоня́ть [вы́гнать]; увольня́ть
[уво́лить]; выпуска́ть [вы́пу-
стить] (изде́лия); ~ over перевёртывать [-верну́ть]; fig. пере-
д(ав)а́ть (дове́ренность и т. п.); ~
up поднима́ть вверх; 2. v/i. вра-
ща́ться, верте́ться; повора́чивать-
ся [поверну́ться]; [с]де́латься,
станови́ться [стать]; превраща́ть-
ся [-врати́ться]; ~ about обёрты-
ваться [оберну́ться]; ⚔ повора́чи-
ваться круго́м; ~ in заходи́ть мимо-
хо́дом; F ложи́ться спать; ~ out
ока́зываться [-за́ться]; ~ to при-
нима́ться [-ня́ться] за (B); обра-
ща́ться [обрати́ться] к (Д); ~ up
появля́ться [-ви́ться]; случа́ться
[-чи́ться]; ~ upon обраща́ться [обра-
ти́ться] про́тив (P); 3. su. оборо́т;
поворо́т; изги́б; переме́на;
о́чередь f; услу́га; оборо́т (ре́чи);
F испу́г; at every ~ на ка́ждом
шагу́, постоя́нно; by и́ли in ~s по
о́череди; it is my ~ моя́ о́чередь
f; take ~s де́лать поочерёдно; does
it serve your ~? э́то вам подхо-
ди́т? э́то вам подхо́дит? ~coat
перебе́жчик, хамелео́н fig.; ~er
['tə:nə] то́карь m; ~ery [-ri] тока́р-
ное ремесло́; тока́рные изде́лия
n/pl.

turning ['tə:niŋ] поворо́т (у́лицы
и т. п.); враще́ние; тока́рное ре-
месло́; ~point fig. поворо́тный
пункт; перело́м.

turnip ['tə:nip] ♣ ре́па.

turn|key ['tə:nki:] тюре́мщик;
~out ['tə:nˈaut] ↑ вы́пуск продук-
ции; ~over ['tə:nouvə] ↑ оборо́т;
~pike шлагба́ум; ~stile турнике́т.

turpentine ['tə:pəntain] скипида́р.

turpitude ['tə:pitju:d] позо́р; ни́-
зость f.

turret ['tʌrit] ба́шенка; ⚔ туре́ль
f; ⚔ оруди́йная ба́шня.

turtle ['tə:tl] zo. черепа́ха.

tusk [tʌsk] клык (слона́, моржа́).

tussle ['tʌsl] 1. борьба́, дра́ка; 2.
(упо́рно) боро́ться, [по]дра́ться.

tussock ['tʌsək] ко́чка.

tutelage ['tju:tilidʒ] опеку́нство;
опе́ка.

tutor ['tju:tə] 1. домашний учитель *m*; репетитор; ⚥ опекун; 2. обучать [-чить]; наставлять [наставить].

tuxedo [tʌk'si:dou] *Am.* смокинг.

twaddle ['twɔdl] 1. пустая болтовня; 2. пустословить.

twang [twæŋ] 1. звук натянутой струны; (*mst* nasal ~) гнусавый выговор; 2. звенеть (о струне); гнусавить.

tweak [twi:k] щипать [щипнуть].

tweezers ['twi:zəz] *pl.* пинцет.

twelfth [twelfθ] двенадцатый.

twelve [twelv] двенадцать.

twent|ieth ['twentiiθ] двадцатый; ~y ['twenti] двадцать.

twice [twais] дважды; вдвое.

twiddle ['twidl] вертеть (в руках); играть (Т); *fig.* бездельничать.

twig [twig] веточка, прут.

twilight ['twailait] сумерки *f/pl.*

twin [twin] 1. близнец; двойник; парная вещь *f*; 2. двойной; парный.

twine [twain] 1. бечёвка, шпагат, шнурок; 2. [с]вить; [с]плести; обви(ва)ть(ся).

twinge [twindʒ] приступ боли.

twinkle ['twiŋkl] 1. мерцание; мигание; миг; мгновение? [замерцать; [за]сверкать; мигать [мигнуть].

twirl [twə:l] 1. кручение; вращение; 2. вертеть; закручивать [-утить].

twist [twist] 1. кручение; скручивание; сучение; изгиб; поворот; вывих; 2. [с]крутить; [с]сучить; [с]вить(ся); сплетать(ся) [-ести(сь).

twit [twit]: ~ a p. with a th. попрекать [-кнуть] кого-либо (Т).

twitch [twitʃ] 1. подёргивание, судорога; 2. дёргать(ся) [дёрнуть (-ся)].

twitter ['twitə] 1. щебет; 2. [за-]щебетать; чирикать [-кнуть]; be in a ~ дрожать.

two [tu:] 1. два, две; двое; пара; in ~ надвое, пополам; in ~s попарно; ~fold ['tu:fould] 1. двойной; 2. *adv.* вдвое; ~pence ['tʌpəns] два пенса; ~storey двухэтажный; ~way двусторонний; ~ plug двойной штепсель *m*.

tyke [taik] дворняжка; шустрый ребёнок.

type [taip] тип; типичный представитель *m*; *typ.* литера; шрифт; true to ~ типичный; set in ~ *typ.* наб(и)рать; 2. *adv.* вдвое; ~write (*irr.* (write)) писать на машинке; ~writer пишущая машинка.

typhoid ['taifɔid] ⚕ (*a.* ~ fever) брюшной тиф.

typhoon [tai'fu:n] тайфун.

typhus ['taifəs] ⚕ сыпной тиф.

typi|cal ['tipikəl] ☐ типичный; ~fy [-fai] служить типичным примером для (Р); ~st ['taipist] переписчик (-чица) (на машинке), машинистка; ~t ☐ typist ☐ ❜ машинист фист(ка).

tyrann|ic ['ti'rænik, -ikəl] тиранический; ~ize ['tirənaiz] тиранить; ~y [-ni] тирания, деспотизм.

tyrant ['taiərənt] тиран, деспот.

tyre ['taiə] шина (колеса).

tyro ['taiərou] новичок.

U

ubiquitous [ju:'bikwitəs] ☐ вездесущий.

udder ['ʌdə] вымя *n.*

ugly ['ʌgli] ☐ безобразный; дурной; противный.

ulcer ['ʌlsə] ⚕ язва; ~ate [-reit] изъязвлять(ся) [-вить(ся)]; ~ous [-rəs] изъязвлённый; язвенный.

ulterior [ʌl'tiəriə] ☐ более отдалённый; *fig.* дальнейший; скрытый (мотив и т. п.).

ultimate ['ʌltimit] ☐ последний; конечный; максимальный; ~ly [-li] в конце концов.

ultimo ['ʌltimou] *adv.* истекшего месяца

ultra¹ ['ʌltrə] крайний.

ultra²... [~...] *pref.* сверх..., ультра-...

umbel ['ʌmbəl] ⚘ зонтик.

umbrage ['ʌmbridʒ] обида; *poet.* тень *f*, сень *f*.

umbrella [ʌm'brelə] зонтик.

umpire ['ʌmpaiə] 1. посредник; третейский судья *m*; *sport* судья *m*; 2. быть (третейским) судьёй; быть посредником.

un... [ʌn...] *pref.* (придаёт отрицательное или противоположное значение) не..., без...

unable ['ʌn'eibl] неспособный; be ~ не быть в состоянии, не [с]мочь.

unaccountable ['ʌnə'kauntəbl] ☐ необъяснимый; безответственный.

unaccustomed ['ʌnə'kʌstəmd] не привыкший; непривычный.

unacquainted [-'kweintid]: ~ with незнакомый с (Т); не знающий (Р).

unadvised ['ʌnəd'vaizd] ☐ неблагоразумный; необдуманный.

unaffected ['ʌnə'tektid] ☐ непритворный, искренний; не(за)тронутый (by Т).

unaided ['ʌn'eidid] лишённый помощи; без посторонней помощи.

unalterable [ʌn'ɔ:ltərəbl] ☐ неизменный.

unanim|ity [juːnəˈnimiti] единоду́шие; ~ous [juːˈnæniməs] □ единоду́шный, единогла́сный.

unanswerable [ʌnˈɑːnsərəbl] □ неопровержи́мый.

unapproachable [ʌnəˈproutʃəbl] □ непристу́пный; недосту́пный.

unapt [ʌˈnæpt] □ неподходя́щий; неспосо́бный, неуме́лый.

unasked [ˈʌnˈɑːskt] непро́шенный.

unassisted [ˈʌnəˈsistid] без по́мощи.

unassuming [ˈʌnəˈsjuːmiŋ] скро́мный, непритяза́тельный.

unattractive [ˈʌnəˈtræktiv] □ непривлека́тельный.

unauthorized [ʌnˈɔːθəraizd] неразрешённый; неправомо́чный.

unavail|able [ˈʌnəˈveiləbl] не име́ющийся в распоряже́нии; ~ing [-liŋ] беспо́лезный.

unavoidable [ʌnəˈvɔidəbl] □ неизбе́жный.

unaware [ˈʌnəˈwɛə] не зна́ющий, не подозрева́ющий (of P); be ~ of ничего́ не знать о (П); не замеча́ть [-е́тить] (P); ~s [-z] неожи́данно, враспло́х; неча́янно.

unbacked [ʌnˈbækt] fig. не име́ющий подде́ржки.

unbalanced [ˈʌnˈbælənst] неуравнове́шенный.

unbearable [ʌnˈbɛərəbl] □ невыноси́мый.

unbecoming [ˈʌnbiˈkʌmiŋ] □ неподходя́щий; не иду́щий к лицу́; неприли́чный.

unbelie|f [ˈʌnbiˈliːf] неве́рие; ~vable [ˈʌnbiˈliːvəbl] □ невероя́тный; ~ving [-iŋ] □ неве́рующий.

unbend [ʌnˈbend] [irr. (bend)] выпрямля́ть(ся) [вы́прямить(ся)]; станови́ться непринуждённым, ~ing [-iŋ] □ негну́щийся; fig. непрекло́нный.

unbias(s)ed [ˈʌnˈbaiəst] □ беспристра́стный.

unbind [ʌnˈbaind] [irr. (bind)] развя́зывать [-за́ть]; fig. освобожда́ть [-боди́ть].

unblushing [ʌnˈblʌʃiŋ] бессты́дный.

unbosom [ʌnˈbuzəm] поверя́ть [-е́рить] (та́йну); ~ o. s. излива́ть ду́шу.

unbounded [ʌnˈbaundid] □ неограни́ченный; безпреде́льный.

unbroken [ˈʌnˈbroukn] неразби́тый; не поби́тый (реко́рд); непреры́вный.

unbutton [ˈʌnˈbʌtn] расстёгивать [расстегну́ть].

uncalled [ˈʌnˈkɔːld]: ~for непро́шенный; неуме́стный.

uncanny [ʌnˈkæni] □ жу́ткий, сверхъесте́ственный.

uncared [ˈʌnˈkɛəd]: ~for забро́шенный.

unceasing [ʌnˈsiːsiŋ] □ непрекраща́ющийся, безостано́вочный.

unceremonious [ˈʌnseriˈmounjəs] □ бесцеремо́нный.

uncertain [ʌnˈsəːtn] □ неуве́ренный; неопределённый; неизве́стный; ~ty [-ti] неуве́ренность f; неизве́стность f; неопределённость f.

unchang|eable [ʌnˈtʃeindʒəbl] □, ~ing [-iŋ] неизме́нный; неизменя́емый.

uncharitable [ʌnˈtʃæritəbl] □ немилосе́рдный.

unchecked [ˈʌnˈtʃekt] беспрепя́тственный; непрове́ренный.

uncivil [ˈʌnˈsivl] □ неве́жливый; ~ized [ˈʌnˈsivilaizd] нецивилизо́ванный.

uncle [ˈʌŋkl] дя́дя m. [ванный.]

unclean [ˈʌnˈkliːn] □ нечи́стый.]

unclose [ˈʌnˈklouz] открыва́ть (-ся).

uncomfortable [ʌnˈkʌmfətəbl] □ неудо́бный; нело́вкий.

uncommon [ʌnˈkɔmən] □ необыкнове́нный; замеча́тельный.

uncommunicative [ˈʌnkəˈmjuːnikeitiv] необщи́тельный, неразгово́рчивый.

uncomplaining [ˈʌnkəmˈpleiniŋ] безро́потный.

uncompromising [ʌnˈkɔmprəmaiziŋ] □ бескомпроми́ссный.

unconcern [ˈʌnkənˈsəːn] беззабо́тность f; беспе́чность f; ~ed [-d] беззабо́тный; беспе́чный.

unconditional [ˈʌnkənˈdiʃnl] □ безогово́рочный, безусло́вный.

unconquerable [ʌnˈkɔŋkərəbl] □ непобеди́мый.

unconscionable [ʌnˈkɔnʃnəbl] □ бессо́вестный.

unconscious [ʌnˈkɔnʃəs] □ бессозна́тельный; потеря́вший созна́ние; be ~ of не созн(ав)а́ть (P); ~ness [-nis] бессозна́тельность f.

unconstitutional [ˈʌnkɔnstiˈtjuːʃnl] □ противоре́чащий конститу́ции.

uncontrollable [ˈʌnkənˈtroulәbl] □ неудержи́мый; не поддаю́щийся контро́лю.

unconventional [ˈʌnkənˈvenʃәnl] □ чу́ждый усло́вности; необы́чный; нешабло́нный.

uncork [ˈʌnˈkɔːk] отку́поривать.

uncount|able [ˈʌnˈkauntəbl] бесчи́сленный; ~ed [-tid] несчётный.

uncouple [ˈʌnˈkʌpl] расцепля́ть [-пи́ть].

uncouth [ʌnˈkuːθ] неуклю́жий.

uncover [ʌnˈkʌvə] открыва́ть (лицо́ и т. п.); снима́ть кры́шку с (P); обнажа́ть [-жи́ть] (го́лову).

unct|ion [ˈʌŋkʃən] пома́зание; мазь f; ~uous [ˈʌŋktjuəs] □ масляни́стый; fig. еле́йный.

uncult|ivated [ˈʌnˈkʌltiveitid] невозде́ланный; fig. некульту́рный.

undamaged [ˈʌnˈdæmidʒd] неповреждённый.

undaunted [ʌn'dɔːntid] □ неустрашимый.

undeceive ['ʌndi'siːv] выводить
из заблуждения.

undecided ['ʌndi'saidid]□ нере-
шённый; нерешительный.

undefined ['ʌndi'faind] □ неопределённый.

undeniable [ʌndi'naiəbl] □ неоспо-
римый; несомненный.

under ['ʌndə] 1. *adv.* ниже; внизу,
вниз; 2. *prp.* под (В, Т); ниже (Р);
меньше (Р); при (П); 3. *pref.* ниже..., под..., недо...; 4. нижний;
низший; **~bid** ['ʌndə'bid] [*irr.*(bid)]
предлагать более низкую цену
чем (И); **~brush** [-brʌʃ] подлесок;
~carriage [-'kæridʒ] шасси *n indecl.*;
~clothing [-'kloudiŋ] нижнее
бельё; **~cut** [-kʌt] сбивать цены;
подрезать [-езать]; **~done** [-dʌn]
недожаренный; **~estimate** [-r'es-
timeit] недооценивать [-ить]; **~**
fed [-fed] истощённый от недое-
дания; **~go** [-'gou] [*irr.* (go)] испытывать [испытать]; подвергаться [-ергнуться] (Д); **~gradu-**
ate [-'grædjuit] студент(ка) по-
следнего курса; **~ground** ['ʌndə-
graund] 1. подземный; подполь-
ный; 2. метро(политен) *n indecl.*;
подполье, **~hand** [лизд] 1. *a.* тайный, закулисный; 2. *adv.* тайно,
«за спиной»; **~lie** [-'lai] [*irr.*
(lie)] лежать в основании (Р); **~**
line [-'lain] подчёркивать [-черк-
нуть]; **~ling** [-liŋ] подчинённый;
~mine [ʌndə'main] [за]миниро-
вать (*im*)*pf.*; подкапывать [-ко-
пать] (*a. fig.*); *fig.* подрывать [по-
дорвать]; **~most** ['ʌndəmoust]
самый нижний, низший; **~neath**
[ʌndə'niːθ] 1. *prp.* под (Т/В); 2.
adv. вниз, внизу; **~privileged**
[-'privilidʒd] лишённый привиле-
гий; **~rate** [ʌndə'reit] недооценивать [-ить]; **~secretary** ['ʌndə-
'sekrətəri] заместитель министра
(в Англии и США); **~sell** [-'sel]
[*irr.* (sell)] † продавать дешевле
других; **~signed** [-'saind] ниже-
подписавшийся; **~stand** [ʌndə-
'stænd] [*irr.* (stand)] *com.* понимать
[понять]; подразумевать (by под
Т); make o. s. understood уметь
объясниться; an understood thing
решённое дело; **~standable** [-əbl]
понятный; **~standing** [-iŋ] пони-
мание; соглашение; взаимопони-
мание; **~state** ['ʌndə'steit] преу-
меньшать [-меньшить]; **~stood**
[ʌndə'stud] *pt.* и *p. pt.* от understand; **~take** [ʌndə'teik] [*irr.* (take)]
предпринимать [-нять]; брать на
себя; обязываться [-заться]; **~**
taker 1. [ʌndə'teikə] предприни-
матель *m*; 2. ['ʌndəteikə] содержатель похоронного бюро; **~taking**
1. [ʌndə'teikiŋ] предприятие; об-

язательство; 2. ['ʌndəteikiŋ] похо-
ронное бюро; **~tone** [-toun]:
in an ~ вполголоса; **~value** [-'vælj-
ju:] недооценивать [-ить]; **~**
wear [-wɛə] нижнее бельё; **~wood**
[-wud] подлесок; **~write** [-rait]
[*irr.* (write)] подписывать полис
морского страхования; принимать
в страховку; **~writer** [-raitə] морской страховщик.

undeserved ['ʌndi'zəːvd] □ незa-
служенный.

undesirable [-'zaiərəbl] □ нежелá-
тельный; неудобный, неподходящий.

undisciplined [ʌn'disiplind] не-
дисциплинированный.

undisguised ['ʌndis'gaizd] □ не-
замаскированный; явный.

undo ['ʌn'duː, ʌn'duː] [*irr.* (do)]
уничтожать [-ожить] (сделан-
ное); развязывать [-зать]; расстёгивать [расстегнуть]; расторгать [-оргнуть] (договор и т. п.);
~ing [-iŋ] уничтожение; гибель
f; развязывание; расстёгивание
и т. д.

undoubted [ʌn'dautid]□ несомненный, бесспорный.

undreamt [ʌn'dremt]: **~of** невообразимый, неожиданный.

undress ['ʌn'dres] 1. домашний
костюм; 2. разде(вá)ть(ся); **~ed**
['ʌn'drest] неодетый; невыделан-
ный (о коже).

undue ['ʌn'djuː] □ неподходящий;
чрезмерный; ненадлежащий; ещё
не подлежащий оплате.

undulat|e ['ʌndjuleit] быть вол-
нистым, волнообразным; **~ion**
[ʌndju'leiʃən] волнообразное движение; неровность поверхности.

unearth ['ʌn'əːθ] вырывать из
земли; *fig.* раскапывать [-копать];
~ly [ʌn'əːθli] неземной; стрáнный, дикий.

uneas|iness [ʌn'iːzinis] беспокой-
ство; тревожность *f*; стеснение;
~y [ʌn'iːzi] □ беспокойный, тре-
вожный; стеснённый (о движе-
ниях и т. п.).

uneducated ['ʌn'edjukeitid] необ-
разованный; невоспитанный.

unemotional ['ʌni'mouʃnl] □ пас-
сивный; бесстрастный; сухой *fig.*

unemploy|ed ['ʌnim'plɔid] безра-
ботный; незанятый; **~ment**
[-'plɔimənt] безработица.

unending [ʌn'endiŋ] □ несконча-
емый, бесконечный.

unendurable ['ʌnin'djuərəbl] нестерпимый.

unengaged ['ʌnin'geidʒd] незанятый; свободный.

unequal ['ʌn'iːkwəl] □ неравный;
неровный; **~led** [-d] непревзойдённый.

unerring ['ʌn'əːriŋ] □ непогреши́-
мый; безошибочный.

unessential ['ʌni'senfəl] □ несущественный (to для P).

uneven ['ʌn'i:vn] □ неровный; шероховатый (a. fig.).

uneventful ['ʌni'ventful] □ без особых событий.

unexampled [ʌnig'za:mpld] беспримерный.

unexpected ['ʌniks'pektid] □ неожиданный.

unfailing [ʌn'feiliŋ] □ неизменный; неисчерпаемый.

unfair ['ʌn'feə] □ несправедливый; нечестный (о спортсмене, игре и т. п.).

unfaithful ['ʌn'feiθful] □ неверный, вероломный; неточный.

unfamiliar ['ʌnfə'miljə] незнакомый; непривычный.

unfasten ['ʌn'fa:sn] открепля́ть [-пи́ть]; расстёгивать [расстегну́ть]; ~ed [-d] расстёгнутый; неприкреплённый.

unfavo(u)rable ['ʌn'feivərəbl] □ неблагоприятный; невыгодный.

unfeeling [ʌn'fi:liŋ] □ бесчувственный.

unfinished ['ʌn'finiʃt] незаконченный.

unfit 1. ['ʌn'fit] □ негодный, неподходящий; 2. [ʌn'fit] делать непригодным.

unfix ['ʌn'fiks] открепля́ть [-пи́ть]; делать неустойчивым.

unfledged ['ʌn'fledʒd] неоперившийся (a. fig.).

unflinching [ʌn'flintʃiŋ] □ неуклонный.

unfold [ʌn'fould] развёртывать(ся) [-верну́ть(ся)]; открыва́ть (та́йну и т. п.).

unforced [ʌn'fɔ:st] □ непринуждённый.

unforgettable [ʌnfə'getəbl] □ незабвенный.

unfortunate [ʌn'fɔ:tʃnit] 1. несчастный; неудачный; неудачливый; 2. неудачник (-ица); ~ly [-li] к несчастью; к сожалению.

unfounded ['ʌn'faundid] □ необоснованный; неосновательный.

unfriendly ['ʌn'frendli] недружелюбный; неприветливый.

unfurl [ʌn'fə:l] развёртывать [развернуть].

unfurnished ['ʌn'fə:niʃt] немеблированный.

ungainly [ʌn'geinli] нескладный.

ungenerous ['ʌn'dʒenərəs] □ не великодушный, не щедрый.

ungentle [ʌn'dʒentl] □ неделикатный, неучтивый.

ungodly [ʌn'gɔdli] □ безбожный.

ungovern|able [ʌn'gʌvənəbl] □ неукротимый; распущенный.

ungraceful [ʌn'greisful] □ неизящный, неграциозный.

ungracious [ʌn'greiʃəs] □ немилостивый.

ungrateful [ʌn'greitful] □ неблагодарный.

unguarded ['ʌn'ga:did] □ неохраняемый; неосторожный; незащищённый.

unguent ['ʌngwənt] мазь f.

unhampered ['ʌn'hæmpəd] беспрепятственный.

unhandsome ['ʌn'hænsəm] □ некрасивый.

unhandy [ʌn'hændi] □ неудобный; неловкий.

unhappy [ʌn'hæpi] □ несчастный.

unharmed ['ʌn'ha:md] благополучный; невредимый.

unhealthy [ʌn'helθi] □ нездоровый, болезненный; вредный.

unheard-of [ʌn'hə:dɔv] неслыханный.

unhesitating [ʌn'heziteitiŋ] □ неколеблющийся, решительный.

unholy ['ʌn'houli] безбожный; дьявольский.

unhonoured ['ʌn'ɔnəd] не уважаемый; неоплаченный.

unhoped-for [ʌn'houpt'fɔ:] неожиданный; ~ful [-ful] не подающий надежды, безнадёжный.

unhurt ['ʌn'hə:t] невредимый, целый.

uniform ['ju:nifɔ:m] 1. □ однообразный; однородный; 2. форма, мундир; 3. делать однообразным; обмундировать [-ровать]; ~ity [ju:ni'fɔ:miti] единообразие, однообразие.

unify ['ju:nifai] объединя́ть [-ни́ть]; унифицировать (im) pf.

unilateral ['ju:ni'lætərəl] односторонний.

unimaginable [ʌni'mædʒinəbl] □ невообразимый.

unimportant ['ʌnim'pɔ:tənt] □ неважный.

uninformed ['ʌnin'fɔ:md] несведущий; неосведомлённый.

uninhabit|able ['ʌnin'hæbitəbl] негодный для жилья; ~ed [-tid] нежилой, необитаемый.

uninjured ['ʌn'indʒəd] неповреждённый, невредимый.

unintelligible ['ʌnin'telidʒəbl] □ непонятный.

unintentional ['ʌnin'tenʃnl] □ непреднамеренный, неумышленный.

uninteresting ['ʌn'intristiŋ] □ неинтересный, безынтересный.

uninterrupted ['ʌnintə'rʌptid] непрерывный, беспрерывный.

union ['ju:njən] объединение; соединение (a. ⊕), союз, федерация; профсоюз; ♀ Jack британский национальный флаг; ~ist [-ist] член профсоюза.

unique [ju:'ni:k] единственный в своём роде; бесподобный.

unison ['ju:nizn] ♪ унисон; fig. согласие.

unit ['ju:nit] ✕ часть *f*, подразделе́ние; ⚛ едини́ца; ⊕ агрега́т; ~e [ju:'nait] соединя́ть(ся) [-ни́ть (-ся)]; объединя́ть(ся) [-ни́ть(ся)]; ~y ['ju:niti] едине́ние; еди́нство.

univers|al [juni'və:sl] □ всео́бщий; всеми́рный; универса́льный; ~ality [ju:nivə:'sæliti] универса́льность *f*; ~e ['ju:nivə:s] мир, вселе́нная; ~ity [juni'və:siti] университе́т.

unjust ['ʌn'dʒʌst] □ несправедли́вый; ~ified [ʌn'dʒʌstifaid] неопра́вданный.

unkempt ['ʌn'kempt] нечёсаный; неопря́тный.

unkind [ʌn'kaind] □ недо́брый.

unknown ['ʌn'noun] 1. неизве́стный; ~ to me *adv.* та́йно от меня́; 2. незнако́мец (-мка).

unlace ['ʌn'leis] расшнуро́вывать [-ова́ть].

unlawful ['ʌn'lɔ:ful] □ незако́нный. [[-йться].)

unlearn ['ʌn'lə:n] разучиваться)

unless [ən'les, ʌn'les] *cj.* е́сли ... не.

unlike ['ʌn'laik] 1. непохо́жий на (В); 2. *prp.* в отли́чие от (Р); ~ly [ʌn'laikli] неправдоподо́бный; невероя́тный.

unlimited [ʌn'limitid] безграни́чный, неограни́ченный.

unload ['ʌn'loud] выгружа́ть [вы́грузить], разгружа́ть [-узи́ть]; ✕ разряжа́ть [-яди́ть].

unlock ['ʌn'lɔk] отпира́ть [отпере́ть]; ~ed [-t] неза́пертый.

unlooked-for ['ʌn'lukt'fɔ:] неожи́данный, непредви́денный.

unlovely ['ʌn'lʌvli] некраси́вый, непривлека́тельный.

unlucky [ʌn'lʌki] □ неуда́чный, несча́стливый.

unman ['ʌn'mæn] лиша́ть му́жественности.

unmanageable [ʌn'mænidʒəbl] □ тру́дно поддаю́щийся контро́лю; непокóрный.

unmarried ['ʌn'mærid] женáтый, холосто́й; незаму́жняя.

unmask ['ʌn'mɑ:sk] снима́ть ма́ску с (Р); *fig.* разоблача́ть [-чи́ть].

unmatched ['ʌn'mætʃt] бесподо́бный.

unmeaning [ʌn'mi:niŋ] □ бессмы́сленный.

unmeasured [ʌn'meʒəd] неизме́ренный; неизмери́мый.

unmeet ['ʌn'mi:t] неподходя́щий.

unmentionable [ʌn'menʃnəbl] невырази́мый; нецензу́рный.

unmerited ['ʌn'meritid] незаслу́женный.

unmindful [ʌn'maindful] □ забы́вчивый; невнима́тельный (of к Д).

unmistakable ['ʌnmis'teikəbl] □ несомне́нный; легко́ узнава́емый.

unmitigated [ʌn'mitigeitid] несмягчённый; *fig.* абсолю́тный.

unmounted ['ʌn'mauntid] пе́ший; неопра́вленный (драгоце́нный ка́мень); не смонти́рованный.

unmoved ['ʌn'mu:vd] нетро́нутый.

unnamed ['ʌn'neimd] безымя́нный, неупомя́нутый.

unnatural [ʌn'nætʃrəl] □ неесте́ственный; противоесте́ственный.

unnecessary [ʌn'nesisəri] □ ненýжный, изли́шний.

unnerve ['ʌn'nə:v] лиша́ть прису́тствия ду́ха.

unnoticed ['ʌn'noutist] незаме́ченный.

unobjectionable ['ʌnəb'dʒekʃnəbl] □ безукори́зненный.

unobserved ['ʌnəb'zə:vd] □ незаме́ченный.

unobtainable ['ʌnəb'teinəbl] ~ thing вещь, кото́рой нельзя́ доста́ть и́ли получи́ть.

unoccupied ['ʌn'ɔkjupaid] неза́нятый.

unoffending ['ʌnə'fendiŋ] безоби́дный.

unofficial ['ʌnə'fiʃəl] □ неофициа́льный.

unopposed ['ʌnə'pouzd] не встреча́ющий сопротивле́ния.

unostentatious ['ʌnɔstən'teiʃəs] □ скро́мный; не показно́й.

unpack ['ʌn'pæk] распако́вывать [-ова́ть].

unpaid ['ʌn'peid] неупла́ченный, неопла́ченный.

unparalleled [ʌn'pærəleld] несравне́нный, беспри́мерный.

unpeople ['ʌn'pi:pl] обезлю́дить *pf.*

unpleasant [ʌn'pleznt] □ неприя́тный; ~ness [-nis] неприя́тность *f.*

unpolished ['ʌn'pɔliʃt] неотполиро́ванный; *fig.* неотёсанный.

unpolluted ['ʌnpə'lu:tid] незапя́тнанный, непоро́чный.

unpopular ['ʌn'pɔpjulə] □ непопуля́рный, нелюби́мый.

unpracti|cal ['ʌn'præktikəl] □ непракти́чный; ~sed [-tist] нео́пытный; неприменённый.

unprecedented [ʌn'presidəntid] □ беспрецеде́нтный; беспри́мерный.

unprejudiced [ʌn'predʒudist] □ непредубеждённый, беспристра́стный.

unprepared ['ʌnpri'peəd] □ неподгото́вленный; без подгото́вки.

unpreten|ding ['ʌnpri'tendiŋ] □, ~tious [-ʃəs] □ скро́мный, без прете́нзий.

unprincipled ['ʌn'prinsəpld] беспринци́пный; безнра́вственный.

unprofitable [ʌn'prɔfitəbl] невы́годный; нерента́бельный.

unproved ['ʌn'pru:vd] недока́занный.

unprovided ['ʌnprə'vaidid] не обеспе́ченный; не снабжённый (with T); ~**for** непредви́денный.

unprovoked ['ʌnprə'voukt] □ ниче́м не вы́званный.

unqualified ['ʌn'kwɔlifaid] □ неквалифици́рованный; безогово́рочный.

unquestionable [ʌn'kwestʃənbl] □ несомне́нный, неоспори́мый.

unravel [ʌn'rævəl] распу́т(ыв)ать; разга́дывать [-да́ть].

unready ['ʌn'redi] □ него́то́вый.

unreal ['ʌn'riəl] □ ненастоя́щий; нереа́льный.

unreasonable [ʌn'ri:znəbl] □ не(благо)разу́мный; безрассу́дный; непоме́рный.

unrecognizable ['ʌn'rekəgnaizəbl] □ неузнава́емый.

unredeemed ['ʌnri'di:md] □ неиспо́лненный (об обеща́нии); невы́купленный (закла́д); неопла́ченный (долг).

unrefined ['ʌnri'faind] неочи́щенный.

unreflecting ['ʌnri'flektiŋ] □ легкомы́сленный, не размышля́ющий.

unregarded ['ʌnri'gɑ:did] не при́нятый в расчёт.

unrelenting [ʌnri'lentiŋ] □ безжа́лостный.

unreliable ['ʌnri'laiəbl] ненадёжный.

unrelieved ['ʌnri'li:vd] □ необлегчённый; не получа́ющий по́мощи.

unremitting [ʌnri'mitiŋ] □ беспреры́вный; неосла́бный.

unreserved ['ʌnri'zə:vd] □ открове́нный; невозде́ржанный; безогово́рочный.

unresisting ['ʌnri'zistiŋ] □ не сопротивля́ющийся.

unrest ['ʌn'rest] беспоко́йство, волне́ние.

unrestrained ['ʌnris'treind] □ несде́ржанный; необу́зданный.

unrestricted ['ʌnris'triktid] □ неограни́ченный.

unriddle [ʌn'ridl] разга́дывать [-да́ть].

unrighteous [ʌn'raitʃəs] □ непра́ведный; несправедли́вый.

unripe ['ʌn'raip] незре́лый, неспе́лый.

unrival(l)ed [ʌn'raivəld] непревзойдённый; без сопе́рника.

unroll ['ʌn'roul] развёртывать [-верну́ть].

unruffled ['ʌn'rʌfld] гла́дкий (о мо́ре и т. п.); невозмути́мый.

unruly [ʌn'ruli] непоко́рный.

unsafe ['ʌn'seif] □ ненадёжный, опа́сный.

unsal(e)able ['ʌn'seiləbli] нехо́довой (това́р); непрода́жный.

unsanitary ['ʌn'sænitəri] негигиени́чный; антисанита́рный.

unsatisfactory ['ʌnsætis'fæktəri] □ неудовлетвори́тельный.

unsavo(u)ry ['ʌn'seivəri] □ невку́сный; непривлека́тельный.

unsay ['ʌn'sei] [irr. (say)] брать наза́д (ска́занное).

unscathed ['ʌn'skeiðd] невреди́мый.

unschooled ['ʌn'sku:ld] необу́ченный; недисциплини́рованный.

unscrew ['ʌn'skru:] отви́нчивать (-ся) [-нти́ть(ся)].

unscrupulous [ʌn'skru:pjuləs] □ беспринци́пный; бессо́вестный; неразбо́рчивый (в сре́дствах).

unsearchable [ʌn'sə:tʃəbl] □ непостижи́мый; необъясни́мый.

unseasonable [ʌn'si:znəbl] □ несвоевре́менный.

unseemly [ʌn'si:mli] неподобаю́щий; непристо́йный.

unseen ['ʌn'si:n] невиди́мый; неви́данный.

unselfish [ʼʌn'seilfiʃ] □ бескоры́стный.

unsettle [ʌn'setl] приводи́ть в беспоря́док; расстра́ивать [-ро́ить]; ~**d** [-d] неустро́енный; неустанови́вшийся; не решённый; неопла́ченный (счёт).

unshaken [ʌn'ʃeikən] непоколе́бленный.

unshaven ['ʌn'ʃeivn] небри́тый.

unship ['ʌn'ʃip] сгружа́ть с корабля́.

unshrink|able [ʌn'ʃriŋkəbl] не садя́щийся при сти́рке (о мате́рии); ~**ing** [-iŋ] □ непоколеби́мый, бесстра́шный.

unsightly [ʌn'saitli] непригля́дный.

unskil|ful ['ʌn'skilful] □ неуме́лый, неиску́сный; ~**led** ['ʌn'skild] неквалифици́рованный.

unsoci|able [ʌn'souʃəbl] необщи́тельный.

unsolder ['ʌn'sɔldə] распа́ивать [-па́ять].

unsolicited ['ʌnsə'lisitid] непро́шенный, невостре́бованный.

unsophisticated ['ʌnsə'fistikeitid] безыску́сственный; бесхи́тростный.

unsound ['ʌn'saund] □ нездоро́вый; испо́рченный; необосно́ванный.

unsparing [ʌn'spεəriŋ] □ беспоща́дный; ще́дрый.

unspeakable [ʌn'spi:kəbl] □ невырази́мый.

unspent ['ʌn'spent] неистра́ченный; неутомлённый.

unstable ['ʌn'steibl] □ нетвёрдый, неусто́йчивый; phys., 🜩 несто́йкий.

unsteady ['ʌn'stedi] □ s. unstable; ша́ткий; непостоя́нный.

unstring ['ʌn'striŋ] [irr. (string)] снима́ть стру́ны с (P); распуска́ть

[-устить] (бусы и т. п.); расшатывать [-шатать] (нервы).

unstudied ['ʌn'stʌdid] естественный, непринуждённый.

unsubstantial ['ʌnsəb'stænʃəl] □ нереальный; несущественный.

unsuccessful ['ʌnsək'sesful] □ неудачный, безуспешный; неудачливый.

unsuitable ['ʌn'sjuːtəbl] □ неподходящий.

unsurpassable ['ʌnsə'pɑːsəbl] □ не могущий быть превзойдённым.

unsuspect|ed ['ʌnsəs'pektid] неподозреваемый; неожиданный; ~ing [-iŋ] неподозревающий (of о П).

unsuspicious ['ʌnsəs'piʃəs] □ неподозревающий; не вызывающий подозрений.

unswerving [ʌn'swəːviŋ] □ неуклонный.

untangle ['ʌn'tæŋgl] распутыв(ыв)ать.

untarnished ['ʌn'tɑːniʃt] неопороченный.

unthink|able ['ʌn'θiŋkəbl] невообразимый; немыслимый; ~ing [-iŋ] □ опрометчивый.

unthought ['ʌn'θɔːt](или ~-of) неожиданный.

untidy [ʌn'taidi] □ неопрятный, неаккуратный; неубранный.

untie ['ʌn'tai] развяз(ыв)ать [-зать].

until [ən'til, ʌn'til] 1. prp. до (Р); 2. cj. (до тех пор) пока ... (не) ...

untimely [ʌn'taimli] несвоевременный.

untiring [ʌn'taiəriŋ] □ неутомимый.

untold ['ʌn'tould] нерассказанный; несчётный.

untouched ['ʌn'tʌtʃt] нетронутый (a. fig.); phot. неретушированный.

untried ['ʌn'traid] неиспытанный; недопрошенный.

untroubled ['ʌn'trʌbld] беспрепятственный; ненарушенный.

untrue ['ʌn'truː] □ неправильный; неверный.

untrustworthy ['ʌn'trʌstwəːði] □ не заслуживающий доверия.

unus|ed 1. ['ʌn'juːzd] неупотребительный; не бывший в употреблении; неиспользованный; 2. ['ʌn'juːst] непривыкший (to к Д); ~ual [-juːʒəl] □ необыкновенный, необычный.

unutterable [ʌn'ʌtərəbl] невыразимый.

unvarnished ['ʌn'vɑːniʃt] fig. неприкрашенный.

unvarying [ʌn'vɛəriiŋ] □ неизменяющийся, неизменный.

unveil [ʌn'veil] снимать покрывало с (Р); откры(ва)ть (памятник, тайну).

unwanted ['ʌn'wɔntid] нежеланный; ненужный.

unwarrant|able [ʌn'wɔrəntəbl] □ недопустимый; ~ed [-tid] ничем не оправданный; негарантированный.

unwary [ʌn'wɛəri] □ необдуманный, неосторожный.

unwholesome ['ʌn'houlsəm] нездоровый, неблаготворный.

unwieldy [ʌn'wiːldi] □ неуклюжий; громоздкий.

unwilling ['ʌn'wiliŋ] □ несклонный, нерасположенный.

unwise ['ʌn'waiz] □ неразумный.

unwitting [ʌn'witiŋ] □ невольный, непреднамеренный.

unworkable [ʌn'wəːkəbl] неприменимый; негодный для работы.

unworthy [ʌn'wəːði] □ недостойный.

unwrap ['ʌn'ræp] развёртывать (-ся) [-вернуть(ся)].

unyielding [ʌn'jiːldiŋ] □ неподатливый, неуступчивый.

up [ʌp] 1. adv. вверх, наверх; вверху, наверху; выше; fig. be ~ to the mark быть на должной высоте (науки и т. п.); be ~ against a task стоять перед задачей; ~ to вплоть до (Р); it is ~ to me (to do) мне приходится (делать); what's ~? sl. что случилось?, в чём дело?; 2. prp. вверх по (Д); по направлению к (Д); вдоль по (Д); ~ the river вверх по реке; 3. adj. ~ train поезд, идущий в город; 4. su. the ~s and downs fig. превратности судьбы; 5. vb. F поднимать [-нять]; повышать [-ысить]; вст(ав)ать.

up|braid [ʌp'breid] [вы]бранить; ~bringing ['ʌp,briŋiŋ] воспитание; ~heaval [ʌp'hiːvl] переворот; ~hill ['ʌp'hil] (идущий) в гору; fig. тяжёлый; ~hold [ʌp'hould] [irr. (hold)] поддерживать [-жать]; придерживаться (взгляда) ~holster [ʌp'houlstə] оби(ва)ть (мебель); [за]драпировать (комнату); ~holsterer [-rə] обойщик; драпировщик; ~holstery [-ri] ремесло драпировщика или обойщика.

up|keep ['ʌpkiːp] содержание; стоимость содержания; ~land ['ʌplənd] нагорная страна; ~lift 1. ['ʌplift] (духовный) подъём; 2. ['ʌp'lift] поднимать [-нять]; возвышать [-ысить].

upon [ə'pɔn] s. on.

upper ['ʌpə] верхний; высший; ~most [-moust] самый верхний; наивысший.

up|raise [ʌp'reiz] возвышать [-ысить]; ~right ['ʌp'rait] 1. □ прямой, вертикальный; 2. adv. a. стоймя; 2. стойка; (a. ~ piano) пианино n indecl.; ~rising [ʌp'raiziŋ] восстание.

uproar ['ʌprɔː] шум, гам, волнение; ~ious [ʌp'rɔ:riəs] □ шу́мный, бу́йный.

up|root [ʌp'ru:t] искореня́ть [-ни́ть]; вырыва́ть с ко́рнем; ~set [ʌp'set] (*irr.* set) опроки́дывать(ся) [-и́нуть(ся)]; расстра́ивать [-ро́ить]; выводи́ть из (душе́вного) равнове́сия; ~shot ['ʌpʃɔt] развя́зка; заключе́ние; ~side ['ʌpsaid] *adv.*: ~ down вверх дном; ~stairs ['ʌp'steəz] вверх (по ле́стнице), наве́рх(у́); ~start ['ʌpsta:t] вы́скочка *m/f*; ~stream ['ʌp'stri:m] вверх по тече́нию; ~turn [ʌp'tə:n] перевёртывать [перевернуть]; ~ward(s) ['ʌpwəd(z)] вверх, наве́рх.

urban ['ə:bən] городско́й; ~e [ə:'bein] □ ве́жливый; изы́сканный.

urchin ['ə:tʃin] постре́л, мальчи́шка *m*.

urge [ə:dʒ] 1. понужда́ть [-уди́ть]; подгоня́ть [подогна́ть] (*often* ~ on); 2. стремле́ние, толчо́к *fig.*; ~ncy ['ə:dʒənsi] насто́ятельность *f*; сро́чность *f*; насто́йчивость *f*; ~nt ['ə:dʒənt] □ сро́чный; насто́ятельный, насто́йчивый.

urin|al ['juərinl] писсуа́р; ~ate [-rineit] [по]мочи́ться; ~e [-rin] урина́. [моча́.]

urn [ə:n] у́рна.

us [ʌs; əs] *pron. pers.* (ко́свенный паде́ж *от* we) нас, нам, на́ми.

usage ['ju:zidʒ] употребле́ние; обы́чай.

usance ['ju:zəns] † : bill at ~ ве́ксель на срок, устано́вленный торго́вым обы́чаем.

use 1. [ju:s] употребле́ние; применение; по́льзование; по́льза;

привы́чка; (of) no ~ бесполе́зный; 2. [ju:z] употребля́ть [-би́ть]; по́льзоваться (Т); воспо́льзоваться (Т) *pf.*; испо́льзовать (*im*)*pf.*; обраща́ться [обрати́ться] с (Т), обходи́ться [обойти́сь] с (Т); I ~d [ju:s(t)] to do я, быва́ло, ча́сто де́лал; ~d [ju:st]: ~ to привы́кший к (Д); ~ful ['ju:sful] □ поле́зный; приго́дный; ~less ['ju:slis] □ бесполе́зный; неприго́дный, него́дный.

usher ['ʌʃə] 1. капельди́нер; швейца́р; при́став (в суде́); 2. проводи́ть [-вести́] (на ме́сто); вводи́ть [ввести́].

usual ['ju:ʒuəl] □ обыкнове́нный, (обы́чный.)

usurer ['ju:ʒərə] ростовщи́к.

usurp [ju:'zə:p] узурпи́ровать (*im*)*pf.*; ~er [ju:'zə:рə] узурпа́тор.

usury ['ju:ʒuri] ростовщи́чество.

utensil [ju:'tensl] (*mst pl.* ~s) посу́да, у́тварь *f*; принадле́жность *f*.

utility [ju:'tiliti] поле́зность *f*; вы́годность *f*; public ~ комму-на́льное предприя́тие; *pl.* предприя́тия обще́ственного по́льзования; комму-на́льные услу́ги *f/pl.*

utiliz|ation [ju:tilai'zeiʃən] испо́льзование, утилиза́ция; ~e ['ju:tilaiz] испо́льзовать (*im*)*pf.*, утилизи́ровать (*im*)*pf.*

utmost ['ʌtmoust] кра́йний, преде́льный.

utter ['ʌtə] 1. □ *fig.* по́лный; кра́йний; абсолю́тный; 2. изд(ав)а́ть (зву́ки); выража́ть слова́ми; ~ance [-rəns] выраже́ние; произнесе́ние; выска́зывание; ~most [-moust] кра́йний, преде́льный.

V

vacan|cy ['veikənsi] пустота́; вака́нсия, свобо́дное ме́сто; пробе́л; рассе́янность *f*; ~t ['veikənt] □ неза́нятый, вака́нтный; пусто́й; рассе́янный (взгляд и т. п.).

vacat|e [və'keit, *Am.* 'veikeit] освобожда́ть [-боди́ть] (дом и т. п.); покида́ть [-и́нуть], оставля́ть [-а́вить] (до́лжность); упраздня́ть [-ни́ть]; ~ion [və'keiʃən, *Am.* vei-'keiʃən] оставле́ние; кани́кулы *f/pl.*; о́тпуск.

vaccin|ate ['væksineit] 🜊 приви(ва́)ть; ~ation [væksi'neiʃən] 🜊 приви́вка; ~e ['væksi:n] 🜊 вакци́на.

vacillate ['væsileit] колеба́ться.

vacuum ['vækjuəm] *phys.* ва́куум; пустота́; ~ cleaner пылесо́с; ~ flask, ~ bottle те́рмос.

vagabond ['vægəbɔnd] 1. бродя́га *m*; 2. бродя́жничать.

vagrant ['veigrənt] 1. бродя́га *m*; праздношата́ющийся; 2. стра́нствующий; бродя́чий.

vague [veig] неопределённый, нея́сный, сму́тный.

vain [vein] □ тще́тный, напра́сный; пусто́й, су́етный; тщесла́вный; in ~ напра́сно, тще́тно; ~glorious [vein'glɔ:riəs] тщесла́вный; хвастли́вый.

valediction [væli'dikʃən] проща́ние; проща́льная речь *f*.

valet ['vælit] 1. камерди́нер; 2. служи́ть камерди́нером.

valiant ['væljənt] □ *rhet.* хра́брый, до́блестный.

valid ['vælid] 🜳 действи́тельный, име́ющий си́лу; ве́ский, обосно́ванный; ~ity [və'liditi] действи́тельность *f* и т. д.

valley ['væli] доли́на.

valo(u)r ['vælə] *rhet.* до́блесть *f*.

valuable ['væljuəbl] 1. □ це́нный; 2. ~s *pl.* це́нности *f/pl.*

valuation [vælju'eiʃən] оце́нка (иму́щества).

value ['vælju:] 1. це́нность *f*; цена́; ✝ сто́имость *f*; ✝ валю́та; значе́ние; 2. оце́нивать [-ни́ть] (В); [о-]цени́ть (В); дорожи́ть (Т); **~less** ['væljulis] ничего́ не сто́ящий.

valve ['vælv] ⊕ кла́пан, ве́нтиль *m*; *radio* электро́нная ла́мпа.

van [væn] фурго́н; ⇻ бага́жный и́ли това́рный ваго́н; ✕ аванга́рд.

vane [vein] флю́гер; крыло́ (ветряно́й ме́льницы); ло́пасть *f* (винта́); лопа́тка (турби́ны).

vanguard ['vænɡɑ:d] ✕ аванга́рд.

vanish ['væniʃ] исчеза́ть [-е́знуть].

vanity ['væniti] суе́тность *f*; тщесла́вие; **~ bag** да́мская су́мочка.

vanquish ['væŋkwiʃ] побежда́ть [-еди́ть].

vantage ['vɑ:ntidʒ] преиму́щество.

vapid ['væpid] □ безвку́сный, пре́сный; *fig.* ску́чный.

vapor|ize ['veipəraiz] испаря́ть(ся) [-ри́ть(ся)]; **~ous** [-rəs] парообра́зный; (*mst fig.*) тума́нный.

vapo(u)r ['veipə] 1. пар; пары́; тума́н; *fig.* химе́ра, фанта́зия; 2. бахва́литься.

varia|ble ['vɛəriəbl] □ непостоя́нный, изме́нчивый; переме́нный; **~nce** [-riəns] разногла́сие; ссо́ра; be at ~ расходи́ться во мне́ниях; находи́ться в противоре́чии; **~nt** [-riənt] 1. ино́й; разли́чный; 2. вариа́нт; **~tion** [vɛəri'eiʃən] измене́ние; отклоне́ние; ♪ вариа́ция.

varie|d ['vɛərid] □ *s.* various; **~gate** ['vɛərigeit] де́лать пёстрым, разнообра́зить; **~ty** [və'raiəti] разнообра́зие; многосторо́нность *f*; разнови́дность *f*; ряд, мно́жество; ~ show варье́те́ *n indecl.*

various ['vɛəriəs] ра́зный; разли́чный, разнообра́зный.

varnish ['vɑ:niʃ] 1. лак; оли́фа; лакиро́вка (*a. fig.*); *fig.* прикра́са; 2. [от]лакирова́ть; придава́ть лоск (Д); *fig.* прикра́шивать [-ра́сить] (недоста́тки).

vary ['vɛəri] изменя́ть(ся) [-ни́ть (-ся)]; ра́зниться; расходи́ться [разойти́сь] (о мне́ниях); разнообра́зить.

vase [vɑ:z] ва́за.

vast [vɑ:st] □ обши́рный, грома́дный.

vat [væt] чан; бо́чка, ка́дка.

vault [vɔ:lt] 1. свод; склеп; подва́л, по́греб; *sport* прыжо́к (с упо́ром); 2. выводи́ть свод над (Т); перепры́гивать [-гнуть].

vaunt [vɔ:nt] [по]хва́статься (of Т).

veal [vi:l] теля́тина; *attr.* теля́чий.

veer [viə] меня́ть направле́ние (о ве́тре); *fig.* изменя́ть взгля́ды и т. п.

vegeta|ble ['vedʒitəbl] 1. о́вощ; **~s** *pl.* зе́лень *f*, о́вощи *m/pl.*; 2. расти́тельный; овощно́й; **~rian** [vedʒi'tɛəriən] 1. вегетариа́нец (-нка); 2. вегетариа́нский; **~te** ['vedʒiteit] *fig.* прозяба́ть.

vehemen|ce ['vi:iməns] си́ла; стреми́тельность *f*; стра́стность *f*; **~t** [-t] стреми́тельный; стра́стный.

vehicle ['vi:ikl] экипа́ж, пово́зка (и любо́е друго́е сре́дство тра́нспорта и́ли передвиже́ния); *fig.* сре́дство выраже́ния (мы́слей); проводни́к (зара́зы и т. п.).

veil [veil] 1. покрыва́ло; вуа́ль *f*; *fig.* заве́са; 2. закрыва́ть покрыва́лом, вуа́лью; [за]маскирова́ть.

vein [vein] ве́на; жи́ла (*a.* ✕); *fig.* [жи́лка; настрое́ние.]

velocity [vi'lɔsiti] ско́рость *f*.

velvet ['velvit] ба́рхат; *attr.* ба́рхатный; **~y** [-i] ба́рхатный (*fig.*); барха́тистый.

venal ['vi:nl] прода́жный, подку́пно́й (*a.* подку́пный).

vend [vend] прод(ав)а́ть; **~er**, **~or** ['vendə] продаве́ц.

veneer [və'niə] 1. фане́ра; 2. обкле́ивать фане́рой; *fig.* придава́ть (Д) вне́шний лоск.

venera|ble ['venərəbl] □ почте́нный; **~te** [-reit] благогове́ть пе́ред (Т); **~tion** [venə'reiʃən] благогове́ние, почита́ние.

venereal [vi'niəriəl] венери́ческий.

Venetian [vi'ni:ʃən] венециа́нский; ~ blind жалюзи́ *n indecl.*

vengeance ['vendʒəns] месть *f*, мще́ние.

venison ['venzn] оле́нина.

venom ['venəm] (*part.* змеи́ный) яд (*a. fig.*); **~ous** [-əs] □ ядови́тый (*a. fig.*).

vent [vent] 1. отве́рстие; отду́шина; give ~ to излива́ть (В); 2. *fig.* излива́ть (В), дава́ть вы́ход (Д).

ventilat|e ['ventileit] прове́тривать [прове́трить]; [про]вентили́ровать; *fig.* обсужда́ть [-уди́ть], вы́яснить [выясня́ть] (вопро́с); **~ion** [venti'leiʃən] прове́тривание; вентиля́ция; *fig.* выясне́ние, обсужде́ние (вопро́са).

venture ['ventʃə] 1. риско́ванное предприя́тие; спекуля́ция; at a ~ наугад, наудачу; 2. рискова́ть [-кну́ть]; отва́живаться на (В) (*a.* ~ upon); **~some** [-səm], **venturous** [-rəs] □ сме́лый; риско́ванный.

veracious [və'reiʃəs] правди́вый.

verb|al ['və:bəl] □ слове́сный; у́стный; *gr.* глаго́льный; **~iage** ['və:biidʒ] многосло́вие; **~ose** [və:'bous] □ многосло́вный.

verdant ['və:dənt] □ зелене́ющий, зелёный.

verdict ['və:dikt] g⅔ верди́кт; приго́вор (прися́жных) (a. fig.).

verdigris ['və:digris] ярь-медя́нка.

verdure ['və:dʒə] зе́лень f.

verge [və:dʒ] 1. край; кайма́ (вокру́г клу́мбы); fig. грань f; on the ~ of на гра́ни (P); 2. клони́ться (to к Д); приближа́ться [-ли́зиться] (to к Д); ~ (up)on грани́чить с (Т).

veri|fy ['verifai]проверя́ть [-е́рить]; подтвержда́ть [-рди́ть]; **~table** ['veritəbl] □ настоя́щий, и́стинный.

vermin ['və:min] coll. вреди́тели m/pl., парази́ты m/pl.; **~ous** ['və:minəs] киша́щий парази́тами.

vernacular [və'nækjulə] 1. □ наро́дный (о выраже́нии); родно́й (о языке́); ме́стный (о диале́кте); 2. наро́дный язы́к; ме́стный диале́кт; жарго́н.

versatile ['və:sətail] □ многосторо́нний; подви́жной.

verse [və:s] стих; стихи́ m/pl.; поэ́зия; строфа́; **~d** [və:st] о́пытный, све́дущий.

versify ['və:sifai] v/t. перелага́ть на стихи́; v/i. писа́ть стихи́.

version ['və:ʃən] вариа́нт; ве́рсия; перево́д.

vertebral ['və:tibrəl] позвоно́чный.

vertical ['və:tikəl] □ вертика́льный; отве́сный.

vertig|inous [və:'tidʒinəs] □ головокружи́тельный.

verve [veəv] жи́вость f (изображе́ния); разма́х.

very ['veri] 1. adv. о́чень; the ~ best са́мое лу́чшее; 2. adj. настоя́щий, су́щий; са́мый (как усиле́ние); the ~ same тот са́мый; the ~ thing и́менно то, что ну́жно; the ~ thought уже́ одна́ мысль f, сама́ мысль f; the ~ stones да́же ка́мни m/pl.; the veriest rascal после́дний негодя́й.

vesicle ['vesikl] пузырёк.

vessel ['vesl] сосу́д; су́дно, кора́бль m.

vest [vest] 1. жиле́т; нате́льная фуфа́йка; вста́вка (в пла́тье); 2. v/t. облека́ть [-е́чь] (with Т); v/i. переходи́ть во владе́ние (in P).

vestibule ['vestibju:l] вестибю́ль m.

vestige ['vestidʒ] след.

vestment ['vestmənt] одея́ние; eccl. облаче́ние, ри́за.

vestry ['vestri] eccl. ри́зница; **~man** [-mən] член прихо́дского управле́ния.

veteran ['vetərən] 1. ветера́н; быва́лый солда́т; 2. attr. ста́рый, о́пытный.

veterinary ['vetnri] 1. ветерина́р (mst ~ surgeon); 2. ветерина́рный.

veto ['vi:tou] 1. ве́то n indecl.; 2. налага́ть ве́то на (В).

vex [veks] досажда́ть [досади́ть], раздража́ть [-жи́ть]; **~ation** [vek'seiʃən] доса́да, неприя́тность f; **~atious** [-ʃəs] доса́дный.

via ['vaiə] че́рез (В) (на пи́сьмах и т. п.).

vial ['vaiəl] пузырёк, буты́лочка.

viands ['vaiəndz] pl. я́ства n/pl.

vibrat|e [vai'breit] [по]колеба́ться, вибри́ровать; **~ion** [-ʃən] вибра́ция.

vice [vais] 1. поро́к; недоста́ток; ⊕ тиски́ m/pl.; 2. pref. ви́це...; **~roy** ['vaisroi] ви́це-коро́ль m.

vice versa ['vaisi'və:sə] наоборо́т.

vicinity [vi'siniti] окре́стность f; бли́зость f.

vicious ['viʃəs] □ поро́чный; злой.

vicissitude [vi'sisitju:d] : mst ~s pl. превра́тности f/pl.

victim ['viktim] же́ртва; **~ize** [-timaiz] де́лать свое́й же́ртвой; [за]му́чить.

victor ['viktə] победи́тель m; **~ious** [vik'tɔ:riəs] □ победоно́сный; **~y** ['viktəri] побе́да.

victual ['vitl] 1. v/i. запаса́ться прови́зией; v/t. снабжа́ть прови́зией; 2. mst ~s pl. продово́льствие, прови́зия; **~ler** ['vitlə] поставщи́к продово́льствия.

video ['vidiou] adj. телевизио́нный.

vie [vai] сопе́рничать.

view [vju:] 1. вид (of на В); по́ле зре́ния, кругозо́р; взгляд; наме́рение; осмо́тр; in ~ of ввиду́ (P); on ~ (вы́ставленный) для обозре́ния; with a ~ to or of ~ ger. с наме́рением (+ inf.); have in ~ име́ть в виду́; 2. осма́тривать [осмотре́ть], рассма́тривать [-мотре́ть]; [по]смотре́ть на (В); **~point** то́чка зре́ния.

vigil|ance ['vidʒiləns] бди́тельность f; **~ant** [-lənt] □ бди́тельный.

vigo|rous ['vigərəs] □ си́льный, энерги́чный; **~(u)r** ['vigə] си́ла, эне́ргия.

vile [vail] □ ме́рзкий, ни́зкий.

vilify ['vilifai] поноси́ть, [о]черни́ть.

village ['vilidʒ] село́, дере́вня; attr. се́льский, дереве́нский; **~r** [-ə] се́льский (-кая) жи́тель(ница f) m.

villain ['vilən] злоде́й, негодя́й; **~ous** [-əs] злоде́йский; по́длый; **~y** [-i] злоде́йство; по́длость f.

vim [vim] F эне́ргия, си́ла.

vindic|ate ['vindikeit] отста́ивать [отстоя́ть] (пра́во и т. п.); реабилити́ровать (im)pf.; оправда́ть [-да́ть]; **~tive** [vin'diktiv] □ мсти́тельный.

vine [vain] виногра́дная лоза́; **~gar** ['vinigə] у́ксус; **~-growing** виногра́дарство; **~yard** ['vinjəd] виногра́дник.

vintage ['vintidʒ] сбор виногра́да; вино́ (из сбо́ра определённого го́да).

violat|e ['vaiəleit] наруша́ть [-у́шить], преступа́ть [-пи́ть] (кля́тву, зако́н и т. п.); [из]наси́ловать; ~ion [vaiə'leiʃən] наруше́ние; изнаси́лование.

violen|ce ['vaiələns] неи́сство; наси́лие; ~t [-t] □ неи́стовый; я́ростный; наси́льственный.

violet ['vaiəlit] фиа́лка; фиоле́товый цвет.

violin [vaiə'lin] ♪ скри́пка.

viper ['vaipə] гадю́ка.

virago [vi'reigou] сварли́вая же́нщина.

virgin ['və:dʒin] 1. де́вственница; poet. a. eccl. де́ва; 2. □ де́вственный (a. ~al); ~ity [və:'dʒiniti] де́вственность f.

viril|e ['virail] возмужа́лый; му́жественный; ~ity [vi'riliti] му́жество; возмужа́лость f.

virtu ['və:tu:] понима́ние то́нкостей иску́сства; article of ~ худо́жественная ре́дкость f; ~al ['və:tjuəl] □ факти́ческий; ~e ['və:tju:] доброде́тель f; досто́инство; in ~ of посре́дством (P); в си́лу (P); ~ous ['və:tjuəs] □ доброде́тельный; целому́дренный.

virulent ['virulənt] вируле́нтный (яд); опа́сный (о боле́зни); fig. зло́бный.

visa ['vi:zə] s. visé.

viscount ['vaikaunt] вико́нт.

viscous ['viskəs] □ вя́зкий; тягу́чий (о жи́дкости).

visé ['vi:zei] 1. ви́за; 2. визи́ровать (im)pf., pf. a. [за-].

visible ['vizəbl] □ види́мый; ви́дный; fig. я́вный, очеви́дный; pred. is he ~? принима́ет ли он?

vision ['viʒən] зре́ние; вид; ви́де́ние; fig. проница́тельность f; ~ary ['viʒənəri] 1. призра́чный; фанта́стический; мечта́тельный; 2. прови́дец (-дица); мечта́тель(ница f) m.

visit ['vizit] 1. v/t. навеща́ть [-ести́ть]; посеща́ть [-ети́ть]; осма́тривать [-мотре́ть]; fig. постига́ть [-и́гнуть] or [-и́чь]; v/i. де́лать визи́ты; гости́ть; 2. посеще́ние, визи́т; ~ation [vizi'teiʃən] официа́льное посеще́ние; fig. испыта́ние, ка́ра; ~or ['vizitə] посети́тель (-ница f) m, гость(я f) m; инспе́ктор.

vista ['vistə] перспекти́ва; вид.

visual ['vizjuəl] □ зри́тельный; нагля́дный; опти́ческий; ~ize [-aiz] нагля́дно представля́ть себе́, мы́сленно ви́деть.

vital ['vaitl] □ жи́зненный; насу́щный, суще́ственный; живо́й (стиль); ~s, ~ parts pl. жи́зненно ва́жные о́рганы m/pl.; ~ity [vai-'tæliti] жизнеспосо́бность f, жи́зненность f, живу́честь f; ~ize ['vaitəlaiz] оживля́ть [-ви́ть].

vitamin(e) ['vaitəmin] витами́н.

vitiate ['viʃieit] [ис]по́ртить; де́лать недействи́тельным.

vivaci|ous [vi'veiʃəs] □ живо́й, оживлённый; ~ty [-'væsiti] жи́вость f, оживлённость f.

vivid ['vivid] □ a. fig. живо́й, я́ркий.

vivify ['vivifai] оживля́ть [-ви́ть].

vixen ['viksn] лиси́ца-са́мка.

vocabulary [və'kæbjuləri] слова́рь m, спи́сок слов; запа́с слов.

vocal ['voukəl] □ голосово́й; звуча́щий; ♪ вока́льный.

vocation [vou'keiʃən] призва́ние; профе́ссия; ~al [-l] □ профессиона́льный.

vociferate [vou'sifəreit] гро́мко крича́ть, горла́нить.

vogue [voug] мо́да; популя́рность f.

voice [vois] 1. го́лос; give ~ to выража́ть [вы́разить] (В); 2. выража́ть [вы́разить] (слова́ми).

void [void] 1. пусто́й, лишённый (of P); недействи́тельный; 2. пустота́; ва́куум; 3. ♂ опорожня́ть [-ни́ть]; де́лать недействи́тельным.

volatile ['vɔlətail] ♏ лету́чий (a. fig.); fig. изме́нчивый.

volcano [vɔl'keinou] (pl.: volcanoes) вулка́н.

volition [vou'liʃən] волево́й акт, хоте́ние; во́ля.

volley ['vɔli] 1. залп; fig. град (упрёков и т. п.); 2. стреля́ть за́лпами; сы́паться гра́дом; fig. испуска́ть [-усти́ть] (кри́ки, жа́лобы).

voltage ['voultidʒ] ⚡ напряже́ние.

voluble ['vɔljubl] речи́стый, многоречи́вый.

volum|e ['vɔljum] том; объём; ёмкость f, вмести́тельность f; fig. си́ла, полнота́ (зву́ка и т. п.); ~inous [və'lju:minəs] □ объёмистый; многото́мный; обши́рный.

volunt|ary ['vɔləntəri] □ доброво́льный; доброво́льческий; ~eer [vɔlən'tiə] 1. доброво́лец; 2. v/i. вызыва́ться [вы́зваться] (for на В); идти́ доброво́льцем; v/t. предлага́ть [-ложи́ть] (свою́ по́мощь и т. п.).

voluptu|ary [və'lʌptjuəri] сладостра́стник, сластолю́бец; ~ous [-s] □ сладостра́стный; (of people) сластолюби́вый.

vomit ['vɔmit] 1. рво́та; 2. [вы́]рвать; he ~s его́ рвёт; fig. изверга́ть [-е́ргнуть].

voraci|ous [vɔ'reiʃəs] □ прожо́рливый, жа́дный; ~ty [vɔ'ræsiti] прожо́рливость f.

vortex ['vɔ:teks] mst fig. водоворо́т; mst fig. вихрь m.

vote [vout] **1.** голосова́ние; балло-тиро́вка; (избира́тельный) го́лос; пра́во го́лоса; во́тум; реше́ние; cast a ~ отдава́ть го́лос (for за В; against про́тив Р); **2.** v/i. голосова́ть (im)pf., pf. a. (про-) (for за В; against про́тив Р); v/t. голосова́ть (im)pf., pf. a. (про-); ~r ['voutə] избира́тель(ница f) m.

voting... ['voutiŋ] избира́тельный.

vouch [vautʃ]: ~ for руча́ться [поручи́ться] за (В); ~er ['vautʃə] распи́ска; оправда́тельный докуме́нт; поручи́тель m; ~safe [vautʃ-'seif] удоста́ивать [-сто́ить] (В/Т).

vow [vau] **1.** обе́т, кля́тва; **2.** v/t. [по]кля́сться в (П).

vowel ['vauəl] гла́сный (звук).

voyage ['vɔidʒ] **1.** путеше́ствие (мо́рем); **2.** путеше́ствовать (по мо́рю).

vulgar ['vʌlgə] □ гру́бый, вульга́рный; по́шлый; широко́ распространённый; ~ tongue наро́дный язык; ~ize [-raiz] опошля́ть [опо́шлить]; вульгаризи́ровать (im)pf.

vulnerable ['vʌlnərəbl] □ fig. уяз-ви́мый.

vulture ['vʌltʃə] zo. стервя́тник; fig. хи́щник.

W

wad [wɔd] **1.** клочо́к ва́ты, ше́рсти и т. п.; пыж; **2.** набива́ть и́ли подбива́ть ва́той; забива́ть пыжо́м; ~ding ['wɔdiŋ] набивка, подби́вка.

waddle ['wɔdl] ходи́ть вперева́лку.

wade [weid] v/t. переходи́ть вброд; v/i. проб(и)ра́ться (through по Д or че́рез В).

wafer ['weifə] обла́тка; ва́фля.

waffle ['wɔfl] part. Am. ва́фля.

waft [wɔft] **1.** дунове́ние (ве́тра); струя́ (за́паха); **2.** носи́ть(ся), [по]нести́(сь) (по во́здуху).

wag [wæg] **1.** шутни́к; **2.** маха́ть [махну́ть] (Т), виля́ть [вильну́ть] (Т); ~ one's finger грози́ть па́льцем.

wage [weidʒ] **1.** вести́ (войну́); **2.** mst ~s ['weidʒiz] pl. за́работная пла́та.

waggish ['wægiʃ] □ шаловли́вый; забавный, коми́чный.

waggle ['wægl] F пома́хивать (Т); пока́чивать(ся).

wag(g)on ['wægən] пово́зка, теле́га; F де́тская коля́ска; 🚂 Brit. вагон-платфо́рма; ~er [-ə] во́зчик.

waif [weif] беспризо́рник; бездо́мный челове́к; бро́шенная вещь f.

wail [weil] **1.** вопль m; вой (ве́тра); причита́ние; **2.** [за]вопи́ть, выть, завы́(ва́)ть; причита́ть.

waist [weist] та́лия; ⚓ шкафу́т; ~coat ['weiskout, 'weskət] жиле́т.

wait [weit] v/i. ждать (for В or Р), ожида́ть (for Р), подожда́ть pf. (for В or Р); (ча́сто: ~ at table) прислу́живать [-жи́ть] (за столо́м); ~ (up)on прислу́живать (Д); ~ and see занима́ть выжида́тельную пози́цию; v/t. выжида́ть [вы́ждать] (В); ~ dinner подожда́ть с обе́дом (for В); ~er ['weitə] официа́нт.

waiting ['weitiŋ] ожида́ние; ~

-room приёмная; 🚂 зал ожида́ния.

waitress ['weitris] официа́нтка.

waive [weiv] отка́зываться [-за́ться] от (пра́ва и т. п.); ~r ['weivə] 🏛 отка́з (от пра́ва, тре́бования).

wake [weik] **1.** ⚓ кильва́тер; **2.** [irr.] v/i. бо́дрствовать; (mst ~ up) просыпа́ться [просну́ться], пробужда́ться [-уди́ться]; v/t. [раз]буди́ть, пробужда́ть [-уди́ть]; возбужда́ть [-уди́ть] (жела́ния и т. п.); ~ful ['weikful] □ бессо́нный; бди́тельный; ~n ['weikən] s. wake 2.

wale [weil] полоса́, рубе́ц.

walk [wɔːk] **1.** v/i. ходи́ть, идти́ [пойти́] (пешко́м); [по]гуля́ть; появля́ться [-ви́ться] (о привиде́нии); v/t. прогу́ливать (ло́шадь и т. п.); обходи́ть [обойти́] (В); **2.** ходьба́; похо́дка; прогу́лка пешко́м; тропа́, алле́я; ~ of life обще́ственное положе́ние; профе́ссия.

walking ['wɔːkiŋ] **1.** ходьба́; **2.** гуля́ющий; ходя́чий; ~ tour экску́рсия пешко́м; ~stick трость f.

walk|-out ['wɔːkaut] Am. забасто́вка; ~over лёгкая побе́да.

wall [wɔːl] **1.** стена́; сте́нка (сосу́да); **2.** обноси́ть стено́й; ~ up заде́л(ыв)ать (дверь и т. п.).

wallet ['wɔlit] бума́жник.

wallflower ♀ желтофио́ль f; fig. де́вушка, оста́вшаяся без кавале́ра (на балу́).

wallop ['wɔləp] F [по]би́ть, [по-, от]колоти́ть. [таться.]

wallow ['wɔlou] валя́ться, бара́х-]

wall|-paper ['wɔːlpeipə] обо́и m/pl.; ~socket ⚡ штепсельная розе́тка.

walnut [-nət] ♀ гре́цкий оре́х.

walrus ['wɔːlrəs] zo. морж.

waltz [wɔːls] **1.** вальс; **2.** вальси́ровать.

wan [wɔn] □ бле́дный; изнурённый; ту́склый.

wand [wɔnd] (волшéбная) пáлочка.

wander ['wɔ:ndə] бродѝть; стрáнствовать; блуждáть (тáкже о взглѝде, мы́слях и т. п.).

wane [wein] 1. убывáние (луны́); 2. уменьшáться [умéньшѝться] убы́(вá)ть, быть на ущéрбе (о лунé); подходѝть к концу́.

wangle ['wæŋgl] *sl.* ухитрáться получѝть.

want [wɔnt] 1. недостáток (of P *or* в П); нуждá; потрéбность *f*; бéдность *f*; 2. *v/i.* be ~ing: he is ~ing in patience ему́ недостаёт терпéния; ~ for нуждáться в (П); *v/t.* [за]хотéть (P *a.* В); [по]желáть (P *a.* В); нуждáться в (Д); he ~s energy ему́ недостаёт энéргии; what do you ~? что вам ну́жно?; ~ed (в объявлéниях) трéбуется, ☚ разы́скивается.

wanton ['wɔntən] 1. □ рéзвый; произвóльный; бу́йный (о рóсте); похотлѝвый; распу́тный; 2. резвѝться.

war [wɔ:] 1. войнá; *fig.* борьбá; make ~ вестѝ войну́ ([up]on с Т); 2. *attr.* воéнный; 3. воевáть.

warble ['wɔ:bl] издавáть трéли; [с]пéть (о птѝцах).

ward [wɔ:d] 1. опекáемый; райóн (гóрода); (больничная) палáта; (тюрéмная) кáмера; ~s *pl.* бородка (ключá); 2. ~ (off) отражáть [отразѝть], отвращáть [-ратѝть] (удáр); ~er ['wɔ:də] тюрéмщик; ~robe ['wɔ:droub] гардерóб; ~ trunk чемодáн-шкаф.

ware [wɛə] (в слóжных словáх) посу́да; ~s *pl.* товáр(ы *pl.*).

warehouse 1. ['wɛəhaus] товáрный склад; пакгáуз; 2. [-hauz] помещáть в склад; хранѝть на склáде.

warfare ['wɔ:fɛə] войнá, ведéние войны́.

wariness ['wɛərinis] осторóжность *f*.

warlike ['wɔ:laik] воѝнственный.

warm [wɔ:m] 1. □ тёплый (*a. fig.*); *fig.* горя́чий; 2. согревáние; 3. [на-, со]грéть, нагрé(вá)ть(ся), согрé(вá)ть(ся) (*a.* ~ up); ~th [-θ] теплó; теплотá (*a. fig.*).

warn [wɔ:n] предупреждáть [-редѝть] (of, against о П); предостерегáть [-стерéчь] (of, against от Р); ~ing ['wɔ:niŋ] предупреждéние; предостережéние.

warp [wɔ:p] [по]корóбить(ся) (о дéреве); *fig.* извращáть [-ратѝть], искажáть [исказѝть] (взгля́ды и т. п.).

warrant ['wɔrənt] 1. правомóчие; ручáтельство; доверéнность *f*; ~ of arrest прикáз об арéсте; 2. опрáвдывать [-дáть]; ручáться (поручѝться) за (В); ✝ гарантѝровать (*im*)*pf.*; ~y [-i] гарáнтия; ручáтельство.

warrior ['wɔriə] *poet.* бóец, вóин.

wart [wɔ:t] бородáвка; нарóст (на стволé дéрева).

wary ['wɛəri] □ осторóжный.

was [wɔz, wəz] *pt.* от be.

wash [wɔʃ] 1. *v/t.* [вы́]мыть; обмы́(вá)ть; промы́(вá)ть; [вы́]стирáть; *v/i.* [вы́]мы́ться; стирáться (о матéрии); плескáться; 2. мытьё; стѝрка; бельё (для стѝрки); прибóй; помóи *m/pl.*; *pharm.* примóчка; ~able ['wɔʃəbl] (хорошó) стирáющийся; ~-basin ['wɔʃbeisn] таз; умывáльная рáковина; ~-cloth тря́почка для мытья́; ~er ['wɔʃə] мóйщик (-ица); промывáтель *m*; стирáльная машѝна; ⊕ шáйба, проклáдка; ~(er)woman прáчка; ~ing ['wɔʃiŋ] 1. мытьё; стѝрка; бельё (для стѝрки); 2. стирáльный; стирáющийся; ~y ['wɔʃi] жѝдкий, водянѝстый.

wasp [wɔsp] осá.

wastage ['weistidʒ] изнáшивание; потéри утéчкой, усу́шкой и т. п.

waste [weist] 1. пусты́ня; потéря; излѝшняя трáта; отбрóсы *m/pl.*; ⊕ отхóды *m/pl.*; угáр; lay ~ опустошáть [-шѝть]; 2. пусты́нный; невозделанный; опустошённый; 3. *v/t.* расточáть [-чѝть] (дéньги и т. п.); [по]терять (врéмя); опустошáть [-шѝть]; изнуря́ть [-рѝть] (органѝзм); *v/i.* истощáться [-щѝться]; ~ful ['weistful] □ расточѝтельный; ~-paper: ~ basket корзѝна для бумáги.

watch [wɔtʃ] 1. стрáжа; стóрож; ✠ вáхта; кармáнные ѝли нару́чные часы́ *m/pl.*; 2. *v/i.* [по]карау́лить (over В); стоя́ть на стрáже; бóдрствовать; ~ for ожидáть [вы́ждать] (В); *v/t.* [по]сторожѝть; наблюдáть [вы́ждать] (В); ~-dog сторожевóй пёс; ~ful ['wɔtʃful] □ бдѝтельный; ~maker часовщѝк; ~man [-mən] (ночнóй) стóрож; ~word парóль *m*; лóзунг.

water ['wɔ:tə] 1. водá; ~s *pl.* вóды *f/pl.*; drink the ~s пить целéбные вóды; *attr.* водянóй; вóдный; водо...; 2. *v/t.* орошáть [оросѝть]; [на]поѝть (живóтных); полѝ(вá)ть; (*a.* ~ down) разбавля́ть водóй; *fig.* чересчу́р смягчáть; *v/i.* слезѝться; ходѝть на водопóй; набирáть вóду (о кораблé); ~fall водопáд; ~-gauge водомéр.

watering ['wɔ:təriŋ] ~-can, ~-pot лéйка; ~-place вóды *f/pl.*, куро́рт с минерáльными вóдами; морскóй куро́рт.

water-level у́ровень воды́; ⊕ ватерпáс; ~man ['wɔ:təmən] лóдочник, перевóзчик; ~-proof 1. непромокáемый; 2. непромокáемый плащ *m*; 3. придавáть водонепроницáемость (Д); ~shed водораздел; бассейн реки; ~side берег; attr. расположенный на берегу; ~tight водонепроницаемый; fig. выдерживающий критику; ~way водный путь m; фарватер; ~works pl., a. sg. водопроводная станция; ~y ['wɔːtəri] водянистый (a. fig.).

wattle ['wɔtl] **1.** плетень m; **2.** [c]плести; строить из плетня.

wave [weiv] **1.** волна; знак (рукой); завивка (причёски); **2.** v/t. [по]махать, делать знак (Т); зави(ва)ть (волосы); ~ a p. away делать знак кому-либо, чтобы он удалился; ~ aside fig. отмахиваться [-хнуться] от (Р); ~it. развеваться (о знамёнах); волноваться (о ниве); качаться (о ветке); виться (о волосах); ~length длина волны.

waver ['weivə] [по]колебаться; колыхаться [-хнуться] (о пламени); дрогнуть (о войсках) pf.

wavy ['weivi] волнистый.

wax[1] [wæks] **1.** воск; сургуч; ушная сера; attr. восковой; **2.** [на]вощить.

wax[2] [~] [irr.] прибы(ва)ть (о луне).

wax|en ['wæksən] (mst pl.) восковой; fig. мягкий как воск; ~y ['wæksi] □ восковой; похожий на воск.

way [wei] mst дорога, путь m; сторона, направление; метод; средство; обычай, привычка; область f, сфера; состояние; отношение; (a. ~s pl.) образ (жизни, мыслей); ~ in, out вход, выход; this ~ сюда; by the ~ кстати, между прочим; по дороге; by ~ of ради (Р); в качестве (Р); on the ~ в пути; по дороге; out of the ~ находящийся в стороне; необычный, необыкновенный; under ~ на ходу (a. fig.); give ~ уступать [-пить] (Д); have one's ~ добиваться своего; настаивать на своём; lead the ~ идти во главе; показывать пример; ~bill накладная; список пассажиров; ~farer путник; ~lay [wei'lei] [irr. (lay)] подстерегать [-речь]; ~side **1.** обочина; **2.** придорожный; ~ward ['weiwəd] □ своенравный; капризный.

we [wiː, wi] pron. pers. мы.

weak [wiːk] □ слабый; ~en ['wiːkən] v/t. ослаблять [-абить]; v/i. [о]слабеть; ~ly [-li] хилый; adv. слабо; ~minded ['wiːk'maindid] слабоумный; ~ness [-nis] слабость

weal[1] [wiːl] благо. [f.]

weal[2] [~] s. wale.

wealth [welθ] богатство; изобилие; ~y ['welθi] □ богатый.

wean [wiːn] отнимать от груди; отучать [-чить] (from, of от Р).

weapon ['wepən] оружие; fig. средство (самозащиты).

wear [wɛə] **1.** [irr.] v/t. носить (одежду); (a. ~ away, down, off) стирать [стереть], изнашивать [износить]; fig. изнурять [-рить], истощать [-щить] (mst ~ out); v/i. носиться (о платье); ~ on медленно тянуться (о времени); **2.** ношение, носка (одежды); одежда, платье; (a. ~ and tear, part. ⊕) износ, изнашивание; be the ~ быть в моде.

wear|iness ['wiərinis] усталость f; утомлённость f; ~isome [-səm] □ утомительный; ~y ['wiəri] **1.** утомлённый; утомительный; **2.** утомлять(ся) [-мить(ся)].

weasel ['wiːzl] zo. ласка.

weather ['weðə] **1.** погода; **2.** v/t. выветривать [выветрить]; выдерживать [выдержать] (бурю) (a. fig.); подвергать атмосферному влиянию; v/i. выветриваться [выветриться]; подвергаться атмосферному влиянию; ~beaten, ~worn обветренный; закалённый (о человеке); повреждённый бурями.

weav|e [wiːv] [irr.] [co]ткать; [c]плести; fig. сочинять [-нить]; ~er ['wiːvə] ткач, ткачиха.

web [web] ткань f; паутина; (плавательная) перепонка; ~bing ['webiŋ] тканая тесьма.

wed [wed] выдавать замуж; женить (im)pf.; сочетать браком; ~ding ['wediŋ] **1.** свадьба; **2.** свадебный.

wedge [wedʒ] **1.** клин; **2.** закреплять клином; раскалывать при помощи клина; (a. ~ in) вклинивать(ся) [-нить(ся)]; ~ o. s. in втискиваться [втиснуться].

wedlock ['wedlɔk] брак.

Wednesday ['wenzdi] среда (день).

wee [wiː] крошечный, маленький.

weed [wiːd] **1.** сорная трава, сорняк; **2.** [вы]полоть; ~s [-z] pl. вдовий траур; ~y ['wiːdi] заросший сорной травой; F fig. долговязый, тощий.

week [wiːk] неделя; by the ~ понедельно; this day ~ неделю тому назад; через неделю; ~day будний день m; ~end нерабочее время от субботы до понедельника; ~ly ['wiːkli] **1.** еженедельный; недельный; **2.** еженедельник.

weep [wiːp] [irr.] [за]плакать; покрываться каплями; ~ing ['wiːpiŋ] плакучий (об иве, берёзе).

weigh [wei] взвешивать [-есить] (a. fig.); ~ anchor поднимать якорь; ~ed down отягощённый; v/t. весить; взвешиваться [-еситься]; fig. иметь вес, значение; ~ (up)on тяготеть над (Т).

weight [weit] **1.** вес, тяжесть f; гиря; sport штанга; бремя n; влияние; 2. отягощать [-готить]; *fig.* обременять [-нить]; ~y ['weiti] □ тяжёлый; *fig.* важный, веский.

weird [wiəd] таинственный, роковой; F странный, непонятный.

welcome ['welkəm] 1. приветствие; you are ~ to *inf.* я охотно позволяю вам (+ *inf.*); (you are) ~ né за что!; ~! добро пожаловать!; 2. желанный; приятный; 3. приветствовать (*a. fig.*); радушно принимать.

weld [weld] ⊕ сваривать(ся) [-ить(-ся)].

welfare ['welfeə] благосостояние; ~ work работа по улучшению бытовых условий населения.

well¹ [wel] 1. колодец; родник; *fig.* источник; пролёт (лестницы); ⊕ буровая скважина; 2. хлынуть (*pf.*); бить ключом.

well² [⸗] 1. хорошо; ~ off состоятельный; I am not ~ мне нездоровится; *be. int.* ну! *or* ну, ...; ~-being благополучие; ~-bred благовоспитанный; ~-favo(u)red привлекательный; ~-mannered с хорошими манерами; ~-timed своевременный; ~-to-do [-tə'du:] состоятельный, зажиточный; ~-worn поношенный, *fig.* избитый.

Welsh [welʃ] 1. уэльский, валлийский; 2. валлийский язык; the ~ валлийцы *m/pl.*

welt [welt] рант (на обуви); полоса (от удара кнутом и т. п.).

welter ['weltə] 1. суматоха, сумбур; 2. валяться, барахтаться.

wench [wentʃ] дёвка, (крестьянская) девушка.

went [went] *pt. от* go.

wept [wept] *pt. и p. pt. от* weep.

were [wə:, wə] *pt. pl. от* be.

west [west] 1. запад; 2. западный; 3. *adv.* к западу, на запад; ~ of к западу от (P); ~erly ['westəli], ~ern ['westən] западный; ~ward(s) ['westwəd(z)] на запад.

wet [wet] 1. дождливая погода; мокрота; 2. мокрый; влажный; сырой; дождливый; 3. [*irr.*] [на-]мочить, намачивать [-мочить]; увлажнять [-нить].

wether ['weðə] кастрированный баран.

wet-nurse ['wetnə:s] кормилица.

whale [weil] кит; ~-bone ['weilboun] китовый ус; ~r ['weilə] китобойное судно; китолов.

whaling ['weiliŋ] охота на китов.

wharf [wɔ:f] (товарная) пристань *f*; набережная.

what [wɔt] 1. что?; сколько ...?; 2. то, что; что; ~ about ...? что нового о ...?; ну, как ...?; ~ for? зачём?; ~ a blessing! какая благодать!; 3. ~ with отчасти от (P) ... отчасти от (P); ~(so)ever [wɔt(sou)'evə] какой бы ни; что бы

ни; there is no doubt whatever нет никакого сомнения.

wheat [wi:t] пшеница.

wheel [wi:l] 1. колесо; гончарный круг; *mot.* руль *m*; 2. катать, [по-]катить (коляску и т. п.); ехать на велосипеде; описывать круги; поворачивать(ся) [повернуть(ся)]; ✕ заходить флангом; ✕ right ~! левое плечо вперёд — марш!; ~-barrow тачка; ~-chair кресло на колёсах (для инвалида); ~ed [wi:ld] колёсный, на колёсах.

wheeze [wi:z] дышать с присвистом.

when [wen] 1. когда?; 2. *conj.* когда, в то время как; как только; тогда как.

whence [wens] откуда.

when(so)ever [wen(sou)'evə] всякий раз когда; когда бы ни.

where [wɛə] где, куда; from ~ откуда; ~about(s) 1. ['wɛərə'baut(s)] где?, около какого места?; 2. ['wɛərəbaut(s)] местонахождение; ~as [wɛər'æz] тогда как; поскольку; ~by [wɛə'bai] посредством чего; ~fore ['wɛəfɔ:] почему?; ~in [wɛər'in] в чём; ~of [wɛər'ɔv] из которого; о котором; о чём; ~upon [wɛər'pɔn] после чего; ~ver [wɛər'evə] где бы ни, куда бы ни; ~withal [-wi'ðɔ:l] необходимые средства *m/pl.*

whet [wet] [на]точить (на осслке).

whether ['weðə] ... ли; ~ or not так или иначе; во всяком случае.

whetstone ['wetstoun] точильный камень *m*.

whey [wei] сыворотка.

which [witʃ] 1. который?; какой?; 2. который; что; ~ever [-'evə] какой угодно, какой бы ни ...

whiff [wif] 1. дуновение; струя (воздуха); дымок; затяжка (при курении); 2. пускать клубы (дыма); попыхивать (Т).

while [wail] 1. время *n*, промежуток времени; for a ~ на время; F worth ~ стоящий затраченного труда; 2. ~ away проводить [-вести] (время); 3. (*a.* whilst [wailst]) пока, в то время как; тогда как.

whim [wim] прихоть *f*, каприз.

whimper ['wimpə] [за]хныкать.

whim|sical ['wimzikəl] □ прихотливый, причудливый; ~sy ['wimzi] прихоть *f*; причуда.

whine [wain] [за]скулить; [за]хныкать.

whip [wip] 1. *v/t.* хлестать [-стнуть]; [вы]сечь; сбивать (сливки, яйца и т. п.); *pol.* ~ in сзы(ы)вать]; ~ up расшевеливать [-лить]; подстёгивать [-стегнуть]; *v/i.* юркать [юркнуть]; трепаться (о парусе); 2. кнут (*a.* riding-~) хлыст; кучер; *parl.* организатор партии.

whippet *zo.* ['wipit] гончая собака.

whipping ['wipiŋ] подстёгивание (кнутом); взбучка; **~top** волчок.

whirl [wəːl] 1. вихревое движение; вихрь *m*; кружение; 2. кружить(ся); **~pool** водоворот; **~wind** вихрь *m*.

whisk [wisk] 1. веничек, метёлочка; мутовка; 2. *v/t.* сби(ва)ть (сливки и т. п.); смахивать [-хнуть]; помахивать (хвостом); *v/i.* юркать [юркнуть]; **~ers** ['wiskəz] *pl. zo.* усы (кошки и т. п.) *m/pl.*; бакенбарды *f/pl.*

whisper ['wispə] 1. шёпот; 2. шептать [шепнуть].

whistle ['wisl] 1. свист; свисток; 2. свистать, свистеть [свистнуть].

white [wait] 1. *com.* белый; бледный; F честный; невинный, чистый; **~ heat** белое каление; **~ lie** невинная (*or* святая) ложь *f*; 2. белый цвет; белизна; белок (глаза, яйца); белила *n/pl.*; **~n** ['waitn] [по]белить; [по]белеть; **~ness** ['waitnis] белизна; **~wash** 1. побелка; 2. [по]белить; *fig.* обелить [-лять].

whither *lit.* ['wiðə] куда.

whitish ['waitiʃ] бел(ес)оватый.

Whitsun ['witsn] *eccl.* троица.

whittle ['witl] строгать или оттачивать ножом; *fig.* **~ away** свести на нет.

whiz(z) [wiz] свистеть (о пулях и т. п.).

who [huː] *pron.* 1. кто?; 2. который; кто; тот, кто …; *pl.*: те, кто.

whoever [huːˈevə] *pron.* кто бы ни …; который бы ни …

whole [houl] 1. □ целый, весь; невредимый; **~ milk** цельное молоко; 2. целое; всё *n*; итог; (up)on the **~** в целом; в общем; **~hearted** □ искренний, от всего сердца; **~sale** 1. (*mst* **~ trade**) оптовая торговля; 2. оптовый; *fig.* в больших размерах; **~ dealer** оптовый торговец; 3. оптом; **~some** ['houlsəm] □ полезный, здоровый.

wholly ['houli] *adv.* целиком, всецело.

whom [huːm] *pron.* (винительный падеж от who) кого и т. д.; которого и т. д.

whoop [huːp] 1. гиканье; 2. гикать [гикнуть]; **~ing-cough** ['huːpiŋkɔf] *g* коклюш.

whose [huːz] (родительный падеж от who) чей *m*, чья *f*, чьё *n*, чьи *pl.*; *rel. pron. mst* который, кой: **~ father** отец которого …

why [wai] 1. почему?, отчего?, зачем?; 2. да ведь …; что же…

wick [wik] фитиль *m*.

wicked ['wikid] □ злой, злобный; безнравственный; **~ness** [-nis] злобность *f*; безнравственность *f*.

wicker ['wikə] прутья для плете-

ния; **~ basket** плетёная корзинка; **~ chair** плетёный стул.

wicket ['wikit] калитка; воротца *n/pl.* (в крикете).

wide [waid] *a.* □ *and adv.* широкий; просторный; далёкий; широко; далеко, далёко (of от P); **~ awake** бдительный; осмотрительный; 3 feet **~** три фута в ширину, шириной в три фута; **~n** ['waidn] расширить(ся) [-ирить (-ся)]; **~spread** широко распространённый.

widow ['widou] вдова; *attr.* вдовий; **~er** [-ə] вдовец.

width [widθ] ширина; широта.

wield [wiːld] *lit.* владеть (Т); иметь в руках.

wife [waif] жена; **~ly** ['waifli] свойственный жене.

wig [wig] парик.

wild [waild] 1. □ дикий; бурный; буйный; run **~** расти без присмотра; talk **~** говорить на думая; 2. **~**, **~s** [-z] дикая местность *f*; дебри *f/pl.*; **~cat** *zo.* дикая кошка; *fig.* недобросовестное рискованное предприятие; *attr.* рискованный; нелегальный; **~erness** ['wildənis] пустыня, дикая местность *f*; **~fire**: like **~** с быстротой молнии.

wile [wail] *mst* **~s** *pl.* хитрость *f*; уловка.

will(l)ful ['wilful] □ упрямый, своевольный; преднамеренный.

will [wil] 1. воля; сила воли; желание; завещание; with a **~** энергично; 2. [*irr.*] *v/aux.*: he **~** come он придёт; he **~** do it он это сделает; он хочет это сделать; он обычно это делает; 3. завещать (*im*)*pf.*; [по]желать, [за]хотеть; **~** *o. s.* заставлять [-ставить] себя.

willing ['wiliŋ] □ охотно готовый (to на B *or* + *inf.*); **~ness** [nis] готовность *f*.

will-o'-the-wisp ['wiləðəwisp] блуждающий огонёк.

willow ['wilou] *g* ива.

wily ['waili] □ хитрый, коварный.

win [win] [*irr.*] *v/t.* выигрывать [выиграть]; одерживать [-жать] (победу); получать [-чить]; снискать *pf.*; (to do) склонить [-нить] (сделать); **~** a. p. over склонить кого-либо на свою сторону; *v/i.* выигрывать [выиграть]; одерживать победу.

wince [wins] вздрагивать [вздрогнуть].

winch [wintʃ] лебёдка; ворот.

wind[1] [wind, *poet.* waind] 1. ветер; дыхание; *g* газы *m/pl.*; **♪** духовые инструменты *m/pl.*; 2. заставлять запыхаться; давать перевести дух; [по]чуять.

wind[2] [waind] [*irr.*] *v/t.* наматывать [намотать]; обматывать [обмота́ть]; обви(ва́)ть; ~ up заводи́ть [завести́] (часы́); † ликвиди́ровать (im)pf.; зака́нчивать [зако́нчить] (де́ло, пре́ния и т. п.); v/i. нама́тываться [намота́ться]; обви́(ва́)ться.

wind|bag ['windbæg] sl. болту́н, пустозво́н; **~fall** па́данец; буело́м; fig. неожи́данное сча́стье.

winding ['waindiŋ] 1. изги́б, изви́лина; нама́тывание; ⚡ обмо́тка; 2. извили́стый; спира́льный; ~ stairs pl. винтова́я ле́стница; **~sheet** са́ван.

wind-instrument ['windinstrumənt] ♪ духово́й инструме́нт.

windlass ['windləs] ⊕ бра́шпиль m; ⊕ во́рот.

windmill [-mil] ветряна́я ме́льница.

window ['windou] окно́; витри́на; **~-dressing** декори́рование витри́ны; fig. пока́з в лу́чшем ви́де.

wind|pipe ['windpaip] anat. трахе́я; **~-screen** mot. ветрово́е стекло́.

windy ['windi] □ ве́треный; fig. несерьёзный; многосло́вный.

wine [wain] вино́; **~press** виноде́льный пресс.

wing [wiŋ] 1. крыло́; co. рука́; ✈, ✕ авиапо́лк, Am. авиабрига́да; ✕ фланг; △ фли́гель m; thea. ~s pl. кули́сы f/pl.; take ~ полете́ть pf.; on the ~ на лету́; 2. fig. окрыля́ть [-ли́ть]; ускоря́ть [-о́рить]; [по]лете́ть.

wink [wiŋk] 1. морга́ние; миг; F not get a ~ of sleep не смыка́ть глаз; 2. моргну́ть [-гну́ть], мига́ть [мигну́ть]; ~ at подми́гивать [-гну́ть] (Д); смотре́ть сквозь па́льцы на (В).

win|ner ['winə] победи́тель(ница f) m; призёр; **~ning** ['winiŋ] 1. выи́грывающий; побежда́ющий; fig. привлека́тельный (a. ~some [-səm]); 2. ~s pl. вы́игрыш.

wint|er ['wintə] 1. зима́; attr. зи́мний; 2. проводи́ть зи́му, [пере-, про]зимова́ть; **~ry** ['wintri] зи́мний; холо́дный; fig. неприве́тливый.

wipe [waip] вытира́ть [вы́тереть], утира́ть [утере́ть]; ~ out fig. смы(ва́)ть (позо́р); уничтожа́ть [-о́жить].

wire ['waiə] 1. про́волока; про́вод; F телегра́мма; 2. монти́ровать про́вода на (П); телеграфи́ровать (im)pf.; скрепля́ть и́ли свя́зывать про́волокой; **~drawn** ['waiə'drɔːn] то́щий, казуисти́ческий; **~less** ['waiəlis] 1. □ беспро́волочный; attr. ра́дио...; 2. ра́дио n indecl.; on the ~ по ра́дио; ~ (message) радиогра́мма; ~ (telegraphy) беспро́волочный телегра́ф, радиотелеграфи́я; ~ operator ради́ст;

~ pirate радиоза́яц; ~ (set) радиоприёмник; 2. передава́ть по ра́дио; **~-netting** про́волочная се́тка.

wiry ['waiəri] про́волочный; fig. жили́стый; выно́сливый.

wisdom ['wizdəm] му́дрость f; ~ tooth зуб му́дрости.

wise [waiz] 1. му́дрый; благоразу́мный; **~crack** Am. уда́чное и́ли саркасти́ческое замеча́ние; 2. о́браз, спо́соб.

wish [wiʃ] 1. жела́ние; пожела́ние; 2. [по]жела́ть (P) (a. ~ for); ~ well (ill) (не) благоволи́ть (к Д); **~ful** ['wiʃful] □ жела́ющий, жа́ждущий; тоскли́вый.

wisp [wisp] пучо́к (соло́мы, се́на и т. п.).

wistful ['wistful] □ заду́мчивый, тоскли́вый.

wit [wit] 1. остроу́мие; ра́зум (a. ~s pl.); остря́к; be at one's ~'s end быть в тупике́; 2. to ~ то есть, а и́менно.

witch [witʃ] колду́нья, ве́дьма; fig. чароде́йка; **~craft** ['witʃkrɑːft] колдовство́.

with [wið] с (Т), со (Т); от (Р); у (Р); при (П); ~ a knife ножо́м, ~ a pen перо́м и т. д.

withdraw [wið'drɔː] [irr. (draw)] v/t. отдёргивать [-рнуть]; брать наза́д; изыма́ть [изъя́ть] (кни́гу из прода́жи, де́ньги из обраще́ния); v/i. удаля́ться [-ли́ться]; ретирова́ться (im)pf., ✕ отходи́ть [отойти́]; **~al** [-əl] отдёргивание; изъя́тие; удале́ние; ✕ отхо́д.

wither ['wiðə] v/i. [за]вя́нуть; [по-] блёкнуть; v/t. иссуша́ть [-ши́ть].

with|hold [wið'hould] [irr. (hold)] уде́рживать(ся) [-жа́ть(ся)]; отка́зывать [-за́ть] в (П); скры(ва́)ть (from от Р); **~in** [-'in] 1. lit. adv. внутри́; 2. prp. в (П), в преде́лах (Р); внутри́ (Р); ~ doors в до́ме; call в преде́лах слы́шимости; **~out** [-'aut] 1. lit. adv. вне, снару́жи; 2. prp. без (Р); вне (Р); **~stand** [-'stænd] [irr. (stand)] противостоя́ть (Д).

witness ['witnis] 1. свиде́тель(ница f) m; очеви́дец (-дица); bear ~ свиде́тельствовать (to, of о П); in ~ of в доказа́тельство (Р); 2. свиде́тельствовать о (П); засвиде́тельствовать (В) pf.; быть свиде́телем (Р); заверя́ть [-е́рить] (по́дпись и т. п.).

wit|ticism ['witisizm] острота́, шу́тка; **~ty** ['witi] □ остроу́мный.

wives [waivz] pl. от wife.

wizard ['wizəd] волше́бник, маг.

wizen(ed) ['wizn(d)] вы́сохший; смо́рщенный.

wobble ['wɔbl] кача́ться [качну́ться]; колыха́ть [-лыхну́ть].

woe [wou] го́ре, скорбь f; ~ is me! го́ре мне!; **~begone** ['woubigɔn] удручённый го́рем; мра́чный;

~ful ['wouful] □ скóрбный, гóрестный; жáлкий.

woke [wouk] *pt.* от wake; **~n** ['woukən] *p. pt.* от wake.

wolf [wulf] 1. волк; 2. пожирáть с жáдностью; **~ish** ['wulfiʃ] вóлчий; хúщный.

wolves [wulvz] *pl.* от wolf 1.

woman ['wumən] 1. жéнщина; 2. жéнский; ~ doctor жéнщина-врач; ~ student студéнтка; **~hood** [-hud] жéнский пол; жéнственность *f*; **~ish** [-iʃ] □ женоподóбный, бáбий; **~kind** [-'kaind] *coll.* жéнщины *f/pl.*; **~like** [-laik] женоподóбный; **~ly** [-li] жéнственный.

womb [wu:m] *anat.* мáтка; чрéво (мáтери); *fig.* лóно.

women ['wimin] *pl.* от woman; **~folk** [-fouk] жéнщины *f/pl.*

won [wʌn] *pt.* и *p. pt.* от win.

wonder ['wʌndə] 1. удивлéние, изумлéние; чýдо; дикóвина; 2. удивлять(-вúться) (at Д); I ~ (мне) интерéсно знать; **~ful** [-ful] □ удивúтельный, замечáтельный.

won't [wount] не бýду и т. д.; не хочý и т. д.

wont [~] 1. be ~ имéть обыкновéние; 2. обыкновéние, привычка; **~ed** привычный.

woo [wu:] ухáживать за (Т); [по-]свáтаться за (В).

wood [wud] лес; дéрево, лесоматериáл; дровá *n/pl.*; *attr.* леснóй; деревянный; дровянóй; ♪ деревянные духовые инструмéнты *m/pl.*; **~cut** гравюра на дéреве; **~cutter** дровосéк; гравёр по дéреву; **~ed** ['wudid] лесúстый; **~en** ['wudn] деревянный; *fig.* безжúзненный; **~man** [-mən] леснúк; лесорýб; **~pecker** ['pekə] дятел; **~winds** [-windz] деревянные духовые инструмéнты *m/pl.*; **~work** деревянные издéлия *n/pl.*; деревянные чáсти *f/pl.* (стрóения); **~y** ['wudi] лесúстый; *fig.* деревянúстый.

wool [wul] шерсть *f*; *attr.* шерстянóй; **~gathering** ['wulgæðəriŋ] витáние в облакáх; **~(l)en** ['wulin] 1. шерстянóй; 2. шерстянáя матéрия; **~ly** ['wuli] 1. покрытый шéрстью; шерстúстый; сúплый; 2. woollies *pl.* шерстянúе вéщи *f/pl.*

word [wə:d] 1. *mst* слóво; разговóр; весть *f*; сообщéние; ✗ парóль *m*; **~s** *pl.* ♪ словá (пéсни) *n/pl.*; *fig.* крýпный разговóр; 2. выражáть словáми, формулúровать (*im*)*pf.*, *pf. a.* [с-]; **~ing** ['wə:diŋ] формулирóвка; **~-splitting** софúстика; буквоéдство.

wordy ['wə:di] □ многослóвный; слóвесный.

wore [wə:] *pt.* от wear 1.

work [wə:k] 1. рабóта; труд; дéло; занятие; произведéние, сочинé-

ние; *attr.* рабóто...; рабóчий; **~s** *pl.* механúзм; строúтельные рабóты *f/pl.*; завóд; мастерскúе *f/pl.*; be in (out of) ~ имéть рабóту (быть безрабóтным); set to ~ брáться за рабóту; **~s council** произвóдственный совéт; 2. *v/i.* рабóтать; занимáться [-няться]; дéйствовать; *v/t.* (*irr.*) обрабáтывать [-бóтать]; отдел(ыв)ать; [*regular vb.*] разрабáтывать [-бóтать] (руднúк и т. п.); приводúть в дéйствие; ~ one's way пробú(вá)ться; ~ off отрабáтывать [-бóтать]; отдéл(ыв)аться от (Р); ✝ распродáв)áть; ~ out решáть [решúть] (задáчу); разрабáтывать [-бóтать] (план) [*a. irr.*]; ~ up отдéл(ыв)ать; взбудорáжи(ва)ть; подстрекáть [-кнýть] на (В).

work|able ['wə:kəbl] □ применúмый; выполнúмый; пригóдный для рабóты; **~aday** ['wə:kədai] бýдничный; **~day** бýдний (*or* рабóчий) день *m*; **~er** ['wə:kə] рабóчий; рабóтник (-ица); **~house** рабóтный дом; *Am.* исправúтельный дом; **~ing** ['wə:kiŋ] 1. рабóта, дéйствие; разрабóтка; обрабóтка; 2. рабóтающий; рабóчий; дéйствующий.

workman ['wə:kmən] рабóчий; рабóтник; **~like** [-laik] искýсный; **~ship** мастерствó (ремéсленника); отдéлка (рабóты).

work|shop ['wə:kʃəp] мастерскáя; цех; мастерúца; **~woman** рабóтница.

world [wə:ld] *com.* мир, свет; *attr.* мировóй; всемúрный; *fig.* a ~ of мнóжество, кýча (Р); bring (come) into the ~ рождáть [родúть] (рождáться (родúться)); champion of the ~ чемпиóн мúра.

wordly ['wə:ldli] мирскóй; свéтский; **~wise** ['wə:ldli'waiz] óпытный, бывáлый.

world-power мировáя держáва.

worm [wə:m] 1. червяк, червь *m*; ♑ глист; 2. вывéдывать [вывéдать], выпытывать [выпытать] (out of у Р); ~ o. s. *fig.* вкрáдываться [вкрáсться] (into в В); **~eaten** источенный червями; *fig.* устарéлый.

worn [wə:n] *p. pt.* от wear 1; **~out** [wə:n'aut] изнóшенный; *fig.* измýченный.

worry ['wʌri] 1. беспокóйство; тревóга; забóта; 2. беспокóить(ся); надоедáть [-éсть] (Д); прист(ав)áть к (Д); [за]мýчить.

worse [wə:s] худший; *adv.* хýже; сильнéе; from bad to ~ всё хýже и хýже; **~n** ['wə:sn] ухудшáть(ся) [ухýдшить(ся)].

worship ['wə:ʃip] 1. культ; почитáние; поклонéние; богослужéние; 2. поклоняться (Д); почитáть; обожáть; **~per** [-ə] поклóнник (-ица); почитáтель(ница *f*) *m*.

worst [wə:st] **1.** (са́мый) ху́дший, наиху́дший; *adv.* ху́же всего́; **2.** одержива́ть верх над (Т), побежда́ть [-еди́ть].

worsted ['wustid] **1.** *attr.* камво́льный; **2.** га́рус; камво́льная пря́жа.

worth [wə:θ] **1.** стоя́щий; заслу́живающий; be ~ заслу́живать, сто́ить; **2.** цена́, сто́имость *f*; це́нность *f*; досто́инство *f*; ~less ['wə:θlis] □ ничего́ не стоя́щий; ~while ['wə:θ'wail] F стоя́щий; be ~ име́ть смысл; be not ~ не сто́ить труда́; ~y ['wə:ði] □ досто́йный (of P); заслу́живающий (of В).

would [wud] (*pt.* от will) *v/aux.*: he ~ do it он сде́лал бы э́то; он обы́чно э́то де́лал; ~-be ['wudbi] мни́мый; так называ́емый; самозва́нный.

wound[1] [wu:nd] **1.** ра́на, ране́ние; **2.** ра́нить (*im*)*pf.*; *fig.* заде́(ва́)ть.

wound[2] [waund] *pt.* и *p. pt.* от wind. [['wouvn] *p. pt.* от weave.]

wove ['wouv] *pt.* от weave; ~n]

wrangle ['ræŋgl] **1.** пререка́ния *n/pl.*; **2.** пререка́ться.

wrap [ræp] **1.** *v/t.* (ча́сто ~ up) заверты́вать [заверну́ть]; обёртывать (оберну́ть] (бума́гой); заку́т(ыв)ать; оку́т(ыв)ать (*a. fig.*); he ~ped up in был погружённым в (В); *v/i.* ~ up заку́т(ыв)аться; **2.** обёртка; шаль *f*; плед; ~per ['ræpə] обёртка; хала́т, капо́т; бандеро́ль *f*; суперобло́жка (кни́ги); ~ping ['ræpiŋ] упако́вка, обёртка.

wrath [rɔ:θ] гнев.

wreath [ri:θ], *pl.* ~s [ri:ðz] вено́к; гирля́нда; *fig.* кольцо́, коле́чко (ды́ма); ~e [ri:ð] [*irr.*] *v/t.* сви(ва́)ть; сплета́ть [сплести́]; *v/i.* обви(ва́)ться; клуби́ться.

wreck [rek] **1.** ⚓ обло́мки су́дна; круше́ние, ава́рия; разва́лина (о челове́ке); **2.** разруша́ть [-у́шить]; [по]топи́ть (су́дно); be ~ed потерпе́ть ава́рию, круше́ние; *fig.* разруша́ться [-у́шиться] (о пла́нах); ~age ['rekidʒ] обло́мки (су́дна и т. п. по́сле круше́ния); круше́ние; крах; ~er ['rekə] граби́тель разби́тых судо́в; рабо́чий авари́йной кома́нды и́ли ремо́нтной брига́ды.

wrench [rentʃ] **1.** дёрганье; скру́чивание; вы́вих; *fig.* тоска́, боль *f*; искаже́ние; ⊕ га́ечный ключ; **2.** вывёртывать [вы́вернуть]; вы́вихивать [вы́вихнуть]; *fig.* искажа́ть [искази́ть] (факт, и́стину); ~ open взла́мывать [взлома́ть].

wrest [rest] вырыва́ть [вы́рвать] (from у Р) (*a. fig.*); истолко́вывать в свою́ по́льзу; ~le ['resl] *mst sport* боро́ться; ~ling [-liŋ] борьба́.

wretch [retʃ] негодя́й; несча́стный.

wretched ['retʃid] □ несча́стный; жа́лкий.

wriggle ['rigl] извива́ться (о червяке́ и т. п.); ~ out of уклоня́ться [-ни́ться] от (Р).

wright [rait]: ship~ кораблестрои́тель *m*; cart~ каре́тник; play~ драмату́рг.

wring [riŋ] [*irr.*] скру́чивать [-ути́ть]; лома́ть (ру́ки); (*a.* ~ out) выжима́ть [вы́жать] (бельё и т. п.); вымога́ть (from у Р).

wrinkle ['riŋkl] **1.** морщи́на; скла́дка; **2.** [с]мо́рщить(ся).

wrist [rist] запя́стье; ~ watch ручны́е (*or* нару́чные) часы́ *m/pl.*

writ [rit] ⚖ предписа́ние, пове́стка; Holy 2 Свяще́нное писа́ние.

write [rait] [*irr.*] [на]писа́ть; ~ up подро́бно опи́сывать; дописывать [-са́ть]; восхваля́ть в печа́ти; ~r ['raitə] писа́тель(ница *f*) *m*; письмоводи́тель *m*.

writhe [raið] [с]ко́рчиться (от бо́ли).

writing ['raitiŋ] **1.** писа́ние; (литерату́рное) произведе́ние, сочине́ние; (*a* hand~) по́черк; докуме́нт; in ~ пи́сьменно; **2.** пи́сьменный; пи́счий; ~-case несессе́р для пи́сьменных принадле́жностей; ~-paper почто́вая (*or* пи́счая) бума́га. [пи́сьменный.]

written ['ritn] **1.** *p. pt.* от write. **2.**]

wrong [rɔŋ] **1.** □ непра́вильный, оши́бочный; не тот (,кото́рый ну́жен); be ~ быть непра́вым; go ~ уклоня́ться от пра́вильного пути́; не получа́ться [-чи́ться], срыва́ться [сорва́ться] (о де́ле); ~ side непра́вильно, не так; **2.** неправота́; непра́вильность *f*; оби́да; несправедли́вость *f*; зло; **3.** поступа́ть зло (Д); обижа́ть [оби́деть]; ~doer злоде́й(ка); ~ful ['rɔŋful] □ незако́нный (посту́пок); несправедли́вый.

wrote [rout] *pt.* от write.

wrought [rɔ:t] *pt.* и *p. pt.* от work 2 [*irr.*]: ~ goods гото́вые изде́лия *n/pl.*; ~ iron ⊕ сва́рочное желе́зо.

wrung [rʌŋ] *pt.* и *p. pt.* от wring.

wry [rai] □ криво́й, переко́шенный; искажённый.

X

X-ray ['eks'rei] **1.** ~s *pl.* рентге́новские лучи́ *m/pl.*; **2.** просве́чивать рентге́новскими луча́ми; **3.** рентге́новский.

xylophone ['zailəfoun] ♪ ксилофо́н.

Y

yacht [jɔt] ⚓ **1.** я́хта; **2.** плы́ть на я́хте; **~ing** ['jɔtiŋ] я́хтенный спорт.

yankee ['jæŋki] F америка́нец, я́нки *m indecl.*

yap [jæp] **1.** тя́вкать [-кнуть]; *Am. sl.* болта́ть.

yard [jɑːd] ярд (около 91 см); двор; лесно́й склад; **~stick** измери́тельная лине́йка длино́й в 1 ярд; *fig.* ме́рка, «арши́н».

yarn [jɑːn] **1.** пря́жа; F *fig.* расска́з; (фантасти́ческая) исто́рия; **2.** F расска́зывать ска́зки, небыли́цы.

yawn [jɔːn] **1.** зево́та; **2.** зева́ть [зевну́ть]; *fig.* зия́ть.

year [jəː, jiə] год (*pl.* года́, го́ды, лета́ *n/pl.*); **~ly** ежего́дный.

yearn [jəːn] томи́ться, тоскова́ть (for, after по Д).

yeast [jiːst] дро́жжи *f/pl.*

yell [jel] **1.** пронзи́тельный крик; **2.** пронзи́тельно крича́ть, [за]вопи́ть.

yellow ['jelou] **1.** жёлтый; F трусли́вый; **~ press** жёлтая пре́сса, бульва́рная пре́сса; **2.** [по]желте́ть; [за]желти́ть; **~ed** пожелте́вший; **~ish** ['jelouiʃ] желтова́тый.

yelp [jelp] **1.** лай, визг; **2.** [за]визжа́ть, [за]ля́ять.

yes [jes] **1.** да; **2.** согла́сие.

yesterday ['jestədi] вчера́.

yet [jet] **1.** *adv.* ещё, всё ещё; уже́; до сих пор; да́же; тем не ме́нее; as ~ пока́, до сих пор; not ~ ещё

не(т); **2.** *cj.* одна́ко, всё же, несмотря́ на э́то.

yield [jiːld] **1.** *v/t.* приноси́ть [-нести́] (плоды́, урожа́й, дохо́д и т. п.); сда(ва́)ть; *v/i.* уступа́ть [-пи́ть] (to Д); подд(ав)а́ться; сд(ав)а́ться; **2.** урожа́й, (урожа́йный) сбор; ✝ вы́ход; дохо́д; **~ing** ['jiːldiŋ] □ *fig.* усту́пчивый.

yoke [jouk] **1.** ярмо́ (*a. fig.*); па́ра запряжённых воло́в; коромы́сло; *fig.* и́го; **2.** впряга́ть в ярмо́; *fig.* спа́ри(ва)ть; подходи́ть друг к дру́гу.

yolk [jouk] желто́к.

yonder ['jɔndə] *lit.* **1.** вон тот, вон та и т. д.; **2.** *adv.* вон там.

you [juː, ju] *pron. pers.* ты, вы; тебя́, вас; тебе́, вам (ча́сто to ~) и т. д.

young [jʌŋ] **1.** □ молодо́й; ю́ный; **2.** the ~ молодёжь *f*; *zo.* детёныши *m/pl.*; with ~ супоро́с(н)ая, сте́льная и т. п.; **~ster** ['jʌŋstə] F подро́сток, ю́ноша *m*.

your [jɔː, juə] *pron. poss.* твой *m*, твоя́ *f*, твоё *n*, твои́ *pl.*; ваш *m*, ва́ша *f*, ва́ше *n*, ва́ши *pl.*; **~s** [jɔːz, juəz] *pron. poss. absolute form* твой *m*, твоя́ *f* и т. д.; **~self** [jɔː'self], *pl.* **~selves** [-'selvz] сам *m*, сама́ *f*, само́ *n*, са́ми *pl.*; себя́, -ся.

youth [juːθ] *coll.* молодёжь *f*; ю́ноша *m*; мо́лодость *f*; **~ful** ['juːθful] □ ю́ношеский; молодя́вый.

yule [juːl] *lit.* свя́тки *f/pl.*

Z

zeal [ziːl] рве́ние, усе́рдие; **~ot** ['zelət] ревни́тель *m*; **~ous** ['zeləs] □ рья́ный, усе́рдный, ре́вностный.

zenith ['zeniθ] зени́т (*a. fig.*).

zero ['ziərou] нуль *m* (*a.* ноль *m*); нулева́я то́чка.

zest [zest] **1.** пика́нтность *f*, «изю́минка»; F наслажде́ние, жар; **2.** придава́ть пика́нтность (Д), де́лать пика́нтным.

zigzag ['zigzæg] зигза́г.

zinc [ziŋk] **1.** цинк; **2.** оцинко́вывать [-ова́ть].

zip [zip] свист (пу́ли); F эне́ргия; **~ fastener** = **~per** ['zipə] (застёжка-)мо́лния.

zone [zoun] зо́на (*a. pol.*); по́яс; райо́н.

zoolog|ical [zouə'lɔdʒikəl] □ зоологи́ческий; **~y** [zou'ɔlədʒi] зооло́гия.

APPENDIX

Grammatical Tables

Грамматические таблицы

Conjugation and Declension

The following two rules relative to the spelling of endings in Russian inflected words must be observed:

1. Stems terminating in г, к, х, ж, ш, ч, щ are never followed by ы, ю, я, but by и, у, а.

2. Stems terminating in ц are never followed by и, ю, я, but by ы, у, а.

Besides these, a third spelling rule, dependent on phonetic conditions, viz. position of stress, is likewise important:

3. Stems terminating in ж, ш, ч, щ, ц can be followed by an o in the ending only if the syllable in question bears the stress; otherwise, i. e. in unstressed position, e is used instead

A. Conjugation

Prefixed forms of the perfective aspect are represented by adding the prefix in square brackets, e. g.: [про]читáть = читáть *impf.*, прочитáть *pf.*

Personal endings of the present (and perfective future) tense:

1st conjugation: -ю (-у)	-ешь	-ет	-ем	-ете	-ют (-ут)
(stressed)	(-ёшь)	(-ёт)	(-ём)	(-ёте)	
2nd conjugation: -ю (-у)	-ишь	-ит	-им	-ите	-ят (-ат)

Reflexive:

1st conjugation: -юсь (-усь)	-ешься	-ется	-емся	-етесь	-ются (-утся)
2nd conjugation: -юсь (-усь)	-ишься	-ится	-имся	-итесь	-ятся (-атся)

Suffixes and endings of the other verbal forms:

imp.	-й(те)	-и(те)	-ь(те)	
reflexive	-йся (-йтесь)	-ись (-итесь)	-ься (-ьтесь)	
	m	*f*	*n*	*pl.*
p.pr.a.	-щий(ся)	-щая(ся)	-щее(ся)	-щие(ся)
p.pr.p.	-мый	-мая	-мое	-мые
short form	-м	-ма	-мо	-мы
g.pr.	-я(сь), after ж, ш, ч, щ: -а(сь)			
pt.	-л	-ла	-ло	-ли
refl.	-лся	-лась	-лось	-лись
p.pt.a.	-вший(ся)	-вшая(ся)	-вшее(ся)	-вшие(ся)

31*

p.pt.p.	-нный	-нная	-нное	-нные
	-тый	-тая	-тое	-тые
short form	-н	-на	-но	-ны
	-т	-та	-то	-ты
g.pt.	-в, -вши(сь)			

Stress:

a) There is *no change of stress unless the final syllable of the infinitive is stressed*, i. e. in all forms of the respective verb stress remains invariably on the root syllable accentuated in the infinitive, e. g.: плáкать. The forms of плáкать correspond to paradigm [3], except for the stress, which is always on плá-. The imperative of such verbs also differs from the paradigms concerned: it is in -ь(те) provided their stem ends in **one consonant** only, e. g.: плáкать — плáчь(те), вéрить — вéрь(те); and in -и(те) (unstressed!) in cases of **two and more consonants** preceding the imperative ending, e. g.: пóмнить — пóмни(те). Verbs with a vowel stem termination, however, generally form their imperative in -й(те): успокóить — успокóй(те).

b) The prefix вы- in perfective verbs always bears the stress: вы́полнить (but *impf.*: выполня́ть). Imperfective (iterative) verbs with the suffix -ыв-/-ив- are always stressed on the syllable preceding the suffix: покáзывать (but *pf.* показáть), спрáшивать (but *pf.* спроси́ть).

c) In the past participle passive of verbs in -áть (-я́ть), there is usually a shift of stress back onto the root syllable as compared with the infinitive (see paradigms [1]—[4], [6], [7], [28]). With verbs in -éть and -и́ть such a shift may occur as well, very often in agreement with a parallel accent shift in the 2nd p. sg. present tense, e. g.: [про]смотрéть: [про]смотрю́, смóтришь — просмóтренный; see also paradigms [14] — [16] as against [13]: [по]мири́ть: [по]мирю́, -и́шь — помирённый. In this latter case the short forms of the participles are stressed on the last syllable throughout: -ённый: -ён, -ена́, -ено́, -ены́. In the former examples, however, stress remains on the same root syllable as in the long form: -'енный: -'ен, -'ена, -'ено, -'ены.

Any details differing from the following paradigms and not explained in the foregoing notes are either mentioned in special remarks attached to the individual paradigms or, if not, pointed out after the entry word itself.

Verbs in -ать

1 [про]читáть

pr. [*ft.*]	[про]читáю, -áешь, -áют
imp.	[про]читáй(те)
p.pr.a.	читáющий
p.pr.p.	читáемый
g.pr.	читáя
pt.	[про]читáл, -а, -о, -и
p.pt.a.	[про]читáвший
p.pt.p.	прочи́танный
g.pt.	прочитáв(ши)

2 [по]трепáть
(with л after б, в, м, п, ф)

pr. [*ft.*]	[по]треплю́, -éплешь, -éплют
imp.	[по]трепли́(те)
p.pr.a.	трéплющий
p.pr.p.	—
g.pr.	трепля́
pt.	[по]трепáл, -а, -о, -и
p.pt.a.	[по]трепáвший
p.pt.p.	потрéпанный
g.pt.	потрепáв(ши)

3 [об]глодáть
(with changing consonant:

г, д, з	>	ж
к, т	>	ч
х, с	>	ш
ск, ст	>	щ)

pr. [ft.]	[об]гложу́, -о́жешь, -о́жут
imp.	[об]гложи́(те)
p.pr.a.	гло́жущий
p.pr.p.	—
g.pr.	гложа́
pt.	[об]глода́л, -а, -о, -и
p.pt.a.	[об]глода́вший
p.pt.p.	обгло́данный
g.pt.	обглода́в(ши)

---

4   [по]держа́ть
(with preceding ж, ш, ч, щ)

pr. [ft.]	[по]держу́, -е́ржишь, -е́ржат
imp.	[по]держи́(те)
p.pr.a.	держа́щий
p.pr.p.	—
g.pr.	держа́
pt.	[по]держа́л, -а, -о, -и
p.pt.a.	[по]держа́вший
p.pt.p.	поде́ржанный
g.pt.	подержа́в(ши)

Verbs in -авать

5   дава́ть
(да вы́, от, etc.)

pr. [ft.]	даю́, даёшь, даю́т
imp.	дава́й(те)
p.pr.a.	даю́щий
p.pr.p.	дава́емый
g.pr.	дава́я
pt.	дава́л, -а, -о, -и
p.pt.a.	дава́вший
p.pt.p.	—
g.pt.	—

Verbs in -евать

6   [на]малева́ть
(е. = -ю, -ёшь, etc.)

pr. [ft.]	[на]малю́ю, -ю́ешь, -ю́ют
imp.	[на]малю́й(те)
p.pr.a.	малю́ющий
p.pr.p.	малю́емый
g.pr.	малю́я
pt.	[на]малева́л, -а, -о, -и
p.pt.a.	[на]малева́вший
p.pt.p.	намалёванный
g.pt.	намалева́в(ши)

Verbs in -овать (and in -евать with preceding ж, ш, ч, щ, ц)

7   [на]рисова́ть
(е. = -ю, -ёшь, etc.)

pr. [ft.]	[на]рису́ю, -у́ешь, -у́ют
imp.	[на]рису́й(те)
p.pr.a.	рису́ющий
p.pr.p.	рису́емый
g.pr.	рису́я
pt.	[на]рисова́л, -а, -о, -и
p.pt.a.	[на]рисова́вший
p.pt.p.	нарисо́ванный
g.pt.	нарисова́в(ши)

Verbs in -еть

8   [по]жале́ть

pr. [ft.]	[по]жале́ю, -е́ешь, -е́ют
imp.	[по]жале́й(те)
p.pr.a.	жале́ющий
p.pr.p.	жале́емый
g.pr.	жале́я
pt.	[по]жале́л, -а, -о, -и
p.pt.a.	[по]жале́вший
p.pt.p.	...ённый (e. g. одолённый)
g.pt.	пожале́в(ши)

---

9   [с]горе́ть

pr. [ft.]	[с]горю́, -и́шь, -я́т
imp.	[с]гори́(те)
p.pr.a.	горя́щий
p.pr.p.	—
g.pr.	горя́
pt.	[с]горе́л, -а, -о, -и
p.pt.a.	[с]горе́вший
p.pt.p.	...ённый (e. g. презре́нный)
g.pt.	сгоре́в(ши)

---

10   [по]терпе́ть

pr. [ft.]	[по]терплю́, -е́рпишь, -е́рпит
imp.	[по]терпи́(те)
p.pr.a.	терпя́щий
p.pr.p.	терпи́мый
g.pr.	терпя́
pt.	[по]терпе́л, -а, -о, -и
p.pt.a.	[по]терпе́вший
p.pt.a.	...енный (e. g. претёрпеп-ный)
g.pt.	потерпе́в(ши)

---

11   [по]лете́ть
(with changing consonant:

     д, з   > ж
     к, т   > ч
     х, с   > ш
     ск, ст > щ)

pr. [ft.]	[по]лечу́, -ети́шь, -етя́т
imp.	[по]лети́(те)
p.pr.a.	летя́щий
p.pr.p.	—
g.pr.	летя́
pt.	[по]лете́л, -а, -о, -и

p.pt.a.	[по]летéвший
p.pt.p.	...енный (*e. g.* вéрченный)
g.pt.	полетéв(ши)

Verbs in -ерéть

12   [по]терéть
     (*st.* = -ешь, -ет, *etc.*)

pr. [*ft.*]	[по]трý, -трёшь, -трýт
imp.	[по]трú(те)
p.pr.a.	трýщий
p.pr.p.	—
g.pr.	—
pt.	[по]тёр, -рла, -о, -и
p.pt.a.	[по]тёрший
p.pt.p.	[по]тёртый
g.pt.	потерéв *or* потёрши

Verbs in -ить

13   [по]мирúть

pr. [*ft.*]	[по]мирю́, -рúшь, -ря́т
imp.	[по]мирú(те)
p.pr.a.	миря́щий
p.pr.p.	мирúмый
g.pr.	миря́
pt.	[по]мирúл, -а, -о, -и
p.pt.a.	[по]мирúвший
p.pt.p.	помирённый
g.pt.	помирúв(ши)

---

14   [на]кормúть
     (with л after б, в, м, п, ф)

pr. [*ft.*]	[на]кормлю́, -óрмишь, -óрмят
imp.	[на]кормú(те)
p.pr.a.	кóрмящий
p.pr.p.	кормúмый
g.pr.	кормя́
pt.	[на]кормúл, -а, -о, -и
p.pt.a.	[на]кормúвший
p.pt.p.	накóрмленный
g.pt.	накормúв(ши)

---

15   [по]просúть
     (with changing consonant:

       д, з   > ж
       к, т   > ч
       х, с   > ш
       ск, ст > щ

pr. [*ft.*]	[по]прошý, -óсишь, -óсят
imp.	[по]просú(те)
p.pr.a.	прося́щий
p.pr.p.	просúмый
g.pr.	прося́
pt.	[по]просúл, -а, -о, -и
p.pt.a.	[по]просúвший
p.pt.p.	попрóшенный
g.pt.	попросúв(ши)

---

16   [на]точúть
     (with preceding ж, ш, ч, щ)

pr. [*ft.*]	[на]точý, -óчишь, -óчат
imp.	[на]точú(те)
p.pr.a.	точáщий
p.pr.p.	точúмый
g.pr.	точá
pt.	[на]точúл, -а, -о, -и
p.pt.a.	[на]точúвший
p.pt.p.	натóченный
g.pt.	наточúв(ши)

Verbs in -оть

17   [рас]колóть

pr. [*ft.*]	[рас]колю́, -óлешь, -óлют
imp.	[рас]колú(те)
p.pr.a.	кóлющий
p.pr.p.	—
g.pr.	коля́
pt.	[рас]колóл, -а, -о, -и
p.pt.a.	[рас]колóвший
p.pt.p.	раскóлотый
g.pt.	расколóв(ши)

Verbs in -уть

18   [по]дýть

pr. [*ft.*]	[по]дýю, -ýешь, -ýют
imp.	[по]дýй(те)
p.pr.a.	дýющий
p.pr.p.	—
g.pr.	дýя
pt.	[по]дýл, -а, -о, -и
p.pt.a.	[по]дýвший
p.pt.p.	дýтый
g.pt.	подýв(ши)

---

19   [по]тянýть

pr. [*ft.*]	[по]тянý, -я́нешь, -я́нут
imp.	[по]тянú(те)
p.pr.a.	тя́нущий
p.pr.p.	—
g.pr.	—
pt.	[по]тянýл, -а, -о, -и
p.pt.a.	[по]тянýвший
p.pt.p.	[по]тя́нутый
g.pt.	потянýв(ши)

---

20   [со]гнýть
     (*st.* = -ешь, -ет, *etc.*)

pr. [*ft.*]	[со]гнý, -нёшь, -нýт
imp.	[со]гнú(те)
p.pr.a.	гнýщий
p.pr.p.	—
g.pr.	—

pt.	[со]гну́л, -а, -о, -и
p.pt.a.	[со]гну́вший
p.pt.p.	[со́]гну́тый
g.pt.	согну́в(ши)

---

21   [по]ту́хнуть
(-г- = -г- instead of -х-
throughout)

pr. [ft.]	[по]ту́хну, -нешь, -нут
imp.	[по]ту́хни(те)
p.pr.a.	ту́хнущий
p.pr.p.	—
g.pr.	—
pt.	[по]ту́х, -хла, -о, -и
p.pt.a.	[по]ту́хший
p.pt.p.	...нутый (e. g. дости́гну-тый)
g.pt.	поту́хши

Verbs in -ыть

22   [по]кры́ть

pr. [ft.]	[по]кро́ю, -о́ешь, -о́ют
imp.	[по]кро́й(те)
p.pr.a.	кро́ющий
p.pr.p.	—
g.pr.	кро́я
pt.	[по]кры́л, -а, -о, -и
p.pt.a.	[по]кры́вший
p.pt.p.	[по]кры́тый
g.pt.	покры́в(ши)

---

23   [по]плы́ть
(st. = -ешь, -ет, etc.)

pr. [ft.]	[по]плыву́, -вёшь, -ву́т
imp.	[по]плыви́(те)
p.pr.a.	плыву́щий
p.pr.p.	—
g.pr.	плывя́
pt.	[по]плы́л, -á, -о, -и
p.pt.a.	[по]плы́вший
p.pt.p.	...ы́тый (e.g. проплы́тый)
g.pt.	поплы́вши

Verbs in -зти, -зть, (-сти)

24   [по]везти́
(-с[т] = -с[т]- instead of -з-
throughout)
(st. = -ешь, -ет, etc.)

pr. [ft.]	[по]везу́, -зёшь, -зу́т
imp.	[по]вези́(те)
p.pr.a.	везу́щий
p.pr.p.	везо́мый
g.pr.	везя́
pt.	[по]вёз, -везла́, -ó, -й

p.pt.a.	[по]вёзший
p.pt.p.	повезённый
g.pt.	повёзши

Verbs in -сти, -сть

25   [по]вести́
(-т- = -т- instead of -д-
throughout)
(st. = -ешь, -ет, etc.)

pr. [ft.]	[по]веду́, -дёшь, -ду́т
imp.	[по]веди́(те)
p.pr.a.	веду́щий
p.pr.p.	ведо́мый
pt.	[по]вёл, -вела́, -ó, -й
p.pt.a.	[по]вёдший
p.pt.p.	поведённый
g.pt.	поведя́

Verbs in -чь

26   [по]влечь
(г/ж = г instead of к, and
ж instead of ч) (-б- = -б-
instead of к/ч)
(st. = -ешь, -ет, etc.)

pr. [ft.]	[по]влеку́, -ечёшь, -еку́т
imp.	[по]влеки́(те)
p.pr.a.	влеку́щий
p.pr.p.	влеко́мый
g.pr.	—
pt.	[по]влёк, -екла́, -ó, -й
p.pt.a.	[по]влёкший
p.pt.p.	повлечённый
g.pt.	повлёкши

Verbs in -ять

27   [рас]та́ять
(e. = -ю, -ёшь, -ёт, etc.)

pr. [ft.]	[рас]та́ю, -áешь, -áют
imp.	[рас]та́й(те)
p.pr.a.	та́ющий
p.pr.p.	—
g.pr.	та́я
pt.	[рас]та́ял, -а, -о, -и
p.pt.a.	[рас]та́явший
p.pt.p.	...янный (e. g. обла́янный)
g.pt.	раста́яв(ши)

---

28   [по]теря́ть

pr. [ft.]	[по]теря́ю, -я́ешь, -я́ют
imp.	[по]теря́й(те)
p.pr.a.	теря́ющий
p.pr.p.	теря́емый
g.pr.	теря́я
pt.	[по]теря́л, -а, -о, -и
p.pt.a.	[по]теря́вший
p.pt.p.	поте́рянный
g.pt.	потеря́в(ши)

B. Declension

Noun

a) Succession of the six cases (horizontally): nominative, genitive, dative, accusative, instrumental and prepositional in the singular and (thereunder) the plural. *With nouns denoting animate beings (persons and animals) there is a coincidence of endings in the accusative and genitive both singular and plural of the masculine, but only in the plural of the feminine and neuter genders.* This rule also applies, of course, to adjectives as well as various pronouns and numerals that must in syntactical connections agree with their respective nouns.

b) Variants of the following paradigms are pointed out in notes added to the individual declension types or, if not, mentioned after the entry word itself.

Masculine nouns:

1	вид	—	-а	-у	—	-ом	о -е
		-ы	-ов	-ам	-ы	-ами	о -ах

Note: Nouns in -ж, -ш, -ч, -щ have in the *g/pl.* the ending -ей.

2	реб	-ёнок	-ёнка	-ёнку	-ёнка	-ёнком	о -ёнке
		-ята	-ят	-ятам	-ят	-ятами	о -ятах

3	случа	-й	-я	-ю	-й	-ем	о -е
		-и	-ев	-ям	-и	-ями	о -ях

Notes: Nouns in -ий have in the *prpos/sg.* the ending -ии.
When *e.*, the ending of the *instr/sg.* is -ём, and of the *g/pl.* -ёв.

4	профил	-ь	-я	-ю	-ь	-ем	о -е
		-и	-ей	-ям	-и	-ями	о -ях

Note: When *e.*, the ending of the *instr/sg.* is -ём.

Feminine nouns:

5	работ	-а	-ы	-е	-у	-ой (-ою)	о -е
		-ы	—	-ам	-ы	-ами	о -ах

Note: In the *g/pl.* with many nouns having two final stem consonants -о- or -е- is inserted between these (cf. p. 15 and entry words concerned).

6	недел	-я	-и	-е	-ю	-ей (-ею)	о -е
		-и	-ь	-ям	-и	-ями	о -ях

Notes: Nouns in -ья have in the *g/pl.* the ending -ий (unstressed) or -ей (stressed), the latter being also the termination of nouns in -ея.
Nouns in -я with preceding vowel terminate in the *g/pl.* in -й (for -ий see also No. 7).
When *e.*, the ending of the *instr/sg.* is -ёй (-ёю).
For the insertion of -е-, -о- in the *g/pl.* cf. note with No. **5**.

| 7 | а́рми | -я | -и | -и | -ю | -ей (-ею) | об -и |
| | | -и | -й | -ям | -и | -ями | об -ях |

| 8 | тетра́д | -ь | -и | -и | -ь | -ью | о -и |
| | | -и | -ей | -ям | -и | -ями | о -ях |

Neuter nouns:

| 9 | блю́д | -о | -а | -у | -о | -ом | о -е |
| | | -а | — | -ам | -а | -ами | о -ах |

Note: For the insertion of -о-, -е- in the g/pl. cf. note with No. 5.

| 10 | по́л | -е | -я | -ю | -е | -ем | о -е |
| | | -я́ | -е́й | -я́м | -я́ | -я́ми | о -я́х |

Note: Nouns in -ье have in the g/pl. the ending -ий. Besides, they do not shift their stress.

| 11 | жили́щ | -е | -а | -у | -е | -ем | о -е |
| | | -а | — | -ам | -а | -ами | о -ах |

| 12 | жела́ни | -е | -я | -ю | -е | -ем | о -и |
| | | -я | -й | -ям | -я | -ями | о -ях |

| 13 | вре́м | -я | -ени | -ени | -я | -енем | о -ени |
| | | -ена́ | -ён | -ена́м | -ена́ | -ена́ми | о -ена́х |

Adjective

(also ordinal numbers, etc.)

Notes

a) Adjectives in -ский have no predicative (short) forms.

b) Variants of the following paradigms have been recorded with the individual entry words. See also p. 15.

		m	*f*	*n*	*pl.*	
14	бе́л	-ый (-о́й)	-ая	-ое	-ые	long form
		-ого	-ой	-ого	-ых	
		-ому	-ой	-ому	-ым	
		-ый (-ого)	-ую	-ое	-ые (-ых)	
		-ым	-ой (-ою)	-ым	-ыми	
		о -ом	о -ой	о -ом	о -ых	
		—*	-а́	-о (а.: -о́)	-ы (а.: -ы́)	short form
15	си́н	-ий	-яя	-ее	-ие	long form
		-его	-ей	-его	-их	
		-ему	-ей	-ему	-им	
		-ий (-его)	-юю	-ее	-ие (-их)	
		-им	-ей (-ею)	-им	-ими	
		о -ем	о -ей	о -ем	о -их	
		-(ь)*	-я́	-е	-и	short form
16	стро́г	-ий	-ая	-ое	-ие	long form
		-ого	-ой	-ого	-их	
		-ому	-ой	-ому	-им	
		-ий (-ого)	-ую	-ое	-ие (-их)	
		-им	-ой (-ою)	-им	-ими	
		о -ом	о -ой	о -ом	о -их	
		—*	-а́	-о	-и	short form

17	тóщ	-ий	-ая	-ее	-не	long form
		-его	-ей	-его	-их	
		-ему	-ей	-ему	-им	
		-ий (-его)	-ую	-ее	-ие (-их)	
		-им	-ей (-ею)	-им	-ими	
		о -ем	о -ей	о -ем	о -их	
		—	-á	-е(ó)	-и	short form

18	олéн	-ий	-ья	-ье	-ьи	
		-ьего	-ьей	-ьего	-ьих	
		-ьему	-ьей	-ьему	-ьим	
		-ий(-ьего)	-ью	-ье	-ьи (-ьих)	
		-ьим	-ьей (-ьею)	-ьим	-ьими	
		об -ьем	об -ьей	об -ьем	об -ьих	

19	дя́дин	—	-а	-о	-ы	
		-а	-ой	-а	-ых	
		-у	-ой	-у	-ым	
		— (-а)	-у	-о	-ы (-ых)	
		-ым	-ой (-ою)	-ым	-ыми	
		о -ом**	о -ой	о -ом	о -ых	

* In the masculine short form of many adjectives having two final stem consonants -о- or -е- is inserted between these (cf. p. 15 and entry words concerned).

** Masculine surnames in -ов, -ев, -ин, -ын have the ending -е.

Pronoun

| 20 | я | меня́ | мне | меня́ | мной (мнóю) | обо мне |
| | мы | нас | нам | нас | на́ми | о нас |

| 21 | ты | тебя́ | тебé | тебя́ | тобóй (тобóю) | о тебé |
| | вы | вас | вам | вас | ва́ми | о вас |

22	он	егó	емý	егó	им	о нём
	она́	её	ей	её	éю (ей)	о ней
	онó	егó	емý	егó	им	о нём
	они́	их	им	их	и́ми	о них

Note: After prepositions the oblique forms receive an н-prothesis, e. g.: для негó, с нéю (ней).

| 23 | кто | когó | комý | когó | кем | о ком |
| | что | чегó | чемý | что | чем | о чём |

Note: In combinations with ни-, не- a preposition separates such compounds, e. g. ничтó: ни от чегó, ни к чемý.

24	мой	моегó	моемý	мой (моегó)	мои́м	о моём
	моя́	моéй	моéй	мою́	моéй (моéю)	о моéй
	моё	моегó	моемý	моё	мои́м	о моём
	мои́	мои́х	мои́м	мои́ (мои́х)	мои́ми	о мои́х

25	наш	на́шего	на́шему	наш (на́шего)	на́шим	о на́шем
	на́ша	на́шей	на́шей	на́шу	на́шей (на́шею)	о на́шей
	на́ше	на́шего	на́шему	на́ше	на́шим	о на́шем
	на́ши	на́ших	на́шим	на́ши (на́ших)	на́шими	о на́ших

26	чей	чьего	чьему́	чей (чьего́)	чьим	о чьём
	чья	чьей	чьей	чью	чьей (чье́ю)	о чьей
	чьё	чьего	чьему́	чьё	чьим	о чьём
	чьи	чьих	чьим	чьи (чьих)	чьи́ми	о чьих

27	э́тот	э́того	э́тому	э́тот (э́того)	э́тим	об э́том
	э́та	э́той	э́той	э́ту	э́той (э́тою)	об э́той
	э́то	э́того	э́тому	э́то	э́тим	об э́том
	э́ти	э́тих	э́тим	э́ти (э́тих)	э́тими	об э́тих

28	тот	того́	тому́	тот (того́)	тем	о том
	та	той	той	ту	той (то́ю)	о той
	то	того́	тому́	то	тем	о том
	те	тех	тем	те (тех)	те́ми	о тех

29	сей	сего́	сему́	сей (сего́)	сим	о сём
	сия́	сей	сей	сию́	сей (се́ю)	о сей
	сиé	сего́	сему́	сиé	сим	о сём
	сии́	сих	сим	сий (сих)	си́ми	о сих

30	сам	самого́	самому́	самого́	сами́м	о само́м
	сама́	само́й	само́й	самоё	само́й (само́ю)	о само́й
	само́	самого́	самому́	само́	сами́м	о само́м
	са́ми	сами́х	сами́м	сами́х	сами́ми	о сами́х

31	весь	всего́	всему́	весь (всего́)	всем	обо всём
	вся	всей	всей	всю	всей (все́ю)	обо всей
	всё	всего́	всему́	всё	всем	обо всём
	все	всех	всем	все (всех)	все́ми	обо всех

| 32 | не́сколько | не́скольких | не́скольким | не́сколько (не́скольких) | не́сколькими | о не́скольких |

Numeral

33	оди́н	одного́	одному́	оди́н (одного́)	одни́м	об одно́м
	одна́	одно́й	одно́й	одну́	одно́й (одно́ю)	об одно́й
	одно́	одного́	одному́	одно́	одни́м	об одно́м
	одни́	одни́х	одни́м	одни́ (одни́х)	одни́ми	об одни́х

34	два	две	три	четы́ре
	двух	двух	трёх	четырёх
	двум	двум	трём	четырём
	два (двух)	две (двух)	три (трёх)	четы́ре (четырёх)
	двумя́	двумя́	тремя́	четырьмя́
	о двух	о двух	о трёх	о четырёх

35	пять	пятна́дцать	пятьдеся́т	сто	со́рок
	пяти́	пятна́дцати	пяти́десяти	ста	сорока́
	пяти́	пятна́дцати	пяти́десяти	ста	сорока́
	пять	пятна́дцать	пятьдеся́т	сто	со́рок
	пятью́	пятна́дцатью	пятью́десятью	ста	сорока́
	о пяти́	о пятна́дцати	о пяти́десяти	о ста	о сорока́

36	двéсти	трúста	четы́реста	пятьсóт
	двухсóт	трёхсóт	четырёхсóт	пятисóт
	двумстáм	трёмстáм	четырёмстáм	пятистáм
	двéсти	трúста	четы́реста	пятьсóт
	двумястáми	тремястáми	четырьмястáми	пятьюстáми
	о двухстáх	о трёхстáх	о четырёхстáх	о пятистáх

37	óба	óбе	двóе	чéтверо
	обóих	обéих	двоúх	четверы́х
	обóим	обéим	двоúм	четверы́м
	óба (обóих)	óбе (обéих)	двóе (двоúх)	чéтверо (четве-ры́х)
	обóими	обéими	двоúми	четверы́ми
	об обóих	об обéих	о двоúх	о четверы́х

American and British Geographical Names

Американские и британские географические названия

A

Aberdeen (æbə'di:n) г. Абердин.
Adelaide ('ædəleid) г. Аделаида.
Aden ('eidn) г. Аден.
Africa ('æfrikə) Африка.
Alabama (ælə'bɑ:mə) Алабама.
Alaska (ə'læskə) Аляска.
Albany ('ɔ:lbəni) Олбани.
Alleghany ('æligeini) 1. Аллеганы pl. (горы); 2. Аллегейни (река).
America (ə'merikə) Америка.
Antilles (æn'tili:z) Антильские острова.
Antwerp ('æntwə:p) Антверпен.
Arabia (ə'reibjə) Аравия.
Argentina (ɑ:dʒən'ti:nə) Аргентина.
Arizona (æri'zounə) Аризона.
Arkansas ('ɑ:kənsɔ: штат в США, ɑ:'kænsɔs река в США) Арканзас.
Ascot ('æskət) г. Эскот.
Asia ('eiʃə) Азия; ~ Minor Малая Азия.
Auckland ('ɔ:klənd) г. Окленд (порт в Новой Зеландии).
Australia (ɔ:s'treiljə) Австралия.
Austria ('ɔ:striə) Австрия.
Azores (ə'zɔ:z) Азорские острова.

B

Bahamas (bə'hɑ:məz) Багамские острова.
Balkans ('bɔ:lkənz): the ~ Балканы.
Baltic Sea ('bɔ:ltik'si:) Балтийское море.
Baltimore ('bɔ:ltimɔ:) г. Балтимор.
Barents Sea ('bɑ:rənts'si:) Баренцово море.
Bavaria (bə'vɛəriə) Бавария.
Belfast ('belfɑ:st) г. Белфаст (столица Северной Ирландии).
Belgium ('beldʒəm) Бельгия.
Bengal (beŋ'gɔ:l) Бенгалия.
Berlin ('bə:'lin, bə:'lin) г. Берлин.
Bermudas (bə[:]'mju:dəz) Бермудские острова.
Birmingham ('bə:miŋəm) г. Бирмингем.
Biscay ('biskei): Bay of ~ Бискайский залив.
Black Sea ('blæk'si:) Чёрное море.

C

Boston ('bɔstən) г. Бостон.
Brazil (brə'zil) Бразилия.
Brighton ('braitn) г. Брайтон.
Bristol ('bristl) г. Бристоль (порт и торговый город на юге Англии).
Britain ('britən) (Great Велико-) Британия; Greater ~ Великобритания с колониями, Британская империя.
Brooklyn ('bruklin) Бруклин.
Brussels ('braslz) г. Брюссель.
Burma ('bə:mə) Бирма.
Bulgaria (bʌl'gɛəriə) Болгария.
Byelorussia (bjelou'rʌʃə) Белоруссия.

C

Calcutta (kæl'kʌtə) г. Калькутта.
California (kæli'fɔ:njə) Калифорния.
Cambridge ('keimbridʒ) г. Кембридж.
Canada ('kænədə) Канада.
Canary (kə'nɛəri): ~ Islands Канарские острова.
Canterbury ('kæntəbəri) г. Кентербери.
Capetown ('keiptaun) г. Кейптаун.
Cardiff ('kɑ:dif) г. Кардифф.
Caribbean Sea (kæ'ribi:ən'si:) Карибское море.
Carolina (kærə'lainə) Каролина (North Северная, South Южная).
Ceylon (si'lɔn) о-в Цейлон.
Chesterfield ('tʃestəfi:ld) г. Честерфильд.
Cheviot ('tʃeviət): ~ Hills Чевиотские горы.
Chicago (ʃi'kɑ:gou, a. ʃi'kɔ:gou) г. Чикаго.
Chile ('tʃili) Чили.
China ('tʃainə) Китай.
Cincinnati (sinsi'næti) г. Цинциннати.
Cleveland ('kli:vlənd) г. Кливленд.
Clyde (klaid) р. Клайд.
Colorado (kɔlə'rɑ:dou) Колорадо.
Columbia (kə'lʌmbiə) Колумбия (река, город, адм. округ).
Connecticut (kə'nektikət) Коннектикут (река и штат в США).
Cordilleras (kɔ:di'ljeərəz) Кордильеры (горы).
Coventry ('kɔvəntri) г. Ковентри.
Cyprus ('saiprəs) о-в Кипр.

D

Dakota (dǝ'koutǝ) Дако́та (*North* Се́верная, *South* 'Ю́жная).
Denmark ('denmɑːrk) Да́ния.
Danube ('dænjuːb) р. Дуна́й.
Delhi ('deli) г. Де́ли.
Detroit (dǝ'trɔit) г. Детро́йт.
Dover ('douvǝ) г. Дувр.
Dublin ('dʌblin) г. Ду́блин.
Dunkirk (dʌn'kǝːk) г. Дюнке́рк.

E

Edinburgh ('edinbǝrǝ) г. 'Эдин-бург.
Egypt ('iːdʒipt) Еги́пет.
Eire ('ɛǝrǝ) 'Эйре.
England ('iŋglǝnd) 'Англия.
Erie ('iǝri): *Lake* ~ о́зеро 'Эри.
Eton ('iːtn) г. 'Итон.
Europe ('juǝrǝp) Евро́па.

F

Falkland ('fɔːklǝnd): ~ *Islands* Фолкле́ндские острова́.
Florida ('flɔridǝ) Флори́да.
Folkestone ('foukstǝn) г. Фо́лк-стон.
France (frɑːns) Фра́нция.

G

Galveston(e) ('gælvistǝn) г. Га́лве-стон.
Geneva (dʒi'niːvǝ) г. Жене́ва.
Georgia ('dʒɔːdʒiǝ) Джо́рджия (штат в США).
Germany ('dʒǝːmǝni) Герма́ния.
Gettysburg ('getizbǝːg) г. Ге́ттис-берг.
Ghana (gɑːnǝ) Га́на.
Glasgow ('glɑːsgou) г. Гла́зго.
Gloucester ('glɔstǝ) г. Гло́стер.
Greenwich ('grinidʒ) г. Грин(в)ич.
Guernsey ('gǝːnzi) о-в Ге́рнси.
Guiana (gi'ɑːnǝ) Гвиа́на.
Guinea ('gini) Гвине́я.

H

Haiti ('heiti) Гаи́ти.
Halifax ('hælifæks) г. Га́лифакс.
Harwich ('hæridʒ) г. Ха́ридж.
Hawaii (hɑ'waii) о-в Гава́йи.
Hebrides ('hebridiːz) Гебри́дские острова́.
Heligoland ('heligoulænd) о-в Ге́льголанд.
Hindustan (hindu'stæn, -'stɑːn) Индоста́н.
Hollywood ('hɔliwud) г. Го́лли-вуд.
Hudson ('hʌdsn) р. Гудзо́н.
Hull (hʌl) г. Гулль.
Hungary ('hʌŋgǝri) Ве́нгрия.
Huron ('hjuǝrǝn): *Lake* ~ о́зеро Гуро́н.

I

Iceland ('aislǝnd) Исла́ндия.
Idaho ('aidǝhou) Айда́хо.
Illinois (ili'nɔi) 'Иллино́йс.
India ('indjǝ) 'Индия.
Indiana (indi'ænǝ) Индиа́на.
Iowa ('aiouǝ) 'Айова.
Irak, Iraq (i'rɑːk) Ира́к.
Iran (iǝ'rɑːn) Ира́н.
Ireland ('aiǝlǝnd) Ирла́ндия.
Italy ('itǝli) Ита́лия.

J

Jersey ('dʒǝːzi) 1. о-в Дже́рси; 2. ~ *City* г. Дже́рси-Си́ти.

K

Kansas ('kænzǝs) Ка́нзас.
Karachi (kǝ'rɑːtʃi) г. Кара́чи.
Kashmir (kæʃ'miǝ) Кашми́р.
Kentucky (ken'tʌki) Кенту́кки.
Kenya ('kiːnjǝ, 'kenjǝ) Ке́ния.
Klondike ('klɔndaik) Кло́ндайк.
Korea (ko'riǝ) Коре́я.

L

Labrador ('læbrǝdɔː) п-в Лабра-до́р.
Lancaster ('læŋkǝstǝ) г. Ла́нка́стер.
Leeds (liːdz) г. Лидс.
Leicester ('lestǝ) г. Ле́стер.
Lincoln ('liŋkǝn) г. Линко́льн.
Liverpool ('livǝpuːl) г. Ли́вер-пу́л(ь).
London ('lʌndǝn) г. Ло́ндон.
Los Angeles (lɔs'ændʒiliːz) г. Лос--'Анжелос.
Louisiana (lu[ː]iːzi'ænǝ) Луизиа́на.

M

Mackenzie (mǝ'kenzi) р. Маке́нзи.
Madras (mǝ'dræs) г. Мадра́с.
Maine (mein) Мэн (штат в США).
Malta ('mɔːltǝ) о-в Ма́льта.
Manchester ('mæntʃistǝ) г. Ма́н-честер.
Manhattan (mæn'hætǝn) Манхат-тан.
Manitoba (mæni'toubǝ) Манито́ба.
Maryland ('merilǝnd, *Brt.* mɛǝri-) Мэриленд.
Massachusetts (mæsǝ'tʃuːsets) Массачусетс.
Melbourne ('melbǝn) г. Ме́ль-бурн.
Miami (mai'æmi) г. Майа́ми.
Michigan ('miʃigǝn) Ми́чиган (штат в США); *Lake* ~ о́зеро Ми́-чиган.
Milwaukee (mil'wɔːki[ː]) г. Милуо́-ки.
Minneapolis (mini'æpǝlis) г. Мин-неа́полис. [та.\
Minnesota (mini'soutǝ) Миннесо́-/

Mississippi (misi'sipi) Миссисипи (река и штат).
Missouri (mi'zuəri, *Brt.* mi'suəri) Миссури (река и штат).
Montana (mɔn'taːnə) Монтана (штат в США).
Montreal (mɔntri'ɔːl) г. Монреаль.
Moscow ('mɔskou) г. Москва.
Munich ('mjuːnik) г. Мюнхен.
Murray ('mʌri) р. Мýррей (Мáрри).

N

Natal (nə'tæl) Наталь.
Nebraska (ni'bræskə) Небраска (штат в США).
Nevada (ne'vaːdə) Невада (штат в США).
Newcastle ('njuːkaːsl) г. Ньюкасл.
Newfoundland (njuː'faundlənd, ⊕ njuːfənd'lænd) о-в Ньюфаундленд.
New Hampshire (njuː'hæmpʃiə) Нью-Хэмпшир (штат в США).
New Jersey (njuː'dʒəːzi) Нью-Джéрси (штат в США).
New Mexico (njuː'meksikou) Нью-Мéксико (штат в США).
New Orleans (njuː'ɔːliənz) г. Нóвый Орлеáн.
New York ('njuː'jɔːk) Нью-Йóрк (город и штат).
New Zealand (njuː'ziːlənd) Нóвая Зелáндия.
Niagara (nai'ægərə) р. Ниагáра, ~ *Falls* Ниагáрские водопáды.
Nigeria (nai'dʒiəriə) Нигéрия.
Northampton (nɔː'θæmptən) Нортгéмптон.
Norway ('nɔːwei) Норвéгия.
Nottingham ('nɔtiŋəm) Нóттингем.

O

Oceania (ˌouʃi'einiə) Океáния.
Ohio (ou'haiou) Огáйо (рекá и штат).
Oklahoma (oukləˈhoumə) Оклахóма (штат в США).
Ontario (ɔn'teəriou) Онтáрио; *Lake* ~ óзеро Онтáрио.
Oregon ('ɔrigən) Орегóн (штат в США).
Orkney ('ɔːkni) ~ *Islands* Оркнéйские островá.
Ottawa ('ɔtəwə) г. Оттáва.
Oxford ('ɔksfəd) г. 'Оксфорд.

P

Pakistan ('paːkis'taːn) Пакистáн.
Paris ('pæris) г. Парúж.
Pennsylvania (pensil'veinjə) Пенсильвáния (штат в США).
Philadelphia (filə'delfjə) г. Филадéльфия.
Philippines ('filipiːnz) Филиппúны.

Pittsburg(h) ('pitsbəːg) г. Пúтсбург.
Plymouth ('pliməθ) г. Плúмут.
Poland ('poulənd) Пóльша.
Portsmouth ('pɔːtsməθ) г. Пóртсмут.
Portugal ('pɔːtjugəl) Португáлия.
Punjab (pʌn'dʒaːb) Пенджáб.

Q

Quebec (kwi'bek) Квебéк.

R

Rhine (rain) р. Рейн.
Richmond ('ritʃmənd) г. Рúчмонд.
Rhode Island (roud'ailənd) Род-'Áйленд (штат в США).
Rhodes (roudz) о-в Рóдос.
Rhodesia (rou'diːziə) Родéзия.
Rome (roum) г. Рим.
Russia ('rʌʃə) Россúя.

S

Scandinavia (skændi'neivjə) Скандинáвия.
Scotland ('skɔtlənd) Шотлáндия.
Seattle (si'ætl) г. Сиэ́тл.
Seoul (soul) г. Сеýл.
Sheffield ('ʃefiːld) г. Шéффилд.
Shetland ('ʃetlənd): *the* ~ *Islands* Шетлáндские островá.
Siberia (sai'biəriə) Сибúрь.
Singapore (siŋgə'pɔː) г. Сингапýр.
Soudan (suː[ː]'dæn) Судáн.
Southampton (sauθ'æmptən) г. Саутгéмптон.
Spain (spein) Испáния.
St. Louis (snt'luis) г. Сент-Лýис.
Stratford ('strætfəd): ~ *on Avon* г. Стрáтфорд-на-'Эйвоне.
Sweden ('swiːdn) Швéция.
Switzerland ('switsələnd) Швейцáрия.
Sydney ('sidni) г. Сúдней.

T

Tennessee (tene'siː) Теннессú (река и штат в США).
Texas ('teksəs) Техáс (штат в США).
Thames (temz) р. Тéмза.
Toronto (tə'rɔntou) г. Торóнто.
Trafalgar (trə'fælgə) Трафальгáр.
Transvaal ('trænzvaːl) Трансваáль.
Turkey ('təːki) Týрция.

U

Utah ('juːtaː) 'Юта (штат в США).

V

Vancouver (væn'kuːvə) г. Ванкýвер.
Vermont (və'mɔnt) Вермóнт (штат в США).

Vienna (vi'enə) г. Ве́на.
Virginia (və'dʒinjə) Вирги́ния (штат в США).

W

Wales (weilz) Уэ́льс.
Washington ('wɔʃiŋtən) Ва́шингто́н (город и штат в США).
Wellington ('weliŋtən) г. Ве́ллингтон (столица Новой Зеландии).
West Virginia ('westvə'dʒinjə) За́падная Вирги́ния (штат в США).

Winnipeg ('winipeg) Ви́ннипег (город и озеро в Канаде).
Wisconsin (wis'kɔnsin) Виско́нсин (река и штат в США).
Worcester ('wustə) г. Ву́стер.
Wyoming (wai'oumiŋ) Вайо́минг (штат в США).

Y

York (jɔːk) Йорк.
Yugoslavia ('juːgou'slɑːviə) Югосла́вия.

Наиболее употребительные сокращения, принятые в СССР

Current Russian Abbreviations

авт. (автобус) (motor) bus
Азербайджа́нская ССР (Сове́тская Социалисти́ческая Респу́блика) Azerbaijan S.S.R. (Soviet Socialist Republic)
акад. (акаде́мик) academician
АН СССР (Акаде́мия нау́к Сою́за Сове́тских Социалисти́ческих Респу́блик) Academy of Sciences of the U.S.S.R. (Union of Soviet Socialist Republics)
Армя́нская ССР (Сове́тская Социалисти́ческая Респу́блика) Armenian S.S.R. (Soviet Socialist Republic)
арх. (архите́ктор) architect
АССР (Автоно́мная Сове́тская Социалисти́ческая Респу́блика) Autonomous Soviet Socialist Republic
АТС (автомати́ческая телефо́нная ста́нция) telephone exchange

б-ка (библиоте́ка) library
БССР (Белору́сская Сове́тская Социалисти́ческая Респу́блика) Byelorussian S.S.R. (Soviet Socialist Republic)
БСЭ (Больша́я Сове́тская Энциклопе́дия) Big Soviet Encyclopedia

в. (век) century
вв. (века́) centuries
ВВА (Вое́нно-возду́шная акаде́мия) Air Force College
ВВС (Вое́нно-возду́шные си́лы) Air Forces
ВЛКСМ (Всесою́зный Ле́нинский Коммунисти́ческий Сою́з Молодёжи) Leninist Young Communist League of the Soviet Union
вм. (вме́сто) instead of
ВС (Верхо́вный Сове́т) Supreme Soviet
ВСХВ (Всесою́зная сельскохозя́йственная вы́ставка) Agricultural Fair of the U.S.S.R.
втуз (вы́сшее техни́ческое уче́бное заведе́ние) technical college, institute of technology
вуз (вы́сшее уче́бное заведе́ние) university, college
ВЦИК (Всеросси́йский Центра́льный Исполни́тельный Комите́т) All-Russian Central Executive Committee
ВЦСПС (Всесою́зный Центра́льный Сове́т Профессиона́льный Сою́зов) the All-Union Central Council of Trade Unions
ВЧК (Всеросси́йская Чрезвыча́йная Коми́ссия по борьбе́ с контрреволю́цией, сабота́жем и спекуля́цией) All-Russian Special Committee for the Suppression of Counter-Revolution, Sabotage, and Black Marketeering (*historical*)

г (грамм) gram(me)
г. 1. (год) year; 2. (го́род) city
га (гекта́р) hectare
гг. (го́ды) years
ГДР (Герма́нская Демократи́ческая Респу́блика) German Democratic Republic
г-жа (госпожа́) Mrs.
глав... in compounds (гла́вный)
главвра́ч (гла́вный врач) head physician
г-н (господи́н) Mr.
гос... in compounds (госуда́рственный)
Госба́нк (госуда́рственный банк) State Bank
Гослитизда́т (Госуда́рственное изда́тельство худо́жественной литерату́ры) State Publishing House for Literature
Госполитизда́т (Госуда́рственное изда́тельство полити́ческой литерату́ры) State Publishing House for Political Literature

ГПУ (Госуда́рственное полити́ческое управле́ние) G.P.U. Political State Administration (*historical*)

гр. (граждани́н) citizen

Грузи́нская ССР (Сове́тская Социалисти́ческая Респу́блика) Georgian S.S.R. (Soviet Socialist Republic)

ГСО (Гото́в к санита́рной оборо́не) Ready to do medical service

ГТО (Гото́в к труду́ и оборо́не) Ready to work and defend

ГУМ (Госуда́рственный универса́льный магази́н) department store

ГУС (Госуда́рственный учёный сове́т) State Advisory Board of Scholars

Детги́з (Госуда́рственное изда́тельство де́тской литерату́ры) State Publishing House for Children's Books

дир. (дире́ктор) director

ДКА (Дом Кра́сной 'Армии) House of the Red Army

доб. (доба́вочный) additional

Донба́сс (Доне́цкий бассе́йн) Donets Basin

доц. (доце́нт) lecturer, instructor

д-р (до́ктор) doctor

ж. д. (желе́зная доро́га) railroad, railway

ж.-д. (железнодоро́жный) relating to railroads *or* railways

завко́м (заводско́й комите́т) works council

загс (отде́л за́писей а́ктов гражда́нского состоя́ния) registrar's (registry) office

и др. (и други́е) etc.

им. (и́мени) called

и мн. др. (и мно́гие други́е) and many (much) more

и пр., и проч. (и про́чее) etc.

и т. д. (и так да́лее) and so on

и т. п. (и тому́ подо́бное) etc.

к. (копе́йка) kopeck

Каза́хская ССР (Сове́тская Социалисти́ческая Респу́блика) Kazak S.S.R. (Soviet Socialist Republic)

кв. **1.** (квадра́тный) square; **2.** (кварти́ра) apartment, flat

кг (килогра́мм) kg (kilogram[me])

КИМ (Коммунисти́ческий интернациона́л молодёжи) Communist Youth International

Кирги́зская ССР (Сове́тская Социалисти́ческая Респу́блика) Kirghiz S.S.R. (Soviet Socialist Republic)

км/час (киломе́тров в час) km/h (kilometers per hour)

колхо́з (коллекти́вное хозя́йство) collective farm, kolkhoz

комсомо́л (Коммунисти́ческий Сою́з Молодёжи) Young Communist League

коп. (копе́йка) kopeck

КПСС (Коммунисти́ческая па́ртия Сове́тского Сою́за) C.P.S.U. (Communist Party of the Soviet Union)

куб. (куби́ческий) cubic

Латви́йская ССР (Сове́тская Социалисти́ческая Респу́блика) Latvian S.S.R. (Soviet Socialist Republic)

Лито́вская ССР (Сове́тская Социалисти́ческая Респу́блика) Lithuanian S.S.R. (Soviet Socialist Republic)

л. с. (лошади́ная си́ла) h.p. (horse power)

МВД (Министе́рство вну́тренних дел) Ministry of Internal Affairs

МГУ (Моско́вский госуда́рственный университе́т) Moscow State University

МГФ (Моско́вская городска́я филармо́ния) Moscow Municipal Philharmonic Hall

Молда́вская ССР (Сове́тская Социалисти́ческая Респу́блика) Moldavian S.S.R. (Soviet Socialist Republic)

м. пр. (ме́жду про́чим) by the way, incidentally; among other things

МТС (маши́нно-тра́кторная ста́нция) machine and tractor station (*hist.*)

Музги́з (Музыка́льное госуда́рственное изда́тельство) State Publishing House for Music

МХАТ (Моско́вский худо́жественный академи́ческий теа́тр) Academic Artists' Theater, Moscow

напр. (наприме́р) for instance

НКВД (Наро́дный комиссариа́т вну́тренних дел) People's Commissariat of Internal Affairs (*1935 to 1946; since 1946* МВД, *cf.*)
№ (но́мер) number
н. ст. (но́вый стиль) new style (*Gregorian calendar*)
н. э. (на́шей э́ры) A. D.
нэп (но́вая экономи́ческая поли́тика) New Economic Policy

о. (о́стров) island
обл. (о́бласть) region; province, sphere, field (*fig.*)
о-во (о́бщество) society
ОГИЗ (Объедине́ние госуда́рственных изда́тельств) Union of the State Publishing Houses
оз. (о́зеро) lake
ОНО (отде́л наро́дного образова́ния) Department of Popular Education
ООН (Организа́ция Объединённых На́ций) United Nations Organization
отд. (отде́л) section, (отделе́ние) department

п. (пункт) point, paragraph
п. г. (про́шлого го́да) of last year
пер. (переу́лок) lane, alleyway, side street
пл. (пло́щадь *f*) square; area (*a. Å*); (*living*) space
п. м. (про́шлого ме́сяца) of last month
проф. (профе́ссор) professor

р. 1. (река́) river; 2. (рубль *m*) r(o)uble
райко́м (райо́нный комите́т) district committee (*Sov.*)
РСФСР (Росси́йская Сове́тская Федерати́вная Социалисти́ческая Респу́блика) Russian Soviet Federative Socialist Republic

с. г. (сего́ го́да) (of) this year
след. (сле́дующий) following
см (сантиме́тр) cm. (centimeter)
с. м. (сего́ ме́сяца) (of) this month
см. (смотри́) see
совхо́з (сове́тское хозя́йство) state farm
ср. (сравни́) cf. (compare)
СССР (Сою́з Сове́тских Социалисти́ческих Респу́блик) U.S.S.R. (Union of Soviet Socialist Republics)
ст. 1. (ста́нция) station; 2. (стани́ца) Cossack village
стенгазе́та (стенна́я газе́та) wall newspaper
стр. (страни́ца) page
ст. ст. (ста́рый стиль) old style (*Julian calendar*)
с. х. (се́льское хозя́йство) agriculture
с.-х. (сельскохозя́йственный) agricultural
с. ч. (сего́ числа́) this day's
США (Соединённые Шта́ты Аме́рики) U.S.A. (United States of America)

т (то́нна) ton
т. 1. (това́рищ) comrade; 2. (том) volume
Таджи́кская ССР (Сове́тская Социалисти́ческая Респу́блика) Tadzhik S.S.R. (Soviet Socialist Republic)
ТАСС (Телегра́фное Аге́нтство Сове́тского Сою́за) TASS (Telegraph Agency of the Soviet Union)
т-во (това́рищество) company, association
т. г. (теку́щего го́да) of the current year
т. е. (то́ есть) i. e. (that is)
тел. (телефо́н) telephone
тел. комм. (телефо́нный коммута́тор) telephone switchboard
т. к. (так как) *cf.* так
т. м. (теку́щего ме́сяца) instant
т. наз. (так называ́емый) so-called
тов. *s.* т. 1.
торгпре́дство (торго́вое представи́тельство) trade agency of the U.S.S.R.
тролл. (тролле́йбус) trolley bus
тт. (тома́) volumes
Туркме́нская ССР (Сове́тская Социалисти́ческая Респу́блика) Turkmen S.S.R. (Soviet Socialist Republic)
тыс. (ты́сяча) thousand

Узбéкская ССР (Совéтская Социалистíческая Респýблика) Uzbek S.S.R. (Soviet Socialist Republic)

ул. (ýлица) street

УССР (Украíнская Совéтская Социалистíческая Респýблика) Ukrainian S.S.R. (Soviet Socialist Republic)

Учпедгíз (Госудáрственное издáтельство учéбно-педагогíческой литератýры) State Publishing House for Educational Books

ФРГ (Федератíвная Респýблика Гермáнии) Federal Republic of Germany

ЦИК (Центрáльный Исполнíтельный Комитéт) Central Executive Committee (*Sov.*); *cf.* ЦК

ЦК (Центрáльный Комитéт) Central Committee

ЦПКиО (Центрáльный парк культýры и óтдыха) Central Park for Culture and Recreation

ч. (час) hour, (часть) part

ЧК (Чрезвычáйная комíссия ...) Cheka (*predecessor, 1917—22*, of the ГПУ, *cf.*)

Эстóнская ССР (Совéтская Социалистíческая Респýблика) Estonian S.S.R. (Soviet Socialist Republic)

Current American and British Abbreviations

Наиболее употребительные сокращения, принятые в США и Великобритании

A

A.B.C. *American Broadcasting Company* Американская радиовещательная корпорация.

A-bomb *atomic bomb* áтомная бомба.

A.C. *alternating current* переменный ток.

A/C *account (current)* контокоррент, текущий счёт.

acc(t). *account* отчёт; счёт.

A.E.C. *Atomic Energy Commission* Комиссия по áтомной энéргии.

AFL-CIO *American Federation of Labor & Congress of Industrial Organizations* Американская федерáция трудá и Конгрéсс производственных профсоюзов, АФТ/КПП.

A.F.N. *American Forces Network* радиосéть американских войск (в Европе).

Ala. *Alabama* Алабáма (штат в США).

Alas. *Alaska* Алáска (территория в США).

a.m. *ante meridiem* (лат. = *before noon*) до полудня.

A.P. *Associated Press* Ассóшиэйтед пресс.

A.R.C. *American Red Cross* Американский Крáсный Крест.

Ariz. *Arizona* Аризóна (штат в США).

Ark. *Arkansas* Аркáнзас (штат в США).

A.R.P. *Air-Raid Precautions* граждáнская ПВО (противовоздушная оборóна).

B

B.A. *Bachelor of Arts* бакалáвр философии.

B.B.C. *British Broadcasting Corporation* Британская радиовещáтельная корпорáция.

B/E *Bill of Exchange* вéксель *m*, трáтта.

B.E.A.C. *British European Airways Corporation* Британская корпорáция европéйских воздушных сообщéний.

Benelux *Belgium, Netherlands, Luxemburg* экономический и тамóженный союз, БЕНИЛЮКС.

B.F.B.S. *British Forces Broadcasting Service* радиовещáтельная организáция британских вооружённых сил. [прáва.]

B.L. *Bachelor of Law* бакалáвр

B/L *bill of lading* коносамéнт; трáнспортная накладнáя.

B.M. *Bachelor of Medicine* бакалáвр медицины.

B.O.A.C. *British Overseas Airways Corporation* Британская корпорáция трансокеáнских воздушных сообщéний.

B.O.T. *Board of Trade* министéрство торгóвли (в Áнглии).

B.R. *British Railways* Британская желéзная дорóга.

Br(it). *Britain* Великобритáния; *British* британский, английский.

Bros. *brothers* брáтья *pl.* (в назвáниях фирм).

B.S.A. *British South Africa* Британская 'Южная 'Африка.

B.T.U. *British Thermal Unit(s)* британская теплöвáя единица.

B.U.P. *British United Press* информациóнное агéнтство „Бритиш Юнáйтед Пресс".

C

c. 1. *cent(s)* цент (американская монéта); 2. *circa* приблизительно, óколо; 3. *cubic* кубический.

C/A *current account* текущий счёт.

Cal(if). *California* Калифóрния (штат в США).

Can. *Canada* Канáда; *Canadian* канáдский. [ный ток.]

C.C. *continuous current* постоян-

C.I.C. *Counter Intelligence Corps* служба контрразвéдки США.

C.I.D. *Criminal Investigation Division* криминáльная полиция.

c.i.f. *cost, insurance, freight* ценá, включáющая стóимость, расхóды по страховáнию и фрахт.

c/o *care of* чéрез, по áдресу (нáдпись на конвéртах).

Co. 1. *company* óбщество, компáния; 2. (в США и Ирлáндии тáкже) *County* óкруг.

C.O.D. *cash* (ам. *collect.*) *on delivery* наложенный платёж, уплата при доставке.

Col. *Colorado* Колорадо (штат в США).

Conn. *Connecticut* Коннектикут (штат в США).

c.w.o. *cash with order* наличный расчёт при выдаче заказа.

cwt. *hundredweight* центнер.

D

d. *penny* (*pence pl.*) (условное обозначение английской монеты) пенни (пенс[ы] *pl.*).

D.C. 1. *direct current* постоянный ток; **2.** *District of Columbia* федеральный округ Колумбия (с американской столицей).

Del. *Delaware* Делавэр (штат в США).

Dept. *Department* отдел; управление; министерство; ведомство.

disc(t). *discount* скидка; дисконт, учёт векселей.

div(d). *dividend* дивиденд.

dol. *dollar* доллар.

doz. *dozen* дюжина.

D.P. *Displaced Person* перемещённое лицо.

d/p *documents against payment* документы за наличный расчёт.

Dpt. *Department* отдел; управление; министерство; ведомство.

E

E. 1. *East* восток; *Eastern* восточный; **2.** *English* английский.

E. & O.E. *errors and omissions excepted* исключая ошибки и пропуски.

E.C.E. *Economic Commission for Europe* Экономическая комиссия ООН для Европы.

ECOSOC *Economic and Social Council* Экономический и социальный совет ООН.

EE., E./E. *errors excepted* исключая ошибки.

e.g. *exempli gratia* (лат. = *for instance*) напр. (например).

Enc. *enclosure(s)* приложение (-ния).

E.R.P. *European Recovery Program(me)* программа „восстановления Европы", т. наз. „план Маршалла".

Esq. *Esquire* эсквайр (титул дворянина, должностного лица; обычно ставится в письме после фамилии).

F

f. 1. *farthing* (брит. монета) четверть пенса, фартинг; **2.** *fathom* морская сажень f; **3.** *feminine* женский; *gram.* женский род;

4. *foot* фут, *feet* футы; **5.** *following* следующий.

FBI *Federal Bureau of Investigation* федеральное бюро расследований (в США).

FIFA *Fédération Internationale de Football Association* Международная федерация футбольных обществ, ФИФА.

Fla. *Florida* Флорида (штат в США).

F.O. *Foreign Office* министерство иностранных дел.

fo(l). *folio* фолио *indecl. n* (формат в пол-листа); лист (бухгалтерской книги).

f.o.b. *free on board* франко-борт, ФОБ.

f.o.q. *free on quay* франко-набережная.

f.o.r. *free on rail* франко-рельсы, франко железная дорога.

f.o.t. *free on truck* франко ж.-д. платформа; франко-грузовик.

f.o.w. *free on waggon* франко-вагон.

fr. *franc(s)* франк(и).

ft. *foot* фут, *feet* футы.

G

g. 1. *gram(me)* грамм; **2.** *guinea* гинея (денежная единица = 21 шиллингу).

Ga. *Georgia* Георгия (штат в США).

G.A.T.T. *General Agreement on Tariffs and Trade* 'Общее соглашение по таможенным тарифам и торговле.

G.I. *government issue* казённый; государственная собственность f; *fig.* американский солдат.

G.M.T. *Greenwich Mean Time* среднее время по гринвичскому меридиану.

gns. *guineas* гинеи.

gr. *gross* брутто.

gr.wt. *gross weight* вес брутто.

Gt.Br. *Great Britain* Великобритания.

H

h. *hour(s)* час(ы).

H.B.M. *His (Her) Britannic Majesty* Его (Её) Британское Величество.

H-bomb *hydrogen bomb* водородная бомба.

H.C. *House of Commons* палата общин (в Англии).

hf. *half* половина.

H.L. *House of Lords* палата лордов (в Англии).

H.M. *His (Her) Majesty* Его (Её) Величество.

H.M.S. 1. *His (Her) Majesty's Service* на службе Его (Её) Величества; ⓑ служебное дело; **2.** *His (Her)*

Majesty's Ship корабль английского военно-морского флота.

H.O. *Home Office* министерство внутренних дел (в Англии).

H.P., h.p. *horse-power* лошадиная сила (единица мощности).

H.Q., Hq. *Headquarters* штаб.

H.R. *House of Representatives* палата представителей (в США).

H.R.H. *His (Her) Royal Highness* Его (Её) Королевское Высочество.

hrs. *hours* часы.

I

Ia. *Iowa* 'Айова (штат в США).

Id. *Idaho* Айдахо (штат в США).

I.D. *Intelligence Department* разведывательное управление.

i.e. *id est* (лат. = *that is to say*) т. е. (то есть).

Ill. *Illinois* 'Иллинойс (штат в США).

I.M.F. *International Monetary Fund* Международный валютный фонд ООН.

in. *inch(es)* дюйм(ы).

Inc. 1. *Incorporated* объединённый; зарегистрированный как корпорация; **2.** *Including* включительно; 3. *Inclosure* приложение

Ind. *Indiana* Индиана (штат в США).

I.N.S. *International News Service* Международное телеграфное агентство.

inst. (лат. = *instant*) с. м. (сего месяца).

Ir. *Ireland* Ирландия; *Irish* ирландский.

J

J.P. *Justice of the Peace* мировой судья *m.*

Jr. *junior* младший.

K

Kan(s). *Kansas* Канзас (штат в США).

k.o. *knock(ed) out* спорт.: нокаут; *fig.* (окончательно) разделаться с кём-либо.

Ky. *Kentucky* Кентукки (штат в США).

L

l. *litre* литр.

£ *pound sterling* фунт стерлингов.

La. *Louisiana* Луизиана (штат в США).

£A *Australian pound* австралийский фунт (денежная единица).

lb. *pound* фунт (мера веса).

L/C *letter of credit* аккредитив.

£E *Egyptian pound* египетский фунт (денежная единица).

L.P. *Labour Party* лейбористская партия.

LP *long-playing* долгоиграющий; ~ *record* долгоиграющая пластинка.

Ltd. *limited* с ограниченной ответственностью.

M

m. 1. *male* мужской; **2.** *metre* метр; **3.** *mile* миля; **4.** *minute* минута.

M.A. *Master of Arts* магистр философии.

Man. *Manitoba* Манитоба (провинция Канады).

Mass. *Massachusetts* Массачусетс (штат в США).

M.D. *medicinae doctor* (лат. = *Doctor of Medicine*) доктор медицины.

Md. *Maryland* Мэриленд (штат в США).

Me. *Maine* Мэн (штат в США).

mg. *milligramme* миллиграмм.

Mich. *Michigan* Мичиган (штат в США).

Minn. *Minnesota* Миннесота (штат в США).

Miss. *Mississippi* Миссисипи (штат в США).

mm. *millimetre* миллиметр.

Mo. *Missouri* Миссури (штат в США).

M.O. *money order* денежный перевод по почте.

Mont. *Montana* Монтана (штат в США).

MP, M.P. 1. *Member of Parliament* член парламента; **2.** *Military Police* военная полиция.

m.p.h. *miles per hour* (столько-то) миль в час.

Mr. *Mister* мистер, господин.

Mrs. *Mistress* миссис, госпожа.

MS. *manuscript* рукопись *f.*

M.S. *motorship* теплоход.

N

N. *North* север; *Northern* северный.

N.A.A.F.I. *Navy, Army, and Air Force Institutes* военно-торговая служба ВМС (военно-морских сил), ВВС (военно-воздушных сил) и сухопутных войск.

NATO *North Atlantic Treaty Organization* Североатлантический союз, НАТО.

N.C. *North Carolina* Северная Каролина (штат в США).

N.Dak. *North Dakota* Северная Дакота (штат в США).

N.E. *Northeast* северо-восток.

Neb. *Nebraska* Небраска (штат в США).

Nev. *Nevada* Невада (штат в США).

N.H. *New Hampshire* Нью-Хэмпшир (штат в США).

N.J. *New Jersey* Нью-Джерси (штат в США).

N.Mex. *New Mexico* Нью-Мéксико (штат в США).

nt.wt. *net weight* вес нéтто, чи́стый вес.

N.W. *Northwestern* сéверо-зáпадный.

N.Y. *New York* Нью-Йóрк (штат в США).

N.Y.C. *New York City* Нью-Йóрк (город).

O

O. 1. *Ohio* Огáйо (штат в США); **2.** *order* поручéние, закáз.

o/a *on account of* за (чей-либо) счёт.

O.E.E.C. *Organization of European Economic Co-operation* Организáция европéйского экономи́ческого сотрýдничества.

O.H.M.S. *On His (Her) Majesty's Service* состоя́щий на королéвской (госудáрственной или воéнной) слýжбе; & служéбное дéло.

O.K. *all correct* всё в поря́дке, всё прáвильно; утвержденó, согласóвано.

Okla. *Oklahoma* Оклахóма (штат в США).

Ore(g). *Oregon* Орегóн (штат в США).

P

p.a. *per annum* (лат.) в год; ежегóдно.

Pa. *Pennsylvania* Пенсильвáния (штат в США).

P.A.A. *Pan American Airways* Панамерикáнская авиакомпáния.

P.C. 1. *post-card* почтóвая кáрточка, откры́тка; **2.** *police constable* полицéйский.

p.c. *per cent* процéнт, процéнты.

pd. *paid* упла́чено; опла́ченный.

Penn(a). *Pennsylvania* Пенсильвáния (штат в США).

per pro(c). *per procurationem* (лат. = *by proxy*) по довéренности.

p.m. *post meridiem* (лат. = *after noon*) ... часóв (часá) дня.

P.O. 1. *Post Office* почтóвое отделéние; **2.** *postal order* дéнежный перевóд по пóчте.

P.O.B. *Post Office Box* почтóвый абонемéнтный я́щик.

p.o.d. *pay on delivery* налóженный платёж.

P.O.S.B. *Post Office Savings Bank* сберегáтельная кáсса при почтóвом отделéнии.

P.S. *Postscript* постскри́птум, припи́ска.

P.T.O., p.t.o. *please turn over* см. н/об. (смотри́ на оборóте).

PX *Post Exchange* воéнно-торгóвый магази́н.

Q

quot. *quotation* котирóвка.

R

R.A.F. *Royal Air Force* воéнно-воздýшные си́лы Великобритáнии.

ref(c). *reference* ссы́лка, указáние.

regd. *registered* зарегистри́рованный; & заказнóй. [тóнна.]

reg. ton *register ton* реги́стровая

ret. *retired* изъя́тый из обращéния; вы́купленный, опла́ченный.

Rev. *Reverend* преподóбный.

R.I. *Rhode Island* Род-'Áйленд (штат в США).

R.N. *Royal Navy* англи́йский воéнно-морскóй флот Великобритáнии.

R.P. *reply paid* отвéт опла́чен.

R.R. *Railroad Am.* желéзная дорóга.

S

S. *South* юг; *Southern* ю́жный.

s. 1. *second* секýнда; **2.** *shilling* ши́ллинг.

S.A. 1. *South Africa* 'Ю́жная 'Áфрика; **2.** *South America* 'Ю́жная Амéрика; **3.** *Salvation Army* 'Áрмия спасéния.

S.C. 1. *South Carolina* 'Ю́жная Кароли́на (штат в США); **2.** *Security Council* Совéт Безопáсности ООН.

S.Dak. *South Dakota* 'Ю́жная Дакóта (штат в США).

S.E. 1. *Southeast* ю́го-востóк; *Southeastern* ю́го-востóчный; **2.** *Stock Exchange* фóндовая би́ржа (в Лóндоне).

sh. *shilling* ши́ллинг.

Soc. *society* óбщество.

sov. *sovereign* соверéн (золотáя монéта в один фунт стéрлингов).

Sq. *Square* плóщадь f.

sq. *square...* квадрáтный.

S.S. *steamship* парохóд.

St. *Station* стáнция; вокзáл.

St.Ex. *Stock Exchange* фóндовая би́ржа.

stg. *sterling* фунт стéрлингов.

suppl. *supplement* дополнéние, приложéние.

S.W. *Southwest* ю́го-востóк; *Southwestern* ю́го-востóчный.

T

t. *ton* тóнна.

T.D. *Treasury Department* министéрство финáнсов (в США).

Tenn. *Tennessee* Теннесси́ (штат в США).

Tex. *Texas* Техáс (штат в США).

T.M.O. *telegraphic money order* дéнежный перевóд по телегрáфу.

T.O. *Telegraph (Telephone) Office* телегрáфное (телефóнное) отделéние.

T.U. *Trade Union* тред-юнио́н, профессионáльный сою́з.

T.U.C. *Trade Unions Congress* конгрéсс (британских) тред-юниóнов.

U

U.K. *United Kingdom* Соединённое Королéвство (Англия, Шотландия, Уэльс и Северная Ирландия).
U.N. *United Nations* Объединённые Нáции.
UNESCO *United Nations Educational, Scientific, and Cultural Organization* Организáция Объединённых Нáций по вопрóсам просвещéния, наýки и культýры, ЮНÉСКО.
U.N.S.C. *United Nations Security Council* Совéт Безопáсности ООН.
U.P. *United Press* телегрáфное агéнтство „Юнáйтед Пресс".
U.S.(A.) *United States (of America)* Соединённые Штáты (Амéрики).
Ut. *Utah* 'Юта (штат в США).

V

Va. *Virginia* Виргúния (штат в США).
VE-day *Victory in Europe-day* День побéды в Еврóпе (над Гермáнией в 1945).
viz. *videlicet* (лат.) и дмéнно.
vol. *volume* том.
vols. *volumes* томá *pl.*
Vt. *Vermont* Вермóнт (штат в США).

W

W. *West* зáпад; *Western* зáпадный.
Wash. *Washington* Вáшингтóн (штат в США).
W.D. *War Department* воéнное министéрство США.
W.F.T.U. *World Federation of Trade Unions* Всемúрная федерáция профессионáльных союзов, ВФП.
W.H.O. *World Health Organization* Всемúрная организáция здравоохранéния, ВОЗ.
W.I. *West Indies* Вест-'Индия.
Wis. *Wisconsin* Вискóнсин (штат в США).
W.O. *War Office* (британское) воéнное министéрство.
wt. *weight* вес.
W.Va. *West Virginia* Зáпадная Виргúния (штат в США).
Wyo. *Wyoming* Вайóминг (штат в США).

X

Xmas *Christmas* рождествó.

Y

yd(s). *yard(s)* я́рд(ы).
Y.M.C.A. *Young Men's Christian Association* Христиáнская ассоциáция молодых людéй.
Y.W.C.A. *Young Women's Christian Association* Христиáнская ассоциáция (молодых) дéвушек.

Числительные — Numerals

Количественные
Cardinals

0 ноль & нуль *m* naught, zero, cipher
1 оди́н *m*, одна́ *f*, одно́ *n* one
2 два *m/n*, две *f* two
3 три three
4 четы́ре four
5 пять five
6 шесть six
7 семь seven
8 во́семь eight
9 де́вять nine
10 де́сять ten
11 оди́ннадцать eleven
12 двена́дцать twelve
13 трина́дцать thirteen
14 четы́рнадцать fourteen
15 пятна́дцать fifteen
16 шестна́дцать sixteen
17 семна́дцать seventeen
18 восемна́дцать eighteen
19 девятна́дцать nineteen
20 два́дцать twenty
21 два́дцать оди́н *m* (одна́ *f*, одно́ *n*) twenty-one
22 два́дцать два *m/n* (две *f*) twenty-two
23 два́дцать три twenty-three
30 три́дцать thirty
40 со́рок forty
50 пятьдеся́т fifty
60 шестьдеся́т sixty
70 се́мьдесят seventy
80 во́семьдесят eighty
90 девяно́сто ninety
100 сто (а йли one) hundred
200 две́сти two hundred
300 три́ста three hundred
400 четы́реста four hundred
500 пятьсо́т five hundred
600 шестьсо́т six hundred
700 семьсо́т seven hundred
800 восемьсо́т eight hundred
900 девятьсо́т nine hundred
1000 (одна́) ты́сяча *f* (а йли one) thousand
60 140 шестьдеся́т ты́сяч сто со́рок sixty thousand one hundred and forty
1 000 000 (оди́н) миллио́н *m* (а йли one) million
1 000 000 000 (оди́н) миллиа́рд *or* биллио́н *m* milliard, *Am.* billion

Порядковые
Ordinals

1st пе́рвый first
2nd второ́й second
3rd тре́тий third
4th четвёртый fourth
5th пя́тый fifth
6th шесто́й sixth
7th седьмо́й seventh
8th восьмо́й eighth
9th девя́тый ninth
10th деся́тый tenth
11th оди́ннадцатый eleventh
12th двена́дцатый twelfth
13th трина́дцатый thirteenth
14th четы́рнадцатый fourteenth
15th пятна́дцатый fifteenth
16th шестна́дцатый sixteenth
17th семна́дцатый seventeenth
18th восемна́дцатый eighteenth
19th девятна́дцатый nineteenth
20th двадца́тый twentieth
21st два́дцать пе́рвый twenty-first
22nd два́дцать второ́й twenty-second
23rd два́дцать тре́тий twenty-third
30th тридца́тый thirtieth
40th сороково́й fortieth
50th пятидеся́тый fiftieth
60th шестидеся́тый sixtieth
70th семидеся́тый seventieth
80th восьмидеся́тый eightieth
90th девяно́стый ninetieth
100th со́тый (one) hundredth
200th двухсо́тый two hundredth
300th трёхсо́тый three hundredth
400th четырёхсо́тый four hundredth
500th пятисо́тый five hundredth
600th шестисо́тый six hundredth
700th семисо́тый seven hundredth
800th восьмисо́тый eight hundredth
900th девятисо́тый nine hundredth
1000th ты́сячный (one) thousandth
60 140th шестьдеся́т ты́сяч сто сороково́й sixty thousand one hundred and fortieth
1 000 000th миллио́нный millionth

Русские меры длины и веса

Russian Measures and Weights

In the U.S.S.R. the metric system is in force since January 1st, 1927. Hence measures and weights are in accordance with the international metric system.

Moreover the following old Russian measures and weights are occasionally still used within the Soviet Union:

1. Ме́ры длины́. Long measures

1 верста́ (verst) = 500 саже́ням (са́жень, fathom) = 1500 арши́нам (arshin) = 1066.78 m.

1 арши́н (arshin) = 2.333 фу́та (фут, foot) = 16 вершка́м (вершо́к, vershock) = 28 дю́ймам (дюйм, inch) = 0.71 m.

2. Квадра́тные ме́ры. Square measures

1 квадра́тная верста́ (square verst) = 104.167 десяти́ны (dessiatine) = 250 000 квадра́тным саже́ням (square sagene)

1 десяти́на (dessiatine) = 2400 кв. саже́ням (square sagene) = 109.254 acres

3. Ме́ры объёма. Cubic measures

куби́ческий фут (cubic foot); куби́ческая са́жень (cubic sagene); куби́ческий арши́н (cubic arshin)

4. Хле́бные ме́ры. Dry measures

1 че́тверть (chetvert) = 2 осьми́нам (осьми́на, osmina, eighth) = 4 полу-осьми́нам (poluosmina) = 8 четверика́м (четвери́к, chetverik) = 64 га́рнцам (га́рнец, garnetz) = 209.9 l.

5. Ме́ры жи́дкостей. Liquid measures

1 ведро́ (bucket) = 10 кру́жкам (кру́жка, mug) = 100 ча́ркам (ча́рка, cup, gin-glas) = 12.30 l.

6. Ме́ры ма́ссы (ве́са). Weights

1 пуд (pood) = 40 фу́нтам (фунт, pound) = 1280 ло́там (small weight) = 16.38 kg.

1 лот (small weight) = 3 золотника́м (золотни́к, zolotnick) = 288 до́лям (до́ля, dolya)

Валю́та. Currency

1 рубль (rouble) = 100 копе́йкам (копе́йка, copeck)

American and British
Measures and Weights

Американские и британские
меры длины и веса

1. Меры длины́

1 line (l.) ли́ния = 2,12 см
1 inch (in.) дюйм = 2,54 см
1 foot (ft.) фут = 30,48 см
1 yard (yd.) ярд = 91,44 см

2. Морски́е меры

1 fathom (f., fm.) морска́я са́жень = 1,83 м
1 cable('s) length ка́бельтов = 183 м, в США = 120 морски́м саже́ням = 219 м
1 nautical mile (n. m.) *or* **1 knot** морска́я ми́ля = 1852 м

3. Квадра́тные меры

1 square inch (sq. in.) квадра́тный дюйм = 6,45 кв. см
1 square foot (sq. ft.) квадра́тный фут = 929,03 кв. см
1 square yard (sq. yd.) квадра́тный ярд = 8 361,26 кв. см
1 square rod (sq. rd.) квадра́тный род = 25,29 кв. м
1 rood (ro.) руд = 0,25 а́кра
1 acre (a.) акр = 0,4 га
1 square mile (sq. mi.) квадра́тная ми́ля = 259 га

4. Меры объёма

1 cubic inch (cu. in.) куби́ческий дюйм = 16,387 куб. см
1 cubic foot (cu. ft.) куби́ческий фут = 28 316,75 куб. см
1 cubic yard (cu. yd.) куби́ческий ярд = 0,765 куб. м
1 register ton (reg. ton) реги́стровая то́нна = 2,832 куб. м

5. Меры ёмкости

Меры жи́дких и сыпу́чих тел
1 British *or* **Imperial gill (gl., gi.)** станда́ртный и́ли англи́йский джилл = 0,142 л
1 British *or* **Imperial pint (pt.)** станда́ртная и́ли англи́йская пи́нта = 0,568 л
1 British *or* **Imperial quart (qt.)** станда́ртная и́ли англи́йская ква́рта = 1,136 л
1 British *or* **Imp. gallon (Imp. gal.)** станда́ртный и́ли англи́йский галло́н = 4,546 л

6. Меры сыпу́чих тел

1 British *or* **Imperial peck (pk.)** станда́ртный и́ли англи́йский пек = 9,086 л

1 Brit. *or* **Imp. bushel (bu., bus.)** станда́ртный и́ли англи́йский бу́шель = 36,35 л
1 Brit. *or* **Imperial quarter (qr.)** станда́ртная и́ли англи́йская че́тверть = 290,8 л

7. Меры жи́дких тел

1 Brit. *or* **Imperial barrel (bbl., bl.)** станда́ртный и́ли англи́йский ба́ррель = 1,636 гл

Америка́нские меры жи́дких и сыпу́чих тел

Меры сыпу́чих тел
1 U.S. dry pint америка́нская суха́я пи́нта = 0,551 л
1 U.S. dry quart америка́нская суха́я ква́рта = 1,1 л
1 U.S. dry gallon америка́нский сухо́й галло́н = 4,4 л
1 U.S. peck америка́нский пек = 8,81 л
1 U.S. bushel америка́нский бу́шель = 35,24 л

Меры жи́дких тел

1 U.S. liquid gill америка́нский джилл (жи́дкости) = 0,118 л
1 U.S. liquid pint америка́нская пи́нта (жи́дкости) = 0,473 л
1 U.S. liquid quart америка́нская ква́рта (жи́дкости) = 0,946 л
1 U.S. liquid gallon америка́нский галло́н (жи́дкости) = 3,785 л
1 U.S. barrel америка́нский ба́ррель = 119 л
1 U.S. barrel petroleum америка́нский ба́ррель нефти = 158,97 л

8. Торго́вые меры ве́са

1 grain (gr.) гран = 0,0648 г
1 dram (dr.) дра́хма = 1,77 г
1 ounce (oz.) у́нция = 28,35 г
1 pound (lb.) фунт = 453,59 г
1 quarter (qr.) че́тверть = 12,7 кг, в США = 11,34 кг
1 hundredweight (cwt.) це́нтнер = 50,8 кг, в США = 45,36 кг
1 stone (st.) стон = 6,35 кг
1 ton (tn., t.) = 1016 кг (тж long ton: tn. l.), в США = 907,18 кг (тж short ton: tn. sh.)